[제5판]

새로운

형사소송법

손동권 · 신이철 지음

세창출판사

제2장 | 소송주체론

제5판 머리말

PREFACE

2019.9. 새로운 형사소송법 제4판이 출간된 이후 그동안 검사와 사법경찰 사이의 수사권 조정(2021.1. 시행)과 검사작성 피의자신문조서의 증거능력(2022.1. 시행)에 관한 획기적인 형사소송법의 개정 시행이 이루어졌다. 이와 관련하여 형사소송법 이외에도 「검찰청법」의 개정, 「검사와 사법경찰관의 상호협력과 일반적 수사준칙에 관한 규정」과 「특별사법경찰관리에 대한 검사의 수사지휘 및 특별사법경찰관리의 수사준칙에 관한 규칙」의 제정 시행도 함께 이루어졌다. 그리고 고위 공직자 범죄의 수사(허용된 부분의 공소유지)를 위한 공수처 검사 제도가 새로이 도입되어 「고위공직자범죄수사처 설치 및 운영에 관한 법률」도 제정 시행되었다. 더 나아가 어려운 형사소송법 규정을 한글화하는 작업도 개정 입법을 통해 점진적으로 실천되고 있다.

이러한 획기적인 형사소송법 및 관련법 규정의 제정 내지 개정 및 시행으로 인해 불가피하게 본서는 기존 서술내용(특히 수사 편과 증거 편 분야)의 많은 부분을 새로이 집필하여야 했다. 기존 형사소송법 교과서는 이젠 박물관에 넣어 두어야 할 정도의 대폭적인 법 변경이 있었다. 그리고 그사이 새로운 판례와 헌법재판소 결정도 적지 않게 쏟아져 나와 이를 본서에 반영하여야 할 필요성이 강하게 제기되었다. 새로이 발간될 제5판은 제4판의 내용을 상당 부분 유지하되, 그동안 형사소송법(2022.2.3. 개정까지 포함)과 관련 법규의 개정 및 수없이 판시된 판례(2022.1.까지 선고분 포함)의 내용들을 최대한 반영하는 방향으로 중심을 잡았다. 예컨대, 임의 제출된 저장매체(컴퓨터, 스마트 폰 등)의 사후적 포렌식 내지 탐색 절차와 관련하여 참여권 보장 및 허용 범위에 관한 판례, 상소권 회복과 재심 문제가 결합된 「소송촉진 등에 관한 특례법」 제23조의2의 적용에 관한 판례 등의 중요한 판례 사례는 특별히 [설문 및 해설]의 형식으로 본서에 상세히 소개되어 있다. 수사기관의 압수물 보관 및 (가)환부 부분은 좀 더 체계적으로 서술하였다.

배우는 학생과 수험생은 물론이고 형사소송법을 가까이서 적용해야 하는 형사실무가에게도 유용한 교과서를 만들겠다는 필자의 처음 의도는 이번 제5판에서도 그대로 유지되었음을 밝혀 두며, 로스쿨에서의 사례 해결식 수업에도 본서의 설문과 해설은 많은 도움을 줄 것으로 확신한다. 그리고 이번 제5판에서도 공저자이기도 한 신이철 교수가 학교의 보직을 수행하는 가운데에서도 많은 도움을 주었다는 점과 아울러, 공저판의 출간을 흔쾌히 수락해 주신 세창출판사 대표님과 편집을 위해 정성을 다해 준 편집부 직원 여러분들께 진심으로 감사드린다.

2022년 2월

공저자 대표 손 동 권

머 리 말
PREFACE

필자(공저자 대표)가 2008.1.1.부터 우리나라 형사소송법이 대폭 개정 시행되는 것과 때를 맞추어, 배우는 학생 및 수험생은 물론이고 실무가에게도 유용한 형사소송법 교재를 만들겠다는 뜻으로 본서를 저술 출간한 이후, 상당한 시간이 경과하였다. 2010년 필자는 본서의 개정 신판을 출간하면서 초판의 내용을 상당히 보완하였지만, 그 이후에도 검경관계 규정의 개정, 디지털 증거(정보)의 압수집행 규정의 신설, 성폭력범죄에 대한 형법상 친고죄 규정의 폐지 등과 같은 형사절차법에서 매우 중요한 입법변화는 물론이고 수많은 주요판례들이 쏟아져 나와, 본서에 대한 개정의 필요성이 또다시 발생하였다. 그런데 필자가 여러 종류의 형사법 교과서 개정 작업을 혼자서 감당하기에는 이제 나이와 능력의 면에서 한계를 느끼게 되었다. 이에 따라 필자는 형사소송법에 관한 연구와 강의에서 탁월한 업적을 쌓은 신이철 교수에게 앞으로 형사소송법 교과서를 공저로 출간하자고 제안하여 동의를 얻었다. 필자와 학문적으로 특별관계가 있으면서 학문적 능력이 출중한 신 교수와 함께 저술 작업을 하게 되어 개인적으로 큰 행복감과 안도감을 느낀다. 새로이 출간되는 공저판에서 역점을 둔 사항은 다음과 같다.

첫째, 배우는 학생 및 수험생은 물론이고 형사소송법을 가까이서 적용하여야 하는 형사실무가에게도 유용한 교과서를 만들겠다는 필자의 처음 의도가 공저판에서도 그대로 유지되었다. 따라서 본서는 심오한 이론을 탐구하는 학위 전공자보다는 배우는 학생 내지 수험생을 위한 형사소송법 입문서 내지 실무가를 위한 참고서로서의 역할을 다 하고자 노력하였다. 특히 형사소송법에 처음 입문하는 초심자들이 형사소송법에 흥미를 느끼면서 쉽게 접근 · 이해할 수 있도록 구성하였다.

둘째, 이를 위해 본서는 주요 논점의 서두마다 [설문]을 제시하고 이를 해결하는 방편으로 관련이론을 서술하는 형식을 취하였다. 설문사례를 제시하고 이에 대해 답변을 유도하는 형식은 독자들로 하여금 해당 논점에 대해 흥미를 가지고 쉽게 접근할 수 있을 것으로 믿었기 때문이다. 본서는 다른 어떤 저서와 비교하더라도 상대적으로 쉽게 읽히고, 서술 내용이 쉽게 이해될 것으로 믿어 의심치 않는다.

셋째, 해당 논점을 서술하면서 그와 관련되는 주요 대법원 판례를 망라하여 분석 소개하거나 평석을 가하였다. 살아 있는 법문화로서의 판례의 중요성은 아무리 강조하여도 지나치지 않기 때문이다. 특히 관련 판례를 해당 논점을 서술하는 본문에 위치시켜 이론(학설)과 판례 태도를 항상 비교하였고, 독자의 편의를 위해 원래 긴 문장의 판례 내용을 필자 나름대로 소화하여 짧게 서술하기도 하였다.

넷째, 우리나라에 법학전문대학원(로스쿨) 제도가 도입됨으로써 문답식 수업 및 사례 해결식 수업의 방식이 선호되고 있다. 그런데 본서는 문답식 수업에 유용하도록 해당 논점의 서두에 항상 [설문]을 제시하여 토론할 수 있는 실마리를 제공하였고, 사례 해결식 수업에 유용하도록 해당 논점의 이론(학설)을 설명하면서 항상 관련 판례를 분석 소개하거나 평석을 가하였다. 따라서 본서는 로스쿨 강의용으로도 상당히 유용할 것으로 판단된다.

다섯째, 연구하는 학자로서는 이미 만들어진 형사소송법에 대한 해석론을 넘어 항상 제도 개선을 위한 입법론도 개진하여야 그의 임무를 다하는 것으로 사료되는데, 새로이 출간되는 공저판에서는 많이 회자되고 있는 입법론에 대해서도 최대한 필자의 견해를 밝혔다. 필자는 실제로 법무부 형사소송법 개정특위 위원으로 활동 중인데, 여기의 활동경험을 바탕으로 필자의 입법적 소견을 비교적 자세히 개진하였다.

오늘날 국가고시를 준비하거나 실무를 담당하는 독자들이 잘 숙지해 두어야 하는 주요판례(특히 종래 태도를 변경하는 전원합의체 판례)들이 계속 나오고 있고, 심지어 법 개정도 심심찮게 이루어지고 있다. 이제는 이러한 변경사항을 신속하게 저서에 반영하지 않으면 독자들에게 유용한 참고서가 되기는 어려울 것이다. 그래서 필자는 독자들을 위하여 앞으로 본서의 내용을 신속하게 업데이트할 것이고, 그 업데이트한 내용은 필자의 홈페이지(http://www.strafson.org)를 통하여 즉시 제공할 생각이다. 그리고 본서의 내용에 대해서 필자의 홈페이지를 통하여 질문해 주면 성심성의껏 답변해 드릴 것을 약속한다. 끝으로 공저판의 출간을 흔쾌히 수락해 주신 세창출판사 이방원 사장님과 편집을 위해 정성을 다해 준 편집부 직원 여러분께 진심으로 감사드린다.

2013년 2월

건국대학교 법학전문대학원 연구실에서

공저자 대표 손 동 권

차 례
CONTENTS

제1편 총론편

제1장 | 형사소송(법)에의 입문론

제3장 | 소송행위론과 소송절차 및 소송조건

제2편 각 론(1): 捜査節次論

제1장 | 수사의 개시와 진행

제2장 | 수사의 종결과 공소제기

제3편 각 론(2): 公判節次論

제1장 | 정식재판의 공판절차

제2장 | 형사증거론

제3장 | 재　판

제4편 각 론(3): 상소절차, 비상구제절차, 특별절차 및 기타

제1장 | 상 소

제2장 | 비상구제절차

제3장 | 특별절차와 재판의 집행 기타

참고문헌

BIBLIOGRAPHY

[국내서적]

강구진, 형사소송법 원론, 학연사, 1982.

김기두, 형사소송법(전정신판), 박영사, 1987.

김성돈(번역), 미국 형사소송법(Rolando V. del Carmen, Criminal Procedure, 3rd Ed.), 길안사, 1999.

김용진, 영미법해설 형사소송, 박영사, 2009.

김희옥, 형사소송법연구, 한국사법행정학회, 1986.

권오걸, 형사소송법, 형설출판사, 2010.

권오병, 형사소송법(2정판), 일신사, 1972.

노명선/이완규, 형사소송법, 성균관대학교 출판부, 2009.

배종대/이상돈, 형사소송법(제6판), 홍문사, 2004.

배종대/이상돈, 형사소송법(제7판), 홍문사, 2006.

배종대/이상돈/정승환, 신형사소송법, 홍문사, 2008.

배종대/이상돈/정승환/이주원, 신형사소송법, 홍문사, 2012.

백형구, 형사소송법(신체계), 박영사, 1998.

백형구, 형사소송법 강의(8정판), 박영사, 2001.

법무부, 개정 형사소송법, 2007.

법원행정처, 법원실무제요 형사[I], [2], 2008.

법원행정처, 새로운 형사재판의 이해, 2007.

법원행정처, 형사소송법 개정법률 해설, 2007.

법원행정처, 형사증거법(상)(하), 1984.

사법발전재단, 형사재판의 쟁점과 과제, 2008.

사법연수원, 형사증거법, 2007.

서일교, 형사소송법(8개정판), 박영사, 1979.

송광섭, 형사소송법(신정판), 유스티니아누스, 2003.

송광섭, 형사소송법, 형설출판사, 2010.

신동운, 형사소송법 I (개정판), 법문사, 1996.

신동운, 형사소송법(제3판), 법문사, 2005.
신동운, 형사소송법(제4판), 법문사, 2012.
신동운, 신형사소송법(간추린), 법문사, 2021.
신동운, 판례분석 신형사소송법, 법문사, 2010.
신동운/민영성/이상원/김태명, 로스쿨 형사소송법, 법문사, 2009.
신양균, 형사소송법, 법문사, 2000.
신양균, 형사소송법(제2판), 법문사, 2004.
신양균, 형사소송법(신판), 화산미디어, 2009.
신양균/조기영, 형사소송법 박영사, 2021.
신이철, 개정법에 따른 형사증거법, 유스티니아누스, 2011.
신이철, 형사소송법의 쟁점, 유스티니아누스, 2012.
신현주, 형사소송법(신정2판), 박영사, 2002.
심희기, 형사소송법의 쟁점(제2판), 삼영사, 2005.
심희기, 형사소송법 판례 70선, 홍문사, 2000.
심희기/양동석, 형사소송법(쟁점강의), 삼영사, 2009.
이상돈, 사례연습 형사소송법(제2판), 법문사, 2001.
이영란, 한국형사소송법, 숙명여자대학교 출판국, 2006.
이완규, 형사소송법연구 I, 탐구사, 2008.
이완규, 형사소송법특강, 법문사, 2006.
이은모, 형사소송법, 박영사, 2010.
이은모, 형사소송법(제2판), 박영사, 2011.
이재상, 신형사소송법, 박영사, 2007.
이재상, 신형사소송법(제2판), 박영사, 2008.
이재상, 연습 형사소송법, 박영사, 2007.
이창현, 형사소송법(제7판), 정독, 2021.
임동규, 형사소송법(제4판), 법문사, 2006.
정영석, 형사소송법(제4전정판), 법문사, 1982.
정영석/이형국, 형사소송법, 법문사, 1994.
정웅석, 형사소송법(제4판), 대명출판사, 2007.
정웅석/백승민, 형사소송법(전정제2판), 대명출판사, 2008.
주광일, 전문법칙 연구, 법전출판사, 1979.
진계호, 형사소송법, 형설출판사, 2000.
차동언, 형사증거법 I, 법문사, 2007.

차용석, 형사소송법, 세영사, 1997.
차용석, 형사증거법, 한국사법행정학회, 1988.
차용석/최용성, 형사소송법(제2판), 세영사, 2004.
하태영, 형사철학과 형사정책, 법문사, 2007.
허형구 등, 주석형사소송법, 한국사법행정학회, 1984.
형사실무연구회 편, 형사재판의 제문제 1-5, 박영사, 1997-2005.
형사판례연구회 편, 형사판례연구 1-15, 박영사, 1993-2007.
형사법연구회 편, 구속제도와 영장항고, 법문사, 2007.

[외국서적]

Beulke, Werner, *Strafprozessrecht*, 4. Aufl.
Dressler, Joshua, *Understanding Criminal Procedure*, 3rd Edition
Eisenberg, Ulrich, *Beweisrecht der StPO*, 2. Aufl.
Emanuer, Steve, *Criminal Procedure*, 2005.
Henkel, Heinrich, *Strafverfahrensrecht*, 2. Aufl.
Kleiknecht/Meyer, *Strafprozessordnung*, *Kommentar*, 42. Aufl.
Kramer, Bernhard, *Grundbegriffe des Strafverfahrensrechts*, 3. Aufl.
Kühne, Hans-Heiner, *Strafprozesslehre*, 5. Aufl.
LaFave, Wayne R., *Criminal Procedure*, 2nd Edition.
Levin, Steven J./Snyder, Elizabeth L., *Criminal Procedure*, 15th Edition.
Peters, Karl, *Strafprozess*, 4. Aufl.
Reihe Alternativkommentare, *Kommentar zur Strafprozessordnung*, 1988.
Roxin, Claus, *Strafverfahrensrecht*, 24. Aufl.
Rudolphi/Frish/Rogall/Schloechter/Wolter, *Systematischer Kommentar zur Strafprozessordnung und zum Gerichtsverfassungsgesetz*, 15. Aufl.

제 1 편

총 론 편

제 1 장

형사소송(법)에의 입문론

[§1] 형사소송(법)의 기초이론

Ⅰ. 형사소송(법)의 의의 및 특징

[설문 (1)] 甲은 야간에 강도 乙의 폭행에 의해 부상을 입고 100만원에 상당하는 금액을 강탈당하였다. 이 사건에서 강도 범죄자에 대한 형사처벌과 그에 대한 피해변상의 청구는 어떠한 소송절차를 거쳐 해결되겠는가?

1. 형사소송의 의의

형법은 범죄를 범한 자에게 형벌을 부과한다는 내용을 가진 실체법이다. 그러나 어떤 자가 형법을 위반하는 범죄행위를 하였다는 사실만 가지고 곧바로 교도소로 직행하여 형벌의 집행을 받는 것은 아니다. 민주법치국가에서는 반드시 법이 정한 일정한 절차를 거쳐서 권한 있는 국가기관에 의하여 범죄사실이 밝혀져 유죄의 확정판결을 받았을 때에만 범죄자는 교도소에서 형벌의 집행을 받는다. 이것이 소위 '형사절차법정주의'라는 것이다. 우리 헌법 제12조 제1항은 "누구든지 법률에 의하지 아니하고는 체포 · 구속 · 압수 · 수색 또는 심문을 받지 아니하며, 법률과 적법한 절차에 의하지 아니하고는 처벌 · 보안처분 또는 강제노역을 받지 아니한다"는 내용으로 이를 선언하고 있다. 이렇게 법원에 의한 유죄판결의 확정이 있기 이전에 피의자 · 피고인은 무죄자로 추정될 뿐이다. 이것이 소위 무죄추정의 원칙이라는 것이다. 우리 헌법 제27조 제4항이 역시 이를 선언하고 있다. 이러한 통제 아래 실체법인 형법을 실제로 적용해 나가는 절차적 제도를 형사소송이라고 하고, 그것을 구체적으로 규정한 법이 형사소송법이다. 그런데 형사소송이란 좁게는 공판절차를 의미하고, 넓게는 수사절차, 공판절차 및 재판의 집행절차 모두를 포함한다. 형사소송법의 연구대상은 후자, 즉 광의의 형사소송이다. 그 연구대상이 광의인 것을 반영하는 용어로는 형사소송법(Strafprozeßrecht)보다는 형사절차법(Strafverfahrensrecht)이 더 적절할 수도 있다.

2. 민사소송과의 차이

형사소송과 민사소송 사이에는 서로 구별되는 특징이 있다. 범죄행위의 피해자가 그 피해를 보상받을 수 있어야 하는 것은 법의 상식에 속한다. 이때 피해본 손해를 배상받을 수 있는 피해자의 권리를 인정한 실체법이 민법이다. 그러나 그의 권리도 법이 정한 일정한 절차를 거쳐 국가기관에 의하여 확인을 받아야 집행할 수 있다. 그 절차가 민사소송이고, 이를 규율한 법이 민사소송법이다. 그런데 국가기관은 범죄자를 형사처벌 하는 데에는 피해자의 의사와 관계없이 적극적으로 개입하는 것이 원칙이지만(피해자의 의사에 따라 처벌 여부가 결정되는 친고죄와 반의사불벌죄의 경우는 예외), 피해자가 입은 피해를 구제하는 데에는 그의 의사에 따라서만 개입한다. 그 이유는 전자는 범죄와 형벌이라는 공적 문제인 데 반하여, 후자는 개인과 개인 사이의 다툼에 불과한 사적 문제이기 때문이다. 따라서 형사소송절차는 피해자의 의사를 묻지 않고 국가기관이 독자적으로 개시한다. 즉 형사소송의 준비(즉 수사절차)와 제기는 국가기관(특히, 검사)이 하고, 피해자는 보통 고소를 함으로써 그 절차 개시에 원인 을 제공할 뿐이다. 그러나 민사소송절차는 피해자의 요구(즉 재판청구)가 있어야 개시된다. 즉 민사소송의 제기는 피해자가 직접 행한다. 또한 그 종결도 형사소송은 피해자의 의사와 관계없이 이루어지나, 민사소송은 피해자의 의사에 의하여 종결될 수 있다.

3. 절차의 구분과 통합

형사소송절차와 민사소송절차는 별개로 진행되는 것이 원칙이다. 그러나 그렇게 되면 피해자는 신속히 손해배상을 받을 수 없으므로, 형사소송을 담당한 법원이 민사문제인 손해배상의 명령까지 내릴 수 있는 제도가 마련되어 있는데, 이것이 「소송촉진 등에 관한 특례법」에 규정된 배상명령제도이다. 그리고 피해자가 민사소송을 통해서는 피해의 전부 또는 일부를 배상받지 못하거나(특히 가해자가 불명하거나 무자력자인 경우), 고발, 증언 등과 같이 형사사법에 조력하다가 피해자가 된 경우에는 국가를 상대로 하여 손해보상을 받을 수도 있어야 한다. 이것이 소위 범죄피해자구조제도라는 것이다. 이를 규정한 법으로는 헌법 제30조와 이에 따른 「범죄피해자구조법」이 초기에 제정 시행되어 오다가, 현재는 '범죄피해자보호법'에 포섭되어 규정되어 있다. 다만 동법에는 생명 · 신체의 피해자만이 이러한 권리를 가지는 것으로 규정되어 있다.

그리고 2005년에 「소송촉진 등에 관한 특례법」의 개정(동법 제36조 제1항 및 제5항 신설)에 의해서 형사피고사건의 피고인과 피해자가 해당 피고사건과 관련된 피해에 관한 민사상 다툼과 관련하여 합의한 경우, 피고사건이 계속된 제1심 법원 또는 항소심 법원에 공동으로 공판조서에 그 내용의 기재를 구하는 신청이 가능하도록 하고, 그 공판조서에 대하여는 재판상 화해와 같은 효력을 부여하는 제도가 도입되었다.

[설문 (1)의 해결] 상기 사안의 경우에 乙은 형법상 강도의 죄(단순강도죄, 강도치상죄 내지 강도상해죄)를 범하였다. 乙에게 성립되는 강도의 죄에 대해서는 전술한 형사소송절차를 통하여 乙은 종국적으로 형사처벌을 받을 것이다. 그리고 甲은 재산 · 치료비 등의 피해에 대해서는 원칙적으로 전술한 민사소송절차를 통해 별도로 가해자 乙로부터 손해배상을 받을 수 있다. 다만 甲은 「소송촉진 등에 관한 특례법」이 규정한 배상명령제도에 의해 형사처벌의 절차를 거치면서 동시에 乙로부터 손해배상을 받을 수도 있다. 그리고 가해자가 불명이거나 무자력자인 경우에 甲은 범죄피해자보호법에 따라 국가로부터 일정범위에서 피해구조를 받을 수 있다.

Ⅱ. 형사소송절차의 개관

[설문 (2)] 甲은 살인의 중죄를 범한 혐의를 받고 있고, 乙은 교통사고의 경죄를 범하여 범칙금납부를 통고받고서 그 납부를 이행하지 않았다. 甲과 乙은 어떠한 형사소송절차를 거쳐서 형사처벌 되겠는가?

1. 정식절차

형사소송절차는 중죄와 경죄에 따라 그 내용을 달리하는 것이 세계 공통의 현상이다. 중한 형벌이 예상되는 중죄의 피의자 · 피고인에 대해서는 비교적 엄격한 절차가 진행되는 데 반하여, 경한 형벌이 예상되는 경죄의 피의자 · 피고인에 대해서는 다소 간이한 절차가 진행된다. 형사소송법은 이 중에서 전자를 원칙으로 규정하고 있다. 그 내용을 개관하면 다음과 같다.

(1) 수사절차

1) 수사개시　형사소송절차의 시초는 수사절차이다. 수사가 개시되려면 그 원인이 존재하여야 한다. 이를 수사의 단서라고 한다. 수사의 단서로는 현행범인의 체포, 변사자의 검시, 불심검문(경찰관직무집행법에 의해 규율), 고소, 고발, 자수, 진정, 범죄신고 등 다양하다. 이러한 수사의 단서에 의하여 범죄혐의가 포착되면 수사기관이 수사를 개시 · 진행한다. 수사기관이 수사를 개시하면 정식으로 입건한 것이 된다. 그런데 수사권한 있는 수사기관에는 사법경찰과 검사가 있는데, 사법경찰과 검사는 2021.1. 시행 형소법부터는 상호 협력관계로 구성되어 있다. 대개의 형사사건에 있어서는 사법경찰이 먼저 수사에 착수하고 그 이후 혐의 있는 사건에 한하여 검찰에 송치하게 된다(혐의 없는 사건에 대해서는 불송치 결정을 함). 반면에 검찰청 검사와 공수처 검사의 직접 수사권은 검찰청법 및 공수처법에 의해 일정한 범위에 제한되어 있다.

2) 수사진행　수사기관이 행하는 '수사의 방법'은 상대방의 동의나 승낙을 받아 행하는 임의수사와 강제처분에 의한 강제수사가 있는데, 양자 중에서는 전자가 원칙적 수사방법이다(특히, 불구속수사의 원칙을 규정한 형사소송법 제198조 제1항). 가장 대표적인 수사활동에 해당하는 피의자신문과 참고인조사는 임의수사의 방법에 의해서만 가능하다. 그러나 임의수사만으로는 실체적 진실을 완벽하게 밝힐 수는 없다. 따라서 강제수사도 수사기관에게 인정되어야 하지만, 필요악으로서 필요한 최소한에 그쳐야 한다. 이를 반영하는 것이 강제수사법정주의(강제처분법정주의)이다. 이를 위해 형사소송법은 강제처분의 종류, 절차, 형식 등에 관하여 자세히 규정하고 있다. 우리 형사소송법이 규정한 강제처분의 종류로는 체포, 구속(구인과 구금을 포함한다), 압수, 수색, 검증, 감정유치, 감정처분이 있다. 그리고 통신비밀보호법은 감청과 서신검열을 강제처분으로 보고 있다. 그리고 형사소송법은 강제처분을 통제하는 대표적 내용으로서 영장주의를 규정하고 있다. 즉 강제처분에는 원칙적으로 법관이 발부한 사전영장이 있어야 한다. 따라서 각 강제처분에 대하여는 이에 상응하는 영장이 있게 된다. 체포영장, 구속영장, 압수영장, 수색영장, 검증영장, 감정유치장, 감정처분허가장, 통신제한조치허가서(통신비밀보호법이 규정)가 그것이

다. 그러나 긴급한 경우에는 영장 없이 일단 강제처분을 하고 사후에 법관으로 하여금 영장을 받게 하는 것도 있다. 예컨대, 대인적 강제처분에서 사전영장주의의 예외로는 현행범체포와 긴급체포가 형사소송법에 규정되어 있고, 대물적 강제처분에서도 긴급 압수 · 수색 · 검증이 규정되어 있다.

그리고 형사소송법은 수사를 받는 '피의자의 인권과 방어권을 보호하는 규정'도 두고 있다. 예컨대, (일정한) 피의자는 (i) 변호인선임(제30조 제1항) 및 선임의뢰권 (ii) 외부인 특히 변호인과의 접견교통권 (iii) 체포 · 구속적부심사청구권(헌법 제12조 제6항, 형사소송법 제214조의2) (iv) 증거보전청구권(제184조) (v) 진술거부권(제244조의3)[1] (vi) 피의자신문절차에의 변호인참여신청권(제243조의2) (vii) 준항고권(제417조) (viii) 형사보상청구권(형사보상 및 명예회복에 관한 법률) 등을 가지고 있다.

3) **수사종결** 수사기관이 상기한 원칙에 따라 수사를 한 이후에는 수사종결처분을 내린다. 수사의 종결은 공소의 제기 혹은 불기소처분이 대표적인 것이다. 수사를 개시 · 진행한 사법경찰관은 혐의 있는 사건으로 밝혀진 경우에는 그 사건을 검찰에 송치하여야 한다. 그런데 2021.1. 시행 형소법부터 사법경찰관은 혐의 없는 사건 등인 경우에는 불송치 결정을 할 수 있다(다만 고소인 등이 경찰서장에게 이의신청을 하면 이 사건도 검찰에 송치됨).

우리나라에서 공소제기와 관련된 원칙으로는 국가소추주의 · 검사기소주의(제246조) 및 기소독점주의가 실시되고 있다. 여기의 검사는 원래 검찰청 검사를 의미하였다. 그런데 2021.1.부터 일정한 고위공직자의 범죄에 대해서는 공수처 검사에 의한 공소제기가 일부분 가능하게 되었다. 그 전에도 (후술하는 경죄의 경우) 경찰서장이 청구하는 즉결심판제도와 고등법원의 심판을 통해 검사의 기소를 강제하는 재정신청제도(제260조 이하)가 마련되어 있었다. 그리고 불기소처분의 종류에는 '혐의 없음', '죄가 안 됨' 및 '공소권 없음'은 물론이고, 우리나라에서는 기소유예처분이 검사에게 인정되고 있다(기타 유사한 것으로는 기소중지, 참고인중지, 국가보안법의 공소보류). 이 중에서 기소유예처분은 범죄의 혐의가 충분하고 소송조건을 갖춘 때에도 검사의 재량에 의해 불기소처분을 하는 경우이다. 이를 인정하는 법제를 '기소편의주의'라 한다(기소법정주의에 대응되는 개념). 검사의 불기소처분에 대한 불복수단으로는 전술한 재정신청제도(모든 형사 고소사건과 특정한 고

1) 진술거부권의 고지의무만을 규정하고 있으나, 고지는 진술거부권을 전제로 하는 것이므로 피의자에게 당연히 인정되는 것이다.

발사건이 대상임), 검찰청법상의 항고(전술한 재정신청 할 수 있는 사건은 항고절차를 전치로서 요구함)ㆍ재항고 제도가 마련되어 있고, 이를 위한 절차적 요건으로서 불기소처분의 취지와 이유의 고지제도(제259조 이하) 등이 형사소송법에 마련되어 있다.

(2) 공판절차

만약 검사에 의해 공소제기가 있게 되면 공판절차로 이행된다. '공소의 제기'는 공소장의 제출로서 이루어진다(제254조). 단, 공소장에는 반드시 필요적 기재사항을 기재하고, 그 중에서 공소사실을 특정하여야 유효하다. 공소가 제기되면 당사자인 피고인과 검사는 각각 상대방에 대해 보관서류나 물건에 대해 열람ㆍ등사를 청구할 수 있는 소위 증거개시제도가 도입되어 있다(제266조의3). 공소제기에서 제1회 공판기일 이전까지 쟁점 및 증거의 정리를 위한 공판준비절차가 진행된다(제266조의2 이하). 그리고 공소장부본의 송달(제266조), 공판기일의 지정ㆍ변경(제267조 제1항, 제270조 제1항)이 행하여진다.

'공판심리'의 원칙으로는 공개재판의 원칙(헌법 제27조 제3항) 이외에 변론주의, 직접주의, 집중심리주의의 원칙 등을 내용으로 하는 공판중심주의가 지배한다. 공판절차에서의 사실인정과 양형은 그 동안 법관에게 맡겨져 있었지만, 우리나라도 시민참여재판을 실현하기 위해 「국민의 형사재판 참여에 관한 법률」이라는 특별법을 제정하여 이른바 배심제도를 도입하였다(2008년 1월 1일 시행). 합의부 관할사건에 대해 피고인이 원하고, 법원의 배제결정이 없는 한 국민참여재판이 이루어질 수 있도록 하였다(배심원에게 사실의 인정은 물론이고, 법령의 적용 및 형의 양정에 관한 의견을 제시할 권한을 인정, 배심원단의 평결과 의견은 법원을 기속하지 아니하고 권고적 효력만이 인정됨). 공판심리의 범위는 현실적 심판범위와 잠재적 심판범위로 나누어진다. 이와 관련된 중요한 것이 공소장변경의 제도이다(제298조 제1항). 즉, 공소장에 기재된 공소사실(현실적 심판대상)이 실체적 진실과 상응하지 않은 경우에는 잠재적 심판의 범위(즉 공소사실과 단일성ㆍ동일성이 인정되는 범위)까지 검사의 청구 또는 법관의 요구에 의한 공소장변경이 가능하다. 공판기일의 심리절차는 피고인에 대한 진술거부권의 고지(제283조의2 제2항), 피고인에 대한 인정신문(제284조), 검사의 모두진술(제285조), 피고인의 모두진술(제286조), 재판장의 쟁점정리(제287조), 증거조사(제290조 이하: 증인신문, 물적 증거와 증거서류의 조사), 피고인신문(제296조의2), 검사의 의견진술(제302조), 변호인의 최종변론과 피고인의 최후진술(제303조), 변론의 종결(선고기일의 지정), 판결의 선고(제42조) 등으로 이루어진다.

심리를 통한 사실인정의 경우에는 각종 '증거법칙'이 적용된다. 증거재판주의(제307조)와 증거능력에 관한 원칙(제308조의2가 규정한 위법수집증거배제법칙, 제309조가 규정한 자백의 임의성법칙, 제310조의2 이하가 규정한 전문법칙, 통신비밀보호법에 의한 위법수집증거배제법칙), 거증책임과 in dubio pro reo의 원칙, 제308조가 규정한 증명력에 관한 자유심증주의와 그 예외(제310조가 규정한 자백의 보강법칙과 제56조가 규정한 공판조서의 배타적 증명력), 제318조의2가 규정한 탄핵증거 등이 그것이다. 특히 수사서류(피의자신문조서, 참고인진술조서, 검증조서 등)와 관련한 전문법칙에 대해서는 많은 규정이 있다(제310조의2 이하). 그리고 증거신청 및 조사에 있어서는 당사자가 주도하도록 되어 있다. 즉 당사자의 신청에 의한 증거조사의 원칙(제294조), 피고인신문 및 증인신문에서의 교호신문제도(제161조의2)가 실정법에 반영되어 있다.

소송조건이 흠결된 것이 발견되거나 심리절차가 끝나면 법원은 재판을 하게 된다. '재판'에는 수소법원이 행하는 것으로는 유죄판결, 무죄판결, 형면제판결, 관할위반의 판결, 공소기각의 판결, 공소기각의 결정, 면소판결 등이 있다. 그러나 재판에 대해 불복하면 공판절차는 계속된다. 미확정재판의 경우에는 제1심 판결에 대해서는 항소, 제2심 판결에 대해서는 상고, 그리고 제1심에 대한 상고인 비약적 상고(제372조)의 제도가 있다. 중요한 것은 상소에는 '불이익변경금지의 원칙'이 적용된다(제368조 등; 약식명령에 대한 정식재판청구의 경우는 무거운 형종으로의 변경금지). 그리고 법원의 결정에 대해서는 항고할 수 있다. 반면에 제1심 법원의 명령에 대해서는 원칙적으로 상소방법은 없고, 이의신청(제304조) 또는 준항고(제416조)가 가능하다. 유죄의 확정판결에 대한 불복제도인 비상구제절차로는 재심과 비상상고가 있다(그리고 피고인의 귀책사유 없이 재판이 확정된 경우 상소권회복 제도도 있음). 재심사유는 중대한 사실오인의 경우이고(제420조 이하), 원판결의 법원이 관할권을 가진다(제423조). 비상상고는 법령위반의 경우에 행하는 것이고, 청구권자는 검찰총장에 제한되며(제441조) 관할법원은 대법원이다. 반면에 유무죄의 실체판결과 면소판결이 확정되면 심판절차는 종료되고 소위 '기판력'이 발생한다. 기판력의 대표적인 내용은 일사부재리의 원칙이다. 그런데 기판력은 법원이 현실적으로 심판한 것 이외에 그와 동일성이 있는 범위에까지 미친다. 그러나 공소기각의 형식재판은 기판력이 발생하지 아니한다.

2. 경미사건에 대한 형사절차

경미사건에 대한 간이한 재판절차로는 경찰서장이 청구하는 즉결심판제도와 검사가 청구하는 약식절차가 있다. 현행 즉결심판제도는 「즉결심판에 관한 절차법」에 의해 규율되고 있다. 여기서 의미하는 즉결심판이란 20만원 이하의 벌금, 구류 또는 과료에 처할 경미한 범죄에 대하여 지방법원, 지원 또는 시 · 군법원의 판사가 엄격한 정식의 공판절차에 의하지 아니하고 신속하게 처리하는 간이한 심판절차를 말한다(즉결심판에 관한 절차법 제2조, 법원조직법 제34조 제1항 제3호, 제3항). 특히 범칙금통고처분을 받은 자가 그 납부를 이행한 경우에는 더 이상의 형사절차가 면제되지만, 그 납부를 이행하지 않은 경우에는 즉결심판이 청구된다(통고처분에서 정한 범칙금 납부기간까지는 원칙적으로 경찰서장은 즉결심판을 청구할 수 없고 검사도 동일한 범칙행위에 대하여 공소를 제기할 수 없다는 대판 2021.4.1. 2020도15194). 이에 비하여 약식절차는 형사소송법에 의해 규율되는 것으로서 지방법원의 관할사건에 대하여 검사의 청구가 있는 때에 공판절차를 경유하지 않고 검사가 제출한 자료만을 조사하여 약식명령으로 피고인에게 벌금 · 과료 또는 몰수의 형을 과하는 간이한 재판절차를 말한다(제448조). 즉결심판절차는 청구권자가 검사 아닌 경찰서장이라는 점 이외에 제한된 범위이기는 하지만 공개된 법정에서 구두주의와 직접주의를 원칙으로 하여 심리가 이루어지는 점에서(다만 즉결심판에도 불출석 재판제도가 활성화되고 있음), 서면심리주의에 의해 심판되는 약식절차와는 명확히 구별된다. 그리고 약식절차는 형사소송법상의 증거법칙이 그대로 적용되는 점에서 수사서류의 증거능력 내지 자백의 보강법칙 등의 증거법칙을 완화하는 즉결심판제도와 차이를 이룬다. 그러나 약식절차와 즉결심판절차는 공통적으로 형법상의 형벌을 과하는 절차이다. 따라서 약식명령과 즉결심판이 확정된 때에는 확정판결과 동일한 효력이 부여되고, 이에 대한 불복은 정식재판의 청구가 된다.

[설문 (2)의 해결] 설문사례에서 살인죄를 범한 甲은 전술한 정식의 형사절차(경우에 따라서는 배심원에 의한 심리절차)를 거쳐서 형사처벌을 받을 것이고, 교통사고의 경죄를 범하여 범칙금납부통고를 받고 이를 이행하지 않은 乙은 경찰서장에 의해 즉결심판절차가 청구되거나, 검찰에 송치된 경우에는 대개 검사에 의해 약식절차가 청구될 것이다.

Ⅲ. 형사소송법에 대한 기타사항

[설문 (3)] 수사기관이 무죄추정을 받는 피의자를 구속할 수 있는 기간은 체포와는 달리 비교적 장기(즉 사법경찰 10일, 검사 10일과 10일 연장가능)이다. 피의자의 신체자유를 오랫동안 제한할 수 있는 피의자 구속제도가 우리나라 형사소송법의 입법연혁에서 어떻게 발전되어 왔는가?

1. 형사소송법의 성격

형사소송법은 국가형벌권을 실현함으로써 공공질서유지 등 공익을 도모하려는 '공법'이다. 그리고 형사소송법은 입법(법률제정) 또는 행정(법률집행)에 관한 법이 아니라 법을 지키려는, 즉 법적 안정성을 유지하려는 '사법(司法)법'이다. 또한 개인과 개인 사이의 법률관계에 관한 민사법이 아니라 전체의 이익을 위하여 개인에 대하여 공형벌권을 발동하려는 '형사법'이다. 더 나아가 형법이 형벌권의 발생요건이 되는 실체가 무엇인가를 규정한 실체법임에 대하여, 형사소송법은 그 실체법을 구체적 사건에 적용 실현하는 절차를 규정한 '절차법'이다. 양자는 상호의존적이다. 따라서 양자의 관계는 '칼과 칼자루'의 관계로 비유된다.

2. 형사소송법의 법원(法源)

넓은 의미의 형사소송에 대한 법원은 수없이 많다. 그 중에서 가장 중요한 법원은 형사소송법이라는 이름을 가진 '형식적 의미의 형사소송법'이 된다. 다음으로 최고의 실정법인 헌법도 국민의 기본권보장 내지 국법질서의 원리로서 형사소송에 관한 여러 규정을 두고 있다. 예컨대, 헌법은 적정절차의 원칙(제12조 제1항), 고문금지와 불이익진술거부권(제12조 제2항), 영장주의(제12조 제3항, 제16조), 변호인의 조력을 받을 권리(제12조 제4항), 체포 · 구속적부심사청구권(제12조 제6항), 자백의 임의성법칙과 보강법칙(제12조 제7항), 일사부재리의 원칙(제13조 제1항), 신속한 재판을 받을 권리(제27조 제3항), 무죄추정의 원칙(제27조 제4항), 형사보상청구권(제28조), 재판공개의 원칙(제109조) 등을 규정하고 있다. 기타 중요한 '실질적 의미의 형사소송법'으로는 법원조직법, 검찰청법, 변호사법, 경찰관직무집행법, 소년법, 즉결심판에 관한 절차법, 군사법원법, 치료감호법, 형사보상법, 형의 집행 및 수용자 처우에 관한 법률,[2] 소송촉진 등에 관한 특례법, 국가보안법 등을 들 수 있다. 법률의 하부규범으로는 대법원규칙인 형사소송규칙이 형사소송에 관한 가장 중요한 법원이 된다.

3. 형사소송법의 적용범위

형사소송법의 적용범위는 장소적 · 인적 · 시간적 적용범위로 나누어 볼 수 있다.

(1) 장소적 적용범위

형사소송법은 대한민국의 법원에서 심판되는 사건에 대해서 적용되는 것이 원칙이다. 대한민국영역 외일지라도 영사재판권이 미치는 지역에서는 형사소송법이 적용될 수 있다. 반대로 국내의 치외법권지역에서는 형사소송법이 적용되지 않는다.

(2) 인적 적용범위

형사소송법은 대한민국 영역내에 있는 모든 사람에게 적용된다. 다만 헌법이 대통령에 대한 내란 · 외환죄를 제외한 소추금지(헌법 제84조), 국회의원에 대한 직무상 발언 · 표결의 면책특권(헌법 제45조)과 현행범인을 제외한 회기중 국회동의 없는 체포 · 구금의 금지(헌법 제44조)를 규정하고 있다. 그리고 외교관 등에 대한 국제법상의 예외도 있다.

(3) 시간적 적용범위

형사소송법은 시행 시부터 폐지 시까지 효력을 가지는데, 구체적으로 법률개정이 된 경우 구법과 신법 중 어떤 법을 적용하느냐에 대해 소급효금지의 원칙이 적용되지 않기 때문에 입법정책상의 문제가 된다. 부칙은 시행 전에 공소가 제기된 사건에 대해서는 구법을 적용하고(부칙 제1조), 시행 후에 공소가 제기된 사건에 대해서는 신법을 적용하되 이미 구법에 의해 행한 소송행위의 효력에는 영향이 없다(부칙 제2조). 따라서 혼합주의를 취하고 있다.

---

2) 그 동안 행형법이 수용자의 기본권 보장과 권리구제 등에서 미흡한 점이 많다는 지적에 따라 1950년에 제정된 행형법을 1961년 전면개정한 데 이어 45년 만에 수용자의 권리장전이나 대헌장이 되도록 하였다. 즉 수형자에 대한 서신내용의 검열원칙을 무검열원칙으로 바꾸고 창작활동의 자유를 보장하기 위해 집필 사전허가제를 폐지하며 자살과 폭행을 막기 위해 CCTV 등 전자장비를 제한적으로 활용할 수 있도록 하는 등의 내용으로 행형법을 전면 개정한 「형의 집행 및 수용자 처우에 관한 법률」이 2007년 11월 23일 국회 본회의를 통과하여, 12월 21일 공포되었다.

4. 형사소송법의 역사

(1) 서구의 경우

근세 초기의 절대국가에서는 형사소송에서 규문주의가 지배하였다. 1532년의 독일 「카롤리나 형사법전」이 이에 해당하는 대표적인 실정법이었다. 영국에서는 1688년 명예혁명에 의하여 당사자주의 소송절차가 확립되었고 17세기 말에는 자기부죄거부의 특권과 반대신문권의 보장을 근거로 하는 전문법칙이 확립되었다. 대륙에서는 18세기 프랑스혁명을 계기로 탄생한 1791년의 법률이 공개주의와 구두주의, 기소배심과 심리배심, 피해자소추와 공중소추를 인정한 영국의 형사제도를 한때 계수하였다. 그러나 곧이어 1808년 프랑스혁명에 대한 나폴레옹의 반동으로 탄생한 나폴레옹법전의 하나인 「治罪法」이 직권주의 · 국가소추주의 · 예심절차를 내용으로 하는 오늘날 직권주의적 대륙법계 형사소송제도를 정착시켰다.

(2) 우리나라의 경우

일제치하에서는 1912년 조선형사령에 의해서 나폴레옹의 치죄법을 모방하여 제정된 일본의 형사소송법이 먼저 도입되었다. 그러나 그 후 1922년(대정 11년)에 일본의 형사소송법이 독일의 형사소송법을 토대로 다시 제정되자 이 법이 조선형사령에 의해 우리나라에 도입되었다. 이 大正 형사소송법이 1954년 9월 23일 법률 제341호로 공포되어 동년 10월 14일부터 시행된 현행 형사소송법이 등장할 때까지 우리나라에서 적용되었다. 다만, 해방 후 미군정 시대인 1948년 3월 20일에 미군정 법령 제176호로 형사소송법이 일부 개정되었다. 예컨대, 구속적부심사제도의 신설, 영장제도의 신설, 접견교통권의 보장, 보석제도의 강화 등이 그 당시 개정된 주요내용들이다. 구속적부심사제도는 제3차 개정시(유신시대) 폐지되었다가 제5차 개정시 부활되었고, 체포영장제도와 구속영장실질심사제도는 제8차 개정시(1995년 12월 29일 개정)에 도입되었다. 그 이후에도 부분적인 법 개정 작업은 지금까지 계속 이어지고 있다. 그 중에서도 특히 2007.6.1.에 개정된(시행일은 2008.1.1) 법률에는 신형사소송법이라 불릴 정도의 대폭적인 개정내용을 담고 있다. 2007년 개정 이후에도 수차례 개정을 거쳤고 최근 2020년 개정 형사소송법에서는 경찰에게 1차적 수사권 및 불송치 결정의 자체 수사종결권을 부여하여 수사권 조정이 이루어졌고, 특히 검사작성 피신조서의 증거능력 인정도 사법경찰관과 마찬가지로 내용을 인정한 때에 한하여 증거로 사용할 수 있도록 하고 있다. 그러나 이러한 부분적 개정작업을 넘어서 기존 형사소송법의 체계와 구성을 새롭게 바꾸는 전면개정, 즉 실질적인 새로운 형사소송법의 제정 작업도 이제는 입법론으로서 고려되어야 할 것이다.

[설문 (3)의 해결] 1954년의 제정 형사소송법에서 2007년 제17차 개정 형사소송법(시행은 2008년 1월)까지 영장구속의 기간은 변함이 없다(즉 경찰 10일, 검사 10일 및 10일 연장 가능). 구속의 종류는 제정시부터 긴급구속과 영장구속의 2종류가 있었지만, 1995년 제8차 개정에서 긴급구속은 긴급체포로 그 이름이 바뀌었다. 그리고 제정시부터 서류심사에 의해서만 구속영장이 발부되도록 규정되어서 피의자 구속제도가 오랫동안 남용된 측면이 강하였는데(즉 불구속수사의 원칙이 무력화되었음), 1995년 제8차 개정에서 피의자신문을 통해 구속영장의 발부를 결정하는 구속영장실질심사제도가 처음으로 도입되었다. 그 당시 구속영장실질심사의 요구권을 법관에게 부여하였는데, 법관이 무차별적으로 그 권한을 행사하자 곧바로 1997년 제9차 개정을 통해 피의자에게 실질심사청구권을 부여하는 것으로 바뀌었다. 그러다가 2007년 제17차 개정을 통해 국제인권규약에서 요구되는 필요적 실질심사제도가 드디어 도입되었다.

[§ 2] 형사소송(법)의 지도이념

형사소송(법)의 지도이념으로는 대개 실체적 진실주의, 적정절차의 원칙 및 신속한 재판의 원칙이라는 3가지가 제시된다. 그리고 적정절차의 핵심적 파생원칙으로는 무죄추정의 원칙이 제시되기도 한다.[3] 실체적 진실주의와 적정절차의 원칙 및 신속한 재판의 원칙 사이의 관계에 대해서는 실체적 진실주의라는 형사소송의 목적을 달성하기 위해서 적정절차의 원칙과 신속한 재판의 원칙은 그 수단에 불과하다는 주장도 있을 수 있겠지만(목적수단관계설. 주로 독일 학자의 견해임), 3자 모두를 병렬적인 목적으로 이해하는 이원적 목적설이 우리나라의 지배적 견해에 해당한다.

---

3) 예컨대 임동규 13면.

Ⅰ. 실체적 진실(발견)주의

[설문 (4)] 피고인이 공판정에서 시행되는 피고인 모두절차(제286조 제1항)에서 공소사실에 대해 자백하였다. 입법론적으로 그 이후의 형사소송절차를 어떻게 구성하는 것이 실체적 진실주의의 이념을 훼손하지 않겠는가? 그리고 피고인이 고의로 범행하였는가에 대한 (검사의) 입증이 완벽하게 이루어지지 않은 경우에 법관은 어떻게 재판하여야 하겠는가?

1. 의 의

실체적 진실주의(Prinzip der materiellen Wahrheit)란 형사소송의 실체에 해당하는 범죄사실의 객관적 진실을 명백히 밝혀야 한다는 원칙을 말한다. 형사소송에서는 객관적 진실을 밝히는 것이 요구되기 때문에 당사자가 소송물을 마음대로 처분할 수 없다. 이 점에서 청구인락 또는 화해와 같은 당사자처분제도를 통해 소송종결이 가능한 민사소송에서 형식적 진실주의가 지배하는 것과는 다르다. 그리고 영미의 기소사실인부제도(arraignment)는 피고인의 공판정 자백이 있으면 유죄가 인정되어서 어느 정도 당사자가 소송물을 처분할 수 있는 것이다. 그러나 우리나라에서는 이러한 제도도 허용되지 않는다. 우리나라에서는 피고인의 공판정 자백이 있더라도 오직 간이공판절차가 개시될 수 있을 뿐이다. 따라서 영미법계보다 우리나라에서 실체적 진실주의는 더욱 철저히 추구되고 있다.

2. 내 용

(1) 기능의 양면성

실체적 진실주의에는 모든 범죄사실을 명백히 하여 죄 있는 자를 빠짐없이 벌하도록 하는 적극적 작용(적극적 실체진실주의)과 객관적 진실을 밝혀 죄없는 자를 유죄로 하여서는 안 된다는 소극적 작용이 있다(소극적 실체진실주의). 민주법치국가에서는 후자가 특히 강조된다. 이를 반영하는 것이 "열 사람의 범인을 놓치는 한이 있더라도 한 사람의 죄없는 자를 벌하여서는 안 된다"는 法諺과 "의심스러울 때는 피고인의 이익으로(in dubio pro reo)"라는 무죄추정의 원칙이다.

(2) 소송구조와의 관계

대륙법계의 직권주의 소송구조와 영미법계의 당자자주의 소송구조는 적극적 및 소극적 실체진실주의를 공통적으로 추구하되, 그 방법이 다를 뿐이다. 따라서 종래 직권주의 소송구조는 적극적 실체적 진실주의를 강조하는 소송구조이고, 영미의 당사자주의 소송구조는 소극적 실체적 진실주의를 강조하는 소송구조라는 견해는 옳지 않다.

(3) 제도적 구현

형사소송법상의 모든 규정 내지 제도는 적극적 또는 소극적 실체진실주의를 구현하기 위한 것이다. 따라서 국내 교과서가 실체적 진실주의를 구현하는 것으로 몇몇 소송법규정을 드는 것은 타당하지 않다. 다만, 대표적인 내용을 적시한다면 다음과 같다.

1) 수사단계에서 임의수사가 원칙으로 규정되어 있고(제199조 제1항), 강제수사의 경우에는 엄격한 법정주의 내지 영장주의가 적용되고 있는데(특히 불구속수사의 원칙을 규정한 제198조 제1항), 이는 적극적 실체적 진실주의는 물론이고 소극적 실체적 진실주의도 함께 고려한 것이다.

2) 증거조사에서는 당사자가 주도하는 것이 원칙이지만 예외적으로 법원에 의한 보충적 피고인신문(제296조의2 제2항)과 증인신문(제161조의2), 직권에 의한 증거조사(제295조)의 규정을 통하여 법원이 보충적으로 직권 개입하여 실체적 진실을 밝히고자 한다.

3) 증거법칙으로는 증거재판주의(제307조), 자유심증주의(제308조), 위법수집증거배제법칙(제308조의2), 자백의 임의성 법칙(제309조), 전문법칙(제310조의2), 자백의 보강법칙(제310조) 등이 규정되어 적용되고 있다. 실체적 진실은 적법한 증거와 적법한 증거조사 절차를 거쳐 밝혀질 수 있을 뿐이라는 것이다.

4) 법원에 의한 사실인정의 오류를 시정하려는 미확정 판결에 대한 상소제도와, 유죄가 확정되더라도 실체적 진실 발견을 위하여 새로운 재판을 하는 재심제도 등이 갖추어져 있다.

3. 한 계

(1) 이념의 충돌에 의한 제한

실체적 진실주의는 형사소송의 유일한 이념이 아니다. 따라서 실체적 진실주의는 적정절차의 원칙과 신속한 재판의 원칙과 충돌할 때에는 제한될 수 있다.

(2) 사실상의 제약

인간은 그 능력의 한계 때문에 절대적인 객관적 진실을 증명할 수 있을 정도로 발견할 수는 없다. 고의와 같은 주관적 요소는 특히 그러하다. 따라서 진실의 발견은 합리적 의심 없는 고도의 개연성으로 만족하여야 한다.[4)]

(3) 초소송법적 이익에 의한 제한

형사소송의 이익보다도 더 큰 이익이 있다면 실체적 진실주의는 제한되어야 한다. 예컨대 형사소송법은 초소송법적 이익을 위해서 군사상 비밀사항 등에 대한 압수 · 수색(제110조-제112조), 본인 또는 친족에게 형사상 불리하거나 비밀사항에 대한 증인의 증언의무(제148조-제149조)를 일정부분 제한하고 있다.

[설문 (4)의 해결] 피고인이 공판정에서 자백한 경우에 입법론적으로 그 이후의 형사절차를 어떻게 구성할 것인가에 대해서는 실체적 진실주의의 이념이 훼손되지 않는 범위 내에서 입법자의 합리적 결정이 있어야 할 것이다. 그런데 기소사실인부제도(arraignment)를 채택하고 있는 영미에서는 피고인의 공판정 자백이 있으면 별다른 사후절차 없이 유죄가 인정되겠지만, 우리나라에서는 피고인의 공판정 자백이 있더라도 유죄인정을 위한 사후절차가 계속되면서 오직 간이공판절차가 개시될 수 있을 뿐이다. 판단컨대, 양자는 실체적 진실주의를 적극적으로 훼손하는 것으로 평가되기는 어렵다. 오히려 양자는 각자의 입장에서 형사소송의 다른 이념(특히 신속한 재판의 원칙)과 조화를 이룬 것으로 해석되어야 할 것이다. 다만 우리나라의 법제가 실체적 진실주의의 이념을 상대적으로 더 강조한 것으로 평가될 수는 있을 것이다. 그리고 고의는 주관적인 것이기 때문에 그에 대한 100% 정확한 입증은 달성되기 어렵다. 따라서 실체적 진실주의의 이념도 특히 고의와 같은 주관적 사실의 입증에서는 합리적 의심 없는 고도의 개연성으로 만족하여야 한다. 따라서 이러한 정도로 (검사에 의해) 입증된 경우 법관은 피고인의 고의를 인정하여야 한다.

---

4) 이에 대하여 인간의 인지능력한계에서 오는 필연적 제약이기 때문에 특별히 지적할 필요가 없다는 입장으로는 신동운, 10면; 임동규, 9면.

Ⅱ. 적정절차의 원리

[설문 (5)] 현행 소송촉진 등에 관한 특례법 제23조는 "제1심 공판절차에서 피고인에 대한 송달불능보고서가 접수된 때로부터 6월이 경과하도록 피고인의 소재를 확인할 수 없는 때에는 대법원규칙이 정하는 바에 따라 피고인의 진술 없이 재판할 수 있다. 다만, 사형 · 무기 또는 장기 10년이 넘는 징역이나 금고에 해당하는 사건의 경우에는 그러하지 아니하다"는 내용으로 피고인의 불출석재판을 규정하고 있다. 이 규정은 적정절차의 원리에 어긋나지 않겠는가?

1. 의 의

적정절차(due process)의 원칙이란 형벌권을 실현하는 형사소송은 공정한 법정절차에 의하여 진행되어야 한다는 것을 말한다. 이 원칙은 국가기관에 의한 실체적 진실의 발견과정에서 침해될 수 있는 피고인 내지 피의자의 인권을 보장하는 데 취지가 있다. 따라서 적정절차의 원리는 대개의 입법례에서 헌법적으로 고양되어 선언된다. 예컨대 미국수정헌법 제5조는 "누구든지 법의 적정절차에 의하지 않고는 생명 · 자유 · 재산을 침해받지 아니한다"고 선언하고 있다. 우리 헌법도 마찬가지이다. 헌법은 제12조 제1항 후문에서 "모든 국민은 …… 법률과 적법한 절차에 의하지 아니하고는 처벌 · 보안처분 또는 강제노역을 받지 아니한다"고 규정하여 적법절차에 의한 형사처벌의 원칙을 선언하고 있다. 이 적법절차원칙은 절차가 법률로 정하여져야 할 뿐만 아니라 적용되는 법률의 내용에 있어서도 합리성과 정당성을 갖춘 적정한 것이어야 한다는 것을 뜻하고, 특히 형사소송절차와 관련하여 보면 형벌권의 실행절차인 형사소송의 전반을 규율하는 기본원리로서, 형사피고인의 기본권이 공권력에 의하여 침해당할 수 있는 가능성을 최소화하도록 절차를 형성 · 유지할 것을 요구하고 있다. 헌법 제12조 제1항은 적정절차원칙의 일반조항에 해당한다. 더 나아가 동조 제2항은 진술거부권, 제3항은 영장주의, 제4항은 변호인의 도움을 받을 권리, 제6항은 구속적부심사제도, 제27조 제3항은 신속한 공개재판제도, 동조 제4항은 무죄추정의 원칙, 제28조는 형사보상제도를 각각 규정하고 있다. 즉 우리 헌법은 형사소송에서 요구되는 적정절차를 실현하는 제도를 헌법적으로 고양하여 선언하고 있다. 이를 헌법적 형사소송의 확립이라고 부르는 견해가 있다.[5)]

2. 핵심적 파생원칙으로서의 무죄추정의 원칙

적정절차의 원리는 무죄추정의 원칙을 핵심적 원칙으로 인정하여야 한다. 헌법 제27조 제4항도 "형사피고인은 유죄의 판결이 확정될 때까지 무죄로 추정된다"는 무죄추정의 원칙을 선언하고 있다.[6] 이렇게 헌법이 공소가 제기된 형사피고인에게 무죄추정의 원칙이 적용되도록 규정한 이상, 아직 공소가 제기조차 되지 아니한 형사피의자에게 무죄추정의 원칙이 적용되는 것은 너무도 당연하다. 이 무죄추정의 원칙은 언제나 불리한 처지에 놓여 인권이 유린되기 쉬운 피의자 · 피고인의 지위를 옹호하여 형사절차에서 그들의 불이익을 필요한 최소한에 그치게 하자는 것으로서 인간존엄성의 존중을 궁극의 목표로 삼고 있는 헌법이념에서 나온 것이다.[7]

피고인에게 무죄가 추정된다는 것은 유죄의 거증책임은 검사에게 있다는 것을 의미한다. 이 경우 검사가 부담하는 입증의 정도는 법관이 확신을 가질 정도이어야 한다. 따라서 피고인이 유죄인지 무죄인지 불분명한 경우(소위 in dubio의 경우)에는 물론이고 유죄의 심증이 법관에게 다소 있더라도 확신의 정도가 아닌 경우에도 법관은 무죄판결을 하여야 한다.

그리고 무죄추정의 원칙은 불구속 수사와 재판을 원칙으로 하고 예외적으로 피의자 또는 피고인이 도망할 우려가 있거나 증거를 인멸할 우려가 있는 때에만 구속수사 또는 구속재판이 인정될 뿐이다.[8] 즉, 대인적 강제처분을 비롯한 모든 강제처분은 수사편의나 재판편의를 위하여 이용되어서는 안 된다. 강제처분이 수사나 재판편의로 이용될 때는 공소제기나 재판이 잘못되어 원죄(寃罪)사건이 생기기 쉽게 된다. 더 나아가 무죄추정을 받은 피의자 · 피고인에 대한 부당한 대우도 금지된다. 특히 고문은 절대적으로 금지된다(헌법 제12조 제2항). 그리고 무죄추정을 받는 피의자 · 피고인에게는 진술거부권이 보장되어야 한다.

---

5) 차용석/최용성, 10면.

6) 수범자 무죄추정의 원칙은 일차적으로 입법자를 수범자로 하여 무죄추정에 반하는 입법을 금지하는 의미를 가진다는 입장으로 신양균, 377면 이하.

7) 헌재결 1992.1.28, 91헌마111.

8) 부득이 구속하는 경우에도 가급적 석방(예: 체포 · 구속적부심, 필요적 보석)이 요청되며, 구속 중이라도 구속 이외의 불필요한 고통을 과하지 않을 것(예: 접견교통권의 보장)을 요구하게 된다.

3. 구현내용

(1) 공정한 재판의 담보

적정절차의 이념은 무엇보다도 재판기관이 공평하게 심판할 때에만 실현될 수 있다. 공정한 재판이란 헌법과 법률이 정한 자격이 있고, 헌법 제104조 내지 제106조에 정한 절차에 의하여 임명되고 신분이 보장되어 독립하여 심판하는 법관으로부터 헌법과 법률에 의하여 그 양심에 따라 적법절차에 의하여 이루어지는 재판을 의미한다. 또한 그 권리는 재판절차를 규율하는 법률과 재판에서 적용될 실체적 법률이 모두 합헌적이어야 한다는 의미에서의 법률에 의한 재판을 받을 권리뿐만 아니라 재판의 공정을 보장하기 위하여 비밀재판을 배제하고 일반국민의 감시 아래 재판의 심리와 판결을 받을 권리도 내용으로 한다.[9] 공정한 재판을 위해 헌법상 법관의 독립(헌법 제103조), 법관의 제척 · 기피 · 회피제도(제17조 내지 제24조) 등이 요구된다. 여기의 법관에는 공판심리의 법관은 물론이고 수사단계에서 관여하는 법관도 포함된다. 그리고 헌법은 제27조 제1항에서 "모든 국민은 헌법과 법률이 정한 법관에 의하여 법률에 의한 재판을 받을 권리를 가진다"라고 규정하여 재판청구권을 국민의 기본권으로서 보장하고 있다. 이 재판청구권에는 물론 형사피고인의 공정한 재판을 받을 권리가 포함된다.

상기한 [설문 (5)]와 관련하여 개정 전 (구)소송촉진 등에 관한 특례법 제23조는 사형 · 무기 또는 단기 3년 이상의 징역이나 금고에 해당하는 사건을 제외한 형사사건에서 피고인에 대한 송달불능보고서가 접수된 때로부터 6월이 경과하도록 피고인의 소재를 확인할 수 없는 때에는 피고인의 진술 없이도 제1심 재판을 진행하여 유죄판결을 선고할 수 있도록 규정하였다. 이 규정에 대해 헌법재판소는 "영구미제사건의 적체를 줄이기 위하여 마련한 불가피한 입법이라 하더라도 그 입법목적 달성에 필요한 최소한의 범위를 넘어서 재판청구권의 한 내용인 피고인의 공정한 재판을 받을 권리를 과도하게 침해한 것이다. 그리고 피고인에게 불출석에 대한 개인적 책임을 전혀 물을 수 없는 경우까지 궐석재판을 행할 수 있게 하였으므로 적법절차의 원칙에도 반한다"고 판시한 바 있다.[10]

---

9) 헌재결 1994.4.28, 93헌바26; 1996.1.25, 95헌가5; 1998.7.16, 97헌바22.

10) 헌재결 1998.7.16, 97헌바22.

(2) 피의자 · 피고인 방어권의 보장

적정절차의 이념은 피고인에게 적극적으로 소송에 참여하여 검사의 공격에 대해 방어할 수 있는 권리를 보장할 때에 실현될 수 있다. 이를 위해 피고인의 공판정 출석권(제276조), 모두진술권(제286조), 진술거부권(제283조의2), 증거신청권(제294조), 제1회 공판기일 이전까지의 증거보전청구권(제184조) 등이 요구된다. 수사절차에서도 피의자에게 진술거부권(제244조의3), 증거보전청구권 등의 일정한 권리가 보장되어야 한다. 더 나아가 검사와 피고인 사이에는 무기평등의 원칙이 적용되어야 한다. 이를 위해 피고인에게 변호인의 조력을 받을 권리를 보장하고(헌법 제12조 제4항, 제30조 제1항, 제90조), 국선변호제도(제33조) 등이 활성화되어야 한다. 수사기관과 피의자 사이에서도 인권 내지 방어권은 최대한 보장되어야 한다. 그리고 법원(또는 수사기관)은 피고인(또는 피의자)에게 보장된 법적 권리를 행사할 수 있도록 보호하여야 한다(Prinzip der Fürsorgepflicht). 그들이 하여야 할 대표적인 것을 든다면 진술거부권의 고지(제283조의2 제2항), 구속 시(피의자의 경우는 체포 시에도) 범죄사실의 요지 및 변호인 선임권의 고지(제72조) 등이다.

(3) 국가공권력행사의 적정한 통제

적정절차의 이념은 형사사법기관의 공권력 행사가 적절하게 통제될 때에 실현될 수 있다. 이를 위해 법원 또는 수사기관에게 허용된 강제처분은 비례성의 원칙에 따른 제한 하에서 행사되어야 한다. 비례성의 원칙은 필요한 경우에 행사할 수 있다는 필요성의 원칙, 소송의 목적을 달성함에 있어서 적합한 경우에만 행사할 수 있다는 적합성의 원칙, 절대로 남용해서는 안 된다는 과잉금지의 원칙(Übermaßverbot) 등을 내용으로 한다.

[설문 (5)의 해결] 소송주체이자 당사자인 피고인의 출석과 진술 없이 법관이 재판을 하는 것은 원칙적으로 적정절차의 원리에 상응하지 아니한다. 다만 다른 이념인 신속한 재판의 원칙과 조화되는 범위에서는 궐석재판이 허용될 수 있을 것이다. 그런데 개정 전 「소송촉진 등에 관한 특례법」 제23조는 피고인 궐석재판의 불허범위를 "사형 · 무기 또는 단기 3년 이상의 징역이나 금고에 해당하는 사건"으로 규정하였다. 그러나 이에 해당하는 범죄는 그다지 많지 않기 때문에 역으로 대부분의 형사사건에 대한 궐석재판이 허용되었던 것이다. 즉 종래의 입법은 피고인의 공정한 재판을 받을 권리를 과도하게 침해한 것이다. 그러나 현행법은 궐석재판금지의 범위를 '사

형, 무기 또는 장기 10년 이상'의 사건으로 매우 넓혔기 때문에 적법절차의 원칙에 대한 위반문제는 법 개정을 통해 해결된 것으로 평가될 수 있을 것이다.

Ⅲ. 신속한 재판의 원칙

[설문 (6)] 우리나라는 경죄사건에 대해서는 신속한 재판의 원칙을 최대한 구현하는 입법정책을 펴고 있고, 구체적으로는 경죄사건에 대한 약식절차와 즉결심판절차가 입법화되어 시행되고 있다. 그런데 현행의 약식절차와 즉결심판절차가 실제로 신속한 재판의 원칙을 구현하는 방향으로 시행되고 있는가?

1. 의 의

철학자 Bacon은 "사법은 신선할수록 향기가 높다"고 하였고, 유명한 법언은 "재판의 지연은 재판의 거부와 같다(Justice delayed, justice denied)"고 하였다. 이것은 재판의 신속이 형사소송의 지도이념임을 밝힌 것이다. 우리 헌법 제27조 제3항도 모든 국민은 신속한 공개재판을 받을 권리를 가진다고 선언하고 있다.

신속한 절차의 진행은 피고인의 이익과 공익의 보호를 위하여 요구된다. 예컨대, 신속한 절차진행으로 인한 부당한 장기구금의 방지, 피고인 불안의 조기해소, 증인의 사망 또는 증거의 멸실 등으로 인한 방어기회상실의 방지 등이 피고인의 이익을 위하는 방향으로 작용할 것이다. 그에 반하여 장기간의 구속과 재판에 의한 비용과 노력을 경감시키는 소송경제면, 조기재판과 조기집행을 통해 달성될 수 있는 일반예방의 효과면, 증거의 멸실을 방지하는 실체적 진실발견의 면 등이 공익에 기여하는 방향으로 작용할 것이다. 따라서 신속한 재판의 원칙은 피고인의 방어권 침해와 졸속재판에 흐르지 않은 이상 최대한 추구되어야 할 소송이념이 되어야 한다.

2. 구현내용

(1) 수사와 공소제기의 신속을 위한 제도

예컨대 검찰청 소속 검사, 공수처 소속 검사, 경찰청 소속 일반 사법경찰, 특별 사법경찰 등의 여러 수사기관에 의한 수사, 일반 검경 사이의 수사협력관계(특별사법경찰에 대한 검사의 수사지휘), 수사기관의 구속기간의 제한(제202조, 제203조,

제205조), 기소편의주의(제247조, 제255조), 공소시효제도(제249조) 등은 여기에 해당하는 제도이다.

(2) 공판절차의 신속한 진행을 위한 제도

예컨대 공판준비절차(제266조의5), 심판범위의 한정(제248조 제2항), 궐석재판제도(제277조의2 등), 집중심리주의(제267조의2), 재판장의 소송지휘권(제279조), 구속기간의 제한(제92조), 판결선고기간의 제한(형사소송규칙 제146조, 소송촉진 등에 관한 특례법 제21조, 특정강력범죄의 처벌에 관한 특례법 제13조), 대표변호인제도(제32조의2)와 소송지연목적 기피신청의 기각(제20조 제1항) 등은 여기에 해당하는 제도이다.

(3) 상소심 재판의 신속을 위한 제도

예컨대 상소기간의 제한(제358조, 제374조), 항소장검찰청 경유제도의 폐지(제361조의 개정), 상소기록송부기간의 제한(제361조, 제377조), 상소이유서 제출기간의 제한(제361조의3, 제379조), 상소기각의 경우 미결구금일수산입의 금지(소송촉진 등에 관한 특례법 제24조)[11] 등은 여기에 해당하는 제도이다.

(4) 재판의 신속을 위한 특수한 공판절차

1) 간이공판절차 피고인이 공판정에서 자백하는 경우 간이공판절차에 의하여 심판할 수 있도록 하여 자백사건의 신속한 재판이 추구된다(제286조의2). 이것은 합의부 사건에도 적용된다. 간이절차의 내용은 증거조사절차를 간이화하는 것(제297조의2)과 전문증거에 대해 증거동의를 의제하는 것이다(제318조의3).

2) 약식절차와 즉결심판절차 비교적 경미한 사건에 대해 검사의 신청에 의해 약식절차가 진행될 수 있고, 경찰서장의 청구에 의해 즉결심판이 진행될 수도 있다. 약식절차의 경우는 구두변론을 생략하여 서면심리가 이루어지고, 즉결심판

---

11) 대법원은 입법정책상의 선택의 범위 내에서 규정되어 합헌으로 판시하였고(대판 1992.6.23, 92초40), 헌법재판소도 재판청구권의 본질적 내용을 침해하는 것이 아니라고 하였다(헌재결 1994.12.29, 92헌바31). 그런데 최근 헌법재판소는 "판결선고전의 구금일수는 그 전부 또는 일부를 유기징역, 유기금고, 벌금이나 과료에 관한 유치 또는 구류에 산입한다"고 규정하고 있는 형법 제57조 제1항에 대해, 대다수 입법례가 미결구금기간의 '전부'를 형기에 산입하는 것(소위 법정통산)과는 달리 미결구금기간의 일부를 산입할 수 있도록 법관의 자유재량에 맡기는 것(소위 재정통산)은 적법절차의 원칙 및 무죄추정의 원칙에 반한다는 취지로 위헌 결정을 내렸다(헌재결 2009.6.25, 2007헌바25). 이 판례와 더불어 상소기간 동안의 불산입에 관한 재정통산규정은 법정통산으로 바뀌게 되었다(헌재결 2009.12.29, 2008헌가13, 2009헌가5 병합 참조).

의 경우는 검사기소주의의 예외가 된다.

[설문 (6)의 해결][12] 우리나라 약식절차사건의 경우 신속절차의 원칙이 실무에서 원활하게 실현되지 못하고 있다. 즉, 약식사건의 처리에 장기간이 소요되고, 특히 불이익변경금지의 원칙이 적용되는 관계로 약식명령에 대한 정식재판청구사건이 증가하여 법관 업무의 가중과 절차의 지연 등의 문제점이 제기되고 있다. 그리고 불출석재판인 약식명령에 따른 형 집행시기가 사건발생일이나 공소제기일로부터 너무 떨어져 있어, 소재파악의 어려움으로 송달불능 등에 의해 형집행률이 상당히 저조하고, 인구이동률이 매우 높은 관계로 공시송달률도 높아 피고인은 실제로 송달받지도 않은 약식명령이 확정되어 그 내용을 알지 못한 상태에서 지명수배가 되는 폐해도 있었다. 그런데 최근 형사사법정보시스템 구축의 근거법률인 「형사사법절차 전자화촉진법」과 음주 · 무면허 등 약식절차사건을 전자적으로 처리할 수 있도록 한 「약식절차에서의 전자문서이용 등에 관한 법률」이 제정 · 시행되었다. 이에 따라 전체사건의 20%를 차지하는 음주 · 무면허 약식사건의 경우 '경찰단속 및 입건→검찰의 약식명령 청구→법원의 약식명령→벌금 등의 집행'까지 전 과정이 전자화돼 온라인상에서 진행된다. 이같은 전자적 사건처리는 피의자의 동의를 받은 사건에만 한정되며, 피의자 등이 동의를 철회하거나 구속된 경우, 정식재판을 청구한 경우에는 그때까지 작성된 전자기록을 출력해 기존 일반형사절차에 의해 처리한다. 이렇게 업무가 전자적으로 처리되면 기존에 4개월 정도 걸리던 음주 · 무면허사건의 처리기간이 15일 정도로 크게 단축될 수 있다. 그리고 벌금형이 선고되면 사건당사자는 이메일이나 SMS로 결과를 간편히 통보받을 수 있어 벌금납부통지를 받지 못해 지명수배되는 등의 사례를 방지하는 데도 도움을 줄 것으로 기대된다.

이에 비하여 즉결심판제도에서는 그동안 수많은 법 개정과 실무의 개선노력으로 신속절차의 원칙이 비교적 성공적으로 추구되고 있다. 특히 불출석재판(소위 비보호즉결심판청구)이 즉결심판청구사건의 대부분을 차지할 정도로 널리 활용되고 있다. 또한 종래 무려 100만 건에 달하였던 즉결심판의 청구건수가 2003년을 기점으로 단지 5만 건 수준으로 급격히 줄었다. 그 이유는 2002년 7월 1일부터 시행된 경범죄처벌법(제8조), 도로교통법(제120조)에 따라 종래 즉결심판대상자이었던 범칙금 미납자에 대해 범칙금액의 1.5배를 납부하면 즉결심판을 면제해 준 것에 있다.

---

12) 약식절차와 즉결심판절차에 관한 더 상세한 필자의 글로는 "경죄처리절차의 최근 입법동향에 관한 고찰," 한국공안행정학회보 제22호(2006). 15면 이하; "즉심사건처리절차의 문제점과 개선방안," 형사정책연구 제10권 제2호(1999, 여름호), 93면 이하.

3. 침해와 구제방법

신속한 재판을 위해 정해진 법 규율사항을 이행하지 않으면 당사자에게 보장된 권리가 상실될 수도 있고, 위법한 공권력행사로서 평가될 수도 있다. 특히 공소제기 후 25년간 확정판결이 없으면 공소시효가 완성된 것으로 간주되어 면소판결의 사유가 된다(제249조 제2항). 문제는 수사기관이 신속한 재판의 원칙을 위배하여 공소를 제기한 경우에 법관이 형식재판으로 종결할 수 있는가에 있다. 이에 대해 미국 Strunk판례는 공소기각을, 1972년 일본 高田사건의 판례는 면소판결을 선고하였으나, 절차지체가 공소기각 내지 면소의 재판사유로서 법정되지 않은 우리나라에서는 독일판례와 마찬가지로 양형에서만 고려할 수 있을 것이다(양형고려설).

[§3] 형사소송의 기본구조

Ⅰ. 규문(糾問)주의와 탄핵(彈劾)주의

규문주의(Inquisitionsprinzip)는 소추기관과 재판기관이 일치하는 소송구조를 말한다. 과거에는 규문법관이 소추기관과 재판기관을 겸하였다. 그런데 규문주의의 이면에 깔려있는 의미는 소송주체는 법원이고 피고인은 단순한 조사 · 심리의 객체에 불과하다는 데에 있다. 그러므로 규문주의하에서는 인권유린과 고문이 성행하였다. 이러한 폐단 때문에 규문주의는 프랑스혁명을 계기로 형사소송의 구조에서 자취를 감추었다. 탄핵주의(Akkusationsprinzip)는 재판기관과 소추기관이 분리되는 소송구조를 말한다. 따라서 탄핵주의는 불고불리의 원칙이 적용되는 소송구조이다. 그 소추기관이 누구냐에 따라 국가소추주의와 사인소추주의(이에는 다시 피해자소추주의와 공중소추주의)로 구분될 수 있다. 그런데 탄핵주의의 이면에 깔려있는 의미는 피고인은 단순한 조사의 객체가 아니라 소송의 주체로서 기본적 인권과 방어권이 보장된다는 것에 있다.

Ⅱ. 당사자주의와 직권주의

탄핵주의는 다시 소송의 주도적 지위가 누구에게 있는가에 따라 당사자주의와 직권주의로 대별된다. 전자는 영미의 형사소송구조를 이루고 있고, 후자는 대륙의 형사소송구조를 이루고 있다.

1. 당사자주의의 내용

(1) 의 의

당사자주의는 검사와 피고인에게 당사자자격을 부여하여 당사자 사이의 공격과 방어에 의하여 심리가 진행되고 법원은 제3자의 입장에서 재판하는 소송구조를 말한다. 이를 변론주의(Verhandlungsmaxime)라고도 한다. 따라서 당사자주의의 내용으로는 (i) 증거의 수집 · 제출을 원칙적으로 당사자에게 맡기고 서로 공격과 방어를 하게 하는 당사자진행주의 (ii) 소송물을 당사자가 처분할 수 있는 당사자처분주의를 내용으로 포함한다.

(2) 장 단 점

당사자주의의 장점으로는 이해관계인의 적극적인 개입으로 실체적 진실발견에 기여하고, 피고인을 소송주체로 봄으로써 그의 인권과 방어권을 충실히 보장할 수 있다는 것을 들 수 있다. 반면에 단점으로는 심리의 능률과 신속이 결여될 수 있고, 소위 형사사법이 스포츠화 내지 당사자 간의 타협이나 거래의 대상이 될 위험이 있다는 것을 들 수 있다.

2. 직권주의의 내용

(1) 의 의

직권주의는 소송에서 주도적 지위를 법원에게 인정하는 소송구조를 말한다. 직권주의의 내용으로는 (i) 법원의 직권으로 증거수집과 조사를 하는 직권탐지주의, (ii) 법원이 직권으로 사건을 심리하는 직권심리주의를 기본으로 한다.

(2) 장 단 점

직권주의의 장점으로는 법원의 적극적인 개입으로 실체적 진실발견에 기여하고, 능률적이고 신속한 재판을 실현할 수 있다. 반면에 단점으로는 사건의 심리가 법원의 예단에 의해 이루어질 위험이 있고, 피고인의 소송주체로서의 지위, 특히 인권·방어권의 보장이 제한될 위험이 있다.

Ⅲ. 우리 형사소송법의 소송구조

[설문 (7)] 제1심법원의 판결에 대해 피고인이 상소할 경우에 상소장(항소장)은 처음 원심법원에 제출되어서 종국적으로 항소심법원으로 접수되게 된다. 그런데 종래 형사소송법에는 그 중간에 원심법원에 상응한 검찰청과 항소심법원에 상응한 (고등)검찰청으로의 경유제도가 규정되었다. 그런데 이러한 검찰청경유제도가 형사소송법의 개정을 통해 폐지되었다. 그 폐지의 이유가 어디에 있는지에 대해 우리나라 형사소송구조와 관련하여 설명하시오.

1. 당사자주의와 직권주의의 조화

기술한 바와 같이 당사자주의와 직권주의는 각자 장단점을 공유하고 있다. 또한 양자는 공히 형사소송의 이념(실체적 진실주의와 피고인의 인권보장)에 기여하는 제도로서 단지 그 방법을 달리할 뿐이다. 우리 형사소송법은 순수한 당사자주의를 취하고 있다는 견해[13]도 없지 않으나, 양자의 장점을 수용한 절충적 소송구조 또는 양자의 요소가 섞인 혼혈적 소송구조를 취하는 것으로 보아야 한다. 다만 직권주의가 원칙이고 당사자주의가 예외적으로 보충된 것이라는 견해[14]와 당사자주의가 원칙이고 직권주의가 예외적으로 보충되었다는 견해[15]가 대립된다. 우리나라 헌법재판소는 상기한 [설문 (7)]과 관련하여 "형사소송의 구조를 당사자주의와 직권주의 중 어느 것으로 할 것인가의 문제는 입법정책의 문제로서 우리나라 형사소송법은 그 해석상 소송절차의 전반에 걸쳐 기본적으로 당사자주의 소송구조를 취하고 있는 것으로 이해되는바, 당사자주의에 충실하려면 제1심 법원에서 항소법원으로 소송기록을 바로 송부함이 바람직하다. 개정 전 (구)형사소송법 제361조 제1항, 제2항은 그 입법목적을 달성하기 위하여 형사소송법의 다른 규정만으로 충분한데도 구태여 항

---

13) 강구진, 125면; 차용석/최용성, 62면.
14) 이재상, 48면; 신동운, 14면; 신양균, 56면; 진계호, 32면; 임동규,16면.
15) 백형구, 47면; 신현주, 48면; 송광섭(2010), 63면; 이은모(2011), 28면; 정웅석/백승민, 61면.

소법원에의 기록송부시 검사를 거치도록 함으로써 피고인의 헌법상 기본권을 침해하고 법관의 재판상 독립에도 영향을 주는 것으로 과잉금지의 원칙에 반하여 피고인의 신속·공정한 재판을 받을 기본권을 침해하는 위헌의 법률조항이다"고 판시하였다.[16] 생각건대, 우리나라 형사소송법상 공판절차에서는 구술변론주의, 공소장일본주의, 당사자에 의한 증거신청주의, 당사자의 교호신문에 의한 증인신문주의 등을 내용으로 하는 당사자주의가 원칙이고, 법원의 개입은 예외적으로만 허용되는 것으로 보아서 공판절차에 관한 한 당사자주의적 색채가 더욱 강한 것으로 판단된다.[17] 그리고 수사절차에서는 피의자의 인권 및 방어권의 보장을 통해 당사자주의의 이념이 구현되고 있다.

2. 당사자주의적 요소

우리 형사소송법은 영미의 기소사실인부제도와 같은 당사자처분권주의를 인정하지 않는다. 그러나 당사자주의적 요소는 많이 내포되어 있다. 예컨대, 공소제기시에는 공소장일본주의(규칙 제118조 2항)가 적용되어 법원은 공평한 제3자의 지위에 있어야 하고, 현실적 심판범위를 공소장에 기재된 공소사실에 제한함으로써(제298조) 피고인의 방어권을 충실히 보장하며, 공판준비절차를 통하여 피고인의 방어준비를 강화하고 있다. 우리 형사소송법상 당사자의 출석은 개정요건이고(제275조, 제276조), 모두진술시에 검사가 공소사실 등을 낭독하여(제285조) 피고인에게 방어태세를 갖추게 하며, 증거조사는 원칙적으로 당사자의 신청에 의해 행하여지며(제294조), 제1회 공판기일 전까지 당사자의 증거보전청구권이 보장되고(제184조), 당사자는 증거조사에 대한 이의신청권(제296조)을 가진다. 더 나아가 증인신문에 있어 상호신문

---

16) 헌재결 1995.11.30, 92헌마44. 그 후 헌재는 등사신청거부취소사건에서 "수사기록에 대한 열람등사신청에 대해 우리 형사소송법이 당사자주의의 소송구조를 취하고 있다는 이유로 이를 전면 거부한다면 피고인의 방어권행사에 대한 중대한 제한을 가져와 실질적 당사자대등을 기대할 수 없다"고 판시하여(헌재결 94헌마60) 실질적 당사자대등까지 역설하고 있다.

17) 대법원도 "…… 형사소송에 있어서는 입증책임의 분배를 엄격하게 따질 수는 없다고 할 것이나 당사자주의를 그 소송구조로 하고 있는 현행 형사소송법 체계에서는 ……"고 판시(대판 1984.6.12, 84도796)함으로써 현행법이 당사자주의를 기본골격으로 판단하고 있는 것으로 보인다. 그 외에도 국가보안법위반사건에서 "…… 당사자주의를 그 기본 골격으로 하면서 한편으로는 직권주의적 규정을 아울러 두고 있는 형사소송법상 피고인이 진술의 임의성을 다투는 경우에 ……"라고 판시(대판 1983.3.8, 82도3248)한 것이 보인다.

제도(제161조의2), 당사자의 반대신문권을 보장하기 위한 전문법칙 등을 규정하고 있다. 또한 피고인신문에 있어 피고인에게 진술거부권을 보장하고(제283조의2), 법원은 보충신문만 하도록 하고 있다(제296조의2). 공판절차의 마지막 단계로서 당사자의 최종변론권이 보장되어 있다(제302조, 제303조).

3. 직권주의적 요소

피고인신문시에 재판장(또는 합의부원)도 피고인신문을 할 수 있다(제161조의2 제2항, 제5항). 그러나 검사와 변호인의 신문이 끝난 후에만 가능하다. 그리고 법원도 직권으로 증거조사를 할 수 있고(제295조), 재판장(또는 합의부원)은 증인신문을 할 수 있다(제161조의2 제2항, 제3항, 제5항). 법원은 검사에게 공소장변경을 요구할 수 있다(제298조 제2항). 재판장은 증거신청에 대한 결정(제295조), 불필요한 변론의 제한(제299조), 증거조사의 이의신청에 대한 결정(제296조 제2항), 공소장변경의 허가(제298조) 등의 소송을 원활히 진행하기 위한 권리를 가지고 있다. 여기서 재판장의 소송지휘권에 대하여 일설은 당사자의 소송활동을 규제하는 직권주의적 제도라고 한다. 그러나 재판장의 소송지휘권은 모든 소송구조에 본질적인 요소이다. 오히려 당사자의 활동이 난립하는 당사자주의 소송에서 특히 요청된다.

[설문 (7)의 해결] 상기한 헌법재판소의 결정(헌재결 1995.11.30, 92헌마44)에 따르면, 종래 형사소송법에서 시행되었던 상소장의 검찰청 경유제도는 당사자주의 소송구조의 철저화를 위하여 폐지된 것이다. 이러한 헌법재판과 법 개정을 통해서도 우리나라의 소송구조는 원칙적으로 당사자주의를 지향하고 있는 것으로 인식될 수 있다.

제 2 장

소송주체론

[§4] 법 원

Ⅰ. 수사절차와 공판절차에서의 주체와 법원(법관)

수사절차의 관여자는 수사기관, 법관, 피의자, 변호인, 참고인 등이 있다. 수사기관은 검사와 사법경찰관이다. 양자의 관계는 2021.1. 시행 형소법부터는 상호협력관계로 설정되어 있다. 법관이 수사절차에 관여할 수도 있다. 특히 수사기관이 체포 · 구속 · 압수 · 수색 등과 같은 강제처분을 위해 영장을 청구할 때 그 발부에 법관은 직접 개입한다. 그리고 법관은 수사기관이 할 수 없는 증거보전(제184조), 참고인에 대한 증인신문(제221조의2)을 수사절차에서 행하기도 한다. 피의자는 수사기관에 의하여 범죄의 혐의를 받고 있는 자이고, 수사의 객체가 된다. 그러나 피의자가 단순한 수사의 객체에 머물지 않고 자기의 인권 내지 방어권을 주장할 수 있도록 여러 제도와 피의자권리가 형사소송법에 규정되어 있다. 변호인은 피의자의 보호주체로서 체포 · 구속된 피의자와의 접견 · 교통권이 보장되고, 피의자신문시의 참여권이 판례에 의하여 보장되었고[1] 입법화되었다(개정법 제243조의2). 참고인은 범죄수사에 도움을 줄 수 있는 자로서 수사기관에 대해서는 아무런 의무도 지지 않는다. 따라서

---

1) 대법원은 송두율교수사건에서 '구속된 피의자'의 경우에 피의자신문에 대한 변호인의 참여권은 헌법상 변호인의 조력을 받을 권리에 기초하여 승인되어야 한다는 획기적 판결을 내린 것으로 대판 2003.11.11, 2003모402. 그리고 2004년 9월 23일 헌법재판소는 구금된 피의자뿐만 아니라, 불구속상태인 피의자의 경우에도 헌법상 적법절차의 원칙 및 변호인의 조력을 받을 권리로부터 '피의자신문시 변호인을 대동하여 조언과 상담을 받을 수 있는 권리'가 있음을 확인한 바 있다(헌재결 2004.9.23, 2000헌마138 총선낙선운동사건).

수사기관은 참고인에 대해서는 임의적 협조를 구할 수 있을 뿐이고, 어떠한 강제력을 행사할 수 없다.

공판절차에서의 3주체는 법원, 검사, 피고인이다. 변호인이 피고인을 보호하는 역할은 수사절차에서와 동일하다. 수사단계에서의 참고인은 공판단계에서는 대개 증인이 된다. 다만 수사기관에 대해 참고인은 어떠한 의무도 부담하지 않지만, 법원(또는 법관) 앞에서의 증인은 출석의무, 선서의무, 증언의무 등을 원칙적으로 부담한다.

Ⅱ. 법원의 의의와 종류

1. 법원의 의의

법원은 국법상 의미의 법원과 소송법상 의미의 법원으로 나눌 수 있다. 전자는 사법행정상의 법원을 말한다. 따라서 대법원장과 법원장의 지휘감독을 받는다. 이에 반하여 후자는 독립하여 재판권을 행사하고 상급법원이나 법원장의 지휘감독을 받지 않는다.

(1) 국법상 의미의 법원

사법행정상의 의미에서의 법원을 말한다. 이는 다시 사법행정상의 관청으로서의 법원과 관서로서의 법원으로 구분된다. 전자는 사법행정권의 주체가 되는 법원을 말하고, 후자는 그 자체로서는 아무런 권한이 없는 법관과 전체원을 포괄한 사법행정상의 단위에 불과한 법원을 의미한다. 관서로서의 법원의 청사를 법원이라고 하는 경우도 있다. 법원조직법에서 말하는 법원은 보통 국법상 의미의 법원을 뜻한다.

(2) 소송법상 의미의 법원

재판기관으로서의 법원을 말한다. 국법상 의미의 법원이 구체적으로 재판권을 행사하는 재판기관이 된 때, 즉 합의부 또는 단독판사를 소송법상 의미의 법원이라고 한다. 형사소송법에서 법원이라 할 때에는 소송법상 의미의 법원을 말한다. 법원은 사법권의 독립이 보장된 법관에 의하여 구성되어야 한다. 사법권의 독립을 실질적으로 보장하기 위하여 법관에게 엄격한 자격을 요구할 뿐만 아니라, 법관의 신분은 강력히 보장되고 있다(헌법 제103조, 제105조, 제106조, 법원조직법 제42조, 제45조, 제46조).

2. 법원의 종류

(1) 국법상 의미의 법원의 경우

법원조직법에 따르면 법원은 최고법원으로서 서울특별시에 있는 대법원과 하급법원인 고등법원과 지방법원(지방법원지원, 시군법원)으로 조직되어 있다. 기타 특허법원, 행정법원, 가정법원(가정법원지원, 소년부지원), 군사법원 등이 있다.

(2) 소송법상 의미의 법원의 경우

1) 단독제와 합의제 법원을 구성하는 방법에는 1인의 법관으로 구성되는 단독제와 2인 이상의 법관으로 구성되는 합의제가 있다. 단독제는 법관의 강한 책임감과 소송의 신속성을 그 장점으로 하고 합의제는 소송의 신중 · 공정을 장점으로 한다. 형사소송에 있어서 제1심 법원에는 단독제와 합의제를 병용하고 있다. 다만 단독제가 원칙이고(법원조직법 제7조), 상소법원은 합의제로 구성되어 있다(법원조직법 제7조, 제27조).

2) 재판장, 수명법관, 수탁판사, 수임판사

(가) 재 판 장 법원이 합의체인 경우 그 구성원 중의 1인이 재판장(Vorsitzender)이 된다. 재판장 이외의 합의체 구성법관은 합의부원(배석판사)이라고 한다. 재판장은 합의부의 일원으로서 피고사건의 심판에 있어서는 다른 배석판사와 동일한 권한을 가진다. 다만 소송수행의 원활을 기하기 위하여 합의체의 기관으로서 공판기일지정권(제267조), 소송지휘권(제279조), 법정경찰권(제281조 제2항) 등의 권한을 가진다. 그리고 재판장의 독립된 권한으로는 급속을 요하는 경우에 피고인을 소환 · 구속할 수 있는 권한(제80조)이 있다.

(나) 수명법관 합의체의 법원이 합의부원인 법관에게 특정한 소송행위를 하도록 명하였을 때 그 법관을 수명법관(beauftragter Richter)이라고 한다. 합의체의 법원이 결정 또는 명령을 할 때 필요한 조사를 그 부원에게 명할 수 있고(제37조 제4항) 압수 또는 수색을 부원에게 명할 수 있다(제136조 제1항).

(다) 수탁판사 어떤 법원이 다른 법원의 판사에게 일정한 소송행위를 하도록 촉탁한 경우에 그 촉탁을 받은 법관을 수탁판사(ersuchter Richter)라고 한다. 법원은 결정 또는 명령을 할 때 필요한 조사(제37조 제4항), 피고인의 구속(제77조 제1항), 압수 또는 수색(제136조 제1항)을 다른 법원판사에게 촉탁할 수 있다. 촉탁받은 판사는 일정한 경우 다른 법원의 판사에게 전촉할 수 있다(제77조 제2항, 제136조 제2항).

이 때 전촉받은 판사도 역시 수탁판사이다.

(라) 수임판사 수소법원과는 독립하여 소송법상의 권한을 행사할 수 있는 개개의 법관을 수임판사(Ermittlungsrichter)라고 한다. 영장발부(제201조), 증거보전절차(제184조), 수사상 증인신문절차(제221조의2) 등을 담당하는 판사가 이에 해당한다.[2]

Ⅲ. 법원의 관할

1. 관할의 의의

법원의 관할(Zuständigkeit)이라 함은 재판권의 행사에 있어서 각 법원에 분배된 권한을 말한다. 재판권(Gerichtsbarkeit)은 사법권을 의미하는 일반적 · 추상적인 국법상의 개념인데 대하여, 관할권은 재판권을 전제로 특정 사건에 대하여 특정 법원이 재판권을 행사할 수 있는 주체적 한계를 정하는 소송법상의 개념이다. 재판권이 없는 때는 공소기각의 판결을 하지만(제327조 제1호) 관할권이 없는 경우에는 관할위반의 판결을 한다(제319조). 그리고 특정한 법원 내에 다수의 재판부가 있는 경우에는 사무분배(Geschäftsverteilung)가 이루어지는 것과도 관할은 구별되어야 한다.

관할의 종류로서는 먼저 법정관할과 재정관할이, 그리고 법정관할에는 다시 고유관할과 관련사건의 관할이, 그리고 고유관할은 다시 사물관할 · 토지관할 및 심급관할이, 그리고 재정관할에는 관할의 지정과 이전이 있다. 이를 분설하면 다음과 같다.

- 관할
  - 법정관할
    - 고유관할
      - 사물관할
      - 토지관할
      - 심급관할
    - 관련사건의 관할
  - 재정관할
    - 관할의 지정
    - 관할의 이전

2) 수임판사는 수소법원으로 독립한 재판기관이므로 판례는 수임판사가 행한 재판은 수소법원을 구성하는 재판장이나 수명법관으로서의 재판이 아니므로 그 재판에 대해서는 형사소송법 제416조가 규정한 준항고의 방법으로 수소법원에 불복할 수 없다는 입장을 취하고 있다(대판 1986.7.12, 86모25). 다만 2007년 개정법은 증거보전 청구를 기각하는 결정에 대하여는 3일 이내에 항고할 수 있다고 명문으로 규정하고 있다(개정법 제184조 제4항).

2. 법정관할(1) / 고유관할

(1) 사물관할

사물관할이란 사건의 경중 또는 성질에 의한 제1심 관할의 분배를 말한다. 사물관할을 정하는 원칙으로서 범죄주의와 형벌주의가 있으나 법원조직법은 양자를 병용하고 있다. 제1심의 사물관할은 원칙으로 단독사건에 속한다(법원조직법 제7조 제4항). 그러나 (i) 사형 · 무기 또는 단기 1년 이상의 징역이나 금고에 해당하는 사건(다만 형법 제331조, 제332조, 폭력행위 등 처벌에 관한 법률 제2조 제1항 · 제3항, 제3조 제1항 · 제2항 및 제9조에 해당하는 사건과 병역법 위반사건 등은 제외한다)과 이와 동시에 심판할 공범사건, (ii) 지방법원 판사에 대한 제척 · 기피사건, (iii) 법률에 의하여 지방법원 합의부의 권한에 속하는 사건 및 (iv) 합의부에서 심판할 것으로 합의부가 스스로 결정한 사건은 합의부에서 심판한다(법원조직법 제32조 제1항).

(2) 토지관할

토지관할이란 동등법원 간에 있어서 사건의 토지관계에 의한 관할의 분배를 말하며 裁判籍이라고도 한다. 토지관할의 표준은 사건의 능률적 처리와 피고인의 출석 · 방어의 편의를 고려하여 결정되어야 한다. 형사소송법은 토지관할을 (i) 범죄지, (ii) 피고인의 주소 · 거소 또는, (iii) 현재지로 규정한다(제4조 제1항). 범죄지는 범죄사실의 전부 또는 일부가 발생한 장소로서 실행행위지, 결과발생지, 중간지도 포함한다. 주소는 생활의 근거가 되는 곳을 말하고, 거소는 사람이 다소 계속적으로 거주하는 곳으로 민법상의 개념에 의한다. 현재지는 임의 또는 적법한 강제[3]에 의하여 피고인이 현재하는 장소를 말하며(다수설과 판례)[4] 현재지인 이상 범죄지 또는 주소지가 아니더라도 토지관할이 인정된다.[5] 주소, 거소, 현재지는 토지관할의 결정에 우열이 없고, 소송제기시를 기준으로 판단하며, 공소제기 이후에 변경되어도 관할권에는 영향이 없다. 국외에 있는 대한민국 선박 · 항공기 내에서 범한 죄에 관하여는 이

---

3) 소말리아 해적이 강제로 부산으로 압송된 경우의 토지관할을 긍정한 대판 2011.12.22, 2011도12927; 이에 대하여 피고인의 현재의 소재지인 이상 임의 · 적법을 불문한다는 견해도 있으나(신현주, 86면), 관할제도를 무의미하게 한다는 점에서 부당하다고 본다.

4) 그리고 현재지는 공소제기 당시 피고인이 구속되어 있을 때에는 '구속된 장소'가 현재지가 될 뿐만 아니라, 검사의 출석요구에 응하여 조사를 받고 그 결과 공소제기 된 경우에도 '그 곳'이 현재지가 될 수 있다.

5) 피고인의 현재지인 이상 범죄지 또는 주소지가 아니더라도 토지관할이 인정된다(대판 1984.2.28, 83도3333).

외에 선적지 또는 범죄 후의 선착지를 토지관할로 한다(제4조 제2항, 제3항). 2021년 시행 공수처법 제31조(재판관할)에 의하면, 수사처 검사가 공소를 제기하는 고위공직자범죄 등 사건의 제1심 재판은 서울중앙지방법원의 관할로 한다. 다만, 범죄지, 증거의 소재지, 피고인의 특별한 사정 등을 고려하여 수사처 검사는 「형사소송법」에 따른 관할 법원에 공소를 제기할 수 있다.

(3) 심급관할

심급관할이란 상소관계에 있어서의 관할을 말한다. 상소에는 항소(상고) 및 항고(재항고)가 있다. 지방법원 또는 지방법원지원의 단독사건의 판결에 의한 항소사건과 결정 · 명령에 대한 항고사건은 지방법원 본원 합의부에서 관할하고, 지방법원 합의부의 제1심 판결에 대한 항소사건과 결정 · 명령에 대한 항고사건은 고등법원에서 관할한다. 제2심 판결에 대한 상고사건, 제2심 결정에 대한 재항고사건, 다른 법률에 의하여 대법원의 관할에 속하는 사건(법원조직법 제14조)과 제1심판결에 대한 비약상고사건은 대법원의 관할에 속한다(형소법 제372조).

[참고] 항소(상고)는 판결에 대한 상소방법이고, 항고(재항고)는 결정에 대한 상소방법이다. 법원의 결정에 대한 항고는 원칙적으로 허용되지만(제402조), 판결 전 소송절차의 결정에 대한 (보통)항고는 그 반대로 원칙상 허용되지 않는다(제403조). 전자의 경우에는 보통항고 이외에 명문규정으로 즉시항고의 형식으로 허용되는 경우가 있고, 후자의 경우에도 역시 명문규정으로 즉시항고의 형식으로 허용되는 경우가 있다. 고등법원 또는 항소법원의 결정에 대하여는 원칙적으로 재항고할 수 없다. 그러나 재판에 영향을 미친 헌법, 법률, 명령 또는 규칙의 위반이 있는 경우에 한하여 대법원에 즉시항고를 할 수 있다(제415조).

3. 법정관할(2) / 관련사건의 관할

[설문 (8)] 피고인 甲의 A사건은 지방법원 항소부에, B사건은 고등법원에 각각 계속되어 있는 중, 甲이 대법원에 병합심리를 신청하였다면 대법원이 내려야 할 조치는? 그리고 피고인 乙의 A 사건은 서울지방법원 합의부에, B사건은 대전지방법원 합의부에 각각 제1심으로서 계속되어 있는데, 양 사건을 병합심리하기 위해서는 어떠한 절차를 거쳐야 하는가?

(1) 관련사건의 의의

관련사건이란 수개의 사건이 서로 관련하는 것을 말한다. 형사소송법은 (i) 1인이 범한 수죄(예컨대, 경합범. 그러나 상상적 경합은 소송법상 1죄이므로 이에 해당되지 않음), (ii) 수인이 공동으로 범한 죄(예컨대 임의적 공범, 필요적 공범, 합동범),[6] (iii) 수인이 동시에 동일한 장소에서 범한 죄(동시범), (iv) 범인은닉죄 · 증거인멸죄 · 위증죄 · 허위감정통역죄 또는 장물에 관한 죄와 그 본범의 죄를 관련사건으로 규정하고 있다(제11조).

(2) 관련사건의 병합관할

인적 관련에 있어서는 불필요한 이중심리를 피하고, 물적 관련에 있어서는 동일한 사건에 대한 모순된 결정을 피하기 위해 관련사건의 경우 병합관할이 인정된다. 사물관할을 달리하는 수개의 사건이 관련된 때에는 법원합의부가 병합관할한다.[7] 다만 결정으로 관할권이 있는 법원단독판사에게 이송할 수 있다(제9조). 따라서 검사는 갑의 살인사건과 그를 은닉한 을의 범인은닉사건을 병합하여 1건으로 기소함으로써 한꺼번에 합의부가 심판하도록 할 수 있다. 토지관할을 달리하는 수개의 사건이 관련된 때에는 1개의 사건에 관하여 관할권이 있는 법원은 다른 사건까지 관할할 수 있다(제5조).[8] 다만 제5조에 정한 관련 사건의 관할은 반드시 병합기소되거나 병합되어 심리될 것을 전제요건으로 하는 것은 아니다. 따라서 고유관할사건 계속 중 고유관할 법원에 관련 사건이 계속된 이상 그 후 양 사건이 병합되어 심리되지 아니한 채 고유사건에 대한 심리가 먼저 종결되었다 하더라도 관련 사건에 대한 관할권은 여전히 유지된다(대판 2008.6.12, 2006도8568).

(3) 관련사건의 심리의 병합 및 분리

1) 심리의 병합 　사물관할을 달리하는 수개의 관련사건이 법원 합의부와 단독판사에 각각 계속된 경우에 합의부는 결정으로 단독판사에 계속된 사건을 병합하여 심리할 수 있다(제10조). 그리고 사물관할을 달리하는 수개의 관련사건이 제2심(항소심)에서 각각 달리 계속된 경우, 즉 피고인 甲의 A사건은 지방법원 항소부에, B

---

6) 단순히 피고인들이 일가친척이라는 사실만으로 여기에 해당하지 않는다(대판 1978.10.10, 78도2225).

7) 이 경우 토지관할의 동일 여부는 불문한다.

8) 여기서 '토지관할을 달리하는 수개의 사건'이라 함은 사물관할은 동일하나 토지관할을 달리하는 수개의 사건을 말한다.

사건은 고등법원에 각각 계속되어 있는 경우에는 고등법원의 결정으로 자신에게로 병합심리 하는 것이 가능하다. 형사소송규칙 제4조의2가 제1심 절차에서의 합의부와 단독판사 사이의 경합이 있는 경우 합의부가 자신에게로 병합심리의 결정을 할 수 있다는 형사소송법 제10조를 이 사례에 준용하기 때문이다. 따라서 甲이 제6조의 준용사례로 착오하여 대법원에 병합심리를 신청하였다면 대법원은 기각결정을 내려야 한다(대결 1990.5.23, 90초56).

다음으로 토지관할이 다른 여러 개의 관련사건이 각각 다른 법원에 계속된 때에는 바로 위의 상급법원은 검사 또는 피고인의 신청에 의하여 결정으로 한 개 법원으로 하여금 병합심리하게 할 수 있다(제6조, 규칙 제2조, 제3조). 여기서 말하는 '각각 다른 법원'이란 사물관할은 같으나 토지관할을 달리하는 동종 · 동등의 법원을 말하는 것이므로 관련사건이 제2심으로서 각각 지방법원 항소부와 고등법원에 계속된 경우에는 심급은 같을지언정 사물관할을 같이하지 아니하여 여기에 해당하지 아니한다(위에서 이미 소개한 대결 1990.5.23, 90초56). 그리고 여기에서 공통되는 직근 상급법원이란 토지관할의 관점에서 판단되어야 한다(대결 2006.12.5, 2006초기335 전원합의체결정. 각급법원의 설치와 관할구역에 관한 법률 제4조의 관할구역 구분을 기준). 따라서 甲의 A사건은 서울중앙지방법원 단독판사, B사건은 수원지방법원 단독판사에 각각 1심으로 계속된 경우에는 종래에는 서울고등법원이 공통되는 직근 상급법원이었지만, 수원고등법원이 새로이 창설된 2019년 이후부터는 대법원이 공통되는 직근 상급법원이 될 것이다.

[설문 (8)의 해결] 피고인 甲의 A사건은 지방법원 항소부에, B사건은 고등법원에 각각 계속되어 있는 중, 甲이 대법원에 병합심리를 신청하였다면 대법원이 내려야 할 조치는 기각결정이 될 것이다. 사례의 경우는 사물관할을 달리하는 수개의 관련사건이 제2심(항소심)에서 각각 달리 계속된 것으로서 형사소송규칙 제4조의2가 고등법원의 병합심리를 가능케 하도록 형사소송법 제10조를 이 사례에 준용하기 때문이다. 그리고 피고인 乙의 A 사건은 서울지방법원 합의부에, B사건은 대전지방법원 합의부에 각각 제1심으로서 계속되어 있는데, 양 사건을 병합심리하기 위해서는 토지관할의 관점에서 공통되는 직근 상급법원인 대법원에 병합신청을 하여야 한다(이 사례의 경우는 심급관할의 관점에서도 공통되는 직근 상급법원은 대법원이 될 것임).

---

2) 심리의 분리 토지관할을 달리하는 수개의 관련사건이 동일법원에 계속

된 경우 병합심리의 필요가 없는 때에는 법원은 결정으로 이를 분리하여 관할권 있는 다른 법원에 이송할 수 있다(제7조)

4. 재정관할

법정관할이 없는 경우 또는 법정관할은 있으나 구체적 사정에 따라 법원의 재판에 의하여 관할을 창설 · 변경하는 제도가 재정관할이다. 재정관할에는 관할의 지정과 이전이 있다.

(1) 관할의 지정

관할의 지정이란 상급법원이 사건을 심리할 법원을 지정하는 것이다. 관할지정의 사유는 법원의 관할이 명확하지 아니한 때,[9] 관할위반을 선고한 재판이 확정된 사건에 관하여 다른 관할법원이 없을 때이다(제14조). 관할의 지정은 검사가 관계있는 제1심 법원에 공통되는 바로 위의 상급법원에 신청하여야 한다(제14조). 신청은 공소제기 전후를 불문하고, 사유를 기재한 신청서를 제출함에 의한다(제16조 제1항). 공소제기 후에 관할지정을 신청하는 때에는 즉시 공소를 접수한 법원에 통지해야 한다(제16조 제2항).

(2) 관할의 이전

1) 관할이전의 의의 관할의 이전이란 관할법원이 재판권을 행사할 수 없거나 적당하지 않은 때에 법원의 관할을 관할권 없는 법원으로 이전하는 것이다(제15조). 관할권 있는 법원에 대한 사건이송과 구별된다.

2) 관할이전의 사유 이전사유는 (i) 관할법원이 법률상의 이유 또는 특별한 사정으로 재판권을 행사할 수 없을 때, (ii) 범죄의 성질 · 지방의 민심 · 소송의 상황 · 기타 사정으로 재판의 공평을 유지하기 어려울 염려가 있는 때[10]이다. 판례는 법원이 검사의 공소장 변경을 허용하였다는 이유로 한 관할이전신청은 이유가 없고,[11] 피고인이 담당법관에 대하여 기피신청을 하였고, 또 위 피고사건에서 위증을

---

9) 관할이 명확하지 아니한 때에 대하여 행정구역이 불명확한 경우뿐만 아니라 범죄사실이나 범죄지가 불명확하여 관할이 명확하지 아니한 때를 모두 포함한다고 해석하는 견해(이재상, 69면; 신양균, 366면; 임동규, 31면)가 있으나, 관할구역의 결정근거가 되는 행정구역 자체가 불명확한 경우를 의미한다는 견해가 다수설이다.

10) 관할이전이 행해지기 위해서는 재판의 공평을 유지하기 어려운 객관적 사정이 있어야 한다(대판 1984.7.24, 84초45).

한 증인에 대하여 대검찰청에 고소를 제기하여 대검찰청에서 이들을 조사하고 있는 중이라는 사실만으로는 위 피고사건의 관할법원이 그 재판권을 행사할 수 없다거나, 위 법원에서 위 피고사건에 대한 재판을 하면 재판의 공평을 유지하기 어려운 염려가 있다고 할 수 없다고[12] 각각 판시하였다.

3) 관할이전의 절차 관할의 이전은 검사 또는 피고인의 신청에 의한다(제15조). 검사의 관할이전신청은 공소제기 전후를 불문하고 의무적임에 대하여, 피고인은 공소제기 후에 한하여 신청권이 인정된다. 신청서를 바로 위의 상급법원에 제출하여야 하고, 공소 후에 신청하는 때에는 즉시 수소법원에 통지하여야 한다(제16조). 항소심에서도 관할의 이전이 인정되고(대결 2011.11.14. 2011초기555), 관할이전의 신청을 기각한 결정에 대하여 즉시항고를 할 수 있다는 규정이 없으므로 불복할 수 없다(대결 2021.4.2. 2020모2561).

5. 관할의 경합

[설문 (9)] 부산에서 절도행각을 벌인 후 광주에서 거주하다가 부산과 광주의 수사기관에 의해 각각 불구속조사를 받은 피의자 甲은 부산지방법원에 불구속기소가 된 이후에 광주지방법원에도 불구속 기소되었다. 양 법원에 동시에 공소제기된 것을 뒤늦게 알게 된 부산지방법원과 광주지방법원은 어떠한 조치를 하여야 하는가?

관할의 경합이란 법원의 관할이 여러 가지 기준에 의하여 결정되는 결과 동일사건에 대하여 2개 이상의 법원이 관할권을 가지는 경우를 말한다. 이 경우에 2중으로 심판하는 것은 소송경제에 반하고 모순된 판결을 초래할 위험이 있어 형사소송법은 다음과 같은 규정을 두고 있다. 동일사건이 사물관할을 달리하는 수개의 법원에 계속된 때에는 법원 합의부가 심판한다(제12조). 수개의 소송계속이 모두 1심에 있는 경우는 당연히 본조에 따라 법원 합의부가 심판하겠지만, 동일사건이 항소법원과 1심법원에 계속된 경우에는 본조를 준용하여 항소법원이 심판하여야 할 것이다(다수설).[13]

---

11) 대결 1984.7.24, 84초45.

12) 대결 1982.12.17, 82초50.

13) 배종대/이상돈/정승환/이주원, 319면; 이재상, 74면; 신동운, 642면; 신양균, 397면; 임동규, 33면; 차용석/최용성, 76면; 이은모, 47면. 지법본원과 지원은 소송법상 별개의 법원이므로 동일사건이 각각 계속되면 수개의 법원에 해당한다고 보아 제12조, 제13조가 적용되어야

같은 사건이 사물관할이 같은 여러 개의 법원에 계속된 때에는 먼저 공소를 받은 법원이 심판한다(제13조 본문). 이를 선착수(先着手)의 원칙이라 한다. 다만 각 법원에 공통되는 바로 위의 상급법원은 검사나 피고인의 신청에 의하여 결정으로 뒤에 공소를 받은 법원으로 하여금 심판하게 할 수 있다(제13조 단서). 이 경우에 심판을 하지 않게 된 법원은 결정으로 공소를 기각하여야 한다(제328조 제1항 제3호). 그러나 뒤에 공소가 제기된 사건이 먼저 확정된 때에는 먼저 공소가 제기된 사건에 대하여 면소판결을 해야 한다(제326조 제1호). 동일사건을 수개의 법원에서 판결하여 모두 확정된 때에는 뒤에 확정된 판결은 당연무효이다.

[설문 (9)의 해결] 원칙적으로 후에 공소제기를 받은 광주지방법원이 공소기각의 결정을 하여야 한다. 다만 뒤에 공소가 제기된 광주지방법원의 사건이 먼저 확정된 때에는 먼저 공소가 제기된 부산지방법원이 그 확정사건에 대해 면소판결을 하여야 한다.

---

6. 관할권 부존재의 효과

(1) 관할위반의 판결

관할권의 존재는 소송조건의 하나이다. 따라서 법원은 직권으로 관할을 조사하여야 하며(제1조), 관할권이 없음이 명백한 때에는 관할위반의 판결을 선고해야 한다(제319조). 관할을 위반하여 선고한 판결은 항소이유가 된다(제361조의5 제3호). 관할권의 존재를 결정하는 시기는 토지관할에 있어서는 공소제기시를 기준으로 하지만, 뒤에 관할권이 생기면 하자가 치유된다. 사물관할은 공소제기시부터 재판종료에 이르기까지 전 심리과정에 의존한다.

(2) 예　　외

1) 토지관할의 위반　　토지관할에 관하여 법원은 피고인의 신청이 없으면 관할위반의 선고를 하지 못한다(제320조 제1항). 토지관할이 다르더라도 동등한 법원에서 심판한다면 사물관할에 영향이 없어 피고인에게 실질적으로 불이익을 가져올 염려가 없기 때문이다. 피고인의 관할위반의 신청은 피고사건에 대한 진술 전에 하여야 한다(동조 제2항).

2) 관할구역 외에서의 집무　　법원 또는 법관은 원칙적으로 관할구역 안에서

한다는 것으로 신동운, 593면.

만 소송행위를 할 수 있다. 그러나 사실발견을 위하여 필요하거나 긴급을 요하는 때에는 법원은 관할구역 외에서 직무를 행하거나 사실조사에 필요한 처분을 할 수 있다(제3조 제1항).

7. 사건의 이송

(1) 일 반 론

법원은 심리의 편의와 피고인의 이익보호를 위하여 피고인이 그 관할구역 내에 현재하지 아니하는 경우에 특별한 사정이 있으면 결정으로 사건을 피고인의 현재지를 관할하는 동급법원에 직권이송할 수 있다(제8조). 이것은 관할 자체의 이전과는 구별된다. 이송 여부는 법원의 재량이나 사정변경이 없으면 재이송은 할 수 없다고 해석된다. 그리고 법원은 공소가 제기된 사건에 대하여 군사법원이 재판권을 가지게 되었거나 재판권을 가졌음이 판명된 때에는 결정으로 사건을 관할권 있는 같은 심급의 군사법원으로 이송한다. 이 경우 이송 전에 행한 소송행위는 이송 후에도 그 효력에 영향이 없다(제16조의2). 군사법원으로의 이송은 의무적이기 때문에 피고인이 기소 후 입대한 것을 모르고 법원이 피고인불출석 재판을 통해 유죄판결을 하였다면 그 판결은 제16조의2에 위반하는 위법판결이 된다(대판 1991.3.27, 90도1). 다만 피고인이 군인신분인 줄 모르고 기소되어 제1심 유죄판결을 거쳐 고등법원항소심에서야 비로소 고등군법회의에로 이송된 경우에 제16조의2 후문에 의하면 제1심의 소송행위(유죄판결)는 이송 후에도 유효하므로 고등군법회의는 제1심의 유죄판결을 파기할 수 없다(대판 1982.6.22, 82도1072).

그리고 제1심에서 단독판사의 관할사건이 합의부 관할사건으로 공소장이 변경된 경우에 종래에는 제1심 단독판사가 관할위반의 판결을 하여야 했지만(대판 1987.12.22, 87도2196의 태도였음), 이제는 제8조 제2항에 의해 합의부로 직권이송하여야 한다. 이와는 정반대로 제1심 합의부에서 공소장변경에 의해 단독사건이 된 경우에는 공소장변경허가와 관계없이 법원조직법 제32조 제1항 제4호의 취지에 따라 여전히 합의부가 심판하여야 한다(단독판사가 판결까지 한 경우에는 그 판결을 파기하고 합의부로 이송하여야 한다는 대판 2013.4.25, 2013도1658).

(2) 제2심에서 사물관할변경이 있는 경우[14)]

[설문 (10)] 검사 甲은 피고인 乙에 대하여 부정수표단속법, 상습사기, 공문서위조 등의 공소사실로 광주지방법원에 공소를 제기하였다. 광주지방법원 단독판사에 의한 제1심 도중에 甲은 乙에 대하여 부정수표단속법위반죄의 공소사실을 추가하였다. 그러자 수소법원은 사건을 병합심리하여 피고인에 대하여 징역 7년의 판결을 선고하였다. 피고인은 같은 날 위 판결에 대하여 항소하였다. 검사 甲은 위 사건이 광주지방법원 항소부(본원합의부)에 제2심으로 계속중인 때 상습사기의 공소사실을 추가하고 죄명을 상습사기에서 특정경제범죄가중처벌 등에 관한 법률위반죄(사기)로 변경하고, 적용법조에 특정경제범죄가중처벌 등에 관한 법률 제3조 제1항 제2호를 추가하는 내용의 공소장 변경을 신청하였다. 공소장변경신청을 받은 지방법원 합의부는 공소장변경을 허가하여서 공소장변경이 이루어졌다. 그 이후 지방법원 합의부가 심리를 계속하여 제1심판결을 파기하고 자판하였다. 이러한 지방법원 합의부의 판결은 적법한가?

단독판사의 관할사건이 항소심에서 비로소 합의부 관할사건으로 변경될 수 있다. 이러한 변경은 합의부 관할범죄, 즉 법정형이 단기 1년 이상인 중한 죄로의 공소장변경을 통하여 발생될 수도 있고(가중된 특정경제범죄가중처벌 등에 관한 법률의 적용사례로 변경된 대판 1997.12.12, 97도2463), 기존 피고사건에 치료감호가 새로이 청구됨으로써 발생될 수도 있다(치료감호사건의 제1심 재판관할은 지방법원합의부 및 지방법원지원 합의부로 한다는 치료감호법 제3조 제2항에 따라 문제화된 대판 2009.11.12, 2009도6946, 2009감도24). 이 경우의 처리방법에 대해서는 명시적인 법 규정이 없다. 이 경우 제2심의 수소법원인 합의부가 취할 수 있는 조치로는 여러 가지를 생각해 볼 수 있다. 이것을 크게 분류하면 (i) 합의부가 계속 심판하는 방법, (ii) 합의부가 관할위반의 판결을 하는 방법, (iii) 합의부가 형사소송법 제8조 제2항을 적용하여 고등법원으로 직권이송하는 방법 등이 있을 수 있다. 합의부가 계속 심판하는 (i)의 경우는 다시 지방법원 항소부(본원항소부)를 제1심 관할법원으로 간주하는 견해와 지방법원 항소부(본원합의부)를 제2심(항소심) 관할법원으로 보는 견해로 나누어질 수 있다. 그

---

14) 이 문제에 대한 필자의 글로는 "항소심에서의 공소사실변경으로 인한 특수문제," 형사판례연구[9], 2001년, 460면 이하; 강신섭, "단독판사 관할사건이 항소심 계속중 합의부 관할사건으로 변경된 경우의 관할법원," 형사재판의 제 문제 제2권, 461면 이하; 이상돈, "항소심에서 공소장변경에 따른 관할의 변경과 재판을 받을 권리," 고시연구 2000.4, 136면 이하; 권오걸, "공소장변경과 관할," 비교형사법연구 6권 제1호, 2004.7, 213-240면.

리고 합의부가 관할위반의 판결을 하는 (ii)의 경우는 검사가 지방법원 합의부에 제1심으로 다시 기소하여야 한다는 견해와 항소권자가 고등법원에 다시 항소할 수 있다는 견해로 나누어질 수 있다.

이상의 견해들을 검토하면 다음과 같다. 우선, 합의부가 '항소심'으로 계속 심리하여야 한다는 견해는 전혀 설득력이 없는 것으로 판단된다. 이 견해는 합의부 관할사건으로 변경되었다면 원칙적으로 지방법원 합의부에 의하여 제1심을 거치고 고등법원에서 제2심(항소심)을 받게 되어 있는 피고인의 권리를 모두 박탈하는 것으로서 헌법과 법률이 정한 법관에 의한 재판 받을 권리를 완전히 침해하는 결과가 된다. 다음으로 지방법원 합의부가 '제1심' 관할법원으로 심리를 계속하여야 한다는 견해는 제1심을 다시 행함으로써 사실심 재판을 3회에 걸쳐서 받게 되는 결과를 초래하게 되므로 구속기간이 형사소송법 제92조에 의한 구속기간보다 장기화되어 피고인의 신체의 자유를 부당하게 제한할 우려가 있고, 헌법 제27조 제3항의 신속한 재판을 받을 권리를 제한하게 된다. 따라서 이 견해도 취할 바가 되지 못한다. 그리고 항소심을 담당하고 있는 합의부가 관할위반의 판결을 하고 검사가 제1심으로 합의부에 재기소하여야 한다는 견해에 대해서는 전술한 항소심 합의부가 관할위반의 판결 없이 제1심으로서 심리를 계속하여야 한다는 견해에 대한 비판(즉, 구속기간의 장기화에 따른 신체자유의 제한과 신속한 재판을 받을 권리의 침해)이 그대로 적용될 수 있다. 다음으로 항소심 합의부가 관할위반의 판결을 하고 항소권자가 고등법원에 다시 항소할 수 있다는 견해는 형사소송법 제8조 제2항이 없는 과거에는 가장 타당한 것으로 사료된다. 그러나 법원이 공소장변경을 허용하면서 스스로 공소기각의 판결을 하여야 한다는 이 견해도 결코 바람직하지 않다. 왜냐하면 관할위반의 선고를 할 바에는 처음부터 공소장변경을 불허하는 것이 옳고, 공소장변경을 허가하면서 이에 대해 관할위반의 선고를 하는 것은 절차의 안정성과 당사자신뢰를 해치기 때문이다.

이러한 문제점과 관할위반의 판결에 따른 절차지연의 문제를 극복하고자 새로이 형사소송법에 신설된 것이 바로 형사소송법 제8조 제2항의 직권이송에 관한 규정이다. 문제는 제8조 제2항의 규정을 제2심 법원(즉 합의부와 고등법원) 사이에서도 적용될 것인가에 있다. 이를 인정하는 것이 타당한 것으로 판단된다. 형사소송법 제8조 제2항은 단독판사의 관할사건이 공소장변경으로 합의부 관할사건으로 변경된 경우에는 "지방법원 합의부로 이송한다"고 규정하지 않고 "관할권이 있는 법원에 이송한다"고 규정한 것은 동 조항이 제1심에서의 사물관할의 변경이 있는 경우만이 아니고, 제2심에서 사물관할을 결정하는 사건변경이 있는 경우의 제2심 심급관할법원(즉 합의부와 고등법원) 사이에서도 적용하려는 것임을 짐작할 수 있다. 그런데 합의부 관할사건에 대한 제2심으로서의 심급관할권이 있는 법원은 고등법원이 된다. 그렇기 때문에 제2심의 지방법원 합의부는 고등법원으로 직권이송하여야 하는 것이다(그에 반하여 합의부가 실체의 재판을 하는 것은 잘못으로서 이러한 잘못은 소송절차의 법령을 위반한 것이라고 할 것이며, 관할제도의 입법취지와 그 위법의 중대성에 비추어 이는 판결에 영향을 미쳤음이 명백하다는 대판 1997.12.12, 97도2463; 치료감호사건이 지방법원이나 지방법원지원에 청구되어 피고사건 항소심을 담당하는 합의부에 배당된 경우 그 합의부는 치료감호사건과 피고사건을 모두 고등법원에 이송하여야 한다는 대판 2009.11.12, 2009도6946, 2009감도24). 이 경우에 변경된 합의부 관할사건에 대하여 제1심을 합의부에서 재판받을 수 있는 권리가 침해된다는 비판이 있을 수 있다. 그러나 항소심에서 공소장변경이 허용되고, 그 범위는 피고인이 이미 방어하였던 제1심의 공소사실과 동일성이 있는 범위 내에서만 이루어지며, 공소장변경 전 상태의 제1심판결 그 자체는 아무런 하자가 없음에도 불구하고 —변경된 전체사건에 대해서— 합의부심리를 거치기 위하여 반드시 제1심으로 돌아가야 할 당위성은 없는 것으로 판단된다. 그리고 합의부가 공소장변경을 위한 추가사실에 대해 검토하기 때문에 어느 정도 합의부가 관여한 사건을 고등법원으로 직권이송하는 것이 된다. 그렇게 보면 고등법원 이전의 심급관할에 있어서 합의부에서 재판받을 권리가 크게 침해되었다고 해석할 수 없다.

[설문 (10)의 해결] 상기한 판례의 태도에 의하면, 지방법원합의부는 형사소송법 제8조 제2항을 준용하여 고등법원에 사건을 직권이송하여야 한다. 반면에 합의부가 계속 실체재판을 하게 되면 소송절차의 법령을 위반한 것이라고 할 것이며, 관할제도의 입법취지와 그 위법의 중대성에 비추어 판결에 영향을 미쳤음이 명백한 것으로 평가되어야 한다.

[§ 5] 법관의 제척 · 기피 · 회피

Ⅰ. 의의 및 적용대상

형사소송법은 공정한 법원의 구성 즉 편파적인 재판을 할 우려가 없는 법원의 구성을 구체적으로 보장하기 위해서 법관의 제척 · 기피 · 회피제도를 규정하고 있다. 이 중에서 제척(Ausschließung)은 법관이 구체적인 사건에 있어서 불공평한 재판을 할 우려가 있는 경우를 법률상 미리 유형화하여 특정한 법관이 이에 해당하는 경우에 그 법관은 당연히 당해 사건의 심판에서 배제되는 제도이다(제17조). 그리고 기피(Ablehnung)는 법관에게 불공평한 재판을 할 사정이 있는 경우에 당사자의 신청에 의하여 당해 법관을 그 직무집행으로부터 탈퇴케 하는 제도이다(제18조). 회피(Selbstablehnung)는 불공정한 재판을 할 우려가 있는 법관이 스스로 직무집행으로부터 탈퇴하는 제도이다(제24조 제1항).[15)]

이 규정이 적용되는 법관으로는, 공판사건을 담당하는 법관은 물론이고 약식명령 또는 즉결심판을 행하는 법관도 포함된다. 그리고 증거보전절차(제184조) 또는 참고인에 대한 증인신문절차(제221조의2)의 법관도 동 절차에 의한 법관면전조서가 절대적 증거능력을 가지므로(제311조 제2문) 법정 제척 사유에 의한 제척대상에 일단 포함시켜야 한다.[16)] 다만 구체적인 제척사유(특히 제17조 제7호 사유)에 따라서는 다소 달리 해석될 여지가 있다. 예컨대 실체를 판단하지 아니하는 구속영장발부절차 내지 구속적부심절차의 법관은 제17조 제7호의 제척대상인 법관에 포함될 수 없다.

Ⅱ. 법관의 제척

1. 제척사유

형사소송법은 제17조에서 법관의 제척사유를 다음과 같이 한정적으로 열거하고 있다.

---

15) 이에 대한 문제점으로는 이영란, "법관의 제척 · 기피 · 회피: 몇 가지 문제점을 중심으로," 고시계 34권 12호 (394호), 1989.11, 89-97면 참조.

16) 신동운, 535면; 정영석/이형국, 45면; 배종대/이상돈, 43면.

(1) 법관이 피해자인 때

법관이 해당 사건의 직접 피해자인 경우에는 그 사건을 심판하는 법관이 될 수 없다(제17조 제1호). 다만 간접피해자는 여기에 포함되지 않는다(그러나 기피사유는 될 수 있음).

(2) 법관이 피고인 또는 피해자의 친족 또는 친족관계가 있었던 자인 때

여기서 친족의 개념은 민법에 의하여 결정된다. 그리고 사실혼에 의한 친족관계는 여기에 해당할 수 없고 기피사유가 될 수 있을 뿐이다.

(3) 법관이 피고인 또는 피해자의 법정대리인, 후견감독인인 때

여기의 법정대리인과 후견감독인의 개념도 민법에 의하여 결정된다. 다만 이 관계는 재판시에 존재하여야 한다.

(4) 법관이 사건에 관하여 증인, 감정인, 피해자의 대리인으로 된 때

여기서 '사건에 관하여'란 당해 형사사건을 말하고 민사소송이나 기타 절차에서 증인·감정인이었던 자는 제척되지 않는다(그러나 기피사유는 될 수 있다). 그리고 여기의 사건은 피고사건은 물론 피의사건도 포함된다. 다만 피의사건인 경우에는 증거보전절차나 증인신문절차에서만 증인·감정인이 있을 수 있다. 따라서 참고인으로 조사받은 자는 제척되지 않는다. 또한 여기의 증인·감정인은 실제로 실체형성에 관여하여 진술한 자에 한한다. 따라서 단순히 소환만 되고 진술하지 않은 경우에는 제척되지 않는다.[17] 법관이 피해자의 대리인이 되는 것은 법관이 고소를 대리한 경우(제236조), 재정신청을 대리한 경우(제264조), 불기소처분에 대해 헌법소원을 대리한 경우(헌법재판소법 제25조 3항) 등에서 가능할 것이다.

(5) 법관이 사건에 관하여 피고인의 대리인, 변호인, 보조인으로 된 때

여기서 피고인의 대리인에는 법관이 피고인인 법인의 대표자(제27조)가 된 경우도 포함되고, 변호인에는 법관이 당해 사건에 관하여 사선변호인은 물론이고 국선변호인과 특별변호인(제31조 단서)이 된 경우도 포함된다.

(6) 법관이 사건에 관하여 검사 또는 사법경찰관의 직무를 행한 때

법관은 공소가 제기된 사건에 관하여 검사 또는 사법경찰관의 직무를 동시에

---

17) 이에 반대하는 소수견해로 신현주, 71면.

행할 수 없으므로 이 사유는 법관이 사건의 심판을 담당하기 전에 검사 또는 사법경찰관으로 범죄를 수사하거나 공소를 제기 · 유지한 경우를 의미한다.

(7) 법관이 사건에 관하여 전심재판 또는 그 기초되는 조사, 심리에 관여한 때

[설문 (11)] 甲과 乙은 법관 A로부터 각각 약식명령을 받았다. 甲은 제1심 정식재판에서 다시 A가 심판법관이 되자 그에 대한 기피신청을 하였고, 乙은 제1심 정식재판을 거친 항소심에서 A가 다시 항소심의 담당법관이 되자 그에 대한 기피신청을 하였다. 이 경우 법원의 조치는?

1) 전심재판에 관여한 것으로 평가될 것 제7호에서 말하는 '전심(前審)'이란 보통은 상소한 경우의 모든 전심을 일컫는다. 그리고 재판은 판결과 결정의 형식에 관계 없이 종국재판만을 의미한다. 따라서 파기환송 전의 원심재판에 관여한 법관이 파기환송을 받은 후에 행하는 재판에 관여한 경우(대판 1968.6.27, 67도1112), 재심청구대상이 된 확정판결에 관여한 법관이 재심청구사건을 처리하는 경우, 상고심의 판결을 담당하였던 법관이 판결정정의 신청을 처리하는 경우(제400조, 대결 1967.1.18, 66초67)에는 여기의 제척사유가 되지 아니한다. 그리고 약식명령이나 즉결심판을 행한 법관이 정식재판을 담당한 경우에는 심리의 방법 등에 차이가 있을 뿐이지 양자의 심급이 다른 것이라고는 볼 수 없으므로 여기에 해당하는 제척사유는 될 수 없다는 것이 다수설이다(그러나 기피의 가능성은 있다). 그러나 소수설은 이러한 경우에도 법관이 사건의 실체에 관하여 조사 · 심리에 관여하여 예단과 편견의 가능성이 있다는 이유로[18] 여기의 제척(기피)사유를 인정한다. 생각건대, 약식명령과 즉결심판의 법관은 실체심리에 관여하는 것으로는 평가될 수 있겠지만 그 절차가 전심으로 평가되기는 어렵기 때문에 다수설이 타당하다. 판례는 그 정식재판이 제1심을 거쳐 항소심인 경우에는 제척 · 기피사유를 인정하면서(대판 1955.10.18, 4288형상242; 대판 2002.2.2, 2001도4936), 판결선고 전에 경질된 경우에는 이를 인정하지 않는다(대판 1985.4.23, 85도281). 그리고 그 정식재판이 제1심인 경우에도 판례는 다수설과 같이 동일한 심급내에서 서로 절차만 달리하여 전심재판에 해당하지 않으므로 여기의 제척사유로 인정하지 않는다(대판 2002.4.12, 2002도944).

[설문 (11)의 해결] 판례와 다수설에 따르면 甲의 A에 대한 기피신청은 A에게 제척사유

18) 강구진 84면; 김기두 41면.

가 인정될 수 없기 때문에 기각될 확률이 높고, 乙의 A에 대한 기피신청은 A에게 제척사유가 인정되기 때문에 인용되어야 한다.

---

2) **전심재판의 기초되는 조사 · 심리에 관여한 것으로 평가될 것** 전심의 재판 또는 그 기초되는 조사 · 심리에 관여한 때라 함은 전심재판의 실체형성과 재판의 내부적 성립에 실질적으로 관여한 경우를 말한다. 따라서 전심재판의 선고에만 관여한 법관, 전심에서 공판기일을 연기하는 재판에만 관여한 법관, 전심의 공판에 관여하였으나 판결선고 전에 경질된 법관은 제척되지 않는다.[19] 그리고 여기서는 당해사건의 전심에 관여한 경우에 한한다. 따라서 같은 피고인의 다른 사건[20]이나 분리심리된 다른 공범자의 사건에 관여[21]한 법관은 제척되지 않는다.

또한 구속영장을 발부한 법관(대판 1989.9.12, 89도612), 구속적부심에 관여한 법관(대판 1960.7.23, 4293형상166), 보석허가결정에 관여한 법관은 실체형성에 관여한 것이 아니므로 그가 제1심법원의 구성원이 되더라도 여기의 제척사유가 되지 않는다. 그러나 수탁판사로서 증거조사를 한 법관, 증인신문을 한 법관, 기소강제절차(재정신청)에서 공소제기결정을 한 법관은 제7호 사유에 의해 제척되어야 한다.[22] 그러나 판례에 따르면 공소제기 전에 검사의 증거보전 청구에 의하여 증인신문을 한 법관은 형사소송법 제17조 제7호에 이른바 전심재판 또는 기초되는 조사, 심리에 관여한 법관이라고 할 수 없다(대판 1971.7.6, 71도974).[23] 상고심의 판결을 담당하였던 법관이 판결정정의 신청을 처리하는 경우(제400조, 대결 1967.1.18, 66초67) 등도 여기의 제척사유가 되지 아니한다.

---

19) 대판 1985.4.23, 85도281.

20) 대판 1965.4.8, 65도2.

21) 공범자의 심판에 관여한 경우까지 포함한다고 해석하는 견해(신현주, 81면)도 있으나, 전심재판 또한 '당해 사건'의 전심에 제한되므로 전심재판에 관여하였다고 할 수 없다.

22) 기소강제절차(재정신청)에서 공소제기결정을 한 법관은 '전심재판'에 관여한 법관으로 해석할 수 없다고 하면서, 일본 형사소송법 제20조 제7호와 같이 제척사유로 입법화하여야 한다는 견해로는 심희기/양동석, 형사소송법(2009), 74면

23) 이에 대한 학설로는 판사가 증거보전의 처분을 하게 되면 그 사건에 대하여 예단이 생긴다는 점을 들어 그 기초되는 조사 · 심리에 관여한 경우에 해당한다는 적극설(다수설)과 증거보전을 위하여 증거조사(증인신문, 검증)를 한 경우에는 제척의 사유에 해당하고, 단지 압수 · 수색영장을 발부한 경우에는 제외된다는 절충설(백형구, 144면)이 있다.

(8) 피고인 · 피해자의 대리인인 법무법인 등에서 퇴직한 경우

법관이 사건에 관하여 피고인의 변호인이거나 피고인 · 피해자의 대리인인 법무법인 등에서 퇴직한 날부터 2년이 지나지 아니한 때(제8호), 법관이 피고인인 법인 · 기관 · 단체에서 임원 또는 직원으로 퇴직한 날부터 2년이 지나지 아니한 때(제9호)에도 제척사유가 된다(신설 2020.12.8.). 이 제척사유는 법조일원화에 따른 '후관예우' 논란을 해소하기 위하여 제척사유에 추가된 것이다.

2. 제척의 효과

제척사유에 해당하는 법관은 당연히 당해 사건에 관한 일체의 직무집행으로부터 배제된다. 이를 위반한 경우에 당사자는 기피신청을 할 수 있다(제18조 제1항 제1호). 이를 위반하고 재판하였다면 절대적 항소이유가 된다(제361조의5 제7호). 항소심에서 위반하였다면 법령위반의 상대적 상고이유가 된다(제383조 제1호).

Ⅲ. 법관의 기피

1. 기피사유

기피사유는 모든 제척사유와 '불공평한 재판을 할 염려가 있는 경우'이다. 형사소송법 제18조 제1항 제2호의 '불공평한 재판을 할 염려가 있는 때'라 함은 당사자가 불공평한 재판이 될지도 모른다고 추측할 만한 주관적 사정이 있는 때를 의미하는 것이 아니고 법관과 사건과의 관계상 불공평한 재판을 할 것이라는 의혹을 갖는 것이 합리적이라고 인정할 만한 객관적인 사정이 있는 때를 말한다(대결 1990.11.2, 90모44). 예컨대, 법관이 피고사건의 심리도중에 유죄의 예단을 나타내는 발언을 하는 경우를 들 수 있다(대결 1974.10.16, 74모68). 그러나 판례에 따르면 재판부가 당사자의 증거신청을 채택하지 아니하였다는 것(대결 1991.12.7, 91모79; 대결 1996.2.9, 95모93), 피고인의 소송기록열람신청에 대하여 국선변호인이 선임되어 있으니 국선변호인을 통하여 소송기록의 열람 및 등사신청을 하도록 알려준 것(대결 1985.7.8, 85초29)만으로는 불공평한 재판을 할 만한 객관적인 사정은 인정되지 않는다.[24]

---

24) 그 외에도 법관이 피고인에게 공판기일에 어김없이 출석하라고 촉구하거나(대판 1969.1.6, 68모57), 법률이 규정한 기간 내에 재정신청사건의 결정을 하지 아니하였거나(대판

2. 심판절차

(1) 신청권자

기피의 신청권자는 검사와 피고인 및 변호인(독립대리권)이다(제18조). 다만, 재정신청사건에서 피의자가 사건을 심리하는 법관에 대하여 기피신청을 할 수 있는가에 대해서는 후술한다(기소강제절차 참조).

(2) 신청대상

기피신청은 합의부원 전원에 대하여도 가능하다. 다만 대법원의 전원합의체를 구성하는 대법관 전원에 대한 기피신청은 허용되지 않는다.

(3) 형식심사

기피신청이 있으면 우선 형식심사를 한다. 형사소송규칙 제9조 제2항과 형사소송법 제20조 제1항에 의하면, 기피신청권자가 아닌 자가 기피 신청을 한 경우, 기피의 원인되는 사실을 구체적으로 명시하지 아니한 경우에는 형식적 요건의 불비로서 기피신청을 받은 법원 또는 법관이 신청에 대한 기각결정을 한다.

(4) 간이기각결정

소송지연을 목적으로 함이 명백하거나 제19조의 규정에 위배된 때에는 신청을 받은 법원 또는 법관이 직접 신청에 대해 소위 간이기각결정을 할 수 있다(제20조 제1항; 대결 1985.7.8, 85초29). 여기서 기피신청이 소송의 지연을 목적으로 함이 명백한 때에 해당하는가의 여부는 사안의 성질, 심리의 경과 및 변호인의 소송준비 등 객관적 사정을 종합하여 판단해야 하는데, 일반적으로 법원의 심리방법이나 태도에 대한 불복신청을 이유로 하는 기피신청,[25] 시기에 늦은 기피신청, 이유 없음이 명백한 기피신청이 여기에 해당한다고 할 수 있다. 그리고 제19조에 위배된 경우란 기피신청의 관할을 위반하였거나 신청 후 3일 이내에 기피사유를 서면으로 소명하지 않은 경우를 말한다.

1990.11.2, 90모44) 검사의 공소장변경허가신청에 대하여 불허가결정을 한 사유만으로는 기피사유가 되지 않는다(대판 2001.3.21, 2001모2).

25) 심리방법에 대한 불복을 이유로 하는 기피신청이라고 할지라도 법관이 불공평한 재판을 할 염려가 있다고 볼 수 있는 경우에는 소송지연만을 목적으로 함이 명백하다고 할 수 없으므로 판사가 간이기각결정을 하지 않고 '합의부'에서 기각결정을 할 수 있다.

(5) 이유심사

형식심사에서 기각결정이 없으면 기피신청의 이유유무를 판단한다. 이 경우 해당법관을 제외한 소속법원의 합의부가 관할권을 가진다(제21조 제1항). 다만 합의부 구성이 불가능하면 직근상급법원(동조 제3항)이 관할권을 가진다.

(6) 소송절차의 정지여부

[설문 (12)] 피고인이 변론종결 후 판결 선고 전에 비로소 법관에 대해 기피신청을 한 경우에 법원이 취하여야 할 조치에 대해 설명하시오.

심리하는 동안에 간이기각의 경우와 급속을 요하는 경우를 제외하고는 소송진행이 원칙적으로 정지된다(제22조). 형사소송법 제22조에 규정된 정지하여야 할 소송절차란 실체재판에의 도달을 직접의 목적으로 하는 본안의 소송절차를 말하며,[26] '구속기간의 갱신절차'는 이에 포함되지 아니한다(대결 1987.2.3, 86모57). 여기서 급속을 요하는 것으로는 구속기간의 만료가 임박한 경우를 들 수 있다. 기피신청으로 소송의 진행이 정지되더라도 구속기간의 진행은 정지되지 아니하기 때문이다(대판 1994.3.8, 94도142). [설문 (12)]의 사례와 같이 변론종결 후 판결선고 전에 기피신청이 있는 경우에 판결선고절차를 정지하여야 할 것인가에 대해 제22조의 소송진행의 정지에는 본안의 소송절차만을 의미하기 때문에(본안제한설), '판결의 선고'는 이에 포함되지 않는다(대결 1987.5.28, 87모10). 이 경우 이미 종국판결이 선고되어 버리면 그 담당재판부를 사건 심리에서 배제하고자 하는 기피신청은 그 목적의 소멸로 재판을 할 이익이 상실되어 부적법하게 된다(대결 1995.1.9, 94모77).

[설문 (12)의 해결] 상기한 판례의 태도에 따라 법원은 기피신청이 있었더라도 절차의 정지 없이 판결 선고 기일에 판결을 선고할 수 있다. 그리고 기피신청에 대해서는 목적의 소멸로 재판을 할 이익이 상실된다.

---

(7) 재 판

심리 후 이유 없으면 이유 없음의 기각결정을(제21조 제1항), 이유 있으면 해당

---

26) 이에 대해 법문이 굳이 정지되는 소송절차를 제한하고 있지 않으므로 정지해야 할 소송절차를 본안에 대한 소송진행에 제한하여야 할 이유가 없으며, 급속을 요하는 경우는 예외가 마련되어 있다는 점을 근거로 모든 소송절차가 정지된다는 전부정지설(전부제한설)도 있다(이재상, 68면; 차용석, 26면).

법관을 배제하는 결정을 한다. 이 결정에 대해서는 항고하지 못한다(제403조).

3. 불복여부

기피신청에 대한 형식적 기각결정이든, 이유 없음의 기각결정이든 이에 대하여 즉시항고 할 수 있다(제23조). 단, 간이기각결정에 대한 즉시항고는 재판의 집행을 정지하는 효력이 없다(제2항).

Ⅳ. 회 피

회피(Selbstablehnung)는 법관이 스스로 기피될 원인이 있다고 생각하여 직무집행으로부터 탈퇴하는 제도이다(제24조 제1항). 당해 법관의 회피신청에 대해서는 소속법원의 합의부 또는 직근상급법원이 결정한다. 회피의 신청은 소속 법원에 서면으로 해야 한다(동조 제2항). 회피신청에 대한 결정에는 기피에 관한 규정이 준용된다(동조 제3항).

Ⅴ. 법원직원(통역인)에 대한 준용

상기한 법관의 제척 · 기피 · 회피에 관한 규정은 제17조 제7호의 규정을 제한 외에는 법원서기관, 법원사무관, 법원주사 또는 법원주사보와 통역인에 준용한다(제25조 제1항). 따라서 통역인이 사건에 관하여 증인으로 증언한 때에는 직무집행에서 제척되고, 제척사유가 있는 통역인이 통역한 증인의 증인신문조서는 유죄 인정의 증거로 사용할 수 없다(대판 2011.4.14, 2010도13583). 법원사무관 등과 통역인에 대한 기피재판은 그 소속법원이 결정으로 하여야 한다. 단, 제20조 제1항의 결정은 기피당한 자의 소속법관이 한다(제2항). 그리고 검사에 대해서도 제척 · 기피의 제도를 적용하여야 할 것인지에 대해서는 견해의 대립이 있다(이에 대한 상세는 후술함).

[§ 6] 검　사

Ⅰ. 검사의 의의

1. 연　혁

검사는 범죄수사로부터 재판의 집행에 이르기까지 형사절차의 전과정에 관여하여 형사사법의 정의를 실현하는 검찰권을 행사하는 국가기관이다. 검사제도는 대륙의 국가소추주의의 역사적 산물이다. 14세기 프랑스의 왕의 대관에서 유래하는 1808년 치죄법에 의하여 공화국의 대관으로서 형사절차에서 소추관으로 등장하게 되어 독일, 일본을 거쳐 우리나라에 도입되었다. 검사제도는 규문주위를 폐지하고 수사와 공소제기의 권한을 검사에게 맡겨 법원이 공정한 심판을 하도록 하고, 법령의 정당한 적용을 청구하고 피의자의 소송법적 권리도 보호하는 법률의 감시자로서 보호기능을 다하고 국민의 자유를 보장하기 위해 경찰에 대한 법치국가적 통제의 기능을 한다.

[영미의 검찰제도] 영미에서는 전통적으로 대륙법계와는 달리 사인소추주의가 지배하여 왔다. 그러므로 초창기 영국에서는 경찰이 피해자를 대신하여 재판기관에게 범죄자를 고발하는 역할을 담당하였고, 검사제도는 도입되지 않았다. 그러다가 1985년 범죄소추법(Prosecution of Offenses Act)이 제정 시행된 이래로 검사제도가 영국에도 도입되었다. 반면에 미국에서는 비교적 일찍부터 검사제도가 도입되었으나, 검사의 주된 임무는 영국에서와 마찬가지로 수사가 아니라 소추 및 공소제기에 있다.

2. 검사의 성격

(1) 준사법기관

검사는 형식적으로는 법무부에 소속된 행정기관이다. 그러나 검사는 범죄수사, 공소의 제기 · 유지 및 재판의 집행이라는 사법작용을 한다. 따라서 검사는 재판기관(Organ des Rechtssprechung)이라는 의미의 사법기관은 아니나, 법을 지키고 돌본다는 의미의 사법기관(Organ der Rechtspflege)에는 해당한다.

(2) 단독제의 관청

검찰사무는 모든 검사가 단독으로 처리하는 것이며, 검사가 검찰총장이나 검사장의 보조기관은 아니다. 따라서 합의제는 존재하지 않는다. 그리고 상관의 결제제도는 검찰내부에서 통용되는 절차에 불과하고, 법적인 구속절차는 될 수 없다.

3. 검사의 자격과 신분보장

검사의 임명자격은 법관의 그것과 동일하다(검찰청법 제29조). 검사의 임명 및 보직은 법무부장관의 제청으로 대통령이 행한다. 이 경우 법무부장관은 검찰총장의 의견을 들어 검사의 보직을 제청한다(동법 제34조 제1항). 검사의 검찰권의 공정한 행사를 위하여 법관과 같은 신분보장을 인정하고 있다. 검사는 탄핵 또는 금고 이상의 형의 선고에 의하지 아니하고는 파면되지 아니하며, 징계처분 또는 적격심사에 의하지 아니하면 해임 · 면직 · 정직 · 감봉 · 견책 또는 퇴직의 처분을 받지 아니한다(동법 제37조).

4. 검 찰 청

검찰청은 검사의 사무를 통할하는 기관이다. 단독제의 관청인 검사의 검찰사무를 통합할 뿐이며, 자체로는 아무런 권한도 가지지 않는 관서에 불과하다. 검찰청에는 대검찰청, 고등검찰청 및 지방검찰청이 있고, 각 대법원, 고등법원, 지방법원 · 가정법원에 대치된다. 다만 지방법원지원설치구역에는 이에 대응하여 지방검찰청 지청을 둘 수 있다(동법 제3조).

Ⅱ. 검사의 조직과 구조

검사는 형식적으로는 법무부에 소속된 행정기관이지만 실질적으로 사법에 종사한다. 실질적으로 형사사법을 담당하는 검찰권의 공정을 기하기 위해서는 검사의 독립성이 보장되어야 한다. 다만 검사의 독립성을 보장하는 것이 검사의 독선 내지 검찰파쇼를 결과하여서는 안 된다. 검찰권행사의 독립성과 그 권한을 통제하는 한계성을 조화하는 법적 장치가 있어야 한다.

1. 검사동일체의 원칙

[설문 (13)] 검사 甲은 사건을 배당받아 수사한 결과 일부 무혐의, 나머지 기소유예의 의견에 도달하고 결정문을 작성하였다. 그러나 검사장 乙은 여러 사정을 종합해 볼 때 '설령 무죄판결을 받게 된다고 하더라도 기소를 하여야 한다'고 보고 재결을 하지 않고 있다. 甲은 이를 어떻게 처리하여야 하는가? [1992년 제34회 사법시험]

(1) 의 의

검사동일체의 원칙이고 함은 검찰권을 행사하는 독립관청인 검사는 모두 검찰총장을 정점으로 지휘감독과 이행의 관계(법개정 이전에는 상명하복의 관계)에 서서 전국적으로 일체불가분의 통일적인 계층의 조직체로서 활동하는 것을 말한다.[27] 검사동일체원칙의 취지는 범죄수사, 공소 및 집행에 이르는 검찰권행사의 전국적 통일성과 공정성을 유지할 수 있는 점과 범죄수사의 효과를 거두기 위한 전국적 수사망확보의 필요성에서 요청된다.

(2) 내 용

1) 지휘감독과 이행의 관계 검사는 검찰사무에 관하여 소속 상급자의 지휘·감독에 따른다(검찰청법 제7조 제1항; 종래 상명하복관계를 개정한 것임). 이를 위하여 검사의 처분에는 상사의 결재를 받도록 내부적으로 규정하고 있다. 그러나 이것은 검찰청 내부에서만 효력을 가질 뿐이다. 검사는 단독제의 행정관청이기 때문에 검사가 결재를 받지 않고 행한 처분도 대외적 효력에는 아무런 영향이 없다. 검사는 구체적 사건과 관련된 상급자의 지휘·감독의 적법성 또는 정당성 여부에 대하여 이견이 있는 때에는 이의를 제기할 수 있다(동법 제7조 제2항). 이로부터 검사는 상사의 적법한 지휘에만 따라야 한다. 즉 준사법기관으로서 검사에게는「진실과 정의의 의무」가 있다. 따라서 상사의 수사중지명령(또는 내사중단의 명령)이[28] 있는 경우에는 그 명령이 범죄혐의 있으면 수사하여야 한다는 수사법정주의에 반하는 불법

27) 이에 대한 글로는 문준영, "검사의 법적 성격과 조직방식에 관한 논의의 비판적 고찰—검사의 준사법기관성과 검사동일체원칙을 중심으로—," 민주법학 26, 2004년, 159면 이하; 이완규, "검사동일체원칙과 관련된 몇 가지 오해," 형사정책연구소식 78號, 2003.7, 2-9면; 유중원, "검사동일체 원칙의 폐기 당연한가," 법률신문 3197호, 2003.8, 14면.

28) 내사중단의 지시로 담당 검사로 하여금 의무 없는 일을 하게 한 경우 직권남용권리행사방해죄를 인정한 대판 2007.6.14, 2004도5561.

이므로 따르지 않아도 무방하다.[29] 상사의 기소유예처분명령이 있는 경우에는 그 명령은 기소편의주의에 의하여 원칙적으로 적법하므로 이에 따라야 한다. 그러나 재량권남용이 있는 때에는 불복종하여도 무방하다. 검사가 불기소처분하려는 것에 대해 상사가 공소제기를 명하는 경우에 문제된다. 특히 혐의가 약간 불투명한 상태에서 상사가 공소제기를 명하는 경우에 문제된다. 혐의가 약간 불투명한 상태에서 상사의 공소제기명령이 있는 경우에는 그 명령은 적법하므로 이에 따라야 한다. 그러나 혐의 없는 것이 명백함에도 불구하고 공소제기하는 것은 공소권남용에 해당한다. 이 경우의 상사의 공소제기명령에는 따를 의무가 없다고 보아야 할 것이다. 그리고 상기한 [설문 (13)]과 관련하여 검사의 재량사항에 속하는 기소유예처분에 대한 공소제기명령에 대해서도 원칙적으로 따라야 한다. 다만 조건부 기소유예처분에 대해 피의자가 그 조건을 이행한 경우에는 존속력(Bestandkraft)이 발생하므로 피의자의 신뢰를 보호하여야 한다. 이 경우의 공소제기는 재기소금지를 규정한 제329조에 반하는 공소제기가 될 수 있으므로 이 명령에는 복종할 의무가 없다고 해석하여야 한다.[30] 그리고 기소유예를 하는 것이 명백하게 정당함에도 불구하고 공소제기하는 것도 공소권남용에 해당하므로 상사의 공소제기명령에 따를 의무가 없을 것이다. 상관은 명령위반의 경우에는 담당검사를 강제하는 것보다 직무승계권과 직무이전의 권한을 행사하는 것이 바람직하다. 이 경우에도 검사가 이미 행한 처분은 설령 결재를 받지 않은 경우에도 외부적으로는 효력이 있다.

2) 직무의 위임, 승계, 이전의 권한 검찰총장과 각급 검찰청의 검사장 또는 지청장은 자기직무를 소속검사에게 위임할 수 있는 직무위임권(검찰청법 제7조의2 제1항), 소속 검사의 직무를 자신이 처리할 수 있는 직무승계권(Devolutionsrecht; 동조 제2항 전단), 소속검사의 직무를 다른 검사로 하여금 처리하게 할 수 있는 직무이전권(Substitutionsrecht)을 가진다(동항 후단).

3) 직무대리권 각급 검찰청의 차장검사는 소속장에 사고가 있을 때 특별한 권한 없이 그 직무를 대리하는 권한을 가진다(고등검찰청의 경우에는 검찰청법 제18조

29) 사법경찰관리가 범죄혐의를 포착하였음에도 수사를 개시하지 아니하는 경우에 직무유기죄가 성립한다고 판시해 오고 있으며(대판 1967.7.4, 66도840; 1984.7.24, 84도705), 같은 이유로 검사도 특정사건을 수사대상에서 의식적으로 누락시킨 경우 직무유기죄가 성립한다고 보아야 한다는 입장으로 허일태, "검찰권행사의 공정성담보를 위한 대책," 동아법학, 2002, 18면 참조.

30) 이상돈, 연습, 19면.

제2항, 지방검찰청의 경우에는 제23조 제2항).

(3) 효 과

1) 검사교체의 효과 검사가 교체되어도 소송법상 효과에는 영향이 없다. 즉 검사가 교체되더라도 수사절차 및 공판절차의 갱신은 필요없다.[31)]

2) 검사에 대한 제척·기피 법관에 대한 제척·기피제도는 검사에 대해서도 적용되어야 한다는 견해가 주장된다.[32)] 검찰사무를 공정하게 처리하고 이해관계인의 신뢰를 보호하기 위하여 공익의 대표자인 검사에 대해서도 이 제도의 적용이 요구된다는 것이다. 그러나 현행법상 검사동일체의 원칙에 의하면 특정검사에 대해 제척·기피하여 동일체의 다른 검사로 교체시키는 것은 별의미가 없고, 이와 유사한 교체임용제도가 있기 때문에 검사에 대한 제척·기피제도는 규정되지 않은 것으로 해석하는 것이 타당하다(다수설). 판례도 제척 기피 사유가 검사에게 있는 경우라도 당해 검사의 계속적인 수사 관여가 위법하다거나 작성한 참고인진술조서 등의 증거능력이 부정되는 것은 아니라고 판시하였다(대판 2013.9.12, 2011도12918). 다만 입법론의 차원에서 검사의 제척·기피제도는 요구되는 것으로 보아야 한다.

2. 법무부장관의 지휘·감독권

법무부장관은 검찰사무의 최고 감독자로서 일반적으로 검사를 지휘·감독할 뿐이고, 구체적 사건에 대해서는 검찰총장만을 지휘·감독한다(검찰청법 제8조). 검사동일체원칙이 검사에 대한 내적 지휘감독관계를 규정한 것인 데 반하여, 이것은 검사에 대한 외적 지휘감독관계에 관한 규정이다. 이 규정에 대하여 검찰총장을 완충대로 하여 구체적 사건의 처리가 정치적 영향에 의하여 좌우되는 것을 막기 위한 취지라는 것이 국내 일반의 평가이며 비교적 긍정적으로 기술되고 있다. 그러나 이 규정은 검찰의 정치화를 위한 직접적 규정으로 평가절하되어야 한다. 왜냐하면 법무부장관이 검찰총장에게 구체적 사건까지도 지휘·감독할 수 있다는 것은 상명하복관계의 검사동일체의 원칙에 의하여 곧바로 사건담당검사를 법무부장관이 지휘·감독할 수 있는 것에 다름 아니기 때문이다. 따라서 이 규정 자체가 폐지되어야 한다.[33)]

---

31) 이는 판사가 경질되면 반드시 공판절차의 갱신(제301조)이 요구되는 것과는 구별된다.

32) 배종대/이상돈, 85면; 신동운, 32면; 송광섭, 67면; 정웅석, 89면.

Ⅲ. 검사의 소송법상 지위

1. 다양한 지위

프랑스와 독일 등 대륙법계 국가에 있어서 검사는 소추권뿐만 아니라 수사권과 재판의 집행권이 있다. 그러나 미국의 검사는 소추권행사는 대배심에 의하여 제한을 받아 그 보조기관으로서의 기능을 가질 뿐이고, 재판의 집행권도 없으며, 수사의 주체도 원칙적으로 경찰이다. 일본에서는 검사에게 소추권과 재판의 집행권을 인정하지만 수사에 있어서는 사법경찰관이 제1차적 수사의 주체이고 검사는 제2차적 보충적인 수사의 주체에 지나지 않는다. 우리나라의 검사는 프랑스와 독일의 검사와 유사한 지위에 있다. 검찰청법에 규정된 검사의 직무는 다음과 같다.

[2021년 시행 검찰청법 제4조(검사의 직무)] ① 검사는 공익의 대표자로서 다음 각 호의 직무와 권한이 있다.

1. 범죄수사, 공소의 제기 및 그 유지에 필요한 사항. 다만, 검사가 수사를 개시할 수 있는 범죄의 범위는 다음 각 목과 같다.

가. 부패범죄, 경제범죄, 공직자범죄, 선거범죄, 방위사업범죄, 대형참사 등 대통령령으로 정하는 중요 범죄

나. 경찰공무원이 범한 범죄

다. 가목·나목의 범죄 및 사법경찰관이 송치한 범죄와 관련하여 인지한 각 해당 범죄와 직접 관련성이 있는 범죄

2. 범죄수사에 관한 "특별"사법경찰관리 지휘·감독
3. 법원에 대한 법령의 정당한 적용 청구
4. 재판 집행 지휘·감독
5. 국가를 당사자 또는 참가인으로 하는 소송과 행정소송 수행 또는 그 수행에 관한 지휘·감독
6. 다른 법령에 따라 그 권한에 속하는 사항

② 검사는 그 직무를 수행할 때 국민 전체에 대한 봉사자로서 헌법과 법률에 따라 국민의 인권을 보호하고 적법절차를 준수하며, 정치적 중립을 지켜야 하고 주어진 권한을 남용하여서는 아니 된다.

[입법론적 문제점] 2021년 시행 검찰청법에 의해 검찰청 검사가 직접 수사 개시 진행할

---

33) 동일한 취지로는 심희기/ 양동석, 81면.

수 있는 권한 범위는 상기한 제1항 제1호의 일정한 범죄로만 제한되었다. 그런데 일반 사법경찰관에게 독립적 수사권을 부여하는 수사권 조정의 법 개정 취지는 검경 사이 수사상 견제와 균형의 관점에서도 바라보아야 한다. 이러한 관점에서는 적어도 직접 검찰청에 고소 고발된 사건에 대해서는 원칙적으로 검사가 직접 수사 착수 진행할 수 있는 것으로 구성되는 것이 타당할 것이다. 왜냐하면, 범죄 피해자가 검사 수사를 경찰수사보다 더 신뢰하여 직접 검찰청에 고소장을 접수하였다면 검사가(그 반대의 경우는 사법경찰이) 직접 수사해서 처리하는 것이 국민의 의사를 존중하는 것이고 검경 사이의 견제와 균형도 달성할 수 있기 때문이다.

2. 수사절차상 지위

(1) 수사의무 겸 수사권

검사는 범죄의 혐의가 있다고 사료하는 때에는 범인, 범죄사실과 증거를 수사한다(제196조). 실체적 진실발견을 위해 검사에게 범죄에 대한 수사의무를 부과하는 수사법정주의가 원칙으로서 규정된 것으로 해석되어야 할 것이다(이를 검사의 수사권 차원에서 바라보는 관념은 사법기관 위주의 권위주의적 사고인 것으로 판단됨). 그런데 상기한 현행 검찰청법 제4조 제1항에 의하면, 검사가 수사를 개시할 수 있는 범죄의 범위는 부패범죄, 경제범죄, 공직자범죄, 선거범죄, 방위사업범죄 등으로 제한되어 있다(따라서 대부분의 일상범죄에 대한 수사 개시 및 진행은 사법경찰관만이 할 수 있음). 수사의무의 이행을 위해 검사는 피의자신문(제200조), 참고인조사(제221조)의 임의수사는 물론이고, 법이 정한 범위 내에서의 강제수사도 할 수 있다. 특히 영장청구권, 증거보전청구권(제184조), 증인신문청구권(제221조의2) 등은 —사법경찰은 배제되고— 검사에게만 인정된다.

(2) 사법경찰의 수사에 대한 개입

2021년 시행 형소법상 대부분의 일상범죄에 대한 수사 착수와 진행은 사법경찰에 의해 독립적으로 이루어진다(제197조). 반면에 검사의 직접 수사는 일정 범죄에만 제한되어 허용된다(검찰청법 제4조 제1항 1호 단서). 종래 검사에게 부여된 일반 사법경찰관의 수사를 지휘할 수 있는 수사지휘권 제도는 폐지된 것이다(그러나 특별사법경찰관의 수사에 대해서는 여전히 지휘권을 가짐). 그 대신에 검사에게는 형소법 제197조의2가 규정한 보완수사 요구권과 제197조의3이 규정한 시정조치 요구권이 보장되어 있고, 이 요구에 응하지 아니하는 일반 사법경찰에 대한 직무배제 및 징계요구권 등도 보장되어 있다. 그리고 검사는 구속장소감찰제도(제198조의2)를 통해 불법한 피의자구속을 통제하고 있다.

(3) 종국적 수사종결권

2021년 시행 형소법상 사법경찰관도 1차적 수사종결권을 가진다. 즉, 수사한 사법경찰관은 혐의 있는 사건만 검찰에 송치하고, 그 이외의 사건에 대해서는 불송치 결정을 내릴 수 있다(제245조의5). 다만 불송치 결정에 대해 고소인 등의 이의신청이 있으면 그 사건도 강제로 검찰에 송치된다(제245조의7). 검사는 공소제기 여부를 결정할 종국적 수사종결권을 대부분 독점한다. 다만, 일정한 공직자에 의한 공직자 범죄에 대해서는 공수처 검사가 예외적으로 공소제기 여부에 관한 권한까지 가진다(공수처법 제3조 제1항 2호).

3. 공소권의 주체

(1) 공소제기의 독점자

우리나라는 사인소추(Privatklage)가 전혀 허용되지 않는 국가소추주의만 인정된다. 그리고 공소는 검사(공수처 검사 포함)가 원칙적으로 독점하여 제기한다(제246조). 이를 기소독점주의라고 한다. 다만 일정 경범죄에 대한 경찰서장에 의한 즉결심판의 청구, 일정 공직자의 공직범죄에 대한 공수처 검사에 의한 공소제기, 그리고 법원의 재판을 통해 검사기소가 강제되는 재정신청에 따른 기소강제절차(제260조 이하)의 예외가 있다. 그리고 우리나라는 검사에게 기소재량권을 인정하는 기소편의주의(제247조)와 기소변경주의(제255조)를 취하고 있다.

입법론 내지 제도개선론: 검사의 공소권 행사에 대한 통제

우리나라의 경우는 검사의 공소권 행사는 거의 통제받지 않고 있다. 이에 따라 우리나라 검사에 의한 불공정 수사종결처분 내지 공소권 행사의 문제가 항상 발생되고 있다. 이의 개선을 위해서는 중죄의 경우 대배심(Grand Jury)이 공소제기 여부를 결정하도록 하는 제도, 즉 영미의 대배심 제도가 입법론 내지 제도 개선론으로서 참조될 수 있을 것이다. 그러나 판사 내지 치안판사가 담당하는 예비심문절차를 거쳐 예심판사에 의해 공소제기 여부를 결정토록 하는 소위 영미의 예비심문 제도의 도입은 바람직하지 못한 것으로 판단된다.

(2) 공소수행의 담당자

검사는 공판절차에서 공소사실을 입증하고 공소를 유지한다. 당사자주의의 소송구조에서 검사는 피고인에 대립하는 당사자의 지위를 가진다. 그러나 직권주의에서 검사는 소송의 3주체 중에 하나에 속할 뿐이고, 당사자의 지위는 없다. 다수설에 의하면 검사에게는 당사자지위가 인정되고[34] 이에 따라 검사는 피고인에 대해 공격·방어를 수행하고 논고(論告)를 한다. 더 나아가 검사는 공판정출석권(제267조 제3항, 제278조), 증거조사참여권 및 증인신문권(제161조의2, 제145조, 제176조), 증거조사에 대한 이의신청권(제296조) 등의 권리를 가진다.

4. 재판의 집행기관

우리나라는 재판의 집행주체를 검사로 하는 검사주의를 취하고 있다. 즉 재판의 집행은 검사가 지휘한다(제460조). 다만 예외적으로 재판장, 수명법관, 수탁판사가 재판의 집행을 지휘할 수 있는 경우도 있다(제81조, 제115조). 피고인이 불구속으로 유죄확정 판결시에는 검사가 소환하고 만약 피고인이 소환에 응하지 않으면 검사가 형집행장을 발부한다(제473조). 검사가 발부한 형집행장은 구속영장과 같은 효력이 있다.

5. 공익의 대표자

[설문 (14)] 강도강간의 피해자가 제출한 팬티에 대한 국립과학수사연구원의 유전자 검사결과 그 팬티에서 범인으로 지목되어 기소된 피고인이나 피해자의 남편과 다른 남자의 유전자형이 검출되었다는 감정결과를 검사가 공판과정에서 입수하였는데도 검사가 그 감정서를 법원에 제출하지 아니하고 은폐하였다면 그 검사의 그와 같은 행위는 어떻게 평가되어야 하겠는가?

검사는 단순한 당사자의 지위에만 있어서는 안 되고, 공익적 지위에서 객관의무[35]를 부담하여야 한다.[36] 검사의 객관의무로는 피고인에게 이익되는 사실도 조

34) 이에 대하여 당사자의 개념은 형사절차의 본질에 친숙하지 못하고, 공익의 대표자인 검사를 당사자라고 지칭하는 것은 적절하지 못하며, 검사를 당사자로 보게 되면 공판절차의 검찰사법화가 우려된다는 이유로 검사를 당사자로 이해하는 것은 부당하다는 부정설로는 배종대/이상돈, 90면; 신동운, 549면.

35) 객관의무에 대한 것으로 이완규, "검사의 지위와 객관의무," 저스티스 73호, 2003.6, 한국법학원, 223-245면; 조광훈, "수사기관의 객관의무에 관한 연구," 법조 제54권 제5호(통권

사 · 제출할 의무와 피고인의 이익을 위하여 상소할 의무를 들 수 있다. 검사는 피고인의 이익을 위하여 상소할 수 있고 재심도 청구할 수 있다(제424조). 검찰총장은 판결이 확정된 후 그 사건의 심판이 피고인에게 불리하게 법령에 위반하여 이루어진 경우에는 비상상고를 할 수 있다(제441조). 검사에게 객관의무를 긍정한다면 상기한 [설문 (14)]에서와 같이 강도강간의 피해자가 제출한 팬티에 대한 국립과학수사연구원의 유전자검사결과 그 팬티에서 범인으로 지목되어 기소된 피고인이나 피해자의 남편과 다른 남자의 유전자형이 검출되었다는 감정결과를 검사가 공판과정에서 입수하였는데도 검사가 그 감정서를 법원에 제출하지 아니하고 은폐하였다면 검사의 그와 같은 행위는 위법한 행위로서 평가된다(대판 2002.2.22, 2001다23447: 민사판례의 태도이기도 함. 즉 검사의 그와 같은 행위는 객관의무에 위반되는 위법한 행위로서 국가배상책임이 인정될 수 있음).[37] 그리고 검사는 친고죄에 대하여 고소할 자가 없는 경우에 이해관계인의 신청이 있으면 고소권자를 지정할 수 있다(제228조).

[§ 7] 피 고 인

Ⅰ. (공동)피고인의 의의

피고인(Angeklagte)이라 함은 검사에 의하여 형사책임을 져야 할 자로 공소가 제기된 자와 공소가 제기된 것으로 취급되어 있는 자를 말한다. 즉결심판절차에서 경찰서장에 의해 즉결심판이 청구된 자도 피고인에 해당한다. 피고인은 공소제기 전에 수사관에 의하여 수사의 대상으로 되어 있는 피의자와 유죄판결이 확정된 수형자와 구별된다.

공동피고인(Mitangeklagte)이란 동일한 소송절차에서 공동으로 심판받는 수인의

584호), 2005.5, 258면 이하.

36) 이에 대하여 현행법은 실체적 진실주의를 이념으로 하는 직권주의 구조로부터 법의 적정절차를 이념으로 하는 당사자주의로 전환되었기 때문에 검사의 객관의무를 인정할 수 없다는 부정설로는 차용석, 155면.

37) 이에 대한 글로는 이완규, "검사의 지위와 객관의무," 형사판례연구 제12권, 2004년, 박영사, 301면 이하; 심희기, "검사의 공익적 지위와 객관의무 — 대상판결: 2002.2.22. 선고 2001다23447 판결," 고시연구 제30권 제5호, 234면 이하.

피고인을 말한다. 공동피고인은 반드시 공범자임을 요하지 않는다.

Ⅱ. 피고인의 특정

1. 피고인 특정의 기준

피고인은 공소장의 필요적 기재사항이다(제254조 제3항 제1호). 공소장에 피고인을 기재할 때에는 타인과 구별할 수 있는 정도로 특정되어야 한다. 문제는 공소장에 피고인으로 표시된 이외의 자가 피고인으로 취급되거나 행위를 한 경우에 누구를 피고인으로 볼 것인가에 있다. 이에 대해서는 견해대립이 있다. 즉, 검사의 의사를 기준으로 피고인을 특정해야 한다는 의사설, 공소장에 피고인으로 표시된 자가 피고인이라는 표시설, 실제로 피고인으로 행위하거나 취급된 자가 피고인이라는 행위설, 공소장에 표시된 자와 피고인으로 취급되거나 행동한 자는 모두 피고인으로 보는 표시설과 행위설의 결합설,[38] 표시설에서 말하는 공소장에 표시된 자의 해석을 형식적으로 표시된 자가 아니라, 실질적으로 검사의 의사와 피고인의 행위를 함께 고려하여 피고인을 결정한다는 실질적 표시설(표시기준설),[39] 의사설을 기준으로 하되 행위설과 표시설을 보충적으로 고려하여야 한다는 의사기준설(실질적 의사설)[40] 등으로 견해가 대립된다. 생각건대, 누가 피고인인가는 검사의 의사, 공소장의 형식적 표시, 피고인으로서의 행위여부 등이 종합적으로 고려되어야 한다. 결국 피고인의 특정은 개별사례에 따라 구체적으로 결정되는 것이지 일반적인 단일기준은 제시할 수 없다. 따라서 피고인의 특정이 구체적으로 문제되는 성명모용과 위장출석의 경우에 대해 다시 논의되어야 한다.

---

38) 강구진, 108면; 김기두, 59면; 백형구, 610면; 서일교, 82면; 정영석/이형국, 73면.

39) 이재상, 102면; 차용석, 178면; 임동규, 58면. 대법원이 "타인의 성명과 생년월일을 사칭하여 기소된 경우에 그 공소의 효력은 명의를 사칭한 자에 대해서만 미친다"라고 판시(대판 1984.9.25, 84도1610)한 것으로 보아 성명모용과 관련하여 검사의 의사를 고려한 실질적 표시설의 입장으로 보인다고 평가하는 견해로는 심희기, 54면; 이보령, "성명모용과 위장출석의 법리," 형사판례의 연구 II, 박영사, 2003, 4면.

40) 배종대/이상돈, 395면.

2. 성명모용의 경우

(1) 피고인은 모용자

성명모용이란 실제의 피고인이 다른 자의 성명을 모용함으로써 공소장에 다른 자의 이름이 기재되어 공소제기된 경우를 말한다. 이러한 성명모용의 경우에는 모용자만이 피고인이다. 판례도 피의자가 다른 사람의 성명을 모용한 탓으로 공소장에 피모용자가 피고인으로 표시되었다 하더라도 이는 당사자의 표시상의 착오일 뿐이고 검사는 모용자에 대하여 공소를 제기한 것이므로 모용자가 피고인이 되고 피모용자에게 공소의 효력이 미치지 않는다고 판시하였다(대판 1993.1.19, 92도2554). 이 경우 단순한 형식적 표시설에 의하면 피모용자도 피고인이 될 것이다.

(2) 심리 중 모용사실이 판명된 경우의 조치

1) 공소장정정　　성명모용사건에서 검사는 공소장의 인적 사항의 기재를 정정하여 피고인의 표시를 바로잡아야 한다. 이 경우 피고인표시의 정정은 공소장의 하자에 대해 보정적 추완을 하는 것이다. 즉, 이것은 피고인의 표시상의 착오를 정정하는 것이지 공소장을 변경하는 것이 아니므로 형사소송법 제298조에 따른 공소장변경의 절차를 밟을 필요가 없고 법원의 허가도 필요로 하지 아니한다. 검사가 공소장의 피고인 표시를 정정하여 바로 잡은 경우에는 처음부터 모용자에 대한 공소의 제기가 있었고 피모용자에 대한 공소의 제기가 있었던 것은 아니므로, 법원은 모용자에 대하여 심리하고 재판을 하면 되고 원칙적으로는 피모용자에 대하여 심판을 할 것이 아니다. 그러나 검사가 이와 같은 피고인의 표시를 정정하여 그 모용관계를 바로잡지 아니한 경우에는 외형상 피모용자 명의로 공소가 제기된 것으로 되어 있고, 이는 공소제기의 방식이 형사소송법 제254조의 피고인특정 규정에 위반하여 무효라 할 것이므로 법원은 공소기각의 판결을 선고하여야 한다.[41]

그리고 공소장이 정정된 경우 모용자에 대해서는 공소장부본과 피고인표시경정결정을 송달한 후 소환하여 재판을 진행한다. 참고로 피모용자에 대해서는 공소제기의 효력이 미치지 아니하므로 소송절차에 관여한 사실이 없으면 별도의 판단을

41) 대판 1982.10.12, 82도2078; 대판 1985.6.11, 85도756; 대판 1993.1.19, 92도2554. 통설인 공소기각설에 대하여, 특정 여부는 공소장에 기재된 인적 사항을 기준으로 보면 피고인이 특정되었다고 보아 공소기각의 판결을 선고해서는 안 된다고 해석하는 심리진행설(실체판결설)을 주장하는 소수견해로는 백형구, 연습, 180면.

할 필요가 없이 단순히 공판에서 배제시키면 족하고, 공소기각의 판결을 할 필요가 없다. 판례도 이 경우 공소기각판결을 하면 기소되지 아니한 사람에 대하여 심판한 위법을 범하였다고 한다(대판 1984.9.25, 84도1610).

2) 약식명령에 대해 정식재판을 청구한 경우

[설문 (15)] 甲은 폭행의 피고인으로서 법관으로부터 자신에게 송달된 벌금 50만원의 약식명령서를 받았다. 폭행을 한 사실이 없는 甲은 이상하다고 여기면서 정식재판을 청구하였다. 정식재판의 심리 도중에 진범 乙이 甲의 성명을 모용한 사실이 밝혀졌다. 이 경우에 법원의 조치는?

상기한 [설문 (15)]에서와 같이 피모용자가 약식명령에 대하여 정식재판을 청구하여 피모용자를 상대로 심리를 하는 과정에서 성명모용사실이 발각된 경우에도 모용자가 실질적 피고인이 되므로 검사는 공소장을 모용자 명의로 정정하여야 한다. 그리고 피모용자에 대해서는 그가 정식재판을 청구하였기 때문에 그에게 사실상의 소송계속이 발생하고 형식상 또는 외관상 피고인의 지위를 갖게 되었으므로 법원은 검사에 의해 공소장정정이 있더라도 그에게 적법한 공소의 제기가 없었음을 밝혀주는 의미에서 형사소송법 제327조 제2호를 유추적용하여 공소기각의 판결을 함으로써 피모용자의 불안정한 지위를 명확히 해소해 주어야 한다(대판 1981.7.7, 81도182; 대판 1991.9.10, 91도1689).[42]

그리고 검사가 공소장정정을 한 경우에 모용자에 대한 법원의 조치에 대해서는 견해대립이 있다. 판례에 따르면, 법원은 피모용자가 정식재판을 청구하였다 하여도 모용자에게 아직 약식명령의 송달이 없었다면 검사는 공소장에 기재된 피고인의 표시를 정정할 수 있고 법원은 이에 따라 약식명령의 피고인 표시를 경정할 수 있으며, 이 경우 본래의 약식명령정본과 함께 이 경정결정을 모용자에게 송달하면 이때에 약식명령의 적법한 송달이 있다고 볼 수 있다는 것이다. 따라서 이에 대하여 소정의 기간 내에 정식재판의 청구가 없으면 약식명령은 확정되고, 모용자에 의해 정식재판이 별도로 청구되어야 비로소 그에 대한 정식재판과정이 진행된다는 것이

42) 통설인 공소기각판결설에 대하여, 소수설로 약식절차에서 피모용자는 피고인이 아니므로 피모용자의 정식재판 청구는 정식재판의 청구가 법령상의 방식에 위반된 경우이므로 제455조 제1항에 의하여 결정으로 정식재판청구를 기각하면 된다는 정식재판청구기각설의 주장이 있다(황현호, "성명모용과 위장출석의 경우 피고인의 인정기준," 사법논집 제25집, 법원행정처, 521면).

다(대판 1993.1.19, 92도2554; 대판 1997.11.28, 97도2215; 이 판례의 태도를 약식절차설이라고 명명하기도 한다). 그러나 피모용자의 정식재판청구에 의해 모용자에게도 효력이 있다는 정식재판절차설에 의하면 법원은 모용자에게 공소장부본과 함께 피고인표시정정결정을 송달하고 그를 소환하여 재판을 진행하여야 한다는 것이다.[43)]

생각건대, 약식명령에 대한 정식재판의 청구에도 불이익변경금지의 원칙이 적용되므로 정식재판설을 취하더라도 모용자에게 손해가 가지 않는다는 주장이 제기될 수는 있겠지만,[44)] 원하지 아니하는 절차를 강제받지 아니할 모용자 이익이라는 관점에서는 약식절차설이 더욱 타당한 것으로 사료된다.

(3) 판결확정 후 성명모용사실이 판명된 경우의 구제방법

법원이 성명모용사실을 알지 못하여 유죄판결을 선고하고 이 판결이 확정된 때에도 판결의 효력은 피모용자에게 미치지 않는다. 이 경우 피모용자의 구제방법에 대해서는 (i) 피모용자가 검사에게 전과말소신청을 하여 검사의 결정으로 수형인명부의 전과기록을 말소하여야 한다는 전과말소설,[45)] (ii) 확정판결에 대해 재심청구를 하여 무죄판결을 받아야 한다는 재심설,[46)] (iii) 심판에 법령위반이 있다는 이유로 비상상고를 통하여 판결을 파기하고 피고사건에 대하여 다시 판결하여야 한다는 비상상고설[47)]의 견해대립이 있다.

생각건대, 단순한 성명모용만 있었을 뿐이고 모용자 자신이 소송행위를 하여 재판이 이루어졌다면 피모용인을 피고인으로 한 재판이 있었다고 볼 여지는 전혀 없으므로 재판 그 자체를 무효화시키는 불복제도는 불필요하다. 따라서 이 경우에는 형사소송규칙 제25조 제1항의 "재판서에 오기 기타 이에 유사한 오류가 있는 경우"의 판결경정제도[48)]를 통하여 피고인경정결정을 하여 모용자에 대한 형집행을

43) 김상희, "성명모용과 피고인의 특정," 형사판례연구 제2권, 252면.

44) 정웅석/백승민, 97면; 이상돈, 연습, 188면.

45) 권오걸, 80면; 백형구, 55면; 정영석/이형국, 74면; 신양균, 365면; 임동규, 60면; 송광섭(2010), 118면; 이은모(2011), 74면; 진계호, 96면; 이동형, "피고인 인정의 기준과 성명모용 및 위장출석," 영남법학, 2005, 119면. 이에 대하여 피모용자에게는 자신의 명의로 수형인명부에 전과사실이 기재되거나 자신에게 실형이나 노역장유치가 집행될 경우에 전과말소신청이나 집행의의신청(제488조)으로 구제받을 수 있다는 견해로는 심희기, 56면.

46) 서일교, 83면.

47) 신동운, 438면.

48) 이미 선고된 판결의 내용을 실질적으로 변경하는 것은 경정의 범위를 벗어나는 것으로 허용되지 않는다. 그리고 경정결정은 주문에 기재하여야 하고 판결이유에만 기재한 경우

계속하면 될 것이다.[49] 피모용자가 형식상 전과자로 된 것은 전과말소절차를 통하여 해결하면 될 것이다. 즉 이 경우에는 전과말소설이 타당하다. 그러나 실제로 피모용자가 피고인으로서 소송행위를 하여서 재판이 이루어졌다면 그 재판은 무효화되어야 하고 모용자에 대한 재판이 새로이 이루어져야 한다. 따라서 피모용자의 소송행위를 근거로 행한 확정재판 그 자체를 바로잡는 불복절차가 있어야 한다. 그런데 이 경우의 불복은 실체에 대한 사실오인에 있는 것이 아니고 피고인특정이라는 소송조건의 결여를 간과한 재판에 있으므로 그 불복의 실질은 비상상고에 가장 가까운 것으로 판단된다. 따라서 검찰총장이 직접 또는 피모용자의 의뢰에 따라서 대법원에 불복하는 비상상고설이 가장 타당하다.

3. 위장출석의 경우

(1) 피고인은?

위장출석이란, 공소장의 피고인표시에는 아무런 하자가 없으나 공소장에 피고인으로 표시된 이외의 자가 피고인으로서 행위한 경우를 말한다. 이 경우에 공소장에 표시된 피고인을 실질적 피고인이라 하고, 피고인으로 행위하는 자를 형식적 피고인이라 한다. 이 때 공소제기의 효력은 실질적 피고인에게만 발생한다.

(2) 공판심리 중에 위장출석의 사실이 판명된 경우 검사 및 법원의 조치

인정신문단계에서 위장출석이 밝혀지면 법원은 위장출석자를 퇴정시키고 실질적 피고인을 소환하여 절차를 진행하면 된다. 그러나 사실심리에 들어갔다면, 위장출석자에게 소송이 계속된다. 따라서 법원은 위장출석자에 대해 제327조 제2호에 의해 공소기각의 판결을 해주어야 한다.[50] 더 나아가 위장출석자에게 판결이 선고되었으면 항소 또는 상고의 이유가 된다. 그리고 실제의 피고인에게는 공소제기 이후의 절차를 다시 진행하여야 한다.

에는 경정결정이 이루어졌다고 할 수 없다(대판 2021.4.29, 2021도26).

49) 전강진, "판결경정제도," 형사판례연구 제4권, 372면 이하.

50) 공소기각의 판결을 하는 구체적인 실정법적 근거에 관해서는 (i) 제327조 제2호 직접 적용설(정영석/이형국, 72면; 신동운, 262면) (ii) 제327조 제2호 유추 적용설(백형구, "위장출석 성명모용의 소송관계," 고시연구 1994.2, 177면; 임동규, 60면) 등이 구체적으로 주장되고 있다. 반면에 사실상 배제하는 것으로 충분하다는 사실상 배제설로는 황현호, 앞의 논문, 526면 이하; 이동형, 앞의 논문, 127면.

(3) 판결확정후 위장출석의 사실이 판명된 경우의 구제방법

법원이 위장출석 사실을 알지 못하여 위장출석자에 대하여 유죄판결이 확정된 때에 판결의 효력은 위장출석자에게도 미치는가와 관련해서 우리나라 다수설은 위장출석자에게 미친다고 하여 긍정설의 입장을 취하고 있다.[51] 그러나 판결문에도 피고인으로 표시되어 있지 않고 검사도 피고인으로 할 의사가 없었다는 점을 근거로 위장출석자에게 미치지 않는다는 부정설도 제기되고 있다.[52] 생각건대, 위장 출석하여 소송행위를 한 이상 피고인으로 취급되므로 판결의 효력이 일단 그에게 미치는 것으로 보는 다수설이 타당하다.

문제는 판결이 확정된 경우 그 구제방법에 대해서는 재심절차에 의하여야 한다는 **재심설**[53]과 이 경우는 확정된 범죄사실의 실체판단을 구제하는 것이 아니라 형식적 소송조건의 흠결을 간과한 위법을 구제하려는 것이기 때문에 비상상고절차에 의하여야 한다는 **비상상고설**[54]의 대립이 있다.[55] 생각건대, 법원을 속인 위장출석자에게 재심청구권을 인정하는 것은 타당하지 않고, 또다시 피고인으로서 심판절차를 받을 실질적 피고인에게 자신의 무고함을 호소하는 재심청구를 하도록 하는 것도 타당하지 않기 때문에 검찰총장만이 심판의 법령위반을 이유로 청구할 수 있는 비상상고설이 설득력을 지닌다.

위장자수와의 비교

진범인을 두고 자신이 범인이라고 위장 자수한 경우에는 위장 자수자가 피고인으로 공소장에 기재되는 점에서 성명모용과 다르고, 공소장에 표시된 피고인이 그대로 출석하는 점에서 위장출석과도 다르다. 이 경우에는 위장 자수자만이 피고인으로 해석

51) 이재상, 103면; 신동운, 262면; 차용석, 180면; 신현주, 117면; 임동규, 60면.
52) 심희기, 쟁점, 61면: 황현호, 앞의 논문, 530면; 이동형, 앞의 논문, 129면
53) 권오걸, 83면; 배종대/이상돈, 397면; 백형구, 134면; 정영석/이형국, 74면; 정웅석/백승민(2008), 101면; 신양균, 366면; 신현주, 173면; 이은모(2011), 75면; 임동규, 61면; 이상돈, 연습, 214면. 재심설을 취하는 경우에는 형사소송법 제420조 제5호의 재심사유(특히 증거의 신규성)에 해당하는가를 반드시 검토해야 한다(이에 대한 자세한 것은 재심부분 참조).
54) 이재상, 103면; 신동운, 439면; 진계호, 96면; 송광섭(2010), 119면; 이보영, "성명모용과 위장출석의 법리," 형사판례의 연구 II, 박영사, 2003, 9면; 오경식, "성명모용과 위장출석에 대한 형사소송법적 효력에 대하여," 고시연구 2005년 1월호(통권 제370호), 275면.
55) 그 외에도 위장출석자는 사법기관을 기망한 잘못이 있으나 실체진실주의에 비추어 구제가 필요한데, 자신의 명의로 수형인 명부에 전과사실이 기재되는 일이 없지만, 실형선고시에 형을 집행당할 우려가 있어 집행의의신청(제488조)으로 구제받을 수 있다는 견해로는 심희기, 쟁점, 58면.

될 뿐이다. 심리 중 위장자수의 사실이 밝혀지면 검사의 공소취소(제255조. 항소심에서는 검사의 공소취소가 인정되지 않음)와 그에 따른 법원의 공소기각결정(제328조 제1항 제1호)이 있어야 한다. 그 이후 검사는 진범인(실제로 범한 범죄와 위장자수를 교사한 경우에는 범인은닉죄의 교사범)과 위장자수자(범인은닉죄의 정범)에게 각각 별도의 공소제기를 하여야 한다. 위장 자수자에게 유죄의 확정판결이 있은 경우 무죄를 인정할 명백한 증거가 새로 발견된 경우에 해당한다는 점 등을 고려하여 재심이 허용된다는 견해도 있으나, 피고인 자신의 귀책사유로 확정판결이 난 것이기 때문에 재심은 허용되지 않는 것으로 보아야 한다.

Ⅲ. 피고인의 소송법상 지위

1. 서 론

피고인의 소송상 지위는 소송구조와 밀접한 관련이 있다. 과거 규문주의 소송구조에서 피고인은 규문판사의 조사의 객체에 불과하였다. 그러나 탄핵주의 소송구조는 피고인에게 인권과 방어권이 보장되는 적극적 지위를 부여하였다. 다만 탄핵주의 소송구조에서도 당사자주의는 피고인에게 당사자로서의 지위를 부여하고 있다. 반면에 직권주의 소송구조에서 피고인은 소송의 주체는 되지만 당사자로서의 지위는 부여되지 않는다. 즉 직권주의에서의 피고인의 지위는 적극적 소송주체로서의 지위와 소극적 소송주체로서의 지위로 나누어질 뿐이다. 그런데 우리나라 형사소송법은 공판절차에 관한 한 당사자주의가 강화된 절충적 소송구조이고, 피고인에게 검사와 대등한 입장에서 공판절차를 이끌어가는 당사자의 지위를 인정하는 것을 원칙으로 하고 있다. 따라서 우리나라 소송구조에서도 피고인에게 당사자의 지위가 부여된 것으로 해석하는 것이 타당할 것이다. 이에 따르면 피고인의 지위는 당사자로서의 지위, 증거방법으로서의 지위, 절차의 대상으로서의 지위로 나눌 수 있다.

2. 당사자로서의 지위

(1) 수동적 당사자

피고인은 검사와 대등한 지위에서 소송절차에 참여하고 검사의 공격에 대하여 자기를 방어할 수 있는 수동적 당사자이다. 이러한 의미에서 검사를 공소권의 주체로 한다면, 피고인은 방어권의 주체라고 할 수 있다. 따라서 여러 가지 방어권이 피고인에게 보장되고 있다. 그리고 방어권행사를 위해 피고인은 소송절차의 전반에 참여하여 소송절차를 형성할 권리를 가진다.

(2) 방 어 권

(i) 피고인의 방어준비를 위한 권리로서 공소장부본을 송달받을 권리(제266조), 제1회 공판기일의 유예기간에 대한 이의신청권(제269조), 공판기일변경신청권(제270조), 서류 · 증거물의 열람 · 등사권(제35조), 증거개시청구권(제266조의3 내지 4), 공판조서열람 · 등사권(제55조) 등이 있고, 이와 관련하여 심판범위를 한정하는 공소장기재사항의 법정(제254조), 공소장변경제도(제298조) 등이 규정되어 있다.

(ii) 피고인의 방어능력을 보충하기 위하여 변호인선임권(제30조, 제90조), 접견 · 교통권(제34조, 제89조) 등이 피고인에게 부여되고, 이와 관련하여 국선변호인제도(제33조), 필요적 변호제도(제282조, 제283조)가 규정되어 있다.

(iii) 진술에 있어서는 진술거부권(제283조의2), 이익되는 사실의 진술권(제286조), 최후진술권(제303조) 등이 보장되어 있다.

(iv) 증거조사에 있어서는 증거신청권(제294조), 의견진술권(제293조), 이의신청권(제296조), 증인신문권(제161조의2) 등이 보장되어 있다.

(v) 재판에 있어서는 상소권(제338조), 상소의 포기 · 취하권(제349조), 약식명령에 대한 정식재판의 청구권(제453조), 재판장의 소송지휘에 대한 이의신청권(제304조) 등이 보장되어 있다.

(3) 소송절차참여권

(i) 법원구성에 관여할 권리로서 피고인은 기피신청권(제18조), 관할이전신청권(제15조), 관련사건에 대한 병합심리신청권(제6조), 변론의 분리 · 병합 · 재개신청권(제300조, 제305조)을 가진다.

(ii) 공판절차의 진행에 관여할 권리로서 공판정출석권(제276조)을 가진다. 따라서 피고인의 출석이 없으면 공판개정은 원칙적으로 할 수 없고, 피고인이 정당한 사유없이 출석하지 않으면 법원은 구속영장을 발부하여 그를 인치할 수 있다.

(iii) 증거조사와 강제처분절차에의 참여권으로서 증인신문 · 검증 · 감정 등에의 참여권을 가지고 (제121조, 제145조, 제163조, 제176조, 제183조), 공판준비절차에

서의 증거조사 (제273조), 증거보전절차에서의 증거조사 (제184조)에 대해서도 참여권을 가진다.

3. 증거방법으로서의 지위

(1) 인적 · 물적 증거방법

피고인은 당사자적 지위와 동시에 증거방법으로서의 지위를 가진다. 증거방법으로서의 지위는 당사자로서의 지위에 지장을 주지 않는 범위에서만 인정된다. 우리나라는 피고인신문제도를 인정하여(제296조의2) 피고인의 진술을 얻고 있다. 이 경우 피고인의 임의의 진술은 피고인의 이익인 증거로도 될 수 있고 불이익인 증거로도 될 수 있다. 따라서 피고인의 진술은 인적 증거방법이 된다. 그리고 피고인은 때로는 그 신체가 검증의 대상으로 된다. 이 경우 피고인의 신체는 물적 증거방법이 된다.

(2) 피고인 내지 공동피고인의 증인적격의 문제

영미에서는 피고인에게 그 자신의 공소사실에 대한 증인적격이 인정된다. 그러나 우리나라에서는 피고인에게 증인적격을 인정하여 진술의무를 강제하는 것은 피고인에게 헌법적 기본권으로 보장하고 있는 진술거부권을 무의미하게 하여 피고인의 당사자 지위를 침해하는 결과를 초래하기 때문에 피고인 그 자신의 공소사실에 대한 증인적격은 부정한다. 그러나 피고인의 공소사실에 대한 공동피고인의 증인적격에 대해서는 공범자인 경우와 그렇지 않은 경우로 나누어 전자의 경우는 부정되고 후자의 경우는 긍정된다. 다만 전자의 경우에도 소송절차를 분리하여 공동피고인으로서의 지위를 해소시킨 경우에는 공범자도 다른 공범 피고인의 범죄사실에 대해 증인이 될 수 있다는 것이 판례의 태도이다. 이에 따라 (i) 게임장의 종업원이 그 운영자와 함께 게임산업진흥에 관한 법률 위반죄의 공범으로 기소되어 공동피고인으로 재판을 받던 중, 운영자에 대한 공소사실에 관한 증인으로 증언한 내용과 관련하여 위증죄로 기소된 사안에서, 소송절차가 분리되지 않은 이상 위 종업원은 증인적격이 없어 위증죄가 성립하지 않는다고 판시한 대판 2008.6.26, 2008도3300, (ii) 뇌물 증수뢰의 대향범에 해당하는 공동 피고인에 대해 절차분리를 통해 증인신문절차가 개시된 과정에서 법원에 의한 증언거부권의 고지가 없는 상태에서 각자 종전의 부인진술을 그대로 유지함으로써 결과적으로 위증을 한 사례에서 증언거부권 불고지에 근거하여 위증죄의 성립을 부정한 대판 2012.3.29, 2009도11249, (iii) 윤간사례의 공범 갑을 증인으로 소환하면서 절차분리와 증언거부권 행사 사유를 고지하고 증인신문을 실시하였는데, 갑이 범행을 부인한 경우에는 갑에게 절차분리에 따른 증인적격이 인정되는 것은 물론이고 증언거부권을 행사하지 않고 위증한 이상 갑에게 위증죄가 성립한다고 판시한 대판 2012.10.11, 2012도6848 등의 위증죄 성립 여부에 관한 판례들이 대두되고 있다.

공범자인 공동피고인과는 달리 공범자 아닌 공동피고인의 경우(예컨대 쌍방폭행사건의 경우, 본범과 장물범 사이)에는 절차 분리 없이도 증인적격이 있을 뿐만 아니라 당해 피고인 사건에 대해 증거능력을 인정받기 위해서는 반드시 증인신문을 하여야 하고, 이에 반하여 공동피고인의 지위에서 진술한 것에 대해서는 증거능력이 인정될 수 없다.

4. 절차의 대상으로서의 지위

(1) 강제처분의 대상이 되는 지위

피고인은 소환, 구속, 압수, 수색 등의 강제처분의 객체가 된다. 따라서 피고인은 적법한 소환, 영장에 의한 구속에 응하여야 하며(제68조, 제69조), 신체 또는 물건에 대한 압수·수색을 거부할 수 없다.[56] 다만 피고인이 신체검사를 받을 경우 건강·명예를 훼손당하지 않을 권리가 있고(제141조 제1항), 여자피고인에 대한 신체검사시에는 의사나 성년의 여자를 참여하게 하여(동조 제2항) 그의 인격권을 보장하여야 한다.

(2) 피고인의 법정질서에 복종해야 할 의무

피고인은 재판장에 의한 소송지휘권과 법정경찰권에 복종하여야 한다. 이 의무는 피고인의 절차대상으로서의 지위에 포함시킬 수 있다. 그러나 이 의무는 피고인 이외에 검사, 방청인 등에게도 부과되는 것이므로 피고인의 지위로 한정해서 파악되어서는 안 된다.

56) 피고인을 절차의 대상으로 파악하는 것은 피고인의 인간의 존엄과 인격의 자유로운 발전을 저해하는 것이 된다는 이유로 절차의 대상으로서의 지위를 부정하고 이를 피고인의 의무 내지 소극적 주체로서의 지위로 파악해야 한다는 부정설로는 김일수, "피고인의 소송법상 지위," 고시연구 1984.7, 160면.

Ⅳ. 당사자능력과 소송능력

[설문 (16)] 당사자능력 없는 자를 상대로 공소가 제기된 경우, 소송 도중에 피고 회사가 해산하고 청산종료등기까지 마친 경우, 피고인이 소송 도중 사망하거나 사물변별능력을 상실한 경우 각각 법원이 취할 재판의 조치는?

1. 당사자능력

(1) 의 의

당사자능력(Parteifähigkeit)이란 소송법상 당사자가 될 수 있는 일반적·추상적 능력을 말한다. 이것은 구체적 특정사건에서 당사자가 될 수 있는 자격인 당사자적격과 구별되고,[57] 실체법상 범죄성립요건으로서 무죄판결의 사유가 되는 형법상의 책임능력과도 구별된다. 당사자능력은 소송조건이기 때문에 그 결여시에는 공소기각재판을 받는다.

(2) 당사자능력이 있는 자

검사에게 당사자능력이 있다는 것은 의문이 없다. 왜냐하면 일정한 자격 있는 자 중에서 임명된 국가기관이기 때문이다. 따라서 피고인의 당사자능력이 문제될 뿐이다.

1) 자 연 인　　자연인은 연령이나 책임능력의 여하를 불문하고 당사자능력이 인정된다. 그러나 태아나 사망자에게는 당사자능력이 없다. 다만 재심절차에서는 피고인의 사망이 당사자능력에 영향을 미치지 아니한다(제424조 4호, 제438조 제2항 1호).

2) 법　　인　　법인에 대한 처벌규정이 있는 경우에 그에게 당사자능력이 있음은 명백하다. 그러나 법인에 대한 처벌규정이 없는 경우에도 당사자능력은 있는 것으로 보아야 한다(다수설).[58] 왜냐하면 당사자능력은 일반적·추상적 능력을 의미

---

57) 형사절차에서도 민사소송에서와 같은 당사자적격의 개념을 사용할 수 있다는 견해(정영석/이형국, 84면; 차용석/최용성, 126면)도 있으나, 사건 자체의 특수한 성격을 이유로 피고인을 제한하는 규정을 두고 있지 않다는 점을 근거로 특별히 논의할 필요가 없다는 견해로는 신동운, 477면; 신양균, 390면; 신현주, 122면; 임동규, 62면; 진계호, 97면.

58) 법인의 당사자능력을 인정하되 법인처벌의 문제는 구체적 사건을 전제로 해서 논하여지므로 당사자적격의 문제로 보아야 한다는 당사자적격설도 주장되고 있다(강구진, 112

하기 때문이다. 이에 따르면 처벌법규가 없는 법인을 피고인으로 공소제기한 경우에 법원은 심리하여 무죄판결을 선고하여야 한다. 그러나 법인이 형사책임을 지는 것은 예외이기 때문에 법인의 당사자능력은 원칙적으로 부정하여야 한다는 반대견해[59]도 있다. 이 견해에 따르면 처벌규정 없는 법인에 대한 공소제기는 법원에 의해 공소기각의 판결이나 결정을 받게 된다(제327조 제2호, 제328조 제1항 제2호).[60]

(3) 당사자능력의 소멸

피고인이 사망하거나, 법인이 존속하지 않으면 당사자능력은 소멸한다. 이 경우에는 공소기각결정의 사유가 된다(제328조 제1항 제2호). 다만 법인이 청산법인으로 존속하는 경우에는 실질적인 청산의 완료에 의하여 당사자능력이 소멸될 뿐이고 피고사건의 소송계속 중에는 청산종료등기가 경료되었다고 하더라도 청산이 실질적으로 종결되지 아니하여 당사자능력도 소멸하지 아니한다(대판 1986.10.28, 84도693; 대판 1976.4.27, 75도2551; 대판 1982.3.23. 81도1450: 대판 2021.6.30. 2018도14261에 의하면 대표자의 범죄행위로 양벌규정에 따라 법인이 수사나 재판을 받는 일도 법인의 청산사무에 포함됨).[61]

(4) 당사자능력 결여의 효과

당사자능력은 소송조건이다. 따라서 법원은 직권으로 그 유무를 조사하여야 한다. 공소 제기시에 이미 당사자능력이 없으면 공소기각의 재판을 하여야 한다. 공소기각의 재판이 구체적으로 무엇인가에 대하여 제328조 제1항 제2호(피고인의 사망,

---

면).

59) 김기두, 62면; 신양균, 391면; 임동규, 63면; 정영석/이형국, 84면; 진계호, 98면. 다만 실익이 없다는 입장으로는 배종대/이상돈, 93면.

60) 법인격 없는 사단 또는 재단에 대해서는 법인의 경우와 마찬가지로 일반적으로 당사자능력을 인정하여야 한다는 견해(백형구, 81면; 신현주, 123면; 이재상, 115면; 정웅석, 562면; 차용석/최용성, 126면)와 처벌규정이 없는 경우에 당사자능력을 부정하는 견해(신양균, 391면; 진계호, 563면)의 대립이 있다.

61) 학설은 해산과 동시에 당사자능력을 상실한다는 견해(해산시설)와 피고사건이 소송계속 중에는 청산이 종료되지 않으며 따라서 당사자능력이 소멸하지 않는다는 견해(확정판결시설 또는 피고사건종결시설. 신동운, 479면), 피고사건의 계속과 청산은 관계없는 것이므로 청산의 실질적 종료에 의해서 당사자능력이 소멸한다는 견해(청산등기경료시설 또는 청산시설. 다수설)의 대립이 있다. 소송계속을 청산사무의 실질적 존속으로 보게 되면 등기여부와 관계없이 청산사무는 완료되지 않은 것이 되므로 다수설과 판례의 입장은 큰 차이가 있는 것은 아니다.

법인의 해산시)를 준용하여 공소기각의 결정으로 보는 견해(다수설)와 제327조 제2호의 사유(공소제기의 부적법 무효)를 근거로 하는 공소기각의 판결로 보는 견해[62]의 대립이 있지만, 유사한 경우의 규정을 준용하는 전설(前說)이 상대적으로 나은 것으로 판단된다.

2. 소송능력

(1) 의 의

소송능력(Prozeßfähigkeit)이란 피고인이 소송당사자로서 유효하게 소송행위를 할 수 있는 능력을 말한다. 소송법상 효력을 위해 요구되는 것이므로 실체법상의 범죄성립요건인 책임능력과 구별되고, 소송조건이 아닌 점에서 당사자능력과 구별되며, 소송능력이 있는 피고인이라도 상고심에서는 변호인에게만 허용되는 변론능력(제387조)과도 구별된다.

(2) 흠결의 효과

1) 공판절차의 정지 소송능력은 당사자능력과는 달리 소송조건은 아니고 소송행위의 유효요건일 뿐이다. 따라서 그 흠결이 있는 경우에도 공소기각재판의 사유는 될 수 없고 공판절차의 정지사유가 될 수 있을 뿐이다. 즉 피고인이 사물의 변별 또는 의사의 결정을 할 능력이 없는 상태에 있는 때에는 법원은 검사와 변호인의 의견을 들어서 결정으로 그 상태가 계속하는 기간 공판절차를 정지하여야 한다(제306조 제1항).

2) 공판절차정지의 특칙 (i) 피고사건에 대하여 무죄, 면소, 형의 면제, 공소기각 등의 재판을 할 것이 명백한 경우에는 피고인에게 소송능력이 없더라도 피고인의 출정 없이 재판할 수 있다(제306조 제4항). 여기에 규정된 것들은 피고인에게 유리한 재판이기 때문이다.

(ii) 책임능력에 관한 형법 제9조 내지 제11조의 적용을 받지 아니하는 범죄사건(예컨대 담배사업법 제31조 등)에 관하여 피고인 또는 피의자가 의사능력이 없는 때에는 그 법정대리인이 소송행위를 대리한다(제26조). 법정대리인이 없는 경우에는 법원이 특별대리인을 선임하여야 한다(제28조). 이 경우 법정대리인 또는 특별대리인은 피고인의 소송행위를 대리한다.[63]

62) 강구진, 111면; 백형구, 151면; 신동운, 480면.

그리고 법인이 피고인인 때에는 그 대표자가 소송행위를 대표한다(제27조 제1항). 대표자가 수인인 경우에는 각각 대표권을 행사한다(제2항). 법인에 대표자가 없는 경우에는 법원은 직권 또는 검사의 청구에 의하여 특별대리인을 선임하여야 하며, 특별대리인은 대표자가 있을 때까지 그 임무를 행한다(제28조). 피고인인 법인에게는 공판절차의 정지를 통한 소송능력의 회복이 불가능하기 때문에 이러한 대표자 또는 특별대리인 제도가 요구되는 것이다.

[설문 (16)의 해결] 당사자 능력 없는 자를 상대로 검사가 공소제기를 한 경우에 법원은 공소제기가 법률의 규정에 위반한 것으로 보아 공소기각의 재판(구체적으로 공소기각결정설과 공소기각판결설의 대립)을 하여야 한다. 그리고 형식상 청산종료등기가 있더라도 당사자능력은 그대로 존속하므로 공소기각결정(제328조 제1항 제2호)을 하면 안 된다(대판 1976.4.27, 75도2551). 그리고 소송 도중에 당사자 능력이 소멸한 경우에 다수설에 의하면 제328조 제1항 제2호(피고인의 사망, 법인의 해산시)를 준용하여 법원은 공소기각의 결정을 하여야 할 것이고, 소수설에 따르면 제327조 제2호의 사유(공소제기의 부적법 무효)를 근거로 법원은 공소기각의 판결을 하여야 할 것이다. 그리고 소송 도중 피고인의 사물변별능력의 상실은 공판절차의 정지사유에 불과하다.

V. 피고인(피의자)의 인권 내지 방어권 보장을 위해 특별히 규정된 형사소송법상의 권리

[설문 (17)] 甲이 사기혐의로 경찰에 구속되자 甲의 변호인 乙은 구속적부심을 청구하고, 관할경찰서장을 상대로 甲에 대한 피의자신문조서와 고소장의 열람등사를 신청하였으나 경찰서장은 이를 거절하였다. 검찰에 송치된 후 甲은 담당검사에게 乙이 참여한 상태에서 조사를 받겠다고 하였고, 乙도 자신의 참여를 요구하였다. 그러나 검사는 제1회 신문에 변호인이 참여하면 수사기밀이 누설될 우려가 있다는 이유로 거절하였다. 이 사례에서 피의자 甲과 변호인 乙의 형사소송법상 권리가 수사기관에 의해 잘 보장되고 있는지에 대해 설명하시오. [제53회 행정고시 문제]

---

63) 이 경우의 대리를 대표로 해석하여 피고인에게 불리한 진술도 할 수 있다는 소수 견해로는 서일교, 87면.

1. 개 관

적정절차의 원리를 선언하고 있는 우리나라 헌법 체계에서 공판절차에서의 피고인은 검사와 대등한 당사자로서의 지위가 보장되어야 한다. 그리고 수사절차에서의 피의자도 단순한 조사·심리의 객체로서 취급되어서는 아니 되고, 수사기관의 공격에 대하여 충분히 자신을 방어할 수 있고, 그의 인권이 보장되는 '준당사자로서의 지위'가 보장되어야 한다. 이를 위해 형사소송법은 피고인과 피의자에게 다음과 같은 다양한 권리를 보장하고 있다.

(i) 변호인의 조력을 받을 권리(헌법 제12조 제4항)에 따른 변호인선임권(제30조)과 선임 의뢰권(제90조)

(ii) 구금 피의자 또는 피고인의 외부인, 특히 변호인과의 접견·교통권(제89조, 비변호인의 경우에 제한가능성을 규정한 제91조, 변호인의 권리 차원에서 규정한 제34조)

(iii) 피의자의 피의자신문절차에의 변호인 참여신청권(제243조의2)

(iv) 피의자 또는 피고인에 대한 신문절차에서의 진술거부권(수사기관에게 진술거부권고지의무를 부과한 제244조의3, 피고인의 진술거부권과 재판장의 고지의무를 규정한 제283조의2)

(v) 공판정에서의 정상적인 증거조사가 있을 때까지 기다려서는 증거의 사용이 곤란하게 될 사정이 있는 경우에 피의자 또는 제1회 공판기일 전의 피고인이 판사에게 미리 증거조사를 신청하여 그 결과를 보전하여 두는 증거보전청구권(제184조)

(vi) 체포·구속된 피의자의 체포·구속적부심사청구권(제214조의2)

(vii) 공소제기 후 피고인의 보석청구권(제94조 이하, 피의자의 경우는 구속적부심을 청구한 경우에 직권보석만이 허용될 수 있음)

(viii) 검사 또는 사법경찰관의 구금, 보석, 압수 또는 압수물환부에 관한 처분과 제243조의2에 따른 변호인의 참여 등에 관한 처분에 대하여 불복이 있으면 그 직무집행지의 관할법원 또는 검사의 소속검찰청에 대응한 법원에 그 처분의 취소 또는 변경을 청구할 수 있는 준항고 청구권(제417조)[64]

64) [준항고 법원결정의 불이행에 대한 헌법소원] 수사기관의 구금처분에 대해 준항고 절차를 거쳐 법원의 처분취소 결정이 있었음에도 불구하고 수사기관이 이를 이행하지 않는 경우에는 피의자는 최후의 수단으로서 헌법소원을 제기할 수 있다. 예컨대 피의자의 변호인 접견교통권이 수사기관에 의해 침해된 것에 대해서는 준항고의 절차를 먼저 밟고 법원의 취소결정이 있었음에도 불구하고 재차 불허할 경우에는 헌법소원을 제기할

(ix) 구금상태에 있다가 혐의없음의 불기소처분, 무죄판결 등을 받은 피의자 · 피고인이 국가를 상대로 가지는 형사보상청구권(형사보상 및 명예회복에 관한 법률 제2조, 제27조)

(x) 피고인의 소송계속 중의 관계서류 또는 증거물의 열람 · 등사권(제35조 제1항)

(xi) 피고인의 검사에 대한 증거개시청구권(제266조의3)

그리고 피의자 · 피고인의 이들 권리는 대개 그를 보호하는 지위에 있는 변호인의 권리로서도 함께 규정되어 있다. 아래에서는 피의자 · 피고인에게 고유한 진술거부권에 대해서만 설명하기로 하고, 다른 권리들에 대해서는 해당 영역에서 또는 변호인의 권리로서 추후에 다루기로 한다. 상기한 [설문 (17)]의 사례에서 피의자 갑과 변호인 을의 형사소송법상 권리(설문사례의 경우 구속적부심청구, 구속적부심을 청구한 상태에서의 수사기록열람청구, 피의자신문절차에의 변호인참여청구에 관한 권리)가 수사기관에 의해 잘 보장되고 있는지의 여부는 아래에서 관련 법 규정 내지 판례의 검토에 의해 더욱 구체적으로 판단될 수 있다.

2. 진술거부권

(1) 서 론

1) 의 의 진술거부권이란 피고인 또는 피의자가 공판절차 또는 수사절차에서 법원 또는 수사기관의 신문에 대하여 진술을 거부할 수 있는 권리를 말한다. 이것을 묵비권이라고도 한다. 이것은 영미의 자기부죄거부의 특권(privilege against self-incrimination)에서 유래하였다. 예컨대, 미국헌법 수정 제5조는 "누구든지 형사사건에 있어서 자기의 증인이 되는 것을 강요받지 아니한다"고 규정하고 있다. 그리고 우리 헌법 제12조 제2항은 "모든 국민은 고문을 받지 아니하며, 형사상 자기에게 불리한 진술을 강요당하지 아니한다"고 규정하여 진술거부권을 국민의 기본권으로서 보장하고 있다.[65] 다만 이 규정에서의 모든 국민은 피고인과 피의자는 물론이고 증

수 있다(헌재결 1991.7.8, 89헌마181).

65) 진술거부권이 보장되는 절차에서 진술거부권을 고지받을 권리가 헌법 제12조 제2항에 의하여 바로 도출된다고 할 수는 없고, 이를 인정하기 위해서는 입법적 뒷받침이 필요하다. 선거범죄 조사와 관련하여 선거관리위원회 위원 · 직원이 관계자에게 질문 · 조사를 할 수 있다고 규정하면서도(구 공직선거법 제272조의2) 진술거부권의 고지에 관하여는 별도의 규정을 두지 않았고, 수사기관의 피의자에 대한 진술거부권 고지를 규정한 형사소

인도 포함될 것이다. 형사소송법도 피고인의 진술거부권을 명시적으로 보장하고 있고(제283조의2 제1항. 동시에 재판장의 고지의무를 규정한 제2항), 피의자에게는 진술거부권을 고지하도록 하는 수사기관의 고지의무만을 규정하였으나(제244조의3), 이 규정은 진술거부권을 간접적으로 보장한 것으로 보아야 한다.

2) 자백배제법칙과의 관계

(가) **구 별 설** 이것은 진술거부권의 보장(법칙)과 자백배제법칙(제309조의 자백의 임의성 법칙)은 엄격히 구별되어야 하는 별개의 법칙이라는 견해이다.[66] 이 견해의 논거는 진술거부권을 불고지한 경우에도 자백의 임의성이 인정되는 경우가 있고, 그 반대로 진술거부권의 고지에 의해 바로 자백의 증거능력이 인정되는 것도 아니라는 데 있다. 이 견해에 따르면 진술거부권을 고지하지 않았지만 신문 그 자체에 임의성이 있는 경우에는 자백배제법칙이 아니라 위법수집증거배제법칙에 의해서 그 자백의 증거능력이 배제될 수 있을 뿐이다. 판례도 "수사기관이 피의자를 신문함에 있어서 피의자에게 미리 진술거부권을 고지하지 않은 때에는 그 피의자의 진술은 위법하게 수집된 증거로서 진술의 임의성이 인정되는 경우라도 증거능력이 부인되어야 한다"는 취지로 판시하였다(대판 1992.6.23, 92도682).

(나) **일체설(동일시설)** 이 설은 양자는 오늘날 공통의 원리에 의하여 일체화되었다는 것이다. 즉 자백의 임의성법칙의 근거가 허위배제만에 있는 것이 아니라 위법배제설로 발전되었고, 따라서 진술거부권의 불고지는 제309조의 '기타 방법'과 '임의성에 의심이 있는 경우'에 해당한다는 것이다. 다수설의 태도에 해당한다.[67]

(다) 비 판 양 설은 진술거부권을 고지하지 않고 얻은 자백에 대해서 증거능력을 부정하는 점에서는 동일하기 때문에 양자간의 구별의 실익은 없다. 단지 양 설의 차이는 진술거부권의 불고지를 제309조에 포섭시켜 해석할 것인가에 있을 뿐이다. 이 점에 관한 한 일체설이 타당한 것으로 사료된다. 제309조의 자백배제법칙을 위법수집증거배제법칙의 강화된 실정법 규정으로 보는 것이 피의자 · 피고인의 인권 내지 방어권을 확실하게 보장하는 것이기 때문이다.

송법 제244조의3 제1항이 구 공직선거법상 선거관리위원회 위원 · 직원의 조사절차에 당연히 유추적용된다고 볼 수도 없다(대판 2014.1.16, 2013도5441).

66) 백형구, 42면; 신동운, 608면.

67) 강구진, 234면; 배종대/이상돈, 104면; 신현주, 129면; 이재상, 108면; 이은모(2011), 89면; 임동규, 375면; 정웅석, 551면; 진계호, 109면; 차용석/최용성, 111면.

(2) 진술거부권의 내용

1) 주 체 헌법 제12조 제2항은 모든 국민에게 진술거부권을 보장하고 있다. 따라서 피고인, 피의자는 물론이고, 그들의 대리인(제26조), 법인의 대표자도 진술거부권을 가진다. 그리고 외국인에게도 진술거부권이 보장된다.

2) 대상(범위)

(가) 형사책임과 관련된 사항 헌법 제12조 제2항은 형사상 자기에게 불리한 진술에 대해서만 진술거부권을 보장하고 있으나, 형사소송법은 — 증인과는 달리 — 피고인 · 피의자에 대해서는 형사상 불이익한 진술에 제한하지 않고 각개의 신문에 대하여 진술거부권을 보장하고 있다(제283조의2: 피고인, 제244조의3: 피의자). 이와 같이 형사소송법이 헌법보다 확장하여 보장하는 것은 피고인 · 피의자의 (준)당사자로서의 지위와 소극적 자기방어권을 보장하려는 것에 있다. 다만 민사책임 내지 행정책임에 관한 것은 헌법 및 형사소송법이 보장하는 진술거부권의 내용은 될 수 없다.[68]

(나) 진술의 거부 진술거부권은 진술에 한하여 보장되는 권리이다. 여기의 진술은 생각이나 지식, 경험사실을 정신작용의 일환인 언어를 통하여 표출하는 것을 의미하는 데 원칙적으로 구두의 진술을 말하고, 서면(예컨대 진술서의 제출요구)에 의한 진술에 대해서도 진술거부권이 적용된다. 반면에 진술이 아닌 지문과 족형의 채취, 신체의 측정, 성문검사, 음주측정(음주측정은 호흡측정기에 입을 대고 호흡을 불어 넣음으로써 신체의 물리적, 사실적 상태를 그대로 드러내는 행위에 불과하므로 이를 두고 '진술'이라 할 수 없다는 헌재결 1997.3.27, 96헌가11),[69] 사진촬영이나 신체검사는 진술거부권의 범위에 있지 않다.[70]

(다) 거짓말탐지기에 의한 검사 거짓말탐지기에 의한 검사가 상대방의 동

---

68) 이에 대한 자세한 글로는 박지현, "행정상 진술거부권과 그 제한," 민주법학 제33호, 2007, 289-314면 참조.

69) 이에 관련한 글로는 박노섭, "음주운전단속과 음주운전자에 대한 진술거부권의 고지: 독일의 최근판례와 관련하여," 경찰학연구 제5호, 경찰대학, 2003.10, 295-308면; 문성도, "음주측정불응죄 규정의 진술거부권 침해여부," 논문집 16, 경찰대학, 1996.10, 153-185면.

70) 다만 음성을 통하여 피고인 또는 피의자를 특정하기 위하여 성문을 조사하는 경우에는 일정한 의사내용을 구술로써 표현하는 행위가 필수적으로 요구된다는 점에서 진술거부권이 적용된다는 견해(신동운, 609면)와 성문조사는 의사표시를 포함하지 않는 무의미한 대사를 단순히 발성한 것에 대한 녹음만으로도 가능할 것이기 때문에 진술거부의 대상이 아니라는 견해(신양균, 506면; 차용석, 171면; 김형준, 앞의 논문, 271면)의 대립이 있다.

의 · 승낙에 의하여 이루어지는 한 그 조사 자체는 우리나라에서는 일단 적법한 것으로 평가된다(다수설). 문제는 이러한 기계적 조사과정에서도 진술거부권이 적용되는지에 대해 견해의 대립이 있다. 소극설은 거짓말탐지기에 의한 검사는 신체의 생리적 변화를 검증하는 것일 뿐 진술증거가 아니므로 진술거부권이 적용될 수 없다고 한다.[71] 소극설에 의하면 검사자는 사전에 진술거부권을 고지할 필요가 없고 피검자는 질문에 대해 답변을 하여야 한다. 반면에 적극설은 생리적 변화가 독립하여 증거로 되는 것이 아니고 질문과의 대응관계에서 비로소 의미를 가지므로 진술거부권을 고지하지 않거나 고지하였더라도 진술을 강요하였다면 그 조사는 위법하다(따라서 위법수집증거로서 증거능력도 없다)는 견해이다(다수설).[72] 생각건대, 거짓말탐지기에 의한 조사는 질문에 대한 답변으로서의 실체를 기계로써 측정하는 것에 불과하고, 그 조사는 수사기관에 의하여 이루어지는 수사방법이기 때문에 그 통제의 필요상 진술거부권의 고지와 진술강요를 금지하는 적극설이 타당한 것으로 판단된다.

(라) 마취분석 피의자의 진술을 얻기 위한 마취분석은 상대방의 동의가 있어도 위법한 수사가 된다. 이 경우에도 그 실체는 진술거부권을 침해하는 위법한 것으로 평가되어야 할 것이다.[73]

(마) 인정신문과 진술거부권 피고인이 재판장의 인정신문에 대하여 진술거부권을 행사할 수 있는지에 대해서는 견해대립이 있다. 소극설은 인정신문은 피고인에게 불이익한 진술사항이 아니므로 진술거부권이 적용되지 않는다고 한다.[74] 이에 반하여 적극설은 진술거부권의 범위 및 시기에는 제한이 없고, 진술거부권과 진술거부권의 고지가 동의어가 아니기 때문에 인정신문에도 진술거부권을 인정하여야 한다는 것이다.[75] 절충설은 성명이나 직업 등의 진술에 의하여 범인임이 확인되거나 증거수집의 계기를 만들어 주는 경우에만 인정신문에 대해서도 진술거부권

---

71) 서일교, 252면.

72) 이재상, 115면; 배종대/이상돈, 106면; 차용석/최용성, 113면; 김희옥, "진술거부권을 논함," 월간고시 1984.11, 42면.

73) 강구진, 235면; 서일교, 252면; 차용석/최용성, 113면; 이재상, 115면.

74) 서일교, 254면.

75) 백형구, 44면; 이재상, 110면; 신동운, 446면; 이은모(2011), 91면; 임동규, 376면; 김형준, "변호인의 진실의무와 진술거부권 행사권고," 법학논문집 제31집 제1호, 중앙대학교 법학연구소, 2007.8, 273면.

을 인정할 수 있다고 한다.[76] 생각건대, 형사소송법은 인정신문에 대한 피고인의 진술거부권에 대해서는 명시적 규정을 하지 않은 것으로 보아야 한다. 즉, 법적으로는 피고인의 진술거부권이 보장되지도 않았고 그 반대로 피고인의 진술의무가 인정된 것도 아니다. 이러한 법적 규율상태에서 단순히 동일성을 확인하려는 인정신문에 대하여 피고인이 진술을 거부하면 재판장은 다른 적당한 방법으로 그 동일성을 확인하는 조치를 취하고서 계속적으로 소송을 진행시켜야 할 것이다(즉 진술거부가 사실적으로 보장되는 것임). 그러나 인정신문사항이 범죄사실과 관련이 있는 경우에는 피고인의 진술거부권이 법적으로 보장된 것으로 보아야 할 것이다.

(3) 진술거부권의 고지

형사소송법은 수사기관은 피의자에게(제244조의3), 재판장은 피고인에게(제283조의2) 각각 진술거부권을 고지할 것을 규정하고 있다. 다만 고지의 내용은 서로 다르다. 재판장은 피고인에게 진술하지 아니하거나 개개의 질문에 대하여 진술을 거부할 수 있음을 고지하여야 한다(제283조의2 제2항). 그러나 검사 또는 사법경찰관은 피의자를 신문하기 전에 (i) 일체의 진술을 하지 아니하거나 개개의 질문에 대하여 진술을 하지 아니할 수 있다는 것, (ii) 진술을 하지 아니하더라도 불이익을 받지 아니한다는 것, (iii) 진술을 거부할 권리를 포기하고 행한 진술은 법정에서 유죄의 증거로 사용될 수 있다는 것, (iv) 신문을 받을 때에는 변호인을 참여하게 하는 등 변호인의 조력을 받을 수 있다는 것을 알려주어야 한다(제244조의3 제1항). 이러한 고지절차는 진술거부권 행사의 전제로써 중요한 사항이다. 따라서 명시적으로 고지하여야 한다.[77] 그러나 신문시마다 그 告知를 요하는 것은 아니지만, 상당한 기간 중단 후 또는 수사기관의 경질 후에는 다시 고지하여야 한다.

(4) 진술거부권의 효과

1) 진술강요의 금지와 위반시의 증거능력 진술거부권은 형벌 기타의 제재에 의한 진술의 강요를 금지한다. 따라서 진술거부권을 침해하고서 강요에 의하여 받은 자백은 임의성 없는 자백으로서 증거능력이 부정되고(제309조), 이를 통해

76) 김기두, 60면; 배종대/이상돈, 107면; 신양균, 508면; 정영석/이형국, 79면.

77) 공판절차에서 피고인에 대한 진술거부권의 고지가 행해졌는가는 공판조서만으로 증명되지만(제56조), 수사절차에서 피의자신문조서에 부동문자로 '진술거부권을 고지하였다'라고 기재되어 있어도 현실적으로 진술거부권을 고지하였다는 사실이 증명되지 않는 한 피의자신문조서의 증거능력이 인정되지 않는다.

또 다른 증거를 획득한 경우는 위법하게 수집된 증거로서 증거능력이 부정되어야 한다. 그런데 단순히 절차상 진술거부권을 고지하지 않은 경우의 효과에 대해서는 견해대립이 있다. 즉, 진술거부권의 불고지는 임의성에 영향을 미치는 것으로 보아 고지절차 없이 얻은 자백은 임의성 없는 자백으로서 증거능력이 부정되어야 한다는 견해(다수설)와 진술거부권의 불고지 그 자체는 임의성 여부와는 관련이 없기 때문에 고지절차만 없이 얻은 자백은 위법수집증거에 해당할 뿐이라는 견해[78]의 대립이 그것이다. 판례는 위법수집증거배제법칙을 원용하고 있다.[79] 위에서 이미 지적한 바와 같이, 진술거부권을 고지하지 않고 얻은 진술의 내용이 자백인 경우에는 다수설에 따라 형사소송법 제309조의 자백배제법칙(자백의 임의성 법칙)에 의해 증거능력이 부정되어야 한다(소위 일체설). 그러나 자백 아닌 진술인 경우에는 위법수집증거배제법칙에 관한 형사소송법 제308조의2, 그리고 전문증거의 경우에 진술의 임의성을 요구하는 형사소송법 제317조의 규정에 의해 증거능력이 부정되어야 한다.

2) **불이익추정의 금지** 피고인이 묵비하거나 진술을 거부하였다 하여서 유죄의 정황증거로 삼는 것과 같이 피고인의 진술거부권 행사가 그에게 불이익하게 추정되어서는 안 된다. 그리고 진술거부권의 행사가 구속사유로 추정되어서도 안 된다. 진술거부권의 행사와 도주 또는 증거인멸의 우려라는 구속사유와는 직접적인 관련성이 없기 때문이다.

3) **양형상의 고려** 진술거부권의 행사를 양형에 고려하는 것이 타당할 것인가에 대해서는 견해대립이 있다. 즉, 피고인이 자백하는 경우와 자백하지 않는 경우에 양형상 차이가 있어야 한다는 취지의 적극설(다수설)[80]과 진술거부권의 행사를 양형상 불리한 자료로 삼을 수 없다는 소극설[81]의 대립이 있다. 이에 비하여 판례는

---

78) 백형구, 45면; 신양균 505면.

79) 대판 1992.6.23, 92도682. 이에 관련된 글로는 이재홍, "진술거부권의 고지가 결여된 피의자 신문조서 등의 증거능력—대법원 1992.6.23. 선고, 92도682 판결을 중심으로—," 사법행정 제34권 제5호, 1993.5, 50-62면; 김희옥, "진술거부권을 고지하지 아니하고 작성한 피의자신문조서와 위법수집증거," 고시계 1997년 8월호(통권 제486호), 1997.7, 55-62면; 심희기, "신이십세기파사건판결의 재검토 — 진술거부권의 경고를 받을 권리 —," 고시연구 1998년 3월호(통권 제288호), 1998.3, 127-139면.

80) 강구진, 236면; 백형구, 50면; 이재상, 117면; 임동규, 377면; 정영석/이형국, 83면; 진계호, 115면; 정웅석, 556면; 김희옥, "진술거부권을 논함," 월간고시, 1984.11, 47면; 신대철, "피고인의 진술거부권," 사회과학논총 12집, 전주대학교 사회과학연구원, 322면.

"범죄사실을 단순히 부인하고 있는 것이 죄를 반성하거나 후회하고 있지 않다는 인격적 비난요소로 보아 가중적 양형의 조건으로 삼는 것은 결과적으로 피고인에게 자백을 강요하는 것이 되어 허용될 수 없다고 할 것이나, 그러한 태도나 행위가 피고인에게 보장된 방어권 행사의 범위를 넘어 객관적이고 명백한 증거가 있음에도 진실의 발견을 적극적으로 숨기거나 법원을 오도하려는 시도에 기인한 경우에는 가중적 양형의 조건으로 참작될 수 있다"고 판시하여(대판 2001.3.9, 2001도192),[82] 원칙적으로 소극설에서 출발하면서도 진실의 발견을 적극적으로 숨기거나 법원을 오도하려는 시도에 기인한 경우에는 가중적 양형의 조건으로 참작될 수 있다는 절충설의 태도를 취하고 있다.

생각건대, 피고인이 헌법상 기본권으로 보장된 진술거부권을 행사한 사실이—그것이 거부의 부작위에 그치는 한에서는— 양형에서 특별히 불리하게 작용되어서는 안 된다. 그리고 진술거부권의 행사가 진실의 발견을 적극적으로 숨기거나 법원을 오도하려는 시도에 기인한 경우를 예정한 절충설의 태도도 다소 의문스럽다. 거부는 소극적 개념에 불과할 뿐 적극적 개념으로 평가되기는 어렵기 때문이다. 따라서 단순한 진술의 거부를 넘어 적극적 허위 진술을 하는 것은 진술거부권의 개념범위를 넘어 가는 것으로서 양형상 불리하게 작용되어도 무방할 것이다. 그리고 진술거부권이라는 기본권을 포기하고 자발적으로 진술함으로써 형사사법에 협조한 피고인에 대하여 양형에서 특별히 유리하게 고려되는 것은 무방하다. 피고인에게 유리한 효력을 금지할 이유는 없기 때문이다.

(5) 진술거부권의 포기

1) 인정여부 진술거부권의 포기란 한 번 그 권리행사를 포기하고 진술한 이후에는 다시 그 권리를 행사할 수 없다는 개념을 말한다. 이에 대하여 개별신문을 기준으로 진술거부권의 포기를 인정할 수 있다는 적극설도 있다.[83] 그러나 진술거

---

81) 배종대/이상돈, 110면; 신동운, 623면; 차용석/최용성, 118면; 신양균, 541면; 신현주, 134면; 차용석/최용성, 118면; 이영란, "형사소송인의 진술거부권," 고시계 1988년 11월(통권 제381호), 69면; 민영성, "진술거부와 불이익추인," 부산대 법학연구 제41권 제1호, 213면; 박기석, "진술거부권과 양형," 형사정책 제15권 제1호, 2003, 143면 이하.

82) 이에 대한 글로는 심희기, "진술거부 · 범행의 소극적 · 적극적 부인과 양형," 고시연구 32권 7호(376호), 2005.7, 125-136면; 김대영, "범행의 부인과 양형," 대법원 판례해설 37호(2001 상반기), 법원도서관, 2001.12, 389-396면 참조.

83) 백형구, 47면; 차용석/최용성, 119면; 김희옥, 앞의 논문, 43면.

부권은 헌법상 기본권이기 때문에 피고인이 일단 진술을 시작(진술거부권을 포기)한 이후에는 개개 신문에 대해서 다시 진술을 거부할 수 없다는 의미를 지닌 진술거부권의 포기는 부정되어야 할 것이다.[84]

2) 피고인 내지 공동피고인의 증인적격 피고인이 진술거부권을 포기하고 자기의 피고사건에 관하여 증인으로 증언할 수 있는가, 즉 피고인의 증인적격에 대해서는 영미에서는 이를 긍정한다. 그러나 헌법상 보장된 기본권으로서의 피고인의 진술거부권을 보호하기 위해서 자기사건에 대한 그의 증인적격을 부정하는 것이 타당하다. 그리고 공범인 공동피고인이 다른 공범인 공동피고인에 대한 범죄사실에 대해서도 증인적격을 부정하여야 할 것이다. 특히 공범인 공동피고인에게 형사면책을 보장하여 진술거부권을 포기시키고 증인으로서 진술을 강제하는 것이 영미에서와는 달리 우리나라에서는 허용될 수 없다.

3) 법률상의 기록·보고의무 각종 행정법규에는 행정상의 단속목적을 위하여 일정한 기장, 보고, 신고, 등록의무를 규정하는 경우가 많다. 이러한 규정이 진술거부권을 침해하는 것이 아닌지가 문제된다. 미국에서는 그 의무가 법률에 규정된 때에는 업무에 종사함으로써 진술거부권을 포기한 것이기 때문에 진술거부권의 침해가 될 수 없다는 소위 "장부·기록의무의 이론"이 적용되고 있다.

생각건대, 의무위반에 대하여 단순히 행정제재를 가하는 경우에는 진술거부권의 침해라고 해석될 수는 없겠지만 형사제재를 가하는 경우에는 진술거부권의 침해라고 해석되어야 한다. 따라서 도로교통법이 운전자에게 교통사고의 신고의무를 규정하면서(종래 제50조 제2항, 현행법 제54조 제2항), 그 위반시 형사벌칙으로 강제한 것(종래 제111조 제3호, 현행법 제154조 제4호)은 진술거부권의 침해가 되는 것으로 보아야 한다.[85] 그에 반하여 신고의무 규정에 대해 피해자의 구호 및 교통질서의 회복을 위한 조치가 필요한 범위 내에서 교통사고의 객관적 내용만을 신고하도록 한 것으로 해석하고, 형사책임과 관련되는 사항에는 적용되지 아니하는 것으로 해석하는 한 헌법에 위반되지 아니한다(헌재결 1990.8.27, 89헌가118).

---

84) 배종대/이상돈, 108면; 신양균, 508면; 임동규, 366면; 이재상, 117면; 신동운, 442면; 정영석/이형국, 83면; 정웅석, 557면; 진계호, 113면.

85) 같은 입장으로 이재상, 112면; 배종대/이상돈, 109면; 이은모(2011), 91면. 그러나 형사책임과 관련되는 사항에는 적용되지 않는다고 해석하는 한 진술거부권의 침해라고 볼 수 없다는 견해로는 임동규, 375면.

3. 접견 · 교통권

피의자 피고인은 외부인, 특히 변호인과의 접견 · 교통권이 보장된다. 그런데 이 접견 · 교통권은 변호인의 입장에서도 고유권으로서 보장된다. 그래서 본서에서는 접견 · 교통권의 구체적 내용에 대해서는 변호인의 권리와 관계하여 뒤에서 살펴보기로 한다.

[§ 8] 변 호 인

Ⅰ. 변호인제도

(1) 변호인의 의의

변호인(Verteidiger)이란 피고인 또는 피의자의 방어력을 보충함을 임무로 하는 보조자를 말한다. 법률의 전문가이자 국가권력의 배경을 가진 검사의 공격에 대하여 방어하여야 하는 피의자 · 피고인은 대개 법률의 문외한에 속한다. 따라서 피의자 · 피고인은 자신을 방어할 능력이 없다. 특히 피의자 · 피고인의 신체가 구속된 경우에는 그의 방어활동은 더욱 제한을 받는다. 이와 같은 피의자 · 피고인을 위해서는 법률 전문가에 의한 보호를 통하여 무기평등의 원칙(Grundsatz der Waffengleichheit)이 실현될 것이 요청된다. 이에 기여하고자 하는 것이 변호인제도이다. 이러한 변호인에 의한 변호활동은 형식적 변호(formelle Verteidigung)라고 한다. 일반적으로 형사소송법상 변호란 변호인에 의한 형식적 변호를 의미한다. 그러나 변호는 다른 소송주체에 의해서도 이루어진다. 법원은 피고인에게 이익되는 사실을 심리 · 재판하여야 하고, 검사도 공익적 지위에서 피고인의 이익을 위한 객관의무를 부담한다. 이러한 변호인 이외의 국가기관의 변호활동을 실질적 변호(materielle Verteidigung)라고 한다.

(2) 변호권확대의 역사

형사소송법의 역사는 형사사법기관에 의한 강제처분의 경우는 통제 · 제한의 역사이지만, 피의자 · 피고인을 위한 변호인의 변호권의 경우는 확대의 역사라고 할 수 있다. 이러한 취지에서 우리나라 헌법은 구속된 피고인 또는 피의자에게 변호인의 도움을 받을 권리를 기본권으로서 보장하고 있고(헌법 제12조 제4항), 이에 따라 형사소송법도 피의자·피고인에게 변호인선임권(제30조), 선임의뢰권(제90조), 변호인과의 접견교통권(제89조, 비변호인의 경우에 제한가능성을 규정한 제91조, 변호인의 권리 차원에서 규정한 제34조) 등을 보장하고 있고, 국선변호제도, 필요적 변호제도 등을 규정하고 있다.

Ⅱ. 선 임

[설문 (18)] (1) 수사절차에서 피의자를 위하여 국선변호인이 선임되는 경우 (2) 극빈피고인이 국선변호인선임의 청구를 하지 않은 상태에서 법원이 유죄판결을 한 경우 그 판결의 적법성 여부 (3) 필요적 변호사건의 변호인으로 선임된 갑과 을 중에서 갑은 최후변론절차 바로 전에 재판장으로부터 퇴정명령을 받았고 을만이 최후 변론을 한 상태에서 이루어진 유죄판결의 적법성 여부 (4) 국선변호인으로 선임된 자가 불출석한 경우의 법원의 조치와 처음 국선변호인이 항소이유서를 제출하지 않은 상태에서 교체된 다른 국선변호인이 다소 늦게 항소이유서를 비로소 제출한 경우 항소이유서제출기간 도과 여부에 관한 상기 설문들에 대하여 각각 설명하시오.

변호인은 그 선임방법에 따라 사선변호인과 국선변호인으로 구분된다.

1. 사선변호인

(1) 선임권자

사선변호인(Wahlverteidiger)은 피고인·피의자 또는 그와 밀접한 관계에 있는 자에 의하여 선임된 변호인을 말한다.

1) 고유의 선임권자 피고인·피의자는 언제나 변호인을 선임할 수 있다(제30조 제1항). 특히 구속된 피의자·피고인에게는 변호인선임권을 고지하여야 하고(제87조, 제88조, 제209조), 변호인선임 의뢰권(제90조, 제209조)이 보장되어 있다.

2) 선임대리권자 피고인 또는 피의자의 법정대리인·배우자[86]·직계친족·형제자매는 독립하여 변호인을 선임할 수 있다(제30조 제2항).[87] 여기의 선임은

86) 여기서 배우자란 법률상의 배우자를 의미하므로 내연관계에 있는 자는 포함하지 않는다는 입장으로는 이재상, 120면; 신동운, 499면; 임동규, 73면; 진계호, 123면. 반면에 변호인선임권을 인정하는 입장으로는 배종대/이상돈, 111면; 신양균, 401면 참조.

피고인 또는 피의자의 선임권의 대리행사가 된다. 그리고 여기서 '독립하여'란 본인의 명시 또는 묵시의 의사에 반해서도 선임할 수 있다는 것이다. 그러나 선임과는 달리 선임대리권자는 본인의 의사에 반하여 변호인을 해임할 수는 없다.

(2) 피선임자: 자격과 수

1) 변호인의 자격 변호인은 변호사 중에서 선임하여야 한다(제31조 본문). 다만 대법원 아닌 법원은 특별한 사정이 있으면 특별변호인의 선임을 허가할 수 있다(제31조 단서). 그러나 법률심인 상고심에서는 특별변호인(변호사가 아닌 자)의 선임이 허용되지 않는다(제386조).

2) 변호인의 수와 대표변호인제도 선임할 수 있는 사선변호인의 수에는 제한이 없다. 다만 수인의 변호인이 선임된 경우에 재판장은 신청 또는 보충적으로는 직권으로 대표변호인을 지정할 수 있고 그 지정을 철회 또는 변경할 수 있다(제32조의2 제1항, 제2항). 대표변호인은 3인을 초과할 수 없다(제3항). 그리고 피의자에게 수인의 변호인이 있는 때에 검사가 대표변호인을 지정할 수 있다(제5항). 이 경우 형사소송법은 서류송달 및 통지의 대상을 대표변호인에게만 하더라도 그 효과는 전원의 변호인에게 미치게 하여서 공판 및 수사절차의 지연을 방지하고 있다(동조 제4항).[88]

(3) 선임의 방식

변호인의 선임은 변호인과 선임자가 연명날인한 서면(변호인선임서)을 공소제기 전에는 그 사건을 취급하는 검사 또는 사법경찰관에게 제출하고, 공소가 제기된 후에는 법원에 제출하여야 한다(제32조 제1항).

(4) 선임의 효과

1) 심급과의 관계 변호인선임의 효과는 당해 심급(審級)에 한한다. 따라서 변호인의 선임은 심급마다 변호인과 연명날인한 서면으로 제출하여야 한다(제32조 제1항). 여기서 말하는 변호인선임신고서는 특별한 사정이 없는 한 원본을 의미한다

---

87) 변호인선임의 대리권자는 형사소송법 제30조 제2항에 규정된 자에 한정되며(한정적 열거), 피고인이나 피의자로부터 그 선임권을 위임받은 기타의 자가 피고인이나 피의자를 대리하여 변호인을 선임할 수 없으며(대판 1994.10.28, 94모25), 변호인선임권자가 아닌 자에 의한 변호인선임행위는 무효가 된다.

88) 따라서 이는 공판정에서 변호자격을 제한하고자 함이 아니므로 피고인신문, 증인신문, 각종의 신청, 최종변론 등 소송활동에 관해서는 대표권이 없다.

고 할 것이고, 사본은 이에 해당하지 않는다(대결 2005.1.20, 2003모429). 그리고 여기서 심급이란 상소에 의하여 이심(移審)의 효력이 발생할 때까지를 말한다. 다만 공소제기 전의 변호인선임은 제1심에도 효력이 있다(동조 제2항). 원심법원에서의 변호인선임은 파기환송 또는 파기이송이 있는 후에도 효력이 있다(규칙 제158조).[89)]

2) 사건과의 관계 변호인의 선임은 사건을 단위로 하는 것이므로 선임의 효과는 공소사실의 동일성이 인정되는 사건의 전부에 미친다. 따라서 공소장변경에 의하여 변경된 공소사실에도 선임의 효과는 미친다. 그리고 공소사실이 가분될 수 있는 경우에는 일부에 제한한 변호인선임도 원칙적으로 가능하다(다수설).[90)] 그리고 동일법원의 동일피고인에 대해 추가로 기소되어 병합된 다른 사건에도 선임의 효력은 미친다. 다만 피고인 또는 변호인이 이와 다른 의사표시를 한 때에는 예외로 한다(규칙 제13조).[91)]

2. 국선변호인

(1) 의 의

국선변호인(Offizialverteidiger; Pflichtverteidiger)이란 법원에 의하여 선정된 변호인을 말한다. 우리나라 헌법은 "형사피고인이 스스로 변호인을 구할 수 없을 때에는 국가가 변호인을 붙인다"고 규정하여 국선변호제도를 보장하고 있다(헌법 제12조 제4항 단서). 이에 따라 형사소송법도 국선변호제도를 규정하고 있다.

---

89) 제1심에서의 변호인선임은 형사소송법 제366조 또는 제367조에 의하여 사건이 환송 또는 이송된 후에도 효력이 있다(규칙 제158조). 그러나 상고법원이 사건을 원심법원으로 환송하는 경우(제395조, 제397조)에는 규칙 제158조를 규칙 제164조가 준용하고 있지 않고 있다. 이에 대하여 파기환송판결에 의하여 원심판결에서는 판결의 선고가 없는 상태로 돌아가므로 선임의 효과가 유지된다고 해석하는 적극설(이재상, 122면; 진계호, 125면; 신동운, 503면; 배종대/이상돈, 107면; 신양균, 386면)과 상소에 의하여 선임의 효과가 소멸한 이상 파기환송판결에 의하여 그 효과가 부활될 수는 없다고 하는 소극설[서일교, 91면; 차용석 등, 주석(형사소송법 I), 139면]의 대립이 있다.

90) 절차의 명확성에 비추어 조건부 소송행위는 원칙적으로 인정되지 않는다는 점을 근거로 단일사건의 일부에 대한 변호인선임의 효력을 인정할 수 없다는 견해로는 신동운, 502면; 송광섭(2010), 129면 참조.

91) 하나의 사건에 대한 변호인선임의 효력이 병합 심리된 다른 사건에 미치는가에 대하여도 선임은 사건을 단위로 하므로 다른 사건에는 미칠 수 없다는 견해(서일교, 92면)와 반대의 의사표시가 없는 한 다른 사건에 대하여도 미친다고 해야 한다는 견해(이재상, 123면; 임동규, 74면; 진계호, 126면)가 대립되고 있다.

(2) 선정사유

국선변호인의 선정사유에는 다음과 같은 여러 가지가 있다.

1) 피고인을 위한 선정

(가) 절대적 직권선정　　법원은 피고인이 구속된 때(제1호), 피고인이 미성년자일 때(제2호), 70세 이상의 자인 때(제3호),[92] 피고인이 듣거나 말하는 데 모두 장애가 있는 사람일 때(제4호), 심신장애가 있는 것으로 의심되는 때(제5호), 피고인이 사형, 무기 또는 단기 3년 이상의 징역이나 금고에 해당하는 사건으로 기소된 때(제6호)에는 직권으로 국선변호인을 선정하여야 한다(제33조 제1항).[93]

여기서 제1호의 '구속된 피고인'에는 당해 형사사건으로 구속된 경우를 의미하고 별건으로 구속되었거나 다른 사건으로 수형 중인 자는 포함되지 않는다(대판 2009.5.28., 2009도579). 그리고 제5호의 '피고인이 심신장애의 의심이 있는 때'는 진단서나 정신감정 등 객관적인 자료에 의하여 피고인의 심신장애 상태를 확신할 수 있거나 그러한 상태로 추단할 수 있는 근거가 있는 경우는 물론, 제반 사정에 비추어 피고인의 의식상태나 사물에 대한 변별능력, 행위통제능력이 결여되거나 저하된 상태로 의심되어 피고인이 공판심리단계에서 효과적으로 방어권을 행사하지 못할 우려가 있다고 인정되는 경우를 포함한다(대판 2019. 9. 26, 2019도8531).

(나) 피고인의 청구에 의한 필요적 선정　　법원은 피고인이 빈곤 그 밖의 사유로 변호인을 선임할 수 없는 경우에 피고인의 청구가 있는 때에는 국선변호인을 선정하여야 한다(제33조 제2항). 판례에 의하면 극빈피고인을 위한 국선변호인의 선정은 청구를 요건으로 하고 법원은 국선변호인청구권에 대한 고지의무가 없으므로 국선변호인의 선정이 없이 재판하더라도 적법하다(대판 1983.10.11, 83도2117; 대판 1994.10.25, 94도1467). 그러나 형사소송규칙 제17조 제1항이 이에 대한 고지의무를 규

---

92) 70세 이상인 피고인으로서 사선변호인이 없음에도 국선변호인을 선정하지 아니한 채 개정하여 심리한 원심판결은 소송절차가 법령에 위반하여 무효라 할 것이므로(대판 2005.5. 26, 2004도1925 판결 등 참조), 결국 원심판결은 소송절차가 법령에 위반하여 판결에 영향을 미친 위법을 범한 것이어서, 상고이유를 나아가 판단할 필요 없이 파기를 면할 수 없다(대판 2006.1.13, 2005도5925).

93) 필요적 변호사건에 해당하는가의 여부는 법정형을 기준으로 결정하며, 유기징역 또는 유기금고의 단기가 3년을 하회하더라도 사형, 무기징역 또는 무기금고가 함께 규정되어 있으면 필요적 변호사건이 된다[법원실무제요(형사), 54면]. 그리고 필요적 변호사건에서 변호인 없이 이루어진 소송행위는 무효로 되며, 변호인 없이 행해진 판결은 파기의 대상이 된다(대판 1995.9.29, 95도1721).

정하고 있고, 동 규칙 제141조는 법원의 석명의무를 규정하고 있으므로 법원에 의한 청구권의 고지가 없었기 때문에 청구되지 않은 상태에서 심판한 것은 위법하다고 보아야 할 것이다.

(다) 피고인의 권리보호를 위한 판단선정 법원은 피고인의 나이 · 지능 및 교육 정도 등을 참작하여 권리보호를 위하여 필요하다고 인정하면 피고인의 명시적 의사에 반하지 아니하는 범위 안에서 변호인을 선정하여야 한다(제33조 제3항).

(라) 필요적 변호사건: 국선변호인이 불출석한 경우의 재선정 상기한 사유에 의해 국선변호인이 선정된 사건에 관하여는 변호인 없이 개정하지 못하는 필요적 변호사건이 된다. 단, 판결만을 선고할 경우에는 예외로 한다(제282조). 이 경우 국선변호인이 출석하지 아니한 때에는 법원은 직권으로 다시 국선변호인을 선정하여야 한다(제283조). 그런데 판례에 따르면, 필요적 변론사건이라 하여도 피고인이 재판거부의 의사를 표시하고 재판장의 허가 없이 퇴정하고 변호인마저 이에 동조하여 퇴정해 버린 것은 모두 피고인측의 방어권의 남용 내지 변호권의 포기로 볼 수밖에 없는 것이어서 수소법원으로서는 피고인이나 변호인의 재정 없이도 심리 · 판결할 수 있다(제282조 단서 규정이 없었던 종래에 제330조를 준용하여 이렇게 판시한 대판 1990.6.12, 90도672; 대판 1990.6.8, 90도646). 그리고 국선변호인이 해태하여 항소이유서 제출기간을 도과시킨 경우 피고인에게 책임을 돌릴 만한 특별한 사유가 없음에도 불구하고 항소법원이 형사소송법 제361조의4 제1항 본문에 따라 피고인의 항소를 기각한다면, 이는 피고인에게 국선변호인으로부터 충분한 조력을 받을 권리를 보장하고 있는 헌법의 취지에 반하는 조치라고 할 것이다(아래 대결 2012.2.16, 2009모1044 전원합의체의 태도). 이러한 경우에 법원은 다른 국선변호인을 선정하여 그에게 소송기록접수통지를 새로이 하여야 할 것이다. 국선변호인이 교체된 경우 항소이유서 제출기간의 도과 여부는 새로 선정된 (국선)변호인에게 소송기록접수가 통지된 날을 기준으로 판단되어야 한다(아래 대결 2006.3.9, 2005모304의 태도).

관련판례 ① 피고인을 위하여 선정된 국선변호인이 법정기간 내에 항소이유서를 제출하지 아니하면 이는 피고인을 위하여 요구되는 충분한 조력을 제공하지 아니한 것으로 보아야 하고, 이런 경우에 피고인에게 책임을 돌릴 만한 아무런 사유가 없음에도 불구하고 항소법원이 형사소송법 제361조의4 제1항 본문에 따라 피고인의 항소를 기각한다면, 이는 피고인에게 국선변호인으로부터 충분한 조력을 받을 권리를 보장하고 이를 위한 국가의 의무를 규정하고 있는 헌법의 취지에 반하는 조치라고 할 것이

다. 따라서 피고인과 국선변호인이 모두 법정기간 내에 항소이유서를 제출하지 아니하였다고 하더라도, 국선변호인이 항소이유서를 제출하지 아니한 데 대하여 피고인에게 귀책사유가 있음이 특별히 밝혀지지 않는 한, 항소법원은 종전 국선변호인의 선정을 취소하고 새로운 국선변호인을 선정하여 다시 소송기록접수통지를 함으로써 새로운 국선변호인으로 하여금 그 통지를 받은 때로부터 형사소송법 제361조의3 제1항의 기간 내에 피고인을 위하여 항소이유서를 제출하도록 하여야 한다. 이와 달리, 국선변호인이 선정된 경우 국선변호인이 형사소송법 제361조의3 제1항의 기간 내에 항소이유서를 제출하지 아니한 때에는 피고인 본인이 적법한 항소이유서를 제출하지 아니한 이상 형사소송법 제361조의4 제1항 본문에 따라 항소기각의 결정을 하는 것이 상당하다고 판시한 대법원 1966.5.25.자 66모31 결정 등은 이 결정의 견해에 배치되는 범위 내에서 변경하기로 한다(대결 2012.2.16, 2009모1044 전원합의체).[94]

② 이른바 필요적 변호사건에 있어서 피고인에게 변호인이 없는 경우에는 기록을 송부받은 항소법원은 지체없이 변호인을 선정한 후 그 변호인에게 소송기록접수통지를 함으로써 그 변호인이 통지를 받은 날로부터 기산한 소정의 기간 내에 피고인을 위하여 항소이유서를 작성·제출할 수 있도록 하여 변호인의 조력을 받을 피고인의 권리를 보호하여야 한다고 할 것인바(형사소송규칙 제156조의2), 변호인의 조력을 받을 위와 같은 피고인의 권리는 필요적 변호사건에서 법원이 국선변호인을 선정한 후 그 변호인에게 소송기록접수통지를 하였다가 항소이유서 제출기간 내에 피고인의 귀책사유에 의하지 아니한 사정으로 그 선정결정을 취소하고 새로운 국선변호인을 선정한 경우에도 마찬가지로 보호되어야 한다고 할 것이므로, 국선변호인의 교체가 피고인의 귀책사유에 의하지 아니한 사정으로 이루어진 경우에는 법원은 형사소송규칙 제156조의2 규정을 적용하여 새로이 선정된 국선변호인에게 소송기록접수통지를 하여야 하고, 그 경우 항소이유서 제출기간은 새로이 선정된 변호인이 소송기록접수통지

94) 재항고인이 70세 이상이어서 필요적 변호사건에 해당하는데, 원심은 재항고인 본인의 항소이유서 제출기간이 경과한 후 비로소 국선변호인을 선정하고 그에게 소송기록접수통지를 하였으나 위 국선변호인이 법정기간 내에 항소이유서를 제출하지 아니하자 원심은 국선변호인이 항소이유서를 제출하지 아니한 데 대하여 재항고인에게 책임을 돌릴 만한 사유가 있는지 여부를 확인하거나 고려하지 아니한 채, 재항고인과 국선변호인이 모두 그 제출기간 내에 항소이유서를 제출하지 아니하였고 제1심판결에 직권조사사유가 없다는 등의 이유로 재항고인의 항소를 기각한 원심을 파기한 사례. 위 다수의견에 대해서는, 항소이유서 제도에 관한 형사소송법 제361조의4 제1항 등의 문언과 취지에 비추어 볼 때, 항소인인 피고인과 변호인이 항소법원으로부터 소송기록접수를 통지받고도 법정기간 내에 항소이유서를 제출하지 아니한 경우, 직권조사사유가 있거나 항소장에 항소이유의 기재가 있는 때가 아닌 이상 항소법원은 피고인의 항소를 기각하여야 하고, 이는 국선변호인이 선정되었는지 여부, 필요적 변호사건에 해당하는지 여부 등과 상관이 없다는 취지의 반대의견이 있음.

를 받은 날로부터 20일 이내라 할 것이다(대결 2006.3.9, 2005모304).

③ 필요적 변호사건에서 법원이 정당한 이유 없이 국선변호인을 선정하지 않고 있는 사이에 피고인 스스로 사선변호인을 선임하였으나 이미 피고인에 대한 항소이유서 제출기간이 도과해버린 경우 —(생략)— 법원은 사선변호인에게도 형사소송규칙 제156조의2를 유추적용하여 소송기록접수통지를 함으로써 그 사선변호인이 통지를 받은 날로부터 기산하여 소정의 기간 내에 피고인을 위하여 항소이유서를 작성 · 제출할 수 있는 기회를 주어야 한다(대판 2009.2.12, 2008도11486).

(마) 치료감호청구의 경우　치료감호법에 따르면 치료감호의 청구가 있는 사건 중 일정한 사건(형법 제10조 제1항에 의하여 벌할 수 없거나 동조 제2항에 의하여 형이 감경되는 심신장애자로서 금고 이상의 형에 해당하는 죄를 범한 자)은 변호인 없이 개정할 수 없는 필요적 변호사건이므로, 피치료감호청구인에게 변호인이 없거나 변호인이 출석하지 않을 때에는 국선변호인을 선정하여야 한다(동법 제15조 제2항).

2) 피의자를 위한 선정

(가) 구속영장실질심사를 받는 피의자의 경우　피의자가 구속영장실질심사를 받는 경우 심문할 피의자에게 변호인이 없는 때에는 지방법원판사는 직권으로 변호인을 선정하여야 한다. 이 경우 변호인의 선정은 피의자에 대한 구속영장 청구가 기각되어 효력이 소멸한 경우를 제외하고는 제1심까지 효력이 있다(제201조의2 제8항). 법원은 변호인의 사정 그 밖의 사유로 변호인 선정결정이 취소되어 변호인이 없게 된 때에는 직권으로 변호인을 다시 선정할 수 있다(제9항).

(나) 체포 · 구속적부심을 청구한 피의자의 경우　국선변호제도는 체포 · 구속적부심을 청구한 피의자를 위해서도 도입되었다. 즉 체포 · 구속적부심을 청구한 피의자에게 변호인이 없는 때에는 국선변호제도에 대한 제33조가 준용된다(제214조의2 제10항). 그러나 구속적부심의 경우는 이미 그 이전 구속영장실질심사를 받을 때 국선변호인이 선임되기 때문에 여기의 국선변호제도는 체포피의자가 체포적부심을 청구한 경우에 특별한 의미를 가질 수 있다.

[입법론 내지 제도개선론]

피의자가 변호인을 필요로 하는 것은 수사기관으로부터 수사의 객체가 되는 최초 시점부터 일 것이다. 특히 피의자가 갑자기 경찰에 의해 체포당하는 경우에 변호인에 의한 보호는 더욱 절실히 요구될 것이다. 그런데 수사초동단계부터 변호인의 도움을 받을 수 있는 제도로서 당직변호사제도가 실무에서 시행되고 있지만, 국선변호인 제도는 구속단계에 이르러서만 비로소 도입되어 있을 뿐이다. 따라서 우리나라 변호인 제도가 더욱 발전적으로 되기 위해서는 국선변호인 제도가 수사초동단계까지 확대될 것이 요청된다. 그리고 현재는 국선변호료가 어느 정도 현실화되고 변호사 시장의 경쟁도 치열하여 국선변호인으로 선임되는 것을 선호하는 변호사들이 과거에 비해 많아지는 것으로 나타나고 있다. 그러나 사선변호사로서 활동하면서 국선변호활동을 부수적으로 행하는 것이 아니라, 국선변호활동만을 전담하는 공중변호사 제도(public defender)가 정착될 것이 요구된다.

3) 기타의 선정사유

(가) 재심사건　재심개시의 결정이 확정[95]된 사건에 있어서 사망자 또는 회복할 수 없는 심신장애자를 위하여 재심의 청구가 있는 때, 유죄의 선고를 받은 자가 재심의 판결 전에 사망하거나 회복할 수 없는 심신장애자로 된 때에 재심을 청구한 자가 변호인을 선임하지 아니한 경우에도 재판장은 직권으로 변호인을 선임하여야 한다(제438조 제4항).

(나) 군사법원법이 적용되는 사건　이에 대해서 피고인에게 변호인이 없는 때에 군사법원은 직권으로 변호인을 선정하여야 한다(동법 제62조 제1항).

(다) 공판준비절차　공판준비기일이 지정된 사건에 관하여 변호인이 없는 때에는 법원은 직권으로 변호인을 선정하여야 한다(개정법 제266조의8 제4항).

(라) 즉결심판에 대한 정식재판청구　판례는 즉결심판을 받은 피고인이 정식재판청구를 함으로써 공판절차가 개시된 경우에는 통상의 공판절차와 마찬가지로 국선변호인의 선정에 관한 형사소송법 제283조의 규정이 적용된다고 한다.[96]

(마) 국민참여재판　「국민의 형사재판 참여에 관한 법률」에 따른 국민참여재판에 관하여 변호인이 없는 때에는 법원은 직권으로 변호인을 선정하지 않으면 안 된다(동법 제7조). 이는 피고인의 방어권 보장 이외에도 법률문외한인 배심원으로 하여금 쟁점을 보다 분명하게 파악할 수 있도록 하려는 배려이기도 하다.

[설문 (18)의 해결] (1) 수사절차에서 피의자를 위하여 국선변호인이 선임되는 경우는 구속영장실질심사절차와 구속적부심절차에서 가능한 것으로 입법화되었다. (2) 극빈

---

95) 국선변호인제도는 재심개시결정 전의 절차에서 재심청구인이 국선변호인선임청구를 할 수는 없다는 것에 대판 1993.12.3, 92모49.

96) 대판 1997.2.14, 96도3059. 즉결심판에 관한 절차법 제14조 제4항은 "형사소송법 제455조의 규정은 정식재판의 청구에 이를 준용한다"고 규정하고 있다.

피고인이 국선변호인선임의 청구를 하지 않은 상태에서 법원이 유죄판결을 하였더라도 법원에게는 국선변호인청구권에 대한 고지의무가 없기 때문에 그 판결은 적법하다는 것이 판례의 태도이다(대판 1983.10.11, 83도2117; 대판 1994.10.25, 94도1467). 그러나 형사소송규칙 제17조 제1항이 고지의무를 규정하고 있고, 동 규칙 제141조는 법원의 석명의무를 규정하고 있으므로 그러한 재판은 위법한 것으로 해석되어야 한다. (3) 종래에는 변호인이 퇴정명령을 받은 경우에 대해서는 피고인이 퇴정명령을 받은 경우를 규정한 제330조의 유추적용문제로서 다루어지면서 재판에 위법이 없다는 것이 판례의 태도이었다(대판 1991.6.28, 91도865). 다만 형사소송법의 개정으로 제282조에서 필요적 변호사건의 경우에도 제330조와 유사한 내용이 규정되었기 때문에 이제는 피고인퇴정과 동일하게 직접적인 법해석의 문제가 된다. 이에 대한 해석론으로는 (i) **방어권남용설**(판례의 태도, 증거조사와 최종변론과 같은 심리는 물론이고 반대신문권의 포기에 해당하는 증거의제까지 가능하다는 견해), (ii) **공정성설**(증거의제는 불가능하다는 견해), (iii) **적법절차설**(남은 판결만 할 수 있다는 견해)이 대립된다. 학설로서는 공정성설이 가장 타당한 것으로 판단된다. (4) 국선변호인이 출석하지 아니한 때에는 법원은 직권으로 다시 국선변호인을 선정하여야 한다(제283조). 그리고 국선변호인이 교체된 경우 항소이유서 제출기간의 도과 여부는 새로 선정된 (국선)변호인에게 소송기록접수가 통지된 날을 기준으로 판단되어야 한다(대결 2006.3.9, 2005모304의 태도).

---

(3) 선정의 절차

국선변호인의 선정은 법원의 선정결정에 의한다. 구체적 선정의 절차는 형사소송법(구속영장실질심사의 경우를 규정한 제201조의2, 체포 · 구속적부심의 경우를 규정한 제214조의2) 및 형사소송규칙(제16조 이하)에 규정되어 있다. 특히 제33조 제2항에 해당하는 피고인(피의자)이 선정을 청구한 때에 법원은 그 소명자료를 검토하여 반드시 선정여부를 결정하여야 한다. 즉 아무런 결정을 하지 않으면 위법하다(대판 1995.2.28, 94도2880; 대판 2011.3.24, 2010도11103). 기각결정에 대해서는 판결 전의 소송절차이므로 항고할 수 없다.[97]

(4) 국선변호인의 자격과 수

국선변호인이 될 수 있는 자는 법원의 관할구역 안에 사무소를 둔 변호사, 구역내에서 근무하는 공익법무관 또는 수습중인 사법연수생이다. 부득이한 때

---

97) 대결 1986.9.5, 86모40; 대결 1993.12.3, 92모49.

에는 인접한 법원의 관할구역 안에 있는 변호사, 공익법무관 또는 사법연수원 중에서 선정하고, 변호사 등이 없거나 부득이한 때에는 변호사 아닌 자 중에서 선정할 수 있다(규칙 제14조). 따라서 법원사무관이 선정된 것도 적법하다(대판 1974. 8.30, 74도1965).

그리고 국선변호인의 수는 피고인 또는 피의자마다 1인을 선정한다. 다만 사건의 특수성에 비추어 필요하다고 인정할 때에는 수인의 국선변호인을 선정할 수 있는 반면에(규칙 제15조 제1항), 이해관계가 상반되지 아니한 때에는 동일한 국선변호인을 선정할 수도 있다(동조 제2항).

(5) 선정의 법적 성질

이에 대해서는 견해대립이 있다. (i) 재판설은 재판장 또는 법원이 소송법에 의하여 행하는 단독의 의사표시인 명령이라고 한다(통설임). 이에 의하면 선임시 피선임자의 동의는 불필요하고 재판장의 해임명령이 있어야 비로소 사임이 가능하다. (ii) 공법상의 일방행위설은 피선임자의 승낙을 요건으로 재판장이 행하는 일방적 의사표시라고 한다. 이에 의하면 선임시 피선임자의 동의(승낙)는 요구되지만 재판장의 해임명령이 있어야 사임이 가능하다. (iii) 공법상 계약설(변호계약설)은 재판장과 국선변호인 사이의 피고인을 위한 공법상 계약이라고 한다. 이에 의하면 선정시 피선임자의 승낙을 要하고 일방적 사임도 가능하다. 생각건대, 현재의 실무에 의하면 선정시 피선임자의 승낙은 불필요하고 법원의 허가 없이 사임할 수 없기 때문에 재판설이 타당하다.

(6) 취소와 사임

법원은 형사소송규칙 제18조가 정하는 일정한 사유가 있으면 그 선정을 취소할 수 있다. 그리고 선정된 국선변호인은 규칙 제20조가 정하는 일정한 사유가 있으면 법원의 허가를 얻어 사임할 수 있다.

(7) 보 수

국선변호인은 「형사소송비용 등에 관한 법률」이 규정한 일당 · 여비 · 숙박료 및 보수를 청구할 수 있다(제2조 제3호, 제8조). 국선변호인의 보수에 대해서는 「형사소송비용 등에 관한 규칙」이 규정하고 있다(규칙 제6조).

Ⅲ. 변호인의 지위

1. 보호자로서의 지위

(1) 피의자·피고인의 이익을 위한 보호자

변호인은 피의자·피고인의 부족한 법률지식을 제공하여 그의 정당한 이익을 보호하는 지위에 있다. 그리고 접견교통권의 행사를 통해 피의자·피고인의 심리적 불안과 열등감을 해소해 주기도 한다. 전자는 법률의 봉사자·전문가로서의 보호, 후자는 사회적 봉사자·인간으로서의 보호에 해당한다. 변호인은 피고인의 이익을 위하여 활동하는 보호자이기 때문에 그에게 유리한 증거를 수집·제출할 것과 유리한 사실을 변론할 의무가 있다. 반면에 그에게 불이익한 증거의 수집 제출이나 불이익한 주장을 할 의무는 없다.

(2) 피고인과의 관계

1) 변호권행사의 독립성　　변호인은 단순한 대리에 그치는 것이 아니라 원칙적으로 독립하여 소송행위를 할 수 있다(제36조). 특히 피고인의 의사에 反해서도 그에게 유리한 소송행위를 할 수 있다.

2) 비밀유지의무　　변호인이 보호기능을 다하기 위하여는 피의자·피고인과의 사이에 신뢰관계가 전제되어야 한다. 따라서 변호인은 피고인에 대해 비밀유지의무(Schweigepflicht)를 진다. 즉 변호인이 직무상 알게 된 비밀을 누설하여서는 안 된다. 이를 위반하면 업무상비밀누설죄로의 형사처벌(형법 제317조)과 변호사법에 의한 징계(동법 제26조, 제91조 제2항)가 가능하다.

2. 공익적 지위

(1) 변호인의 진실의무

변호인은 법률에 의해서 규율되는 공익적 지위를 가질 수밖에 없고 그에 따라 진실의무가 부과되어 있다. 즉, 변호사는 기본적 인권을 옹호하고 사회정의를 실현함을 그 사명으로 하고(변호사법 제1조 제1항), 직무를 수행함에 있어서 진실을 은폐하거나 허위의 진술을 하여서는 안 된다(동법 제24조 제2항).

(2) 보호의무와 진실의무의 관계

1) 보호의무의 우선 변호인은 피고인의 이익을 보호하는 보호자임과 동시에 진실의무를 가지는 이중적 지위를 가지나, 보호의무가 기본이고 진실의무는 보호의무를 한계짓는 소극적 의미를 가질 뿐이다. 이렇게 보호의무가 우선되기 때문에 변호인은 피고인의 이익을 위해 다소 실체적 진실에 반하는 법적 조언을 하는 것, 피고인·증인에게 보장된 권리행사를 지시하는 것, 피고인에 유리한 증거를 수집하여 제출하고 그 반대로 피고인에게 불리한 증거를 제출하지 않는 것은 허용된다. 구체적으로 피고인에게 진술거부권의 행사를 권고하는 것, 증인에게 증언거부권의 행사를 권고하는 것, 유죄임을 안 경우에도 무죄의 변론을 하는 것, 고소인이나 피해자를 만나 합의나 고소취소를 권고하는 것 등은 허용된다.[98] 그러나 변호인이 적극적으로 피고인에게 허위진술을 지시하거나 증거인멸 또는 도망을 권유하는 것, 증인에게 위증을 교사하거나 증거인멸을 지시하는 것은 허용되지 않는다.[99]

관련판례 ① 변호사인 변호인에게는 변호사법이 정하는 바에 따라서 이른바 진실의무가 인정되는 것이지만, 변호인이 신체구속을 당한 사람에게 법률적 조언을 하는 것은 그 권리이자 의무이므로 변호인이 적극적으로 피고인 또는 피의자로 하여금 허위진술을 하도록 하는 것이 아니라 단순히 헌법상 권리인 진술거부권이 있음을 알려 주고 그 행사를 권고하는 것을 가리켜 변호사로서의 진실의무에 위배되는 것이라고는 할 수 없다(대법원 2007.1.31, 2006모656 결정).

---

2) 변호인의 무죄변론 피고인이 진범인이 아님을 알았을 때에는 보호의무와 진실의무가 일치하므로 변호인의 무죄변론에는 아무런 문제가 없다. 즉 보호의무에 의해서도 진실의무에 의해서도 변호인은 무죄의 증거를 수집·제출하고 무죄의 주장을 하여야 한다. 그러나 피고인이 진범인임을 알았을 때에는 보호의무와 진실의무가 충돌하는 경우이다. 이 경우에도 변호인에게는 실체적 진실의 발견을 적극적으로 방해하지 아니하는 범위 내에서 보호의무의 이행이 우선된다고 보아야 한다. 즉 이 경우에 변호인에게 유죄의 증거수집제출과 유죄의 주장을 할 의무가 없는 것은 물론이고 적극적으로 하자있는 무죄의 입증활동을 하는 것을 제외한 통상의

98) 그러나 진술거부권의 행사를 권고할 수 없다는 견해로는 정영석, 70면.
99) 이에 대한 글로는 김형준, "변호인의 진실의무와 진술거부권 행사권고," 법학논문집 제31집 제1호, 중앙대학교 법학연구소 2007.8, 263-276면 참조.

무죄변론은 허용된다.

Ⅳ. 변호인의 권한

1. 대 리 권

변호인은 피고인 또는 피의자가 할 수 있는 소송행위로서 성질상 대리가 허용될 수 있는 모든 소송행위에 대하여 포괄적 대리권을 가진다. 변호인의 대리권에는 종속대리권과 독립대리권이 있다.[100)]

(1) 종속대리권

종속대리권은 본인의 의사에 구속되는 대리권을 말한다. 예컨대 관할이전의 신청(제15조), 관할위반의 신청(제320조), 증거동의(제318조), 상소취하(제349조), 정식재판의 청구(제453조)는 이에 해당한다.

(2) 독립대리권

(i) 독립대리권에는 먼저 본인의 명시(明示)의 의사에 반하여 행사할 수 있는 것이 있다. 예컨대 구속취소의 청구(제93조), 보석의 청구(제94조), 증거보전의 청구(제184조), 공판기일변경신청(제270조 제1항), 증거조사에 대한 이의신청(제296조 제1항) 등이 여기에 해당한다.

(ii) 다음으로 본인의 명시의 의사에는 반할 수 없으나 묵시(黙示)의 의사에 반하여 행사할 수 있는 것이 있다. 예컨대 기피신청권(제18조 제2항), 상소제기권(제341조)은 여기에 해당한다.

2. 고 유 권

고유권이란 변호인의 권리로 특별히 규정된 것 중에서 성질상 대리권이라고 볼 수 없는 것을 말한다. 독립대리권과는 달리 본인의 권리가 상실되어도 고유권에는 영향이 없다.

(i) 고유권에는 피고인 또는 피의자와 중복하여 가지고 있는 권리가 있다. 예컨

100) 제36조가 "독립하여"라는 문구를 사용하고 있다는 점과, 변호인의 보호자적 지위를 강화할 필요가 있다는 점을 근거로 독립대리권의 개념을 부정하고 종속대리권이 아닌 경우에는 모두 고유권으로 해석하여야 한다는 견해로는 강구진, 141면.

대 검증, 압수 · 수색영장 집행에의 참여권(제145조, 제121조), 감정에의 참여권(제176조), 증인신문에의 참여권(제163조), 공판기일출석권(제276조), 서류 · 증거물의 열람 · 등사권(제35조), 증인신문권(제161조의2), 증거제출, 증인신문의 신청(제294조), 최종의견의 진술(제303조) 등의 권리가 여기에 해당한다. (ii) 변호인만 가지고 있는 협의의 고유권도 있다. 예컨대 인신구속된 피의자 · 피고인과의 접견교통권(제34조), 공판정에서의 피고인에 대한 신문권(제296조의2)이 여기에 해당한다.

3. 변호인-의뢰인 사이의 특권(Attorney-Client Privilege)

우리나라는 선진외국과 다르지 않게[101] 변호인—의뢰인 사이의 특수 관계를 법적으로 보호하고 있다. 우선적으로 우리나라는 최고의 실정법인 헌법이 "누구든지 체포 또는 구속을 당한 때에는 즉시 변호인의 조력을 받을 권리를 가진다"라는 신체자유의 기본권 규정을 두고 있다(헌법 제12조 제4항 본문). 다음으로 법률 차원에서는 형사소송법이 변호인 또는 변호인이 되려는 사람에 대하여 신체구속을 당한 피고인 또는 피의자와 제한 없이 접견하고 서류 또는 물건을 수수할 수 있도록 허용하고 있고(형사소송법 제34조), 변호사 등이 그 업무상 위탁을 받아 소지 또는 보관하는 물건으로 타인의 비밀에 관한 것은 압수를 거부할 수 있으며(제112조 본문, 제219조), 그 업무상 위탁을 받은 관계로 알게 된 사실로서 타인의 비밀에 관한 것은 증언을 거부할 수 있도록 규정하고 있다(제149조 본문). 참고로 독일 형사소송법 제97조는 피의자와 증언거부권자 사이에 이루어진 의견교환에 대해서 압수 자체를 금지하는 규정을 —압수거부권에 관한 규정만 있는 우리나라와는 달리— 두고 있다. 그리고 2011년 2월 1일 발효된 개정 형사소송법 제160a조는 증언거부권이 있는 피의자의 변호인 등에 대한 수사 또는 이러한 자들이 증언거부를 할 수 있을 것으로 예상되는 내용을 획득하고자 하는 수사방법은 원칙적으로 허용되지 아니한다고 규정하고 있다. 그리고 프랑스 형사소송법(Code de proédure pénale) 제432조는 "피고인과 그 변호인 사이에 교환된 편지는 증거서류가 되지 못한다"고 규정하여 직접 증거능력을 배제하고 있다.

---

101) 미국 등 다른 나라의 입법례를 자세하게 소개하고 있는 글로는 박용철, "변호사가 의뢰인에게 작성해 준 의견서가 압수된 경우 그 의견서의 증거능력," 「형사법연구」 제24권 제2호, 2012 여름, 347면 이하.

관련판례 ① 아직 수사나 공판 등 형사절차가 개시되지 아니하여 피의자 또는 피고인에 해당한다고 볼 수 없는 사람이 일상적 생활관계에서 변호사와 상담한 법률자문에 대하여도 변호인의 조력을 받을 권리의 내용으로서 그 비밀의 공개를 거부할 수 있는 의뢰인의 특권을 도출할 수 있다거나, 위 특권에 의하여 의뢰인의 동의가 없는 관련 압수물은 압수절차의 위법 여부와 관계없이 형사재판의 증거로 사용할 수 없다는 견해는 받아들일 수 없다. 따라서 원심이 이 사건 법률의견서의 증거능력을 부정하는 이유를 설시함에 있어 위와 같은 이른바 변호인-의뢰인 특권을 근거로 내세운 것은 적절하다고 할 수 없다(대법원 2012.5.17, 선고 2009도6788 전원합의체 판결).

Ⅴ. (피고인 · 변호인의) 기록 열람 · 복사권

1. 법원이 보관하는 서류 등에 대한 열람 · 복사

(1) 법원에 제출된 서류

변호인은 피고인과 함께 소송계속 중의 관계 서류 또는 증거물을 열람하거나 복사할 수 있다(제35조 제1항). 피고인의 법정대리인, 제28조에 따른 특별대리인, 제29조에 따른 보조인 또는 피고인의 배우자 · 직계친족 · 형제자매로서 피고인의 위임장 및 신분관계를 증명하는 문서를 제출한 자도 이와 같다(제2항). 그리고 재판장은 피해자, 증인 등 사건관계인의 생명 또는 신체의 안전을 현저히 해칠 우려가 있는 경우에는 열람 · 복사에 앞서 사건관계인의 성명 등 개인정보가 공개되지 아니하도록 보호조치를 할 수 있다(제3항). 이에 따른 개인정보 보호조치의 방법과 절차, 그 밖에 필요한 사항은 대법원규칙으로 정한다(제4항). 피고인을 위한 방어전략의 설정과 변론활동의 준비로서 보장되는 변호인의 권리이다. 그리고 변호인의 이 권한은 피고인을 위한 대리권이 아니라 고유권의 법적 성격을 가진다. 형사소송법 제35조에 의하면 소송계속중의 관계서류 또는 증거물에 한하여 열람 · 등사할 수 있는 것으로 규정되어 있다. 이것에는 법원에 제출된 서류가 포함되는 것은 명백하다.

(2) 공소제기 후 검사가 소지한 서류

문제는 공소제기 후 검사가 보관하는 수사서류도 여기에 포함될 것인가에 대해서는 종래에는 견해대립이 있었다. 그리고 이에 대한 헌법재판소의 태도는 원칙적 긍정설의 입장에 있었다.[102] 즉, 참고인 진술조서와 같이 협박용으로 사용될 우려가 있는 것, 수사기관 내부의 문건과 같은 경우에만 예외적으로 제한될 수 있다는 것이다. 그러나 이 문제는 개정 형사소송법이 별개의 조문(제266조의3 이하)을 통해 증거개시제도(discovery)를 도입함으로써 해결되었다. 즉 새로 도입된 증거개시제도는 검사가 소지하는 것을 대상으로 하였기 때문에 제35조의 규정은 기본적으로 법원에 제출된 것을 의미하게 되었다(더 나아가 형사소송법 제55조 제1항에 따르면 피고인은 공판조서에 대한 열람·등사권이 인정된다). 만약 법원이 결정으로 그 자신이 보관하고 있는 서류 등의 열람 등사를 거부하는 경우에 피고인 측이 항고할 수 있는지가 문제된다. 이에 대해서는 판결 전 소송절차에 관한 결정의 원칙적 항고불허를 규정한 제403조를 적용할 것인지,[103] 아니면 법원의 결정에 대한 원칙적 항고허용을 규정한 제402조를 적용할 것인지가[104] 구체적으로 문제되는데, 후자의 적용을 통해 피고인 내지 변호인의 방어권을 충실히 보장하는 방향이 더욱 타당할 것으로 판단된다(참고로, 검사가 보관하고 있는 서류 등에 대한 법원의 증거개시명령에 대한 검사의 불복이 허용되는지도 동일하게 문제되는데〈대법원 2013.1.24, 2012모1393 결정은 제403조 제1항에서 정한 '판결 전의 소송절차에 관한 결정'으로 보아 항고할 수 없는 것으로 판시하였음〉, 검사의 법원에 대한 불복의 경우는 재판의 집행을 정지시키는 즉시항고가 실효성이 있고 그러한 효력이 없는 보통항고를 인정할 실익은 거의 없겠지만, 해석의 균형이라는 차원에서 여기서도 보통항고가 허용되는 것으로 보아야 할 것이다. 이에 대해서는 후술함).

(3) 수사단계에서 피의자에 의한 수사서류 열람·등사청구의 문제

형사소송법에는 수사단계에서 피의자 내지 그의 변호인이 일반적 수사서류에 대해 열람 등사를 청구할 수 있다는 직접적 명시적 규정은 없다. 다만 긴급체포 후 석방된 자 또는 그 변호인·법정대리인·배우자·직계친족·형제자매는 긴급체포와 관련된 통지서 및 서류를 열람하거나 등사할 수 있다(제200조의4 제5항). 이를 통해 위법하게 긴급체포된 피의자는 피해변상 내지 수사기관에 대한 형사처벌을 요구할 수 있을 것이다. 그리고 우리나라 헌법재판소는 체포·구속적부심의 변호사에 대해서 수사단계의 수사서류에 대해서도 원칙적인 열람·등사 내지 정보공개를 허용하는 결정을 내렸다. 수사기관이 기소전 수사기록(피의자신문조서, 고소장)을 형사소송법

102) 헌재 1997.11.27, 94헌마60 결정. 동일한 취지로는 임동규, 87면.
103) 이러한 견해로는 신양균(2009), 447면.
104) 이러한 견해로는 이재상(2008), 150면.

제47조의 비공개서류,「공공기관의 정보공개에 관한 법률」제7조 제1항 제1호의 비공개정보라는 이유로 열람 · 등사를 거부하는 것도 합리적 사정이 없다면 위헌이 된다는 것이다(헌재 2003.3.27, 2000헌마474). 즉, 증거개시의 시기가 공소장일본주의가 적용되지 않는 단계이어야 하고, 증거개시의 필요성이 인정되며, 증거개시의 폐해가 없을 것(따라서 참고인 진술조서가 협박용으로 사용될 우려가 있는 경우, 수사기관 내부의 문건 등은 제외되어야 함)의 요건이 충족된다면 수사정보는 공개되어야 한다는 것이다.

관련판례 ① 헌법 제109조는 재판공개의 원칙을 규정하고 있는 것으로서 검사의 공소제기절차에는 적용될 여지가 없다. 따라서 공소가 제기되기 전까지 피고인이 그 내용이나 공소제기 여부를 알 수 없었다거나 피고인의 소송기록 열람 · 등사권이 제한되어 있었다고 하더라도 그 공소제기절차가 위 헌법 규정을 위반하였다고는 할 수 없다(대판 2008.12.24, 2006도1427).

2. 형사소송법에 의해 도입된 증거개시제도

형사소송법은 피고인의 방어권을 충실히 보장하고 신속한 재판이 가능하도록 하기 위하여, 피고인 또는 변호인이 공소제기된 사건과 관련된 서류나 물건을 열람 · 등사할 수 있도록 공소제기 후 증거조사기일 전에 검사가 보관하고 있는 사건관련 서류나 물건을 열람 · 등사할 수 있는 증거개시(Discovery) 제도를 도입하였다. 즉, 피고인 또는 변호인은 검사에게 공소제기된 사건에 관한 서류 등의 열람 · 등사를 신청할 수 있다(제266조의3 제1항 이하).

증거개시제도의 도입에 따라 검사는 공소사실의 입증에 필요한 증거는 물론 피고인에게 유리한 자료까지 개시할 의무를 지게 되므로, 피고인도 방어권행사와 관련된 법률상 · 사실상의 주장을 한 때에는 그와 관련된 서류 등과 증인의 인적사항 등은 공개하는 것이 합리적이다. 이러한 취지에서 개정 형사소송법은 검사의 증거개시의무에 대응하여 피고인 측에도 증거개시의무를 부과함으로써 공판절차에서 신속하고 집중적인 심리가 가능하도록 규정하였다(제266조의11 제1항 이하). 증거개시제도의 구체적 내용에 대해서는 공판절차론에서 후술하기로 한다.

Ⅵ. (피의자 · 피고인 · 변호인의) 접견교통권

1. 의 의

(1) 피의자, 피고인 및 변호인의 권리로서의 접견교통권

접견교통권이란, 피고인 또는 피의자, 특히 구속된 피의자(피고인)가 변호인이나 가족 · 친지 등의 타인과 접견하고 서류 또는 물건을 수수하며 의사의 진료를 받는 권리를 말한다. 이를 인정하는 실정법상의 조항은 헌법 제12조 제4항이 '변호인의 조력을 받을 권리'를 규정하고 있고, 형사소송법 제34조가 구속된 피고인, 피의자와의 접견교통권을 변호인에게 고유권으로서 보장하고 있다. 또한 형사소송법 제89조, 제91조, 제209조에도 변호인과의 접견교통권을 규정하고 있는데, 여기에서는 그 주체를 피고인 및 피의자로 규정하고 있다. 그리고 개정 형사소송법은 법정대리인 · 배우자 · 직계친족 · 형제자매도 신청할 수 있게 하였고, 그 신청에 따라 수사기관은 변호인을 피의자와 접견하게 하여야 하는 것으로 규정하였다(제243조의2 제1항). 이에 따라 불구속 피의자에 대하여서도 제한 없는 변호인과의 접견 교통이 보장된다. 즉, 구금되지 않은 피의자에 대해서도 조사 중임을 이유로 변호인의 접견권을 제한할 수 없음을 명시하였다.

(2) 보장의 이론적 근거

피고인, 피의자에게 접견교통권을 보장하는 취지는 기본적 인권의 보장과 방어권의 보장에 있다. 무죄추정을 받는 피의자 · 피고인에게 인간의 본성에 해당하는 타인과의 접견 교통까지 제한하는 것은 중대한 인권침해가 아닐 수 없다. 그리고 체포 · 구속된 상태에서는 피의자 · 피고인의 방어권이 제한될 수밖에 없기 때문에 공정한 재판의 이념을 실현하기 위해서는 특히 방어권을 보충해 줄 수 있는 변호인과의 접견교통이 체포 · 구속된 피의자 · 피고인에게 보장되어야 한다. 더 나아가 불구속재판을 받는 피의자 · 피고인에게도 변호인과의 접견교통을 통해 방어권이 보강되어야 한다. 또한 변호인에게 접견교통권을 보장하는 취지는 헌법에 의해 피고인 · 피의자에게 보장된 변호인의 조력을 받을 권리를 실질적으로 실현하기 위해서는 변호인과의 접견교통권의 인정이 당연한 전제가 되어야 하기 때문이다.

2. 변호인의 접견교통권과 변호인과의 접견교통권

(1) 구속피의자 · 피고인의 경우

1) 제한 없는 보장 변호인이나 변호인이 되려는 자[105]는 신체가 구속된 피고인 또는 피의자와 접견하고 서류나 물건을 수수할 수 있으며 의사로 하여금 피고인이나 피의자를 진료하게 할 수 있다(제34조). 그리고 체포 · 구속된 피의자 · 피고인도 변호인과의 접견교통권을 가진다(제89조, 제209조). 여기의 변호인은 사선변호인은 물론이고 국선변호인, 특별변호인(제31조 단서)도 포함된다. 접견교통의 상대방은 현행범체포(제212조), 긴급체포(제200조의3), 영장체포(제200조의2)된 피의자, 감정유치(제172조, 제221조의3) 및 구속된 피의자와 피고인을 포함한다. 그리고 임의동행의 형식으로 수사기관에 연행된 피의자 내지 피내사자에게도 변호인 또는 변호인이 되려는 자와의 접견교통권은 당연히 인정된다고 보아야 할 것이다. 즉 법령에 의한 제한이 없는 한 수사기관의 처분은 물론 법원의 결정에 의해서도 이러한 자의 변호인 접견교통권은 제한할 수 없다(대결 1991.3.28, 91모24).

변호인의 (피의자 · 피고인과의) 접견교통권과 (피의자 · 피고인의) 변호인과의 접견교통권은 철저하게 보장된다. 특히 피의자 · 피고인의 변호인과의 접견교통권은 형사소송법을 넘어 헌법상의 기본권으로서 신체구속을 당한 사람에게 보장된 변호인의 조력을 받을 권리의 가장 중요한 내용이어서 국가안전보장, 질서유지, 공공복리 등 어떠한 명분으로도 제한될 수 있는 성질의 것이 아니다(헌재결 1992.1.28, 91헌마111).[106] 특히 변호인의 접견교통의 상대방인 신체구속을 당한 사람이 그 변호인을 자신의 범죄행위에 공범으로 가담시키려고 하였다는 등의 사정만으로 그 변호인

---

105) 변호인이 되려는 의사를 표시한 자가 객관적으로 변호인이 될 가능성 있다고 인정되는데도, 형사소송법 제34조에서 정한 '변호인 또는 변호인이 되려는 자'가 아니라고 보아 신체구속을 당한 피고인 또는 피의자와 접견하지 못하도록 제한하여서는 아니 된다(대판 2017.3.9, 2013도16162).

106) 그러나 헌법재판소가 91헌마111 결정에서 미결수용자와 변호인과의 접견에 대해 어떠한 명분으로도 제한할 수 없다고 한 것은 구속된 자와 변호인 간의 접견이 실제로 이루어지는 경우에 있어서의 '자유로운 접견', 즉 '대화내용에 대하여 비밀이 완전히 보장되고 어떠한 제한, 영향, 압력 또는 부당한 간섭 없이 자유롭게 대화할 수 있는 접견'을 제한할 수 없다는 것이지, 변호인과의 접견 자체에 대해 아무런 제한도 가할 수 없다는 것을 의미하는 것이 아니므로 미결수용자의 변호인 접견권 역시 국가안전보장 · 질서유지 또는 공공복리를 위해 필요한 경우에는 법률로써 제한될 수 있음은 당연하다고 결정한 바 있다(헌재결 2011.5.26, 2009헌마341).

의 신체구속을 당한 사람과의 접견교통을 금지하는 것은 정당화될 수는 없다(대결 2007.1.31, 2006모656).

여기서 종래에는 변호인의 피의자·피고인과의 접견교통권은 헌법상의 권리라고는 말할 수 없으며 단지 형사소송법 제34조에 의하여 비로소 보장받는 권리임에 지나지 않는다거나,[107] 변호인의 구속된 피고인 또는 피의자와의 접견교통권은 피고인 또는 피의자 자신이 가지는 변호인과의 접견교통권과는 성질을 달리하는 것으로서 헌법상 보장된 권리라고는 할 수 없다고 판시한 적이 있었으나,[108] 최근 헌법재판소는 "피의자 등이 가지는 변호인이 되려는 자의 조력을 받을 권리가 실질적으로 확보되기 위해서는 변호인이 되려는 자의 접견교통권 역시 헌법상 기본권으로 보장되어야 한다"는 결정[109] 을 내린 바 있다.[110] 따라서 수사기관의 처분 등에 의하여 이를 제한할 수 없고, 다만 법령에 의하여서만 제한이 가능하다(대결 2002.5.6, 2000모112). 그리고 일반적으로 금지하는 일반지정은 물론이고 일정한 일시와 장소를 지정하여 허용하는 구체적 지정에 의한 제한도 허용되지 않는다. 다만 변호인의 미결수용자와의 접견교통에 있어서 교도관을 참여하게 하거나 그 내용을 청취 또는 녹취하게 하지는 못하고 보이는 거리에서 수용자를 감시하게 할 수 있을 뿐이다.

2) 접견교통권의 내용

(가) 접견의 보장　　변호인의 접견교통권과 변호인과의 접견교통권에는 피고인 또는 피의자와 접견하고 서류 또는 물건을 수수할 수 있는 권리를 포함한다. 우선 피의자·피고인과 변호인 사이에는 자유로운 접견과 비밀이 보장되어야 하는데, 이를 위해 교도관이나 경찰관의 입회는 허용되지 않는다. 「형의 집행 및 수용자

---

107) 헌재결 1991.7.8, 89헌마181. 따라서 변호인이 제기한 헌법소원심판청구를 기본권침해가능성이 없다고 보아 각하한 바가 있었다.

108) 대판 2002.5.6, 2000모112(국정원 추천 의사 참여요구 사건).

109) 헌재결 2019.2.28, 2015헌마1204. 그러한 전제에서 '변호인이 되려는 자'의 접견교통권 침해를 이유로 한 헌법소원심판청구는 적법한 청구로 인정되어야 한다는 점을 최초로 명확히 하였다.

110) 그렇지만 변호인의 접견교통권은 피의자 등이 변호인의 조력을 받을 권리를 실현하기 위한 것으로서 피의자 등이 헌법 제12조 제4항에서 보장한 기본권의 의미와 범위를 정확히 이해하면서도 이성적 판단에 따라 자발적으로 그 권리를 포기한 경우까지 변호인의 접견이 강제될 수 있는 것은 아니다(대판 2018.12.27, 2016다266736). 변호인이 피의자 등에 대한 접견신청을 하였을 때 위와 같은 요건이 갖추어지지 않았는데도 수사기관이 접견을 허용하지 않는 것은 변호인의 접견교통권을 침해하는 것이고 이 경우 국가는 변호인이 입은 정신적 고통을 배상할 책임이 있다.

의 처우에 관한 법률」도 미결수용자와 변호인 또는 변호인이 되려고 하는 사람과의 접견에는 교도관이 참여하지 못하며 그 내용을 청취 또는 녹취하지 못하고, 다만 보이는 거리에서 미결수용자를 관찰할 수 있다고 규정하고 있다(동법 제84조 제1항). 그리고 미결수용자와 변호인 간의 접견은 시간과 횟수를 제한하지 아니한다(동조 제2항). 만약 관계공무원이 가까이서 감시하면서 대화내용을 듣거나 녹취하거나 또는 사진을 찍는 등 불안한 분위기를 조성한다면 변호인의 조력을 받을 권리나 진술거부권을 기본권으로 보장한 헌법정신에 크게 반하는 것이다(헌재결 1992.1.28, 91헌마111). 접견신청일이 경과하도록 접견이 이루어지지 아니한 접견지연도 실질적으로 접견불허가 처분이 있는 것과 동일시되어야 한다(대결 1991.3.28, 91모24).

(나) 서류 또는 물건의 수수 및 수진 다음으로 신체 구속된 피의자 또는 피고인은 변호인 또는 변호인이 되려고 하는 자와 서류 또는 물건을 수수할 수 있다. 따라서 수수한 서류의 검열이나 수수한 물건의 압수는 허용될 수 없다. 다만 미결수용시설의 질서를 유지하기 위한 최소한의 조치는 허용될 수 있다.[111] 따라서 구속장소의 질서유지를 위한 일반적인 시간의 제한(예컨대 일요일 또는 퇴근시간 후의 접견금지)이나, 마약 내지 위험한 물건의 반입을 금지하기 위한 검열은 허용될 것이다(실제로 「형의 집행 및 수용자의 처우에 관한 법률」 제92조 이하에 모든 수용자를 대상으로 한 특정 물품의 소지금지, 변호인을 포함한 출입자 모두에 대한 검열 등을 규정하고 있음). 그리고 양자 사이의 서신에 대한 검열도 극히 예외적으로만 허용되어야 한다.[112] 더 나아가 변호인은 의사로 하여금 신체구속을 당한 피의자 · 피고인을 진료하게 할 수 있다(제34조).[113]

111) 신동운, 523면; 배종대/이상돈, 268면; 이재상, 243면; 정웅석, 242면. 그러나 접견교통권의 제한을 절대적으로 부정하는 입장으로는 신양균, 244면; 임동규, 84면.

112) 그 비밀을 보장받기 위해서는 (i) 교도소측에서 상대방이 변호인이라는 사실을 확인할 수 있어야 하고, (ii) 서신을 통하여 마약 등 소지 금지품의 반입을 도모한다든가 그 내용에 도주 · 증거인멸 · 수용시설의 규율과 질서의 파괴 · 기타 형벌법령에 저촉되는 내용이 기재되어 있다고 의심할 만한 합리적인 이유가 없어야 한다(헌재결 1995.7.21, 92헌마144).

113) 사법경찰관이 경찰서 유치장에 구금되어 있는 피의자에 대하여 의사의 진료를 받게 할 것을 신청한 변호인에게 수사기관이 추천하는 의사의 참여를 요구하는 것은 적법하다(대결 2002.5.6, 2000모112). 이에 관련된 글로는 최복규, "변호인의 수진권 행사에 대한 사법경찰관 및 의무관의 참여 허용여부," 대법원판례해설 41호, 법원도서관, 2002.12, 774-785면.

(2) 불구속 피의자의 경우

형사소송법에 따르면, 검사 또는 사법경찰관은 피의자 또는 그 변호인 · 법정대리인 · 배우자 · 직계친족 · 형제자매의 신청에 따라 변호인을 피의자와 접견하게 하여야 한다(제243조의2 제1항). 신체 구속된 피의자에 대하여 변호인의 접견교통을 보장하고 있는 현행 제34조에서 더 나아가, 불구속 피의자에 대하여서도 제한 없는 변호인과의 접견교통이 보장된다. 그리고 임의동행된 피의자나 피내사자도 여기에 포함될 수 있다. 다만, 변호인 여러 명이 순차적으로 접견을 신청하거나, 정당한 이유 없이 장시간 접견을 하는 등과 같이 수사방해목적이 명백하여 신청권 남용에 해당할 경우에는 접견 제한이 불가피하게 허용될 수 있다고 볼 것이다.

3. 비변호인과의 접견교통권

(1) 원칙적 보장

체포 또는 구속된 피의자 또는 피고인에게는 비변호인과의 접견교통권도 법률의 범위 내에서 보장된다(제89조, 제200조의6, 제209조). 비변호인과의 접견교통도 방어권의 보장에 유용할 뿐 아니라 심리적 안정의 유지에도 도움이 되기 때문이다. 이러한 권리는 인간생활관계의 완전한 단절로 인한 파멸을 방지하고, 방어를 준비하기 위한 기본적인 권리에 해당하므로 성질상 '헌법상 기본권'에 속하며,[114] 미결수용자의 접견교통권은 헌법재판소가 헌법 제10조의 행복추구권에 포함되는 기본권의 하나로 인정하고 있는 일반적 행동자유권[115]으로부터 나온다고 보아야 할 것이고, 무죄추정의 원칙을 규정한 헌법 제27조 제4항도 그 보장의 한 근거가 될 것이다.[116] 다만 변호인과의 접견교통권과는 달리 비변호인과의 접견교통권은 절대적으로 보장되는 것이 아니다. 비변호인과의 교통허용은 공범자와의 통모에 의한 증거인멸의 염려는 물론 피고인(피의자)과 구속장소의 안전을 위태롭게 할 우려가 있기 때문이다. 이러한 이유로 비변호인과의 접견교통권은 법률이나 법원 또는 수사기관의 결정에 의하여 제한될 수 있다.

---

114) 헌재결 2003.11.27, 2002헌마193. 마찬가지로 미결수용자의 가족이 미결수용자와 접견하는 것 역시 헌법 제10조가 보장하고 있는 인간으로서의 존엄과 가치 및 행복추구권 가운데 포함되어 있는 헌법상의 기본권이라고 보아야 할 것이다.

115) 헌재결 1998.10.15, 98헌마168.

116) 헌재결 2003.11.27, 2002헌마193.

(2) 접견교통권의 제한

1) 법률에 의한 제한　교도소나 경찰서 유치장에 미결수용자로서 구속된 피고인 또는 피의자의 접견교통권은 「형의 집행 및 수용자의 처우에 관한 법률」과 동법 시행령에 의해서 제한되고 있다(동법 제41조 이하. 2007년 12월 전면개정).

2) 법원 또는 수사기관의 결정에 의한 제한　법원은 도망하거나 또는 범죄의 증거를 인멸할 염려가 있다고 인정할 만한 상당한 이유가 있는 때에는 직권 또는 검사의 청구에 의하여 결정으로 구속된 피고인과 변호인 외의 타인과의 접견을 금지할 수 있고, 서류나 그 밖의 물건을 수수하지 못하게 하거나 검열 또는 압수를 할 수 있다. 단, 의류, 양식, 의료품은 수수를 금지하거나 압수를 할 수 없다(제91조). 체포·구속된 피의자에게도 이 규정이 준용된다(제200조의6, 제209조).[117] 그러나 피의자가 이미 체포 구속되었으므로 도망 또는 죄증인멸의 염려는 구속사유에서보다도 더 엄격하게 해석되어야 한다.[118] 피의자에 대한 접견교통의 제한도 오직 법관만이 가질 수 있는 권한으로 이해하는 견해도 있지만,[119] 이 준용규정에 근거하여 수사기관도 독자적으로 접견교통을 제한할 수 있는 것으로 보아야 한다. 신속한 판단을 요하는 제한 자체는 현장의 수사기관에게 보장하면서 위법한 제한에 대해서는 상대방으로 하여금 법원에 불복하게 하는 구조가 더욱 합리적인 것으로 판단되기 때문이다.

(3) 제한범위

제한되는 것은 접견금지, 서류의 검열, 물건의 압수, 수수의 금지이다. 그러나 인도적 측면에서 의류, 양식 또는 의약품의 수수를 금지하거나 압수하는 것은 허용되지 않는다(제91조 단서).

---

117) 제200조의6과 제209조의 근거 및 검찰사건사무규칙 제27조 제1항은 검사에게 피의자에 대한 독자적 접견교통금지권이 있음을 전제로 하고 있고, 법원의 결정을 거쳐야 한다는 논리에 따를 때에는 피의자에 대한 구속의 취소나 집행정지도 법원의 결정이 있어야 가능하게 되는 기이한 결과를 초래하게 된다는 점을 논거로 신체구속을 당한 피의자에 대하여 수사기관이 독자적으로 접견교통권을 제한할 수 있다고 해석하는 수사기관결정설(이재상, 243면; 백형구, 100면; 임동규, 196면)과 제200조의6 및 제209조는 수사기관에게 독자적으로 접견교통권 제한에 대한 법적 근거를 제공한 것은 아니며, 검찰사건사무규칙은 수사기관 내부의 업무처리준칙이고, 영장의 부집행이나 석방과는 달리 피의자의 방어권을 제한하는 강력한 처분이라는 점을 근거로 한 법원결정설(배종대/이상돈, 250면; 신동운, 207면; 신양균, 128면; 진계호, 287면)의 대립이 있다.

118) 여기서 증거인멸의 위험은 부정한 방법으로 증거에 영향을 미칠 위험을 말하므로 피의자가 '범행을 부인'하는 것만으로는 인정될 수 없다고 보아야 한다.

119) 배종대/이상돈/정승환, 154면; 신동운, 261면; 신양균(2008), 201면; 이은모(2011), 265면.

4. 접견교통권의 침해에 대한 구제

(1) 항고, 준항고

공소가 제기된 이후 법원에 의한 접견교통 제한의 결정에 대해서는 보통항고가 허용된다(제402조 또는 제403조). 그리고 수사절차에서 수사기관에 의해 접견교통권이 침해된 경우에 준항고를 제기할 수 있다. 수사기관의 구금, 압수물의 환부처분에 대해서는 준항고의 특칙이 있기 때문이다(제417조). 판례에 따르면 수사기관이 접견신청일이 경과하도록 접견을 허용하지 않는 접견지연의 경우(대결 1991.3.28, 91모24), 구금 장소를 임의로 변경하여 접견교통을 어렵게 하는 경우(대결 1996.5.15, 95모94) 등에 대해서도 접견교통을 침해하는 위법이 인정될 수 있다. 그리고 공소제기 이후 교도관 또는 구치소에 의한 제한에 대해서는 제417조의 준항고를 허용하자는 견해도 있으나,[120] 행정소송이나 국가배상의 방법에 의할 수밖에 없는 것으로 보아야 한다.[121]

(2) 증거능력의 제한

수사기관이 접견을 금지한 상태에서 피의자진술 자체는 비교적 자유로운 분위기에서 있었다고 하더라도 그 진술의 증거능력은 부정되어야 한다. 왜냐하면 변호인과의 접견의 기회를 주지 않고 얻은 피의자진술은 그것에 임의성이 있더라도 위법수집증거이기 때문이거나 또는 그 진술이 자백인 경우에는 적어도 임의성에 의심이 있는 것으로서 평가되어야 하기 때문이다. 이것은 1964년 미국의 Escobedo 판결에 의해서 확립되었는데, 우리나라 대법원도 최근에 이에 따르다가(대판 1990.8.24, 90도1285; 대판 1990.9.25, 90도1576), 개정 형사소송법이 위법수집증거배제법칙을 명문화하기에 이르렀다(제308조의2). 생각건대, 피의자의 변호인과의 접견교통권은 구속된 피의자의 방어준비를 위해서 극히 중요한 방어권이고, 접견교통권의 위법한 제한은 그 위법의 정도가 중대하며, 수사기관에 의한 접견교통권의 침해를 억제하기 위한 가장 효과적인 방법은 증거능력을 부정하는 것이므로 임의성이 있더라도 증거능력을 부정하는 견해가 가장 타당하다. 따라서 접견시 비밀리에 녹음된 녹음테이프는 그 정확성 유무를 불문하고 그 증거능력이 부정되어야 한다.

---

120) 신동운, 525면; 임동규, 86면.

121) 대법원도 행정쟁송의 방법으로 이용하도록 하는 입장으로 보인다. 대판 1992.8.7, 92두30.

(3) 헌법소원

신체구속을 당한 피의자(·피고인)는 변호인과의 접견교통권이 침해된 경우에 최후의 수단으로서 헌법소원을 제기할 수 있다. 즉, 수사기관의 침해에 대해서는 준항고의 절차를 먼저 밟고 법원의 취소결정이 있었음에도 불구하고 재차 불허할 경우에만 헌법소원을 제기할 수 있다(헌재결 1991.7.8, 89헌마181). 그리고 변호인은 체포·구속당한 피의자·피고인을 위해 헌법소원청구권을 대리행사 할 수 있을 것이다(그런데 피의자·피고인은 물론이고 변호인과 수임단계의 변호인이 되려는 자도 헌법상 기본권을 가지는 헌법소원의 주체라는 헌재결 2019.2.28, 2015헌마1204; 변호인 및 변호인이 되려는 자는 형사소송법상 준항고 청구권의 주체가 될 뿐이라는 견해는 이 판례에서 소수의견에 해당함). 그리고 서신검열에 대해서는 통신의 비밀을 침해받지 않을 권리(헌법 제18조)를 근거로 변호인이 직접 헌법소원을 제기할 수 있다. 접견교통지연처분의 경우는 뒤늦게나마 접견이 이루어지는 것이기 때문에 원칙적으로 헌법소원청구의 이익이 없어서 부적법각하의 대상이 될 것이다.

Ⅶ. 변호인의피의자신문참여권 내지 피의자의 변호인참여신청권

1. 내　용

(1) 신　청

종래부터 형사소송법에 의해 변호인은 피의자·피고인과의 접견교통권이 보장되고 공판정에서는 피고인신문시에 피고인의 보호를 위해 적극적으로 개입할 수 있는 피고인신문참여권을 가진다. 그러나 수사기관에 의한 피의자신문시에 변호인에게 그러한 참여권이 있는지에 대해 종래 형사소송법에는 명시적 규정이 없었다. 다만 헌법재판소는 총선낙선운동 사건에서 피의자에 대한 조사나 신문 중에 피의자의 요청에 따라 변호인이 조언과 상담을 하는 것은 변호인의 조력을 받을 권리의 핵심적 내용으로 볼 수 있다는 입장을 취하였고(헌재결 2004.9.23, 2000헌마138 참조), 대법원도 이른바 재독학자 송두율에 대한 국가보안법위반 사건과 관련한 재항고 사건에서 변호인의 신문참여는 명문 규정이 없더라도 인정되는 것이라는 취지로 판시한 바 있다(대결 2005.5.9, 2003모402).

이러한 과정을 거친 현재의 형사소송법은 수사기관의 피의자 신문과정에 변호인의 참여를 원칙적으로 허용하는 명문규정을 마련하였다(제243조의2). 다만 그 규정형식이 피의자와 변호인을 수사기관에 대한 신청권자로만 규정하고 있기 때문에 피의자와 변호인에게 고유한 권리로서 피의자신문참여가 보장된 것으로 해석되기는 어렵다. 그리고 피의자와 변호인뿐 아니라 법정대리인, 배우자, 직계친족 또는 형제자매도 피의자신문에의 참여를 신청할 수 있다(제243조의2 제1항). 그리고 여기의 피의자신문에는 신병이 구금된 피의자의 신문에 한하지 아니하고, 불구속 상태의 피의자에 대한 신문에도 전면 허용하고 있다. 다만 '신문'에 참여를 허용하는 것이므로, 신문 이외의 수사기관의 활동에 해당하는 '조사'의 경우까지 참여를 허용해야 하는 것은 아니며, 신청이 있는 경우 변호인의 참여를 허용한다는 취지일 뿐이고 국선변호인을 선정해 주어야 한다는 의미는 아니다.

2021년 시행 검경 수사준칙도 변호인의 피의자신문 참여권을 규정하고 있다. 동 수사준칙 제13조(변호인의 피의자신문 참여 · 조력)에 의하면, 검사 또는 사법경찰관은 피의자신문에 참여한 변호인이 피의자의 옆자리 등 실질적인 조력을 할 수 있는 위치에 앉도록 해야 하고, 정당한 사유가 없으면 피의자에 대한 법적인 조언 · 상담을 보장해야 하며, 법적인 조언 · 상담을 위한 변호인의 메모를 허용해야 한다(제1항). 검사 또는 사법경찰관은 피의자에 대한 신문이 아닌 단순 면담 등이라는 이유로 변호인의 참여 · 조력을 제한해서는 안 된다(제2항). 제1항 및 제2항은 검사 또는 사법경찰관의 사건관계인에 대한 조사 · 면담 등의 경우에도 적용한다(제3항).

(2) 신청에 대한 수사기관의 조치

검사 또는 사법경찰관은 원칙적으로 피의자에 대한 신문에 변호인을 참여하게 하여야 한다(제243조의2 제1항). 변호인이 피의자신문 과정에 참여하는 것을 허용한다는 것은 참여 기회를 부여한다는 의미이지 참여 없이 신문이 불가능하다는 의미는 아니므로, 참여를 신청한 변호인이 합리적인 시간 내에 참여하지 아니하거나, 출석거부 등 참여할 수 없음이 명백한 경우에는 변호인의 참여 없이 신문할 수 있다. 신문에 참여하고자 하는 변호인이 2인 이상인 때에는 피의자가 신문에 참여할 변호인 1인을 지정한다. 지정이 없는 경우에는 검사 또는 사법경찰관이 이를 지정할 수 있다(제2항). 신문에 참여한 변호인은 신문 후 의견을 진술할 수 있다. 다만, 신문 중이라도 부당한 신문방법에 대하여 이의를 제기할 수 있고, 검사 또는 사법경찰관의 승인을 받아 의견을 진술할 수 있다(제3항).

(3) 제 한

수사기관은 '정당한 사유'가 있는 경우 변호인의 신문참여를 제한할 수 있다(제1항). 대법원은 피의자의 신문에 변호인이 참여를 신청할 경우 "신문을 방해할 염려가 있다거나, 수사기밀을 누설하여 증거를 인멸하거나, 관련 사건의 수사를 방해할 염려가 있음이 객관적으로 명백한 경우"에 참여를 제한할 수 있는 것으로 보고 있다(대결 2008.9.12, 2008모793). 구체적으로 신문에 참여한 변호인이 신문을 부당하게 제지 또는 중단시키는 행위, 피의자의 특정한 답변이나 진술 번복을 유도하는 행위, 신문 내용을 촬영 · 녹음하는 등 신문을 방해하는 행위를 하는 경우에는 제한이 허용된다. 그러나 수사기관이 피의자신문을 하면서 정당한 사유가 없는데도 변호인에 대하여 피의자로부터 떨어진 곳으로 옮겨 앉으라고 지시를 한 다음 이러한 지시에 따르지 않았음을 이유로 변호인의 피의자신문 참여권을 제한하는 것은 허용될 수 없고(대결 2008.9.12, 2008모793), 헌법재판소도 "수사기관이 피의자신문에 참여한 변호인에게 피의자 후방에 앉으라고 요구한 것은 변호인의 자유로운 피의자신문참여를 제한하는 것으로써 헌법상 기본권인 변호인의 변호권을 침해한다"고 결정한 바 있다.[122] 또한 변호인이 피의자에게 헌법상 권리인 진술거부권이 있음을 알려주고 그 행사를 권고한 것은 허위진술을 하도록 한 것은 아니므로 변호인의 참여를 제한하는 정당한 사유에 해당한다고 볼 수 없다는 입장이다.[123]

(4) 의견진술 등의 절차

피의자신문에 참여한 변호인은 신문 후에 의견을 진술할 수 있고, 신문중이라도 부당한 신문방법에 대하여 이의를 제기할 수 있으며, 검사 · 사법경찰관의 승인하에 의견을 진술할 수 있다(제3항). 제3항에 따른 변호인의 의견이 기재된 피의자신문조서는 변호인에게 열람하게 한 후 변호인으로 하여금 그 조서에 기명날인 또는 서명하게 하여야 한다(제4항). 수사기관의 자의적인 변호인 참여제한을 방지하기 위하여 변호인의 신문참여 및 그 제한에 관한 사항은 피의자신문조서에 기재하도록 하였다(제5항).

---

122) 헌재결 2017.11.30, 2016헌마503(변호인이 피의자 옆에 앉는다고 해서 피의자 뒤에 앉는 경우보다 수사를 방해할 가능성이 높아진다거나 수사기밀을 유출할 가능성이 높아진다고 볼 수 없다). 후방착석요구행위는 피의자가 변호인에게 적극적으로 조언과 상담을 요청할 것을 기대하기 어렵고, 변호인이 피의자의 상태를 즉각적으로 파악하거나 수사기관이 피의자에게 제시한 서류 등의 내용을 정확하게 파악하기 어렵다고 한다.

123) 대결 2007.1.31, 2006모657.

2021년 시행 검경 수사준칙에도 관련 내용이 규정되어 있다. 동 수사준칙 제14조(변호인의 의견진술)에 의하면, 피의자신문에 참여한 변호인은 검사 또는 사법경찰관의 신문 후 조서를 열람하고 의견을 진술할 수 있다. 이 경우 변호인은 별도의 서면으로 의견을 제출할 수 있으며, 검사 또는 사법경찰관은 해당 서면을 사건기록에 편철한다(제1항). 피의자신문에 참여한 변호인은 신문 중이라도 검사 또는 사법경찰관의 승인을 받아 의견을 진술할 수 있다. 이 경우 검사 또는 사법경찰관은 정당한 사유가 있는 경우를 제외하고는 변호인의 의견진술 요청을 승인해야 한다(제2항). 피의자신문에 참여한 변호인은 제2항에도 불구하고 부당한 신문방법에 대해서는 검사 또는 사법경찰관의 승인 없이 이의를 제기할 수 있다(제3항). 검사 또는 사법경찰관은 제1항부터 제3항까지의 규정에 따른 의견진술 또는 이의제기가 있는 경우 해당 내용을 조서에 적어야 한다(제4항).

2. 불 복

형사소송법은 검사나 사법경찰관이 변호인의 참여를 제한하거나 참여한 변호인이 신문도중 허용되지 않는 행위를 하였다는 이유로 퇴거처분을 한 경우에 준항고를 통해 다툴 수 있도록 특별히 규정하였다(제417조). 이러한 법 개정 이전에도 판례는 "영장에 의하지 아니한 구금이나 변호인 또는 변호인이 되려는 자와의 접견교통권을 제한하는 처분뿐만 아니라 구금된 피의자에 대한 신문에 변호인의 참여(입회)를 불허하는 처분 역시 형사소송법 제417조의 구금에 관한 처분에 해당하는 것으로 보아야 한다"는 취지로 이미 판시하였다(대결 2003.11.11, 2003모402).

[§ 9] 기타 소송관련자

Ⅰ. 보 조 인

소송행위의 대리는 원칙적으로 변호사만이 할 수 있다(변호사 대리의 원칙). 그러나 일정한 신분관계에 있는 자가 법원에 신고하고 피고인 또는 피의자를 위하여 소송행위를 할 수 있는데, 이를 가리켜 '보조인'이라고 한다. 현행법상 피고인 또는 피의자의 법정대리인, 배우자, 직계친족과 형제자매는 보조인이 될 수 있다(제29조

제1항). 보조인이 될 수 있는 자가 없거나 장애 등의 사유로 보조인으로서 역할을 할 수 없는 경우에는 피고인 또는 피의자와 신뢰관계 있는 자가 보조인이 될 수 있다(제2항). 그런데 종래에는 보조인의 신고는 서면으로 하게 되어 있었다. 그런데 노약자인 피고인이 아들·딸 등 직계친족을 법정에 동반하는 경우가 흔히 있으나 법률지식의 부족으로 인하여 서면으로 보조인 신고를 하지 않아 보조인으로서 역할을 하지 못하는 경우가 대부분이었다. 서면신고 요건이 보조인의 조력을 받는 데 제약사유로 작용하였던 것이다. 개정 형사소송법은 보조인의 서면신고요건을 삭제하되, 보조인이 되려는 자는 심급별로 법원에 그 취지를 신고하도록 하였다(제3항). 보조인의 자격이 있는 자 중 실제로 보조인이 될 자, 보조인이 되는 시점 등을 명확히 할 필요가 있으므로 심급별로 신고하게 하였다. 보조인은 독립하여 피고인 또는 피의자의 명시한 의사에 반하지 아니하는 소송행위를 할 수 있다. 단, 법률에 다른 규정이 있는 때에는 예외로 한다(제4항).

Ⅱ. 배 심 원

종래 우리나라의 재판업무는 민주적 통제가 없는 직업법관이 전담하여 운영되고 있다. 그런데 사법에도 민주적 정당성과 투명성을 강화하고, 국민으로부터 신뢰를 받는 사법제도의 확립이 필요하다는 인식하에 일반국민도 일정한 요건을 갖추어 재판절차에 참여하도록 할 필요가 있다. 일반국민이 형사재판에 참여하는 제도 중 대표적인 것으로는 배심제와 참심제가 있다. 배심제란 일반시민으로 구성된 배심원단이 직업법관과 독립하여 형사사건에서는 유·무죄의 판단 등 사실문제에 대한 평결을 내리고, 법관이 그 사실판단에 대한 평결결과에 구속되어 양형 재판하는 제도를 말한다. 오늘날 형사 배심제도는 미국, 영국, 캐나다, 호주, 오스트리아, 러시아, 스페인, 홍콩, 스리랑카 등 50여 국가에서 실시되고 있으나, 일반 국민이 재판에 직접 참여한다는 면에서 공통점이 있지만 각국의 역사·문화·사법제도에 따라 다양한 모습을 보이고 있다. 이에 비해 참심제란 일반시민인 참심법관이 직업법관과 함께 재판부의 일원으로 참여하여 직업법관과 동등한 권한을 가지고 사실문제 및 법률문제를 모두 판단하는 제도를 말하는데 유럽대륙에서 널리 사용되고 있는 제도이다. 한국도 시민참여재판을 실현하기 위해 「국민의 형사재판 참여에 관한 법률」이라는 특별법을 제정하여 시행(2008년 1월 1일)하고 있다. 이 법률의 핵심내용을 소개하면 다음과 같다(동 법률에 대한 자세한 내용은 제4편 제3장에서 별도로 후술함).

(i) 국민참여재판의 대상사건은 「법원조직법」 제32조 제1항(제2호 및 제5호는 제외한다)에 따른 합의부 관할사건으로 함(개정법 제5조 제1항).

(ii) 대상사건에 해당하는 경우에도 피고인의 의사에 따라 국민참여재판으로 할 것인지 여부가 결정됨(동법 제5조 제2항, 제8조). 「성폭력범죄의 처벌 등에 관한 특례법」 제2조에 규정된 범죄로 인한 피해자가 국민참여재판을 원하지 아니하는 경우 배제결정을 할 수 있도록 함(제9조 제1항 제3호). 「성폭력범죄의 처벌 등에 관한 특례법」 제2조에 규정된 범죄로 인한 피해자 보호를 위하여 국민참여재판을 계속 진행하는 것이 부적절하다고 인정하는 경우 통상절차 회부결정을 할 수 있도록 함(제11조 제1항).

(iii) 피고인이 공소사실을 인정하는 자백의 경우에도 국민참여재판이 가능한 것으로 하였다. 일반사건의 경우 피고인이 자백하면 적용되는 간이공판절차의 규정(제286조의2)이 여기서는 적용되지 않는다(동법 제43조). 즉 피고인이 법정에서 자백하더라도 전문증거에 대한 증거동의의 간주(제318조의3)와 간이증거조사의 특칙이 적용되지 않는다.

(iv) 배심원은 국민참여재판을 하는 사건에 관하여 유무죄 사실의 인정은 물론이고, 법령의 적용 및 형의 양정에 관한 의견을 제시할 권한을 인정한다(동법 제12조, 제46조 제2항, 제3항).

(v) 배심원의 수는 대상사건의 법정형을 기준으로 사형, 무기징역(금고)인 사건의 경우는 9인, 기타 사건의 경우는 7인의 배심원을 두나 피고인이 공소사실의 주요내용을 인정하여 실질적 다툼이 없는 사건에서 5인의 배심원도 가능하도록 하였다(동법 제13조).

(vi) 배심원의 자격은 만 20세 이상의 대한민국 국민이고, 관할구역 내에 거주하는 자격자 중에서 무작위로 선발하는 방식을 채택하였다(동법 제16조). 그리고 검사와 변호인은 배심원이 9인인 경우에는 5인, 7인의 경우는 4인, 5인의 경우에는 3인의 범위 내에서 무이유부기피신청을 할 수 있다(동법 제30조).

(vii) 배심원단의 유무죄에 대한 평결방법은 만장일치로 함(제1차 평결). 만장일치가 되지 않으면 다시 평결할 수 있는데(제2차 평결), 이 경우 유죄의 평결방식은 만장일치가 아니라 다수결에 의하여 유죄의견이 과반수에 이르렀을 때 유죄평결을 할 수 있도록 하였다(동법 제46조 제2항, 제3항).

(viii) 배심원단의 평결과 의견은 법원을 기속하지 아니하고 권고적 효력만이 인정된다(동법 제46조 제5항).[124]

(ix) 재판장은 판결 선고시 피고인에게 배심원의 평결결과를 고지하도록 하고, 배심원의 평결결과와 다른 판결을 선고하는 때에는 피고인에게 그 이유를 설명하며, 판결서에 그 이유를 기재하도록 하였다(동법 제49조).

(x) 국민참여재판에 관하여는 변호인이 없는 때에는 법원은 직권으로 국선변호인을 선정하여야 한다(동법 제7조).

Ⅲ. 피 해 자

1. 수사상 피해자의 지위

(i) 우리나라 형사소송법상 범죄피해자는 고소권자가 된다. 모든 범죄에 있어서 피해자의 고소는 수사개시의 단서가 된다. 따라서 범죄피해자는 자기의 의사에 의해서 국가의 공식적 수사를 진행시킬 수 있는 지위를 가지는 것이다. 그리고 친고죄에서의 피해자의 고소는 범죄자에 대해 유효한 형사절차를 진행하여 종국적으로 그를 형사처벌할 수 있는 소송조건이 된다.

(ii) 피해자는 고소권자인 동시에 고소를 취소할 수 있는 고소취소권자가 된다. 친고죄에서 고소를 취소하면 공소권없음의 불기소처분 내지 공소기각판결의 사유가 된다.

(iii) 검사는 수사종결처분의 내용을 고소권자(피해자)에게 통지하여야 하고, 수사종결처분의 내용이 불기소처분인 경우에는 고소권자(피해자)의 요구가 있을 때에는 그 이유까지 고지해 주어야 한다. 즉 고소한 피해자는 수사종결처분의 통지를 받을 권리와 불기소처분 이유고지신청권을 가진다. 2021년 시행 형소법에 의하면, 수사한 사법경찰관이 검찰청으로 사건을 불송치 하는 결정을 할 경우에도 고소권자에게 유사한 절차적 지위가 인정되고 있다. 더 나아가 검사는 피해자의 신청이 있으면 공소제기 여부, 공판의 일시 · 장소, 재판결과, 피의자 · 피고인의 구속 · 석방 등 구금에 관한 사항 등을 신속하게 통지하도록 규정되어 있다(제259조의2).

---

124) 항소심에서의 새로운 증거조사를 통해 그에 명백히 반대되는 충분하고도 납득할 만한 현저한 사정이 나타나지 않는 한 함부로 뒤집어서는 안 될 것이다(대법원 2010.3.25. 선고 2009도14065 판결 등 참조).

(iv) 2021년 시행 형소법에 의하면, 수사한 사법경찰관이 불송치 결정을 할 경우 고소권자에게 이의신청의 권리가 인정되고 있다(이를 통해 강제 송치될 것임). 그리고 검사가 범죄자를 종국적으로 불기소처분을 하게 되면 고소권자(피해자)는 검찰청법상의 항고를 거쳐서 고등법원에 재정신청을 할 수 있다.

(v) 피해자는 압수물의 환부 · 가환부청구권을 가진다. 즉, 압수한 장물은 피해자에게 환부할 이유가 명백한 때에는 피고사건의 종결전이라도 결정으로 피해자에게 환부할 수 있다(제134조, 제219조). 그리고 검사는 사본을 확보한 경우 등 압수를 계속할 필요가 없다고 인정되는 압수물 및 증거에 사용할 압수물에 대하여 공소제기 전이라도 소유자, 소지자, 보관자 또는 제출인의 청구가 있는 때에는 환부 또는 가환부하여야 한다. 만약 이러한 청구에 대하여 검사가 이를 거부하는 경우에는 신청인은 해당 검사의 소속 검찰청에 대응한 법원에 압수물의 환부 또는 가환부 결정을 청구할 수 있으며, 청구에 대하여 법원이 환부 또는 가환부를 결정하면 검사는 신청인에게 압수물을 환부 또는 가환부하여야 한다(제218조의2).

(vi) 고소한 범죄피해자는 범죄자에게 보복을 당하지 않도록 보호된다. 예컨대 형사소송법은 피의자가 피해자, 증인 또는 그 친족에게 해를 가하거나 가할 염려가 있는 경우를 보증금납입조건부 석방의 예외사유(제214조의2 제5항 제2호)로 규정하여 범죄피해자 보호를 도모하고 있다. 그리고 「성폭력범죄의 처벌 등에 관한 특례법」과 「성폭력방지 및 피해자보호 등에 관한 법률」[125]은 수사공무원에게 피해자의 사생활 보호 및 비밀엄수의 의무를 부과하고, 피해자를 위한 상담과 보호제도를 두어 성폭력피해부녀의 인격을 특별히 보호하는 조치를 강구하고 있다.

2. 공판절차에서의 피해자의 지위

(i) 우리나라 헌법은 "형사피해자는 법률이 정하는 바에 의하여 당해 사건의 재판절차에서 진술할 수 있다"라고 규정하여(제27조 제5항) 범죄피해자의 재판정 진술권을 기본권으로 보장하고 있다. 이에 따라 형사소송법도 피해자의 법정진술권을 규정하여(제294조의2) 피해자가 증인으로서 공판절차에 참여할 수 있는 지위를 보장

125) 과거의 「성폭력범죄의 처벌 및 피해자보호 등에 관한 법률」은 2010.3.10. 성범죄자에 대한 처벌강화 및 재범방지를 내용으로 하는 '성폭력범죄의 처벌 등에 관한 특례법'과 성폭력피해자에 대한 보호 지원에 관한 사항을 내용으로 하는 「성폭력방지 및 피해자 등에 관한 법률」로 분리되어 2010.4.15.부터 시행되고 있다.

하고 있다. 그리고 피해자의 사생활보호와 신변보호의 차원에서 피해자진술의 비공개(제294조의3)와 피해자의 소송기록 열람 · 등사청구권(제294조의4)이 개정 형사소송법에서 보장되고 있다.

(ii) 피해자는 공판단계에서도 압수물의 환부 · 가환부청구권을 가진다.

(iii) 피해자가 고소를 남용하는 것을 방지하기 위하여 경우에 따라서는 소송비용을 부담시키고 있다(제188조).

(iv) 증언할 때에 피해증인의 보호를 위해 피고인의 퇴정조치(제297조), 신뢰관계에 있는 자의 동석(제163조의2), 비디오중계방식에 의한 신문(제165조의2) 등이 형사소송법에 의해 보장되고 있다. 기타 소년과 성폭력피해부녀와 같이 심리를 비공개로 함으로써 피해자를 보호하는 규정(소년법 제24조 제2항, 성폭력범죄의 처벌 등에 관한 특례법 제27조)도 우리나라 실정법에 마련되어 있다.

(v) 범죄자에 의한 보복범죄로부터 고소한 피해자를 보호하는 대책도 마련되어 있다. 예컨대 형사소송법은 피고인이 피해자, 증인 또는 그 친족에게 해를 가하거나 가할 염려가 있는 경우를 필요적 보석의 예외사유(제95조 제6호), 보석취소사유 및 구속집행정지의 취소사유(제102조 제1항 제4호)로 규정하였다. 그리고 「특정강력범죄의 처벌에 관한 특례법」은 특정강력범죄사건의 피고인이 피해자 또는 그 친족의 생명 · 신체나 재산에 해를 가하거나 가할 염려가 있다고 믿을 만한 충분한 이유가 있는 때에는 직권 또는 검사의 청구에 의하여 보석 또는 구속의 집행정지를 취소할 수 있도록 하고(제6조), 증인에 대한 신변안전조치를 검사가 관할경찰서장에게 요청할 수 있도록 하고(제7조), 특정강력범죄로 수사 또는 심리중인 사건의 피해자에 대하여는 성명, 연령, 주소, 직업, 용모 등에 의하여 피해자임을 미루어 알 수 있을 정도의 사실이나 사진을 신문지 기타 출판물에 게재하거나 방송 또는 유선방송하지 못하도록 규정하고 있다(제8조).

3. 관련제도

(1) 배상명령제도

우리나라는 1981년부터 범죄피해자에 대한 신속한 구제와 소송경제의 이념에 의하여 배상명령제도를 「소송촉진 등에 관한 특례법」에 도입하고 있다. 소송촉진 등에 관한 특례법 제25조 제1항은 "유죄판결을 선고할 경우에 법원은 직권 또는 피해자나 그 상속인의 신청에 의하여 피고사건의 범죄행위로 인해 발생한 직접적인 물적 피해, 치료비손해 및 위자료의 배상을 명할 수 있다"고 규정하여 피고사건의 범죄행위로 인하여 발생한 직접적인 물적 피해와 치료비, 정신적 손해에 대한 위자료의 배상에 제한하여 배상명령제도를 적용하고 있다. 따라서 생명과 신체를 침해하는 범죄에 의하여 발생한 기대이익의 상실에 대한 배상은 별도의 민사소송절차를 통하여 이루어질 수 있을 뿐이다.

(2) 범죄피해자구조제도

범죄피해자는 가해자를 상대로 민사소송을 제기하여 완전한 손해배상을 받거나, 상기한 배상명령제도를 통하여 어느 정도 범죄로부터 입은 피해를 배상받을 수 있다. 그러나 이러한 제도에 의한 범죄피해의 배상은 가해자가 체포되고 손해배상을 할 資力이 있는 경우에만 유용할 뿐이다. 반면에 가해자가 체포되지 않아서 불명하거나 체포되더라도 무자력자인 경우에 상기한 것은 아무런 실효성 없는 제도가 된다. 그러므로 피해자가 민사소송을 통해서는 피해의 전부 또는 일부를 배상받지 못하거나(특히 가해자가 불명하거나 무자력자인 경우), 고발, 증언 등과 같이 형사사법에 조력하다가 피해자가 된 경우에는 국가를 상대로 하여 손해보상을 받을 수도 있어야 한다. 이것이 소위 범죄피해자구조제도라는 것이다. 우리나라도 헌법 제30조에서 "타인의 범죄행위로 인하여 생명 · 신체에 대한 피해를 입은 국민은 법률이 정하는 바에 의하여 국가로부터 구조를 받을 수 있다"는 내용을 선언하고, 이에 근거하여 「범죄피해자구조법」이 1988년 7월 1일부터 시행되어 오다가, 현재에는 「범죄피해자보호법」에 포섭되어 규정되어 있다. 동법에는 생명 · 신체의 피해자만이 이러한 권리를 가지는 것으로 규정되어 있다. 즉, 범죄피해자구조의 대상되는 범죄피해는 사망, 장해 또는 중상해에 한하는데, 장해와 중상해의 구체적 내용은 대통령령으로 정한다. 그리고 생명 또는 신체를 해하는 범죄행위에 의한 피해이더라도 정당방위와 정당행위로 인한 경우와 과실범의 경우는 제외된다(동법 제3조).

제3장

소송행위론과 소송절차 및 소송조건

[§ 10] 소송행위론

Ⅰ. 일 반 론

1. 의의 및 특징

(1) 의　의

소송행위(Prozeßhandlung)는 소송절차를 조성하는 행위로서 이를 통해 일정한 소송법상 효과가 인정되는 것을 의미한다. 소송행위는 협의로는 공소제기부터 판결확정에 이르기까지의 공판절차를 의미하고, 광의에 있어서는 수사절차와 형집행절차를 조성하는 행위까지 포함한다.

(2) 특　징

소송행위는 소송목적을 향하여 앞의 행위를 기초로 다음 행위를 이어가는 절차의 연속을 전제로 하는 것이므로 소송법 독자의 이론이 여기에 적용되어야 한다. 즉, 절차유지의 원칙에 의하여 소송행위를 무효로 하는 것을 억제할 필요가 있다. 여기에 소송행위에 관하여 특히 하자의 치유가 문제되는 이유가 있다.

2. 소송행위의 종류

(1) 행위의 주체에 의한 분류

1) 법원의 소송행위　　그 주된 것은 피고사건에 관한 심리 및 재판이다. 심리의 중심을 이루는 것은 각종의 증거조사이고 재판의 중심을 이루는 것은 판결이다.

그 외에도 각종 강제처분과 같이 심판의 목적을 위한 행위가 있다. 재판장 · 수명법관 · 수탁판사의 소송행위도 법원의 소송행위에 준하고 공판조서작성, 송달 및 각종의 인증행위 등의 법원서기관 · 서기 등의 소송행위도 여기에 속한다.

2) 당사자의 소송행위 당사자의 소송행위란 검사와 피고인에 의한 소송행위를 말한다. 변호인, 대리인, 보조인의 소송행위는 당사자의 소송행위에 준한다. 당사자의 소송행위는 다음과 같다.

(가) 신청(청구) 신청(Antrag)이란 법원에 대하여 일정한 재판을 구하는 소송행위를 말한다. 검사의 공소제기, 기피신청, 보석신청, 증거조사신청 등이 여기에 해당한다. 법이 이를 당사자의 권리로 인정할 때에는 법원은 반드시 재판할 의무를 진다.

(나) 입 증 입증(Beweisführung)이란 증명에 관한 소송행위를 말한다. 예컨대 당사자의 증거제출, 증거조사의 신청, 증인의 신문 등이 이에 해당한다.

(다) 진 술 진술에는 주장(Behauptung)과 협의의 진술(Aussage)이 포함된다. 주장은 변론이라고도 하며, 사실 또는 법률에 대한 의견을 진술하는 것을 의미한다. 예컨대 검사의 논고와 구형, 변호인의 변론 등이 이에 해당한다. 협의의 진술이란 법원의 심증형성에 영향을 미치는 사실로서 피고인의 진술이 이에 해당한다.

3) 제3자의 소송행위 제3자의 소송행위란 법원과 당사자 이외의 자가 행하는 소송행위를 말한다. 피해자의 고소, 고발, 증언, 감정 등이 이에 해당한다.

(2) 기능에 의한 분류

소송행위는 그 기능에 따라 공소제기, 증거조사의 신청 등과 같이 그 자체로는 소송상황을 형성하지 않고 다른 주체의 소송행위를 요구하는 효과요구(혹은 취효적) 소송행위와 상소취하, 정식재판청구의 취하 등과 같이 그 자체가 직접적으로 소송절차를 형성하는 효과부여(혹은 여효적) 소송행위로 나누어진다.

(3) 성질에 의한 분류

소송행위는 그 성질에 따라 다음의 2가지로 구분된다.

1) 법률행위적 소송행위 법률행위적 소송행위란 일정한 소송법적 효과를 지향하는 의사표시를 통해 소송법이 정한 일정한 효과를 발생시키는 소송행위를 말한다. 예컨대 검사의 공소제기, 법원의 재판선고 등이 이에 속한다.

2) 사실행위적 소송행위 사실행위적 소송행위란 주체의 의사와 관계없이

일정한 소송법적 효과가 부여되는 소송행위를 말하다. 이것은 다시 표시행위와 순수 사실행위로 구분될 수 있다. 전자의 표시행위는 의사표시를 요소로 하지만 그에 상응하는 소송법적 효과가 발생하지 않는 것을 의미하는데, 검사의 논고와 구형, 증인의 증언, 변론, 감정 등이 여기에 해당한다. 순수 사실행위는 구속, 압수 등과 같은 영장집행행위가 이에 속한다. 다만 영장의 집행은 사실행위이지만 영장의 발부는 법률행위적 소송행위이다. 따라서 구속은 사실행위와 법률행위가 복합된 복합적 소송행위이다.

(4) 목적에 의한 분류

소송행위는 그 목적에 따라 다음과 같이 구분된다.

1) 실체형성행위 　실체형성행위란 소송절차의 실체면의 형성에 직접적인 역할을 담당하는 소송행위, 즉 법관의 심증형성을 위한 행위를 말한다. 예컨대 증거조사, 당사자의 변론 등이 이에 해당한다.

2) 절차형성행위 　절차형성행위란 절차의 형식적 발전과 그 발전을 촉구하는 절차면의 형성에 역할을 담당하는 행위를 말한다. 예컨대 검사의 공소제기, 공판기일의 지정, 상소의 제기 등이 이에 속한다.

3. 소송행위의 일반적 요소

소송행위의 일반적 요소로는 주체, 내용, 방식, 일시와 장소가 문제된다.

(1) 소송행위의 주체

1) 소송행위적격 　행위적격이란 행위의 주체가 그의 이름으로 소송행위를 할 수 있는 자격을 말한다. 소송행위적격은 다시 일반적인 것과 특별한 것으로 나눌 수 있다. 일반적 행위적격이란 소송행위일반에 대하여 요구되는 행위적격을 말한다. 반면에 특별행위적격이란 개개의 소송행위에 대하여 요구되는 행위적격을 말한다. 특별행위적격은 다음의 2가지로 나눌 수 있다. 우선 행위적격이 소송행위의 개념요소로 되어 있는 경우에는 검사 아닌 자의 공소제기와 같이 행위적격 없는 자의 소송행위는 소송행위로서 성립하지 않는다. 다음으로 소송행위를 일정한 자의 권한으로 규정한 경우에는 고소권자 아닌 자의 고소와 같이 권한 없는 자가 한 소송행위는 성립은 긍정되지만 무효가 된다.

2) 소송행위의 대리

(가) 의 의 일반적으로 대리란 대리인의 행위에 의하여 본인에게 직접 법률효과가 발생하는 것을 의미한다. 그런데 소송행위의 대리란 소송행위의 대리가 허용될 것인가의 문제이다. 만약 허용된다면 그 대상은 실체법과는 달리 법률행위적 소송행위에 한하지 않고 사실행위적 소송행위도 포함된다.[1] 소송절차에서 법률행위적 소송행위라고 하여 의사표시한 대로 효과가 발생하는 것이 아니기 때문에 사실행위적 소송행위와 구분의 실익이 없기 때문이다. 그리고 소송행위의 대리는 피고인 또는 제3자의 소송행위에서만 문제된다. 왜냐하면 검사와 법원의 소송행위에 대해서는 대리가 인정될 수 없기 때문이다.

(나) 대리의 허용범위

A) 명문의 규정이 있는 경우 법률에 대리에 관한 명문의 규정이 있으면 당연히 그에 관한 소송행위의 대리는 허용된다. 여기에는 포괄적 대리와 개개 소송행위에 대한 대리로 나누어 볼 수 있다. 예컨대, 경미사건에 대한 피고인의 출석대리(제277조), 의사무능력자의 소송행위의 대리(제26조), 법인의 대표(제27조), 변호인·보조인에 의한 소송행위의 대리(제36조, 제29조) 등은 포괄적 대리를 인정하는 경우이고, 고소 또는 그 취소의 대리(제236조), 재정신청의 대리(제264조), 변호인 선임의 대리(제30조) 등은 개개의 소송행위에 대한 대리를 인정하는 경우이다.

B) 명문의 규정이 없는 경우 이 경우에 대리가 인정될 것인가에 대하여 긍정설[2]과 부정설(다수설, 대결 1953.6.9, 4286형항3)[3]의 견해대립이 있다. 긍정설에는 소송행위 가운데 증인의 증언 또는 피고인의 진술과 같은 비대체적 소송행위와 증거방법이 되는 소송행위는 대리가 허용되지 않으나 절차형성행위 특히 소송주체로서의 소송행위는 원칙적으로 대리가 허용된다는 견해도 있다.[4]

생각건대, 형사소송법에 대리를 인정하는 명문의 규정을 둔 이유는 그 이외의 경우에는 대리를 허용하지 않겠다는 취지라는 점, 소송행위의 대리를 허용하면 소송절차에서 중시되는 형식적 확실성을 침해하는 점, 소송행위는 일신전속적 성질

1) 이재상, 147면; 임동규, 104면. 이에 반하여 대리는 원칙적으로 의사표시를 본질적 요소로 하는 법률행위적 소송행위에만 허용된다는 견해로는 배종대, 136면; 신동운, 440면.

2) 강구진, 42면; 김기두, 86면; 송광섭(2010), 166면; 신양균(2009), 468면; 이은모(2011), 125면; 정영석/이형국, 118면.

3) 배종대/이상돈, 144면; 백형구, 169면; 신동운, 408면; 임동규, 104면.

4) 이재상, 155면.

을 가지고 있으므로 대리에 친하지 않은 점 등에 근거하여 명문의 규정이 없으면 대리를 부정하는 견해가 타당한 것으로 판단된다.

3) 대리권의 행사 대리권은 본인의 의사에 따라 행사하여야 한다. 다만 본인의 명시 또는 묵시의 의사에 반하여 대리권을 행사할 수 있는 독립대리권이 인정되는 경우도 있다. 대리권 없는 자의 소송행위는 무효이지만 본인의 추인이 있으면 무효의 치유가 인정될 수 있다.

(2) 소송행위의 내용 — 소송행위의 형식적 확실성과 부관

소송행위에는 형식적 확실성이 요청되기 때문에 표시의 내용이 소송행위 자체에 의하여 명확해야 한다. 그러나 형식적 확실성을 해하지 않는 범위에서 다른 서면에 기재된 내용을 인용할 수 있다(제369조, 제399조 참조).

소송행위는 형식적 확실성으로 인하여 부관인 조건이나 기한을 붙일 수 없는 것이 원칙이다. 그러나 형식적 확실성을 해하지 않고 피고인의 이익에 중대한 영향이 없는 공소사실과 적용법조의 예비적 · 택일적 기재, 조건부 또는 택일적 증거신청 등은 허용된다.[5]

(3) 소송행위의 방식, 일시, 장소

1) 소송행위의 방식 소송의 법적 안정성과 형식적 확실성을 확보하고 피고인의 보호, 형사재판에 대한 국민의 신뢰확보 등을 위하여 소송행위에 필요한 개별적 방식이 형사소송법에 규정되어 있다. 소송행위의 일반적 방식으로는 구두주의와 서면주의가 있다. 구두주의는 표시내용이 신속 · 선명하고 표시자와 표시가 일치한다는 장점이 있어 공판정에서의 실체형성행위에 대한 원칙적 방식이 되고 있다. 변호인의 변론요지서에 기재된 것에 대해서도 구두주의가 적용된다. 따라서 법정에서 진술되지 않은 부분에 대해서는 법원의 판단이 요구되지 않는다(대판 1970.9.22, 70도1513). 서면주의는 소송행위를 내용적 · 절차적으로 명확히 한다는 특색이 있어 절차형성행위에 대한 방식이다. 다만 고소와 고발은 서면주의와 구두주의가 병용된다(제237조). 한편 서류와 송달에 대해서는 별도로 논의하기로 한다.

2) 소송행위의 일시 소송행위의 일시에는 기일과 기간이 있다.

---

5) 이에 대하여 여효적 소송행위에는 조건이 허용되지 않지만, 취효적 소송행위에 대하여는 법원의 심리와 재판을 불안정하게 하지 않는 한도에서 허용된다는 이원적 견해로는 강구진, 43면; 신양균, 442면.

(가) 기 일 기일이란 법관, 검사, 피고인 기타 소송관계인이 일정한 장소에 회합하여 소송행위를 하도록 정해진 때를 말하다. 예컨대 공판기일, 증인신문기일이 이에 해당한다. 기일은 일과 시로 지정되고, 지정된 시각에 개시되나 종기에는 제한이 없다.

(나) 기 간 기간이란 시기와 종기에 의하여 정해진 시간의 길이를 말한다.

A) 기간의 종류 기간의 종류로는 우선 행위기간과 불행위기간이 있다. 전자는 고소기간(제230조)이나 상소제기기간(제358조, 제374조)과 같이 일정한 기간 내에만 적법하게 소송행위를 할 수 있는 기간을 말한다. 후자는 제1회 공판기일의 유예기간(제269조)과 같이 일정한 기간 내에는 소송행위를 할 수 없는 기간을 말한다.

다음으로 기간은 법정기간과 재정기간으로 나눌 수 있다. 전자는 구속기간(제92조), 상소제기기간(제358조, 제374조)과 같이 기간의 길이가 법률에 정하여져 있는 것이고 후자는 구속기간의 연장(제205조)과 같이 재판에 의하여 정하여지는 기간을 말한다. 법정기간은 소송행위를 할 자의 주거 또는 사무소의 소재지와 법원 또는 검찰청 소재지와의 거리 및 교통통신의 불편정도에 따라 대법원규칙으로 이를 연장할 수 있다(제67조).

B) 기간의 계산 기간의 계산에 관하여는 시로써 계산하는 것은 즉시부터 기산하고 일, 월 또는 연으로써 계산하는 것은 초일을 산입하지 아니한다. 단, 시효와 구속기간의 초일은 시간을 계산함이 없이 1일로 산정한다(제66조 제1항). 연 또는 월로써 정한 기간은 연 또는 월 단위로 계산한다(제2항). 기간의 말일이 공휴일이거나 토요일이면 그날은 기간에 산입하지 아니한다. 단, 시효와 구속기간에 관하여서는 예외로 한다(제3항). 이때 임시공휴일도 역시 공휴일에 해당한다(대결 2021.1.14, 2020모3694).

3) 소송행위의 장소 공판기일의 소송행위는 원칙적으로 법원 또는 지원의 건물 내에 있는 공판정에서 행한다(제275조 제1항, 법원조직법 제56조 제1항). 그러나 법원장은 필요에 따라 법원 외의 장소에서 개정케 할 수 있다(법원조직법 제56조 제2항).

4. 소송서류와 송달

(1) 소송서류

1) 의 의 소송서류란 특정한 소송에 관하여 작성되는 일체의 서류를 말한다. 압수한 서류는 작성 · 제출된 것이 아니기 때문에 증거물이지 소송서류가 될

수 없다. 소송에 관한 서류는 공판의 개정 전에는 공익상 필요 기타 상당한 이유가 없으면 공개하지 못한다(제47조).[6)]

2) 소송서류의 종류

(가) 의사표시적 문서와 보고적 문서　　소송서류 중에서 공소장이나 고소장과 같이 의사표시를 내용으로 하는 문서를 의사표시적 문서라고 하고, 공판조서·신문조서 또는 검증조서 등 일정한 사실의 보고를 내용으로 하는 서류를 보고적 문서라고 한다. 당해 사건에 대한 의사표시적 문서는 증거능력이 없다.[7)]

(나) 공무원의 서류와 비공무원의 서류　　전자는 공무원이 작성하는 서류로서 법률에 다른 규정이 없는 때에는 작성연월일과 소속공무소를 기재하고 기명날인 또는 서명하여야 한다(제57조). 공무원이 서류를 작성함에는 문자를 변개하지 못한다(제58조 제1항). 삽입, 삭제 또는 난외기재를 할 때에는 이 기재한 곳에 날인하고 그 자수를 기재하여야 한다. 단, 삭제한 부분은 해득할 수 있도록 자체를 존치하여야 한다(제2항). 후자는 공무원 아닌 자가 작성하는 서류로서 서명날인한다. 인장이 없으면 지장으로 한다(제59조).

관련판례 ① 약식명령에 대한 정식재판의 청구는 서면으로 제출하여야 하고, 공무원 아닌 자가 작성하는 서류에는 연월일을 기재하고 기명날인(인장이 없으면 지장을 사용)하여야 하므로, 정식재판청구서에 청구인의 기명날인이 없는 경우에는 정식재판의 청구가 법령상의 방식을 위반한 것으로서 그 청구를 결정으로 기각하여야 하고, 이는 정식재판의 청구를 접수하는 법원공무원이 청구인의 기명날인이 없는데도 이에 대한 보정을 구하지 아니하고 적법한 청구가 있는 것으로 오인하여 청구서를 접수한 경우에도 마찬가지이다. 다만, 법원공무원의 위와 같은 잘못으로 인하여 적법한 정식재판청구가 제기된 것으로 신뢰한 채 정식재판청구기간을 넘긴 피고인은 자기의 '책임질 수 없는 사유'에 의하여 청구기간 내에 정식재판을 청구하지 못한 때에 해당하여 정식재판청구권의 회복을 구할 수 있을 뿐이다(대결 2008.7.11, 2008모605).

---

6) 그러나 피의자·피고인의 방어권을 제한하는 방편으로 사용하는 것은 허용되지 않는다. 따라서 헌재도 소송서류 비공개원칙을 규정한 형사소송법 제47조를 들어서 구속적부심사 단계에서 변호인이 고소장과 피의자신문조서를 열람하여 피구속자의 방어권을 조력하는 것까지를 일체 금지하는 것으로 새겨서는 안 된다고 결정한 바 있다(헌재결 2003.3.27, 2000헌마474).

7) 검사의 공소장은 법원에 대하여 형사재판을 청구하는 서류로서 그 기재내용이 실체적 사실인정의 증거자료가 될 수는 없다(대판 1978.5.23, 78도575).

3) 조 서

(가) 의 의 조서란 보고적 문서 중에서 일정한 절차 또는 사실을 인증하기 위하여 작성된 공권적 문서를 말한다. 예컨대 신문조서, 압수조서, 수색조서, 검증조서, 공판조서 등이 여기에 해당한다.

(나) 조서의 작성방법과 기재요건 피고인, 피의자, 증인, 감정인 · 통역인 또는 번역인을 신문하는 때에는 참여한 법원사무관 등이 조서를 작성하여야 한다(제48조 제1항). 조서에는 (i) 피고인, 피의자, 증인, 감정인, 통역인 또는 번역인의 진술 (ii) 증인, 감정인, 통역인 또는 번역인이 선서를 하지 아니한 때에는 그 사유를 기재하여야 한다(제2항). 조서는 진술자에게 읽어주거나 열람하게 하여 기재내용의 정확여부를 물어야 한다(제3항). 진술자가 조서에 대하여 추가, 삭제 또는 변경의 청구를 한 때에는 그 진술내용을 조서에 기재하여야 한다(제4항). 신문에 참여한 검사, 피고인, 피의자 또는 변호인이 조서의 기재의 정확성에 대하여 이의를 진술한 때에는 그 진술의 요지를 조서에 기재하여야 한다(제5항). 전항의 경우에는 재판장 또는 신문한 법관은 그 진술에 대한 의견을 기재하게 할 수 있다(제6항). 조서에는 진술자로 하여금 간인한 후 서명날인하게 하여야 한다. 단, 진술자가 서명날인을 거부한 때에는 그 사유를 기재하여야 한다(제7항). 검증, 압수 또는 수색에 관하여는 조서를 작성하여야 한다(제49조 제1항). 검증조서에는 검증목적물의 현상을 명확하게 하기 위하여 도화나 사진을 첨부할 수 있다(제2항). 압수조서에는 품종, 외형상의 특징과 수량을 기재하여야 한다(제3항).

앞의 신문조서와 강제처분의 조서에는 조사 또는 처분의 연월일시와 장소를 기재하고 그 조사 또는 처분을 행한 자와 참여한 법원사무관 등이 서명하여야 한다. 단, 공판기일 외에 법원이 조사 또는 처분을 행한 때에는 재판장 또는 법관과 참여한 법원사무관 등이 기명날인 또는 서명하여야 한다(제50조).

(다) 공판조서

A) 작 성 공판기일의 소송절차에 관하여서는 참여한 법원사무관 등이 공판조서를 작성하여야 한다(제51조 제1항). 공판조서에는 (i) 공판을 행한 일시와 법원 (ii) 법관, 검사, 법원사무관 등의 관직, 성명 (iii) 피고인, 대리인, 대표자, 변호인, 보조인과 통역인의 성명 (iv) 피고인의 출석여부 (v) 공개의 여부와 공개를 금한 때에는 그 이유 (vi) 공소사실의 진술 또는 그를 변경하는 서면의 낭독 (vii) 피고인에게 그 권리를 보호함에 필요한 진술의 기회를 준 사실과 그 진술한 사실 (viii) 제48조 제

2항에 기재한 사항 (ix) 증거조사를 한 때에는 증거될 서류, 증거물과 증거조사의 방법 (x) 공판정에서 행한 검증 또는 압수 (xi) 변론의 요지, (xii) 재판장이 기재를 명한 사항 또는 소송관계인의 청구에 의하여 기재를 허가한 사항 (xiii) 피고인 또는 변호인에게 최종 진술할 기회를 준 사실과 그 진술한 사실 (xiv) 판결 기타의 재판을 선고 또는 고지한 사실과 기타 모든 소송절차를 기재하여야 한다(제2항). 공판조서 및 공판기일 외의 증인신문조서에는 제48조 제3항 내지 제7항의 규정에 의하지 아니한다. 단, 진술자의 청구가 있는 때에는 그 진술에 관한 부분을 읽어주고 증감변경의 청구가 있는 때에는 그 진술을 기재하여야 한다(제52조).

공판조서에는 재판장과 참여한 법원사무관 등이 기명날인 또는 서명하여야 한다(제53조 제1항). 재판장이 기명날인 또는 서명할 수 없는 때에는 다른 법관이 그 사유를 부기하고 기명날인 또는 서명하여야 하며 법관 전원이 기명날인 또는 서명할 수 없는 때에는 참여한 법원사무관 등이 그 사유를 부기하고 기명날인 또는 서명하여야 한다(제2항). 법원사무관 등이 기명날인 또는 서명할 수 없는 때에는 재판장 또는 다른 법관이 그 사유를 부기하고 기명날인 또는 서명하여야 한다(제3항).

공판조서는 각 공판기일 후 신속히 정리하여야 한다(제54조 제1항). 다음 회의 공판기일에 있어서는 전회의 공판심리에 관한 주요사항의 요지를 조서에 의하여 고지하여야 한다. 다만, 다음 회의 공판기일까지 전회의 공판조서가 정리되지 아니한 때에는 조서에 의하지 아니하고 고지할 수 있다(제2항). 검사 · 피고인 또는 변호인은 공판조서의 기재에 대하여 변경을 청구하거나 이의를 제기할 수 있다(제3항). 제3항에 따른 청구나 이의가 있는 때에는 그 취지와 이에 대한 재판장의 의견을 기재한 조서를 당해 공판조서에 첨부하여야 한다(제4항).

피고인은 공판조서의 열람 또는 등사를 청구할 수 있다(제55조 제1항). 피고인이 공판조서를 읽지 못하는 때에는 공판조서의 낭독을 청구할 수 있다(제2항). 전2항의 청구에 응하지 아니한 때에는 그 공판조서를 유죄의 증거로 할 수 없다(제3항).[8] 공판기일의 소송절차로서 공판조서에 기재된 것은 그 조서만으로써 증명한

8) 이는 법원 또는 법관작성의 조서에 절대적 증거능력을 부여하기로 한 형사소송법 제311조의 적용범위를 피고인의 방어권보장을 도모하기 위하여 제한한 특별규정이다. 판례도 피고인의 공판조서에 대한 열람 또는 등사청구에 법원이 불응하여 피고인의 열람 또는 등사청구권이 침해된 경우에는 그 공판조서 자체를 유죄의 증거로 할 수 없을 뿐만 아니라, 공판조서에 기재된 당해 피고인이나 증인의 진술도 증거로 할 수 없다고 판시한 바 있다

다(제56조).

B) 공판정에서의 속기 · 녹음 및 영상녹화 법원은 검사, 피고인 또는 변호인의 신청이 있는 때에는 특별한 사정이 없는 한 공판정에서의 심리의 전부 또는 일부를 속기사로 하여금 속기하게 하거나 녹음장치 또는 영상녹화장치를 사용하여 녹음 또는 영상녹화(녹음이 포함된 것을 말한다. 이하 같다)하여야 하며, 필요하다고 인정하는 때에는 직권으로 이를 명할 수 있다(제56조의2 제1항). 법원은 속기록 · 녹음물 또는 영상녹화물을 공판조서와 별도로 보관하여야 한다(제2항). 검사, 피고인 또는 변호인은 비용을 부담하고 제2항에 따른 속기록 · 녹음물 또는 영상녹화물의 사본을 청구할 수 있다(제3항).

4) 재판확정기록의 열람 · 등사

(가) 검찰청에서의 열람 · 등사 헌법에 규정된 '재판공개의 원칙'을 실질적으로 구현하고, 형사사법 영역에서 국민의 알권리를 충분히 보장하기 위해서는 재판확정기록에 대한 일반 국민의 접근을 제도적으로 보장할 필요가 있다. 일반 국민에게 재판확정기록이 공개되면 형사사법 절차가 보다 투명하게 되어 형사재판의 적정성이 향상되고 사법에 대한 국민의 신뢰가 제고될 수 있기 때문이다. 개정 형사소송법에 따르면 누구든지 권리구제 · 학술연구 또는 공익적 목적으로 재판이 확정된 사건의 소송기록을 보관하고 있는 검찰청에 그 소송기록의 열람 또는 등사를 신청할 수 있다(제59조의2 제1항). 검사는 (i) 심리가 비공개로 진행된 경우 (ii) 소송기록의 공개로 인하여 국가의 안전보장, 선량한 풍속, 공공의 질서유지 또는 공공복리를 현저히 해할 우려가 있는 경우 (iii) 소송기록의 공개로 인하여 사건관계인의 명예나 사생활의 비밀 또는 생명 · 신체의 안전이나 생활의 평온을 현저히 해할 우려가 있는 경우 (iv) 소송기록의 공개로 인하여 공범관계에 있는 자 등의 증거인멸 또는 도주를 용이하게 하거나 관련 사건의 재판에 중대한 영향을 초래할 우려가 있는 경우 (v) 소송기록의 공개로 인하여 피고인의 개선이나 갱생에 현저한 지장을 초래할 우려가 있는 경우 (vi) 소송기록의 공개로 인하여 사건관계인의 영업비밀(「부정경쟁방지 및 영업비밀보호에 관한 법률」 제2조 제2호의 영업비밀을 말한다)이 현저하게 침해될 우려가 있는 경우 (vii) 소송기록의 공개에 대하여 당해 소송관계인이 동의하지 아니하는 경우의 어느 하나에 해당하는 경우에는 소송기록의 전부 또는 일부의 열람 또는 등

(대판 2003.10.10, 2003도3282).

사를 제한할 수 있다. 다만, 소송관계인이나 이해관계 있는 제3자가 열람 또는 등사에 관하여 정당한 사유가 있다고 인정되는 경우에는 그러하지 아니하다(제2항). 검사는 제2항에 따라 소송기록의 열람 또는 등사를 제한하는 경우에는 신청인에게 그 사유를 명시하여 통지하여야 한다(제3항). 검사는 소송기록의 보존을 위하여 필요하다고 인정하는 경우에는 그 소송기록의 등본을 열람 또는 등사하게 할 수 있다. 다만, 원본의 열람 또는 등사가 필요한 경우에는 그러하지 아니하다(제4항). 소송기록을 열람 또는 등사한 자는 열람 또는 등사에 의하여 알게 된 사항을 이용하여 공공의 질서 또는 선량한 풍속을 해하거나 피고인의 개선 및 갱생을 방해하거나 사건관계인의 명예 또는 생활의 평온을 해하는 행위를 하여서는 아니 된다(제5항). 검사의 기록 열람 · 등사 거부처분에 대해서는 당해 기록을 보관하고 있는 검찰청에 대응하는 법원에 그 처분의 취소 또는 변경을 신청할 수 있다(제6항). 이 불복 절차에서는 형사재판 기록의 특수성을 고려하고 권리구제의 신속성을 보장하기 위하여 형사신청 절차의 일종으로 형사소송법의 준항고 규정을 준용한다(제7항).

(나) 법원에서의 열람 · 등사　누구든지 판결이 확정된 사건의 판결서 또는 그 등본, 증거목록 또는 그 등본, 그 밖에 검사나 피고인 또는 변호인이 법원에 제출한 서류 · 물건의 명칭 · 목록 또는 이에 해당하는 정보를 보관하는 법원에서 열람 및 등사(인터넷 그 밖의 전산정보처리시스템을 통한 전자적 방법을 포함한다)할 수 있다. 다만, (i) 심리가 비공개로 진행된 경우 (ii) 「소년법」 제2조에 따른 소년에 관한 사건인 경우 (iii) 공범관계에 있는 자 등의 증거인멸 또는 도주를 용이하게 하거나 관련 사건의 재판에 중대한 영향을 초래할 우려가 있는 경우 (iv) 국가의 안전보장을 현저히 해할 우려가 명백하게 있는 경우 (v) 제59조의2 제2항 제3호 또는 제6호의 사유가 있는 경우(다만, 소송관계인의 신청이 있는 경우에 한정)의 어느 하나에 해당하는 경우에는 판결서 등의 열람 및 등사를 제한할 수 있다(제59조의3 제1항). 법원사무관 등이나 그 밖의 법원공무원은 제1항에 따른 열람 및 등사에 앞서 판결서 등에 기재된 성명 등 개인정보가 공개되지 아니하도록 대법원규칙으로 정하는 보호조치를 하여야 한다(제2항). 개인정보 보호조치를 한 법원사무관 등이나 그 밖의 법원공무원은 고의 또는 중대한 과실로 인한 것이 아니면 제1항에 따른 열람 및 등사와 관련하여 민사 · 형사상 책임을 지지 아니한다(제3항). 열람 및 등사에 관하여 정당한 사유가 있는 소송관계인이나 이해관계 있는 제3자는 법원의 법원사무관 등이나 그 밖의 법원공무원에게 판결서 등의 열람 및 등사를 신청할 수 있다. 이 경우 법원사무관 등이나 그 밖의 법

원공무원의 열람 및 등사에 관한 처분에 불복하는 경우에는 제1항에 따른 법원에 처분의 취소 또는 변경을 신청할 수 있다(제4항). 불복신청에 대하여는 제417조 및 제418조를 준용한다(제5항). 판결서 등의 열람 및 등사의 방법과 절차, 개인정보 보호조치의 방법과 절차, 그 밖에 필요한 사항은 대법원규칙으로 정한다(제6항).

(2) 소송서류의 송달

1) 송달의 의의 송달이란 '당사자 기타 소송관계인'에 대하여 '법률에 정한 방식'에 의하여 소송서류의 내용을 알리게 하는 법원 또는 법관의 직권행위를 말한다.[9] 피고인을 소환함에 있어서는 법률이 정한 방식에 따라 작성된 소환장을 송달하여야 한다(제73조, 제74조, 제76조 제1항). 다만 피고인이 기일에 출석한다는 서면을 제출하거나 출석한 피고인에 대하여 차회기일을 정하여 출석을 명한 때, 구금된 피고인에 대하여 교도관을 통하여 소환통지를 한 때, 법원의 구내에 있는 피고인에 대하여 공판기일을 통지한 때 등에는 소환장의 송달과 동일한 효력이 인정된다(제76조 제2항 내지 제5항, 제268조). 피고인과 달리 공판기일 출석의무가 없는 검사·변호인 등의 소송관계인에 대해서는 소환을 하는 대신 공판기일을 통지한다(제267조 제3항). 이에 따르면, 피고인에 대한 공판기일 소환은 형사소송법이 정한 소환장의 송달 또는 이와 동일한 효력이 있는 방법에 의하여야 하고, 그 밖의 방법에 의한 사실상의 기일의 고지 또는 통지 등은 적법한 피고인 소환이라고 할 수 없다(피고인이 원심 공판기일에 불출석하자, 검사가 피고인과 통화하여 피고인이 변호인으로 선임한 甲 변호사의 사무소로 송달을 원하고 있음을 확인하고 피고인의 주소를 甲 변호사 사무소로 기재한 주소보정서를 원심에 제출하였는데, 그 후 甲 변호사가 사임하고 새로이 乙 변호사가 변호인으로 선임된 사안에서, 원심이 피고인에 대한 공핀기일소휜장 등을 甲 변호사 사무소로 발송하여 그 사무소 직원이 수령하였더라도 형사소송법이 정한 적법한 방법으로 피고인의 소환이 이루어졌다고 볼 수 없다고 판시한 대판 2018.11.29, 2018도13377).

2) 송달받을 자

(가) 불구속 피고인 불구속 피고인의 경우에는 원칙적으로 '피고인 본인'이 송달받을 자가 된다. 이를 위해 「소송촉진 등에 관한 특례법」 제18조 제1항에서 재판장은 피고인에 대한 인정신문을 마친 뒤, 피고인에 대하여 그 주소의 변동이 있을

---

9) 소송법상의 효과가 강제적으로 부여되는 점에 특색이 있다. 그리고 (i) 특정인에 대한 것이라는 점에서 공시 또는 공고와 구별되며, (ii)요식행위인 점에서 통지와 구별된다.

때에는 이를 법원에 보고할 것을 명하여야 한다고 규정하고 있다. 한편 피고인 · 대리인 · 대표자 · 변호인 또는 보조인이 법원소재지에 서류의 송달을 받을 수 있는 주거 또는 사무소를 두지 아니한 때에는 그 법원소재지에 주거 또는 사무소가 있는 타인을 송달영수인으로 신고하여야 한다(제60조 제1항). 이 신고가 있으면 송달영수인은 송달에 관하여 본인으로 간주되고, 송달영수인의 선임은 같은 지역에 있는 각 심급법원에 대하여 효력이 있다. 다만 이 규정은 신체의 구속을 당한 자에게는 적용되지 않는다.[10]

(나) 구속된 피고인　　송달영수인에 관한 규정은 신체구속을 당한 자에게는 적용되지 않으므로(제60조 제4항), 구속된 피고인에 대한 송달은 수감된 교도소 · 구치소 또는 경찰서의 유치장에 체포 · 구속 또는 유치된 사람에게 할 송달은 교도소 · 구치소 또는 경찰관서의 장에게 하여야 한다(제65조, 민사소송법 제182조). 이 경우 송달은 그 관서의 장에게 서류를 송달하면 구속된 자에게 전달되었는지 여부에 관계없이 효력이 생긴다.[11] 그러나 피고인이 구속되어 있는 교도소가 아닌 다른 교도소의 장에게 한 송달은 무효이다.[12] 그리고 형사소송법 제60조 제4항이 규정한 '신체구속을 당한 자'라 함은 '그 사건에서 신체를 구속당한 자'를 가리키는 것이요 다른 사건으로 신체구속을 당한 자는 여기에 해당되지 아니한다고 보는 것이 상당하다.[13] 한편 신체구속을 당한 자가 석방되면 송달의 특례규정은 적용되지 않는다.[14] 교도소 등 구금장의 질서유지를 위하여 재감자를 감시하여야 할 공익상의 필요와 한편으로는 재감자에 대하여 수감되기 전의 주소, 거소 등에 송달을 하면 송달서류가 재감자에 전달됨에는 도리어 시일을 요하게 된다는 점을 고려하여 교도소 등의 소장은 재감자에 대한 송달에 있어서는 일종의 법정대리인이라고 할 것이므로[15] 판례는 "재감자에 대한 약식명령의 송달을 교도소 등의 소장에게 하지 아니하고 수감되기 전의 종전 주 · 거소에다 하였다면 부적법하여 무효라고 하지 않을 수

10) 즉, 신체구속을 당한 자에 대해서는 교도소장 또는 구치소장에게 서류를 송달하면 된다는 점을 고려하여 그 피고인의 주소 또는 사무소가 법원소재지에 없는 경우에도 본조의 신고의무가 면제된다.
11) 대판 1995.1.12, 94도2687.
12) 대결 1969.4.30, 69모20.
13) 대결 1976.11.10, 76모69.
14) 신동운, 609면.
15) 대판 1982.12.28, 82다카349.

없고, 수소법원이 송달을 실시함에 있어 당사자 또는 소송관계인의 수감사실을 모르고 종전의 주·거소에 하였다고 하여도 마찬가지로서 송달의 효력은 발생하지 않는다고 할 것이며,[16] 송달 자체가 부적법한 이상 당사자가 약식명령이 고지된 사실을 다른 방법으로 알았다고 하더라도 송달의 효력은 여전히 발생하지 아니한다"고 판시하면서,[17] 이때 약식명령의 송달이 무효이기 때문에 그에 대한 정식재판청구기간 자체가 진행하지 않고, 정식재판청구권 회복청구와 함께 정식재판청구가 제기되었다면 그 정식재판청구는 그 청구기간 내의 적법한 청구로서 독립하여 그 효력을 발생하므로, 당사자로서는 약식명령을 송달받지 못했다는 점을 소명하여 정식재판청구절차에 따른 재판을 받으면 되지 따로 정식재판청구권 회복청구를 할 필요가 없다는 입장이다.[18] 그리고 재판을 받는 자가 구치소에 수용되어 있는 경우 재판서 등본이 모사전송의 방법으로 구치소장에게 송부되었다면 구치소장에게는 이를 수용중인 재판을 받는 자에게 전달할 의무가 있으므로 이로써 재판을 받는 자가 그 재판의 내용을 알 수 있는 상태에 이르렀다고 봄이 상당하고, 따라서 재판서 등본이 모사전송의 방법으로 구치소장에게 송부된 때 그 재판이 고지되었다고 보아야 한다는 입장이다.[19]

그리고 피고인의 불복기간에 기간 제한이 있는 경우 피고인에게 송달 및 도달된 시점이 아니라 형사사법기관에 송달 및 도달된 시점을 기준으로 불복기간의 만료 여부가 계산되어야 한다(제1심 법원이 재심청구기각결정을 재항고인에게 송달한 후 다시 구치소장에게 송달한 사안에서, 위 결정을 구치소장이 아닌 재항고인에게 송달한 것은 부적법하여 무효이고 송달받을 사람을 구치소장으로 하여 다시 송달한 때 비로소 그 송달의 효력이 발생하는 것이어서, 그로부터 3일의 즉시항고기간 내에 제기된 재항고인의 즉시항고

16) 대판(전합) 1982.12.28, 82다카349.

17) 대결 1995.6.14, 95모14.

18) 대결 1995.6.14, 95모14.

19) 재판서 등본을 모사전송의 방법으로 송부하는 것은 형사소송법 제42조에서 정한 재판을 고지하는 '다른 적당한 방법'에 해당한다 할 것이며, 한편 재판을 받는 자가 그 재판의 내용을 알 수 있는 상태에 이른 경우라면 현실적으로 재판의 내용을 알았는지 여부에 관계없이 그 재판이 고지되었다고 보아야 할 것이므로, 위 조항 소정의 다른 적당한 방법에 의하여 재판을 고지하는 경우라고 하여 재판서 등본의 송달의 경우와는 달리 재판을 받는 자가 반드시 재판의 내용을 현실적으로 알게 되었을 때 비로소 재판이 고지되었다고 볼 것은 아니다(대결 2004.8.12, 2004모208). 이에 대한 평석으로는 김승표, "구치소에 수용되어 있는 자에 대하여 재판서 등본을 모사전송의 방법으로 구치소장에게 송부한 경우," 그 재판고지의 효력발생 여부 및 효력발생시점, 대법원판례해설 53호, 2005.6, 468-479면 참조.

는 적법함에도 불구하고, 재항고인의 결정등본 수령일을 기준으로 즉시항고 제기기간을 기산하여 재항고인의 즉시항고를 기각한 원심의 결정은 위법하다고 판시한 대결 2009.8.20, 2008모630).

(다) 검 사 검사에 대한 송달은 소속 검찰청에 송부하여야 한다(제62조). 법원청사와 검찰청 청사는 동일한 구내에 있으므로 검사에 대한 송달은 우편에 의하지 않고 서류를 인편으로 검찰청에 송부하는 방법에 의한다. 판례는 항소한 지방검찰청 검사에게 소송기록접수통지를 하지 않고 원심에 대응하는 고등검찰청 검사에게 그 접수통지를 보내었다 하더라도 검사동일체의 원칙에 따라 그 통지는 적법하다고 한다.[20] 그리고 검사가 상고한 경우에는 상고법원에 대응하는 검찰청 소속 검사가 소송기록접수통지를 받은 날로부터 20일 이내에 그 이름으로 상고이유서를 제출하여야 한다. 다만, 상고를 제기한 검찰청 소속 검사가 그 이름으로 상고이유서를 제출하여도 유효한 것으로 취급되지만 이 경우 상고를 제기한 검찰청이 있는 곳을 기준으로 법정기간인 상고이유서 제출기간이 형사소송법 제67조에 따라 연장될 수 없다.[21]

3) 송달의 방법

(가) 민사소송법의 준용 서류의 송달에 관하여 법률에 다른 규정이 없으면 민사소송법을 준용한다(제65조). 따라서 소송서류의 송달에는 교부송달, 조우송달, 보충송달,[22] 유치송달, 우편송달, 송달함 송달, 공시송달 등의 방법이 사용된다. 다만 형사소송법은 피고인 등에 대한 송달에 관하여 몇 가지 특칙을 추가하고 있다.

(나) 공시송달 피고인의 주거 · 사무소와 현재지를 알 수 없고 법원이 명하는 때에 한하여 공시송달을 할 수 있다(제63조 제1항, 제64조 제1항).[23] 수감되어 있는

---

20) 대판 1966.12.27, 66도1488; 부산지방검찰청 검사가 항소를 하였다 하여도 원심이 원심에 대응하는 대구고등검찰청 검사에게 소송기록 접수통지서를 보내었다 하여도 검사동일체의 원칙에 따라 당해 소송기록 접수통지는 적법한 것이다.

21) 대판 2003.6.26, 2003도2008; 원심법원인 광주지방법원에 대응하는 광주지방검찰청 소속 검사가 상고를 제기하고, 이 법원이 대검찰청 소속 검사에게 소송기록접수통지를 하여 2003.4.22. 그 송달이 되었는데, 대검찰청 소속 검사는 상고이유서를 제출하지 아니하였고, 상고한 광주지방검찰청 소속의 검사는 상고이유서 제출기간이 지난 2003.5.14. 상고이유서를 제출하였으며, 상고장에도 상고이유의 기재가 없으므로 상고를 기각한다.

22) 대판 1996.6.3, 96모32.

23) 공시송달은 다른 방법으로 송달할 수 없을 때에만 허용되는 송달방법이므로 피고인이 신고한 주소지에 송달불능 되었다 하더라도 기록상 피고인의 사무소 등이 기재되어 있는 경우에는 그 사무소 등으로 송달해 보아야 한다(대판 1999.12.24, 99도3784). 그리고 판례는

자에 대한 송달은 수감장소로 송달하여야 하는데(제65조), 수감되어 있다는 사실만으로는 공시송달의 사유인 주소를 알 수 없는 때(제63조 제1항), 불출석재판 사유인 소재를 알 수 없는 때(소송촉진 등에 관한 특례법 제23조)에 해당하는 것으로 해석될 수 없다(대판 2013.6.27, 2013도2714). 공시송달은 법원사무관 등이 송달할 서류를 보관하고 그 사유를 법원게시장에 공시하여야 한다(제64조 제2항).[24] 최초의 공시송달은 공시한 날부터 2주일을, 제2회 이후의 공시송달은 공시한 날부터 5일을 경과하면 그 효력이 생긴다(동조 제4항). 여기서 '그 효력이 생긴다'고 함은 피고인에게 송달된 것과 동일한 효력이 발생한다는 의미이다. 피고인에 대한 공시송달은 피고인의 주거, 사무소, 현재지를 알 수 없는 때에 한하여 이를 할 수 있는 것이므로 피고인의 집 전화번호 또는 휴대 전화번호 등이 나타나 있는 경우에는 위 전화번호로 연락하여 송달받을 장소를 확인하여 보는 등의 시도를 해보아야 하고, 그러한 조치를 취하지 아니한 채 곧바로 공시송달의 방법에 의한 송달을 하고 피고인의 진술 없이 판결을 하는 것은 형사소송법 제63조 제1항, 제365조에 위배되어 허용되지 아니한다. 그리고 이러한 법리는 피고인이 제1심판결에 대하여 항소를 하여 소송이 계속된 사실을 알면서 법원에 거주지 변경신고를 하지 않은 잘못을 저질러서 그로 인하여 송달이 되지 아니하자 법원이 공시송달의 방법에 의한 송달을 하게 된 경우에도 마찬가지이다(대판 2007.7.12, 2006도3892).

Ⅱ. 소송행위의 가치판단

1. 의 의

소송행위의 의미와 내용을 합리적으로 판단하여 그 객관적 규범적 의미를 명백히 하는 것을 소송행위의 해석이라고 한다. 소송행위의 해석이 있는 다음에는 가치판단이 결정되고, 이에 의하여 그에 상응한 소송법적 효과가 확정된다. 소송행위에 대한 가치판단에는 성립 · 불성립의 평가(Gültigkeit), 유효 · 무효의 평가(Wirksam-

---

주민등록표상의 주소가 불명하다는 우편집배원의 송달불능보고서만으로 피고인의 주거를 알 수 없다고 단정하여 한 공시송달결정이 위법하다고 판시한 바 있다(대결 1991.1.25, 90모70).

24) 법원은 그 사유를 관보나 신문지상에 공고할 것을 명할 수 있다(동조 제3항). 공고여부는 법원의 재량이므로 공시하지 아니한 경우에도 그 공시송달은 적법 · 유효하며, 판례도 같은 입장이다(대판 1966.7.26, 66도599).

keit), 적법 · 부적법의 평가(Zulässigkeit, Rechtsmäßigkeit), 이유유 · 이유무의 평가(Beglündetheit)로 구분된다.

2. 소송행위의 성립 · 불성립

[설문 (19)] 법원이 경찰서장의 즉결심판 청구를 기각하여 경찰서장이 사건을 관할 지방검찰청으로 송치하였으나 검사가 이를 즉결심판에 대한 피고인의 정식재판청구가 있은 사건으로 오인하여 그 사건기록을 법원에 송부하였다. 그 이후 법원에 의해 피고인소환 등이 이루어지자 검사는 약식명령을 청구하는 공소장을 제1심법원에 제출하고, 위 공소장에 기하여 공판절차를 진행하였고, 법원은 유 · 무죄의 실체판단을 내렸다. 이 실체판결은 적법한가?

(1) 의 의

소송행위의 성립 · 불성립은 소송행위가 소송행위로서의 외관을 갖추었는가에 대한 평가이다. 즉 소송행위에 요구되는 소송법상의 정형을 충족하기 위한 본질적 개념요소를 구비하고 있는가에 대한 가치판단을 말한다. 예컨대 법원서기관이 판결을 하면 그 재판은 소송행위로서 성립되지 못한다.

(2) 논의의 실익

소송행위가 불성립하면 아무런 소송법상 효과가 발생할 수 없다. 따라서 불성립한 소송행위는 방치되어도 무방하다. 그러나 소송행위가 일단 성립하면 일정한 법률효과가 발생하므로 방치되어서는 안 된다. 즉 성립한 소송행위에 대해서는 일정한 법원의 판단이 요구된다. 특히 소송행위가 성립하면 그것이 무효이더라도 일정한 효과가 발생하는 점에 특징이 있다. 예컨대 공소제기가 무효인 때에도 공소시효정지의 효력은 발생한다(제253조). 상기한 설문사례에서와 같이 법원이 경찰서장의 즉결심판 청구를 기각하여 경찰서장이 사건을 관할 지방검찰청으로 송치하였으나 검사가 이를 즉결심판에 대한 피고인의 정식재판청구가 있은 사건으로 오인하여 그 사건기록을 법원에 송부한 경우, 공소제기의 본질적 요소라고 할 수 있는 검사에 의한 공소장의 제출이 없는 이상 기록을 법원에 송부한 사실만으로 공소제기가 성립되었다고 볼 수 없다(대판 2003.11.14, 2003도2735). 소송행위로서 요구되는 본질적인 개념요소가 결여되어 소송행위로 성립되지 아니한 경우에는 소송행위가 성립되었으나 무효인 경우와는 달리 하자의 치유문제는 발생하지 않고, 다만 추후 당해 소송행위가 적법하게 이루어진 경우에는 그 때부터 소송행위가 성립된 것으로 볼 수 있다.

[설문 (19)의 해결] 검사가 처음 즉결사건의 기록을 법원에 송부한 것만으로는 공소제기가 성립하지 않았지만, 그럼에도 피고인의 소환이 이루어지는 등 사실상의 소송계속이 발생한 상태에서 검사가 약식명령을 청구하는 공소장을 제1심법원에 제출하고, 위 공소장에 기하여 공판절차를 진행한 경우 제1심법원으로서는 이에 기하여 유·무죄의 실체판단을 하여야 한다(대판 2003.11.14, 2003도2735).[25]

---

3. 소송행위의 유효·무효

(1) 의 의

소송행위의 유효·무효는 소송행위가 성립한 것을 전제로 소송행위의 본래적 효력을 인정할 것인가에 대한 가치판단을 말한다. 소송행위가 성립하면 일정한 법적 효과가 발생하지만 그것이 무효이면 소송행위의 본래적 효력은 발생하지 않는다. 예컨대 성립은 되었지만 무효인 공소제기는 공소기각의 판결을 내려야 하는 법적 효과를 발생시키지만, 공소제기의 본래적 효과인 유죄판결을 받는 효과는 기대할 수 없다.

(2) 무효의 원인

1) 행위주체에게 행위적격의 흠결이 있는 경우 　소송행위에 필요한 행위적격이 없는 자의 소송행위는 무효가 될 수 있다. 따라서 고소권자 아닌 자의 고소, 상소권자 아닌 자에 의한 상소, 대리권 없는 자가 행한 소송행위는 무효로 된다. 그리고 소송능력이 결여된 상태에서 행한 절차형성행위와 피고인의 진술, 증인의 증언 등과 같은 실체형성행위도 무효로 평가되어야 한다.[26] 다만 소송능력 없는 자의 여부

---

25) 이와 관련된 글로서 조윤신, "공소장의 제출이 없는 경우 공소제기의 성립 여부와 추후 공소장이 제출된 경우에 법원이 취하여야 할 조치," 대법원판례해설 48호, 법원도서관, 2004. 7, 681-723면; 심희기, "소송행위의 성립·불성립과 유효·무효," 무효의 치유, 고시연구 31권 5호(362호), 2004.5, 317-322면 참조.

26) 강구진, 52면; 백형구, 178면; 신동운, 418면; 차용석, 519면. 그러나 절차형성행위는 무효이지만 실체형성행위(예컨대, 피고인의 진술, 증인의 증언)는 모두 무효라고 할 수 없다는 견해로는 김기두 93면; 신양균, 448면; 정영석/이형국, 131면; 이은모(2011), 131면; 이재상 164면.

는 구체적으로 판단되어야 한다. 판례는 사건 당시 만 4세 또는 5세 미만자에 대하여 증언능력을 긍정하고 있다(대판 2006.4.14, 2005도9561).

2) 행위주체의 하자 있는 의사표시의 경우　착오 · 강박에 의한 실체형성행위는 무효가 될 수 없다. 왜냐하면 소송에서의 실체형성행위는 의사표시에 합치되는가가 아니라 객관적 실체에 합치하는가에 의해서만 평가될 수 있기 때문이다. 그러나 착오 · 강박에 의한 절차형성행위가 무효원인이 되는가에 대해서는 견해대립이 있다. (i) 원칙적 무효설은 피고인의 이익을 최대한 보장하기 위하여 착오 등에 의한 소송행위는 원칙적으로 무효이고 다만 착오가 피고인의 귀책사유로 인한 것일 때에는 유효로 본다.[27] (ii) 원칙적 유효설은 소송절차의 형식적 확실성을 최대한 추구하기 위하여 착오 등에 의한 소송행위도 원칙적으로 유효하지만 소송행위가 적정절차원칙에 위배하여 이루어진 경우(예컨대 국가기관에 의한 기망 · 강박에 의해 피의자 · 피고인이 소송행위를 한 경우)에는 무효원인이 되는 것으로 본다.[28]

생각건대, 절차유지의 원칙이 최대한 담보되어야 하므로 후설이 타당하다. 다만 절차의 형식적 확실성을 강조하면서도 피고인의 이익과 정의의 희생이 커서는 안 된다는 측면에서 그 소송행위의 효력을 고려할 필요가 있으므로 착오에 의한 소송행위가 예외적으로 무효로 되기 위하여서는 다음과 같은 엄격한 요건의 충족이 요구된다. 즉, 첫째 통상인의 판단을 기준으로 하여 만일 착오가 없었다면 그러한 소송행위를 하지 않았으리라고 인정되는 중요한 점(동기를 포함)에 관하여 착오가 있고, 둘째 착오가 행위자 또는 대리인이 책임질 수 없는 사유로 인하여 발생하였으며, 셋째 그 행위를 유효로 하는 것이 현저히 정의에 반한다고 인정될 것의 세 가지 요건이 요구된다. 이러한 기준에 따른다면 보안처분(구 보호감호처분)을 선고받은 피고인이 보안처분이 선고된 것으로 알고 일단 상고를 제기하였다가 보안처분청구가 기각되었다는 취지의 교도관의 말과 공판출정 교도관이 작성한 판결선고결과보고서의 기재를 믿은 나머지 착오에 빠져 판결등본송달(형사소송규칙 제148조)을 기다리지 않고 상고취하를 함으로써 위 보안처분이 확정된 경우 위 상고취하에 피고인의 과실이 없었다고 단정할 수 없어 이를 무효로 볼 수 없다(피고인의 상소절차속행신청을 기각한 대결 1992.3.13, 92모1).[29] 그리고 교도관이 내어 주는 상소권포기서를 항소

27) 김기두, 93면; 강구진, 52면.

28) 이재상, 156면; 차용석, 519면; 신동운, 419면; 배종대/이상돈, 163면; 임동규, 111면; 이은모(2011), 132면.

장으로 잘못 믿은 나머지 이를 확인하여 보지도 않고 서명·무인한 경우에도 그 착오가 행위자 또는 대리인이 책임질 수 없는 사유로 발생한 것이 아닌 이상 그 항소포기는 유효하다(대결 1995.8.17, 95모49).

3) 소송행위의 내용과 방식의 흠결 소송행위의 내용이 법률상 또는 사실상 불능일 때에는 무효가 된다. 법정형을 넘는 형을 선고한 유죄판결은 법률상 불능이고, 허무인에 대한 공소제기와 존재하지 않는 재판에 대한 상소는 사실상 불능에 해당한다. 이중기소와 같은 이익이 없는 소송행위도 무효이다. 방식에 대한 하자도 방식을 요구하는 목적과 필요성을 고려하여 무효원인이 될 수 있다.

(3) 무효의 치유(治癒)

1) 의 의 무효의 치유란, 행위 당시에 무효인 소송행위가 그 후의 사정변경에 의하여 유효하게 될 수 있는가의 문제이다. 이에는 (i) 법정기간이 경과한 이후에 이루어진 소송행위에 대하여 그 기간 내에 행한 행위와 같은 효력을 인정하는 '소송행위의 추완(Nachholung der Prozeßhandlung)'과 (ii) 무효의 원인은 여전히 존재하지만 소송절차가 이미 일정한 단계까지 발전함으로써 그 하자를 주장할 수 없는 '공격·방어방법의 소멸에 의한 하자의 치유'가 있다.

2) 소송행위의 추완

(가) 단순추완 단순추완이란 법정기간이 경과한 이후에 소송행위를 하였을 경우에 추완되는 소송행위 자체가 유효로 인정되는 것을 말한다. 예컨대, 형사소송법에는 '책임질 수 없는 사유'로 상소제기를 하지 않은 경우에도 사후에 상소할 수 있는 상소권회복의 규정(제345조)과 이를 약식명령에 대한 정식재판청구권의 회복에 준용하는 규정(제458조)이 있다. 이 경우에 단순추완은 당연히 인정되어야 한다. 그러나 명문의 규정이 없는 경우에도 소송절차의 형식적 확실성과 법적 안정성을 침해하지 않는 범위 내에서는 절차유지의 원칙에 의해 인정될 수 있다(긍정설).[30] 따

29) 이에 대한 글로는 김택수, "착오에 의한 절차형성적 형사소송행위가 무효로 인정되기 위한 요건," 법조 41권 9호(통권432호), 1992.9, 111-118면; 심희기, "착오에 의한 절차형성적 형사소송행위(상소취하)가 무효로 인정되기 위한 요건," 형사소송법판례 70선, 홍문사, 2000.6, 15-22면; 황적화, "형사소송법 제345조에 의한 상소권회복이 상소포기로 인하여 소멸한 상소권까지 회복하는 것으로 볼 수 있는지 여부," 대법원판례해설 43호, 법원도서관, 2003.7, 665-673면; 김희옥, "소송행위와 소송조건," 판례 형사소송법, 길안사, 1997.9, 43-49면.

30) 이재상, 158면; 배종대/이상돈, 151면; 신양균, 328면; 진계호, 170면; 강구진, 53면; 김기두,

라서 소송비용면제신청(제487조)에 대해서도 상소권회복에 관한 규정이 준용될 수 있을 것이다,

(나) 보정적 추완　　보정적 추완이란 어떤 소송행위의 추완에 의하여 다른 소송행위의 하자를 보정하는 것을 말한다. 판례에 따르면, 제1심 법원이 국민참여재판 대상사건의 피고인에게 국민참여재판을 원하는지 확인하지 아니한 채 통상의 공판절차에 따라 재판을 진행한 무효의 소송행위에 대해 그 이후 제1회 공판기일에 피고인과 변호인이 이에 대하여 이의가 없다고 진술한 것만으로는 하자의 치유가 인정될 수 없고, 관계 법률(국민의 형사재판 참여에 관한 법률) 및 규칙이 정하고 있는 충분한 안내와 숙고 기간이 부여되어야 비로소 하자의 치유가 인정될 수 있을 뿐이다(대판 2012.4.26. 2012도1225). 더 나아가 보정적 추완문제로서 논의되는 대표적인 것은 다음과 같다.

A) 변호인선임의 추완　　선임전의 변호인으로부터 상소이유서가 제출된 경우에 그 하자는 그 이후에 선임계가 제출됨으로써 유효하게 되는가에 대하여, 피고인의 이익을 위하여 보정적 추완을 인정하는 긍정설,[31] 변호인선임서의 소송법적 중요성과 절차의 동적 · 발전적 성격을 고려하여 보정적 추완을 인정하지 않는 부정설,[32] 상소이유서의 제출기간 내에 변호인선임신고서가 제출된 때에 한하여 하자의 치유를 인정하는 절충설[33]이 대립하고 있다. 판례는 변호인선임신고서를 제출하지 아니한 변호인이 변호인 명의로 정식재판청구서만 제출하고, 형사소송법 제453조 제1항이 정하는 정식재판청구기간 경과 후에 비로소 변호인선임신고서를 제출한 경우, 변호인 명의로 제출한 위 정식재판청구서는 적법 · 유효한 정식재판청구로서의 효력이 없고,[34] 변호인선임계를 제출치 아니한 채 항소이유서만을 제출하고 동 이유서제출기간 경과 후에 동 선임계를 제출하였다면 적법 · 유효한 변호인의 항소이유서로 볼 수 없다고 판시하고 있다.[35] 생각건대, 변호인이 실제적으로 피고인을

91면. 그러나 법정기간을 경과한 소송행위는 원칙적으로 무효이며, 다른 소송관계인의 이익보호를 위하여 부정하는 부정설로는 신동운, 84면; 임동규, 114면.

31) 이재상, 159면; 배종대/이상돈, 152면; 백형구, 591면; 신양균, 328면; 이은모(2011), 134면; 진계호, 170면; 차용석, 528면.

32) 신동운, 298면.

33) 임동규, 113면.

34) 대결 1969.10.4, 69모68; 대판 2001.11.1, 2001도4839.

35) 대결 1969.10.4, 69모68. 이는 그 변호인이 원심 변호인으로서 원심법원에 상고장을 제출하였더라도 마찬가지이다(대판 2013.10.14, 2013도8165; 대판 2014.2.13, 2013도9605).

위하여 행위한 것이 인정된다면 피고인의 이익과 절차유지의 원칙상 긍정설이 타당한 것으로 판단된다.

B) 공소사실의 추완 공소제기는 공소장에 공소사실을 특정하여 기재하여야 하는바, 특정되지 아니한 공소사실을 기재한 공소제기는 무효이다. 그 이후 공소장의 변경을 통해 하자가 치유될 것인가에 대해서 긍정설과[36] 부정설[37]의 대립이 있지만, 공소사실이 전혀 기재되지 않은 경우를 제외하고는 —특히 공소장 변경절차를 통하면— 긍정하는 것이 절차유지의 원칙상 타당할 것이다.[38]

관련판례 ① 집회 및 시위에 관한 법률상 해산명령위반의 공소사실에 대한 적용법조로 처벌규정인 같은 법 제24조 제5호, 제20조 제2항만을 기재한 사안에서, 해산명령의 근거가 되는 규정과 이에 관한 사실을 기재하지 않은 것은 피고인의 방어권 행사에 실질적인 불이익을 주는 것이어서 공소제기의 절차가 무효인 경우에 해당하고, 검사가 제1심 변론종결 후 해산명령의 근거조항을 제시하였다고 하더라도 공소장변경의 절차를 밟지 아니한 이상 위 공소제기절차상의 위법이 치유된다고 할 수 없다(대판 2009.8.20, 2009도9).

C) 고소의 추완

[설문 (20)] 검사 甲은 A를 모욕한 혐의가 있는 乙을 피해자의 명백한 고소의사가 밝혀지지 않은 상태에서 모욕죄로 공소제기하였다. 그런데 공판심리 도중에 甲은 피해자로부터 비로소 고소장을 받아 법원에 제출하였다. 이 경우 법원의 조치는?

이는 친고죄에 있어서 고소가 없음에도 불구하고 공소가 제기된 후에 비로소 고소가 있는 경우에 공소제기의 하자가 치유되는가의 문제이다. 이에 학설은 친고죄여부는 심리진행에 따라 판명된다는 점과 소송경제를 근거로 한 추완인정설(적극설),[39] 친고죄 고소는 공소제기의 적법유효요건이라는 점과 피고인을 당해 절차로부터 빨리 해방시킬 수 있다는 점을 근거로 하는 추완부정설(소극설),[40] 처음부터 친고죄로 공소제기된 경우에는 고소의 추완을 부정하지만 사후에 친고죄로 밝혀진 경우에는 고소의 추완을 인정하여야 한다는 절충설이[41] 있다. 판례는 세무공무원의

36) 백형구, 신체계, 591면.
37) 배종대/이상돈, 152면; 이은모(2011), 135면.
38) 이재상, 159면; 신동운, 458면; 임동규, 114면.
39) 백형구, 51면.
40) 이재상/조균석, 177면; 임동규, 150면; 이은모, 141면.

즉시고발 없이 조세범칙사건의 공소가 제기된 이후에 비로소 고발이 있은 경우(대판 1970.7.28, 70도942) 등에서 추완부정설의 입장을 취하였다. 생각건대 피고인을 절차에서 빨리 해방시키는 것은 절차유지의 원칙 내지 소송경제보다 우월한 가치에 해당한다. 특히 고소추완 부정설에 따라 법원이 공소기각의 판결을 한다면 피고인은 피해자와의 합의를 통해 재기소를 면할 수도 있다. 결국 피고인의 지위를 가장 확실히 보장하는 소극설이 타당하다.

[설문 (20)의 해결] 적극설과 절충설에 따르면 법원은 고소추완을 인정하여 실체심리와 실체재판을 하여도 무방하겠지만, 다수설과 판례에 따르면 법원은 일단 공소기각의 판결을 내려야 한다.

---

3) 공격·방어방법의 소멸에 의한 하자의 치유　이것은 소송이 어느 단계에 이르러 절차유지의 원칙에 의해서 무효를 주장할 수 없게 되는 경우를 말한다. 예컨대 토지관할에 대한 관할위반의 신청은 피고사건에 대한 진술 후에는 할 수 없다(제320조 제2항). 그리고 절차위반의 소송행위에 대하여 당사자가 이의를 제기하고 그 효력을 다툴 수 있는 권능인 책문권의 포기 및 상실도 여기에 해당한다. 판례에 따르면 공소장일본주의에 위반하는 공소제기와 관련하여 공소장 기재의 방식에 관하여 피고인 측으로부터 아무런 이의가 제기되지 아니하였고 법원 역시 범죄사실의 실체를 파악하는 데 지장이 없었다고 판단하여 그대로 공판절차를 진행한 결과 증거조사절차가 마무리되어 법관의 심증형성이 이루어진 단계에서는 소송절차의 동적 안정성 및 소송경제의 이념 등에 비추어 볼 때 이제는 더 이상 공소장일본주의의 위배를 주장하여 이미 진행된 소송절차의 효력을 다툴 수 없다(대판 2009.10.22, 2009도7436 전원합의체).

(4) 소송행위의 취소와 철회

소송행위를 소급적으로 무효화시키는 취소가 허용될 것인가에 대해서는 견해 대립이 있다. 부정설은 소송행위에는 '절차유지의 원칙' 때문에 소급효 있는 취소가 인정되지 않는다고 한다.[42] 그러나 실체형성행위에 대해서는 취소가 인정될 수 있다는 견해도 있다.[43] 생각건대, 실체형성행위는 법관의 심증형성의 대상일 뿐이고

---

41) 차용석/최용성, 431면.
42) 신양균, 435면; 이재상, 159면; 정영석/이형국, 133면.
43) 배종대/이상돈, 161면; 신동운, 410면.

소급효의 여부에 의해 특별히 달라지는 것이 아니다. 따라서 절차형성행위에 관한 한 절차유지의 원칙에 따라서 취소의 부정설이 타당하다. 따라서 실정법의 공소의 취소(제255조), 고소의 취소(제232조), 재정신청의 취소(제264조 제2항), 상소의 취하(제349조) 등은 실제로는 철회에 해당하는 것이다. 그리고 증거조사신청(제294조)의 철회, 증거로 함에 대한 동의의 철회(제318조) 등과 같은 절차형성행위의 철회는 인정되지만,[44] 실체형성행위의 철회는 허용되지 않는다.

4. 적법 · 부적법

소송행위의 적법 · 부적법은 소송행위가 법률의 규정에 합치하는가에 대한 가치판단을 말한다. 그런데 법률에는 효력규정과 훈시규정이 있다. 훈시규정에 위반하면 부적법하지만 무효가 아니라 유효가 된다. 그러나 효력규정에 위반하면 부적법 무효가 된다.

5. 이유유 · 이유무

이유의 유무는 의사표시적 소송행위에 관하여 그 표시내용의 정당여부에 대한 가치판단을 말한다. 이것은 소송행위가 적법할 것을 전제로 하는 가치판단이다. 주로 당사자의 신청과 청구에 대한 가치판단이 문제된다. 그리고 이유 유무의 판단은 취효적 소송행위에 대한 가치판단에 해당하기 때문에 재판과 같은 여효적 소송행위는 판단대상이 될 수 없다.[45]

[§ 11] 소송절차와 소송조건

Ⅰ. 소송의 실체면과 절차면

1. 소송의 실체면

소송의 실체면이란 구체적 사건에서 소송물의 실체(범죄)가 형성 · 확정되는 과정을 말한다. 이러한 소송의 실체면은 소송주체의 활동에 의하여 형성된다. 소송의

44) 대판 1983.4.26, 83도267.
45) 판단대상이 될 수 있다는 소수설로는 김기두, 95면.

실체는 수사과정에서는 수사기관의 주관적 혐의에서 출발하여 증거에 의한 객관적 혐의로 발전하고, 유죄의 확신에 따른 검사의 공소제기와 법원에 의한 심리 · 재판을 통하여 완전히 결정된다. 즉 소송의 실체면은 부동적이다.

2. 소송의 절차면

소송의 절차면이란 소송절차에서 실체면을 제외한 절차적 측면을 말한다. 소송의 절차면은 실체면에 대하여 내용과 형식, 목적에 대한 수단으로서의 의미를 가진다. 소송의 절차면은 부동적인 실체면의 발전을 목적으로 행하여지는 소송행위의 연속이다. 소송행위 자체는 부동적으로 형성되는 것이 아니고 그를 통해 소송주체에 대하여 일정한 권리의무관계를 발생시킨다.

3. 실체면과 절차면의 관계

소송의 실체면과 절차면은 서로 영향을 주고 받는다.

(1) 실체면이 절차면에 미치는 영향

소송의 실체가 무엇이냐에 따라 사물관할, 고소의 요부(친고죄), 긴급체포요건의 충족 여부, 필요적 변호의 요부, 피고인출석의 요부, 간이공판절차요건의 충족 여부 등이 결정된다. 그런데 실체면은 부동적이기 때문에 절차면도 부동적으로 영향을 받을 수밖에 없다. 그러나 소송행위는 앞의 행위를 기초로 연속적으로 이루어지는데, 그 당시 실체면을 근거로 행한 앞의 행위를 후에 그 실체면의 변경으로 인하여 번복하는 것은 소송경제에 반한다. 따라서 후에 실체면의 변경이 있더라도 앞의 소송행위를 내용으로 한 절차는 번복됨이 없이 유지되어야 한다는 '절차유지의 원칙'이 적용된다.

(2) 절차면이 실체면에 미치는 영향

부동적인 실체면은 증거조사라는 절차면을 통해 형성된다. 따라서 증거에 관한 법적 규제(절차면)에 의하여 실체면은 영향을 받는다. 즉, 위법수집증거배제법칙, 자백배제법칙, 자백보강법칙, 전문법칙 등의 절차면은 부동적인 실체면에 영향을 끼친다.

Ⅱ. 소송절차의 본질

소송절차의 본질이란 소송절차의 전 과정, 즉 전체로서의 소송을 어떻게 통일적으로 파악할 수 있는가의 문제이다. 이에 대해서는 다음과 같은 견해의 대립이 있다.

1. 법률관계설

법률관계설은 소송을 소송의 주체 사이에 존재하는 권리의무의 법률관계(Rechtsverhältnis)로 파악하는 견해이다. 즉 법원은 심판할 권리의무가 있고, 당사자는 심판을 구하거나 받을 권리의무를 가진다는 것이다. Bülow가 주장한 이론이다. 이 설은 소송의 본질을 권리의무관계로 파악하여 피고인의 권리보호에 기여하는 점을 지니지만, 소송의 실체면의 경우 동적·발전적 성격이 있음에도 불구하고 단지 정적·고정적인 법률관계로만 바라보는 결함을 지닌다.

2. 법률상태설

이 설은 소송은 법률관계가 아니라 기판력을 목적으로 하는 부동(浮動)적인 법률상태(Rechtslage)라고 이해하는 견해이다. Goldschmidt가 주장한 것이다. 그에 따르면 소송상의 권리의무는 기판력의 발생으로 확정될 뿐이고, 그 이전에는 유리한 기판력을 받을 가능성과 불리한 기판력을 받을 부담에 지나지 않는다는 것이다. 이 설은 소송의 실체면을 부동적인 것으로 본 것은 타당하지만 소송의 절차면까지 부동적인 법률상태로 본 결함을 지닌다.

3. 이면설

이 설은 전체로서의 소송을 실체면과 절차면으로 나누고 소송의 실체면은 부동적인 법률상태이고, 소송의 절차면은 고정적인 법률관계로 보는 견해이다. 이 설이 소송의 실체면과 절차면을 모두 바르게 이해하는 것으로서 타당하고, 또한 우리나라의 통설이기도 하다.

Ⅲ. 소송절차이분론

소송절차이분론은 범죄사실의 인정절차와 양형절차를 분리하자는 주장을 말한다. 현재 영미의 제도이기도 하다. 이 경우에 유죄의 평결(conviction)은 배심원이 하고, 양형 및 형의 선고(sentence)는 법관이 행한다. 그런데 우리나라가 속한 대륙법계에서는 사실인정과 양형절차가 구분되지 않고 있다. 특히 최근 「국민의 형사재판 참여에 관한 법률」에 의하여 우리나라에도 배심원제도가 도입되었지만 배심원은 사실인정과 양형에 대해 함께 의견을 개진할 수 있도록 하였기 때문에 소송절차이분론이 실현된 것은 아니다. 따라서 소송절차이분론은 우리나라에서는 여전히 입법론으로서 검토될 수 있다. 소송절차이분론은 다음과 같은 형사정책적 의미를 가질 수 있다.

(i) 피고인의 전과, 경력, 가족관계, 재산상태와 같은 피고인의 인격이 사실심리절차에서 밝혀지면 법관이 예단을 가지게 되는데, 이를 방지하기 위하여는 절차의 분리가 요청된다.

(ii) 대부분의 기소사건이 유죄판결로 귀결되는 현 실무에서 형벌의 정도와 종류에 관한 양형은 피고인의 입장에서 매우 중요한데, 독자의 양형절차를 두고 판결전조사제도를 도입하면 양형의 합리화를 도모할 수 있다.

(iii) 만약 피고인이 무죄판결을 받는다면 공판정에서 인격조사가 이미 행하여져서 피고인의 프라이버시가 침해되는데, 이를 방지하기 위해서는 절차가 이분되어야 한다.

(iv) 변호인은 피고인이 무죄라고 확신하더라도 유죄평결이 내릴 것을 대비하여 관대한 처벌을 구하는 변론을 하여야 하는데, 사실인정단계에서는 피고인의 무죄만을 변론하게 할 수 있기 위하여는 절차가 이분되어야 한다.

(v) 절차이분론에 의하면 무죄사실이 확정되면 피고인의 인격에 대한 조사를 필요로 하지 않고 소송이 종결될 수 있기 때문에 소송경제에 도움이 된다.

Ⅳ. 소송조건

1. 의 의

(1) 개 념

소송조건(Prozeßvoraussetzung)이란 사건의 실체에 대하여 심판할 수 있는 실체심판의 전제조건, 즉 형벌권의 존부를 심판하는 데 구비하여야 할 전체로서의 소송에 공통된 조건을 말한다. 소송조건은 개념적으로는 재판시에 작용하는 것으로 되어 있으나 실질적으로는 수사초기부터 소송의 전 과정을 거쳐 작용한다. 예컨대, 친고죄에 대한 고소가 없었음에도 불구하고 수사기관이 수사를 착수한 것은 그 적법성이 문제된다. 이에 대해서는 견해대립이 있다(자세한 것은 수사편에서 후술함).

(2) 구별개념

(i) 실체법상의 처벌조건(예컨대 파산법에 있어서의 파산선고의 확정)은 그것을 결한 경우에 실체법상 형벌권이 발생할 수 없다는 의미의 실체판결(형면제판결)이 있어야 하지만, 소송조건을 결한 경우에는 실체판결을 할 수 있는 전제조건을 아예 갖추지 못하였다는 의미의 면소판결, 공소기각재판의 형식재판이 있어야 하는 점에서 구별된다.

(ii) 소송행위의 유효조건은 개별소송행위의 유효조건에 불과하기 때문에 전체로서의 소송 그 자체에 관련되어 흠결시 공소기각재판을 하는 소송조건과 구별된다.

(iii) 공판절차의 정지조건(제298조 제4항, 제306조)은 단순히 절차를 정지할 뿐이기 때문에 그 흠결시 전체 소송의 존속을 일단 완전히 종료시키는 소송조건과 구별된다.

2. 소송조건의 종류

(1) 일반적 소송조건과 특별소송조건

일반적 소송조건이란 일반사건에 공통으로 필요한 조건을 말한다. 예컨대 적법한 공소의 제기, 공소제기된 법원의 관할권은 일반적 소송조건이 된다. 반면에 특별소송조건이란 특수한 사건에 대해서만 필요한 조건을 말한다. 예컨대 친고죄의 경우는 피해자의 고소가 특별소송조건이 된다.

(2) 절대적 소송조건과 상대적 소송조건

절대적 소송조건이란 법원이 공익을 위하여 특히 필요하다고 인정하여 직권으로 조사하여야 하는 소송조건을 말한다. 대부분의 소송조건은 여기에 해당한다. 반면에 상대적 소송조건이란 법원이 당사자의 신청을 기다려 조사하는 소송조건을 말한다. 예컨대 토지관할은 상대적 소송조건이다(제320조).

(3) 적극적 소송조건과 소극적 소송조건

적극적 소송조건이란 일정한 사실의 존재가 소송조건이 되는 것을 말하고(예컨대 관할권의 존재), 소극적 소송조건이란 일정한 사실의 부존재가 소송조건이 되는 것으로서 이를 '소송장해'라고도 한다. 예컨대 동일사건에 대해 확정판결이 없을 것, 동일법원에 2중의 공소제기가 없을 것의 조건은 소극적 소송조건이 된다.

(4) 형식적 소송조건과 실체적 소송조건

형식적 소송조건이란 절차면에 관한 사유를 소송조건으로 하는 것을 말하고(공소기각 또는 관할위반의 재판을 하는 경우로 열거된 소송조건이 여기에 해당한다), 실체적 소송조건이란 실체면에 관한 사유를 소송조건으로 하는 것을 말한다. 면소의 판결(제326조)을 해야 할 것으로 규정된 소송조건은 실체적 소송조건에 해당한다.

3. 소송조건의 조사와 부존재의 효과

(1) 직권조사와 자유로운 증명

법원은 직권으로 소송조건의 존부를 조사한다(즉, 소송조건은 원칙상 절대적 소송조건이다). 고소권자가 비친고죄로 고소한 사건을 검사가 친고죄로 구성하여 공소를 제기한 경우에도 마찬가지로 직권조사 하여야 한다(대판 2015.11.17, 2013도7987). 다만 토지관할과 같은 상대적 소송조건은 신청에 의하여 조사하는 예외에 해당한다. 소송조건이 구비되었으면 수사기관은 수사를 계속하여 공소제기를 할 수 있고, 법원은 심리를 계속하여 유무죄의 실체재판을 할 수 있다. 소송조건의 존부에 관한 입증은 자유로운 증명으로 족하다. 왜냐하면 소송조건은 범죄사실에 대한 것이 아니고 소송법적 사실이기 때문이다.

(2) 형식재판과 흠결의 경합

1) **형식재판** 소송조건이 구비되지 않은 경우에는 수사기관은 공소권 없음의 불기소처분을 하여야 하고, 법원은 일단 형식재판으로 소송종결을 하여야 한다. 구체적으로 보면 형식적 소송조건의 결여가 있으면 공소기각(판결을 규정한 제327조, 결정을 규정한 제328조) 또는 관할위반(판결을 규정한 제319조)의 형식재판으로, 실체적 소송조건의 결여가 있으면 면소판결(제326조)에 의하여 소송종결이 이루어져야 한다. 다만 무죄판결의 사유가 명확히 인정되는 심리완료의 단계에서는 소송조건의 결여가 있더라도 피고인의 이익을 위해 법원은 무죄판결을 선고할 수 있다는 것이 판례의 태도이다. 그러나 형식재판에 대해 무죄를 구하는 피고인의 상소는 상소이익이 부정되어 허용되지 않는다.

관련판례 (1) 교통사고처리특례법 제3조 제1항, 제2항 단서, 형법 제268조를 적용하여 공소가 제기된 사건에서, 심리 결과 교통사고처리특례법 제3조 제2항 단서에서 정한 사유가 없고 같은 법 제3조 제2항 본문이나 제4조 제1항 본문의 사유로 공소를 제기할 수 없는 경우에 해당하면 공소기각의 판결을 하는 것이 원칙이다. 그런데 사건의 실체에 관한 심리가 이미 완료되어 교통사고처리 특례법 제3조 제2항 단서에서 정한 사유가 없는 것으로 판명되고 달리 피고인이 같은 법 제3조 제1항의 죄를 범하였다고 인정되지 않는 경우, 같은 법 제3조 제2항 본문이나 제4조 제1항 본문의 사유가 있더라도, 사실심법원이 피고인의 이익을 위하여 교통사고처리특례법 위반의 공소사실에 대하여 무죄의 실체판결을 선고하였다면, 이를 위법이라고 볼 수는 없다(대판 2015.5.14, 2012도11431).

2) 소송조건의 흠결이 경합하는 경우

[설문 (21)] 甲(23세)은 2013.6.1. 22:00경 동거하지 않는 사촌누나 乙(25세)이 혼자 사는 원룸에 찾아가 乙이 집을 비운 틈을 이용하여 절도의 의사로 원룸 안에 들어가 책상서랍에 있던 100만 원을 절취하였다. 한편, 이틀 후 비로소 이 사실을 CCTV로 확인한 乙이 甲에게 전화를 걸어 따지자 甲은 2~3달 내에 위 돈을 반드시 갚겠다고 약속하였다. 그러나 甲이 약속을 어기고 차일피일 변제를 미루자 결국 乙은 2014.4.5. 甲을 야간주거침입절도죄로 고소하였다. 만일 甲이 원룸경비원의 신고로 2013.6.2. 즉결심판절차에서 위 사실에 대해 형법상 주거침입죄로 벌금 20만 원의 즉결심판을 선고받고 확정된 바 있음에도, 검사가 乙의 고소에 따라 甲을 야간주거침입절도죄로 공소제기 한다면, 법원은 유무죄 · 면소 · 공소기각 중 어떠한 판단을 하여야 하는가? (2014년 사법시험)

형식적 소송조건과 실체적 소송조건의 흠결이 경합하는 경우에는 형식적 소송조건의 흠결을 이유로 재판한다. 상기한 [설문 (21)]의 경우는 야간주거침입절도죄와 동일성이 있는 주거침입죄에 대한 즉결심판이 확정되었음에도 불구하고 검사가 야간주거침입절도죄로 정식 공소를 제기하였기 때문에 면소판결의 사유가 될 것이고, 그와 동시에 비동거친족 사이의 야간주거침입죄라는 친고죄에 대해 피해자가 고소기간 6개월을 넘겨 비로소 고소를 한 상태에서 검사가 공소를 제기하였기 때문에 공소기각판결의 사유도 되어 양자가 경합하는데, 이 경우에 법원은 공소기각의 판결을 하여야 한다. 수개의 형식적 소송조건의 흠결이 경합한 때에는 하자의 정도가 중한 것을 기준으로 재판한다. 예컨대, 관할위반과 공소기각의 사유가 경합하면 공소기각의 사유를 이유로 재판하고, 공소기각의 판결과 공소기각의 결정의 사유가 경합하면 공소기각결정의 사유를 이유로 재판한다.

4. 소송조건의 추완

소송조건의 추완은 공소제기의 당시에는 소송조건이 구비되지 않았으나 소송계속 중에 그 조건을 보완한 경우에 공소제기의 하자가 치유되느냐 하는 문제이다. 이는 주로 친고죄에 있어서 고소의 추완을 인정할 것인가를 중심으로 논의되고 있다. 소송조건의 추완을 인정할 것인가에 관하여는 소송의 동적 발전적 성격과 소송경제를 이유로 한 적극설과 검사의 공소제기를 규제하고 피고인의 절차로부터의 해방을 보장한다는 점을 논거로 하는 소극설, 모두절차까지의 추완과 피고인이 동의한 때에는 추완을 인정해야 한다는 절충설이 대립하고 있다(자세한 것은 전술하였음).

제 2 편

각 론(1): 搜査節次論

제 1 장

수사의 개시와 진행

[§ 12] 수사입문

Ⅰ. 수사의 의의 및 수사기관

1. 수사의 의의

[설문 (1)] 사법경찰관 P는 공기업인 Y공사 사장이 예산을 횡령하였다는 첩보를 입수하고 내사에 착수하였다. 일단 상황을 파악하기 위하여 Y공사의 자금을 관리하는 경리여직원 A를 소환하여 그녀로부터 Y공사 사장인 甲과 자금담당이사인 乙이 공모하여 예산을 일부 횡령한 정황이 기재된 진술서를 제출받고, 바로 乙을 소환하여 진술을 받으려 하였다. 그러나 乙은 아무런 근거 없이 이런 조사에 응할 수 없다고 진술을 거부하려 하였으나 P는 "참고인에게는 진술거부권이 없으니 사실대로 진술하라. 사실대로 말할 경우 내사를 종결할 테니 자금담당이사직을 계속 유지하려면 조사에 협조하여야 한다"라고 회유하여 乙로부터 횡령사실을 일부 시인하는 진술을 받고 참고인진술조서를 작성하였다. 이 경우 P가 내사단계에서 작성한 乙에 대한 참고인진술조서는 증거로 사용할 수 있는가? [사법시험 제53회 문제 참조]

수사(Ermittlung)란 범죄혐의가 있다고 사료되는 때에 이의 유무를 명백히 밝혀서 공소의 제기·유지 여부를 결정하기 위하여 범인을 검거하고 증거를 수집·보전하는 수사기관의 활동을 말한다. 수사는 범죄의 혐의가 있다고 사료되는 때에 수사기관에 의해 정식으로 개시되는 것이므로 범죄의 혐의 유무를 미리 알아보기 위하여 행하는 수사기관의 내사(입건전 조사)와는 구별된다.[1] 그런데 내사와 수사의 구별기준에 대해서는 형식설과 실질설의 대립이 있다. 형식설은 형사사건으로 접수, 수리되고 사건번호가 부여되는 정식의 입건절차를 거치면 그때부터 수사라고 보는 입장이다. 구체적으로 정식 입건을 위해서는 범죄인지서(검사의 경우) 또는 범죄인지보고서(사법경찰관의 경우)가 작성되고 형제번호가 부여된다. 이에 비하여 실질설은 피의자 내지 참고인 조사 등과 같이 실질적으로 수사에 해당하는 행위를 하는 경우에는 형식상의 입건과는 관계없이 수사로 보아야 한다는 견해이다. 판례는 "피내사자와 피의자의 구분은 형식적으로 입건서류를 작성함으로써 구분되는 것이 아니라 수사기관이 구체적 단서에 의거하여 범죄혐의를 주관적으로 인지하는 시점부터 시작된다. 검찰사건사무규칙이 규정한 범죄인지서 작성절차는 검찰행정의 편의를 위한 사무처리절차 규정이므로, 검사가 인지절차를 거치기 전에 범죄의 혐의가 있다고 보아 수사를 개시하는 행위를 한 때에는 범죄를 인지한 것으로 보아야 한다"고 판시하여(대판 2001.10.26, 2000도2968) 실질설을 취하고 있다.[2] 실무에서는 수사기관이 업무처리규칙에 따라서 정식 입건 이전에 내사활동을 하면서 각종 증거를 수집하고 심지어 압수와 같은 강제처분도 행하고 있다.[3] 이와 같이 수사와 동일한 방법으로 내사를 한 후 수사기관은 정식입건하거나, 내사종결처분 혹은 입건유예처분으로 종료하기도 한다. 그런데 내사를 통해 국민의 기본권이 침해되지 않기 위해서는 수사기관의 내사활동을 규제하는 대책이 요구된다. 따라서 실질적으로 수사로 평가되는 내사의 경우 그 내사의 주체가 검사 또는 사법경찰인지의 구분 없이 피의자의 인권 내지 방어권이 충실히 보장되어야 한다. 이에 따라 판례도 피내사자에게도 변호인과의 접견교통권은 보장되어야 한다고 판시하고 있다(대결 1996.8.3., 96모18).

2021년 시행 검경 수사준칙에 관련내용이 구체적으로 규정되어 있다. 동 수사준칙 제16조(수사의 개시)에 의하면, 검사 또는 사법경찰관이 다음 각 호의 어느 하나에 해당하는 행위에 착수한 때에는 수사를 개시한 것으로 본다. 이 경우 검사 또는 사법경찰관은 해당 사건을 즉시 입건해야 한다: 1. 피혐의자의 수사기관 출석조사 2. 피의자신문조서의 작성 3. 긴급체포 4. 체포·구속영장의 청구 또는 신청 5. 사람

1) 수사기관의 사무처리규칙에 의한 인지절차가 이루어지기 전에 수사를 하였다는 이유만으로 그 수사가 위법하다고 볼 수 없다는 대판 2001.10.26, 2000도2968.

2) 북한 이탈민에게 변호인 접견권을 보장하지 않은 불법행위에 대한 국가손해배상청구 민사 사건에서 동일한 취지로 판시한 대판 2018.12.27, 2016다266736.

3) 내사문제와 관련된 주요판례의 제시로는 신동운 외, 로스쿨 형사소송법, 1면 이하; 법적 근거 없는 내사활동에 대한 통제 필요성을 지적한 신양균(2009), 88면 이하.

의 신체, 주거, 관리하는 건조물, 자동차, 선박, 항공기 또는 점유하는 방실에 대한 압수 · 수색 또는 검증영장(부검을 위한 검증영장은 제외한다)의 청구 또는 신청(제1항). 검사 또는 사법경찰관은 수사 중인 사건의 범죄 혐의를 밝히기 위한 목적으로 관련 없는 사건의 수사를 개시하거나 수사기간을 부당하게 연장해서는 안 된다(제2항). 검사 또는 사법경찰관은 입건 전에 범죄를 의심할 만한 정황이 있어 수사 개시 여부를 결정하기 위한 사실관계의 확인 등 필요한 조사를 할 때에는 적법절차를 준수하고 사건관계인의 인권을 존중하며, 조사가 부당하게 장기화되지 않도록 신속하게 진행해야 한다(제3항). 검사 또는 사법경찰관은 제3항에 따른 조사 결과 입건하지 않는 결정을 한 때에는 피해자에 대한 보복범죄나 2차 피해가 우려되는 경우 등을 제외하고는 피혐의자 및 사건관계인에게 통지해야 한다(제4항). 제4항에 따른 통지의 구체적인 방법 및 절차 등은 법무부장관, 경찰청장 또는 해양경찰청장이 정한다(제5항). 제3항에 따른 조사와 관련한 서류 등의 열람 및 복사에 관하여는 제69조제1항, 제3항, 제5항(같은 조 제1항 및 제3항을 준용하는 부분으로 한정한다. 이하 이 항에서 같다) 및 제6항(같은 조 제1항, 제3항 및 제5항에 따른 신청을 받은 경우로 한정한다)을 준용한다(제6항).

수사는 공소의 제기 및 유지와 법원에 의한 유무죄의 실체판결에까지 나아갈 수도 있지만, 불기소처분 및 공소취소에 의해 중간에서 종료되는 경우도 있다. 수사는 주로 공소제기 전에 행하여지지만 공소제기 후에도 공소를 유지하기 위하여 허용된다.

[설문 (1)의 해결] 사안의 경우 비록 입건 전이기는 하지만 경리여직원으로부터 乙이 예산 일부를 횡령한 정황이 포착되어 사법경찰관 P가 乙을 참고인으로 소환한 것이라면 실질적으로는 범죄혐의가 있는 피의자에 대해 수사를 개시한 것으로 볼 수 있다(그리고 대판 2004.9.3, 2004도3588에 의하면 사실상 피의자로 조사받으면서 작성된 참고인진술조서의 경우는 피의자신문조서로 보지 않을 수 없음. 따라서 대판 2009.8.20, 2008도8213의 태도와 같이 진술거부권이 고지되어야 적법성이 인정되고, 전문법칙의 적용에서는 제312조 제3항에 따라 원진술자가 내용을 부인하면 증거능력이 부정될 것임).

---

2. 수사기관

(1) 검사와 일반 사법경찰

수사기관은 법률상 수사의 권한이 인정되어 있는 국가기관을 말한다. 수사기관에는 검사와 사법경찰관리가 있다. 검사는 법무부 및 검찰청 소속의 검사만 있었다가, 2021.1.부터 공수처법에 의한 공수처 검사도 있게 되었다. (검찰청) 검사는 범죄의 혐의가 있다고 사료하는 때에는 범인, 범죄사실과 증거를 수사한다(제196조). 그런데 검찰청법에 의하면 검사는 일정 범죄에 대해서만 수사의 착수 및 진행을 할 수 있을 뿐이다(검찰청법 제4조 제1항 1호 단서). 또한 공수처법에 의하면 공수처 검사도 일정 공직자의 공직범죄에 대해서만 수사할 수 있다.

사법경찰관리에는 모든 형사사건에 대해 수사활동을 할 수 있는 일반사법경찰관리와 특별한 사항에 한하여 제한적으로만 수사활동을 할 수 있는 특별사법경찰관리가 있다. 2021.1. 시행 형소법 제197조(사법경찰관리)에 의하면, 경무관, 총경, 경정, 경감, 경위는 (일반) 사법경찰관으로서 범죄의 혐의가 있다고 사료하는 때에는 범인, 범죄사실과 증거를 수사한다(제1항). 경사, 경장, 순경은 (일반) 사법경찰리로서 수사의 보조를 하여야 한다(제2항). 2021.1. 시행 형소법부터는 사법경찰관에게 독립적인 수사개시 진행의 권한이 부여되어 있고, 종래의 검사의 수사지휘권에 관한 규정은 폐지된 것이다. 일반사법경찰리는 수사를 보조하는 보조기관일 뿐이지만,[4] 상사로부터 특정한 수사명령을 받으면 사법경찰관의 사무를 취급할 수 있는 권한을 가지는 사법경찰관 사무취급이 된다(대판 1969.12.9, 69도1884).

전술한 일반사법경찰관리 이외에 법률로써 일반사법경찰관리를 정할 수 있다. 특히 2021.1. 시행 형소법 및 검찰청법은 검찰청 소속의 검찰청 직원에 관하여 규정하고 있다(형소법 제245조의9, 검찰청법 제45조 이하). 형소법 제245조의9(검찰청 직원)에 의하면, 검찰청 직원으로서 사법경찰관리의 직무를 행하는 자와 그 직무의 범위는 법률로 정한다(제1항). 예컨대, 수사서기관, 수사사무관, 검찰주사 등은 사법경찰관의 지위를 가지고(검찰청법 제46조 제2항, 제47조 제1항 1호), 검찰서기 등은 사법경찰리의 지위를 가진다(검찰청법 제47조 제1항 2호). 사법경찰관의 직무를 행하는 검

4) 검사나 사법경찰관이 아닌 사법경찰리에게 기계적 사무보조에 한정되지 않는 수사의 보조를 하도록 정하였다 하더라도 사법경찰리는 여전히 검사와 사법경찰관의 구체적 명령과 지휘 하에서 수사를 '보조'함에 그치고 독자적 수사권이 없음은 물론 사건을 종결할 권한이 부여된 것은 더욱 아니다(헌법재판소 2001.10.25. 선고 2001헌바9).

찰청 직원은 검사의 지휘를 받아 수사하여야 한다(형소법 제245조의9 제2항). 사법경찰리의 직무를 행하는 검찰청 직원은 검사 또는 사법경찰관의 직무를 행하는 검찰청 직원의 수사를 보조하여야 한다(제3항). 사법경찰관리의 직무를 행하는 검찰청 직원에 대하여는 제197조의2부터 제197조의4까지, 제221조의5, 제245조의5부터 제245조의8까지의 규정을 적용하지 아니한다(제4항).

(2) 검사의 수사지휘를 받는 특별사법경찰

형소법 제245조의10(특별사법경찰관리)에 의하면, 삼림, 해사, 전매, 세무, 군수사기관 기타 특별한 사항에 관하여 사법경찰관리의 직무를 행할 특별사법경찰관리와 그 직무의 범위는 법률로 정한다(제1항). 특별사법경찰관은 모든 수사에 관하여 검사의 지휘를 받는다(제2항). 특별사법경찰관은 범죄의 혐의가 있다고 인식하는 때에는 범인, 범죄사실과 증거에 관하여 수사를 개시·진행하여야 한다(제3항). 특별사법경찰관리는 검사의 지휘가 있는 때에는 이에 따라야 한다. 검사의 지휘에 관한 구체적 사항은 법무부령으로 정한다(제4항). 특별사법경찰관은 범죄를 수사한 때에는 지체 없이 검사에게 사건을 송치하고, 관계 서류와 증거물을 송부하여야 한다(제5항). 특별사법경찰관리에 대하여는 제197조의2부터 제197조의4까지, 제221조의5, 제245조의5부터 제245조의8까지의 규정을 적용하지 아니한다(제6항). 특별사법경찰관리의 종류와 직무범위에 대해서는 「사법경찰관리의 직무를 수행할 자와 그 직무범위에 관한 법률」이 정하고 있다. 이에는 당연히 사법경찰권을 가지는 자와 검사장의 지명에 의해 권한을 가지는 자로 나누어진다. 그리고 현재 '특별사법경찰관리에 대한 검사의 수사지휘 및 특별사법경찰관리의 수사준칙에 관한 규칙'이라는 실무규정도 제정되어 운용되고 있다.

(3) (검찰청) 검사와 (경찰청 일반) 사법경찰관(리)의 관계[5)]

[설문 (2)] 사법경찰관이 甲을 상습사기 혐의로 긴급체포한 후 검사에게 구속영장을 신청하였다. 그런데 검사가 甲에 대한 수사 과정의 적법 여부 및 구속 사유의 존부를 심사하기 위하여 피의자를 직접 조사할 필요가 있다고 판단하고 사법경찰관에게 검사실로 피의자를 데리고 오도록 지휘하려고 한다. 이와 같은 지휘는 법적으로

5) 형소법상 검사는 원래 검찰청 소속 검사를 의미하고, 사법경찰은 경찰청 소속 일반 사법경찰을 의미한다. 따라서 본서는 별다른 표시가 없으면 검찰청 소속 검사와 경찰청 소속 일반 사법경찰을 지칭하기로 한다.

적법한가? [사법시험 제54회 문제 참조].

2021.1. 시행 형사소송법 이전에는 모든 사법경찰의 수사에 대하여 검사는 수사지휘권을 가지고, 수사종결권도 독점하였다. 그러나 형사소송법의 개정으로 현재 검사와 사법경찰관은 수사, 공소제기 및 공소유지에 관하여 서로 협력하여야 한다(제195조 제1항). 즉 검사와 사법경찰관의 관계는 종래 수사에 있어 지휘복종관계에서 현재 상호협력관계로 변경되었다. 그리고 이에 따른 수사를 위하여 준수하여야 하는 일반적 수사준칙에 관한 사항은 대통령령으로 정한다(제2항). 양자 관계에 대해 더욱 구체적으로 규정하여야 하는 대통령령은 “검사와 사법경찰관의 상호협력과 일반적 수사준칙에 관한 규정”이라는 이름으로 2021.1.1.부터 시행되고 있다.

2021.1. 시행 형소법에 따르면, 경무관, 총경, 경정, 경감, 경위는 사법경찰관으로서 범죄의 혐의가 있다고 사료하는 때에는 범인, 범죄사실과 증거를 수사할 수 있는 권한, 즉 모든 범죄에 대해 독자적 수사 개시권과 진행권을 가지고 있다(제197조 제1항). 검사가 특정 범죄에 대해서만 수사 개시권과 진행권을 가지는 것과 대비된다(형소법 제196조, 검찰청법 제4조 제1항 1호 단서). 그런데 수사과정에서 필요로 하는(체포, 구속, 압수, 수색, 검증 등의) 영장청구권은 현행법하에서도 여전히 검사가 독점하고 있다(즉, 사법경찰관은 검사에게 영장청구를 의뢰할 수 있을 뿐임). 우리나라 헌법에 영장청구권은 검사만이 가지는 것으로 규정되어 있기 때문이다. 다만, 검사가 사법경찰관이 신청한 영장을 정당한 이유 없이 판사에게 청구하지 아니한 경우 사법경찰관은 그 검사 소속의 지방검찰청 소재지를 관할하는 고등검찰청에 영장 청구 여부에 대한 심의를 신청할 수 있는 이의 신청권을 가진다(제221조의5 제1항).

그리고 2021년 개정법에서는 사법경찰관은 불기소처분 대상범죄에 대해서는 1차적 수사 종결권(불송치 결정권)도 가지게 되었다. 즉, 사법경찰관은 고소 · 고발사건을 포함하여 범죄를 수사한 때에는 (i) 범죄의 혐의가 있다고 인정되는 경우에는 지체 없이 검사에게 사건을 송치하고, 관계 서류와 증거물을 검사에게 송부하여야 하고, (ii) 그 밖의 경우(즉, 불송치 결정을 한 경우)에는 그 이유를 명시한 서면과 함께 관계 서류와 증거물을 지체 없이 검사에게 송부하여야 한다. 이 경우 검사는 송부받은 날로부터 90일 이내에 사법경찰관에게 반환하여야 한다(제245조의5). 다만, 사법경찰관의 불송치 결정 통지를 받은 사람은 해당 사법 경찰관의 소속 관서의 장에게 이의를 신청할 수 있다(제245조의7 제1항). 사법경찰관은 이의신청이 있는 때에는 지체 없이 검사에게 사건을 송치하고 관계 서류와 증거물을 송부하여야 하며, 처리 결과와 그 이유를 신청인에게 통지하여야 한다(제2항).

그리고 검사의 사법경찰관에 대한 우월적 지위의 수사지휘권은 법 개정으로 폐지되었지만, 그 대신에 사법경찰관에 대한 보완수사 요구권과 시정조치 요구권이 검사에게 보장되고 있다. 형소법에 따르면, 검사는 송치사건의 공소제기 여부 결정 또는 공소의 유지에 관하여 필요한 경우 또는 사법경찰관이 신청한 영장의 청구 여부 결정에 관하여 필요한 경우에 사법경찰관에게 보완수사를 요구할 수 있다(제197조의2 제1항). 사법경찰관은 이 요구가 있는 때에는 정당한 이유가 없는 한 지체 없이 이를 이행하고, 그 결과를 검사에게 통보하여야 한다(제2항). 검찰총장 또는 각급 검찰청 검사장은 사법경찰관이 정당한 이유 없이 이 요구에 따르지 아니하는 때에는 권한 있는 사람에게 해당 사법경찰관의 직무배제 또는 징계를 요구할 수 있고, 그 징계 절차는 '공무원 징계령' 또는 '경찰공무원 징계령'에 따른다(제3항).

그리고 검사는 사법경찰관리의 수사과정에서 법령위반, 인권침해 또는 현저한 수사권 남용이 의심되는 사실의 신고가 있거나 그러한 사실을 인식하게 된 경우에는 사법경찰관에게 사건기록 등본의 송부를 요구할 수 있다(시정조치요구권을 규정한 제197조의3 제1항). 송부 요구를 받은 사법경찰관은 지체 없이 검사에게 사건기록 등본을 송부하여야 한다(제2항). 송부를 받은 검사는 필요하다고 인정되는 경우에는 사법경찰관에게 시정조치를 요구할 수 있다(제3항). 사법경찰관은 시정조치 요구가 있는 때에는 정당한 이유가 없는 한 지체 없이 이를 이행하고, 그 결과를 검사에게 통보하여야 한다(제4항). 통보를 받은 검사는 시정조치 요구가 정당한 이유 없이 이행되지 않았다고 인정되는 경우에는 사법경찰관에게 사건을 송치할 것을 요구할 수 있다(제5항). 송치 요구를 받은 사법경찰관은 검사에게 사건을 송치하여야 한다(제6항). 검찰총장 또는 각급 검찰청 검사장은 사법경찰관리의 수사과정에서 법령위반, 인권침해 또는 현저한 수사권 남용이 있었던 때에는 권한 있는 사람에게 해당 사법경찰관리의 징계를 요구할 수 있고, 그 징계 절차는 '공무원 징계령' 또는 '경찰공무원 징계령'에 따른다(제7항). 사법경찰관은 피의자를 신문하기 전에 수사과정에서 법령위반, 인권침해 또는 현저한 수사권 남용이 있는 경우 검사에게 구제를 신청할 수 있음을 피의자에게 알려주어야 한다(제8항).

그리고 형소법 제197조의4(수사의 경합)에 따르면, 검사는 사법경찰관과 동일한 범죄사실을 수사하게 된 때에는 사법경찰관에게 사건을 송치할 것을 요구할 수 있다(제1항). 제1항의 요구를 받은 사법경찰관은 지체 없이 검사에게 사건을 송치하여야 한다. 다만, 검사가 영장을 청구하기 전에 동일한 범죄사실에 관하여 사법경찰관이 영장을 신청한 경우에는 해당 영장에 기재된 범죄사실을 계속 수사할 수 있다(제2항).

상기한 것 이외에 검사와 사법경찰관의 관계에 관한 기타의 구체적 사항은 아래의 해당 논제에서 다시 후술하기로 한다.

[설문 (2)의 해결] 형사소송법에 따르면 구속영장실질심사는 필요적인 것으로 규정되어 있다. 이에 따라서 구속영장발부와 관련하여 피의자의 법관대면권과 법관의 피의자대면권은 법적으로 보장된 것으로 볼 수 있다. 그러나 이를 통해 검사의 피의자대면요구권까지 보장된 것으로 볼 수는 없다. 다만 검사는 긴급체포의 적법성 여부와 구속 사유의 존부를 심사하기 위하여 피의자를 직접 조사할 필요가 있다고 판단하는 경우 2021.1. 시행 형소법상 수사협력의 차원에서 사법경찰관에게 검사실로 피의자를 데리고 오도록 요청할 수는 있을 것이다. 그러나 체포된 피의자의 구금장소가 임의적으로 변경되는 점, 법원에 의한 영장실질심사 제도를 도입하고 있는 현행 형사소송법하에서 체포된 피의자의 신속한 법관대면권 보장이 지연될 우려가 있는 점 등을 고려하면, 검사의 구속영장 청구 전 피의자 대면조사는 긴급체포의 적법성을 의심할 만한 사유가 기록 기타 객관적 자료에 나타나고 피의자의 대면조사를 통해 그 여부의 판단이 가능할 것으로 보이는 예외적인 경우에 한하여 허용될 뿐, 긴급체포의 합당성이나 구속영장 청구에 필요한 사유를 보강하기 위한 목적으로 실시되어서는 아니 된다. 나아가 검사의 구속영장 청구 전 피의자 대면조사는 강제수사가 아니므로 피의자는 검사의 출석 요구에 응할 의무가 없고, 피의자가 검사의 출석 요구에 동의한 때에 한하여 사법경찰관리는 피의자를 검찰청으로 호송하여야 한다(대판 2010.10.28, 2008도11999의 태도임).

---

(4) 공수처 검사의 수사와 공소권 행사

2021.1. 고위 공직자의 범죄를 독립적으로 수사하는 것은 물론이고, 특정 고위공직자의 범죄에 대해서는 공소권까지 행사할 수 있는 국가기관인 고위공직자범죄수사처의 설치와 운영에 관하여 필요한 사항을 규정함을 목적으로 「고위공직자범죄수사처 설치 및 운영에 관한 법률(약칭: 공수처법)」이 제정 시행되었다. 동 법률 제2조(정의)에 의하면, 이 법에서의 “고위공직자”란 다음 각 목의 어느 하나의 직(職)에 재직 중인 사람 또는 그 직에서 퇴직한 사람을 말한다. 다만, 장성급 장교는 현역을

면한 이후도 포함 된다: (가) 대통령, (나) 국회의장 및 국회의원, (다) 대법원장 및 대법관, (라) 헌법재판소장 및 헌법재판관, (마) 국무총리와 국무총리비서실 소속의 정무직공무원, (바) 중앙선거관리위원회의 정무직공무원, (사) 「공공감사에 관한 법률」 제2조 제2호에 따른 중앙행정기관의 정무직공무원, (아) 대통령비서실 · 국가안보실 · 대통령경호처 · 국가정보원 소속의 3급 이상 공무원, (자) 국회사무처, 국회도서관, 국회예산정책처, 국회입법조사처의 정무직공무원, (차) 대법원장비서실, 사법정책연구원, 법원공무원교육원, 헌법재판소사무처의 정무직공무원, (카) 검찰총장, 타. 특별시장 · 광역시장 · 특별자치시장 · 도지사 · 특별자치도지사 및 교육감, (파) 판사 및 검사, (하) 경무관 이상 경찰공무원, (거) 장성급 장교, (너) 금융감독원 원장 · 부원장 · 감사, (더) 감사원 · 국세청 · 공정거래위원회 · 금융위원회 소속의 3급 이상 공무원(동조 제1호). 그리고 “가족”이란 배우자, 직계존비속을 말한다. 다만, 대통령의 경우에는 배우자와 4촌 이내의 친족을 말한다(제2호).

다음으로 이 법에서 “고위공직자범죄”란 고위공직자로 재직 중에 본인 또는 본인의 가족이 범한 다음 각 목의 어느 하나에 해당하는 죄를 말한다. 다만, 가족의 경우에는 고위공직자의 직무와 관련하여 범한 죄에 한정한다(제3호): (가) 「형법」 제122조부터 제133조까지의 죄(다른 법률에 따라 가중처벌되는 경우를 포함한다) (나) 직무와 관련되는 「형법」 제141조, 제225조, 제227조, 제227조의2, 제229조(제225조, 제227조 및 제227조의2의 행사죄에 한정한다), 제355조부터 제357조까지 및 제359조의 죄(다른 법률에 따라 가중처벌되는 경우를 포함한다) (다) 「특정범죄 가중처벌 등에 관한 법률」 제3조의 죄 (라) 「변호사법」 제111조의 죄 (마) 「정치자금법」 제45조의 죄 (바) 「국가정보원법」 제21조 및 제22조의 죄 (사) 「국회에서의 증언 · 감정 등에 관한 법률」 제14조 제1항의 죄 (아) 가목부터 마목까지의 죄에 해당하는 범죄행위로 인한 「범죄수익은닉의 규제 및 처벌 등에 관한 법률」 제2조 제4호의 범죄수익 등과 관련된 같은 법 제3조 및 제4조의 죄(제3호). 그리고 “관련범죄”란 다음 각 목의 어느 하나에 해당하는 죄를 말한다: (가) 고위공직자와 「형법」 제30조부터 제32조까지의 관계에 있는 자가 범한 제3호 각 목의 어느 하나에 해당하는 죄 (나) 고위공직자를 상대로 한 자의 「형법」 제133조, 제357조 제2항의 죄 (다) 고위공직자범죄와 관련된 「형법」 제151조 제1항, 제152조, 제154조부터 제156조까지의 죄 및 「국회에서의 증언 · 감정 등에 관한 법률」 제14조 제1항의 죄 (라) 고위공직자범죄 수사 과정에서 인지한 그 고위공직자범죄와 직접 관련성이 있는 죄로서 해당 고위공직자가 범한 죄(제4호).

그리고 "고위공직자범죄 등"이란 제3호와 제4호의 죄를 말한다(제5호).

그 다음 동 법률 제3조(고위공직자범죄수사처의 설치와 독립성) 제1항에 의하면, 고위공직자범죄수사처는 고위공직자범죄 등에 관한 수사(제1호)와 제2조 제1호 다목(즉, 대법원장 및 대법관), 카목(즉, 검찰총장), 파목(즉, 판사 및 검사), 하목(즉, 경무관 이상 경찰공무원)에 해당하는 고위공직자로 재직 중에 본인 또는 본인의 가족이 범한 고위공직자범죄 및 관련범죄의 공소제기와 그 유지(제2호)의 직무를 수행한다(제3조 제1항). 수사처는 그 권한에 속하는 직무를 독립하여 수행한다(제2항). 대통령, 대통령비서실의 공무원은 수사처의 사무에 관하여 업무보고나 자료제출 요구, 지시, 의견제시, 협의, 그 밖에 직무수행에 관여하는 일체의 행위를 하여서는 아니 된다(제3항).

이에 상응하여 수사처 검사는 수사권(제23조)과 공소권을 가지고 있다(제20조). 수사처수사관은 수사처검사의 지휘·감독을 받아 직무를 수행한다(제21조 제1항). 수사처수사관은 고위공직자범죄 등에 대한 수사에 관하여 「형사소송법」 제197조 제1항에 따른 사법경찰관의 직무를 수행한다(제2항).

동 법률 제24조(다른 수사기관과의 관계)에 의하면, 수사처의 범죄수사와 중복되는 다른 수사기관의 범죄수사에 대하여 처장이 수사의 진행 정도 및 공정성 논란 등에 비추어 수사처에서 수사하는 것이 적절하다고 판단하여 이첩을 요청하는 경우 해당 수사기관은 이에 응하여야 한다(제1항). 다른 수사기관이 범죄를 수사하는 과정에서 고위공직자범죄 등을 인지한 경우 그 사실을 즉시 수사처에 통보하여야 한다(제2항). 처장은 피의자, 피해자, 사건의 내용과 규모 등에 비추어 다른 수사기관이 고위공직자범죄등을 수사하는 것이 적절하다고 판단될 때에는 해당 수사기관에 사건을 이첩할 수 있다(제3항). 제2항에 따라 고위공직자범죄등 사실의 통보를 받은 처장은 통보를 한 다른 수사기관의 장에게 수사처규칙으로 정한 기간과 방법으로 수사개시 여부를 회신하여야 한다(제4항).

다음으로 제25조(수사처검사 및 검사 범죄에 대한 수사)에 의하면, 처장은 수사처검사의 범죄 혐의를 발견한 경우에 관련 자료와 함께 이를 대검찰청에 통보하여야 한다(제1항). 수사처 외의 다른 수사기관이 검사의 고위공직자범죄 혐의를 발견한 경우 그 수사기관의 장은 사건을 수사처에 이첩하여야 한다(제2항).

다음으로 제26조(수사처검사의 관계 서류와 증거물 송부 등)에 의하면, 수사처 검사는 제3조 제1항 제2호에서 정하는 사건(즉, 공소권까지 행사할 수 있는 사건)을 제외한 고위공직자범죄 등에 관한 수사를 한 때에는 관계 서류와 증거물을 지체 없이 서울중앙지방검찰청 소속 검사에게 송부하여야 한다(제1항). 제1항에 따라 관계 서류와 증거물을 송부받아 사건을 처리하는 검사는 처장에게 해당 사건의 공소제기 여부를 신속하게 통보하여야 한다(제2항).

다음 제27조(관련인지 사건의 이첩)에 의하면, 처장은 고위공직자범죄에 대하여 불기소 결정을 하는 때에는 해당 범죄의 수사과정에서 알게 된 관련범죄 사건을 대검찰청에 이첩하여야 한다.

그리고 수사처 검사가 불기소처분을 할 경우에 고소 고발인은 공수처장에의 전치절차를 거쳐 고등법원에 재정신청을 할 수 있는 특례 규정도 동 법률에 마련되어 있다(제29조).

Ⅱ. 수사 구조론

1. 탄핵적 수사관과 소송적 수사관

수사구조론은 일본에서 유래된 것으로서 피의자를 단순한 수사객체로만 파악하여서는 안 되고 그의 인권 및 방어권을 보장할 수 있는 구조를 지녀야 한다는 취지로 주장되었다. 일본 平野교수는 수사관을 규문적 수사관과 탄핵적 수사관으로 대립시키고 후자의 탄핵적 수사관을 바람직한 것으로 보았다.[6] 규문적 수사관에 의하면 피의자는 조사의 객체에 불과하고, 수사기관은 강제처분을 할 수 있는 고유한 권한을 가지며, 따라서 법관이 발부하는 영장은 허가장이 된다는 것이다. 반면에 탄핵적 수사관에 의하면 수사는 공판의 준비절차이므로 피의자도 독립하여 공판준비활동을 할 수 있는 당사자이며, 수사절차에서의 강제처분은 법원의 권한에 속하는 것이며, 따라서 법관이 발부하는 영장은 명령장의 성질을 가진다는 것이다. 그리고 소송적 수사관은 검사를 종국적 판단자로 하고 사법경찰과 피의자를 서로 대립하는 당사자로서 파악하는 수사구조론을 말한다. 소송적 수사관에 의하면 피의자는 수사의 주체가 된다.

6) 현재 우리나라에서는 규문적 수사관에 입각한 백형구, 347면, 탄핵적 수사관에 입각한 신현주(2002), 197면; 심희기/양동철(2009), 158면; 이은모(2011), 158면; 차용석/최용성, 162면, 이원적으로 파악하는 신동운, 59면 등이 보인다.

2. 비 판

탄핵적 수사관과 소송적 수사관이 피의자를 단순한 조사객체로 취급하여서는 안 되고 피의자의 인권 및 방어권을 수사단계에서도 철저히 보장하여야 한다는 취지 그 자체는 전적으로 타당한 것으로 판단된다. 그러나 이를 위해서 현실적 수사구조와 상이한 수사구조론이 주장되어야 할 이유는 없다. 그런데 현재의 수사구조에서 수사주체는 수사기관이지 탄핵적 수사관이 주장하듯이 법원은 아니다. 임의수사의 경우에는 특히 그러하다. 그리고 피의자는 수사의 객체이지 소송적 수사관이 주장하듯이 수사의 주체는 아니다. 결국, 피의자의 인권 내지 방어권은 헌법과 형사소송법의 적법절차조항에 의하여 당연히 보장되는 것이지, 이를 위해 현실의 수사구조와 상이한 수사구조론이 원용될 필요는 없는 것으로 판단된다.[7)]

Ⅲ. 수사의 조건

수사는 그것이 강제적이든 임의적이든 인권과 밀접한 관계가 있으므로 수사권의 발동과 행사에 대한 실정법적 내지 이론적 제한이 요청된다. 수사의 일반적 조건으로는 수사의 필요성과 상당성이 요구된다.

1. 수사의 필요성

(1) 범죄의 혐의

수사는 그 목적을 달성하기 위하여 필요한 경우에 한하여 허용된다. 예컨대 공소제기의 기능성이 없는 사건에 대해서는 그 필요성이 인정되지 않는다. 그런데 공소제기의 가능성은 범죄혐의가 밝혀져야 인정될 수 있다. 범죄혐의를 밝히기 위한 첫 단계가 수사기관의 수사활동이다. 따라서 수사의 개시를 위해서는 구체적 사실에 근거한 수사기관의 주관적 범죄혐의가 존재하여야 한다.

---

7) 같은 입장으로 배종대/이상돈, 175면; 신양균, 64면; 이재상, 172면; 임동규, 129면; 정영석/이형국, 142면; 정웅석, 68면; 진계호, 58면.

(2) 소송조건이 결여된 상태에서의 수사가능성

[설문 (3)] 사법경찰관 甲은 모욕죄(친고죄)의 혐의자 乙을 연행하여 본격적으로 수사해 볼 생각이다. 甲은 먼저 피해자 A에게 고소할 것을 권유하였으나 A는 고소하기를 망설이고 있다. 이 경우 갑이 수사를 감행하였다면 그 수사는 적법한가?

소송조건이 갖추어지지 않으면 공소가 유지될 수 없다. 즉 소송조건이 갖추어지지 않은 상태에서 검사가 공소를 제기하면 공소기각의 판결과 같은 형식재판을 받는다. 따라서 공소제기는 소송조건이 갖추어지는 경우에 이루어져야 한다. 문제는 수사도 소송조건이 갖추어지는 경우에만 착수하여야 하는가에 있다. 특히, 친고죄의 소송조건인 고소 또는 즉시고발이 없는 경우의 수사개시가 허용되는가의 문제가 대두된다. 이에 대해서는 아래와 같이 견해대립이 있다.

1) 전면허용설 이 설은 친고죄의 고소는 공소제기의 조건, 즉 소송조건에 불과하고 수사의 조건은 아니므로 친고죄에 관하여 고소가 없는 경우에도 임의수사는 물론 강제수사도 허용된다는 견해이다. 그리고 형사소송법 제195조와 제196조 제2항이 검사와 사법경찰관에게 수사의무를 규정하고 있고, 제199조가 수사권을 보장하고 있는 것도 주장근거로서 제시된다.

2) 전면부정설 이 설은 친고죄의 경우 고소가 없으면 공소권이 발생하지 아니하므로 그 준비를 위한 수사도 강제수사는 물론이고 임의수사까지도 전면적으로 부정되어야 한다는 견해이다. 친고죄의 고소(즉 소송조건)의 기능은 수사착수단계부터 인정되어야 한다는 것이다.

3) 제한적 허용설 이 설은 고소가 없는 경우에도 수사는 허용되지만 일정한 기준에 따라 수사가 제한된다는 견해이다. 이 경우 수사의 허용범위에 대해서는 고소의 가능성이 없는 때에는 허용되지 않는다는 견해(다수설), 고소권이 소멸한 경우에는 허용되지 않는다는 견해,[8] 강제수사는 허용되지 않는다는 견해,[9] 고소가능성이 있더라도 강제수사는 폭력범죄 이외에는 허용될 수 없다는 견해[10]가 있다. 판례의 태도이기도 하다.

4) 판 례 "친고죄의 고소는 이른바 소추조건에 불과하고 당해 범죄의 성

---

8) 신동운, 69면.

9) 강구진, 161면; 김기두, 209면.

10) 배종대/이상돈, 183면.

립요건이나 수사의 조건은 아니므로, 고소가 있기 전에 수사를 하였다고 하더라도, 그 수사가 장차 고소의 가능성이 없는 상태하에서 행해졌다는 등의 특단의 사정이 없는 한, 고소가 있기 전에 수사를 하였다는 이유만으로 그 수사가 위법하다고 볼 수는 없다"고 판시하여(대판 1995.2.24, 94도252) 제한적 허용설의 입장을 취하고 있다.

(3) 비 판

소송조건은 공소제기시까지 충족되면 소송은 유지될 수 있기 때문에 수사개시 때부터 갖추어져야 하는 것은 아니다. 따라서 장차 공소유지가 불가능한 것으로 확정되는 고소의 가능성이 완전히 배제되는 경우가 아닌 한 수사개시는 원칙적으로 허용되어야 한다. 따라서 고소기간이 경과한 경우, 고소권자가 고소를 하지 않겠다는 의사를 명백히 표시한 경우에는 수사개시가 허용되어서는 안 된다. 그리고 고소의 가능성이 있다고 하더라도 피해자의 보호에 취지가 있는 친고죄의 경우에는 고소권자가 수사개시를 원하지 않는 경우에도 수사기관의 일방적 수사활동은 허용되지 않는 것으로 해석되어야 한다. 상기한 [설문 (3)]과 같이 피해자가 고소하기를 망설이는 경우에는 장차 고소할 가능성이 배제되는 것으로 볼 수 없기 때문에 일단 수사착수가 가능한 것으로 보아야 할 것이다. 그리고 수사착수가 허용되는 경우 그에 의해 얻은 피의자진술도 위법수집의 진술이 아니기 때문에 위법수집증거배제법칙에 의한 증거능력의 부정은 있을 수 없다(다만 전문법칙의 적용문제가 남는다).

2. 수사의 상당성

(1) 수사비례의 원칙과 수사의 신의칙

수사는 필요하더라도 그 목적달성을 위해 적합하여야 하고, 목적달성을 위해 필요한 최소한의 범위 내에서 이루어져야 하며, 수사의 결과에 의한 이익과 수사로 인한 법익침해가 균형이 이루어져야 한다. 이를 수사비례의 원칙이라고 한다. 그리고 수사는 국민을 속이는 방법으로 이루어져서는 안 된다. 수사의 신의칙과 관련하여 문제되는 것이 아래의 함정수사이다.

(2) 함정수사

[설문 (4)] 사법경찰관 甲은 마약 판매범으로 의심되는 A를, 사법경찰관 乙은 상습적인 취객상대 부축빼기 절도범으로 의심되는 B를 각각 범죄현장에서 체포하여 형

사처벌 하기로 작정하였다. 甲은 A에게 마약을 사겠으니 팔러 나오라고 전화로 부추겼는데, 그 동안 마약판매를 그만두고 근신하고 있었지만 경제적으로 매우 어려운 상태에 있었던 A는 甲의 유혹에 따라 가지고 있던 마약을 판매하려고 나와서 甲에게 교부하다가 체포되었다. 그리고 乙은 B가 자주 나타나는 지하철 인근공원 인도에 술 취해 쓰러져 있는 C 근처에 차량을 주차하고 감시하다가, 마침 B가 나타나 C를 부축하며 10m정도를 끌고 가 앉히면서 지갑을 뒤지자 현장에서 체포하였다. 그 이후 A와 B는 모두 기소되었고, 체포시 압수한 물건들은 증거로 제출되었다. 이 경우 공소제기에 대한 법원의 조치와 제출된 물건의 증거능력은?

1) 의 의 함정수사(Lockspitzel)란 수사기관 또는 그 끄나풀이 범죄를 교사한 후 그 실행을 기다려 범인을 체포하는 수사방법을 말한다. 함정수사는 범행이 조직적이고 은밀하게 이루어지기 때문에 통상의 수사방법으로는 범인을 검거하기 어려운 영역에서 효과적인 수사방법으로 평가될 수 있다. 여기에 해당하는 하는 것이 조직범죄, 피해자 없는 마약범죄 등에 대한 수사가 된다. 함정수사는 이미 범의를 가지고 있는 자에게 범죄를 실행할 기회를 부여하는 기회제공형의 함정수사와 범죄의사를 새로이 유발하는 범의유발형의 함정수사로 나누어진다. 예컨대 [설문 (4)]에서처럼 사법경찰 甲이 A에게 마약을 사겠으니 팔러 나오라고 전화로 부추겼는데, 그 동안 마약판매를 그만두고 근신하고 있었지만 경제적으로 매우 어려운 상태에 있었던 A가 甲의 유혹에 따라 가지고 있던 마약을 판매하려고 나와서 甲에게 교부하다가 체포되었다면 범의유발형의 함정수사가 될 것이고, 사법경찰 乙이 지하철 인근공원 인도에 술 취해 쓰러져 있는 사람의 근처에 차량을 주차하고 감시하다가, 마침 B가 나타나 그 사람을 부축하며 10m정도를 끌고 가 앉히면서 지갑을 뒤지자 현장에서 체포하였다면 기회제공형의 함정수사가 될 것이다.

[위장수사]

수사기관이 정보원 또는 위장 수사관을 사용하여 수사하는 것을 일반적으로 위장수사(verdeckte Ermittlung)라고 한다. 위장수사는 범죄조직에 침투한 정보원을 통해 단순히 정보를 확보하여 수사기관에 제공하는 것에 그칠 수도 있겠지만, 끄나풀(V-Mann)에 의한 함정수사로 발전될 수 있을 것이다. 독일의 경우 위장수사관의 투입(Einsatz von Verdeckten Ermittlern)이 1992년 조직범죄투쟁법에 의해서 형사소송법 제110a조 이하에 도입되었다. 그런데 독일 형사소송법은 잠입수사원 투입이 허용될 수 있는 범죄를 한정하고 있고(특히 조직범죄에 허용), 다른 방법으로는 범죄의 진상파악이 불가능하고 오히려 진상파악을 더 곤란하게 만들게 되는 경우에만 허용된다는 보충성의 원칙을 규정하고 있다. 그리고 위장수사관의 투입에는 원칙적으로 검사의 동의, 경우에 따라서는 판사의 동의가 요구되고 있다. 우리나라도 독일과 같은 위장수사 방법에 대한 입법화가 필요할 것으로 사료된다.

2) 함정수사의 적법성

(가) 학설의 대립　　함정수사의 허용기준에 대해서는 우리나라 판례가 취하는 주관설과 그 이외의 설이 대립하고 있다. (i) **주관설**은 범죄자가 가지고 있는 범죄성향을 기준으로 하여서 기회제공형의 (함정)수사에 대해서는 수사의 상당성을 벗어나지 아니하는 적법한 수사방법으로 인정하지만, 그 반면에 범의유발형의 함정수사에 대해서는 수사의 신의칙에 반하는 위법한 수사방법인 것으로 본다.[11] 다만 수사기관이 피고인의 절도범행을 인지하고도 바로 체포하지 않고 추가범행을 지켜보고 있다가 범죄사실이 많이 늘어난 뒤에야 체포한 경우(대판 2007.6.29, 2007도3164), 이미 마약범행을 저지른 피고인을 검거하기 위하여 수사기관이 정보원을 이용하여 피고인을 검거장소로 유인한 후 체포한 경우(대판 2007.7.26, 2007도4532) 등은 위법한 함정수사가 아니라고 한다.

그러나 검찰직원 등의 이른바 작업에 의하여 중국에서 필로폰을 수입한 경우와,[12] 경찰관이 단속실적을 올리기 위하여 평소 손님들에게 도우미 알선영업을 해왔다는 자료나 첩보가 없음에도 노래방에 손님으로 가장하고 들어가 도우미를 불러줄 것을 요구한 후 노래방 업주가 도우미를 불러내자 단속한 경우(대판 2008.10.23., 2008도7362), 경찰관으로부터 게임점수를 환전해 줄 것을 요구받고 거절하였음에도 경찰관의 지속적인 요구에 어쩔 수 없이 게임점수를 현금으로 환전해 준 경우(대판 2021.7.29., 2017도16810) 등은 위법한 함정수사라고 한다.

우리나라 판례는 기회제공형의 함정수사에 대해서 위법한 함정수사가 아니라 하기도 했지만(대판 2007.5.31, 2007도1903),[13] 아예 함정수사의 개념을 부정하기도 하

11) 강구진, 179면; 김기두, 208면; 신동운, 78면; 백형구, 363면.

12) 대판 2005.10.28, 2005도1247. 이에 대한 평석으로는 박이규, 위법한 함정수사에 기하여 제기된 공소의 처리, 대법원판례해설 제59호(2005 하반기), 2006, 440면 이하.

13) 어떤 판례는 범의를 가진 자에 대하여 단순히 범행의 기회를 제공하거나 범행을 용이하게 하는 것에 불과한 수사방법이 '경우에 따라 허용될 수 있음은 별론으로 하고'라는 취지로 판시하였기 때문에(대판 2005.10.28, 2005도1247) 기회제공형의 함정수사에 대해서도 원칙적으로는 위법으로 보는 것이 판례태도라고 소개하는 이은모(2011), 168

였다(대판 1982.6.8, 82도884; 대판 1992.10.27, 92도1377). 그리고 미국에서는 이미 1932년의 Sorrels사건(수사요원이 옛 전우에게 부탁하여 그가 술을 사도록 하고서 체포한 함정수사)과 1958년의 Sherman사건(마약판매의 함정수사)에서 연방대법원은 함정수사의 항변(entrapment defense)을 인정함으로써 주관설의 입장을 취하였다. 상기한 주관설 이외에는 (ii) 마약범죄, 뇌물범죄 및 조직범죄의 수사에 있어서는 기회제공형의 함정수사가 허용되지만 재산범죄나 폭력범죄의 경우에는 함정수사가 허용되지 않는다는 견해(범죄의 종류에 따라서 나누는 이 견해를 이원설 또는 피유발자의 주관과 수사기관의 유혹방법 자체도 종합적으로 고려한다는 의미에서 종합설이라고도 함), (iii) 수사기관이 범죄자를 함정에 빠트리는 행동에 중점을 두어서 기회제공형의 함정수사인 경우에도 함정수사의 항변을 인정하고서 거증책임을 피고인에게 전환시키려는 견해(객관설이라고도 하고, 미국 모범 형법전 초안의 태도임), (iv) 기회제공형의 함정수사에 대해서도 위법성을 인정하면서도 —앞의 객관설과는 달리— 그 거증책임을 검사에게 부과하려는 견해(절충설이라고도 함) 등이 있다.

(나) 소 결 생각건대, 주관설(다수설 및 판례)이 피유발자의 주관에 따라서 수사의 위법성 여부를 결정하려는 점과 기회제공형의 함정수사에 대해서 함정수사로서의 위법성은 물론이고 함정수사의 개념조차도 인정하지 않으려는 것은 이론적 타당성을 가지기 어렵다. 따라서 기회제공형의 함정수사도 함정수사의 개념에 포섭시키는 견해가 타당하다. 그리고 함정수사의 허용성 여부는 행위자의 경향과 수사기관이 피유발자의 범죄수행에 작용하는 행태를 종합적으로 고려하여 판단하는 것이 가장 타당한 것으로 판단된다. 즉, 함정수사 방법이 특별히 요구되지 않는 통상의 범죄에서는 기회제공형의 함정수사도 위법한 것으로 평가되어야 할 것이다.

3) **함정에 걸린 피고인에 대한 법원의 조치** 위법한 범의유발형의 함정수사를 행한 수사기관은 교사범으로서 처벌될 수 없다. 범죄자로 하여금 기수 또는 완료까지 이르게 할 고의가 수사기관에게 없었기 때문이다. 판례에 의해 적법성이 인정되는 기회제공형의 함정수사를 행한 수사기관도 동일한 이유에서 방조범으로 처벌되지 않는다. 이에 반하여 판례에 의해 적법성이 긍정되는 기회제공형의 함정수사에 걸려든 범죄 실행자는 정범으로 처벌될 수 있다. 문제는 위법한 범의유발형의 함정수사에 걸

면. 그러나 이 판례 이외의 전체적인 판례 태도에 기초하여 판단하면 기회제공형의 함정수사에 대해서는 오히려 원칙적으로는 적법하지만 위법으로 해석될 경우도 긍정할 수 있다는 것이 판례 취지인 것으로 판단된다.

려든 자도 형사 처벌될 것인가에 있다. 이에 대해서는 함정수사에 걸린 피교사자 내지 피유발자에 대해서는 함정수사가 범죄성립을 조각하거나 소송조건에 해당한다고 볼 수 없으므로 가벌성을 인정하여 유죄판결하여야 한다는 견해(가벌설),[14] 위법한 함정수사에 의한 공소제기는 법률의 규정에 위반하여 무효인 공소제기이므로 공소기각의 판결을 하여야 한다는 견해(다수설 및 아래의 판례태도), 함정수사로 인하여 수사기관의 염결성이 침해되었으므로 덫에 걸린 피고인에게는 무죄판결하여야 한다는 견해[15]의 대립이 있다. 판례는 본래 범의를 가지지 아니한 자에 대하여 수사기관이 사술이나 계략 등을 써서 범의를 유발케 하여 범죄인을 검거하는 함정수사는 위법함을 면할 수 없고,[16] 이러한 함정수사에 기한 공소제기는 그 절차가 법률의 규정에 위반하여 무효인 때에 해당한다고 본다(대판 2005.10.28, 2005도1247).[17]

생각건대, 수사가 위법한 것이 피교사자의 범죄실체 그 자체에 변경을 가져올 수는 없다. 따라서 피교사자의 범죄실체 그 자체는 유죄로서 인정되어야 할 것이다. 다만 수사가 위법하면 그 실체를 뒷받침하는 증거의 증거능력이 부정될 수 있고, 이 경우 실체가 유죄이더라도 이를 뒷받침할 증거능력 있는 증거가 없다면 무죄판결로 귀결될 것이다.[18]

---

14) 이영란, 258면; 이재상, 187면.

15) 신동운, 79면; 신양균(2009), 78면.

16) 위법한 함정수사로 체포된 경우 적부심을 청구할 수 있음은 물론이다. 여기서 법률이 정한 구제절차인 적부심을 거치지 않고 헌법소원을 제기한 경우에는 보충성의 원칙에 반하여 부적법하므로 각하를 면하기 어렵다(헌재결 2010.9.30, 2008헌마628). 참고로, 현행법상 체포된 피의자에 대하여는 보증금납입을 조건으로 석방이 허용되지 않는다(대결 1997.8.27, 97모21).

17) 필로폰을 매매하거나 투약할 생각이 없었는데 경찰관의 지시를 받은 甲이 여러 날에 걸쳐 집요하게 피고인에게 필로폰을 구해 달라고 요청한 끝에 피고인이 이에 응하게 된 사실 및 甲이 피고인에게 지급한 필로폰 구입대금도 경찰관이 마련해 준 사실 등이 인정되어 피고인의 이 사건 범행은 당초 범죄의사가 없었던 피고인에게 경찰관과 甲이 공모한 계략에 의하여 범의를 일으키게 한 함정수사로 유발된 범죄에 해당한다고 보아, 공소제기를 무효라고 판단한 것으로 대판 2007.10.12, 2007도5571.

18) 독일 연방대법원은 1980년 초반까지는 함정수사의 기법을 원칙적으로 불허하는 입장을 취하였다(BGH NStZ 83, 80; 84, 519; StrV 84, 4). 특히 경찰수사관이 법치국가적 원칙에 위배되는 방법으로 상대방을 범죄행위(대부분 마약범죄)로 나아가도록 도발하였다면 그 상대방인 피의자에 대해서는 형사소추장애사유 내지 소송장애사유가 될 것이라고 판시하였다. 그러나 1984년 독일 연방대법원 제1형사부 (BGHSt 32, 345)와 그를 이은 제2형사부(StrV 85, 309)는 법치국가원리를 위배하는 함정수사활동에 대해서 단순히 피고인을 위한 중대한 형벌감경사유가 됨에 불과한 것으로 입장을 바꾸었다. 이러한 태도변화는 1986년의 독일 연방대법원 연합부판결(BGHSt 33, 356)에 의하여 또다시 확인되었다. 다만 학계에서는

4) 함정수사에 의한 증거의 증거능력 적어도 범의유발형의 위법한 함정수사로 인하여 획득한 증거는 형사소송법 제308조의2가 규정한 위법수집증거배제법칙에 의하여 그 증거능력이 부정된다. 그리고 기회제공형의 함정수사에 의하여 수집한 증거도 그 위법성이 긍정되는 경우에는 증거능력이 부정될 수 있다.

[설문 (4)의 해결] 사법경찰관 甲의 수사방법은 본래 범의를 가지지 아니한 자에 대하여 수사기관이 사술이나 계략 등을 써서 범의를 유발케 하여 범죄인을 검거하는 함정수사로서 위법함을 면할 수 없고, 이러한 함정수사에 기한 공소제기는 판례에 따르면 그 절차가 법률의 규정에 위반하여 무효인 때에 해당한다(대판 2005.10.28, 2005도1247). 그리고 사법경찰관 을의 수사방법은 단순히 범행의 기회를 제공하는 것에 불과한 경우로서 위법한 함정수사라고 단정할 수 없으므로 취객을 상대로 한 이른바 부축빼기 절도범을 단속하기 위하여, 경찰관이 지하철 인근공원 인도에 술 취해 쓰러져 있는 피해자 근처에 차량을 주차하고 감시하다가, 마침 피고인이 나타나 피해자를 부축하며 10m 정도를 끌고 가 앉히면서 지갑을 뒤지자 현장에서 체포한 경우 피고인에 대한 위법한 공소제기라고 볼 수 없다(대판 2007.5.31, 2007도1903).

---

5) 사인에 의한 함정수사 사인이 피고인을 함정에 빠뜨릴 의사로 범의를 유발시킨 경우의 처리가 문제된다. 생각건대, 수사기관과 아무런 관계없이 순전히 사인에 의한 범의유발인 경우에는 위법수사의 문제가 발생될 수 없고, 오직 교사범 성립의 문제가 발생될 뿐이다. 즉 사인이 범의를 유발시키지만 미수단계에서 끝낼 생각이었다면 교사범 성립은 불가능할 것이다(그러나 피유발자는 미수범의 정범으로 처벌될 것임). 그러나 그 사인이 수사기관의 끄나풀로서 범의를 유발시킨 경우에는 전술한 함정수사의 문제와 동일하게 처리되어야 할 것이다(아래 판례의 태도도 이와 유사한 것으로 판단됨).

관련판례 ① 본래 범의를 가지지 아니한 자에 대하여 수사기관이 사술이나 계략 등을 써서 범의를 유발케 하여 범죄인을 검거하는 함정수사는 위법하다 할 것인바(대법원

일반행정경찰의 업무영역을 벗어나서 전혀 혐의가 없는 사람에 대하여 함정수사의 방법을 사용하는 경우와 비밀수사관이 영장 없이 강제처분적인 함정수사의 방법을 사용하는 경우에는 실체법상의 형벌면제사유로서 일반적으로 보고 있다. 이에 따르면 위법한 함정수사에 빠진 피고인에 대해 법원은 무죄판결을 하여야 할 것이다. 그러나 약물거래자가 스스로 함정수사관에게 접근한 경우에 행해지는 수사활동(BVerfGE NJW 87, 1874)과 경찰관이 윤락여성에게 접근하여 성관계를 할 용의가 있느냐고 묻는 행위(BVerfGE NStZ 85, 131)는 법치국가에 반하는 위법이 아니라고 보았다.

2005.10.28. 선고 2005도1247 판결 등 참조), 구체적인 사건에 있어서 위법한 함정수사에 해당하는지 여부는 해당 범죄의 종류와 성질, 유인자의 지위와 역할, 유인의 경위와 방법, 유인에 따른 피유인자의 반응, 피유인자의 처벌 전력 및 유인행위 자체의 위법성 등을 종합하여 판단하여야 한다. 따라서 수사기관과 직접 관련이 있는 유인자가 피유인자와의 개인적인 친밀관계를 이용하여 피유인자의 동정심이나 감정에 호소하거나, 금전적 · 심리적 압박이나 위협 등을 가하거나, 거절하기 힘든 유혹을 하거나, 또는 범행방법을 구체적으로 제시하고 범행에 사용될 금전까지 제공하는 등으로 과도하게 개입함으로써 피유인자로 하여금 범의를 일으키게 하는 것은 위법한 함정수사에 해당하여 허용되지 아니한다 할 것이지만, 유인자가 수사기관과 직접적인 관련을 맺지 아니한 상태에서 피유인자를 상대로 단순히 수차례 반복적으로 범행을 부탁하였을 뿐 수사기관이 사술이나 계략 등을 사용하였다고 볼 수 없는 경우는, 설령 그로 인하여 피유인자의 범의가 유발되었다 하더라도 위법한 함정수사에 해당하지 아니한다(대판 2007.7.12, 2006도2339).

② A가 수사기관에 체포된 동거남의 석방을 위한 공적을 쌓기 위해 B에게 필로폰 밀수입에 관한 정보제공을 부탁하면서 대가의 지급을 약속하고 B가 C에게, C는 D에게 순차 필로폰 밀수입을 권유하여 이를 승낙하고 필로폰을 받으러 나온 D를 체포한 경우(B, C 등이 각자의 사적인 동기에 의하여 수사기관과 직접적인 관계없이 독자적으로 D를 유인한 경우임),[19] 마약사범을 단속하는 공무원의 정보원을 앞세워 범의가 있는 피고인으로부터 마약을 매수하게 하여 범죄를 행하게 한 경우,[20] 사인인 A가 피고인 영광군수에게 청탁과 함께 뇌물을 제공한 후 수사기관에 자수하면서 뇌물공여사실과 관련증거를 제출하였는바 이 경우에는 유인자(A)가 수사기관과 직접적인 관련이 없으므로 위법한 함정수사가 아니라고 한다.[21]

그러나 마약정보원으로부터 "수사기관이 수사에 사용할 히로뽕을 구해야 하니 히로뽕을 좀 구해 달라. 히로뽕을 구해오면 검찰에서 안전을 보장한다고 하였다"라는 부탁과 함께 히로뽕 구입자금을 교부받은 피고인들이 중국에 건너가 히로뽕을 매수하고 인천국제공항으로 귀국하던 중 체포된 경우[22]는 위법한 함정수사라고 한다.

---

19) 대판 2007.11.29, 2007도7680.

20) 대판 1963.9.12, 63도190.

21) 대판 2008.3.13, 2007도10804. 피고인의 뇌물수수가 공여자들의 함정교사에 의한 것이기는 하나, 뇌물공여자들에게 뇌물공여의 의사가 전혀 없었다고 보기 어렵다면, 뇌물공여자들의 함정수사라는 사정은 피고인의 책임을 면하게 하는 사유가 될 수 없다.

22) 대판 2004.5.14, 2004도1066.

[§ 13] 수사의 단서

Ⅰ. 의의 및 종류

수사의 단서는 수사개시의 원인을 말한다. 그런데 검사는 범죄의 혐의가 있다고 사료되는 때에는 범인 · 범죄사실과 증거를 수사하여야 하고(제195조), 사법경찰관도 그러한 때에는 독자적으로 수사를 개시 · 진행하되, 검사의 지휘를 받아야 한다(제196조). 따라서 수사기관의 주관적 혐의에 의해 수사의 단서는 포착된다. 범죄혐의를 가지게 된 원인, 즉 수사의 단서는 다양하다. 형사소송법이 수사의 단서로 규정하고 있는 것으로는 현행범체포(제212조), 변사자검시(제222조), 고소(제223조), 고발(제234조), 자수(제240조)가 있다. 더 나아가 특별법에 의한 것으로는 불심검문(경찰관직무집행법 제3조), 자동차검문(도로교통법 제47조) 등이 있으며, 기타 세평, 범죄신고, 진정, 신문보도, 수사기관의 인지 등 법에 규정되지 않은 것도 많다. 그리고 수사의 단서는 수사기관 자신의 체험에 의한 경우(현행범인체포, 변사자검시, 불심검문 등)와 타인체험의 청취에 의한 경우(고소, 고발, 자수, 진정, 범죄신고 등)의 2가지로 나눌 수도 있다.

DNA 신원 확인 정보 데이터베이스 제도

수사실무에서는 국가기관이 중요 범죄자의 DNA를 채취하여 관리하고서 범죄발생이 있는 경우에 이를 범죄자 검거를 위한 수사 자료로서 활용하고 있다. 그런데 개인의 중요한 인격적 정보인 DNA를 채취해 관리하기 위해서는 법률적 근거가 뒷받침되어야 함에도 불구하고, 그 동안 DNA채취에 대한 법적 근거가 없었기 때문에 인권침해 내지 정당성의 여부가 문제되었다. 이의 해결을 위해 「DNA 신원 확인 정보의 이용 및 보호에 관한 법률」이 제정되었다. 이 법률에 따른 적용 대상은 재범우려와 피해정도가 큰 살인, 아동 청소년 상대 성폭력 범죄, 강간 추행, 강도, 방화, 약취 유인, 특수체포 감금, 상습폭력, 조직폭력, 마약, 특수절도, 군형법상 강력범죄 등 12개 유형의 범죄를 저지른 자이다. 검찰과 경찰은 판결이 확정된 피고인과 구속된 피의자의 동의를 받아 입안점막에서 면봉으로 DNA를 채취하고, 범죄자가 동의하지 않을 경우에는 법원의 영장을 발부받아 강제로 채취한다. 채취된 유전자(DNA)는 수사기관의 데이터베이스에 반영구적으로 보관된다. 판결이 확정된 피고인의 정보는 검찰이, 구속 피의자에 대한 정보는 경찰이 각각 관리하며 데이터베이스를 공유해 범죄 수사나 변사자 확인에 활용하고, 법원의 사실 조회에도 이용된다. 그러나 DNA 채취 대상자가 재판에서 무죄 판결을 받거나 검찰에서 '혐의 없음' 등 불기소 처분을 받았을 때나 사망했을 때에는 데이터베이스에 수록된 DNA 정보는 즉시 삭제된다. 이렇게 보관된 DNA 정보를 열람하려면 정보 취급자로 지정된 직원을 통해서만 가능하며, 각계 전문가로 구성된 국무총리 산하 관리위원회에서 이 제도가 적법하게 운용되는지 감시한다. 현재 범죄자 DNA를 저장하는 제도는 미국, 영국, 독일 등 70여 개국에서 시행하고 있고, 유럽연합(EU)은 2005년 회원국 간 DNA 정보를 공유하는 조약을 맺었다.
이 제도에 의한 유전자 채취는 이미 구속된 피의자와 형선고를 받은 자를 대상으로 장래적 목적에서 이루어지는 것이기 때문에 수사 그 자체가 아닌 장래 범죄발생 시 수사단서 내지 재범방지를 위한 예방처분 등의 성격을 지니는 것으로 이해되어야 할 것이다. 이미 저질러진 범죄에 대한 수사 내지 재판의 목적이 아니라 장래적 목적을 위한 유전자 채취의 강제처분에 대해 영장주의가 도입된 점은 특이한 것으로 평가될 수 있다. 다만 이미 이루어진 범죄에 대해 보관되어 있는 유전자 정보를 이용하는 것은 수사 그 자체로 이해되어야 할 것이다.

수사기관의 수사단서를 근거로 구체적인 범죄의 인지(즉 주관적 혐의)가 있으면 이때부터 범죄혐의자를 피의자라 부르면서 그에 대해 정식으로 수사가 개시된다. 이것을 입건이라고도 한다. 대개 고소 · 고발 · 자수가 있는 때에는 즉시 수사가 개시된다. 그리고 구체적인 범죄인지가 있기 이전단계의 용의자에 대한 수사기관의 활동은 내사라고 한다. 아래에서는 대표적인 수사의 단서에 해당하는 것을 살펴보기로 한다.

Ⅱ. 변사자의 검시

형소법에 의하면, 변사자 또는 변사의 의심이 있는 사체가 있는 때에는 그 소재지를 관할하는 지방검찰청 검사가 검시하여야 한다(제222조 제1항). 이 검시로 범죄의 혐의를 인정하고 긴급을 요할 때에는 영장 없이 긴급 검증을 할 수 있다(동조 제2항). 검사는 사법경찰관에게 검시를 명할 수 있다(동조 제3항). 그런데 '검사와 사법경찰관의 상호협력과 일반적 수사준칙에 관한 규정'에 의하면, 사법경찰관은 변사자 또는 변사한 것으로 의심되는 사체가 있으면 변사사건 발생사실을 검사에게 통보해야 한다(수사준칙 제17조 제1항). 검사는 법률에 따라 검시를 한 경우에는 검시조서를, 검증영장이나 법률에 따라 긴급검증을 한 경우에는 검증조서를 각각 작성하여 사법경찰관에게 송부해야 한다(제2항). 사법경찰관은 법률에 따라 검시를 한 경우에는 검시조서를, 검증영장이나 법률에 따라 긴급검증을 한 경우에는 검증조서를 각각 작성하여 검사에게 송부해야 한다(제3항). 검사와 사법경찰관은 법률에 따라 변사자의 검시를 한 사건에 대해 사건 종결 전에 수사할 사항 등에 관하여 상호 의견을 제시·교환해야 한다(제4항).

여기서 변사자란 자연사 또는 통상의 병사가 아닌 사체로서 범죄관련성의 의심이 있는 것을 말한다. 따라서 익사, 천재지변에 의한 사망이 확실한 경우는 검시(檢視)가 허용되지 않는다. 변사자는 수사의 단서가 되는 객체에 불과하므로 그 검시를 위해서는 법관의 영장은 요하지 않는다. 또한 검시에 의하여 범죄의 혐의가 인정되면 수사가 시작되고, 긴급을 요할 때에는 영장없이 검증할 수 있지만(제222조 제2항), 긴급검증으로서 할 수 있는 처분에는 사체해부(부검)은 포함하지 않고[23] 이를 위해서는 영장주의가 적용된다. 따라서 수사가 개시된 이후 신체검사 내지 사체해부를 강제로 할 경우에는 원칙적으로 검증영장 내지 감정처분허가장(전문가에 의해 실시될 경우)에 의하여야 한다. 다만 검시로 범죄의 혐의를 인정하고 긴급을 요할 때에는 영장 없이 긴급 검증을 할 수 있다(제122조 제2항).

변사자검시를 위해 타인의 주거에 들어갈 경우에도 검시의 필요성과 긴급성에 비추어 영장을 필요로 하지 않는다는 견해가 있으나,[24] 주거침입은 변사자검시와는 별개의 것이므로 동의가 없으면 영장주의가 적용되어야 한다.

Ⅲ. 불심검문 또는 직무질문

[설문 (4a)] 한편 사건이 발생한 후 훔친 귀금속을 처분하는 자를 잡기 위해 잠복하던 사법경찰관 P는 몇 군데 귀금속 가게를 들락날락거리며 가방을 열어 보여 주면서 나머지 귀금속을 팔기 위해 귀금속 상가를 배회하고 있는 丁의 행동을 수상히 여기고, 丁을 정지시켜 경찰관 신분증을 제시한 후 丁에게 가방에 든 물건이 무엇이냐고 질문을 하였으나 丁은 질문에 대답하지 아니하였다. 이에 P는 丁의 가방을 만져보다 가방 속에 귀금속과 같은 것이 손에 잡혀 丁에게 가방을 열 것을 요구하

23) 이은모, 209면.
24) 김기두, 198면; 백형구, 91면.

였으나 丁이 이를 거절하자, 丁의 가방 속에 손을 넣어 그 안에서 도난당한 귀금속을 발견하였다. P는 丁에게 미란다 원칙을 고지하고 현행범으로 체포하면서 귀금속을 압수하였다. P는 경찰서로 丁을 연행한 후 즉시 귀금속에 대하여 압수 수색 영장을 신청하였고, 검사 S는 압수 수색 영장을 청구하였다. 이 사례에서 丁에 대한 P의 불심검문과 소지품 검사의 적법성 여부와 P가 압수한 귀금속의 증거능력을 논하시오. (2015년 제1차 모의변호사 시험문제)

1. 의 의

경찰관직무집행법 제3조 제1항에 의하면 "경찰관은 수상한 행동이나 그 밖의 주위 사정을 합리적으로 판단하여 어떠한 죄를 범하였거나 범하려 하고 있다고 의심할 만한 상당한 이유가 있는 사람 또는 이미 행하여진 범죄나 행하여지려고 하는 범죄행위에 관하여 그 사실을 안다고 인정되는 사람을 정지시켜 질문할 수 있다"고 규정하고 있다.[25] 이 규정에 정해진 대상자에 대해 경찰관이 그를 정지시켜 질문하는 것을 '불심검문 또는 직무질문'이라고 한다. 이러한 불심검문은 어떠한 죄를 범하려 하고 있다고 의심할 만한 상당한 이유가 있는 사람과 행하여지려고 하는 범죄행위에 관하여 그 사실을 안다고 인정되는 사람을 대상으로 하는 경우에는 순수한 범죄예방을 위한 경찰행정활동에 불과할 것이고, 어떠한 죄를 범하였다고 의심할 만한 상당한 이유가 있는 사람과 이미 행하여진 범죄에 관하여 그 사실을 안다고 인정되는 사람을 대상으로 한 경우에는 피의자 내지 참고인으로 확정된 자를 대상으로 한 수사 그 자체라기보다는 아직 확정단계에 이르지 않은 자를 상대로 행하는 것으로서 수사단서 확보의 정도로만 이해되어야 할 것이다.[26] 이러한 불심검문을 통해 피의사실이 확인되는 경우에는 형사소송법에 의한 수사 그 자체가 개시되어야 할 것이다. 상

25) 경찰관직무집행법 제3조 제1항은 "경찰관"을 불심검문의 주체로 규정하고 있지만 대부분이 의경에 의하여 행하여지는바, 도로교통법(제5조)과 달리 전투경찰순경을 경찰관에 포함하는 명문의 규정을 두지 않아 논란의 여지가 있다. 이에 대한 내용으로는 김형준, "불심검문의 허용범위," 중앙법학, 2004, 141면 이하.

26) 이에 반하여 경찰관직무집행법상의 불심검문을 보안경찰작용으로만 파악하는 것은 경찰관직무집행법 제3조의 명문의 규정에 반하는 흠이 있음을 지적하면서 이원적으로 파악하려는 이른바 보안경찰 · 사법경찰작용병유설 내지 이원설로는 신동운, "경찰관의 불심검문과 교통검문," 고시연구 1993년 10월호(통권 제235호), 28면; 신양균(2009), 92면; 이은모(2011), 195면; 임동규(2009), 154면. 판단컨대, 수사단서의 확보를 사법경찰작용으로 이해한다면 이원설의 용어는 적절하겠지만, 수사의 단서는 수사 그 자체가 아니기 때문에 이러한 용어의 타당성이 다소 의문스럽다.

기한 [설문4a]는 경찰의 직무질문을 둘러싼 여러 가지 구체적 행위에 대한 적법성을 물은 것인데, 아래의 설명이 이에 대한 해답이 될 것이다.

2. 불심검문의 대상

경찰관직무집행법 제3조 제1항은 다음 각 호에 해당하는 사람을 불심검문의 대상으로 하는데, 수상한 행동이나 그 밖의 주위 사정을 합리적으로 판단하여 볼 때 어떠한 죄를 범하였거나 범하려 하고 있다고 의심할 만한 상당한 이유가 있는 사람(제1호)과, 이미 행하여진 범죄나 행하여지려고 하는 범죄행위에 관한 사실을 안다고 인정되는 사람(제2호)을 규정하고 있다. 이를 '거동 불심자'라고도 하는데, 경찰관이 불심검문 대상자 해당여부를 판단할 때에는 불심검문 당시의 구체적 상황은 물론, 사전에 얻은 정보나 전문적 지식 등에 기초하여 불심검문 대상자인지를 객관적 · 합리적인 기준에 따라 판단하여야 하지만,[27] 판례는 반드시 불심검문 대상자에게 형사소송법상 체포나 구속에 이를 정도의 혐의가 있을 것을 요한다고 할 수는 없다는 입장이다(대판 2014.2.27, 2011도13999).

여기서 문제는 경찰관 甲이 불법집회가 열릴 예정인 장소로 향하는 길목에서 거기로 들어서는 모든 통행인들을 정지시켜 불심검문을 단행하는 경우 과연 허용되는가에 있다. 이 문제는 불심검문의 대상에 관한 물음이다. 경찰관직무집행법 제3조 제1항은 거동불심자로 제한되었기 때문에[28] 모든 통행자에 대해 무차별적으로 행하는 소위 일제불심검문은 동조에 의해 정당화될 수 없다.[29]

---

27) 배종대/이상돈/정승환/이주원, 84면; 이은모, 210면; 이재상, 203면; 이창현, 264면.

28) 범죄의 종류와 관련하여 경범죄처벌법상의 경범죄는 제외된다는 견해(황창근, "불심검문에 관한 고찰," 연세법학연구 제6집 제1권, 1999, 158면; 김태진, "불심검문의 법적 근거—비교법적 고찰에 의한 입법적 검토를 중심으로—," 한국비교공법학회, 2002, 99면)와 긴급체포의 경우와 달리 경찰관직무집행법 제3조 제1항의 "어떠한 죄"의 개념에는 제한규정이 없으므로 경범죄를 포함한 모든 범죄가 그 대상이 된다고 해야 할 것이라는 견해(김형준, 앞의 글, 117면)의 대립이 있다. 또한 범죄성립의 정도는 구성요건에 해당하고 위법한 행위이면 족하다는 견해(곽병선, "불심검문," 법학연구 제14권, 원광대학교 법학연구소, 1997, 289면; 유인창, "불심검문에 관한 소고," 한국경찰학회, 2000, 118면; 황창근, 앞의 논문, 158면)와 위법성이 없는 행위를 한 경우에도 불심검문은 가능하다고 보아야 한다는 견해(김형준, 앞의 글, 118면)의 대립이 존재한다.

29) 무차별적 관행에 대하여는 손동권, "한국형사사법의 현황과 발전방향," 형사정책연구 제8권 제3호, 한국형사정책연구원, 1997, 26면 이하.

3. 불심검문의 방법

[설문 (5)] 대학생 A는 2002년 3월경 도서 반납을 위하여 국회도서관에 들어가던 중, 출입문 경비근무자였던 경찰관 甲으로부터 아무런 설명 없이 제지를 당하자 A는 근무자에게 경찰관의 신분증을 제시하고 소속, 성명을 밝히며 검문의 목적 등을 설명하여 줄 것을 요구하였으나 경찰관 甲은 이를 거부하였다. 甲은 적법하게 불심검문을 하였는가?

상기한 [설문 (5)]는 불심검문의 방법에 관한 물음이다. 경찰관직무집행법에 규정된 불심검문의 방법으로는 대상자를 정지시켜 질문하는 것(제3조 제1항), 필요한 경우에 경찰관서로의 동행을 요구하는 것(제3조 제2항), 불심검문시 흉기소지의 여부를 조사하는 것(제3조 제3항)이 있다.

(1) 정 지

정지(stop)는 질문을 위해 거동불심자를 불러 세우는 것을 말한다. 정지는 원칙적으로 상대방의 동의를 얻어야만 가능하다. 거동불심자가 정지에 불응하는 경우에 실력행사를 할 수 있는가가 문제된다. 이에 대해 살인 · 강도 등 중범죄에 한하여 긴급체포도 가능하지만 신중을 기하기 위하여 예외적으로 유형력을 행사하여 정지 · 질문할 수 있다고 하는 예외적 허용설(제한설, 소수설)과[30] 현행범이나 긴급체포의 요건을 충족하지 못한 경우라도 사태의 긴급성, 혐의의 정도, 질문의 필요성과 수단의 상당성을 고려하여 강제에 이르지 않는 정도의 유형력의 행사는 허용된다고 하는 제한적 허용설(확장설, 다수설)[31]의 대립이 있다. 대법원은 "경찰관은 법 제3조 제1항에 규정된 대상자에게 질문을 하기 위하여 범행의 경중, 범행과의 관련성, 상황의 긴박성, 혐의의 정도, 질문의 필요성 등에 비추어 목적 달성에 필요한 최소한의 범위 내에서 사회통념상 용인될 수 있는 상당한 방법으로 대상자를 정지시킬 수 있다"고 판시하여[32] 제한적 허용설과 같은 입장으로 보인다. 생각건대 중범죄자에 대해서는 정식 형사소송절차에 의하는 것이 법 문제를 명확히 하는 것이기 때문에

30) 이재상, 192면.
31) 노명선/이완규, 149면; 신동운, 84면; 신양균, 60면; 진계호, 204면; 차용석, 239면; 강구진, 174면; 임동규, 151면; 장규원, "불심검문과 소지품검사," 고시계 2004년 8월호(통권 제570호), 110면.
32) 대법원 2012.9.13. 선고 2010도6203 판결.

제한적 허용설인 다수설이 타당하다. 이에 따르면 정지를 위해 길을 막거나 추적하거나 몸에 손을 대는 정도는 허용된다. 대법원도 검문 중이던 경찰관들이 자전거를 이용한 날치기 사건의 범인과 흡사한 인상착의의 피고인이 자전거를 타고 다가오는 것을 발견하고 정지를 요구하였으나 멈추지 않아 앞을 가로막고 검문에 응하라고 요구한 경찰관들의 행위는 적법한 공무집행에 해당한다고 하거나,[33] 또는 '정지조치나 질문하기 위하여 필요한 경우에는 대상자를 추적할 수 있으므로 경찰관이 교통법규 등을 위반하고 도주하는 차량을 순찰차로 추적하는 행위에 대해 불필요하거나 추적방법이 상당하지 않다는 등 특별한 사정이 없는 한 위법하다고 할 수는 없다'고 판시[34]하고 있다.

반면에 멱살을 잡거나 폭력을 행사하여서는 안 된다. 단, 그 대상자가 피의자인 경우에 그 피의자의 신병을 확보하기 위한 정지라면 형사소송법의 긴급체포의 요건이 충족되는 것을 조건으로 강제적인 실력행사도 할 수 있다. 그러나 이때의 정지는 이미 경찰관직무집행법에 의한 직무질문의 형태가 아니게 된다.

(2) 질 문

질문은 대상자에게 행선지나 용건 또는 성명 · 주소 · 연령 등을 묻고, 필요한 때에는 소지품의 내용을 질문하여 수상한 점을 밝히는 것이다.[35] 질문할 경우에 경찰관은 당해인에게 자신의 신분을 표시하는 증표를 제시하면서 소속과 성명을 밝히고 그 목적과 이유를 설명해야 한다(경찰관직무집행법 제3조 제4항).[36] 다만, 대법원은 불심검문을 하게 된 경위 · 불심검문 당시의 현장상황과 검문을 하는 경찰관들의 복장 · 피고인이 공무원증 제시나 신분확인을 요구하였는지 여부 등을 종합적으로 고려하여, 질문하는 사람이 정복을 입은 경찰관이고 질문하는 이유가 범죄행위에 관한 것임을 그 상대방이 충분히 알고 있다고 보이는 경우에 경찰관이 신분증을 제시

33) 대판 2012.9.13. 2010도6203(인천부평 불심검문사건): 직전에 발생한 범죄의 범인과 흡사한 인상착의인 상대방에게 정지를 요구하고 응하지 않아 앞을 가로막으며 협조하여 달라고 하고 계속 불응하여 진행하는 상대방에게 재차 앞을 가로막고 질문에 응할 것을 요구하는 정도의 불심검문은 가능하다.

34) 대판 2000.11.10, 2000다26907, 2000다26814.

35) 여기에서 경찰관은 질문 전에 상대방에게 진술거부권을 고지해야 한다는 견해(강구진, 174면)와 질문은 피의자신문이 아니므로 소극적으로 해석하는 견해(백형구, 90면; 진계호, 203면)가 대립되고 있다.

36) 정지시킨 후 질문함이 없이 곧바로 소지품검사를 하는 경우에도 이 증표제시 및 설명의무를 이행하지 않고서는 위법한 불심검문이 된다는 것으로 배종대/이상돈, 206면.

하거나 그 소속 등을 밝히지 않았다고 하여 위법한 공무집행이라고 볼 수는 없다고 판시[37]하고 있다.

그리고 질문에 대하여 상대방은 답변을 강요당하지 아니한다(동법 제3조 제7항). 다만 답변을 거부하고 떠나려는 자에게 강제에 해당하지 않는 정도로 설득하여 번의를 구하는 것은 허용된다. 답변강요는 피의자를 포함한 어느 누구에게도 금지된다. 그리고 만약 상대방의 신분증을 제시받은 경우에는 신원확인 후 즉시 반환하고 검문의 목적과 무관한 사항에 대한 질문은 지양해야 한다.[38]

[설문 (5)의 해결] 아무런 이유 없이 불심검문을 감행한 경찰 甲의 행위는 부적법한 것으로 평가되어야 한다. 사복경찰은 불심검문을 할 경우에는 반드시 상대방에게 미리 신분증을 제시하고 소속 및 성명을 밝힌 후 검문의 목적과 이유를 제시해야 하기 때문이다. 정복경찰의 경우에도 미리 신분증을 제시하여야 한다. 다만 상기한 대법원 판례에 따르면 정복경찰관이 신분증을 미리 제시하지 않았다고 하여 공무집행의 적법성까지 부정되지는 않는다.

---

(3) 동행 요구

[설문 (6)] 임의동행과 관련된 다음과 같은 경찰관의 생각과 행동을 평가해 보시오.

(i) 경찰관 甲은 거동수상자 A를 발견하고 경찰관직무집행법에 따라 불심검문을 하다가 추가조사의 필요성을 느껴 A에게 경찰서로의 임의동행을 요청해 보고, 만약 A가 거부할 경우 그를 강제연행할 수 있는지를 생각해 보았다.

(ii) 사법경찰관 乙은 얼마 전 발생한 강력사건의 용의자로 지목된 B의 집에 찾아가 집에서 나오려는 B의 앞을 가로막고 임의동행을 요구하였으나, B는 경찰관 을의 임의동행요구를 거절하였다. 이에 경찰관 을은 강제로라도 B를 연행해야 할지, 아

---

37) 대판 2004.10.18, 2004도4029; 대판 2014.12.11, 2014도7976(불심검문의 경우, 당시 현장상황, 검문경찰관들의 복장, 피고인이 공무원증 제시나 신분확인을 요구하였는지 여부 등을 종합적으로 고려한다). 참고로 정지시켜 질문을 하지 않고 소지품조사를 곧바로 실시하여도 정지시킨 후 질문을 행할 수 있는 상황에 들어갔다고 볼 수 있으므로 경찰관이 소지품조사하기 전에도 이러한 의무를 이행하여야 할 것이다.

38) 이에 대하여 주민등록법상의 주민등록증 제시요구는 수사의 방법으로서 허용되고 있을 뿐만 아니라, 주민등록증이나 운전면허증과 같은 신분증에는 불심검문의 목적과는 무관한 개인정보가 포함되어 있으므로 법규에 정한 바에 의하지 않고는 신분증의 제시요구는 개인정보에 대한 자기결정권을 침해하는 것으로 보아야 할 것이기 때문에 현행법상으로는 수사작용이 아닌 수사단서로서의 불심검문을 위하여 운전면허증이나 주민등록증의 제시를 요구할 수는 없다고 보는 견해로는 김형준, 앞의 글, 121면.

니면 긴급체포 요건에는 다소 못 미치더라도 긴급체포를 해서라도 B의 신병을 확보해야 할지 순간적인 고민에 빠지게 되었다.

(iii) 경찰관 甲은 거동불심자 A에게 별다른 설명 없이 경찰서로 임의동행하여 필요한 조사를 마친 후 임의동행확인서를 받아 놓고 귀가시켰고, 사법경찰관 乙도 피의자 B를 별다른 설명 없이 임의동행하여 필요한 조사를 마친 후 임의동행확인서를 받아 놓고 귀가시켰다. 그런데 A와 B는 인권침해를 당하였다고 인권위원회에 신고하였다.

(iv) 경찰관 甲은 당해인 A의 동의를 얻은 뒤 경찰서에 임의동행을 한 뒤 조사를 하는 과정에서 A가 급한 일이 있다며 나중에 와서 다시 조사를 받겠다고 하자, 경찰관 갑은 임의동행에 동의한 이상 6시간까지는 경찰관서에 머물러야 한다며 A의 요구를 받아들이지 않고 조사를 계속하였고 조사가 끝난 이후에도 이런저런 이유로 A의 퇴거요구를 미루더니 임의동행 후 6시간이 다 되어서야 A를 집으로 돌려보냈다.

(v) 상기한 사례에서 경찰서에서 조사를 한 결과 A의 범죄혐의가 상당하게 밝혀졌고, 그를 귀가시켜서는 도망 또는 증거인멸의 우려가 있는 것으로 판단한 甲은 A를 계속(즉 6시간을 초과하여) 경찰서에 머물게 하거나 더 나아가 강제 구금할 수 있는 방법을 생각하였다.

경찰관은 질문을 위하여 당해인을 부근의 경찰서 · 지구대 · 파출소 또는 출장소에 동행할 것을 요구할 수 있다. 임의동행에 있어서의 임의성의 판단은 동행의 시간과 장소, 동행의 방법과 동행 거부의사의 유무, 동행 이후의 조사방법과 퇴거의사의 유무 등 여러 가지 사정을 종합하여 객관적인 상황을 기준으로 하여야 한다(대판 1993.11.23, 93다35155). 동행의 요구는 그 장소에서 질문하는 것이 당해인에게 불리하거나 교통의 방해가 된다고 인정되는 때에 한하여 할 수 있으며, 당해인은 경찰관의 동행요구를 거절할 수 있다(경찰관직무집행법 제3조 제2항). 동행을 요구할 경우 경찰관은 자신의 신분을 표시하는 증표를 제시하면서 소속과 성명을 밝히고 그 목적과 이유를 설명하여야 하며, 동행장소를 밝혀야 한다(동조 제4항). 가족 또는 친지에게 동행한 경찰관의 신분 · 동행장소, 동행목적과 이유를 고지하거나 본인으로 하여금 즉시 연락할 수 있는 기회를 부여하여야 하며, 변호인의 조력을 받을 권리가 있음을 고지하여야 한다(동조 제5항). 이 경우에 6시간을 초과하여 당해인을 경찰관서에 머무르게 할 수는 없다(동조 제6항). 그리고 이 규정은 임의동행한 자를 6시간 동안 경찰관서에 구금하는 것을 허용하는 것은 아니다(대판 1997.8.22, 98도1240). 만약 임의동행한 자가 범죄 피의자임이 밝혀졌다면 그에 대한 입건과 강제적 신병확보는 형사소송절차에 따라야 한다(동조 제7항). 이 경우 경찰관이 수사관서까지 동행한 것 자체가 사실상의 강제연행, 즉 불법 체포에 해당한다면 불법 체포로부터 6시간 상당이 경과한 후에 이루어진 긴급체포 또한 위법하다(대판 2006.7.6, 2005도6810).

[설문 (6)의 해결] 불심검문(정지와 질문)과 임의동행은 상대방의 동의와 승낙을 전제로 허용되는 것일 뿐이고 절대 강제할 수는 없다. 즉 상대방은 경찰관에 의한 정지, 질문, 임의동행의 요구에 응할 의무가 없다. 다만 사례 (ii)에서 사법경찰관은 다른 형사소송법 규정을 적용할 수 있다면 피의자 B를 강제연행할 수 있을 것이다. 가장 바람직하기는 미리 체포영장을 발부받아 그 집행으로서 B를 강제연행하는 것이다. 그리고 체포영장이 발부되지 않은 상태에서 긴급한 경우에는 긴급체포에 의해 강제연행하는 것이다. 그러나 이를 위해서는 영장체포와 긴급체포의 요건 등에 관한 형사소송법의 엄격한 통제규정에 따라야 한다. 그리고 사례 (iii)에서 임의동행의 형식을 갖추었다 하더라도 임의동행시 법률에 규정된 절차요건 등이 갖추어지지 않은 경우에는 실질적 강제연행으로 평가받을 수 있고, 이 경우에는 임의동행확인서를 받아 놓았다 하더라도 인권침해의 문제가 발생할 수 있다. 그리고 사례 (iv)와 같이 임의동행을 한 경우에는 동행 후 6시간 전이라도 필요한 조사나 확인이 끝나는 즉시 귀가시켜야 함은 물론, 조사 등이 끝나지 않았더라도 상대방이 퇴거의사를 밝힌 경우에는 언제든지 즉시 퇴거시켜야 한다. 그리고 상대방이 아무런 의사표시를 하지 않은 경우에도 경찰관서에 머문 시간이 6시간을 초과하기 전에 경찰관은 그를 귀가조치시켜야 한다. 다만 사례 (v)의 경우에 경찰관은 수사차원에서 형사소송법의 긴급체포 내지 영장체포 등의 방법을 통하여 피의자를 경찰서에 계속 머물게 할 수는 있을 것이다.

---

4. 불심검문시의 소지품검사

[설문 (7)] 경찰관 甲은 대학교내에서 개최되는 시위에 참석하기 위해 교정 내로 들어가려는 대학생 A를 정지시키고 가방을 조사하려고 하였다. 그런데 A가 그에게 무엇을 조사하려고 하는지 묻자, 경찰관 甲은 불온삐라가 있는지를 조사할 것이라고 답하였다. 이 경우는 A는 소지품검사에 응할 의무가 있는가?

(1) 흉기와 일반소지품의 검사

경찰관직무집행법 제3조 제3항에 의하면 경찰관은 거동이 수상한 자에 대하여 질문할 때 흉기소지의 여부를 조사할 수 있다. 이 규정은 공무를 집행 중인 당해 경찰관이나 그 주변에 있는 제3자의 생명 신체의 안전을 확보하기 위한 긴급행위로서 인정하고자 하는 것이다. 따라서 당해 경찰관이 제3자에게 위험을 줄 수 있는 흉기를 휴대하였다고 인정할 수 있는 고도의 개연성 내지 특수한 혐의가 있는 경우에만 흉기소지검사는 허용된다. 그리고 허용되는 경우에도 상대방의 의복이나 손가방 등의 휴대품에 한정되는 것이고, 그 범위를 넘는 원거리 위치의 물건에 대해서는 허용될 수 없다.

문제는 흉기 이외의 것에 대한 소지품검사는 어떻게 되는가에 있다. 이에 대해서는 경찰관직무집행법이 범죄의 예방·조기발견이라는 행정목적을 달성하기 위해 불심검문을 허용하고 있고 불심검문의 안전을 확보하거나 질문의 실효성을 유지하기 위해 필요한 것이라면 일정한 한도 내에서 소지품검사가 허용된다는 긍정설[39]과 경찰관직무집행법 제3조 제3항의 규정상 경찰관은 흉기의 소지 여부만을 조사할 수 있고 흉기 이외의 일반소지품에 대해서는 상대방의 동의 없이 조사를 할 수 없다는 부정설[40]의 대립이 있다. 생각건대 상기한 부정설은 상대방의 동의를 얻고 행하는 임의조사까지 부정하는 것은 아니다. 이러한 임의조사를 원칙적인 조사방법이라고 보게 되면 불심검문시의 일반소지품검사 그 자체는 원칙적으로 허용되는 것으로 해석되어야 한다. 따라서 임의조사에 관한 한 허용설과 부정설 사이에 견해 차이는 없는 것으로 판단된다. 위의 [설문 (7)]에서 불온삐라의 소지 여부를 조사하기 위한 경찰관 甲의 행위는 상대방이 이에 응하는 경우에는 허용되지만 상대방이 거부하면 이를 강제할 수 있는지의 문제가 발생할 것이다. 결국 일반소지품검사의 문제는 아래에 기술된 바와 같이 상대방이 불응할 경우 이를 강제할 수 있는가에 있다.

(2) 소지품검사와 유형력의 행사

[설문 (8)] 甲은 乙의 지시로 한국에 있는 丙에게 메스암페타민(속칭 필로폰)을 전달하기 위해 가방에 필로폰을 숨기고 인천국제공항으로 입국하였다. 공항에서 통상적인 마약 단속 업무를 하던 사법경찰관 A는 마약탐지견(犬)을 데리고 물품 검색대 부근에서 여행객들의 가방을 외부에서 냄새 맡게 하고 있었다. 탐지견이 甲의 가방을 외부에서 냄새 맡으려 할 때 甲이 이의를 제기하자 甲의 행동을 이상하게 여긴 A가 甲을 정지시키고 물을 것이 있다고 하면서 탐지견을 그대로 냄새 맡게 하였고 필로폰 냄새를 감지한 탐지견이 짖으며 앉는 등 감지 신호를 하였다. 그러자

39) 강구진, 174면; 백형구, 90면; 이재상, 193면; 임동규, 157면.
40) 신동운, 57면; 신양균, 90면; 배종대/이상돈, 209면; 이은모(2011), 200면.

A는 甲에게 가방 안을 보여 달라고 하였고 甲은 스스로 가방을 열어주면서 '마음대로 찾아보라'고 하였다. 이에 가방 안을 살펴보던 A가 필로폰을 발견하자 甲이 이를 임의제출하였고 A는 이를 받아 압수하였다. 그 후 甲은 필로폰 밀수 혐의의 마약류관리에 관한 법률위반죄로 기소되었다. 이 경우 A가 탐지견에게 가방 외부 냄새를 맡게 한 행위의 법적 성질, 甲이 이의를 제기함에도 그대로 냄새 맡게 한 행위의 적법성 여부를 논하시오. [2009년 제51회 사법시험문제 참조]

상기한 일반소지품검사에 관한 상기한 긍정설에는 의복이나 휴대품의 외부를 손으로 만져서 확인하는 외표검사에 한하여 실력에 의한 소지품검사가 허용된다는 견해와[41] 보통은 외표검사만이 허용되지만 중범죄로서 긴급체포가 가능하지만 신중을 기하기 위한 경우에는 외표검사뿐만 아니라 실력으로 소지품을 개시하는 것도 허용된다는 견해도[42] 제기된다. 생각건대, 경찰에게 거동불심자에 대한 불심검문의 권한이 법적으로 부여된 이상 그 목적을 달성하기 위해서 경찰이 사태의 긴급성과 수단의 상당성을 고려하여 강제에 이르지 않는 정도의 유형력 행사는 허용되는 것으로 보아야 한다. 다만 상대방의 의사에 반하는 강제조사는 정식피의자에 제한하여 형사소송법의 절차에 의하여(즉 정식 수색절차에 의해서) 행하여져야 하는 것이지 모든 거동불심자를 대상으로 하는 수사단서활동에서 일반적으로 허용되어서는 안 된다. 이에 따라 소지품검사의 허용성을 구체적으로 살펴보면 다음과 같다.

소지품검사의 방법은 (i) 소지품을 외부에서 관찰하는 것, (ii) 소지품의 내용을 질문하는 것, (iii) 외부에서 손으로 만지는 것, (iv) 내용개시를 요구하는 것, (v) 개시된 소지품을 검사하는 것으로 나눌 수 있다. (i)의 방법이 경찰관직무집행법에 의해 허용되는 것은 의문이 없다. (ii)의 방법도 답변을 강요하지 않는 한 경찰관직무집행법에 의해 허용된다. (iii)의 방법은 미국의 Terry사건에서 확립된 Stop and Frisk의 원칙에 의하면 위험한 물건의 소지 여부를 확인하는 범위에서 허용된다.[43] 이를 통해 위험물은 물론이고 마약과 같은 금제품의 소지가 확인된 경우에는 경찰관이 이를 압수할 수 있으나 그 이상의 수색은 허용되지 않는다.[44] 또한 미국의 Sibron사건에서는 포켓에 손을 넣어 마약을 조사하는 방법은 허용되지 않는다고 한다.[45] 그러나

41) 노명선/이완규, 152면; 차용석/최용성, 165면.
42) 심희기/양동철, 137면; 이재상(2008), 199면; 임동규(2009), 157면.
43) Terry v. Ohio, 392 U.S. (1968); 이를 자세히 소개한 김용진, 영미법 해설, 2009, 485면 이하.
44) Minnesota v. Dickerson, 113 S. Ct. 2130 (1993).
45) Sibron v. New York, 392 U.S. 40 (1968).

우리나라에서는 경찰관직무집행법에 근거가 없는 이상 강제적인 frisk도 금지된다고 보는 것이 옳다. 다만 허용된 검사절차를 통해 위험물이나 금제품이 발견된 경우에는 경찰관은 정식 형사소송법에 따라서 압수할 수 있을 것이다. (iv)의 방법은 경찰관직무집행법의 목적(범죄예방)을 위하여 행하고 강제하지 않는 한 동법에 의하여 정당화된다. (v)의 방법도 경찰관직무집행법의 근거가 없으므로 실력을 행사하여 강제할 수는 없다. 그러나 지금까지 금지된 소지품검사도 만약 조사의 대상자가 피의자라면 형사소송법의 엄격한 절차에 따라 —즉 영장을 발부받거나 긴급한 경우 예외적으로 영장 없이— 강제적인 소지품검사를 할 수 있을 것이다. 미국 판례에 따르면, 마약을 탐지하기 위해 경찰관이 경찰견으로 하여금 밀폐된 용기에 대해 냄새를 맡도록 하는 것은 허용된다.[46] 경찰관은 적법하게 위치할 수 있는 장소에서 명백한 시야(plain view)에 들어 온 물건을 수색할 수 있는데, 이 원리는 촉각 후각을 이용하는 경우에도 적용되는 것으로 보기 때문이다.

결국, 상기한 [설문 (8)]에서 A가 탐지견에게 가방 외부 냄새를 맡게 한 행위의 법적 성질은 경찰행정활동 내지 수사단서확보에 해당할 것이고(다만 범죄자임이 명백한 자를 대상으로 할 경우에는 수사 그 자체가 될 것이고, 구체적으로는 영장 없는 긴급검증에 가까울 것임), 甲이 이의를 제기함에도 그대로 냄새 맡게 한 행위의 적법성 여부는 위에서 설명한 논리에 따라 판단되어야 할 것이다.

5. 자동차 검문

[설문 (9)] 경찰관 甲은 음주운전을 단속하기 위하여 좁은 교통로를 차단시켜 놓고 모든 통행차량의 운전자들을 대상으로 음주측정을 단행하였다.

자동차검문이란 범죄의 예방과 검거를 목적으로 통행중인 자동차를 정지케 하여 운전자 또는 동승자에게 질문하는 것을 말한다. 자동차검문에는 교통검문 · 경계검문 및 긴급수배검문이 있다. 그런데 자동차검문이 일상화되어 있음에도 불구하고 그 요건과 한계를 정한 직접적인 입법은 없다. 따라서 자동차검문의 허용성 및 허용범위가 문제된다.

46) United States v. Place, 462 U.S. 696 (1983).

(1) 교통 검문

교통검문은 도로교통법 위반을 단속하기 위하여 차를 일시 정지시키는 검문이다. 이를 위해 도로교통법은 경찰공무원은 자동차의 운전사가 무면허운전·음주운전·과로운전을 하고 있다고 인정하는 때에는 그 차를 정지시킬 수 있다고 규정하고 있다(동법 제43조 내지 제45조, 제47조 제1항). 따라서 이러한 범위 내의 교통검문은 법에 의해서 정당화된다.[47] 그리고 경찰관은 교통법규 위반에 대해 자동차를 정지시킬 수 있는 것은 물론이고, 미국의 판례에 따르면,[48] 이를 통해 운전자가 흉기를 소지하는 등의 위험한 자라는 것이 인정될 때에는 frisk까지 할 수 있다. 그리고 경찰은 법규위반 자동차 운전자 이외의 동승자에 대해서도 차에서 내릴 것을 명할 수 있다.[49]

(2) 경계 검문

경계검문은 불특정의 일반범죄의 예방과 범인의 검거를 목적으로 하는 검문을 말한다. 경계검문에 대해서는 법률에 명시적인 근거규정은 없다. 그러나 일반범죄의 예방과 검거를 목적으로 규정된 경찰관직무집행법 제3조 제1항이 정하는 범위 내에서의 경계검문은 정당화될 수 있다. 다만 동법에 불심검문의 대상은 일정한 자로 제한되어 있기 때문에 모든 차량을 대상으로 하는 일제경계검문이 정당화되기는 어렵다.[50] 참고로, 장애물을 설치하는 등의 방법이 아닌 임의의 수단으로 행하여지고, 범죄를 범하였거나 범하려 하고 있는 자가 자동차를 이용하고 있을 개연성이 있으며, 범죄의 예방과 검거를 위하여 필요하고 적절한 경우이고, 자동차 이용자에 대한 자유의 제한이 필요 최소한에 그치는 등의 요건이 충족되는 경우에는 일제검문도 제한적으로 허용된다는 견해가 제시되는데,[51] 이 견해도 원칙적으로 일제검문을 허용하지 않는 점에서는 불허설과 거의 다름이 없다.

---

47) 교통안전과 위험방지를 위한 필요가 없음에도 주취운전을 하였다고 인정할 만한 상당한 이유가 있다는 이유만으로 이루어지는 음주측정은 이미 행하여진 주취운전이라는 범죄행위에 대한 증거 수집을 위한 수사절차로서의 의미를 가지는 것인데, (구)도로교통법상의 규정들이 음주측정을 위한 강제처분의 근거가 될 수 없으므로 위와 같은 음주측정을 위하여 당해 운전자를 강제로 연행하기 위해서는 수사상의 강제처분에 관한 형사소송법상의 절차에 따라야 하고, 이러한 절차를 무시한 채 이루어진 강제연행은 위법한 체포에 해당한다(대법원 2006.11.9. 선고 2004도8404 판결).

48) Pennsylvania v. Mimms, 434 U.S. 106 (1977).

49) Maryland v. Wilson, 519 U.S. 408 (1997).

50) 신양균(2009), 98면.

51) 이은모(2011), 202면; 이재상, 199면; 임동규, 159면.

(3) 긴급수배 검문

긴급수배검문이란 특정범죄가 발생하여 범인의 검거와 수사정보의 수집을 목적으로 행하는 검문을 말한다. 범죄는 특정되었지만 그것을 범한 범인이 누구인지 밝혀지지 않은 상태에서 불특정 차량을 대상으로 행해지는 긴급수배검문은 실질적으로 앞의 경계검문과 다르지 않기 때문에 경찰관직무집행법 제3조 제1항에 의해 근거될 수 있을 것이다. 그러나 긴급수배검문이 이미 누구인지 밝혀진 특정 범죄자가 타고 있는 차를 대상으로 행해지는 경우에는 수사의 한 형태이므로 형사소송법의 절차에 따라서만 정당화될 수 있다. 따라서 강제검문은 형사소송법에 정한 대상자(피의자에 한함) 및 절차에 의해서만 가능하다. 즉 강제적인 긴급수배검문은 법관에 의한 수색영장에 의해 행하는 것이 원칙이다. 물론 상대방의 동의를 얻어 검문하는 것은 당연히 임의수사의 원칙에 의해 정당화된다.

[설문 (9)의 해결] 사례와 같은 교통검문의 경우에는 도로교통법이 "자동차 등의 운전자가 제43조 내지 제45조의 규정을 위반하여 자동차 등을 운전하고 있다고 인정되는 때"에 일시정지와 운전면허증의 제시를 요구할 수 있도록 규정하고 있다. 따라서 교통경찰관도 무면허운전, 음주운전, 피로상태운전이 의심되는 자를 선별하여 정지 및 면허증 제시요구를 하여야 할 것이다.

---

6. 주민등록법에 의한 주민등록증의 제시요구와 동행요구

[설문 (10)] 경찰관 甲은 혐의자의 불법집회참가를 사전에 막기 위하여 불법집회장소로 들어서는 자를 정지시켜 주민등록증의 제시를 요구하였다. 주민등록증 제시의 법적 근거는 어디에 있는가?

주민등록법에 따르면, 사법경찰관리가 범인을 체포하는 등 그 직무를 수행할 때에 17세 이상인 주민의 신원이나 거주관계를 확인할 필요가 있으면 주민등록증의 제시를 요구할 수 있다. 이 경우 사법경찰관리는 주민등록증을 제시하지 아니하는 자로서 신원을 증명하는 증표나 그 밖의 방법에 따라 신원이나 거주관계가 확인되지 아니하는 자에게는 범죄의 혐의가 있다고 인정되는 상당한 이유가 있을 때에 한정하여 인근 관계 관서에서 신원이나 거주 관계를 밝힐 것을 요구할 수 있다(동법 제26조 제1항). 사법경찰관리는 신원 등을 확인할 때 친절과 예의를 지켜야 하며, 정복

근무 중인 경우 외에는 미리 신원을 표시하는 증표를 지니고 이를 관계인에게 내보여야 한다(제2항).

상기한 [설문 (10)]의 사례에서와 같은 주민등록증의 제시요구에 대해서는 사법경찰관리만이 할 수 있는 것으로 주민등록법이 규정하고 있다. 사법경찰관리가 주체이기 때문에 주민등록증 제시의 목적은 이미 행해진 범죄(자)에 대한 수사목적, 즉 범인체포 등으로 해석되어야 할 것이다. 따라서 경비경찰이 범죄예방의 목적으로 주민등록증의 제시를 요구하는 것은 허용되지 않는다. 그리고 정복사법경찰이 주민등록법에 따라 주민등록증의 제시를 요구할 때에는 증표제시가 요구되지 않는 점에서 경찰관직무집행법에 의한 직무질문과 차이가 있다.

[§ 14] 고소(고발과 자수 포함)

Ⅰ. 고소의 의의

고소(Strafantrag)란 범죄의 피해자 또는 그와 일정한 관계가 있는 고소권자가 수사기관에 대하여 범죄사실을 신고하여 범인의 처벌을 구하는 의사표시[52]이다. 그런데 현행 형소법상 검사에게는 일정 범죄를 제외하고는 대부분의 일상범죄에 대한 수사착수권이 부여되어 있지 않다. 따라서 검경 수사준칙 제18조(검사의 사건 이송 등)에 의하면, 검사는「검찰청법」 제4조 제1항 제1호 각 목에 해당되지 않는 범죄에

---

52) 따라서 단순한 피해사실의 신고는 소추 · 처벌을 구하는 의사표시가 아니므로 고소가 아니라고 할 것이며, 피해자가 고소장을 제출하여 처벌을 희망하는 의사를 분명히 표시한 후 고소를 취소한 바 없다면 비록 고소 전에 피해자가 처벌을 원치 않았다 하더라도 그 후에 한 피해자의 고소는 유효하다(대법원 1993.10.22. 선고 93도1620 판결 등 참조).
그리고 고소인이 사건 당일 간통의 범죄사실을 신고하면서 현장에 출동한 경찰관에게 고소장을 교부하였다고 하더라도, 경찰서에 도착하여 최종적으로 고소장을 접수시키지 아니하기로 결심하고 고소장을 반환받은 것이라면, 고소장이 수사기관에 적법하게 수리되어 고소의 효력이 발생되었다고 할 수 없으며, 나아가 고소인이 당시 피고인들에 대하여 처벌 불원의 의사를 표시하였다고 하더라도, 애초 적법한 고소가 없었던 이상, 그로부터 3개월이 지나 제기된 이 사건 고소가 재고소의 금지를 규정한 형사소송법 제232조 제2항에 위반된다고 볼 수도 없다(대법원 2008.11.27. 선고 2007도4977 판결).

대한 고소·고발·진정 등이 접수된 때에는 사건을 검찰청 외의 수사기관(사법경찰)에 이송해야 한다(제1항 제1호).

고소는 수사기관에 대한 신고이어야 하므로 수사기관이 아닌 법원에 대하여 진정서를 제출하거나 피고인의 처벌을 바란다고 증언하는 것은 고소가 아니다(대판 1984.6.26, 84도709). 그리고 범죄사실의 신고는 특정되어야 한다(대판 1988.10.25, 87도1114). 이에 비하여 범인에 대해서는 반드시 특정할 필요는 없으나 범인의 처벌을 구하는 의사표시는 반드시 있어야 한다. 고소를 함에는 고소능력이 있어야 하는데, 이는 피해를 받은 사실을 이해하고 고소에 따른 사회생활상의 이해관계를 알아차릴 수 있는 사실상의 의사능력으로 충분하므로 민법상의 행위능력이 없는 자라도 위와 같은 능력을 갖춘 자에게는 고소능력이 인정된다(대판 1999.2.9, 98도2074; 대판 2004.4.9, 2004도664; 대판 2011.6.24, 2011도4451).[53] 따라서 미성년자가 한 고소도 유효하다. 모든 범죄에 있어 피해자의 고소는 수사의 단서가 된다. 그리고 친고죄에 있어서 고소는 소송조건이다.

Ⅱ. 고소권자

1. 피해자와 법정대리인

(1) 피해자

고소권자는 우선적으로 범죄로 인한 피해자이다(제223조). 피해자에는 보호법익의 주체는 물론이고 행위객체도 포함된다. 따라서 공무집행방해죄의 경우에는 폭행 협박을 당한 행위객체인 공무원도 피해자로서 고소할 수 있다. 법인이 피해자인 경우에는 그 대표자가 피해자로서 고소권을 행사할 수 있다. 고소권은 일신전속적 권리로서 상속이나 양도가 원칙적으로 허용되지 않지만, 저작권이나 특허권과 같이 침해가 계속적인 경우에는 그 권리의 이전이 있는 경우 그 이전의 침해에 대한 고소권도 동시에 이전된다고 보아야 한다.

53) 고소위임을 위한 능력도 마찬가지라고 한 것으로는 대판 1999.2.9, 98도2074.

(2) 피해자의 법정대리인

[설문 (11)] 16세의 여고생 甲은 이웃 청년 乙에 의해 모욕을 당하였다. 甲은 수치심 때문에 乙을 고소하지 않은 채 1년 이상을 보냈다. 그 후 甲의 모욕피해 사실을 알게 된 父 丙이 즉시 乙을 수사기관에 고소하였다. 丙의 고소는 유효한가?

피해자의 법정대리인은 독립하여 고소할 수 있다(제225조 제1항). 따라서 피해자의 법정대리인도 고소권자에 해당한다. 이 경우 이혼한 생모도 법정대리인에 해당한다(대판 1986.11.11, 86도1982; 대판 1987.9.22, 87도1707).[54] 그런데 법정대리인이 독립하여 고소할 수 있다는 고소권의 법적 성질에 대해서는 고유권설[55]과 독립대리권설[56]의 대립이 있다. 법정대리인의 고소권을 고유권이라고 해석하는 견해에 따르면 무능력자 보호의 취지를 철저히 하기 위하여 법정대리인은 본인(피해자)의 대리권 소멸과 관계없이 고소할 수 있다. 고유권설은 판례의 태도이기도 하다(대판 1984.9.11, 84도1579; 대판 1987.6.9, 87도857; 대판 1999.12.24, 99도3784). 이러한 고유권설에 따르면 법정대리인의 고소기간은 법정대리인 자신이 범인을 알게 된 날로부터 진행할 것이고(대판 1987.6.9, 87도857), 법정대리인의 고소권은 피해자의 명시한 의사에 반하여도 행사할 수 있다(대판 1999.12.24, 99도3784). 그러나 그것을 독립대리권이라고 해석하는 견해에 따르면 피해자의 고소권이 소멸하면 법정대리인의 고소권도 소멸한다.

생각건대, 법정대리인의 고소권은 무능력자 보호의 취지에서 규정된 것으로 보아야 하므로 고유권설이 타당한 것으로 판단된다. 따라서 상기한 [설문 (11)]에서 피해자의 고소권은 고소기간의 경과로 소멸되었지만 법정대리인의 고소권을 고유권으로 해석하는 견해에 따르면 부(父) 丙이 행한 고소는 고소기간이 경과하지 않은 유효한 고소가 된다.

---

54) 이에 대한 판례평석으로 성기창, "형사소송법 제226조에 의한 고소의 요건," 대법원판례해설 8호, 1988.12, 471-477면 참조.

55) 강구진, 163면; 배종대/이상돈, 190면; 신동운, 80면; 이은모(2011), 176면; 임동규 134면; 차용석/최용성, 177면.

56) 김기두, 200면; 백형구, 93면; 송광섭(2010), 214면; 신양균(2009), 102면; 신현주, 212면; 이재상, 198면.

2. 기타 고소할 수 있는 자

피해자의 법정대리인이 피의자이거나 법정대리인의 친족이 피의자인 때에는 피해자의 친족은 독립하여 고소할 수 있다(제226조). 미성년피해자의 생모가 피해자의 법정대리인을 고소한 경우가 이에 해당한다(대판 1986.11.11, 86도1982). 그리고 피해자의 사망시에는 피해자의 배우자 · 직계친족 · 형제자매가 고소권을 행사할 수 있고, 이 경우 피해자의 명시한 의사에는 반할 수 없다(제225조 제2항). 이러한 신분관계는 피해자의 사망시점을 기준으로 판단하므로 간통죄에서 고소권자인 배우자가 사망하면 그 피해자의 모, 직계친족 또는 형제자매가 고소할 수 있다(대판 1967.8.29, 67도878; 대판 1967.12.19, 67도1181). 그 법적 성질에 대해서는 독립대리권설이 있지만,[57] 본인이 사망하여 그 권리가 소멸됨에도 불구하고 인정되는 것이므로 고유권설이 타당하다.

그리고 사자명예훼손죄의 경우에는 그 친족 또는 자손이 고소할 수 있다(제227조). 이 경우의 고소권도 고유권으로 이해하여야 한다. 또한 친고죄에 대하여 고소권자가 없는 경우에 이해관계인[58]의 신청이 있으면 검사는 10일 이내에 고소할 수 있는 자를 지정하여야 한다(제228조).

Ⅲ. 고소의 절차

1. 고소의 방법

(1) 방 식

고소는 서면 또는 구술로써 검사 또는 사법경찰관에게 하여야 한다(제237조 제1항).[59] 그런데 2021.1 시행 형소법과 검경 수사준칙 제18조(검사의 사건 이송 등)에 의

57) 피해자 생존 중의 명시한 의사에 반하지 않는 한(제225조 제2항), 피해자의 사망당시에 그 배우자 · 직계친족 또는 형제자매가 고소할 수 있도록 한 규정에 비추어 독립대리권이라는 견해로는 신동운, 86면. 다만 이러한 견해도 피해자가 명시한 의사를 표시하지 아니하고 사망한 경우에는 사실상 고유권에 준하는 성질을 가지게 될 것이라고 한다.

58) 법률상의 이해관계인 외에 사실상의 이해관계에 있는 자를 포함하지만(통설), 단순한 감정상의 관계로는 이에 해당하지 않는다. 신청방식에는 제한이 없으므로 서면 또는 구두로 신청할 수 있다.

59) 고소는 수사기관에 대한 범죄사실의 신고이므로 수사기관이 아닌 법원에 대하여 진정서 등을 제출하거나 피고인의 처벌을 원한다는 증언은 고소라고 할 수 없다는 것으로 대판 1984.6.26, 84도709.

하면, 검사가 「검찰청법」 제4조 제1항 제1호 각 목에 해당되지 않는 범죄에 대한 고소·고발·진정 등을 접수한 경우에는 사건을 검찰청 외의 수사기관(사법경찰)에 이송해야 한다(제1항 제1호).

수사기관이 구술에 의한 고소를 받은 때에는 조서를 작성하여야 한다(동조 제2항). 그러나 반드시 별도의 고소조서일 필요는 없다(대판 1985.3.12, 85도190). 따라서 참고인진술시 범인처벌의 의사표시를 하여 참고인진술조서에 기재된 경우에도 유효한 고소가 된다(대판 1959.1.31, 4288형상370; 대판 1966.1.13, 65도1089; 대판 2011.6.24, 2011도4451). 사법경찰관이 고소를 받은 때에는 신속히 조사하여 관계서류와 증거물을 검사에게 송부하여야 한다(제238조).

2021.1. 시행 형소법에는 사법경찰관이 검찰에 송치할 사건(혐의 있는 사건)과 일단 불송치 결정을 할 수 있는 사건으로 나누어 규정되었다(제245조의5). 그리고 불송치 결정의 경우에는 고소인 등에 대한 송부 통지의무가 사법경찰관에게 부과되어 있다(제245조의6). 이에 따라 고소인 등은 경찰서장에게 이의신청을 할 수 있고(제245조의7 제1항), 사법경찰관은 이의신청이 있는 때에는 지체 없이 검사에게 사건을 송치하고 관계 서류와 증거물을 송부하여야 하며, 처리결과와 그 이유를 신청인에게 통지하여야 한다(제2항).

(2) 대 리

고소는 대리인으로 하여금 하게 할 수 있다(제236조). 대리의 범위와 관련하여서는 대리인이 직접 처벌의사 자체까지도 결정할 수 있는 의사대리를 의미한다는 견해(의사대리포함설),[60] 이미 본인에 의하여 결정된 처벌의사표시를 전달하는 표시대리에 한하는 것이라는 견해(표시대리한정설, 다수설),[61] 그리고 친고죄의 경우에는 표시대리만이 허용하지만 비친고죄의 경우에는 의사대리까지 허용된다는 견해[62] 등의 대립이 있다. 생각건대, 형사소송법은 고소권자의 범위를 한정하고 있으므로 고소의 대리는 표시대리에 한하는 것으로 해석하는 다수설이 타당하다. 그리고 고소 대리를 할 때 특별한 제한이 없을 뿐만 아니라 대리권수여가 실질적으로 증명되면 충분하다고 할 것이므로 반드시 위임장이나 대리라는 표시를 해야 하는 것은 아

---

60) 강구진, 162면; 이재상, 199면; 이은모(2011), 178면.
61) 신동운, 91면; 신양균, 98면; 임동규, 135면; 차용석/최용성, 179면.
62) 배종대/이상돈, 190면; 정웅석, 130면.

니다.[63]

(3) 조건부 고소

조건부 고소가 허용될 것인가에 대해 견해대립이 있다. 고소는 성질상 단순해야 하므로 형사절차의 확실성을 해치는 조건부 고소는 허용되지 않는다는 견해(다수설)와 소송의 진행에 지장을 주지 않는 범위에서 허용된다는 견해[64]가 대립된다. 고소제도는 피해자의 의사를 존중하려는 것이므로 조건부 고소도 허용된다고 보는 것이 타당하다.

2. 고소의 기간

(1) 친고죄에서의 고소기간의 의미

친고죄 아닌 범죄에는 고소기간을 제한할 필요도 없고 제한규정도 없다. 그러나 친고죄에 대하여는 범인을 알게 된 날로부터 6개월을 경과하면 고소하지 못한다(제230조 제1항). 친고죄에 대하여 고소기간의 제한을 두는 이유는 국가 공형벌권의 행사를 장기간 개인의 의사에 맡겨 둘 수 없기 때문이다.

(2) 기산일과 기간해태의 경우

1) 범인을 안 날로부터 기산

고소기간의 기산은 범인을 알게 된 날로부터 계산한다.[65] 여기서 범인은 정범뿐만 아니라 협의의 공범도 포함된다. 범인을 알게 된 날이라 함은 단순히 범죄사실을 아는 것만으로 부족하고 범인이 누구인지 특정할 수 있을 정도로 알게 된 날을 말한다. 다만 범인의 주소 · 성명 등 구체적인 인적 사항까지 알아야 할 필요는 없다(대판 1999.4.23, 99도576). 범인을 알게 되더라도 아직 범죄가 종료하지 아니한 때에는 고소기간이 진행되지 않고 범죄종료 후로부터 진행을 산정해야 한다.[66]

2) 예 외 고소기간의 기산에 대한 예외로서 고소할 수 없는 불가항력의

---

63) 대판 2001.9.4, 2001도3081.

64) 이재상, 199면; 임동규, 136면; 신현주, 197면.

65) 대판 1985.7.9, 84도2249. 여기서 법정대리인의 고소기간은 법정대리인 자신이 범인을 알게 된 날로부터 진행되며(대판 1984.9.11, 84도1579), 대리인에 의한 고소의 경우에는 대리고소인이 아니라 정당한 고소권자를 기준으로 고소권자가 범인을 알게 된 날로부터 고소기간을 기산한다(대판 2001.9.4, 2001도3081).

66) 동종행위의 반복이 예상되는 영업범 등 포괄일죄의 경우에는 최후의 범죄행위가 종료된 때에 전체행위가 종료된 것으로 보아야 한다는 것으로 대판 2004.10.28, 2004도5014.

사유가 있는 때에는 그 사유가 없어진 날로부터 기산한다(제230조 제1항). 예컨대 고소권자가 고소능력이 없다가 사후에 회복된 경우가 여기에 해당한다(대판 1987.9.22, 87도1707; 대판 1995.5.9, 95도696). 이 경우 고소기간은 그 능력이 생긴 때부터 기산된다. 따라서 피해 당시 14세의 정신지체아가 범행일로부터 약 1년 5개월 후 담임교사 등 주위 사람들에게 피해사실을 말하고 비로소 그들로부터 고소의 의미와 취지를 설명 듣고 고소에 이른 경우, 위 설명을 들은 때 고소능력이 생겼다고 보아서 고소기간은 그 때로부터 기산하여야 한다(대판 2007.10.11, 2007도4962). 단순히 해고될 것이 두려워 고소하지 않은 경우(대판 1985.9.10, 85도1273)에는 불가항력적 사유에 해당되지 아니한다. 그러나 11살의 피해자 나이는 고소능력이 없는 경우이므로 여기에 해당된다(대판 1987.9.22, 87도1707). 고소할 수 있는 자가 수인인 경우에는 1인의 기간해태는 타인의 고소에 영향이 없다(제231조).

3. 직계존속에 대한 고소금지

자기 또는 배우자의 직계존속은 고소하지 못한다(제224조). 이 경우에도 피해자 이외의 고소권자는 독립하여 고소할 수 있다. 따라서 만약 아버지가 딸을 단순 강간하였다면 현행의 형법 및 형사소송법의 규정에 의하면 딸은 아버지를 고소할 수 없지만, 법정대리인으로서 어머니는 고소할 수 있다(다만 실제로 자신의 남편을 고소하기는 어려울 것임). 그러나 「성폭력범죄의 처벌 등에 관한 특례법」과 「가정폭력범죄의 처벌 등에 관한 특례법」은 동법이 규정한 범죄에 대해서는 형사소송법 제224조의 적용을 배제하였다(제18조). 더 나아가 「성폭력범죄의 처벌 등에 관한 특례법」은 친족 등의 성폭력범죄(동법 제5조)를 아예 비친고죄로 규정하였다.

[위헌론과 입법론]

어머니를 무고 및 모해위증 혐의로 고소하였으나 형사소송법 제224조에 따라 각하 불기소 처분되자, 고소한 자녀가 검찰청법상의 항고를 거쳐 재정신청을 한 다음, 그 소송 계속 중에 형사소송법 제224조에 대하여 위헌제청 신청을 하였다가 고등법원에 의해 기각되자, 최종적으로 헌법재판소에 위헌법률 헌법소원심판을 청구한 사건이 발생하였다. 이에 대해 헌법재판소는 재판관 4인의 의견으로, 형사소송법 제224조는 청구인의 평등권을 침해하지 않아 헌법에 위반되지 않는다는 결정을 선고하였다. 다만 위 조항이 차별 목적의 비중과 차별의 정도 사이에 비례성을 갖추지 못하였으므로 평등원칙에 위배되어 위헌이라는 재판관 5인의 반대의견이 있었다(헌재결 2011.2.24,

2008헌바56). 이 사건에 대해 전문가 참고인으로 실제 참여했던 필자는 부모 고소불가 규정에 대해 이제는 존치의 필요성이 거의 없어졌기 때문에(특별법 제정을 통해 거의 고소가 가능한 것으로 변경되었음), 장차 입법 폐지로 나가는 것이 바람직하다는 주장에는 어느 정도 공감하지만, 그 조항의 내용이 직계비속의 기본권을 침해하는 위헌무효인 것으로 재판하는 것은 옳지 않다고 진술하였다. 우리나라 법질서에 오랜 세월 동안 투영되어 그 기능을 담당하여 왔던 직계존비속 관계의 특수성에는 어느 정도 합리적 근거와 법 가치가 있는 것으로 판단되었기 때문이다.

4. 고소의 취소

(1) 취소권자

원칙적으로 고소권자는 고소를 취소할 수 있다(제236조). 고소취소에도 사실상의 행위능력으로 족하다. 따라서 피해자가 제1심 법정에서 피고인들에 대한 처벌희망 의사표시를 철회할 당시 나이가 14세 10개월이었더라도 그 철회의 의사표시가 의사능력이 있는 상태에서 행해졌다면 법정대리인의 동의가 없었더라도 유효하다(대판 2009.11.19, 2009도6058 전원합의체). 그런데 법정대리인만이 고소취소를 한 경우는 피해자에 의한 고소취소로 인정될 수 없다(대판 2011.6.24, 2011도4451). 그리고 피해자가 행한 고소를 대리권자가 취소할 수는 없다. 따라서 피해자가 고소한 후 사망하면 그 부(父)가 고소를 취소할 수 없다(대판 1969.4.29, 69도376).[67]

(2) 방 식

고소취소의 방법은 고소의 경우와 동일하다(제239조). 따라서 서면이나 구술로 공소제기 전에는 수사기관에, 공소제기 후에는 법원에 하여야 한다.[68] 참고인조사를 받으면서 피해자가 고소취소의 의사를 진술한 경우에도 고소취소는 유효하다. 그리고 고소취소는 명시적으로 하여야 한다. 단순히 관대한 처벌을 바란다는 취지의 진술은 고소취소로 볼 수 없다(대판 1981.1.13, 80도2210). 고소의 취소에 대해서도 대리가 허용된다(제236조).

(3) 시기적 제한

1) 원 칙 고소취소는 제1심 판결의 선고 전까지 할 수 있다(제232조 제1

67) 또한 고소인이 아닌 피해자의 父는 고소인이 아니므로 대리권의 수권 없이는 고소를 취소할 수 없다는 것에 대판 1987.9.22, 87도1707.

68) 대판 2012.2.23, 2011도17264.

항).[69] 따라서 그 이후의 고소취소는 고소취소로서의 효력이 없다(대판 1985.2.8., 84도2682). 친고죄의 고소취소와 유사한 반의사불벌죄에 대한 1심 판결 선고 이후 '처벌불원 의사'의 표시도 효력이 없다(대판 2021.6.28. 2021도3992).

다만 상급심에서 파기 환송되어 제1심(원심)에 다시 돌아온 상태에서의 고소취소는 유효한 것으로 인정될 수 있다(종전 친고죄로서 규정 적용되었던 간통 사건의 상소심에서 제1심의 공소기각판결이 법률에 위반됨을 이유로 이를 파기하고 사건을 제1심법원에 환송한 경우, 환송 후 제1심판결의 선고 전에 간통죄의 고소가 취소되었다면 법원은 공소기각의 판결을 하여야 한다고 판시한 대판 2011.8.25, 2009도9112).

고소취소의 시기적 제한 규정은 친고죄에 대해서 특별한 의미를 가진다. 왜냐하면 비친고죄에서의 고소취소는 검사의 수사종결처분 및 재판에 있어서 양형에 중요한 판단자료가 되지만 친고죄에서는 범죄자의 처벌여부에 대해서도 결정적으로 작용하기 때문이다. 이렇게 친고죄에서의 고소취소는 범죄자의 처벌여부를 결정하기 때문에 그 취소기간에 제한이 있어야 한다. 국가의 형사소추권이 고소인의 자의에 의하여 무한정 좌우되어서는 안 되기 때문이다. 친고죄와 유사한 반의사불벌죄의 경우는 제232조 제3항에 의해 고소취소의 규정이 준용된다. 따라서 제1심 판결선고 후에 한 처벌희망 의사표시의 철회는 효력이 없다(대판 1983.2.8, 82도2860; 대판 1995.2.3, 94도3122).

2) 항소심에서 친고죄로의 범죄사실변경과 고소취소

[설문 (11a)] 피고인 甲은 제1심에서 동거하지 않는 사촌 동생 A(甲을 고소하였음)에 대한 강도죄로 기소되었다. 제1심 법원이 이에 대해 유죄판결을 하자 甲은 항소하였는데, 항소심 도중에 그의 범죄사실이 강도가 아니라 공갈죄인 것이 밝혀졌다. 피고인 甲은 즉시 피해자 A와 합의하고 고소 취소서를 법원에 접수시켰다면 항소심 법원이 취하여야 할 조치는? 만약 제1심의 공소사실이 폭행치상죄이고 항소심에서 폭행죄(반의사불벌죄)로 바뀐 경우에는 어떻게 될 것인가?

항소심에서 비로소 친고죄로 공소사실이 바뀌거나 공소장이 변경된 경우에 이루어진 항소심에서의 고소취소가 유효할 것인가에 대해서는 견해대립이 있다. (i) 고소취소의 시기를 제1심 판결선고 전으로 한정한 제232조 제1항이 이 경우에도 예외 없이 적용되어야 한다는 견해(무효설. 판례의 태도이기도 함),[70] (ii) 제232조 제1항

69) 입법론으로 일본의 경우처럼 공소제기 전으로 제한하자는 입장으로는 염정철, 289면.

은 친고죄에서만 적용되기 때문에 항소심에서 비로소 범죄사실이 친고죄로 바뀐 경우에는 실질적으로 항소심이 친고죄로서는 제1심이 되고 피고인에게 공소기각판결을 받을 수 있는 방어권을 보장하여야 하기 때문에 고소취소의 효력을 인정하여야 한다는 견해(유효설),[71] (iii) 친고죄로 공소장이 변경되기 이전에 행한 고소취소는 유효하다는 견해[72] 등이 제시된다.

생각건대, 범죄자의 처벌여부를 피해자의 의사에 의존하는 친고죄의 입법취지는 범죄자에게 공소기각판결을 받을 수 있는 방어권을 보장하려는 것이 아니고, 오히려 피해자를 보호하고자 하는 데 있다. 친고죄에서 범죄자가 공소기각판결을 받는 것은 피해자 보호의 반사적 이익에 불과하다. 그리고 고소취소의 기간을 한정한 제232조 제1항은 국가형벌권의 행사를 무한정 피해자의 의사에 맡기지 않으려는 목적을 가지고 있다. 이러한 점을 고려하면 판례의 무효설이 타당하다.[73]

[설문 (11a)의 해결] 동거하지 않는 친족 사이의 (강도죄는 비친고죄이지만) 공갈죄는 피해자의 고소가 있어야 처벌할 수 있는 친고죄가 된다(반면에 피해자의 고소가 있은 경우에는 제1심 판결 선고 전에 고소취소가 있으면 공소기각판결의 대상이 된다). 판례에 따르면, 갑이 항소심에서 고소 취소서를 법원에 접수시켰더라도 항소심 법

---

70) 김선복, "비친고죄의 공소사실에 대하여 친고죄를 인정하는 경우 공소장변경의 문제," 비교형사법연구 제3권 제1호, 한국비교형사법학회, 2001, 323면; 배종대/이상돈, 198면; 이재상, 196면; 신동운, 96면; 신양균, 107면; 임동규, 144면.

71) 이은모(2011), 187면; 문채규, "항소심에서의 공소장변경과 고소취소의 효력," 지송 이재상교수 화갑논문집 형사판례의 연구 2권, 박영사, 2003, 249면; 이종갑, "공소장변경과 방어권보장," 지송 이재상교수 화갑논문집 형사판례의 연구 2권, 박영사, 2003, 234면; 이호중, "축소사실에 대한 공소장변경 없는 유죄인정—비친고죄의 공소사실에 대하여 친고죄의 유죄를 인정하는 경우," 형사판례연구 8권, 박영사, 2000, 426면; 하태영, "형사철학과 형사정책—형법학의 새로운 길," 법문사, 2007, 394면; 변종필, "최신기본판례해설," 고시계 1999.9, 107면; 심희기, 70선, 40면; 심지어 오영근 교수는 입법의 잘못 또는 불비에서 비롯된 것이기 때문에 이를 입법적으로 해결하는 것이 근본적인 해결방법이라고 하면서 그 방법으로 형사소송법 제232조에 항소심에서 친고죄로 공소장이 변경되거나 상고심에서 친고죄만을 인정한 경우에 대해서 규정해야 할 것이라고 한다(오영근, "친고죄로의 공소장변경과 항소심에서의 고소취소의 효력," 지송 이재상교수 화갑논문집 형사판례의 연구 2권, 박영사, 2003, 215면).

72) 천진호, "항소심에서의 공소장변경과 고소취소의 효력," 형사판례연구[8], 451면.

73) 이 점에 대한 더 자세한 필자의 글로는 손동권, "항소심에서의 공소사실변경으로 인한 특수문제—합의부사물관할 및 친고죄 공소사실로의 변경," 형사판례연구[9], 박영사, 2001, 469-481면; 손동권, "재전문진술의 증거능력과 항소심에서의 친고죄 문제," 고시연구 2002년 10월호(통권 제343호), 129면 이하 참조.

원은 공소기각의 판결은 할 수 없고, 유무죄의 실체 판결 절차를 밟아야 한다(이 경우 공갈죄로 공소장변경을 하고 유무죄를 판단하는 것이 원칙일 것임. 공소장변경 없이 공갈죄로 유죄 판결할 수 있는지는 공소장변경의 필요성에 관한 문제로서 후술하기로 함). 이러한 논리는 반의사불벌죄인 폭행죄에도 그대로 적용될 수 있다. 따라서 항소심 법원은 항소심에서 폭행죄에 대해 피해자의 불처벌 의사표시가 있더라도 유무죄의 실체 판결 절차를 밟아야 한다.

관련판례 ① [다수의견] 원래 고소의 대상이 된 피고소인의 행위가 친고죄에 해당할 경우 소송요건인 그 친고죄의 고소를 취소할 수 있는 시기를 언제까지로 한정하는가는 형사소송절차운영에 관한 입법정책상의 문제이기에 형사소송법의 그 규정은 국가형벌권의 행사가 피해자의 의사에 의하여 좌우되는 현상을 장기간 방치하지 않으려는 목적에서 고소취소의 시한을 획일적으로 제1심판결 선고시까지로 한정한 것이고, 따라서 그 규정을 현실적 심판의 대상이 된 공소사실이 친고죄로 된 당해 심급의 판결 선고시까지 고소인이 고소를 취소할 수 있다는 의미로 볼 수는 없다 할 것이어서, 항소심에서 공소장의 변경에 의하여 또는 공소장변경절차를 거치지 아니하고 법원 직권에 의하여 친고죄가 아닌 범죄를 친고죄로 인정하였더라도 항소심을 제1심이라 할 수는 없는 것이므로, 항소심에 이르러 비로소 고소인이 고소를 취소하였다면 이는 친고죄에 대한 고소취소로서의 효력은 없다(대판 1999.4.15, 96도1922 전원합의체).

[반대의견] 형사소송법 제232조 제1항 소정의 고소는 친고죄의 고소를 의미하고, 친고죄에 있어서 고소나 고소취소와 같은 소송조건의 구비 여부는 현실적 심판대상이 된 공소사실을 기준으로 판단하여야 하므로, 위 조항은 친고죄에 있어 고소는 현실적 심판대상이 된 친고죄에 대한 제1심판결의 선고 전까지 취소할 수 있다는 의미로 해석하여야 할 것이고, 따라서 친고죄가 아닌 죄로 공소가 제기되어 제1심에서 친고죄가 아닌 죄의 유죄판결을 선고받은 경우, 제1심에서 친고죄의 범죄사실은 현실적 심판대상이 되지 아니하였으므로 그 판결을 친고죄에 대한 제1심판결로 볼 수는 없고, 따라서 친고죄에 대한 제1심판결은 없었다고 할 것이므로 그 사건의 항소심에서도 고소를 취소할 수 있는 것으로 보아야 한다.

3) 공범자의 1인에 대한 제1심판결 선고후의 고소취소 친고죄에서 공범자의 1인에 대해 이미 제1심 판결의 선고가 있은 이후에 다른 공범자에 대해 ― 수사절차 내지 제1심 판결선고 전의 공판절차에서 ― 고소취소한 경우에 그 고소취소의 유효성을 인정할 것인가에 대해서도 견해대립이 있다. 이 문제는 친고죄에서 고소의 주관적 불가분원칙의 문제와 관련이 되기 때문에 그 곳에서 상술하기로 한다.

(4) 고소취소의 효과

고소를 취소한 자는 다시 고소하지 못한다(제232조 제2항). 친고죄와 반의사불벌죄의 경우에 고소가 유효하게 취소되면 소송조건이 결여되므로 공소제기 전에는 검사에 의해 공소권 없음의 불기소처분을, 공소제기 이후에는 법원에 의해 공소기각의 판결을 받게 된다.

(5) 합의서 제출의 효과

[설문 (12)] 모욕피고사건이 공판계속 중에 피고인의 가족은 피해자에게 충분한 위자료를 지불하고 피해자로부터 "민 · 형사상 일체 이의하지 아니하기로 합의한다"는 내용의 합의서를 받아 피고인의 변호인을 통하여 법원에 제출하였다. 그런데 그 후 피해자는 공판정에 증인으로 출석하여 합의서에 서명, 날인한 사실은 시인하면서도 피고인에 대한 고소를 취하할 의사는 없었다고 진술하였다. 이 경우 법원은 어떠한 재판을 하여야 하는가?

고소인과 피고인 사이에 작성된 합의서는 서면에 불과하고 고소인이 법정에 나와 고소를 취소한다고 말하지 않는 이상 고소취소의 효력이 없다.[74] 다만 합의서와 함께 관대한 처벌을 바란다는 탄원서를 함께 법원에 제출한 경우에는 고소취소의 효력을 인정한다(대판 1981.11.10, 81도1171). 형사사법기관에 고소취소에 상응하는 의사표시가 별도로 도달되는 것을 특별히 요구하는 것이다. 그리고 상기한 [설문 (12)]의 사례와 같이 합의서의 내용에 민형사상 일체 이의하지 않기로 합의한다는 것과 같이 고소취소에 상응하는 의사표시가 있다면 합의서 이외의 별도문서가 법원에 제출되지 않더라도 고소취소의 효과가 인정되어도 무방할 것이다("이 사건 전체에 대하여 가해자와 원만히 합의하였으므로 피해자는 가해자를 상대로 이 사건과 관련한 어떠한 민 · 형사상의 책임도 묻지 아니한다"는 취지의 가해자와 피해자 사이의 합의서가 경찰에 제출된 경우에 대한 대판 2002.7.12, 2001도6777의 태도).

5. 고소의 포기

[설문 (13)] (i) 甲은 공공장소에서 乙을 모욕하였다. 乙은 고소를 하지 아니하겠다는 각서를 甲에게 써 주고 그 대가로 돈 500만원을 받았다. 그 후 乙이 甲에게 돈을 더

74) 대판 1969.2.18, 68도1601; 대판 1980.10.27, 80도1488; 대판 1981.10.6, 81도1968; 대판 1983.9.27, 83도516.

요구하자 甲은 이를 거절하였다. 그러자 乙은 甲을 모욕죄로 고소하였다. 乙의 고소는 적법한가?
(ii) 상기한 사례에서 수사에 착수한 사법경찰관이 乙에게 고소의 의사를 확인하자 乙은 고소포기서를 사법경찰관에게 제출하였다. 그러나 그 후 乙은 마음을 변경하여 甲을 모욕죄로 고소하였다. 그 고소는 적법 유효한가?

고소의 포기란 피해자가 장차 고소권을 행사하지 아니한다는 의사표시를 하는 것을 말한다. 비친고죄에서의 고소포기는 별의미가 없으나 친고죄에서는 그 고소포기의 의사표시에 대해 다시 고소할 수 없다는 고소취소와 같은 효과가 부여된다면 범죄자가 처벌로부터 면제되는 결정적 작용을 하게 되어 그 의미가 크다. 친고죄에서 고소포기의 인정여부에 대해서는 고소권은 공법상의 권리이고 이에 대해 개인이 자유로이 처분할 수 없고, 고소의 취소와는 달리 고소포기를 인정하는 명문규정이 없으며, 고소포기를 인정하면 고소권을 소멸시키기 위한 폐단도 있다는 점을 근거로 한 부정설,[75] 고소취소를 인정하는 취지에 비추어 피해자와 범인간의 사화에 의하여 고소권을 포기할 수 있고, 고소권의 포기를 인정하여도 피해가 없으며, 친고죄의 수사를 신속히 종결할 수 있는 장점이 있다는 긍정설,[76] 고소취소와 동일한 방식으로 고소포기를 하면 그 유효성을 인정하자는 절충설(다수설)[77]의 대립이 있다. 판례는 "친고죄에 있어서의 피해자의 고소권은 공법상의 권리라고 할 것이므로 법이 특히 명문으로 인정하는 경우를 제외하고는 자유처분을 할 수 없고 따라서 일단 한 고소는 취소할 수 있으나 고소전에 고소권을 포기할 수 없다고 함이 상당할 것이다"고 판시하여[78] 부정설을 취하고 있다. 생각건대, 고소권은 공법상의 권리이지만 근본적으로 피해자의 이익을 위한 것으로서 그의 의사에 의존되는 것이기 때문에 고소취소의 요건이 갖추어지는 것을 조건으로 고소권 포기의 효력을 인정하는 절충설이 타당한 것으로 판단된다.

---

75) 서일교, 250면; 신동운, 94면; 이재상, 207면; 임동규, 148면; 문채규, "상대적 친고죄와 주관적 고소불가분의 원칙," 고시연구 2001년 3월호(통권 제324호), 63면.

76) 정영석/이형국, 160면.

77) 권오병, 252면; 김기두, 203면; 백형구, 417면; 신현주, 75면; 신양균, 110면; 배종대/이상돈, 203면; 이은모(2011), 190면; 임동규, 148면; 김성규, "공소제기의 조건으로서의 고소 —친고죄에 있어서의 고소를 중심으로," 성균관법학 15권 1호, 2003, 122면; 이존걸, "수사단서로서의 고소," 법학연구 제19집, 2005.10, 320면.

78) 대판 1967.5.23, 67도471.

[설문 (13)의 해결] 판례의 부정설에 따르면 사례 (i)과 (ii)에서 고소포기는 무효이고 그 반대로 사후고소는 유효할 것이다. 그러나 절충설에 따르면, 고소취소와 같은 형식으로 사법경찰에게 행한 사례 (ii)의 고소포기만 효력이 인정되고, 그 반대로 사후고소는 무효가 될 것이다.

Ⅳ. 고소불가분의 원칙

1. 의 의

고소불가분의 원칙(Grundsatz der Unteilbarkeit des Strafantrags)이란 친고죄에 있어서 고소 및 고소취소가 미치는 효력이 불가분이라는 원칙으로서, 다음 두 가지를 의미한다. 즉, 한 개의 범죄의 일부분에 대한 고소 또는 그 취소는 그 전부에 대하여 효력이 발생한다는 것과 수인의 공범 중 1인 또는 수인에 대한 고소 또는 그 취소는 다른 공범자에게도 효력이 있는 것을 말한다. 전자를 고소의 객관적 불가분의 원칙, 후자를 주관적 불가분의 원칙이라고 한다.

이 원칙은 친고죄에 있어서 고소권자가 지정한 범죄사실의 일부분에 처벌을 제한하여 국가의 형사사법작용을 무의미하게 하거나 고소권자가 지정한 범인만을 처벌하는 불공평한 결과를 초래하는 것을 방지하고자 하는 취지이다. 따라서 이 원칙은 친고죄에서만 적용의 의미를 가진다.

2. 주관적 불가분의 원칙

[설문 (14)] 국회의원 A가 사망하자 모 주간지에서는 특집기사를 기획하여 A와 그의 여비서였던 B와의 스캔들을 폭로하는 기사를 실었다. B와 A의 유족 C는 그 주간지의 편집장 甲과 취재기자 乙을 명예훼손으로 검찰에 고소하였다. 甲과 乙에 대한 명예훼손 피고사건의 제1심 공판절차가 진행되는 도중에 B와 C는 취재기자 乙에 대한 고소를 취소하였다. 이 경우 피고인 甲과 乙에 대하여 법원이 취해야 할 조치를 검토하시오. [1995년 제37회 사법시험]

(1) 의 의

친고죄의 공범 중 그 1인 또는 수인에 대한 고소 또는 그 취소는 다른 공범자에 대하여도 효력이 있다(제233조).[79] 이와 같이 고소의 주관적 불가분의 원칙에 대해서는 형사소송법이 명시하고 있기 때문에 해석론으로서는 이 원칙이 의심 없이 인정되어야 한다. 이 원칙은 친고죄의 공범자 사이에 처벌의 공평성을 유지하기 위한 것이다. 다만 입법론으로서는 독일과 같이 오히려 주관적 가분을 원칙으로 하는 것도 고려될 수 있다. 피해자에게 피해변상 등을 한 범죄자와 그렇지 않은 자를 차별적으로 취급하더라도 부당하지 않기 때문이다. 여하튼, 동 원칙이 적용되는 공범에는 사자명예훼손죄, 모욕죄 등과 같은 친고죄에서 2인 이상이 관여하여 성립되는 공동정범, 교사범, 종범 등의 임의적 공범뿐만 아니라 간통죄와 같은 필요적 공범도 포함된다(대판 1985.11.12, 85도1940).

(2) 적용범위

1) 절대적 친고죄　　범인의 신분과 관계없이 인정되는 절대적 친고죄에서 이 원칙은 명백히 적용되어야 한다. 특히, 양벌규정 있는 친고죄에서 자연인에 대한 고소가 있으면 법인에 대한 고소 없이도 법원은 심판할 수 있다(저작권법 제103조의 양벌규정은 직접 위법행위를 한 자 이외에 아무런 조건이나 면책조항 없이 그 업무의 주체 등을 당연하게 처벌하도록 되어 있는 규정으로서 당해 위법행위와 별개의 범죄를 규정한 것이라고는 할 수 없으므로, 친고죄의 경우에 있어서도 행위자의 범죄에 대한 고소가 있으면 족하고, 나아가 양벌규정에 의하여 처벌받는 자에 대하여 별도의 고소를 요한다고 할 수는 없다고 판시한 대판 1996.3.12, 94도2423).[80]

2) 상대적 친고죄

> [설문 (14a)] 만약 훔친 골드바는 A(피고인 甲의 비동거 친족)가 잠시 보관하고 있는 것일 뿐 사실은 A의 친구 C의 소유물이고, 수사 단계에서 A, C가 함께 甲, 乙, 丙을 고소하였는데, A, C가 1심 공판 과정에서 甲에 대한 고소취소장을 제출한 경우 함께 재판을 받는 甲, 乙, 丙(甲과 친족관계 없는 공범들)에 대한 법원의 판단은? (2022년 제11회 정식변호사시험문제)

친족상도례의 경우와 같이 범인과 피해자 사이에 일정한 신분관계가 있는 경

---

79) 고소불가분의 원칙상 공범 중 일부에 대해서만 처벌을 구하고 나머지에 대해서는 처벌을 원하지 않는 내용의 고소는 적법한 고소라고 할 수 없다(대판 2009.1.30, 2008도7462).

80) 이에 대한 판례 평석으로는 이재환, "친고죄의 경우 양벌규정에 의하여 처벌받는 자에 대하여 별도의 고소를 요하는지 여부," 대법원판례해설 26호, 1996.12, 471-479면 참조.

우에만 친고죄가 되는 상대적 친고죄에 있어서는 친족관계 있는 공범에 대해서 주관적 불가분의 원칙이 적용되는 것은 틀림없다. 그러나 친족과 비친족 사이의 공범관계에서는 비신분자에 대한 고소는 신분자에게 영향이 없고, 신분자에 대한 고소취소는 비신분자에게 영향이 없다(대판 1964.12.15, 64도481). 후자의 경우에 대해 주관적 불가분의 원칙의 예외라는 견해가 있으나,[81] 양자 사이에는 원래 주관적 불가분의 원칙이 적용될 여지가 없는 것으로 보는 것이 옳다(다수설).[82]

[설문 14a의 해결] 재산범죄 친족특례 효과는 상대적 친고죄가 되는 것이다. 따라서 절도의 피해자가 오직 A만이라면 그와 친족관계가 있는 甲(피고인)은 공소기각의 판결을 받을 수 있을 것이다(그러나 乙과 丙은 실체 판결의 대상이 됨). 다만, 절취물건의 소유자와 점유자가 다른 상기 사례의 경우에는 피고인 갑이 소유자(C)와 점유자(A) 모두와 친족 관계에 있어야 공소기각판결이 가능하다. 결국, 상기 사례의 경우 C와 친족 관계가 없는 甲도 실체 판결의 대상이 될 뿐이다.

---

3) 즉시고발 내지 전속고발의 소송조건 주관적 불가분의 원칙은 친고죄의 고소에만 적용된다. 따라서 조세범처벌법(대판 1962.1.11, 4293형상883 전원합의체; 대판 2004.9.24, 2004도4066), 관세법(대판 1971.11.23, 71도1106)상의 즉시고발의 경우에는 주관적 고소불가분의 원칙이 적용되지 않는다.[83] 따라서 여기서는 공범이 여러 명이더라도 즉시고발된 자만 공소제기가 되어 처벌될 수 있다. 그리고 공정거래위원회가 독점규제 및 공정거래에 관한 법률 제71조 제1항이 규정하는 전속고발권을 행사할 때에도 친고죄에 관한 고소의 주관적 불가분 원칙을 규정한 형사소송법 제233조는 적용되지 않는다(대판 2011.7.28, 2008도5757).

4) 반의사불벌죄 반의사불벌죄에 대해서 주관적 불가분의 원칙이 적용되는가에 대하여, 친고죄와의 유사성에 근거로 한 준용긍정설과,[84] 반의사불벌죄는 친고

81) 정영석/이형국, 158면.

82) 한편 특히 신분자에 대한 고소취소의 효력을 비신분자에게는 인정하지 아니하면 피해자의 지나친 자의적 결정을 인정하게 되어 부당하므로 상대적 친고죄의 경우에도 예외없이 고소불가분의 원칙을 적용할 필요가 있다는 반론으로는 배종대/이상돈, 199면.

83) 공범자 사이의 처벌의 공평을 이유로 반대하는 견해로는 서일교, 251면.

84) 신동운, 157면; 신양균, 103면; 정영일, "고소불가분의 원칙," 고시연구 1997.8, 131면; 이은모(2012), 199면. 친고죄와의 유사성은 처벌의사표시의 철회에 있어서 친고죄의 고소취소에 관한 규정이 준용되고(제232조 제3항), 모두 공소기각판결이라는 동일한 효과가 부여되며(제327조 제5호, 제6호), 국가형벌권의 적정한 행사라는 요청 측면에서 발견된다는 것이다.

죄보다 법익침해가 중하다는 점과 당사자 사이의 배상 등 사적 분쟁해결을 촉진하고자 하는 입법취지를 근거로 한 준용부정설(다수설)[85]의 대립이 있다. 판례는 "형사소송법이 고소취소의 시한과 재고소의 금지를 규정하는 제232조에서와는 달리, 고소와 고소취소의 불가분에 관한 규정인 제233조에서는 준용규정을 두고 있지 않으므로 고소의 주관적 불가분의 원칙은 반의사불벌죄에서는 준용되지 아니한다"고 판시하여(대판 1994.4.26, 93도1689), 준용부정설을 취하고 있다. 생각건대 불처벌의 명시적 의사표시는 대개 깊이 반성하거나 피해변상을 통해 합의한 피의자·피고인을 위해 피해자가 행하는 것인데, 그러한 피의자·피고인을 그러하지 못한 자와 차별적으로 취급하는 것이 오히려 더 합리적이기 때문에 준용부정설이 타당하다.

[설문 (14)의 해결] 甲과 乙은 B에게는 반의사불벌죄인 출판물에 의한 명예훼손죄(형법 제309조 제1항), C에게는 친고죄인 사자명예훼손죄(형법 제308조)를 범한 것이다. B의 乙에 대한 고소취소는 처벌을 희망하는 의사표시의 철회에 해당하므로 법원은 乙에게 공소기각판결(제327조 제6호)을 하되, 고소불가분의 원칙이 반의사불벌죄에 준용되지 않는다는 다수설과 판례에 의하면 甲에게는 고소취소의 효력이 미치지 않으므로 유죄판결이 가능하다. 한편 C의 乙에 대한 사자명예훼손죄(친고죄)의 고소취소는 주관적 불가분의 원칙에 의해 공범인 甲에게도 미치기 때문에(제233조) 법원은 甲과 乙에 대하여 공소기각의 판결을 하여야 한다(제327조 제5호).

---

(3) 공범자에 대한 제1심 판결선고 후 다른 공범자에 대한 — 수사절차 내지 제1심판결선고 전의 — 고소취소

[설문 (15)] 피고인 甲은 乙과 함께 공공장소에서 A를 모욕하였다는 모욕사건으로 A에 의한 고소와 검사의 기소와 더불어 지방법원에서 징역 1년의 선고를 받고 항소를 제기하였다. 그 모욕사건이 항소심에 계속 중에 그동안 숨어 지내던 乙이 검거되었다. 자신과 친구관계인 乙을 동정한 A는 피의자 乙에 대한 고소를 취소할 수 있겠는가?

상기한 [설문 (15)]의 사례와 같이, 친고죄의 공범 중 일부의 자에 대하여 제1심 판결이 선고된 후에 제1심 판결선고 전의 다른 공범자에 대하여 고소를 유효하게 취소할 수 있는가가 문제된다. 이에 대하여는 피해자의 의사를 존중하려는 친고죄의

85) 신현주, 218면; 이재상, 193면; 임동규, 141면; 정웅석, 143면; 진계호, 218면; 차용석/최용성, 183면.

입법취지에 비추어 고소의 취소를 허용하되 다만 제1심 판결을 선고받은 자에게는 고소취소의 효력이 없다는 적극설[86]과 고소인의 자의에 의해 공범자간에 불공평한 결과를 방지하려는 고소의 주관적 불가분의 원칙에 의거하여 고소의 취소를 인정할 수 없다는 소극설(다수설)의 대립이 있다. 생각건대, 고소의 주관적 불가분의 원칙이 입법적으로 정립된 이상은 공범자간의 공평한 처벌을 추구하려는 입법취지에 따라서 이 경우에는 고소취소를 부정하는 것이 타당하다. 판례도 "친고죄의 공범 중 그 일부에 대하여 제1심판결이 선고된 후에는 제1심판결 선고 전의 다른 공범자에 대하여는 그 고소를 취소할 수 없고 그 고소의 취소가 있다 하더라도 그 효력을 발생할 수 없으며, 이러한 법리는 필요적 공범이냐 임의적 공범이냐를 구별함이 없이 모두 적용된다"고 판시하여(대판 1985.11.12, 85도1940), 소극설의 입장을 취하고 있다.

[설문 (15)의 해결] 상기한 설문사례에서 乙의 경우는 고소취소가 허용되는 수사단계이기 때문에 그에 대한 고소취소를 인정하면서 이미 선고받고 항소심에 계속 중인 공범에게만 고소취소의 효력이 없다는 견해도 있을 수 있겠지만, 다수설과 판례는 이러한 경우 주관적 불가분의 원칙에 의거하여 양자 모두에게 고소취소를 인정하지 않는다.

---

3. 객관적 불가분의 원칙

(1) 의 의

고소의 객관적 불가분의 원칙이란 소송법상 일죄의 일부분에 대한 고소와 고소취소의 효과는 그 전부에 미친다는 원칙을 말한다. 고소의 주관적 불가분의 원칙과는 달리 객관적 불가분의 원칙에 대해서는 형사소송법에 명시적 규정이 없다. 그러나 이 원칙은 이론상 당연히 인정되어야 한다는 것이 우리나라의 지배적 견해이다. 한 개의 범죄사실은 소송법상 항상 불가분으로 다루어져야 한다는 것 또는 고소에 있어서 범죄사실의 신고가 반드시 정확할 수는 없고 처벌의 범위까지 고소권자의 의사에 좌우되어서는 안 된다는 것이다.

생각건대, 이 원칙은 이론상 당연히 인정되어야 할 것은 결코 아니다. 친고죄는 일죄의 전부에 대해 범죄자의 처벌 여부를 피해자의 의사에 맡기고자 하는 제도이

---

86) 김기두 202면. 이에 대하여 오히려 아직 제1심판결선고가 없는 공범자와 균형을 맞추기 위해 이미 제1심판결 선고가 있는 공범자에 대해서도 고소를 취소할 수 있도록 하는 것이 타당하다는 입장으로는 박달현, "친고죄와 고소불가분의 원칙—그 문제점 및 개선방향," 형사법연구 제12권, 1999.11, 397면.

다. 그렇다면 피해자가 그 처벌의 범위를 명시적으로 일부로 제한하더라도 크게 문제되지 않는 것으로 판단된다. 다만 피해자가 명시적 가분의 의사표시 없이 일부에 대해 고소한 경우 수사기관은 피해자의 진정한 의사를 탐지하여 그에 따라 사건을 처리하여야 할 것이다. 결국, 고소의 객관적 불가분 여부는 구체적 사례에 따른 법적용자의 합리적 판단에 맡긴 것으로 해석하는 것이 가장 타당하다.[87)]

(2) 적용범위

1) 수 죄 객관적 불가분의 원칙을 긍정하는 견해도 한 개의 범죄사실을 전제로 이를 인정하기 때문에 수죄, 즉 경합범에 대해서는 적용되지 않는다. 따라서 수회의 사자명예훼손이 경합범의 관계에 있다고 볼 때에는 고소를 한 하나의 사자명예훼손 사실에 대한 고소의 효력은 그 이외의 사자명예훼손 사실에는 미치지 않는다.[88)] 다만 고소인(유족)이 수개 사자명예훼손 행위들의 시기와 종기를 정하여 고소기간을 특정하는 것은 허용된다(입법 폐지된 간통죄에서 고소인이 고소기간 내에 적법하게 고소한 경우 특별한 의사표시가 없는 한 그 기간 중의 모든 행위에 대해 고소한 것으로 보아야 한다는 대판 2000.2.11, 99도4123).

2) 과형상 일죄 과형상의 일죄에 관하여는 다음의 경우로 나누어 검토할 수 있다. (i) 각 부분의 피해자가 같고 모두 친고죄일 때에(예컨대 비밀침해죄와 모욕죄) 객관적 불가분의 원칙을 긍정하는 견해는 이 경우에 동 원칙을 적용한다. 그러나 이 경우에 가분적 고소를 긍정하는 것이 오히려 타당한 것으로 판단된다. (ii) 과형상 일죄에서 일부만이 친고죄인 때(예컨대 업무방해죄와 모욕죄 사이)에는 비친고죄 또는 친고죄에 대한 고소의 효력은 친고죄 또는 비친고죄에 대하여 미치지 않는다. (iii) 과형상 일죄의 각 부분 모두가 친고죄이지만 피해자가 다를 때(예컨대 하나의 문서로 여러 명을 모욕한 경우)에는 고소권자가 수인이기 때문에 1인의 고소의 효력은 다른 피해자의 범죄에 영향을 미치지 않는다.

3) 단순일죄(포괄일죄) 종래 형법이 친고죄로 규정하였던 강간죄와 같은 결합범의 경우 그 수단인 폭행 협박의 일부에 대한 고소가 있는 경우 강간죄 전체에 대한 고소로서의 효력을 인정할 것인지가 문제되었다.[89)] 그런데 개정형법에 의해 성폭력

---

87) 고소의 객관적 불가분의 원칙에 대한 더 자세한 필자의 글로는 "고소불가분의 원칙과 강간범에 대한 공소권의 행사," 형사판례연구[1], 박영사, 1993, 369-386면; "고소불가분의 원칙과 강간범에 대한 공소권행사," 고시연구 1991년 7월호(통권 제208호), 150-159면 참조.

88) 입법 폐지된 간통죄 사건에서 이러한 취지로 판시한 대판 1985.8.20, 85도1171.

범죄는 비친고죄로 되었기 때문에 이러한 문제는 더 이상 발생되지 않을 것이다. 그러나 여전히 형법상 친고죄이면서, 강간죄와 같이 결합범 형태인 비동거친족 사이의 재산범죄(예컨대 야간주거침입절도죄, 공갈죄)에서는 유사한 문제가 발생될 수 있다. 예컨대, 비동거친족 사이의 야간주거침입절도죄 사례에서 피해자가 그 수단인 주거침입죄로만 고소한 경우에 야간주거침입절도죄 전체에 대한 고소로 해석하여야 할 것인지의 문제가 종래의 강간죄 사례에서와 동일하게 발생할 수 있는 것이다. 판단컨대, 피해자가 명시적으로 전체범죄(야간주거침입절도죄)에 대한 처벌은 원하지 않고 일부범죄에 대해서만 처벌을 원하여 주거침입죄로 고소를 한 경우에는 고소가분을 인정하는 것이 타당할 것이다(즉 이 경우에는 고소의 객관적 불가분의 원칙이 부정되어야 할 것임). 이러한 경우에도 객관적 불가분의 원칙을 적용하여 그 전부에 해당하는 야간주거침입절도죄로 소추를 구하게 되면 피해자의 의사를 존중하려는 친고죄의 취지를 오히려 몰각시키는 것이기 때문이다. 그리고 피해자가 상기와 같이 명시적 가분의 의사표시 없이 막연히 일부에 대해서만 고소한 경우라면 형사사법기관은 가분의 여부에 관한 피해자의 진정한 의사를 확인하여 그에 따라 사건을 처리하여야 합리적일 것이다. 그리고 피해자가 전체범죄(야간주거침입절도죄)에 대해 고소를 하지 않았거나, 고소를 하였다가 (합의 후) 취소한 경우에 검사가 주거침입죄로만 기소하였다면 법원은 고소제기가 법률의 규정에 위반하였다는 이유로 공소기각의 판결을 하여야 할 것이다. 피해자는 전체 범죄에 대해 고소를 하지 않았거나 취소하였기 때문에 —일부범죄에 대한 피해자의 고소 또는 취소가 있은 경우에만 적용되는 고소의 객관적 불가분 원칙은 처음부터 문제되지 않으며— 이러한 경우는 친고죄에서 소송조건이 갖추어지지 않은 상태에서의 검사에 의한 일부기소의 문제가 될 뿐이기 때문이다(친고죄인 일죄의 일부에 대한 기소의 적법성 문제에 관해서는 [§24]에서 자세히 후술함). 그리고 피해자가 전체범죄에 대해 고소를 하였지만 고소기간의 도과로 인하여 그 고소가 무효로 평가된 경우에도 상기한 처음부터 고소하지 않았거나 고소하였다가 취소한 경우와 동일하게 법원은 검사의 일부기소에 대해 공소기각의 판결을 하여야 할 것이다(종래 친고죄이었던 강간죄에서 동일한 취지로 판시한 대판 2002.5.16, 2002도51 전원합의체). 그리고 결합범이 아니면서 아직 친고죄로 남아 있는 사자명예훼손죄(형법 제308조), 모욕죄(형법 제311조), 비밀침해죄(형법 제316조), 업무

---

89) 친고죄로 규정한 구 형법하에서 이에 대한 자세한 필자의 글로는 "불기소처분에 대한 불복과 친고죄일부기소의 특수문제," 고시연구 1999년 11월호(통권 제308호), 175-185면 참조.

상 비밀누설죄(형법 제317조)의 경우에는 수개의 해당 행위가 포괄일죄의 관계에 있을 때 고소의 객관적 불가분의 원칙이 문제될 수 있다. 예컨대 동일인에 대해 수차례 연속적으로 모욕한 경우 1개의 모욕행위에 대한 고소는 전체 모욕행위에 미치는지가 문제될 수 있다. 생각건대, 전부에 대한 고소의 효력을 인정하더라도 죄명 자체가 동일하기 때문에 여기서는 객관적 불가분의 효력을 긍정하여도 무방할 것이다[종래 형법이 친고죄로 규정하였던 연속적으로 2회에 걸친 간음목적 약취행위에 대해 피해자가 한 개에 대해서만 고소한 경우 전부에 대한 고소의 효력을 인정할 것인지도 문제되었다. 이 경우 전부에 대해 고소의 효력이 미친다고 판시한 대판 참조(2011.6.24, 2011도4451)].

V. 고발과 자수

1. 고 발

고발(Anzeige)이란 고소권자와 범인 이외의 사람이 수사기관에 대하여 범죄사실을 신고하여 그 소추를 구하는 의사표시를 말한다. 반드시 범인을 지적할 필요는 없지만 지정한 경우 진범인이 아니더라도 고발의 효력에는 영향이 없다(대판 1994.5.13, 94도458). 고발은 일반적으로 수사의 단서에 불과하나 특정한 범죄 즉 관세법 또는 조세범처벌법 위반의 경우에는 소송조건이 된다. 고발은 법률에 다른 규정이 없으면 누구든지 할 수 있다. 판례에 의하면, 국회에서의 증언·감정 등에 관한 법률 제15조 제1항에는 고발의 주체를 본회의 또는 위원회로 정하고 있을 뿐 고발기간을 제한하는 규정을 두고 있지 않으며 증언이 이루어진 해당 회기의 위원회가 고발을 해야 한다고 해석하면 명문에도 없는 고발기간을 창설하는 결과가 되어 국회에서의 위증죄를 엄단하려는 국회증언감정법의 입법취지에 반하므로 이 법 제15조 제1항에서 규정한 고발주체인 상임위원회가 증인을 조사한 상임위원회와 동일한 회기에 개최되어야 한다고 보기 어렵다(다음 회기의 상임위원회가 고발하여도 적법하다는 대판 2021.11.1. 2021도8960).

공무원은 그 직무를 행함에 있어 죄가 있다고 사료하는 때에는 고발하여야 한다(제234조 제2항). 직무를 행함에 있어서만 의무가 있으므로 우연히 범죄를 발견한 경우에는 여기에 해당하지 않는다. 자기 또는 배우자의 직계존속은 고발하지 못한다(제235조). 고발인은 고소인과 동일하게 수사종결을 통지받을 권리(제258조 제2항), 불기소처분의 이유에 대한 청구권(제259조), 검찰 항고 및 재항고(그리고 형법 제123조 내지 제125조, 제126조의 범죄인 경우에는 재정신청)의 권리를 가진다.

고발과 그 취소의 방식은 고소의 경우와 같다(제237조, 제238조, 제239조).[90] 고소와의 차이점은 대리인에 의한 고발은 인정되지 않고, 고발기간에 제한이 없으며(소송조건인 경우에도 마찬가지이다), 고발을 취소한 후에도 다시 고발할 수 있다.

2. 자 수

자수란 범인이 스스로 수사기관에 자기의 범죄사실을 신고하여 처벌을 희망하는 의사표시를 말한다. 자수는 수사기관에 대한 의사표시라는 점에서 반의사불벌죄의 경우에 범인이 피해자에게 자신의 범죄사실을 알리고 용서를 구하는 자복과는 구별된다. 여기서 신고의 내용이 되는 '자신의 범죄사실'이란 자기의 범행으로서 범죄성립요건을 갖춘 객관적 사실을 의미하는 것으로서, 수사기관에의 신고가 자발적이라고 하더라도 그 신고의 내용이 자기의 범행을 부인하는 등의 내용으로 자기의 범행으로서 범죄성립요건을 갖추지 아니한 사실일 경우에는 자수는 성립하지 아니하며(대판 1999.9.21, 99도2443), 수사기관의 직무상의 질문 또는 조사에 응하여 범죄사실을 진술하는 것은 자백일 뿐 자수로는 되지 않는다(대판 2002.6.25, 2002도1893). 자수는 수사단서의 일종이면서 형법상으로는 형의 감면사유가 된다(형법 제52조 제1항). 자수한 경우 일단 효과가 발생하고 그 이후 범행을 부인하더라도 그 효력이 소멸하는 것은 아니다(대판 2002.8.23, 2002도46). 자수는 성질상 대리인에 의하여 할 수 없다. 그러나 범인이 부상이나 질병으로 인하여 타인에게 부탁하여 신고하는 것은 자수에 해당한다. 자수의 방식과 이에 따른 사법경찰관리의 조치도 고소·고발에 관한 규정을 준용한다(제240조).

90) 고발의 주관적 불가분원칙에 대한 것으로 김재봉, "고발의 주관적 불가분원칙 인정 여부," 법학논총 제23집 제3호(하), 2006.12, 9-26면 참조.

[§ 15] 수사의 기본원칙

Ⅰ. 수사방법과 수사원칙

1. 임의수사와 강제수사

수사방법에는 상대방의 동의나 승낙에 의한 임의수사와 강제처분에 의한 수사인 강제수사가 있다. 여기서 강제수사의 요소가 되는 '강제처분'의 개념에 대해서는 견해대립이 있다. 즉, (i) 물리력의 행사에 의해 상대방의 의사를 제압하는 경우에 한한다는 견해,[91] (ii) 직접 · 간접으로 물리적 강제력을 행사하는 경우뿐만 아니라 상대방에게 의무를 부담하게 하는 경우를 포함한다는 견해(형식설),[92] (iii) 상대방의 의사에 반하여 실질적으로 그의 법익을 침해하는 처분 모두를 의미한다는 견해(실질설),[93] (iv) 기본적 인권을 침해할 우려가 있는 경우에 강제수사를 인정하려는 견해(적법절차설 내지 기본권기준설)[94] 등이 대립된다. 형식설(종래의 다수설)에 따르면 체포 · 구속(제200조의2 이하) · 압수 · 수색 · 검증(제215조 이하) 이외에 증인신문의 청구(제221조의2), 증거보전(제184조) 및 공무소의 조회(제199조 제2항) 등이 강제처분 및 강제수사에 포함된다. 그러나 도청이나 사진촬영에 의한 프라이버시의 침해는 임의수사가 될 것이다.

생각건대 적법절차설 내지 기본권기준설은 임의수사에도 적법절차 내지 인권보장이 요구되는 점을 간과하고 있으며, 형식설은 수사기관이 새로운 과학적 수사방법에 의해 국민의 법익을 침해하는 것을 엄격히 통제할 수 없기 때문에 이를 가능하게 하는 실질설이 타당하다.

2. 임의수사의 원칙과 강제수사의 예외(규제)

(1) 임의수사와 비례성의 원칙

형사소송법 제199조는 "수사에 관하여는 그 목적을 달성하기 위하여 필요한 조

---

91) 정영석, 244면.

92) 강구진, 180면; 김기두, 204면; 차용석/ 최용성, 193면.

93) 이재상, 209면; 이은모(2011), 205면.

94) 송광섭(2010), 239면; 신동운, 100면. 기본권 침해를 수반하는 수사를 강제수사라고 해석하는 기본권 기준설도 같은 입장(배종대/이상돈, 218면)이라고 할 수 있다.

사를 할 수 있다. 다만, 강제처분은 이 법률에 특별한 규정이 있는 경우에 한하며, 필요한 최소한도의 범위 안에서만 하여야 한다"고 규정하고 있다. 이 조항에 대하여 그 본문이 임의수사의 원칙을, 그 단서가 강제처분의 예외성 및 법정주의를 규정한 것으로 보는 것이 일치된 관점이다. 더 나아가 개정 형사소송법은 "피의자에 대한 수사는 불구속 상태에서 함을 원칙으로 한다"고 규정하고 있다(제198조 제1항). 이에 따르면 수사기관이 상대방에 대하여 전혀 강제력을 행사함이 없이 그의 동의나 승낙을 얻어 수사하는 것은 일반적으로 허용된다. 그러나 임의수사가 일반적으로 허용된다고 하여 수사기관이 그를 무제한적으로 행사할 수 있다는 의미는 아니다. 동조항은 임의수사를 제한하는 범위를 "목적을 달성하기 위하여 필요한"(소위 필요성의 원칙) 경우에 한한다. 이에 의하면 범죄의 혐의와 소송조건이 충족될 가능성이 있어야 임의수사의 필요성이 있다고 보아야 한다. 그러나 이에 더하여 헌법의 일반원칙인 비례성의 원칙에 의한 '상당성'의 제한도 당연히 임의수사의 제한원리로 부가되어야 한다. 그리고 개정 형사소송법은 "검사 · 사법경찰관리와 그 밖에 직무상 수사에 관계있는 자는 피의자 또는 다른 사람의 인권을 존중하고 수사과정에서 취득한 비밀을 엄수하며 수사에 방해되는 일이 없도록 하여야 한다"고 규정하고 있다(제198조 제2항).

(2) 강제수사의 예외(규제)

1) 강제처분법정주의 – 입법적 control 수사기관에게 임의수사의 방법만 허용된다면 실체적 진실의 발견은 거의 불가능할 것이다. 이 경우에는 피의자 등이 적극적으로 협조하지 않는 이상 실체적 진실의 발견은 기대할 수 없기 때문이다. 따라서 수사기관에게는 강제수사의 방법도 허용되어야 한다. 다만 강제수사의 내용은 타인의 기본권 침해를 내용으로 하는 것이므로 남용하면 악이 된다. 즉, 강제수사의 방법인 강제처분은 이른바 필요악이 된다. 따라서 강제처분은 수사기관에게 허용하되 엄격히 통제되어야 한다. 그렇기 때문에 형사소송법은 법률에 특별한 규정이 있는 경우에 한하여서만 강제처분이 허용될 수 있는 것으로 규정하고 있다(제199조 단서). 헌법의 기본권제한의 법률주의에 의하여 형사소송법도 소위 '강제처분법정주의'를 이와 같이 선언한 것이다. 따라서 수사기관은 형사소송법(또는 다른 법률)이 규정하고 있는 강제처분의 종류, 요건 및 절차에 따라서만 강제수사를 할 수 있다. 형사소송법이 수사기관에게 허용하고 있는 강제처분의 종류로는 체포(현행범체포,

긴급체포, 영장체포), 구속, 압수, 수색, 검증, 감정유치 및 감정처분이 있다. 그리고 통신비밀보호법은 수사목적의 통신제한조치(소위 감청)를 일종의 강제처분으로 규정하고 있다.

2) 영장주의 — 사법적 control 수사기관이 행하는 강제처분은 원칙적으로 법관이 발부한 사전의 영장에 의해서만 가능하다는 것이 바로 '영장주의'이다. 따라서 강제처분에 상응한 영장이 있다. 체포영장, 구속영장, 압수영장, 수색영장, 검증영장, 감정유치장, 감정처분허가장, 통신제한조치허가서가 이에 해당한다. 그리고 형사소송법은 긴급한 경우를 위하여 (사전)영장주의의 예외도 규정하고 있다. 즉 긴급체포, 현행범체포, 긴급압수 · 수색 · 검증이 형사소송법에 규정되어 있다.

그런데, 우리나라 헌법과 형사소송법에 의하면 법관에 대한 직접적 영장청구권은 검사가 독점하고 있다. 따라서 직접적 영장청구권이 없는 사법경찰관은 독립적 수사권이 보장되어 있음에도 불구하고 영장 청구만큼은 검사에게 의뢰할 수 있을 뿐이다. 이 경우 사법경찰관의 영장청구 의뢰가 검사에 의해 기각될 수도 있다. 2021년 시행 형소법 제221조의5(사법경찰관이 신청한 영장의 청구 여부에 대한 심의)에 의하면, 검사가 사법경찰관이 신청한 영장을 정당한 이유 없이 판사에게 청구하지 아니한 경우 사법경찰관은 그 검사 소속의 지방검찰청 소재지를 관할하는 고등검찰청에 영장 청구 여부에 대한 심의를 신청할 수 있다(제1항). 제1항에 관한 사항을 심의하기 위하여 각 고등검찰청에 영장심의위원회를 둔다(제2항). 심의위원회는 위원장 1명을 포함한 10명 이내의 외부 위원으로 구성하고, 위원은 각 고등검찰청 검사장이 위촉한다(제3항). 사법경찰관은 심의위원회에 출석하여 의견을 개진할 수 있다(제4항). 심의위원회의 구성 및 운영 등 그 밖에 필요한 사항은 법무부령으로 정한다(제5항).

3) 비례성의 원칙 강제수사는 국민의 기본권개입을 불가피한 요소로 하므로 헌법의 비례성의 원칙은 임의수사에 비하여 훨씬 더 엄격하게 적용되어야 한다. 따라서 강제처분은 수사목적의 달성을 위하여 필요할 뿐만 아니라(필요성), 임의수사에 의해서는 목적달성을 할 수 없는 최후의 수단이어야 하며(보충성), 필요한 최소한에 그쳐야(상당성) 한다. 형사소송법도 강제처분은 필요한 최소한도의 범위 안에서만 하여야 한다고 규정하고 있다(제199조 단서). 이와 같이 강제처분에 있어서 형사소송법의 역사는 자기제한의 역사라고 할 수 있다.

[참고] 강제처분의 종류 강제처분은 그 대상이 사람인가 물건인가에 따라서 대인적 강제처분과 대물적 강제처분, 영장에 의하는가에 따라 통상의 강제처분과 긴급강제처분, 그 주체가 누구인가에 따라서 법원의 강제처분, 수사기관의 강제처분, 수사기관의 청구에 의하여 판사가 행하는 강제처분, 그 시기와 관련하여서는 기소전의 강제처분과 기소후의 강제처분으로 나누어진다. 형사소송법은 법원의 강제처분을 앞에 규정하였고(제68조 이하), 수사기관이 행하는 강제처분(강제수사)에 대해서는 뒤에서 필요한 부분을 규정하면서(제200조의2 이하), 앞에 상세히 규정된 법원의 강제처분규정을 준용하기도 한다(제200조의6, 제209조, 제219조 등).

(3) 검경 수사 준칙에 규정된 임의수사 원칙의 내용

검경 수사준칙 제10조(임의수사 우선의 원칙과 강제수사 시 유의사항)에 의하면, 검사와 사법경찰관은 수사를 할 때 수사 대상자의 자유로운 의사에 따른 임의수사를 원칙으로 해야 하고, 강제수사는 법률에서 정한 바에 따라 필요한 경우에만 최소한의 범위에서 하되, 수사 대상자의 권익 침해의 정도가 더 적은 절차와 방법을 선택해야 한다(제1항). 검사와 사법경찰관은 피의자를 체포·구속하는 과정에서 피의자 및 현장에 있는 가족 등 지인들의 인격과 명예를 침해하지 않도록 유의해야 한다(제2항). 검사와 사법경찰관은 압수·수색 과정에서 사생활의 비밀, 주거의 평온을 최대한 보장하고, 피의자 및 현장에 있는 가족 등 지인들의 인격과 명예를 침해하지 않도록 유의해야 한다(제3항).

3. 검경 수사준칙에 규정된 수사의 기본 원칙

검사와 사법경찰관은 모든 수사과정에서 헌법과 법률에 따라 보장되는 피의자와 그 밖의 피해자·참고인 등("사건관계인")의 권리를 보호하고, 적법한 절차에 따라야 한다(준칙 제3조 제1항). 검사와 사법경찰관은 예단(豫斷)이나 편견 없이 신속하게 수사해야 하고, 주어진 권한을 자의적으로 행사하거나 남용해서는 안 된다(제2항). 검사와 사법경찰관은 수사를 할 때 다음 각 호의 사항에 유의하여 실체적 진실을 발견해야 한다: 1. 물적 증거를 기본으로 하여 객관적이고 신빙성 있는 증거를 발견하고 수집하기 위해 노력할 것. 2. 과학수사 기법과 관련 지식·기술 및 자료를 충분히 활용하여 합리적으로 수사할 것. 3. 수사과정에서 선입견을 갖지 말고, 근거 없는 추측을 배제하며, 사건관계인의 진술을 과신하지 않도록 주의할 것(제3항). 검사와 사법경찰관은 다른 사건의 수사를 통해 확보된 증거 또는 자료를 내세워 관련이 없는 사건에 대한 자백이나 진술을 강요해서는 안 된다(제4항).

그리고 검사와 사법경찰관은 피의자나 사건관계인이 인권침해 신고나 그 밖에 인권구제를 위한 신고, 진정, 고소, 고발 등의 행위를 하였다는 이유로 부당한 대우를 하거나 불이익을 주어서는 안 된다(불이익 금지에 관한 준칙 제4조). 또한 준칙 제5조(형사사건의 공개금지 등)에 의하면, 검사와 사법경찰관은 공소제기 전의 형사사건에 관한 내용을 공개해서는 안 된다(제1항). 검사와 사법경찰관은 수사의 전(全) 과정에서 피의자와 사건관계인의 사생활의 비밀을 보호하고 그들의 명예나 신용이 훼손되지 않도록 노력해야 한다(제2항). 제1항에도 불구하고 법무부장관, 경찰청장 또는 해양경찰청장은 무죄추정의 원칙과 국민의 알 권리 등을 종합적으로 고려하여 형사사건 공개에 관한 준칙을 정할 수 있다(제3항).

Ⅱ. 실질적 적법성이 문제되는 형식적 임의수사

1. 임의수사에도 요구되는 비례성의 원칙

임의수사도 헌법적 법원칙인 비례성의 원칙에 의한 법적 규제를 받는다. 따라서 임의수사에 있어서도 상대방의 자유로운 의사에 의한 동의 또는 승낙을 받아 행할 뿐만 아니라 수사의 '필요성'과 '상당성'이 인정되어야 비로소 그 적법성을 인정할 수 있다. 반면에 강제수사에 대한 엄격한 법적 규제를 탈법적으로 회피하기 위하여 상대방의 동의 또는 승낙을 매체로 사용하는 것은 허용되지 않는다. 형식적 · 외관적으로 상대방의 동의 또는 승낙을 얻었지만 그 적법성이 문제되는 경우의 대표적인 것은 아래와 같다.

2. 임의동행

[설문 (15a)] 사법경찰 P1이 피의자 乙에게 임의동행을 요구하며 "동행을 거부할 수도 있지만 거부하더라도 강제로 연행할 수 있다."라고 말하므로 乙이 명시적으로 거부의사를 표시하지 않고 P1을 따라 경찰서에 도착하여 범행을 자백하는 진술서를 작성하였고 그 과정에서 P1이 화장실에 가는 乙을 감시하였다면, 위 진술서의 증거능력을 인정할 수 있는가? (2019년 제8회 변호사시험문제)

(1) 의 의

임의동행이란 상대방의 동의를 얻어 그 자와 함께 경찰관서 등에 동행하는 것을 말한다. 임의동행에는 여러 가지가 있다. 그 하나는 형사소송법 제199조 제1항에 의한 것이고, 다른 것으로는 경찰관직무집행법 제3조와 주민등록법 제26조에 의한 것 등이 있다. 전자의 임의동행은 정식 피의자(대결 1996.6.3, 96모18에 의하면 피내사자도 포함됨)에 대한 수사 그 자체인 데 반하여, 경찰관직무집행법의 임의동행은 정식 피의자가 아닌 범죄혐의자에 대한 수사의 단서에 불과하다. 그런데 경찰관직무집행법 제3조 제6항은 임의 동행한 경우 당해인을 6시간을 초과하여 경찰관서에 머물게 할 수 없다고 규정하고 있는데, 그 규정이 임의동행한 자를 6시간 동안 경찰관서에 구금하는 것을 허용하는 것은 아니다(대판 1997.8.22, 97도1240). 임의동행으로 인하여 정식수사가 개시된 경우에는 형사소송법상의 임의동행 내지는 강제처분(대개는 긴급체포를 할 것임)으로 바뀔 수 있을 것이다. 그리고 주민등록법에 의한 임의동행은 그 주체가 사법경찰에 한정되어 있고, 주민등록증의 불제시자를 상대로 범죄혐의의 상당성이 있는 것을 조건으로 행하도록 규정되어 있기 때문에 수사 그 자체로 평가될 수 있다. 다만 사법경찰에게 강제력 행사는 보장되지 않았기 때문에 동법에 의한 임의동행은 임의수사로 평가될 수 있을 뿐이다.

(2) 피의자 임의동행의 적법성 여부

수사방법으로서의 (영장에 의하지 않는) 임의동행에 대해서는 영장체포제도가 도입된 현행 형사소송법에는 법적 근거가 없다는 이유로 그 적법성을 부정하는 견해도 있다.[95] 그러나 임의수사에 관한 일반조항인 제199조 제1항이 그에 관한 근거조항이 일단 될 수 있는 것으로 보아야 한다(다수설 및 판례의 태도). 다만, 임의동행이 제199조 제1항에 의하여 적법하기 위해서는 피의자의 자유로운 동의 또는 승낙을 얻었고 전혀 물리적 또는 심리적 강제력을 행사하지 않아야 한다. 그리고 경찰관직무집행법에 의한 임의동행 이후에 정식수사로 이어지는 경우도 있는데, 이 경우에 선행된 임의동행에서부터 이미 수사로 보아야 한다는 견해도 있지만,[96] 선행된 임의동행이 범죄혐의가 상당한 피의자를 대상으로 수사경찰이 행한 것으로서 실질적으로 형사소송법에 의한 임의동행과 동일한 것으로 평가되는 경우가 아니라면 수

---

95) 신동운, 110면; 신양균, 119면.
96) 노명선/이완규, 159면; 신양균(2009), 133면; 이은모(2011), 208면.

사개시에 선행된 경찰관직무집행법의 임의동행에서부터 인정할 수는 없을 것이다 (아래 소개되는 판례도 이러한 취지로 이해되어야 할 것임).

과거에 실무에서 크게 문제가 된 것은 임의동행의 형식을 빌은 실질적인 강제연행이 이루어진 것이었다.[97] 이러한 피의자연행은 제199조 제1항 본문에 의하여 적법화될 수 없다.[98] 현행범 아닌 피의자의 강제연행에 대해 적법성이 인정될 수 있는 가능성은 형사소송법 제200조의3에 따른 긴급체포에 의해서만 가능하다. 따라서 긴급체포의 요건과 엄격한 절차(특히, 제200조의5가 규정한 고지사항)에 따라서만 강제연행의 적법성은 인정될 수 있다.[99] 2021년 시행 검경 수사준칙 제20조(수사상 임의동행 시의 고지)에 의하면, 검사 또는 사법경찰관은 임의동행을 요구하는 경우 상대방에게 동행을 거부할 수 있다는 것과 동행하는 경우에도 언제든지 자유롭게 동행과정에서 이탈하거나 동행 장소에서 퇴거할 수 있다는 것을 알려야 한다.

[설문 (15a)의 해결] 설문 사례의 경우 허용되는 임의수사로서의 임의동행으로 평가될 수 있는지가 문제된다. 판단컨대, P1이 "동행을 거부할 수도 있지만 거부하더라도 강제로 연행할 수 있다"는 말을 하였고, 화장실에 가는 것을 감시도 했기 때문에 적법한 임의동행으로 평가될 수 없다. 임의동행 자체가 위법하다면 위법수집증거로서 진술서의 증거능력은 이미 부정되어야 할 것이고(제308조의2), 전문증거로서의 진술서에 관한 문제는 논의될 필요가 없을 것이다.

관련판례 ① 형사소송법 제199조 제1항은 "수사에 관하여 그 목적을 달성하기 위하여 필요한 조사를 할 수 있다. 다만, 강제처분은 이 법률에 특별한 규정이 있는 경우에 한하며, 필요한 최소한도의 범위 안에서만 하여야 한다"고 규정하여 임의수사의 원칙을 명시하고 있는바, 수사관이 수사과정에서 당사자의 동의를 받는 형식으로 피의자를 수사관서 등에 동행하는 것은, 상대방의 신체의 자유가 현실적으로 제한되어 실질적

97) 이른바 임의동행에 있어서의 임의성의 판단은 동행의 시간과 장소, 동행의 방법과 동행거부의사의 유무, 동행 이후의 조사방법과 퇴거의사의 유무 등 여러 사정을 종합하여 객관적인 상황을 기준으로 하여야 한다(대판 1993.11.23, 93다35155). 이에 대한 글로는 이재홍, "임의동행과 적법절차," 법과 정의: 경사 이회창선생 화갑기념논문집, 1995.11, 213-226면; 심희기, "임의동행의 임의성의 판단기준," 형사소송법판례 70선, 2002, 45-46면.

98) 이와 관련된 필자의 글로는 "법원에 의한 수사통제의 최근경향," 치안논총 10집, 치안연구소 1993.12, 153면 이하.

99) 위법한 강제연행에 대한 것으로 이태섭, "위법한 강제연행에 대한 저항행위와 정당방위," 형사재판의 제문제 제5권: 이용우 대법관 퇴임기념논문집 5권, 2005, 76-88면 참조.

으로 체포와 유사한 상태에 놓이게 됨에도, 영장에 의하지 아니하고 그 밖에 강제성을 띤 동행을 억제할 방법도 없어서 제도적으로는 물론 현실적으로도 임의성이 보장되지 않을 뿐만 아니라, 아직 정식의 체포 · 구속단계 이전이라는 이유로 상대방에게 헌법 및 형사소송법이 체포 · 구속된 피의자에게 부여하는 각종의 권리보장 장치가 제공되지 않는 등 형사소송법의 원리에 반하는 결과를 초래할 가능성이 크므로, 수사관이 동행에 앞서 피의자에게 동행을 거부할 수 있음을 알려 주었거나 동행한 피의자가 언제든지 자유로이 동행과정에서 이탈 또는 동행장소로부터 퇴거할 수 있었음이 인정되는 등, 오로지 피의자의 자발적인 의사에 의하여 수사관서 등에의 동행이 이루어졌음이 객관적인 사정에 의하여 명백하게 입증된 경우에 한하여 그 적법성이 인정되는 것으로 봄이 상당하다. 형사소송법 제200조에 의하여 검사 또는 사법경찰관이 피의자에 대하여 임의적 출석을 요구할 수는 있겠으나, 그 경우에도 수사관이 단순히 출석을 요구함에 그치지 않고 일정 장소로의 동행을 요구하여 실행한다면 위에서 본 법리가 적용되어야 하고, 한편 행정경찰 목적의 경찰활동으로 행하여지는 경찰관직무집행법 제3조 제2항 소정의 질문을 위한 동행요구도 형사소송법의 규율을 받는 수사로 이어지는 경우에는 역시 위에서 본 법리가 적용되어야 한다(사법경찰관이 피고인을 수사관서까지 동행한 것이 사실상의 강제연행, 즉 불법체포에 해당하고, 불법 체포로부터 6시간 상당이 경과한 후에 이루어진 긴급체포 또한 위법하므로 피고인이 불법체포 된 자로서 형법 제145조 제1항에 정한 '법률에 의하여 체포 또는 구금된 자'가 아니어서 도주죄의 주체가 될 수 없다고 판시한 대판 2006.7.6, 2005도6810; 이를 위반하여 만들어진 수사서류에 대해 증거능력을 부정한 대판 2011.6.30, 2009도6717).

3. 보호실 유치

종래에는 수사기관(특히 사법경찰)은 피의자를 소환 또는 임의동행하여 조사한 후에 범죄혐의가 밝혀지면 법관의 영장이 발부되지 않은 상태에서 그를 수사사무실의 구석에 설치되어 있는 소위 보호실에 유치하는 것이 일반관행이었다. 이에는 강제유치와 승낙유치가 있다. 전자는 강제수사 즉 영장에 의하지 않은 (현행범체포 내지) 긴급체포에 해당한다. 후자의 경우에도 비록 형식적으로는 동의 또는 승낙을 얻었으나 실질적으로는 피의자를 감금하는 긴급체포와 다를 바 없으므로 강제처분으로 보아야 한다. 따라서 어떠한 경우이든 피의자를 보호실에 유치하는 것은 형사소송법 제199조 제1항 본문의 규정에 의해서는 적법성이 인정될 수 없다. 또한 피의자를 보호실에 유치하는 것이 경찰관직무집행법 제4조에 의해서도 적법화될 수 없다. 왜냐하면 동법상의 보호실은 일반 형사피의자를 대상으로 하지 않기 때문이다. 현행범이 아닌 피의자를 수사기관이 법관의 영장 없이 유치할 수 있는 적법성은 형사소송법 제200조의3에 따른 긴급체포에 의해서만 가능하다. 따라서 긴급체포의 요건과 엄격한 절차(특히 제87조-제209조가 이를 준용함, 제200조의5의 고지사항)에 따라서만 피의자유치의 적법성은 인정될 수 있다. 다만 이 경우에 유치하는 장소는 정식의 유치장이어야 할 것이다(종래 수사사무실의 구석에 설치되었던 보호실은 현재 폐지되었음).[100)]

관련판례 ① 경찰서에 설치되어 있는 보호실은 영장대기자나 즉결대기자 등의 도주방지와 경찰업무의 편의 등을 위한 수용시설로서 사실상 설치, 운영되고 있으나 현행법상 그 설치근거나 운영 및 규제에 관한 법령의 규정이 없고, 이러한 보호실은 그 시설 및 구조에 있어 통상 철창으로 된 방으로 되어 있어 그 안에 대기하고 있는 사람들이나 그 가족들의 출입이 제한되는 등 일단 그 장소에 유치되는 사람은 그 의사에 기하지 아니하고 일정장소에 구금되는 결과가 되므로(필자 주: 현재 상기한 목적의 경찰서 보호실은 전면 폐지되었음), 경찰관직무집행법상 정신착란자, 주취자, 자살기도자 등 응급의 구호를 요하는 자를 24시간을 초과하지 아니하는 범위 내에서 경찰관서에 보호조치할 수 있는 시설로 제한적으로 운영되는 경우를 제외하고는 구속영장을 발부받음이 없이 피의자를 보호실에 유치함은 영장주의에 위배되는 위법한 구금으로써 적법한 공무수행이라고 볼 수 없다. 경찰관직무집행법 제4조 제1항, 제4항에 의하면 경찰관은 수상한 거동 기타 주위의 사정을 합리적으로 판단하여 술취한 상태로 인하여 자기 또는 타인의 생명, 신체와 재산에 위해를 미칠 우려가 있는 자에 해당함이 명백하며 응급의 구호를 요한다고 믿을 만한 상당한 이유가 있는 자를 발견한 때에는 24시간을 초과하지 아니하는 범위 내에서 동인을 경찰관서에 보호하는 등 적절한 조치를 취할 수 있으나, 이 경우에도 경찰관이 이러한 조치를 한 때에는 지체 없이 이를 피구호자의 가족, 친지 기타의 연고자에게 그 사실을 통지하여야 한다(대판 1994.3.11, 93도958).

4. 승낙수색과 승낙검증

수색과 검증은 강제처분이기 때문에 원칙적으로 영장에 의하여야 한다. 그런데 형식상 상대방의 승낙에 따라서 행하는 수색과 검증이 임의수사로서 허용될 것인가에 대해서는 견해대립이 있다. 이 경우에는 완전한 법익포기에 해당하는 승낙

100) 이에 대한 필자의 글로는 "피의자연행과 보호실유치," 형사판례연구[3], 1996.8, 359-379면 참조.

으로 해석할 수 없기 때문에 허용되지 않는다는 견해도 있지만,[101] 임의제출물의 압수에 영장이 필요 없는 것(제218조, 제108조)에 비추어 승낙에 의한 수색과 검증은 임의수사로서 허용되는 것으로 보아야 한다(다수설). 그러나 여기서 임의성이 있다는 것은 명백한 동의 · 승낙이 있는 경우만을 의미하는 것으로 보아야 한다. 따라서 단순히 이의를 제기하지 않는 경우는 강제수사가 된다. 그러므로 수색 또는 검증에 대하여 상대방의 명백한 동의 또는 승낙이 없는 경우에 수사기관은 법관의 영장에 의하여 행하여야 한다.

5. 거짓말탐지기 검사에 의한 수사

거짓말탐지기 검사란 피검사자의 신체에 호흡운동기록기, 혈압, 맥박기록기 및 피부전기반사기록기 등을 부착하여 피검사자가 일정한 질문에 답변할 때에 호흡, 혈압, 맥박 및 피부반응 등을 다각적으로 측정하고 그 측정내용에 의하여 그 답변의 진실여부를 판가름하는 검사방법을 말한다. 수사기관이 피의자 등을 상대로 거짓말탐지기 검사를 하는 것의 적법성 여부에 대해서는 견해의 대립이 있다. 소수설은 거짓말탐지기 검사(Polygraph Examination)에 의한 조사에 대해 피검자의 동의여부를 불문하고 허용될 수 없는 것으로 본다(사용금지설).[102] 이러한 수사방법은 헌법상의 인격권의 침해에 해당된다는 것이다. 그러나 다수설과 판례(대판 1984.2.14, 83도3146)에 의하면 피검자의 동의에 의한 검사는 임의수사로서 허용된다(사용허용설). 생각건대, 거짓말탐지기의 조사가 실체적 진실발견에 도움이 될 수 있고, 피검자의 동의에 의해 이루어지는 경우에는 인격권 침해의 염려도 없기 때문에 임의수사로서 허용되어도 무방할 것이다.

그리고 거짓말탐지기의 조사와 진술거부권과의 관계에 대해서도 견해대립이 있을 수 있다. 즉, 거짓말탐지기에 의한 검사는 비진술증거의 수집이므로 진술거부권과는 관계가 없다는 견해와 피의자 진술에 상응하는 반응을 채취하는 것이기 때문에 진술거부권과 관계된다는 견해 사이의 대립이 있을 수 있다. 후자의 견해에 따르면 수사기관이 피의자에 대해 거짓말 탐지기 조사를 할 경우에는 진술거부권을 미리 고지하여야 할 것이고, 강제에 의한 거짓말 탐지기의 조사는 진술거부권의 침해가 될 것이다. 생각건대, 거짓말 탐지기 조사에 대한 피검자의 반응은 수사기관의

101) 김기두, 208면; 차용석/최용성, 203면.
102) 신동운, 116면; 신양균, 129면.

질문에 대한 반응이기 때문에 실질적으로 진술과 같은 것으로 평가될 수 있고, 피의자의 인권 내지 방어권 보장의 차원에서도 진술거부권과 관계있는 것으로 보아야 할 것이다.

그리고 거짓말탐지기 검사결과의 증거능력에 대해서 미국 판례는 그 분야에서 일반적으로 공인되었을 때에만 과학적 실험결과를 증거로 사용할 수 있다는 Frye doctrine,[103] 담당판사의 재량에 맡기는 Daubert doctrine[104]을 제시한 바가 있다. 우리나라 판례는 엄격한 요건을 충족하는 경우에 증거능력을 인정할 수 있다고 판시하면서도(아래 판례 참조), 그러한 요건충족을 이유로 실제로 증거능력을 인정하는 것에는 부정적인 태도를 취하고 있다.

관련판례 ① 거짓말탐지기 검사결과에 대하여 형사소송법상 증거능력을 부여하려면 우선 그 검사결과가 사실적 관련성 즉 요증사실에 대하여 필요한 최소한도의 증명력을 가지고 있음을 요하는 것이다. 그런데 거짓말탐지기 검사의 원리는 의식적으로 거짓말을 하는 자는 양심의 가책이나 거짓발각에 대한 우려 등으로 심리상태의 변동이 일어나고 이것이 호흡, 혈압, 맥박, 피부 등에 생리적 반응을 일으킨다는 전제 아래 그 생리적 반응을 측정하여 거짓말인 여부를 판독한다는 데에 있으므로 이와 같은 검사결과에 대하여 사실적 관련성을 가진 증거로서 증거능력을 인정할 수 있으려면 첫째로, 거짓말을 하면 반드시 일정한 심리상태의 변동이 일어나고 둘째로, 그 심리상태의 변동은 반드시 일정한 생리적 반응을 일으키며 셋째로, 그 생리적 반응에 의하여 피검사자의 말이 거짓인지 아닌지가 정확히 판정될 수 있다는 세 가지 전제요건이 충족되어야 할 것이다. 특히 마지막의 생리적 반응에 대한 거짓여부 판정은 거짓말탐지기가 검사에 동의한 피검사자의 생리적 반응을 정확히 측정할 수 있는 장치이어야 하고 질문조항의 작성과 검사의 기술 및 방법이 합리적이어야 하며 검사자가 탐지기의 측정내용을 객관성 있고 정확하게 판독할 능력을 갖춘 경우라야만 그 정확성을 확보할 수 있는 것이다. 그러므로 이상과 같은 제반요건이 충족되지 않는 한 거짓말탐지기 검사결과에 대하여 형사소송법상 증거능력을 부여하기는 어려운 것이라고 보지 않을 수 없다(대판 1983.9.13, 83도712).

103) Frye v. United States, 293 F. 1013 (D.C. Cir. 1923).

104) Daubert v. Merrell Dow Pharmaceucals, Inc., 509 U.S. 579 (1993).

6. 마취분석

마취분석은 약품의 작용에 의하여 진실을 진술하게 하는 수사방법을 의미한다. 그런데 이러한 수사방법은 인간의 정신을 해체시키고 인격의 분열을 초래하므로 피의자의 동의를 불문하고 허용될 수 없는 수사방법인 것으로 해석되어야 한다 (다수설).

7. 기타 문제되는 수사방법

(1) 수사기관의 계좌추적

수사기관이 금융기관이 보유하고 있는 금융거래계좌에 관한 정보를 금융기관의 동의를 얻어 조사할 수 있는지가 문제된다. 생각건대, 금융계좌는 은행이 자유롭게 처분할 수 있는 업무상 기록으로서만 평가되어서는 안 되고, 예금주의 사생활비밀에 속하는 것으로 평가되어야 하기 때문에 예금주의 동의 없는 수사기관의 계좌추적은 강제수사인 것으로 해석되어야 한다. 「금융실명거래 및 비밀보장에 관한 법률」 제4조도 금융기관종사자에게 금융거래에 대한 비밀보장의무를 부과하고 있고, 예외적으로 정보 제공을 할 수 있는 경우를 한정적으로 나열하고 있다. 다만 수사 내지 재판 목적의 경우에는 법원의 제출명령 또는 법관이 발부한 영장에 의하도록 규정되어 있다. 이 경우 계좌추적은 수색과 유사하므로 수색영장에 관한 형사소송법의 규정이 준용되어야 할 것이다. 그리고 동법은 거래정보 등을 제공한 경우에는 제공한 날부터 10일 이내에 제공한 거래정보 등의 주요내용 · 사용목적 · 제공받은 자 및 제공일자 등을 명의인에게 서면으로 통보하도록 규정하고 있고(제4조의2), 긴급한 경우 영장 없이 행하는 긴급계좌추적 제도는 규정하지 않았다.

(2) 피의자와 목격자 대면, 소위 범인식별절차의 문제[105]

수사방법으로서 피의자와 목격자를 대면케 하여 범인을 식별하는 절차가 실무에서 흔히 이루어지고 있다. 이의 허용 여부에 대해서는 명시적 규정이 없지만 일단 임의수사방법으로서는 허용되는 것으로 보아야 한다. 그리고 미국판례에 따르면 수

---

105) 이에 대해서는 김용진, 영미법 해설, 525면 이하; 안정호/이재석, 목격증인의 범인식별진술의 취약성 및 증명력 제고방안, 재판자료 제110집, 2006 법원도서관, 515면 이하; 유혁상/권창국, 주요 선진국의 과학적 수사방법의 도입과 활용방안 연구, 한국형사정책연구원, 2004.12.12.

사단계에서의 범인식별절차에서는 변호인의 조력을 받을 권리가 보장되지 않는다. 이를 Kirby rule이라고 한다.[106] 그러나 정식으로 기소된 피고인에 대한 법정에서의 범인식별절차에서는 변호인의 조력을 받을 권리가 보장된다.[107] 그리고 범인식별절차에서도 적정절차의 원칙은 적용되어야 한다. 따라서 한 사람 또는 극소수의 용의자만을 제시하는 방식(소위 Showup)은 그것이 현장에서 이루어지지 않는 이상 적정절차의 원칙에 반하는 것으로 보아야 한다. 특히 그러한 상태에서 수많은 증인을 참가시키거나, 반복적으로 확인시키는 경우에는 확실히 적정절차 원칙의 위반으로 평가되어야 한다.[108] 우리나라 판례도 Showup방식에 의한 목격자 진술의 신빙성을 매우 낮게 본다(아래 판례 참조). 상대적으로 신용성이 큰 것은 수사기관도 누가 진짜 용의자인지 모르는 상태에서 여러 명(5명-8명 이상)을 내세워 범인을 지목케 하는 소위 줄세우기 방식(소위 Lineup)일 것이다. 여기에는 여러 명을 한꺼번에 줄세우는 동시적 줄세우기와 한 명씩 내세워 지목케 하는 순차적 줄세우기가 있다. 그리고 기타 가두식별, 사진제시의 방식에 의한 범인확인절차도 이러한 기준에서 판단될 수 있다. 그리고 과학적인 범인식별방법으로는 DNA검사가 오늘날 각광을 받고 있다. 그리고 DNA검사는 무고 피고인의 누명을 벗겨주는 데도 큰 역할을 할 수 있다.

관련판례 ① 일반적으로 용의자의 인상착의 등에 의한 범인식별 절차에서 용의자 한 사람을 단독으로 목격자와 대질시키거나 용의자의 사진 한 장만을 목격자에게 제시하여 범인 여부를 확인하게 하는 것은, 사람의 기억력의 한계 및 부정확성과 구체적인 상황하에서 용의자나 그 사진상의 인물이 범인으로 의심받고 있다는 무의식적 암시를 목격자에게 줄 수 있는 가능성으로 인하여, 그러한 방식에 의한 범인식별 절차에서의 목격자의 진술은, 그 용의자가 종전에 피해자와 안면이 있는 사람이라든가 피해자의 진술 외에도 그 용의자를 범인으로 의심할 만한 다른 정황이 존재한다든가 하는 등의 부가적인 사정이 없는 한 그 신빙성이 낮다고 보아야 한다. 따라서 범인식별 절차에서 목격자의 진술의 신빙성을 높게 평가할 수 있게 하려면, 범인의 인상착의 등에 관한 목격자의 진술 내지 묘사를 사전에 상세히 기록화한 다음, 용의자를 포함하여 그와 인상착의가 비슷한 여러 사람을 동시에 목격자와 대면시켜 범인을 지목하도록 하여야 하고, 용의자와 목격자 및 비교대상자들이 상호 사전에 접촉하지 못하도록 하여

106) Kirby v. Illinois, 406 U.S. 682 (1972).

107) United States v. Wade, 388 U.S. 218 (1967).

108) Gilbert v. California, 394 U.S. 440 (1969); Foster v. California, 394 U.S. 440 (1969)에서 그렇게 판시하였음.

야 하며, 사후에 증거가치를 평가할 수 있도록 대질 과정과 결과를 문자와 사진 등으로 서면화하는 등의 조치를 취하여야 한다. 그러나 범죄 발생 직후 목격자의 기억이 생생하게 살아있는 상황에서 현장이나 그 부근에서 범인식별 절차를 실시하는 경우에는, 목격자에 의한 생생하고 정확한 식별의 가능성이 열려 있고 범죄의 신속한 해결을 위한 즉각적인 대면의 필요성도 인정할 수 있으므로, 용의자와 목격자의 일대일 대면도 허용된다(피해자가 경찰관과 함께 범행 현장에서 범인을 추적하다 골목길에서 범인을 놓친 직후 골목길에 면한 집을 탐문하여 용의자를 확정한 경우, 그 현장에서 용의자와 피해자의 일대일 대면이 허용된다고 한 대판 2009.6.11, 2008도12111).

② 강간 피해자가 수사기관이 제시한 47명의 사진 속에서 피고인을 범인으로 지목하자 이어진 범인식별 절차에서 수사기관이 피해자에게 피고인 한 사람만을 촬영한 동영상을 보여주거나 피고인 한 사람만을 직접 보여주어 피해자로부터 범인이 맞다는 진술을 받고, 다시 피고인을 포함한 3명을 동시에 피해자에게 대면시켜 피고인이 범인이라는 확인을 받은 사안에서, 위 피해자의 진술은 범인식별 절차에서 목격자 진술의 신빙성을 높이기 위하여 준수하여야 할 절차를 지키지 않은 상태에서 얻어진 것으로서 범인의 인상착의에 관한 피해자의 최초 진술과 피고인의 그것이 불일치하는 점이 많아 신빙성이 낮다(대판 2008.1.17, 2007도5201).

(3) 음주운전측정의 문제

도로교통법 제44조 제2항에 따르면, 운전자는 경찰공무원의 음주운전측정에 응하여야 한다. 이에 불응하면 음주측정거부죄로서 형사처벌된다(동법 제148조의2 제2호). 경찰공무원의 음주운전측정 그 자체에 대하여 임의수사의 일종으로 해석하는 견해도 있지만,[109] 개정 도로교통법의 규정에서는 경우를 나누어 판단하여야 한다. 우선 교통의 안전과 위험방지를 위하여 행하는 음주측정은 예방적 경찰행정작용 내지 수사의 단서에 해당할 뿐이다.[110] 이 경우에는 운전자가 음주측정을 거부하거나, 자유로이 응한 음주측정에 의해 음주운전 사실이 확인되는 경우에는 음주측정거부죄와 음주운전죄의 현행범인이 되어 그에 대한 정식 수사가 형사소송법의 적법절차에 따라 착수될 수 있을 것이다. 그러나 개정 도로교통법은 이미 음주 운전한 혐의가 있는 경우에도 측정을 요구할 수 있도록 규정하고 있다. 이 경우의 음주측정

109) 정웅석/ 백승민, 492면.

110) 이미 음주운전한 자를 상대로 한 경찰관의 음주측정에 불응한 경우에는 측정 자체가 예방경찰작용이 아니라 수사이기 때문에 음주측정불응죄가 성립될 수 없다는 법 개정 전 판례로는 대판 1993.5.27, 92도3402.

은 증거수집의 수사 자체가 될 것이고, 이에 불응하면 형사 처벌되기 때문에 강제수사로 해석되어야 할 것이다(강제적인 음주측정은 검증에 해당할 것임). 다만 적법한 음주측정요구에만 응할 의무가 있기 때문에 음주측정을 위해 당해 운전자를 강제로 연행한 것이 형사소송법의 체포절차에 의하지 않은 위법이라면 그러한 상태에서 음주측정에 불응하더라도 형사처벌할 수 없을 것이다(아래 판례의 태도이기도 함). 이에 반하여 경찰공무원이 경찰관직무집행법 제4조에 따라 적법하게 보호조치된 운전자에 대하여 음주측정을 요구한 경우에는 그 음주측정 요구가 당연히 위법하다거나 그 보호조치가 당연히 종료된 것으로 볼 수는 없다(대판 2012.2.9, 2011도4328).

관련판례 ① 교통안전과 위험방지를 위한 필요가 없음에도 주취운전을 하였다고 인정할 만한 상당한 이유가 있다는 이유만으로 이루어지는 음주측정은 이미 행하여진 주취운전이라는 범죄행위에 대한 증거 수집을 위한 수사절차로서의 의미를 가지는 것인데, 구 도로교통법(2005.5.31. 법률 제7545호로 전문 개정되기 전의 것)상의 규정들이 음주측정을 위한 강제처분의 근거가 될 수 없으므로 위와 같은 음주측정을 위하여 당해 운전자를 강제로 연행하기 위해서는 수사상의 강제처분에 관한 형사소송법상의 절차에 따라야 하고, 이러한 절차를 무시한 채 이루어진 강제연행은 위법한 체포에 해당한다. 이와 같은 위법한 체포 상태에서 음주측정요구가 이루어진 경우, 음주측정요구를 위한 위법한 체포와 그에 이은 음주측정요구는 주취운전이라는 범죄행위에 대한 증거 수집을 위하여 연속하여 이루어진 것으로서 개별적으로 그 적법 여부를 평가하는 것은 적절하지 않으므로 그 일련의 과정을 전체적으로 보아 위법한 음주측정요구가 있었던 것으로 볼 수밖에 없고, 운전자가 주취운전을 하였다고 인정할 만한 상당한 이유가 있다 하더라도 그 운전자에게 경찰공무원의 이와 같은 위법한 음주측정요구에 대해서까지 그에 응할 의무가 있다고 보아 이를 강제하는 것은 부당하므로 그에 불응하였다고 하여 음주측정거부에 관한 도로교통법 위반죄로 처벌할 수 없다(대판 2006.11.9, 2004도8404).

(4) 위치정보의 수집 이용

피해자 등으로부터 구조 요청 전화가 경찰 112 상황실에 접수되었을 때 경찰이 발신자의 위치정보를 본인 동의 없이 획득할 수 있는지가 문제된다. 「위치정보 보호 및 이용에 관한 법률」 제15조와 18조에 따르면 원칙적으로 개인의 동의 없이 위치 정보를 수집·이용할 수 없고, 긴급구조기관의 구조 요청 시에만 예외가 허용되고 있다. 그런데 종래에는 위급상황에 처한 개인과 그 배우자 등의 긴급구조요청이 있는 경우 소방방재청 등의 긴급구조기관으로 하여금 개인위치정보를 획득할 수 있도록 하면서 경찰관서에는 개인위치정보 획득권한을 부여하고 있지 않아 위급한 상황에서 신속한 출동을 통해 112에 도움을 요청한 사람을 보호하는 데 어려움이 있다는 지적이 있었지만, 2012년 법 개정을 통해 경찰관서에서도 긴급구조를 위하여 개인위치정보를 이용할 수 있도록 조치되었다. 그리고 「개인정보보호법」 제18조에 따르면 "정보 주체가 의사 표시를 할 수 없는 상태이거나, 주소불명 등으로 사전 동의를 받을 수 없는 경우, 급박한 생명 · 신체 · 재산의 이익을 위해 필요하다고 인정되는 경우" 등에 한하여 동의를 구하지 않아도 개인 정보를 제공할 수 있다. 그리고 개인정보보호법상 '개인정보'는 성명, 주민번호 및 영상을 통해 개인을 알아볼 수 없더라도 다른 정보와 쉽게 결합해 알아볼 수 있는 것도 포함된다. 위치정보가 여기에 해당하는지는 의문이다.

Ⅲ. 임의수사와 강제수사의 한계영역 내지 새로운 유형의 강제수사

1. 수사목적의 감청(盜聽) 내지 비밀녹음

(1) 의의 및 법적 성질

[설문 (15b)] 乙이 자신의 핸드폰에 '우당탕'하는 소리와 '악'하는 甲의 비명소리가 녹음된 파일을 복사 · 저장한 USB가 丙의 범죄사실에 대한 증거로 제출되었는데 丙의 변호인은 USB에 저장된 파일은 丙 몰래 녹음된 것으로 위법수집증거이고, 따라서 위수증법칙에 의해 증거능력이 부정된다고 주장하고 있다. 丙의 변호인의 주장은 타당한가? (2018년 1차 모의변호사시험 문제)

수사목적의 감청(盜聽) 또는 비밀녹음에 대해서는 종래에는 규율 실정법이 없었다가 현재에는 통신비밀보호법이 규율하고 있다. 동법에 따르면, "감청이라 함은 전기통신에 대하여 당사자의 동의 없이 전자장치 · 기계장치 등을 사용하여 통신의 음향 · 문언 · 부호 · 영상을 청취 · 공독하여 그 내용을 지득 또는 채록하거나 전기통신의 송 · 수신을 방해하는 것을 말한다"(제2조 제7호). '전기통신의 감청'은 현재 이루어지고 있는 전기통신의 내용을 지득 · 채록하는 경우와 통신의 송 · 수신을 직접적으로 방해하는 경우를 의미하는 것이지 전자우편이 송신되어 수신인이 이를 확인하는 등으로 이미 수신이 완료된 전기통신에 관하여 남아 있는 기록이나 내용을 열어보는 등의 행위는 포함하지 않음은 물론(대판 2013.11.28, 2010도12244. 이때 수신 완료된 전기통신의 기록이나 내용을 입수하기 위해서는 압수수색영장이 필요), 이미 수신이 완료된 휴대전화 문자메시지를 당사자 동의 없이 열람해도 통신비밀보호법상 '감청'에 해당하지 않는다(대판 2012.11.4, 2012도4644).[111] 그러나 제3자가 통화 연결 상태(즉 전화통화 이후 통화종료 버튼을 누르지 않은 상태)에 있는 휴대폰을 이용하여 공개되지 않은 타인 간의 대화를 청취·녹음한 경우(이 경우 대화에 원래부터 참여하지 않은 제3자가 일반 공중이 알 수 있도록 공개되지 아니한 타인 간의 발언을 녹음하거나 전자장치 또는 기계적 수단을 이용하여 청취하는 것으로서 통신비밀보호법위반에 해당한다는 대판 2016.5.12, 2013도15616), 렉카 회사가 무전기를 이용하여 한국도로공사의 상황실과 순찰차간의 무선전화통화를 한국도로공사의 동의 없이 무단으로 청취한 경우도 여기의 감청에 해당한다(대판 2003.11.13, 2001도6213). 여기의 감청이라는 용어는 몰래 듣는 것이 적법하게 이루어지는 경우도 있기 때문에 부정적 의미가 강한 도청 대신에 도입된 것이다. 여하튼 이론적으로 많이 사용되는 도청에는 전화도청과 전자도청이 있다. 또한 쌍방의 동의 없이 이루어지는 도청(협의의 도청)과 당사자 모두가 동의하거나 일방의 동의가 있는 도청(승낙도청)으로 구별된다. 수사기관이 수사목적상 행하는 협의의 도청에 대하여 종래에는 임의수사설과 강제수사설의 대립이 있었으나, 현재에는 강제수사설이 통설로서 정착되었다. 그리고 도청을 강제수사라고 해석할 경우에 요구되는 영장에 대해서는 종래에는 압수에 유사한 것으로 보면서 압수영장이 요구되었다. 그런데 「통신비밀보호법」의 제정으로 인하여 이제는 도청의 강제수사성이 명백히 입법화되었고,[112] 이를 위한 영장은 '통신제한조치허가서'로 설정되어 있다. 통신비밀보호법은 이러한 수사기관에 대한 통제 이외에 근본적으

111) 인터넷 통신망을 통한 송·수신은 같은 법 제2조 제3호에서 정한 '전기통신'에 해당하므로 인터넷 통신망을 통하여 흐르는 전기신호 형태의 패킷(packet)을 중간에 확보하여 그 내용을 지득하는 이른바 '패킷 감청'도 같은 법 제5조 제1항에서 정한 요건을 갖추는 경우 다른 특별한 사정이 없는 한 허용된다고 할 것이고, 이는 패킷 감청의 특성상 수사목적과 무관한 통신내용이나 제3자의 통신내용도 감청될 우려가 있다는 것만으로 달리 볼 것이 아니라고 판시한 바 있으나(대판 2012.10.11, 2012도7455), 헌법재판소는 "인터넷회선감청(패킷감청)을 가능하게 하는 통신비밀보호법 제5조 제2항 중 '인터넷 회선을 통하여 송·수신하는 전기통신'에 관한 부분은 이에 대한 법적 통신수단이 미비하여 개인의 통신 및 사생활 비밀의 자유를 침해하므로 헌법에 합치되지 않는다"고 결정했다(헌재결 2018.8.30, 2016헌마263).

112) 이에 대한 글로서 김형준, "현행 통신비밀보호법의 문제점과 개선방안: 통신제한조치와 대화감청을 중심으로," 형사법연구 24호(2005.12 겨울호), 213-236면 참조.

로 일반인을 대상으로 도청, 비밀녹음, 지득내용의 공개(제11조) 등을 원칙적으로 금지시키고, 이에 위반한 자에 대해 형사 처벌을 하면서, 위법한 감청 수집증거에 대해 증거능력을 부정하고 있다. 아래에서는 형사소송법상 수사와 관련되는 범위 내에서만 동법의 내용을 더욱 구체적으로 소개하기로 한다.

[**설문 (15b)의 해결**] 설문 사례에 대한 판례태도는 다음과 같다: 통신비밀보호법 제1조, 제3조 제1항 본문, 제4조, 제14조 제1항, 제2항의 문언, 내용, 체계와 입법 취지 등에 비추어 보면, 통신비밀보호법에서 보호하는 타인 간의 '대화'는 원칙적으로 현장에 있는 당사자들이 육성으로 말을 주고받는 의사소통행위를 가리킨다. 따라서 사람의 육성이 아닌 사물에서 발생하는 음향은 타인 간의 '대화'에 해당하지 않는다. 또한 사람의 목소리라고 하더라도 상대방에게 의사를 전달하는 말이 아닌 단순한 비명소리나 탄식 등은 타인과 의사소통을 하기 위한 것이 아니라면 특별한 사정이 없는 한 타인 간의 '대화'에 해당한다고 볼 수 없다. 그런데 형사절차에서 그러한 증거를 사용할 수 있는지는 개별적인 사안에서 효과적인 형사소추와 형사절차상 진실발견이라는 공익과 개인의 인격적 이익 등의 보호이익을 비교형량하여 결정하여야 한다. 대화에 속하지 않는 사람의 목소리를 녹음하거나 청취하는 행위가 개인의 사생활의 비밀과 자유 또는 인격권을 중대하게 침해하여 사회통념상 허용되는 한도를 벗어난 것이라면, 단지 형사소추에 필요한 증거라는 사정만을 들어 곧바로 형사소송에서 진실발견이라는 공익이 개인의 인격적 이익 등 보호이익보다 우월한 것으로 섣불리 단정해서는 안 된다. 그러나 그러한 한도를 벗어난 것이 아니라면 위와 같은 목소리를 들었다는 진술을 형사절차에서 증거로 사용할 수 있다(대판 2017.3.15, 2016도19843).

---

(2) 통신비밀보호법이 규정한 수사기관에 의한 통신제한조치

통신비밀보호법은 통신제한조치의 큰 유형으로서 범죄수사를 위한 경우(법에서 규정된 주요범죄를 계획 또는 실행하였거나 실행하였다고 의심할 만한 충분한 이유가 있고 다른 방법으로는 그 범죄의 실행을 저지하거나 범인의 체포 또는 증거수집이 어려운 경우에 한정하여 인정하고 있는 제5조)와 국가안전보장을 위한 경우(여기의 감청은 정보수집이 주목적이고, 고등법원 수석판사에 의한 영장주의와 적대적 국가 · 단체의 구성원 통신에 대해서는 대통령의 승인이 요구되며, 원칙적으로 4개월 이내의 집행과 연장가능 등을 규정하고 있는 제7조)로 나누고 있다. 여기에는 이미 행하여진 범죄(자)에 대한 수사 그 자체를 위한 경우 이외에 수사의 단서를 채취하기 위한 경우(특히 후자의 국가안보를 위한 경우)도 포함되어 있다. 그리고 통신비밀보호법은 통신제한조치의 종류로는 우편물의 검열과 전기통신의 감청을 들고 있다. 강제처분으로서의 통신제한조치는 원칙적으로 법관이 발부하는 영장(통신제한조치허가서)에 의하여야 하지만(제5조, 원칙적으로 수사목적의 통신제한조치는 2개월을 초과할 수 없다는 제6조),[113] 긴급통신제한조치도 예외적으로 인정되고 있다(제8조. 지체 없이 사후 영장을 청구하여야 하고 36시간 이내에 사후영장을 받지 못한 경우에는 즉시 긴급 감청을 중지하여야 한다. 그러나 사후영장이 기각된 경우에는 중지는 물론이고 이미 수집한 감청자료까지 폐기되어야 하는데, 입법의 불비인 것으로 사료된다). 그리고 동법은 수사기관에 의한 전기통신의 감청 이외에 비밀녹음도 동일하게 규율하고 있고(제3조), 더 나아가 사인에 의한 대화의 비밀녹음과 기계적 청취도 금지하고 있다(제14조). 불법검열에 의하여 취득한 우편물이나 그 내용 및 불법감청에 의하여 지득 또는 채록된 전기통신의 내용은 재판 또는 징계절차에서 증거로 사용할 수 없다(제4조. 이를 비밀녹음에도 적용한 제14조 제2항). 이에 따르면 녹음테이프 검증조서의 기재 중 피고인과 공소외인 간의 대화를 녹음한 부분이 공개되지 아니한 타인간의 대화를 녹음한 것이라면 위 통신비밀보호법 제14조 제2항 및 제4조의 규정에 의하여 그 증거능력이 없고, 피고인들 간의 전화통화를 녹음한 부분은 피고인의 동의 없이 불법 감청한 것이므로 위 법 제4조에 의하여 그 증거능력이 없다(대판 2001.10.9, 2001도3106).

[미국의 Katz v. U.S., 389 U.S. 347 (1967) 판결]

FBI가 출판업자인 피고인이 업무를 처리하는 공중전화 박스 바깥에다 전자 도청 장치를 설치한 사안에 대해 피고인의 프라이버시를 침해한 것으로 볼 수 있다고 판시하여, 프라이버시로 보호되는 것은 장소가 아니라 그것을 기대할 수 있는 사람이라고 판시한(이것을 Katz "expectation of privacy" doctrine이라고 함) 유명한 판례임.

113) 제6조 제7항 단서는 통신제한조치 기간을 연장할 수 있도록 규정하였는데, 헌법재판소의 결정에 의해 총 연장 기간을 1년 이내로 하도록 하고, 예외적으로 내란죄·외환죄 등 국가안보와 관련된 범죄 등에 대해서는 통신제한조치의 총 연장기간을 3년 이내로 하여 통신제한조치와 관련한 국민의 권리제한 범위를 명확히 하는 새로운 입법을 하였다(동조 제8항의 신설).

(3) 특수유형의 감청 내지 비밀녹음의 적법성 여부

1) 당사자 일방의 동의를 얻은 제3자 녹음 전기통신의 감청은 당사자의 동의가 있는 경우에는 허용되는데(제2조 제7호), 법률에 따르면 당사자 쌍방의 동의가 있는 경우에 한한다(제2조 제4호). 따라서 당사자 일방의 동의를 얻은 제3자 녹음은 통신비밀보호법이 금지하는 감청 내지 비밀녹음에 해당한다. 판례도 "제3자의 경우는 설령 전화통화 당사자 일방의 동의를 받고 그 통화내용을 녹음하였다 하더라도 그 상대방의 동의가 없었던 이상, 사생활 및 통신의 불가침을 국민의 기본권의 하나로 선언하고 있는 헌법규정과 통신비밀의 보호와 통신의 자유신장을 목적으로 제정된 통신비밀보호법의 취지에 비추어 이는 동법 제3조 제1항 위반이 된다고 해석하여야 할 것이다"고 판시하였다(대판 2002.10.8, 2002도123). 이에 반하여 일방당사자의 동의가 있는 경우에 대하여 이미 일방당사자의 비밀포기가 있기 때문에 임의수사로서 허용된다는 견해도 제시되는데,[114] 이 견해는 이론적으로도 타당하지 않다. 이 견해로서는 다른 당사자의 사적 비밀권은 전혀 보호받을 수 없게 되기 때문이다. 특히 일방의 동의자가 수사기관의 끄나풀이라면 영장에 의하지 아니하는 도청은 반드시 위법한 것으로 보아야 한다(대판 2010.10.14, 2010도9016의 태도이기도 함).[115]

2) 소위 당사자 비밀녹음 통신비밀보호법이 규정한 전기통신의 감청(비밀녹음)은 제3자에 의한 행위에 제한된다. 그런데 피고인이 제공받은 피해자들의 위치정보가 피고인 자신이 가입한 실시간 위치확인 회원제 정보서비스에 의한 경우에는 그 정보통신의 수신인은 피고인 자신이므로 피고인을 '전기통신의 감청'의 주체인 제3자라고 볼 수 없다(대판 2008.1.18, 2006도1513). 그리고 송수신 당사자의 일방이 상대방 모르게 통화내용을 감청 내지 녹음하는 것(소위 당사자 비밀녹음)은 통신비밀보호법이 금지하는 감청에 해당하지 않는다. 판례도 "법 제2조 제7호가 규정한 '전기통신의 감청'은 그 전호의 '우편물의 검열' 규정과 아울러 고찰할 때 제3자가 전기통신의 당사자인 송신인과 수신인의 동의를 받지 아니하고 같은 호 소정의 각 행위를

114) 이재상, 218면.

115) 수사기관이 甲으로부터 피고인의 마약류관리에 관한 법률 위반(향정) 범행에 대한 진술을 듣고 추가적인 증거를 확보할 목적으로, 구속수감되어 있던 甲에게 그의 압수된 휴대전화를 제공하여 피고인과 통화하고 위 범행에 관한 통화 내용을 녹음하게 한 행위는 불법감청에 해당하므로, 그 녹음 자체는 물론 이를 근거로 작성된 녹취록 첨부 수사보고는 피고인의 증거동의에 상관없이 그 증거능력이 없다.

하는 것만을 말한다고 풀이함이 상당하다고 할 것이므로, 전기통신에 해당하는 전화통화 당사자의 일방이 상대방 모르게 통화내용을 녹음하는 것은 여기의 감청에 해당하지 아니 한다"는 취지로 판시하였다(대판 2002.10.8, 2002도123). 특히 "3자간의 대화에서 한 명이 그 대화를 녹음한 경우에도 당사자 비밀녹음의 한 형태로서 통신비밀보호법이 금지하는 감청이 될 수 없는 것으로 보아야 한다고 판시하였다(대판 2006.10.12, 2006도4981; 대판 2014.5.16, 2013도16404). 판단컨대, 이론적으로는 당사자의 비밀녹음도 원칙적으로 위법한 것으로 보면서, 피해자(고소권자)가 스스로 증거확보의 차원에서 범죄자와의 대화를 녹음한 경우와 같은 예외적 허용사유가 존재하는 경우에 위법성조각을 긍정하는 것이 타당할 것이다. 왜냐하면 당사자의 비밀녹음은 상대방의 의사에 반할 뿐만 아니라 녹취증거물의 생성과 그 전파력으로 인하여 상대방의 사적 비밀권의 침해개연성이 크게 증가되기 때문이다. 피고인이 범행 후 피해자에게 전화를 걸어오자 피해자가 증거를 수집하려고 그 전화내용을 녹음한 경우, 그 녹음테이프가 피고인 모르게 녹음된 것이라 하여 이를 위법하게 수집된 증거라고 할 수 없는데(대판 1997.3.28, 97도240의 태도), 이러한 긴급 상황에서는 당연히 적법성 내지 위법성조각사유가 인정되어야 할 것이다.

(4) 수사목적의 통신사실확인자료의 요청

검사 또는 사법경찰관은 수사 또는 형의 집행을 위하여 필요한 경우 전기통신사업법에 의한 전기통신사업자에게 통신사실 확인자료의 열람이나 제출을 요청할 수 있다(제13조 제1항; 통신확인자료의 개념에 대해서는 제2조 제11호).[116] 이 경우에는

---

116) 수사기관이 수사의 필요성 있는 경우 (i) 전기통신사업자에게 위치정보 추적자료를 제공 요청할 수 있도록 한 통신비밀보호법 제13조 제1항 중 "검사 또는 사법경찰관은 수사를 위하여 필요한 경우 전기통신사업법에 의한 전기통신사업자에게 제2호 제11호 바목(정보통신망에 접속된 정보통신기기의 위치를 확인할 수 있는 발신기지국의 위치추적자료), 사목(컴퓨터통신 또는 인터넷의 사용자가 정보통신망에 접속하기 위하여 사용하는 정보통신기기의 위치를 확인할 수 있는 접속지의 추적자료)의 통신사실확인자료의 열람이나 제출을 요청할 수 있다"는 부분과 (ii) 수사종료 후 위치정보추적자료를 제공받은 사실 등을 통지하도록 한 통신비밀보호법 제13조의3 제1항 중 제2조 제11호 바목, 사목의 통신사실확인자료에 관한 부분이 헌법에 합치되지 아니한다. 다만 2020.3.31.을 시한으로 개정될 때까지 계속 적용한다(헌재결 2018.6.28, 2012헌마191). 범죄예방과 사건의 조기해결을 위해 수사기관의 위치정보추적자료 제공 필요성을 인정하면서도 그 요건을 현재의 '수사의 필요성'보다 더 강화하고, 적법절차 원칙 준수를 위한 사후통지절차를 보완해야 한다는 것이다.

그리고, 수사의 필요성이 있는 경우 기지국수사를 허용한 통신비밀보호법 제13조 제1항

요청사유, 해당 가입자와의 연관성 및 필요한 자료의 범위를 기록한 서면으로 관할 지방법원 또는 지원의 허가를 받아야 한다. 다만, 관할 지방법원 또는 지원의 허가를 받을 수 없는 긴급한 사유가 있는 때에는 통신사실 확인자료제공을 요청한 후 지체 없이 그 허가를 받아 전기통신사업자에게 송부하여야 한다(제2항). 긴급한 사유로 통신사실확인자료를 제공받았으나 지방법원 또는 지원의 허가를 받지 못한 경우에는 지체 없이 제공받은 통신사실확인자료를 폐기하여야 한다(제3항). 전기통신사업자는 검사, 사법경찰관 또는 정보수사기관의 장에게 통신사실 확인자료를 제공한 때에는 자료제공현황 등을 연 2회 방송통신위원회에 보고하고, 당해 통신사실 확인자료 제공사실 등 필요한 사항을 기재한 대장과 통신사실 확인자료제공요청서 등 관련자료를 통신사실확인자료를 제공한 날부터 7년간 비치하여야 한다(제7항). 통신사실 확인자료제공을 받은 사건에 관하여 공소를 제기하거나, 공소의 제기 또는 입건을 하지 아니하는 처분(기소중지는 제외)을 한 때에는 그 처분을 한 날부터 30일 이내에 통신사실 확인자료제공을 받은 사실과 제공요청기관 및 그 기간 등을 서면으로 통지하여야 한다(제13조의3 제1항).

통신사실확인자료 제공요청에 의하여 취득한 통화내역 등 통신사실확인자료를 범죄의 수사·소추를 위하여 사용하는 경우 대상 범죄는 통신사실확인자료 제공요청의 목적이 된 범죄 및 이와 관련된 범죄에 한정되어야 한다. 여기서 통신사실확인자료 제공요청의 목적이 된 범죄와 관련된 범죄란 통신사실 확인자료제공요청 허가서에 기재한 혐의사실과 객관적 관련성이 있고 자료제공 요청대상자와 피의자 사이에 인적 관련성이 있는 범죄를 의미한다(대판 2017.1.25, 2016도13489).

(5) 전화의 역탐지

전화의 역탐지는 전화의 발신장소만을 탐지하는 것이므로 허용된다. 통신비밀보호법은 이를 전술한 통신사실확인자료의 요청에 포함시켜 보장하고 있다(제2조 제11호). 옥외연설의 비밀녹음은 비밀성이 포기된 것이므로 이에 대한 녹음은 임의

중 "검사 또는 사법경찰관은 수사를 위하여 필요한 경우 전기통신사업법에 의한 전기통신사업자에게 제2조 제11호 가목 내지 라목(가. 가입자의 전기통신일시/나. 전기통신개시·종료시간/다. 발·착신 통신번호 등 상대방의 가입자번호/라. 사용도수)의 통신사실 확인자료의 열람이나 제출을 요청할 수 있다" 부분이 헌법에 합치되지 아니한다. 다만 2020.3.31.을 시한으로 개정될 때까지 계속 적용한다(헌재결 2018.6.28, 2012헌마538). 범죄예방과 사건의 조기해결을 위해 수사기관의 기지국 수사의 필요성을 인정하면서도 그 요건을 현재의 '수사의 필요성'보다 더 강화해야 한다는 것이다.

수사로서 허용되거나, 아예 개념적으로 도청이 되지 않을 것이다.

(6) 전문법칙의 적용문제

전술한 내용은 감청(도청) 내지 비밀녹음에 대해 적법 내지 위법의 관점에서 서술한 것이다. 위법한 감청 내지 비밀녹음의 수집증거에 대해서는 통신비밀보호법 자체가 증거능력을 부정하고 있고(동법 제4조, 제14조 제2항), 형사소송법도 위법수집증거배제법칙을 규정하고 있다(제310조의2). 따라서 위법수집의 감청자료의 경우에는 이 규정에 의해 우선적으로 증거능력이 배제된다. 그러나 적법한 감청 내지 비밀녹음의 수집증거인 경우에는 이 규정에 따른 증거능력은 배제되지 않지만, 그 내용이 사람의 진술이기 때문에 그 다음으로 전문법칙이 적용되어야 한다. 전문법칙의 적용에 대해서는 나중에 별도로 상론하기로 하고(다만 수사기관이 피의자신문 내지 참고인조사 등의 수사과정에서 적법하게 녹음한 경우에는 제312조가 적용될 것이고, 특히 사인이 행한 경우에는 제313조 제1항이 적용된다는 것만을 여기서 소개함) 더 구체적인 서술은 일단 생략한다.

2. 사진촬영(내지 비디오 촬영)

(1) 허 용 성

현재 「개인정보보호법」은 공공기관뿐만 아니라 비영리단체 등 업무상 개인정보파일을 운용하기 위하여 개인정보를 처리하는 자를 대상으로 개인정보의 보호 의무를 부과하고 있다. 동법에는 영상정보처리기기의 설치와 관련된 개인정보의 보호도 규율되고 있는데, 영상정보처리기기의 운영자는 일반적으로 공개된 장소에 범죄예방 등 특정 목적으로만 영상정보처리기기를 설치할 수 있을 뿐이다(동법 제25조).

1) 법적 성질　　수사기관이 수사목적상 비밀로 행한 사진촬영의 법적 성질에 대해서는 견해의 대립이 있다. 검증과 유사한 강제처분으로 이해하여야 한다는 견해(검증유추설)에 따르면[117] 원칙적으로 검증영장에 의한 사진촬영만이 허용될 것이다. 다만 영장에 의하지 않는 비밀사진촬영에는 긴급검증의 요건이 충족된다면 그 적법성이 인정될 것이다. 그러나 과학적 수사방법에 해당하는 사진촬영은 긴급한 상황에서는 일정한 요건하에서 허용된다는 견해도 있다(예외인정설).[118] 생각건대, 수사방법으로서의 사진촬영은 원칙적으로 검증으로 보는 견해가 타당하다. 수사기

117) 백형구, 401면; 배종대/이상돈, 224면; 차용석/최용성, 232면.
118) 이재상, 220면.

관의 수사활동은 엄격히 통제되어야 하기 때문이다. 다만 형사소송법상 긴급검증이 인정되는 범위에서 영장 없는 수사목적의 사진촬영은 허용될 수 있다. 그리고 현재 범죄자 검거와 증거확보의 용도로 널리 행해지는 공공적 사진촬영(CCTV 등)은 당사자의 추정적 승낙(설치된 것을 알면서 그 장소로 스스로 운전해 가기 때문임)이나 긴급검증의 요건이 충족되는 것으로서 허용되어야 할 것이다.

2) 공개장소의 경우　공개된 장소에서의 사진촬영은 임의수사라는 견해도 있으나,[119] 그것이 수사목적을 위한 수사기관의 비밀촬영인 경우에는 일단 강제수사로서 이해하면서 엄격한 법적 요건하(제216조 제3항)에서 예외적으로 허용되는 것으로 보아야 할 것이다. 판례에 따르면, 수사기관이 범죄를 수사함에 있어 현재 범행이 행하여지고 있거나 행하여진 직후이고, 증거보전의 필요성 및 긴급성이 있으며, 일반적으로 허용되는 상당한 방법에 의하여 촬영을 한 경우라면 위 촬영이 영장 없이 이루어졌다 하여 이를 위법하다고 단정할 수 없다(대판 1999.9.3, 99도2317).[120] 그리고 무인장비에 의한 제한속도 위반차량 단속은 이러한 수사활동의 일환으로서 도로에서의 위험을 방지하고 교통의 안전과 원활한 소통을 확보하기 위하여 도로교통법령에 따라 정해진 제한속도를 위반하여 차량을 주행하는 범죄가 현재 행하여지고 있고, 그 범죄의 성질 · 태양으로 보아 긴급하게 증거보전을 할 필요가 있는 상태에서 일반적으로 허용되는 한도를 넘지 않는 상당한 방법에 의한 것이라고 판단되므로, 이를 통하여 운전차량의 차량번호 등을 촬영한 사진을 두고 위법하게 수집된 증거로서 증거능력이 없다고 말할 수 없다(대판 1999.12.7, 98도3329).

3) 사인이 촬영한 경우　사인에 의해서 촬영된 경우에는 구체적 사례에 따라서 그 허용성 여부를 개별적으로 판단하여야 할 것이다. 이 경우에는 형법이 규정하고 있는 위법성조각사유 내지 위법성조각의 원리(예컨대 법익형량의 원칙 등)가 고려되어야 할 것이다.[121] 판례도 "모든 국민의 인간으로서의 존엄과 가치를 보장하는

---

119) 신동운, 118면.

120) 이에 대한 글로는 정원태, "컴퓨터디스켓 · 영장 없이 촬영된 비디오테이프 · 대상과 범위를 초과하여 연장된 통신제한조치허가에 기한 대화녹음테이프의 증거능력," 형사재판의 제문제 제3권, 2001, 334-356면; 권창국, "수사기법으로서 사진촬영에 관한 문제점의 검토," Jurist 378호, 2002, 49-55면; 원혜욱, "컴퓨터기록의 증거능력," 형사판례의 연구: 지송 이재상교수 화갑기념논문집 II, 2004, 383-396면; "불법감청에 의한 대화녹음테이프의 증거능력," 형사판례연구 10호, 2002, 371-393면.

121) 이에 대한 자세한 글로는 천진호, "위법수집증거배제법칙의 사인적 효력," 법조 52권 3호(통권 558호), 2003, 111-148면 참조.

것은 국가기관의 기본적인 의무에 속하는 것이고, 이는 형사절차에서도 당연히 구현되어야 하는 것이기는 하나 그렇다고 하여 국민의 사생활 영역에 관계된 모든 증거의 제출이 곧바로 금지되는 것으로 볼 수는 없고, 법원으로서는 효과적인 형사소추 및 형사소송에서의 진실발견이라는 공익과 개인의 사생활의 보호이익을 비교 형량 하여 그 허용 여부를 결정하고, 적절한 증거조사의 방법을 선택함으로써 국민의 인간으로서의 존엄성에 대한 침해를 피할 수 있다고 보아야 할 것"이라고 판시하였다(대판 1997.9.30, 97도1230: '피고인의 동의하에 촬영된 나체사진'의 존재만으로 피고인의 인격권과 초상권을 침해하는 것으로 볼 수 없고, 가사 사진을 촬영한 제3자가 그 사진을 이용하여 피고인을 공갈할 의도였다고 하더라도 사진의 촬영이 임의성이 배제된 상태에서 이루어진 것이라고 할 수는 없으며, 그 사진은 범죄현장의 사진으로서 피고인에 대한 형사소추를 위하여 반드시 필요한 증거로 보이므로, 공익의 실현을 위하여는 그 사진을 범죄의 증거로 제출하는 것이 허용되어야 하고, 이로 말미암아 피고인의 사생활의 비밀을 침해하는 결과를 초래한다 하더라도 이는 피고인이 수인하여야 할 기본권의 제한에 해당된다고 판시한 판례).

(2) 전문법칙의 적용여부

사진에 대해서는 비진술증거설과 진술증거설(검증조서설)의 견해대립이 있다. 그리고 비디오테이프의 경우에 화면은 사진, 음성은 녹음테이프의 설명이 그대로 적용될 것이다. 수사기관에 의한 현장 비디오테이프는 검증조서에 해당할 것이고, 사인이 촬영한 것은 제313조 제1항의 기타 서류에 해당할 것이다.

3. 공무소 등에의 조회

수사기관은 수사에 관하여는 공무소 기타 공사단체에 조회하여 필요한 사항의 보고를 요구할 수 있다(제199조 제2항). 이 경우에 조회요청을 받은 기관에게 보고의무가 있다는 면에서 강제수사라 볼 여지가 없지 않으나,[122] 이 의무를 불이행할 경우에 강제할 방법이 없기 때문에 종국적으로 임의수사로 이해하는 것이 타당하다.[123]

---

122) 김기두, 212면; 신양균, 131면; 차용석/최용성, 231면.

123) 강구진, 189면; 배종대/이상돈, 237면; 백형구, 109면; 서일교, 256면; 이재상, 225면; 임동규, 169면; 정영석/이형국, 167면.

[§ 16] 임의수사의 종류와 내용

Ⅰ. 피의자신문

1. 의 의

검사 또는 사법경찰관은 수사에 필요한 때에는 피의자의 출석을 요구하여 진술을 들을 수 있다(제200조). 이것을 피의자신문이라고 한다. 이렇게 피의자신문은 수사기관이 피의자로 하여금 말(진술)을 하도록 하는 것인 바, 이것은 오직 임의수사의 방식으로만 허용될 뿐이다.124) 즉 수사기관은 피의자를 강제로 체포 내지 구속할 수는 있어도, 피의자로 하여금 강제로 진술하게 할 수는 없다. 오히려 피의자는 수사기관의 신문에 대하여 진술거부권을 행사할 수 있다(헌법 제12조 제2항; 형사소송법 제244조의3). 판례에 의하면, 검찰에서의 피의자신문 과정에서 구속 피의자(통진당 사건)의 (포승은 풀었지만) 수갑을 풀어달라는 변호인의 요청을 거부하고 변호인을 강제 퇴거시킨 검사의 처분은 위법하다(변호인에 의한 변호인신문 참여권 침해의 준항고 청구 사건에서 이렇게 판시한 대결 2020.3.17. 2015모2357). 실무지침도 피의자 신문 때 보호 장비를 해제하는 것이 원칙이고, 피의자의 자살, 자해, 도주, 폭행, 난동의 위험이 분명하고 구체적으로 드러난 경우에만 예외적으로 보호 장비를 사용할 수 있도록 규정하고 있다.

2. 절 차

(1) 출석요구(소환)

피의자신문은 수사기관이 피의자를 강제로 체포 또는 구속한 상태가 아니라면 원칙적으로 피의자에게 출석을 요구하고 피의자가 이에 응하여 출석하였을 때에 개시될 것이다. 수사기관이 피의자가 있는 장소에 방문하여 피의자신문을 하여도 무방하다. 피의자는 출석요구에 응할 의무가 없고, 출석한 때에도 언제나 퇴거할 수

---

124) 이에 반하여 제200조의 출석요구와 진술청취를 임의수사인 피의자조사와 법 제241조-제245조의 강제수사인 피의자신문으로 구별하고 피의자신문을 엄격히 제한적으로 운영하자는 견해로 김종률, "피의자신문 아직은 강제처분이다," 법률신문, 2004.4.1일자 참조.

있다. 피의자가 출석을 불응할 경우에는 영장체포의 사유가 된다. 따라서 현행법상 피의자를 출석시키는 자체는 종국적으로는 강제가 가능하도록 구성되어 있다.

(2) 신문방식

1) 진술거부권과 검사에의 구제신청권의 고지 피의자는 진술거부권 및 자기에게 유리한 진술을 할 권리와 유리한 증거를 제출할 권리를 가질 뿐, 수사기관에 대하여 진실만을 진술하여야 할 의무가 있는 것은 아니다.[125] 이에 형사소송법은 검사 또는 사법경찰관은 피의자를 신문하기 전에 (i) 일체의 진술을 하지 아니하거나 개개의 질문에 대하여 진술을 하지 아니할 수 있다는 것, (ii) 진술을 하지 아니하더라도 불이익을 받지 아니한다는 것, (iii) 진술을 거부할 권리를 포기하고 행한 진술은 법정에서 유죄의 증거로 사용될 수 있다는 것, (iv) 신문을 받을 때에는 변호인을 참여하게 하는 등 변호인의 조력을 받을 수 있다는 것을 알려주어야 한다(제244조의3 제1항). 신문하기 전에 한 차례 고지하는 것으로 족하고 신문할 때마다 진술거부권을 고지하여야 하는 것은 아니다. 다만 상당한 시간이 경과한 경우, 새로운 출석요구에 따라 신문하는 경우, 조사자의 경질이 있는 경우 등에는 다시 고지하여야 한다. 진술거부권을 고지하지 않고 신문한 피의자신문조서의 증거능력은 부정된다. 그리고 피의자에게 진술거부권을 고지하지 않고 신문한 이상 작성된 수사서류의 형식이 진술조서, 진술서 또는 자술서라 하더라도 역시 그것의 증거능력은 부정된다(대판 2009.8.20, 2008도8213의 태도: 검사가 국가보안법 위반죄로 구속영장을 발부받아 피의자신문을 한 다음, 구속 기소한 후 다시 피의자를 소환하여 공범들과의 조직구성 및 활동 등에 관한 신문을 하면서 피의자신문조서가 아닌 일반적인 진술조서의 형식으로 조서를 작성한 사안에서, 진술조서의 내용이 피의자신문조서와 실질적으로 같고, 진술의 임의성이 인정되는 경우라도 미리 피의자에게 진술거부권을 고지하지 않았다면 위법수집증거에 해당하므

---

125) 대판 2019.3.14, 2018도18646. 따라서 피의자 등이 수사기관에 대하여 허위사실을 진술하거나 피의사실 인정에 필요한 증거를 감추고 허위의 증거를 제출하였더라도 수사기관이 충분한 수사를 하지 않은 채 이와 같은 허위의 진술과 증거만으로 증거의 수집 조사를 마쳤다면 이는 수사기관의 불충분한 수사에 의한 것으로서 피의자 등의 위계에 의하여 수사가 방해되었다고 볼 수 없어 위계에 의한 공무집행방해죄가 성립된다고 할 수 없다. 그러나 피의자등이 적극적으로 허위의 증거를 조작하여 제출하고 그 증거조작의 결과 수사기관이 그 진위에 관하여 나름대로 충실한 수사를 하더라도 제출된 증거가 허위임을 발견하지 못할 정도에 이르렀다면 이는 위계에 의하여 수사기관의 수사행위를 적극적으로 방해한 것으로서 위계 공무집행방해죄가 성립한다.

로, 유죄인정의 증거로 사용할 수 없다고 판시하였음). 여기서 피의자에 대한 진술거부권의 고지는 피의자의 진술거부권을 실효적으로 보장하여 진술이 강요되는 것을 막기 위하여 인정되는 것인데, 이러한 진술거부권 고지에 관한 형사소송법의 규정내용 및 진술거부권 고지가 갖는 실질적인 의미를 고려하면 수사기관에 의한 진술거부권 고지의 대상이 되는 피의자의 지위는 수사기관이 조사대상자에 대한 범죄혐의를 인정하여 수사를 개시하는 행위를 한 때에 인정되는 것이다.[126] 따라서 이러한 피의자의 지위에 있지 아니한 자에 대하여는 진술거부권이 고지되지 아니하였다 하더라도 그 진술의 증거능력을 부정할 것은 아니다(대판 2011.11.10, 2011도8125).

그리고 검사 또는 사법경찰관은 고지사항을 알려 준 때에는 피의자가 진술을 거부할 권리와 변호인의 조력을 받을 권리를 행사할 것인지의 여부를 질문하고, 이에 대한 피의자의 답변을 조서에 기재하여야 한다. 이 경우 피의자의 답변은 피의자로 하여금 자필로 기재하게 하거나 검사 또는 사법경찰관이 피의자의 답변을 기재한 부분에 기명날인 또는 서명하게 하여야 한다(제2항).[127] 다만 진술거부권을 행사하지 않겠다고 답변한 경우라도 구체적 신문사항에 대해 피의자는 진술을 거부할 수 있는 것으로 보아야 한다.

한편, 사법경찰관은 피의자를 신문하기 전에 수사과정에서 법령위반, 인권침해 또는 현저한 수사권 남용이 있는 경우 검사에게 구제를 신청할 수 있음을 피의자에게 알려주어야 한다(제197조의3 제8항. 단, 검찰청직원인 사법경찰관리나 특별사법경찰관리에게는 적용되지 않음). 사법경찰관이 알려준 경우에는 피의자로부터 고지확인서를 받아 사건기록에 편철하지만. 만약 피의자가 기명날인 또는 서명을 거부하면 사법경찰관이 고지확인서 끝부분에 그 사유를 적고 기명날인 또는 서명해야 한다(수사준칙규정 제47조).

2) **신문내용** 검사 또는 사법경찰관이 피의자를 신문함에는 먼저 그 성명, 연령, 등록기준지, 주거와 직업을 물어 피의자임에 틀림없음을 확인하여야 한다(제241조. 검사가 인정신문을 진행하기 전에 변호인으로부터 15분에 걸쳐 피의자의 수갑을 해

---

126) 대판 2001.10.26, 2000도2968; 대판 2010.6.24, 2008도12127 참조.

127) 비록 사법경찰관이 피의자에게 진술거부권을 행사할 수 있음을 알려 주고 그 행사 여부를 질문하였다 하더라도, 답변이 자필로 기재되어 있지 아니하거나 그 답변 부분에 피의자의 기명날인 또는 서명이 되어 있지 아니한 피의자신문조서는 '적법한 절차와 방식'에 따라 작성된 조서라 할 수 없으므로 증거능력을 인정할 수 없다(대판 2013.3.28, 2010도3359).

제하여 달라는 명시적이고 거듭된 요구를 받았고, 피의자에게 도주 · 자해 · 다른 사람에 대한 위해의 위험이 분명하고 구체적으로 드러나는 등 특별한 사정이 없었음에도 교도관에게 수갑을 해제하여 달라고 요청하지 않은 것은 위법하다. 대판 2020.3.17, 2015모2357. 보호장비 해제요구를 거부한 조치는 제417조 제1항의 '구금에 관한 처분'에 해당). 이것을 인정신문이라고 한다. 피의자신문사항으로서 검사 또는 사법경찰관은 피의자에 대하여 범죄사실과 정상에 관한 필요사항을 신문하여야 하며 그 이익되는 사실을 진술할 기회를 주어야 한다(제242조). 여기서 범죄사실에 관한 사항의 신문은 범행의 일시, 장소, 수단과 방법, 객체, 결과뿐만 아니라, 그 동기와 공범관계, 범행에 이르게 된 경과 등 범행 전후의 여러 정황도 함께 신문하여야 하며, 위와 같은 사항들에 대한 신문은 당해 범죄에 대한 수사인 것이지 그와 관계없는 별개의 범죄에 대한 수사는 아니다(대판 2007.11.30, 2005도40907). 검사 또는 사법경찰관이 사실을 발견함에 필요한 때에는 피의자와 다른 피의자 또는 피의자 아닌 자와 대질하게 할 수 있다(제245조).

3) **변호인 기타 참여자** 피의자신문시에 변호인의 참여권에 대해서 종래에는 당연히 긍정하는 견해, 한미행정협정사건에서만 긍정하려는 견해 등이 대립되었으나, 최근에 판례를 통하여 보장되어야 하는 것으로 귀결되었고, 형사소송법도 이를 입법화하였다. 즉, 검사 또는 사법경찰관은 피의자 또는 그 변호인 · 법정대리인 · 배우자 · 직계친족 · 형제자매의 신청에 따라 변호인을 피의자와 접견하게 하거나 정당한 사유가 없는 한 피의자에 대한 신문에 참여하게 하여야 한다(제243조의2 제1항).[128] 구체적인 내용은 앞의 총론편에서 변호인의 피의자신문참여권이라는 이름으로 전술하였기 때문에 더 이상의 기술은 생략하기로 한다. 그리고 검사가 피의자를 신문함에는 검찰청수사관 또는 서기관이나 서기를 참여하게 하여야 하고, 사법경찰관이 피의자를 신문함에는 사법경찰관리를 참여하게 하여야 한다(제243조). 더 나아가 사회적 약자에 해당하는 피의자를 위한 신뢰관계 있는 자의 동석도 피의자신문시 허용되고 있는데(제244조의5), 이에 대해서는 후술하기로 한다.

3. 피의자신문조서의 작성

피의자의 진술은 조서에 기재하여야 한다(제244조 제1항). 피의자신문조서는 피

---

128) 변호인이 피의자신문에 자유롭게 참여할 수 있는 권리는 피의자가 가지는 변호인의 조력을 받을 권리를 실현하는 수단이므로 헌법상 기본권인 변호인의 변호권으로서 보호되어야 한다(헌재결 2017.11.30, 2016헌마503).

의자에게 열람하게 하거나 읽어 들려주어야 하며, 진술한 대로 기재되지 아니하였거나 사실과 다른 부분의 유무를 물어 피의자가 증감 또는 변경의 청구 등 이의를 제기하거나 의견을 진술한 때에는 이를 조서에 추가로 기재하여야 한다. 이 경우 피의자가 이의를 제기하였던 부분은 읽을 수 있도록 남겨두어야 한다(제2항). 피의자가 조서에 대하여 이의나 의견이 없음을 진술한 때에는 피의자로 하여금 그 취지를 자필로 기재하게 하고 조서에 간인한 후 기명날인 또는 서명하게 한다(제3항).

4. 피의자진술의 영상녹화

형사소송법은 수사과정의 영상녹화 제도를 도입하여 수사절차의 적법성과 투명성을 보장하고 인권침해를 방지하는 규정을 신설하였다. 즉, 피의자의 진술은 영상녹화할 수 있다. 피의자신문 과정을 영상녹화하기 위해서는 피의자 또는 변호인의 동의를 받을 필요는 없으나,[129] 미리 영상녹화를 한다는 사실을 알려 주어야 한다. 조사의 개시부터 종료까지의 전 과정 및 객관적 정황을 영상녹화하여야 한다(제244조의2 제1항). 따라서 당해 조사에서 의도적으로 조사과정의 일부만을 선별하여 영상녹화하는 방법은 허용되지 않는다. 다만, 여러 차례의 조사가 이루어진 경우 최초 조사부터 모두 영상녹화하지 않으면 그 영상녹화물을 사용할 수 없는 것은 아니다. 예컨대, 피의자에 대하여 제1회와 제2회 조사시에는 혐의를 입증할 명백한 자료가 없는 상태에서 영상녹화 없이 간단히 조사하였으나, 제3회 조사 당시 중요 참고인의 소재가 확인되거나 객관적인 증거자료가 발견되어 피의자가 자백하므로 이때부터 영상녹화를 하는 경우 이 영상녹화물의 사용은 허용된다고 할 것이다. 제1항에 따른 영상녹화가 완료된 때에는 피의자 또는 변호인 앞에서 지체 없이 그 원본을 봉인하고 피의자로 하여금 기명날인 또는 서명하게 하여야 한다(제2항). 제2항의 경우에 피의자 또는 변호인의 요구가 있는 때에는 영상녹화물을 재생하여 시청하게 하여야 한다. 이 경우 그 내용에 대하여 이의를 진술하는 때에는 그 취지를 기재한 서면을 첨부하여야 한다(제3항). 이러한 영상녹화물은 검사·사법경찰관 작성의 참고인 진술조서의 진정성립 등의 증명의 방법으로 사용되고(제312조 제4항. 검사작성 피신조서에 관한 제312조 제2항은 법 개정으로 삭제되었음), 기억이 불명확한 경우 기억환기용 수단으로 사용된다(제318조의2 제2항). 더 나아가 범죄사실입증용(본증용)으

129) 이의 문제점을 지적한 신양균(2008), 147면.

로의 사용에 대해서는 해석론에 관한 한 부정설이 다수설에 해당한다.

5. 수사과정의 기록

수사과정을 투명하게 하여 절차의 적법성과 진술의 임의성을 보장하기 위하여 신문과정에서의 피의자의 행적이 자세히 기록될 필요가 있다. 개정 형사소송법에 따르면, 검사 또는 사법경찰관은 피의자가 조사장소에 도착한 시각, 조사를 시작하고 마친 시각, 그 밖에 조사과정의 진행경과를 확인하기 위하여 필요한 사항을 피의자신문조서에 기록하거나 별도의 서면에 기록한 후 수사기록에 편철하여야 한다(제244조의4 제1항).[130] 제244조 제2항 및 제3항은 제1항의 조서 또는 서면에 관하여 준용한다(제2항). 제1항 및 제2항은 피의자가 아닌 자를 조사하는 경우에 준용한다(제3항). 수사과정에 관한 기록은 피의자 등의 진술의 임의성, 특신성에 대한 판단자료로 사용될 수 있다.

6. 장애인 등 특별히 보호를 요하는 자에 대한 특칙

수사 · 재판 절차에서 장애인는 물론이고 아동, 노인, 여성, 외국인 등 사회적 약자도 피의자 · 피고인으로 신문 · 조사를 받게 되는 경우 의사전달이 불완전하거나, 심리적 불안정 등으로 인하여 자신의 권리를 충분히 행사하지 못할 가능성이 있다. 따라서 장애인인 피의자 · 피고인의 인권을 보호하고, 실체적 진실에 맞는 형사정의 실현을 위해서는 의사전달의 불완전 등을 보완할 대책이 필요하다. 개정 형사소송법에 따르면, 검사 또는 사법경찰관은 피의자를 신문하는 경우 (i) 피의자가 신체적 또는 정신적 장애로 사물을 변별하거나 의사를 결정 · 전달할 능력이 미약한 때, (ii) 피의자의 연령 · 성별 · 국적 등의 사정을 고려하여 그 심리적 안정의 도모와 원활한 의사소통을 위하여 필요한 경우의 어느 하나에 해당하는 때에는 직권 또는 피의자 · 법정대리인의 신청에 따라 피의자와 신뢰관계에 있는 자를 동석하게 할 수 있다(제244조의5). 그런데 피의자 대신에 동석자가 진술하여 작성된 조서는 피의자신문조서로서 평가될 수는 없다(대판 2009.6.23., 2009도1322).

---

130) 불구속피의자의 경우 신문도중에도 원한다면 언제든지 이석할 수 있고, 수사기관으로서도 이를 제지할 아무런 권한이 없다는 점 등을 고려할 때 체포 · 구속피의자에 대한 신문시에만 신문장소 등을 기재하는 것이 타당하다는 것으로 정웅석/백승민, 481면.

7. 피의자신문의 법적 규제

피의자신문에 대한 사전적 규제로서 수사기관은 피의자에게 진술거부권이 있음을 미리 고지하도록 규정되었고, 사후적 규제로서는 고문, 폭행, 협박, 신체구속의 부당한 장기화, 기망, 기타 임의성에 의심이 있는 자백 내지 기타 진술의 경우에 그 증거능력이 절대적으로 부정되도록 규정되어 있다(제309조, 제317조). 그리고 검사 또는 사법경찰관(즉 작성자)의 서명날인 없이 작성된 피의자신문조서의 증거능력도 부정된다. 이 경우 설령 진술자인 피고인의 서명날인이 있다거나, 피고인이 법정에서 그 피의자신문조서에 대하여 진정성립과 임의성을 인정하였다 하더라도 여전히 증거능력은 부정된다(대판 2001.9.28, 2001도4091).

[미국의 Escobedo 판결과 Miranda 판결]

미국의 Escobedo 판결은 1964년 변호인의 조력을 받을 권리가 침해된 상태에서 얻은 피의자 진술에 대해 증거능력을 부정한 것이다.[131] 그 이후 1966년의 Miranda 판결은 체포 구금된 피의자로부터 진술거부권 또는 변호인의 조력을 받을 권리를 고지하지 않은 상태에서 얻은 피의자 진술에 대해 증거능력을 부정한 것이다.[132] 그런데 미국의 미란다판결은 일단 경찰관이 피의자를 체포하여 신체의 자유가 제한된 이후 현장에서 또는 경찰서에서 범죄사실과 관련된 질문을 하기 위하여 요구되는 사항에 대해 판시한 것이다. 따라서 체포 구금의 집행 요건으로서 일정한 권리를 고지하도록 규정한 우리나라 형사소송법 제200조의5는 미국의 미란다 판결과는 다소 다른 취지의 것으로 보아야 한다.

8. 2021년 시행 검경 수사준칙상의 관련규정

2021년 시행 검경 수사준칙도 피의자신문 내지 참고인조사와 같은 임의수사방법에 대하여 매우 구체적으로 규정하고 있다. 먼저 동 수사준칙 제19조(출석요구)에 의하면, 검사 또는 사법경찰관은 피의자에게 출석요구를 할 때에는 다음 각 호의 사항을 유의해야 한다: 1. 출석요구를 하기 전에 우편・전자우편・전화를 통한 진술 등 출석을 대체할 수 있는 방법의 선택 가능성을 고려할 것 2. 출석요구의 방법, 출석의 일시・장소 등을 정할 때에는 피의자의 명예 또는 사생활의 비밀이 침해되지

---

131) Escobedo v. Illinois, 378 U.S. 748 (1964).

132) Miranda v. Arizina, 384 U.S. 436 (1966).

않도록 주의할 것 3. 출석요구를 할 때에는 피의자의 생업에 지장을 주지 않도록 충분한 시간적 여유를 두도록 하고, 피의자가 출석 일시의 연기를 요청하는 경우 특별한 사정이 없으면 출석 일시를 조정할 것 4. 불필요하게 여러 차례 출석요구를 하지 않을 것(제4항). 검사 또는 사법경찰관은 피의자에게 출석요구를 하려는 경우 피의자와 조사의 일시·장소에 관하여 협의해야 한다. 이 경우 변호인이 있는 경우에는 변호인과도 협의해야 한다(제2항). 검사 또는 사법경찰관은 피의자에게 출석요구를 하려는 경우 피의사실의 요지 등 출석요구의 취지를 구체적으로 적은 출석요구서를 발송해야 한다. 다만, 신속한 출석요구가 필요한 경우 등 부득이한 사정이 있는 경우에는 전화, 문자메시지, 그 밖의 상당한 방법으로 출석요구를 할 수 있다(제3항). 검사 또는 사법경찰관은 제3항 본문에 따른 방법으로 출석요구를 했을 때에는 출석요구서의 사본을, 같은 항 단서에 따른 방법으로 출석요구를 했을 때에는 그 취지를 적은 수사보고서를 각각 사건기록에 편철한다(제4항). 검사 또는 사법경찰관은 피의자가 치료 등 수사관서에 출석하여 조사를 받는 것이 현저히 곤란한 사정이 있는 경우에는 수사관서 외의 장소에서 조사할 수 있다(제5항). 제1항부터 제5항까지의 규정은 피의자 외의 사람에 대한 출석요구의 경우에도 적용한다(제6항).

다음으로 동 수사준칙 제21조(심야조사 제한)에 의하면, 검사 또는 사법경찰관은 조사, 신문, 면담 등 그 명칭을 불문하고 피의자나 사건관계인에 대해 오후 9시부터 오전 6시까지 사이에 조사(이하 "심야조사"라 한다)를 해서는 안 된다. 다만, 이미 작성된 조서의 열람을 위한 절차는 자정 이전까지 진행할 수 있다(제1항). 제1항에도 불구하고 다음 각 호의 어느 하나에 해당하는 경우에는 심야조사를 할 수 있다. 이 경우 심야조사의 사유를 조서에 명확하게 적어야 한다: 1. 피의자를 체포한 후 48시간 이내에 구속영장의 청구 또는 신청 여부를 판단하기 위해 불가피한 경우 2. 공소시효가 임박한 경우 3. 피의자나 사건관계인이 출국, 입원, 원거리 거주, 직업상 사유 등 재출석이 곤란한 구체적인 사유를 들어 심야조사를 요청한 경우(변호인이 심야조사에 동의하지 않는다는 의사를 명시한 경우는 제외한다)로서 해당 요청에 상당한 이유가 있다고 인정되는 경우 4. 그 밖에 사건의 성질 등을 고려할 때 심야조사가 불가피하다고 판단되는 경우 등 법무부장관, 경찰청장 또는 해양경찰청장이 정하는 경우로서 검사 또는 사법경찰관의 소속 기관의 장이 지정하는 인권보호 책임자의 허가 등을 받은 경우(제2항)

다음으로 동 수사준칙 제22조(장시간 조사 제한)에 의하면, 검사 또는 사법경찰관은 조사, 신문, 면담 등 그 명칭을 불문하고 피의자나 사건관계인을 조사하는 경우에는 대기시간, 휴식시간, 식사시간 등 모든 시간을 합산한 조사시간(이하 "총조사시간"이라 한다)이 12시간을 초과하지 않도록 해야 한다. 다만, 다음 각 호의 어느 하나에 해당하는 경우에는 예외로 한다: 1. 피의자나 사건관계인의 서면 요청에 따라 조서를 열람하는 경우 2. 제21조 제2항 각 호의 어느 하나에 해당하는 경우(제1항). 검사 또는 사법경찰관은 특별한 사정이 없으면 총조사시간 중 식사시간, 휴식시간 및 조서의 열람시간 등을 제외한 실제 조사시간이 8시간을 초과하지 않도록 해야 한다(제2항). 검사 또는 사법경찰관은 피의자나 사건관계인에 대한 조사를 마친 때부터 8시간이 지나기 전에는 다시 조사할 수 없다. 다만, 제1항 제2호에 해당하는 경우에는 예외로 한다(제3항).

다음으로 동 수사준칙 제23조(휴식시간 부여)에 의하면, 검사 또는 사법경찰관은 조사에 상당한 시간이 소요되는 경우에는 특별한 사정이 없으면 피의자 또는 사건관계인에게 조사 도중에 최소한 2시간마다 10분 이상의 휴식시간을 주어야 한다(제1항). 검사 또는 사법경찰관은 조사 도중 피의자, 사건관계인 또는 그 변호인으로부터 휴식시간의 부여를 요청받았을 때에는 그때까지 조사에 소요된 시간, 피의자 또는 사건관계인의 건강상태 등을 고려해 적정하다고 판단될 경우 휴식시간을 주어야 한다(제2항). 검사 또는 사법경찰관은 조사 중인 피의자 또는 사건관계인의 건강상태에 이상 징후가 발견되면 의사의 진료를 받게 하거나 휴식하게 하는 등 필요한 조치를 해야 한다(제3항).

다음으로 동 수사준칙 제24조(신뢰관계인의 동석)에 의하면, 법 제244조의5에 따라 피의자와 동석할 수 있는 신뢰관계 에 있는 사람과 법 제221조 제3항에서 준용하는 법 제163조의2에 따라 피해자와 동석할 수 있는 신뢰관계에 있는 사람은 피의자 또는 피해자의 직계친족, 형제자매, 배우자, 가족, 동거인, 보호·교육시설의 보호·교육담당자 등 피의자 또는 피해자의 심리적 안정과 원활한 의사소통에 도움을 줄 수 있는 사람으로 한다(제1항). 피의자, 피해자 또는 그 법정대리인이 제1항에 따른 신뢰관계에 있는 사람의 동석을 신청한 경우 검사 또는 사법경찰관은 그 관계를 적은 동석신청서를 제출받거나 조서 또는 수사보고서에 그 관계를 적어야 한다(제2항).

다음으로 동 수사준칙 제25조(자료·의견의 제출기회 보장)에 의하면, 검사 또는 사법경찰관은 조사과정에서 피의자, 사건관계인 또는 그 변호인이 사실관계 등의 확인을 위해 자료를 제출하는 경우 그 자료를 수사기록에 편철한다(제1항). 검사 또는 사법경찰관은 조사를 종결하기 전에 피의자, 사건관계인 또는 그 변호인에게 자료 또는 의견을 제출할 의사가 있는지를 확인하고, 자료 또는 의견을 제출받은 경우에는 해당 자료 및 의견을 수사기록에 편철한다(제2항).

다음으로 동 수사준칙 제26조(수사과정의 기록)에 의하면, 검사 또는 사법경찰관은 법 제244조의4에 따라 조사(신문, 면담 등 명칭을 불문한다. 이하 이 조에서 같다) 과정의 진행경과를 다음 각 호의 구분에 따른 방법으로 기록해야 한다: 1. 조서를 작성하는 경우: 조서에 기록(별도의 서면에 기록한 후 조서의 끝부분에 편철하는 것을 포함한다) 2. 조서를 작성하지 않는 경우: 별도의 서면에 기록한 후 수사기록에 편철(제1항). 제1항에 따라 조사과정의 진행경과를 기록할 때에는 다음 각 호의 구분에 따른 사항을 구체적으로 적어야 한다: 1. 조서를 작성하는 경우에는 다음 각 목의 사항(가. 조사 대상자가 조사장소에 도착한 시각 나. 조사의 시작 및 종료 시각 다. 조사 대상자가 조사장소에 도착한 시각과 조사를 시작한 시각에 상당한 시간적 차이가 있는 경우에는 그 이유 라. 조사가 중단되었다가 재개된 경우에는 그 이유와 중단 시각 및 재개 시각) 2. 조서를 작성하지 않는 경우에는 다음 각 목의 사항(가. 조사 대상자가 조사장소에 도착한 시각 나. 조사 대상자가 조사장소를 떠난 시각 다. 조서를 작성하지 않는 이유 라. 조사 외에 실시한 활동 마. 변호인 참여 여부(제2항).

Ⅱ. 피의자 이외의 자에 대한 조사, 특히 참고인 조사

1. 의 의

피해자(고소인), 목격자 및 고발인과 같이 피의자 아닌 제3자로서 수사상 필요한 자를 참고인이라 한다. 검사 또는 사법경찰관은 수사에 필요한 때에는 피의자가 아닌 자의 출석을 요구하여 진술을 들을 수 있다(제221조 제1항). 참고인은 수사기관에 대하여 진술하는 점에서 법원 또는 법관에 대하여 진술하는 증인과 다르다.

2. 조사방법

(1) 수사기관의 출석요구와 참고인의 진술

증인에게는 출석의무, 선서의무 및 증언의무가 있으나 참고인에게는 이러한 의무가 없다. 즉 수사기관은 참고인의 출석을 사실적으로 요구할 수는 있겠지만, 참고인은 출석요구에 응할 필요도 없고, 출석하였더라도 언제든지 퇴거할 수 있다. 반면에 수사기관은 참고인에게 진술거부권을 고지할 필요도 없다. 다만 참고인이 출석 또는 진술을 거부하는 경우에 검사는 제1회 공판기일 이전까지 법관에게 증인신문을 청구할 수 있다(제221조의2). 그리고 국가보안법에 의하면, 검사 또는 사법경찰관으로부터 참고인으로 출석을 요구받은 자가 정당한 이유없이 2회 이상 출석요구에 불응한 때에는 관할법원판사의 구속영장을 발부받아 구인할 수 있다(동법 제18조 제1항). 구속영장에 의하여 참고인을 구인하는 경우에 필요한 때에는 근접한 경찰서 기타 적당한 장소에 임시로 유치할 수 있다(제2항). 수사과정에서 피해자의 심리적 안정을 유지하고 부수적인 정신적 피해 발생을 방지하기 위하여, 범죄피해자가 법정에서 증언할 때 신뢰관계자가 동석할 수 있는 근거규정(제163조의2 제1항 내지 제3항)을 수사기관이 피해자를 조사하는 때에도 준용하도록 하였다(제3항).

[참고인의 허위진술(사법방해)에 대한 형사처벌의 문제: 입법론]

우리나라의 경우 참고인의 허위진술이 거의 방치되는 수준에 있다. 수사기관에서 행한 참고인의 허위진술에 대해서 현행법상 범죄 성립을 인정하기 어렵고,[133] 실제 처벌되는 사안은 극히 일부에 불과하기 때문이다.[134] 그리고 지금까지 우리나라에서는 무고성 고소가 엄청나게 행해지고 있다.[135] 그렇게 고소한 자도 참고인으로서 수사기관에 허위진술을 일삼는다. 이러한 참고인의 악의적 허위진술은 수사의 방향을 왜곡시키고 가해자와 피해자를 뒤 바뀌게 할 수도 있다. 그런데 참고인의 허위진술은 다른 선진국에서는 우리나라와는 달리 어렵지 않게 형사 처벌될 수 있다. 독일에서는 참고인이 수사기관에 출석하여 허위로 진술한 경우에 무고죄(독일 형법 제164조), 형벌방해죄(제258조), 범죄가장죄(제145조의d)가 성립될 수 있다. 그리고 미국에서는 참고인이 형사사법절차에서 수사기관이나 법원에 대해 허위 진술하는 경우에 사법방해

133) 우선 참고인은 증인이 아니기 때문에 위증죄의 성립은 불가능; 참고인의 허위진술만으로는 '신고한 자'로 제한되는 무고죄가 될 수 없다는 대판 2004.12.9, 2004도2212; 대판 1990.11.9, 90도1706; 수사기관은 객관적 자료를 수집 · 조사하여야 한다는 이유로 위계에 의한 공무집행방해죄가 성립할 수 없다는 대판 1977.2.8, 76도3685; 대판 2002.12.27, 2002도4020; 증거위조죄가 성립할 수 없다는 대판 1995.4.7, 94도3412.

134) 1991년부터 2000년까지 사이에 매년 3,000명 내지 4,000명이 위증죄로 고소되거나 인지되어 그 중 1,000명 정도가 처벌되었음(김종구, 형사사법개혁론, 법문사 2002, 584면).

135) 2003년의 경우 우리나라의 인구 10만명당 피고소인원은 1,288명으로서 8명에 불과한 일본의 160배에 이르고 있는 실정이다. 그리고 2003년의 경우 고소사건에 대한 수사종결현황 중에서 불기소처분은 74.6%를 차지하였다. '낮은 기소율과 높은 불기소처분율'을 특징으로 하는 우리나라의 현상은 그 고소내용이 진실이 아니고 무고(誣告)에 가깝다는 것을 실증하는 것이다.

죄(Title 18 U.S.C. §§ 1501-1518)로 처벌되고,[136] 이와는 별도로 자기 자신이 형사책임을 지는 상황이 아님에도 불구하고 국가기관에 허위진술을 하는 경우에 허위진술죄(Title 18 U.S.C. § 1001)로 처벌한다.
생각건대, 앞의 나라에서 입법 조치된 것 중에서 적어도 피의자에게 불리한 무고성 참고인 허위진술(범행 현장을 목격하지 아니하였음에도 목격한 것처럼 허위 사실을 주장하는 행위, 범인이 아닌 제3자를 범인으로 지목하는 행위 등)을 형사처벌하는 입법 조치는 우리나라에서도 시급히 요구되는 것으로 판단된다. 그리고 장기적으로는 다양한 유형의 사법 방해 행위를 세밀히 구분하여 입법화할 필요가 있다.
참고로, 진실한 범죄피해자(특히 고소인)의 지위는 검사의 불기소처분에 대한 재정신청의 전면적 확대에 의해 이미 강화되었다. 더 나아가 피해자에게 공판절차에서 검사와 유사한 지위를 보장하는 피해자의 소송참가제도의 도입이 입법론으로서 요청된다.

(2) 영상녹화

참고인조사의 경우 그의 동의를 받아 영상녹화할 수 있다(제221조 제1항). 동의를 요건으로 하는 점에서 동의를 요하지 않는 피의자신문의 영상녹화와 다르다. 참고인의 진술에 대한 영상녹화물은 참고인 진술조서의 진정성립 등의 입증방법(제312조 제4항)과 증언시 기억환기용(제318조의2 제2항)으로 사용할 수 있다.

(3) 범인식별을 위한 참고인 조사

목격자가 참고인인 경우에는 피의자의 동일성을 확인하는 범인식별절차(피의자대면절차)에 참여시키는 것도 참고인 조사에 해당할 것이다. 이에 대해서는 앞에서 수사방법 일반론에서 기술하였기 때문에 여기서는 생략하기로 한다.

3. 조서작성 및 기록

수사기관이 참고인의 진술을 들을 때에는 조서를 작성하여야 한다(제48조). 수사기관은 참고인조사의 경우 그의 동의를 받아 영상녹화할 수 있다(제221조 제1항). 참고인의 진술에 대한 영상녹화물은 참고인진술조서의 진정성립 등의 입증방법(제312조 제4항)과 증언시 기억환기용(제318조의2 제2항)으로 사용할 수 있다. 피의자신문과 같이 참고인을 조사하는 경우에도 수사과정을 기록해야 한다(제244조의4 제3항).

---

136) 피고인도 증인적격이 있으므로 선서 후 위증한 경우는 물론이고, 선서가 없더라도 묵비권을 행사하지 않고 허위진술을 하면 사법방해죄로 처벌된다.

참고인조사를 통해 작성된 참고인진술조서의 증거능력은 전문증거로서 전문법칙의 예외규정(제312조 제4항)에 의해서 결정된다.

Ⅲ. 감정, 통역, 번역의 위촉과 전문수사자문위원의 자문

1. 감정, 통역, 번역의 위촉

검사 또는 사법경찰관은 수사에 필요한 때에는 감정 · 통역 또는 번역을 위촉할 수 있다(제221조 제2항). 이 경우 위촉받은 자가 수락하는가의 여부는 자유이다. 따라서 위촉 그 자체는 임의수사의 방법이 될 뿐이다. 그리고 감정수탁자는 수사기관이 아니기 때문에 강제처분권이 그에게 직접적으로 보장되지 않는다. 그러나 실체적 진실의 발견을 위해 강제적인 감정이 필요한 경우에는 예외적으로 강제가능성이 형사사법기관을 통하여 담보되어야 할 것이다. 이를 위해 규정된 것이 감정유치와 감정처분이다. 검사는 피의자의 정신 또는 신체에 관한 감정에 필요한 때에는 기간을 정하여 병원 기타 적당한 장소에 피고인을 유치하게 할 수 있고 감정이 완료되면 즉시 유치를 해제하여야 한다(제221조의3: 법원의 피고인에 대한 감정유치는 제172조 제3항). 검사가 행하는 감정유치의 방법은 감정유치장을 법관에게 청구하여 이를 발부받아서 집행시키는 것이다. 그리고 검사는 위촉 감정인이 감정에 관하여 필요한 처분, 즉 타인의 주거, 간수자 있는 가옥, 건조물, 항공기, 선차 내에 들어가고, 신체의 검사, 사체의 해부, 분묘의 발굴, 물건의 파괴를 할 수 있도록 감정처분허가장을 법관에게 청구하여 이를 발부받는다(제221조의4: 공소제기 이후 법원의 감정처분은 제173조 제1항). 수사기관으로부터 감정위촉을 받은 자는 감정서를 작성하여 제출하고, 그 증거능력은 전문법칙의 예외규정(제313조 제2항)에 의하여 결정된다. 그리고 통역의 경우는 통역인진술조서가 작성될 뿐만 아니라 피의자신문조서와 참고인진술조서에 공동으로 서명할 것이 요구된다.

2. 전문수사자문위원의 자문

2008년 1월 1일 시행의 개정 형사소송법에 따르면, 검사는 공소제기 여부와 관련된 사실관계를 분명하게 하기 위하여 필요한 경우에는 직권이나 피의자 또는 변호인의 신청에 의하여 전문수사자문위원을 지정하여 수사절차에 참여하게 하고 자문을 들을 수 있다(제245조의2 제1항). 전문수사자문위원은 전문적인 지식에 의한 설명 또는 의견을 기재한 서면을 제출하거나 전문적인 지식에 의하여 설명이나 의견을 진술할 수 있다(제2항). 검사는 전문수사자문위원이 제출한 서면이나 전문수사자문위원의 설명 또는 의견의 진술에 관하여 피의자 또는 변호인에게 구술 또는 서면에 의한 의견진술의 기회를 주어야 한다(제3항). 전문수사자문위원을 수사절차에 참여시키는 경우 검사는 각 사건마다 1인 이상의 전문수사자문위원을 지정한다(제245조의3 제1항). 검사는 상당하다고 인정하는 때에는 전문수사자문위원의 지정을 취소할 수 있다(제2항). 피의자 또는 변호인은 검사의 전문수사자문위원 지정에 대하여 관할 고등검찰청 검사장에게 이의를 제기할 수 있다(제3항). 전문수사자문위원에게는 수당을 지급하고, 필요한 경우에는 그 밖의 여비, 일당 및 숙박료를 지급할 수 있다(제4항). 전문수사자문위원의 지정 및 지정취소, 이의제기 절차 및 방법, 수당지급, 그 밖에 필요한 사항은 법무부령으로 정한다(제5항). 전문수사자문위원에게는 비밀유지의무가 부과되고, 뇌물죄와 관련하여서는 공무원으로 의제된다(제245조의4).

Ⅳ. 사실조회(공무소 등에의 조회)

수사에 관하여는 공무소 기타 공사단체에 조회하여 필요한 사항의 보고를 요구할 수 있다(제199조 제2항). 전과조회, 신원조회 등 조회할 수 있는 사항에는 제한이 없다. 이 경우 조회를 받은 상대방에게는 보고의무가 있다. 따라서 임의수사성에 의심이 갈 수 있다. 그러나 그 의무를 강제할 방법이 없기 때문에 임의수사로 분류하는 것이 타당할 것이다(다수설).[137]

[§17] 대인적 강제처분에 의한 강제수사

Ⅰ. 수사절차에서 대인적 강제처분의 기본구조

[설문 (16)] 검사 甲은 사법경찰로부터 송치받은 거액의 사기사건으로 지명 수배되어 있는 乙이 다른 사건으로 검찰청에 참고인 자격으로 출석하여 있는 것을 발견하였

137) 그러나 강제처분설로는 김기두, 212면; 차용석, 281면.

다. 이 경우 검사 甲이 乙의 신병을 확보하여 구속 집행시까지 취할 수 있는 수단을 시간적 순서에 따라 검토하라. [1998년 제40회 사법시험문제 참조]

상기한 [설문 (16)]에서 수사기관인 검사 甲이 자기사건에서는 피의자에 해당하는 乙의 신병을 확보하는 방법은 임의수사에 해당하는 소환 내지 출석요구 이외의 것으로는 형사소송법이 허용하는 대인적 강제처분일 것이다. 후자의 대인적 강제처분을 요약하면 다음과 같다. 수사기관이 피의자에 대하여 강제로 인신처분할 수 있는 방법으로서 크게 체포와 구속이 형사소송법에 규정되어 있다(피고인에 대한 법원의 강제적 인신처분에는 영장에 의한 구속밖에 없음). 체포는 영장에 의한 체포, 긴급체포, 현행범체포로 나누어진다. 그리고 구속은 구인과 구금을 포함한다. 체포는 48시간 정도의 비교적 짧은 인신처분이고, 구속은 경찰 10일, 검사 10일과 10일 연장의 비교적 장기간의 인신처분이다. 그리고 피의자가 체포된 경우에 그 체포의 종류와 관계없이 다음 단계의 강제적 인신처분은 영장에 의한 구속이다. 즉 영장 없이 행하는 현행범체포와 긴급체포의 다음에 사후 체포영장을 발부받는 구조가 아니다. 그리고 우리나라는 일본과는 달리 체포전치주의를 채택하지 않았다. 따라서 수사기관은 요건이 충족되는 경우에 —체포절차 없이— 피의자를 구속하여도 무방하다. 즉 우리나라에서 체포는 구속의 전단계로 활용될 수도 있고, 체포 없이 곧바로 구속이 활용될 수도 있다.

현재 구속영장의 발부와 관련하여서는 소위 구속영장실질심사제도가 도입되어 있다. 즉, 법관이 피의자를 직접 신문하고 구속사유의 충족여부를 실질심사하여 구속영장의 발부여부를 결정하게 하는 것이다. 이 제도는 종래 구속영장의 발부를 오직 형식적 서류심사만으로 행함으로써 야기되었던 구속남발의 현상을 바로잡기 위하여 도입된 것이다. 다만 초창기에 영장실질심사요구권을 법관에게 부여함으로써 과도한 실질심사요구와 영장기각이 이루어지자 법관과 검사 간에 갈등이 야기되었고, 급기야 영장실질심사청구권을 피의자 측에게 부여하는 입법개정이 있었다가 2008년 1월 1일 시행의 개정 형사소송법은 필요적 실질심사제도를 입법화하였다. 그리고 체포절차 없이 막바로 구속하는 경우에 — 피의자 체포 이후의 구속에서와는 달리 — 구속영장실질심사를 위한 피의자 (강제)구인제도도 마련되어 있다.

Ⅱ. 피의자의 체포제도

1. 체포제도의 개정

체포는 수사기관이 피의자를 단기간 동안 수사관서 등 일정한 장소에 인치하는 강제처분을 의미한다. 체포제도는 1995년 제8차 형사소송법에 의하여 대폭 개정되었다. 그 이전에 체포제도로서는 현행범체포만이 규정되어 있었다. 그런데 제8차 개정법은 종래의 긴급구속의 명칭을 긴급체포로 바꾸고 그 내용을 일부 수정하였다. 즉 현재의 긴급체포의 기본적인 골격은 과거의 긴급구속과 거의 동일하다. 그리고 제8차 개정법에 의하여 새로이 도입된 것이 영장에 의한 정식체포이다. 이것은 사법경찰 등이 수사의 초기단계에서 피의자를 임의동행의 형식을 빌어서 강제연행하여 조사한 이후에 보호실에 유치하였던 종래의 탈법행위를 규율하고자 도입된 것이다.

2. 영장에 의한 체포(정식체포, 통상체포)

(1) 요 건

1) 일반요건 형사소송법은 “검사는 피의자가 죄를 범하였다고 의심할 만한 상당한 이유가 있고, 정당한 이유 없이 제200조의 규정에 의한 출석요구에 응하지 아니하거나, 응하지 아니할 우려가 있는 때에는 관할지방법원 판사에게 청구하여 체포영장을 발부받아 피의자를 체포할 수 있다”는 내용으로 영장에 의한 체포제도를 규정하고 있다(제200조의2 제1항). 이에 근거하여 체포가 가능하기 위해서는 상당한 범죄혐의의 존재, 소환불응 또는 불응우려의 체포사유가 존재하여야 하는 것은 틀림없다. 그런데 체포사유로서 소환의 불응 또는 불응의 우려 이외에 도망 또는 증거인멸의 우려라는 체포필요성(구속사유)까지 적극적으로 요구되지는 않는다. 그리고 여기의 범죄혐의는 단순한 주관적 혐의만으로 부족하고 객관적 혐의이어야 한다. 그리고 범죄혐의의 정도는 형식적 법문언에 따라서 구속의 경우와 동일하다는 것이 다수설이지만, 체포는 대개 피의자신문을 아직 행하지 않은 수사초기단계에서 이용되는 것이므로 범죄혐의의 정도가 구속에 비하여 상대적으로 다소 낮아도 무방할 것으로 판단된다. 따라서 체포와 구속의 차이를 나타내는 방법으로서 체포에는 죄를 범하였다고 의심할 만한 상당한 이유로, 구속에는 죄를 범하였다고 판단할 만한 상당한 이유로 차별적으로 규정하는 것이 입법론의 관점에서 바람직하다. 그리고 출석요구에 불응할 우려가 있는 체포사유란 피의자가 도망하거나 지명수배 중에 있는 경우 등을 말한다.

2) 경미사건의 경우　　경미사건의 경우에는 체포영장의 발부가 제한된다. 즉, 다액 50만원 이하의 벌금, 구류 또는 과료에 해당하는 사건에 관하여는 피의자가 일정한 주거가 없는 경우 또는 정당한 이유 없이 출석요구에 응하지 아니한 경우에 한한다(동항 단서). 따라서 출석요구에 불응할 우려가 있는 장래 사유만으로는 체포할 수 없다. 체포에 있어서도 비례성의 원칙이 적용되는 것을 선언한 것이다.

3) 체포의 필요성　　영장발부의 청구를 받은 지방법원판사는 상당하다고 인정할 때에는 체포영장을 발부한다. 다만, 명백히 체포의 필요가 인정되지 아니하는 경우에는 그러하지 아니하다(제2항). 이 규정은 도주 또는 증거인멸의 우려라는 구속사유를 체포의 적극적 요건으로 요구하지는 않았지만 명백한 체포사유가 부정되는 경우에는 체포할 수 없다는 의미의 소극적 요건으로서 요구한 것으로 이해하여야 한다. 그러나 체포사유의 존재가 의심스러울 뿐인 경우에는 체포가 허용된다.

(2) 체포절차

1) 영장청구　　체포영장은 검사만이 청구할 수 있다. 즉 피의자가 죄를 범하였다고 의심할 만한 상당한 이유가 있고, 정당한 이유 없이 제200조의 규정에 의한 출석요구에 응하지 아니하거나 응하지 아니할 우려가 있는 때에는 검사는 관할지방법원 판사에게 청구하여 체포영장을 발부받아 피의자를 체포할 수 있고, 사법경찰관은 검사에게 신청하여 검사의 청구로 관할지방법원 판사의 체포영장을 발부받아 피의자를 체포할 수 있다(제200조의2 제1항).

2) 법관의 심판

(가) 발부결정　　영장발부의 청구를 받은 지방법원판사는 심사하여 상당하다고 인정할 때에는 체포영장을 발부한다(제2항). 체포영장에 기재될 사항은 구속의 경우를 준용한다(제200조의6, 제75조 제1항). 즉, 체포영장에는 피의자의 성명, 주거, 죄명, 범죄사실의 요지, 인치·구금할 장소, 발부연월일, 그 유효기간(규칙 제178조에 따르면 원칙적으로 7일간임. 그리고 지명수배자를 대상으로 한 경우에는 공소시효만료일까지 발부되기도 함)과 그 기간을 경과하면 집행에 착수하지 못하며 영장을 반환하여야 할 취지를 기재하고 법관이 서명날인하여야 한다.

(나) 기각결정　　판사는 당연히 영장신청에 대해 기각결정도 할 수 있다. 지방법원판사가 체포영장을 발부하지 아니할 때에는 체포서에 그 취지 및 이유를 기재하고 서명날인하여 청구한 검사에게 교부한다(제200조의2 제3항).

3) 체포영장의 집행

(가) 검사지휘와 사법경찰관리의 집행 　체포영장의 집행은 구속영장의 집행에 관한 규정이 준용된다(제200조의6). 집행의 주체는 검사의 지휘에 따라 사법경찰관리(제81조 제1항 준용) 또는 교도관(제81조 제3항의 준용)이 된다. 그리고 사법경찰관리는 필요에 의하여 관할구역 외에서 체포영장을 집행할 수 있고 또는 당해 관할구역의 사법경찰관리에게 집행을 촉탁할 수 있다(제83조 제2항). 사법경찰관리가 관할구역 외에서 수사하거나 관할구역 외의 사법경찰관리의 촉탁을 받아 수사할 때에는 원칙적으로 관할지방검찰청 검사장 또는 지청장에게 보고하여야 한다(제210조).

(나) 집행절차 　체포영장을 집행함에는 피의자에게 반드시 이를 제시하고 그 사본을 교부하여야 한다(준용규정인 제200조의6, 제85조 제1항 전단). 다만 발부된 체포영장을 소지하지 아니한 경우에 급속을 요하는 때에는 피의자에게 범죄사실의 요지와 영장이 발부되었음을 고하고 집행할 수 있다. 이 경우에는 집행을 완료한 후 신속히 체포영장을 제시하고 그 사본을 교부하여야 한다(제85조 제3항, 제4항). 판례는 체포영장에 의한 체포절차에 착수하였으나(성폭력법 위반) 실제 체포가 체포영장과 관계없는 새로운 피의사실(특수공무집행방해치상죄)로 별도의 현행범 체포절차에 따라 진행되었다면 집행완료에 이르지 못한 체포영장을 사후에 제시할 필요가 없다는 입장이다(대판 2021. 6.24, 2021도4648). 그리고 검사 또는 사법경찰관은 피의자를 체포하는 경우에는 피의사실의 요지, 체포의 이유와 변호인을 선임할 수 있음을 말하고 변명할 기회를 주어야 한다(제200조의5). 고지는 원칙적으로 체포 이전에 미리 하여야 하겠지만 상대방이 반항할 경우에는 체포 이후 곧바로 하면 된다(대판 2007.11.29, 2007도7961; 대판 2000.7.4, 99도4341). 따라서 경찰관들이 체포를 위한 실력행사에 나아가기 전에 체포영장을 제시하고 미란다 원칙을 고지할 여유가 있었음에도 애초부터 미란다 원칙을 체포 후에 고지할 생각으로 먼저 체포행위에 나선 행위는 적법한 공무집행이라고 보기 어렵다.[138]

체포된 피의자는 신속히 지정된 수사관서 기타 장소에 인치하여야 한다(제85조 제1항 후단). 피의자를 호송할 필요가 있는 경우에는 근접한 교도소 또는 구치소에 유치할 수 있다(제86조).

(다) 체포에 수반하는 강제처분 　피의자를 체포하는 경우에는 영장 없이 타인의 주거에서 피의자를 수색하거나, 체포현장에서 압수 · 수색 · 검증할 수 있다(제216조 제1

138) 대판 2017.9.21, 2017도10866.

항). 경찰관은 피의자체포가 무기사용 이외의 다른 수단으로는 불가능하다고 인정되는 상당한 이유가 있으면 필요한 범위 내에서 실력행사를 할 수 있고 다른 체포수단이 없을 때에는 필요최소한의 범위 내에서 무기를 사용할 수도 있다(경찰관직무집행법 제10조의4).

(라) 집행 후의 조치사항　체포기관은 변호인이 있는 경우에는 변호인에게, 변호인이 없는 경우에는 변호인선임권자 가운데 피의자가 지정한 자에게 피의사건명 · 체포일시와 장소 · 범죄사실의 요지 · 체포의 이유와 변호인을 선임할 수 있는 취지를 지체 없이 서면으로 알려야 한다(제200조의6, 제87조).

4) 체포후의 절차

(가) 구속영장의 청구　검사 또는 사법경찰관은 체포한 피의자를 구속하고자 할 때에는 체포한 때부터 48시간 이내에 구속영장을 청구하여야 하고, 그 기간 이내에 구속영장을 청구하지 아니하는 때에는 피의자를 즉시 석방하여야 한다(제200조의2 제5항). 체포 후 구속영장에 의해 피의자가 구속된 경우에 그 체포기간은 체포한 날로부터 기산되어 구속기간에 산입된다(제203조의2).

(나) 재체포 영장의 청구　수사기관은 1차 청구가 기각된 이후 또는 체포 후 석방된 피의자에 대하여 다시 체포영장을 청구할 수 있다. 다만 검사가 동일한 범죄사실에 관하여 그 피의자에 대하여 전에 체포영장의 청구를 하였거나 발부받은 사실이 있는 때에는 다시 체포영장을 청구하는 취지 및 이유를 기재하여야 한다(제200조의2 제4항).

3. 긴급 체포

[설문 (17)] 사법경찰관 甲은 산업정보유출의 혐의자 乙을 소환하자, 乙은 일단 이에 응하여 출석하였지만 피의자 신문시에 범행을 부인하면서 집으로 돌아가려 하였다. 그러자 甲은 乙을 긴급체포하였다. 이 경우 긴급체포의 적법성 여부를 논하시오. [2006년 제48회 사법시험문제 참조]

(1) 의　의

긴급체포는 현행범인 아닌 피의자에 대해 사전영장에 의한 인신처분을 할 수 없는 긴급한 사정이 있는 경우에 그를 영장 없이 체포하는 것을 말한다. 이것은 형사소송법 제8차 개정시 종래의 긴급구속에서 바뀐 것이다. 이 제도는 헌법 제12조 제3항 단서 및 형사소송법 제200조의3에 의하여 인정되고 있다. 긴급체포는 범행과 구속 사이의 시간적 접속성이 인정되지 않는 점에서 현행범체포와 구별된다. 긴급체포는 피의자가 현장에서 체포되어 유치되는 형식과 수사기관에서 신문중 범행이 밝혀져 유치되는 형식이 있을 수 있다.

(2) 요 건

검사 또는 사법경찰관은 피의자가 사형 · 무기 또는 장기 3년 이상의 징역이나 금고에 해당하는 죄를 범하였다고 의심할 만한 상당한 이유가 있고, (i) 피의자가 증거를 인멸할 염려가 있는 때, (ii) 피의자가 도망하거나 도망할 우려가 있는 때의 어느 하나에 해당하는 사유가 있는 경우에 긴급을 요하여 지방법원판사의 체포영장을 받을 수 없는 때에는 그 사유를 알리고 영장 없이 피의자를 체포할 수 있다(제200조의3 제1항). 긴급체포의 요건을 갖추었는지 여부는 사후에 밝혀진 사정을 기초로 판단하는 것이 아니라 체포 당시의 상황을 기초로 판단하여야 한다(대판 2002.6.11, 2000도5701). 이에 따라 긴급체포의 요건을 분설하면 다음과 같다.

1) **범죄의 중대성** 피의자가 사형 · 무기 또는 장기 3년 이상의 징역이나 금고에 해당하는 죄를 범하였다고 의심할 만한 상당한 이유[139]가 있어야 한다. 형법상의 범죄는 대개가 장기 3년 이상 자유형의 범죄에 해당하나, 행정형법에 위반하는 범죄는 여기에 해당하지 않는 것이 다수 있다. 이와 관련하여 기소중지자라 할지라도 그 범죄가 이 요건에 해당하지 않으면 긴급체포할 수가 없다.

2) **체포의 필요성** 긴급체포를 위해서도 구속과 같이 피의자가 증거를 인멸할 염려가 있는 때 또는 피의자가 도망하거나 도망할 우려가 있는 때라는 구속사유가 존재하여야 한다. 이것은 긴급체포의 남용을 막기 위한 규정이다. 다만 주거부정은 긴급체포의 사유가 되지 않는다.

3) **긴 급 성** 긴급체포는 긴급을 요하여 지방법원판사의 구속영장을 받을 수 없을 때에만 허용된다. 여기서 긴급을 요하는 경우를 '피의자를 우연히 발견한 경우 등과 같이 체포영장을 받을 시간적 여유가 없는 때'로 한정하였다(제1항 단서). 여기서 '우연성'은 체포영장을 발부받을 수 없는 긴급한 상황을 예시한 것이고, 모든 피의자를 우연히 발견해야 하는 것은 아니다.[140] 따라서 피의자를 우연히 발견한 경

---

139) 체포는 구속과 구별된다는 이유로 긴급체포의 '상당한 이유' 요건을 완화하려는 입장과(임동규, 172면), 형사소송법상 체포와 구속의 요건 모두 '상당한 이유'라는 동일한 개념을 사용하고 있다는 점, 특히 긴급체포의 경우 그 요건에 도주 또는 증거인멸의 우려라는 구속사유를 포괄하고 있다는 점을 고려하여 구속의 경우와 같은 수준의 상당성을 의미한다는 입장(조국)의 대립이 있다.

140) 법원행정처, 법원실무제요 형사 Ⅰ, 270면.

우 등과 같이 체포영장을 받을 수 없거나 체포영장을 청구하고 발부받는 데 상당한 시간이 소요되어 그동안 피의자가 도망할 염려가 있어 체포영장을 발부받기 어려운 경우에는 긴급성이 인정된다고 할 것이다.[141] 그러나 현행범 아닌 주거피의자(충분히 체포영장을 발부받아 정식체포를 할 수 있는 자임)를 긴급체포의 절차로서 강제연행하는 것은 정당화될 수 없을 것이다.

문제는 자진출석한 피의자가 귀가를 요청하는 경우에 긴급체포가 과연 적법하다고 할 수 있느냐에 있다. 이에 대하여 긴급체포 당시에 긴급체포의 요건이 구비되어 있으면 수사기관에 자진출석한 피의자에 대하여도 긴급체포가 가능하다는 견해와 피의자가 수사기관에 자진출석하여 조사하는 경우에는 피의자가 도망할 염려가 없거나, 사전에 체포영장을 발부받을 시간적 여유가 있었으므로 긴급체포가 가능하지 않다는 견해가 대립될 여지가 있다. 판례는 피고인이 고소한 피의사건에 대하여 고소인 자격으로 피고소인과 대질조사를 받고 나서 조서에 무인하기를 거부하자 수사검사가 무고혐의가 인정된다면서 무고죄로 인지하여 조사를 하겠다고 하자, 이에 피고인이 조사를 받지 않겠다고 하면서 가방을 들고 일어나 집으로 돌아가려고 하자 검사는 범죄사실의 요지, 체포의 이유와 변호인 선임권, 변명할 기회를 준 후에 피고인을 긴급체포한 것은 정당하다고 하면서,[142] 한편으로 참고인조사를 받는 줄 알고 검찰청에 자진출석한 참고인(변호사사무실 사무장)에 대하여 피의자신문을 행하려는 수사기관의 기도를 참고인이 거부하고 바로 퇴거하려고 시도하자 수사기관이 긴급체포하면서 이를 실력으로 제지하자 참고인이 저항(검사에게 상해)한 사건에서는 긴급체포의 위법을 인정하고 있다.[143] 생각건대 조사를 받기 위하여 수사관서에 자진

141) 대판 2003.4.8., 2003다6668. 즉 체포영장 발부에 소용되는 시간성 외에 도망할 염려라는 체포의 필요성까지 고려하여 체포당시의 상황을 기초로 이를 판단해야 한다(대판 2002.6.11, 2000도5701). 그리고 요건충족에 관한 수사주체의 판단에는 상당한 재량이 있어서 그 판단이 경험칙에 비추어 현저히 합리성을 잃은 경우가 아니라면 위법한 체포라고 할 수 없다(대판 2006.9.8, 2006도148).

142) 대법원 1998.7.6, 98도785. 98도785. 피의자는 임의출석의 형식에 의하여 수사기관에 자진출석한 후 조사를 받았고 그 과정에서 피의자가 장기 3년 이상의 범죄를 범하였다고 볼 상당한 이유가 드러나고, 수사기관이 영장을 청구할 경우에는 피의자가 도주하거나 증거를 인멸할 우려가 생긴다고 객관적으로 판단되는 경우에는 자진출석한 피의자에 대해서도 긴급체포가 가능하다고 한다.

143) 대법원 2006.9.8, 2006도148. 참고인조사를 받는 줄 알고 검찰청에 자진출석한 참고인(변호사사무실 사무장)에 대하여 피의자신문을 행하려는 수사기관의 기도를 참고인이 거부하고 바로 퇴거하려고 시도하자 수사기관이 합리적 근거 없이 긴급체포하면서 이를

출석한 피의자에 대해서는 어느 정도 혐의가 밝혀지는 가운데 그를 귀가시켜서는 도주 또는 증거인멸의 우려가 있는 등의 상기요건이 충족되는 경우에는 긴급체포가 허용될 수 있다고 해야 한다. 따라서 상기한 [설문 (17)]에서 소환에 응한 피의자 甲을 긴급체포하기 위해서는 구체적인 사정을 기초로 하여 피의자가 출석하게 된 경위, 출석횟수, 출석불응사실, 조사기간, 수사상황 등을 고려하여 신중하게 판단하여야 한다(대판 1998.7.6, 98도785). 참고로, 변호인에 대한 피의자신문에의 참여거절에 대해서는 변호인의 권한과 관련하여 전술하였기 때문에 여기서는 생략하기로 한다.

관련판례 ① 피고인이 필로폰을 투약한다는 제보를 받은 경찰관이 제보된 주거지에 피고인이 살고 있는지 등 제보의 정확성을 사전에 확인한 후에 제보자를 불러 조사하기 위하여 피고인의 주거지를 방문하였다가, 현관에서 담배를 피우고 있는 피고인을 발견하고 사진을 찍어 제보자에게 전송하여 사진에 있는 사람이 제보한 대상자가 맞다는 확인을 한 후, 가지고 있던 피고인의 전화번호로 전화를 하여 차량 접촉사고가 났으니 나오라고 하였으나 나오지 않고, 또한 경찰관임을 밝히고 만나자고 하는데도 현재 집에 있지 않다는 취지로 거짓말을 하자 피고인의 집 문을 강제로 열고 들어가 피고인을 긴급체포한 사안에서, 피고인이 마약에 관한 죄를 범하였다고 의심할 만한 상당한 이유가 있었더라도, 경찰관이 이미 피고인의 신원과 주거지 및 전화번호 등을 모두 파악하고 있었고, 당시 마약 투약의 범죄 증거가 급속하게 소멸될 상황도 아니었던 점 등의 사정을 감안하면, 긴급체포가 미리 체포영장을 받을 시간적 여유가 없었던 경우에 해당하지 않아 위법하다(대법원 2016.10.13. 선고, 2016도5814 판결).

---

(3) 집행절차

1) 집행방법 검사 또는 사법경찰관[144]은 피의자에게 긴급체포의 사유를 알리고 영장 없이 피의자를 체포할 수 있다(제200조의3 제1항). 검사 또는 사법경찰관은

실력으로 제지하였고, 이에 참고인이 저항(검사에게 상해)한 사건이었다. 긴급체포의 위법을 인정하여 ―정당방위 인정함―〈참고〉 위증 및 그 교사에 혐의에 대해 조사를 시작하기 전에 귀가를 요구한 것이므로 범행을 범하였다고 의심할 만한 상당한 이유가 있었다고 볼 수 없으며, 혐의사실에 대한 조사가 이루어지기 전에 퇴거를 요구하면서 검사의 제지에도 불구하고 퇴거하였다고 하여 도망우려나 증거인멸의 우려가 있다고 보기도 어렵다. 결국 그 당시 상황으로도 요건을 갖추지 못한 것으로 검사의 판단이 현저히 합리성을 잃었다고 할 것이다.

144) 긴급체포는 예외적 강제처분이므로 그 주체를 엄격히 제한할 필요가 있으며, 사법경찰리는 수사보조자에 불과하므로 독자적인 긴급체포권을 부정함이 타당하다는 입장으로는 신동운, 172면; 임동규, 177면; 정웅석/백승민, 521면.

피의자를 체포하는 경우에는 피의사실의 요지, 체포의 이유와 변호인을 선임할 수 있음을 말하고 변명할 기회를 주어야 한다(제200조의5).[145] 고지는 원칙적으로 체포 이전에 미리 하여야 하겠지만 상대방이 반항할 경우에는 체포 이후 곧바로 하면 된다(대판 2007.11.29, 2007도7961; 대판 2000.7.4, 99도4341). 또한 긴급체포대상자를 유치할 경우에는 변호인 있는 경우에는 변호인에게, 변호인 없는 경우에는 가족에게 지체 없이 통지하여야 한다(제200조의6, 제87조). 사법경찰관이 피의자를 긴급체포한 경우에는 사후에 즉시 검사의 승인을 얻어야 하며(제200조의3 제2항), 체포한 수사기관은 즉시 긴급체포서를 작성하여야 한다(제3항). 이 체포서에는 범죄사실의 요지, 긴급체포의 사유 등을 기재하여야 한다(제4항).

2) 체포시의 강제처분 피의자를 긴급체포하는 경우에는 영장 없이 타인의 주거에서 피의자를 수색하거나, 체포현장에서 압수 · 수색 · 검증할 수 있다(제216조 제1항), 그리고 이미 긴급체포된 피의자가 소유 · 소지 또는 보관하는 물건에 대하여 긴급히 압수할 필요가 있는 경우에는 체포한 때부터 24시간 이내에 한하여 영장 없이 압수 · 수색 또는 검증을 할 수 있다(제217조 제1항). 경찰관은 상당한 이유가 있으면 무기를 사용할 수도 있다(경찰관직무집행법 제10조의4).

(4) 체포후의 조치

1) 구속영장의 청구

(가) 지체 없는 구속영장의 청구 검사 또는 사법경찰관은 긴급체포한 자를 구속하고자 할 경우에 검사는 실제로 체포된 시점부터 기산하여 지체 없이 구속영장을 직접 청구하여야 하고[146] 사법경찰은 검사에게 신청하여 검사가 청구토록 하여야 한다. 이 경우 구속영장청구시간은 피의자를 체포한 때부터 48시간을 초과할 수 없도록 규정하였다. 그리고 제200조의3 제3항에 따른 긴급체포서를 첨부하여야 한다(제200조의4 제1항). 청구에 대해서만 기간제한이 있으므로 청구 후 법관이 지체하여 48시간을 초과하더라도 수사기관의 긴급체포는 적법하게 된다. 긴급체포 후

---

145) 폭력으로 대항하는 피의자를 실력으로 제압하는 단계에 이르면, 경찰관들로서는 그 제압 과정 또는 그것이 여의치 않으면 제압한 후에 지체 없이 미란다 원칙을 고지하면 되는 것이다(대판 2007.11.29, 2007도7961).

146) 체포영장을 받지 않고 구속영장을 받으면 구속할 수 있도록 한 것에 대한 비판으로는 배종대/이상돈, 262면; 차용석/최용성, 213면; 박미숙, "국제인권기준과 현행형사절차," 한국형사정책연구원, 2000, 76면.

'지체 없이' 구속영장을 청구하여야 하기 때문에 피의자를 긴급체포한 다음 구속영장을 청구하지 아니하고 석방하는 긴급체포의 남용사례는 위법한 것으로 평가될 수 있다. 그리고 체포 후 영장청구 전에 추가조사가 가능한지에 대하여 논란의 여지가 있을 수 있다. 이에 대해서는 (i) 주요 선진국의 입법례가 '체포 중 조사'를 모두 허용하고 있으며, (ii) 영장청구시한을 현행과 같이 체포시점으로부터 48시간 이내로 유지하면서도 이에 덧붙여 검사로 하여금 구속영장 청구여부 결정을 '지체 없이' 하도록 촉구하는 것이고, (iii) 긴급체포된 피의자가 새로운 변명을 하는 때 그 진위를 확인하지 아니하고 구속영장을 청구하도록 하는 것은 오히려 인권 보호에 역행하고, (iv) 피의자가 해외도피를 기도하는 등 긴급한 상황에서는 일응 고소인이 제출한 소명자료를 근거로 피의자의 신병을 확보한 상태에서 추가 조사가 불가피하며, (v) 조사 도중 도망을 시도하는 피의자에 대하여 조사를 마치고 구속영장을 청구할 필요성이 있는 점 등을 고려하면 긴급체포 중 조사가 가능한 것으로 풀이된다.

개선 입법론

이론적으로는 긴급체포의 다음 단계로는 체포영장을 청구하게 하는 것이 타당하다(일본 형사소송법의 경우).[147] 그러나 이를 위해서는 사법경찰관에게 직접 체포영장청구권 정도는 부여하여야 실제로 가능한 것이다. 영장청구권을 검사가 독점하는 우리나라의 현행구조에서 사법 경찰에 의한 피의자 긴급체포 → 다른 관청에 위치한 검사에 대한 체포영장청구의 의뢰와 이에 따른 검사의 청구와 법관에 의한 발부 → 또 한 번 검사에 대한 구속영장청구의뢰와 그에 따른 검사에 의한 구속영장청구의 3단계 과정을 48시간 이내에 거치게 하는 것은 사법경찰관에게 너무 과도한 요구인 것으로 판단되기 때문이다.[148] 우리나라도 영미 국가와 같이 사법경찰의 영장 없는 피의자 체포 이후 신속히 법관에게 인치하여 사법심사를 받게 하는 제도의 도입이 요구된다. 이를 위해서는 사법경찰에게 단기의 체포영장청구권 정도를 부여하거나, 영장청구권을 검사에게 독점시키는 헌법규정 때문에 이것이 불가능하다면 영장청구를 전담할 검사를 법원에 파견 대기시키는 시스템의 도입이 요구된다.

(나) 기각결정에 따른 석방 수사기관은 구속영장을 청구하지 아니하거나 구속영장을 발부받지 못하면 즉시 긴급체포된 피의자를 석방하여야 한다(제200조의

147) 입법론으로서 이 점을 주장하는 이재상, 234면; 이은모(2011), 235면.
148) 이러한 점을 지적한 것으로는 안성수, "영미의 체포 · 구속제도에 비추어 본 우리 제도의 문제점과 보완방법," 구속제도와 영장항고(법문사, 2007), 171면.

4 제2항). 그리고 검사는 구속영장을 청구하지 아니하고 피의자를 석방한 경우에는 석방한 날부터 30일 이내에 서면으로 (i) 긴급체포 후 석방된 자의 인적사항, (ii) 긴급체포의 일시·장소와 긴급체포하게 된 구체적 이유, (iii) 석방의 일시·장소 및 사유, (iv) 긴급체포 및 석방한 검사 또는 사법경찰관의 성명의 사항을 법원에 통지하여야 한다. 이 경우 긴급체포서의 사본을 첨부하여야 한다(제4항). 긴급체포 후 석방된 자 또는 그 변호인·법정대리인·배우자·직계친족·형제자매는 통지서 및 관련 서류를 열람하거나 등사할 수 있다(제5항). 이를 통해 위법하게 긴급체포된 피의자는 피해변상 내지 수사기관에 대한 형사처벌을 요구할 수 있을 것이다. 사법경찰관은 긴급체포한 피의자에 대하여 구속영장을 신청하지 아니하고 석방한 경우에는 즉시 검사에게 보고하여야 한다(제6항). 비록 긴급체포된 자가 석방되었지만 긴급체포 자체의 남용에 대한 사법적 통제가 이를 통해 가능하다.

2) 재긴급체포의 제한 긴급체포한 후 구속영장을 청구하지 아니하거나 발부받지 못하여 피의자를 석방한 경우(제200조의4 제2항), 이에 의하여 석방된 자는 영장 없이는 동일한 범죄사실에 관하여 재차 체포하지 못한다(제3항). 여기서 재차 체포가 금지된 것은 긴급체포일 뿐이고, 체포영장의 발부를 받아 행하는 재차 체포는 허용된다. 그리고 위와 같이 석방된 피의자라도 법원으로부터 구속영장을 발부받아 구속할 수는 있다(대판 2001.9.28, 2001도4291).

(5) 기타 문제점

1) 체포적부심의 청구권자 종래의 형사소송법은 체포적부심의 청구권자를 체포영장에 의하여 체포된 피의자로 규정하여 긴급체포를 당한 피의자가 체포적부심을 청구할 수 있는가에 대해서 견해대립이 있었다. 이에 대해 종래 판례는 헌법규정을 원용하여 긴급체포된 피의자의 적부심청구권을 긍정하였다(대결 1997.8.27, 97모21). 그러나 2008년 1월 1일 시행의 개정 형사소송법은 긴급체포된 자도 적부심청구권자로 아예 입법화하여 이 문제를 원천적으로 해결하였다.

2) 보석석방의 가능성? 형사소송법에 따르면 법원은 '구속'된 피의자(심사청구후 공소제기된 자를 포함한다)에 대해서만 피의자의 출석을 보증할 만한 보증금의 납입을 조건으로 하여 결정으로 석방을 명할 수 있도록 규정하고 있다(제214조의2 제5항). 그리고 보석청구권자에 대해서는 헌법에 다른 규정도 없다. 따라서 (긴급)체포된 피의자에 대한 보석은 허용될 수 없다(대결 1997.8.27, 97모21의 태도이기도 함).[149]

(6) 검경 수사준칙상의 관련 규정

2021년 시행 검경 수사준칙 제27조(긴급체포)에 의하면, 사법경찰관은 법 제200조의3 제2항에 따라 긴급체포 후 12시간 내에 검사에게 긴급체포의 승인을 요청해야 한다. 다만, 제51조 제1항 제4호 가목 또는 제52조 제1항 제3호에 따라 수사중지 결정 또는 기소중지 결정이 된 피의자를 소속 경찰관서가 위치하는 특별시·광역시·특별자치시·도 또는 특별자치도 외의 지역이나 「연안관리법」 제2조 제2호 나목의 바다에서 긴급체포한 경우에는 긴급체포 후 24시간 이내에 긴급체포의 승인을 요청해야 한다(제1항). 제1항에 따라 긴급체포의 승인을 요청할 때에는 범죄사실의 요지, 긴급체포의 일시·장소, 긴급체포의 사유, 체포를 계속해야 하는 사유 등을 적은 긴급체포 승인요청서로 요청해야 한다. 다만, 긴급한 경우에는 「형사사법절차 전자화 촉진법」 제2조 제4호에 따른 형사사법정보시스템 또는 팩스를 이용하여 긴급체포의 승인을 요청할 수 있다(제2항). 검사는 사법경찰관의 긴급체포 승인요청이 이유 있다고 인정하는 경우에는 지체없이 긴급체포 승인서를 사법경찰관에게 송부해야 한다(제3항). 검사는 사법경찰관의 긴급체포 승인요청이 이유 없다고 인정하는 경우에는 지체 없이 사법경찰관에게 불승인 통보를 해야 한다. 이 경우 사법경찰관은 긴급체포된 피의자를 즉시 석방하고 그 석방 일시와 사유 등을 검사에게 통보해야 한다(제4항).

4. 현행범인의 체포

(1) 의 의

현행범인은 고유한 의미의 현행범인과 준현행범인으로 나누어진다. 고유한 의미의 현행범인이란 범죄를 실행하고 있거나 실행하고 난 직후인 사람을 말한다(제211조 제1항). 따라서 고유한 의미의 현행범인은 범인의 종류를 의미하는 것이 아니라 실행행위와 시간적·장소적 접착성이 인정되는 범인을 말하는 데 지나지 않는다. 준현행범인은 현행범인은 아니지만 현행범인으로 간주되는 자를 말한다(제211조 제2항).

1) 고유한 의미의 현행범인의 요소　범죄를 실행하고 있다는 것은 범죄의 실행에 착수하여 종료하지 못한 상태를 말한다. 예비·음모가 처벌되면 예비·음모가

149) 반대하는 견해로는 신동운, 197면; 신양균, 139면.

실행행위로 된다. 교사 · 방조범에 대해서는 교사 · 방조행위가 실행행위라고 보는 설[150]과 정범의 실행행위가 개시된 때로 보는 설(다수설)이 대립한다. 생각건대, 정범이 미수 · 기수에 도달한 경우에는 공범종속성이론에 따라서 후설이 타당하겠지만, 정범이 실행착수에 이르지 못한 교사의 미수(형법 제31조 제2항, 제3항)에서는 교사행위가 실행행위가 된다. 그리고 간접정범의 경우는 이용자의 이용행위 또는 피이용자의 실행행위를 기준으로 각자 범행 직후의 여부를 판단하려는 견해 대립이 있지만, 실행착수시점에 관한 견해(이용행위를 실행행위로 보는 것이 다수설임)와 범죄유형에 따라서 달리 결정되어야 할 것이다. 따라서 예비 음모가 처벌되는 범죄와 이용행위를 실행행위로 보는 다수설에 의하면 미수범의 처벌규정이 있는 범죄에서도 이미 이용행위시에 현행범인이 인정될 수 있을 것이다.

실행하고 난 직후란 실행행위와 시간적(장소적) 접착성이 인정되는 경우를 말한다. 결과발생의 유무, 전체적 실행행위의 종료는 요구되지 않는다. 그리고 시간적으로나 장소적으로 보아 체포를 당하는 자가 방금 범죄를 실행한 범인이라는 점에 관한 죄증이 명백히 존재하는 것으로 인정되는 경우에만 현행범인으로 볼 수 있다. 판례에 의하면 교통사고가 발생한 지점과 피고인이 체포된 지점이 거리상으로 약 1㎞ 떨어져 있고 시간상으로도 10분 정도의 차이가 있으며, 경찰관들이 피고인의 차량을 사고현장에서부터 추적하여 따라간 것도 아니고 순찰 중 경찰서로부터 무전연락을 받고 도주차량 용의자를 수색하다가 그 용의자로 보이는 피고인을 발견하고 검문을 하게 된 경우라면 상기한 고유한 현행범인으로 보기 어렵고(대판 2000.7.4, 99도4341),[151] 교사가 교장실에 들어가 불과 약 5분 동안 식칼을 휘두르며 교장을 협박하는 등의 소란을 피운 후 40여분 정도가 지나 경찰관들이 출동하여 교장실이 아닌 서무실에서 그를 연행하려 하는 상황이었다면 그를 '범죄의 실행의 즉후인 자'로서 고유한 현행범인이라고 단정하기는 어렵다(대판 1991.9.24, 91도1314).[152]

2) **준현행범인의 요소** 준현행범인으로서 체포하려면 대상자가 (i) 범인으로 불리며 추적되고 있는 때, (ii) 장물이나 범죄에 사용되었다고 인정하기에 충분한 흉기나 그 밖의 물건을 소지하고 있는 때, (iii) 신체나 의복류에 증거가 될 만한 뚜렷한

150) 김기두, 210면.

151) 이에 대한 평석으로는 심희기, "준현행범과 수사기관의 체포시 피체포자의 권리사항고지의무 해태의 효과," 고시연구 32권 3호(372호), 2005.3, 184-191면.

152) 이에 대한 평석으로는 유원규, "현행범인인 '범죄의 실행의 즉후인 자'의 범위," 대법원 판례해설 17호(92년 상반기), 법원도서관, 1992.12, 883-893면.

흔적이 있을 때 또는 (iv) 누구냐고 묻자 도망하려고 할 때에 있어야 한다. 이 규정에 따르면, 순찰중이던 경찰관이 교통사고를 낸 차량이 도주하였다는 무전연락을 받고 주변을 수색하다가 범퍼 등의 파손상태로 보아 사고차량으로 인정되는 차량에서 내리는 사람을 발견한 경우, 형사소송법 제211조 제2항 제2호 소정의 '장물이나 범죄에 사용되었다고 인정함에 충분한 흉기 기타의 물건을 소지하고 있는 때'에 해당하므로 준현행범으로서 영장 없이 체포할 수 있다(대판 2000.7.4, 99도4341). 그리고 이 규정 중에서 누구임을 물음에 대하여 도망하려 하는 때는 최대한 엄격하게 해석하여야 한다. 왜냐하면 이것은 범행과의 시간적 접착성이 극히 약한 경우이기 때문이다. 입법론으로서는 준현행범인의 경우에도 죄의 실행을 종료한 직후라고 명백히 인정되는 경우를 추가 요건으로 설정되어야 할 것이다.

(2) 현행범체포의 요건

1) **범죄의 명백성** 현행범인으로 체포하려면 체포 당시 특정범죄의 범인임이 명백하여야 한다. 비록 구성요건에 해당하더라도 위법성조각사유 또는 책임조각사유가 있는 경우에는 현행범인으로 체포할 수 없다. 친고죄와 반의사불벌죄의 경우에는 범행현장에서 피해자가 처벌을 원하지 않는 의사표시를 분명히 하는 경우를 제외하고는 현행범체포가 가능하다.

2) **체포사유(체포의 필요성)** 현행범인의 체포에 명문규정에는 없는 구속사유가 존재하여야 하는가에 대해서 견해대립이 있다. 즉, 현행범체포에 영장주의의 예외를 인정한 것은 사안의 긴급성 때문이지 구속사유의 확장을 위한 것이 아니므로 구속사유가 필요하다는 **적극설**,[153] 현행범체포는 영장에 의한 체포의 예외적인 경우이고 영장에 의한 체포의 경우에도 구속사유가 존재할 필요가 없으므로 현행범체포에도 요구되지 않는다는 **소극설**,[154] 도망의 우려 또는 신분불명확은 현행범체포의 요건이 되지만 증거인멸의 우려는 요건이 될 수 없다는 **절충설**[155]의 대립이 있다. 대법원은 "현행범인으로 체포하기 위하여는 행위의 가벌성, 범죄의 현행성 · 시간적 접착성, 범인 · 범죄의 명백성 이외에 체포의 필요성 즉, 도망 또는 증거인멸의 염려가 있어야 하고, 이러한 요건을 갖추지 못한 현행범인 체포는 법적 근거에 의하

153) 백형구, 113면; 신양균, 155면; 이영란, 289면.
154) 신동운, 152면; 이재상, 238면; 임동규, 181면.
155) 배종대/이상돈/정승환/이주원, 135면.

지 아니한 영장 없는 체포로서 위법한 체포에 해당한다"고 판시하여[156] 적극설의 입장이다. 생각건대, 체포는 수사확보를 위해 범죄자의 행동자유를 일시적으로 박탈하는 것이기 때문에 구속과는 구별하여야 할 것이지만 신원이 확실하고 도주 및 증거인멸의 우려가 명백히 없는 경우에는 현행범체포도 할 수 없다는 소극적 요건으로는 요구되어야 한다.

3) 비례성의 원칙: 경미범죄의 경우 비례성의 원칙은 현행범체포에도 적용되어야 한다. 형사소송법이 다액 50만원 이하의 벌금, 구류 또는 과료에 해당하는 경미사건의 현행범인인 경우에는 주거가 불분명한 경우에만 체포가 가능하도록 규정한 것은(제214조), 바로 비례성의 원칙을 표현한 것으로 볼 수 있다. 다만 여기의 주거불명에는 해석상 신원불명(신원확인거부)도 포함되어야 한다. 이를 포함하지 않으면 경미범죄의 현행범인이 경찰의 신원확인을 거부하더라도 경찰은 그를 현행범으로 체포할 수 없는 부당함이 발생할 것이기 때문이다(따라서 입법론으로서 신원불명을 제214조에 포함하는 법 개정이 필요함).

(3) 체포절차

1) 체포의 주체 현행범인은 누구든지 영장 없이 체포할 수 있다(제212조). 따라서 수사기관은 물론이고 사인도 현행범인을 체포할 수 있다. 그러나 사인은 체포의 의무는 없다.

2) 집 행 사인의 경우는 체포에 있어서 절차상 특별히 요구되는 것이 없으나, 검사 또는 사법경찰관이 피의자를 체포하는 경우에는 피의사실의 요지, 체포의 이유와 변호인을 선임할 수 있음을 말하고 변명할 기회를 주어야 한다(제200조의5). 이와 같은 고지는 체포를 위한 실력행사에 들어가기 이전에 미리 하여야 하는 것이 원칙이나, 달아나는 피의자를 쫓아가 붙들거나 폭력으로 대항하는 피의자를 실력으로 제압하는 경우에는 붙들거나 제압하는 과정에서 하거나, 그것이 여의치 않은 경우에라도 일단 붙들거나 제압한 후에는 지체 없이 행하여야 한다(대판 2000.7.4, 99도4341). 따라서 경찰이 집회 참가자에 대한 현행범 체포에 나서 그 중 피고인이 체포되어 바로 호송버스에 탑승하게 되면서 다른 경찰관으로부터 피의사실의 요지 및 현행범인 체포의 이유와 변호인을 선임할 수 있음을 고지받고 변명의 기회를 제공받았다면, 형사소송법 제200조의5에 규정된 고지가 이루어졌다고 볼 수 있지만(대판

---

156) 대판 1999.1.26, 98도3029; 대판 2011.5.26, 2011도3682.

2012.2.9, 2011도7193), 전투경찰대원들이 조합원들을 체포하는 과정에서 체포의 이유 등을 제대로 고지 않고 있다가 30~40분이 지난 후 피고인 등의 항의를 받고 나서야 비로소 체포의 이유 등을 고지한 것은 현행범인 체포의 적법한 절차를 준수한 것이 아니므로 적법한 공무집행이라고 볼 수 없다고 한다(대판 2017.3.15, 2013도2168).

현행범인을 체포하는 경우에 현행범인의 저항을 받는 때에는 사회통념상 체포를 위하여 필요하고 상당하다고 인정되는 범위에서 적절한 강제력을 행사할 수 있다. 검사 또는 사법경찰관리 아닌 자가 현행범인을 체포한 때에는 즉시 검사 또는 사법경찰관리에게 인도하여야 한다(제213조 제1항). 사인이 현행범인을 체포한 때에는 즉시 검사 또는 사법경찰관에게 인도하여야 하므로(제213조 제1항), 체포후 임의석방은 체포권 남용의 위험 때문에 허용되지 않는다. 여기서 '즉시'의 의미는 반드시 체포시점과 시간적으로 밀착된 시점이어야 하는 것은 아니고, '정당한 이유 없이 인도를 지연하거나 체포를 계속하는 등으로 불필요한 지체를 함이 없이'라는 뜻이다.[157] 사법경찰관리가 현행범인의 인도를 받은 때에는 체포자의 성명, 주거, 체포의 사유를 물어야 하고 필요한 때에는 체포자에 대하여 경찰관서에 동행함을 요구할 수 있다(제2항).

3) 수반하는 강제처분　　검사 또는 사법경찰관이 현행범인을 체포하는 경우에 필요한 때에는 영장 없이 타인의 주거에 들어가 피의자를 수색할 수 있고, 체포현장에서 압수, 수색, 검증을 할 수 있다(제216조). 그러나 이것은 단지 수사기관에게만 허용되고 사인에게는 허용되지 않는다.

(4) 체포후의 절차

현행범인을 체포하여 수사한 이후에 계속 강제수사를 할 필요성이 있으면 영장체포 또는 긴급체포에서와 마찬가지로 구속영장발부의 절차를 거쳐야 하고(제213조의2, 제200조의2 제5항), 그렇지 않은 경우에는 석방하여 불구속수사를 하여야 한다. 즉, 검사 또는 사법경찰관은 체포한 피의자를 구속하고자 할 때에는 체포한 때부터 48시간 이내에 구속영장을 청구하여야 하고, 그 기간 이내에 구속영장을 청구하지 아니하는 때에는 피의자를 즉시 석방하여야 한다(제200조의2 제5항).

문제는 피의자를 구속하고자 할 때 체포한 때부터 48시간 이내에 구속영장을 청구하여야 하는데, 언제부터 구속기간을 기산하여야 하는가에 있다. 검사 등이 아닌 이에 의하여 현행범인으로 체포된 후 불필요한 지체 없이 검사 등에게 인도된 경

157) 대판 2011.12.22, 2011도12927.

우에 48시간의 기산점은 체포시가 아니라 검사 등이 현행범인을 인도받은 때라고 할 것이다(대판 2011.12.22, 2011도12927. 군인이 소말리아 해적을 제압하여 우리나라로 이송한 경우이었음). 체포 후 구속영장에 의해 피의자가 구속된 경우에 그 체포기간은 체포한 날로부터 기산되어 구속기간에 산입된다(제203조의2).

여기서 법관이 검사의 청구에 의하여 체포된 피의자의 구금을 위한 구속영장을 발부하면 검사와 사법경찰관리는 지체 없이 신속하게 구속영장을 집행하여야 한다. 피의자에 대한 구속영장의 제시와 집행이 그 발부 시로부터 정당한 사유 없이 시간이 지체되어 이루어졌다면, 구속영장이 그 유효기간 내에 집행되었다고 하더라도 위 기간 동안의 체포 내지 구금 상태는 위법하다(대법원 2021. 4. 29. 선고 2020도16438 판결).

(5) 검경 수사준칙상의 관련 규정

2021년 시행 검경 수사준칙에 제28조(현행범인 조사 및 석방)에 의하면, 검사 또는 사법경찰관은 법 제212조 또는 제213조에 따라 현행범인을 체포하거나 체포된 현행범인을 인수했을 때에는 조사가 현저히 곤란하다고 인정되는 경우가 아니면 지체 없이 조사해야 하며, 조사 결과 계속 구금할 필요가 없다고 인정할 때에는 현행범인을 즉시 석방해야 한다(제1항). 검사 또는 사법경찰관은 제1항에 따라 현행범인을 석방했을 때에는 석방 일시와 사유 등을 적은 피의자 석방서를 작성해 사건기록에 편철한다. 이 경우 사법경찰관은 석방 후 지체 없이 검사에게 석방 사실을 통보해야 한다(제2항).

Ⅲ. 피의자(피고인)의 구속제도

1. 의 의

(1) 구속의 개념

형사소송법은 수사단계의 피의자와 공판단계의 피고인 모두에 대해 구속제도를 규정하고 있다. 우리나라에서 구속이란 공소제기 이후에는 법원이 피고인에 대하여, 공소제기 전의 수사단계에서는 수사기관이 피의자에 대하여 그의 신체의 자유를 비교적 장기간 제한하는 대인적 강제처분을 말한다. 구속에는 구인과 구금이 포함된다(제69조).

구인(Vorführung)은 피고인 또는 피의자를 법원 기타의 장소에 인치하는 강제처분을 말한다. 피의자의 경우 법관은 구속 전 피의자신문을 위하여 체포되지 아니한 피의자를 구인할 수 있다(제201조의2 제3항). 구인은 소환에 불응하는 자를 대상으로 하므로 수사기관이 피의자신문을 위해 그를 구인할 필요는 없다. 왜냐하면 소환에 불응하는 피의자에 대해서는 영장에 의한 체포제도가 도입되었기 때문이다. 구인한 피고인을 법원에 인치한 경우에 구금할 필요가 없다고 인정한 때에는 그 인치한 때로부터 24시간 내에 석방하여야 한다(제71조). 법원은 인치받은 피고인을 유치할 필요가 있는 때에는 교도소 · 구치소 또는 경찰서 유치장에 유치할 수 있다. 이 경우 유치기간은 인치한 때부터 24시간을 초과할 수 없다(제71조의2). 구인장이 집행된 피고인이 심야에 법원에 인치된 경우, 또는 구속전 피의자심문을 위하여 피의자를 구인하였으나 사안이 복잡하여 영장발부를 결정하기까지 시간이 필요한 경우에 피의자 또는 피고인을 유치할 만한 시설과 이들을 감시할 인원이 없는 법원으로서는 법원 이외의 장소에 유치하는 것이 불가피하기 때문에 형사소송법에 규정된 것이다.

구금은 피고인 또는 피의자를 교도소 또는 구치소에 구금하는 강제처분을 말한다. 보통 구속이라고 할 때에는 구금을 의미한다.

(2) 구속제도의 의미

피고인 또는 피의자는 법원에 의한 유죄의 확정판결이 있기 이전에는 무죄자로 추정을 받는다(헌법 제27조 제4항). 이러한 무죄추정의 원칙에 따라서 수사와 재판에는 임의수사 · 재판(불구속수사 재판)이 원칙으로 확립되어 있다(제198조 제1항). 따라서 국가기관은 모든 피고인이나 피의자를 구속할 수 있는 것은 아니고, 형사소송의 목적을 달성하기 위하여 불가피한 경우에만 피고인 또는 피의자에 한하여 구속할 수 있을 뿐이다. 특히 구속은 사전형벌 또는 피고인 · 피의자의 단순한 조사수단으로 이용되어서는 안 된다.[158] 구속은 피고인 또는 피의자의 신체자유를 다소 장기간 제한하여 형사소송절차에서 요구되는 그의 출석을 확보하고, 증거인멸에 의한 수사와 심리의 방해를 제거하여서 종국적으로 확정된 형벌의 집행을 실현하기 위한 제도일 뿐이다.

---

158) 구속이 예방구금의 성질을 갖는 것은 구속의 본질에 반한다는 주장으로는 이재상, 240면.

2. 요 건

형사소송법에 따른 구속의 요건은 피고인이나 피의자가 죄를 범하였다고 의심할 만한 상당한 이유가 있고 제70조 제1항이 규정하는 구속사유가 있을 때에 충족된다(제201조 제1항, 제70조). 그리고 구속에도 당연히 비례성의 원칙이 적용되어야 한다.

(1) 범죄의 혐의

피고인이나 피의자가 죄를 범하였다고 의심할 만한 상당한 이유가 있어야 그를 구속할 수 있다(제201조 제1항 본문, 제70조 제1항). 수사의 개시는 주관적 범죄혐의로 족하다. 그러나 다소 장기의 강제처분에 해당하는 구속은 유죄판결에 대한 고도의 개연성이 인정되는 현저한 범죄혐의(dringender Tatverdacht)가 있어야 한다. 따라서 범죄성립을 조각하는 사유가 있거나 소송조건이 구비될 수 없는 것이 명백한 경우에는 구속할 수 없다. 다만 심신상실의 책임조각사유가 있는 경우에는 치료감호사건으로 이행될 수 있으므로 검사가 관할법원으로부터 치료감호영장을 발부받아 보호구속할 수 있다(치료감호법 제6조).

(2) 구속 사유

현행법은 구속사유로 (i) 주거 부정, (ii) 증거 인멸의 염려, (iii) 도망하거나 도망할 염려를 규정하고 있다(제70조 제1항).

1) 도망 또는 도망할 우려　　이것은 피고인 또는 피의자가 형사소송에 출석할 것을 확보하기 위한 구속사유에 해당한다. 구속의 필요성은 피의자(피고인)가 실제로 도망(Flucht)한 경우는 물론이고 도망할 우려(Fluchtgefahr)가 있는 경우에도 인정된다. 이 경우 주거유무, 보호자 유무 또는 선고될 형량 등은 도망할 염려를 판단하는 데 중요한 자료가 된다.[159] 그리고 도망할 염려는 장소적으로 잠적하는 경우만을 의미하는 것이 아니라 약물복용 등으로 심신상실의 상태를 초래하는 것도 포함된다. 단순히 자살의 위험이 있다는 사실만으로는 도망의 위험이 있다고 할 수 없다.

2) 주거부정　　형사소송법은 이 요건을 독립한 구속사유로 규정하고 있

---

159) 따라서 중형이 선고될 것이 기대되는 때에는 그 사유만으로도 도망할 염려를 인정할 수 있지만, 경제적 지위나 직장 또는 가족관계 등에 비추어 예외적으로 도망할 염려가 부정될 수도 있다.

다. 그러나 이 요건은 도망의 위험을 인정할 수 있는 중요한 판단자료가 될 뿐이다. 따라서 주거부정을 독립된 구속사유로 규정한 것은 타당하지 않다.[160] 이 요건의 특별한 의미는 오히려 다액 50만원 이하의 벌금, 구류 또는 과료에 해당하는 경미범죄의 경우에는 아무리 도주 또는 증거인멸의 우려가 있더라도 이 요건이 갖추어지지 않으면 구속할 수 없다는 데에 있다(제70조 제3항, 제201조 제1항 단서).

3) 증거인멸의 위험　　증거인멸의 위험(Verdunkelungsgefahr)이란 피고인·피의자를 구속하지 않으면 물적 증거방법을 멸실·훼손하거나 인적 증거방법으로 하여금 허위의 진술을 하게 하여 실체적 진실발견을 곤란하게 할 구체적 위험을 말한다. 그러나 단순히 피의자·피고인이 범죄사실을 다투거나, 진술거부권을 행사하거나 자백을 거부한다는 이유만으로 증거인멸의 위험이 인정될 수는 없다.[161]

4) 비례성의 원칙　　국가기관에 의한 강제처분인 구속에는 당연히 비례성의 원칙이 적용되어야 한다. 따라서 구속은 필요한 경우에만, 기대되는 형벌과 사건의 의미에 비추어 최소한의 범위에서 절대로 과잉함이 없이 이루어져야 한다. 따라서 경미한 사건은 주거가 없는 경우에 한하여 구속이 가능하고(제70조 제3항, 제201조 제1항 단서), 집행유예의 판결이 예상되는 사건은 구속이 허용되지 아니하며, 소년에 대한 구속영장은 부득이한 경우가 아니면 발부하지 못한다(소년법 제55조 제1항). 그리고 보석이나 구속의 집행정지에 의하여도 구속의 목적을 달성할 수 있음에도 불구하고 구속을 계속하는 것은 비례성의 원칙에 반할 수 있다.

5) 구속사유 심사시 고려사항　　법원은 구속사유를 심사함에 있어서 범죄의 중대성, 재범의 위험성, 피해자 및 중요 참고인 등에 대한 위해우려 등을 고려하여야 한다(제70조 제2항). 개정 형사소송법이 수사·재판에서 구속사유를 판단할 때 사안의 중대성이나 재범의 위험성 등을 고려해 오던 실무관행을 형사소송법에 반영한 것이다. 개정법에 규정된 구속 심사의 고려사항은 독립된 구속사유에 해당하지는 않는다. 그러나 입법취지 및 경과, 외국 입법례 등을 고려할 때 중대 범죄를 저지른

160) 이재상, 243면.
161) 진술거부의 사실을 근거로 구속사유인 증거인멸의 염려가 있는가를 판단하는 것은 별개의 문제라고 하는 입장(이재상, 119면)도 결국 부정한 방법이 아니라는 이유를 들어 증거인멸의 위험을 인정할 자료가 되지 않는다고 한다(이재상, 244면).

자에게는 높은 처단형이 예상되는 만큼 주로 구속사유 중 '도주의 우려'를 판단할 때 적극적인 요소로 고려될 수 있을 것이고, 재범의 위험성이 높은 자에 대해서는 높은 처단형이 예상되므로 주로 구속사유 중 '도주의 우려'를 판단할 때 적극적인 요소로 고려될 수 있을 것이며, '피해자 · 중요 참고인 등에 대한 위해우려'는 주로 구속사유 중 '증거인멸 우려'를 판단하는 주요 기준으로 기능할 것이다.

3. 구속의 절차

구속은 공소제기 전 수사단계의 피의자에 대한 구속과 공소제기 이후의 피고인에 대한 구속으로 나누어진다. 사전 영장주의가 적용되는 점에서는 양 경우가 동일하다. 그리고 수사절차상 피의자 구속을 위해 발부되는 구속영장은 검사의 청구에 대한 판사의 허가장으로서의 법적 성질을 가지고 있는 데 비하여, 공소 제기 이후의 피고인 구속영장은 명령장으로서의 법적 성질을 가진다. 그리고 피고인 구속의 경우는 법원이 유죄판결을 선고하면서 현장에서 피고인을 법정 구속시키는 경우도 있다. 피의자 구속과 피고인 구속의 구체적 절차사항에 대해서 아래에서 나누어 살펴보기로 한다.

IV. 수사절차에서의 피의자구속

1. 영장의 청구

피의자에 대한 구속은 검사의 청구에 의하여 법관이 발부한 사전영장에 의해서만 이루어진다(제201조 제1항). 청구권자는 검사에 한하므로 사법경찰관은 검사에게 그 청구를 신청할 수 있을 뿐이다. 구속영장의 청구는 서면에 의하여야 하고, 이 경우 검사는 구속의 필요를 인정할 수 있는 자료를 제출하여야 한다(제2항). 반면에 피의자도 유리한 자료를 제출할 수 있다. 검사가 구속영장의 청구를 함에 있어서 동일한 범죄사실에 관하여 그 피의자에 대하여 전에 구속영장을 청구하거나 발부받은 사실이 있을 때에는 다시 구속영장을 청구하는 취지 및 이유를 기재하여야 한다(제5항).

2. 구속전 피의자심문

(1) 구속영장실질심사제도의 도입

구속의 신중을 도모하기 위하여 판사가 피의자를 대면하여 심문하고 구속사유를 판단한 이후에 구속영장을 발부할 수 있다. 이를 구속전 피의자심문제도 내지 이른바 영장실질심사제도라고 한다. 이 제도는 종래 형식적 서류심사만으로 구속영장을 발부함으로써 구속이 남발되었던 것을 막으려는 취지에서 도입되었다.

(2) 체포피의자에 대한 필요적 심문제도

형사소송법은 피의자의 법관대면권 보장이라는 국제인권규약을 실천하기 위하여 피의자의 의사 또는 법원의 재량과 무관하게 필요적으로 구속전피의자심문을 실시하도록 하는 제도를 도입하였다.[162] 즉, 영장체포(제200조의2), 긴급체포(제200조의3) 또는 현행범체포(제212조)에 따라 체포된 피의자에 대하여 구속영장을 청구 받은 판사는 지체 없이 피의자를 심문하여야 한다. 이 경우 특별한 사정이 없는 한 구속영장이 청구된 날의 다음 날까지 심문하여야 한다(제201조의2 제1항).

(3) 피의자구인제도

체포절차를 거치지 않은 피의자에 대하여 구속영장을 청구받은 판사는 피의자가 죄를 범하였다고 의심할 만한 이유가 있는 경우에 구인을 위한 구속영장을 발부하여 피의자를 구인한 후 심문하여야 한다. 다만, 피의자가 도망하는 등의 사유로 심문할 수 없는 경우에는 그러하지 아니하다(제2항). 구인기간은 인치한 때로부터 24시간 이내이고(제71조), 구인후 유치를 할 수 있으며(제71조의2), 기타 피고인구속의 집행에 관한 규정이 다수 준용된다(제201조의2 제10항).

(4) 심문절차

(가) 통지, 출석, 의견진술 판사는 체포피의자의 경우에는 즉시, 구인피의자의 경우에는 피의자를 인치한 후 즉시 검사, 피의자 및 변호인에게 심문기일과 장소를 통지하여야 한다. 이 경우 검사는 피의자가 체포되어 있는 때에는 심문기일에 피의자를 출석시켜야 한다(제3항). 검사와 변호인은 심문기일에 출석하여 의견을 진

---

162) 그동안 구속전 피의자심문제도를 필요적 제도로 개정되어야 한다는 계속된 비판을 제기한 글로는 송광섭, 구속영장실질심사제도의 문제점과 개선방향, 형사정책 제10호, 1998, 59면; 이태종, "형사사법절차에서의 영장실질심사제도," 형사재판의 제 문제 제2권, 1998, 352면; 황정근, "구속영장실질심사제도의 개선방안," 형사정책연구 제32호, 1997, 24면.

술할 수 있다(제4항). 의견만 진술할 수 있기 때문에 피의자에 대한 심문은 할 수 없는 것으로 보아야 한다. 판사는 심문하는 때에는 공범의 분리심문이나 그 밖에 수사상의 비밀보호를 위하여 필요한 조치를 하여야 한다(제5항). 구인장이 집행된 피고인을 구속영장 발부 전까지 법원외 구금시설에 유치할 수 있는 근거 규정인 제71조의2가 준용된다(제10항).

(나) 국선변호 　　심문할 피의자에게 변호인이 없는 때에는 지방법원판사는 직권으로 변호인을 선정하여야 한다. 이 경우 변호인의 선정은 피의자에 대한 구속영장 청구가 기각되어 효력이 소멸한 경우를 제외하고는 제1심까지 효력이 있다(제8항). 법원은 변호인의 사정이나 그 밖의 사유로 변호인 선정결정이 취소되어 변호인이 없게 된 때에는 직권으로 변호인을 다시 선정할 수 있다(제9항).

(다) 영장심문조서의 작성 　　형사소송법에 따르면, 구속영장이 청구되어 법원이 구속전 피의자심문을 한 경우 법원사무관 등은 심문의 요지 등을 조서로 작성하여야 한다(제6항). 조서의 작성은 공판조서에 준하여 이루어져야 한다. 구체적으로 형사소송법 제48조(조서의 작성방법), 제51조(공판조서의 기재요건), 제53조(공판조서의 서명 등), 제56조의2(공판정에서의 속기 · 녹음 및 영상녹화), 제276조의2(장애인 등 특별히 보호를 요하는 자에 대한 특칙)만이 준용되고, 제52조(공판조서 작성상의 특례)는 준용 대상에서 제외되어 있으므로 법원이 구속전 피의자심문조서를 작성하는 때에는 조서 작성의 일반 원칙에 따라 조서 기재내용의 정확성 여부를 진술자에게 확인하고, 조서에 간인하여 기명날인 또는 서명을 받아야 하며, 검사 · 피의자 또는 변호인이 조서 기재의 정확성에 관하여 이의를 제기한 때에는 그 진술의 요지를 기재하고 법관 · 법원사무관 등이 조서에 기명날인 또는 서명하여야 한다.

구속전 피의자심문조서에 기재된 피의자 진술의 증거능력에 대해서는 (i) 제311조가 규정한 법원 또는 법관 면전 조서로 파악하는 방법, (ii) 제313조 제1항이 규정한 피고인의 진술을 기재한 기타 서류로 해석하는 방법, (iii) 제315조(당연히 증거능력이 있는 서류) 제3호가 규정한 '기타 특히 신용할 만한 정황에 의하여 작성된 문서'에 해당한다고 해석하는 방법[163] 등이 제시될 수 있다. 생각건대, 제311조의 법관면전조서(제184조, 제221조의2에 의한 조서)는 진실을 말할 의무가 있는 증인을 대상으로 한 경우를 규정한 것이기 때문에 그러한 의무가 없는 피의자의 진술을 기재한 구

---

163) 노명선/이완규, 207면; 이재상, 249면; 이은모(2011), 248면; 정웅석/ 백승민, 560면.

속전 피의자 심문조서를 여기에 포함시킬 수 없고, 제315조는 범죄와 관계 없이 통상 업무적으로 작성되는 서류를 규정한 것으로 보아야 하기 때문에 피의자 신분으로 진술한 것을 기재한 구속전 피의자심문조서를 여기에도 포함시키지 않는 것이 타당하다. 그에 반하여 구속전 피의자심문조서를 제313조 제1항이 규정한 피고인의 진술을 기재한 기타 서류로 해석하는 것은 일응 가능한 것으로 판단된다. 그렇지만 구속에 직면한 피의자가 이를 피하기 위해 행한 진술에는 완전한 진정성이 인정되기가 어렵기 때문에(대개 자백하여야 도주 또는 증거인멸의 우려라는 구속사유가 없는 것으로 인정받기 쉬움) 구속전 피의자심문조서에 대해서는 전문법칙의 원칙 규정(제310조의2)에 따라 증거능력을 부정하는 것이 가장 타당하다.

3. 결　정

(1) 구속영장의 발부

구속영장의 청구를 받은 지방법원판사는 신속히 구속영장의 발부여부를 결정하여야 한다(제201조 제3항). 이 경우 상당하다고 인정할 때에는 구속영장을 발부한다(제4항). 구속영장에는 피의자의 성명, 주거, 죄명, 피의사실의 요지, 인치 · 구금할 장소, 발부연월일, 그 유효기간과 그 기간을 경과하면 집행에 착수하지 못하며 영장을 반환하여야 할 취지를 기재하고 법관이 서명날인하여야 한다(제209조, 제75조 제1항). 피고인에 대하여 발부된 구속영장은 법관의 검사에 대한 명령장의 법적 성격을 가지는 것은 틀림없으나, 피의자에 대한 구속영장은 수사주체와 강제처분주체를 구분하여 이해하려는 명령장설[164]과 수사주체와 강제처분주체를 일체적으로 이해하려는 허가장설[165]의 견해대립이 있다. 생각건대, 명령장설에 의하면 영장이 발부된 이상 수사기관은 반드시 이를 집행하여야 하는데, 우리 형사소송법은 사정변경에 의하여 수사기관이 집행하지 않을 수 있는 여지를 두었으므로(제204조) 허가장으로서의 법적 성격을 가지는 것으로 보는 것이 타당하다.

(2) 기각결정

판사는 구속사유가 없으면 기각결정을 하여야 할 것이다. 판사가 구속영장을 발부하지 아니할 때에는 청구서에 그 취지 및 이유를 기재하고 서명 날인하여 청구

164) 배종대/이상돈, 236면; 신동운, 169면; 신양균, 168면; 이은모(2011), 248면.
165) 백형구, 255면; 이재상, 245면; 임동규, 189면.

한 검사에게 교부한다(제201조 제4항).

4. 불 복

[설문 (18)] 검사가 한미 자유무역협정 반대시위 가담자 乙에 대한 구속영장을 청구하였으나 판사가 이를 기각하였다. 이에 대하여 검사가 법원에 취할 수 있는 불복방법이 무엇이며, 그에 대한 법원의 조치는 무엇인지 설명하시오. [제54회 사법시험문제 참조]

상기한 [설문 (18)]은 구속영장을 기각하는 개별법관의 결정에 대해 검사가 불복할 수 있는지를 물은 것이다. 구속영장을 발부한 결정이나 영장의 발부를 기각한 결정에 대하여는 반대설도 있지만,[166] 현행 형사소송법의 해석론으로서는 항고나 준항고가 허용되지 않는 것으로 보아야 한다. 검사의 체포영장 또는 구속영장 청구에 대한 지방법원판사의 재판은 형사소송법 제402조의 규정에 의하여 항고의 대상이 되는 '법원의 결정'에 해당하지 아니하고, 제416조 제1항의 규정에 의하여 준항고의 대상이 되는 '재판장 또는 수명법관의 구금 등에 관한 재판'에도 해당하지 아니하기 때문이다. 그리고 검사의 영장청구가 기각된 경우에는 그로 인한 직접적인 기본권침해가 발생할 여지가 없다는 점, 피의자에 대한 체포영장 또는 구속영장의 청구에 관한 재판 자체에 대하여 항고 또는 준항고를 통한 불복을 허용하게 되면 그 재판의 효력이 장기간 유동적인 상태에 놓여 피의자의 지위가 불안하게 될 우려가 있으므로 그와 관련된 법률관계를 가급적 조속히 확정시키는 것이 바람직한 점, 체포영장 또는 구속영장이 발부된 경우에는 피의자에게 체포 또는 구속의 적부심사를 청구할 수 있도록 하고 그 영장청구가 기각된 경우에는 검사로 하여금 그 영장의 발부를 재청구할 수 있음으로써 간접적인 방법으로 불복할 수 있는 길이 열리어 있는

166) 제402조의 법원을 수소법원으로만 해석할 필연적인 이유가 없다는 점, 영장발부에 대해서 피의자는 적부심사를 청구하여 불복할 수 있으므로 영장청구 기각결정에 대해서도 불복할 수 있도록 하는 것이 무기평등의 원칙에 부합한다는 점, 위법한 기각결정에 대해 통제가 필요하다는 점, 개정 형사소송법에 개별법관에 의한 증거보전기각결정에 대한 항고제도가 드디어 도입된 점(제184조 제4항) 등을 논거로 한 긍정설[오세인, "영장청구기각결정에 대한 불복방법," 형사판례연구 9권, 335면 이하; 정웅석/백승민, 534면; 최교일, "구속영장심사의 법적 성격 및 기각결정에 대한 불복방법," 형사재판의 제 문제(제2권), 362면 이하 참조]도 제기되어 있다. 또한 영장담당판사는 재판장 또는 수명법관에 해당하지 않는다는 것은 형식적 논리이고 일본법의 해석과 같이 준항고가 가능하다는 긍정설의 반대견해가 있다.

점 등도 부정설의 주요근거가 될 수 있다(이렇게 판시한 대결 2006.12.18, 2006모646).

영장항고제도의 도입에 관한 입법론

증거보전절차에서 일반 판사의 재판에 대해서 항고할 수 있는 제도가 형사소송법 제184조 제4항에 새로이 도입된 예에 비추어 보건데, 일반 판사에 의한 영장재판에 대해서도 (준)항고할 수 있는 제도의 입법 도입이 얼마든지 가능하게 되었다. 만약 영장재판에 대한 불복 제도가 도입된다면 (준)항고 청구자는 (영장 발부 기각의 경우) 검사가 될 수도 있을 것이고, (영장 발부의 경우) 피의자가 될 수도 있을 것이다. 문제는 각자를 위한 도입 필요성이 있는가에 있다. 생각건대, 피의자의 경우는 체포 구속적부심을 청구할 수 있기 때문에 (준)항고까지 허용할 필요성은 거의 없는 것으로 판단된다. 반면에 현재 영장기각에 대해 아무런 불복방법이 없는 검사의 경우에는 피의자가 재범을 범하거나 피해자에게 보복하는 등의 가능성을 잘못 판단한 판사의 영장 재판을 시정할 수 있는 불복제도의 도입 필요성은 있는 것으로 판단된다. 그리고 압수 수색 검증의 대물적 강제처분의 영장 재판에 대해서는 검사 이외에—여기서는 적부심청구와 같은 추가적 제도가 부여되지 않는—피의자를 위한 불복제도의 도입 필요성도 충분히 인정될 수 있다. 다음으로 불복 형식은 제402조 항고 또는 제416조 준항고의 어느 하나로 규정할 수 있을 것이다. 생각건대, 현재 재판장, 수명법관의 재판에 대한 불복제도인 제416조 준항고 제도에 판사에 의한 강제처분(구금, 압수 수색 검증)의 재판을 포함시키는 방법이 상대적으로 더욱 바람직할 것이다.

5. 구속기간산입의 금지

피의자심문을 하는 경우 법원이 구속영장청구서 · 수사관계서류 및 증거물을 접수한 날부터 구속영장을 발부하여 검찰청에 반환한 날까지의 기간은 구속기간에 이를 산입하지 아니한다(제201조의2 제7항). 이것은 원칙적으로 이루어지는 것이 타당한 영장실질심사를 청구한 피의자에게 불리하게 작용하는 것으로서 입법론적으로는 폐지할 것이 요청된다.

6. 구속영장의 집행

(1) 집행주체 및 관할

구속영장은 검사의 지휘에 의하여 사법경찰관리가 집행한다. 교도소 또는 구치소에 있는 피의자에 대하여 발부된 구속영장은 검사의 지휘에 의하여 교도관이 집행한다(제209조, 제81조). 검사는 필요에 의하여 관할구역 외에서 구속영장의 집행을 지휘할 수 있고 또는 당해 관할구역의 검사에게 집행지휘를 촉탁할 수 있다(제209조, 제83조 제1항). 사법경찰관리는 필요에 의하여 관할구역 외에서 구속영장을 집행할 수 있고 또는 당해 관할구역의 사법경찰관리에게 집행을 촉탁할 수 있다(제209조, 제83조 제2항).

(2) 집행절차

구속 전에 피의사실의 요지, 구속의 이유와 변호인을 선임할 수 있음을 말하고 변명할 기회를 제공하여야 한다(제209조, 제200조의5). 구속영장을 집행함에는 피의자에게 반드시 이를 제시하고 그 사본을 교부하여야 하며 신속히 지정된 장소에 인치하여야 한다(제209조, 제85조 제1항). 구속영장을 소지하지 아니한 경우에 급속을 요하는 때에는 피의자에 대하여 피의사실의 요지와 영장이 발부되었음을 고하고 집행할 수 있고, 이때에는 집행을 완료한 후에는 신속히 구속영장을 제시하고 그 사본을 교부하여야 한다(제209조, 제85조). 수사기관이 지정된 이외의 장소로 임의적으로 구금장소를 변경하는 것은 피의자의 방어권·접견교통권에 중대한 장애를 초래하므로 위법하다(대결 1996. 5.15, 95모94).

(3) 영장집행후의 절차

피의자를 구속한 때에는 변호인이 있는 경우에는 변호인에게, 변호인이 없는 경우에는 피의자가 지정한 자에게 피의사건명, 구속일시·장소, 범죄사실의 요지, 구속의 이유와 변호인을 선임할 수 있는 취지를 알려야 한다(제209조, 제87조 제1항). 이 경우 통지는 지체없이 서면으로 하여야 한다(제87조 제2항). 구속된 피의자가 출정을 거부하는 경우 피의자신문을 위한 수사기관 앞으로의 강제구인이 가능한지가 문제되는데, 판례는 구속의 효력으로서 강제구인은 가능한 것으로 긍정하였지만, 피의자신문에는 오직 임의수사만이 허용되는 것으로 판시하였다(대결 2013.7.1. 2013모160).

7. 구속기간의 제한

[설문 (19)] 사법경찰관 X가 甲을 긴급체포한 후 구속과 관련하여서 다음의 절차가 이루어졌다. 아래와 같이 甲을 구속하였고 계속 구속함이 적절한 경우, 사법경찰관 X는 언제까지 甲을 검사에게 인치(검찰청에 송치)하여야 하는지 구체적 일자를 밝

히고, 그 법적 근거를 설명하시오.
- 2010.6.1. 23:00 긴급체포
- 2010.6.2. 14:00 검사에게 구속영장 신청
- 2010.6.2. 16:00 법원에 구속영장 청구서 및 수사기록 접수시킴
- 2010.6.3. 10:00 판사의 구속 전 피의자 심문, 12:00 구속영장 발부, 13:00 검찰청에 구속영장 및 수사기록 반환
- 2010.6.3. 18:00 구속영장 집행 [2010년 52회 사법시험문제 참조]

(1) **구속기간과 연장** 사법경찰관이 피의자를 구속한 때에는 10일 이내에 피의자를 검사에게 인치하지 아니하면 석방하여야 한다(제202조). 검사도 피의자를 구속한 때 또는 사법경찰관으로부터 피의자의 인치를 받은 때에는 10일 이내에 공소를 제기하지 아니하면 석방하여야 한다(제203조). 단 검사가 지방법원판사에게 신청하여 수사를 계속함에 상당한 이유가 있다고 인정되는 자료를 제출하여 연장허가를 신청한 경우에 판사는 10일을 초과하지 아니하는 한도에서 구속기간의 연장을 1차에 한하여 허가할 수 있다(제205조). 연장일수는 판사의 재량에 의하고, 연장불허의 결정에 대해서는 불복할 수 없다. 피의자가 체포 또는 구인된 경우의 구속기간은 피의자를 체포 또는 구인한 날부터 기산한다(제203조의2).

(2) **국가보안법의 특칙** 국가보안법 제3조 내지 제10조의 죄에 대해 지방법원판사는 사법경찰관에게 1회, 검사에게 2회에 한하여 구속기간의 연장을 허가할 수 있다(국가보안법 제19조). 그러나 구성요건이 비교적 단순한 찬양고무죄와 불고지죄에 대하여 구속기간을 연장한 것은 피의자의 신체의 자유, 무죄추정의 원칙, 신속한 재판을 받을 권리를 침해하는 것이라는 일부 위헌선언을 받았다(헌재결 1992.4.14, 90헌마82).

[설문 (19)의 해결] 사법경찰관이 피의자를 구속할 수 있는 기간은 10일이다(제202조). 그런데 구속 전에 체포가 이루어진 경우에 구속기간은 피의자를 체포한 날로부터 기산한다(제203조의2). 그리고 구속기간의 초일은 시간을 계산함이 없이 1일로 산정한다(제66조 제1항 단서). 사안의 경우 2010년 6월 1일이 기산점이 된다. 그런데 법원이 구속영장청구서, 수사관계서류 및 증거물을 접수한 날로부터 구속영장을 발부하여 검찰청에 반환한 날까지의 기간은 구속기간의 계산에 있어서 산입하지 아니한다(제201조의2 제7항). 따라서 사안에서 2010.6.2. 16:00 법원에 구속영장 청구서 및 수사기록을 접수시키고, 2010.6.3. 13:00 검찰청에 구속영장 및 수사기록이 반환되었으므로 구속기간 10일 중 6월 2일과 3일(일수로 2일)은 산입되지 않는다.

그러면 2010년 6월 1일을 기산점으로 하여 10일인 6월 10일 24:00까지(제202조, 제66조)에서 실질심사를 위한 2일간은 구속기간에 산입되지 않아 결과적으로 구속기간이 늘어나게 되므로 결국은 사법경찰관은 2010년 6월 12일 24:00까지 구속할 수 있다. 따라서 사법경찰은 이때까지 검사에게 피의자를 인치해야 한다.

8. 재구속의 제한

검사 또는 사법경찰관에 의하여 구속되었다가 석방된 자는 다른 중요한 증거를 발견한 경우를 제외하고는 동일한 범죄사실에 관하여 재차 구속하지 못한다. 이 경우 1개의 목적을 위하여 동시 또는 수단결과의 관계에서 행하여진 행위는 동일한 범죄사실로 간주한다(제208조). 그리고 피의자가 구속적부심사결정에 의하여 석방된 경우에도 도망하거나 죄증을 인멸하는 경우를 제외하고는 동일한 범죄사실에 관하여 재차 구속하지 못한다(제214조의3 제1항). 그런데 공소제기 후 법원이 피고인을 재구속하는 때에는 이러한 제한규정이 없다. 따라서 피고인에 대한 재구속은 제한없이 허용되는 것이 원칙이다. 그리고 판례에 의하면, 구속기간이 만료되어 석방된 경우에는 같은 범죄사실에 관한 새로운 구속은 불가능하지만 판결을 선고하면서는 다시 구속할 수 있다(대결 1996.8.12., 96모46).

9. 관련문제

(1) 구속영장의 효력과 관련된 이중구속

[설문 (20)] 사법경찰관 甲은 강간 피의사실로 구속영장이 발부된 피의자 A를 구속수사 중 피의자 A에 대한 살인혐의를 인지하고 살인의 범죄사실로 다시 구속영장을 발부받아 집행하였다. 살인혐의의 구속영장의 발부와 집행은 유효한가?

이중구속(Überhaft)이란 이미 구속영장이 발부되어 구속되어 있는 피고인 또는 피의자에 대하여 다시 구속영장을 발부받아 이중으로 구속하는 것을 말한다. 구속영장의 효력은 구속영장에 기재된 범죄사실에 한해서 그와 동일성이 있는 범위까지 미친다(사건단위설). 판례도 "구속영장의 효력은 구속영장에 기재된 범죄사실 및 그 사실의 기초가 되는 사회적 사실관계가 기본적인 점에서 동일한 공소사실에 미친다고 할 것이고, 이러한 기본적 사실관계의 동일성을 판단함에 있어서는 그 사실의 동일성이 갖는 기능을 염두에 두고 피고인의 행위와 그 사회적인 사실관계를 기본으로 하되 규범적 요소도 아울러 고려하여야 한다"고 판시하고 있다(대결 2001.5.25,

2001모85). 이에 따르면 동일인에 대해서도 범죄사실이 다르다면 구속영장을 또다시 발부받을 수 있다. 문제는 이중으로 발부된 구속영장을 이중으로 집행할 수 있는가에 있다. 이중발부가 허용되는 이상 이중집행은 피의자(피고인)에게 아무런 손해를 가져오지 않을 뿐만 아니라, 형사소송법도 구속 중 피의자(피고인)에 대한 구속영장의 집행을 명문으로 허용하고 있으므로(제209조, 제81조 제3항) 이중집행도 할 수 있는 것으로 보아야 한다.[167] 판례도 "구속의 효력은 원칙적으로 구속영장에 기재된 범죄사실에만 미치는 것이므로, 구속기간이 만료될 무렵에 종전 구속영장에 기재된 범죄사실과 다른 범죄사실로 피고인을 구속하였다는 사정만으로는 피고인에 대한 구속이 위법하다고 할 수 없다"는 취지로 판시하였다(대결 2000.11.10, 2000모134).[168] 결국 상기한 [설문 (20)]에서 사건을 달리하면서 이중으로 구속영장이 발부되어 집행된 것은 적법하다.

(2) 별건 구속

[설문 (21)] 사법경찰관 甲은 살인사건의 용의자로 B를 연행하여 범행을 추궁하였으나 B가 범행을 강력히 부인하고 B의 살인혐의를 인정할 증거도 극히 불충분하므로 B를 살인피의사실에 관하여 訊問할 목적으로 우선 B를 범죄사실의 입증자료가 충분히 마련된 또 다른 그의 범행인 상해사실로 구속한 후 B에게 살인의 범행을 집중적으로 추궁하자 B는 살인의 범행을 자수하기에 이르렀다. 이 경우 구속 및 자백의 소송법적 효력은?

1) 의 의 별건구속이란 수사기관이 본래 조사하고자 하는 사건(본건)에 대하여는 구속의 요건이 구비되지 않았기 때문에 본건의 수사에 이용할 목적으로 구속요건이 구비된 별건으로 구속하는 경우를 말한다. 소송법적으로 별건구속과 관련하여서는 별건구속의 적법성과 여죄수사와의 한계, 별건구속에 이은 본건구속의 적법 여부 그리고 별건구속기간의 본건구속 기간에의 산입 여부, 별건구속 중에 얻은 자백의 증거능력 등이 문제된다.[169]

---

167) 구속되어 있는 자에게 다른 범죄사실로 구속영장을 발부받을 수는 있어도 동일인에게 동시에 수개의 구속영장을 집행할 수는 없다는 입장으로는 이재상, 255면.

168) 다만, 미결구속일수의 산입에 있어서는 소송절차의 간편과 구속기간의 부당한 장기화를 방지하기 위하여 법원의 재량에 의하여 구속영장이 발부되지 아니한 다른 범죄사실에 관한 죄의 형에 산입할 수 있다고 판시하고 있다(대판 1986.12.9, 86도1875).

169) 인단위설을 취하면 동일한 피의자에 대하여 일단 구속영장이 발부되면 당해 피의자의

2) 별건구속의 적법성　별건구속은 구속영장에서 청구하지 아니한 별개의 피의사실에 대한 신문을 위한 구속이 된다는 점에서 그 적법성 여부가 문제된다. 이에 대해서 별건만을 기준으로 한다면 별건에 대하여 구속이유와 필요가 있는 한 구속은 적법하다는 견해(별건기준의 적법설)가 주장될 수 있다. 그러나 본건을 기준으로 하여 별건구속에 대해 위법하다고 평가하는 견해(본건기준의 위법설)가 타당하다.[170] 왜냐하면 강제처분법정주의의 요청상 체포 또는 구속에는 특정한 범죄사실을 기재할 것을 필요로 하고, 체포 또는 구속이 자백을 획득하거나 여죄를 추궁하는 수단으로 사용되어서는 안 되며, 별건구속을 허용하는 것은 실질적으로 영장주의를 무의미하게 할 뿐만 아니라, 본건구속을 계속하는 경우 구속기간의 제한을 잠탈하는 것이기 때문이다. 판례는 별건구속의 적법성을 직접 다루지 않고, 별건구속기간을 본건 범행사실의 수사에 실질상 이용하였다 하더라도 그 구속일수를 본건의 본형에 산입할 수 없다고 판시하고 있을 뿐이다.[171]

3) 여죄수사의 한계　적법하게 구속 중인 피의자에 대한 여죄수사가 허용될 것인지에 대해서도 견해의 대립이 있다. 이에 대해서는 (i) 별건구속과는 달리 여죄수사는 허용된다는 **적법설**(전면적 허용설)[172] (ii) 여죄수사는 사법적 기능과 피의자의 방어권을 실질적으로 저해하지 않는 범위 안에서만(즉, 피의자가 자진하여 여죄를 자백한 경우, 여죄가 영장기재 사안보다 경미한 경우, 여죄가 영장기재사실과 동종사안이거나 밀접한 관련성이 있는 경우) 허용된다는 **원칙위법설**(예외적 허용설)[173]로 크게 구분할 수 있다.[174] 생각건대, 구속영장의 효과는 사건단위로 인정되기 때문에 원칙적으로 구속영장이 발부된 범죄에 대해서만 수사가 허용되는 것으로 보는 것이 옳다. 따라서 원칙적으로는 여죄수사는 허용되지 않는 것으로 평가되어야 할 것이다. 다만

다른 범죄사실에 대한 수사, 즉 본건수사를 허용하지 않을 수 없게 되므로, 별건구속의 적법성은 주로 사건단위설을 취하는 경우에 문제된다고 할 수 있다.

170) 이재상, 연습, 101면; 백형구, 강의, 249면.

171) 대판 1990.12.11, 90도2337.

172) 정영석/이형국, 형사소송법, 190면.

173) 이재상, 연습, 형사소송법, 102면; 진계호, 형사소송법, 281면.

174) 체포구속의 이유로 된 피의사실에 대한 수사가 중단됨이 없이 계속하여 행하여진 경우는 병행하여 여죄수사를 행할 수 있으나, 여죄수사를 행한 결과로서 체포구속의 이유로 된 피의사실에 대한 수사가 중단된 경우에는(예외: 여죄수사를 행하지 않을 수 없는 합리적인 수사상의 필요성이 존재하는 경우와 그것을 인정해도 피의자의 이익에 반하지 않는 경우) 위법하다는 견해도 있다(이은모, 고시연구 2002년, 11월, 109면 이하).

법원의 사법적 억제기능과 피의자의 방어권을 실질적으로 저해하지 않는 범위에서 예외적으로 여죄수사를 허용하는 것은 부당하지 않은 것으로 판단된다.

4) 별건구속에 이은 본건구속의 적법성 일반적으로 별건구속은 계속해서 본건에 의한 구속을 예정하고 있다. 이 때 문제가 되는 것은 별건구속 후에 본건에 의하여 다시 구속하는 제2차의 구속은 적법한가에 있다. 이에 대해서는 강제처분에 관한 사건단위설에 의하면 피의사실이 다른 이상 본건사실을 이유로 하는 제2차의 구속도 적법하게 된다는 견해가 주장될 수 있다. 그러나 별건구속 후에 실제로 본건을 수사하고서 다시 본건으로 구속하는 것은 이미 수사한 것과 동일한 사건으로 재구속하는 것이며, 본건구속도 허용하면서 구속기간의 계산을 별개로 한다면 수사기관의 구속기간을 제한하고 있는 형사소송법의 규정이 무의미하게 된다는 점에 비추어 허용되지 않는다고 봄이 타당하다.[175]

5) 별건구속기간의 본건구속기간 내지 형기에의 산입 별건구속으로 인한 미결구금기간을 본건의 구속기간에 산입할 수 있는가의 문제도 대두된다. 이에 대하여 판례는 "피고인이 기소중지 처분된 신용카드업법위반 등 피의사실로 27일간 구속되었고 연이어 사기 등 범행으로 구속되어 사기 등 범행으로 구속기소되었지만 결과적으로 위 구속기간이 사기 등 범행사실의 수사에 실질상 이용되었다 하더라도 위 구금일수를 사기죄의 본형에 산입할 수는 없다"고 판시하여[176] 부정설의 입장을 취하고 있다. 그러나 별건구속 중에 본건에 대한 수사가 행하여진 때에는 그것은 별건구속이 아니라 실질적으로 본건구속이라고 보아 산입해야 한다는 긍정설이 타당하다.[177]

6) 구 제 별건구속에 대해서는 사전적으로 구속영장의 발부단계에서 영장기각을 하거나 구속기간연장의 불허가 가능할 것이다. 그리고 사후적으로는 별건구속에 대해 구속적부심사를 청구하여 구제를 받을 수 있다. 또한 별건구속으로 인한 자백은 별건구속을 위법하다고 볼 때에 자백배제법칙에 의하여 증거능력을 부정하거나,[178] 위법수집증거의 배제법칙에 의하여 증거능력을 부정할 수 있다.[179]

---

175) 이재상, 연습, 102면; 진계호, 281면.

176) 대판 1990.12.11, 90도2337.

177) 이재상, 연습, 103면.

178) 이재상, 연습, 104면. 별건구속으로 인한 자백에 자백배제법칙이 적용되는가는 자백배제법칙의 이론적 근거와 관련되는데, 허위배제설과 인권옹호설 및 절충설에 의하면 별건구속 중의 자백이라도 임의성이 담보될 때에는 반드시 자백배제법칙에 의하여 그 증거능력

더 나아가 별건구속으로 인해 발생한 손해에 대해서는 손해배상을 청구할 수도 있을 것이다.

[설문 (21)의 해결] 수사기관이 본건인 살인 피의사실을 조사하기 위하여 별건인 상해 피의사실로 별건 구속하였고, 실제로 별건 구속한 이후 본건을 수사하였다면 그 수사는 위법한 것으로 평가될 것이고, 따라서 본건에 대한 피의자의 본건 자백은 위법수집증거로서 증거능력이 부정되어야 할 것이다.

---

(3) 일죄 일구속의 원칙

이는 1개의 범죄사실에 대해서는 원칙적으로 1회의 구속만이 허용된다는 원칙이다. 포괄일죄에 해당하는 상습범으로 구속되었다가 구속취소결정에 의해 석방된 자는 석방 이전의 전과가 발견되더라도 다시 구속되지 않는다(대결 1983.7.6, 83모30의 태도). 그러나 석방이후의 행위에 대해서는 당연히 구속할 수 있다.

(4) 구속일수의 본형통산

판결선고 전의 구속일수는 그 전부를 유기징역, 유기금고, 벌금이나 과료에 관한 유치 또는 구류에 산입한다(형법 제57조 제1항). 형법과 동일하게 형사소송법도 2015년 법 개정을 통해 "판결선고 후 판결확정 전 구금일수(판결선고 당일의 구금일수를 포함한다)는 전부를 본형에 산입한다"고 규정하여 소위 법정통산주의를 채택하고 있다(제482조 제1항). 그리고 상소기각 결정 시에 송달기간이나 즉시항고기간 중의 미결구금일수도 전부를 본형에 산입한다(제2항). 제1항 및 제2항의 경우에는 구금일수의 1일을 형기의 1일 또는 벌금이나 과료에 관한 유치기간의 1일로 계산한다(제3항). 감정유치도 미결구금일수의 산입에 있어서는 이를 구속으로 간주한다(제172조 제8항). 그리고 병합심리된 두개의 사건에서 한 사건에 대해 구속영장이 발부·집행된 상태에서 법원이 병합심리된 다른 사건에 대해 유죄판결하고서 미결구금일수를 형기에 산입하는 것은 허용된다(대판 1986.12.9, 86도1875).[180] 판례에 의하면, 국내로

이 부정되는 것이 아니라는 결론이 나올 수 있으나, 자백배제법칙을 적정절차원칙의 증거법적 측면에 불과하다는 위법배제설에 의하면 자백배제법칙에 의하여 증거능력이 배제된다고 할 것이다.

179) 백형구, 강의, 249면.

180) 이에 대한 자세한 글로는 양철한, "미결구금일수산입에 관한 문제," 재판실무 2집, 창원지방법원, 2005, 381-396면.

송환되기 전 외국 구치소에서 구금된 기간은 국내에서 형이 선고되고 난 뒤의 형기에 산입되지는 않는다(대판 2021.7.5, 2021도4014).

(5) 구속장소감찰제도와 구금장소의 변경

1) 구속장소감찰제도 지방검찰청 검사장 또는 지청장은 불법체포 · 구속의 유무를 조사하기 위하여 검사로 하여금 매월 1회 이상 관하수사관서의 피의자의 체포 · 구속장소를 감찰하게 하여야 한다. 감찰하는 검사는 체포 또는 구속된 자를 심문하고 관련서류를 조사하여야 한다(제198조의2 제1항). 검사는 적법한 절차에 의하지 아니하고 체포 또는 구속된 것이라고 의심할 만한 상당한 이유가 있는 경우에는 즉시 체포 또는 구속된 자를 석방하거나 사건을 검찰에 송치할 것을 명하여야 한다(제2항).

2) 구금장소의 변경 형의 집행 및 수용자의 처우에 관한 법률 제20조 제1항은 "소장은 수용자의 수용, 작업, 교화, 의료 그 밖의 처우를 위하여 필요하거나 시설의 안전과 질서유지를 위하여 필요하다고 인정하면 법무부장관의 승인을 받아 수용자를 다른 교정시설로 이송할 수 있다"고 규정하고 있다. 판례도 미결수용자에 대한 구금장소의 결정권은 법무부장관의 승인을 얻어 구치소장 또는 교도소장이 행사할 수 있다고 판시하였다(대판 1992.8.7, 92두30). 그러나 이에 대해서는 수형자의 경우와는 달리 무죄추정의 원칙에 따라 방어권이 충분히 보장되어야 하는 미결수용자에 대한 구금장소의 변경은 지방법원판사 또는 수소법원의 권한에 속하는 것으로 해석하는 견해도 주장된다.[181] 그러나 이 견해는 입법론으로는 합리적이지만 해석론으로까지 확장하는 것에는 무리가 있는 것으로 판단된다.

10. 검경 수사준칙상의 관련 내용

2021년 시행 검경 수사준칙 제29조(구속영장의 청구 · 신청)에 의하면, 검사 또는 사법경찰관은 구속영장을 청구하거나 신청하는 경우 법 제209조에서 준용하는 법 제70조 제2항의 필요적 고려사항이 있을 때에는 구속영장 청구서 또는 신청서에 그 내용을 적어야 한다(제1항). 검사 또는 사법경찰관은 체포한 피의자에 대해 구속영장을 청구하거나 신청할 때에는 구속영장 청구서 또는 신청서에 체포영장, 긴급체포서, 현행범인 체포서 또는 현행범인 인수서를 첨부해야 한다(제2항). 다음으로 동 수사준칙 제30조(구속 전 피의자 심문)에 의하면, 사법경찰관은 법 제201조의2 제3

---

181) 신동운, 841면; 이은모(2011), 260면.

항 및 같은 조 제10항에서 준용하는 법 제81조 제1항에 따라 판사가 통지한 피의자 심문 기일과 장소에 체포된 피의자를 출석시켜야 한다. 다음으로 수사준칙 제31조(체포 · 구속영장의 재청구 · 재신청)에 의하면, 검사 또는 사법경찰관은 동일한 범죄사실로 다시 체포 · 구속영장을 청구하거나 신청하는 경우(체포 · 구속영장의 청구 또는 신청이 기각된 후 다시 체포 · 구속영장을 청구하거나 신청하는 경우와 이미 발부받은 체포 · 구속영장과 동일한 범죄사실로 다시 체포 · 구속영장을 청구하거나 신청하는 경우를 말한다)에는 그 취지를 체포 · 구속영장 청구서 또는 신청서에 적어야 한다. 다음으로 수사준칙 제32조(체포 · 구속영장 집행 시의 권리 고지)에 의하면, ① 검사 또는 사법경찰관은 피의자를 체포하거나 구속할 때에는 법 제200조의5(법 제209조에서 준용하는 경우를 포함한다)에 따라 피의자에게 피의사실의 요지, 체포 · 구속의 이유와 변호인을 선임할 수 있음을 말하고, 변명할 기회를 주어야 하며, 진술거부권을 알려주어야 한다(제1항). 제1항에 따라 피의자에게 알려주어야 하는 진술거부권의 내용은 법 제244조의3 제1항 제1호부터 제3호까지의 사항으로 한다(제2항). 검사와 사법경찰관이 제1항에 따라 피의자에게 그 권리를 알려준 경우에는 피의자로부터 권리 고지 확인서를 받아 사건기록에 편철한다(제3항). 다음으로 수사준칙 제33조(체포 · 구속 등의 통지)에 의하면, 검사 또는 사법경찰관은 피의자를 체포하거나 구속하였을 때에는 법 제200조의6 또는 제209조에서 준용하는 법 제87조에 따라 변호인이 있으면 변호인에게, 변호인이 없으면 법 제30조 제2항에 따른 사람 중 피의자가 지정한 사람에게 24시간 이내에 서면으로 사건명, 체포 · 구속의 일시 · 장소, 범죄사실의 요지, 체포 · 구속의 이유와 변호인을 선임할 수 있음을 통지해야 한다(제1항). 검사 또는 사법경찰관은 제1항에 따른 통지를 하였을 때에는 그 통지서 사본을 사건기록에 편철한다. 다만, 변호인 및 법 제30조 제2항에 따른 사람이 없어서 체포 · 구속의 통지를 할 수 없을 때에는 그 취지를 수사보고서에 적어 사건기록에 편철한다(제2항). 제1항 및 제2항은 법 제214조의2 제2항에 따라 검사 또는 사법경찰관이 같은 조 제1항에 따른 자 중에서 피의자가 지정한 자에게 체포 또는 구속의 적부심사를 청구할 수 있음을 통지하는 경우에도 준용한다(제3항). 그리고 수사준칙 제34조(체포 · 구속영장 등본의 교부)에 의하면, 검사 또는 사법경찰관은 법 제214조의2 제1항에 따른 자가 체포 · 구속영장 등본의 교부를 청구하면 그 등본을 교부해야 한다. 다음으로 수사준칙 제35조(체포 · 구속영장의 반환)에 의하면, 검사 또는 사법경찰관은 체포 · 구속영장의 유효기간 내에 영장의 집행에 착수하지 못했거나, 그 밖의 사유로 영장의 집행이 불가능하거나 불필요하게 되었을 때에는 즉시 해당 영장을 법원에 반환해야 한다. 이 경우 체포·구속영장이 여러 통 발부된 경우에는 모두 반환해야 한다(제1항). 검사 또는 사법경찰관은 제1항에 따라 체포·구속영장을 반환하는 경우에는 반환사유 등을 적은 영장반환서에 해당 영장을 첨부하여 반환하고, 그 사본을 사건기록에 편철한다(제2항). 제1항에 따라 사법경찰관이 체포·구속영장을 반환하는 경우에는 그 영장을 청구한 검사에게 반환하고, 검사는 사법경찰관이 반환한 영장을 법원에 반환한다(제3항).

V. 공소제기 이후의 피고인 구속

[설문 (22)] 검사는 피의자가 수사절차에서 15일간 구속되어(체포기간 포함) 구속영장이 발부된 상태에서 법원에 공소를 제기하였다. 이 경우 법원은 공소제기시를 기준으로 새로이 구속영장을 발부하여야 하는지 여부와 제1심 재판 도중 구속기간의 연장을 위해서는 어떻게 그동안의 피고인 구속기간을 계산하여야 하는지에 대해 설명하시오.

1. 구속 주체로서의 법원

공소제기 이후 법원이 행하는 피고인구속(제70조 이하)의 요건은 피의자구속의 요건과 기본적인 면에서는 동일하다. 즉, 법원은 피고인이 죄를 범하였다고 의심할 만한 상당한 이유가 있고 (i) 피고인이 일정한 주거가 없는 때 (ii) 피고인이 증거를 인멸할 염려가 있는 때 (iii) 피고인이 도망하거나 도망할 염려가 있는 때의 하나에 해당하는 사유가 있는 경우에는 피고인을 구속할 수 있다(제70조 제1항). 법원은 제1항의 구속사유를 심사함에 있어서 범죄의 중대성, 재범의 위험성, 피해자 및 중요참고인 등에 대한 위해 우려 등을 고려하여야 한다(제2항). 다액 50만원 이하의 벌금, 구류 또는 과료에 해당하는 사건에 관하여는 제1항 제1호의 경우를 제한 외에는 구속할 수 없다(제3항). 그리고 피고인구속의 절차도 대개는 피의자구속의 경우와 동일하다.

(1) 명령장으로서의 구속영장

검사가 피의자를 구속 상태에서 기소한 경우에는 그 피고인에 대해 이미 구속영장이 발부되어 있기 때문에 법원은 새로이 구속영장을 발부할 필요는 없을 것이다. 다만 피고인에 대한 구속기간 제한과 관련하여 법원은 그 구속기간을 연장하는 조치만 취하면 될 것이다. 그러나 공소제기 이후의 피고인에 대한 구속은 법원이 주체라는 점을 명확히 하기 위하여 이러한 경우에도 법원이 검사의 공소제기시를 기산점으로 하는 새로운 구속영장을 발부하는 실무의 정착이 더욱 바람직할 것으로 사료된다. 공판절차에서 법원이 피고인을 구인 또는 구금함에는 구속영장을 발부하여야 한다(제73조). 구속영장에는 피고인의 성명, 주거, 죄명, 공소사실의 요지, 인치구금할 장소, 발부연월일, 그 유효기간과 그 기간을 경과하면 집행에 착수하지 못하며 영장을 반환하여야 할 취지를 기재하고 재판장 또는 수명법관이 서명날인하여야 한다(제75조 제1항). 피고인의 성명이 분명하지 아니한 때에는 인상, 체격, 기타 피고인을 특정할 수 있는 사항으로 피고인을 표시할 수 있다(제2항). 피고인의 주거가 분명하지 아니한 때에는 그 주거의 기재를 생략할 수 있다(제3항). 공소제기 이후에 법원이 피고인을 구속하기 위하여 발부하는 구속영장은 집행기관에 대한 명령장의 성질을 가진다. 구속영장은 수통을 작성하여 사법경찰관리 수인에게 교부할 수 있다(제82조 제1항). 이 경우에는 그 사유를 구속영장에 기재하여야 한다(제2항). 법원은 피고인의 현재지의 지방법원판사에게 피고인의 구속을 촉탁할 수 있다(제77조 제1항). 수탁판사는 피고인이 관할구역 내에 현재하지 아니한 때에는 그 현재지의 지방법원판사에게 전촉할 수 있다(제2항). 수탁판사는 구속영장을 발부하여야 한다(제3항). 촉탁에 의하여 구속영장을 발부한 판사는 피고인을 인치한 때로부터 24시간 이내에 그 피고인임에 틀림없는가를 조사하여야 한다(제78조 제1항). 피고인임에 틀림없는 때에는 신속히 지정된 장소에 송치하여야 한다(제2항).

(2) 판결선고(상소제기) 후 원심법원에 의한 피고인 구속 가능성

상소제기 후 소송기록이 상소법원에 도달하지 않고 있는 사이에 원심법원이 피고인을 구속할 수 있는지가 문제된다. 상소 후에 소송기록이 상소법원에 도달하지 않고 원심법원에 있는 경우에 원심법원의 권한범위에 관하여 형사소송법 제105조는 “구속기간의 갱신, 구속의 취소, 보석, 구속의 집행정지와 그 정지의 취소에 대한 결정은 원심법원이 하여야 한다”고 규정하고 있는 데 비하여, 형사소송규칙 제57조 1항은 “피고인의 구속, 구속기간 갱신, 구속취소, 보석, 보석의 취소, 구속집행 정지와 그 정지의 취소의 결정은 원심법원이 이를 하여야 한다”고 규정하고 있다. 즉 규칙과는 달리 법률에서는 원심법원의 권한으로 '구속'과 '보석취소'를 명시적으로 인정하고 있지 않다. 이 문제에 대해 판례는 "상소제기 후 소송기록이 상소법원에 도달하지 않고 있는 사이에는 피고인을 구속할 필요가 있는 경우에도 기록이 없는 상소법원에서 구속의 요건이나 필요성 여부에 대한 판단을 하여 피고인을 구속하는 것이 실질적으로 불가능하다는 점 등을 고려하면, 상소기간 중 또는 상소 중의 사건에 관한 피고인의 구속을 소송기록이 상소법원에 도달하기까지는 원심법원이 하도록 규정한 형사소송규칙 제57조 제1항의 규정이 형사소송법 제105조의 규정에 저촉된다고 보기는 어렵다. 불출석상태에서 징역형을 선고받고 항소한 피고인에 대하여 제1심법원이 소송기록이 항소심법원에 도달하기 전에 구속영장을 발부한 것이 적법하다"고 판시하였다(대결 2007.7.10, 2007모460). 이에 대해 형사소송법 제105조는 예외적 특별규정을 마련하면서 '피고인 구속'과 '보석취소'를 포함시키지 않았을 뿐만 아니라, 원심법원의 피고인 구속은 그 필요성이 없거나 설령 있더라도 불가결한 것이 아니며, 설령 구속의 필요성이 있다고 보더라도 그 이유만으로 대법원규칙으로 원심법원의 피고인 구속이 가능한 것으로 운용할 수는 없다는 입장에서 형사소송규칙 제57조 제1항은 법률에 명백히 저촉되므로 개정되어야 한다는 견해도 주장되고 있다.[182] 생각건대, 소송기록이 도달 않은 상태에서 구속요건을 현실적으로 판단할 수 없고, 판결선고 후 비로소 피고인의 구속 이유와 필요성이 긍정되는 경우도 있다는 점에서 보면 판례의 태도가 타당하다.

2. 구속영장의 집행

(1) 사법경찰관리의 집행원칙

구속영장은 검사의 지휘에 의하여 사법경찰관리가 집행한다. 단, 급속을 요하는 경우에는 재판장, 수명법관 또는 수탁판사가 그 집행을 지휘할 수 있다(제81조 제1항). 제1항 단서의 경우에는 법원사무관 등에게 그 집행을 명할 수 있다. 이 경우에 법원사무관 등은 그 집행에 관하여 필요한 때에는 사법경찰관리 · 교도관 또는 법원경위에게 보조를 요구할 수 있으며 관할구역 외에서도 집행할 수 있다(제2항). 교도소 또는 구치소에 있는 피고인에 대하여 발부된 구속영장은 검사의 지휘에 의하여

182) 차정인, "상소기간 중 또는 상소 중 원심법원의 피고인 구속," 법률신문, 2007.9.20, 제3588호, 15면; 차정인, "형사소송법 제105조의 해석론," 법률신문, 2007.11.8, 15면.

교도관이 집행한다(제3항). 구속영장을 집행함에는 피고인에게 반드시 이를 제시하고 그 사본을 교부하여야 하며 신속히 지정된 법원 기타 장소에 인치하여야 한다(제85조 제1항). 수탁판사가 발부한 구속영장에 관하여는 이를 발부한 판사에게 인치하여야 한다(제2항). 구속영장을 소지하지 아니한 경우에 급속을 요하는 때에는 피고인에 대하여 공소사실의 요지와 영장이 발부되었음을 고하고 집행할 수 있다(제3항). 이렇게 구속영장을 소지하지 않고 집행을 완료한 후에는 신속히 구속영장을 제시하여야 한다(제4항). 검사는 필요에 의하여 관할구역 외에서 구속영장의 집행을 지휘할 수 있고 또는 당해 관할구역의 검사에게 집행지휘를 촉탁할 수 있다(제83조 제1항). 사법경찰관리는 필요에 의하여 관할구역 외에서 구속영장을 집행할 수 있고 또는 당해 관할구역의 사법경찰관리에게 집행을 촉탁할 수 있다(제2항). 피고인의 현재지가 분명하지 아니한 때에는 재판장은 고등검찰청 검사장 또는 지방검찰청 검사장에게 그 수사와 구속영장의 집행을 촉탁할 수 있다(제84조). 구속영장의 집행을 받은 피고인을 호송할 경우에 필요하면 가장 가까운 교도소 또는 구치소에 임시로 유치할 수 있다(제86조).

(2) 구속영장의 발부 내지 집행과 관련된 고지사항

피고인에 대하여 범죄사실의 요지, 구속의 이유와 변호인을 선임할 수 있음을 말하고 변명할 기회를 준 후가 아니면 구속할 수 없다. 다만, 피고인이 도망한 경우에는 그러하지 아니하다(제72조). 법원은 합의부원(수명법관)으로 하여금 이러한 절차를 이행하게 할 수 있다(제72조의2 제1항). 또한 법원은 피고인이 출석하기 어려운 특별한 사정이 있고 상당하다고 인정하는 때에는 검사와 변호인의 의견을 들어 비디오 등 중계장치에 의한 중계시설을 통하여 제72조의 절차를 진행할 수 있다(제2항). 그런데 아래 판례 (1)의 태도에 따르면 이 규정은 법관에 의한 사전 청문절차를 규정한 것으로서, 구속영장을 집행함에 있어 집행기관이 취하여야 하는 절차가 아니라 구속영장을 발부함에 있어 수소법원 등 법관이 취하여야 하는 절차이다. 법원은 피고인이 출석하고 있는 경우에는 그 기회에 고지하고, 출석하고 있지 않는 경우에는 소환 및 구인의 방법에 의해 법정에서 고지하여야 하며, 아래 판례 (1)에 따르면 피의자 내지 변호인에게 충분히 방어권 행사를 보장해 왔다면 법정에서의 그러한 고지절차 없이 구속영장을 발부하더라도 무방하다. 법정 외에서 집행할 경우 —집행자에 의한— 상기한 일정사유의 고지요청은 여기서도 적용되는 것으로 보는 것이 타당할 것이다.[183] 피고인을 구속한 때에는 변호인이 있는 경우에는 변호인에게, 변호인이 없는 경우에는 제30조 제2항에 규정한 자 중 피고인이 지정한 자에게 피고사건명, 구속일시 · 장소, 범죄사실의 요지, 구속의 이유와 변호인을 선임할 수 있는 취지를 알려야 한다(제87조 제1항). 통지는 지체 없이 서면으로 하여야 한다(제2항). 피고인을 구속한 때에는 즉시 공소사실의 요지와 변호인을 선임할 수 있음을 알려야 한다(제88조). 아래 판례 (2)의 태도에 따르면, 형사소송법 제88조는 사후 청문절차에 관한 규정이다.

관련판례 ① 형사소송법 제72조는 "피고인에 대하여 범죄사실의 요지, 구속의 이유와 변호인을 선임할 수 있음을 말하고 변명할 기회를 준 후가 아니면 구속할 수 없다"고 규정하고 있는바, 이는 피고인을 구속함에 있어 법관에 의한 사전 청문절차를 규정한 것으로서, 구속영장을 집행함에 있어 집행기관이 취하여야 하는 절차가 아니라 구속영장을 발부함에 있어 수소법원 등 법관이 취하여야 하는 절차라 할 것이므로, 법원이 피고인에 대하여 구속영장을 발부함에 있어 사전에 위 규정에 따른 절차를 거치지 아니한 채 구속영장을 발부하였다면 그 발부결정은 위법하다고 할 것이나, 위 규정은 피고인의 절차적 권리를 보장하기 위한 규정이므로 이미 변호인을 선정하여 공판절차에서 변명과 증거의 제출을 다하고 그의 변호 아래 판결을 선고받은 경우 등과 같이 위 규정에서 정한 절차적 권리가 실질적으로 보장되었다고 볼 수 있는 경우에는, 이에 해당하는 절차의 전부 또는 일부를 거치지 아니한 채 구속영장을 발부하였다 하더라도 이러한 점만으로 그 발부결정이 위법하다고 볼 것은 아니다(대결 2000.11.10, 2000모134).[184]

② 형사소송법 제88조는 "피고인을 구속한 때에는 즉시 공소사실의 요지와 변호인을 선임할 수 있음을 알려야 한다"고 규정하고 있는바, 이는 사후 청문절차에 관한 규정으로서 이를 위반하였다 하여 구속영장의 효력에 어떠한 영향을 미치는 것은 아니다(대결 2000.11.10, 2000모134).[185]

---

183) 이은모(2011), 255면.

184) 이에 대한 자세한 글로는 안철상, "구속영장 발부에 대한 불복과 구속영장 발부결정의 직권취소," 형사재판의 제 문제 제4권, 2003, 345-352면; 이충상, "변명의 기회 등의 부여와 구금영장 발부결정의 위법 여부에 관한 몇 가지 문제," 형사재판의 제 문제 제4권, 2003, 376-398면; 전상근, "현행 인신구속제도의 문제점과 개선방안," 우리법연구회 논문집(II), 2005, 151-176면 참조.

185) 이에 대하여 제88조는 구속영장을 집행할 때에 집행기관의 고지를 규정한 것으로 보아야 하며(신동운, 674면) 따라서 법원 또는 법관이 고지의 주체가 되는 것은 재판장, 수명법관 또는 수탁판사가 집행을 지휘하는 경우에 한한다고 해야 한다는 입장으로 이재상, 254면.

3. 피고인의 구속기간

피고인에 대한 구속기간은 2개월로 한다(제92조 제1항). 그러나 특히 구속을 계속할 필요가 있는 경우에는 심급마다 2개월 단위로 2차에 한하여 결정으로 갱신할 수 있다(따라서 원칙적으로는 제3심까지 최대가 총 14개월임). 다만, 상소심은 피고인 또는 변호인이 신청한 증거의 조사, 상소이유를 보충하는 서면의 제출 등으로 추가심리가 필요한 부득이한 경우에는 3차에 한하여 갱신할 수 있다(제2항). 공판절차가 정지된 기간 및 공소제기 전의 체포 · 구인 · 구금 기간은 구속기간에 산입하지 아니한다(제3항). 초일은 구속기간에 산입되고(제66조 제1항 단서), 말일이 토요일 공휴일인 경우에도 산입된다(제66조 제3항 단서). 2개월의 계산은 달력(역서)에 따른다(예컨대 3.15.에서 5.14.까지). 이 경우 만료 달에 해당 일이 없더라도 그 달 말 일에 구속기간은 만료된다(예컨대 12.30.부터 2.28.까지). 그리고 현실적으로 구속되지 않은 일수(예컨대 도망 중의 기간, 보석 내지 구속집행정지로 석방된 기간, 감정유치 중의 기간. 석방일과 재수감일이 같으면 1일만 산입됨)는 당연히 제한된다. 구속기간에 산입되지 않는 공판절차가 정지되는 사유로는 피고인의 심신상실 또는 질병에 의한 출정불능의 경우(제306조 제1항, 제2항), 기피신청이 있는 경우(제22조), 공소장변경이 있는 경우(제298조 제4항), 수소법원이 헌법재판소에 위헌심판을 청구한 경우가 있을 것이다. 이와 같이 형사소송법은 항소심과 상고심에서 추가심리가 필요한 부득이한 경우에는 3차에 한하여 구속기간을 갱신할 수 있도록 연장하였다. 또한 형사소송법은 공소제기 전의 체포 · 구속기간을 법원의 구속기간에 산입하지 아니하고 공소제기일을 기준으로 1심 구속기간을 계산하게 함으로써(제92조 제3항) 1심 구속기간도 늘어나게 되었다(종래에는 체포 · 구속시가 기산점이었음).

[설문 (22)의 해결] 검사가 피의자를 구속 상태에서 기소한 경우에는 그 피고인에 대해 이미 구속영장이 발부되어 있기 때문에 법원은 새로이 구속영장을 발부할 필요는 없을 것이다. 다만 피고인에 대한 구속기간 제한과 관련하여 법원은 그 구속기간을 연장하는 조치만 취하면 될 것이다. 그리고 형사소송법에 따르면 공소제기 전의 체포 · 구속기간을 법원의 구속기간에 산입하지 아니하고 공소제기일을 기준으로 1심 구속기간을 계산하여야 한다. 따라서 법원은 피의자 신분으로 수사절차에서 15일간 구속된 것은 고려함이 없이 공소제기시부터 2개월을 넘지 않는 범위에서 구속연장조치를 취하여야 할 것이다.

VI. 구속의 집행정지와 실효

1. 구속의 집행정지

(1) 집행정지의 직권결정

구속의 집행정지는 구속의 집행만을 정지하여 피의자를 석방하는 것을 말한다. 따라서 구속 자체의 효력이 상실되는 구속취소와는 구별된다. 법원 또는 검사는 상당한 이유가 있는 때에는 결정으로 구속된 피고인 또는 피의자를 친족, 보호단체 기타 적당한 자에게 부탁하거나 피고인·피의자의 주거를 제한하여 구속의 집행을 정지할 수 있다(제209조, 제101조 제1항). 공소제기 후 법원이 피고인에 대한 구속집행정지의 결정을 함에는 검사의 의견을 물어야 한다. 단 급속을 요하는 경우에는 그러하지 아니하다(제101조 제2항). 검사의 즉시항고를 허용하였던 종전의 제3항은 헌법재판소에 의하여 위헌결정을 받았고(헌재결 2012.6.27, 2011헌가36) 2015년 법 개정으로 삭제되었다.

(2) 당연집행정지

헌법 제44조에 의하여 구속된 국회의원에 대한 석방요구가 있으면 당연히 구속영장의 집행이 정지된다(제101조 제4항). 이에 따라 석방요구의 통고를 받은 검찰총장은 즉시 석방을 지휘하고 그 사유를 수소법원에 통지하여야 한다(제101조 제5항).

(3) 집행정지의 실효

법원 또는 검사는 보석취소사유와 동일한 사유가 있으면 결정으로 구속의 집행정지를 취소할 수 있다. 다만, 국회의원에 대한 구속영장의 집행정지는 그 회기 중 취소하지 못한다(제209조, 제102조 제2항). 정지기간이 한정된 결정이 있은 경우에 그 기간이 만료되면 당연히 다시 구속된다.

2. 구속의 실효

구속 그 자체의 효력이 상실되는 것으로는 구속의 취소와 구속의 당연실효가 있다.

(1) 구속의 취소

구속의 사유가 없거나 소멸된 때에는 법원 또는 검사가 결정으로 피고인·피의자에 대한 구속을 취소하여야 한다(제209조, 제93조). 피고인에 대해 법원은 직권 또는 검사 기타의 자의 청구에 의하여 구속취소결정을 한다(제93조). 이 경우 검사의 의견을 들어야 하고(제97조 제2항), 검사는 즉시항고할 수 있다(제4항).

(2) 구속의 당연실효

구속기간이 만료된 경우에 구속영장의 효력은 당연히 상실된다.[186] 그리고 피고인의 경우에는 이것 이외에도 무죄, 면소, 형의 면제, 형의 선고유예, 형의 집행유예, 공소기각 또는 벌금이나 과료를 과하는 판결이 선고된 때에는 구속영장은 효력을 잃는다(제331조).[187] 따라서 판결의 선고 후 피고인은 지체 없이 석방된다. 더 나아가 사형 · 자유형이 확정되면 형집행이 시작되므로 구속영장의 효력은 당연히 상실된다. 따라서 자유형의 확정으로 구속영장의 효력이 상실되면 법원은 구속의 취소결정을 할 수 없다.

[§ 18] 체포 · 구속 이후의 석방제도

Ⅰ. 석방제도의 개관

[설문 (23)] 甲이 상해혐의로 사법경찰에 의해 체포된 이후 구금상태로 수사절차(피의자 신분) 내지 재판절차(피고인 신분)를 거치는 과정에서 그때 그때 석방될 수 있는 경우를 개관해 보시오 〈유제: 2022년 제11회 변호사시험 문제〉

전술한 바와 같이 형사소송법에는 체포절차를 거치지 않고 곧바로 피의자가 구속되는 제도가 도입되어 있다. 그렇지만 피의자가 최초로 수사기관에 의해 강제로 인신 처분되는 가장 전형적인 것은 피의자체포(현행범체포, 긴급체포, 영장체포)이

186) 그러나 판례는 피고인에 대한 구속기간이 만료되는 경우 구속영장이 당연히 실효되는 것은 아니라는 입장이다(대판 1964.11.17, 64도428. 제한을 넘어 구속기간을 갱신한 경우에 있어서도 불법구속한 자에 대하여 형법상 · 민법상의 책임을 물을 수는 있다).

187) 구속영장의 실효 여부를 검사의 의견에 좌우된 구 형사소송법 제331조 단서인 "단, 검사로부터 사형, 무기 또는 10년 이상의 징역이나 금고의 형에 해당한다는 취지의 의견진술이 있는 사건에 대하여는 예외로 한다"는 규정은 헌법상의 적법절차의 원칙에 위배되어 위헌판결을 받고(헌재결 1992.12.24, 92헌가8) 8차 개정시 삭제되었다.

다. 상기한 [설문 (23)]이 요구한 그 이후 피의자가 석방될 수 있는 경우를 개관하면 다음과 같다. 우선 체포 다음으로 피의자의 구금상태를 계속 유지시킬 수 있는 인신처분은 구속인데, 이 경우 수사기관이 48시간 이내에 구속영장을 청구하지 아니하면 즉시 피의자를 석방하여야 한다. 반면에 구속영장이 신청되면 필요적 영장실질심사를 거치게 되어 있고, 이 경우 구속영장의 청구가 법관에 의해 기각되면 역시 피의자는 석방된다. 그리고 체포 또는 구속된 피의자는 법원에 적부심을 청구할 수 있고, 적부심 심사를 통해 체포 · 구속이 위법 또는 부당하다는 평가가 있으면 법원의 결정에 의해 석방될 수 있다. 그리고 구속적부심을 청구한 피의자(체포적부심을 청구한 피의자는 제외됨)가 적부심으로 석방될 수 없는 경우에 법원은 직권 재량으로 그 피의자를 보석석방할 수 있다. 다음으로 공소제기 이후의 피고인이 구속된 경우에 피고인은 법원에 보석을 청구할 수 있고, 이 청구가 있는 경우 법원은 원칙적으로 보석석방을 허가하여야 한다. 그리고 상기한 바와 같이, 구속된 피의자와 피고인은 일정한 경우에 구속의 집행정지와 구속취소에 의해서도 석방될 수 있다. 더 나아가 검경관계에서 전술한 바와 같이 검사의 관하 수사관서 체포 구속 장소 감찰제도에 의하여 체포 구속된 피의자가 석방될 수도 있다(제198조의2). 아래에서는 피의자와 피고인에게 각각 나누어 청구권을 보장하는 체포 · 구속적부심사제도(피의자청구권)와 보석제도(피고인청구권)에 대해 구체적으로 살펴보기로 한다.

Ⅱ. 체포 · 구속적부심사제도

1. 서 론

(1) 의 의

체포 · 구속적부심사제도는 수사기관에 의하여 체포 또는 구속된 피의자에 대하여 법원이 그 적법여부와 필요성을 심사하여 그 체포 · 구속이 부적법 · 부당한 경우에 피의자를 석방시키는 제도를 의미한다. 이에 의해 석방 결정된 경우에 구속 자체의 효력이 상실되는 점에서 단순히 집행만이 정지되는 보석 및 구속의 집행정지와 구별되고, 대상이 피의자에 한하는 점에서 법원이 주로 구속된 피고인을 석방하는 보석제도와 구별된다. 그리고 적부심 석방은 구속 자체의 효력을 상실시키는 점에서 피의자에 대한 구속취소와 동일하지만 그 사유와 결정주체(보석은 법원, 피의자에 대한 구속취소는 검사)가 다르다.

(2) 연 혁

구속적부심사제도는 1948년 3월 20일 미군정법령 제176호에 의하여 우리나라에 처음 도입되었다가, 1948년 제헌헌법과 1954년 제정 형사소송법에서도 규정되었다. 그 이후 3공화국까지의 헌법과 형사소송법에서 이 제도가 유지되다가 1972년 소위 유신헌법에서는 옥상옥이론을 내세워 삭제되었다. 그 이후 이 제도는 1980년 제5공화국헌법에서 다시 부활되었지만, 구속영장의 발부가 법률에 위반한 때와 구속 후 중대한 사정변경이 있어 구속을 계속할 필요가 없을 때에만 적부심청구를 허용하였으며 검사인지사건과 공안사건 및 법정형이 중한 사건에는 이를 허용하지 않았다. 그러다가 1988년의 헌법과 그에 따른 제6차 개정 형사소송법은 청구권의 배제조항을 삭제하였다. 그 이후 1995년의 개정 형사소송법은 영장체포제도를 도입하면서 영장체포의 경우에도 적부심을 청구할 수 있게 하였다. 드디어 2008년 현재 시행되는 개정 형사소송법은 영장에 의하지 않은 체포의 경우도 대상으로 포함, 청구에 대한 고지절차의 신설, 심사기한을 청구서 접수 후 48시간 이내로 제한, 조서작성의 의무화를 그 내용으로 규정하였다.

(3) 외국제도와의 비교

1) 영미법의 인신보호영장(writ of habeas corpus) 제도 이 제도는 구속의 적법여부를 심사하기 위하여 일시와 장소를 지정하여 피구속자의 신체를 제시하라는 법원의 영장으로서 이를 통해 구속의 적법여부만 심사한다. 구속의 계속성 여부에 대한 심사를 하지 않는 점에서 우리나라의 적부심제도와 다르다.

2) 독일의 구속심사제도 독일 형사소송법은 영장 없이 행하는 긴급구속과 영장에 의한 구속시에는 지체없이 법관에게 인치하여 늦어도 다음날 이전에 법관의 심문을 받게 하도록 규정하고 있다(독일 형사소송법 제115조, 제128조). 더 나아가 구속심사제도(Haftprüfung)를 규정하여 구속된 피의자는 언제나 법원에 구속의 취소나 그 집행정지의 여부에 대한 심사를 청구할 수 있고, 그리고 변호인 없는 피의자가 구속심사신청이나 구속에 관한 항고를 제기함이 없이 3개월이 경과한 경우에는 직권으로 심사하도록 하였다(제117조). 이 제도는 영미의 인신보호영장제도와 같이 구속의 적법성을 심사하는 것이 아니라 구속의 계속적 필요성을 심사하는 것이다.

3) 일본의 구류이유개시제도 일본의 구류이유개시제도는 구금의 이유를 공개법정에서 개시하여야 하는 제도로서 간접적으로 불법구금을 방지하고자 하려는 것이

다. 따라서 이것은 석방까지 명할 수 있는 영미의 인신보호영장제도와는 구별된다.

2. 심사청구

(1) 청구권자

형사소송법에 따르면, 체포되거나 또는 구속된 피의자 또는 그 변호인, 법정대리인, 배우자, 직계친족, 형제자매나 가족, 동거인 또는 고용주는 관할법원에 체포 또는 구속의 적부심사를 청구할 수 있다(제214조의2 제1항). 피의자를 체포하거나 구속한 검사 또는 사법경찰관은 체포되거나 구속된 피의자와 제1항에 규정된 사람 중에서 피의자가 지정하는 사람에게 제1항에 따른 적부심사를 청구할 수 있음을 알려야 한다(제2항). 개정 형사소송법이 적부심사 청구대상에서 '영장' 요건을 삭제하여 영장에 의한 체포 이외에 긴급체포, 현행범인 체포에 대해서도 적부심사를 허용함으로써 종래의 견해대립을 입법적으로 해결하였다. 그리고 수사기관에 의하여 임의동행되어 보호실에 유치되는 것은 실질적으로 체포 · 구속과 동일한 것이기 때문에 보호실 유치된 피의자에 대해서도 체포 · 구속적부심사청구권을 허용하여야 할 것이다. 그러나 사인에 의하여 불법체포 · 구속된 자는 여기에 포함되지 않는다.

그리고 청구권자는 피의자에 한하므로 공소제기 후의 피고인은 적부심청구를 할 수 없다. 피의자가 적부심을 청구한 이후 결정 전에 검사가 전격기소한 경우의 법원조치에 대해서는 종래 적부심청구기각설과 실체심리진행설의 대립이 있었다.[188] 그러나 심사청구 후 피의자에 대하여 공소제기가 있는 경우에도 심판절차를 진행하여야 한다는 내용의 법 개정을 통해 이 점도 입법적으로 해결되었다(제4항 제2문). 그리고 동거인이나 고용주도 청구권자에 포함시키는 확대조치를 취하였다.

(2) 청구사유

청구사유는 체포 또는 구속의 적부이다. 이에는 불법은 물론이고 부당도 포함된다. 체포 · 구속이 불법한 경우로는 재구속의 제한(제208조)을 위반한 경우, 체포피의자에 대한 사후영장청구기간의 제한을 위반한 경우, 구속사유가 없는 구속, 경미

188) 헌법재판소는 법원에 구속적부심을 청구했지만 검사가 기소하는 바람에 적부심에서 기각결정을 받자 낸 헌법소원 사건에서 "법원이 실질적인 판단을 하지 못하고 그 청구를 기각할 수밖에 없어 구속적부심사의 청구인에게 법원의 실질적 심사를 받을 '절차적 기회'의 박탈을 초래하므로 제214조의2 제1항의 규정이 헌법에 합치되지 않는다"고 결정하였다(헌재결 2004.3.25, 2002헌바104).

사건에 있어 주거가 일정함에도 구속한 경우, 체포구속기간을 도과한 이후에도 계속 구속한 경우 등이 해당될 수 있다. 체포 · 구속이 부당한 것은 사정변경으로 구속계속의 필요성이 부정되는 경우에 인정될 수 있다. 예컨대, 피해변상, 합의 또는 고소취소가 있는 경우가 여기에 해당할 수 있다.

(3) 청구방법

체포 · 구속심사청구권자는 피의사건의 관할법원에 체포 또는 구속의 적부심사를 청구하여야 한다(제214조의2 제1항). 청구는 서면으로 하여야 하고 일정한 기재사항을 기재하여야 한다. 피의자를 체포 또는 구속한 검사 또는 사법경찰관은 피의자와 기타 청구권자 중에서 피의자가 지정하는 자에게 적부심사를 청구할 수 있음을 알려야 한다(제214조의2 제2항).

3. 법원의 심사

(1) 심사법원

적부심사 청구에 대해서는 지방법원 합의부 또는 단독판사가 심사한다. 체포영장이나 구속영장을 발부한 법관은 심문, 조사, 결정에 관여하지 못한다. 다만, 체포영장이나 구속영장을 발부한 법관 외에는 심문, 조사, 결정을 할 판사가 없는 경우에는 그러하지 아니하다(동조 제12항).

(2) 심문기일의 지정과 통지

적부심 청구를 받은 법원은 '지체 없이' 청구인, 변호인, 검사 및 피의자를 구금하고 있는 관서의 장에게 심문기일과 장소를 통지하여야 한다(규칙 제104조 제1항). 통지는 서면 외에 전화 등 그 밖에 적당한 방법으로 할 수 있다(규칙 제104조 제3항).

(3) 국선변호인제도

체포되거나 구속된 피의자에게 변호인이 없는 때에는 제33조의 규정에 따라 법원은 국선변호인을 선정하여야 한다(제10항).[189] 이 경우에는 국선변호인의 출석도 절차개시의 요건이 된다. 한편 필요적 변호사건[190]에 해당하므로 무심문 기각결

---

189) 신체구속된 피의자의 변호인은 적부심절차에서 피의자를 조력하기 위해 고소장과 피의자신문조서를 열람 · 등사할 수 있다(헌재결 2003.3.27, 2000헌마474).

190) 그러나 형사소송법 제282조, 제283조가 준용되지 않으므로 변호인이 출석하지 않더라도 심문절차를 진행할 수 있다.

정의 경우에도 국선변호인의 선정이 필요하다.

(4) 법원의 심리

청구를 받은 법원은 청구서가 접수된 때부터 48시간 이내에 체포되거나 구속된 피의자를 심문하고 수사관계서류와 증거물을 조사하여야 한다(제4항). 검사, 변호인, 청구인은 심문기일에 출석하여 의견을 진술할 수 있다(제9항). 심문을 함에 있어 법원은 공범의 분리심문이나 수사상의 비밀보호를 위한 적절한 조치를 취하여야 한다(제11항). 그리고 법원이 수사 관계 서류와 증거물을 접수한 때부터 결정 후 검찰청에 반환된 때까지의 기간은 제200조의2 제5항(제213조의2에 따라 준용되는 경우를 포함한다) 및 제200조의4 제1항을 적용할 때에는 그 제한기간에 산입하지 아니하고, 제202조 · 제203조 및 제205조를 적용할 때에는 그 구속기간에 산입하지 아니한다(제13항).

(5) 체포 · 구속 적부심사 조서작성의 의무화

체포 · 구속적부심사의 경우에도 제201조의2 제6항이 준용되므로 체포 · 구속적부심사조서는 구속전 피의자심문조서에 준하여 작성해야 한다(제14항). 적부심조서에 기재된 피의자 진술의 증거능력에 대해서는 (i) 제311조가 규정한 법원 또는 법관 면전 조서로 파악하는 방법, (ii) 제313조 제1항이 규정한 피고인의 진술을 기재한 기타 서류로 해석하는 방법, (iii) 제315조(당연히 증거능력이 있는 서류) 제3호가 규정한 '기타 특히 신용할 만한 정황에 의하여 작성된 문서'에 해당한다고 해석하는 방법[191] 등이 제시될 수 있다. 판례는 이 때 피의자의 자백이 기재된 구속적부심사조서는 특별한 사정이 없는 한 피고인이 증거로 함에 부동의 하더라도 제315조 제3호에 의하여 당연히 증거능력이 인정된다고 한다(대판 2004.1.16, 2003도5693).[192] 생각건대, 제311조의 법관면전조서는 진실을 말할 의무가 있는 증인을 대상으로 한 경우를 규정한 것이기 때문에 그러한 의무가 없는 피의자의 진술을 기재한 적부심 조서를 여기에 포함시킬 수 없고, 제315조는 범죄와 관계 없이 통상 업무적으로 작성되는 서류를 규정한 것으로 보아야 하기 때문에 피의자 신분으로 진술한 것을 기재한 적

191) 노명선/이완규, 220면; 배종대/이상돈/정승환(2008), 156면; 이재상(신 2009), 277면; 정웅석/백승민, 565면

192) 다만 판례는 구속적부심사절차가 피고인의 권리보장을 위한 절차라는 점에 주목하여 그 구속적부심사조서에 기재된 진술의 신빙성 판단에 신중을 기할 것을 요구하고 있다.

부심 조서를 —판례태도와는 달리— 여기에도 포함시키지 않는 것이 타당하다.[193] 그에 반하여 적부심 조서를 제313조 제1항이 규정한 피고인의 진술을 기재한 기타 서류로 해석하는 것은 일응 가능한 것으로 판단된다. 그렇지만 구속계속 여부에 직면한 피의자가 이를 피하기 위해 행한 진술에는 완전한 진정성이 인정되기가 어렵기 때문에(대개 자백하여야 도주 또는 증거인멸의 우려라는 구속사유가 없는 것으로 인정받기 쉬움) 적부심 조서에 대해서는 아예 전문법칙의 예외 적용을 부정하고, 전문법칙의 원칙 규정(제310조의2)에 따라 본증으로서의 증거능력을 부정하는 것이 가장 타당하다(탄핵증거능력은 허용하여도 무방할 것임).

4. 법원의 결정

(1) 결정시한

법원은 체포 또는 구속된 피의자에 대한 심문이 종료된 때로부터 24시간 이내에 체포 · 구속적부심사청구에 대한 결정을 하여야 한다(규칙 제106조). 이 경우 법원이 수사관계서류와 증거물을 접수한 때부터 결정 후 검찰청에 반환된 때까지의 기간은 체포 또는 구속기간에 산입되지 않는다(제214조의2 제13항).

(2) 기각결정

법원은 청구권자 아닌 자가 청구하거나 동일한 체포영장 또는 구속영장의 발부에 대하여 재청구한 때, 공범 또는 공동피의자의 순차청구가 수사방해의 목적임이 명백한 때에는 심문 없이 결정으로 청구를 기각할 수 있다(제3항). 그리고 그 청구가 이유 없다고 인정한 때에도 결정으로 이를 기각한다(제4항).

(3) 석방결정과 효력발생시점

법원은 이유 있다고 인정한 때에는 결정으로 체포 또는 구속된 피의자의 석방을 명하여야 한다. 심사청구 후 피의자에 대하여 공소제기가 있는 경우에도 또한 같다(제4항). 석방결정서는 명령장의 성질을 가진다. 석방결정을 하는 경우에 주거의 제한, 법원 또는 검사가 지정하는 일시 · 장소에 출석할 의무 기타 적당한 조건을 부가할 수 있다(제6항). 그리고 석방결정은 그 결정서가 검찰청에 송달된 때로부터 효

---

193) 적부심제도가 자칫 검사에 의하여 피의자의 법관면전진술을 확보하는 장치로 전용될 위험이 있으므로 처음부터 증거능력을 인정하지 않는 것이 타당하다는 견해로는 신동운, 801면.

력이 발생한다(제42조). 그런데 법원이 석방결정을 한 후 그 결정서가 검찰청에 송달되기 전에 공소가 제기된 경우에 법원의 조치가 종래에 문제되었다. 즉 결정유효설과 결정무효설의 견해대립이 있었다. 그러나 이 문제는 심사청구 후 공소제기된 자를 포함한다는 문구를 추가한 제4항과 제5항의 법 개정을 통하여 전자의 태도로 귀결되었다.

(4) 재체포 및 재구속의 제한

체포 또는 구속적부심사결정에 의하여 석방된 피의자가 도망하거나 범죄의 증거를 인멸하는 경우를 제외하고는 동일한 범죄사실에 관하여 재차 체포하거나 구속하지 못한다(제214조의3 제1항).

5. 보증금납입조건부 피의자석방제도

[설문 (23a)] 긴급 체포된 甲이 수사단계에서 보증금을 납입하고 석방되었다면(그리고 그 이후 재구금까지 되었다면), 긴급체포 후 석방(그 이후 재구금)까지 형사소송법상 어떤 절차가 진행되었을지 설명하시오(2018년 2차 모의변호사시험 문제). 그리고 법원의 석방결정에 대해 검사는 즉시항고 또는 보통항고의 불복을 할 수 있겠는가?

(1) 의 의

법원은 구속된 피의자에 대하여 피의자의 출석을 보증할 만한 보증금의 납입을 조건으로 하여 결정으로 석방을 명할 수 있다. 이러한 보증금납입조건부 석방결정제도는 보석제도를 구속적부심제도와 결합시켜 피의자에 대한 석방의 기회를 확대한 것이다. 이 제도는 피고인에 대한 보석제도와 유사하지만 피의자가 바로 법원에 청구할 수 있는 권리가 아닌 점, 필요적 보석이 인정되지 않는 점, 석방결정으로 구속영장의 효력이 상실되는 점, 따라서 취소제도가 아니라 재구속만을 인정하는 점 등에서 다르다.

(2) 적용범위

1) 대 상 자 법원은 구속된 피의자에 한하여 보증금납입을 조건으로 석방을 명할 수 있다(제214조의2 제5항). 따라서 형사소송법의 문언에만 엄격히 따르면 긴급체포된 피의자는 물론이고 체포영장에 의하여 체포된 피의자의 경우에도 법원은

보석결정을 할 수 없다. 이것은 우리나라 판례의 태도이기도 하다(대결 1997.8.27, 97모21). 그러나 비록 법문에는 '구속'이라는 용어가 쓰였다고 하더라도 그것에 대해 체포, 구인 및 구금을 포함하는 넓은 의미로 해석하여서 체포된 피의자에게 기소전 보석을 허용하는 방향으로 나아가야 할 것이다(또는 입법론으로서의 방향).

상기한 [설문]에서 긴급 체포된 甲이 보증금납입조건부 석방이 되기 위해서는 검사의 구속영장 청구(긴급체포 후 48시간 이내), 법관에 의한 구속 영장의 발부(실질심사제도), 이에 대한 甲의 법원 구속적부심청구의 절차가 진행되어 왔어야 할 것이다. 법원의 석방결정에 대해 검사가 불복할 수 있는지는 후술하기로 한다.

2) 석방불허 사유 피의자에게 범죄의 증거를 인멸할 염려가 있다고 믿을 만한 충분한 이유가 있는 때와 피해자, 당해 사건의 재판에 필요한 사실을 알고 있다고 인정되는 사람 또는 그 친족의 생명 · 신체나 재산에 해를 가하거나 가할 염려가 있다고 믿을 만한 충분한 이유가 있는 때에는 석방을 명할 수 없다(제5항 단서).

(3) 절 차

피의자의 석방결정을 하는 경우에는 주거의 제한, 검사 또는 검사가 지정하는 일시 · 장소에 출석할 의무, 그 밖의 적당한 조건을 부가할 수 있다(동조 제6항). 기타 보증금결정, 피의자석방 후의 집행절차, 보증금의 환부 등에 관한 사항은 피고인의 보석에 관한 규정을 준용한다(제7항). 그러나 보증금의 몰수에 대해서는 형사소송법이 특별규정을 두고 있다. 법원은 이 제도를 통하여 석방된 자를 재구속제한의 예외사유(제214조의3 제2항)로 재구속할 때, 석방피의자에 대해 공소가 제기된 후 법원이 동일한 범죄사실에 관하여 재구속 할 때 납입된 보증금의 전부 또는 일부를 몰수할 수 있다(제214조의4 제1항). 그리고 법원은 이 제도를 통하여 석방된 자가 동일한 범죄사실에 관하여 형의 선고를 받고 그 판결이 확정된 후, 집행하기 위한 소환을 받고 정당한 이유 없이 출석하지 아니하거나 도망한 때에는 직권 또는 검사의 청구에 의하여 결정으로 보증금의 전부 또는 일부를 몰수하여야 한다(제214조의4 제2항).

6. 재체포 · 재구속의 제한

[설문 (23b)] 경찰관 P는 甲을 적법하게 긴급체포하였으나 甲은 석방되었다. P가 보강수사를 거쳐 다른 중요한 증거를 발견하여 甲을 다시 긴급체포할 수 있는지를 ① 구속영장이 발부되지 못하여 석방된 경우와 ② 체포적부심사청구를 통하여 석방

된 경우로 나누어 설명하시오. (2016년 2차 모의변호사시험문제)

상기한 [설문]과 관련하여, 체포 또는 구속적부심사결정에 의하여 석방된 피의자가 도망하거나 죄증을 인멸하는 경우를 제외하고는 동일한 범죄사실에 관하여 재차 체포 또는 구속하지 못한다(제214조의3 제1항). 그리고 제214조의2 제5항에 따라 석방(즉 직권보석석방)된 피의자에 대해서는 (i) 도망한 때 (ii) 도망하거나 범죄의 증거를 인멸할 염려가 있다고 믿을 만한 충분한 이유가 있는 때 (iii) 출석요구를 받고 정당한 이유 없이 출석하지 아니한 때 (iv) 주거의 제한이나 그 밖에 법원이 정한 조건을 위반한 때의 사유가 있는 경우를 제외하고는 동일한 범죄사실에 관하여 재차 체포 또는 구속하지 못한다(제2항). 이미 전술한, 긴급체포 후 구속영장이 발부되지 못하여 석방된 경우는 영장 없이는 동일사건으로 다시 긴급체포하지 못한다(제200조의4 제3항). 그러나 영장에 의한 체포는 가능하다.

7. 결정에 대한 불복

형사소송법 제214조의2 제8항은 체포 · 구속적부심에 관한 법원의 기각결정 및 석방결정에 대하여 항고하지 못하도록 규정하고 있다. 금지이유는 항고로 인한 수사의 지연과 심사의 장기화를 피하기 위한 것으로 판단된다. 문제는 보증금 납입을 조건으로 한 석방결정에 대하여도 항고할 수 없는가에 있다. 이에 대하여 학설은 항고허용설[194]과 항고금지설[195]의 대립이 있으나, 판례는 "법 제214조의2 제3항의 석방결정은 체포 또는 구속이 불법이거나 이를 계속할 사유가 없는 등 부적법한 경우에 피의자의 석방을 명하는 것임에 비하여, 같은 법 제214조의2 제4항의 석방결정은 구속의 적법을 전제로 하면서 그 단서에서 정한 제한사유가 없는 경우에 한하여 출석을 담보할 만한 보증금의 납입을 조건으로 하여 피의자의 석방을 명하는 것이어서 같은 법 제214조의2 제3항의 석방결정과 제4항의 석방결정은 원래 그 실질적인 취지와 내용을 달리하는 것이고, 또한 기소 후 보석결정에 대하여 항고가 인정되는 점에 비추어 그 보석결정과 성질 및 내용이 유사한 기소 전 보증금 납입 조건부 석

---

194) 신양균, 184면; 임동규, 205면; 이은모, 299면. 단순한 석방결정과 보증금납입조건부 석방결정은 그 취지와 성격이 다르다는 점을 근거로 한다.

195) 하태영, "긴급체포된 피의자의 체포적부심사청구," 비교형사법연구, 1999, 323면; 신동운, 197면. 석방결정은 법원의 재량에 의한 것이므로 권리로서 보석신청권이 부여되는 피고인보석과 동일하게 취급할 것은 아니라는 점을 근거로 한다.

방결정에 대하여도 항고할 수 있도록 하는 것이 균형에 맞는 측면도 있다할 것이므로, 같은 법 제214조의2 제4항의 석방결정에 대하여는 피의자나 검사가 그 취소의 실익이 있는 한 같은 법 제402조에 의하여 항고할 수 있다"고 판시하여(대결 1997.8.27, 97모21) 항고가 허용된다는 입장이다.

Ⅲ. 보석제도

1. 의 의

(1) 개 념

보석(bail, Sicherheitsleistung)이란 일정한 보증금의 납부 등을 조건으로 하여 구속의 집행을 정지함으로써 구속된 피고인을 석방하는 제도를 말한다. 구속의 집행정지(제101조, 제209조)와 법적 성질을 같이 하지만 보증금 납부 등을 필요적 조건으로 하는 점에서 양자는 구별된다. 따라서 보석은 구속영장의 효력은 유지되고, 보석이 취소되면 당연히 구속영장의 효력은 부활된다. 반면에 보석석방은 구속영장의 효력이 실효되는 구속의 취소(제93조, 209조)와는 그 법적 성질을 달리한다. 따라서 구속취소의 경우 사후에 구속필요성이 생기면 재구속을 하여야 한다. 그리고 보석청구권은 공소제기 이후의 피고인에게만 허용되기 때문에 수사절차에서의 피의자를 석방하기 위한 제도인 체포구속적부심사제도와는 구별된다. 다만 구속적부심을 청구한 피의자에 대해서는 법원의 재량 및 직권에 의한 보석제도가 도입되어 있다.

(2) 제도의 취지

보석제도는 당사자주의 이념을 실현하기 위하여 구속된 범죄자를 석방시켜서 방어준비를 다할 수 있게 하면서도 출석을 확보하여 구속의 효과를 달성하려는 것이다. 헌법이 규정한 무죄추정의 법리도 실현하는 것이다. 그리고 국가경제상 경비를 절약할 수 있게 하고 형사정책상 잡거구금의 폐해를 방지하는 데에도 기여한다. 그런데 대륙법계에서 보석제도는 가진 자의 특권을 인정하는 것이라는 이유로 널리 활용되지 못한다. 오히려 구속기간을 제한하는 방향으로 간다. 그러나 영미법계에서는 피고인에 대한 절대적 권리로서 보석권을 인정하여 널리 활용하고 있다. 특히 보석제도는 수사절차에서 활용되고 있다. 우리나라는 구속기간의 제한과 보석제도의 양자를 병용하고 있으며, 보석청구권을 공소제기 이후의 피고인의 권리로서만 보장하고 있는 점에서 다소 낙후적이다.

2. 피고인을 위한 보석제도

(1) 종 류

1) 청구보석과 필요적 보석의 원칙 보석에는 보석청구권의 유무에 따라 청구보석과 직권보석이 있다. 그리고 보석결정에 대한 법원의 재량유무에 따라서 필요적 보석(권리보석)과 임의적 보석(재량보석)으로 구분된다. 형사소송법은 보석청구가 있으면 반드시 허가하여야 하는 청구보석 및 필요적 보석을 원칙으로서 규정하고 있다(제95조). 반면에 임의적 보석은 보충적으로만 인정된다(제96조). 그런데 형사소송법에는 필요적 보석의 제외사유가 너무 광범위하여 보석제도의 취지가 반감된다는 비판이 제기된다. 다만 집행유예결격자라고 하여서 보석을 할 수 없는 것은 아니다(대판 1990.4.18, 90모22).

2) 필요적 보석의 제외사유

(가) 중대한 범죄(제1호) 피고인이 사형, 무기 또는 장기 10년이 넘는 징역이나 금고에 해당하는 죄를 범한 때에는 실형선고의 개연성이 커서 보증금만으로 출석확보가 어렵기 때문에 제외사유로 한 것이다. 여기서 10년이 넘는 자유형이란 장기를 말하고 법정형을 의미한다. 장기를 기준으로 한 것은 제외사유의 범위를 너무 넓혔다는 입법론적 비판을 받는다. 그리고 여기의 죄는 공소장에 기재된 죄명을 의미하고 법원이 인정하는 죄를 말하지 않는다.

(나) 누범 또는 상습범(제2호) 이 경우에는 실형선고의 개연성이 크고, 도망의 우려가 현저하기 때문에 필요적 보석의 제외사유로 해석된다는 것이 다수설이다. 그러나 재범의 위험성으로부터 사회를 방위하기 위한 것이라는 주장도 있다.[196)]

(다) 증거인멸 또는 증거인멸의 위험(제3호) 보석이 증거인멸을 방지하기 위한 구속을 대신할 수 없다는 점을 이유로 하지만, 많은 학자들은 수사절차에서 증거가 충분히 수집되고 피고인에게만 보석이 허가되므로 이를 제외사유로 한 것은 타당하지 않다고 한다.[197)]

(라) 도망 또는 도망할 염려(제4호) 이 제외사유에 대해 많은 학자들은 보석

---

196) 신동운, 689면; 차용석/최용성, 350면.
197) 강구진, 212면; 이재상, 285면; 차용석/최용성, 351면; 김희옥, 앞의 논문, 92면.

이 보증금의 몰수라는 심리적 압박에 의하여 피고인의 도망을 방지하기 위한 제도이므로 도망의 염려를 이유로 보석을 허가하지 않는 것은 논리적 모순이며 보석 자체를 부정하는 결과가 된다는 비판을 한다.[198] 생각건대 범죄 내지 범죄자의 자력 및 배경에 따라서는 보증금의 몰수만으로 도망을 방지할 수 없는 경우도 허다하다. 예컨대 범죄단체의 구성원이나 간첩의 경우에는 보증금의 몰수가 도망을 방지하는데 아무런 효과가 없으므로 이를 제외사유로 한 것은 타당하다고 본다.[199]

(마) 주거불명(제5호) 여기의 주거불명이란 법원이 피고인의 주거를 알 수 없는 경우를 말한다. 피고인의 진술거부가 있더라도 법원이 알고 있었다면 여기에 해당하지 않는다.[200]

(바) 피해자 등에 대한 위해(제6호) 피고인이 피해자, 당해 사건의 재판에 필요한 사실을 알고 있다고 인정되는 자 또는 그 친족의 생명 · 신체나 재산에 해를 가하거나 가할 염려가 있다고 믿을 만한 충분한 이유가 있는 때에는 필요적 보석의 제외사유가 된다. 피해자와 증인보호를 위해 1995년 제8차 개정에서 신설되었다.

3) 예외사유의 판단과 여죄 필요적 보석의 제외사유를 판단함에 있어서 구속영장에 기재된 범죄사실만을 기준으로 할 것인가 또는 여죄를 고려할 수 있는가에 대하여 견해가 대립되나,[201] 여죄 고려시 필요적 보석의 원칙이 형해화할 우려가 있으므로 소극설이 타당하다.

(2) 임의적 보석

필요적 보석의 제외사유에 해당하는 때에도 법원은 상당한 이유가 있는 때에는 직권 또는 보석청구권자의 청구에 의하여 결정으로 보석을 허가할 수 있다(제96조).[202] 소위 병보석이 대표적 예이다. 이 조항은 직권보석 이외에 청구보석도 포함

---

198) 강구진, 212면; 배종대/이상돈, 286면; 신동운, 691면; 차용석/최용성, 351면; 김희옥, 앞의 논문, 84면.

199) 같은 취지로 이재상, 279면.

200) 배종대/이상돈, 286면; 이재상, 279면.

201) 구속은 피고인에 대한 것이므로 여죄도 고려해야 한다는 적극설, 구속의 효력은 구속영장에 기재된 사실에 대하여만 미치므로 여죄를 고려할 수 없다는 소극설, 병합심리 중인 때에는 여죄도 고려할 수 있다는 절충설, 제95조 제1호, 제2호, 제4호의 사유에는 여죄를 고려할 수 있으나 제3호의 경우에는 고려할 수 없다는 중간설이 있다.

202) 제8차 개정 전에 제96조의 표제는 임의적 보석이 아니라, 직권보석이었는데, 이를 두고 제96조는 직권보석을 규정한 것으로 보는 견해(김기두, 108면) 또는 직권보석과 임의적 보석의 양자를 규정한 것으로 보는 견해(강구진, 213면; 백형구, 241면; 김희옥, "보석제도,"

하고 있기 때문에 공통적으로는 임의적 보석(재량보석)을 규정한 것으로 해석될 수 있다.

(3) 절 차

1) 보석의 청구 피고인, 피고인의 변호인 · 법정대리인 · 배우자 · 직계친족 · 형제자매 · 가족 · 동거인 또는 고용주는 법원에 구속된 피고인의 보석을 청구할 수 있다(제94조). 보석청구는 서면으로 하여야 한다(규칙 제53조 제1항). 공소제기 후 재판의 확정 전까지는 심급을 불문하고 보석을 청구할 수 있고, 상소기간 중에도 가능하다(제105조)

2) 검사의 의견 재판장은 보석에 관한 결정을 하기 전에 검사의 의견을 물어야 한다(제97조 제1항). 개정 형사소송법은 보석청구가 있는 경우 검사에게 의견을 구하는 주체를 재판장으로 명확히 규정하고, 신속한 신병 결정을 위하여 검사의 동의간주 규정을 삭제하면서 검사는 '지체 없이' 의견을 밝힐 의무규정을 신설하였다(제3항). 검사의 의견 표명기한을 명시하지 아니하고 불확정 개념인 '지체 없이'라는 표현을 사용한 것은 실무상 보석청구서가 접수된 관할법원에서 보석청구서 사본이 해당 검찰청의 담당검사에게 송부되고 이것이 다시 관할법원으로 반환될 때까지의 물리적인 시간 및 기록 검토시간이 필요하지만, 최대한 신속한 절차진행을 촉구하는 주의의무를 규정한 것이다. 판례에 따르면, 검사의 의견청취의 절차는 보석에 관한 결정의 본질적 부분이 되는 것은 아니므로, 설사 법원이 검사의 의견을 듣지 아니한 채 보석에 관한 결정을 하였다고 하더라도 그 결정이 적정한 이상, 절차상의 하자만을 들어 그 결정을 취소할 수는 없다(대결 1997.11.27, 97모88).

3) 법원의 심판 보석의 청구를 받은 법원은 지체 없이 심문기일을 정하여 구속된 피고인을 심문하고, 보석의 허가 여부를 결정하여야 한다(규칙 제54조의2 이하). 보석청구가 부적법하거나 이유가 없는 때에는 그 청구를 기각하여야 한다. 다만 필요적 보석의 경우는 제외사유에 해당하지 않는 이상 기각결정이 허용되지 않는다.

4) 보석의 조건

(가) 보석조건의 다양화 형사소송법은 보석조건을 다양화하여 비금전적인

고시계, 1984.10, 85면)도 있으나, 직권보석 이외에 청구보석을 포함하고 둘 다 임의적 보석(재량보석)으로 해석하는 견해(배종대/이상돈, 287면; 이재상, 280면; 신현주, 231면; 정영석/이형국, 206면)가 타당하다.

보석조건을 인정함으로써 경제적 무자력자에게도 보석의 기회를 확대하고, 피고인과 개별 사안의 구체적인 사정에 가장 적합한 보석조건을 허용하도록 입법조치하였다. 형사소송법에 따르면, 법원은 보석을 허가하는 경우에는 필요하고 상당한 범위 안에서 (i) 법원이 지정하는 일시 · 장소에 출석하고 증거를 인멸하지 아니하겠다는 서약서를 제출할 것, (ii) 법원이 정하는 보증금에 해당하는 금액을 납입할 것을 약속하는 약정서를 제출할 것, (iii) 법원이 지정하는 장소로 주거를 제한하고 이를 변경할 필요가 있는 경우에는 법원의 허가를 받는 등 도주를 방지하기 위하여 행하는 조치를 받아들일 것, (iv) 피해자, 당해 사건의 재판에 필요한 사실을 알고 있다고 인정되는 자 또는 그 친족의 생명 · 신체 · 재산에 해를 가하는 행위를 하지 아니하고 주거 · 직장 등 그 주변에 접근하지 아니할 것, (v) 피고인 외의 자가 작성한 출석보증서를 제출할 것, (vi) 법원의 허가 없이 외국으로 출국하지 아니할 것을 서약할 것, (vii) 법원이 지정하는 방법으로 피해자의 권리회복에 필요한 금원을 공탁하거나 그에 상당한 담보를 제공할 것, (viii) 피고인 또는 법원이 지정하는 자가 보증금을 납입하거나 담보를 제공할 것, (ix) 그 밖에 피고인의 출석을 보증하기 위하여 법원이 정하는 적당한 조건을 이행할 것의 조건 중 하나 이상의 조건을 정하여야 한다(제98조).

(나) 보석조건의 결정시 고려사항 형사소송법은 실무상 '피해배상'이 피고인의 도주우려나 증거인멸의 우려를 현저히 감소시키는 대표적인 사정이므로 피해자에 대한 배상 등 범행 후의 정황에 관련된 사항도 보석조건 결정시 고려사항으로 추가하였다. 형사소송법에 따르면, 법원은 제98조의 조건을 정함에 있어서 (i) 범죄의 성질 및 죄상(罪狀), (ii) 증거의 증명력, (iii) 피고인의 전과 · 성격 · 환경 및 자산, (iv) 피해자에 대한 배상 등 범행 후의 정황에 관련된 사항을 고려하여야 한다(제99조 제1항).[203] 그리고 법원은 피고인의 자금능력 또는 자산 정도로는 이행할 수 없는 조건을 정할 수 없다(제2항).

5) 불 복 보석을 허가하는 결정에 대하여 검사의 즉시항고를 허용하였던 종래의 형사소송법 문언이 헌법재판소에 의해 위헌결정을 받은 후 삭제되었기 때문에 현행법상 검사는 즉시항고를 할 수 없다(구속취소의 즉시항고만을 규정한 제97조 제4항 참조).[204] 그러나 검사는 보통항고(제403조 제2항)의 방법으로 보석허가결정

203) 그러나 이는 예시에 불과하므로 그 외에도 공범자와의 관계, 범죄에 대한 사회의 관심 등 여러 사정을 참작할 수 있다.

에 대해서 불복할 수는 있다.[205] 기각결정에 대해서는 피고인도 보통항고를 할 수 있다(제403조 제2항).

6) **보석의 집행** 개정 형사소송법이 보석조건을 보증금 이외의 다양한 조건으로 확대함에 따라 보석집행 절차를 정비할 필요가 있다. 보석조건은 피고인에게 특정한 작위의무를 부과하는 조건과 부작위 의무를 부과하는 조건으로 구별할 수 있고, 보석조건의 이행 및 보석의 집행시기와 관련하여 전자는 선이행·후석방 방식, 후자는 선석방·후이행 방식이 적합하다. 이에 따라 개정 형사소송법은 제1호(본인 서약서), 제2호(본인 보증금 약정서), 제5호(제3자의 출석보증서), 제7호(피해액 공탁 조건), 제8호(보증금 또는 담보 제공)는 선이행·후석방 조건으로 규정하고, 나머지는 선석방·후이행 조건으로 규정하고 있다. 다만, 후자의 경우에도 선이행이 필요하다고 판단되면 개별적인 조건의 선이행 여부를 법원이 정할 수 있다(제100조 제1항). 보증금은 검사에게 납부하며 보석의 집행도 검사가 지휘한다. 법원은 보석청구자 이외의 자에게 보증금의 납부를 허가할 수 있다(제100조 제2항). 법원은 유가증권 또는 피고인 외의 자가 제출한 보증서로써 보증금에 갈음함을 허가할 수 있다(제3항). 보증서에는 보증금액을 언제든지 납입할 것을 기재하여야 한다(제4항). 법원은 보석허가결정에 따라 석방된 피고인이 보석조건을 준수하는 데 필요한 범위 안에서 관공서나 그 밖의 공사단체에 대하여 적절한 조치를 취할 것을 요구할 수 있다(제5항).[206]

7) **출석보증인에 대한 과태료** 보석조건의 하나로 도입되는 '제3자의 출석보증서'는 보증금 납입능력이 없는 피고인에게는 적절한 대체수단이 될 수 있으나, 출석보증인에게 아무런 부담이 없다면 피고인의 출석을 담보하는 효력을 기대하기 어려우므로 출석보증인에게 피고인의 불출석에 대하여 책임을 물을 수 있는 제도적 장치가 필요하다. 이를 위해 개정 형사소송법은 피고인이 정당한 사유 없이 불출석

---

204) 과거에 헌법재판소는 보석허가결정에 대해 즉시항고를 허용한 것은 영장주의, 적법절차의 원칙 및 과잉금지의 원칙에 반한다는 이유로 이를 위헌이라고 결정한 바 있다(헌재결 1993.12.23, 93헌가2). 나아가 구속취소의 즉시항고도 마찬가지로 위헌소지가 적지 않다고 생각된다.

205) 대판 1997.4.28, 97모26.

206) 예컨대 법원이 제98조 제3호의 규정에 따라 피고인의 주거를 병원으로 제한한 때에는 지방경찰청장 또는 경찰서장에게 피고인의 도망을 방지할 조치를 요구할 수 있고, 제98조 제6호의 조건을 부과한 경우에는 출입국관리를 담당하는 기관에 출국금지조치를 요구할 수 있다.

하는 경우에는 법원이 출석보증인에게 500만원 이하의 과태료를 부과할 수 있게 하고(제100조의2 제1항), 법원의 과태료처분에 대하여는 즉시항고를 허용하여 집행정지의 효력을 인정하였다(제2항).

(4) 보석조건의 변경과 보석의 취소

1) 보석조건의 변경 최초 보석결정 당시에 부과한 보석조건이 사정변경에 따라 사후 부적합해지는 경우에 대비하여 법원이 직권 또는 보석청구권자의 신청으로 보석조건을 변경하거나 일정기간 그 이행을 유예하게 하고, 보석조건을 위반한 개별 사정에 따라 보석 취소, 감치, 과태료 부과처분을 할 수 있도록 할 필요가 있다. 이를 위해 개정 형사소송법은 법원이 직권 또는 보석청구권자의 신청에 따라 보석조건을 변경하거나 일정기간 동안 조건의 이행을 유예할 수 있게 하였다(제102조 제1항).[207]

2) 보석의 취소 법원은 피고인이 (i) 도망한 때, (ii) 도망하거나 죄증을 인멸할 염려가 있다고 믿을 만한 충분한 이유가 있는 때, (iii) 소환을 받고 정당한 사유 없이 출석하지 아니한 때, (iv) 피해자, 당해 사건의 재판에 필요한 사실을 알고 있다고 인정되는 자 또는 그 친족의 생명 · 신체 · 재산에 해를 가하거나 가할 염려가 있다고 믿을 만한 충분한 이유가 있는 때, (v) 법원이 정한 조건을 위반한 때의 어느 하나에 해당하는 경우에는 직권 또는 검사의 청구에 따라 결정으로 보석을 취소할 수 있다(제102조 제2항). 보석취소결정에 대하여는 항고할 수 있다(제403조). 보석취소의 결정에 대해서는 제1심 결정인 경우에는 보통항고만 가능한 것이 명백하다(제403조 제2항). 문제는 고등법원에서의 보석취소 결정인 경우의 재항고는 형소법 제415조에 의하면 집행정지 효과가 있는 즉시항고에 해당할 것이지만, 판례는 제1심에서의 보석취소 결정에 대해서는 집행정지의 효력이 없는 보통항고만 인정되기 때문에 고등법원 보석취소 결정에 대한 재항고인 경우에도 집행정지의 효과를 인정할 수 없다고 판시하였다(대결 2020.10.29. 2020모633; 2020모1845).

3) 과태료와 감치 피고인이 보석조건을 준수하도록 심리적 강제효과를 높이기 위하여 정당한 이유 없이 보석조건을 위반한 경우에는 법원은 결정으로 피고

---

207) 특히 문제는 사정변경을 이유로 보증금액을 변경할 수 있는가에 대하여 종래 다수설은 보증금은 보석허가결정의 본질적 내용이므로 항고(제403조)에 의하지 않고는 보증금액을 변경할 수 없다고 해석하였으나, 개정법하에서는 보석조건을 다양화한 점에 비추어 보증금액의 변경만 달리 해석해야 할 이유는 없을 것이다. 같은 취지로 이재상, 283면.

인에게 1,000만원 이하의 과태료나 20일 이하의 감치에 처할 수 있고(제102조 제3항), 과태료, 감치처분 등 보석조건 위반행위에 대한 제재는 보석취소의 경우에도 부과할 수 있고, 보석의 취소 없이도 부과할 수 있다. 위 제재결정에 대하여는 즉시항고를 할 수 있다(제4항).

4) 보석의 실효　　구속영장의 효력이 소멸한 때에는 보석조건은 즉시 그 효력을 상실한다(제104조의2 제1항). 보석이 취소된 경우에도 제1항과 같다(제2항). 구속영장의 효력 소멸(집행유예, 석방 등) 또는 보석결정의 취소시에는 문리해석상 보석조건의 준수가 당연히 불필요하여 보석조건은 더 이상 필요하지 아니하므로 자동적으로 보석조건의 효력이 상실되도록 규정한 것이다. 다만 보석을 취소할 경우 법원이 보증금을 몰취할 수 있으므로 보증금에 관한 보석조건은 자동실효 대상에서 제외하였다(제2항 단서).

(5) 보증금의 몰취와 환부

[설문 (24)] 법원이 피고인에 대하여 형벌을 선고하면서 보증금을 몰수함이 없이 보석만 취소하였다. 피고인이 취소결정이 있은 후 소환에 응하지 않고 도주해 버리자 법원은 이때 비로소 보증금몰수결정을 내렸다. 이 경우 법원의 사후적 보증금몰수결정은 적법한가?

법원은 보석을 취소하는 때에는 직권 또는 검사의 청구에 따라 결정으로 보증금 또는 담보의 전부 또는 일부를 몰취할 수 있다(제103조 제1항). 이를 임의적 몰취라고 한다. 문제는 보석취소결정과 동시에(같이) 보증금몰취 결정을 요하는가에 있다. 이에 대해 보석취소 후에는 몰취규정이 없고, 몰취와 같은 불이익요건은 엄격히 해석해야 한다는 점을 근거한 적극설[208]과 보증금은 수감담보의미와 보석취소 후에도 보증금을 몰취할 필요가 있다는 소극설[209]이 대립되고 있다. 아래 전원합의체 판례에서 종전에 규정이 없음을 근거로 적극설의 입장(대결 1970.3.13, 65모4)을 변경하면서 보석취소 후에 별도로 보증금몰취 결정을 할 수 있다는 소극설의 입장으로 판시하고 있다. 생각건대, 보석취소결정은 그 성질상 신속을 요하는 경우가 대부분

208) 이재상 304면; 신동운, 803면; 신양균, 696면; 정웅석/백승민, 556면; 이선중 등, 주석, 165면(이용훈 집필부분); 진계호, 309면; 배종대/이상돈/정승환/이주원, 176면; 차용석/최용성, 244면.

209) 백형구, 287면; 임동규, 406면; 김희옥, "보석보증금," 고시계, 1990.9, 149면; 민영성, 고시계, 2005.6, 162면.

임에 반하여, 보증금몰수결정에 있어서는 그 몰수의 요부(보석조건위반 등 귀책사유의 유무) 및 몰수금액의 범위 등에 관하여 신중히 검토하여야 할 필요성이 있는 점을 고려하여 반드시 보석취소와 동시에 하여야만 가능한 것이 아니라 보석취소 후에 별도로 보증금몰수결정을 할 수도 있는 것으로 보는 견해가 타당하다. 특히 상기한 [설문 (24)]의 사례에서와 같이 법원이 피고인에 대하여 형벌을 선고하면서 보증금몰수결정 없이 보석만을 취소하였는데, 피고인이 도주하였다면 취소 후의 보증금몰수결정은 더욱 정당성을 가질 것이다.

관련판례 ① [다수의견] 형사소송법 제102조 제2항(개정법 제103조 제1항)은 "보석을 취소할 때에는 결정으로 보증금의 전부 또는 일부를 몰수할 수 있다"라고 규정하고 있는바, 이는 보석취소사유가 있어 보석취소결정을 할 경우에는 보석보증금의 전부 또는 일부를 몰수하는 것도 가능하다는 의미로 해석될 뿐, 문언상 보석보증금의 몰수는 반드시 보석취소와 동시에 결정하여야 한다는 취지라고 단정하기는 어려운 점, 같은 법 제103조에서 보석된 자가 유죄판결 확정 후의 집행을 위한 소환에 불응하거나 도망한 경우 보증금을 몰수하도록 규정하고 있어 보석보증금은 형벌의 집행단계에서의 신체확보까지 담보하고 있으므로, 보석보증금의 기능은 유죄의 판결이 확정될 때까지의 신체확보도 담보하는 취지로 봄이 상당한 점, 보석취소결정은 그 성질상 신속을 요하는 경우가 대부분임에 반하여, 보증금몰수결정에 있어서는 그 몰수의 요부(보석조건위반 등 귀책사유의 유무) 및 몰수금액의 범위 등에 관하여 신중히 검토하여야 할 필요성도 있는 점 등을 아울러 고려하여 보면, 보석보증금을 몰수하려면 반드시 보석취소와 동시에 하여야만 가능한 것이 아니라 보석취소 후에 별도로 보증금몰수결정을 할 수도 있다. 그리고 형사소송법 제104조가 구속 또는 보석을 취소하거나 구속영장의 효력이 소멸된 때에는 몰수하지 아니한 보증금을 청구한 날로부터 7일 이내에 환부하도록 규정되어 있다고 하여도, 이 규정의 해석상 보석취소 후에 보증금몰수를 하는 것이 불가능하게 되는 것도 아니다(대결 2001.5.29, 2000모22 전원합의체).

법원은 보증금의 납입 또는 담보제공을 조건으로 석방된 피고인이 동일한 범죄사실에 관하여 형의 선고를 받고 그 판결이 확정된 후 집행하기 위한 소환을 받고 정당한 사유 없이 출석하지 아니하거나 도망한 때에는 직권 또는 검사의 청구에 따라 결정으로 보증금 또는 담보의 전부 또는 일부를 몰취하여야 한다(제103조 제2항). 이를 필요적 몰취라고 한다.

구속 또는 보석을 취소하거나 구속영장의 효력이 소멸된 때에는 몰취하지 아니한 보증금 또는 담보를 청구한 날로부터 7일 이내에 환부하여야 한다(제104조).

3. 수사절차에서의 보증금납입조건부 피의자석방제도(일종의 피의자보석제도)

형사소송법은 수사절차에서 구속적부심을 청구한 피의자에게 법원이 구속 자체의 위법 부당을 이유로 한 적부심 석방을 할 수 없는 경우에 직권 재량으로 피의자를 보증금납입을 조건으로 석방할 수 있도록 규정하고 있다(제214조의2 제5항). 보증금 납입을 조건으로 석방되는 점에서는 피고인 보석제도와 동일하지만, 기타의 점에서는 차이가 있다. 이에 대한 자세한 내용은 전술하였기 때문에 여기서는 더 이상의 설명은 생략하기로 한다. 더 나아가 구속영장 발부의 수사초기 단계부터 피의자 보석제도가 연계될 수 있는 제도개선이 불구속수사원칙의 관점에서 우리나라에서도 이제는 입법론으로서 고려되어야 할 것이다.

[§ 19] 대물적 강제처분에 의한 강제수사

I. 서 론

1. 의의 및 종류

대물적 강제처분이란 증거물이나 몰수물의 수집과 보전을 목적으로 하는 강제처분을 말한다. 그 종류로서는 처분의 주체 내지 시기에 따라 법원의 대물적 강제처분(공소제기 후의 대물적 강제처분)과 수사기관의 대물적 강제처분으로 나눌 수 있고,[210] 구체적으로는 압수, 수색, 검증이 있다. 단, 검증을 법원이 법정에서 행하는 경우에는 강제처분이 아니라 증거조사의 일종에 불과하다. 우리 형사소송법의 입법형식은 법원의 강제처분을 원칙으로 하여 앞에 규정하고 수사기관의 강제처분은 이를 많이 준용하는바, 대물적 강제처분의 준용규정은 형사소송법 제219조이다.

---

210) 그리고 검사(수사기관)의 청구에 의해 법관이 행하는 대물적 강제처분(제184조 이하의 증거보전제도)도 있다.

2. 요 건

(1) 영장주의의 원칙

법원이 공판정 외에서 압수, 수색을 할 때에는 영장주의가 적용된다(제113조). 그러나 공판정에서의 압수는 영장을 요하지 않는다. 수사기관의 압수, 수색 및 검증에 있어서는 항상 영장주의가 적용된다(제215조). 물론 영장에 의하지 않는 긴급 압수수색 및 검증이 허용되는 경우도 있다(제216조 이하).

(2) 범죄의 혐의

수사상 압수수색 검증을 함에 있어서 수사상 신체구속과 같이 범죄혐의의 존재를 요구한다. 범죄혐의가 없으면 수사를 개시할 수 없기 때문에(제195조, 제196조 제2항) 형사소송법은 범죄'수사'에 필요한 때라는 요건을 통하여 이를 밝히고 있다. 여기서 수사상 압수수색 검증을 함에 있어서 범죄혐의의 정도에 대하여 종래에는 피의자의 기본권을 침해한다는 점에서는 다르지 않으므로 구속에 필요한 범죄혐의와 동일한 정도의 객관적 혐의를 요하는지(비구별설),[211] 아니면 그보다 약한 정도의 최초의 혐의로 족한지(구별설)[212]에 대하여 견해의 대립이 있었다. 그러나 이번 2011년 개정법은 이를 입법적으로 해결하여 피의자 구속과 달리 "죄를 범하였다고 의심할 만한 정황이 있으면 족하다"고 규정하고 있는데(제215조 제1항, 제2항). 이러한 태도는 입법자가 범죄혐의에 차등을 둠으로써 수사상 압수수색 검증을 함에 있어 필요한 범죄혐의는 최초의 혐의 또는 단순한 혐의로 족하다고 본 것이다. 주관적 혐의보다는 중한 혐의가 필요하겠지만, 압수수색 검증은 체포구속보다는 기본권 침해정도가 약하다는 점과 대물적 강제처분은 대부분 구속에 앞서서 행하여진다는 점, 개정법의 문구를 고려해 보면 최초의 혐의설이 타당하다.

(3) 강제처분의 필요성

대물적 강제처분은 그 필요성이 인정되는 경우에 인정된다. 따라서 수사상 압수수색 검증은 범죄수사에 필요한 때에 행할 수 있다고 규정하고 있다(제215조). 여기서 압수수색 검증의 필요성이란 "압수수색 검증의 대상과 범죄사실 사이에 관련

---

211) 신동운, 311면; 정웅석/백승민, 224면; 차용석/최용성, 248면.
212) 배종대/이상돈/정승환/이주원, 180면; 신양균, 222면; 이영란, 371면; 이재상, 309면; 임동규, 219면; 정영석/이형국, 205면; 진계호, 315면; 이은모, 318면.

성"이 있음을 의미하는데, 이 점을 보다 분명히 하기 위해 형사소송법은 "해당사건과 관계가 있다고 인정할 수 있는 것"이라는 표현을 추가하고 있다. 판례도 해당 사건과의 관련성이 없는 압수물은 위법수집증거로서 증거능력이 부정되는 것이 원칙이라고 한다.[213] 따라서 압수 · 수색의 목적이 된 범죄나 이와 관련된 범죄의 경우에는 그 압수 · 수색의 결과를 유죄의 증거로 사용할 수 있다.[214] 여기서 압수 · 수색영장의 범죄 혐의사실과 관계있는 범죄라는 것은 압수 · 수색영장에 기재한 혐의사실과 객관적 관련성이 있고 압수 · 수색영장 대상자와 피의자 사이에 인적 관련성이 있는 범죄를 의미한다. 그 중 혐의사실과의 객관적 관련성은 압수 · 수색영장에 기재된 혐의사실 자체 또는 그와 기본적 사실관계가 동일한 범행과 직접 관련되어 있는 경우는 물론 범행 동기와 경위, 범행 수단과 방법, 범행 시간과 장소 등을 증명하기 위한 간접증거나 정황증거 등으로 사용될 수 있는 경우에도 인정될 수 있다. 그 관련성은 압수 · 수색영장에 기재된 혐의사실의 내용과 수사의 대상, 수사 경위 등을 종합하여 구체적 · 개별적 연관관계가 있는 경우에만 인정된다고 보아야 하고, 혐의사실과 단순히 동종 또는 유사 범행이라는 사유만으로 관련성이 있다고 할 것은 아니다. 그리고 피의자와 사이의 인적 관련성은 압수 · 수색영장에 기재된 대상자의 공동정범이나 교사범 등 공범이나 간접정범은 물론 필요적 공범 등에 대한 피고사건에 대해서도 인정될 수 있다(압수 핸드폰에서 피해자 1에 대한 성범죄인 당해 영장사건의 사진 이외에 그 범행 이전에 범한 피해자 2. 3 등에 대한 사진의 압수도 적법하다고 판시한 대판 2020.2.27, 2019도14341).[215]

그리고 압수수색의 필요성 요건과 해당 사건과의 관련성 사이의 관계에 대해

---

213) 대판 2011.5.26, 2009모1190. 압수 · 수색은 영장 발부의 사유로 된 범죄 혐의사실과 관련된 증거에 한하여 할 수 있으므로, 영장 발부의 사유로 된 범죄 혐의사실과 무관한 별개의 증거를 압수하였을 경우 이는 원칙적으로 유죄 인정의 증거로 사용할 수 없다. 다만 수사기관이 별개의 증거를 피압수자 등에게 환부하고 후에 임의제출받아 다시 압수하였다면 증거를 압수한 최초의 절차 위반행위와 최종적인 증거수집 사이의 인과관계가 단절되었다고 평가할 수 있으나, 환부 후 다시 제출하는 과정에서 수사기관의 우월적 지위에 의하여 임의제출 명목으로 실질적으로 강제적인 압수가 행하여질 수 있으므로, 제출에 임의성이 있다는 점에 관하여는 검사가 합리적 의심을 배제할 수 있을 정도로 증명하여야 하고, 임의로 제출된 것이라고 볼 수 없는 경우에는 증거능력을 인정할 수 없다(대판 2016.3.10, 2013도11233).

214) 대판 2016.3.10, 2013도11233.

215) 대판 2017.1.25, 2016도13489; 대판 2017.12.5, 2017도13458(압수 · 수색영장의 범죄 혐의사실과 관계있는 범죄의 의미 및 범위).

피의사건의 관련성을 압수수색의 필요성 요건의 일부로 파악하면 족하다는 견해[216]와 압수의 필요성은 수사진행을 맡은 수사기관의 관점에서, 해당 사건의 관련성은 영장전담판사나 압수수색 등에 참여하는 피의자나 변호인의 관점에서 객관적으로 판단해야 하는 요건으로 구분된다는 견해[217]의 대립이 있다. 현재 형사소송규칙 제108조 제1항은 "제215조의 규정에 의한 청구를 할 때 피의자에게 범죄혐의가 있다고 인정되는 자료와 압수수색 또는 검증의 필요 및 해당 사건과의 관련성을 인정할 수 있는 자료를 제출하여야 한다"고 규정하여 별도의 요건임을 전제로 하고 있다.

(4) 강제처분과 비례성

수사상 압수수색 검증이 필요하더라도 압수수색 검증은 필요한 최소한도의 범위 안에서만 하여야 한다(제199조 제1항 단서). 즉 수사상 압수수색 검증의 필요성이 인정되더라도 압수수색 검증의 비례성이 추가로 요구된다. 따라서 임의수사만으로 수사의 목적을 달성할 수 있는 경우에 대물적 강제처분은 허용되지 않고, 허용되는 경우에도 불가피한 최소한의 범위에 머물러야 하고, 범죄의 경중과 균형을 이루어야 한다. 판례도 전자정보에 대한 수사기관의 압수수색은 사생활의 비밀과 자유, 정보에 대한 자기결정권, 재산권 등을 침해할 우려가 크므로 포괄적으로 이루어져서는 안 되고 비례의 원칙에 따라 수사의 목적상 필요한 최소한의 범위내에서 이루어져야 한다는 태도를 취하였다(대판 2021.11.18, 2016도348 전합).

Ⅱ. 수사상 압수와 수색

1. 의 의

수사상 압수(Beschlagnahme)란 수사기관이 증거물이나 몰수물의 점유를 취득하는 강제처분을 말한다. 이는 점유취득과정 자체에 강제력이 가하여지는 '압류'(좁은 의미의 압수), 유류물과 임의제출물을 점유하는 영치(제218조), 일정한 물건의 제출을 명하는 처분인 '제출명령'의 3가지를 내용으로 한다. 여기서 제출명령은 수사기관이 행할 수 없는 강제처분이다(통설).

수사상 수색(Durchsuchung)이란 수사기관이 압수할 물건 또는 체포할 사람을 발

216) 이재상, 311면; 이은모, 319면.
217) 신동운, 109면.

견할 목적으로 주거, 물건, 사람의 신체 또는 기타 장소에 대하여 행하는 강제처분을 말한다. 수색은 보통 압수와 함께 행하여지고 실무상으로도 '압수 · 수색(더 나아가 검증)영장'이라는 단일영장이 발부되고 있다.

수사기관의 계좌추적

예금주의 동의 없는 수사기관의 계좌추적은 강제수사인 것으로 해석되어야 한다. 「금융실명거래 및 비밀보장에 관한 법률」 제4조도 금융기관종사자에게 금융거래에 대한 비밀보장의무를 부과하고 있고, 예외적으로 정보 제공을 할 수 있는 사유로서 법원의 제출명령 또는 법관이 발부한 영장에 의한 경우를 규정하고 있다. 이 경우 계좌추적은 수색과 유사하므로 수색영장에 관한 형사소송법의 규정이 준용되어야 할 것이다. 그리고 동법은 거래정보 등을 제공한 경우에는 제공한 날부터 10일 이내에 제공한 거래정보 등의 주요내용 · 사용목적 · 제공받은 자 및 제공일자 등을 명의인에게 서면으로 통보하도록 규정하고 있고(제4조의2), 긴급한 경우 영장 없이 행하는 긴급계좌추적 제도는 규정하지 않았다.

2. 압수 · 수색의 대상

[설문 (25)] 검사 甲은 사법경찰로부터 송치받은 피의자 乙의 증뢰사건에 대한 증거물을 확보하기 위하여 乙의 컴퓨터에 저장된 정보에 대한 압수영장을 발부받아 乙의 집으로 들어가 이를 집행하였다. 甲은 乙의 컴퓨터에 내장된 저장매체를 분리하여 압수하였고, 압수한 저장매체를 검찰청에서 이미징 복사한 이후(저장매체는 乙에게 돌려 주었음) 하나 씩 파일을 검색하다가 乙의 변호인 丙이 乙에게 송부한 법률의견서를 발견하고서 이를 증거물로서 출력해 두었다. 그 이후 이 사건을 공소 제기한 甲은 출력한 丙의 법률의견서를 법원에 증거로 제출하였다. 이 경우 이 법률의견서의 증거능력은?

(1) 압수의 대상

1) **증거물 또는 몰수물** 법원 또는 수사기관은 필요한 때에는 피고(피의)사건과 관계가 있다고 인정할 수 있는 것에 한정하여 증거물 또는 몰수할 것으로 사료되는 물건을 압수할 수 있다. 단, 법률에 다른 규정이 있을 때에는 예외로 한다(제106조 제1항, 제219조). 즉 증거물 또는 몰수물이 압수의 대상이다. 2011년 형사소송법 개정을 통하여 압수대상은 피고 · 피의사건과 관련성 있는 것으로 한정되었다. 판례에 의하면, 압수수색영장에 기재되지 않은 별개 범죄를 이미 발부받은 영장으로 증거

수집한 것은 위법하고, 이는 영장에 기재된 혐의와 동종 범죄라는 사정이 있어도 동일할 것이다(대판 2019.11.4. 2019도6775). 또한 다른 피의자(甲)의 핸드폰 대화를 영장에 의해 압수수색하여 조사함으로써, 당해 피의자(피고인 乙)의 공직선거법 위반 혐의를 발견하여 기소한 이후 압수된 甲의 휴대폰 녹음 파일을 증거로 제출했다면 그 녹음파일은 당해 피고인의 범죄사실과 무관하므로 제308조의2에 의한 위법수집증거로서 증거능력은 없다(대판 2014.1.16. 2013도7101). 그러나 압수수색영장에 기재된 혐의사실과 관련된 필로폰이 검출될 수 있는 기간이 경과한 후 영장이 집행돼 압수된 소변은 영장에 기재된 혐의사실을 직접 증명할 수는 없더라도 유력한 정황증거 또는 간접증거로 삼을 수는 있다(압수 소변은 위법수집증거가 아니라는 대판 2021.11.9. 2020도15650).

그리고 압수의 방법과 관련하여 법원은 압수할 물건을 지정하여 소유자, 소지자 또는 보관자에게 제출을 명할 수도 있다(제2항. 수사절차에의 준용: 제219조). 다만 형사소송법은 압수의 목적물과 관련하여 후술하는 바와 같이 제한규정을 두고 있다.

2) 정보저장매체 등 법원은 압수의 목적물이 컴퓨터용디스크 그 밖에 이와 비슷한 정보저장매체인 경우에는 기억된 정보의 범위를 정하여 출력하거나 복제하여 제출받아야 한다. 다만, 범위를 정하여 출력 또는 복제하는 방법이 불가능하거나 압수의 목적을 달성하기에 현저히 곤란하다고 인정되는 때에는 정보저장매체 등을 압수할 수 있다(제106조 제3항). 법원은 이에 따라 정보를 제공받은 경우 「개인정보 보호법」 제2조 제3호에 따른 정보주체에게 해당 사실을 지체 없이 알려야 한다(제4항). 이 조항도 역시 수사절차에 준용된다(제219조). 이러한 법 규정에 의거한 구체적인 집행방법에 대하여 판례는 다음과 같이 설시하고 있다: "전자정보에 대한 압수·수색영장의 집행에 있어서는 원칙적으로 영장 발부의 사유로 된 혐의사실과 관련된 부분만을 문서 출력물로 수집하거나 수사기관이 휴대한 저장매체에 해당 파일을 복사하는 방식으로 이루어져야 하고, 집행현장의 사정상 위와 같은 방식에 의한 집행이 불가능하거나 현저히 곤란한 부득이한 사정이 있더라도 그 같은 경우에 그 저장매체 자체를 직접 또는 하드카피나 이미징 등 형태로 수사기관 사무실 등 외부로 반출하여 해당 파일을 압수·수색할 수 있도록 영장에 기재되어 있고 실제 그와 같은 사정이 발생한 때에 한하여 예외적으로 허용될 수 있을 뿐이다. 나아가 이처럼 저장매체 자체를 수사기관 사무실 등으로 옮긴 후 영장에 기재된 범죄 혐의 관련 전자정

보를 탐색하여 해당 전자정보를 문서로 출력하거나 파일을 복사하는 과정 역시 전체적으로 압수·수색영장 집행에 포함된다고 보아야 한다. 따라서 그러한 경우 문서출력 또는 파일복사의 대상 역시 혐의사실과 관련된 부분으로 한정되어야 함은 헌법 제12조 제1항, 제3항, 형사소송법 제114조, 제215조의 적법절차 및 영장주의의 원칙상 당연하다. 그러므로 수사기관 사무실 등으로 옮긴 저장매체에서 범죄혐의와 관련성에 대한 구분 없이 저장된 전자정보 중 임의로 문서출력 또는 파일복사를 하는 행위는 특별한 사정이 없는 한 영장주의 등 원칙에 반하는 위법한 집행이 된다(대결 2011.5.26, 2009모1190; 대판 2012.3.29, 2011도10508).그리고 영장에 의한 강제압수가 아닌 임의 제출 받은 저장정보 매체(대표적으로 스마트 폰)의 사후적 복제, 저장정보의 탐색, 참여권 보장 등의 문제도 판례 등을 통하여 많이 대두되고 있다(정식 영장에 의해 압수된 경우와 크게 다르지 않을 것임. 다만, 임의 제출된 컴퓨터 내지 스마트 폰의 사후 포렌식 복제 내지 검색에 대한 판례의 태도 등은 뒤의 임의제출물의 압수에서 별도로 후술함).

관련판례 ① 검사가 준항고인 이○○의 배임혐의와 관련하여 압수·수색 영장(제1 영장)을 발부받아 준항고인 회사 안에 있는 준항고인 이○○의 사무실을 압수·수색하였는데, 당시 저장매체에 유관정보와 무관정보가 혼재된 것으로 판단하여 준항고인 회사의 동의를 받아 저장매체를 수사기관 사무실로 반출하여 저장매체를 대검 디지털 포렌식센터에서 피압수자 측의 참여 하에 저장매체에 저장된 전자정보파일 전부를 '이미징'의 방법으로 복제(제1 처분)하고, 저장매체를 준항고인 회사에 반환한 다음 〈피압수 측의 참여 없이〉 이미징한 복제본을 자신이 소지한 외장 하드디스크에 재복제(제2 처분)한 후 재복제한 하드디스크에서 유관정보를 탐색하면서 준항고인 회사의 별건 혐의와 관련된 정보 등 무관정보도 함께 출력(제3 처분)한 사안에서, 제1 처분은 위법하다고 볼 수 없지만 제2·3 처분이 가지는 위법의 중대성에 비추어 제1 영장에 기한 압수수색은 〈전체적으로 취소〉되어야 한다. 검사가 위와 같이 재복제한 외장 하드디스크에서 유관정보를 탐색하던 중 우연히 준항고인 이○○의 별건 혐의와 관련된 전자정보를 발견하여 이를 같은 검찰청 소속 특수부 검사에게 이를 통보하여 특수부 검사가 별건 정보를 소명자료로 제출하여 별건 정보를 압수·수색할 수 있는 영장(제2 영장)을 발부받아 외장 하드디스크에서 별건 정보를 탐색·출력하는 방식으로 압수·수색하였는데 그 과정에서 〈준항고인 측에 참여권을 보장하지 않은〉 사안에서, 제2 영장 청구 당시 압수할 물건으로 삼은 정보는 검사가 임의로 재복제한 외장하드디스크에 저장된 정보로서 〈그 자체가 위법한 압수물〉이고 나아가 제2 영장에 기한 압수 · 수색 당시 준항고인 측에 참여할 기회도 보장하지 않은 만큼 제2 영장에 기한 압수 · 수색은 위법하다(대결 2015.7.16, 2011모1839 전원합의체).

그리고 원격지 정보저장매체에 대한 압수수색과 관련하여, 수사기관이 인터넷 서비스 이용자인 피의자를 상대로 피의자의 컴퓨터 등 정보처리장치 내에 저장되어 있는 이메일 등 전자정보를 압수수색하는 것은 전자정보의 소유자 내지 소지자를 상대로 해당 전자정보를 압수수색하는 대물적 강제처분이므로 허용된다는 점에 의문이 없다. 문제는 압수수색할 전자정보가 압수수색영장에 기재된 수색장소에 있는 컴퓨터 등 정보처리장치 내에 있지 않고 그 정보처리장치와 정보통신망으로 연결되어 제3자가 관리하는 원격지의 서버 등의 저장매체에 저장되어 있는 경우이다. 이에 판례는 "수사기관이 피의자의 이메일 계정에 대한 접근권한에 갈음하여 발부받은 영장에 따라 영장기재 수색장소에 있는 컴퓨터 등 정보처리장치를 이용하여 적법하게 취득한 피의자의 이메일 계정 아이디와 비밀번호를 입력하는 등 피의자가 접근하는 통상적인 방법에 따라 그 원격지의 저장매체에 접속하고 그곳에 저장되어 있는 피의자의 이메일 관련 전자정보를 수색장소의 정보처리장치로 내려받거나 그 화면에 현출시키는 것 역시(이는 형사소송법 제120조 제1항에서 정한 압수수색영장의 집행에 필요한 처분에 해당한다) 피의자의 소유에 속하거나 소지하는 전자정보를 대상으로 이루어지는 것이므로 그 전자정보에 대한 압수수색도 허용되고 이는 원격지의 저장매체가 국외에 있는 경우라 하더라도 달리 볼 것은 아니다"라고 판시[218]하고 있다.

[검경 수사준칙상의 전자정보 관련 규정] 2021년 시행 검경수사준칙 제41조(전자정보의 압수 · 수색 또는 검증 방법)에 의하면, 검사 또는 사법경찰관은 법 제219조에서 준용하는 법 제106조 제3항에 따라 컴퓨터용디스크 및 그 밖에 이와 비슷한 정보저장매체에 기억된 정보(이하 "전자정보"라 한다)를 압수하는 경우에는 해당 정보저장매체 등의 소재지에서 수색 또는 검증한 후 범죄사실과 관련된 전자정보의 범위를 정하여 출력하거나 복제하는 방법으로 한다(제1항). 제1항에도 불구하고 제1항에 따른 압수

---

218) 대판 2017.11.29, 2017도9747(피의자의 이메일 계정에 대한 접근권한에 갈음하여 발부받은 압수수색영장의 효력은 대한민국의 사법관할권이 미치지 아니하는 해외 이메일서비스제공자의 해외 서버 및 그 해외 서버에 소재하는 저장매체 속 피의자의 전자정보에 대하여도 미친다).
이에 반하여 당시 하급심은 압수수색의 효력을 근거 없이 확장하는 것이고, 우리나라 사법관할권이 미치지 않는 영역에 대하여 '국내' 압수수색영장을 집행한 것이라고 하면서 이러한 압수수색은 허용되지 않는다고 판시한 바 있었다(서울고법 2017.6.13, 2017노23).

방법의 실행이 불가능하거나 그 방법으로는 압수의 목적을 달성하는 것이 현저히 곤란한 경우에는 압수·수색 또는 검증 현장에서 정보저장매체 등에 들어 있는 전자정보 전부를 복제하여 그 복제본을 정보저장매체 등의 소재지 외의 장소로 반출할 수 있다(제2항). 제1항 및 제2항에도 불구하고 제1항 및 제2항에 따른 압수 방법의 실행이 불가능하거나 그 방법으로는 압수의 목적을 달성하는 것이 현저히 곤란한 경우에는 피압수자 또는 법 제123조에 따라 압수·수색영장을 집행할 때 참여하게 해야 하는 사람(이하 "피압수자 등"이라 한다)이 참여한 상태에서 정보저장매체 등의 원본을 봉인(封印)하여 정보저장매체 등의 소재지 외의 장소로 반출할 수 있다(제3항).

그리고 동 수사준칙 제42조(전자정보의 압수·수색 또는 검증 시 유의사항)에 의하면, 검사 또는 사법경찰관은 전자정보의 탐색·복제·출력을 완료한 경우에는 지체 없이 피압수자 등에게 압수한 전자정보의 목록을 교부해야 한다(제1항). 검사 또는 사법경찰관은 제1항의 목록에 포함되지 않은 전자정보가 있는 경우에는 해당 전자정보를 지체 없이 삭제 또는 폐기하거나 반환해야 한다. 이 경우 삭제·폐기 또는 반환확인서를 작성하여 피압수자 등에게 교부해야 한다(제2항). 검사 또는 사법경찰관은 전자정보의 복제본을 취득하거나 전자정보를 복제할 때에는 해시값(파일의 고유값으로서 일종의 전자지문을 말한다)을 확인하거나 압수·수색 또는 검증의 과정을 촬영하는 등 전자적 증거의 동일성과 무결성(無缺性)을 보장할 수 있는 적절한 방법과 조치를 취해야 한다(제3항). 검사 또는 사법경찰관은 압수·수색 또는 검증의 전 과정에 걸쳐 피압수자 등이나 변호인의 참여권을 보장해야 하며, 피압수자 등과 변호인이 참여를 거부하는 경우에는 신뢰성과 전문성을 담보할 수 있는 상당한 방법으로 압수·수색 또는 검증을 해야 한다(제4항). 검사 또는 사법경찰관은 제4항에 따라 참여한 피압수자 등이나 변호인이 압수 대상 전자정보와 사건의 관련성에 관하여 의견을 제시한 때에는 이를 조서에 적어야 한다(제5항).

3) 우체물 등 법원은 우체물 또는 「통신비밀보호법」 제2조 제3호에 따른 전기통신에 관한 것으로서 필요한 때에는 피고사건과 관계가 있다고 인정할 수 있는 것에 한정하여 체신관서 기타 관련기관 등이 소지 또는 보관하는 물건의 제출을 명하거나 압수를 할 수 있다(제107조 제1항, 제219조). 종전에는 우체물 등은 개봉하여 그 내용을 파악하기 전에는 증거물이 되는가를 알 수 없다는 이유로 피의자·피고인이 발신인이거나 수신인인 우체물 등에 대해서 압수의 필요성을 묻지 않고 압수할 수 있도록 하였지만, 2011년 형사소송법 개정을 통해 우체물에 대해서도 피고사건과의 관련성이 요건화되었다. 이상의 처분을 할 때에는 발신인이나 수신인에게 그 취지

를 통지하여야 한다. 단 심리에 방해될 염려가 있는 경우에는 예외로 한다(제3항).

[출판물의 몰수에 관한 판례]

① 출판에 대한 사전검열이 헌법상 금지된 것으로서 어떤 이유로도 행정적인 규제방법으로 사전검열을 하는 것은 허용되지 않으나 출판내용에 형벌법규에 저촉되어 범죄를 구성하는 혐의가 있는 경우에 그 증거물 또는 몰수할 물건으로서 압수하는 것은 재판절차라는 사법적 규제와 관련된 것이어서 행정적인 규제로서의 사전검열과 같이 볼 수 없고, 다만 출판 직전에 그 내용을 문제삼아 출판물을 압수하는 것은 실질적으로 출판의 사전검열과 같은 효과를 가져올 수도 있는 것이므로 범죄혐의와 강제수사의 요건을 엄격히 해석하여야 할 것이다(대결 1991.2.26, 91모1).

[설문 (25)의 해결] 甲은 저장매체 자체를 압수하였기 때문에 출력 내지 복사의 방법에 의한 압수를 원칙으로 하고 저장매체 자체의 압수를 예외로 허용하는 새로운 법 규정에 위반되지 않는지가 심사되어야 한다. 그런데 설문사례에서 이에 관한 설시는 불분명하다. 다음으로 변호인의 법률의견서를 압수한 것이 위법하지 않는지도 이론상으로는 문제되겠지만, 현행법은 변호인에게 압수거부권을 보장하고 있지만 변호인의 법률의견서를 압수할 수 없는 것으로는 규정하고 있지 않다. 따라서 변호인의 법률의견서를 압수하였다는 것만으로는 위법수집증거가 될 수 없다. 참고로, 적법하게 수집된 증거로 평가된다면 다음으로 전문법칙이 적용되어야 할 것이다. 변호인의 법률의견서에 대해서는 제313조 제1항의 전문법칙 예외조항이 적용될 수 있다. 그런데 변호인은 증언거부권이 있으므로, 만약 진정성립 인정 여부에 대해 증언거부권을 행사하면 제313조 제1항에 의한 전문법칙의 예외는 불가능할 것이다. 다음으로는 제314조에 의한 전문법칙 예외조항의 적용이 문제되는데, 전원합의체 판례는 증언거부권자의 정당한 증언거부 진술에 대해 전문법칙 예외의 필요성 사유를 부정하였다(대판 2012.5.17, 2009도6788전원합의체 판결: 법정에 출석한 증인이 형사소송법에서 정한 바에 따라 정당하게 증언거부권을 행사하여 증언을 거부한 경우는 형사소송법 제314조의 '그 밖에 이에 준하는 사유로 인하여 진술할 수 없는 때'에 해당하지 않는다는 판례).

---

(2) 수색의 대상(목적물)

수색의 목적물은 사람의 신체, 물건 또는 주거, 기타 장소이다(제109조 제1항, 이를 수사절차에 준용하는 제219조). 다만 2011년 형사소송법 개정을 통하여 피고(피의)사건과 관계가 있다고 인정할 수 있는 것에 한정된다. 따라서 수사기관이 피의자 甲의 공직선거법 위반 범행을 영장 범죄사실로 하여 발부받은 압수 · 수색영장의 집행 과정에서 乙, 丙 사이의 대화가 녹음된 녹음파일을 압수하여 乙, 丙의 공직선거법 위반 혐의사실을 발견한 경우, 별도의 압수 · 수색영장을 발부받지 않고 압수한 위 녹음파일은 위법수집증거로서 乙과 丙의 사건에 관한 한 증거능력이 없다(대판 2014.1.16, 2013도7101).

그리고 피고인 또는 피의자에 대한 수색은 제한이 없으나, 일반인에 대한 수색은 압수할 물건이 있음을 인정할 수 있는 경우에 한한다(동조 제2항, 제219조). 문제가 되는 것은 장소에 대한 압수수색에 의하여 휴대품인 가방 안에 있는 물건에 대하여도 수색할 수 있는가에 있다. 이에 대하여 압수수색에 대하여도 일반영장은 허용되지 않고 형사소송법이 수색의 대상을 신체, 물건, 주거 기타 장소로 구별하고 있는 점에 비추어 장소에 대한 수색장소의 효력이 당연히 수색장소에 있는 모든 물건에 미친다고 보기 어렵다고 해석할 가능성도 있지만, 가방 등의 휴대물은 통상 거실 안에 있는 동안은 주거 안에 있는 비품에 불과하므로 주거를 수색장소로 하는 수색영장이 발부된 경우에는 통상 그곳에 존재하는 가방 등 비품류를 포함하여 전체로서 수색의 허가를 받은 것으로 보아야 한다. 따라서 수색장소에 거주하는 사람의 가방 등의 휴대물에 대하여는 주거의 비품 또는 부속물로서 영장의 효력이 미친다고 해야 한다.[219]

(3) 압수수색의 제한

1) **군사상 비밀과 압수(또는 수색)** 군사상 비밀을 요하는 장소는 그 책임자의 승낙 없이는 압수(또는 수색)할 수 없다. 책임자는 국가의 중대한 이익을 해하는 경우를 제외하고는 승낙을 거부하지 못한다(제110조, 제219조).

2) **공무상 비밀과 압수(또는 수색)** 공무원 또는 공무원이었던 자가 소지 또는 보관하는 물건에 관하여는 본인 또는 그 해당 공무소가 직무상의 비밀에 관한 것임을 신고한 때에는 그 소속공무소 또는 당해 감독관공서의 승인 없이는 압수하지 못한다. 소속공무소 또는 당해 감독관공서는 국가의 중대한 이익을 해하는 경우를 제외하고는 승낙을 거부하지 못한다(제111조, 제219조).

3) **업무상 비밀과 압수(또는 수색)** 변호사, 변리사, 공증인, 공인회계사, 세무

219) 이재상, 신형사소송법사례 제3판, 박영사, 2008, 57면. 일본 최고재판소의 입장도 이와 같다(일최판 1994.9.8, 형집 48-6, 262면).

사, 대서업자, 의사, 한의사, 치과의사, 약사, 약종상, 조산사, 간호사, 종교의 직에 있는 자 또는 이러한 직에 있던 자가 그 업무상 위탁을 받아 소지 또는 보관하는 물건으로 타인의 비밀에 관한 것은 압수를 거부할 수 있다. 단 그 타인의 승낙이 있거나 중대한 공익상 필요가 있는 때에는 예외로 한다(제112조, 제219조).

3. 압수 · 수색의 절차

(1) 영장의 청구와 발부

1) 수사단계에서는 검사의 청구

검사는 범죄수사에 필요한 때에는 피의자가 죄를 범하였다고 의심할 만한 정황이 있고 해당 사건과 관계가 있다고 인정할 수 있는 것에 한정하여 지방법원판사에게 청구하여 발부받은 영장에 의하여 압수, 수색 또는 검증을 할 수 있다(제215조 제1항). 사법경찰관이 범죄수사에 필요한 때에는 피의자가 죄를 범하였다고 의심할 만한 정황이 있고 해당 사건과 관계가 있다고 인정할 수 있는 것에 한정하여 검사에게 신청하여 검사의 청구로 지방법원판사가 발부한 영장에 의하여 압수, 수색 또는 검증을 할 수 있다(제2항). 2011년 형사소송법 개정을 통하여 피의자가 죄를 범하였다고 의심할 만한 정황이 있고 해당 사건과 관계가 있다고 인정할 수 있는 것에 한정하여서만 영장에 의한 대물적 강제처분이 허용될 뿐이다. 공소제기 후 법원이 행하는 압수 · 수색의 경우에는 공판정 외에서 압수 · 수색을 할 때에만 영장을 발부하여야 한다(제113조). 반면에 공판정에서의 압수와 제출명령은 영장 없이 할 수 있다(제106조).

2) 발부시 기재사항(발부된 유효기간 내 재차 집행의 문제)

[설문 (26)] 사법경찰관 A는 검사를 통해 법원으로부터 2007.3.1.부터 같은 해 3.7.까지 유효한 압수수색영장을 발부받았다. A가 같은 해 3.3. 甲의 자택에서 컴퓨터디스켓을 압수하여 분석해 보았으나 아무런 증거자료를 발견하지 못하였다. A가 위 압수수색영장을 재차 집행하기 위하여 같은 해 3.6. 甲의 자택에 갔으나 甲은 외출중이었고 甲의 8세 된 아들만 있었다. A는 甲에게 연락을 취하지 아니한 채 甲의 아들이 보는 가운데 甲의 자택을 수색하여 다락방에서 회사 공금 5,000만 원을 횡령한 사실을 메모한 甲의 비밀장부를 발견하고 이를 압수하였다. 이 경우 사법경찰관 A가 甲의 비밀장부를 압수한 조치가 적법한지 설명하시오. [제49회 사법시험 문제 참조]

압수·수색영장에는 피의자(피고인)의 성명, 죄명, 압수할 물건, 수색할 장소, 신체, 물건, 영장 발부연월일, 영장의 유효기간과 그 기간을 경과하면 집행에 착수할 수 없으며 영장을 반환하여야 한다는 취지 그 밖에 대법원규칙으로 정한 사항을 기재하고 재판장이나 수명법관이 서명날인하여야 한다. 다만, 압수, 수색할 물건이 전기통신에 관한 것인 경우에는 작성기간을 기재하여야 한다(제114조 제1항, 제219조). 2011년 법 개정을 통하여 전기통신에 대한 압수수색의 경우 작성기간 기재가 필수화되었다. 압수영장에 기재된 유효기간은 집행착수를 위한 것이기 때문에 발부된 영장이 일단 1차례 집행 종료되었다면 동일한 장소 또는 목적물에 대하여 재차 집행을 위해서는 기존 영장의 유효기간이 남은 경우에도 수사기관은 새로운 영장을 발부받아야 한다(대결 1999.12.1, 99모161의 태도임).[220] 따라서 상기한 [설문 (26)]에서의 동일 영장에 의한 재차 압수는 위법하다. 그리고 '압수할 물건'을 특정하기 위하여 기재한 문언은 엄격하게 해석하여야 하기 때문에 '압수장소에 보관중인 물건'이라고 기재하고 있는 것을 '압수장소에 현존하는 물건'으로 해석할 수는 없다(대판 2009.3.12, 2008도763; 그리고 압수수색 영장에 기재된 수색·검증 장소에서 벗어난 장소에서 수집한 증거들은 위법하고, 이를 기초로 획득한 2차 증거 역시 모두 위법해 증거능력이 없다는 대판 2021.02.04. 2020도11559).[221]

구속영장의 방식에 관한 제75조 제2항의 규정은 압수·수색의 영장에 준용한다(제114조 제2항). 즉, 피의자(피고인)의 성명이 분명하지 아니한 때에는 인상, 체격, 기타 피의자(피고인)을 특정할 수 있는 사항으로 피의자(피고인)를 표시할 수 있다(제75조 제2항). 이로부터 구체적 특정 없는 일반영장은 금지되는 것으로 보아야 한다. 판례에 의하면, 판사의 날인이 누락되었더라도, 판사가 진정한 의사에 따라 영장을

220) 이에 대한 평석으로 이승녕, "동일 영장에 의한 재도의 압수·수색의 가부," 대법원판례해설 33호, 법원도서관, 2000.5, 784-793면.

221) 경찰은 범행의 피의자를 특정하여 피의자의 소유·소지하는 물건을 압수하기 위해 영장을 신청하였고, 판사는 그 신청취지에 따라 피의자가 소유·소지하는 물건의 압수를 허가하는 취지의 영장을 발부한 경우, 영장의 문언상 압수·수색의 상대방은 피의자이고, 압수할 물건은 피의자가 소유·소지·보관·관리·사용하는 물건에 한정된다. 비록 경찰이 압수·수색 현장에서 다른 사람으로부터 이 사건 범행의 진범이 피고인이라는 이야기를 들었다고 하더라도 영장에 기재된 문언에 반하여 피고인 소유의 물건을 압수할 수는 없다. 일단 피의자와 피압수자를 특정하여 영장이 발부된 이상 다른 사람을 피압수자로 선해하여 영장을 집행하는 것이 적법·유효하다고 볼 수는 없다(대판 2021. 7. 29, 2020도14654).

발부했다는 정황이 인정된다면 영장집행으로 수집한 증거의 증거능력을 인정해야 한다(대판 2019.7.15. 2018도20504).

(2) 영장의 집행

1) 집행기관

압수 · 수색영장은 검사의 지휘에 의하여 사법경찰관리가 집행한다. 단 필요한 경우에는 재판장은 법원사무관 등에게 그 집행을 명할 수 있다(제115조 제1항). 영장집행은 관할구역 외에서도 가능하고(제2항), 법원사무관 등이 집행하는 경우에는 사법경찰관리에게 보조를 구할 수 있다(제117조).

2) 집행방법

압수 · 수색영장은 처분을 받는 자에게 반드시 사전에 제시하고 처분을 받는 자가 피의자인 경우에는 그 사본을 교부하여야 한다(제118조, 제219조). 이 점이 긴급집행에 의한 사후제시를 인정하는 구속(제85조 제3항)과 다르다. 다만 집행 거부, 방해 등의 특수 사정이 있는 경우에는 영장 제시의 예외가 인정될 수 있다(대판 2015.1.22, 2014도10978 전원합의체). 그리고 기재사항을 충분히 알 수 있도록 제시하여야 한다(대판 2017.9.22, 2015도12400). 판례에 의하면, 수사기관이 영장을 보여 달라는 피의자에게 영장 겉표지만 보여주고 내용은 확인시켜 주지 않은 채 물건(휴대폰)을 압수했다면 이는 위법하고, 이에 따라 압수물은 반환해야 하며 증거로서 인정할 수도 없다(대결 2020.4.17. 2019모3526).

현장에서 압수 · 수색을 당하는 사람이 여러 명일 경우에는 그 사람들 모두에게 개별적으로 영장을 제시해야 하는 것이 원칙이다. 즉 수사기관이 압수 · 수색에 착수하면서 그 장소의 관리책임자에게 영장을 제시하였다고 하더라도, 물건을 소지하고 있는 다른 사람으로부터 이를 압수하고자 하는 때에는 그 사람에게 따로 영장을 제시하여야 한다(대판 2009.3.12, 2008도763). 그리고 Naver 포탈사를 상대로 이용자의 이메일을 압수하기 위해서는 영장 원본을 제시하여야 하고, 영장 사본으로 압수한 경우는 위법하여 그 압수정보는 증거능력이 부정된다(대판 2017.9.7, 2015도10648).

영장집행 중에는 타인의 출입금지(제119조, 제219조), 건정(鍵錠)과 같은 것에 대한 필요한 처분[222]을 할 수 있고(제120조, 제219조), 중지할 경우에도 일정한 조치를

222) 여기서 필요한 처분이란 집행 그 자체 및 그 전제로 되는 집행을 위하여 불가결한 행위로서 집행의 목적을 달성하기 위하여 필요하고도 사회적으로 상당한 처분이라고 해석되며,

할 수 있다(제127조, 제219조). 그러나 집행에 있어서 타인의 비밀을 보호하여야 하며 처분받는 자의 명예를 해하지 않도록 주의하여야 한다(제116조).

3) 당사자 · 책임자 등의 참여(특히, 정보압수의 경우)

[설문 (26a)] 검사는 압수 · 수색영장을 발부받아 甲이 범행에 사용한 컴퓨터를 적법하게 검찰청으로 반출한 다음 그 컴퓨터에서 甲의 범죄행위와 관련된 정보를 탐색하고자 한다. 甲이 검사의 탐색과정에 참여하겠다는 의사를 표시하였다면 검사는 甲을 참여시켜야 하는지 설명하시오. (2018년 2차 모의변호사시험문제)

검사, 피고인, 피의자 또는 변호인은 압수 · 수색영장의 집행에 참여할 수 있다(제121조, 제219조. 변호인의 참여권은 피압수자를 보호를 위하여 변호인에게 주어진 고유권이라는 것으로 대판 2020.11.26., 2020도10729). 이를 위해 그들에게 미리 통지하여야 하지만(설령 피압수자가 수사기관이 압수수색영장의 집행에 참여하지 않는다는 의사를 명시하였다고 하더라도 특별한 사정이 없는 한 그 변호인에게 참여할 기회를 별도로 보장해야 한다), 참여하지 아니한다는 의사를 명시하거나 급속을 요하는 경우(압수수색영장 집행사실을 미리 알려주면 증거물을 은닉할 염려 등이 있어 압수수색의 실효를 거두기 어려울 경우)[223]에는 예외이다(제122조, 제219조). 특히 공무소, 군사용 항공기 또는 선박 · 차량 안에서 압수 · 수색영장을 집행하려면 그 책임자에게 참여할 것을 통지하여야 한다(제123조 제1항, 제219조). 제1항에 규정한 장소 외에 타인의 주거, 간수자 있는 가옥, 건조물(建造物), 항공기 또는 선박 · 차량 안에서 압수 · 수색영장을 집행할 때에는 주거주(住居主), 간수자 또는 이에 준하는 사람을 참여하게 하여야 한다(제123조 제2항). 제2항의 사람을 참여하게 하지 못할 때에는 이웃 사람 또는 지방공공단체의 직원을 참여하게 하여야 한다(제3항). 여기서 참여자는 압수수색의 의미를 이해할 수 있는 정도의 의사능력자이어야 한다.[224] 그리고 여자의 신체에 대하여 수색할 때에는 성

이에 해당되는지 여부는 여러 가지 사항을 종합하여 구체적 사안에 따라 결정되어야 할 것이다. 필요한 처분에 해당하는 것으로 예컨대 압수 · 수색영장을 소지하였으나 현관문이 시정되어 가스 검침원이나 우편배달원으로 가장하여 문을 열게 하는 경우, 도주하면서 소지물을 버리려고 하는 피의자를 제지하고 손을 비틀어 소지물을 확인하는 행위, 압수된 미현상 필름을 현상하는 행위, 프린트를 작동하여 전자적 기록을 아웃풋한 프린트물을 압수하는 행위 등을 들 수 있다.

223) 대판 2012.10.11, 2012도7455. 명확성에 반하여 위헌이라고 볼 수 없다.

224) 제123조 제2항은 타인의 주거, 간수자 있는 가옥, 건조물, 항공기 또는 선차 내에서 압수 · 수색영장을 집행함에는 주거주, 간수자 또는 이에 준하는 자를 참여하게 하여야 한다고 규정하고 있다. 참고로 8세 된 아이는 영장집행의 의미를 이해하지도 못할 뿐만 아니

년의 여자를 참여하게 하여야 한다(제124조, 제219조). 판례에 의하면, 몰카 촬영 범죄의 증거로 압수한 컴퓨터를 탐색하면서 변호인에게 참여할 기회를 제공하지 않는 등 적법절차를 위반했더라도, 성폭력범죄의 처벌 등에 관한 특례법상 카메라 등 이용 촬영 혐의로 기소된 피고인(피의자)이 앞서 불참여 의사를 밝혔고 관련 범죄사실을 진술했다면, 증거로 사용할 수 있다(해당 컴퓨터에서 찾은 몰카 동영상의 증거능력을 인정하지 않는 것이 오히려 사법정의에 반할 경우에는 예외적으로 증거능력을 인정할 수 있다는 대판 2020.12.10. 2020도10729).

상기한 [설문]과 관련하여 정보압수의 경우에도 피압수자 또는 변호인의 참여권은 보장되어야 한다. 참여권은 현장에서의 원칙적 정보압수인 경우(즉 범위를 정하여 출력 또는 복제하는 방법)는 물론이고, 그러한 원칙적 방법이 불가능하거나 압수의 목적을 달성하기에 현저히 곤란한 예외적인 사정이 인정되어 전자정보가 담긴 저장매체 또는 하드카피나 이미징 등 형태를 수사기관 사무실 등으로 옮겨 복제·탐색·출력하는 경우에도 또다시 보장되어야 한다. 즉, 일련의 과정에서 피압수자나 변호인에게 참여의 기회를 보장하고 혐의사실과 무관한 전자정보의 임의적인 복제 등을 막기 위한 적절한 조치를 취하는 등 영장주의 원칙과 적법절차를 준수하여야 한다. 만약 그러한 조치를 취하지 않았다면 피압수자 측이 참여하지 아니한다는 의사를 명시적으로 표시하였거나 절차 위반행위가 이루어진 과정의 성질과 내용 등에 비추어 피압수자 측에 절차 참여를 보장한 취지가 실질적으로 침해되었다고 볼 수 없을 정도에 해당한다는 등의 특별한 사정이 없는 이상 압수·수색이 적법하다고 평가할 수 없다. 특히 수사기관이 저장매체 또는 복제본에서 혐의사실과 관련된 전자정보만을 복제·출력하였다고 하더라도 달리 볼 것은 아니다(대판 2017.9.21, 2015도12400). 압수한 정보저장매체 또는 이미징 사본의 정보를 탐색하여 해당 부분의 파일을 복사하거나 해당 부분을 출력하는 과정을 '전체적으로 하나의 영장에 기한 압수·수색의 일환'이기 때문이다(대결 2015.7.16, 2011모1839 전원합의체).

그러나 수사기관이 정보저장매체에 기억된 정보 중에서 키워드 또는 확장자 검색 등을 통해 범죄 혐의사실과 관련 있는 정보를 선별한 다음 정보저장매체와 동일하게 비트열 방식으로 복제하여 생성한 파일('이미지 파일')을 제출받아 압수하였다면 이로써 압수의 목적물에 대한 압수·수색 절차는 종료된 것이므로, 수사기관

라, 절차의 공정성도 담보하지 못하므로 여기의 주거주에 준하는 자가 아니다.

이 수사기관 사무실에서 위와 같이 압수된 이미지 파일을 탐색 · 복제 · 출력하는 과정에서도 피의자 등에게 참여의 기회를 보장하여야 하는 것은 아니다(대판 2018.2.8, 2017도13263).

4) 야간집행의 제한 일출전, 일몰후에는 그 허용에 관한 기재가 없으면 영장집행은 허용되지 않는다(제125조). 그러나 야간에 범행이 주로 일어나는 장소는 예외이다(제126조). 수사기관의 긴급 압수 · 수색의 경우(제216조에 의한 처분)에도 야간제한 규정이 적용되지 않는다(제220조).

여기서 문제되는 것으로, 영장의 집행이 일몰 전에 시작되었으나 일몰 후까지 이어진 경우는 영장의 집행은 '집행시'를 기준으로 해야 하므로 일단 일몰전에 착수하였으나 미처 종료하지 못한 경우에는 계속 진행할 수 있다. 그리고 일몰 전에 영장집행을 중지한 경우에 일몰 후에는 야간에 있어 사생활의 평온을 보호하려는 본조의 취지에 비추어 영장집행의 재개가 허용되지 않는다고 해야 한다. 한편 여러 가지 이유로 압수수색에 착수하지 못하다가 일몰을 맞이한 경우에는 현행법상 "……선차 내에 들어가지 못한다"고 규정되어 관계로 일단 일몰 전에 압수수색 장소에 들어가지 못한 이상 압수수색현장에 들어가 착수하지 못한다고 해석될 여지가 충분히 있다. 그러나 사전에 야간집행이 필요한 모든 상황까지 예상하여 영장청구서에 야간집행을 기재하는 것은 본조의 취지에 부합되지 않기 때문에, 수사기관이 증거인멸 방지를 위한 신속한 압수수색의 실행을 인정할 필요가 있는 경우에는 독일 형사소송법 제104조 제1항과 같이 야간긴급 압수수색착수 규정을 두는 방안을 검토할 필요가 있다고 본다.

5) 수색증명서 · 압수목록의 교부 수색 후 증거물이나 몰수물이 없는 경우에는 그 취지의 증명서를 교부하고(제128조), 수색 후 압수한 경우에는 압수목록을 교부하여야 한다(제129조). 이를 수사기관을 위해 제219조에서 준용한다. 공무원인 수사기관이 작성하여 피압수자 등에게 교부해야 하는 압수물 목록에는 작성연월일을 기재하고, 그 내용은 사실에 부합하여야 한다. 압수물 목록은 피압수자 등이 압수물에 대한 환부 · 가환부신청을 하거나 압수처분에 대한 준항고를 하는 등 권리행사절차를 밟는 가장 기초적인 자료가 되므로, 이러한 권리행사에 지장이 없도록 압수 직후 현장에서 바로 작성하여 교부해야 하는 것이 원칙이다(대판 2009.3.12, 2008도763). 그리고 법원은 압수 · 수색영장의 집행에 관하여 범죄 혐의사실과 관련 있는 정보의 탐색 · 복제 · 출력이 완료된 때에는 지체 없이 압수된 정보의 상세목록을 피의자 등

에게 교부할 것을 정할 수 있다. 압수물 목록은 피압수자 등이 압수처분에 대한 준항고를 하는 등 권리행사절차를 밟는 가장 기초적인 자료가 되므로, 수사기관은 이러한 권리행사에 지장이 없도록 압수 직후 현장에서 압수물 목록을 바로 작성하여 교부해야 하는 것이 원칙이다. 이러한 압수물 목록 교부 취지에 비추어 볼 때, 압수된 정보의 상세목록에는 정보의 파일 명세가 특정되어 있어야 하고, 수사기관은 이를 출력한 서면을 교부하거나 전자파일 형태로 복사해 주거나 이메일을 전송하는 등의 방식으로도 할 수 있다(대판 2018.2.8, 2017도13263).

4. 압수물의 처리

(1) 압수물의 보관과 폐기

1) 자청보관의 원칙 　압수물은 압수한 법원 또는 수사기관의 청사로 운반하여 직접 보관하는 것이 원칙이다. 법원 또는 수사기관은 압수보관물의 상실 또는 파손 등의 방지에 필요한 조치를 하여야 하며(제131조, 제219조), 보관함에 있어 선량한 관리자의 주의의무를 다하여야 한다.

2) 위탁보관 　운반 또는 보관에 불편한 압수물이라면 위탁 보관하도록 하는 것이 합리적이므로 자청보관의 원칙에 대한 예외로서 인정하고 있다. 따라서 간수자를 두거나 소유자 또는 적당한 자의 승낙을 얻어 보관하게 할 수 있다(제130조 제1항, 제219조). 위탁보관처분은 임치계약의 성질을 가지므로 특별한 약정이 없으면 법원이나 수사기관은 보관자에 대하여 임치료를 지급할 의무를 지지 않는다(대판 1968.4.16, 68다285).

3) 대가보관 또는 환가처분 　압수물은 검사의 이익을 위해서 뿐만 아니라 이에 대한 증거신청을 통하여 무죄를 입증하고자 하는 피고인의 이익을 위해서도 존재하므로 사건종결시까지 이를 그대로 보존할 필요성이 있다. 다만, 몰수하여야 할 압수물이 멸실 · 파손 · 부패 또는 현저한 가치 감소의 염려가 있거나 보관하기 어려운 때에도 계속 보관을 해야 한다면 경제적 가치의 국고귀속이라는 효과를 기대하기 어렵고 보관상 어려움으로 인한 부담도 증가할 것이기 때문에 이를 방지할 필요가 있다. 따라서 '몰수하여야 할 압수물로서 멸실 · 파손 · 부패 또는 현저한 가치 감소의 염려가 있거나 보관하기 어려운 압수물은 매각하여 대가를 보관할 수 있다(제132조 제1항, 제219조). 여기서 압수물의 환가처분은 '몰수하여야 할 압수물'에 한하여 허용되므로 소유자 등에게 환부하여야 할 압수물에 대해서는 환가처분이 허용되지

않는다(대판 1965.1.19. 64다1150). 다만, 몰수하여야 할 압수물에는 필요적 몰수뿐만 아니라 임의적 몰수의 대상도 포함된다. 대가보관금은 몰수대상인 압수물과 동일시할 수 있으므로 몰수의 대상이 된다(대판 1996.11.12, 96도2477). 환부하여야 할 압수물 중 환부를 받을 자가 누구인지 알 수 없거나 그 소재가 불명한 경우로서 그 압수물의 멸실 · 파손 · 부패 또는 현저한 가치 감소의 염려가 있거나 보관하기 어려운 압수물은 매각하여 대가를 보관할 수 있다(제132조 제2항, 제219조). 환가처분을 함에는 검사 · 피해자 · 피고인 또는 변호인에게 미리 통지하여야 한다(제135조, 제219조).

4) **폐기처분** 위험발생의 염려가 있는 압수물은 폐기할 수 있다(제130조 제2항, 제219조). 그리고 법령상 생산 · 제조 · 소지 · 소유 또는 유통이 금지된 압수물로서 부패의 염려가 있거나 보관하기 어려운 압수물은 소유자 등 권한 있는 자의 동의를 받아 폐기할 수 있다(제130조 제3항, 제219조). 사법경찰관이 폐기처분을 할 때에는 검사의 지휘를 받아야 한다(제219조 단서). 판례에 의하면, 부패의 염려가 있거나 보관하기 어려운 압수물이라 하더라도 법령상 생산 · 제조 · 소지 · 소유 또는 유통이 금지되어 있고, 권한있는 자의 동의를 받지 못하는 한 이를 폐기할 수 없으며, 만약 이러한 요건이 갖추어지지 않았음에도 폐기하였다면 이는 위법하다(대판 2022.1.14. 2019다282197).

(2) 압수물의 환부와 가환부

1) 공소제기 이후의 경우

(가) 압수물의 가환부 압수의 효력을 존속시키면서 증거에 공할 압수물을 소유자, 소지자, 보관자 또는 제출인의 청구에 의하여 법원의 결정으로 잠정적으로 가환부할 수 있다(제133조 제1항 후단, 임의적 가환부).[225] 대상은 증거에 공할 압수물에 제한되며, 몰수의 대상이 되는 압수물은 가환부가 불가능하다.[226] 위 압수물로서 소유자 또는 소지자가 계속 사용하여야 할 물건은 사진촬영 기타 원형보존의 조치를 취하고 신속히 가환부하여야 한다(제133조 제2항, 필요적 가환부).

---

225) 가환부의 결정을 할 때에는 검사, 피해자, 피고인 또는 변호인에게 미리 통지하여야 한다(제135조, 제219조). 따라서 피고인에게 의견진술할 기회를 주지 아니한 채 한 가환부결정은 위법하다(대결 1980.2.25, 80모3).

226) 이에 대하여 필요적 몰수의 대상인 경우는 가환부가 허용되지 않지만 임의적 몰수의 대상인 경우에는 몰수 여부가 미확정적이며 가환부된 후에도 압수의 효력은 존속하므로 가환부가 허용된다는 견해(조해섭, "압수물의 환부 · 가환부," 인권과 정의 1998.10, 79면)가 있다.

(나) 압수물의 환부 압수물의 환부란 압수물을 종국적으로 소유자 또는 제출인에게 반환하는 처분을 말한다. 압수를 계속할 필요가 없는 압수물은 사건종결 전이라도 결정으로 환부하여야 한다(제133조 제1항 전단). 이 경우에는 법원에게 필요적 환부의무가 있고 상대방에게는 환부청구권이 있다.[227] 다만, 압수를 계속할 필요가 없다고 인정되는 압수물에 한하기 때문에 몰수물과 증거에 공할 압수물은 환부할 수 없다. 그리고 압수한 장물은 피해자에게 환부할 이유가 명백한 때에는 사건의 종결 전이라도 결정으로 피해자에게 환부할 수 있다(제134조). 압수물의 대가보관, 환부, 가환부, 압수장물의 피해자환부의 결정을 함에는 검사, 피해자, 피고인 또는 변호인에게 미리 통지하여야 한다(제135조).

2) 공소제기 이전의 경우

수사절차에서 압수된 서류나 물건은 원칙적으로 종국재판의 선고시까지 수사기관에 의하여 보관되고 있다가, 몰수의 선고 없이 사건이 종결된 때에는 압수가 해제된 것으로 간주되어(제332조) 피압수자 등에게 반환된다. 그런데 수소법원의 종국재판이 선고될 때까지 압수의 해제를 기다리게 되면 압수대상에 대한 재산권 행사의 제한이 초래된다. 따라서 종국재판 선고 전이라도 압수물에 대한 이해관계인의 입장에서는 재산권을 신속히 회복하여 활용할 필요성이 있고 형사소송법은 이를 배려하고 있는바, 압수물의 가환부와 환부 그리고 피해자의 환부제도가 그것이다. 종래 수사기관의 압수물 가환부와 환부에 대해서는 형사소송법 제219조에 의하여 법원의 압수물 가환부와 환부에 관한 제133조가 준용되었으나, 2012년부터 시행된 개정 형사소송법(2011.7.18.)에서 수사기관의 압수물 가환부와 환부에 대해서 독립적인 제218조의2를 신설하고 제219조에서 제133조(압수물의 환부, 가환부) 준용부분을 삭제하였다.

(가) 압수물의 가환부 수사기관은 '증거에 사용할 압수물'에 대하여 공소제기 전이라도 소유자, 소지자, 보관자 또는 제출인의 청구가 있는 때에는 가환부하여야 한다(제218조의2 제1항). 여기서 수사기관에 의한 가환부는 '증거에 공할 압수물'

---

227) 피압수자 등의 환부청구권에 대한 명시적 규정이 없다는 점을 근거로 한 부정설도 제기될 수 있으나, 형사소송법 제133조 전단의 의무적 환부규정과 제133조 제1항 후단의 규정(가환부의 경우 일정한 권리자의 청구에 의하여 가환부할 수 있다는 규정)에 비추어 피압수자의 환부청구권을 인정하는 긍정설이 통설이고, 판례도 형사소송법상의 환부청구권은 수사기관의 필요적 환부의무에 대응하는 절차법상의 권리라고 판시하여(대판 1996.8.16, 94모51) 같은 입장이다.

과 '증거에만 공할 압수물'을 구별하지 않고 일률적으로 필요적 가환부만을 규정하고 있을 뿐이다(제218조의2). 그러나 판례는 "수사기관은 증거에 사용할 압수물은 소유자 등의 청구가 있으면 원칙적으로 가환부하여야 하지만 '특별한 사정'이 있으면 가환부를 거부할 수 있다"고 판시(대결 2017.9.29. 2017모236)하면서, "여기서 '특별한 사정'은 범죄의 태양, 경중, 몰수대상인지 여부, 압수물의 증거로서의 가치, 압수물의 은닉 · 인멸 · 훼손될 위험, 수사나 공판수행상의 지장 유무, 압수에 의하여 받는 피압수자 등의 불이익의 정도 등 여러 사정을 검토하여 종합적으로 판단하여야 한다"고 판시(대결 2017.9.29. 2017모236)하고 있다.

사법경찰관이 압수물을 가환부할 때에는 검사의 지휘를 받아야 하며(제218조의2 제4항 후문), 피해자, 피의자 또는 변호인에게 미리 통지를 하여야 하고, 수소법원이 가환부 결정을 함에는 검사, 피해자, 피의자 또는 변호인에게 통지하여야 한다(제219조, 제135조). 이때 의견을 진술할 기회를 주지 아닌한 채 가환부 처분을 하면 위법하게 된다(대결 1980.2.5. 80모3).

수사기관이 거부한 경우에는 신청인은 해당 검사의 소속 검찰청에 대응한 법원에 압수물의 가환부 결정을 청구할 수 있으며(제218조의2 제2항), 법원이 가환부를 결정하면 수사기관은 신청인에게 압수물을 가환부해야 한다(동조 제3항, 제4항).[228] 가환부에 관한 법원의 결정에 대하여는 보통항고를 제기할 수 있다(제403조 제2항). 이때 2012년 시행 형사소송법하에서 제218조의2가 별도로 신설되었다고 하더라도 제417조에 의한 준항고가 일반적으로 불가능하다고 해석하거나 배제할 이유는 없다. 다만, 제417조의 준항고 결정에 대해서는 재항고로 불복하게 되어 있으므로 2심만 보장되게 된다.

가환부는 압수 자체의 효력을 잃게 하는 것이 아니므로 압수의 효력은 지속한다. 따라서 가환부를 받은 자는 압수물에 대한 보관의무를 가지며, 이를 임의로 처분하지 못하고, 법원 또는 수사기관의 요구가 있는 때에는 이를 제출하여야 한다.

(나) 압수물의 환부 수사기관은 '압수를 계속할 필요가 없다고 인정되는 압

228) 법 개정 이전에도 가환부에 대해서는 피압수자의 청구권이 명문으로 규정하고 있었지만(제133조 제1항), 환부에 대해서는 명시적 규정이 없었다. 이에 대해 그 당시 판례는 환부에도 청구권을 긍정하였으며(대결 1996.8.16, 94모51) 수사기관이 이를 거부하더라도 준항고(제417조)가 가능하도록 되어 있었다. 그러나 이번 개정법은 환부에 있어서 신청권을 명문화하여 논란을 해소하고 있으며, 수사기관이 거부하는 경우 별도로 법원에의 불복방법을 인정하고 있다.

수물'에 대하여 공소제기 전이라도 소유자, 소지자, 보관자 또는 제출인의 청구가 있는 때에는 환부하여야 한다(제218조의2 제1항, 제4항). 따라서 몰수의 대상이 되는 압수물이나 증거에 사용할 압수물은 환부할 수가 없다. 소유자 등의 청구와 사전통지[229] 등은 가환부의 경우와 동일한 절차에 의한다. 검사가 불기소처분을 하는 경우에 환부는 실체법상의 권리와 관계없이 피압수자나 제출인에게 하는 것이 원칙이나[230] 피해자 환부도 가능하다(제219조, 제134조). 여기서 만일 피압수자가 소유권을 포기하거나 환부청구권을 포기한 경우에도 수사기관에게 환무의무가 있다는 것이 통설과 판례(대결 1996.8.16. 94모51 전원합의체 결정)의 입장이다. 사법경찰관의 환부처분에 관하여는 검사의 지휘를 받아야 한다(제4항).

그리고 환부에 의하여 압수는 그 효력을 상실한다. 다만 환부는 압수를 해제하는 효력을 가질 뿐 환부 받은 자에게 목적물에 대한 실체법상의 권리를 부여하거나 확인시키는 효력이 있는 것은 아니므로 이해관계인은 민사소송절차에 의해 얼마든지 그 권리를 주장할 수 있다(제333조). 그리고 몰수는 압수되어 있는 물건에 대해서만 할 수 있는 것은 아니므로 이미 환부된 경우에도 종국재판에서 몰수를 선고할 수 있다(대판 1977.5.24. 76도4001). 또한 몰수하지 않은 채 판결이 확정된 경우에도 환부의무는 발생하므로(제332조 참조) 소유권 포기의사가 있더라도 환무의무가 발생한다(대판 2001.4.10. 2000다49343).

3) **압수장물의 피해자환부** 장물을 범인인 피의자 · 피고인에게 환부하고 피해자로 하여금 민사소송에 의하여 장물의 인도청구를 하도록 하는 것은 구체적 정의에 반하므로 형사절차에서 피해자에게 직접 환부하도록 하여 신속한 권리구제를 가능하게 하기 위하여, 압수한 장물은 피해자에게 환부할 이유가 명백한 때에는 피의사건이나 피고사건의 종결 전이라도 피해자에게 환부할 수 있다(제134조, 제219조). 그 요건(대상)으로는 압수장물의 재산권행사를 둘러싼 분쟁이 발생할 우려가 있으므로, 압수한 장물을 피해자에게 환부할 이유가 명백한 때에 한하여 장물의 피해

---

229) 미리 통지를 거치지 않는 경우는 위법하다.

230) 압수물의 환부를 받을 자의 소재가 불명하거나 기타 사유로 인하여 환부를 받을 수 없는 경우에는 검사는 그 사유를 관보에 공고하여야 한다(제486조 제1항). 공고한 후 3월 이내에 환부의 청구가 없는 때에는 그 물건은 국고에 귀속한다(제2항). 전항의 기간 내에도 가치 없는 물건은 폐기할 수 있고 보관하기 어려운 물건은 공매하여 그 대가를 보관할 수 있다(제3항). 현행 형사소송법에는 압수물을 몰수재판에 의하지 않고 국고에 귀속시킬 수 있는 예외적 규정(제486조)을 두고 있다.

자환부가 인정된다. 여기서 '환부할 이유가 명백한 때'라 함은 사법상 피해자가 그 압수된 물건의 인도를 청구할 수 있는 권리가 있음이 명백한 경우를 말하고(대판 1984.7.16, 84모38), 그 인도청구권에 관하여 사실상 · 법률상 다소라도 의문이 있는 경우에는 여기에 해당하지 않는다.[231] 요건이 갖추어지면 법원 또는 수사기관은 피고사건이나 피의사건의 종결 전이라도 결정으로 피해자[232]에게 환부할 수 있다. 피해자 환부결정은 법원 또는 수사기관의 권한이므로 피해자 등에게 환부청구권이 인정되지 않지만, 피해자 · 피고인 또는 변호인에게 미리 통지하여야 한다(제135조, 219조). 또한 피고사건 종결시에는 판결로써 피해자에게 환부하는 선고를 하여야 한다(제333조 제1항). 이때 장물을 처분하였을 때에는 판결로써 그 대가로 취득한 것을 피해자에게 교부하는 선고를 하여야 한다(동조 제2항). 가환부한 장물에 대하여 별단의 선고가 없는 때에는 환부의 선고가 있는 것으로 간주한다(동조 제3항).

Ⅲ. 수사상의 검증

1. 의의 및 절차

(1) 의 의

검증이란 사람 · 장소 · 물건의 성질 · 형상을 사람의 오관의 작용에 의하여 있는 그대로 인식하는 강제처분을 말한다. 검증은 그 주체 내지 시기에 따라 공소제기 후 법원의 검증과 수사기관의 검증으로 나눌 수 있다.

(2) 종 류

[설문 (27)] 경찰관 甲은 교통사고의 신고를 받고 급히 사고현장으로 달려 나갔다. 그런데 사고당사자는 甲의 사고조사를 거부하면서 사진촬영 등을 못하게 하였다. 그러나 甲은 그들이 불응함에도 불구하고 교통사고 현장을 사진촬영하면서 실황조사서를 작성하였다. 그 이후 이 사건에 대해 공소가 제기되자 甲은 실황조사서 등을 증거로 제출하였다. 이 경우 실황조사서의 증거능력은?

231) 예를 들어 피해자의 장물반환청구가 반대급부와 동시이행관계에 있으나 피해자가 그 반대급부를 이행하지 않는 경우, 사기죄나 공갈죄의 장물에 대하여 그 사기나 강박에 의한 의사표시를 취소하지 않은 경우가 여기에 해당할 수 있다.

232) 본조의 피해자는 공소장에 기재된 범죄의 피해자를 말하는데, 피해자가 사망한 경우에는 그 상속인에게 환부할 수 있다.

검증은 영장의 요부에 따라 영장에 의한 검증과 영장에 의하지 않은 (긴급)검증으로도 나눌 수 있다. 법원의 법정에서의 검증은 증거조사의 일종으로 영장을 요하지 않는다. 반면에 수사기관의 검증은 증거를 수집 · 보전하기 위한 강제처분이므로 원칙적으로 법관의 영장에 의하여야 한다(제215조). 검증은 원칙적으로 영장을 요하는 강제처분인 점에서 수사기관이 주로 교통사고와 화재사고 등의 현장에서 임의수사로서 영장 없이 실황을 조사하는 실황조사와 구별될 뿐이고, 그 활동의 개념 내지 내용은 동일한 것으로 보아야 한다. 문제는 상대방의 의사에 반하여 실황조사를 하는 경우에도 여전히 임의수사로 이해될 수 있는지에 있다. 상기한 설문사례의 경우 경찰관이 취한 형식은 실황조사이었기 때문에 형식설에 의하면 임의수사로 볼 수 있다. 그러나 상대방이 불응함에도 불구하고 작성된 실황조사서의 법적 성질은 형식설을 제외한 실질설 내지 기본권기준설에 의하면 검증에 상응하는 강제수사로 평가되어야 한다. 판례는 이러한 경우 강제수사인 검증으로 본다. 그러나 경찰관이 공적 도로에서 일상적으로 행하는 조사는 상대방이 거부하더라도 그 조사가 경찰관의 정상적인 의무에 해당하는 것인 경우(즉 교통사고의 조사와 같이 상대방의 거부와 관계없이 반드시 현장 조사하여야 할 경우)에는 여전히 임의수사인 것으로 해석하는 것이 타당할 것이다. 왜냐하면 직접적인 영장청구권이 없는 경찰에게 이러한 경우까지 검사를 통하여 항상 사후영장을 발부받도록 하는 것은 너무 과도하고 불필요한 부담인 것으로 판단되기 때문이다.

[설문 (27)의 해결] 상대방이 불응함에도 불구하고 작성된 실황조사서의 법적 성질은 형식설을 제외한 실질설과 기본권기준설에 의하면 검증에 상응하는 강제수사로 평가된다. 우리나라 판례는 후자의 태도를 취한다. 다만 강제수사라 하더라도 범죄현장에서의 긴급검증은 허용된다. 따라서 설문 사례의 경우 상대방의 거부에도 불구하고 행한 실황조사 그 자체는 법적 근거가 있는 것으로 보아야 한다. 그러나 적법성을 계속 유지하기 위해서는 갑이 제216조 제3항에 의해 지체 없이 사후검증영장을 발부받아야 하는데, 이를 행하지 않았기 때문에 실황조사서의 증거능력은 위법수집증거배제법칙에 따라 부정된다는 것이 판례태도이다(이러한 취지로 판시한 대판 1989.3.14, 88도1399).[233]

---

233) 이에 대한 자세한 글로는 강용현, "사법경찰관 사무 취급작성의 실황조사서의 증거능력," 형사판례연구 2권, 1994, 276-296면; 백형구, "실황조사서의 증거능력," 판례월보 234호, 1990, 26-32면; 심희기, "검증조서와 실황조사서," 형사소송법판례 70선, 2002, 308-313면.

(3) 절 차

검사는 범죄수사에 필요한 때에는 지방법원판사에게 청구하여 발부받은 영장에 의하여 검증을 할 수 있다(제215조 제1항). 사법경찰관이 범죄수사에 필요한 때에는 검사에게 신청하여 검사의 청구로 지방법원판사가 발부한 영장에 의하여 검증을 할 수 있다(제2항). 검증의 절차는 압수 · 수색의 경우와 같다. 단, 검증을 함에는 신체의 검사, 사체의 해부, 분묘의 발굴, 물건의 파괴 기타 필요한 처분을 할 수 있다(제140조, 제219조). 사체의 해부 또는 분묘의 발굴을 하는 때에는 예를 잊지 아니하도록 주의하고 미리 유족에게 통지하여야 한다(제141조 제4항, 제219조). 검증에 관하여는 조서를 작성하여야 한다(제49조 제1항). 검증조서에는 검증목적물의 현상을 명확하게 하기 위하여 도화나 사진을 첨부할 수 있다(제2항). 조서에는 조사 또는 처분의 연월일시와 장소를 기재하고 그 조사 또는 처분을 행한 자와 참여자 등이 기명날인 또는 서명하여야 한다(제50조).

2. 신체검사

[설문 (28)] 운전자 甲은 음주운전으로 교통사고를 일으키고 의식불명의 상태로 병원으로 이송되어 입원 조치가 이루어졌다. 사법경찰관 乙은 甲의 음주 운전사실에 관한 증거를 확보하기 위하여 甲의 혈액을 입수하고자 하였다. 이를 위해 병원으로 간 乙이 (i) 간호사가 이미 치료목적으로 채혈한 甲의 혈액을 임의로 교부받은 경우 (ii) 의사(간호사)에게 부탁하여 비로소 혈액을 채취케 하여 교부받은 경우에 각각의 적법성 여부를 심사하시오.

(1) 의 의

신체검사는 신체 자체를 검사의 대상으로 하는 처분이다. 신체외부와 착의에 대한 수색인 신체수색과 구별된다. 후자는 증거물 · 압수물의 발견을 위한 것이다. 신체검사는 지문채취 내지 문신확인과 같은 검증으로서의 신체검사와 혈액채취나 X선촬영과 같이 전문적 지식과 경험을 요하는 감정으로서의 신체검사로 나눌 수 있다.

신체의 검사에 관하여는 검사를 받는 사람의 성별, 나이, 건강상태, 그 밖의 사정을 고려하여 그 사람의 건강과 명예를 해하지 아니하도록 주의하여야 한다(제141조 제1항, 제219조). 피고인(피의자) 아닌 사람의 신체검사는 증거가 될 만한 흔적을 확인할 수 있는 현저한 사유가 있는 경우에만 할 수 있다(제2항). 여자의 신체를 검사하는 경우에는 의사나 성년의 여자를 참여하게 하여야 한다(제141조 제3항, 제219조). 시체의 해부 또는 분묘의 발굴을 하는 때에는 예(禮)에 어긋나지 아니하도록 주의하고 미리 유족에게 통지하여야 한다(제4항). 신체검사와 관련하여 다음과 같은 신체수사가 허용되는가의 문제가 있다.

(2) 체내강제수사

신체의 내부 예컨대 질내, 항문내, 구강내에 대한 강제수색의 적법성이 문제된다. 이에 대해서는 강제처분으로서의 일반적 내지 구체적 요건을 갖추면 적법성을 인정하여야 할 것이다. 그리고 당연히 여기에서도 영장주의가 적용되어야 할 것이다. 이 경우 발부받아야 할 영장에 대해서는 압수 · 수색영장으로 족하다는 견해도 있을 수 있겠으나, 신체내부의 수색은 검증의 성격도 있기 때문에 추가적으로 검증영장이 요구되는 것으로 보아야 할 것이다. 특히 신체검증에 대한 인권보장적 규정(제141조, 제219조)을 준용할 것이 요청된다.

(3) 연하물(嚥下物. 입으로 삼켜버린 물건)에 대한 강제수사

연하물에 대한 강제수사의 방법으로는 X-Ray의 촬영, 외과적 수술 및 강제배출이 있다. X-Ray의 촬영은 그 종국적 목적에서는 증거물(몰수물)의 수색에 해당하겠지만, 그 조작 · 판단에는 특별한 지식 · 경험을 가진 전문감정인의 감정에 해당한다. 따라서 수사목적을 위한 X-Ray 촬영에는 수색영장 이외에 감정처분허가장이 요구될 것이다. 그리고 외과적 수술은 증거물을 꺼내기 위해 개복수술을 하는 것으로서 피검사자의 건강과 인간의 존엄을 침해하기 때문에 허용되어서는 안 될 것이다.[234] 그리고 강제배출은 구토제 또는 하제 등을 사용하여 체내물을 강제적으로 배출하는 것으로서 이에 대해 미국 연방대법원의 Rochin v. California 342 U.S. 165 (1952) 판결은 고문과 같은 육체적 학대로서 적정절차의 원칙에 위반되는 것으로 보았다. 그러나 강제배출도 다른 방법에 의해서는 증거보전이 불가능하고, 의사에 의하여 의학적 방법으로 시행되어 사회통념상 상당하며, 압수 · 수색영장 이외에 감정처분허가장에 의하여 이루어지는 경우에는 허용되어도 무방할 것이다.

(4) 강제채뇨와 강제채혈

[설문28a] 한편, 丙은 위 사건으로 퇴사조치를 당하여, 심각한 우울증에 빠져 필로폰

234) 이재상, 307면.

을 투약하였다. 丙의 필로폰투약에 대해 제보를 받은 사법경찰관 P1은 압수 수색 검증 영장을 발부받아 적법한 절차에 따라 丙의 아파트를 수색하여 사용 흔적이 있는 주사기 4개를 압수하고, 위 영장에 따라 소변과 모발을 제출하도록 丙을 3시간가량 설득하였다. 그러나 丙이 계속 거부하면서 자해를 하려 하자 자해를 방지하기 위하여 丙을 제압하고 수갑과 포승을 채운 뒤 강제로 병원 응급실로 데리고 가서 당직의사로 하여금 丙의 신체에서 소변(30cc)을 채취하도록 하여 이를 압수하였다. 이 경우 압수의 적법성은? (2020년 제2차 모의변호사 시험문제)

강제채뇨와 강제채혈에 대해서는 인격의 존엄성을 침해하는 처분으로 허용되지 않는다는 견해도 있을 수 있겠지만, 마약음용 또는 음주운전의 여부를 확인하기 위한 증거확보의 필요성이 큰 점을 고려한다면 일정한 요건하에 적법성을 인정하는 것이 타당할 것이다. 적법성이 인정되기 위한 요건은 강제채뇨와 강제채혈의 법적 성격을 어떻게 이해할 것인가에 달려 있다. 이에 대해서는 검증설,[235] 검증 감정설,[236] 압수수색 감정설[237]의 대립이 있는데, 강제채뇨와 강제채혈은 수사기관이 아닌 전문 의사에 의하여 시행·분석되어야 하기 때문에 감정을 위한 처분에 해당하고, 채뇨 및 채혈의 자료는 수사기관에 의하여 증거로서 보관·사용되는 것이기 때문에 압수수색의 성질도 가진다. 따라서 강제채뇨와 강제채혈의 적법성은 강제채뇨 또는 강제채혈의 필요성이 현저하여야 하고, 강제채뇨 또는 강제채혈의 방법이 의사에 의하여 의학적으로 시행되어야 하며, 원칙적으로 압수·수색영장 이외에 감정처분허가장에 의하여 이루어질 때에 인정될 수 있을 것이다(아래의 대판 2012.11.15. 2011도15258은 선택적으로 혈액 채취할 수 있다고 판시하였는데, 그 타당성이 의문스럽다). 이에 따르면, 상기한 [설문 (28)]에서 음주운전 피의자가 의식을 잃고 혼자서 입원한 상태에서 수사기관이 음주운전의 여부를 확인하기 위해 영장 없이 담당의사에게 혈액을 채취케 하여 증거용으로 제출받았다면 이 조치는 위법하다(아래 대판 2011.4.28, 2009도2109의 태도이기도 함). 그리고 상기한 [설문28a]에서 강제채뇨를 위한 영장으로는 감정처분허가장(제221조의4 제1항, 제219조)과 압수수색·검증영장이 요구될 것이다(판례는 압수수색·검증영장으로도 가능하다고 함). 그리고 이러한 영장집행 시 각각 채뇨와 같은 필요한 처분이 가능할 것이다(제173조 제1항, 제120조 제1항,

235) 신동운, 266면.
236) 백형구 320면; 이재상, 연습, 121면.
237) 배종대/이상돈, 309면; 임동규, 225면.

제219조). 다만 이러한 강제처분은 불가피한 최후의 수단으로서만 하여야 할 것이다 (수갑과 포승의 사용도 경찰관직무집행법에서 허용되는 경찰 장구의 사용에 해당할 수 있다는 대판 2018.7.12. 2018도6219).

관련판례 ① 수사기관이 법원으로부터 영장 또는 감정처분허가장을 발부받지 아니한 채 피의자의 동의 없이 피의자의 신체로부터 혈액을 채취하고 더구나 사후적으로도 지체없이 이에 대한 영장을 발부받지도 아니하고서 그 강제채혈한 피의자의 혈액 중 알콜농도에 관한 감정이 이루어졌다면, 이러한 감정결과보고서 등은 형사소송법상 영장주의 원칙을 위반하여 수집되거나 그에 기초한 증거로서 그 절차 위반행위가 적법절차의 실질적인 내용을 침해하는 정도에 해당하고, 이러한 증거는 피고인이나 변호인의 증거동의가 있다고 하더라도 유죄의 증거로 사용할 수 없다고 보아야 할 것이다(대판 2011.4.28, 2009도2109: 적법한 절차에 따르지 아니하고 수집된 피고인의 혈액을 이용한 혈중알콜농도에 관한 감정서 및 주취운전자적발보고서의 증거능력을 부정하여 음주운전의 점에 대해 무죄를 선고한 원심의 판단을 수긍하고, 음주운전자에 대한 채혈에 관하여 영장주의를 요구할 경우 증거가치가 없게 될 위험성이 있다거나 음주운전 중 교통사고를 야기하고 의식불명 상태에 빠져 병원에 후송된 자에 대해 수사기관이 수사의 목적으로 의료진에게 요청하여 혈액을 채취한 사정이 있다고 하더라도 이러한 증거의 증거능력을 배제하는 것이 형사사법 정의를 실현하려고 한 취지에 반하는 결과를 초래하는 것으로 평가되는 예외적인 경우에 해당한다고 볼 수 없다고 한 사례).

② 수사기관이 범죄 증거를 수집할 목적으로 피의자의 동의 없이 피의자의 혈액을 취득·보관하는 행위는 법원으로부터 감정처분허가장을 받아 형사소송법 제221조의4 제1항, 제173조 제1항에 의한 '감정에 필요한 처분'으로도 할 수 있지만, 형사소송법 제219조, 제106조 제1항에 정한 압수의 방법으로도 할 수 있고, 압수의 방법에 의하는 경우 혈액의 취득을 위하여 피의자의 신체로부터 혈액을 채취하는 행위는 혈액의 압수를 위한 것으로서 형사소송법 제219조, 제120조 제1항에 정한 '압수영장의 집행에 있어 필요한 처분'에 해당한다. 음주운전 중 교통사고를 야기한 후 피의자가 의식불명 상태에 빠져 있는 등으로 도로교통법이 음주운전의 제1차적 수사방법으로 규정한 호흡조사에 의한 음주측정이 불가능하고 혈액 채취에 대한 동의를 받을 수도 없을 뿐만 아니라 법원으로부터 혈액 채취에 대한 감정처분허가장이나 사전 압수영장을 발부받을 시간적 여유도 없는 긴급한 상황이 생길 수 있다. 이러한 경우 피의자의 신체 내지 의복류에 주취로 인한 냄새가 강하게 나는 등 형사소송법 제211조 제2항 제3호가 정하는 범죄의 증적이 현저한 준현행범인의 요건이 갖추어져 있고 교통사고 발생 시각

으로부터 사회통념상 범행 직후라고 볼 수 있는 시간 내라면, 피의자의 생명 · 신체를 구조하기 위하여 사고현장으로부터 곧바로 후송된 병원 응급실 등의 장소는 형사소송법 제216조 제3항의 범죄 장소에 준한다 할 것이므로, 검사 또는 사법경찰관은 피의자의 혈중알코올농도 등 증거의 수집을 위하여 의료법상 의료인의 자격이 있는 자로 하여금 의료용 기구로 의학적인 방법에 따라 필요최소한의 한도 내에서 피의자의 혈액을 채취하게 한 후 그 혈액을 영장 없이 압수할 수 있다. 다만 이 경우에도 형사소송법 제216조 제3항 단서, 형사소송규칙 제58조, 제107조 제1항 제3호에 따라 사후에 지체 없이 강제채혈에 의한 압수의 사유 등을 기재한 영장청구서에 의하여 법원으로부터 압수영장을 받아야 한다(대판 2012.11.15, 2011도15258).

③ 강제 채뇨는 피의자가 임의로 소변을 제출하지 않는 경우 피의자에 대하여 강제력을 사용해서 도뇨관(catheter)을 요도를 통하여 방광에 삽입한 뒤 체내에 있는 소변을 배출시켜 소변을 취득·보관하는 행위이다. 수사기관이 범죄 증거를 수집할 목적으로 하는 강제 채뇨는 피의자의 신체에 직접적인 작용을 수반할 뿐만 아니라 피의자에게 신체적 고통이나 장애를 초래하거나 수치심이나 굴욕감을 줄 수 있다. 따라서 피의자에게 범죄 혐의가 있고 그 범죄가 중대한지, 소변성분 분석을 통해서 범죄 혐의를 밝힐 수 있는지, 범죄 증거를 수집하기 위하여 피의자의 신체에서 소변을 확보하는 것이 필요한 것인지, 채뇨가 아닌 다른 수단으로는 증명이 곤란한지 등을 고려하여 범죄 수사를 위해서 강제 채뇨가 부득이하다고 인정되는 경우에 최후의 수단으로 적법한 절차에 따라 허용된다고 보아야 한다. 이때 의사, 간호사, 그 밖의 숙련된 의료인 등으로 하여금 소변 채취에 적합한 의료장비와 시설을 갖춘 곳에서 피의자의 신체와 건강을 해칠 위험이 적고 피의자의 굴욕감 등을 최소화하는 방법으로 소변을 채취하여야 한다. 그리고 수사기관이 범죄 증거를 수집할 목적으로 피의자의 동의 없이 피의자의 소변을 채취하는 것은 법원으로부터 감정허가장을 받아 형사소송법 제221조의4 제1항, 제173조 제1항에서 정한 '감정에 필요한 처분'으로 할 수 있지만(피의자를 병원 등에 유치할 필요가 있는 경우에는 형사소송법 제221조의3에 따라 법원으로부터 감정유치장을 받아야 한다), 형사소송법 제219조, 제106조 제1항, 제109조에 따른 압수·수색의 방법으로도 할 수 있다. 이러한 압수·수색의 경우에도 수사기관은 원칙적으로 형사소송법 제215조에 따라 판사로부터 압수·수색영장을 적법하게 발부받아 집행해야 한다(대판 2018.7.12, 2018도6219).

문제는 상기한 [설문 (28)]에서 간호사가 이미 치료의 목적으로 피의자의 혈액을 채취한 이후에 수사기관이 감정용 증거로 제출받아 압수한 경우에 발생한다. 이에 대해 판례는 형사소송법 제218조의 임의제출물의 압수에 해당하므로 영장은 물

론 본인 또는 가족의 동의가 없었더라도 적법하다고 판시하였다(대판 1999.9.3, 98도968).[238] 그러나 피의자의 동의 없이 간호사가 제출한 행위와 수사기관이 이를 분석한 행위는 피고인의 혈액정보지배권을 침해한 위법이라는 견해,[239] 수사기관이 간호사에게 압수거부권을 고지하지 않은 경우에는 임의성을 인정할 수 없는 위법이 있다는 견해도[240] 주장된다. 생각건대 의료종사자는 업무상비밀사항에 대해서는 압수거부권을 가지지만(제112조), 그 권한을 행사하지 않은 것만으로 위법하다고 평가할 수는 없고, 수사기관은 압수거부권을 고지하는 것이 바람직하겠지만 법에 규정된 의무사항이 아니기 때문에 거부권의 불고지만으로 위법성을 인정하기도 어렵다. 따라서 판례의 태도가 타당한 것으로 판단된다.

Ⅳ. 대물적 강제처분에서의 영장주의 예외: 긴급압수 · 수색 · 검증

압수 · 수색 · 검증에도 그 긴급성을 고려하여 일정한 경우에 영장주의의 예외로서 영장에 의하지 않는 처분이 형사소송법에 의해 인정된다(제216조 이하). 여기에는 사후영장조차 요구하지 않은 경우도 있고, 사후영장을 요구하는 경우도 있다.

1. 체포 · 구속 목적의 피의자수색(피의자를 찾기 위한 일정한 장소의 수색)

검사 또는 사법경찰관은 체포영장에 의한 체포(제200조의2), 긴급체포(제200조의3), 구속(제201조) 또는 현행범체포(제212조)의 규정에 의하여 피의자를 체포 또는 구속하는 경우에 필요한 때에는 영장 없이 타인의 주거나 타인이 간수하는 가옥, 건조물, 항공기, 선차 내에서 피의자 수색을 할 수 있다. 다만, 제200조의2 또는 제201조에 따라 피의자를 체포 또는 구속하는 경우의 피의자 수색은 미리 수색영장을 발부받기 어려운 긴급한 사정이 있는 때에 한정한다(제216조 제1항 제1호). 예컨대 타인의

238) 이에 대한 자세한 글로는 강동범, "동의나 영장없는 혈액압수의 적법성," 고시계 44권 12호(514호), 1999, 29-39면; 이충상, "음주운전증거인 혈액의 수집절차상 위법성의 유무," 판례실무연구 Ⅲ, 1999, 335-338면; 한영수, "음주측정을 위한 '동의 없는 채혈'과 '혈액의 압수': 의료인이 진료목적으로 채혈한 혈액을 수사기관이 수사목적으로 압수한 경우," 형사판례연구 9호, 2001, 353-376면; 심희기, "의료인이 피의자의 동의 없이 임의로 제출한 혈액의 증거능력," 형사소송법판례 70선, 2002, 72-76면; 김형준, "진료목적으로 채취한 혈액의 압수," 형사판례의 연구: 지송 이재상교수 화갑기념논문집 Ⅱ, 2004, 75-89면.

239) 이상돈, 연습, 184면.

240) 한영수, 형사판례연구(9), 376면.

건조물에 피의자가 잠복해 있는 경우에 피의자의 소재를 발견하기 위해서 영장 없는 수색이 허용된다는 것이다. 수색은 피의자 또는 현행범인의 체포를 위하여 불가결한 처분이며 또한 긴급성이 요청되므로 영장 없는 수색이 허용되어야 한다는 데에 본 제도의 취지가 있다. 본 조항에 의한 처분의 주체는 수사기관이고(일반사인도 주체가 된다는 소수설 있음),[241] 그 대상은 피의자에 한한다. 왜냐하면 '피고인'을 구속하기 위한 수색에 대해서는 별도 규정이 있기 때문이다(제137조). 본 호의 단서 규정은 체포영장 또는 구속영장의 집행까지 별도 영장 없이 타인의 주거 등을 수색할 수 있도록 한 구 조문에 대한 헌법재판소의 헌법불합치결정으로 입법된 것이다(헌재결 2018.4.26. 2015헌바370).

본 조항은 피의자를 체포·구속하기 위한 긴급처분이므로 그 시기는 피의자의 체포 전임을 요한다. 따라서 피의자의 체포 후에는 본 조항이 적용되지 않는다. 그리고 본 조항의 요건을 충족하는 한 압수·수색에 대한 사후영장도 발부받을 필요가 없다. 또한 본 조항에 의한 피의자 수색이 급속을 요할 때에는 야간에도 타인의 주거 등에 들어가서 구속영장을 집행할 수 있다(제220조).

2. 체포현장에서의 압수·수색·검증

[설문 (29)] (i) 사법경찰관 甲은 절도죄로 입건된 피의자 A에 대한 구속영장을 소지하고 그 구속영장을 집행하기 위하여 새벽에 A의 집에 갔으나 A는 외출 부재중이고 A의 장남 B(8세)만이 집에 있었다. 甲은 B를 참여시키고 A의 집을 샅샅이 수색하여 절도의 장물과 A가 평소에 소지하고 있던 권총 한 자루를 압수한 후 1시간 가량 기다렸다. 甲은 그 동안 A가 귀가하지 않자 압수물을 챙겨 A의 집을 나오다가 때마침 대문 안으로 들어서는 A를 발견하고 구속영장을 집행하였다. 압수물에 관하여는 사후 압수·수색영장을 신청하지 아니하였다. 이 경우 장물의 압수·수색은 적법한가? 또한 그 압수물은 유죄의 증거가 될 수 있겠는가?

(ii) 사법경찰관 乙은 피의자 B를 긴급체포하면서 그 체포현장에서 압수·수색영장 없이 그의 신체를 수색하여 장물을 발견하고 압수하였다. 그 후 乙은 검사에게 신청하여 피의자 B에 대한 구속영장을 청구하여 발부받았지만 사후에 압수·수색영장은 발부받지 않았다. 이 경우 압수한 장물을 유죄의 증거로 사용할 수 있겠는가?

241) 소수설로는 백형구, 244면.

(1) 의 의

검사 또는 사법경찰관이 피의자를 영장체포, 긴급체포, 현행범체포, 또는 (영장)구속하는 경우에 필요한 때에는 영장 없이 체포현장에서 압수 · 수색 · 검증을 할 수 있다(제216조 제1항 제2호). 여기의 '수색'은 동항 제1호가 피의자를 찾기 위한 '수색'임에 반하여 압수물을 찾기 위한 수색이다. 그리고 본 조항에 의한 처분에 대해서는 야간 압수 · 수색의 제한(제125조, 제219조)과 주거주 참여 없는 압수수색의 제한(제123조 제2항, 제219조)에 관한 규정도 적용되지 않는다. 미국 판례에 따르면, 경찰관이 자동차 운전자를 적법하게 체포하면 영장 없이 다른 승객이 타고 있는 객실에 대한 수색과 그로부터 발견된 마약을 압수할 수 있고,[242] 금제품이 숨겨져 있는 것으로 사료되는 자동차의 모든 부분을 그 자동차를 경찰서로 운전하여 간 상태에서도 검사할 수 있다.[243]

(2) 영장주의 예외의 이유

이 경우에 영장이 필요치 않는 이유에 대해서는 견해대립이 있다. 즉, (i) 가장 중요한 기본권인 자유권이 적법하게 침해된 때에는 이에 수반하는 보다 경한 비밀이나 소유권의 침해는 당연히 영장 없이 할 수 있다는 부수처분설,[244] (ii) 체포 · 구속하는 자의 안전을 위하여 무기를 빼앗고, 피의자가 증거를 파괴 · 은닉하는 것을 예방하기 위한 긴급행위로서 허용된다는 긴급행위설(다수설)의 대립이 있다. 생각건대, 부수처분설에 의하면 영장에 의하지 아니한 대물적 강제수사가 부당하게 확대될 위험이 있으므로 다수설인 긴급행위설이 타당하다. 다수설에 따르면 여기의 압수 · 수색의 대상은 피의자가 소지하는 무기 기타의 흉기, 도주의 수단이 되는 물건, 당해 범죄사실에 대한 증거물(별건사건의 증거물은 원칙적으로 영장에 의해야 할 것임)의 정도에 제한되어야 할 것이다.

(3) 체포 · 구속과의 시간적 · 장소적 접착성

여기의 긴급 압수 · 수색 · 검증은 체포 · 구속과의 시간적 내지 장소적 접착성이 요구된다. 문제는 어느 정도의 접착성이 요구되는가에 있다. 이에 대하여 (i) 체

---

242) New York v. Belton, 453 U.S. 454 (1981).

243) United States v. Ross, 456 U.S. 798 (1982).

244) 신동운, 244면. 그리고 압수의 경우에는 긴급행위설의 관점에서, 수색의 경우에는 부수처분설의 관점에서 설명하는 이분설로는 정웅석, 311면 이하.

포행위에 시간적 · 장소적으로 접착되어 있으면 족하며 체포의 전후를 불문한다는 시간적 · 장소적 접착설,[245] (ii) 압수 · 수색의 당시에 피의자가 현장에 있음을 요한다는 현장설,[246] (iii)피의자가 수색장소에 있고 현실적으로 체포가 착수되었을 것을 요한다는 체포착수설,[247] (iv) 피의자가 현실적으로 체포되는 경우에 한한다는 체포설[248]의 대립이 있다. 판례 중에는 '현행범 체포에 착수하지 않은 상태여서 체포현장에서의 압수수색 요건을 갖추지 못하였다'고 판시[249]한 것이 있는데 체포착수설의 입장으로 볼 여지가 있다. 피의자가 현장에 있다가 도주한 상태에서 긴급 압수한 경우, 수사기관이 긴급 압수한 후 귀가하는 피의자를 기다려서 체포한 경우, 도로사정이나 저항 때문에 피의자를 가까운 경찰에 연행한 후 긴급 압수한 경우 등이 견해대립과 관련하여 문제된다

생각건대, 아무런 영장 없이 타인의 물건을 압수 · 수색 · 검증하는 것을 허용하는 영장주의의 예외는 제한적으로 허용되어야 한다. 따라서 제216조 제1항 제2호(즉 체포현장에서의 긴급압수 · 수색 · 검증)에 대해서는 현장에 존재하는 피의자를 체포하는 것을 선행절차로서 요구하는 (체포착수설의) 견해가 타당한 것으로 판단된다. 피의자가 현장에 존재하지 않음에도 불구하고 증거물만 압수 · 수색하는 것은 '체포현장'에 제한된 입법취지에 반하는 것으로 사료되기 때문이다. 다만 법관에 의한 영장발부에 상당한 시간이 소요되는 우리나라에서는 체포의 성공 여부는 문제삼지 않아도 될 것이다. 수사기관에 의해 증거 위치가 인지된 것을 알게 된 도주 피의자는 수사기관이 그 증거물을 그대로 두고 나온다면 스스로 또는 제3자를 통해 그 증거를 멸실 · 훼손할 개연성이 크기 때문이다. 판례는 음란물 유포 혐의로 적법하게 영장집행하다가 마약소지가 발견되어 피고인을 마약소지죄(마약법 위반)의 현행범으로 체포하면서 마약을 압수한 사건에서 압수 자체의 적법성을 긍정하였음에 비하여(다만 사후영장이 발부되어야 증거능력이 긍정된다는 대판 2009.5.14, 2008도10914), 체포한 곳에서 2km 정도 떨어진 주거지는 체포현장이라고 볼 수 없기 때문에 영장 없이 이곳을 수색해 압수한 도검은 위법하게 수집된 증거로 보아야 한다고(대판 2015.5.29, 2015

---

245) 김기두, 212면; 정영석/이형국, 214면.

246) 백형구, 230면.

247) 신양균, 216면; 이재상 281면; 차용석, 306면.

248) 강구진, 221면; 배종대/이상돈, 304면; 신동운, I, 244면.

249) 대법원 2017. 11. 29. 선고 2014도16080 판결. 이러한 판례를 두고 체포착수설의 입장으로 평가하고 있는 입장으로는 이창현, 앞의 책, 477면.

도364) 각각 판시하였다.

(4) 사후영장의 요부

검사 또는 사법경찰관은 제216조 제1항 제2호에 의해 체포현장에서 긴급압수한 물건을 계속 압수할 필요가 있는 경우에는 지체 없이 압수수색영장을 청구하여야 한다. 이 경우 압수수색영장의 청구는 체포한 때부터 48시간 이내에 하여야 한다(제217조 제2항). 즉 개정 형사소송법은 체포현장에서의 긴급압수 · 수색 · 검증의 독자성을 인정하여 압수를 계속할 필요가 있을 경우 구속영장과는 별도로 지체 없이, 늦어도 체포시로부터 48시간 이내에 압수 · 수색영장을 청구하도록 개정하였다(종래에는 사후에 구속영장이 발부되었으면 별도로 압수 · 수색영장의 발부는 불필요하였음). 검사 또는 사법경찰관은 청구한 압수수색영장을 발부받지 못한 때에는 압수한 물건을 즉시 반환하여야 한다(제3항). 형사소송법 제217조 제2항, 제3항에 위반하여 압수수색영장을 청구하여 이를 발부받지 아니하고도 즉시 반환하지 아니한 압수물은 이를 유죄 인정의 증거로 사용할 수 없는 것이고, 헌법과 형사소송법이 선언한 영장주의의 중요성에 비추어 볼 때 피고인이나 변호인이 이를 증거로 함에 동의하였다고 하더라도 달리 볼 것은 아니다(대판 2009.12.24, 2009도11401).

[설문 (29)의 해결] 설문의 (i)은 제216조 제1항 제2호의 '체포현장'을 어떻게 해석할 것인가에 따라 적법성 여부가 우선적으로 결정된다. 사례의 경우 피의자가 처음부터 현장에 없는 것을 수사기관이 인지하였음에도 불구하고 긴급압수를 하였기 때문에 위법한 것으로 평가되어야 할 것이다. 그리고 설문 (ii)는 개정 형사소송법에 의하면 구속영장이 발부된 경우에도 별도로 사후 압수영장을 발부받아야 하는데, 이것을 위반하였기 때문에 역시 위법하다. 결국 위법수집증거배제법칙에 의해 증거능력이 부정되어야 할 것이다.

---

3. 피고인 구속영장 집행 시의 피고인 수색과 압수 · 수색 · 검증

공소제기 이후의 규정인 형소법 제137조(구속영장집행과 수색)에 의하면, 검사, 사법경찰관리 또는 제81조 제2항의 규정에 의한 법원사무관 등이 구속영장을 집행할 경우에 필요한 때에는 미리 수색영장을 발부받기 어려운 긴급한 사정이 있는 경우에 한정하여 타인의 주거, 간수자 있는 가옥, 건조물, 항공기, 선차 내에 들어가 피고인을 수색할 수 있다. 이것은 숨어 있는 피고인을 영장 없이 수색하는 것만을 규정한 것이다. 그리고 검사 또는 사법경찰관이 피고인에 대한 구속영장을 집행하는 경우에 필요한 때에는 그 집행현장에서 영장 없이 압수 · 수색 · 검증할 수 있다(제216조 제2항). 대상은 공소제기 후의 피고인이다. 그런데 공소제기 이후의 피고인 구속은 법원이 명령장으로서의 구속영장을 발부하여 사법경찰로 하여금 집행하게 하는 것이다. 이 경우 영장 없이 행한 대물적 강제처분이 법원을 위한 강제처분인지(예컨대 압수물을 법원에 곧바로 제출하여야 할 것인지), 수사기관 자신을 위한 강제처분인지(공소유지를 위해 검사가 보관할 수 있는 것인지)가 문제된다. 다수설에 따르면, 여기의 대물적 강제처분의 결과는 수사처분으로서 행한 것이기 때문에 법관에게 제출하거나 보고할 필요는 없다.[250] 이렇게 수사처분으로 이해한다면 피의자 구속집행과 동일하게 사후 압수영장의 발부를 받아야 적법성이 유지되는 것으로 평가될 것인데, 이에 관한 명문 규정은 없다. 입법론적 불비인 것으로 판단된다.

4. 범행 중 또는 범행 직후의 범죄장소에서의 압수 · 수색 · 검증

범죄 중 또는 범행직후의 범죄장소에서 긴급을 요하여 법원판사의 영장을 받을 수 없는 때에는 영장 없이 압수 · 수색 · 검증을 할 수 있다. 이 경우에는 사후에 지체 없이 영장을 받아야 한다(제216조 제3항). 판례는 형사소송법 제216조 제3항의 요건 중 어느 하나라도 갖추지 못한 경우에는 그러한 압수수색 또는 검증은 위법하고, 사후에 법원으로부터 영장을 발부받았다고 해서 위법성이 치유되는 것은 아니라는 입장이다(대판 2012.2.9, 2009도14884). 여기의 긴급압수 · 수색 · 검증은 피의자의 체포 또는 구속을 전제로 하지 않는다는 점에서 체포현장에서의 긴급압수 · 수색 · 검증과 다르다. 따라서 피의자가 압수 · 수색의 현장에 있음을 필요로 하지 아니한다. 또한 피의자가 체포되었을 것을 요건으로 하는 것도 아니다. 이 제도는 범죄현장에서의 증거물의 은닉과 멸실을 방지하기 위한 것이다. 그리고 본 조항에 의한 처분에 대해서는 야간집행의 제한(제125조, 제219조)과 주거주 참여 없는 집행의 제한(제123조 2항, 제219조)에 관한 규정도 적용되지 않는다. 아래 판례에 따르면, 음주운전 중 교통사고를 야기한 후 피의자가 의식불명 상태로 병원에 호송된 경우 피의자의 신체 내지 의복류에 주취로 인한 냄새가 강하게 나는 등 형사소송법 제211조 제2항 제3호가 정하는 범죄의 증적이 현저한 준현행범인의 요건이 갖추어져 있고 교통

250) 배종대/이상돈/정승환, 186면; 이재상, 20/29면.

사고 발생 시각으로부터 사회통념상 범행 직후라고 볼 수 있는 시간 내라면, 피의자의 생명·신체를 구조하기 위하여 사고현장으로부터 곧바로 후송된 병원 응급실 등의 장소는 형사소송법 제216조 제3항의 범죄 장소에 준한다. 그러나 사람의 신체로부터 혈액을 강제로 채취하는 것을 법관이 발부한 영장 없이 일단 긴급하게 압수할 수 있도록 해석하려는 아래 판례의 태도는 결코 바람직하지 않다. 이 문제는 독일 형사소송법과 같이 정식 입법을 통해 해결되어야 할 것이다.

관련판례 ① 음주운전 중 교통사고를 야기한 후 피의자가 의식불명 상태에 빠져 있는 등으로 도로교통법이 음주운전의 제1차적 수사방법으로 규정한 호흡조사에 의한 음주측정이 불가능하고 혈액 채취에 대한 동의를 받을 수도 없을 뿐만 아니라 법원으로부터 혈액 채취에 대한 감정처분허가장이나 사전 압수영장을 발부받을 시간적 여유도 없는 긴급한 상황이 생길 수 있다. 이러한 경우 피의자의 신체 내지 의복류에 주취로 인한 냄새가 강하게 나는 등 형사소송법 제211조 제2항 제3호가 정하는 범죄의 증적이 현저한 준현행범인의 요건이 갖추어져 있고 교통사고 발생 시각으로부터 사회통념상 범행 직후라고 볼 수 있는 시간 내라면, 피의자의 생명·신체를 구조하기 위하여 사고현장으로부터 곧바로 후송된 병원 응급실 등의 장소는 형사소송법 제216조 제3항의 범죄 장소에 준한다 할 것이므로, 검사 또는 사법경찰관은 피의자의 혈중알코올농도 등 증거의 수집을 위하여 의료법상 의료인의 자격이 있는 자로 하여금 의료용 기구로 의학적인 방법에 따라 필요최소한의 한도 내에서 피의자의 혈액을 채취하게 한 후 그 혈액을 영장 없이 압수할 수 있다. 다만 이 경우에도 형사소송법 제216조 제3항 단서, 형사소송규칙 제58조, 제107조 제1항 제3호에 따라 사후에 지체 없이 강제채혈에 의한 압수의 사유 등을 기재한 영장청구서에 의하여 법원으로부터 압수영장을 받아야 한다(대판 2012.11.15, 2011도15258).

② 주취운전이라는 범죄행위로 당해 음주운전자를 구속·체포하지 아니한 경우에도 필요하다면 그 차량열쇠는 범행 중 또는 범행 직후의 범죄 장소에서의 압수로서 형사소송법 제216조 제3항에 의하여 영장 없이 이를 압수할 수 있다(대판 1998.5.8, 97다54482).

5. 긴급체포 이후의 압수·수색·검증

[설문 (30)] 사법경찰관 甲은 피의자 B를 강도혐의로 적법하게 긴급체포하여 경찰서 유치장에 유치시켰다. 그 이후 甲은 장물을 찾기 위하여 B의 집에 가서 B의 처 C의 의사에 반하여 압수·수색영장 없이 그 집안을 수색한 끝에 장물을 발견하고 이를 압수하였다. 甲은 그 이후 피의자 B에 대한 구속영장(사후영장)은 발부받았다. 공

소가 제기된 경우 압수물의 증거능력은?

(1) 요 건

검사 또는 사법경찰관은 제200조의3(긴급체포의 규정)에 따라 체포된 자가 소유·소지 또는 보관하는 물건에 대하여 긴급히 압수할 필요가 있는 경우에는 체포한 때부터 24시간 이내에 한하여 영장 없이 압수·수색 또는 검증을 할 수 있다(제217조 제1항).[251] 형사소송법은 이미 긴급체포된 자만으로(종래에는 긴급체포할 수 있는 자로 표현) 한정하여 표시하였고, 허용기간도 24시간 이내(종래에는 구속영장청구기간 이내)로 한정하였다. 그리고 본 제도는 긴급체포된 사실이 밝혀지면 피의자와 관련된 사람이 증거물을 은닉하는 것을 방지하기 위한 것이므로, 법관으로부터 영장을 발부받을 시간적 여유가 없는 상태에서 긴급히 압수할 필요가 있는 경우에 할 수 있음을 명시하였다. 긴급체포의 현장에서의 압수·수색·검증에 관하여는 형사소송법 제216조 제1항 제2호가 적용될 것이기 때문에 체포현장 아닌 곳에서의 대물적 처분에 제한될 것이다.

또한 앞에서 설명한 제216조에 의한 체포현장에서의 긴급 압수 수색의 경우에는 야간 압수 수색의 제한과 주거주 참여 없는 압수 수색의 제한에 대해 예외를 인정하는 소위 요급처분규정(제220조)이 적용되지만, 제217조에 의한 긴급 압수 수색의 경우에는 제220조가 적용하도록 하는 허용규정이 없다. 이에 대하여 학설은 명문의 규정이 없는 이상 야간집행의 특례가 적용될 수 없다는 견해,[252] 체포 후 24시간에 압수수색이 이루어져야 하는 등 긴급을 요하므로 유추적용을 해야 한다는 견해,[253] 사후영장에 그 취지가 기재되어 있어 법원이 압수수색의 필요성을 엄격히 심사할 수 있으면 가능하다는 견해[254] 등이 있다. 판례는 —비록 야간압수수색이 주된 쟁점이 되어 정면으로 다룬 것은 아니었지만— 긴급체포 후에 체포현장에서 2km 떨어진 피고인 주거지에서 저녁 20:24분경에 이루어진 야간압수수색도 긴급체포의 사

---

251) 제217조 제1항에 따라 영장 없이 하는 압수·수색의 경우에는 제216조에 의한 영장 없이 하는 압수·수색의 경우와는 달리 제220조가 적용되지 않기 때문에 압수수색집행상의 적법절차규정들(참여, 야간집행제한 등)이 적용된다.

252) 배종대/홍영기, 164면; 이주원, 209면.

253) 신동운, 184면.

254) 법원실무제요 형사(1), 362면(사후영장 심사과정에서 압수수색의 필요성을 엄격히 심사하되 가능한 것으로 해석하고 있음). 이창현, 484면.

유, 압수수색의 시각과 경위, 사후영장발부 내역 등에 비추어 적법하고 증거능력이 인정된다고 판시[255]한 바 있다. 현행법 해석론으로서는 제220조가 적용되지 않기 때문에 야간집행과 주거주 없는 집행은 위법한 것으로 평가되어야 한다. 그러나 입법론의 관점에서는 종전 긴급체포 후 48시간까지 긴급 압수 수색이 허용되었던 것이 개정된 현행법에서는 긴급 체포 후 24시간 이내로 축소되었기 때문에 적어도 야간 압수 수색 제한의 예외를 허용하는 입법조치(제220조의 개정조치)는 요구된다 할 것이다. 상기한 [설문]에서 야간에 압수하였거나 참여권자의 참여 없이 압수하였다면 그 압수는 위법한 것으로 평가될 것이다.

문제는 긴급체포시 긴급압수수색의 범위에 있다. 이에 대하여 긴급체포의 사유가 된 범죄사실 수사에 필요한 최소한의 범위에서 당해 범죄사실과 관련된 증거물 또는 몰수할 것으로 판단되는 물건만을 압수할 수 있다는 견해(다수설)[256]와 이에 한정하지 않고 다른 범죄에 대한 증거나 몰수물도 대상이 된다는 견해[257]의 대립이 있다. 판례는 경찰관이 이른바 전화사기죄 범행의 혐의자를 긴급체포하면서 그가 보관하고 있던 다른 사람의 주민등록증, 운전면허증 등을 압수한 사안에서, 어떤 물건이 긴급체포의 사유가 된 범죄사실 수사에 필요한 최소한의 범위 내의 것으로서 압수의 대상이 되는 것인지는 당해 범죄사실의 구체적인 내용과 성질, 압수하고자 하는 물건의 형상 · 성질, 당해 범죄사실과의 관련 정도와 증거가치, 인멸의 우려는 물론 압수로 인하여 발생하는 불이익의 정도 등 압수 당시의 여러 사정을 종합적으로 고려하여 객관적으로 판단하여야 한다고 하면서 이는 제217조 제1항에서 규정한 해당 범죄사실의 수사에 필요한 범위 내의 압수로서 적법하므로, 이를 혐의자의 점유이탈물횡령죄 범행에 대한 증거로 인정하였다(대법원 2008.7.10, 2008도2245). 생각건대 긴급체포가 이루어지는 당시 당해 체포대상 범죄에만 증거물 등을 엄격하게 제한하는 것이 바람직하지만, 수사초기의 긴박성에 비추어 적어도 동일유형의 범죄와 관련된 물건 등은 압수의 대상이 된다고 본다.

(2) 사후영장의 요구

검사 또는 사법경찰관은 긴급압수한 물건을 계속 압수할 필요가 있는 경우에

255) 대판 2017.9.12., 2017도10309.
256) 신동운, 376면.
257) 이완규, 형사소송법연구 II, 법문사, 2011, 183면.

는 지체 없이 압수수색영장을 청구하여야 한다. 이 경우 압수수색영장의 청구는 체포한 때부터 48시간 이내에 하여야 한다(제217조 제2항). 즉 개정 형사소송법은 긴급체포에 부수된 긴급압수 · 수색 · 검증의 독자성을 인정하여 압수를 계속할 필요가 있을 경우 구속영장과는 별도로 체포시로부터 48시간 이내에 압수 · 수색영장을 청구하도록 개정 하였다(종래에는 사후에 구속영장이 발부되었으면 별도로 압수 · 수색영장의 발부는 불필요하였음). 검사 또는 사법경찰관은 청구한 압수수색영장을 발부받지 못한 때에는 압수한 물건을 즉시 반환하여야 한다(제3항).

관련판례 ① 경찰이 피고인의 집에서 20m 떨어진 곳에서 피고인을 체포하여 수갑을 채운 후 피고인의 집으로 가서 집안을 수색하여 칼과 합의서를 압수하였을 뿐만 아니라 적법한 시간 내에 압수수색영장을 청구하여 발부받지도 않았음을 알 수 있는바, 위 칼과 합의서는 임의제출물이 아니라 영장 없이 위법하게 압수된 것으로서 증거능력이 없고, 따라서 이를 기초로 한 2차 증거인 임의제출동의서, 압수조서 및 목록, 압수품 사진 역시 증거능력이 없다고 할 것이다(대판 2010.7.22, 2009도14376).

〈평석〉 집 앞에서의 피의자 체포가 긴급체포인 경우에는 제217조의 적용사례가 될 수 있을 것이고, 다른 체포(현행범 체포, 영장체포)인 경우에는 제217조의 적용은 불가능하고 제216조 제1항 제2호(체포현장에서의 긴급 압수 수색)의 적용 여부만 문제될 것이다. 어떠한 것이든 사후 압수 수색영장의 발부가 필수적으로 요구되기 때문에 이를 이행하지 않으면 긴급 압수물 및 그에 기초한 제2차적 증거 모두 위법수집증거로서 증거능력이 부정되어야 한다.

[설문 (30)의 해결] 설문의 사례는 긴급체포 하면서 동시에 긴급 압수하는 것을 규정한 것이 아니라(이 경우에는 제216조 제1항 제2호의 적용 사례가 될 뿐임), 먼저 긴급체포를 한 이후 별개로 긴급 압수하는 것이기 때문에 제217조의 적용사례가 될 것이다. 제217조의 적용 사례의 경우에는 요급처분에 관한 제220조의 규정은 적용되지 않는다. 그리고 형사소송법에 의하면 구속영장이 발부된 경우에도 별도로 사후 압수영장을 발부받아야 하는데, 이것을 위반하였다면 역시 위법하게 수집된 증거로서 증거능력이 부정되어야 한다.

6. 임의제출한 물건의 압수

(1) 영장주의의 예외

[설문 30a] 유죄판결을 받아 징역형이 집행 중이던 甲은 출소 이후 丁을 위협하여 돈을 뜯어낼 생각으로 교도소에서 자신이 알고 있는 丁의 뇌물제공과 관련한 사실을 비망록에 기록한 후 이를 교도관에게 맡겨 놓았다. 그런데 교도관은 甲이 맡긴 비망록을 甲의 동의 없이 사법경찰관 P에게 임의로 제출하였고, P는 이를 영장 없이 압수하였다. 이후 丁이 체포되어 기소된 경우 이 비망록은 丁의 공소사실을 입증하기 위한 증거로 사용할 수 있는가? (2017년 3차 모의변호사시험문제)

법원(제108조), 검사 또는 사법경찰관(제218조)은 소유자, 소지자 또는 보관자가 임의로 제출한 물건 또는 유류한 물건을 영장 없이 압수할 수 있다.[258] 이를 영치라고 하며, 점유취득과정에서는 강제력이 없으므로 영장이 필요 없다.[259] 그러나 일단 영치된 이상 제출자가 임의로 취거할 수 없다는 점에서 강제처분으로 인정되고 있다(즉 압수의 법률효과와 동일하다). 임의제출물의 압수가 적법하려면 제출자의 '자발적'인 의사에 기한 것이라는 점이 객관적 사정에 의하여 명백하게 입증되어야 한다.[260] 이때 수사기관의 제출요구에 의한 경우와 임의제출 거부권을 고지하지 않은 경우가 문제될 수 있지만, 이러한 사정이 있었다는 사정만으로 막바로 임의성이 부정되는 것은 아니다.

판례에 따르면 교도관이 재소자가 맡긴 비망록을 수사기관에 임의로 제출한 상기한 [설문 30a]의 경우도 위법으로 평가될 수 없다(검사가 교도관으로부터 그가 보관하고 있던 피고인의 비망록을 뇌물수수 등의 증거자료로 임의로 제출받아 이를 압수한 경우, 그 압수절차가 피고인의 승낙 및 영장 없이 행하여졌다고 하더라도 이에 적법절차를 위반한 위법이 있다고 할 수 없다고 판시한 대판 2008.5.15, 2008도1097).

그리고 음주운전 피의자가 의식을 잃고 혼자서 입원한 상태에서 수사기관이 음주운전의 여부를 확인하기 위해 마침 간호사가 치료의 목적으로 피의자의 혈액을

---

258) 임의제출자의 그 물건에 대한 소지 또는 보관은 적법한 권한에 근거한 것이어야 한다는 견해(김형준, 앞의 글, 73면)도 있으나, 다수설은 소유자 기타의 권한이 있는 자임을 요하지 않는다고 한다(이재상, 302면; 배종대/이상돈, 306면; 신동운, 245면).

259) 점유취득의 방법이 강제적이 아니므로 임의처분이라는 견해로는 서일교, 256면; 염정철, 301면; 권오병, 261면.

260) 대판 2010.7.22., 2009도14376.

채취하자 그녀에게 부탁하여 이를 교부받아 감정용 증거로 사용한 경우에는 형사소송법 제112조의 업무상 비밀물건의 압수금지에 포섭되지 않고 제218조의 임의제출물의 압수에 해당하므로 영장은 물론 본인 또는 가족의 동의가 없었더라도 적법하다(대판 1999.9.3, 98도968). 그러나 담당 의료인에 의해 이미 채취된 혈액이 아니라 수사기관이 담당 의료인에게 혈액채취를 의뢰하여 증거용으로 제출받았다면 이 조치는 임의제출물의 압수로 평가될 수 없기 때문에 위법하다(대판 2011.4.28, 2009도2109).

임의제출은 해당 물건의 소유자, 소지자 또는 보관자에 의한 경우에만 영장 없는 압수가 적법하다. 이를 위반하여 소유자, 소지자 또는 보관자가 아닌 자로부터 제출받은 물건을 영장 없이 압수한 경우 그 압수물 및 압수물을 찍은 사진은 이를 유죄 인정의 증거로 사용할 수 없는 것이고, 헌법과 형사소송법이 선언한 영장주의의 중요성에 비추어 볼 때 피고인이나 변호인이 이를 증거로 함에 동의하였다고 하더라도 달리 볼 것은 아니다(피고인 소유의 쇠파이프를 피고인의 주거지 앞 마당에서 발견하였으면서도 그 소유자, 소지자 또는 보관자가 아닌 피해자로부터 임의로 제출받는 형식으로 위 쇠파이프를 압수한 사례에 대해 위법수집의 증거로 판단한 대판 2010.1.28, 2009도10092).

그리고 현행범 체포 현장이나 범죄 장소에서도 소지자 등이 임의로 제출하는 물건은 형사소송법 제218조에 의하여 영장 없이 압수할 수 있느냐에 대하여 사실상 압수수색에서의 영장주의를 회피하는 것이므로 불가능하다는 견해와 형사소송법 제218조에 비추어 가능하다는 견해의 대립이 예상되지만, 판례는 임의제출을 받는 경우 영장 없이 압수할 수 있고, 이 경우에 검사나 사법경찰관이 사후에 영장을 받을 필요가 없다는 입장이다.[261] 다만 임의제출자가 임의제출의 의미와 효과를 충분히 인지하고 진정한 자발적 의사로 물건을 제출하는 경우를 의미한다고 해야 하고, 임의성이 있다는 점에는 검사가 합리적인 의심을 배제할 수 있는 정도로 증명을 해야 할 것이다.[262]

---

261) 대판 2016.2.18, 2015도13726(검찰수사관이 필로폰을 압수하기 전에 피고인에게 임의제출의 의미와 효과 등에 관하여 고지하였고, 피고인도 필로폰 매매 등 동종범행으로 여러 차례 형사처벌을 받은 전력이 있어 피압수물인 필로폰을 임의제출한 경우 압수되어 돌려받지 못한다는 사정 등을 충분히 알았을 것으로 보이고, 피고인이 필로폰을 임의로 제출받기 위하여 피고인을 기망하거나 협박하였다고 볼 아무런 사정이 없는 점 등에 비추어 피고인은 필로폰의 소지인으로서 이를 임의로 제출하였다고 할 것이므로 필로폰의 압수도 적법하다); **현행범을 체포하는 과정에서 임의제출 받은 압수물(여성신체 촬영 의심 휴대폰)은 증거능력이 있고, 설령 사후 영장을 받지 않았더라도 증거로 쓸 수 있다는 대판 2020.4.26. 2019도17142).**

(2) 임의제출물에 대한 사후 검색의 특수문제

[설문 (30b)] 사법경찰관 甲은 여성의 신체를 촬영해 온 피의자 A를 현행범으로 체포하면서 그의 스마트 폰을 임의 제출의 형식으로 압수한 이후 경찰청 포렌식 센터에서 저장된 사진들을 전부 복제한 다음에 스마트 폰을 A에게 돌려주고서 복제된 사진 파일들을 사후적으로 탐색한 이후 다량의 여성신체 촬영 사진을 증거물로 출력해 두었다. 공소제기 이후 증거로 제출된 경우 증거능력 인정을 위해 갖추어야 할 요건은?

형소법 제218조는 임의 제출물에 대한 영장 없는 압수의 적법성만을 규정하였을 뿐이다. 이에 따라 임의제출물의 압수 이후에 영장 없이 수색하는 것까지 허용될 것인지가 해석론상 문제된다. 다음의 하급심 판례(의정부지법 2019.8.22. 선고 2018노2757 판결)가 이에 대해 중요한 시사점을 제공하고 있다: 지하철수사대 소속 경찰관이 여성신체 촬영 범죄자(성폭법 위반)를 현행범 체포할 때 임의제출 방식으로 압수한 피고인 소유의 휴대전화기를 탐색하여 복제 · 출력한 영상파일 등이 재판의 증거로 제출된 사안에서 상기 하급심 판례는 (i) 이미 체포되었거나 체포 직전의 피의자에게 임의제출의사를 원칙적으로 기대할 수 없으므로 형사소송법 제218조의 적용 자체가 일단 문제될 수 있고, (ii) 임의제출물의 압수라 하더라도 임의제출서의 징구, 압수조서 작성, 압수목록의 교부 등 절차를 이행하여야 하며(디지털 증거 수집 및 처리 등에 관한 규칙 제13조 제3항, 범죄수사규칙 제123조), 더 나아가 그 내용을 무단으로 수색하는 것까지 허용되는 것은 아닐 뿐만 아니라, 특히 수색의 경우 피의자 참여절차를 보장하여야 할 것이다(형사소송법 제219조, 제121조, 디지털 증거 수집 및 처리 등에 관한 규칙 제13조 제1항, 제11조 제4항).

대법원 판례에 의하면, 스마트 폰 압수의 경우 그것이 정식영장에 의한 것이든 임의제출된 것이든 압수한 스마트 폰에 저장된 정보의 사후적 탐색은 수사대상 범죄와 관련성 있는 것만이 원칙적으로 허용될 뿐이라는 점에서는 동일하다(아래의 대법원 2021.11.18. 선고 2016도348 전원합의체 판결; 동일한 일시, 장소에서 촬영된 다른 범행에 관한 영상을 출력한 것인 경우에는 범죄관련성을 인정할 수 있다는 대판 2022.1.13, 2016

---

262) 판례도 피고인의 집에서 20미터 떨어진 곳에서 피고인을 체포하여 수갑을 채운 후 피고인의 집으로 가서 집안을 수색하여 칼과 합의서를 압수한 경우, 비록 임의제출동의서를 받았다고 하더라도 칼과 합의서는 임의제출물이 아니라 영장없이 위법하게 압수한 것이라고 하여 증거능력을 부인하였다(대판 2010.7.22, 2009도14376).

도9596). 그리고 사후적 탐색 이전에 이루어지는 포렌식 과정에서 (불참 의사를 표시하지 않은) 참여권자의 참여도 정식영장에 의한 저장매체의 압수와 동일하게 원칙적으로 보장되어야 할 것이다(임의제출자와 피의자가 다른 경우, 누구에게 포렌식 참여권을 보장해야 하는지의 문제점도 대두될 것임). 판례에 의하면, 피의자가 경찰에 스마트폰을 임의제출하면서 스마트폰과 연결된 클라우드 아이디와 비밀번호를 알려주는 등 동의 의사를 밝히지 않았다면 해당 클라우드에 저장된 파일은 증거능력이 없다(대판 2021.8.17. 2020도14654).

[설문 (30b)의 해결] 증거로 제출된 출력 사진의 증거능력을 인정하기 위해서는 임의제출물의 압수 자체가 적법하기 위한 요건(임의제출 동의서에의 피의자 서명 등)을 일단 갖추어야 한다. 그리고 임의제출 동의서에 불참의 의사표시가 없는 한 포렌식 과정에서 참여권자의 참여도 원칙적으로 보장되어야 할 것이다. 다음으로 수사기관은 원칙적으로 수사대상 범죄와 관련성 있는 사진만을 영장 없이 탐색할 수 있을 뿐이다.

관련판례 ① 수사기관의 전자정보에 대한 압수·수색은 원칙적으로 영장 발부의 사유로 된 범죄혐의사실과 관련된 부분만을 문서 출력물로 수집하거나 수사기관이 휴대한 정보저장매체에 해당 파일을 복제하는 방식으로 이루어져야 하고, 정보저장매체 자체를 직접 반출하거나 저장매체에 들어 있는 전자파일 전부를 하드카피나 이미징 등 형태(이하 '복제본'이라 한다)로 수사기관 사무실 등 외부로 반출하는 방식으로 압수·수색하는 것은 현장의 사정이나 전자정보의 대량성으로 인하여 관련 정보 획득에 긴 시간이 소요되거나 전문 인력에 의한 기술적 조치가 필요한 경우 등 범위를 정하여 출력 또는 복제하는 방법이 불가능하거나 압수의 목적을 달성하기에 현저히 곤란하다고 인정되는 때에 한하여 예외적으로 허용될 수 있을 뿐이다. 위와 같은 법리는 정보저장매체에 해당하는 임의제출물의 압수(형사소송법 제218조)에도 마찬가지로 적용된다. 임의제출물의 압수는 압수물에 대한 수사기관의 점유 취득이 제출자의 의사에 따라 이루어진다는 점에서 차이가 있을 뿐 범죄혐의를 전제로 한 수사 목적이나 압수의 효력은 영장에 의한 경우와 동일하기 때문이다(대법원 2021.11.18. 선고 2016도348 전원합의체 판결).

② 경찰이 「성폭력범죄의 처벌 등에 관한 특례법」 위반(카메라등이용촬영) 혐의로 임의제출받은 휴대전화를 탐색하다가 약 10개월 전에 촬영된 다른 범행에 관한 영상을 발견하고 이를 함께 기소한 사건에서, 다른 범행에 관한 영상은 임의제출에 따른 압수

의 동기가 된 범행의 동기와 경위, 범행 수단과 방법 등을 증명하기 위한 간접증거나 정황증거 등으로 사용될 수 있으므로 구체적·개별적 연관관계가 인정되어 관련성이 있는 증거에 해당하고, 경찰이 1회 피의자신문 당시 휴대전화를 피고인과 함께 탐색하는 과정에서 다른 범행에 관한 영상을 발견하였으므로 피고인이 휴대전화의 탐색 과정에 참여하였다고 볼 수 있으며, 경찰은 같은 날 곧바로 진행된 2회 피의자신문에서 이 사건 사진을 피고인에게 제시하였고, 5장에 불과한 이 사건 사진은 모두 동일한 일시, 장소에서 촬영된 다른 범행에 관한 영상을 출력한 것임을 육안으로 쉽게 알 수 있으므로, 비록 피고인에게 전자정보의 파일 명세가 특정된 압수목록이 작성·교부되지 않았더라도 절차 위반행위가 이루어진 과정의 성질과 내용 등에 비추어 피고인의 절차상 권리가 실질적으로 침해되었다고 보기도 어렵다(대판 2022.1.13, 2016도9596).

7. 미국 판례에서 인정되는 영장주의의 예외

미국 판례에서 인정되는 영장주의의 예외로는 명백한 시야원칙(plain view doctrine), 공개장소원칙(open field doctrine), 포기원칙(abandonment doctrine)이 제시되고 있다. 이러한 원칙들은 우리나라에서도 원용될 수 있을 것이다.

(i) 명백한 시야원칙은 경찰관이 적법하게 들어갈 수 있는 장소에서 그의 시야에 들어 온 물건에 대해서는 영장 없이 압수할 수 있다는 것이다. Harris 사건(경찰관이 강도사건과 관련하여 압수된 자동차를 수색하다가 시야 범위 내에서 피해자의 자동차등록카드를 발견 압수한 사건)에서 미국 연방 대법원이 그렇게 판시하였다.[263] 이 명백한 시야원칙은 공공장소에서 경찰관이 후레시를 사용하는 경우, 차량추적을 위해 그 차량외부에 발신장치(beeper)을 설치한 경우 등과 같이 기계를 사용하는 경우에도 적용될 수 있다. 그리고 항공기를 이용한 공중관찰과 다른 감각기관에 의한 경우에도 인정될 수 있다. 후자의 예로는 경찰관이 개를 통해 냄새를 맡게 하는 것, 불심검문 대상자의 외표를 가볍게 쓰다듬는 것(plain touch) 등이다.

(ii) 공개장소원칙은 공개된 장소에 있는 물건은 영장 없이 압수할 수 있다는 것이다.[264] 다만 집과 주택의 경우는 그에 딸린 마당은 영장주의에 의해 보호되어야 하고, 마당이 끝나는 지점에서 비로소 공개장소가 인정될 수 있다.

(iii) 포기원칙은 소유권을 포기한 물건(예컨대 단속을 미리 눈치 채고 화장실에 들

263) Harris v. United States, 390 U.S. 234 [1968].
264) Hester v. United States, 265 U.S. 57 [1924].

어 가 버린 마약, 추적되자 차 밖으로 던진 마약, 호텔 투숙 후 그곳에 버린 물건 등)에 대해서는 영장없이 압수할 수 있다는 것이다.

[§ 20] 판사에 대한 강제처분의 청구

[설문 (31)] 검사 甲은 사법경찰로부터 송치받은 乙의 강간피의사건을 현장목격한 것으로 판단되는 乙의 고향후배인 丙이 乙의 보복을 두려워하여 진술을 주저하고 있어 조속히 丙의 진술을 확보하고자 한다. 한편 乙은 사건발생시각에 丁과 사업상담을 하고 있었다고 주장하고 丁은 곧 이민을 갈 계획을 갖고 있어 丁의 진술을 확보하고자 한다. 검사 甲과 피의자 乙의 진술확보 수단을 논하라. [제40회 사법시험문제 참조]

Ⅰ. 서 론

공판정에서의 증거조사까지 기다린다면 수사기관이나 피의자(피고인)가 자신에게 유리한 증거 내지 증인의 진술을 확보할 수 없거나 현저히 곤란해지는 것을 방지하기 위해서는 이들의 청구에 의해 판사가 미리 증거를 조사하여 공판에서 사용할 수 있도록 보전하는 제도가 필요하다. 이를 위하여 증거보전제도와 참고인에 대한 증인신문제도가 있다. 양 제도 사이에는 주체 내지 시기, 서면신청, 증거능력 등에서는 동일하지만 청구권자, 청구사유, 증거조사의 형태, 참여권, 피고인·변호인의 열람등사 등의 점에서 차이가 있다. 상기한 [설문 (31)]에서 보복이 두려워 진술을 주저하는 병에 대해서는 (실제로 출석을 거부하거나 진술을 거부하는 경우에 한하여) 아래에서 설명할 형사소송법 제221의2가 규정하고 있는 증인신문의 청구가, 이민을 가게 될 정에 대해서는 제184조가 규정하고 있는 증거보전제도에서의 증인신문의 청구가 각각 가능할 것으로 예상된다.

Ⅱ. 증거보전제도

1. 의 의

증거보전이란 공판정에서의 정상적인 증거조사가 있을 때까지 기다려서는 증거방법의 사용이 불가능하거나 현저히 곤란하게 될 염려가 있는 경우에 검사·피고인·피의자 또는 변호인의 청구에 의하여 판사가 미리 증거조사를 하여 그 결과를 보전하여 두는 제도를 말한다(제184조). 이 제도는 판사가 행하는 것이기 때문에 수사기관이 수사활동으로서 직접 행하는 증거보전과는 구별된다. 그리고 공판기일전(특히 수사절차시)에 행하는 점에서 공판기일에서의 증거조사절차와도 구별된다. 피의자(피고인)에게 증거보전청구권을 부여한 것은 공정한 재판의 원칙을 실현하기 위한 의미를 지닌다.

2. 요 건

(1) 증거보전의 필요성

증거보전은 미리 증거를 보전하지 않으면 증거의 사용이 곤란할 사정이 있어야 한다(제184조 제1항). 여기서 증거를 사용하기 곤란한 사정에는 증명력의 변화가 있는 경우도 포함된다. 따라서 압수와 관련하여서는 증거물의 멸실, 분산, 은닉 또는 성상의 변경, 증인신문과 관련하여서는 증인의 사망 내지 장기해외여행, 검증과 관련하여서는 현장 또는 원상의 보존의 불가능 내지 곤란, 감정과 관련하여서는 감정대상의 멸실, 훼손, 변경 등이 여기에 해당할 것이다.

(2) 제1회 공판기일 전

증거보전은 제1회 공판기일 전에 한하여 할 수 있다. 제1회 공판기일 후에는 수소법원에서의 증거조사가 가능하므로 증거보전의 필요가 없기 때문이다. 다만, 제1회 공판기일 전에 청구가 있으면 기일 이후에 증거보전절차가 행하여져도 좋다는 견해가 있을 수 있지만, 이것도 부정되는 것이 타당할 것이다.[265] 제1회 공판기일 전의 구체적 시점에 관하여는 실질적으로 수소법원에서의 증거조사가 가능한 단계를 의미한다고 보아야 한다. 따라서 형사소송법이 증거조사의 시기를 제287조의 규정에 의한 절차(재판장의 쟁점정리 및 검사·변호인의 증거관계 등에 대한 진술)가 끝난 후에 실시한다고 규정하고 있으므로 모두절차가 끝난 때까지를 의미한다고 해야 한다.[266] 그리고 항소심에서는 물론 파기환송후의 절차 및 재심청구사건(대결 1984.3.29, 94모15)에서도 증거보전은 허용될 수 없다.

265) 배종대/이상돈, 326면; 신동운, 240면; 이재상, 313면.
266) 이재상, 314면.

3. 증거보전의 절차

(1) 증거보전의 청구

1) 청구권자, 방식 및 상대방 증거보전의 청구권자는 검사, 피고인, 피의자 또는 변호인이다. 피의자가 형사입건 되기 이전에는 청구할 수 없다(대판 1979.6.12, 79도792).[267] 피고인은 공소제기 후 제1회 공판기일 이전의 피고인을 말한다. 그런데 검사는 강제처분권이 있기 때문에 검사의 증거보전청구는 큰 의미가 없다(다만 증인신문의 증거보전에서는 참고인진술조서와 법관면전조서의 증거능력에 차이가 있음). 이에 반하여 피의자(피고인)의 경우에는 강제처분권이 없고, 검사의 객관의무에 의한 유리한 증거수집도 충분히 기대할 수 없기 때문에 판사의 힘을 빌려 증거를 보전할 필요성이 상대적으로 훨씬 크다. 입법론적으로 수사권 있는 검사를 청구권자로 한 것은 다소 문제된다.[268] 일본의 경우는 피고인 또는 피의자에게, 독일의 경우는 피의자에게만 증거보전청구권을 인정하고 있다.

청구의 방식은 서면으로 하여야 하고(제184조 제3항), 그 기재사항에 대해서는 규칙 제92조가 상세히 규정하고 있다. 그리고 청구의 상대방은 수소법원이 아니라 지방법원판사이다(규칙 제91조).

2) 청구의 내용 증거보전을 청구할 수 있는 것은 압수, 수색, 검증, 증인신문 또는 감정에 한한다(제184조 제1항). 따라서 피의자 또는 피고인신문을 청구할 수는 없다(대판 1979.6.12, 79도792; 대판 1972.11.28, 72도2104). 그러나 공동피고인 또는 공범자를 증인으로 신문하는 것은 허용된다(대판 1988.11.8, 86도1646). 그리고 증인신문에 있어서는 당사자의 참여권이 보장되어야 한다.

(2) 청구에 대한 판사의 처분

증거보전의 청구를 받은 판사는 청구가 적법하고 필요성이 있다고 인정할 때에는 별다른 재판 없이 증거보전을 하여야 한다. 이 경우 판사의 권한은 법원 또는 재판장과 동일한 권한이 있다(제184조 제2항). 반면에 청구가 부적법하거나 필요 없다고 인정할 때는 청구기각의 결정을 하여야 한다. 형사소송법에 따르면, 청구를 기각하는 결정에 대하여는 3일 이내에 항고할 수 있다(제4항). 제416조의 준항고는 재판장

---

267) 이에 대한 글로는 강구진, "증거보전청구를 할 수 있는 시기 및 피의자신문에 해당하는 사항에 대한 증거보전청구의 가부," 판례회고 8호, 서울대학교, 1980.12, 156-158면.
268) 입법론상 부당하다는 입장으로는 강구진, 231면.

또는 수명법관의 재판만을 대상으로 하기 때문에 증거보전에 관한 판사의 결정에 대하여 종래 불복방법이 없었던 문제점을 이 규정의 신설을 통해 개선한 것이다.

4. 증거보전 후의 절차

(1) 증거물의 열람·등사권

증거보전에 의하여 압수한 물건 또는 작성한 조서는 증거보전을 한 판사가 소속한 법원에 보관한다. 검사, 피고인, 피의자 또는 변호인은 판사의 허가를 얻어 증거보전처분에 관한 서류와 증거물을 열람 또는 등사할 수 있다(제185조). 열람·등사를 청구할 수 있는 시기에는 제한이 없다. 따라서 제1회 공판기일 이후에도 가능하다.

(2) 증거보전절차에서 작성된 조서의 증거능력

증거보전절차에서 작성된 조서는 법원 또는 법관의 조서로서 전문증거임에도 불구하고 당연히 증거능력이 인정된다(제311조). 당사자가 증거신청을 하면 수소법원은 증거보전을 한 법원으로부터 기록을 송부받아야 할 것이다. 증인신문시 피의자측의 참여 없이 작성된 증인신문조서의 증거능력은 위법수집증거로서 증거능력이 배제되지만(대판 1992.2.28, 91도2337), 증거로 동의하면 증거능력이 인정될 수 있다(대판 1988.11.8, 86도1646).

Ⅲ. 참고인에 대한 증인신문청구제도

1. 의 의

참고인에 대한 증인신문이란 참고인이 출석 또는 진술을 거부한 경우에 검사가 판사에게 청구하여 강제로 증인신문을 하게 하는 것을 말한다(제221조의2). 수소법원이 아닌 판사에 의해서 제1회 공판기일 이전(특히 수사절차시)에 이루어지는 점에서 수소법원에서의 증인신문과 구별되고, 증거보전제도와는 달리 청구권자가 검사에 제한되는 점, 청구사유 등이 다르다.

이 제도는 수사기관이 참고인에게 출석을 요구하여 진술을 듣는 것(참고인 조사)이 오직 임의수사로서만 허용되기 때문에 요구된다. 즉 수사기관은 참고인을 강제로 출석시켜 진술을 들을 수 없기 때문에 실체적 진실발견을 위해서 법관의 힘을 빌려 그의 출석과 진술(증언)을 강제할 수 있는 제도가 필요한 것이다. 그리고 수사기관이 작성한 참고인진술조서와 판사의 증인신문조서의 증거능력에도 차이가 있다.

2. 요 건

(1) 증인신문의 필요성

증인신문의 필요성은 범죄의 수사에 없어서는 아니 될 사실을 안다고 명백히 인정되는 자가 출석 또는 진술을 거부한 경우에 인정된다(제221조의2 제1항). 여기서 범죄수사에 없어서는 아니 될 사실은 유죄판결을 위해 증명이 필요한 사실(제323조 제1항)보다는 넓은 개념이다. 범죄의 성립여부에 관한 사실, 정상에 관련된 사실, 피의자의 소재를 아는 사실 등이 여기에 해당한다. 그리고 이러한 자가 출석 또는 진술을 거부하여야 한다. 다만 진술의 일부만 거부한 경우, 진술을 하면서 서명 · 날인을 거부하는 경우도 여기에 포함된다. 그리고 참고인의 진술번복 염려를 이유로 한 종래의 증인신문청구 조항(제2항)은 개정 형사소송법에 의해 삭제되었다(이미 1996. 12.26, 헌법재판소 94헌바1에 의해 위헌선언을 받았던 것임).

(2) 제1회 공판기일 전

검사는 제1회 공판기일 전에 한하여 판사에게 그에 대한 증인신문을 청구할 수 있다(제221조의2 제1항). 구체적으로는 모두절차가 끝난 때까지를 말한다.

3. 증인신문의 절차

(1) 청구권자, 방식 및 상대방

증인신문의 청구권자는 검사에 한한다. 사법경찰관은 검사에게 청구를 신청할 수 있을 뿐이다. 청구를 함에는 서면으로 그 사유를 소명하여야 한다(제3항). 청구서의 기재사항에 대해서는 형사소송규칙이 구체적으로 규정하고 있다. 그리고 청구의 상대방은 수소법원이 아니라 지방법원판사이다.

(2) 심 사

청구가 적법하고 요건이 구비되었으면 판사는 별다른 재판 없이 바로 증인신문을 하여야 한다. 반면에 청구가 부적법하거나 요건이 구비되지 않은 경우에는 결정으로 기각하여야 한다. 기각결정에 대해서는 불복할 수 없다.

청구를 받은 판사는 증인신문에 관하여 법원 또는 재판장과 동일한 권한이 있다(제4항). 따라서 공판절차에서의 증인신문에 관한 모든 규정이 준용된다. 개정 형사소송법에 따르면, 판사는 청구에 따라 증인신문기일을 정한 때에는 피고인 · 피의자 또는 변호인에게 이를 통지하여 증인신문에 참여할 수 있도록 하여야 한다(제5항). 종래의 수사지장이라는 예외사유는 개정 형사소송법에서는 삭제되었다. 다만 통지받은 피의자, 피고인 또는 변호인의 출석을 증인신문의 요건으로 한다는 의미는 아니다.

4. 증인신문 후의 조치

판사는 증인신문을 한 때에는 지체 없이 이에 관한 서류를 검사에게 송부하여야 한다(제6항). 법원에 자료를 보관하는 증거보전에서와는 달리 피의자(피고인)측에게 서류의 열람 · 등사권이 여기서는 보장되지 않는다. 그러나 피의자(피고인)측의 방어권 보장의 차원에서 이를 인정하는 하는 것이 입법론으로서는 바람직할 것이다.

증인신문을 하고 작성된 조서는 법관 면전조서로서 전문증거임에도 불구하고 당연히 증거능력이 인정된다(제311조; 대판 1976.9.28, 76도2143). 증인신문을 한 판사는 당해 사건의 직무집행에서 제척되어야 한다.

참고인 출석의무(구인) 제도: 입법론

상기한 바와 같이 현행법상 검사는 참고인에 대해 증인신문을 청구하여 법관으로 하여금 그의 출석을 강제하고 법정에서 피의자의 반대신문을 보장하면서 그의 진술(증언)을 강제할 수 있을 뿐이다. 그러나 기소 전 증인신문청구제도는 법정에서 피의자에게 반대신문을 허용하여야 하는 점에서 검사의 입장에서는 수사기밀의 유지가 어렵기 때문에 현재 이용실적이 거의 없다. 그리고 이 제도는 검사의 수사초기단계에서 활용되기에는 적합하지 않다. 따라서 검사가 수사초기단계에서 출석을 거부하거나 불응하는 중요 참고인의 출석을 의무화 시켜 실체적 진실을 밝히는 제도가 입법론으로서 주장될 수 있다. 실제로 미국의 경우는 증인소환장(subpoena)을 통하여 참고인에게 대배심에의 출석 및 진술을 강제할 수 있고(거부하면 법정모욕죄가 성립됨),[269] 경우에 따라서는 체포 구금까지 할 수 있다.[270] 독일의 경우에도 증인(참고인)은 검사의 소환에 응할 의무가 있고, 이에 불응하면 검사가 직접 강제 구인도 할 수 있다(독일 형사소송법 제161조의a, 제51조 제1항, 제135조). 생각건대, 입법론으로서 참고인 출

269) Title 18 U.S.C. §401, Title 28 U.S.C. §1826.
270) Title 18 U.S.C. § 3144.

석의무 제도를 고려한다면 반드시 법관이 발부하는 (구인) 영장주의가 함께 채택되어야 할 것이다. 그리고 미국과 같이 출석의무를 넘어 참고인의 진술 의무 제도까지 도입하는 것은 너무 과도한 것으로 판단된다.

[§ 21] 감정인의 감정을 위한 강제처분

Ⅰ. 감정유치

1. 의 의

수사기관은 감정인에게 감정을 위촉할 수 있다(제221조). 이는 임의수사에 속한다. 따라서 감정위촉 자체는 영장을 요하지 아니하나 수탁감정인은 감정에 응할 의무는 없다. 그리고 감정인은 형사사법기관이 아니기 때문에 피의자를 병원 등에 유치하는 강제처분권을 행사할 수 없다. 이를 극복하기 위해 검사와 판사가 관여하여 감정인의 감정을 위한 강제처분제도로서 도입된 것의 하나가 감정유치이다. 감정유치란 피의자(피고인)의 정신상태 또는 신체를 감정하기 위하여 일정한 기간 동안 병원 기타 적당한 장소에 유치하는 강제처분을 말한다. 공소제기 후에는 수소법원이 피고인의 감정유치를 행할 수 있고(제172조 제3항), 수사단계에서는 감정유치가 필요하면 검사는 판사에게 감정유치를 청구하여야 한다(제221조의3).

2. 법적 성질

감정유치의 '성질'에 관하여는 법원의 영장에 의하여 수사기관이 행하는 강제처분 즉 강제수사라는 설이 다수설이다(강제수사설). 피의자에 대한 감정유치는 피의자 구속과 같이 신체자유를 제한하는 것이고 판사는 감정유치장이라는 영장을 발부하는 데 그치며, 그 집행은 구속영장의 집행이 준용(제172조 제7항, 제221조의3 제2항)되기 때문이라는 것이다. 이에 반하여 감정유치의 법적 성질은 판사에 의하여 행하여지는 강제처분이라는 소수설이 주장되기도 한다.[271] 제221조의3 제2항의 법문이 "판사는 … 유치처분을 하여야 한다"로 되어 있기 때문이라는 것이다. 생각건대, 감정유치의 내용은 판사가 직접 감정유치를 행하는 것이 아니라 검사 및 감정인을

271) 정영석/이형국, 216면.

위하여 판사가 감정유치장을 발부하여 감정유치를 허가하는 것이므로 다수설인 강제수사설이 타당하다.

3. 요 건

(1) 대 상

수사상 감정유치는 피의자를 대상으로 한다. 피의자 아닌 제3자에 대하여는 허용되지 않는다. 피의자인 한 구속중의 피의자임을 요하지 않는다. 검사가 공소제기 후 피고인에 대하여도 감정유치를 청구할 수 있는가에 대해서는 피고인의 당사자의 지위와 일치하지 아니하므로 허용되지 않는다고 해석하여야 한다. 피고인에 대해서는 법원이 감정유치를 명령할 수 있을 뿐이다.

(2) 범죄혐의와 필요성

감정유치도 강제처분의 수사이기 때문에 피의자에 대한 범죄혐의가 존재하여야 한다.[272] 그리고 감정유치를 청구하기 위해서는 감정유치의 필요성이 있어야 한다. 즉 정신 또는 신체의 감정을 위하여 계속적인 유치와 관찰이 필요하여야 한다. 이는 구속의 필요성과는 구별된다. 따라서 구속사유가 있을 필요는 없다.

4. 감정유치의 절차

(1) 감정유치의 청구

감정유치의 청구권자는 검사에 한하며(제221조의3 제1항), 감정유치청구서를 제출하여야 한다. 그 기재사항에 대해서는 형사소송규칙이 자세히 규정하고 있다. 사법경찰관의 경우는 검사에게 신청하여 감정유치를 청구하면 된다.

(2) 감정유치장의 발부

형사소송법 제221조의3 제2항에 의하면 판사는 검사의 청구가 상당하다고 인정한 경우에는 유치처분을 하여야 한다고 규정되어 있다. 그 의미는 감정유치장을 발부하여야 한다는 것이다(제172조 제4항). 감정유치장의 기재사항에 대해서는 형사소송규칙이 자세히 규정하고 있다.

피의자에 대한 감정유치장의 법적 성질에 대해서는 허가장설[273]과 명령장

272) 배종대/이상돈, 322면; 이재상, 309면.

설[274]의 견해 대립이 있을 수 있다. 생각건대, 감정유치를 강제처분으로 이해하는 다수설에 따르면 허가장의 성질을 가지는 것으로 파악하여야 한다. 반면에 감정유치를 판사의 강제처분으로 보는 소수설에 따르면, 감정유치장은 명령장의 성질을 가질 것이다. 감정유치를 기각하는 결정에 대해서는 제416조 제1항 제3호를 유추적용하여 준항고를 할 수 있다는 견해도 있으나,[275] 결정자가 일반판사이기 때문에 발부결정과 기각결정에 대해서는 준항고가 허용되지 않는 것으로 보아야 한다.

(3) 감정유치장의 집행

감정유치장의 집행은 구속영장의 집행에 관한 규정이 준용된다(제221조의3 제2항, 제172조 제7항). 유치장소에 간수가 필요한 경우에는 검사는 간수명령을 내릴 수 있다(제221조의3 제2항, 제172조 제5항).

5. 유치기간과 장소의 변경

감정유치장에는 감정유치에 필요한 유치기간을 정하여야 하는데 그 유치기간에는 제한이 없다.[276] 판사는 청구서에 기재된 기간이 장기라고 인정되면 결정으로 상당한 기간으로 단축하여 감정유치장을 발부할 수 있다(규칙 제85조 제2항). 감정유치장에 기재된 유치기간을 연장할 경우에는 검사의 청구에 의하여 판사가 결정한다(제221조의3 제2항, 제172조 6항). 감정이 만료되면 유치기간 중이라 하더라도 유치를 즉시 해제하여야 한다(제221조의3 제2항, 제172조 제3항).

수사기관이 유치기간의 만료시에 피의자를 석방할 수 있는가에 대해 검사가 임의로 석방할 수 없고 판사에게 감정유치의 취소를 청구할 수 있을 뿐이라는 견해와 구속에 관한 규정이 적용되므로 검사가 석방할 수 있다고 보아야 한다는 견해[277]의 대립이 있다. 감정유치를 수사상의 강제처분으로 보는 다수설에 따르면 후설이 타당하다.

유치장소는 병원 기타 적당한 장소로서 시설면에서 감정과 계호가 가능한 장

---

273) 이재상, 290면; 임동규, 195면.
274) 배종대/이상돈, 323면; 신동운, 269면; 신양균, 189면.
275) 신양균, 189면.
276) 감정유치가 구속기간의 만료를 회피하기 위한 수단으로 악용될 위험성이 있기 때문에 제한규정을 두는 입법적 보완책이 필요하다는 입장으로는 신동운, 650면.
277) 이재상, 310면.

소를 말한다. 따라서 구금장소를 유치장소로 이용하여서는 안 된다. 유치장소의 변경은 검사가 판사에게 청구하여 할 수 있다(규칙 제85조 제2항).

6. 감정유치의 효력으로서 구속규정의 준용

감정유치는 구속에 관한 규정이 준용된다(제172조 제7항 본문). 따라서 감정유치된 피의자에게도 접견교통권이 보장되고, 미결구금일수의 산입에 있어서도 유치기간은 구속으로 간주된다(제172조 제8항). 그러나 보석과 수사단계의 경우 구속적부심사에 관한 규정은 준용되지 않는다. 공소제기 이후 피고인 감정유치의 경우 보석에 관한 규정을 준용하지 아니하는 법 규정(제172조 제7항 단서)에 비추어 보면, 공소제기 전 피의자 감정유치의 경우에는 구속적부심에 관한 규정의 준용을 부정하는 것이 합리적 해석일 것이기 때문이다. 감정유치 중의 피의자신문은 감정에 지장이 없는 한 허용된다. 그런데 감정유치장의 집행은 구속집행이 정지된 것으로 간주된다(제221조의3 제2항, 제172조의2 제1항). 따라서 감정유치기간은 구속기간에는 포함되지 않는다. 유치처분의 취소, 유치기간의 만료가 있는 경우에는 구속의 집행정지가 취소된 것으로 간주된다(제221조의3 제2항, 제172조의2 제2항).

Ⅱ. 감정에 필요한 처분

수사기관으로부터 감정의 위촉을 받은 자는 감정에 관하여 필요한 때에는 판사의 허가를 얻어 필요한 처분, 즉 타인의 주거, 간수자 있는 가옥, 건조물, 항공기, 선차 내에 들어갈 수 있고 신체의 검사, 사체의 해부, 분묘의 발굴, 물건의 파괴를 할 수 있다(제221조의4 제1항, 제173조 제1항). 다만 수탁감정인이 직접 판사에게 감정처분의 허가를 청구하는 것이 아니라 검사가 감정처분허가장을 청구하여야 한다(제221조의4 제2항). 감정처분허가장에는 피의자(피고인)의 성명, 죄명, 들어갈 장소, 검사할 신체, 해부할 사체, 발굴할 분묘, 파괴할 물건, 감정인의 성명과 유효기간을 기재하여 발부하여야 한다(제173조 제2항). 판사는 검사의 청구가 상당하다고 인정할 때에는 허가장을 발부하여야 한다(제221조의4 제3항). 수탁감정인은 감정처분을 받는 자에게 허가장을 제시하여야 한다(제173조 제3항). 이 경우에는 신체검사에 관한 주의규정(제141조), 시각의 제한에 관한 규정(제143조)이 준용된다(제173조 제5항).

제 2 장

수사의 종결과 공소제기

[§ 22] 수사의 종결

Ⅰ. 서 론

1. 사법경찰관의 1차적 수사종결처분

검사는 범죄사실이 명백하게 되었거나 또는 수사를 계속할 필요가 없는 경우에 수사를 종료한다. 다만, 검사는 공소제기 후에도 공소유지를 위하여 수사를 할 수 있고, 불기소처분을 한 때에도 수사를 재개할 수 있기 때문에 수사의 종결은 확정적 종결의 의미를 가지는 것은 아니다. 2021.1. 시행 형소법에 의하면, 사법경찰관은 혐의 있는 사건에 대해서는 검찰에 송치하여야 하지만, 그렇지 않은 사건에 대해서는 불송치 결정을 할 수 있는 1차적 수사 종결권을 가진다(제245조의5 제2호). 그런데 검경 수사준칙 제51조(사법경찰관의 결정)는 혐의 없는 사건은 물론이고, '죄가안됨' 및 '공소권없음'의 사건에 대해서도 사법경찰관이 불송치 결정을 할 수 있는 것으로 규정하고 있다(제1항 제3호). 그러나 '죄가 안됨' 및 '공소권 없음'의 사건은 일단 혐의 있는 사건으로 분류되어야 하기 때문에 사법경찰관은 이에 대해 불송치 결정을 할 수 없는 것으로 (2021.1. 시행 형소법 규정) 해석하는 것이 더욱 타당할 것이다. 예컨대, 위법성조각사유의 존재 여부, 친고죄의 소송조건 충족 여부, 공소시효의 만료 여부 등은 법률적 판단이 요구되는 것이기 때문에 일단 검찰에 송치하여 법률 전문가이자 공소권 주체인 검사의 판단을 받게 하는 것이 이론적으로 합당할 것이기 때문이다(운전자 폭행죄의 특가법 위반 사건을 형법상 단순 폭행죄의 반의사불벌죄 합의 사건으로 다루어 불송치 결정을 한 사법경찰의 수사권 남용사례의 예).

2021.1. 시행 형소법에 의하더라도 혐의 있는 사건에 대한 종국적 수사 종결 처분은 (검찰청) 검사만이 내릴 수 있다(다만, 공수처법이 정한 범위 내에서 공수처 검사도 여기에 포함될 것임).

구체적으로 형소법 제245조의5(사법경찰관의 사건송치 등)에 의하면, 사법경찰관은 고소 · 고발사건을 포함하여 범죄를 수사한 때에는 다음 각 호의 구분에 따른다: 1. 범죄의 혐의가 있다고 인정되는 경우에는 지체 없이 검사에게 사건을 송치하고, 관계 서류와 증거물을 검사에게 송부하여야 한다. 2. 그 밖의 경우에는 그 이유를 명시한 서면과 함께 관계 서류와 증거물을 지체 없이 검사에게 송부하여야 한다. 이 경우 검사는 송부받은 날로부터 90일 이내에 사법경찰관에게 반환하여야 한다.

그리고 형소법 제245조의6(고소인 등에 대한 송부통지)에 의하면, 사법경찰관은 제245조의5 제2호의 경우에는 그 송부한 날로부터 7일 이내에 서면으로 고소인 · 고발인 · 피해자 또는 그 법정대리인(피해자가 사망한 경우에는 그 배우자 · 직계친족 · 형제자매를 포함한다.)에게 사건을 검사에게 송치하지 아니하는 취지와 그 이유를 통지하여야 한다. 그리고 제245조의7(고소인 등의 이의신청)에 의하면, 제245조의6의 통지를 받은 사람은 해당 사법 경찰관의 소속 관서의 장에게 이의를 신청할 수 있다(제1항). 사법경찰관은 제1항의 신청이 있는 때에는 지체 없이 검사에게 사건을 송치하고 관계 서류와 증거물을 송부하여야 하며, 처리결과와 그 이유를 제1항의 신청인에게 통지하여야 한다(제2항). 그런데 입법론의 관점에서 보면, 고소인 등이 이의신청할 수 있는 기간에 아무런 제한이 없도록 한 규정 내용은 상당히 문제된다. 피의자의 지위가 장기간 사인의 의사에 의존하게 하여 불안정 상태에 놓이게 될 것이기 때문이다.

그리고 형소법 제245조의8(재수사요청 등)에 의하면, 검사는 제245조의5 제2호의 경우에 사법경찰관이 사건을 송치하지 아니한 것이 위법 또는 부당한 때에는 그 이유를 문서로 명시하여 사법경찰관에게 재수사를 요청할 수 있다(제1항). 사법경찰관은 제1항의 요청이 있는 때에는 사건을 재수사하여야 한다(제2항).

그리고 실무의 검경 수사준칙도 사법경찰관의 수사종결에 관한 규정을 두고 있다. 검경 수사준칙 제51조(사법경찰관의 결정)에 의하면, 사법경찰관은 사건을 수사한 경우에는 다음 각 호의 구분에 따라 결정해야 한다: 1. 법원송치, 2. 검찰송치, 3. 불송치 가. 혐의없음 1) 범죄인정안됨 2) 증거불충분 나. 죄가 안됨 다. 공소권 없음 라. 각하 4. 수사중지 가. 피의자중지 나. 참고인중지 5. 이송(제1항). 사법경찰관은 하나의 사건 중 피의자가 여러 사람이거나 피의사실이 여러 개인 경우로서 분리하여 결정할 필요가 있는 경우 그중 일부에 대해 제1항 각 호의 결정을 할 수 있다(제2항). 사법경찰관은 제1항 제3호 나목 또는 다목에 해당하는 사건이 다음 각 호의 어느 하나에 해당하는 경우에는 해당 사건을 검사에게 이송한다: 1. 「형법」 제10조 제1항에 따라 벌할 수 없는 경우[1] 2. 기소되어 사실심 계속 중인 사건과 포괄일죄를 구성하는 관계에 있는 경우[2](제3항). 사법경찰관은 제1항 제4호에 따른 수사중지 결정을 한 경우 7일 이내에 사건기록을 검사에게 송부해야 한다. 이 경우 검사는 사건기록을 송부받은 날부터 30일 이내에 반환해야 하며, 그 기간 내에 법 제197조의3에 따라 시정조치요구를 할 수 있다(제4항). 사법경찰관은 제4항 전단에 따라 검사에게 사건기록을 송부한 후 피의자 등의 소재를 발견한 경우에는 소재 발견 및 수사 재개 사실을 검사에게 통보해야 한다. 이 경우 통보를 받은 검사는 지체 없이 사법경찰관에게 사건기록을 반환해야 한다(제5항).

2. 검사에 의한 종국적 수사종결처분의 종류

2021년 시행 형소법에 의하면, 검사는 대부분의 일상범죄에 대한 일차적 수사개시 및 진행의 권한이 없다. 오히려 사법경찰관이 이 권한을 가지고 있다. 이에 따라 검사는 다른 수사기관(사법경찰관, 공수처 검사)에게 사건을 이송하여야 하는 경우가 있다. 이에 대하여는 검경 수사준칙이 구체적으로 규정하고 있다. 동 수사준칙 제18조(검사의 사건 이송 등)에 의하면, 검사는 다음 각 호의 어느 하나에 해당하는 때에는 사건을 검찰청 외의 수사기관에 이송해야 한다: 1. 「검찰청법」 제4조 제1항 제1호 각 목에 해당되지 않는 범죄에 대한 고소·고발·진정 등이 접수된 때 2. 「검사의 수사개시 범죄 범위에 관한 규정」 제2조 각 호의 범죄에 해당하는 사건 수사 중 범죄혐의 사실이 「검찰청법」 제4조 제1항 제1호 각 목의 범죄에 해당되지 않는다고 판단되는 때. 다만 구속영장이나 사람의 신체, 주거, 관리하는 건조물, 자동차, 선박, 항공기 또는 점유하는 방실에 대하여 압수·수색 또는 검증영장이 발부된 경우는 제외한다(제1항). 검사는 다음 각 호의 어느 하나에 해당하는 때에는 사건을 검찰청 외

1) 제10조 제1항의 경우는 형벌부과와 관련해서는 죄가 안됨의 불기소처분사유가 되겠지만, 치료감호 등의 보안처분이 부과될 수 있기 때문에 검사에게 이송되어야 하는 것이다.
2) 포괄일죄의 경우는 마지막 행위의 종료시점이 죄수판단, 공소시효 판단, 공소장 기재 등의 기준이 되기 때문에 검사에게 이송되어야 하는 것이다.

의 수사기관에 이송할 수 있다: 1. 법 제197조의4 제2항 단서에 따라 사법경찰관이 범죄사실을 계속 수사할 수 있게 된 때 2. 그 밖에 다른 수사기관에서 수사하는 것이 적절하다고 판단되는 때(제2항). 검사는 제1항 또는 제2항에 따라 사건을 이송하는 경우에는 관계 서류와 증거물을 해당 수사기관에 함께 송부해야 한다(제3항).

2021년 시행 형소법에 의하더라도 검사는 사법경찰관에 의해 송치된 사건 등에 대해 종국적 수사종결처분을 할 수 있다. 검사의 수사종결을 위한 처분에는 크게는 공소제기, 불기소처분 및 타관송치가 있다. 공소제기는 범죄의 객관적 혐의가 충분하고 소송조건이 갖추어져 유죄판결의 가능성이 있는 경우에 검사가 행하는 종결처분이다(제246조). 다만 검사는 약식사건(제448조)의 경우에 공소제기와 동시에 약식명령을 청구할 수 있다(제449조). 그리고 불기소처분은 검사가 피의사건에 대하여 공소를 제기하지 아니하는 처분을 말한다. 다음으로 타관송치는 사건이 소속검찰청에 대응한 법원의 관할에 속하지 아니할 때(제256조), 사건이 군사법원의 관할권에 속하는 때(제256조의2), 소년에 대한 피의사건을 수사한 결과 벌금 이하의 형에 해당하는 범죄이거나 보호처분에 해당하는 사유가 있다고 인정된 때(소년법 제49조)에 이루어진다. 검사는 사건이 그 소속검찰청에 대응한 법원의 관할에 속하지 아니한 때에는 사건을 서류와 증거물과 함께 관할법원에 대응한 검찰청검사에게 송치하여야 한다(제256조). 또한 검사는 사건이 군사법원의 재판권에 속하는 때에는 사건을 서류와 증거물과 함께 재판권을 가진 관할 군검찰부 군검사(2017.7.7. 시행)에게 송치하여야 한다. 이 경우에 송치 전에 행한 소송행위는 송치 후에도 그 효력에 영향이 없다(제256조의2). 그리고 우리나라는 소년을 보호사건으로 다룰 것인가, 형사사건으로 다룰 것인가의 1차적 결정권을 검사에게 부여하는 검사선의주의를 취하고 있다. 참고로, 영미의 경우에 모든 소년사건은 일단 소년법원(가정법원)으로 송치되어 소년법원의 조사결과에 따라 형사처분을 행함이 타당하다고 판단되는 사건만을 검찰청으로 송치하여 그 기소여부를 결정케 하는 법원선의주의를 취하고 있다.

2021년 시행 검경 수사준칙도 검사의 종국적 수사종결에 대해 구체적으로 규정하고 있다. 동 수사준칙 제52조(검사의 결정)에 의하면, 검사는 사법경찰관으로부터 사건을 송치받거나 직접 수사한 경우에는 다음 각 호의 구분에 따라 결정해야 한다: 1. 공소제기 2. 불기소; 가. 기소유예 나. 혐의없음(범죄인정 안됨, 증거불충분의 2가지) 다. 죄가 안됨 라. 공소권 없음 마. 각하 3. 기소중지 4. 참고인중지 5. 보완수사요구 6. 공소보류 7. 이송 8. 소년보호사건 송치 9. 가정보호사건 송치 10. 성매매보호사건 송치 11. 아동보호사건 송치(제1항). 검사는 하나의 사건 중 피의자가 여러 사람이거나 피의사실이 여러 개인 경우로서 분리하여 결정할 필요가 있는 경우 그중 일부에 대해 제1항 각 호의 결정을 할 수 있다(제2항).

사법협조자에 대한 선처적 수사종결 내지 형벌감면의 문제: 입법론

우리나라 수사검사는 피의자가 수사협조를 할 경우 기소편의주의에 따라서 어느 정도 선처적 수사종결을 할 수 있다. 다만 기소유예처분은 고소인 등에 의한 불복의 대상이 된다. 따라서 종국적 효과가 불투명하다. 은밀하게 자행되는 조직적 구조적 부패 범죄의 규명을 위해 내부가담자의 사법협조를 이끌어 낼 제도적 보완장치, 즉 사법협조자에 대한 소추면제 또는 형벌감면의 제도가 입법론으로서 제시될 수 있다. 구체적으로 미국은 자기부죄거부의 특권이 있는 (공범) 증인에게 면책(Immunity)을 보장해 주고 증언을 강제하면서 이에 불응하면 법정모욕죄로 처벌하는 제도를 채택하고 있다(미 연방법률 제18장 제6001호-제6005호, Title 18 U.S.C. §§ 6001-6005). 이를 면책조건부 증언취득제도라고 지칭할 수 있을 것이다. 그에 비하여 기소법정주의를 원칙으로 하고 있는 독일은—미국과는 달리—자발적으로 진술해 주는 사법협조자에 대한 임의적 형벌감면제도를 채택하고 있다.[3] 이를 사법협조자 형벌감면제도, 공범증인면책제도, 왕관증인규정(Kronzeugenregelung) 등으로 지칭할 수 있다. 생각건대 이러한 외국의 제도를 우리나라에서 입법론으로 고려할 경우에는 사법협조자에 대한 소추면책제도에 대해서는 특정한 범죄(예컨대, 조직범죄, 부패범죄, 마약범죄 등)에 한정하는 것이 바람직할 것이고, (임의적) 형벌감면제도에 대해서는 모든 범죄에 확대되더라도 무방할 것이다.

상기한 제도는 타인의 범죄와 관련한 사법협조자(특히 공범)인 것에 비하여 본인 스스로 자신의 범죄를 자백함으로써 형사사법에 협조하는 경우에도 특별조치가 필요할 수 있다. 여기에 해당하는 것이 미국의 플리바게닝(유죄협상; Plea Bargaining), 독일의 협상(Absprache)의 제도이다. 미국의 유죄협상제도는[4] 검사와 피의자(피고인), 변호인이 유죄로 인정할 부분, 형량(구형), 기소하지 않을 부분, 피해자에 대한 배상 등에 관하여 합의한 후, 법원에 승인신청을 하고, 판사가 승인여부를 결정하는 제도이다. 미국 연방형사소송규칙(Federal Rules of Criminal Procedure) 제11조가 이를 규정하고 있고, Brady v. U.S. 사건[397 U.S. 742 (1970)]과 Santobello v. New York 사건[404 U.S.

3) 독일 마약법 제31조, 자금세탁에 관한 형법 제261조 제10항, 구테러범죄법(1984년 제정, 1999년 실효의 한시법; 여기서는 소추면제까지 규정되었음)에서는 일부적으로, 현행 형법 제46조의b에는 일반적으로 도입되어 있다.

4) 불항쟁답변(nolo contendere)의 경우에도 유죄답변(guilty plea)과 동일하게 처리된다. 단지 민사재판의 자료로 사용할 수 없다.

257 (1971)]을 통해 유죄협상의 정당성도 인정되었다. 독일도 최근 형사소송법의 개정을 통해 협상제도를 정식 입법화하였다(특히 제257조의C 신설). 생각건대, 이러한 유죄협상제도의 도입은 새로운 소송절차를 정립하는 것이 전제되어야 하기 때문에 장기의 입법과제로 남기고, 현 상태에서는 수사 단계부터 자백하여 소송의 신속과 진실발견에 기여한 피의자(피고인)를 위한 형감경 제도를 신설하는 방안이 더욱 바람직할 것이다.

3. 피해자 등에 대한 통지

형사사법이 단지 국가의 피고인에 대한 형벌권의 행사로만 인식되던 과거와는 달리 형사재판의 결과가 민사적 이해관계에 영향을 미치고, 사건에 따라서는 형사피고인의 석방여부 등 동향은 피해자의 신변 안전보호 등과도 관련이 있으므로 이에 대한 적절한 대책 마련이 필요하다. 이에 따라 형사소송법은 "검사는 범죄로 인한 피해자 또는 그 법정대리인(피해자가 사망한 경우에는 그 배우자 · 직계친족 · 형제자매를 포함한다)의 신청이 있는 때에는 당해 사건의 공소제기 여부, 공판의 일시 · 장소, 재판결과, 피의자 · 피고인의 구속 · 석방 등 구금에 관한 사실 등을 신속하게 통지하여야 한다"고 규정하였다(제259조의2). 신청에 의하여서만 통지하도록 한 것은 피해사실이나 소송 관련사항이 외부에 알려지는 것을 꺼리는 피해자의 사생활을 보호하기 위한 것이다.

Ⅱ. 불기소처분

1. 종 류

(1) 광의와 협의의 불기소처분

불기소처분의 종류는 광의의 불기소처분과 협의의 불기소처분으로 나누어 볼 수 있다. 협의의 불기소처분은 검사가 처음부터 적법한 공소제기를 할 수 없는 경우에 내리는 불기소처분을 말한다. 협의의 불기소처분에는 혐의 없음, 죄가 안 됨, 공소권 없음, 각하처분이 있다. 그런데 광의의 불기소처분에 대해서는 협의의 불기소처분에다가 기소유예만 포함시키는 견해,[5] 기소유예와 기소중지를 포함시키는 견

5) 배종대/이상돈, 324면; 신동운, I, 289면.

해,[6] 공소보류까지 포함시키는 견해[7]의 대립이 있다. 생각건대, 광의의 불기소처분을 검사가 더 이상 수사하지 않겠다는 수사종결처분으로 이해하는 경우에는 협의의 불기소처분에다가 기소유예만을 추가로 포함시키는 것이 타당하겠지만, 광의의 불기소처분을 검사가 피의사건에 대해 일정한 시점에서 일단 공소를 제기하지 아니하는 처분으로 이해한다면 기소중지, 공소보류 및 참고인중지까지 포함시키는 것이 타당할 것이다. 즉, 광의의 불기소처분의 개념을 어떻게 설정할 것인가에 따라 포함되는 범위가 달라지게 된다.

(2) 협의의 불기소처분

1) 혐의 없음 　피의사실이 범죄를 구성하지 아니하거나 인정되지 아니하는 경우(범죄인정 안 됨) 피의사실을 인정할 만한 증거가 없는 경우(증거불충분)에 '혐의 없음'의 결정을 한다(검찰사건사무규칙 제69조 제3항 제2호). 검사가 고소 또는 고발사건에 관하여 혐의 없음의 결정을 하는 경우에는 고소인 또는 고발인의 무고혐의의 유무에 관하여 판단하여야 한다(동 규칙 제70조).

2) 죄가 안 됨 　피의사실이 범죄구성요건에 해당하나 법률상 범죄의 성립을 조각하는 사유가 있어 범죄를 구성하지 아니하는 경우에 '죄가 안 됨'의 결정을 한다(동 규칙 제69조 제3항 제3호). 피의사건의 구성요건해당성은 인정되지만 위법성조각사유 또는 책임조각사유가 있는 경우가 여기에 해당한다.

3) 공소권 없음 　피의사건에 관하여 이미 확정판결이 있는 경우, 통고처분이 이행된 경우, 소년법 또는 「가정폭력범죄의 처벌 등에 관한 특례법」 또는 「성매매알선 등 행위의 처벌에 관한 법률」에 의한 보호처분이 확정된 경우(보호처분이 취소되어 검찰에 송치된 경우를 제외한다), 사면이 있는 경우, 공소의 시효가 완성된 경우, 범죄후 법령의 개폐로 형이 폐지된 경우, 법률의 규정에 의하여 형이 면제된 경우, 피의자에 관하여 재판권이 없는 경우, 동일사건에 관하여 이미 공소가 제기된 경우(공소를 취소한 경우를 포함한다. 다만, 다른 중요한 증거를 발견한 경우에는 그러하지 아니하다), 친고죄 및 공무원의 고발이 있어야 논하는 죄의 경우에 고소 또는 고발이 없거나 그 고소 또는 고발이 무효 또는 취소된 때, 반의사불벌죄의 경우 처벌을 희망하지 아니하는 의사표시가 있거나 처벌을 희망하는 의사표시가 철회된 경우, 피의

---

6) 이재상, 302면.

7) 백형구, 427면; 정영석/이형국, 222면; 차용석, 337면.

자가 사망하거나 피의자인 법인이 존속하지 아니하게 된 경우에 '공소권 없음'의 결정을 한다(동 규칙 제69조 제3항 제4호). 즉, 공소권 없음은 소송조건이 결여되거나 형이 필요적으로 면제되는 경우를 수사기관의 입장에서 바라볼 때에 발생한다.

4) 각 하　　고소 또는 고발이 있는 사건에 관하여 고소인 또는 고발인의 진술이나 고소장 또는 고발장에 의하여 혐의 없음, 죄가 안 됨, 공소권 없음의 사유에 해당함이 명백한 경우, 고소·고발이 법적으로 금지된 자기 또는 배우자의 직계존속에 대한 경우(제224조, 제235조), 고소를 취소한 자가 다시 고소한 경우(제232조 제2항), 동일사건에 관하여 검사의 불기소처분이 있는 경우(다만, 새로이 중요한 증거가 발견된 경우에 고소인 또는 고발인이 그 사유를 소명한 때에는 그러하지 아니하다), 고소권자가 아닌 자가 고소한 경우, 고소·고발장 제출 후 고소인 또는 고발인이 출석요구에 불응하거나 소재불명되어 고소·고발사실에 대한 진술을 청취할 수 없는 경우 등에 '각하'결정을 한다(동 규칙 제69조 제3항 제5호).

(3) 기소 유예

1) 요 건　　검사는 범죄혐의가 있고 소송조건이 구비된 경우에도 형법 제51조의 양형사항을 참작하여 공소를 제기하지 않을 수 있다(제247조). 이러한 기소유예처분을 인정하는 제도를 기소편의주의라고 한다. 그러나 검사의 소추재량권은 무제한적인 자의를 허용하는 것이 아니라 스스로 내재적인 한계를 가지는 합목적적 자유재량으로 이해되어야 한다(헌재결 1995.1.20, 94헌마246). 그리고 범죄의 혐의와 유죄판결의 가능성을 전제로 하는 기소유예처분은 혐의의 불기소처분사유와 경합될 수는 없다. 즉, 검사는 혐의의 불기소처분의 사유가 존재하면 반드시 혐의의 불기소처분으로 수사를 종결하여야지 기소유예처분을 하여서는 안 된다(대결 1985.7.29, 85모16). 검사가 기소유예의 결정을 하는 경우에는 피의자를 엄중히 훈계하고 개과천선할 것을 다짐하는 서약서를 받아야 한다. 다만, 경미한 사건의 경우에는 그러하지 아니하다(동 규칙 제71조 제1항). 이 경우에는 감호자·연고자 또는 범죄예방자원봉사위원에게 신병인도조치를 하거나 한국갱생보호공단 등 보호단체에 보호를 알선할 수 있다(제2항).

2) 조건부 기소유예　　검사가 일정한 조건을 부과하여 이의 준수를 조건으로 기소유예를 행하는 소위 조건부 기소유예의 허용여부에 대해서는 긍정설[8]과 특별

8) 배종대/이상돈, 349면; 임동규, 252면.

한 규정이 없는 한 허용될 수 없다는 견해[9]가 대립된다. 그런데 2008년 6월부터 시행되는 개정 소년법은 제49조의3에서 조건부 기소유예의 법적 근거를 마련하여 소년범에 대한 선도조건부 기소유예의 허용여부는 입법에 의하여 해결되었다. 그리고 소년뿐만 아니라 성인에 대하여도 일정기간 보호관찰관의 선도를 조건으로 그 소추를 유예하는 보호관찰관 선도조건부 기소유예제도가 「보호관찰 등에 관한 법률」(제15조 제3호)에 의하여 도입되어 있다. 생각건대, 기소유예제도가 피의자의 사회복귀를 위한 합목적적 처분이더라도 조건부과에는 근거규정이 있어야 하는 것이 타당할 것이다.

3) 일부 기소유예　　일부 기소유예란 1명의 피의자에게 수개의 피의사실이 있는 경우에 일부 피의사실은 기소하고 나머지 일부의 피의사실에 대해서만 기소유예하는 것을 의미한다. 그런데 이것의 허용 여부에 대해서는 긍정설[10]과 부정설[11]의 견해대립이 있다. 생각건대, 기소유예는 범죄자를 기소함으로써 발생하는 폐해를 방지하려는 제도이기 때문에 일부 범죄를 근거로 피의자를 기소하는 이상 검사가 재량으로 나머지 일부 피의사실만을 기소유예할 수는 없는 것으로 보는 것이 타당하다.

(4) 기소중지와 참고인중지

기소중지는 검사가 피의자의 소재불명 등의 사유로 수사를 종결할 수 없는 경우에 그 사유가 해소될 때까지 내리는 결정이다(검찰사건사무규칙 제73조). 그리고 참고인중지는 검사가 참고인·고소인·고발인 또는 같은 사건 피의자의 소재불명으로 수사를 종결할 수 없는 경우에 그 사유가 해소될 때까지 내리는 결정이다(동 규칙 제74조). 참고인중지는 참고인의 소재가 불분명함에도 불구하고 피의자에 대해 기소중지를 하는 것은 피의자가 마치 도피중인 것으로 오해받을 수 있기 때문에 마련된 제도이다. 기소중지와 참고인중지는 수사종결의 처분이라기보다는 수사의 중지처분에 해당한다. 고소사건에 대한 검사의 자의적인 기소중지처분은 헌법이 보장한 평등권과 피해자에게 보장된 재판절차진술권을 침해하는 것이다(헌재결 1991.4.1, 94헌마115; 헌재결 1995.2.23, 94헌마54). 소재불명을 이유로 한 기소중지의 피의자에 대해서 검사는 지명수배를 요구하여야 한다(동 규칙 제75조 제2항).

---

9) 신동운, I, 305면; 이재상, 328면.
10) 이재상, 328면.
11) 배종대/이상돈, 350면; 임동규, 252면.

(5) 공소보류

공소보류는 검사가 국가보안법 위반의 피의자에 대해 일정한 유예기간을 설정하여 공소제기를 보류하는 결정을 말한다(동 규칙 제78조). 국가보안법 위반사범에 제한되고 일정한 유예기간이 설정된 점에서 공소보류는 기소유예와 구별된다. 공소보류자에 대해 공소제기 없이 2년이 경과하면 소추를 할 수 없으며, 공소보류를 받은 자가 법무부장관이 정한 감시·보도에 관한 규칙을 위반하면 공소보류를 취소할 수 있다. 공소보류가 취소된 때에는 형사소송법 제208조의 재구속 제한 없이 동일한 범죄사실로 재구속할 수 있다(국가보안법 제20조).

2. 효 과

(1) 불기소처분의 통지

1) 고소인 등에 대한 수사종결처분 내지 불기소이유의 통지 검사는 고소 또는 고발 있는 사건에 관하여 공소를 제기하거나 제기하지 아니하는 처분, 공소의 취소 또는 타관송치를 한 때에는 그 처분한 날로부터 7일 이내에 서면으로 고소인 또는 고발인에게 그 취지를 통지하여야 한다(제258조 제1항). 그리고 검사는 고소 또는 고발있는 사건에 관하여 공소를 제기하지 아니하는 처분을 한 경우에 고소인 또는 고발인의 청구가 있는 때에는 7일 이내에 고소인 또는 고발인에게 그 이유를 서면으로 설명하여야 한다(제259조). 이 제도는 특히 고소인(피해자)의 권리를 보호하고 검사의 기소독점주의를 견제하기 위한 것이다.

2) 피의자에 대한 처분통지 검사는 불기소 또는 타관송치의 처분을 한 때에는 피의자에게 즉시 그 취지를 통지하여야 한다(제258조 제2항). 이것은 불안한 상태에 있는 피의자를 보호하기 위한 규정이다.

(2) 일사부재리의 부적용 및 재기소의 허용

검사의 불기소처분은 법원의 종국재판이 아니기 때문에 일사부재리의 효력은 발생되지 않는다(대판 1983.12.27, 83도2686; 대판 1987.11.10, 87도2020). 따라서 검사는 다시 수사하여 기소할 수 있다. 다만 피의자의 법적 안정성을 보장하기 위하여 공소취소(제329조)와 같이 새로운 중요한 증거가 발견된 경우에만 공소제기할 수 있다는 견해가 있을 뿐이다.[12] 생각건대, 공소취소의 경우는 일단 법원에 기소되어 심리가

12) 정영석/이형국, 236면.

진행된 상태에서 법원에 의해 공소기각의 판결이 내려지는 데 반하여 불기소처분은 그러한 단계까지 간 것이 아니기 때문에 공소취소의 규정을 여기에 준용할 수 없는 것으로 보아야 할 것이다.

Ⅲ. 검사의 불기소처분에 대한 불복

[설문 (32)] 강도 피해자로서 고소한 甲, 재벌의 업무상 배임행위를 고발한 乙, 절도 피의자로 수사를 받은 丙은 자신이 관여한 해당 사건이 각각 검사에 의해 기소유예처분이 내려지자 이에 불복을 제기하려고 한다. 甲, 乙, 丙 각각이 사용할 수 있는 불복방법을 설명하시오.

현행 형소법에 의하면 사법경찰관도 혐의 없는 사건에 대해서는 검찰에의 불송치 결정을 내릴 수 있다(제245조의5 제2호). 그리고 사법경찰관의 불송치 결정에 대해서는 고소인 · 고발인 · 피해자 또는 그 법정대리인(피해자가 사망한 경우에는 그 배우자 · 직계친족 · 형제자매를 포함한다)이 해당 사법 경찰관의 소속 관서의 장에게 이의를 신청할 수 있다(제245조의7 제1항). 이 경우 사법경찰관은 제1항의 신청이 있는 때에는 지체 없이 검사에게 사건을 송치하고 관계 서류와 증거물을 송부하여야 하며, 처리결과와 그 이유를 제1항의 신청인에게 통지하여야 한다(제2항). 이렇게 사건이 검찰에 송치되면 그 이후에는 검사가 종국적 수사종결처분을 내릴 것이다. 검사의 종국적 불기소처분에 대한 불복제도는 아래와 같다.

1. 재정신청과 기소강제절차

현행 형사소송법에 따르면, 모든 형사사건에 대하여 고소권자로서 고소를 한 자(다만, 형법 제123조부터 제126조까지의 죄에 대하여는 고발을 한 자를 포함한다)는 검사로부터 공소를 제기하지 아니한다는 통지를 받은 때에는 그 검사 소속의 지방검찰청 소재지를 관할하는 고등법원에 그 당부에 관한 재정을 신청할 수 있다(제260조 제1항). 고등법원은 신청이 이유 있는 때에는 사건에 대한 공소제기를 결정한다(제262조 제2항 제2호). 공소제기의 결정에 따른 재정결정서를 송부받은 관할 지방검찰청 검사장 또는 지청장은 지체 없이 담당 검사를 지정하고 지정받은 검사는 공소를 제기하여야 한다(제6항). 검사에게 기소를 강제하는 것이기 때문에 기소강제절차라고 한다.

[**공수처 검사의 불기소처분에 대한 재정신청**] 공수처법 제29조(재정신청에 대한 특례)에 의하면, 고소·고발인은 수사처 검사로부터 공소를 제기하지 아니한다는 통지를 받은 때에는 서울고등법원에 그 당부에 관한 재정을 신청할 수 있다(제1항). 제1항에 따른 재정신청을 하려는 사람은 공소를 제기하지 아니한다는 통지를 받은 날부터 30일 이내에 처장에게 재정 신청서를 제출하여야 한다(제2항). 재정신청서에는 재정신청의 대상이 되는 사건의 범죄사실 및 증거 등 재정신청을 이유 있게 하는 사유를 기재하여야 한다(제3항). 제2항에 따라 재정신청서를 제출받은 처장은 재정신청서를 제출받은 날부터 7일 이내에 재정신청서, 의견서, 수사 관계 서류 및 증거물을 서울고등법원에 송부하여야 한다. 다만, 신청이 이유 있는 것으로 인정하는 때에는 즉시 공소를 제기하고 그 취지를 서울고등법원과 재정신청인에게 통지한다(제4항). 이 법에서 정한 사항 외에 재정신청에 관하여는 「형사소송법」 제262조 및 제262조의2부터 제262조의4까지의 규정을 준용한다. 이 경우 관할법원은 서울고등법원으로 하고, "지방검찰청검사장 또는 지청장"은 "처장", "검사"는 "수사처검사"로 본다(제5항).

2. 검찰항고

(1) 항 고

1) **재정신청사건에 대한 항고전치주의** 재정신청이 전면 확대됨에 따라 재정신청 남용의 폐해를 줄이고 재정신청 제도의 효율성을 도모하기 위하여 개정 형사소송법은 검찰 항고전치주의를 채택하였다. 즉, 재정신청을 하려면 검찰청법 제10조에 따른 항고를 거쳐야 한다(제260조 제2항). 다만, 재정신청인에게 항고를 반드시 거치도록 하는 것이 부적절하다고 인정되는 3가지 경우에 항고전치주의의 예외를 인정하였는데, (i) 재정신청인이 불기소처분에 대하여 항고를 제기하였고 그 이후 재기수사가 이루어진 다음 다시 불기소처분이 있는 때, (ii) 항고신청 후 항고에 대한 처분이 행하여지지 아니하고 3개월이 경과한 경우, (iii) 공소시효 만료일 30일 전까지 공소가 제기되지 아니하는 경우가 이에 해당한다(제2항 제1호 내지 제3호).

2) **청 구** 검사의 불기소처분에 불복이 있는 고소인 또는 고발인은 그 검사가 속하는 지방검찰청 또는 지청을 거쳐 서면으로 관할 고등검찰청 검사장에게 항고할 수 있다(검찰청법 제10조 제1항). 이와 같이 고소인 또는 고발인이 검사의 불기소처분에 대하여 검찰조직의 상급기관에 대하여 그 시정을 구하는 불복제도를 검찰

항고라고 한다. 이것은 검사의 불기소처분에 대한 내부적 견제제도로서 규정된 것이다. 검찰항고의 대상은 협의의 불기소처분뿐만 아니라 기소유예처분과 기소중지처분도 포함된다. 항고는 형사소송법 제258조 제1항에 따른 통지(즉, 불기소처분의 통지)를 받은 날부터 30일 이내에 하여야 한다(동조 제4항). 이 경우 항고를 한 자에게 책임이 없는 사유로 인하여 그 기간 이내에 항고를 하지 못한 것을 소명한 때에는 그 사유가 해소된 때부터 기산한다(제6항).

3) 판 단 기간을 경과하여 접수된 항고는 기각하여야 한다. 다만, 새로이 중요한 증거가 발견된 경우에 고소인 또는 고발인이 그 사유를 소명한 때에는 그러하지 아니하다(검찰청법 제10조 제7항). 또한 고등검찰청의 검사장은 항고가 이유없다고 인정한 때에는 항고를 기각한다. 반면에 항고가 이유있다고 인정하는 때에는 당해 지방검찰청 또는 지청의 검사는 그 처분을 경정하여야 한다(검찰청법 제10조 제1항 단서). 그리고 고등검찰청검사장은 항고가 이유있다고 인정하는 때에는 소속 검사로 하여금 지방검찰청 또는 지청 검사의 불기소처분을 직접 경정하게 할 수 있다. 이 경우 고등검찰청 검사는 지방검찰청 또는 지청의 검사로서 직무를 수행하는 것으로 본다(제2항).

(2) 재 항 고

1) 청 구 항고를 한 자(형사소송법 제260조에 따라 재정신청을 할 수 있는 자는 제외. 이 자는 항고가 기각되면 고등법원에 재정신청을 하여야 한다. 따라서 재항고의 청구권자는 공무원의 직권남용죄를 제외한 나머지 범죄에 대해 고발한 자가 될 것임)는 항고를 기각하는 처분에 불복하거나 항고를 한 날부터 항고에 대한 처분이 행하여지지 아니하고 3개월이 경과한 때에는 그 검사가 속하는 고등검찰청을 거쳐 서면으로 검찰총장에게 재항고할 수 있다(제3항). 재항고는 항고기각결정의 통지를 받은 날 또는 항고 후 항고에 대한 처분이 행하여지지 아니하고 3개월이 경과한 날부터 30일 이내에 하여야 한다(제5항). 재항고를 한 자에게 책임이 없는 사유로 인하여 그 기간 이내에 재항고를 하지 못한 것을 소명한 때에는 그 사유가 해소된 때부터 기산한다(제6항).

2) 판 단 재항고기간을 경과하여 접수된 재항고는 기각하여야 한다. 다만, 새로이 중요한 증거가 발견된 경우에 고소인 또는 고발인이 그 사유를 소명한 때에는 그러하지 아니하다(제7항). 또한 검찰총장은 재항고의 이유가 없다고 인정할

경우에는 재항고를 기각한다. 반면에 재항고가 이유 있다고 인정하는 때에는 당해 고등검찰청의 검사는 그 처분을 경정하여야 한다(제3항 단서). 그리고 검찰총장은 재항고가 이유 있다고 인정할 때에는 수사명령 또는 공소제기명령을 하여야 한다.

3. (고소 · 고발 이외의 자에 의한) 헌법소원

(1) 의의 및 대상

헌법소원은 공권력의 행사 또는 불행사로 인하여 헌법에 보장된 기본권이 침해된 자가 헌법재판소에 그 권리구제를 청구하는 제도이다(헌법 제111조 제1항 제5호, 헌법재판소법 제68조). 검사의 불기소처분도 헌법소원의 대상이 되는 공권력의 행사 또는 불행사에 해당하기 때문에(이중적 성격을 가진다는 헌재결 1989.4.17, 88헌마3), 이에 의해 기본권이 침해된 자는 헌법소원을 제기할 수 있다. 다만 아래의 요건 등이 충족되어야 한다.

(2) 요 건

1) **직접성과 현재성의 원칙** 헌법소원의 제기를 위해서는 헌법상 보장된 기본권이 공권력의 행사 또는 불행사에 의하여 직접적 · 현실적으로 침해되어야 된다. 검사의 불기소처분은 헌법이 보장한 피해자(고소인)의 법정진술권(헌법 제27조 5항, 형사소송법 제294조의2), 행복추구권(헌법 제10조), 평등권(헌법 제11조 제1항)을 침해한다고 볼 수 있다.[13)]

2) **보충성의 원칙** 헌법소원은 먼저 다른 법률에 정하여진 구제절차를 모두 마쳐야 청구할 수 있다(헌재법 제68조 제1항 단서). 다만 법원의 재판에 대하여는 헌법소원이 허용되지 않는다.

(3) 청구권자

1) **고 소 인** 검사의 불기소처분으로 이러한 기본권이 침해되는 자로는 범죄피해자인 고소인이 되는 것은 명백하다. 그러나 형사소송법에 따르면 모든 형사사건의 고소권자는 검사의 불기소처분에 대해 항고전치를 거쳐 법원에 재정신청을 할 수 있고, 법원의 재정결정, 즉 재판에 대해서는 헌법소원이 허용되지 않기 때문에 고소인은 청구권자로 인정될 수 없다.

---

13) 이를 자세히 판시한 것으로는 헌재결 1989.4.17, 88헌마3.

고발인에 대한 헌법소원청구권의 인정여부에는 견해의 대립이 있다. 고발인에게도 불기소처분에 대한 헌법소원청구권을 인정하여야 한다는 견해도 있지만,[14] 우리 형사소송법은 민중소송을 인정하지 않고 헌법소원의 근거가 되는 법정진술권을 범죄피해자에게만 인정하는 점에서 고발인에 대해서는 원칙적으로 검사의 불기소처분에 대한 헌법소원청구권을 부정하는 것이 타당할 것이다. 우리나라 헌법재판소의 결정도 자기관련성의 결여를 이유로 부정설의 입장에 있다.[15]

2) 피 의 자 피의자는 고소 · 고발인이 아니므로 검사의 불기소처분(여기의 기소유예처분 포함)에 대해서 항고 · 재항고 및 재정신청을 할 수 있는 주체가 될 수 없다. 그러나 피의자는 검사의 기소유예처분에 대해서 헌법소원을 청구할 이익이 있다. 우선 피의자는 유죄임을 전제하는 기소유예처분에 불복하여 종국적으로 법정에서 무죄판결을 받는 이익을 가진다. 그리고 예상하기는 어렵지만 재심절차까지 진행되어서 무죄의 선고를 받은 때에는 그 무죄판결은 관보와 법원소재지의 신문지에 게재되어 공고된다(제440조). 이것은 원심법원에서 유죄를 선고받은 자의 명예회복을 위한 조치이지만, 종국적으로는 검사의 기소유예처분에 대한 최종적인 명예회복도 될 수 있을 것이다. 그리고 체포 · 구속되었다가 기소유예로 석방되는 피의자는 형사보상청구권을 행사할 수 없다. 그러나 법원에 의해 무죄판결을 받으면 형사보상청구권도 행사할 수 있다. 그리고 수사종결처분은 재론하지 못한다는 의미의 확정력(기판력)이 없기 때문에 피의자는 재수사 및 기소의 우려 때문에 불안한 지위에 있게 된다. 만약 피의자가 무죄판결을 받아 확정된다면 기판력이 발생하여 그의 지위는 안정된다. 이것도 기소유예처분을 받은 피의자가 불복하는 실익의 하나로 볼 수 있다. 헌법소원을 제기할 경우에 피의자는 진정서, 탄원서, 수사재기신청서를 먼저 제출하지 않았다고 하더라도 헌법소원에 적용되는 보충성의 원칙에 반하는 것은 아니다. 왜냐하면 이것들은 검사의 직권발동을 촉구하는 하나의 방법일 뿐이고 정식의 구제절차로 볼 수 없기 때문이다(헌재결 1992.11.12, 91헌마146의 태도임). 그리고 피의자에게 불리한 자의적인 기소유예처분은 피의자에게 청문의 기회를 보장하지 않는 것이고, 다른 형사사건과 차별 없는 공정하고 성실한 수사를 해 줄 것을 요구할 수 있는 피의자의 평등권을 침해하는 것이며, 헌법 제27조의 재판을 받을 권리를 침해하는 것일 수 있다.[16] 예외적으로 고소를 하지 않은 형사피해자(헌

14) 신동운, 형사소송법, 1993, 190면.

15) 헌재결 1989.12.22, 89헌마145.

재결 2004.11.25, 2004헌마595), 참고인 중지결정을 받은 피의자(헌재결 1997.2.20, 95헌마362)의 경우도 헌법소원이 인정될 수 있다. 그러나 공소권없음의 불기소처분에 대하여 피의자는 헌법소원을 청구할 이익이 없는 것으로 보아야 한다(헌재결 2003.2.27, 2002헌마309).

(4) 청구의 절차

헌법소원의 심판은 그 사유가 있음을 안 날부터 90일 이내에, 그 사유가 있은 날부터 1년 이내에 청구하여야 한다. 다만, 다른 법률에 의한 구제절차를 거친 헌법소원의 심판은 그 최종결정을 통지받은 날로부터 30일 이내에 청구하여야 한다(헌재법 제69조 제1항). 다른 구제절차를 거쳐야 하는 고소인의 경우는 단서가 적용될 것이고, 직접 청구하는 피의자의 경우는 본문이 적용될 것이다. 헌법소원의 심판청구에는 재정신청과는 달리 공소시효의 진행을 정지하는 효과는 없다(헌재결 1993.9.27, 92헌마284).

(5) 인용의 효과

헌법소원을 인용할 경우에 헌법재판소는 기본권침해의 원인이 된 공권력의 행사를 취소하거나 그 불행사가 위헌임을 확인할 수 있다(헌재법 제75조 제3항). 헌법재판소가 공권력의 불행사에 대한 헌법소원을 인용하는 결정을 한 때에는 피청구인은 결정취지에 따라 새로운 처분을 하여야 한다(제4항). 이와 관련하여 헌법재판소는 검사에 대하여 재기수사명령 또는 공소제기명령을 내릴 수 있다고 해석하는 견해[17]와 이것을 부정하는 견해[18]의 대립이 있는데, 헌법재판소법 제75조 제4항의 취지에 따르면 전설이 타당한 것으로 판단된다.

[설문 (32)의 해결] 현행 형사소송법에 따르면, 강도 피해자로서 고소한 甲은 항고전치주의를 이행하면서 고등법원에 재정신청을 할 수 있다. 고등법원의 재정결정은 재판이기 때문에 헌법소원의 대상이 될 수 없다. 다음으로 재벌의 업무상 배임행위를 고발한 乙은 공무원의 직권남용죄에 대해 고발한 것이 아니기 때문에 재정신청을 할 수 없고, 검찰청법이 규정한 항고와 재항고의 불복절차를 거칠 수 있다. 그리고 고발인은 헌법소원의 청구권자가 될 수 없다. 절도 피의자로 수사를 받은 丙은 고

---

16) 이러한 취지의 결정으로는 헌재결 1992.11.12, 91헌마146; 헌재결 1993.3.16, 93헌마44.
17) 배종대/이상돈, 331면; 신동운, 333면; 신양균, 251면.
18) 이재상, 306면; 임동규, 259면.

소 고발인이 아니므로 항고, 재항고, 재정신청의 청구권자가 될 수 없고, 오직 헌법소원만을 청구할 수 있을 뿐이다.

[§ 23] 검사에 의한 공소제기

Ⅰ. 검사의 공소권

1. 공소권론

(1) 공소권의 의의

공소권이란 공소를 제기하여 이를 유지하는 검사의 지위를 그 권한·권능의 면에서 본 것을 말한다. 검사의 공소권은 법원의 재판권, 피고인의 변호권(방어권)과 함께 형사소송의 법률적 구조를 성립시키는 기본개념이다. 공소권은 형벌권과 구별된다. 형벌권은 실체법상의 관념이고, 공소권은 소송법상의 관념으로서 형벌권의 존부에도 불구하고 존재할 수 있다(예컨대 무죄판결을 해야 할 경우). 그러나 양자는 밀접한 관련성이 있다. 공소권은 형벌권의 존재가 객관적으로 예상되는 경우(유죄판결을 받을 개연성이 인정되는 경우)에 한하여 원칙적으로 인정될 수 있다.

(2) 공소권이론

공소권이론이란 공소권의 본질을 규명하기 위한 이론을 말한다. 이것에는 공소권에 독자적인 의미를 부여하려는 입장도 있고 단지 소송조건과 관련된 것으로서 독자적 의의를 부인하려는 견해도 있다.

1) 독자적 의미를 부여하는 견해

(가) 추상적 공소권설　　이 설은 공소권을 검사가 구체적 사건과 관계없이 형사사건에 관하여 일반적으로 공소를 제기할 수 있는 권한으로 본다. 이러한 추상적 일반적 의미로서의 공소권은 "공소는 검사가 제기하여 수행한다"(제246조)라는 국가소추주의를 규정한 것에 의하여 명확히 인정된다. 그러나 이 견해는 단지 공소권을 형벌권과 구별한 점에 그 의미가 있을 뿐이고 국법상의 일반적 권능만을 공소권이라 보는 점에서 소송법상 특별한 실질적 의미를 가지지 못한다. 따라서 이 설을 취

하는 학자는 없다.

(나) 구체적 공소권설(유죄판결청구권설) 이 설은 검사가 구체적인 특정사건에 관하여 유죄판결을 청구할 수 있는 권한으로 본다.[19] 이 설은 공소권을 형식적 소송조건이 구비된 경우에 인정되는 형식적 공소권과 실체적 소송조건까지 갖춘 경우에 인정되는 실체적 공소권으로 구분한다. 형식적 공소권이 결여된 경우에는 관할위반 또는 공소기각의 형식재판, 실체적 공소권이 결여된 경우에는 면소판결이 있어야 한다는 것이다.

그러나 이 설은 무죄판결을 할 경우의 공소권을 설명할 수 없는 점, 실체법상의 형벌청구권과의 구별이 곤란한 점, 단일개념인 공소권을 형식적인 것과 실체적인 것으로 나누는 것은 부당하다는 점 등의 비판을 받는다.

(다) 실체판결청구권설 이 설은 공소권을 유죄 또는 무죄의 실체판결을 구하는 검사의 권한으로 보는 견해이다.[20] 이 설에 대해서는 검사의 공소권을 무죄의 실체판결을 구하는 것까지 포함시키는 것은 피고인보호 및 소송경제의 관점에서 타당하지 않다는 비판이 제기된다.

2) **공소권이론 부인론** 이 설은 공소권에 대해 검사의 입장에서 소송조건을 본 것에 지나지 않는 것이기 때문에 소송조건의 이론에 해소시켜 이해하려는 견해이다.[21] 즉 소송조건은 법원측에서 보면 실체적 심판을 할 권리, 당사자측에서 보면 실체적 심판을 받을 권리이고, 이를 검사측에서 본 것이 공소권이라는 것이다.

이 설에 대해서는 소송절차를 동적 · 발전적으로 파악하는 데 의의가 있으나 검사의 공소권을 피고인의 방어권에 대립시킴으로써 검사의 공소권행사를 억제할 수 있는 공소권이론의 중요한 기능이 상실된다는 비판이 제기된다.

3) **소 결** 피고인의 방어권에 대응하는 검사의 공소권에 대한 독자적 의미는 검사의 공소권 제한의 측면에서 요구되기 때문에 공소권이론 부인론은 타당하지 않다. 그리고 검사의 공소권은 공적 권리이기 때문에 민사소송의 본안판결청구권설과 같이 유죄 또는 무죄의 실체판결을 구하는 실체판결청구권설도 타당하지 않다. 공적 지위의 검사에게는 유죄판결에 대한 고도의 개연성이 있는 경우에만 공소권이 인정되어야 한다. 그리고 유죄판결에 대한 고도의 개연성으로 만족하기 때문

19) 신동운, Ⅰ, 352면; 신양균, 261면; 정영석/이형국, 230면; 임동규, 266면.
20) 강구진, 58면; 백형구, 443면; 이재상, 316면.
21) 김기두, 81면.

에 심리 후 판시된 무죄판결에 대한 공소권도 설명할 수 있다. 따라서 구체적 공소권설이 상대적으로 가장 타당한 것으로 판단된다.

2. 공소권 남용론

(1) 의 의

공소권 남용론이란 검사의 공소권행사가 형식적으로는 적법할지라도 실질적으로는 자의적으로 행사하여 재량의 일탈 · 남용이 있을 경우에 공소기각 또는 면소판결의 형식재판에 의하여 소송을 종결시켜야 한다는 이론을 말한다. 여기서 자의적인 공소권의 행사라 함은 단순히 직무상의 과실에 의한 것만으로는 부족하고 적어도 미필적이나마 어떤 의도가 있어야 한다. 이와 같이 검사의 공소제기가 비록 형식적으로는 적법하다고 하더라도 실질적으로는 소추재량을 현저하게 일탈한 것이고, 그로 인하여 절차법적, 실체법적으로 현저하게 피고인의 권리 등을 침해하게 되어 피고인의 이익을 크게 해하게 되는 결과가 될 뿐만 아니라, 거기에 피고인의 귀책사유가 없어 그 공소권의 행사가 도저히 정당하다고 용인할 수 없는 정도에 이르는 경우에는 법원은 권리남용이론에 준하여 검사가 남용한 공소권행사를 통제하고 그 공소제기가 위법하다고 선언할 수 있어야 할 것이다. 이러한 공소권 남용론이 문제되는 유형은 다음과 같다.

(2) 혐의 없는 사건에 대한 공소제기

1) 학설대립　범죄의 객관적 혐의가 없음에도 불구하고 검사가 공소를 제기하면 일응 공소권남용이라는 평가를 받을 수 있다. 문제는 이러한 경우에 법원은 형식재판을 할 수 있는가에 있으며, 이에 대해서는 학설대립이 있다.

(가) 공소기각결정설　이 설은 혐의 없음에도 불구하고 공소제기 하는 것은 공소장에 기재된 사실이 진실이라 하더라도 범죄가 될 만한 사실이 포함되지 아니한 때에 해당하여 제328조 제1항 제4호를 준용하여 공소기각의 결정을 하여야 한다는 견해이다.[22)]

(나) 공소기각판결설　이 설은 혐의 없는 사건에 대한 공소제기는 재량권을 일탈한 공소권남용으로서 공소제기의 절차가 법률의 규정에 위반하여 무효인 때에 해당하므로 제327조 제2호에 따라서 공소기각의 판결을 하여야 한다는 견해이다.[23)]

---

22) 차용석/최용성, 294면.

(다) 무죄판결설 이 설은 검사의 공소제기는 적법하고 단지 피고사건이 범죄로 되지 아니하거나 범죄사실의 증명이 없는 때에 해당하기 때문에 법원은 무죄판결을 선고하여야 한다(제325조)는 견해이다.[24]

2) 소 결 이 문제는 공소권의 본질에 따라 우선 평가되어야 할 것이다. 유죄판결청구권설에 의하면 범죄의 객관적 혐의가 없는 경우에는 공소권은 발생하지 않을 것이고 실체판결청구권설에 의하면 범죄의 객관적 혐의가 없는 경우에도 공소권은 존재할 것이다. 따라서 전자의 견해(유죄판결청구권설; 필자가 지지하는 견해임)에 의하면 공소제기가 법률의 규정에 위반하는 것으로 해석하여 공소기각의 판결을 하여야 할 것이다. 그러나 후자의 견해에 의하면 공소기각결정설과 무죄판결설이 경우에 따라서 타당할 것이다. 즉 공소장에 기재된 공소사실 자체가 전혀 죄가 되지 아니함이 명백한 경우라면 공소기각결정설이 타당할 것이고, 심리 내지 해석을 통하여 무죄가 밝혀질 수 있을 정도로 기재된 경우에는 무죄판결설이 타당할 것이다.

(3) 소추재량권을 일탈한 공소제기

1) 학설대립 사건의 성질 및 내용에 비추어 기소유예 처분함이 상당함에도 불구하고 검사가 공소를 제기한 경우에 일응 공소권을 남용한 것으로 평가받을 수 있다. 문제는 법원은 이에 대해 형식재판을 할 수 있는가에 있다. 이에 대해서는 견해대립이 있다.

(가) 실체재판설(객관적 실체에 따른다면 유죄판결설) 기소유예처분을 함이 상당함에도 불구하고 검사가 공소를 제기한 경우에는 그 공소제기는 공소권의 남용으로서 부당하다 할지라도 공소제기 자체는 적법 유효하기 때문에 법원은 유죄·무죄의 실체판결을 하여야 한다는 견해이다. 우리나라의 다수설에 해당한다.

(나) 형식재판설(공소기각판결설) 검사의 소추재량은 기속재량이기 때문에 소추재량권을 남용하면 공소권남용으로서 그 공소제기 자체가 부적법하므로 법원은 제327조 제2호에 따라서 공소기각의 재판을 하여야 한다는 견해이다.[25]

2) 소 결 기소유예의 사건은 객관적으로 유죄이기 때문에 검사가 이것에 대해 공소제기 하였다고 하여서 위법한 공소제기로서 평가하기는 어렵다. 그리

23) 배종대/이상돈, 353면; 신동운, 325면.
24) 백형구, 448면; 신양균, 263면; 이재상, 319면; 정영석/이형국, 233면; 임동규, 276면.
25) 차용석/최용성, 295면.

고 객관적으로 유죄인 피고인을 위해서 공소권남용이론이 원용되어서도 안 될 것이다. 따라서 실체판결설이 타당하다. 다만 법원은 신속히 소송을 진행하여 실체판결을 하되 선고유예 내지 집행유예 등의 판결을 하는 것이 바람직하다.

[기소유예 처분한 사건에 대해 오랜 시간 경과 후 공소 제기한 경우] 위의 기소유예처분을 함이 없이 공소 제기한 사례와 동일한 맥락에서, 정식으로 검사가 기소유예 처분한 사건을 상당한 기간이 경과한 이후에 비로소 피고인을 기소한 경우에도 검사의 공소 재량권 남용 및 고소제기의 적법 여부가 문제될 수 있다. 예컨대, 검사가 피고인이 탈북자들의 대북송금을 주선하며 불법으로 북한으로 송금한 외국환거래법 위반 혐의에 대해 기소유예 처분을 내렸는데, 몇 년 뒤 피고인이 다른 간첩죄로 기소되었지만 국가정보원 직원들이 북 · 중 출입경 기록 등의 증거를 조작한 사실이 드러나 무죄판결을 받게 되자, 앞의 외국환관리법 위반죄를 비로소 기소한 사례가 실무에서 문제되었다. 이 사례에 대해 판례는 종전 사건의 피의사실과 현재 사건의 공소사실 사이에 기소유예 처분을 번복하고 공소제기 하여야 할 만한 의미 있는 사정변경이 없고, 이로 인해 피고인이 실질적인 불이익을 받았다면, 이는 통상적이거나 적정한 소추재량권 행사라고 보기 어렵고 어떠한 의도가 있다고 보여져 공소권을 자의적으로 행사한 것으로 소추재량권을 현저히 일탈한 경우에 해당해 그 공소제기는 법률의 규정에 위반해 무효로서 공소기각의 판결을 하여야 한다는 취지로 판시하여(대판 2021.10.14, 2016도14772), 최초로 공소권 남용의 인정과 그 효과로서 공소기각 판결까지 실천하였다.

(4) 차별적 공소제기(선별기소)

[설문 (33)] 검사가 비슷한 죄질의 수명에 대한 형사피의사건을 수사한 후 범정이 무거운 피의자에 대하여는 불기소처분하고 오히려 범정이 가벼운 피의자만을 기소하였다면 이 기소는 적법한지를 설명하고, 이 경우 법원은 어떤 판단이 가능한지를 논하시오(불기소처분에 대한 불복방법은 논외로 함). [1996년 제38회 사법시험문제 참조]

1) 학설대립 차별기소는 죄질과 내용이 유사한 공동피의자 중에서 일부만을 기소하고 나머지에 대해서는 기소유예처분을 한 경우에 발생한다. 이러한 차별기소도 일응 공소권남용으로 평가받을 수 있을 것이다. 문제는 법원은 이에 대해 형식재판으로 종결할 수 있는가에 있다.

(가) 공소기각판결설 차별적 기소는 헌법상 평등의 원칙에 위배되기 때문

에 제327조 제2호(공소제기의 절차가 법률의 규정에 위배하여 무효인 때)의 공소기각판결의 사유에 해당한다는 견해이다.[26]

(나) 실체판결설 검사의 차별적 기소가 명백히 불합리하다고 인정되는 경우라 할지라도 범죄의 소추에 관하여 검사에게 재량을 인정하고 있는 이상 적법한 공소제기가 되어 법원은 유죄 또는 무죄의 실체판결을 하여야 한다는 견해이다.[27] 판례도 "동일한 구성요건에 해당한 행위를 한 공동피의자 중 일부만 기소한 경우에 다른 피의자에게 불기소처분을 하였어도 평등권을 침해하거나 공소권 남용이 아니다"는 취지로 판시하여(대판 1990.6.8, 90도646; 대판 2006.12.22, 2006도1623) 이 견해를 따르고 있다.

2) 소 결 생각건대, 범죄 그 자체에 대해서는 평등의 원칙이 적용되어야 하겠지만, 그 범죄를 행한 범죄자는 양형관점에서 보면 천차만별이기 때문에 범죄자에 대해서는 절대적 평등원칙은 적용될 수 없고 상대적으로 불평등 처우하는 것이 오히려 타당하다. 더욱이 객관적으로 범죄를 범한 자는 처벌면탈을 위해 평등권을 원용할 수는 없는 것이다. 따라서 상기한 [설문 (33)]의 사례와 관련하여 실체판결설이 타당하다.

(5) 직무태만에 의한 누락사건의 추가기소(분리기소)

[설문 (34)] 검사 甲은 피의자 A가 사기죄와 공갈죄를 구성하는 행위를 한 사실에 관해 A의 자백과 기타의 수사활동을 통해 명백히 밝혔지만 양자를 실체적 경합으로 공소제기하지 않고 공갈죄에 대해서만 공소를 제기하였다. 그런데 공갈죄에 대해 유죄판결을 받은 이 후 甲은 숨겨 두었던 사기죄로 다시 공소를 제기하였다. 이 경우 법원의 조치는?

1) 의 의 누락사건의 추가기소란 검사가 동시에 수사하여 함께 기소함이 상당한 사건의 일부를 누락시키고 기소하여 이에 대해 재판의 선고 후(특히 기판력의 시적 범위에 해당하는 항소심 판결의 선고 후) 또는 심지어 재판이 확정된 후에 비로소 누락사건을 추가기소한 경우를 말한다. 이 경우 실체적 경합의 사건이라면 피고인은 한꺼번에 재판받을 수 있는 이익이 침해될 수 있기 때문에 일응 공소권남용으로 평가받을 수 있을 것이다.

---

26) 신동운, 328면; 차용석/최용성, 297면.
27) 배종대/이상돈, 354면; 백형구, 450면; 신양균, 264면; 이재상, 345면; 임동규, 277면.

2) 학설대립

(가) 공소기각판결설 이 설은 피고인이 처음부터 자백하여서 검사가 기소를 누락할 만한 이유가 없었던 상황, 즉 피고인의 귀책사유가 없는 상황에서 검사가 자의로 일부를 누락시킨 후 피고인에게 불리한 추가기소를 한 경우에는 공소권남용에 해당되어 공소기각판결을 하여야 한다는 견해이다.[28]

(나) 실체판결설 이 설은 검사의 직무태만에 의한 분리기소의 경우에도 공소권남용으로 볼 수 없기 때문에 실체판결을 하여야 한다는 견해이다.[29] 검사에게 동시소추의 의무가 있다고 볼 수 없기 때문에 분리기소는 공소권남용이 아니라는 것이다.

(다) 판례의 태도 판례는 누락사건의 추가기소에 대해 형식재판 할 수 있는 공소권남용이론 그 자체를 긍정하면서도 그 요건을 매우 엄격하게 요구하고 있다(공소권 남용과 공소기각 판결을 실천한 최초의 대법원 판시로는 대판 2021.10.14, 2016도14772). 즉, 검사가 재판의 선고 후 또는 심지어 재판이 확정된 후에 피고인의 자백을 통해 이미 알고 있는 누락된 범죄사실에 대해 기소한 경우에 피고인의 귀책사유가 없이 오직 검사의 태만 내지 위법한 부작위가 있다면 신속한 재판을 받을 권리를 침해하는 공소권남용이 될 것이고(피고인의 병합심리 또는 기판력범위에 의한 혜택기회의 박탈), 그 반면에 피고인에게 귀책사유가 있으면 누락사건의 추가기소는 적법하다는 것이다(대판 1996.9.24, 96도1730; 대판 1996.2.13, 94도2658; 대판 1997.6.27, 97도508; 대판 1998.7.10, 98도1273). 그리고 검사가 자의적으로 공소권을 행사하여 피고인에게 실질적인 불이익을 줌으로써 소추재량권을 현저히 일탈하였다고 보이는 경우에 이를 공소권의 남용으로 보아 공소제기의 효력을 부인할 수 있는 것이고, 여기서 자의적인 공소권의 행사라 함은 단순히 직무상의 과실에 의한 것만으로는 부족하고 적어도 미필적이나마 어떤 의도가 있어야 한다는 것이다(대판 1999.12.10, 99도577; 대판 2001.9.7, 2001도3026).[30]

---

28) 배종대/이상돈, 342면; 신동운, 378면; 임동규, 270면.

29) 이재상, 346면.

30) 이와 관련된 글로는 민중기, "공소권남용의 의의와 판단기준," 대법원판례해설 39호(2002.6), 475-492면; 백형구, "악의의 분리기소와 공소권의 남용," 판례연구 15집(하), 서울지방변호사회, 2001, 168-180면; 이완규, "판결 확정후 누락사건의 추가기소에 대한 공소권남용 적용론에 대한 평가," 형사판례연구 12권, 2004, 379-393면; 채방은, "사실심 판결선고 후의 추가기소와 공소권남용," 저스티스 34권 6호, 2001, 169-195면; 김혜정, "누락사건에 대한 추가

3) 소 결 상기한 [설문 (34)]의 사례에서와 같이, 피고인이 범죄사실을 모두 자백한 경우와 같이 피고인의 귀책사유가 없는 상태에서 오직 검사가 직무태만에 의하거나 (미필적) 고의로서 일부사건을 누락시킨 후 피고인의 이익을 침해하는 추가기소를 하였다면 이는 공소권남용으로서 공소기각판결의 사유로 보는 것이 타당할 것이다.

Ⅱ. 공소제기의 기본원칙

1. 국가소추주의

공소제기의 원칙으로서 누가 공소제기의 주체이냐에 따라 국가소추주의(Offizial-prinzip)와 사인소추주의로 나눌 수 있다. 국가소추주의는 국가기관이 공소제기의 주체인 것을 말한다. 국가기관 중에서도 검사가 공소제기를 담당하는 것을 검사소추주의라고 한다. 사인소추주의는 사인의 공소제기를 인정하는 것을 말하는데, 이에는 다시 피해자 또는 그 친족이 소추의 주체가 되는 피해자소추주의와 일반 공중이 소추의 주체가 되는 공중소추주의로 나눌 수 있다. 형사소송법 제246조는 "공소는 검사가 제기하여 수행한다"고 규정하여 국가소추주의 내지 검사소추주의를 취하고 있다. 우리나라에는 국가소추주의의 예외는 없으나, 즉결심판청구와 같은 검사소추주의의 예외는 있다.

참고로 독일 형사소송법 제377조는 주거침입이나 비밀침해 등의 경미한 범죄에 대하여 사인소추(피해자소추)를 예외적으로 도입하고 있으며, 미국의 기소대배심제도(Grand Jury)는 공중소추주의의 성격을 지닌 것이다.

2. 기소독점주의

(1) 의 의

기소독점주의(Anklagemonopol)란 국가기관 중에서 검사만이 공소를 제기하고 수행할 권한을 갖는 소추제도를 말한다. 형사소송법 제246조는 국가소추주의와 기소독점주의를 선언하고 있다.

기소에서 공소권남용의 판단기준," 형사판례연구 11권, 2003, 230-253면.

(2) 기소독점주의의 장단점

1) 장 점 기소독점주의의 장점으로는 공소권 행사의 적정과 공평에 기여할 수 있다. 즉 국가기관인 검사가 공소권을 행사함으로써 형벌이 피해자 등의 감정, 이해 등에 좌우되는 것을 방지할 수 있고, 전국적으로 통일된 검찰조직에 의하여 기소·불기소 및 구형의 기준이 전국적 통일성을 유지할 수 있다.

2) 단 점 기소독점주의의 단점으로는 검사의 자의와 독선에 흐를 위험성을 항상 내포하고 있고, 검찰의 정치적 독립성이 보장되지 않을 경우에 정치권력에 의해 공소권행사가 영향을 받을 가능성이 있다.

(3) 기소독점주의에 대한 규제

1) 재정신청에 의한 기소강제절차 재정신청에 의한 기소강제절차(제260조 이하)는 검사의 공소제기가 없어도 고소인(공무원의 직권남용죄에 대한 고발인 포함)이 항고전치를 거쳐 고등법원에 재정신청을 한 경우 고등법원의 기소결정에 의하여 검사의 공소제기가 강제된다. 따라서 재정신청에 의한 기소강제절차는 (검사)기소독점주의의 예외가 아니라 규제책이 된다.

2) 기소독점주의의 예외 20만원 이하의 벌금, 구류 또는 과료에 처할 사건에 대한 즉결심판의 청구권자는 경찰서장이다(즉결심판에 관한 절차법 제2조, 제3조). 따라서 즉결심판의 청구는 기소독점주의의 예외가 된다(그러나 경찰서장도 국가기관이기 때문에 국가소추주의의 예외는 될 수 없음). 그리고 법정경찰권에 의한 제재(법원조직법 제61조 제1항)도 검사의 기소 없이 부과되지만, 이 제재는 형벌이 아니라 질서벌이기 때문에 기소독점주의의 예외로서 해석될 수는 없다.

3) 기소독점주의에 대한 기타의 규제 검사의 불기소처분에 대해서는 고소인·고발인이 항고할 수 있다(검찰청법 제10조). 그리고 검사는 수사종결처분, 더 나아가 불기소처분의 취지와 이유를 고소인·고발인에게 고지하여야 한다(제258조, 제259조). 그리고 법무부장관이 개별 수사검사에게 구체적 지휘·감독권을 행사할 수 없고(검찰청법 제8조), 피해자의 고소가 있어야 처벌할 수 있는 친고죄가 존재하는 것도 일종의 규제책이 된다.

3. 기소편의주의

(1) 의 의

기소편의주의(Opportunitätsprinzip)란 수사결과 범죄의 객관적 혐의가 충분하고 소송조건을 갖춘 경우에도 검사의 재량에 의한 불기소처분(기소유예)을 허용하는 원칙을 말한다. 이에 반하여 이 경우 검사는 반드시 기소하여야 하는 원칙을 기소법정주의(Legalitätsprinzip)라고 한다. 형사소송법 제247조는 "검사는 형법 제51조의 사항을 참작하여 공소를 제기하지 아니할 수 있다"고 규정하여 기소편의주의를 취하고 있다.

[참고] 독일 형사소송법은 기소법정주의를 원칙으로 선언하고 있다(제152조 제2항). 다만 우리나라의 기소유예제도와 유사한 절차중지제도가 마련되어 있다. 예컨대, (i) 경미한 범죄(Vergehen)의 경우(제153조, 제153a조), (ii) 법원이 형면제판결을 할 수 있는 경우(제153b조), (iii) 국외범죄의 경우(제153c조), (iv) 정치적 범죄의 경우(제153d조)에는 소송절차를 계속하지 않고 조기에 그 절차가 중지될 수 있다. 단 (i)과 (ii)의 경우에는 검사가 단독으로 결정할 수는 없고 본안심리의 개시여부를 결정하는 법관의 동의를 받아야 한다. 즉 법원의 통제하에 기소편의주의가 이루어지고 있는 형태이다. (iii)과 (iv)의 경우에는 법원의 동의를 요하지 않는다. 그러나 정치범죄의 경우에는 연방검찰청 검사장(Generalbundesanwalt)이 이를 결정한다. 따라서 독일에서는 검사의 절차중지처분에 법관의 통제를 받게 하거나 책임 있는 검찰총수로 하여금 결정하게 하여 그 남용을 방지하고 있다. 더 나아가 독일에서는 검사가 기소한 경우에도 법원이 역으로 검사의 동의를 얻어 절차를 조기에 중지할 수도 있다.

(2) 기소법정주의와 기소편의주의의 장단점

1) 각자의 장단점 기소법정주의와 기소편의주의의 장단점에 대해서는 일반적으로 다음과 같이 소개되고 있다.

기소법정주의의 장점으로는 검사의 자의와 정치적 · 당파적 영향을 배제할 수 있어서 공소권행사의 공정성과 안정성을 보장할 수 있다. 반면에 단점으로는 형사사법의 경직을 초래하여 구체적 타당성을 잃고, 불필요한 심리를 진행하여 소송경제에 반하며, 처벌할 필요가 없거나 처벌이 개선에 장애가 되는 경우에도 공소를 제기하여 형사정책상으로 득책이 아니다. 이에 반하여 기소편의주의의 장단점은 그 반대의 내용으로 구성될 것이다. 즉 기소편의주의의 장점으로는 탄력적 운용을 통하여 구체적 정의를 실현할 수 있고, 범죄인의 조기개선의 기회를 제공할 수 있으며, 소송경제상으로도 유리하다. 기소편의주의의 단점으로는 공소제기에 있어서 정치적 영향과 검사의 자의가 개입될 여지가 크고, 법적 안정성이 결여될 수 있다.

2) 비 판 양 제도에는 각자 장단점이 있음에도 불구하고 우리나라의 다수견해는 기소편의주의가 더 합리적인 제도라고 본다.[31] 그러나 독일식의 기소법정주의가 양 제도의 장점을 모두 살린 더욱 합리적인 제도인 것으로 판단된다. 왜냐하면 독일의 기소법정주의는 법관의 동의절차를 통하여 검사의 자의적 공소권 행사를 통제하면서도 궁극적으로 절차를 중지하는 제도를 두어서 기소편의주의의 장점도 그대로 도입하고 있기 때문이다. 따라서 입법론으로서는 독일식의 기소법정주의가 설득력이 있다.[32]

(3) 기소편의주의의 내용

1) 기소유예제도의 채택

(가) 기판력 없는 검사의 종국처분 객관적 범죄혐의가 충분하고 소송조건이 갖추어졌음에도 검사가 불기소처분 하는 것이 협의의 불기소처분과 구별되는 기소유예처분이다.[33] 형사소송법 제247조가 규정한 기소편의주의는 이러한 기소유예처분을 허용하는 것을 내용으로 한다. 기소유예처분은 검찰 내부의 의사결정에 불과하고, 확정판결과 같은 확정력 내지 기판력은 가질 수 없다(그러나 법적 안정성을 고려하여 이 경우에도 제329조를 준용하여 새로운 중요한 증거가 발견된 때에만 공소제기가 가능하다고 해석하는 견해가[34] 있음).

(나) 고려사항 검사가 기소유예의 처분을 할 경우에는 형법 제51조의 양형사유를 참작하여야 한다. 그러나 여기에 규정된 범인의 연령, 성행, 지능과 환경, 피해자에 대한 관계, 범행의 동기·수단과 결과, 범행 후의 정황은 예시적 사유에 지나지 않는다.

(다) 조건부 기소유예의 허용성 검사가 피의자에게 피해배상, 수강명령의

---

31) 김기두, 231면; 백형구, 151면; 신현주, 401면; 정영석, 260면.

32) 손동권, "긴급기획/특권층과 재벌에 무기력한 검찰, 언제까지 두고 볼 것인가: 검찰의 기소유예처분들을 기소한다," 사회평론, 1994, 95-96면 참조.

33) 무죄추정과의 관계에 대한 글로는 신동운, "무죄추정의 원칙과 검사의 기소유예처분," 서울대학교 법학, 서울대학교 법학연구소, 1990, 160-162면 참조.

34) 정영석, 261면.

이행, 일정지역에의 출입금지 등 일정한 의무적 조건을 병과하면서 내리는 소위 조건부 기소유예(특히 소년범에 대한 선도조건부 기소유예)가 허용될 것인지가 문제된다.[35] 이에 대해서는 기소유예의 권한 자체가 법원의 권한이므로 기소유예의 권한을 검사에게 부여한 이상 조건부 기소유예도 허용된다는 긍정설[36]과 강제적인 의무사항을 부과하는 것은 법관의 권한사항일 뿐이므로 검사가 그러한 조건을 부과할 수 없다는 부정설[37]의 대립이 있다. 이론적으로는 부정설이 타당한 것으로 판단된다. 다만 형사정책적 필요에 따라 법률의 규정에 의해서는 조건부 기소유예가 인정될 수 있을 것이다. 실제로 개정 소년법은 조건부 기소유예를 규정하고 있다. 즉, 검사는 피의자에 대하여 (i) 범죄예방자원봉사위원의 선도 (ii) 소년의 선도 · 교육과 관련된 단체 · 시설에서의 상담 · 교육 · 활동 등에 해당하는 선도(善導) 등을 받게 하고, 피의사건에 대한 공소를 제기하지 아니할 수 있다. 이 경우 소년과 소년의 친권자 · 후견인 등 법정대리인의 동의를 받아야 한다(소년법 제49조의3).

(라) 일부 기소유예의 허용성 　일부 기소유예에 대해서도 범죄인의 재사회화에 무의미하고 검사의 자의적 공소권 행사가 될 뿐이라는 부정설[38]과 일죄의 일부에 대한 기소가 허용되는 바와 같이 일부 기소유예도 당연히 허용된다는 긍정설[39]의 대립이 있다. 생각건대, 기소유예처분은 검사가 선처의 필요성이 있는 피의자에게 형사소송절차를 면제시키려는 것에 취지가 있는 것인데, 일부기소유예는 그러한 목적을 달성할 수 없기 때문에 부정설이 타당하다.

2) 공소취소의 허용(기소변경주의)

[설문 (35)] 검사 甲은 피의자 乙에 대해 사기죄와 공갈죄의 실체적 경합으로 공소제기하였다. 그런데 공판 심리중에 공갈죄의 공소사실이 밝혀지지 않자 甲은 공갈죄를 공소사실에서 철회하는 공소장변경을 법원에 신청하였다. 이 경우 법원의 조치는?

검사는 제1심판결의 선고 전까지 공소를 취소할 수 있다(제255조 제1항). 이와 같이 공소취소를 인정하는 것을 공소변경주의라고 한다. 독일 형사소송법 제156조

---

35) 이에 관련된 논문으로 이진국, "조건부기소유예의 도입에 관한 검토," 형사정책연구 제15권 제1호 통권 제57호, 2004, 63-86면. 그리고 선도조건부 기소유예와 관련된 것으로는 오영근, "선도조건부 기소유예제도의 실태와 개선방안," 형사정책연구 24, 1995, 79면 이하 참조.
36) 배종대/이상돈, 362면.
37) 신동운, 266면; 신양균, 296면; 이재상, 346면.
38) 배종대/이상돈, 363면.
39) 이재상, 346면.

가 기소불변경주의를 취하고 있는 것과 크게 대비된다. 여기의 공소취소와 공소사실의 동일성이 인정되는 범위 내의 일부사실에 한하여 가능한 공소장변경의 방식에 의한 공소사실의 철회는 구별되어야 한다.

관련판례 ① 공소장변경의 방식에 의한 공소사실의 철회는 공소사실의 동일성이 인정되는 범위내의 일부 공소사실에 한하여 가능한 것이므로, 공소장에 기재된 수개의 공소사실이 서로 동일성이 없고 실체적 경합관계에 있는 경우에 그 일부를 소추대상에서 철회하려면 공소장변경의 방식에 의할 것이 아니라 공소의 일부취소절차에 의하여야 한다(대판 1988.3.22, 88도67).

공소취소의 사유에는 제한이 없다. 공소의 취소는 검사만이 할 수 있다. 다만, 재정신청에 의한 기소강제절차에서 검사는 공소유지의 권한만이 인정되므로 공소취소를 할 수 없다. 공소를 취소함에는 그 이유를 기재한 서면을 수소법원에 제출하여야 한다. 다만 공판정에서는 구술로써 할 수 있다(제255조 제2항).

관련판례 ① 실체적 경합관계에 있는 수개의 공소사실 중 어느 한 공소사실을 전부 철회하거나 그 공소사실의 소추대상에서 피고인을 완전히 제외하는 검사의 공소장변경신청이 있는 경우 이것이 그 부분의 소송을 취소하는 취지가 명백하다면 공소취소신청이라는 형식을 갖추지 아니하였더라도 이를 공소취소로 보아 공소기각을 하여야 한다(대판 1988.3.22, 88도67).

법원의 재판이 검사의 공소취소로 인하여 효력이 상실되는 것을 방지하기 위하여 공소취소는 제1심판결 선고 전까지 할 수 있다.[40] 여기의 판결은 유무죄의 실체판결뿐만 아니라 형식재판도 포함된다.

공소취소가 있으면 공소기각결정의 사유가 된다(제328조 제1항 제1호). 일죄의 일부에 대한 공소취소는 전부에 미친다. 공소취소에 의한 공소기각결정이 확정된 때에는 공소취소 후 그 범죄사실에 대한 다른 중요한 증거가 발견된 때에 한하여 다시 공소를 제기할 수 있다(제329조).[41] 이를 위반한 경우에는 공소기각판결의 사유

40) 따라서 제1심 판결에 대한 판결이 선고되고 확정되어 재심소송절차가 진행 중에 있는 때에도 공소취소는 불가능하다(대판 1976.12.28, 76도3203).

41) 공소취소 전에 가지고 있던 증거 이외의 증거로서 공소취소 전의 증거만으로서는 증거 불충분으로 무죄가 선고될 가능성이 있으나 새로 발견된 증거를 추가하면 충분히 유죄의 확신을 가지게 될 정도의 증거가 있는 경우를 말한다(대판 1977.12.27, 77도1308).

가 될 것이다(제327조 제4호). 공소를 취소한 때에 검사는 7일 이내에 서면으로 고소인·고발인에게 그 취지를 통지하여야 한다(제258조 제1항).

[설문 (35)의 해결] 설문사례는 실체적 경합 사건의 일부를 공소취소가 아닌 철회(공소장변경)한 경우의 문제점을 물은 것이다. 공소사실의 일부취소(즉 공소취소)와 일부철회(즉 공소장변경)은 구별되어야 한다. 일부철회는 공소장변경의 한 형태이기 때문에 동일성 범위 내에서 반드시 서면으로 청구하고 법원의 허가로 이루어진다. 그러나 공소(일부)취소는 동일성 범위 밖의 것도 취소할 수 있고 구술로도 가능하다(제255조 제2항 단서). 그리고 법원은 공소취소가 있으면 공소기각의 결정을 하여야 한다(제328조 제1항). 그러나 사례와 같이 동일성 범위 밖의 것에 대해 일부철회에 해당하는 공소장변경신청의 의사표시를 한 경우에는 이를 공소(일부)취소로 보아 법원은 공소기각결정을 할 수 있다(대판 1986.9.23, 86도1487; 대판 1992.4.24, 91도1438).

---

(4) 기소편의주의에 대한 규제

1) 불기소처분에 대한 규제　검사의 불기소처분에 대한 규제책으로서 고소인(그리고 일부 고발인)은 검사의 불기소처분에 대하여 항고전치를 거쳐 고등법원에 재정신청을 청구할 수 있다(제260조 이하). 그리고 검찰내부의 통제제도로서 불기소처분에 대한 항고·재항고 제도가 마련되어 있다(검찰청법 제10조). 이러한 불복을 가능하게 하기 위하여 고소인 등에게 수사종결처분, 더 나아가 불기소처분의 통지 및 불기소이유의 고지의무를 검사에게 부과하고 있다(제258조, 제259조). 또한 법무부장관의 구체적 사건에 대한 지휘·감독권을 제한하고 있고(검찰청법 제8조), 검사의 기소유예처분에 대한 피의자의 헌법소원청구가 가능하다.

2) 공소제기에 대한 규제　검사의 공소제기는 그의 재량사항이기 때문에 공소제기에 대한 형사소송법상의 규제는 없다. 따라서 검사가 소송조건을 갖추어 적법하게 공소제기한 이상 법원은 유죄 및 무죄의 실체판결을 하여야 한다. 다만 자의적으로 재량권을 남용한 경우에는 공소권남용으로서 법원이 형식재판으로 종결할 수 있다는 공소권남용이론이 이론적으로 채택되고 있다.

Ⅲ. 재정신청과 기소강제절차

1. 서 론

(1) 의 의

재정신청이란 모든 형사사건의 고소인과 형법 제123조 내지 제126조의 죄(공무원의 직무에 관한 범죄로서 2011년 법 개정을 통하여 형법 제126조의 피의사실공표죄가 추가되었음)의 고발인이 검사의 불기소처분에 불복하는 신청에 의하여 고등법원이 이유가 있다고 판단하는 경우 검사로 하여금 지방법원에 공소제기를 하도록 하는 제도를 말한다. 이 제도는 검사에게 기소를 강제하는 점에서 독일의 기소강제절차(Klageerzwingungsverfahren)와 유사하다.

[입법례]

미국은 검사의 공소권 행사에 대하여 국민이 직접 통제하는 제도를 가지고 있다. 국민이 참여하여 기소여부를 결정하는 기소배심제도를 두고 있다. 고위공직자의 부정이나 경찰이 연루된 조직범죄사건 등 연방 사건에 대해서는 당사자의 신청이나 직권에 의하여 기소배심을 소집하고, 검사가 이를 통하여 수사 및 기소여부를 결정하도록 하고 있다. 그리고 검사를 선거로 선출하는 제도나 검사 임명과정에서 자치단체장이나 자치단체의회 등이 관여하는 제도도 검찰권 행사의 불공정성에 대한 간접적인 통제기능을 수행하고 있다.

일본은 모든 고소·고발 범죄의 불기소처분에 대하여 당사자 권리구제 차원에서 일반 시민으로 구성되는 검찰심사회의 심사를 청구할 수 있고(검찰심사회법), 검찰 처분의 공정성에 대하여 논란 소지가 있는 '공무원의 직권남용 범죄' 등의 일부 범죄에 대하여는 검찰권 통제 차원에서 법원에 재정신청(부심판 청구)을 인정하고 있다(형사소송법 제262조). 검찰항고 제도는 없다.

독일은 고소사건에 대한 검사의 불기소처분의 통제를 위하여 법원에서 심사하여 통제하는 기소강제절차를 두고 있다(형사소송법 제172조). 프랑스는 우리나라와 같은 검찰항고나 재정신청 제도는 없다. 그러나 검찰이 불기소처분을 한 경우 피해자는 사소(私訴) 당사자로서 수사판사에게 사소(私訴)를 제기하여 공소권을 발동케 할 수 있다. 또한 수사판사가 공소를 제기하지 아니하는 결정을 한 경우 고등법원 예심부에 불복을 제기할 수 있다. 고등법원 예심부는 신청이 이유가 있다고 인정하는 경우 재판에 회부하는 결정을 한다.

(2) 제도의 취지

이 제도의 취지는 검사에게 보장된 기소독점주의와 기소편의주의에 의한 폐해를 방지하고 소추권행사의 공정성을 확보하는 데 있다. 특히 검사의 부당한 불기소처분에 일반적 불복방법인 검찰청법상의 항고·재항고 제도가 검찰청 내부에 대한 시정요구에 불과하여 실효성이 낮기 때문에 법원에 의한 강제적 개입제도가 요청된다는 것이다.

(3) 구조에 대한 평가

재정신청에 의한 기소강제절차의 구조에 대해서는 공소제기전의 절차로서 신청인의 절차관여가 배제된다는 수사설, 검사의 불기소처분의 당부를 심판의 대상으로 하는 행정사건에 대한 항고소송에 준하는 소송절차라는 항고소송설, 수사와 행정사건에 대한 항고소송으로서의 성격을 함께 가지고 있다는 중간설,[42] 형사소송의 절차이나 당사자가 대립하는 소송구조의 절차가 아니라 밀행성과 직권주의가 지배하는 소송절차라는 형사소송유사설(다수설)의 견해대립이 있다.

생각건대, 수사설은 판사에 의한 증인신문절차, 증거보전절차도 수사절차라고 해석하여야 하기 때문에 타당하지 않고, 항고소송설은 신청인과 검사 사이를 대립당사자로 이해할 수 없기 때문에 역시 타당하지 않으며, 중간설은 상기한 양 견해의 결점을 모두 내포하고 있어서 타당하지 않다. 결국, 형사소송법 제262조 제2항이 형사소송법상의 항고의 절차에 준하여 재정결정을 한다고 명시하고 있는 점에 비추어 형사소송유사설이 가장 타당한 것으로 판단된다.

2. 절차의 내용

(1) 신청권자

재정신청권자는 모든 형사사건에 대해 고소권자로서 고소를 한 자와, 형법 제123조부터 제126조까지의 죄에 대하여 고발한 자이다. 다만 여기의 신청권자는 항고절차를 먼저 거친 자이어야 한다(원칙적으로 항고전치주의). 대리인에 의한 재정신청도 가능하다(제264조 제1항). 고소 또는 고발을 취소한 자는 재정신청을 할 수 없다.

42) 강구진, 254면; 백형구, 190면.

(2) 대 상

형사소송법상 재정신청의 대상은 고소권자의 경우에는 모든 형사사건이 대상이 되고, 고발자의 경우는 공무원의 직권남용죄(형법 제123조 내지 제126조)에 대한 검사의 불기소처분에 제한된다. 2011년 법 개정을 통해 재정신청의 대상을 형법 제126조의 죄에 대한 고발사건까지 확대하되 피공표자의 명시한 의사에 반하여는 할 수 없도록 단서를 두었다. 그리고 「공직선거법」, 「헌정질서파괴범죄의 공소시효 등에 관한 특례법」, 「의문사진상규명에 관한 특별법」, 「부패방지 및 국민권익위원회의 설치와 운영에 관한 법률」은 별도로 재정신청할 수 있는 대상을 규정하고 있다.

검사의 불기소처분에는 협의의 불기소처분은 물론이고 기소유예처분도 포함된다.[43] 그러나 수사중지처분에 불과한 기소중지,[44] 고소 또는 고발이 아닌 진정사건에 대한 내사종결처리(대결 1991.11.5, 91모68), 공소취소는 여기에 포함되지 않는다.

개선입법론

우리나라에서는 민사사건의 성격이 강한 것도 일단 피해자가 형사 고소하는 경향이 있고, 실제 고소건수는 일본보다 100배가 넘을 정도로 엄청나다. 서울고등검찰청의 외부항고심사위원으로 다년간 참여한 경험에 의하면, 주로 항고 기각되는 사건은 이러한 민사사건들이다. 이러한 엄청난 민사사건들이 재정신청의 허용 대상이 모든 형사사건으로 확대된 개정 형사소송법에서는 고등검찰청의 항고기각을 통해 결국 고등법원에 재정 신청될 것이고, 심리를 위한 고등법원의 과부하와 이에 따른 사법낭비가 크게 될 것이다. 이러한 문제점을 개선하기 위해서는 민사사건의 개연성이 큰 일정한 재산범죄(사기죄, 배임죄 등)에 대해서는 재정신청의 대상에서 제외하는 입법론이 강구될 필요가 있다.[45]

(3) 검찰항고전치주의

재정신청이 전면 확대됨에 따라 재정신청 남용의 폐해를 줄이고 재정신청 제도의 효율성을 도모하기 위하여 검찰 항고전치주의가 채택되었다. 다만, 재정신청인에게 항고를 반드시 거치도록 하는 것이 부적절하다고 인정되는 3가지 경우에 항고전치주의의 예외를 인정하였는데, (i) 재정신청인이 불기소처분에 대하여 항고를

43) 대결 1988.1.29, 86모58.
44) 반대견해로는 신동운, 277면.
45) 이러한 입법론을 적절히 지적한 노명선/이완규, 303면.

제기하였고 그 이후 재기수사가 이루어진 다음 다시 불기소처분이 있는 때, (ii) 항고신청 후 항고에 대한 처분이 행하여지지 아니하고 3개월이 경과한 경우, (iii) 공소시효 만료일 30일 전까지 공소가 제기되지 아니하는 경우가 이에 해당한다(제260조 제2항 제1호 내지 제3호).

(4) 재정신청의 방식

재정신청을 하려는 자는 항고기각 결정을 통지받은 날로부터 10일 이내에 지방검찰청검사장 또는 지청장에게 서면으로 재정신청을 하여야 한다. 그러나 항고전치주의의 예외에 해당하여 항고절차를 거칠 필요가 없는 경우에는 다시 불기소처분의 통지를 받은 날 및 항고에 대한 처분없이 3개월이 경과한 날부터 위 기간을 기산하고, 공소시효 임박을 이유로 하는 재정신청은 그 요건 자체에서 30일 이내에 재정신청을 하지 아니하면 공소시효가 만료되어 재정신청의 실익이 없어지므로 별도로 신청기간을 규정하지 아니하였다(제3항). 그리고 재정신청서에 재정신청의 대상이 되는 사건의 범죄사실과 증거 등 재정신청을 이유 있게 하는 사유를 기재하여야 한다(제4항).[46] 기재가 없으면 기각결정을 하여야 함에도 불구하고 공소제기결정을 한 경우에는 제1심 본안심리에서 다툴 수 없다(대판 2010.11.11, 2009도224).

관련판례 ① 재정신청서에 대하여는 형사소송법에 제344조 제1항과 같은 특례규정이 없으므로 재정신청서는 같은 법 제260조 제2항이 정하는 기간 안에 불기소처분을 한 검사가 소속한 지방검찰청의 검사장 또는 지청장에게 도달하여야 하고, 설령 구금중인 고소인이 재정신청서를 그 기간 안에 교도소장 또는 그 직무를 대리하는 사람에게 제출하였다 하더라도 재정신청서가 위의 기간 안에 불기소처분을 한 검사가 소속한 지방검찰청의 검사장 또는 지청장에게 도달하지 아니한 이상 이를 적법한 재정신청서의 제출이라고 할 수 없다(대결 1998.12.14, 98모127).

46) 재정신청을 곤란하게 하여 재판청구권을 침해하는 것이 아닌가에 대해, 헌재는 입법정책의 문제로 보며, 재정신청서에 재정신청이유를 기재하도록 규정하고 있는 것은 재정신청서에 재정신청의 근거를 명시하게 함으로써 법원으로 하여금 재정신청의 범위를 신속하게 확정하고, 재정신청에 대한 결정을 신속하게 내릴 수 있도록 하며, 재정신청의 남발을 방지하려는 취지와 재정신청으로 인하여 이미 검사의 불기소처분을 받은 피고소인 또는 피고발인의 지위가 계속 불안정하게 되는 불이익을 고려하여 입법자가 정당한 이익형량을 한 결과라고 하여 재판청구권을 형해화할 정도에 이른 것은 아니라는 것에 헌재결2009.1.29, 2008헌마414.

(5) 효 력

재정신청은 대리인에 의하여 할 수 있으며 공동신청권자 중 1인의 신청은 그 전원을 위하여 효력을 발생한다(제264조 제1항). 제260조에 따른 재정신청이 있으면 제262조에 따른 재정결정이 확정될 때까지 공소시효의 진행이 정지된다(제262조의4 제1항).[47]

재정법원이 공소제기 결정을 한 경우에는, 그에 따른 검사의 공소제기가 언제 이루어지든지 관계없이 공소시효에 관하여는 법원의 공소제기 결정이 있는 날에 공소가 제기된 것으로 본다(제2항).

(6) 취 소

재정신청은 고등법원의 재정결정이 있을 때까지 취소할 수 있다. 취소한 자는 다시 재정신청을 할 수 없다(제264조 제2항). 취소는 다른 공동신청권자에게 효력을 미치지 아니한다(제264조 제3항).

3. 재정신청에 대한 지방검찰청 검사장 또는 지청장의 처리

제260조 제3항에 따라 재정신청서를 제출받은 지방검찰청 검사장 또는 지청장은 재정신청서를 제출받은 날부터 7일 이내에 재정신청서 · 의견서 · 수사관계 서류 및 증거물을 관할 고등검찰청을 경유하여 관할 고등법원에 송부하여야 한다. 다만, 제260조 제2항 각 호(항고전치를 거치지 않는 사유)의 어느 하나에 해당하는 경우에는 지방검찰청 검사장 또는 지청장은 다음의 구분에 따른다(제261조) : (i) 신청이 이유 있는 것으로 인정되는 때에는 즉시 공소를 제기하고 그 취지를 관할 고등법원과 재정신청인에게 통지한다. (ii) 신청이 이유 없는 것으로 인정하는 때에는 30일 이내에 관할 고등법원에 송부한다.

4. 고등법원의 심판

[설문 (36)] 甲(남, 29세)과 교제 중이던 A(여, 26세)는 甲과 A의 교제를 반대해 오던 甲의 어머니인 乙로부터 만나자는 연락을 받고 한정식 집에서 甲과 함께 乙을 만났다.

---

47) 정지의 기준시점에 대해서는 고등법원에 재정신청서가 접수된 시점에 비로소 인정하려는 견해[신동운, 신형사소송법(2008), 361면]와 지방검찰청에 재정신청서를 제출하는 시점에 이미 인정하려는 견해[권기훈, 형사재판의 쟁점과 과제(2008), 340면]의 대립이 있다.

그 자리에서 다른 손님들도 있는 가운데 乙이 A에게 "고아원 출신으로 중학교 밖에 졸업하지 못한 네가 어떻게 감히 내 아들과 결혼을 생각하느냐"라고 말하며 욕설을 하자, A도 이에 대꾸하다가 甲으로부터도 욕설을 듣게 되었다. 이에 굴욕감을 느낀 A는 甲과 乙을 명예훼손의 공범이라고 주장하며 경찰서에 고소장을 제출하였다. 사법경찰관은 수사 결과 甲과 乙의 명예훼손 혐의가 모두 인정된다고 판단하여 기소의견으로 검찰에 송치하였으나, 검사는 甲에 대하여 '혐의 없음' 결정을, 乙에 대하여 '기소유예' 결정을 하였다. 이에 A는 검사의 불기소처분에 불복하여 고등법원에 재정신청을 하였다. (재정신청은 정해진 기간 내에 적법한 절차에 따라 이루어진 것으로 전제함)

1. 고등법원의 재정결정이 내려지기 전에 A가 甲에 대하여만 처벌을 원치 않는다며 고소를 취소하였다면, 고등법원은 어떻게 하여야 하는가?
2. 위 재정신청사건에 대한 고등법원의 심리과정에서 乙의 소재가 확인되지 않는 등의 여러가지 사정에 비추어 乙에 대한 구속사유가 있다고 판단한 경우, 고등법원은 乙을 구속할 수 있는가?
3. 乙에 대한 고등법원의 공소제기결정에 따라 제1심 재판계속 중 명예훼손죄의 성립에 필요한 구체적 사실의 적시가 인정되지 않아 모욕죄만이 인정된다고 판단한 경우, 제1심 법원은 검사의 공소장변경신청 없이 모욕죄만을 인정하여 유죄판결을 선고할 수 있는가? [2008년 제50회 사법시험 문제]

(1) 고등법원의 심리

1) 심리의 특수성 전술한 바와 같이 재정신청 심리절차의 구조에 대해서는 형사소송유사설이 가장 타당한 것으로 판단됨에 따라 밀행성과 직권주의가 허용되는 소송절차로서 이해되어야 한다. 재정신청사건의 관할법원은 '고등법원'이다(제260조 제1항). 재정신청을 한 고소인 등은 기소강제절차에서 법관에 대해 기피신청이 가능하다는 점에 의문이 없다. 문제는 기소강제절차에서 피의자가 법관에 대한 기피신청을 할 수 있는가에 있다. 청구주체에 대하여 재정신청을 한 자는 고소인 등이므로 피의자는 기피신청을 할 수 없다는 견해도 있으나,[48] 재판의 공정성을 위해 피의자에게 이를 보장하는 다수설이 타당하다. 다만 영장발부 또는 구속적부심을 담당했던 법관이 재정신청사건을 심리하는 경우에는 형사소송법 제17조 제7호의 제척 기피 사유는 인정될 수 없는 것으로 보아야 한다. 법원은 재정신청서를 송부받

48) 신동운, 396면.

은 때에는 송부받은 날부터 10일 이내에 피의자에게 그 사실을 통지하여야 한다(제262조 제1항). 개정 형사소송법에서는 재정신청처리기간이 재정신청서를 송부받은 날부터 3개월 이내로 규정되어 있다(제2항). 그리고 법원은 항고의 절차에 준하여 결정하여야 한다(제2항). 따라서 대립당자자의 존재를 전제로 하는 형사소송법의 각종 규정은 적용 또는 준용되지 않을 수 있다. 따라서 법정에서의 구술변론이 아닌 서면심리도 허용되고(제37조 제2항), 재정신청사건의 심리는 특별한 사정이 없는 한 공개하지 아니한다(제262조 제3항). 이것들은 무죄추정을 받는 피의자의 보호 차원에서 규정된 것이다.

2) 증거조사 법원은 항고의 절차에 준하여 결정하고, 이 경우 필요한 때에는 증거를 조사할 수 있다(제2항 단서). 이에 따라 법원은 필요한 경우에 피의자 신문, 참고인조사, 검증 등의 증거조사를 할 수 있다. 피의자신문의 경우에는 제244조의3 제1항, 제266조의8 제6항, 제283조의2 등을 준용하여 진술거부권 등을 고지하여야 할 것이고, 제243조의2를 준용하여 변호인과의 접견권과 변호인신문참여권 등을 보장하여야 한다.[49] 그리고 조사결과에 대해서는 조서를 작성하여야 한다(제48조). 이 경우 조서의 증거능력이 문제되는데, 제311조 적용설, 제315조 제3호 적용설에 따라 별다른 조건 없이 증거능력을 부여하는 견해도 제기될 여지도 있지만, 적어도 피의자진술을 기재한 조서의 경우는 전문법칙의 원칙조항인 제310조의2를 적용하여 증거능력을 부정하는 것이 타당하다.

3) 강제처분 재정법원이 강제처분을 할 수 있는가에 대해서는 견해대립이 있다. 이에 대해서는 수소법원의 강제처분에 관한 규정이 준용된다는 적극설(강제처분허용설)이 다수설에 해당한다. 그러나 소극설(강제처분불허설)은 증거조사가 아니라 강제처분과 같은 증거'수집'에 대한 명문의 규정이 없음에도 불구하고 허용된다고 해석하는 것은 강제처분법정주의에 반한다는 점을 근거로 제시한다.[50] 그리고 대물적 강제처분을 부정할 이유는 없으나 피의자는 피고인이 아님에도 불구하고 재정법원이 피의자를 구속할 경우에 법원의 피고인 구속기간에 관한 규정이 적용될 것이므로 이는 수사기관의 구속과 실질적으로 같은 성격임에도 불구하고 장기간의 구속기간이 인정될 수 있는 불합리한 결과를 가져올 수 있고, 구속 등이 필요한 경

49) 권기훈, "개정 형사소송법상 재정신청사건의 처리절차," 형사재판의 쟁점과 과제, 사법발전재단 2008년, 351면.

50) 백형구, 434면; 정웅석/백승민, 668면; 차용석/최용성, 407면.

우라면 신속히 공소제기 결정을 한 후 수소법원이 피고인의 신병여부에 대한 결정을 하면 된다는 근거에서 구속에 대해서는 소극설을 지지하는 견해(대물적 강제처분 허용설)도 있다.[51]

생각건대, 재정법원에게는 재정신청에 고유한 사항을 제외하고는 수소법원에 준하는 모든 권한을 부여하는 것, 즉 적극설이 타당한 것으로 판단된다. 특히 구속의 내용 중에서 소환에 불응하는 피의자의 신문을 위한 24시간 이내의 구인은 당연히 허용되어야 할 것이다. 다만 구인을 넘어가는 구금의 허용성은 다소 문제되는 것이 사실이지만, 공소제기결정에 따른 검사의 기소가 있을 때까지는 피의자 구속기간의 규정을 준용하고, 공소제기결정에 따른 검사의 기소가 있으면 기소 전 구속기간을 기소 후 피고인 구속기간에 산입하도록 한다면 구금까지 허용되어도 무방한 것으로 사료된다.

[설문 (36)의 해결] (i) A가 甲에 대하여만 처벌을 원치 않는다며 고소를 취소하였다면 고등법원은 甲에 대해서는 재정신청 기각결정을 내려야 한다(제262조 제2항 제1호). 문제는 乙에 대한 것인데 ―반의사불벌죄에서는 주관적 불가분의 원칙을 적용하지 아니하는 판례태도에 따르면― 심리결과에 따라 재정신청 기각결정 또는 공소제기 결정을 내리게 될 것이다(제262조 제2항 제1호 내지 제2호). (ii) 乙에 대한 구속사유가 있다고 판단한 경우에 고등법원은 乙을 구속할 수 있을 것이며(적극설의 입장), (iii) 乙에 대한 고등법원의 공소제기결정에 따라 제1심 재판계속 중 명예훼손죄의 성립에 필요한 구체적 사실의 적시가 인정되지 않아 모욕죄만이 인정된다고 판단한 경우, 제1심 법원은 검사의 공소장변경신청 없이 모욕죄만을 인정하여 유죄판결을 선고할 수 있는가의 문제는 공소장변경의 필요성 문제로서 후술하겠지만, 판례는 공소장변경이 필요하다는 입장이다.

---

(2) 고등법원의 재정결정

1) 기각결정

(가) 형식요건의 흠결　　신청이 법률상의 방식에 위배된 때에는 신청을 기각한다(제262조 제2항 제1호). 신청권자가 아닌 자가 신청한 경우, 대상범죄 아닌 범죄에 대한 신청이 있은 경우, 신청기간이 경과한 경우, 재정신청서에 이유를 기재하지 않은 경우(대결 2002.2.23, 2000모216)[52] 등이 여기에 해당한다. 다만, 지방검찰청의 경유

51) 이재상, 363면; 동일한 취지로는 노명선/이완규, 300면.

없이 직접 고등법원에 신청한 경우는 기각할 것이 아니라 관할 지방검찰청으로 송부하여야 한다.

(나) 실질요건의 흠결

[설문 (37)] 사법경찰관의 불법감금죄에 대해 검사의 기소유예처분이 내려지자, 고소인은 항고절차를 거쳐 고등법원에 재정신청 하였다. 그런데 고등법원은 사법경찰관의 불법감금에 대해 유죄를 인정하면서도 재정신청에 대해서는 기각결정을 하였다. 이러한 기각결정이 가능하겠는가?

신청이 이유 없는 때도 기각한다(제262조 제2항 제1호). 재정신청이 이유 없는 때는 검사의 불기소처분이 오히려 상당하다고 인정되는 경우이다. 이유의 유무 판단은 재정결정시를 기준으로 한다. 그리고 유죄의 객관적 범죄사실이 인정되는 경우에도 기소유예처분을 할 만한 사건(대결 1996.7.16, 96모53),[53] 검사가 혐의없음의 불기소처분을 내렸으나 그 당시 이미 공소시효가 완성되어 공소권이 없었던 사건(대결 1990.7.16, 90모34)의 경우에는 재정신청을 기각할 수 있다.

2) **공소제기의 결정** 신청이 이유 있는 때에는 사건에 대한 공소제기를 결정한다(제262조 제2항 제2호). 재정신청이 이유 있다는 것은 검사의 불기소처분은 부당하고 공소를 제기함이 상당한 경우를 말한다. 법원은 제2항의 결정을 한 때에는 즉시 그 정본을 재정신청인·피의자와 관할 지방검찰청 검사장 또는 지청장에게 송부하여야 한다. 이 경우 제2항 제2호의 공소제기 결정을 한 때에는 관할 지방검찰청 검사장 또는 지청장에게 사건기록을 함께 송부하여야 한다(제5항).

3) **재정결정에 대한 불복**

(가) 공소제기결정에 대한 불복

[설문 (36a)] 甲이 丁을 모욕죄로 고소하였으나 불기소처분이 내려지자, 甲은 검찰항고 등의 절차를 거쳐서 재정신청을 하였고, 관할 고등법원은 재정신청을 인용하여 공소제기결정을 하였다. 그런데 丁에 대한 제1심 법원의 심리 중 재정신청서에 이

---

52) 그런데 법원이 형식요건의 흠결이 있음에도 불구하고 이를 기각 하지 않고 공소제기의 결정을 한 경우에는 제1심에서 이에 대해 다툴 수 없다(대판 2010.11.11, 2009도224).

53) 판례의 입장은 법원이 검사의 기소유예권을 대위행사할 수 있다는 태도로서 헌법상의 권력분립 원칙에 반하는 흠이 있다고 지적하고 있는 글로는 신동운, "과거청산과 한국 검찰의 장래," 동아대 동아법학 21호(96.12), 389면. 그 외에도 조국, "재정신청 부심판결정과 관련된 두 가지 문제," 판례월보 351호(99.12), 32-40면 참조.

유가 기재되어 있지 않은 하자가 있음이 밝혀졌다. 제1심 법원이 어떻게 처리해야 하는지 설명하시오. (2018년 2차 모의변호사시험문제)

형사소송법은 2015년 법 개정을 통해 제262조 제2항 제1호의 결정, 즉 재정신청 기각결정에 대하여는 제415조에 따른 즉시항고를 할 수 있고, 제2항 제2호의 결정, 즉 인용결정에 대하여는 불복할 수 없는 것으로 규정하였다(제262조 제4항). 따라서 고등법원의 공소제기결정에 대해서는 대법원에 재항고할 수 없음을 입법적으로 명확히 하였다. 만약 공소제기결정에 대한 재항고가 실제로 있는 경우에 대법원은 기각재판을 하여야 할 것이다. 그런데 형사소송법 제415조에 규정된 재항고 절차에 관하여는 법에 아무런 규정을 두고 있지 아니하므로 성질상 상고에 관한 규정을 준용하여야 하고, 한편 상고에 관한 법 제376조 제1항에 의하면 상고의 제기가 법률상의 방식에 위반하거나 상고권 소멸 후인 것이 명백한 때에는 원심법원은 결정으로 상고를 기각하여야 한다.[54] 이에 따르면 재항고장을 제출받은 원심법원인 고등법원이 먼저 재항고 기각결정을 할 수 있는 것이다. 상기한 [설문]에서 甲은 고등법원의 (위법한) 공소제기결정에 대하여 대법원에 재항고할 수 없고, 만약 재항고한 경우에는 원심 고등법원이 먼저 기각결정을 내릴 수 있다.

더 나아간 문제는 고등법원의 위법한 공소제기 결정과 그에 의한 검사의 공소제기로 진행되는 제1심 본안절차에서 피고인은 그 위법성을 다툴 수 있는가에 있다. 이에 대해서는 (i) 피고인의 지위를 최대한 보호하여야 한다는 취지에서 고등법원의 위법한 공소제기 결정에 따라 검사가 공소 제기한 것도 위법한 것으로 평가하여 제1심 법원은 공소기각의 판결을 하여야 한다는 소위 공소기각판결설, (ii) 고등법원의 공소제기 결정에 대해서는 불복할 수 없다고 명시한 형소법 제264조 제4항의 입법취지 등에 비추어 제1심의 본안절차에서도 다툴 수 없다는 소위 실체판단설의 견해대립이 있을 수 있다.

판례는 "법원이 재정신청서에 재정신청을 이유 있게 하는 사유가 기재되어 있

54) "법 제262조 제2항 제2호의 공소제기결정에 잘못이 있는 경우에는 그 공소제기에 따른 본안사건의 절차가 개시되어 본안사건 자체의 재판을 통하여 대법원의 최종적인 판단을 받는 길이 열려 있으므로, 이와 같은 공소제기의 결정에 대한 재항고를 허용하지 않는다고 하여 재판에 대하여 최종적으로 대법원의 심사를 받을 수 있는 권리가 침해되는 것은 아니고, 따라서 법 제262조 제2항 제2호의 공소제기결정에 대하여는 법 제415조의 재항고가 허용되지 않는다고 보아야 한다"고 판시한 대결 2012.10.29, 2012모1090.

지 않음에도 이를 간과한 채 형사소송법 제262조 제2항 제2호 소정의 공소제기결정을 한 관계로 그에 따른 공소가 제기되어 본안사건의 절차가 개시된 후에는, 다른 특별한 사정이 없는 한 이제 그 본안사건에서 위와 같은 잘못을 다툴 수 없다. 그렇지 아니하고 위와 같은 잘못을 본안사건에서 다툴 수 있다고 한다면 … 법 제262조 제4항의 규정취지에 위배하여 형사소송절차의 안정성을 해칠 우려가 있기 때문이다. 또한 위와 같은 잘못은 본안사건에서 공소사실 자체에 대하여 무죄, 면소, 공소기각 등을 할 사유에 해당하는지를 살펴 무죄 등의 판결을 함으로써 그 잘못을 바로잡을 수 있다. 뿐만 아니라 본안사건에서 심리한 결과 범죄사실이 유죄로 인정되는 때에는 이를 처벌하는 것이 오히려 형사소송의 이념인 실체적 정의를 구현하는 데 보다 충실하다는 점도 고려하여야 한다"고 판시하여 실체판단설의 입장을 취하고 있다(대판 2010.11.11, 2009도224). 판례에 의하면, 상기한 [설문]에서 甲은 제1심의 본안절차에서도 고등법원의 위법한 공소제기결정(이에 따른 검사의 공소제기)에 대하여 그 위법성을 다툴 수 없다. 그 외에도 재정신청 대상사건이 아닌 경우(대판 2017.11.14, 2017도13465)와 재정신청서를 송부받은 날로부터 10일 이내에 피의자에게 그 사실을 통지하지 않은 경우(대판 2017.3.9, 2013도16162) 등도 이를 간과한 채 법원이 공소제기결정을 하더라도 이에 따라 공소가 제기되어 본안절차의 절차가 개시된 후에는 다른 특별한 사정이 없는 한 본안사건에서 그 잘못을 다툴 수 없다고 한다.

(나) 기각결정에 대한 불복 2015년 법 개정을 통해 형사소송법이 제2항 제1호의 기각결정에 대하여는 제415조에 따른 즉시항고를 할 수 있는 것으로 규정하였기 때문에 재정신청이 법률상의 방식에 위배되는 것은 물론이고 이유가 없어서 기각되었을 때에도 청구권자는 대법원에 즉시항고(재항고)할 수 있다. 법 개정 전에 논란이 있었던 사항에 대해 그동안 대법원 및 헌법재판소가 재항고할 수 있다고 판시한 바를 형사소송법이 명확히 수용한 것이다. 전원합의체 판례에 따르면, 고소 고발인에 불과한 재정신청인의 재정신청 기각결정에 대한 재항고장 제출에 대해서는 교도소 또는 구치소에 있는 피고인이 제출하는 상소장에 대하여 상소의 제기기간 내에 교도소장이나 구치소장 또는 그 직무를 대리하는 사람에게 이를 제출한 때에 상소의 제기기간 내에 상소한 것으로 간주하는 재소자 피고인에 대한 특칙, 형사소송법 제344조 제1항이 준용될 수는 없다(종래 준용된다는 취지의 대결 2011.12.20. 2011모1925, 대결 2012.3.15. 2011모1899 등을 변경한 대판 2015.7.16, 2013모2347 전원합의체).

그리고 제2항 제1호의 기각결정이 확정된 사건에 대하여는 다른 중요한 증거를 발견한 경우를 제외하고는 소추할 수 없다(제262조 제4항 후문). 여기서 말하는 '제2항 제1호의 결정이 확정된 사건'은 법원에서 심리와 판단이 현실적으로 이루어져 재정신청 기각결정의 대상이 된 사건만을 의미하기 때문에 재정신청 기각결정의 대상이 되지 않은 사건이 고소인의 고소내용에 포함되어 있더라도 '제2항 제1호의 결정이 확정된 사건'이라고 할 수는 없다(대판 2015.9.10, 선고 2012도14755). 또한 형사소송법상 재심청구는 유죄의 확정판결에 대하여서만 할 수 있고 결정에 대하여는 재심청구가 허용되지 않기 때문에 재정신청기각결정에 대한 재심청구도 허용되지 않는다(대결 1986.10.29, 86모38).

5. 검사의 공소제기와 공소유지

고등법원의 공소제기 결정에 따른 재정결정서를 송부받은 관할 지방검찰청 검사장 또는 지청장은 지체 없이 담당 검사를 지정하고 지정받은 검사는 공소를 제기하여야 한다(제6항). 검사는 통상적인 공판관여 검사와 같은 권한과 의무를 행사하되, 다만, 재정법원의 공소제기 결정 취지에 반하는 행위에 해당하는 공소취소는 하지 못한다(제264조의2). 검사가 공소제기 및 공소유지를 담당하게 한 것은 국가소추주의의 원칙을 유지하고, 재정법원의 역할을 불기소처분의 당부심사에만 한정하게 하고 이후 절차에 관여하는 것을 배제하여 소추와 심판의 분리원칙의 훼손을 방지하며, 검사의 객관의무 및 공익적 지위에서 사안에 따라 피고소인의 권리와 이익도 보호해야 할 책무를 강조한 것이다.

그리고 구법에서는 재정신청 대상사건이 엄격히 제한되어 있었기 때문에 검사의 공소장변경에 대해서도 제한적으로 해석될 여지가 있었지만, 현행법에서는 재정신청 대상사건에 대한 제한이 없어졌기 때문에 검사의 공소장변경에도 특별한 제한이 없는 것으로 보아야 한다.

6. 재정신청사건 기록의 열람·등사 제한

재정신청사건의 심리 중에는 관련 서류 및 증거물을 열람 또는 등사할 수 없다. 다만, 법원은 제262조 제2항 후단의 증거조사과정에서 작성된 서류의 전부 또는 일부의 열람 또는 등사를 허가할 수 있다(제262조의2). 이를 통해 고소인 측이 민사소송 제출용 증거서류를 확보하거나 피고소인의 명예나 사생활 침해의 목적으로 재정신청을 남용하는 것을 방지할 수 있을 것이다. 법원이 이 규정을 위반하여 열람 등사를 허용한 경우에 검사는 대법원에 재항고(즉시항고)할 수 있고, 이 경우에는 재판의 집행을 정지하는 효과가 있다(법관에 대한 기피신청도 가능할 것임).

[문제점] 재정신청사건과 이와 관련된 다른 사건 항소법원의 심리법원(고등법원)이 병합심리를 통해 동일한 경우 항소사건 법원이 재정신청사건 기록에 포함되어서 법원에 제출된 수사기록에 대해 항소사건 변호인에게 열람 등사를 허용할 수 있는지가 문제된다(용산참사 사건에서 발생된 문제점). 법원에 제출된 서류에 대해서 열람 등사가 허용되지만(제35조), 여기의 열람등사는 항소 사건의 제출된 서류에 한정되어야 하는지, ―열람 등사가 원칙적으로 제한되는― 병합된 재정신청사건의 제출된 서류도 포함되는지의 해석론에 의해 결론이 달라질 수 있을 것이다. 이 문제에 대한 명백한 입법조치가 요구된다.

7. 재정신청의 비용부담 등

법원은 제262조 제2항 제1호의 결정 또는 제264조 제2항의 취소가 있는 경우에는 결정으로 재정신청인에게 신청절차에 의하여 생긴 비용의 전부 또는 일부를 부담하게 할 수 있다(제262조의3 제1항). 법원은 직권 또는 피의자의 신청에 따라 재정신청인에게 피의자가 재정신청절차에서 부담하였거나 부담할 변호인 선임료 등 비용의 전부 또는 일부의 지급을 명할 수 있다(제2항). 제1항 및 제2항의 결정에 대하여는 즉시항고를 할 수 있다(제3항). 제1항 및 제2항에 따른 비용의 지급범위와 절차 등에 대하여는 대법원규칙으로 정한다(제4항). 이를 통해 남고소와 재정신청의 남용이 방지될 수 있을 것이다.

[§ 24] 공소제기의 방식과 효과

Ⅰ. 공소장 제출의 서면주의

1. 공소장의 제출

탄핵주의(불고불리의 원칙) 및 국가소추주의가 지배하는 우리나라 소송구조에서 공소제기는 검사가 한다. 즉, 공소제기는 검사가 법원에 대하여 특정한 형사사건의 심판을 청구하는 소송행위이다. 그런데 공소를 제기함에는 공소장을 관할법원에 제출하여야 하는 서면주의가 지배한다(제254조 제1항). 따라서 검사는 구두, 전보 또는 팩시밀리로 공소를 제기할 수는 없다. 입법론으로서는 독일 형사소송법 제212조의 신속절차에서 구두에 의한 공소제기를 인정하는 예도 있다. 판례에 의하면, 전자적 형태의 문서가 저장된 저장매체 자체를 서면인 공소장에 첨부하여 제출한 경우에는, 서면인 공소장에 기재된 부분에 한하여 공소가 제기된 것으로 볼 수 있을 뿐이고, 저장매체에 저장된 전자적 형태의 문서 부분까지 공소가 제기된 것이라고 할 수는 없다(법원은 저장매체에 저장된 전자적 형태의 문서 부분을 고려함이 없이 서면인 공소장에 기재된 부분만을 가지고 공소사실 특정 여부를 판단하여야 하는데, 만일 공소사실이 특정되지 아니한 부분이 있다면, 검사에게 석명을 구하여 특정을 요구하여야 하고, 그럼에도 검사가 이를 특정하지 않는다면 그 부분에 대해서는 공소를 기각할 수밖에 없다고 판시한 대판 2016.12.15, 2015도3682).

서면주의의 취지는 법원에 대해서는 심판의 범위를 확정해 주고, 피고인에 대해서는 방어범위의 확정과 철저한 방어준비를 하게 하는 것에 있다. 형사소송법 제57조 제1항에 근거하면, 검사의 기명날인 또는 서명이 누락된 공소장 제출에 의한 공소제기는 원칙적으로 무효이지만, 추완은 긍정된다는 것이 판례의 태도이다(대판 2012.9.27., 2010도17052). 그리고 공소장에 검사의 간인이 없더라도 그 공소장의 형식과 내용이 연속된 것으로 일체성이 인정되고 동일한 검사가 작성하였다고 인정되는 한 그 공소장을 형사소송법 제57조 제2항에 위반되어 효력이 없는 서류라고 할 수 없다(대판 2021.12.30, 2019도16259).

2. 첨부서류

공소장에는 피고인수에 상응하는 부본을 첨부하여야 한다(제254조 제2항). 법원은 이를 늦어도 제1회 공판기일 5일 전까지 피고인 또는 변호인에게 송달한다(제266조). 공소제기 전에 변호인이 선임되거나 보조인의 신고가 있는 경우에는 그 변호인 선임서 · 보조인신고서를 공소장에 첨부하여야 한다. 피고인이 구속되어 있거나 체포 · 구속된 후 석방된 경우에는 체포영장 · 긴급체포서 · 구속영장 기타 구속에 관한 서류를 첨부하여야 한다(규칙 제118조 제1항).

Ⅱ. 공소장의 기재사항

1. 필요적 기재사항

공소장에는 피고인의 성명 기타 피고인을 특정할 수 있는 사항, 죄명, 공소사실, 적용법조를 반드시 기재하여야 한다(제254조 제3항). 필요적 기재사항이 누락된 공소제기는 법률의 규정에 위반하여 공소기각의 판결을 받는다.

(1) 피고인의 특정사항

공소장에는 피고인을 특정할 수 있는 사항을 기재하여야 한다. 이를 위해서는 피고인의 성명, 주민등록번호, 직업, 주거 및 등록기준지를 기재하여야 한다. 피고인이 법인인 경우에는 사무소 및 대표자의 성명과 주소를 기재하여야 한다(규칙 제117조 제1항 제1호). 다만 이와 같은 사항이 명백하지 않은 때에는 그 취지를 공소장에 기재한다(동조 제2항). 피고인이 성명 등을 묵비하기 때문에 그 성명 등이 불상인 경우에는 피고인의 인상이나 체격의 묘사, 사진의 첨부, 구속피고인의 경우 유치번호의 기재 등을 통하여 피고인을 특정할 수도 있다. 특정의 정도는 타인과 구별할 수 있는 정도이면 족하다. 피고인이 특정되지 않은 경우의 공소제기는 부적법 무효이고, 법원은 공소기각의 판결을 한다(제327조 제2호).

관련판례 ① 공소장의 공소사실 첫머리에 피고인이 전에 받은 소년부송치처분과 직업 없음을 기재하였다 하더라도 이는 형사소송법 제254조 제3항 제1호에서 말하는 피고인을 특정할 수 있는 사항에 속하는 것이어서 그와 같은 내용의 기재가 있다 하여 공소제기의 절차가 법률의 규정에 위반된 것이라고 할 수 없고 또 헌법상의 형사피고인에 대한 무죄추정 조항이나 평등조항에 위배되는 것도 아니다(대판 1990.10.16, 90도1813).

(2) 죄 명

공소장에는 죄명을 기재하여야 한다. 형법각칙의 죄명은 대검찰청이 정한 형법죄명표에 따라 표시하면 될 것이다. 미수 · 교사 · 방조의 경우에는 형법각칙의 죄명에 덧붙여야 한다. 특별형법의 위반인 경우에는 특별형법의 명칭 다음에 위반이라는 문자를 더하여 표시한다.

죄명표시가 오류인 것만으로는 공소제기의 효력에 영향을 미치지 않는다. 특히 공소사실이 복수인 때에는 명시된 공소사실의 죄명을 모두 표시해야 하지만 다수의 공소사실에 대하여 죄명을 일괄 표시하였다고 하여 죄명이 특정되지 않았다고 할 수는 없다(대판 1969.9.23, 69도1219). 다만 죄명변경으로 인하여 피고인의 방어준비에 차질을 초래할 경우에는 공판절차를 정지할 수 있다(제298조 제4항).

(3) 공소사실

1) 공소사실의 특정 공소사실은 범죄의 특별구성요건을 충족하는 구체적 범죄사실로서 검사가 법원에 심판을 청구한 것이다. 공소사실은 범죄의 시일, 장소 및 방법을 명시하여 사실을 특정할 수 있도록 하여야 한다(제254조 제4항). 공소사실의 특정을 통하여 법원의 심판대상이 명백히 됨으로써 심판의 능률과 신속을 도모하고, 피고인에게는 방어범위를 확정하여 그의 방어권 행사를 보장하려는 것이다.

2) 특정의 정도

(가) 일 반 론 공소사실의 특정은 다른 범죄사실과 구별될 수 있을 정도로 구체적으로 기재되어야 한다. 따라서 단순히 추상적 구성요건만을 기재하는 것은 허용되지 않는다. 그러나 범죄에 따라서는 범죄의 일시와 장소 등에 관한 개괄적 표시가 불가피한 경우가 있다. 그리고 공소사실의 일부가 다소 불명확하더라도 공소장에 기재된 다른 사항들에 의해 공소사실을 특정할 수 있고 피고인의 방어권 행사에 지장이 없는 경우에는 공소제기의 효력은 인정될 수 있다.

관련판례 ① 공소사실의 기재에 있어서 범죄의 일시, 장소, 방법을 명시하여 공소사실을 특정하도록 한 법의 취지는 법원에 대하여 심판의 대상을 한정하고 피고인에게 방어의 범위를 특정하여 그 방어권 행사를 쉽게 해 주기 위한 데에 있는 것이므로, 공소사실은 이러한 요소를 종합하여 구성요건 해당사실을 다른 사실과 구별할 수 있을 정도로 기재하면 족하고, 공소장에 범죄의 일시, 장소, 방법 등이 구체적으로 적시되지 않았더라도 위와 같이 공소사실을 특정하도록 한 법의 취지에 반하지 아니하고, 공소범죄의 성격에 비추어 그 개괄적 표시가 부득이한 경우에는, 그 공소내용이 특정되지 않아 공소제기가 위법하다고 할 수 없다(대판 1999.11.12, 99도2934).

② 계금유용의 배임사건에서 구체적 범죄사실이 일단 공소사실로 기재되었으나 일부에만(예컨대 피해자들의 성명, 피해자별 피해액만이) 특정되지 않은 경우에 형사소송규칙 제141조에 의하여 법원이 검사에게 석명을 구하지 않고 곧바로 공소기각판결을 하면 심리미진의 위법이 있다(대판 1983.6.14, 83도293).

A) 범죄의 일시　　범죄의 일시는 법률의 개폐가 있은 경우에 적용법령을 결정해 줄 수 있고, 행위자의 책임능력을 확정해 줄 수 있으며, 공소시효의 완성 여부를 결정해 줄 수 있을 정도로 기재하면 된다. 범죄일시가 명확하지 아니할 때에는 이를 개괄적으로 기재하거나, 초순 · 중순 · 하순 또는 일자불상경이라고 기재하여도 공소사실은 특정되었다고 하여야 한다(대판 1979.8.21, 78도2118).

B) 범죄의 장소　　범죄의 장소는 토지관할을 결정해 줄 수 있을 정도로 기재하면 된다. 범죄의 장소가 불명확한 경우에는 '… 부근'이라고 개괄적으로 표시하여도 무방하다. 범죄장소는 행위지와 결과발생지를 모두 포함하기 때문에 양자가 다른 경우에는 모두 표시하여야 한다.

관련판례 ① 피고인의 모발에 대한 감정을 실시한 결과 모발에서 메스암페타민 성분이 검출되어 피고인이 메스암페타민을 투약한 사실이 판명된 경우에도 피고인이 그 투약사실을 부인하는 경우, 검사로서는 그 투약의 시기 및 장소를 구체적으로 밝힐 증거를 확보하기란 용이하지 않은 점을 고려할 때, 검사가 기소 당시의 증거에 의하여 가능한 한 특정한 것이라면, 시일을 일정범위의 기간 내로 기재하고 장소를 '인천 또는 불상지'라고 기재하였다고 하더라도, 범죄의 특성상 공소사실이 특정되어 있다고 보아야 할 것이다(대판 1994.12.9, 94도1680).[55]

C) 범죄의 방법　　범죄의 방법은 범죄구성요건을 규명할 수 있는 정도로 기재하면 된다. 검사로서는 범죄의 시일, 장소와 방법의 특정요소를 종합하여 다른 사실과의 식별이 가능하도록 범죄 구성요건에 해당하는 구체적 사실을 기재하여야 한다.

관련판례 ① "피고인이 1999년 5월 중순경부터 같은 해 11월 19일경까지 사이에 부산 이하 불상지에서 향정신성의약품인 메스암페타민 약 0.03g을 1회용 주사기를 이용하여 팔 등의 혈관에 주사하거나 음료수 등에 타 마시는 방법으로 이를 투약하였다"는 공소사실의 경우, 그 투약량은 메스암페타민 투약자들이 보통 1회에 투약하는 최소한의 단위로 알려진 것이고, 그 투약방법 역시 어느 것이나 메스암페타민 투약자들이 일반적으로 사용하는 방법에 지나지 않는 것을 막연히 기재한 것에 불과할뿐더러 그 투약의 일시와 장소마저 위와 같은 정도로 기재한 것만으로는 형사소송법 제254조 제4

---

55) 이에 대한 평석으로 손기호, "마약류 투약사범과 공소사실의 특정," 형사판례연구 5권, 1997, 266-292면. 그 외에도 이은모, "약물사용죄와 공소사실의 특정," 형사판례연구 8권, 2000, 371-397면 참조.

항의 요건에 맞는 구체적 사실의 기재라고 볼 수 없으므로 그 공소는 공소사실이 특정되었다고 할 수 없다(대판 2000.10.27, 2000도3082).[56]

(나) 유형별 고찰

A) 경합범인 경우　경합범의 경우에는 개별 범죄마다 공소사실을 특정하여 기재하여야 한다. 특히 형법 제241조의 간통죄는 각 성교행위마다 1개의 간통죄가 성립된다 할 것이고 또 형사소송법 제254조 제4항에 의하면 공소사실의 기재는 범죄의 시일·장소와 방법을 명시하여 사실을 특정할 수 있도록 하여야 한다고 규정하고 있으므로 "피고인들이 1972.5. 중순경부터 1974.4.3경까지 사이에 부산시 동구 수정 4동 984 및 위 셋방등지에서 횟수불상 간음하여 간통하였다"고 기재한 공소장은 추상적인 범죄구성요건 문구만이 적시되었을 뿐 그 내용을 이루는 구체적인 범죄사실의 기재가 없어 그 효력이 없다(대판 1975.6.24, 75도346).[57]

B) 교사범·방조범인 경우　교사범과 방조범은 정범의 성립에 종속되기 때문에 교사·방조의 사실뿐만 아니라 정범의 범죄사실도 특정해야 한다(대판 1988.4.27, 88도251).

C) 포괄일죄의 경우　포괄일죄에 있어서는 그 일죄의 일부를 구성하는 개개의 행위에 대하여 구체적으로 특정되지 아니하더라도 그 전체 범행의 시기와 종기, 범행방법, 피해자나 상대방, 범행횟수나 피해액의 합계 등을 명시하면 이로써 그 범죄사실은 특정되는 것이라고 할 것이다(대판 1999.11.12, 99도2934).[58]

3) 불특정의 효과

(가) 공소기각의 판결　공소사실이 특정되지 않은 경우의 공소제기는 무효이다. 따라서 공소제기의 절차가 법률의 규정에 위반하여 무효인 때에 해당하여 공소기각의 판결을 받게 된다(제327조 제2호).

(나) 하자의 치유　공소사실이 전혀 특정되지 아니한 때에는 하자의 치유가 인정될 수 없다. 그러나 일부가 불특정 또는 불명확한 경우에는 검사가 이를 보정할

56) 이에 대한 판례평석으로는 최기상, "공소사실의 특정정도," 재판실무연구, 광주지방법원, 2000, 335-362면 참조.

57) 이에 대한 글로는 김희옥, "공소사실의 특정," 형사학과 법학의 제문제; 범집 민건식 검사 정년기념, 박영사, 1991, 208면 이하.

58) 이에 대하여 실질상 수죄라는 점과 피고인의 방어권 행사를 근거로 개개의 범죄사실이 모두 특정되도록 기재하여야 한다는 입장으로는 백형구, 101면.

수 있다(제한적 긍정설).[59] 다만 법원의 입장에서는 불특정 또는 불명확한 공소사실에 대해서 검사에게 석명을 구하고 검사의 보정이 없으면 공소기각을 하여야 한다(대판 1983.6.14, 82도293).

(4) 적용법조

공소장에는 피고인의 방어권행사를 보장하기 위하여 적용법조를 기재하여야 한다. 적용법조는 죄명과 함께 공소의 범위를 확정하는 것으로서 공소사실의 법률적 평가에 해당한다. 형법각칙의 본조뿐만 아니라 형법총칙의 관계조문도 빠짐없이 기재하여야 한다.

적용법조의 기재는 공소의 범위를 확정하는 데 보조기능을 가짐에 불과하므로 적용법조의 기재에 오기가 있거나 그것이 누락된 경우라 할지라도 이로 인하여 피고인의 방어에 실질적 불이익이 없는 한 공소제기의 효력에는 영향이 없다고 해야 한다(대판 1976.11.23, 75도363; 대판 2001.2.23, 2000도6113). 따라서 공소사실과 죄명은 기재했으나 적용법조를 기재하지 않은 경우에 공소제기는 유효하나, 죄명과 적용법조의 모두를 누락시키고 공소사실만 기재한 경우는 무효가 된다.[60]

2. 임의적 기재사항

(1) 예비적 · 택일적 기재

공소장에는 수개의 범죄사실과 적용법조를 예비적 또는 택일적으로 기재할 수 있다(제254조 제5항). 법문에는 없지만 죄명의 예비적 · 택일적 기재도 인정된다. 그런데 검사는 공소제기 후의 공소장변경에 의하여 공소사실과 적용법조의 예비적 · 택일적 변경을 할 수도 있다(제298조). 여기서 예비적 기재란 수개의 범죄사실(적용법조)의 심판순서를 정하여 선순위의 범죄사실(적용법조)이 인정되지 아니하는 경우

---

59) 이에 반하여 공소장 변경에 의하여 공소사실이 특정된 경우에는 소송경제와 소송의 신속을 고려하여 공소제기의 무효가 치유된다고 해석해야 한다는 긍정설로는 백형구, 101면. 한편으로 불특정한 사실이 인정되면 그 정도여하를 묻지 않고 공소기각판결을 해야 하며 검사에 대한 석명은 허용되지 않는다는 부정설로는 이은모, "공소사실특정과 관련된 몇 가지 문제점에 대하여," 한양법학, 1999, 41면.

60) 이재상, 363면; 신동운, 336면; 배종대/이상돈, 377면; 진계호, 396면; 신양균, 303면; 신현주, 364면; 이영란, 417면. 그러나 이에 대하여 공소사실이 기재되어 있어 피고인의 방어권행사에 실질적으로 불이익을 미칠 염려가 없다는 점을 근거로 이 경우에도 공소제기가 무효로 되지 않는다는 입장으로는 백형구, 102면.

에 후순위의 범죄사실(적용법조)에 대하여 심판을 요구하는 취지의 기재를 말한다. 이 경우 선순위의 공소사실을 본위적 공소사실, 후순위의 공소사실을 예비적 공소사실이라고 한다. 그리고 택일적 기재란 수개의 범죄사실(적용법조)에 관하여 심판의 순서를 정하지 않고 어느 것을 심판해도 좋다는 취지의 기재를 말한다.

이러한 예비적·택일적 기재를 인정하는 취지는 공소제기시에 검사의 심증형성이 불확실하거나(예컨대 살인죄인지 상해치사죄인지 불분명한 경우) 미묘한 점에서 법률적 구성이 다른 경우(예컨대 절도죄인지 횡령죄인지 불분명한 경우)에도 공소제기와 공소유지를 할 수 있도록 하는 데 있다.

(2) 허용범위

[설문 (38)] 검사는 피의자 甲을 수사한 결과 피의자 甲과 乙이 공모하여 A를 살해한 것으로 일단 판단이 되었으나(乙은 A를 살해한 죄로 기소되어 이미 유죄판결이 확정되었음), 피의자 甲이 자기는 '乙과 공모하여 A를 살해한 사실이 없고 A를 살해한 乙과 친구간이라 乙을 도피시켜준 사실밖에 없다'고 부인하고 있어 甲을 기소할 때 살인의 점을 본위적 공소사실로, 범인 도피의 점을 예비적 공소사실로 기재하여 공소를 제기하였다. 설문과 같은 공소사실 간에도 예비적 기재가 허용되는가? [1996년 제38회 사법시험문제 참조]

1) 동일성의 범위 내로 제한될 것인가? 범죄사실과 적용법조의 예비적·택일적 기재는 범죄사실의 동일성이 인정되는 범위에서만 허용되는지가 문제된다. 이에 대하여 소극설(다수설)은 범죄사실과 적용법조의 예비적·택일적 기재는 범죄사실의 동일성의 범위 내에서만 허용된다고 한다. 공소사실의 동일성이 인정되지 않는 범죄사실은 별개의 범죄사실이므로 공소제기시에는 경합범으로 기재하여야 하고 공소제기 이후에는 추가기소를 하여야 한다는 것이다. 그리고 동일성의 범위 밖에 있는 범죄사실의 기재까지 허용한다면 조건부 공소제기, 즉 불확정한 공소제기를 인정하는 것으로서 타당하지 않다는 것이다.

반면에 적극설(소수설,[61] 판례)은 공소사실의 동일성이 인정되지 아니한 별개의 범죄사실을 예비적·택일적으로 기재할 수 있다고 한다. 그 근거로는 공소제기 후 공소장변경을 할 수 없는 부분에 대해서 미리 예비적·택일적 기재를 허용하는 것이 제도의 취지에 상응하고, 법문이 동일성 범위 내로 한정하지 않으며, 처음부터

61) 신동운, 388면; 임동규, 281면.

경합범으로 기소되는 것과 비교하여 피고인의 방어권행사에도 큰 차이가 없다는 점 등을 들고 있다.

관련판례 ① 형사소송법 254조 제5항에 수개의 범죄사실과 적용법조를 예비적 또는 택일적으로 기재할 수 있다 함은 수개의 범죄사실 간에 범죄사실의 동일성이 인정되는 범위 내에서는 물론 그들 범죄사실 상호간에 범죄의 일시, 장소, 수단 및 객체 등이 달라서 수개의 범죄사실로 인정되는 경우에도 이들 수개의 범죄사실을 예비적 또는 택일적으로 기재할 수 있다는 취지다(대판 1966.3.24, 65도114 전원합의체).[62]

생각건대, 예비적 · 택일적 기재는 수개의 범죄사실 중에서 하나만을 심판하는 것인 데 비하여 실체적 경합범으로 기소되면 수개사실이 모두 심판되는 것이기 때문에(그리고 그 효과도 경합범 가중으로 처리됨) 양자 사이에는 피고인의 방어권 행사에 상당한 차이가 있는 것으로 보아야 한다. 그리고 예비적 기재의 경우 본위적 공소사실을 유죄로 인정한 때에는 예비적 공소사실에 대해서 심리 판단할 필요가 없다는 결론이 되는데, 이것은 실체적 경합범의 법리에도 반한다. 따라서 실체적 경합관계의 수개 범죄사실에서는 소극설이 타당하다. 다만 동일성 범위 밖의 범죄사실에 대한 예비적 · 택일적 기재가 있는 경우 법원의 조치는 별개로 고찰되어야 한다. 그리고 수개의 범죄사실이 상상적 경합범인 경우에는 과형상 일죄가 되기 때문에 예비적 택일적 기재가 허용되어야 할 것이다. [설문 (38)]의 경우 살인죄와 범인도피죄는 양립할 수 있으므로 동일성이 인정되지 않고 다수설인 소극설에 의하면 예비적 기재가 허용되지 않는다.

2) 위반시의 조치 실체적 경합범의 관계에 있는 수개의 범죄사실에 대한 예비적 · 택일적 기재는 상기한 소극설에 따르면 제254조 제5항을 위반한 부적법한 공소제기가 된다. 문제는 법원이 이에 대해 어떻게 조치하여야 하는가에 있다. 이 경우 (i) 곧바로 제327조 제2호에 의해 공소기각의 판결을 하는 방법, (ii) 경합범으로 심판하는 방법, (iii) 검사로 하여금 공소사실의 예비적 · 택일적 기재를 경합범의 형식으로 보정하게 하는 방법(검사가 보정하지 않은 상태에서 예비적 공소사실이 인정될 경우에는 공소기각판결을 선고하여야 할 것임)이 고려될 수 있다. 이 중에서 공소장 기재의 형식적 확실성과 소송경제의 면을 함께 고려하는 제3설이 가장 타당한 것으로 판

62) 이에 대한 글로는 백형구, "공소사실의 예비적 · 택일적 기재의 허용범위," 형사재판의 제문제 제4권, 2003, 425-431면 참조.

단된다.

(3) 법원의 심판

[설문 (39)] 甲은 피해자 A가 절취당한 금반지를 소지하고 있다가 체포되어 절도죄로 기소되었다. 1심 재판 중에 甲은 훔친 사실은 없고 乙이 훔친 물건을 보관하다가 체포되었다고 변명하자 검사가 장물보관사실 및 적용법조등을 추가하는 공소장 변경을 하려 한다. 검사가 장물보관죄를 예비적으로 추가하는 경우와 택일적으로 추가하는 경우 (가) 법원이 절도죄는 무죄, 장물보관죄는 유죄라고 판단하고 있을 때 절도죄 무죄 부분을 판결문에 기재하여야 하는가? (나) 장물보관죄에 대해서만 유죄판결 한 경우 검사는 절도죄 부분을 항소할 수 있는가? [2009년 제51회 사법시험문제 참조]

1) 심판의 대상　공소장에 기재된 모든 범죄사실이 현실적 심판의 대상이 된다. 예비적 기재의 경우는 본위적 공소사실뿐 아니라 예비적 공소사실도 현실적 심판의 대상이 되고, 택일적 기재의 경우는 택일적으로 기재된 공소사실의 전부가 현실적 심판의 대상이 된다. 이것은 항소심에서도 그대로 적용된다. 즉 항소심은 예비적 기재의 경우 본위적 공소사실을 유죄로 인정한 제1심 판결을 파기하고 예비적 공소사실을 유죄로 인정할 수 있고, 택일적 기재의 경우 제1심판결에서 유죄로 인정한 공소사실을 파기하고 다른 사실을 유죄로 인정할 수 있다(대판 1975.6.24, 70도2660).

2) 심판의 순서　예비적 기재의 경우에는 검사가 정한 순위에 따라서 본위적 공소사실에 대해서 먼저 심판을 하여야 하고, 본위적 공소사실이 유죄로 인정되지 아니한 경우에 예비적 공소사실을 심판하여야 한다. 택일적 기재의 경우에는 법원의 심판의 순서에 아무런 제한이 없다.

3) 재판서에서의 판단방법　(i) 예비적 기재에서 본위적 공소사실을 유죄로 인정하는 경우에는 예비적 공소사실에 대해서는 판결의 주문은 물론이고 이유에서도 판단을 요하지 않는다. 그 반면에 본위적 공소사실을 배척하고 예비적 공소사실을 유죄로 인정하는 경우에는 판결주문에서 본위적 공소사실에 대하여 무죄를 선고할 필요는 없다. 문제는 판결이유에서 본위적 공소사실을 배척하는 이유를 명시하여야 하는가에 있다. 이를 요구하지 않는다는 견해도 있으나,[63] 판단의 순위가 지정된 이상 판결이유에서 본위적 공소사실을 배척하는 이유는 밝혀야 할 것이다(다수

63) 강구진, 273면; 김기두, 238면; 서일교, 284면; 신현주, 414면; 정영석/이형국, 242면.

설). 만약 이를 행하지 않으면 절대적 항소이유(제361조의5 제11호)가 될 것이다. 그리고 본위적 공소사실과 예비적 공소사실의 모두에 대하여 무죄를 선고하는 경우에는 판결이유에서 모두에 대해 판단해야 한다.

(ii) 택일적 기재에서 법원이 어느 하나로 유죄를 선고하는 경우에 판결주문에 그에 대한 유죄만을 선고하면 족하고 판결의 이유에서 다른 사실에 대한 배척의 이유를 명시할 필요가 없다. 따라서 검사는 배척되는 다른 사실의 이유 설시가 없다는 이유로 상소할 수 없다(대판 1981.6.9, 81도1269). 다만 택일적 기재사실의 모두에 대해 무죄를 선고하는 경우에는 그 모두에 대한 판단을 요한다.

4) 기판력의 범위 기판력의 물적 범위는 잠재적 심판범위까지 미치므로 예비적·택일적 기재가 동일성의 범위 내에서 이루어진 경우에는 그 모두에 대해 미친다. 따라서 예비적 공소사실에 대한 확정판결의 기판력은 본위적 공소사실에도 미친다.

[설문 (39)의 해결] (가) 판결의 주문에서 예비적 추가의 경우 장물보관죄에 대해 판결주문에 유죄로 선고하면 되고, 본위적 공소사실인 절도죄에 대한 무죄취지를 판결의 주문에 표시할 필요가 없다. 또한 택일적으로 추가한 경우에는 어떤 쪽이든 먼저 심리해도 무방하며, 법원이 그 어느 하나로 유죄를 선고하는 경우라면 판결주문에 유죄만을 선고하면 족하고 다른 사실에 대한 판단은 요하지 않는다. 판결의 이유에서는 본위적 공소사실을 유죄로 인정하지 않은 이유를 판결이유에 명시해야 하며(다수설), 택일적으로 기재된 공소사실 중에서 어느 하나를 유죄로 인정하는 경우에는 그 외에 사실에 배척하는 것이 명백하므로 그 배척의 이유(유죄가 인정되지 않는 이유)를 판결의 이유에 명시할 필요가 없다. (나) 택일적 추가의 경우에 어느 하나를 유죄로 인정한 경우에는 검사의 취지대로 유죄판결이 선고되었기 때문에 검사의 항소가 인정되지 않는다. 결국 사안처럼 택일적으로 장물보관죄를 추가하여 장물보관죄에 대하여 유죄판결이 선고되었다면 검사의 항소가 인정되지 않는다. 그리고 예비적 추가의 경우에는 법원이 본위적 공소사실을 유죄로 인정하지 않고 예비적 공소사실을 유죄로 인정하는 경우 검사의 상소가 허용된다.

Ⅲ. 공소장일본주의

1. 서

(1) 의 의

공소장일본주의란 검사가 공소제기를 위해 법원에 제출하는 것은 공소장 하나이며, 공소장에는 사건에 관하여 법원(국민참여재판을 할 경우에는 배심원도 포함)에 예단이 생기게 할 수 있는 서류 기타 물건을 첨부하거나 그 내용을 인용하여서는 안 된다는 원칙을 말한다. 이에 따라서 형사소송규칙도 공소장에는 사건에 관하여 법원에 예단이 생기게 할 수 있는 서류 기타 물건을 첨부하거나 그 내용을 인용하여서는 아니 된다고 규정하고 있다(형사소송규칙 제118조 제2항). 그리고 군사법원법 제296조 제6항도 동일한 내용을 규정하고 있다.

(2) 이론적 근거

1) 예단배제의 원칙 공소장일본주의는 구체적 사건의 심판에 있어서 법관의 예단과 편견을 방지하여 재판의 공정을 도모하려는 예단배제의 원칙에 의해서 요청된다. 즉 법관은 공판기일의 공판심리에 들어갈 때까지는 공소장에 기재된 공소사실 이외의 것에 대해서는 백지상태의 심증을 유지하여야 한다는 것이다. 이러한 점에서 공소장일본주의는 단순한 공소제기의 방식에 그치는 것이 아니라, 규범적 형사소송구조로서의 의미를 지닌다.

2) 공판중심주의 공판중심주의란 법관의 심증형성은 직접주의와 구두변론주의가 지배하는 공판기일의 심리에 의하여야 한다는 원칙인데, 이를 실현하기 위해서는 제1회 공판기일 이전에는 법관의 심증이 다른 자료에 의하여 이루어지지 않는 공소장일본주의가 요청된다.

3) 위법증거의 배제 공개장소에서의 변론주의가 지배하지 않는 상태에서 작성되거나 위법한 수사서류 내지 증거물이 미리 법원의 심증형성에 기여하지 못하도록 하는 것이 증거재판주의 내지 전문법칙의 요구인데, 이를 위해서는 공소장일본주의가 동시에 요청된다.[64]

4) 소송구조와의 관계 우리나라의 다수설은 직권주의적 소송구조에서는 공

---

64) 증거능력이 있는 증거에 의해서만 심증형성을 하도록 하는 것은 증거재판주의이지 공소장일본주의가 아니라는 점을 들어 이론적 근거로 반대하는 견해로는 백형구, 108면.

소제기와 동시에 수사기록과 증거물은 모두 법원에 제출되기 때문에 공소장일본주의를 채택하지 않으며, 법관의 심증형성이 당사자 사이에서 전개되는 공격 · 방어를 바탕으로 비로소 형성되는 당사자주의 소송구조에서만 공소장일본주의가 요청되는 것으로 본다.

그러나 공소장일본주의는 제1회 공판기일이 열리기 이전까지만 요구되는 것이기 때문에 직권주의 소송구조와 공소장일본주의 사이에서도 서로 결합될 수 있는 것으로 판단된다.[65]

2. 내 용

(1) 첨부금지 및 인용금지

1) 첨부의 금지　　공소장일본주의에서는 법원에 예단을 줄 수 있는 서류 또는 물건을 공소장에 첨부하는 것은 금지된다. 그러나 실체심리의 대상이 되는 공소사실과 관련이 없는 물건은 예단을 줄 염려가 없기 때문에 그것의 첨부는 허용될 수 있다. 따라서 공소장에는 공소제기 전에 변호인이 선임되거나 보조인의 신고가 있는 경우 그 변호인선임서 또는 보조인신고서를, 공소제기 전에 특별대리인의 선임이 있는 경우 그 특별대리인 선임결정등본을, 공소제기 당시 피고인이 구속되어 있거나, 체포 또는 구속된 후 석방된 경우 체포영장, 긴급체포서, 구속영장 기타 구속에 관한 서류를 각 첨부하는 것이 허용될 뿐만 아니라, 형사소송규칙은 그 첨부를 의무화하고 있다(규칙 제118조 제1항).

2) 인용의 금지　　법원에 예단을 줄 수 있는 자료의 내용을 공소장에 인용하는 것은 금지된다(규칙 제118조 제2항). 다만, 문서를 수단으로 하는 범죄의 경우에 증거로 제출될 문서의 전부 또는 일부를 공소사실의 특정을 위하여 인용하는 것은 허용된다. 공소사실의 특정으로 심판의 대상이 한정되어 피고인의 방어권 행사가 미리부터 보장될 수 있기 때문이다.

(2) 여사기재(餘事記載)의 문제

1) 의　의　　여사기재란 공소장의 기재사항(제254조 제3항) 이외의 사항을 공소장에 기재하는 경우를 말한다. 여사기재는 2가지로 나누어 그 효과를 판단하여야 한다. 법관에게 사건에 대하여 예단이 생기게 할 수 있는 여사기재는 공소장일본

---

65) 비슷한 취지로는 신동운, 394면; 임동규 284면.

주의에 반하여 허용되지 않겠지만(공소기각의 판결), 법관에게 사건에 대하여 예단이 생길 염려 없는 여사기재는 공소장일본주의에 관한 법률위반이 아니기 때문에 단순히 그 기재사항을 삭제하면 족하다(법관의 삭제명령). 그리고 외관상 여사기재인 것으로 보이지만, 공소사실의 특정을 위해 기재되는 경우도 있을 것이다. 여사기재로서 문제되는 것은 다음과 같다.

2) 전과(前科)의 기재

[설문 (40)] 다음은 '상습절도'의 범행으로 공소제기된 어느 피고인의 공소장에 기재된 공소사실이다: "피고인은 ① 1995.10.5. 수원지방법원에서 폭력행위 등 처벌에 관한 법률위반죄로 징역 1년에 집행유예 2년을 선고받고 같은 해 12.15. 위 집행유예의 선고가 취소되어 1996.8.27. 안양교도소에서 그 형의 집행을 종료하고, ② 2002.8.30. 서울지방법원에서 사기죄로 징역 1년 6월을 선고받아 2003.12.8. 안양교도소에서 그 형의 집행을 종료하고, ③ 1997.3.3. 수원지방법원에서 특정범죄가중처벌 등에 관한 법률위반(절도)죄로 징역 3년을 선고받고 2000.2.1. 안양교도소에서 그 형의 집행을 종료한 외에 동종전과가 5회 더 있는 자로서, ④ 상습으로, 2004.1.19. 23:00경 서울 소재 ××빌딩에 있는 ○○주식회사 사무실에 이르러 그곳 출입문의 잠금장치를 망치와 드라이버로 뜯어 열고 그 안에 침입하여 그곳에 있는 위 회사소유의 철제 소형금고 1개와 그 속에 들어 있는 돈 200만원을 들고 나와 이를 절취한 것이다."
위와 같이 공소장에 피고인의 전과를 기재하는 것이 허용되는가? ①, ②, ③ 각 전과 기재의 당부를 판단하시오. [2004년 제46회 사법시험 문제 참조]

(가) 적법한 경우: 즉 여사기재라고 평가할 수 없는 경우 전과의 기재가 공소사실의 특정을 위하여 불가피한 경우에는 적법하다. 상습범 가중구성요건에 해당하는 전과의 경우, 누범가중규정에 해당하는 전과의 경우는 그 기재가 금지되는 것이 아니라 오히려 공소사실의 특정을 위해 기재될 것이 요구된다.[66] 그리고 전과를 범죄수단으로 이용한 경우에도 공소사실의 특정을 위해 전과의 기재는 요구된다. 그리고 형의 선고유예나 집행유예의 결격사유(형법 제59조, 제62조) 또는 실효사유가 되는 전과의 경우에는 그 기재가 필요하다는 견해도 있지만,[67] 유예여부는 광의의 양형에 해당하는 사항이기 때문에 이를 공소장에 기재하여 제1회 공판기일 이

66) 누범가중사유인 전과에 관하여 기재하는 것은 예단배제의 원칙상 허용되지 않는다고 하는 반대 견해로는 신양균, 284면.
67) 임동규, 285면.

전에 미리 법관이 이를 알게 할 필요는 없는 것으로 판단된다.

(나) 여사기재로서의 전과의 기재 여사기재에 해당하는 전과의 기재에 대해서는 견해의 대립이 있다. 판례는 소년부송치처분 등 공소사실과 무관한 전과라도 피고인을 특정할 수 있는 사항에 해당하는 경우에는 그 기재가 허용된다고 한다(대판 1990.10.16, 90도1813). 그러나 학설에 있어서는 (i) 여사기재에 해당하는 전과의 기재는 법관의 예단을 발생시킬 수 있는 것이기 때문에 공소장일본주의에 위반하여 공소기각판결의 대상이 된다는 견해(다수설), (ii) 공소장일본주의에 위반하지 않는다는 견해,[68] (iii) 공소장일본주의에 위반되지만 삭제명령의 대상이 될 뿐이라는 견해[69] 등이 대립된다.

생각건대, 공소장일본주의에 위반되지만 삭제명령으로 족하다는 (iii)의 견해는 이론적으로 타당하지 않다. 공소장일본주의에 위반하는 실질을 가진 여사기재라면 공소기각판결을 하는 것이 옳기 때문이다. 그리고 (ii)설은 여사기재에 해당하는 전과의 기재에 대해 공소장일본주의의 위반으로 보지 않고 삭제명령의 대상으로 본 것으로 판단된다. 그러나 여사기재에 해당하는 전과의 기재는 법관의 예단을 가져오는 것이고, 삭제명령은 법관이 이를 읽어보는 것을 전제로 내리는 것이기 때문에 공소장일본주의에 위반하는 것으로 이해하는 (i)설이 가장 타당하다. 따라서 피고인이 소년부송치처분을 받은 사실 또는 소년보호처분을 받은 사실 등의 기재도 금지되는 것으로 보아야 한다.

3) 전과 이외의 악성격·경력·소행의 기재 전과 이외에 피고인의 나쁜 경력 또는 성격을 기재하는 것은 그것이 범죄구성요건의 요소가 된 경우나 구성요건적 행위와 밀접불가분한 관계가 있는 경우(피고인의 악성격 또는 악경력을 공갈의 수단으로 이용한 경우)를 제외하고는 허용되지 않는다. 문제는 이를 위반하면 공소기각의 판결을 받아야 하는가에 있다. 나쁜 성격, 경력 또는 소행의 기재는 공소장일본주의 위반의 정도는 아니므로 공소기각판결의 대상이 아니라 삭제명령의 대상일 뿐이라는 견해도 있으나,[70] 그것은 법관의 예단에 영향을 미치는 것이므로 공소장일본주의의 위반으로서 공소기각의 판결을 하는 것이 타당할 것이다.

---

68) 양형의 자료에 해당하기 때문이라는 백형구 471면; 기재가 있다고 하여 공소장일본주의의 위반이라고는 볼 수 없다는 임동규, 285면.

69) 이재상, 351면.

70) 임동규, 285면.

4) 범죄동기의 기재 범죄동기는 범죄사실 그 자체가 아니므로 원칙적으로 기재가 금지된다. 그러나 살인죄나 방화죄와 같은 동기범죄나 중대범죄에 있어서는 동기가 공소사실과 밀접불가분하거나 공소사실을 명확히 하기 위해 필요한 것이므로 예외적으로 기재가 허용된다(절충설). 그리고 예외적으로 허용되지 않는 경우라도 삭제명령의 대상이 될 뿐인 것으로 보는 것이 타당하다. 왜냐하면 공소사실과 관련되는 한 피고인의 인격에 대한 예단에 직접적으로 영향을 미치는 것으로 볼 수 없기 때문이다. 판례는 범죄의 직접적인 동기가 아닌 경우에도 동기의 기재는 공소장의 효력에 영향을 미치지 않는 것으로 판시하였다(대판 2007.5.11, 2007도748).

5) 여죄(餘罪)의 기재 공소사실 이외에 다른 범죄사실, 즉 여죄의 기재는 법관에게 예단을 생기게 할 수 있는 사항이므로 허용되지 않는다. 따라서 단순한 삭제명령의 대상이 되는 것이 아니라 공소장일본주의에 반하는 공소기각판결의 대상으로 보는 것이 옳다.

관련판례 ① 형사소송법 제254조 제3항은 공소장에 동항 소정의 사항들을 필요적으로 기재하도록 한 규정에 불과하고 그 이외의 사항의 기재를 금지하고 있는 규정이 아니므로 공소시효가 완성된 범죄사실을 공소범죄사실 이외의 사실로 기재한 공소장이 제254조 제3항의 규정에 위배된다고 볼 수 없다(대판 1983.11.8, 83도1979).

---

3. 적용범위

(1) 공소제기 이후의 절차

공소장일본주의는 공소제기시에만 적용되는 원칙이다. 따라서 공판절차갱신 후의 절차, 상소심절차, 파기환송 후의 절차에는 공소장일본주의가 적용될 여지가 없다.

(2) 정식재판절차에서의 적용(약식절차와 즉결심판절차에서는 예외)

공소장일본주의는 정식재판절차에서만 적용된다. 검사가 서면심리주의가 지배하는 약식명령을 청구하는 때에는 약식명령 청구와 동시에 증거서류와 증거물을 제출하여야 한다(규칙 제170조). 따라서 약식절차에서는 공소장일본주의가 적용되지 않는다. 그리고 「즉결심판에 관한 절차법」이 즉결심판의 청구와 동시에 판사에게 증거서류 및 증거물을 제출하도록 한 것은 즉결심판이 범증이 명백하고 죄질이 경미한 범죄사건을 신속·적정하게 심판하기 위한 입법적 고려에서 공소장일본주의가 배제되도록 한 것이라고 보아야 한다(대판 2011.1.27, 2008도7375).

(3) 제1회 공판기일 전

공소장일본주의는 제1회 공판기일 전까지만 적용된다. 공판기일이 열리면 공판정에서 사실심리 및 증거조사를 하기 때문이다. 따라서 공판기일 전의 증거조사(제273조)와 당사자의 공판기일 전의 증거제출(제274조)에서 공판기일 전이란 제1회 공판기일 이후의 공판기일 전을 의미하는 것으로 해석하여야 한다(다수설). 다만 개정 형사소송법이 공판기일 전의 쟁점정리제도를 도입함으로써 제1회 공판기일 전에도 어느 정도의 증거제출이 허용된다. 즉, 재판장은 효율적이고 집중적인 심리진행을 위하여 필요한 경우 사건을 공판준비절차에 부칠 수 있다(제266조의5 제1항). 이 경우 공판준비절차의 신속한 진행을 위해 검사, 피고인 또는 변호인은 증거를 미리 수집하여 정리하는 방법 등을 통해 공판준비절차의 원활한 진행에 협력할 의무가 있다(제3항). 군사법원법도 복잡한 사건에 있어서 사건의 쟁점과 증거를 정리하기 위하여 공판기일 전에 준비절차를 할 수 있도록 준비절차에 관한 규정을 두고 있다(동법 제316조). 따라서 이러한 법 규정의 범위 내에서는 공소장일본주의의 정신이 다소 약화될 수밖에 없다.

4. 위반의 효과

(1) 공소기각판결의 사유

공소장일본주의의 위반은 공소제기의 방식에 관한 중대한 위반이 있는 경우이다. 따라서 이에 위반하면 공소제기 자체가 무효가 되고, 법원은 공소기각의 판결을 하여야 한다(제327조 제2호). 판례는 공소장일본주의에 위반하는 경우의 효과에 대하여 그 동안 명시적 태도를 밝히지 않다가, 최근 그 효과가 공소기각판결임을 명백히 하였다(대판 2009.10.22, 2009도7436 전원합의체). 다만 이에 해당할 정도가 아닌 단순한 여사기재는 검사가 스스로 삭제하거나 법원의 삭제명령에 따라 삭제하면 된다.

(2) 하자의 치유

공소장일본주의에 위반하는 공소제기에 대해 하자의 치유를 인정할 수 있는지가 문제된다. 이에 대해 판례는 공소장 기재의 방식에 관하여 피고인 측으로부터 아무런 이의가 제기되지 아니하였고 법원 역시 범죄사실의 실체를 파악하는데 지장이 없었다고 판단하여 그대로 공판절차를 진행한 결과 증거조사절차가 마무리되어 법관의 심증형성이 이루어진 단계에서는 소송절차의 동적 안정성 및 소송경제의 이념 등에 비추어 볼 때 이제는 더 이상 공소장일본주의의 위배를 주장하여 이미 진행된 소송절차의 효력을 다툴 수 없다고 판시하였다(대판 2009.10.22, 2009도7436 전원합의체). 그러나 공소장일본주의를 위반한 것으로 평가되는 공소제기에 대해서는 하자의 치유가 인정되지 않는 것으로 보는 것이 오히려 타당하다(다수설). 왜냐하면 예단을 가져버린 법관을 직무 집행에서 배제시키고 새로운 법관으로 하여금 심판하게 하는 것이 당사자주의소송구조와 공정한 재판의 원리에 비추어 합당할 것인데, 이를 위해서는 공소기각의 판결을 하여야 하기 때문이다. 공소장일본주의는 원래 제1회 공판기일 이전에만 적용되는 것이기 때문에 그 기간 동안 피고인측이 하자를 주장하는 경우에만 공소기각판결을 하도록 하자는 상기의 판례태도는 소송절차의 동적 안정성 및 소송경제의 이념에 비추어 볼 때는 어느 정도 설득력을 지니지만 그 이념이 피고인 지위를 보호하려는 공정한 재판의 원리 보다 우월한 것으로 평가하기는 어려울 것 같다. 그런데 법관에게 예단우려 없는 여사기재는 법원의 삭제명령과 이에 의한 삭제에 의하여 하자가 치유된다는 견해가 있다.[71] 그러나 법관에게 예단우려 없는 여사기재는 공소장일본주의의 위반이라고 평가되는 것이 아니므로 그러한 여사기재의 삭제에 대해서는 무효인 하자의 치유라고 평가하지 않는 것이 타당할 것이다.

5. 관련문제

(1) 증거개시제도의 도입

형사소송법 제35조는 변호인은 소송계속중의 관계서류 또는 증거물에 대하여 열람·등사권을 가지는 것으로 규정하고 있다. 그런데 제1회 공판기일 전까지는 공소장일본주의가 적용되기 때문에 변호인의 변호권 행사에 필수적인 증거물과 수사기록은 여전히 검사가 보관할 것이다. 이 경우 변호인은 수사기관이 보관하는 증거물과 서류에 대해서도 열람·등사를 청구할 수 있는가의 문제가 발생한다. 이에 대해서는 종래 열람등사불허설과 열람등사허용설의 대립이 있었다(다수설이자 헌법재판소의 태도는 원칙적 허용설이었음). 그러나 개정 형사소송법은 소위 증거개시제도를 도입하여 입법적으로 해결하였다. 즉 피고인 또는 변호인이 공소제기 후 검사가 보관하고 있는 서류나 물건 등을 열람·등사할 수 있게 하였다(제266조의3). 검사에게

71) 이재상, 352면; 임동규, 287면.

일단 증거개시를 청구하게 한 점은 공소장일본주의의 정신을 구현한 것이다. 그러나 검사가 피고인 또는 변호인의 열람 · 등사 신청을 거부한 때에는 법원에 불복신청을 할 수 있도록 하되, 검사가 법원의 열람 · 등사에 관한 결정을 이행하지 아니한 때에는 해당 서류 등에 대한 증거신청을 하지 못하도록 하였다(제266조의4). 또한 피고인측도 공판기일이나 공판준비절차에서 현장부재, 심신상실 또는 심신미약 등의 주장을 한 때에는 검사에게 그 주장과 관련된 서류 등의 열람 · 등사를 허용하였다(제266조의11).

(2) 소송절차이분론

대륙의 소송구조는 2분되지 않았으므로 범죄사실의 입증에 앞서 피고인의 인격이 심리될 수 있으므로 법관의 편견과 예단이 발생하기 쉽다. 이것은 공소장일본주의의 취지에 반한다. 이를 극복하기 위한 입법론으로 주장될 수 있는 것이 영미법에서 채택하고 있는 소송절차이분론이다. 다만 소송절차의 2분은 공소장일본주의의 취지에는 가장 적합하겠지만 그 효율적 가치성은 다소 의문스럽다.

Ⅳ. 공소제기의 효과

공소제기의 효력으로는 소송계속, 공소시효의 정지, 심판범위의 한정이 대표적인 것이라 볼 수 있다.

1. 소송계속(訴訟係屬)

(1) 의 의

소송계속이란 사건이 특정한 법원의 심판대상으로 되어 있는 상태를 의미한다. 소송계속에 따라서 법원의 공판절차가 개시 및 진행된다. 소송계속의 종류에는 공소제기가 적법 · 유효한 경우에 인정되는 실체적 소송계속과, 공소제기는 있으나 부적법 또는 무효인 경우에 인정되는 형식적 소송계속이 있다. 실체적 소송계속의 경우에 법원은 유죄 · 무죄의 실체판결을 하여야 할 것이고, 형식적 소송계속에 불과한 경우에 법원은 면소판결, 공소기각의 재판을 하여야 한다.

(2) 소송계속의 적극적 효과

소송계속이 있으면 법원은 사건을 심리 · 재판할 권리의무를 가지게 되고, 검사와 피고인은 당사자로서 심리에 관여하여 재판을 받을 권리의무를 가지게 된다. 구체적인 재판의 종류는 전술한 실체적 소송계속과 형식적 소송계속의 여부에 따라 다르다. 이러한 적극적 효과는 공소제기의 내부적 효과라고도 한다.

(3) 소송계속의 소극적 효과

공소의 제기가 있는 때에는 검사는 동일사건에 대하여 다시 공소를 제기할 수 없다. 이를 이중기소(再訴)의 금지 또는 공소제기의 외부적 효과라고도 한다. 동일사건이 동일법원에 이중으로 기소된 경우에 법원은 후소에 대하여 공소기각의 판결을 하여야 한다(제327조 제3호). 참고로, 동일사건이 다른 법원에 이중으로 기소된 경우에는 관할의 경합에 해당하는 것이고(제12조, 제13조), 이 경우 실체재판을 할 수 없는 법원은 공소기각의 결정을 하여야 한다(제328조 제1항 제3호).

2. 공소시효의 정지

공소제기에 의하여 공소시효의 진행이 정지되며, 공소기각 또는 관할위반의 재판이 확정된 때로부터 다시 진행한다(제253조 제1항). 공소제기가 성립한 이상 부적법·무효인 경우에도 시효정지의 효력은 발생한다. 공범의 1인에 대한 시효정지는 다른 공범자에게 효력이 있다(동조 제2항).

3. 심판범위의 한정

(1) 불고불리의 원칙과 심판범위의 한정

법원은 공소의 제기가 없으면 심판할 수 없다. 그리고 공소가 제기된 사건의 범위에 한하여만 법원은 심판할 수 있다. 문제는 검사가 공소장에 기재한 피고인과 공소사실에 대해서만 공소제기의 효력이 미치는가에 있다. 이 문제는 유죄 및 무죄의 확정판결이 가지는 기판력의 범위와 공소장변경의 허용범위와 밀접한 관련성이 있다.

(2) 인적 효력범위

1) 피고인(공범)의 가분　　공소의 효력은 검사가 피고인으로 지정한 자에게만 미친다(제248조 제1항). 이 점에서 주관적 불가분의 원칙이 적용되는 친고죄에서의 고소의 효력(제233조)과 구별된다. 따라서 진범인 아닌 자에 대해서 공소가 제기된 경우에 검사는 진범인에 대해서 기소할 수 있고, 공범의 일부에 대해서 공소가 제기된 경우에 검사는 다른 공범에 대하여 기소할 수 있다. 다만 공소제기로 인한 공소

시효진행정지의 효력은 다른 공범자에게 미친다(제253조 제2항).

2) 피고인의 특정 통상 공소장에 피고인으로 기재되어 있는 자가 피고인이다. 다만 성명모용의 경우에는 모용자만이 피고인이고, 위장출석의 경우에는 공소장에 기재된 자와 위장출석한 자 모두가 피고인이지만 공소제기의 효과는 공소장에 기재된 피고인에게만 미친다.

(3) 물적 효력범위

1) 공소불가분의 원칙 범죄사실의 일부에 대한 공소의 효력은 범죄사실 전부에 미친다(제248조 제2항). 공소제기의 물적 범위는 기판력이 미치는 범위이고 공소장변경의 한계에 해당하는 영역이다. 따라서 유죄·무죄의 실체재판이 확정된 경우에 법원은 그 범위 내에서의 재기소에 대하여 면소판결을 하여야 한다. 그리고 그 범위 밖의 범죄사실에 대해서는 검사가 확정 이전에는 추가기소, 확정 이후에도 재기소를 유효하게 할 수 있다.

2) 단 일 성 범죄사실의 일부에 대한 공소제기는 전부에 대해 효력이 미친다(제248조 제2항). 이것을 공소불가분의 원칙이라고 한다. 따라서 포괄일죄, 법조경합, 과형상 일죄에 해당하는 일부에 대한 공소제기의 효과는 그 전부에 불가분적으로 미친다.

3) 사건의 동일성 공소제기의 효과는 공소장에 기재된 공소사실과 동일성이 인정되는 것에도 미친다. 다만 여기서 말하는 동일성 범위까지의 심판범위는 잠재적 심판범위를 의미하는 것이고, 현실적 심판범위는 공소장에 기재된 공소사실에 한정된다. 따라서 공소장에 기재된 공소사실과 동일성이 있는 범죄사실에 대해서 현실적 심판을 하기 위해서는 공소장변경의 절차를 거치면 된다.

(4) 일죄의 일부에 대한 공소제기

[설문 (41)] 검사 甲은 강도상해의 범죄사실을 인정할 증거가 충분함에도 불구하고 피의자가 고등학생이고 초범이라는 이유로 강도죄로만 공소제기하였다. 강도상해로의 처벌을 요구하는 피해자의 의사표시가 있었고, 강도상해의 사실이 객관적으로도 밝혀지자 법원은 검사에게 강도상해죄로의 공소장변경을 할 것을 요구하였지만, 검사는 이에 불응하였다. 이 경우 법원의 조치는?

1) 문 제 점 일죄의 일부에 대한 공소제기란 단순일죄나 과형상 일죄의 전

부에 대해 범죄의 객관적 혐의가 있고 소송조건이 갖추어졌음에도 불구하고 검사가 그 일부에 대해서만 공소를 제기하는 것을 말한다. 이러한 다소 자의적인 검사에 의한 일죄의 일부에 대한 공소제기가 허용될 것인가에 대하여는 견해대립이 있다. 그러나 일부에 대해서만 범죄의 객관적 혐의가 밝혀져 검사가 그 일부만 기소한 경우에는 정상적인 기소행위로서 적법하기 때문에 아무런 문제가 되지 않는다.

2) 적법성에 관한 학설대립

(가) 적 극 설 적극설(다수설)은 기소독점주의와 기소편의주의를 채택하고 있는 형사소송법에서 공소의 제기는 검사의 재량에 속한다고 보아야 하고, 형사소송법 제248조 제2항은 일죄의 일부에 대한 공소제기를 허용한다는 전제에서 규정한 것으로 해석하면서 일죄의 일부에 대한 공소제기는 허용된다고 한다. 판례도 "하나의 행위가 여러 범죄의 구성요건을 동시에 충족하는 경우 공소제기권자는 자의적으로 공소권을 행사하여 소추 재량을 현저히 벗어났다는 등의 특별한 사정이 없는 한 증명의 난이 등 여러 사정을 고려하여 그중 일부 범죄에 관해서만 공소를 제기할 수도 있다"고 판시(대판 2017.12.5, 2017도13458)하여 적극설의 입장을 취하고 있다.

관련판례 ① 하나의 행위가 부작위범인 직무유기죄와 작위범인 범인도피죄의 구성요건을 동시에 충족하는 경우 공소제기권자는 재량에 의하여 작위범인 범인도피죄로 공소를 제기하지 않고 부작위범인 직무유기죄로만 공소를 제기할 수도 있다(대판 1999.11.26, 99도1904; 대판 2008.2.14, 2005도4202).[72]

〈평석〉 상기 판례는 상상적 경합에 해당하는 2가지 구성요건 중에서 형이 경한 구성요건(직무유기죄)에 대해서만 검사가 기소한 것에 대해 법원이 그 적법성을 긍정하고서 직무유기죄로 유죄판결까지 한 것이다. 본 사례의 경우 검사가 양자의 구성요건이 모두 충족되는 상상적 경합관계임을 알면서 일부러 일부기소를 한 것인지는 명확하지 않지만, 그런 경우라면 이 판례는 적극설에 해당할 것이다. 그런데 상상적 경합사건에서 경한 죄만에 대한 기소와 유죄판결을 허용하는 것은 법리적으로 정당하지 않다. 상상적 경합의 경우에는 중한 죄로 처벌되어야 하기 때문이다. 따라서 검사가 직무유기죄의 경한 범죄로 일부 기소한 경우에 법원은 중한 범인도피죄로 유죄판결할 수 있도록 —검사가 공소장변경을 청구 하지 않는다면— 공소장변경을 요구하는 것이 정당하다. 다만 판례(재량설)에 의하면 범인도피죄로 공소장변경을 하지 않고 직무유기죄

---

72) 판례에 대한 재평가로는 이주일, "일죄일부에 대한 공소제기의 재검토," 외법논집 22집 (2006.5), 한국외국어대학교 법학연구소, 163면 참조.

로 유죄판결하는 것은 위법하지 않게 된다.

(나) 소 극 설 소극설은 공소불가분의 원칙에 의하여 공소장에 공소사실의 일부만이 기재된 경우에도 그 사건의 전부에 당연히 공소제기의 효력이 미치며, 일죄의 일부에 대한 공소제기를 인정하는 것은 실체진실의 발견을 무시하고 검사의 자의를 인정하는 결과가 되기 때문에 일죄의 일부에 대한 공소제기는 허용되지 않는다고 한다.[73]

(다) 절 충 설 절충설은 일죄의 일부에 대한 공소제기는 원칙적으로 허용되지 않으나 검사가 범죄사실의 일부를 예비적 · 택일적으로 기재한 경우에는 허용된다고 해석한다.[74]

(라) 소 결 절충설은 예비적 · 택일적 기재가 없는 경우에는 일죄의 일부에 대한 기소를 인정하지 아니하는 것이므로 사실상 소극설과 같은 것으로 볼 수 있다. 그런데 적극설과 소극설 중에서 이론적으로는 소극설이 타당하다. 검사의 기소재량권이 형사소송의 최대이념인 실체적 진실주의보다 우위에 있다고 볼 수는 없기 때문이다. 그리고 제248조 제2항이 규정한 일부기소는 범죄혐의의 일부만 밝혀져서 검사가 그에 대해서만 기소한 정상적인 일부기소에 대해서만 규율한 것으로 보아야 한다(즉, 검사가 자의적으로 일부기소한 경우에도 제248조 제2항을 원용하는 것은 타당하지 않음). 특히 전부 기소를 원하는 피해자의 의사에 반하여 검사가 고의로 일부 기소만 하는 것은 허용되어서는 안 된다(친고죄에서 전부를 고소한 피해자의 의사에 반하여 검사가 고의로 일부만 기소하는 것은 더욱더 허용되지 말아야 한다).

3) **일부기소가 있는 경우의 법원의 조치** 검사가 실체적 진실이 전부임을 알면서 일죄의 일부에 대한 공소를 제기한 경우에 적극설에 의하면 법원은 공소기각의 판결을 할 수 없다. 법원은 검사가 전부범죄로 공소장변경을 하지 않으면 일부범죄에 대해, 검사가 공소장변경을 하게 되면 전체범죄에 대해 유죄 · 무죄의 판결을 할 것이다. 반면에 소극설에 의하면 법원은 공소제기의 무효를 이유로 공소기각의 판결(제327조 제2호)을 할 수 있다. 다만 법원은 일부기소에 대해 무조건 공소기각의 판결을 할 것이 아니라 검사에게 전체범죄로의 공소장변경을 요구하여 이에 불응할 때에만 비로소 공소기각의 판결을 내리는 것이 소송경제적 관점에서 타당할 것이

73) 배종대/이상돈, 384면; 정영석/이형국, 252면.
74) 신동운, 446면.

다. 왜냐하면 이 경우의 공소장변경은 오히려 실체적 진실에 접근해 가면서도 신속한 재판 및 소송경제에도 유리한 과정이 되기 때문이다(결국 검사의 공소제기 그 자체에 관한 한 법원이 곧바로 공소기각의 판결을 하여서는 안 되고 공소장변경절차를 거쳐야 한다는 점에서는 적극설과 필자의 소극설은 차이가 없음. 차이점은 검사가 공소장변경에 불응하는 경우에 있음).

4) 친고죄에서의 특수문제

[설문 (41a)] 甲(23세)은 2013.6.1. 22:00경 동거하지 않는 사촌누나 乙(25세)이 혼자 사는 원룸에 찾아가 乙이 집을 비운 틈을 이용하여 절도의 의사로 원룸 안에 들어가 책상서랍에 있던 100만 원을 절취하였다. 한편, 이틀 후 비로소 이 사실을 CCTV로 확인한 乙이 甲에게 전화를 걸어 따지자 甲은 2~3달 내에 위 돈을 반드시 갚겠다고 약속하였다. 그러나 甲이 약속을 어기고 차일피일 변제를 미루자 결국 乙은 2014.4.5. 甲을 야간주거침입절도죄로 고소하였다. 만일 검사가 乙의 고소와 달리 甲을 주거침입죄로만 공소제기 한다면, 법원은 어떠한 판단을 하여야 하는가? (2014년 사법시험)

친고죄에 있어서의 일죄의 일부에 대한 공소제기의 문제는 일죄의 전부에 대하여 범죄혐의가 인정되어야 하는 것은 물론이고, 그 전부에 대하여 소송조건이 갖추어진 경우에만 발생될 수 있다. 예컨대 피해자가 모두가 친고죄인 모욕죄와 비밀침해죄의 상상적 경합관계 전부에 대하여 고소하였음에도 불구하고 검사가 그 일부인 모욕죄에 대해서만 공소제기한 경우가 친고죄에서의 전형적인 일죄의 일부에 대한 공소제기의 문제가 된다. 이 경우 검사의 일부기소에 대해 적법성을 긍정하는 견해도 있지만(이 견해에 따르면 검사가 공소장변경에 불응하더라도 법원은 유무죄의 실체판결을 하여야 할 것임),[75] 법원은 일단 공소장변경절차를 거치고 검사가 이에 불응하는 경우에는 공소제기가 부적법하다는 이유로 공소기각의 판결을 하여야 한다. 즉 적법성을 부정하는 견해가 타당하다. 이 경우에 검사의 일부기소를 인정하는 것은 피해자의 의사를 존중하는 친고죄의 취지에도 반하기 때문이다. 따라서 상기한 [설문]에서 동거하지 않는 친족 사이의 야간주거침입절도죄는 친고죄인데, 이 경우 전체에 대한 피해자의 고소가 있었음에도 불구하고 검사가 주거침입죄로서만 일부 기소한 것은 피해자의 의사를 존중하지 않는 위법한 공소제기로 일단 평가되어야 할 것이다.

75) 보통범죄는 물론이고 고소가 있는 친고죄의 경우에도 일부기소의 적법성을 인정하는 견해로는 이재상, 381면.

그리고 강간죄와 같은 성폭력범죄가 형법에서 친고죄로 규정되었던 종래에는 강간죄 전체에 대한 소송조건이 갖추어지지 않은 경우(예컨대 고소취소가 있는 경우)와 강간죄의 고소기간이 경과한 이후 피해자가 고소하자 검사가 폭행죄로 일부 기소한 사례(대판 2002.5.16, 2002도51 전원합의체의 사례) 등에서도 그 적법성이 문제되었다. 그러나 강간죄가 비친고죄로 개정되었기 때문에 성폭력범죄를 둘러싼 이와 같은 일부기소 문제는 더 이상 발생되지 않을 것이다. 그러나 상기한 [설문 (41a)]의 사례에서와 같이 비동거친족 사이의 결합범 형태인 재산범죄(예컨대 야간주거침입절도죄, 공갈죄)에서는 강간죄에서와 유사한 문제가 발생될 수 있다. 상기한 [설문 41a]의 사례에서 비동거친족 사이에서의 야간주거침입절도죄 전체는 친고죄이지만, 사례에서 피해자 乙은 범인을 안 날로부터 6개월을 넘겨 고소를 하였기 때문에 고소의 효력은 인정될 수 없다(즉 소송조건이 충족될 수 없음). 이 경우 검사가 비친고죄인 주거침입죄로 일부 기소한 경우에 법원은 공소제기의 절차가 법률의 규정에 위반한 것을 이유로 공소기각의 판결을 하여야 할 것이다. 참고로, 종래 친고죄이었던 강간죄 전체에 대해 피해자가 고소기간이 도과된 상태에서 비로소 고소하자 검사가 폭행죄로 일부 기소한 사례에서 대법원 전원합의체 판례는 동일한 취지로 공소기각의 판결을 하여야 한다고 판시하였다(대판 2002.5.16, 2002도51 전원합의체).

[§ 25] 공소시효와 공소제기 이후의 수사

Ⅰ. 공소시효제도

1. 의 의

공소시효(Strafverfolgungsverjährung)라 함은 범죄행위가 종료한 후 검사가 일정한 기간 동안 공소를 제기하지 않고 방치하는 경우에 국가의 소추권(또는 형벌권)을 소멸시키는 제도를 말한다. 형선고재판의 확정 후 그 집행을 받음이 없이 일정한 기간을 경과하면 형벌권이 소멸되고 형집행 면제의 효과를 갖는 형의 시효(형법 제77조 이하)와 구별된다.

공소시효제도의 취지는 범죄 후 장기간의 시간경과에 따른 사실관계를 존중하여 사회와 개인생활의 안정을 도모하고, 증거가 멸실되어 공정한 재판을 하는 것이 어렵고, 피고인의 경우는 장기간의 도피생활로 인하여 처벌받는 것과 동일한 정신적 고통을 받았고, 국가의 태만으로 인한 책임을 범인에게만 돌리는 것은 부당하다는 것 등에 있다.

2. 본 질

독일과 달리 우리나라는 공소시효제도를 형사소송법에 규정하고 있는 바, 공소시효제도의 본질에 대해서는 견해대립이 있다.

(1) 실체법설

실체법설은 시간의 경과에 의하여 사회의 응보감정이나 범인의 악성이 소멸되기 때문에 형벌권이 소멸된다는 견해이다.[76] 우리나라 헌법재판소의 태도이기도 하다(헌재결 1993.9.27, 92헌마284). 그러나 이 견해는 공소시효가 완성된 사건에 대해 무죄판결이 아니라 면소판결을 하여야 하는 이유를 설명하기 곤란하다는 비판을 받는다.

(2) 소송법설

소송법설은 형벌권과는 관계없이 장기간의 경과로 인하여 증거가 멸실되어 진실을 발견함이 곤란하므로 국가의 소추권을 억제하는 것이라는 견해이다.[77] 이 견해에 대해서는 시효기간이 법정형에 따라 달리 규정된 이유를 설명하기 곤란하다는 비판을 받는다.

(3) 병 합 설

병합설은 장기간의 경과에 따라서 실체법상 가벌성이 감소될 뿐만 아니라 증거멸실로 인해 소추권의 행사를 불가능 내지 곤란하게 하는 소송법적 성격도 병합되어 있다는 견해이다.[78] 공소시효제도는 실체법적 이유와 소송법적 이유를 모두 고려하기 때문에 병합설이 가장 타당한 것으로 판단된다.

---

76) 김기두, 232면; 서일교, 294면; 송광섭, 411면; 정영석/이형국, 234면.
77) 강구진, 264면; 배종대/이상돈, 370면; 백형구 488면; 신현주, 423면; 이재상 364면; 진계호, 407면.
78) 신동운, 312면; 신양균, 314면; 임동규, 301면: 하태영, 형사철학과 형사정책, 2007, 218면.

3. 공소시효의 기간

(1) 시효기간

형사소송법에 따르면, 공소시효기간은 법정형의 경중에 따라서 다음 기간의 경과로 완성한다(제249조 제1항): (i) 사형에 해당하는 범죄에는 25년 (ii) 무기징역 또는 무기금고에 해당하는 범죄에는 15년 (iii) 장기 10년 이상의 징역 또는 금고에 해당하는 범죄에는 10년 (iv) 장기 10년 미만의 징역 또는 금고에 해당하는 범죄에는 7년 (v) 장기 5년 미만의 징역 또는 금고, 장기 10년 이상의 자격정지 또는 벌금에 해당하는 범죄에는 5년 (vi) 장기 5년 이상의 자격정지에 해당하는 범죄에는 3년 (vii) 장기 5년 미만의 자격정지, 구류, 과료 또는 몰수에 해당하는 범죄에는 1년. 다만, 형사소송법은 사람을 살해한 범죄(종범은 제외한다)로 사형에 해당하는 범죄에 대하여는 제249조부터 제253조까지에 규정된 공소시효를 적용하지 아니한다(제253조의2). 그리고 특별형법이 공소시효기간에 대한 특칙을 규정하기도 한다. 예컨대, 「성폭력범죄의 처벌 등에 관한 특례법」은 피해자가 미성년자인 경우의 공소시효 기산 시점을 성인이 된 때부터로 하고(제21조 제1항),[79] 일부 성폭력범죄에서는 디엔에이(DNA)증거 등 그 죄를 증명할 수 있는 과학적인 증거가 있는 때에는 공소시효가 10년 연장되도록 규정하였으며(제2항), 더 나아가 법정된 중한 성폭력범죄에 대해서는 공소시효제도를 배제하기도 하였다(제3항, 제4항). 이와 동일 취지의 내용이 「아동·청소년의 성보호에 관한 법률' 제20조에도 규정되었다.

(2) 시효기간의 기준

1) 기준이 되는 형(법정형) 공소시효기간의 기준이 되는 형은 처단형이 아니고 법정형이다. 두 개 이상의 형을 병과하거나 두 개 이상의 형에서 한 개를 과할 범죄에 대해서는 무거운 형이 기준이다(제250조). 형법에 의하여 형을 가중 또는 감경한 경우에는 가중 또는 감경하지 아니한 형에 의하여 제249조의 규정을 적용한다(제251조). 필요적 또는 임의적 가중·감경의 여부를 불문한다. 특별법에 의한 가중·감경인 경우에는 특별법의 법정형이 기준이 된다(대판 1982.5.25, 82도535). 협의

---

79) 사람은 19세에 성년에 이르게 되고(민법 제4조), 연령계산에는 출생일을 산입한다(민법 제158조). 그리고 연 또는 월로 정한 기간은 연 또는 월 단위로 계산하는데(형사소송법 제66조 제2항), 주, 월 또는 연의 처음으로부터 기간을 기산하지 아니하는 때에는 최후의 주, 월 또는 연에서 그 기산일에 해당한 날의 전일로 기간이 만료한다(민법 제160조 제2항).

의 공범(교사범과 방조범)은 정범의 법정형이 기준이 되고, 필요적 공범은 개별적으로 판단한다.

[참고] 공직선거법(제268조)에 의하면, 동법에 규정한 선거사범의 공소시효는 선거일후 6월을 경과함으로써 완성한다. 다만, 범인이 도피하거나 범인이 공범 또는 참고인을 도피시킨 때에는 그 기간을 3년으로 한다.

양벌규정에 의하여 법인 또는 사업주가 처벌되는 경우에 행위자 본인과 법인 또는 사업주에 대한 처벌의 일관성을 고려하는 행위자에 대한 법정형의 기준설(본인기준설)[80]과 법인 또는 사업주에 대한 법정형의 기준설[81]의 견해대립이 있다. 법인에게 부과되는 것은 재산형벌이고 그 공소시효기간은 비교적 짧기 때문에 피고인에게 유리한 후자의 견해가 타당한 것으로 판단된다. 특히 최근 헌법재판소가 법인 또는 사업주의 책임은 무과실책임이 아니라 과실책임에 근거하여야 됨을 명백히 하는 판시를 내렸는데(헌재결 2007.11.29, 2005헌가10), 이 판시도 법인 또는 사업주에 대한 법정형 기준설의 논거를 뒷받침할 수 있다.

2) 기준이 되는 범죄사실(공소장에 기재된 공소사실) 공소시효의 기준이 되는 법정형의 범죄사실은 공소장에 기재된 공소사실이다. 공소사실에 예비적·택일적 기재가 있는 경우에는 가장 중한 죄에 정한 형을 기준으로 해야 한다는 견해(가장 중한 죄 기준설)[82]도 있으나, 각 범죄에 대하여 개별적으로 결정하여야 한다(개별적 기준설). 과형상 일죄(상상적 경합)의 경우에도 가장 중한 죄 기준설이 소수설로서 주장되지만[83] 개별적 기준설이 타당하다.

3) 공소장변경의 경우

[설문 (42)] 甲은 2000년 8월 24일에 절도혐의로 기소되었는데, 공소사실은 甲이 1998년 1월 17일에 타인의 재물을 절취하였다는 내용이었다. 1심에서 절도죄로 유죄판결이 선고되자 甲은 무죄를 주장하여 항소하였다. 그런데 항소심 심리중인 2001년 5월 24일에 甲의 행위가 절도가 아니라 점유이탈물횡령으로 판명되었다. 이 경우 항소심 법원은 검사의 공소장변경신청을 허가하여 유죄판결을 선고할 수 있는가?

80) 배종대/이상돈, 358면; 신동운, 360면.
81) 백형구, 490면; 이재상, 366면; 임동규, 296면.
82) 백형구, 489면.
83) 김기두, 234면.

공소제기 후 공소장변경이 있는 경우에 변경된 공소사실의 공소시효는 공소제기시를 기준으로 그 완료여부가 결정된다(대판 2002.10.11, 2002도2939). 공소제기의 효력은 공소장에 기재된 공소사실과 동일성이 있는 범위까지 미치므로 동일성의 범위 내에서 변경된 공소사실에 대해서도 이미 공소제기된 것으로 보아야 하기 때문이다. 이 경우 새로이 변경된 공소사실의 법정형이 공소시효의 기준이 되는 형이 된다(대판 2003.3.11, 2003도585). 따라서 법원은 공소제기시를 기준으로 계산하여 변경전 공소사실의 공소시효가 만료되지 않았더라도 변경된 공소사실의 공소시효기간이 만료된 경우는 면소판결을 하여야 할 것이고(대판 2001.8.24, 2001도2902),[84] 변경된 공소사실의 공소시효가 공소장변경시를 기준으로 계산하면 만료되더라도 공소제기시를 기준으로 계산하여 만료되지 않은 경우에는 —공소제기에 의한 시효정지효과에 의해— 실체심판을 하여야 할 것이다.

관련판례 ① 공소장이 변경된 경우 공소시효의 완성 여부는 당초의 공소제기가 있었던 시점을 기준으로 판단할 것이고 공소장 변경시를 기준으로 삼을 것은 아니지만, 공소사실이 변경됨에 따라 그 법정형에 차이가 있는 경우에는 변경된 공소사실에 대한 법정형이 공소시효 기간의 기준이 된다고 보아야 하고, 변경된 공소사실에 대한 법정형을 기준으로 하면 공소제기 당시 이미 공소시효가 완성된 경우에는 공소시효 완성을 이유로 면소판결을 선고하여야 한다(대판 2003.3.11, 2003도585).

4) **법률의 개정이 있는 경우** 법률의 변경에 의하여 법정형이 변경된 경우에 어느 법정형을 기준으로 할 것인가에 대해서는 법정형의 경중을 불문하고 재판시법의 법정형을 기준으로 삼는 견해와[85] 형법 제1조 제2항에 의하여 당해 범죄에 적용될 법률의 법정형(피고인에게 가장 유리한 법률이 정한 법정형)을 기준으로 삼는 견해(다수설 및 판례의 태도이기도 함; 대판 1987.12.22, 87도84; 대판 2008.12.11, 2008도4376)의 대립이 있는데, 직접 적용될 법률의 법정형을 기준으로 삼는 후자의 견해가 타당하다.

관련판례 ① 범죄 후 법률의 개정에 의하여 법정형이 가벼워진 경우에는 형법 제1조 제2항에 의하여 당해 범죄사실에 적용될 가벼운 법정형(신법의 법정형)이 공소시효

84) 이에 관련된 글로는 심희기, "공소장변경과 공소시효만료여부의 계산," 법률신문 3052호(2002.2), 15면; 심희기, "공소장변경과 소송조건," Jurist 392호(2003.5), 100-105면; 임동규, "공소장변경과 공소시효완성," 형사판례연구 11호, 2006.6, 296-305면.
85) 신동운, 361면; 차용석, 419면.

기간의 기준이 된다(대판 2008.12.11, 2008도4376).

(3) 계산방법

1) 기 산 점

(가) 범죄행위의 종료시　　공소시효는 범죄행위의 종료한 때로부터 진행한다(제252조 제1항).[86] 범죄행위종료시의 의미에는 행위시설과 결과발생시설이 있으나 후설에 의견이 일치되어 있다(업무상 과실치사상죄에 대한 대판 1997.11.28, 97도174). 구체적으로 결과범에서는 결과가 발생한 때부터, 거동범과 미수범에서는 행위시부터, 기수범에서는 완료 내지 종료 시부터(완료 내지 종료는 기수시기와 다른 개념임), 계속범에서는 법익침해가 종료한 때부터(즉 기수시기 이후의 행위종료시점의 때부터; 무허가시장개설행위의 계속범에 대해 이렇게 판시한 대판 1981.10.13, 81도1244), 포괄일죄에서는 최종의 범죄행위가 종료된 때부터,[87] 결과적 가중범에서는 중한 결과가 발생한 때부터 공소시효는 진행된다. 다만, 특칙으로서 「성폭력범죄의 처벌 등에 관한 법률」과 「아동·청소년의 성보호에 관한 법률」은 미성년자에 대한 성폭력범죄의 공소시효는 피해 미성년자가 성년에 달한 날부터 진행하도록 규정하고 있다.

(나) 공범에 관한 특칙　　공범은 최종행위가 종료한 때로부터 전 공범에 대한 시효기간을 기산한다(제252조 제2항). 여기의 공범은 공동정범, 교사범, 방조범 및 필요적 공범을 포함한다.

2) 기일산입방법　　공소시효에 대해서는 보통의 경우 초일은 산입하지 않고, 공휴일 또는 토요일에 해당하는 날은 기간에 산입되지 않는 것의 특칙이 규정되어 있다. 즉, 공소시효의 계산에 있어서는 초일은 시간을 계산함이 없이 1일로 산정하고, 기간의 말일이 공휴일 또는 토요일에 해당하는 날이라도 기간에 산입한다(제66조 제1항과 제3항의 단서).

86) 공무원이 직무에 관하여 금전을 무이자로 차용한 경우에는, 차용당시에 금융이익 상당의 뇌물을 수수한 것으로 보아야 하므로 공소시효는 금전을 무이자로 차용한 때로부터 기산한다(대판 2012.2.23, 2011도7282).

87) 각 행위에 관하여 개별적으로 판단하여야 한다는 소수설로는 백형구, 490면.

4. 공소시효의 정지

(1) 의 의

공소시효의 정지란 일정한 사유의 발생에 의하여 공소시효의 진행이 정지되는 것을 말한다. 정지사유가 소멸하면 잔존기간만이 진행된다. 반면에 사유가 소멸하면 처음부터 새로이 시효가 진행되는 것을 시효중단이라고 하는데, 이 제도는 피고인에게 극히 불리한 것이어서 현행법은 이를 인정하지 않는다.

(2) 시효정지의 사유

1) **공소의 제기** 공소시효는 공소의 제기로 진행이 정지된다(제253조 제1항). 공소제기가 적법 유효한 경우뿐만 아니라 부적법·무효인 공소제기에도 시효정지의 효력이 있다. 정지된 시효는 공소기각 또는 관할위반의 재판이 확정된 때부터 다시 진행된다(제253조 제1항).

2) **재정신청** 검사의 불기소처분에 대해 재정신청이 있는 경우에는 고등법원의 재정결정이 확정될 때까지 공소시효의 진행을 정지한다(제262조의4 제1항). 검사의 부당한 불기소처분으로 공소시효가 완성되는 것을 방지하기 위한 것이다. 재정결정이 기각결정인 경우에는 대법원에 재항고(즉시항고)할 수 있기 때문에 그것이 확정될 때까지는 공소시효가 계속 정지되어야 한다. 재정결정이 공소제기의 결정인 경우에 공소시효는 그 날에 공소가 제기된 것으로 되어(제262조의4 제2항), 공소시효는 계속 정지될 것이다. 검사의 불기소처분에 대한 검찰항고와 헌법소원의 청구에는 이러한 시효정지의 효과가 없다(입법론의 문제점이 될 수 있음).

3) **소년보호사건의 심리개시결정** 소년보호사건에 대하여 소년부판사가 심리개시의 결정을 한 때에는 그 사건에 대한 보호처분의 결정이 확정될 때까지 공소시효의 진행이 정지된다(소년법 제54조, 제20조).

4) **대통령의 경우** 대통령은 내란 또는 외환의 죄를 범한 경우를 제외하고는 재직 중 형사상의 소추를 받지 아니한다(헌법 제84조). 이 규정에 따라 재임기간 동안 소추할 수 없는 대통령의 범죄에 대해서는 공소시효의 진행이 정지되는 것으로 해석되어야 한다.[88] 반면에 소추할 수 있는 대통령의 범죄에 대해서는 법적으로는 공소시효진행의 정지가 인정될 수 없겠지만, 사실상 소추장애 사유가 되는 것으로 해

---

88) 헌재결 1995.1.20, 94헌마246.

석될 여지가 없지 않다.

5) **국외도피** 범인이 형사처분을 면할 목적으로 국외에 있는 경우 그 기간 동안 공소시효는 정지된다(제253조 제3항). 이 규정은 피고인이 당해 사건으로 처벌받을 가능성이 있음을 인지하고서 형사처분을 면할 목적으로 국외에 있은 경우에 적용된다. 따라서 피고인이 당해 사건으로 처벌받을 가능성이 있음을 인지하였다고 보기 어려운 경우라면 피고인이 다른 고소사건과 관련하여 형사처분을 면할 목적으로 국외에 있은 경우라고 하더라도 당해 사건의 형사처분을 면할 목적으로 국외에 있었다고 볼 수 없다(대판 2014.4.24. 2013도9162). 그리고 '형사처분을 면할 목적'은 국외 체류의 유일한 목적으로 되는 것에 한정되지 않고 범인이 가지는 여러 국외 체류 목적 중에 포함되어 있으면 족하다.[89] 그리고 범인이 국외에서 범죄를 저지르고 형사처분을 면할 목적으로 국외에서 체류를 계속하는 경우도 여기에 포함될 수 있다(대판 2015.6.24, 2015도5916). 그런데 범인이 외국에서 범한 범죄로 수감생활을 한 경우 그 범죄의 법정형이 국내에서 범한 당해 범죄의 법정형보다 월등하게 높고, 실제 그 범죄로 인한 수감기간이 당해 범죄의 공소시효 기간보다도 현저하게 길어서 범인이 수감기간 중에 생활근거지가 있는 우리나라로 돌아오려고 했을 것으로 넉넉잡아 인정할 수 있는 사정이 있다면, 그 수감기간에는 '형사처분을 면할 목적'이 유지되지 않았다고 볼 여지가 있다. 그럼에도 그러한 목적이 유지되고 있었다는 점은 검사가 입증하여야 한다(대판 2008.12.11, 2008도4101).[90]

(3) 시효정지효력이 미치는 범위

[설문 (42a)] 2005.2.3. 甲(건축업자)이 乙(부동산 중개업자)과 공모하여 체비지를 수의계약으로 싸게 매입할 수 있도록 공무원 丁(부천시청 도시과 도시행정팀장)에게 전달해 달라며 경찰관 丙(부천시청을 출입하는 부천중부경찰서 정보과 소속)에게 뇌물 6천만원을 교부한 사실로, 2011.6.29. —6년 147일 만에— 甲에 대하여 제3자뇌물공여죄(형법 제133조 제2항, 5년 이하의 징역 또는 2천만원 이하의 벌금,

89) 대판 2003.1.24, 2002도4994. 이에 대한 평석으로는 이태섭, "해외도피로 인한 공소시효 정지 규정의 적용," 대법원판례해설 48호, 법원도서관, 2004, 578-590면.

90) 법정최고형이 징역 5년인 부정수표단속법 위반죄를 범한 사람이 중국으로 출국하여 체류하다가 그곳에서 징역 14년을 선고받고 8년 이상 복역한 후 우리나라로 추방되어 위 죄로 공소제기된 사안에서, 위 수감기간 동안에는 형사소송법 제253조 제3항의 '형사처분을 면할 목적'을 인정할 수 없어 공소시효의 진행이 정지되지 않는다(대판 2008.12.11, 2008도4101).

2007.12.21. 전에 범한 범죄는 종전규정 적용한다는 부칙에 따라 공소시효 5년)로 공소 제기되었다. 그런데 혼자 도주하였다가 뒤늦게 체포된 甲에 대한 공소제기 이전에 공범 乙에 대한 공소제기가 먼저 있었고 그 확정 재판기간은 2006.1.10.부터 2007.4.27.까지의 1년 107일이 소요되었다. 이 경우 법원은 甲에 대하여 어떤 판결을 해야 하는가? 만약 먼저 재판받은 수뢰죄 피고인 丙의 확정 재판기간이 2년 소요되었다면 어떻게 되겠는가? 〈유제: 2022년 제11회 변호사시험 문제〉

공소시효정지의 효력은 공범관계가 아닌 경우에는 공소제기 된 피고인에게만 미친다. 그러나 공범의 1인에 대한 공소시효정지는 다른 공범자에게도 효력이 미치고, 당해 사건의 재판이 확정된 때로부터 진행한다(제253조 제2항). 즉 공소시효정지의 주관적 불가분성이 명시적으로 규정되어 있다.

판례에 의하면 뇌물공여죄와 뇌물수수죄는 대향범이지만 형법상 각자 별개의 구성요건이 있기 때문에 여기의 공범에는 해당되지 않는다(대판 2015.2.12. 2012도4842). 그리고 공범의 1인으로 기소된 사람이—단순히 책임조각이 아니라—범죄의 증명이 없다는 이유로 무죄판결을 받은 경우에는 그를 공범으로 인정할 수 없기 때문에 진범인에 대해 공소시효정지의 효력이 없다(아래 판례참조). 그리고 다른 공범에 대한 시효정지의 효력은 당해 사건의 재판이 확정된 때부터 다시 공소시효가 진행된다. 당해 사건의 재판이 확정되었다면 그 이후 상소권 내지 정식재판청구권이 적법하게 회복되더라도 다른 공범자의 공소시효는 마찬가지로 당해 사건의 재판확정 시부터 다시 진행되는 것으로 해석되어야 한다. 예컨대, 공범 중 1인에 대해 약식명령이 확정되고 그 후 정식재판청구권이 회복된 경우, 그것만으로는 그사이에 검사가 다른 공범자에 대한 공소를 제기하지 못할 법률상 장애사유가 있다고 볼 수 없을 뿐만 아니라, 그 기간 동안 다른 공범자에 대한 공소시효가 정지된다고 볼 아무런 근거도 찾을 수 없다(대판 2012.3.29, 2011도15137).

관련판례 ① 형사소송법 제253조 제1항, 제2항에 의하면 공소시효는 공소의 제기로 진행이 정지되고, 공범의 1인에 대한 공소시효의 정지는 다른 공범자에 대하여 효력이 미치고 당해 사건의 재판이 확정된 때로부터 진행한다고 규정하고 있는바, 위 제2항 소정의 공범관계의 존부는 현재 시효가 문제되어 있는 사건을 심판하는 법원이 판단하는 것으로서 법원조직법 제8조의 경우를 제외하고는 다른 법원의 판단에 구속되는 것은 아니라고 할 것이고, 위 형사소송법 제253조 제2항 소정의 재판이라 함은 종국재판이면 그 종류를 묻지 않는다고 할 것이나, 공범의 1인으로 기소된 자가 구성요건에 해당하는 위법행위를 공동으로 하였다고 인정되기는 하나 책임조각을 이유로 무죄로 되는 경우와는 달리 범죄의 증명이 없다는 이유로 공범 중 1인이 무죄의 확정판결을 선고받은 경우에는 그를 공범이라고 할 수 없어 그에 대하여 제기된 공소로써는 진범에 대한 공소시효정지의 효력이 없다(대판 1999.3.9, 98도4621).[91]

반면에 공소시효정지의 객관적 범위에 대해서는 명시적 규정은 없지만 공소불가분의 원칙에 따라 공소제기에 따른 시효정지의 범위도 공소사실과 동일성 있는 사건의 전체에 미치는 것으로 보아야 한다.

[**설문 (42a)의 해결**] 위 사실과 관련하여 乙(제3자 뇌물공여죄), 丙(제3자 뇌물취득죄), 丁(특가법상 뇌물)에 대한 공소가 2006.1.10. 제기되어 乙에 대한 유죄판결은 2007.4. 27. 확정되고(상고기간경과), 丙, 丁에 대한 유죄판결은 3개월 뒤인 2007.7.27. 확정되었다(상고기각). 이때 甲의 범죄에 대한 공소시효 정지기간(즉 공소시효의 연장기간)은 2006.1.10.부터 2007.4.27.까지(1년 107일간)이다. 왜냐하면 임의적 공범인 乙에 대한 공소가 제기된 때로부터 乙에 대한 재판이 확정된 때까지 甲에 대해서도 공소시효가 정지되기 때문이다(따라서 甲의 경우 합계 6년 107일 경과시점에 공소시효가 만료될 것임). 다만, 이러한 공소시효 정지를 고려하더라도 상기사례에서는 이미 공소시효가 완성된 상태인 범죄종료 후 6년 147일이 경과된 시점에서 공소가 제기된 것이므로 법원은 甲에 대해 면소판결을 해야 한다. 임의적 공범인 乙과는 달리 공무원 丙은 별개의 법정형이 있는 수뢰죄의 피고인이기 때문에 丙에 대한 재판기간(2년)은 증뢰죄 피고인인 甲의 공소시효기간 계산에는 영향을 끼칠 수 없다(대판 2015.2.12. 2012도4842의 태도). 따라서 甲에 대해서는 공소시효 만료에 따른 면소판결이 동일하게 선고되어야 할 것이다.

5. 공소시효의 완성

(1) 완성사유

[설문 (43)] 공소제기 후 25년이 지나기 전에 판결이 선고, 확정되었으나, 피고인에 의한 상소권회복의 청구가 인용되어 처음 공소제기부터 상소회복 이후 현재 심판 시점까지의 기간이 25년을 넘으면 법원이 취하여야 할 조치는?

91) 이에 대한 평석으로는 강윤구, "범죄의 증명이 없다는 이유로 무죄확정된 공범의 1인에 대한 기소와 다른 공범에 대한 공소시효정지 여부," 재판과 판례 9집, 대구판례연구회, 2000, 415-432면 참조.

공소의 제기 없이 공소시효기간이 경과하면 공소시효는 완성된다. 그리고 공소가 정지된 이후 다시 공소가 진행되는 경우에는 나머지 공소시효기간이 경과하면 공소시효는 완성된다.

그리고 개정 형사소송법에 따르면, 공소가 제기된 범죄는 판결의 확정이 없이 공소를 제기한 때로부터 25년을 경과하면 공소시효가 완성한 것으로 간주한다(의제공소시효제도; 제249조 제2항).

[설문 (43)의 해결] 설문사례는 공소제기 후 25년이 지나기 전에 판결이 선고 확정되었으나, 그 이후 피고인에 의한 상소권 회복의 청구가 인용된 경우, 처음 공소제기부터 상소회복시점까지의 기간이 25년을 넘으면 법원이 면소판결을 내릴 수 있는지를 물은 것이다. 판례의 태도에 따르면 확정 후 상소권회복까지의 기간에 대해 의제공소시효 진행의 정지가 인정되지 않는다(이를 남용하려는 자에게는 귀책사유가 인정되어 상소권회복 자체가 기각될 것임). 따라서 법원은 본인에게 귀책사유가 없는 한 공소시효의 만료를 이유로 면소판결을 선고하여야 한다(대판 1986.11.25, 86도2106).

---

(2) 완성의 효과

공소시효의 완성은 소송조건에 해당하므로 공소가 제기되지 않은 때에는 검사가 공소권 없음의 불기소처분을 해야 한다. 공소가 제기된 후에 공소시효가 완성된 것이 판명된 때에는 법원은 면소의 판결을 해야 한다(제326조 제3호). 이에 위반하여 유죄·무죄의 실체판결을 하면 항소·상고이유가 된다.

6. 공소시효와 소급입법의 문제

[설문43a] 검사 甲은 장애인 대상 강간죄를 오래전에 범하였던 A를 검거하여 수사를 마무리하고서 그에 대해 「성폭력범죄의 처벌 등에 관한 특례법」 위반으로 2012.1.20. 공소 제기하였다. 그런데 甲이 A를 공소 제기한 시점은 구법(행위시법)에 따르면 이미 공소시효 기간이 계산상 만료된 시점인 2011.11.20. 이후에 해당하지만, 2011.11.17. 새로이 개정 시행된 「성폭력범죄의 처벌 등에 관한 특례법」 제20조 제3항(재판시 신법 조항)에 따르면 동 죄에 대한 공소시효제도는 폐지되었다. 2012.2.20. 재판하여야 할 경우 법원의 조치는?

1995년 12월 「5·18 민주화운동 등에 관한 특별법」과 「헌정질서파괴범죄의 공소시효 등에 관한 특례법」이 제정되었다. 전자의 법률은 1979년 12월 12일과 1980년 5월 18일을 전후하여 발생한 헌정질서파괴범죄에 대하여 공소시효의 진행을 정지시켰고, 후자의 법률은 장차 헌정질서파괴범죄(즉 형법상의 내란의 죄와 외환의 죄, 군형법상의 반란의 죄와 이적의 죄), 집단살해죄의 방지와 처벌에 관한 협약에 규정된 집단살해에 해당하는 죄에 대하여 공소시효제도를 폐지하였다. 그리고 2000년대에는 「성폭력범죄의 처벌 등에 관한 특례법(제21조)」과 「아동 · 청소년의 성보호에 관한 법률(제20조)」도 공소시효 정지(연장) 내지 배제에 관한 규정을 신설하였다. 그런데 이러한 새로운 법률의 소급적용이 허용될 것인가가 문제된다. 우리나라 헌법재판소와 대법원 판례는 공소시효와 같은 소송법적 사항에 대해서는 신법의 소급효 규정 자체는 위헌(즉 죄형법정주의의 위반)이 아닌 것으로 보았지만(여기에는 진정소급효까지 허용할 것인지, 아니면 부진정 소급효만을 허용할 것인지의 문제도 있음), 다만 소급적용에 관한 법적 근거(부칙의 경과규정)가 있어야만 비로소 허용되는 것으로 판시하였다(예컨대, 2011.11.17. 법률 제11088호로 개정 시행된 「성폭력범죄의 처벌 등에 관한 특례법」은 제20조 제3항에서 13세 미만의 여자 및 장애인 대상 일정 성폭력범죄에 대해서 공소시효 배제조항을 신설하면서도 이에 대하여는 소급효에 관한 경과규정을 두지 아니하였기 때문에 종국적으로 소급적용을 허용할 수 없다는 대법원 2015.5.28. 선고 2015도1362, 2015전도19 판결). 왜냐하면 2007.12.21. 법률 제8730호로 개정된 형사소송법이 종전의 공소시효 기간을 연장하면서도 그 부칙 제3조에서 "이 법 시행 전에 범한 죄에 대하여는 종전의 규정을 적용한다."고 규정함으로써 소급효를 인정하지 아니한다는 원칙을 밝히고 있고, 특별법에 소급적용에 관한 명시적인 경과규정이 없는 경우에는 일반법(형사소송법)에 규정된 경과규정이 적용되어야 하는 점에 비추어 공소시효가 피고인에게 불리하게 변경되는 경우에는 피고인에게 유리한 종전 규정을 적용하여야 하기 때문이라는 것이다. 상기한 [설문 43a]의 경우 법원은 공소시효 만료에 근거하여 면소판결을 내려야 할 것이다.

Ⅱ. 공소제기 후의 수사

1. 필요성과 한계

수사는 주로 공소제기 전에 범인의 발견과 증거의 수집을 위해 이루어진다. 따라서 원칙적으로 공소제기와 동시에 수사기관에 의한 수사도 종결된다. 그러나 공소제기 후에도 검사는 피고인에 대한 공소사실이 추가로 밝혀진 경우에는 물론이고 공소유지를 위하거나 공소유지의 여부를 결정하기 위해서도 수사를 계속할 필요가 있다. 따라서 검사에게는 공소제기 후에도 수사가 허용되어야 한다는 점에는 이론이 있을 수 없다. 문제는 어느 범위까지 허용되느냐에 있다. 이 문제에 대해서는 공소제기에 의해 사건은 법원의 지배로 옮겨지기 때문에 무제한의 수사허용은 법원의 심리에 지장을 초래한다는 점과 공소제기에 의해 피의자는 피고인이 되어 검사와 대등한 당사자적 지위가 인정되기 때문에 피고인에 대한 수사는 피고인의 당사자 지위와 모순된다는 점이 고려되어서 판단되어야 한다. 이러한 관점에서 공소제기 후의 수사의 범위에 대하여 강제수사와 임의수사로 나누어 살펴보기로 한다.

2. 공소제기 후의 강제수사

(1) 대인적 강제처분

형사소송법의 대인적 강제처분에는 체포(현행범체포, 긴급체포, 영장에 의한 체포)와 구속(구인과 구금)이 있다. 그런데 공소제기 후에 국가기관이 행할 수 있는 대인적 강제처분은 (피고인) 구속밖에 없다. 체포제도는 기소전 피의자에게만 적용되는 제도이기 때문이다. 그런데 공소제기 후의 피고인에 대해서 수사기관이 대인적 강제수사를 하는 것은 허용되지 않아야 한다. 이것은 검사와 대등한 피고인의 당사자로서의 지위와 우선적으로 모순되기 때문이다. 따라서 수사기관이 공소제기 이후에 피고인을 구속할 수는 없다. 현행법도 피고인의 구속은 수소법원의 권한으로 하면서(제70조), 수사기관은 피의자에 한해서 구속할 수 있는 것으로(제201조) 규정하고 있다. 따라서 검사는 수소법원에 대하여 사실상 피고인의 구속을 촉구할 수 있을 뿐이고, 수소법원 또는 일반법관에게 피고인에 대한 구속영장을 직접 청구할 수는 없다.[92] 만약 구속영장을 청구하면 법관은 이를 기각하여야 할 것이다.

---

92) 그런데 제1회 공판기일 전에 수소법원에 의한 피고인의 구속은 공소장일본주의의 취지에 비추어 보면 문제가 있다는 지적이 있다(백형구, 388면). 수소법원이 피고인을 구속하기 위해서는 범죄혐의의 유무를 조사·판단하여야 하는데, 수소법원이 제1회 공판기일 전에 피고사건의 실체에 대하여 심증을 형성한다는 것은 예단배제의 원칙에 배치되며 백지의 심경으로 공판에 임하게 함으로써 형사재판의 공정을 도모하려는 공소장일본주의의 근본취지에 반한다는 것이다.

(2) 대물적 강제처분

[설문 (43b)] 甲과 乙은 2013.12.2. 위 범죄사실로 서울중앙지방법원에 불구속 기소되었고, 형사7단독 재판부에 배당되어 제1회 공판기일이 2014.1.3.로 지정되었다. 수사검사는 2013.12.26. 서울중앙지방법원 영장전담판사로부터 압수수색영장을 발부받아 甲의 집에서 영업장부를 압수한 후, 그 영업장부와 압수조서를 공판기일에 증거로 제출하였다. 위 영업장부와 압수조서는 증거능력이 인정되는가? (2014년 제3회 변호사시험문제)

1) 학설대립　공소제기 후 수사기관에 의한 압수, 수색, 검증과 같은 대물적 강제처분이 허용되는가에 대해서는 견해대립이 있다. 우선 대물적 강제처분의 경우에는 피의자(피고인)의 구속과 같이 직접적으로 그의 당사자로서의 지위를 건드리는 것이 아니기 때문에 이를 허용하는 적극설도 대두된다.[93] 적극설의 논거로는 (i) 형사소송법 제215조가 영장청구의 시기를 제한하고 있지 않고, (ii) 압수 · 수색 · 검증은 피고인의 방어활동에 영향을 미치는 것이 아니며, (iii) 공소제기 후, 특히 제1회 공판기일 전의 수사기관에 의한 대물적 강제처분은 대인적 강제처분과는 달리 당사자주의와 공판중심주의에 반하지 아니한다는 것 등이 제시된다.

이에 반하여 공소제기 후의 수사기관에 의한 대물적 강제처분은 전면적으로 불허된다는 소극설의 논거로서는 (i) 공소가 제기되면 사건은 법원에 계속되며, 소송계속중인 피고사건에 관한 압수 · 수색 · 검증은 수소법원의 권한이고(제106조 이하), (ii) 수소법원에 의한 압수 · 수색 · 검증이 가능함에도 불구하고 수사기관에 의한 압수 · 수색 · 검증을 허용하는 것은 불합리하며, (iii) 공소제기 후 제1회 공판기일 전에 압수 · 수색 · 검증의 긴급성이 요청되는 경우에는 증거보전절차에 의한 압수 · 수색 · 검증이 가능하며(제184조), (iv) 제1회 공판기일 이전에 압수 · 수색 · 검증의 영장청구시 요구되는 범죄혐의를 인정할 수 있는 자료를 제출케 하는 것은 수소법원의 예단을 배제하려는 공소장일본주의의 취지에도 반하게 된다는 것 등이 제시된다.

2) 판　례　검사가 공소제기 후 형사소송법 제215조에 의해 수소법원 외 법관으로부터 발부받은 압수 · 수색영장에 의해 수집한 증거의 증거능력을 원칙적

93) 강구진, 245면; 차용석 교수는 공소제기 후 제1회 공판기일 이전에는 법원이 증거보전절차 등에서 대물적 강제처분을 행할 수 없는 범위 내에서 수사기관에 의한 압수 · 수색 · 검증이 허용된다는 제한적 허용설을 취하고 있다(차용석, 343면).

으로 부정함으로써 소극설의 입장에 있다(대판 2011.4.28, 2009도10412). 상기한 [설문 43b]에서 검사가 공소제기 후 수소법원 외 법관으로부터 발부받은 압수 · 수색영장에 의해 수집한 증거의 증거능력은 이 판례의 태도에 의하면 위법수집증거배제법칙에 의해 부정되어야 할 것이다.

3) 소 결 소극설이 타당한 것으로 판단된다. 무엇보다도 우리나라 형사소송법 제215조 이하와 제106조 이하에서 공소제기 이전의 수사상 강제처분과 공소제기 이후의 공판절차상 수소법원의 강제처분으로 나누어서 규정한 것이 소극설의 결정적인 근거가 될 수 있을 것이다. 다만 소극설에 의하는 경우에도 예외적으로 다음의 경우에는 공소제기 후에 수사기관에 의한 압수 · 수색 · 검증이 허용될 수 있다. 첫째, 피고인에 대한 구속영장을 집행하는 경우에 검사 또는 사법경찰관은 그 집행의 현장에서는 영장 없이 압수 · 수색 · 검증할 수 있다(제216조 제2항). 이 경우 수사기관에 의한 피고인의 구속은 영장집행에 불과하지만, 압수 · 수색 · 검증은 수사에 속하는 강제처분이 된다. 따라서 대물적 강제처분의 대상물건은 법관에게 제출해야 하는 것이 아니라 수사기관이 이를 보유할 수 있다. 둘째, 수사기관은 공소제기 이후에도 그에게 제출된 임의제출물을 압수할 수 있다. 임의제출물은 일단 영치된 이상 제출자가 임의로 취거할 수 없다는 점에서 그것의 압수는 강제수사이지만,[94] 점유취득방법이 임의적이므로 공소제기 후의 수사기관에 의한 임의제출물의 압수는 허용되어도 무방하다.[95]

3. 공소제기 후의 임의수사

(1) 임의수사의 허용성

공소제기 후의 임의수사는 "수사에 관하여는 그 목적을 달성하기 위하여 필요한 조사를 할 수 있다"는 규정(제199조 제1항)에 따라서 원칙적으로 허용되어야 한다. 따라서 공소제기 이후에 감정 · 통역 또는 번역을 위촉하거나(제221조) 공무소에 조회하는(제199조 제2항) 임의수사는 제1회 공판기일의 전후를 불문하고 제한 없이 허용된다.[96] 그러나 피고인신문과 참고인조사에 대해서는 견해대립이 있다.

94) 임의수사로 해석하는 견해로는 서일교, 216면.
95) 배종대/이상돈, 345면; 이재상, 328면; 신동운, 244면.
96) 이에 대하여 수사기관의 감정위촉은 법원의 감정위촉과 달리 감정인의 선서제도가 없고 감정에 대한 당사자의 참여도 보장되어 있지 않다는 점을 근거로 제1회 공판기일 전

(2) 수사기관에 의한 피고인신문의 경우

1) 견해대립

(가) 적 극 설 적극설은 공소제기 후에도 수사기관이 피고인을 신문할 수 있다는 견해이다. 이 견해는 피고인신문은 임의수사이고, 형사소송법 제199조 제1항이 임의수사의 시기를 제한하고 있지 않다는 것을 근거로 들고 있다.[97] 판례도 "진술조서가 공소제기 후에 작성된 것이라는 이유만으로 곧 증거능력이 없는 것이라고 할 수 없으므로 원심이 이를 증거로 채택하였다고 하여 공판중심주의 내지 공개재판의 원칙에 위배된 것이라고 말할 수 없다"고 판시함으로써[98] 적극설을 따르고 있다.

(나) 절 충 설 절충설은 제1회 공판기일 전에 한하여 공소제기 후 수사기관의 피고인신문이 허용된다는 견해이다. 이 견해는 제1회 공판기일 전에는 공판절차상의 피고인신문이 불가능하므로 수사기관에 의한 피고인신문이 필요하고, 이것은 제1회 공판기일에 이르러 당사자주의가 발현되는 당사자주의와도 충돌되지 않는다는 데에 근거를 두고 있다.[99]

(다) 소 극 설 다수설인 소극설은 공소제기 후에는 제1회 공판기일 전후를 불문하고 수사기관이 피고인을 신문할 수 없다는 견해이다. 이 견해는 (i) 형사소송법 제200조는 피의자의 출석과 신문을 규정하고 있을 뿐이므로 여기에 피고인은 포함될 수 없으며, (ii) 공소제기 후에 수사기관의 피고인신문을 허용한다는 것은 피고인의 당사자로서의 지위와 모순되고, (iii) 공판외의 수사를 허용한다면 공판중심주의에 반하고, 공판절차에서 보장되는 변호인에 의한 직접보호가 침해되며, (iv) 수사기관은 공소제기까지 충분한 시간을 가지고 있었음에도 불구하고 피고인에게 주어진 최초이자 중요한 방어준비기간인 공소제기 후 제1회 공판기일까지의 기간에 그 방어준비기회를 박탈하는 절충설도 타당치 않다는 것 등을 근거로 든다.

2) 소 결 소극설이 타당한 것으로 판단된다. 공소제기된 사건에 대해 수사기관에 의한 피고인신문을 허용하는 것은 피고인의 당사자 지위와 어울리지 않고 법정에서의 피고인신문절차가 별도로 마련된 취지가 몰각될 수 있기 때문이다. 다

에 한하여 허용된다고 하는 입장으로는 백형구, 352면; 정영석/이형국, 222면.

97) 서일교, 225면.

98) 대판 1984.9.25, 84도1646; 대판 1982.6.8, 82도754.

99) 백형구, "공소제기 후의 수사," 고시계 1994년 3월, 193면.

만 피고인의 당사자적 지위와 충돌되지 아니하는 예외적 경우에는 이것이 허용되어도 무방하다. 예컨대 피고인 스스로 검사의 면접을 요구한 경우, 공범자 또는 진범이 발견되어 피고인이 순수한 참고인으로 조사받는 경우, 피고인에 대한 별개의 추가 범죄사실이 발견된 경우 등에는 허용되어야 할 것이다.

(3) 증인에 대한 참고인조사의 경우

[설문 (44)] 검사 甲은 A의 사기피의사건을 조사할 때 참고인 乙을 조사하여 A의 사기범행을 밝혀주는 진술을 들었다. 그런데 공소제기 이후 乙이 증인으로 법정에 출석하여 피고인 A에게 유리한 증언을 하자 검사 甲은 그를 다시 검찰청으로 불러 법정증언을 번복하는 내용의 진술을 얻은 이후에 그 진술조서를 증거로 법원에 제출하였다. 이 경우 제출된 참고인진술조서의 증거능력은?

공소제기 후 수사기관에 의한 — 증인으로 채택된 자가 아닌 — 단순한 참고인의 조사는 허용된다. 그런데 공소제기 이후, 특히 제1회 공판기일 이후에는 법원에 의하여 증인신문이 행하여질 것이다.[100] 이 경우 수사기관이 증인을 수사기관으로 다시 소환하여 증인신문을 할 수 있는가가 문제된다. 특히 피고인에게 유리한 증언을 한 증인을 수사기관이 신문하여 증언내용에 대해 조서를 받는 것이 허용되는지가 문제된다. 이에 대해 종래의 판례는 다음과 같이 판시하였다.

관련판례 ① 피고인에게 유리한 증언을 한 증인을 법정 외에서 추궁하여 법정에서의 증언을 번복하게 하는 따위의 증거의 수집은 공정한 수사권의 행사라고는 할 수가 없을 뿐만 아니라, 그와 같은 경로에 의하여 수집된 증거는 신빙성 또한 상대적으로 희박하다고 할 수밖에 없다(대판 1993.4.27, 92도2171; 대판 1983.8.23, 83도1632; 대판 1984.11.27, 84도1376).

② 증인이 법정에서 증언한 후에 검사가 그 증인을 검찰청에 소환하여 일방적인 신문방식으로 그 증언내용의 진실여부를 추궁하여 작성한 진술조서는 피고인이나 변호인의 반대신문의 기회가 확보된 법정진술을 검사의 일방적 신문으로 번복하는 것이어서 당해 사건의 유죄증거로 삼아서는 안 될 것이나, 공판기일에 다시 증인으로 환문하면서 위 진술조서 기재내용에 관하여 피고인측에게 반대신문의 기회를 부여하였다면 증거능력이 있는 것이다(대판 1992.8.18, 92도1555).

상기한 판례 ①은 수사의 부당성은 지적하였으나 위법성까지 인정한 것은 아니

100) 배종대/이상돈, 347면; 백형구, 338면.

며, 그를 통한 진술서류의 증명력에 대해서만 의심하였을 뿐이고 그 증거능력은 인정한 것이다. 그리고 상기한 판례 ②는 피고인측 '반대신문권의 침해를 이유로' 증거능력까지 '원칙적으로' 부정하였지만 사후에 피고인에게 반대신문권을 보장하였다면 예외적으로 증거능력이 인정된다는 내용의 판시를 한 것이다. 그러나 재판이 시작된 후에는 법정에서 당사자의 구두변론을 기초로 수소법원이 직접 진술을 청취하여야 한다는 형사소송법상 공판중심주의, 직접심리주의 및 당사자주의의 원칙에 따라서 공소제기 이후에 법정증인을 수사실로 다시 불러서 행한 증인신문 자체는 위법하다고 평가되는 것이 옳다. 그렇게 되면 법정증인을 다시 수사실로 불러 진술을 얻어내고 작성된 진술서류는 위법하게 수집된 증거가 되어서 사후의 반대신문권보장과도 관계없이 확정적으로 증거능력이 부정되어야 한다. 아래의 전원합의체 판결도 이러한 취지로 종래 견해를 올바르게 변경하였다.[101] 그리고 진술조서를 작성하는 대신에 증인(참고인)으로 하여금 본인의 증언내용을 번복하는 내용의 진술서를 작성하도록 하여 법원에 제출한 경우에도 마찬가지로 적용되어야 한다(대판 2012.6.14. 2012도534 천신일 회장 사건). 더 나아가 이러한 논리는 검사가 공판준비 또는 공판기일에서 이미 증언을 마친 증인에게 수사기관에 출석할 것을 요구하여 그 증인을 상대로 위증의 혐의를 조사한 내용을 담은 피의자신문조서의 경우도 마찬가지이다(대판 2013.8.14, 2012도13665).

관련판례 ① 공판준비 또는 공판기일에서 이미 증언을 마친 증인을 검사가 소환한 후 피고인에게 유리한 그 증언내용을 추궁하여 이를 일방적으로 번복시키는 방식으로 작성한 진술조서를 유죄의 증거로 삼는 것은 당사자주의 · 공판중심주의 · 직접주의를 지향하는 현행 형사소송법의 소송구조에 어긋나는 것일 뿐만 아니라, 헌법 제27조가 보장하는 기본권, 즉 법관의 면전에서 모든 증거자료가 조사 · 진술되고 이에 대하여 피고인이 공격 · 방어할 수 있는 기회가 실질적으로 부여되는 재판을 받을 권리를 침해하는 것이므로, 이러한 진술조서는 피고인이 증거로 할 수 있음에 동의하지 아니하는 한 그 증거능력이 없다고 하여야 할 것이고, 그 후 원진술자인 종전 증인이 다시 법정에 출석하여 증언을 하면서 그 진술조서의 성립의 진정함을 인정하고 피고인측에 반대신문의 기회가 부여되었다고 하더라도 그 증언 자체를 유죄의 증거로 할 수 있음은 별론으로 하고 위와 같은 진술조서의 증거능력이 없다는 결론은 달리할 것이 아니다. 이와는 달리 그 후의 공판기일에서 원진술자인 종전 증인이 다시 증언을 함에

101) 대법원 2000.6.15. 선고, 99도1108 전원합의체 판결.

있어서 피고인측에 반대신문의 기회가 부여되었다면 위와 같은 진술조서를 유죄의 증거로 쓸 수 있다는 취지의 대법원 1992.8.18. 선고 92도1555 판결 및 위와 같은 진술조서도 증거능력이 있음을 전제로 한 대법원 1983.8.23. 선고 83도1632 판결, 1984.11.27. 선고 84도1376 판결, 1993.4.27. 선고 92도2171 판결의 각 견해는 이와 저촉되는 한도에서 이를 변경하기로 한다(대판 2000.6.15, 99도1108 전원합의체).[102]

---

102) 이에 대한 평석으로 심희기, "법정증언을 번복하는 내용의 참고인진술조서의 증거능력," 법률신문 2903호(2000.7), 15면; 남영찬, "증언을 번복하는 진술조서의 증거능력," 법조 49권 10호(통권529호), 2000, 188-214면; 백형구, "증언후에 작성된 진술조서의 증거능력," 판례월보 362호, 2000, 24-29면; 정의식, "증인에 대한 검사 작성 진술조서의 증거능력," 저스티스 33권 3호, 2000, 195-210면; 이재홍, "법정증언을 번복하는 진술조서의 증거능력," 형사판례연구 9호, 2001, 424-440면; 이재홍, "공판준비 또는 공판기일에서 이미 증언을 마친 증인을 검사가 소환하여 추궁한 후 법정에서의 증언을 번복시키는 방식으로 작성한 진술조서의 증거능력 인정여부," 21세기사법의 전개: 송민 최종영대법원장 퇴임기념, 2005, 455- 464면.

제 3 편

각 론(2): 公判節次論

- 제 1 장 正式裁判의 公判節次
- 제 2 장 刑事證據論
- 제 3 장 裁　判

제1장

정식재판의 공판절차

[§ 26] 공판절차의 기본원칙

Ⅰ. 공판절차와 공판중심주의

1. 공판절차의 의의

공판절차란 검사에 의해 공소가 제기되어 사건이 법원에 계속된 이후 그 소송절차가 종결될 때까지의 모든 절차를 말한다. 즉 법원이 피고사건에 대하여 심리·재판하는 절차단계를 말한다. 다만 이러한 공판절차 가운데 특히 공판기일의 절차를 협의의 공판절차라고 한다.

2. 공판중심주의의 의의

공판중심주의란 사건 실체에 대한 법원의 심증형성은 공개된 법정에서의 심리, 즉 공판심리에 의하여야 한다는 원칙을 말한다. 형사소송법은 예심제도를 폐지하여 실체심리를 공판절차에 집중함으로써 공판중심주의를 확립하고 있다.[1] 이러한 공판중심주의는 공개재판주의, 직접주의, 구술변론주의, 집중심리주의와 같은 형사

1) 공판준비 또는 공판기일에서 이미 증언을 마친 증인을 검사가 소환한 후 피고인에게 유리한 증언내용을 추궁하여 이를 일방적으로 번복시키는 방식으로 작성한 진술조서를 유죄의 증거로 삼는 것은 당사자주의·공판중심주의·직접주의를 지향하는 현행 형사소송법의 소송구조에 어긋나는 것일 뿐만 아니라, 헌법 제27조가 보장하는 기본권, 즉 법관의 면전에서 모든 증거자료가 조사·진술되고 이에 대하여 피고인이 공격·방어할 수 있는 기회가 실질적으로 부여되는 재판을 받을 권리를 침해하는 것이다(대판 2000.6.15, 99도1108 전원합의체).

소송법상의 기본원칙을 내포하고 있다. 이를 통해 형사절차에 대한 국민의 감시와 통제를 가능하게 하고, 공정한 절차가 확보되도록 함으로써 국민의 인권을 보장하는 기능을 수행한다.[2)]

입법조치

공판중심주의가 형사재판의 기본원칙임에도 불구하고 종래 우리의 실무에서는 이 원칙이 제대로 실현되지 못하였다. 오히려 대부분의 사건에서 피고인의 유무죄 여부와 양형에 관한 판단은 형사법정이 아닌 법관의 집무실에서 이루어지는 '조서재판'이 관행화되어 왔으며, 법정심리에서는 치열한 구두변론은 상당 부분 생략된 채 형식적으로만 이루어졌으며, 그 과정에서 피고인은 소송의 주체가 아닌 단순한 절차와 심리의 객체로 취급받았다. 이러한 문제점을 해결하기 위해 2008년 1월 1일부터 시행되는 개정 형사소송법은 공판중심주의를 강화하는 입법조치를 취하였다.

Ⅱ. 공판중심주의의 내용

1. 공개주의

(1) 의 의

공개주의(Öffentlichkeitsprinzip)란 일반국민에게 재판의 방청을 허용하는 원칙을 말한다. 이러한 내용의 공개주의는 일체의 방청을 허용하지 않는 밀행주의(密行主義)와 일정한 소송관계인에게만 방청을 허용하는 당사자공개주의와 구별되는 개념이다.

공개주의의 이론적 근거는 법원의 심판절차를 일반국민이 감시 · 통제할 수 있게 함으로써 재판의 공정을 보장하고, 재판에 대한 국민의 신뢰를 유지하는 데 있다. 이러한 취지에서 헌법 제27조 제3항은 공개재판을 받을 권리를 국민의 기본권으로 선언하고 있고, 헌법 제109조에 따른 법원조직법 제57조 제1항은 "재판의 심리와 판결은 공개한다"는 공개주의를 명시하고 있다. 공개주의는 공판정의 개정을 의미할 뿐이고 매스컴의 중계에 의한 공개까지 보장하는 것은 아니다. 따라서 누구든지 법정 안에서는 재판장의 허가 없이 녹화 · 촬영 · 중계방송 등의 행위를 하지 못한다

---

2) 이에 대한 자세한 내용으로는 신이철, "형사증거법에서의 공범자 진술에 관한 연구," 박사학위논문, 2008, 18면 이하 참조.

(법원조직법 제59조). 공개주의원칙을 위반한 경우에는 절대적 항소이유(제361조의5 제9호)와 상고이유(제383조 제1호)가 된다.

(2) 제 한

1) 법정질서유지를 위한 방청인의 제한　재판장은 법정질서를 유지하기 위하여 필요하다고 인정한 때에는 방청석 수에 해당하는 방청권을 발행케 하고 그 소지자에 한하여 방청을 허용하는 조치를 할 수 있다(법정 방청 및 촬영 등에 관한 규칙 제2조 제1호).

2) 특수사건의 비공개　재판의 심리가 국가의 안전보장 또는 안녕질서를 방해하거나 선량한 풍속을 해할 염려가 있을 때에는 법원의 결정으로 공개하지 아니할 수 있다(헌법 제109조 단서, 법원조직법 제57조 제1항 단서). 이 경우에도 재판장은 적당하다고 인정되는 자의 재정을 허가할 수 있다(법원조직법 제57조 제3항). 그러나 심리에 한하여 비공개할 수 있을 뿐이고 판결선고의 비공개는 허용되지 않는다. 그리고 소년보호사건에 대한 심리는 공개하지 아니한다(소년법 제24조 제2항).

3) 퇴정명령　재판장은 (i) 재판장의 허가 없이 녹음, 녹화, 촬영, 중계방송 등을 하는 자, (ii) 음식을 먹거나 흡연을 하는 자, (iii) 법정에서 떠들거나 소란을 피우는 등 재판에 지장을 주는 자에 대하여 이를 제지하거나 또는 퇴정을 명할 수 있다(법정 방청 및 촬영 등에 관한 규칙 제3조).

4) 법정에서의 사진촬영과 녹음　법정에서의 사진촬영과 녹음은 재판장의 허가사항이다(법원조직법 제59조). 재판장의 허가를 받고자 하는 자는 촬영 등 행위의 목적, 종류, 대상, 시간 및 소속기관명 또는 성명을 명시한 신청서를 재판기일 전날까지 제출하여야 한다(법정 방청 및 촬영 등에 관한 규칙 제4조 제1항). 재판장은 피고인(또는 법정에 출석하는 원, 피고)의 동의가 있는 때에 한하여 전항의 신청에 대한 허가를 할 수 있다. 다만, 피고인(또는 법정에 출석하는 원, 피고)의 동의 여부에 불구하고 촬영 등 행위를 허가함이 공공의 이익을 위하여 상당하다고 인정되는 경우에는 그러하지 아니하다(제2항).

2. 구두변론주의

(1) 의 의

구두변론주의란 법원은 소송관계인의 구두에 의한 공격·방어, 즉 구두변론을 기초로 심판하여야 한다는 원칙을 말한다. 이 원칙을 통해 공판정에서 무슨 주장과 변론이 행해지는지가 공중에게 공개되고 감시될 수 있기 때문에 공판중심주의의 핵심내용을 이룬다. 형사소송법은 "공판정에서의 변론은 구두에 의하여야 한다"(제275조의3)고 이 원칙을 선언하고 있다. 구두변론주의는 구두주의와 변론주의로 나눌 수 있다.

(2) 구두주의

구두주의는 공판기일에 소송관계인에 의한 구술의 공격과 방어를 기초로 심판하여야 한다는 원칙을 말한다. 구두주의에 의하면 공판기일 이전에 서면의 의견서를 제출하고 아무런 구두변론 없이 그 의견서를 진술한 것으로 간주하는 방식이나, 공판기일에 특별한 의견진술 없이 "추후 서면으로 제출하겠다"는 식으로만 의견을 진술하고 공판기일 이외에서 서면의 의견서를 제출하는 서면주의의 방식은 지양되어야 한다. 다만 구두주의는 실체진실의 발견을 이념으로 하는 것이므로 실체형성행위에 대해서만 타당하며 절차형성행위에 대하여는 서면주의가 지배한다.

(3) 변론주의

변론주의란 당사자의 주장과 입증, 즉 변론에 의하여 심판하는 원칙을 말한다. 당사자의 변론이 심판절차의 핵심을 이루기 때문에 변론주의는 당사자주의의 중요한 내용을 이룬다. 형사소송법에 규정된 당사자의 출석(제275조 제2항, 제276조), 당사자의 증거신청권(제294조), 당사자의 증거조사에 대한 이의신청권(제296조), 당사자에 의한 상호신문제도(제161조의2) 등은 변론주의를 실현하는 것이다.

관련판례 ① 검사가 일부 유죄, 일부 무죄가 선고된 제1심판결 전부에 대하여 항소하면서 유죄 부분에 대하여는 아무런 항소이유도 주장하지 않은 경우에는, 유죄 부분에 대하여 법정기간 내에 항소이유서를 제출하지 않은 것이 되고, 그 경우 설령 제1심의 양형이 가벼워 부당하다 하더라도 그와 같은 사유는 형사소송법 제361조의4 제1항 단서의 직권조사사유나 같은 법 제364조 제2항의 직권심판사항에 해당하지 않으므로, 항소심이 제1심판결의 형보다 중한 형을 선고하는 것은 허용되지 않는데(대판 2008.1.31, 2007도8117; 대판 2014.7.10, 2014도5503 등 참조), 이러한 법리는 검사가 유죄 부분에 대하여 아무런 항소이유를 주장하지 않은 경우뿐만 아니라 검사가 항소장이나 법정기간 내에 제출된 항소이유서에서 유죄 부분에 대하여 양형부당 주장을 하였으나, 그러한 항소이유 주장이 실질적으로 〈구두변론〉을 거쳐 심리되지 아니한 경우에도 마찬가지로 적용된다(대판 2015.12.10, 2015도11696).

---

3. 직접주의

직접주의(Unmittelbarkeitsprinzip)란 재판을 담당하는 법원이 공판정에서 직접 조사한 증거만을 재판의 기초로 삼을 수 있다는 원칙을 말한다. 직접주의는 법관에게 정확한 심증을 형성할 수 있게 하고 피고인에게 증거에 관하여 직접 변명의 기회를 부여하여 실체적 진실발견과 공정한 재판을 달성하기 위해 요구되는 원칙이다. 이 원칙은 법관의 면전에서 직접 조사한 증거만을 재판의 기초로 삼을 수 있다는 의미의 형식적 직접주의와 증명대상이 되는 사실과 가장 가까운 원본 증거를 재판의 기초로 삼아야 하며 원본 증거의 대체물 사용은 원칙적으로 허용되어서는 안 된다는 실질적 직접주의의 두 가지 면을 담고 있다(관련판례로서, 버스 운전자에 대한 폭행 내지 업무방해 사건에서 CCTV와 같은 직접적 영상이 있으면 이를 조사하여 유죄를 인정하여야 한다는 대판 2011.11.10, 2011도11115). 그리고 공판개정 후 판사의 경질이 있으면 공판절차를 갱신하여야 한다(제301조)는 규정도 형식적 직접주의를 실현하는 것이다.

관련판례 ① 우리 형사소송법은 형사사건의 실체에 대한 유죄·무죄의 심증형성은 법정에서의 심리에 의하여야 한다는 공판중심주의의 한 요소로서, 법관의 면전에서 직접 조사한 증거만을 재판의 기초로 삼을 수 있고 증명대상이 되는 사실과 가장 가까운 원본 증거를 재판의 기초로 삼아야 하며 원본 증거의 대체물 사용은 원칙적으로 허용되어서는 안 된다는 실질적 직접심리주의를 채택하고 있는바, 이는 법관이 법정에서 직접 원본 증거를 조사하는 방법을 통하여 사건에 대한 신선하고 정확한 심증을 형성할 수 있고 피고인에게 원본 증거에 관한 직접적인 의견진술의 기회를 부여함으로써 실체적 진실을 발견하고 공정한 재판을 실현할 수 있기 때문이다. 형사소송절차를 주재하는 법원으로서는 형사소송절차의 진행과 심리과정에서 법정을 중심으로 특히, 당사자의 주장과 증거조사가 이루어지는 원칙적인 절차인 제1심의 법정에서 위와 같은 실질적 직접심리주의의 정신이 충분하고도 완벽하게 구현될 수 있도록 하여야 할 것이다(대판 2006.11.24, 2006도4994).

---

4. 집중심리주의(계속심리주의)

집중심리주의(Konzentrationsprinzip)란 공판은 가능하면 중단 없이 집중하여 행해져야 한다는 원칙을 말한다. 공판기일의 심리집중과 연일 개정 및 즉일 선고는 공판중심주의를 실현하는 데 있어서 필수적으로 요구된다. 그리고 여러 가지 사정으로 인해 연일 개정이 이루어지지 않을 경우에도 기일간의 간격을 제한할 필요가 있다.

이를 위해 개정 형사소송법은 공판기일의 심리는 집중되어야 한다는 원칙을 선언하면서(제267조의2 제1항), 심리에 2일 이상이 필요한 경우에는 부득이한 사정이 없는 한 매일 계속 개정하여야 한다(제2항)고 규정하여 연일 개정 원칙을 분명히 하였다. 이를 위해 재판장은 여러 공판기일을 일괄하여 지정할 수 있으며(제3항), 부득이한 사정으로 인해 매일 계속 개정하지 못하는 경우에도 특별한 사정이 없는 한 전회의 공판기일부터 14일 이내로 다음 공판기일을 지정하여야 한다(제4항). 소송관계인은 기일을 준수하고 심리에 지장을 초래하지 아니하도록 하여야 하며, 재판장은 이에 필요한 조치를 할 수 있다(제5항).

그리고 「특정강력범죄의 처벌에 관한 특례법」에서도 법원은 특정강력범죄사건의 심리에 2일 이상이 소요되는 때에는 가능한 한 매일 계속 개정하여야 하고, 그렇지 않은 경우에도 특별한 사정이 없는 한 전의 공판기일로부터 7일 이내에 다음 공판기일을 지정하도록 규정하고 있다(동법 제10조).

그리고 집중심리주의를 실현하기 위한 보조제도로서 개정 형사소송법은 쟁점정리를 위한 공판 전 준비절차제도(제266조의5 내지 15), 공판기일 후 공판조서의 신속한 정리제도(제54조 제1항, 제2항), 재판장으로 하여금 소송관계인의 기일준수에 필요한 조치를 할 수 있는 제도(제267조의2 제5항), 증인신청자로 하여금 증인출석에 노력할 의무를 부과하는 제도(제150조의2 제2항), 변론을 종결하는 기일에 판결하는 경우 판결선고 후 판결서작성을 허용하는 제도(제318조의4 제2항) 등을 도입하였다. 그리고 졸속재판에 흐르지 않고 피고인의 방어권을 보장하는 집중심리가 되기 위해서도 개정 형사소송법은 국선변호제도를 모든 구속사건으로 확대하였고(제33조, 제201조의2 제8항), 증거개시제도(제266조의3, 4)를 도입하였다.

[§ 27] 심판의 대상과 공소장변경제도

Ⅰ. 심판의 대상

1. 의 의

탄핵주의소송구조에서는 검사의 공소제기가 없으면 법원은 심판할 수 없다(불고불리의 원칙). 그런데 불고불리의 원칙은 법원은 검사가 공소제기한 사건에 한하여서만 심판하여야 한다는 의미도 포함하고 있다. 이것의 취지는 법원의 심판범위를 한정함으로써 심리의 능률과 신속성을 도모하는 기능도 있지만 더욱 본질적인 것은 피고인의 방어권 행사를 철저히 보장하는 것에 있다. 이러한 기능 때문에 심판의 대상은 공소제기의 효력범위, 공소장변경의 범위, 기판력이 미치는 범위 등과 밀접한 관련성을 가진다. 그리고 심판의 대상이 무엇인가와 관련된 법 규정으로는 공소불가분의 원칙에 관한 제248조 제2항, 공소장변경에 관한 제298조 제1항, 공소장의 필요적 기재사항에 관한 제254조 제3항 제3호 등이 있다. 여기에는 범죄사실(제248조 제2항)과 공소사실(제254조 제3항, 제298조)이라는 용어가 사용되고 있지만, 소인이라는 용어는 직접 사용되지 않고 있다. 이러한 법 규정과 관련하여서 심판의 대상에 대해서는 다음과 같은 학설의 대립이 있다.

2. 학설의 대립

(1) 범죄사실대상설

이 설은 공소장에 기재된 공소사실과 단일성 및 동일성이 인정되는 모든 범죄사실이 심판의 대상으로 된다는 견해이다.[3] 다소 직권주의의 색체가 강한 주장이다. 이 설은 공소불가분의 원칙을 규정한 제248조 제2항이 "범죄사실의 일부에 대한 공소는 그 효력이 전부에 미친다"는 것을 실정법상 근거로 든다.

그러나 이 설이 기소된 범죄사실(공소사실)과 동일성이 있는 범죄사실의 전체를 현실적 심판범위로 인정한다면 공소장변경제도를 인정한 취지를 무의미하게 하고, 피고인의 방어권 행사에 중대한 위험을 초래할 것이다. 따라서 이 설은 타당하지 않다.

(2) 소인대상설

이 설은 심판의 대상은 범죄가 되는 사실, 즉 범죄구성요건에 해당하는 구체적 사실의 기재를 의미하는 소인이고, 공소사실은 실체개념이 아니라 소인변경을 한계짓는 기능개념에 불과하다는 견해이다.[4] 이 견해는 공소사실의 특정을 요구한 제254조 제4항과 공소장변경의 허용한계와 구별되는 공소사실 그 자체를 규정한 제298조 제1항을 근거규정으로 본다. 특히 제298조 제1항에서 규정한 공소사실 그 자

3) 김기두, 251면; 신동운, 433면.
4) 강구진, 296면; 차용석/최용성, 420면.

체는 소인이고, 공소장변경의 한계영역이 공소사실이라는 것이다. 즉, 실정법이 명시적으로 소인이라는 용어를 사용하지는 않았지만 이 규정에는 당사자주의에 기초한 소인개념이 포함된 것으로 해석된다는 것이다.

그러나 이 설이 주장하는 소인은 개념적으로는 실정법상의 공소사실 그 자체와 다르지 않기 때문에 실정법상의 공소사실 그 자체를 소인으로 보는 것까지는 이해되지만, 공소장변경의 한계영역을 공소사실이라고 해석하는 것은 실정법상 공소사실 의 용어 내지 기능을 올바르게 해석하지 못한 것이다. 실정법상 공소사실 그 자체는 현실적 심판대상으로 규정된 것이지 공소장변경이 가능한 영역으로서 규정된 것이 아님은 명백하기 때문이다. 결국 실정법상의 제도가 아닌 소인개념을 전제하는 이 설은 타당하지 않다.

(3) 절 충 설

이 설은 현실적 심판의 대상은 소인이고, 잠재적 심판의 대상은 소인변경을 통하여 현실적 심판대상으로 될 수 있는 범죄사실이라고 보는 견해이다.[5] 소인개념을 인정하면서도 잠재적 심판대상으로서 공소사실의 실체성을 긍정한 것이다.

그러나 이 설은 잠재적 심판대상으로서 공소사실의 실체성을 긍정한 점에서만 소인대상설과 다를 뿐이고, 소인대상설과 같이 실정법상 공소사실의 용어 내지 기능을 근본적으로 잘못 해석한 약점이 있다.

(4) 이 원 설

이 설은 법원의 현실적 심판의 대상은 어디까지나 공소장에 기재된 공소사실이고 그 공소사실과 동일성이 인정되는 사실은 공소장변경이 있을 때에 비로소 심판의 대상이 된다는 의미에서 잠재적 심판의 대상에 불과하다고 보는 견해이다(다수설 및 판례). 즉, 실정법에는 현실적 심판대상으로서의 공소사실과 공소장변경의 한계 및 기판력의 물적 범위 등을 의미하는 잠재적 심판대상으로서의 공소사실의 (단일성) 동일성의 두 가지 개념으로 형성되었다는 것이다. 이러한 이원설이 우리나라 실정법의 태도와 가장 상응한 것으로 판단된다.

관련판례 ① 법원은 공소장에 기재된 공소사실과 적용법조를 기초로 하여 형식적 또는 실체적 심판을 행하는 것이나 반드시 공소제기 당시의 공소사실과 적용법조에 구

5) 서일교, 309면.

속되는 것이 아니라 소송의 진행을 거쳐 사실심리의 가능성 있는 최종시점인 판결 선고시를 기준으로 하여 이때 특정된 공소사실과 적용법조가 현실적인 심판의 대상이 된다(대판 1989.2.14, 85도1435).

Ⅱ. 공소사실의 동일성

[설문 (1)] (i) 검사가 장물을 소지하고 있는 자를 수사한 이후 그를 장물취득죄로 기소하자, 제1심 법원은 심리 후 장물취득죄로 유죄판결을 내렸고, 피고인은 이에 대해 항소하였다. 그 후 검사가 피고인이 강도를 직접 행한 본범임을 인지하고서 그를 강도(상해)죄로 다시 기소하였는데, 피고인은 장물보관죄에 대한 항소를 포기하여 이 재판은 확정되었다. 이 경우 기소된 강도(상해)죄에 대한 제1심 법원의 조치는? [대판 1994.3.22, 93도2080 전원합의체 사례 참조]

(ii) 甲은 피해자 A가 절취당한 금반지를 소지하고 있다가 체포되어 절도죄로 기소되었다. 1심 재판 중에 甲은 훔친 사실은 없고 乙이 훔친 물건을 보관하다가 체포되었다고 변명하자 검사가 장물보관사실 및 적용법조 등을 추가하는 공소장 변경을 신청하자 법원은 이를 허가하고 장물보관죄에 대해서 유죄판결을 하였으며 확정되었다. 그 후 乙이 체포되어 수사 과정에서 甲과 乙이 함께 절도 범행을 한 사실이 확인되었다. 검사가 甲을 절도죄로 다시 기소하였을 때 법원은 어떤 판결을 해야 하는가? [2009년 제51회 사법시험문제]

1. 단일성과 동일성의 관계

공소사실의 단일성과 동일성의 관계에 대해서는 공소사실의 동일성을 단일성과 협의의 동일성을 포함하여 이해하는 광의설(다수설)과 협의의 동일성만으로 이해하는 협의설[6]의 대립이 있다. 광의설에 따르면 협의의 동일성은 시간적 경과에 따른 전후 범죄사실의 동일성을 의미하는 것인 데 비하여, 단일성은 범죄사실의 객관적 동일성을 의미한다는 것이다. 그러나 협의설에 따르면 단일성은 실체법상의 죄수에 의하여 결정되는 데 반하여, 동일성은 형사소송법상의 문제라는 것이다.

생각건대, 개념적인 면에서는 단일성과 동일성을 구분하는 협의설의 관점이 타당하겠으나, 형사소송법상의 기능 내지 효력의 면에서는 동일한 원리가 지배하는

6) 강구진, 317면.

광의설의 관점이 타당한 것으로 판단된다. 단일성의 개념은 동일성과는 달리 죄수론에 의하여 결정되는 것이고, 그 기능 내지 효력은 기판력의 범위 내지 공소장변경의 가능범위 등에서 동일성의 그것과 동일하기 때문이다(따라서 여기의 단일성은 실체법상의 죄수가 아니라 소송법상의 죄수가 기준이 되어야 한다. 즉 상상적 경합을 구성하는 사실은 단일성에 해당된다).

2. 동일성에 관한 이론의 대립

(1) 기본적 사실동일설

이 설은 공소사실을 그 기초가 되는 사회적 사실로 환원하여 그러한 사실에 다소의 차이가 있더라도 기본적인 점에서 동일하면 동일성을 인정해야 한다는 견해이다(다수설). 즉, 범죄의 일시, 장소, 방법 등이 다소 다르더라도 기본적인 점에서 동일하면 공소사실의 동일성은 긍정된다는 것이다. 이 설에 따르면 피해자에 대해 상해행위를 하였다는 기본적 사실이 같다면 상해죄의 공소사실과 상해치사죄의 공소사실은 동일할 것이다.[7]

이 설에 대해서는 동일성의 범위를 지나치게 확장하여 법원과 검찰의 입장에서는 편리하지만 피고인의 입장에서는 불리하다는 비판이 있으나,[8] 기판력과 관련해서는 피고인에게 유리한 점도 있을 것이다.

[범죄행위동일설] 이 설은 구성요건적 평가 이전의 사회적 · 역사적 행위로서의 범죄행위의 동일 여부를 기준으로 공소사실의 동일성을 판단하여야 한다는 견해이다.[9] 그런데 이 설에 대해 기본적 사실동일설과 차이를 발견하기 어렵다.

(2) 죄질동일설

이 설은 공소사실은 일정한 죄명, 즉 구성요건의 유형적 본질에 대한 사실관계의 파악이므로 죄질의 동일성으로 공소사실의 동일성을 인정할 수 있다는 견해이다. 구성요건의 유형적 본질은 주로 범죄사실에 대한 죄명과 적용법조의 체계적 위치를 통해 파악될 것이다. 이 설에 따르면 절도죄와 강도죄는 같은 재산범죄 내지 탈취죄로서 동일성이 인정되겠지만, 수뢰죄와 공갈죄는 죄질이 전혀 다르기 때문에

7) 그러나 사망사실의 중요성에 근거하여 동일성을 부정하는 백형구, 537면.
8) 김기두, 109면.
9) 백형구, 540면.

서로 동일성이 인정될 수 없을 것이다.

이 설에 대해서는 동일성의 범위를 너무 엄격하게 최소화하여 법원 및 검사에게는 공소장변경을 어렵게 하고, 기판력 범위의 협소로 인해 피고인에게는 추가기소의 위험성을 가져온다는 비판이 제기된다.

(3) 구성요건공통설

이 설은 비교되는 두 사실이 구성요건적으로 상당한 정도 부합하는 때에는 공소사실의 동일성이 인정되고 양 구성요건이 죄질을 같이하거나 공통된 특징을 가질 것은 요하지 않는다는 견해이다.[10] 이 설에 따르면 공갈죄와 수뢰죄 사이에도 동일성이 인정될 수 있다.

이 설에 대해서는 구체적으로 양 구성요건이 어느 정도 부합하여야 동일성을 인정할 수 있는가에 대한 객관적 기준을 제시하기 어렵다는 비판이 제기된다.

(4) 소인공통설

이 설은 공소사실의 동일성은 공소장에 기재된 소인과 변경을 구하는 새로운 소인의 비교에서 오는 사실상의 문제에 지나지 않으므로 소인의 기본적인 부분을 공통으로 할 때에 공소사실의 동일성이 인정된다는 견해이다.[11]

개념적으로 소인은 형사소송법상의 공소사실 그 자체와 다르지 않기 때문에 이 설에 대해서는 공소사실이 동일하면 서로 동일하다는 동어반복의 나열에 불과하다는 비판이 제기될 수 있다. 그리고 형사소송법은 소인개념을 사용하고 있지도 않다.

(5) 판례의 규범요소고려설

판례는 기본적 사실동일성을 판단하는 데 있어서 규범적 요소도 함께 고려하여야 한다는 견해를 취한다. 즉, 공소사실이나 범죄사실의 동일성은 형사소송법상의 개념이므로 이것이 형사소송절차에서 가지는 의의나 소송법적 기능을 고려하여야 할 것이고, 따라서 두 죄의 기본적 사실관계가 동일한가의 여부는 그 규범적 요소를 전적으로 배제한 채 순수하게 사회적, 전법률적인 관점에서만 파악할 수는 없고, 그 자연적, 사회적 사실관계나 피고인의 행위가 동일한 것인가 외에 그 규범적 요소도 기본적 사실관계 동일성의 실질적 내용의 일부를 이루는 것이라고 보는 것

---

10) 김기두, 99면; 권오병, 144면; 정영석, 222면.
11) 강구진, 321면; 차용석/최용성, 435면.

이 상당하다는 것이다(대판 1994.3.22, 93도2080 전원합의체).

판례는 본범과 장물범의 관계라는 동일성에도 불구하고 장물양여죄와 절도죄 사이는 동일성이 있다고 하였으나(대판 1964.12.29, 64도664),[12] 강도상해죄와 장물취득죄 사이는 그 수단, 방법, 상대방 등 범죄사실의 내용이나 행위가 별개이고, 행위의 태양이나 피해법익도 다르고 죄질에도 현저한 차이가 있어 동일성이 있다고 보기 어렵다고 판시하고 있다(대판 1994.3.22, 93도2080 전원합의체). 따라서 피고인이 장물취득죄로 받은 판결이 확정되었다고 하여 강도상해죄의 공소사실에 대하여 면소를 선고하여야 한다거나 피고인을 강도상해죄로 처벌하는 것이 일사부재리의 원칙에 어긋나지 않는다고 본다.

그리고 판례는 기본적 사실의 동일성을 판단하는 데 있어서 비교되는 범죄사실의 양립가능성을 고려하고 있다. 즉, 최초의 공소사실과 변경된 공소사실 간에 그 일시만을 달리하는 경우, 사안의 성질상 2개의 공소사실이 양립할 수 있다고 볼 사정이 있는 경우에는 그 기본인 사회적 사실을 달리할 위험이 있다 할 것이므로 그 기본적 사실은 동일하다고 볼 수 없다 할 것이지만, 일방의 범죄가 성립되는 때에는 타방의 범죄의 성립은 인정할 수 없다고 볼 정도로 양자가 밀접한 관계가 있는 경우에는 그간의 시간적 간격이 긴 경우라도 양자의 기본적 사실관계는 동일하다는 것이다(대판 1982.12.28, 82도2156).

관련판례 ① 최초의 공소사실이 피고인은 1981.1.14. 19:00경 공소외 甲의 집에서 피해자 乙의 얼굴을 1회 때려 폭행했다는 것인데 그 일시만을 '1979.12. 중순경'으로 변경된 경우에 있어서 피고인 및 피해자의 진술과 증언에 의하여 공소사실과 같은 시비나 폭행을 1981.1. 중순경이 아니고 1979.12. 중순경에 있었던 일을 경찰에서 잘못 진술했다는 취지로 인정되고, 양 공소사실의 내용에 의하더라도 그 폭행한 장소, 수단, 방법, 부위, 횟수나 피해자가 같아서 양 사실을 별개의 다른 사실이 아니고 1개의 동일한 사실이라고 보지 않을 수 없다면 양 공소사실은 동일성의 범위 안에 있다고 할 것

---

12) 그 외에도 감금죄의 공소사실과 그 감금 상태에서 피해자 명의의 인감증명서를 이용하여 회사의 대표이사 명의나 회사 부지의 소유자 명의를 변경하여 경영권을 빼앗았다는 내용의 폭력행위 등 처벌에 관한 법률위반죄의 공소사실 사이에 동일성이 있다(대판 1998.8.21, 98도749). 경범죄처벌법위반죄의 범죄사실인 음주소란과 폭력행위 등 처벌에 관한 법률위반죄의 공소사실은 범행장소가 동일하고 범행일시도 같으며 모두 피고인과 피해자의 시비에서 발단한 일련의 행위들임이 분명하므로, 양 사실은 그 기본적 사실관계가 동일한 것이어서 이미 확정된 경범죄처벌법위반죄에 대한 즉결심판의 기판력이 폭력행위 등 처벌에 관한 법률위반죄의 공소사실에도 미친다(대판 1996.6.28, 95도1270).

이다(대판 1982.12.28, 82도2156).

② 사기죄의 공소사실은 이미 확정판결로 배척된 횡령죄의 공소사실과 범행일시가 근접해 있고, 피해자도 동일하며, 범행의 목적물도 동일하여 서로 양립할 수 없는 관계에 있고, 단지 피고인이 한 영득행위에 대한 법적인 평가만이 다를 뿐이므로, 위 두 개의 공소사실은 그 기본적 사실관계가 동일하다(대판 1998.7.28, 98도1226).

③ 피고인이 피해자로부터 1976.12.27. 금 1,200만원을 교부받은 외에 별도로 1977.3.20. 금 1,500만원을 받은 두 가지 사실이 양립하고 있는 것이라면 1976.12.27. 교부받은 금 1,200만원을 횡령하였다는 당초의 공소사실과 검사가 변경신청한 1977.3.20. 교부받은 금 1,500만원을 횡령하였다는 사실은 두개의 공소사실이 양립할 수 있는 것일 뿐 아니라 금원의 교부일시 및 금액에 있어 차이가 있어 공소사실의 동일성이 인정된다고 할 수 없다(대판 1989.9.26, 88도1677).

④ 살인죄의 공소사실과 선행사건에서 유죄로 확정된 폭력행위 등 처벌에 관한 법률 위반(우범자)죄와 증거인멸죄는 범행의 일시, 장소와 행위 태양이 서로 다르고, 살인죄는 폭력행위 등 처벌에 관한 법률 위반(우범자)죄나 증거인멸죄와는 보호법익이 서로 다르며 죄질에서도 현저한 차이가 있으므로, 살인죄의 공소사실과 증거인멸죄 등의 범죄사실 사이에 기본적 사실관계의 동일성이 없다(대판 2017.1.25, 2016도15526).

생각건대, 판례가 기본적 사실의 동일성을 판단하는 데 있어서 규범적 요소를 함께 고려하는 것은 이론적으로 바람직하지 않다. 규범적 요소를 고려하는 것은 법관에게 평가적 자의가 개입될 여지가 있기 때문이다. 따라서 장물죄와 절도죄 사이에는 규범적 평가의 관점에서보다는 범죄의 일시와 장소의 — 비록 개념적으로 서로 다르기는 하지만 — 접근성에 따라서 동일성 여부를 판단하여야 할 것이다. 그리고 상기한 [설문 (1)]의 (i) 사례에서와 같이 장물죄와 강도죄, 특히 강도상해죄 사이는 범죄의 일시와 장소 이외에 침해 내지 피해의 내용(즉 강도상해는 개인의 재산 이외에 자유와 신체를 침해함)이 사실적으로 서로 다르다는 관점이 추가되어서 동일성을 부정하여야 할 것이다. [설문 (1)]의 (ii) 사례에서의 장물보관죄와 절도죄 사이에는 동일성이 있으므로 법원이 허가하여 유죄판결한 것은 적법한 것은 물론, 확정된 이상 다시 절도죄로 기소되면 법원은 면소판결(제326조 제1호)을 하여야 한다.

Ⅲ. 공소장변경제도

1. 의의 및 구별개념

(1) 의 의

공소장변경이란 검사가 공소를 제기한 이후에 공소사실의 동일성을 해하지 않는 한도에서 법원의 허가를 얻어 공소장에 기재된 공소사실 또는 적용법조를 추가, 철회 또는 변경하는 것을 말한다(제298조 제1항). 여기서 추가란 기존의 공소사실 적용법조에 새로운 공소사실 적용법조를 부가하는 것이고, 철회는 수개의 공소사실 적용법조에서 일부를 제외시키는 것이며, 변경은 기존의 공소사실 적용법조를 새로운 공소사실 적용법조로 대체하는 것이다.

이 제도의 취지는 현실적 심판범위를 변경하기 위해서는 반드시 공소장변경의 절차를 거치도록 함으로써 기습재판의 방지를 통한 피고인의 방어권 보장과 동시에 현실적 심판의 범위를 확대함으로써 적정한 형벌권의 발동을 가능하게 함에 있다.

(2) 구별개념

1) 공소장정정 공소장의 정정은 공소장에 범죄일시, 피고인의 성명 등에 명백한 오기나 누락이 있는 경우 이를 수정하는 것을 말한다. 공소장정정은 법원의 허가 없이 이루어지는 점에서 법원의 허가를 얻어야 하는 공소장변경과는 구별된다.

2) (특히 포괄일죄의 일부에 대한) 추가기소/공소장변경으로서의 추가

[설문 (2)] 검사 甲은 수사종결시까지 밝혀진 상습범을 구성하는 일부행위에 대해 일단 공소를 제기하였다. 그런데 제1심 소송 도중에 상습범을 구성하는 나머지 구성행위가 또 다시 밝혀지자 甲은 그 부분에 대해 추가기소하였다. 그리고 상습범으로 기소된 공소사실에 대해 유죄의 확정판결이 있고 난 이후에 또 다른 구성행위가 밝혀지자 甲은 다시 그 부분에 대해 공소를 제기하였다. 이 경우 법원의 조치는?

추가기소는 공소사실의 동일성이 인정되는 범위 밖의 범죄사실에 대한 별개의 공소제기인 점에서, 공소사실의 동일성이 인정되는 범위 내에서만 허용되는 공소장변경(특히 공소사실 · 적용법조의 추가)과 구별된다. 그런데 포괄일죄의 일부에 대해 먼저 공소제기가 있은 후 검사가 새로 발견된 나머지 부분에 대해 심리 중 추가기소한 경우(공소권남용에는 해당되지 않음)의 법원의 조치가 문제된다.

(가) 포괄일죄의 일부에 대한 추가기소의 적법성 이 문제의 해결을 위해서

는 포괄일죄의 일부에 대한 추가기소가 적법한지에 대한 해명이 우선적으로 요구된다. 이에 대해서는 견해의 대립이 있다. 즉 (i) 원칙적으로 포괄일죄에 대한 추가기소는 이중기소에 해당하지만, 상습범 · 연속범과 같은 포괄일죄는 실질적으로 수죄에 해당하므로, 형식적으로는 이중기소에 해당하나 실질적으로는 이중기소에 해당하지 않는다는 견해[13] (ii) 포괄일죄의 일부에 대해 공소제기가 된 이상 별도로 공소제기나 추가기소 하는 것은 허용되지 않는다고 해야 하나, 포괄일죄의 일부를 이루는 범죄사실이 공소제기 이후에 행해졌다면 예외적으로 별도의 기소가 가능하다는 견해[14] (iii) 공소불가분의 원칙에 의하여 포괄일죄의 일부에 대한 공소제기는 전체사실에 그 효력을 미치므로 포괄일죄의 잔여사실을 추가기소하는 것은 부적법하다는 견해[15]의 대립이 있다.

생각건대, 포괄일죄의 공소제기효력은 공소사실과 단일성과 동일성이 있는 전체에 미치고, 공소제기 이후에 범한 것이라도 (항소심까지의) 판결선고 이전이면 그 효력은 계속되기 때문에, 포괄일죄의 추가기소는 일단은 부적법한 것으로 보아야 한다. 다만 소송경제적 관점에서 부적법하다는 이유로 곧바로 공소기각의 판결을 하여야 할 것인지는 별개의 문제로 취급되어야 한다.

(나) 포괄일죄의 일부에 대한 추가기소가 있는 경우 법원의 조치(유죄판결의 가능성)

검사의 추가기소가 부적법하다고 인정되는 경우 법원은 반드시 공소기각의 판결을 선고해야 하는가 아니면 추가기소를 공소장변경으로 간주하여 유죄판결을 할 수 있는지가 문제된다. 이에 대해서는 견해의 대립이 있다. 즉 (i) 범죄사실을 추가기소한 때에는 이중기소금지의 원칙에 반하므로 공소기각의 판결을 선고해야 한다는 견해(공소기각판결설)[16] (ii) 포괄일죄의 일부에 대한 추가기소는 실질적으로는 공소장변경에 해당하므로 공소장변경절차를 밟지 않아도 추가기소를 공소장변경으로 취급하여 이중기소에 해당하지 않는다고 해석하는 견해(공소장변경의제설)[17] (iii)

---

13) 백형구, "공소장변경의 이론과 실무," 법률실무연구 30집, 서울지방변호사회, 2000, 213-234면 참조.

14) 신양균, "포괄일죄와 이중기소," 형사판례연구 3권, 1995, 441면.

15) 이재상, 연습, 190면.

16) 성병현, "공소장의 변경," 사법논집, 1970, 474면. 다만, 공소기각설을 취하면서도 추가기소된 사실이 처음 공소제기 이후에 범한 사실인 때에는 예외적으로 추가기소가 가능하다고 해석하는 견해로는 신양균, "포괄일죄와 이중기소," 형사판례연구 3권, 1995, 441면.

절차유지의 원칙이나 소송경제의 요구가 절대적인 것은 아니므로 형식적인 추가기소를 해석에 의하여 공소장변경으로 파악하는 것은 허용되지 않지만 법정에서 검사의 석명이 있는 때에는 공소장변경으로 인정하는 것이 가능하다고 해석하는 견해(석명후 판단설)[18]가 대립되고 있다.

판례는 단순일죄로 기소된 상태에서 추가기소하여 전체적으로 포괄일죄가 된 경우에는 석명절차를 거쳐 공소장변경 여부를 판단하고(아래 판례 ① 참조: 대판 1996.10.11, 96도1698), 전후에 걸쳐 실체적 경합으로 추가기소되었는데 병합심리과정에서 포괄일죄임이 밝혀진 경우에는 피고인의 방어권 행사에 불이익이 없는 죄수변경에 불과하기 때문에 석명절차 없이 포괄일죄로 처벌하는 것을 허용하고 있다(아래 판례 ② 참조: 대판 2007.8.23, 2007도2595).

생각건대, 포괄일죄의 일부에 대한 추가기소를 원칙상 부적법한 것으로 보면서도 형사절차에서 요구되는 소송경제적 관점을 아울러 고려하는 석명후판단설이 타당하다. 다만 피고인에게 유리한 죄수변경에 불과한 경우에는 석명절차 없이 포괄일죄로 처벌하는 것도 문제가 없는 것으로 판단된다. 즉 상기한 [설문 (2)]의 사례에 대해서는 전술한 판례의 태도가 합리적인 것 같다.

관련판례 ① 포괄일죄를 구성하는 일부 범죄사실이 (먼저 단순일죄로 기소된 후) 그 나머지 범죄사실이 포괄일죄로 추가기소되고 단순일죄의 범죄사실도 추가기소된 포괄일죄를 구성하는 행위의 일부임이 밝혀진 경우라면, 그 추가기소에 의하여 전후에 기소된 각 범죄사실 전부를 포괄일죄로 처벌할 것을 신청하는 취지가 포함되었다고 볼 수 있어, 공소사실을 추가하는 등의 공소장변경과는 절차상 차이가 있을 뿐 그 실질에 있어서 별 차이가 없으므로, 그 경우에 검사의 석명에 의하여 추가기소의 공소장 제출은 포괄일죄를 구성하는 행위로서 먼저 기소된 공소장에 누락된 것을 추가 보충

---

17) 이재상, 연습, 165면; "2000년의 형사판례회고," 형사판례연구 9권, 533면. 전후의 공소사실을 병합심리하여 실체판단을 해야 한다는 의미에서 '실체판단설'이라고 할 수 있다(일본의 다수설).

18) 백형구, "포괄일죄와 이중기소," 판례월보 제225호, 1989, 67면; 심희기, 형사소송법판례 70선, 2000, 219면 이하; 김만오, "포괄일죄와 이중기소," 형사재판의 제문제 제1권, 1997, 349면 이하; 이한성, "포괄일죄에 대한 추가기소방식의 공소장변경," 형사재판의 제문제 제1권, 1997, 364면; 하태훈, "포괄일죄의 경우 추가기소의 처리방안과 공소장변경," 형사판례의 연구:지송 이재상교수 화갑기념논문집 II, 2004, 147면; 박광민, "포괄일죄의 일부에 대한 추가기소와 확정판결에 의한 전후사건의 분리," 형사판례연구회, 2002.5.6, 세미나 자료, 9면; 최병각, "포괄일죄에 대한 공소장변경과 추가기소," 형사판례의 연구: 지송 이재상교수 화갑기념논문집 II, 2004, 160면.

하고 죄명과 적용법조를 포괄일죄의 죄명과 적용법조로 변경하는 취지의 것으로서 1개의 죄에 대하여 중복하여 공소를 제기한 것이 아님이 분명하여진 경우에는, 그 추가기소에 의하여 공소장변경이 이루어진 것으로 보아 전후에 기소된 범죄사실 전부에 대하여 실체판단을 하여야 하고 추가기소에 대하여 공소기각판결을 할 필요가 없다(대판 1996.10.11, 96도1698).

② 검사가 수개의 협박 범행을 먼저 기소하고 다시 별개의 협박 범행을 추가로 기소하였는데 이를 병합하여 심리하는 과정에서 전후에 기소된 각각의 범행이 모두 포괄하여 하나의 협박죄를 구성하는 것으로 밝혀진 경우, 이중기소에 대하여 공소기각판결을 하도록 한 형사소송법 제327조 제3호의 취지는 동일사건에 대하여 피고인으로 하여금 이중처벌의 위험을 받지 아니하게 하고 법원이 2개의 실체판결을 하지 아니하도록 함에 있으므로, 위와 같은 경우 법원이 각각의 범행을 포괄하여 하나의 협박죄를 인정한다고 하여 이중기소를 금하는 위 법의 취지에 반하는 것이 아닌 점과 법원이 실체적 경합범으로 기소된 범죄사실에 대하여 그 범죄사실을 그대로 인정하면서 다만 죄수에 관한 법률적인 평가만을 달리하여 포괄일죄로 처단하는 것이 피고인의 방어에 불이익을 주는 것이 아니어서 공소장변경 없이도 포괄일죄로 처벌할 수 있는 점에 비추어 보면, 비록 협박죄의 포괄일죄로 공소장을 변경하는 절차가 없었다거나 추가로 공소장을 제출한 것이 포괄일죄를 구성하는 행위로서 기존의 공소장에 누락된 것을 추가·보충하는 취지의 것이라는 석명절차를 거치지 아니하였다 하더라도, 법원은 전후에 기소된 범죄사실 전부에 대하여 실체판단을 할 수 있고, 추가기소된 부분에 대하여 공소기각판결을 할 필요는 없다(대판 2007.8.23, 2007도2595).

③ [비교판례] 상상적 경합관계에 있는 공소사실 중 일부가 먼저 기소된 후 나머지 공소사실이 추가기소되고 이들 공소사실이 상상적 경합관계에 있음이 밝혀진 경우라면, 추가기소에 의하여 전후에 기소된 각 공소사실 전부를 처벌할 것을 신청하는 취지가 포함되었다고 볼 수 있어, 공소사실을 추가하는 등의 공소장변경과는 절차상 차이가 있을 뿐 실질에 있어서 별 차이가 없다. 따라서 법원으로서는 석명권을 행사하여 검사로 하여금 추가기소의 진정한 취지를 밝히도록 하여 검사의 석명에 의하여 추가기소가 상상적 경합관계에 있는 행위 중 먼저 기소된 공소장에 누락된 것을 추가 보충하는 취지로서 1개의 죄에 대하여 중복하여 공소를 제기한 것이 아님이 분명해진 경우에는, 추가기소에 의하여 공소장변경이 이루어진 것으로 보아 전후에 기소된 공소사실 전부에 대하여 실체판단을 하여야 하고 추가기소에 대하여 공소기각판결을 할 필요가 없다(대판 2012.6.28, 2012도2087).

3) 공소의 (일부)취소/공소장변경으로서의 철회 공소취소는 수개의 공소사실이 동일성 없는 경합범으로 기소된 상태에서 그 일부사실에 대해 법원의 소송계속을 종결시키는 것인 점에서, —예컨대 포괄일죄에 해당하는 수개의 범죄행위와 같이— 단일성 · 동일성의 범위 내에 포섭되는 수개의 범죄사실(그러나 공소사실은 전체적으로 하나로 평가됨) 중에서 일부를 철회하여 심리를 계속시키려는 공소장변경(특히 철회의 공소장변경)과는 구별된다. 그리고 실체적 경합에서 허용되는 공소취소 후에 재기소하는 것은 법적으로 제한되지만(제329조), 포괄일죄에서 가능한 공소장변경으로서의 일부철회가 있은 후에 이 제한규정은 적용되지 않는다(대판 2004.9.23, 2004도3203).

관련판례 ① 공소사실의 동일성이 인정되지 아니하고 실체적 경합관계에 있는 수개의 공소사실의 전부 또는 일부를 철회하는 공소취소의 경우 그에 따라 공소기각의 결정이 확정된 때에는 그 범죄사실에 대하여는 형사소송법 제329조의 규정에 의하여 다른 중요한 증거가 발견되지 않는 한 재기소가 허용되지 아니하지만, 이와 달리 포괄일죄로 기소된 공소사실 중 일부에 대하여 형사소송법 제298조 소정의 공소장변경의 방식으로 이루어지는 공소사실의 일부 철회의 경우에는 그러한 제한이 적용되지 아니한다 할 것이다(대판 2004.9.23, 2004도3203).

---

2. 공소장변경의 한계(허용범위)

(1) 물적 한계

1) 단일성의 범위 공소장변경은 공소사실의 동일성을 해하지 않는 범위에서 허용된다(제298조 제1항). 그런데 공소사실의 동일성에 대해서는 공소사실의 단일성(객관적 자기동일성이라는 정태적 개념)과 협의의 동일성(시간적 전후동일성이라는 동태적 개념)을 포함하는 개념으로 이해하는 것이 다수설의 입장이다. 그리고 공소사실의 단일성을 결정하는 기준은 실체법상의 죄수개념이 아니라 형사소송법상의 행위개념 내지 죄수개념이다. 따라서 상상적 경합은 실체법상으로는 수죄이지만, 소송법상으로는 일죄이기 때문에 단일성이 긍정되어야 한다.

2) 협의의 동일성의 범위 동일성의 기준에 대해서는 —전술한 바와 같이— (i) 공소사실을 그 기초가 되는 사회적 사실로 환원하여 그러한 사실에 다소의 차이가 있더라도 기본적인 점에서 동일하면 동일성을 인정해야 한다는 기본적 사실동일

설(다수설), (ii) 공소사실은 일정한 죄명, 즉 구성요건의 유형적 본질에 대한 사실관계의 파악이므로 죄질의 동일성으로 공소사실의 동일성을 인정할 수 있다는 죄질동일설, (iii) 구성요건간에 상당정도 부합하는 때에는 공소사실의 동일성이 인정되고 구성요건이 죄질을 같이하거나 공통된 특징을 가질 것은 요하지 않는다는 구성요건공통설, (iv) 공소사실의 동일성은 소인과 소인의 비교에서 오는 사실상의 문제에 지나지 않으므로 소인의 기본적인 부분을 공통으로 할 때에 공소사실의 동일성이 인정된다는 소인공통설 등이 대립된다. 그리고 판례는 기본적 사실동일설을 취하면서 그 판단에 있어서는 규범적 요소를 고려하여야 한다는 입장에 있다.

관련판례 ① 피고인이 피해자를 살해하려고 목을 누르는 등 폭행을 가하였으나 미수에 그쳤다는 살인미수의 공소사실에 대하여 예비적으로 피고인이 피해자를 강간하려고 위와 같은 폭행을 가하였으나 미수에 그치고 피해자에게 상해를 입혔다는 강간치상의 공소사실을 추가하는 공소장변경은 공소사실의 동일성을 해친다고 볼 수 없다(대판 1984.6.26, 84도666).

(2) 심급의 한계/항소심에서의 공소장변경

공소장변경은 사실심 절차에서만 허용될 수 있다. 따라서 법률심인 상고심에서는 공소장변경이 허용되지 않는 것은 명백하다. 문제는 여전히 사실심에 속하는 항소심에서 공소장변경이 허용되는가에 있다. 이 문제는 항소심의 구조와 밀접한 관계가 있다. 항소심을 제1심 판결에서 밝혀진 자료만을 토대로 오로지 원판결의 당부를 사후적으로 심사하는 것이라는 견해, 즉 사후심으로만 이해하는 견해에서는[19] 항소심에서의 공소장변경은 허용될 수 없다. 반면에 항소심을 제1심의 자료를 토대로 하면서 새로이 발견되는 사실과 증거를 추가하여 심리를 속행하는 것이라는 견해, 즉 속심으로 보는 견해에서는 항소심에서의 공소장변경이 허용될 수 있다. 그리고 항소심은 피고사건 자체에 대하여 전면적으로 다시 심판하는 제도라고 이해하는 견해, 즉 복심으로 보는 견해에서는 항소심에서의 공소장변경은 당연히 허용된다. 그런데 현재 우리나라에서는 항소심의 구조에 대해서 원칙적 사후심 · 보충적 속심설과[20] 원칙적 속심 · 보충적 사후심설의[21] 대립이 있을 뿐이다. 다수설과 우리

19) 강구진, 563면.
20) 차용석, 1045면; 정영석/이형국, 458면.
21) 백형구, 344면; 신현주, 692면; 이재상, 666면; 배종대/이상돈, 725면; 신동운, 842면; 진계

나라 판례의[22] 태도는 후자에 해당한다. 양 견해 중에서 어느 것이 타당한지는 여기에서는 중요하지 않다. 왜냐하면 어느 견해에 의하더라도 공소장변경의 허용성은 인정될 수 있기 때문이다. 결국, 우리나라에서는 현재 항소심을 공소장변경이 허용되지 아니하는 순수한 사후심으로 이해하는 견해가 없기 때문에 항소심에서의 공소장변경은 허용된다고 보아야 할 것이다. 특히 대법원에 의해 파기환송된 후 항소심에서의 공소장변경도 허용된다(대판 2004.7.22, 2003도8153).

관련판례 ① 현행법상 형사항소심의 구조가 사후심으로서의 성격만을 가지는 것은 아니므로, 피고인의 상고에 의하여 상고심에서 원심판결을 파기하고 사건을 항소심에 환송한 경우에도 공소사실의 동일성이 인정되면 공소장변경을 허용하여 심판대상으로 삼을 수 있다(대판 2004.7.22, 2003도8153).

3. 공소장변경의 필요성

(1) 의 의

공판심리를 통하여 공소장에 기재된 공소사실과 다른 실체적 진실이 얼마든지 나타날 수 있다. 이 경우 나타난 차이점이 공소사실의 단일성과 동일성의 범위 내에 있는 경우에는 원칙적으로 공소장변경절차를 거쳐야 한다. 공소장변경제도는 피고인의 방어권 행사를 보장하기 위한 제도 중의 하나로서 그의 중요성이 아무리 강조되어도 지나침이 없기 때문이다. 그러나 실체적 진실의 신속한 발견(소송경제) 역시 형사소송이 목적하는 것이므로 형사소송에서는 적법절차를 준수하면서 동시에 신속한 실체적 진실을 발견하도록 요청되는 것이다. 공소사실의 변경과 관련하여 이처럼 일응 상반되는 두 가지의 요청을 적절히 조화시키기 위하여는 피고인의 방어권 행사에 실질적으로 불이익을 줄 우려가 없을 경우에 한하여 법원으로 하여금 검사의 공소장변경절차를 거치지 아니하고 공소사실과 다른 범죄사실을 인정할 수 있게 하는 것이 타당하다. 특히 법원이 요구한 공소장변경에 대해 검사가 불응할 경우에 공소장변경의 필요성 문제는 큰 의미가 있다. 따라서 피고인에게 아무런 불이익

호, 738면.

22) 대판 1983.4.26., 82도2829. 동일성 요건과 관련하여 보이스피싱 범죄를 저지른 일당을 사기죄로 기소했다가 항소심에서 범죄단체 조직 · 가입 · 활동 혐의 등을 추가해 공소장을 변경하는 것은 허용되지 않는다는 대판 2020.12.24. 2020도10814.

이 없다면 굳이 공소장변경절차를 거치지 않고 법원이 변경된 실체에 대해 유죄판결할 수 있는 것으로 할 수 있다. 문제는 법원이 어떤 범위에서 공소장변경 없이 공소장에 기재된 공소사실과 다른 사실을 인정할 수 있는가에 있다. 이에 대해서는 아래와 같은 견해대립이 있다.

(2) 학설의 대립

필요성의 판단에 관한 학설로서는 (i) 구체적 사실관계가 다를지라도 그 법조 또는 구성요건에 변경이 없는 한(동일구성요건) 공소장을 변경할 필요가 없다는 **동일벌조설** (ii) 구체적 사실관계가 다르다고 할지라도 그 법률구성에 영향이 없을 때에는 공소장변경을 요하지 않는다는 **법률구성설**, (iii) 공소사실을 구성요건에 해당하는 구체적 사실의 주장이라고 파악하여 그 사실적 측면을 강조함으로써 공소장에 기재되어 있는 사실과 실질적으로 다른 사실을 인정할 때에는 공소장변경을 필요로 한다는 **사실기재설**의 대립이 있다. 이 중에서 현재 동일벌조설과 법률구성설을 지지하는 학자는 현재 없고, 사실기재설은 피고인의 방어권행사의 실질적 불이익을 기준으로 하는 것으로서 우리나라의 통설 및 판례의 태도이기도 하다.[23]

관련판례 ① 피고인의 방어권 행사에 실질적인 불이익을 초래할 염려가 없는 경우에는 공소사실과 기본적 사실이 동일한 범위 내에서 법원이 공소장변경절차를 거치지 아니하고 다르게 사실을 인정하였다고 할지라도 불고불리의 원칙에 위배되지 않고, 공소사실의 범행일시가 오기임이 분명한 경우 이를 증거에 의하여 바로잡아 인정하는 것 또한 불고불리의 원칙에 위배되지 아니한다(대판 2002.3.15, 2001도970).

② 폭력행위 등 처벌에 관한 법률위반(집단 · 흉기 등 폭행)죄로 기소된 것을 공소장변경절차를 거치지 않고 직권으로 폭력행위 등 처벌에 관한 법률위반(집단 · 흉기 등 협박)죄로 인정할 수 없다(대판 2008.3.27, 2007도8772).

③ 양벌규정에 터잡아 기소된 경우, 공소장변경 없이 실제 위반행위를 한 종업원을 공소사실과 달리 인정할 수 없다(대판 2007.1.26, 2006도4988).

생각건대, 공소장변경제도는 피고인의 방어권행사에 불이익을 주는 제도가 되어서는 안 되기 때문에 피고인의 방어권보장에 가장 철저한 사실기재설이 타당한

23) 판례의 실제내용은 통설보다 다소 넓은 범위에서 공소장변경 없는 변경사실인정을 용인하고 있는 경향이 있는 것으로 보인다고 평가하는 입장으로는 장우건, "공소장변경의 요부와 피고인의 방어권행사와 보장," 대법원판례해설 10호, 505-512면; 서정걸, "구체적 방어권과 공소장변경의 요부," 형사판례연구 6권, 404면.

것으로 판단한다. 다만 피고인의 방어권 행사에 실질적인 불이익이 있는가의 판단은 단순히 피고인이 방어할 수 있는 추상적 지위에 있는가 하는 것만으로 족하지 않고(이것만으로 필요성을 부정하는 견해를 **추상적 방어설**이라고 함),[24] 심리과정에서 피고인의 구체적 방어활동에 불이익이 있는가를 고려하여야 한다(소위 **구체적 방어설**). 따라서 방어권 행사에 있어서 실질적인 불이익 여부는 그 공소사실의 기본적 동일성이라는 요소 외에도 법정형의 경중 및 그러한 경중의 차이에 따라 피고인이 자신의 방어에 들일 노력 · 시간 · 비용에 관한 판단을 달리할 가능성이 뚜렷한지 여부 등의 여러 요소를 종합하여 판단하여야 한다(대판 2007.12.27, 2007도4749).

(3) 판결재량의 문제

상기한 공소장변경의 필요성 문제는 법원이 공소장변경 없이 공소장에 기재되어 있는 공소사실(즉 현실적 심판대상)이 아닌 다른 범죄사실에 대해서도 상기한 요건을 갖추면 유죄 판결할 수 있다는 것에 대한 설명이다. 문제는 법원이—유죄판결도 할 수 있겠지만—상기한 요건을 갖춘 인정 범죄사실이 공소장에 기재되어 있는 공소사실(현실적 심판대상)이 아니라는 이유로 무죄판결도 할 수 있는가, 즉 법원은 유죄판결과 무죄판결 중에서 선택할 수 있는 판결재량권도 가지는가에 있다. 이에 대해 우리나라 판례는 법원이 원칙적으로 유죄판결을 하지 않고 무죄판결도 할 수 있는 판결재량권을 가지지만, 다만 공소장이 변경되지 않았다는 이유로 무죄판결을 선고한다면 현저히 정의와 형평에 반하는 것으로 인정되는 경우에는 반드시 유죄판결을 하여야 한다고 판시하고 있다(아래 판례 참조).

관련판례 ① 형법 제307조 제2항의 허위사실 적시에 의한 명예훼손의 공소사실 중에는 같은 조 제1항의 사실 적시에 의한 명예훼손의 공소사실도 포함되어 있으므로, 피고인이 적시한 사실이 허위가 아니거나, 피고인에게 적시한 사실이 허위라는 점에 대한 인식이 없었다면 법원은 공소장변경절차 없이도 같은 조 제1항의 사실 적시에 의한 명예훼손죄로 인정할 수도 있으나, 법원이 공소사실의 동일성이 인정되는 범위 내에서 공소가 제기된 범죄사실에 포함된 이보다 가벼운 범죄사실을 공소장변경 없이 직권으로 인정할 수 있는 경우라고 하더라도 공소가 제기된 범죄사실과 대비하여 볼

24) 추상적 방어설의 입장에서 '보통 이러한 정도의 변경이라면 예상치 못한 충격은 아니다라고 인정할 수 있을 정도'라면 공소장변경을 필요로 하지 않는다는 검토 기준을 갖고 판단하는 것이 적정하다는 견해로는 차용석, 575면; 김형준, "공소장변경 필요성의 판단기준," 고시연구 제29권 제12호, 88면.

때, 실제로 인정되는 범죄사실의 사안이 중대하여 공소장이 변경되지 않았다는 이유로 이를 처벌하지 않는다면 적정절차에 의한 신속한 실체적 진실의 발견이라는 형사소송의 목적에 비추어 현저히 정의와 형평에 반하는 것으로 인정되는 경우가 아닌 한, 법원이 직권으로 그 범죄사실을 인정하지 아니하였다고 하여 위법한 것이라고까지 볼 수는 없다(대판 2003.9.5, 2002도7055).

② 기소된 공소사실의 재산상 피해자와 공소장에 기재된 피해자가 다른 것이 판명된 경우 공소사실의 동일성을 해하지 않고 피고인의 방어권 행사에 실질적 불이익을 주지 않는 한 공소장변경절차 없이 직권으로 공소장 기재의 피해자와 다른 실제의 피해자를 적시하여 이를 유죄로 인정하여야 한다(피고인이 피해자 갑에 대한 대여금 채권이 없음에도 갑 명의의 차용증을 허위로 작성하고 갑 소유의 부동산에 관하여 피고인 앞으로 근저당권설정등기를 마친 다음, 그에 기하여 부동산임의경매를 신청하여 배당금을 교부받아 편취하였다는 내용으로 기소된 사안에서, 이와 같이 판시한 대판 2017.6.19, 2013도564).

(4) 필요성판단의 구체적 기준

1) 사실인정에는 변동이 있으나 구성요건이 동일한 경우

(가) 판단기준　　사실인정에는 변동이 있으나 구성요건이 동일한 경우에는 변동된 사실이 공소사실의 특정을 위하여 필요불가결한 사실인가와 피고인의 방어권 행사에 실질적 불이익을 초래할 것인가에 따라 판단하여야 한다. 양 요소가 모두 긍정될 때에는 공소장변경이 필요할 것이다.

(나) 범죄의 일시와 장소　　범죄의 일시와 장소의 경우는 명백한 오기 이외에는 원칙적으로 공소장변경이 필요하다. 범죄의 일시와 장소는 공소사실의 특정을 위해 요구되는 사실이고 피고인의 방어권 행사에도 영향을 미치는 사실이기 때문이다. 다만 범죄의 일시가 공소사실을 특정하는 데 중요하지 않을 정도로 약간 다를 뿐인 경우에는 공소장변경이 반드시 필요한 것은 아니다.[25]

관련판례 ① 피고인이 1985.5. 중순경 범죄단체에 가입하였다는 공소사실에 대하여 법원이 가입시기를 1986.5.경으로 인정하기 위하여는 공소장변경절차를 거쳐야 한다(대판 1992.12.22, 92도2596).

25) 범행의 일시가 공소사실을 특정하기 위한 요소이지 범죄사실의 기본적 요소는 아니므로 그 일시가 다소 다르다고 하여 공소장을 변경해야 하는 것은 아니지만 일시의 차이가 피고인의 방어권행사에 실질적인 불이익을 초래할 경우에는 공소장을 변경해야 한다(대판 1993.6.8, 93도999).

(다) 범죄의 수단과 방법 범죄의 수단과 방법도 공소사실의 특정을 위해 요구되는 사실이고 피고인의 방어권 행사에도 영향을 미치는 사실이기 때문에 원칙적으로 공소장변경이 필요하다. 따라서 강도죄의 수단이 폭행에서 협박으로 변경된 경우에는 공소장변경을 하여야 한다.

관련판례 ① 변제할 의사와 능력 없이 피해자로부터 금원을 편취하였다고 기소된 사실을 공소장변경 절차 없이 피해자에게 제3자를 소개케 하여 동액의 금원을 차용하고 피해자에게 그에 대한 보증채무를 부담케 하여 재산상의 이익을 취득하였다고 인정하였다 할지라도 위 양 범죄사실을 비교하여 보면 차용액, 기망의 태양, 피해의 내용이 실질에 있어 동일한 것이어서 피해자를 기망하여 금원을 편취하였다는 기본적 사실에 아무런 차이도 없으므로 원심의 인정사실이 공소사실의 동일성을 벗어난 것도 아닐 뿐더러 피고인이 스스로 이를 시인하고 있는 이상 피고인의 방어에 하등의 불이익을 주었다고 볼 수도 없으므로 거기에 위법이 있다 할 수 없다(대판 1984.9.25, 84도312).[26]

(라) 범죄의 객체 범죄의 객체도 피고인의 방어권 행사에 중요한 사실이므로 원칙적으로 공소장변경이 필요하다. 다만 피고인이 변경된 객체에 대해서 이미 시인하여 방어권의 행사에 실질적 불이익이 없는 경우[27]와 수개의 객체 중에서 일부만 인정[28]하는 것과 같이 변경된 객체도 원래의 공소사실에 포함되었던 경우에는 공소장변경이 필요하지 않을 것이다.

(마) 기 타 기타의 사항도 공소사실의 특정을 위해 요구되고 피고인의 방어권 행사에 영향을 미칠 수 있는 경우에는 공소장변경이 필요하다. 따라서 살인죄의 피해자가 달라지는 경우, 상해의 치료기간에 현저한 차이가 있는 경우에는 공소장변경이 필요할 것이다. 그러나 상해정도에서 약간의 차이,[29] 뇌물전달자의 차이,[30] 인과과정의 차이,[31] 객체는 같으나 피해자가 다른 차이의 경우[32]에는 공소장

26) 이에 대한 평석으로 심희기, "공소장변경의 요부," 형사소송법판례 70선, 2002, 185-193면.
27) 대판 1984.9.25, 84도312.
28) 대판 1969.12.9, 69도1761.
29) 대판 1984.10.23, 84도1803.
30) 대판 1984.5.29, 84도682.
31) 대판 1980.11.11, 80도1074.
32) 대판 1987.12.22, 87도2168; 대판 2002.8.23, 2001도6876. 이에 대한 평석으로는 조한창, "실제 사기 피해자와 공소장 기재의 피해자가 다른 경우 법원의 조치," 대법원판례해설 43호(2003.7), 법원도서관, 844-852면 참조.

변경이 필요하지 않을 것이다.

2) 사실인정이 다르고 구성요건도 다른 경우

(가) 구성요건이 수정되는 경우

A) 판단기준 인정된 사실에 대해 적용될 구성요건이 공소사실의 그것에서 수정되는 경우에는 원칙적으로 공소장변경이 필요하다. 특히 공소장에 기재된 공소사실보다 법정형이 무거운 사실을 인정할 경우는 필수적으로 공소장변경이 요구된다. 문제는 경한 수정구성요건의 사실을 인정할 경우에도 공소장변경이 필요한가에 있다. 이 경우에는 피고인의 방어권행사에 불이익을 초래할 것인가에 따라 판단하여야 할 것이다.

B) 기수, 미수, 예비의 구성요건 사이 기수, 미수, 예비 사이의 수정구성요건에서 중한 수정구성요건을 인정하기 위해서는 공소장변경이 요구된다. 그러나 기수의 공소사실에 대해 미수를 인정할 경우에는 공소장변경이 필요하지 않을 것이다.[33] 미수의 실행행위는 기수에 포함되어 있기 때문에 피고인의 방어권 행사에 불이익이 없기 때문이다. 그러나 미수의 공소사실에서 예비를 인정할 경우에는 공소장변경이 필요하다.[34] 양자 사이에는 실행행위의 내용이 다르고 따라서 피고인의 방어방법에도 차이가 있기 때문이다.

관련판례 ① 히로뽕 투약죄의 기수범으로 기소된 공소사실에 대하여 실행행위에 착수한 사실은 인정되나 기수에 이른 사실은 인정되지 않는 경우, 마약류의 심각한 폐해와 마약사범의 급속한 증가현상에 비추어 볼 때 히로뽕 투약의 경우 그 미수범도 기수범에 못지 않게 그 사안이 중대하다고 할 것이어서 공소장이 변경되지 않았다는 이유로 이를 처벌하지 않으면 현저히 정의와 형평에 반한다고 여겨지므로, 심리의 경과에 비추어 그 미수의 범죄사실을 인정한다고 하여 피고인의 방어권행사에 실질적인 불이익을 초래할 염려가 있다고 보여지지 않는다면 법원은 공소사실에 포함된 히로뽕 투약 미수의 범죄사실을 유죄로 인정하여야 한다(대판 1999.11.9, 99도3674).

C) 정범, 공범의 구성요건 사이 공동정범을 방조범으로 인정하기 위해서

33) 대판 1969.2.18, 68도106.

34) 기수범의 공소사실을 예비죄로, 미수의 공소사실을 예비죄로(대판 1983.4.12, 82도2939; 대판 1968.9.30, 68도1031), 기수의 공소사실을 음모죄로(대판 1969.11.11, 69도1517), 미수죄를 음모죄로(대판 1971.6.8, 71도837) 인정하는 경우에는 피고인의 방어권에 불이익이 있으므로 공소장변경을 요한다.

는 원칙적으로 공소장변경이 필요하다(대판 2011.11.24, 2009도7166). 다만 피고인이 공동정범이 아니라 방조범에 해당할 뿐이라고 이미 진술한 경우, 심리 도중에 방조사실에 대해서도 수차례 언급된 경우와 같이 피고인의 방어권행사에 불이익이 없는 경우에는 공소장변경이 필요하지 않을 것이다.

그리고 단독범으로 기소된 사건을 공소장변경 없이 공동정범을 인정하는 경우에도 그것이 피고인의 방어권행사에 실질적 불이익이 없는 한에서만 적법한 것으로 보아야 한다(대판 1991.5.28, 90도2977; 대판 1999.7.23, 99도1911).

관련판례 ① 히로뽕 제조의 공동정범의 공소사실에 대하여 피고인이 이를 부인하는 한편 유죄로 인정된다 하더라도 공동정범이 아닌 방조범에 해당한다고 주장하여 온 사정하에서는 위 공소사실의 범위 내인 제조의 방조를 인정하여도 피고인의 방어에 실질적인 불이익을 주지 아니하므로 공소장변경 없이 방조사실을 인정할 수 있다(대판 1982.6.8, 82도884).

② 피고인의 행위가 관세포탈의 방조에 해당된다고 하더라도, 관세포탈죄의 공동정범으로 공소가 제기된 이 사건의 심리과정에서 단 한 번도 언급된 바 없는 관세포탈의 방조사실을 법원이 공소장의 변경도 없이 그대로 유죄로 인정하는 것이 피고인의 방어권 행사에 실질적인 불이익을 초래할 염려가 없다고 보기 어려울 뿐만 아니라, 관세포탈의 방조사실을 유죄로 인정하지 아니하는 것이 현저히 정의와 형평에 반하는 것이라고 보여지지도 아니한다(대판 1996.2.23, 94도1684).

D) 전체, 부분의 구성요건 사이(축소사실의 인정)

[설문 (3)] 甲은 자기 집에 놀러온 피해자 乙(여, 16세)을 강제로 추행하여 치상에 이르게 하였다는 혐의로 乙의 어머니 丙으로부터 고소를 당하였다. 수사한 결과 검사는 甲을 강제추행치상죄로 기소하였다. 제1심의 증거조사 결과 강제추행의 점은 입증되었으나, 치상의 점은 입증되지 못한 경우, 제1심 법원이 공소장변경절차 없이 甲에 대하여 강제추행죄로 유죄를 선고할 수 있는가? [2006년 제48회 사법시험 문제 참조]

전체구성요건에서 부분구성요건에 해당하는 사실을 인정할 경우(즉, 축소사실을 인정할 경우)에는 공소장변경은 필요하지 않다. 예컨대, 상기한 [설문 (3)]의 사례에서와 같이 강간치상죄를 강간죄로(대판 1991.5.28, 91도711), 강제추행치상죄를 강제추행죄로(대판 1999.4.15, 96도1922), 폭행치사죄를 폭행죄로(대판 1965.12.21, 65도852), 강도강간죄를 강도죄로(대판 1987.5.12, 87도792), 특수절도죄를 절도죄로(대판 1973.7.24,

73도1256), 수뢰후부정처사죄를 뇌물수수죄로(대판 1999.11.9, 99도2530)의 경우에는 공소장변경이 필요하지 않다. 다만 축소사실이 친고죄인 경우에 제1심 판결선고 전의 유효한 고소취소가 있으면 공소기각의 판결을 하여야지 무죄판결은 할 수 없다.

문제는 축소사실이 인정되는 경우에 법원은 의무적으로 이를 인정해야 하는가에 있다. 이에 대해 현실적 심판의 대상인 축소사실에 대해 심판할 의무가 있다고 하는 견해가 있으나,[35] 판례는 축소사실의 사안이 중대하여 공소장이 변경되지 않았다는 이유로 이를 처벌하지 않으면 현저히 정의와 형평에 반하는 것으로 인정되는 경우에는 직권으로 그 범죄사실을 인정해야 한다는 입장이다(대판 2009.5.14, 2007도616). 이에 의하면 허위사실적시 명예훼손(제307조 제2항)이 사실적시 명예훼손(동조 제1항)으로 인정되어도 허위사실적시 명예훼손죄에 무죄를 선고해도 위법하지 않지만,[36] 도주차량죄(특가법 제5조의3 제1항)의 공소사실에 대해 업무상과실치사상죄(제268조)로 인정되는 경우 공소사실에 무죄를 선고할 것이 아니라, 공소장변경이 없더라도 인정된 범죄사실에 대해 유죄판결을 해야 한다.[37]

관련판례 ① 강간치상죄는 강간죄의 결과적 가중범으로서 강간치상의 공소사실 중에는 강간죄의 공소사실도 포함되어 있는 것이어서 강간치상죄로 공소가 제기된 사건에 있어서 그 치상의 점에 관하여 증명이 없더라도 법원으로서는 공소장 변경절차 없이 강간의 점에 대하여 심리 · 판단할 수 있다(대판 2002.7.12, 2001도6777).

(나) 구성요건이 다른 유형인 경우

A) 원 칙 다른 유형의 구성요건을 인정할 경우에는 원칙적으로 공소장변경이 필요함은 너무나 당연하다. 따라서 살인죄를 폭행치사죄로(대판 2001.6.29, 2001도1091), 강간치상죄를 강제추행치상죄로(대판 1968.9.29, 68도776), 명예훼손죄를 모욕죄로(대판 1972.5.31, 70도1859), 특수절도죄를 장물운반죄로(대판 1965.1.26, 64도

35) 이재상, 442면; 이은모, 466면.

36) 대판 2008.10.9, 2007도1220. 그 외에도 강간상해의 공소사실에 대해 상해가 인정되는 경우 상해죄에 유죄를 인정하지 않고 강간상해죄에 무죄를 선고해도 위법이 아니다(대판 1997.8.26, 97도1452).

37) 대판 1990.12.7, 90도1283. 그 외에도 향정신성의약품을 제조 · 판매하여 영리를 취할 목적으로 그 원료가 되는 물질을 소지한 것이라는 공소사실에 대하여 비록 영리의 목적이 인정되지 않더라도 무죄를 선고할 것이 아니라 위 공소사실에 포함된 향정신성의약품을 제조할 목적으로 그 원료가 되는 물질을 소지한 범죄사실을 공소장 변경 없이 유죄로 인정하여야 한다(대법원 2002.11.8, 2002도3881).

681), 강도상해교사죄를 공갈교사죄로(대판 1993.4.27, 92도3156), 특수강도죄를 특수공갈죄로(대판 1968.9.19, 68도995 전원합의체), 강제집행면탈죄를 권리행사방해죄로(대판 1972.5.31, 72도1090), 그리고 고의범을 과실범으로(대판 1981.12.8, 80도28244), 특히 장물보관죄를 업무상과실장물보관죄로(대판 1984.2.28, 83도3334) 변경하는 경우에는 공소장변경이 요구된다. 그러나 축소사실이 포함된 경우에 공소장변경의 필요성에 대해서는 예외가 인정될 수 있다.

관련판례 ① 특정범죄가중처벌 등에 관한 법률 제5조의4 제5항의 규정은 같은 조 제1항, 제3항 또는 제4항에 규정된 죄 가운데 동일한 항에 규정된 죄를 3회 이상 반복 범행하고 다시 그 반복 범행한 죄가 규정된 항 소정의 죄를 범하여 누범에 해당하는 경우에는 상습성이 인정되지 아니하는 경우에도 같은 조 제1항 내지 제4항 가운데 해당되는 항에 정한 법정형으로 처벌된다는 것이지만, 같은 조 제1항은 상습성을 요건으로 하는 반면에 같은 조 제5항은 범죄전력과 누범가중에 해당함을 요건으로 하고 있어 요건이 서로 다르고, 따라서 같은 조 제5항으로 기소되었는데도 공소장변경 없이 같은 조 제1항을 적용하여 처벌하는 것은 피고인의 방어에 실질적 불이익을 끼칠 우려가 있으므로, 같은 조 제5항으로 기소되었는데도 공소장변경 없이 같은 조 제1항을 적용하여 처벌할 수는 없다고 할 것이다(대판 2005.11.25, 2005도6925).

B) 축소사실이 포함된 경우 강도상해죄를 주거침입죄와 상해죄(대판 1996.5.10, 96도755) 또는 절도죄와 상해죄로(대판 1965.10.26, 65도599) 변경하는 경우에 상해죄는 강도상해죄의 축소사실이지만 함께 인정하려는 주거침입죄 또는 절도죄는 다른 유형의 구성요건에 해당하는 범죄사실이 된다. 생각건대 절도죄는 강도죄와 실질적으로 동종범죄이고 후자의 법정형이 크기 때문에 절도죄의 인정을 위해 공소장변경이 굳이 필요하지 않는 것으로 보아야 하겠지만, 주거침입죄의 경우에는 기존 공소사실에 주거침입의 사실이 기재되어 있고 심리과정에 포함되었던 때에만 공소장변경이 필요하지 않은 것으로 보아야 할 것이다. 판례에 따르면, 강간치상으로 공소가 제기되었다고 하더라도 준강제추행죄는 강간치상죄의 공소사실과 동일성이 인정되고 공소제기된 범죄사실에 포함되어 충분히 심리되었으므로 별도의 공소장변경절차 없이 준강제추행죄를 인정할 수 있다(대판 2008.5.29, 2007도7260).

관련판례 ① 법원은 공소사실의 동일성이 인정되는 범위 내에서 공소가 제기된 범죄사실에 포함된 보다 가벼운 범죄사실이 인정되는 경우에 심리의 경과에 비추어 피고

인의 방어권 행사에 실질적 불이익을 초래할 염려가 없다고 인정되는 때에는 공소장이 변경되지 않았더라도 직권으로 공소장에 기재된 공소사실과 다른 공소사실을 인정할 수 있다(대판 1996.5.10, 96도755).

---

3) 사실인정은 동일하고 법률적 구성만을 달리하는 경우

(가) 법적 평가만을 달리하는 경우 위탁된 포장물의 내용물을 영득한 사실에 대해 횡령 또는 절도의 어느 것으로 평가할 것인가와 같이, 사실인정에는 변함이 없는데 그에 대한 법적 평가만을 달리하는 경우에는 원칙적으로 공소장변경은 필요하지 않다. 특히 경한 구성요건 또는 법정형이 같은 구성요건으로 평가하는 경우에는 공소장변경이 필요하지 않을 것이다. 따라서 법원은 배임죄로 기소된 공소사실에 대하여 공소장변경 없이도 횡령죄로 처벌할 수 있다(대판 1999.11.26, 99도2651). 그러나 횡령에서 절도로 중하게 평가하는 경우에는 공소장변경이 필요한 것으로 보아야 한다. 마찬가지로 일반법과 특별법의 동일한 구성요건에 모두 해당하는 범죄사실에 대하여 검사가 형이 가벼운 일반법을 적용하여 기소한 것에 대하여 법원이 공소장변경 없이 특별법을 적용하여 처벌할 수는 없다(대판 2007.12.27, 2007도4749). 그리고 판례는 축소사실의 인정이 법원의 의무인가에 대한 논의는 사실관계는 변화 없이 법적 평가만을 달리하는 경우에도 그대로 적용한다.

관련판례 ① 피고인이 보수를 받을 조건으로 본범이 습득한 신용카드로 물건을 구입하여 주기로 한 것은 장물취득죄에 해당하지는 않지만, 이는 적어도 형법 제362조 제1항 소정의 장물보관죄에는 해당되고 이 사건 공소사실 중 장물취득의 점과 실제로 인정되는 장물보관의 범죄사실은 객관적 사실관계로서는 동일하고, 다만 이를 장물의 '취득'으로 볼 것인가 '보관'으로 볼 것인가 하는 법적 평가에 있어서만 차이가 있을 뿐이어서 피고인을 장물보관죄로 처단하더라도 피고인의 방어권 행사에 실질적인 불이익을 초래할 염려가 있다고는 보이지 아니하므로 따로 공소사실의 변경이 없었다 하더라도 피고인을 장물보관죄로 처단하여야 한다(대판 2003.5.13, 2003도1366).

(나) 죄수평가에 대한 변화 경합범을 포괄일죄(대판 1987.7.21, 87도546) 또는 상상적 경합(대판 1980.12.9, 80도2236)으로, 그 반대로 포괄일죄를 경합범으로(대판 1987.5.26, 87도527)[38] 바꾸어 인정하는 경우와 같이 죄수에 대한 평가만을 달리하는 경우에는 공소장변경은 원칙적으로 필요하지 않다. 범죄사실 그 자체는 아무런 변

38) 이 경우에 반대견해로는 백형구, 530면.

함이 없이 공소사실(즉 현실적 심판범위)에 포함되어 있기 때문에 피고인의 방어권 행사에는 실질적 불이익이 초래되지 않기 때문이다.

관련판례 ① 법원이 동일한 범죄사실을 가지고 포괄일죄로 보지 아니하고 실체적 경합관계에 있는 수죄로 인정하였다고 하더라도 이는 다만 죄수에 관한 법률적 평가를 달리한 것에 불과할 뿐이지 소추대상인 공소사실과 다른 사실을 인정한 것도 아니고 또 피고인의 방어권행사에 실질적으로 불이익을 초래할 우려도 없으므로 불고불리의 원칙에 위반되는 것이 아니다(대판 1987.5.26, 87도527).

(다) 적용법조의 추가 · 변경 공소사실은 그대로 두고 적용법조만을 추가하거나 변경하는 경우에도 공소장변경은 필요하지 않다. 공소사실이 그대로 있는 이상 피고인의 방어권 행사에 실질적 불이익이 초래될 염려는 없기 때문이다. 다만, 이것은 적용법조의 기재에 오기 · 누락이 있거나 또는 그 적용법조에 해당하는 구성요건이 충족되지 않을 때에는 공소사실의 동일성이 인정되는 범위 내로서 피고인의 방어에 실질적인 불이익을 주지 않는 한도에서 법원이 공소장 변경의 절차를 거침이 없이 직권으로 공소장 기재와 다른 법조를 적용할 수 있다는 의미로 제한되며, 공소장에 기재된 적용법조를 단순한 오기나 누락으로 볼 수 없고 구성요건이 충족됨에도 법원이 공소장 변경의 절차를 거치지 아니하고 임의적으로 다른 법조를 적용하여 처단할 수는 없다(현재 입법 폐지된 폭처법 위반의 상습공갈죄 죄명에 대해 공소장 변경 없는 형법상 상습공갈죄 적용에 관해 이렇게 판시한 대판 2015.11.12, 2015도12372).

관련판례 ① 공소장에 적용법조를 기재하는 이유는 공소사실의 법률적 평가를 명확히 하여 피고인의 방어권을 보장하고자 함에 있는 것이므로, 적용법조의 기재에 오기나 누락이 있는 경우라 할지라도 이로 인하여 피고인의 방어에 실질적인 불이익을 주지 않는 한 공소제기의 효력에는 영향이 없고, 법원으로서도 공소장 변경의 절차를 거침이 없이 곧바로 공소장에 기재되어 있지 않은 법조를 적용할 수 있다(대판 1996.8.23, 96도1231).

---

4. 공소장변경의 절차

(1) 검사의 신청에 의한 공소장변경

1) 신 청 공소장변경은 원칙적으로 검사의 신청에 의한다(제298조 제1항). 신청에는 공소장변경허가신청서가 제출되어야 하고(검사가 공소사실에 대한

검사의견 기재서면을 제출하여도 공소장변경허가신청서를 제출한 것으로 볼 수 없다는 대판 2022.1.13, 2021도13108), 피고인 수에 상응하는 부본이 첨부되어야 한다(규칙 제142조 제1항, 제2항). 공소장변경허가 신청서 부본의 송달은 피고인 또는 변호인 중 1인에게만 이루어져도 적법하다(규칙 제142조 제3항, 대판 2013.7.12, 2013도5165). 예외적으로 피고인이 재정하는 공판정에서는 피고인에게 이익이 되거나 피고인이 동의하는 경우 법원은 구술에 의한 공소장변경을 허가할 수 있다(동 규칙 동조 제5항).[39] 검사가 공소장변경허가신청서에 의한 공소장변경허가를 구하면서 변경하려는 공소사실을 전자적 형태의 문서로 작성하여 그 문서가 저장된 저장매체를 첨부한 경우, 법원은 저장매체에 저장된 전자적 형태의 문서 부분을 고려함이 없이 공소장변경신청서에 기재된 부분만을 가지고 판단하여야 한다(대판 2016. 12. 15, 2015도3682).

그리고 공판심리의 종결 전에 신청하여야만 법원에게 공소장변경의 허가의무가 있고 그 이후의 신청에 대한 심리재개 및 공소장변경의 허가 여부는 법원의 재량에 속할 뿐이다(대판 1994.10.28, 94도1756; 대판 2000.4.11, 2000도565). 법원은 신청이 있으면 그 사유를 신속히 피고인 또는 변호인[40]에게 고지하여야 한다(제3항).[41]

2) 법원의 결정

(가) 허가 또는 기각 법원은 공소사실의 동일성을 해하지 아니하는 한도에서 허가하여야 한다(제298조 제1항 단서). 이 경우 법원의 허가는 의무적이다(대판 1999.5.14, 98도1438). 그러나 공소사실과 검사가 변경하려고 한 공소사실 사이에 범행일시와 장소가 다르고, 그 수단과 방법 및 범행의 목적물 등 범죄사실의 내용도 다르며, 그 행위의 태양이나 피해법익도 달라 동일성이 인정되지 아니하는 경우에는 기각결정을 할 수 있고, 하여야 한다(대판 2002.1.22., 2001도5920). 판례에 의하면, 항소심 재판부가 검찰이 제출한 공소장변경허가신청서 부본을 피고인 측에 송달하지 않은 채 공소장 변경을 허가한 다음 예비적 공소사실을 인정해 유죄 판결을 내리는 것은 피고인의 방어권과 변호인의 변호권을 본질적으로 침해한 위법한 재판이다(대판

39) 검사가 형사소송규칙 제142조 제1항에 따라 서면으로 공소장변경신청을 하는 경우에는 같은 조 제5항은 적용될 여지가 없다(대판 2017.6.8, 2017도5122).

40) 변호인 이외에 피고인에게 별도로 위 사유의 고지나 신청서 부본을 송달하지 아니한 조치에 위법이 있다고 할 수 없다(대판 2001.4.24, 2001도1052).

41) 부본이 공판정에서 교부된 경우에도 피고인이 충분히 진술변론한 때에는 판결에 영향을 미치지 않는다는 것에 대판 1995.2.17, 94도3297.

2021.7.21. 2019도7217).

관련판례 ① 공소장의 변경은 공소사실의 동일성이 인정되는 범위 내에서만 허용되고, 공소사실의 동일성이 인정되지 아니한 범죄사실을 공소사실로 추가하는 취지의 공소장변경신청이 있는 경우에는 법원은 그 변경신청을 기각하여야 한다. 피고인이 재정하는 공판정에서 검사가 구술로 공소장변경신청을 하자 피고인이 이에 동의하였고 법원도 위 변경신청을 기각하지 아니한 채 바로 다음 공판절차를 진행하였다면, 법원이 공소장변경신청에 대하여 명시적인 허가결정을 하지 아니하였다 하더라도 그 허가가 있었던 것으로 봄이 상당하다(대판 2002.3.29, 2002도587).

(나) 공판절차의 정지　　법원은 공소사실 또는 적용법조의 추가, 철회 또는 변경이 피고인의 불이익을 증가할 염려가 있다고 인정한 때에는 직권 또는 피고인이나 변호인의 청구에 의하여 피고인으로 하여금 필요한 방어의 준비를 하게 하기 위하여 결정으로 필요한 기간 공판절차를 정지할 수 있다(제298조 제4항). 이 경우 피고인에게 불이익을 증가할 염려에 대한 판단은 법원의 재량이고(대판 1985.8.13, 85도1193), 따라서 법원이 피고인의 방어권 행사에 불이익이 없는 것으로 판단하여 피고인의 공판절차정지신청을 기각하였다 하더라도 위법하다고 할 수 없다(대판 1991.10.25, 91도2085; 대판 2005.12.23, 2005도6402).

3) 취소와 불복　　법원은 허가결정에 위법한 사유가 있는 것을 발견한 경우에는 스스로 그 결정을 취소할 수 있다(대판 2001.3.27, 2001도116). 그리고 판결전의 소송절차에 관한 결정에 불과한 허가결정에 대해서 독립하여 상소할 수는 없으나, 그 허가결정의 위법이 판결에 영향을 미친 경우에는 판결에 대해 상소할 수 있다(대결 1987.3.28, 87모17).

(2) 법원의 공소장변경요구

[설문 (4)] 피고인 甲의 절도 피고사건을 법원이 심리한 결과, 절도의 공소사실은 유죄로 인정되지 아니하지만 피고인이 공판정에서 장물보관의 범죄사실을 자백하고 이에 관한 보강증거도 충분하였는데, 법원이 검사에게 공소장변경을 요구함이 없이 절도의 공소사실에 대해서 무죄판결을 선고하였다면 이 판결은 적법한가? 만약 법원이 검사에게 공소장변경을 요구하였고 검사가 이에 불응하므로 법원이 장물보관죄로 유죄판결을 하였다면 이 판결은 적법한가?

1) 의　의　　법원은 심리의 경과에 비추어 상당하다고 인정할 때에는 공소

사실 또는 적용법조의 추가 또는 변경을 요구하여야 한다(제298조 제2항). 이 규정은 명백히 죄를 범한 자를 무죄로 하는 일이 없도록 하여 형벌권의 적정한 실현을 도모하기 위한 것이다.

2) **법적 성격** 공소장변경의 요구가 법원의 의무인가 또는 재량인가의 여부에 대해서는 견해의 대립이 있다.

(i) **의무설**은 "법원은 …요구하여야 한다"는 법 문언을 중시하여 공소장변경요구는 법원의 의무라는 것이다.[42] 이 설에 의하면 법원이 공소장변경요구를 하지 않고 무죄판결을 하면 심리미진의 위법이 있게 된다.

(ii) **재량설**은 법원의 공소장변경요구는 권리일 뿐이고 의무는 아니라는 견해이다.[43] 판례는 "법원이 검사에게 공소장의 변경을 요구할 것인지의 여부는 법원의 재량에 속하는 것이므로 법원이 검사에게 공소장의 변경을 요구하지 아니하였다고 하여 위법하다고 볼 수 없다"고 판시하여 재량설의 입장을 따른다(대판 1999.12.24, 99도3003).

(iii) **예외적 의무설**은 공소장변경요구는 원칙적으로는 법원의 재량에 속하지만 무죄판결을 하는 것이 현저히 정의에 반하는 경우에는 예외적으로 법원의 의무가 된다는 견해이다(다수설).

생각건대, 범죄사실이 입증되지 않고 불명확할 때에는 반드시 피고인의 이익으로 조치되어야 하겠지만, 명백히 중대한 범죄사실이 입증된 경우에는 실체적 진실발견주의에 따라서 법원의 공소장변경요구를 의무로 해석하여 유죄판결을 할 수 있도록 하는 예외적 의무설이 가장 타당하다. 상기한 [설문 (4)]에서 법원이 증거가 명백한 장물죄로의 공소장변경을 요구하지 않고 절도 공소사실에 대해 무죄판결을 선고한 것은 판례의 재량설에 의하면 적법할 것이고, 의무설 내지 예외적 의무설에 의하면 위법한 것으로 평가될 수 있을 것이다.

3) **요구의 효력** 법원의 공소장변경요구에 대해 검사에게 복종의무가 있는지에 대해서도 견해대립이 있을 수 있다. 법원의 공소장변경요구는 검사에게 권고하는 효력이 있을 뿐이라는 견해(소위 권고효설)도 주장될 수 있다. 그러나 법원의 소송지휘권에 대해 검사에게 복종의무를 부과하지 않는 것은 타당하지 않다. 따라서 통설은 검사의 복종의무를 인정한다.

---

42) 김기두, 252면; 신양균, 462면.
43) 강구진, 310면; 신현주, 491면; 이재상, 395면; 차용석/최용성, 449면.

문제는 법원의 공소장변경요구에 대해 검사가 불복종한 경우에 형성효가 있을 것인가에 있다. 이를 긍정하는 견해(소위 형성효설)도 주장될 수 있지만, 형성력까지 인정하면 검사의 공소장변경신청이 무의미하기 때문에 이를 부정하는 것이 타당할 것이다.[44] 따라서 다수설은 법원의 공소장변경요구에 대해 검사에게 복종의무를 부과하는 명령적 효력만을 인정한다(소위 명령효설). 상기한 [설문 (4)]에서 검사가 공소장변경요구에 불응하자 법원이 공소사실인 절도가 아닌 장물죄로 유죄판결한 것은 형성효설에 따르면 적법하겠지만 다른 견해에 의하면 위법한 것으로 평가되어야 할 것이다.

5. 항소심에서의 특수문제 : 친고죄의 축소사실로 변경된 경우 고소취소의 효과와 공소장변경의 필요성[45]

[설문 (4a)] 제1심에서 甲은 이웃에 사는 사촌 동생 A에 대한 강도죄로, 乙은 친구 B에 대한 폭행치상죄로 유죄판결을 받고서 각각 항소하였다. 그런데 항소심에서 甲의 공소사실이 (저항할 수 없는 협박의 정도가 아니라서) 공갈죄임이, 乙의 공소사실이 (상해사실이 부정됨으로써) 폭행죄임이 각각 밝혀졌다. 그러자 甲과 乙은 A와 B로부터 고소취소서(불처벌의사표시서)를 비로소 받아서 항소심 법원에 제출하였다. 그런데 항소심 법원은 공소장 변경 없이 甲에 대해서는 공갈죄로, 乙에 대해서는 폭행죄로 각각 유죄 판결하였다. 이 판결은 적법한가?

비친고죄의 공소사실이 항소심에서 비로소 친고죄로 변경된 경우에 법원이 공소장변경절차를 거치지 않고 축소사실에 대해 유죄판결 할 수 있는지가 —비친고죄의 경우에는 축소사실의 인정에 공소장변경이 필요하지 않는 것과는 달리— 특별히 문제된다. 왜냐하면 친고죄의 경우는 유효한 고소취소를 통해서 피고인이 공소기각의 판결을 받을 수 있기 때문이다. 우리나라 판례는 강제추행치상죄(비친고죄)의 유죄판결에 대한 항소심에서 종래 형법상 친고죄였던 단순 강제추행죄로 공소사실이 바뀐 경우 항소심 단계에서 고소취소가 있더라도 그 효과를 부정하고(고소취소는 제1심 판결 선고 전까지만 가능하기 때문에) 변경된 친고죄의 축소사실에 대해서 공소장변

44) 강구진, 311면; 배종대/이상돈, 451면; 신동운, 756면; 신현주, 493면; 정영석/이형국, 272면; 차용석/최용성, 451면.

45) 이에 대한 필자의 글인 손동권, "재전문진술의 증거능력과 항소심에서의 친고죄 문제," 고시연구 2002년 10월호(통권 제343호), 129면 이하 참조.

경 없이 항소심 법원은 유죄판결 할 수 있다는 취지로 판시하였다(대판 1999.4. 15, 96도1922 전원합의체; 단순 강제추행죄도 비친고죄로 개정되었기 때문에 앞으로는 강제추행과 관련하여서는 동일한 문제가 발생되지는 않을 것임). 이에 대해서는 반대견해가 있다는 것은 이미 전술하였다([§14]의 고소취소). 그리고 반의사불벌죄에 있어서도 항소심에서의 불처벌의사표시가 효력이 없음은 친고죄에서와 동일하다(대판 1988.3.8, 85도2518). 이러한 판례태도에 따르면, 상기한 [설문]에서 항소심 법원은 고소취소서 내지 불처벌벌의사표시서가 제출되었더라도 공갈죄(동거하지 않는 친족 사이로서 친고죄)와 폭행죄(반의사불벌죄)에 대해 유무죄의 실체 판결을 할 수 있다. 이 경우 일단 공갈죄와 폭행죄로 공소장 변경을 하고서 항소심 법원이 그에 대해 유무죄 실체 판결을 하는 것이 가장 바람직할 것이다.

남은 문제는 공소장 변경 없이 직권으로 항소심 법원이 공갈죄와 폭행죄에 대해 유죄 판결할 수 있는가에 있다. 즉 공소장 변경의 필요성 문제가 대두된다. 이에 대해서도 상기한 판례는 공소사실인 강제추행치상죄에 비하여 (바뀐) 강제추행죄는 축소사실에 불과하기 때문에 공소장변경 없이도 유죄 판결할 수 있다는 태도를 취하였다. 이러한 논리에 의하면, 상기한 [설문]에서 을의 공소사실인 폭행치상죄에 비하여 폭행죄도 축소사실에 불과하기 때문에 불처벌의사표시 시에도 공소기각의 판결이 불가능한 항소심의 경우는 공소장변경 없이 유죄 판결할 수 있을 것이다. 만약 — 항소심이 아니라 — 불처벌의사표시 시 공소기각판결을 받을 수 있는 제1심에서 폭행죄로 바뀐 경우에는 공소장변경 없이는 유죄 판결할 수 없을 것이다(대판 1971.1.12, 70도2216). 그리고 상기한 [설문]에서 갑의 공소사실인 강도죄(친족특례적용이 없는 비친고죄)와 (바뀐) 공갈죄 사이에 공소장변경 필요성 여부는 전술한 사실기재설의 입장에서 평가되어야 할 것이다.

[§ 28] 공판준비절차, 증거개시제도, 기타 공판절차의 내용

Ⅰ. 의견서제출제도

공소사실에 대한 피고인의 입장을 조기에 확인함으로써 법원으로 하여금 심리계획의 수립을 용이하게 하여 공판정에서 충실한 심리가 이루어질 수 있고, 그와 동시에 피고인으로서도 검사의 공소장에 대응하는 의사표시를 할 기회를 줌으로써 방어에 도움이 되도록 하기 위하여 피고인측으로 하여금 의견서를 법원에 제출하도록 할 필요가 있다. 이를 위해 2008년 1월 1일부터 시행되는 개정 형사소송법은 종래 재판예규인 「답변서 및 정상관계진술서 제출에 관한 예규」에 따라 시행되던 답변서 및 정상관계진술서 제도와 유사한 의견서 제출제도를 정식으로 도입하였다. 피고인 또는 변호인은 공소장 부본을 송달받은 날로부터 7일 이내에 공소사실에 대한 인정여부나 공판준비절차에 관한 의견 등을 기재한 의견서를 법원에 제출하여야 한다(제266조의2 제1항 본문). 그러나 피고인의 진술거부권을 침해할 수 없으므로 피고인이 진술거부권을 행사하는 경우에는 그러한 취지만을 의견서에 기재하여 제출할 수 있다(동항 단서). 비록 피고인이 의견서를 제출하지 않더라도 특별한 제재가 가해지는 것은 아니다. 그리고 법원은 피고인측으로부터 의견서가 제출된 때에는 이를 검사에게도 송부하여야 한다(제2항). 재판부는 제1회 공판기일을 정하거나 재판을 진행함에 있어 의견서를 참고하도록 한다. 피고인이 의견서를 제출한 경우에도 공판기일에서 진술할 수 있는 권리는 충분히 보장하여야 하며, 피고인은 공판기일에서 이미 제출한 의견서의 내용과 다르게 진술할 수 있고, 의견서 등은 유죄의 증거로 사용할 수 없다.

Ⅱ. 증거개시제도

1. 의 의

형사소송법 제35조에 의하면 피고인과 변호인은 소송계속중의 관계서류와 증거물을 열람 또는 등사할 수 있다. 그런데 공소가 제기된 후 법정에서 증거로 제출하기 전에 검사가 보관하고 있는 수사기록의 열람·등사가 동 조항에 의해서 가능한지에 대해서는 견해의 대립이 있어 왔다. 다만 학설의 다수설과 헌법재판소의 판례는 원칙적으로 열람·등사를 허용하는 태도를 취하였다. 그런데 2008년 1월 1일부터 시행되는 개정 형사소송법은 피고인의 방어권을 충실히 보장하고 신속한 재판이 가능하도록 하기 위하여, 피고인 또는 변호인이 공소제기된 사건과 관련된 서류나 물건을 열람·등사할 수 있도록 공소제기 후 증거조사기일 전에 검사가 보관하고 있는 사건 관련 서류나 물건을 열람·등사할 수 있는 증거개시제도(Discovery)를 정식으로 도입하였다. 즉, 피고인 또는 변호인은 검사에게 공소제기된 사건에 관한 서류 등의 열람·등사를 신청할 수 있다(제266조의3 제1항 이하). 증거개시제도의 도입에 따라 검사는 공소사실의 입증에 필요한 증거는 물론 피고인에게 유리한 자료까지 개시할 의무를 지게 되므로, 피고인도 방어권행사와 관련된 법률상·사실상의 주장을 한 때에는 그와 관련된 서류 등과 증인의 인적사항 등은 공개하는 것이 합리적이다. 이러한 취지에서 개정 형사소송법은 검사의 증거개시의무에 대응하여 피고인측에도 증거개시의무를 부과함으로써 공판절차에서 신속하고 집중적인 심리가 가능하도록 규정하였다(제266조의11 제1항 이하).

[일본의 입법례]

2004년 5월 개정된 일본 형사소송법도 제316조의2 내지 제316조의32에서 공판전 정리절차를 도입하면서 증거개시절차를 명확하게 규정하였다. 법원은 검사 및 피고인 또는 변호인의 의견을 듣고, 제1회 공판기일 전 또는 공판기일 사이에 사건의 쟁점 및 증거를 정리하기 위하여 공판 전 정리절차에 부칠 수 있으며, 이 공판 전 정리절차에서 증거신청을 받고, 증거채부 결정을 하고, 증거개시 결정을 한다.

2. 검사에 대한 (피고인·변호인에 의한) 증거개시의 청구

(1) 신청권자

열람·등사의 신청권자는 피고인 또는 변호인이다.[46] 다만, 피고인에게 변호인이 있는 경우에는 피고인은 열람만을 신청할 수 있다(제266조의3 제1항).

(2) 신청의 대상

열람·등사신청의 대상은 검사에게 공소제기된 사건에 관한 서류 또는 물건의 목록과 공소사실의 인정 또는 양형에 영향을 미칠 수 있는 (i) 검사가 증거로 신청할

46) 개정법 제35조에 의하면 피고인 및 변호인뿐만 아니라 피고인의 법정대리인, 법 제28조에 따른 특별대리인, 법 제29조에 따른 보조인 또는 피고인의 배우자 직계친족 형제자매로서 피고인의 위임장 및 신분관계를 증명하는 문서를 제출한 자도 소송계속 중의 관계서류 또는 증거물을 열람하거나 등사할 수 있다고 규정하고 있다. 그러나 개정법 제266조의3 제1항은 열람·등사 또는 서면의 교부를 신청할 수 있는 자를 피고인 또는 변호인으로 한정하고 있고 검사의 열람·등사불허결정에 대해 법원에 그 허용신청의 주체도 피고인 또는 변호인으로 한정하고 있으며(개정법 제266조의4 제1항), 열람·등사된 서류 등을 남용하였을 경우 처벌을 받는 자도 피고인 또는 변호인으로 한정하고 있어(제266조의16) 피고인 또는 변호인 외에도 피고인의 법정대리인, 특별대리인, 배우자, 직계친족, 형제자매 등도 일정한 요건을 구비하였을 경우 열람·등사 등을 할 수 있는지가 문제된다.

서류 등, (ii) 검사가 증인으로 신청할 사람의 성명 · 사건과의 관계 등을 기재한 서면 또는 그 사람이 공판기일 전에 행한 진술을 기재한 서류 등, (iii) 전자의 서면 또는 서류 등의 증명력과 관련된 서류 등, (iv) 피고인 또는 변호인이 행한 법률상 · 사실상 주장과 관련된 서류 등(관련 형사재판확정기록, 불기소처분기록 등을 포함한다)이다(제1항 제1호 내지 제4호). 열람 · 등사를 신청할 수 있는 서류 등은 도면 · 사진 · 녹음테이프 · 비디오테이프 · 컴퓨터용 디스크, 그 밖에 정보를 담기 위하여 만들어진 물건으로서 문서가 아닌 특수매체를 포함한다(제6항).

여기서의 '서류 등의 목록'은 수사자료 전부에 대한 기록목록 내지 압수물목록을 의미하는 것이고 공소제기 후 검사가 법원에 제출할 증거목록만을 의미하는 것은 아니다.[47] 증거개시의 필수적 전제가 되는 수사기관의 목록작성의무가 형사소송법에 명문화되는 것이 바람직할 것이다. 서류 등의 목록에 대한 증거개시의 제한은 허용되지 않는 것으로 보아야 한다.

[기록에 편철되지 아니한 자료에 대한 증거제출의 문제]

검사가 기록에 편철하지 아니하는 등의 방법으로 열람등사를 허용하지 아니하였던 자료에 대하여 사후에 공판기일에서 증거로 제출하는 경우 (i) 기록에 편철하지 아니하였던 자료에 대하여 사후에 공판기일에서 증거로 제출할 수 없다는 이유로 신청에 대해 각하 내지 기각되어야 한다는 견해,[48] (ii) 검사의 증거제출을 허용하면서 그에 대한 반증의 기회를 피고인 측에게 폭넓게 부여하면 된다는 견해의[49] 대립이 있다. 생각건대, 사후에 증거제출을 허용하면서 피고인에게 반증기회만을 부여하려는 후자(ii)의 견해에 따르면 증거개시제도의 취지를 온전히 발휘되기 어렵기 때문에 전자(i)의 견해가 타당하다.

다음으로 여기서 증거개시의 대상이 되는 '공소사실의 인정 또는 양형에 영향을 미칠 수 있는 서류 등'에는 검사가 증거로 신청할 서류 등뿐만 아니라 검사가 증인으로 신청할 사람의 성명 · 사건과의 관계 등을 기재한 서면 또는 그 사람이 공판기일 전에 행한 진술을 기재한 서류 등과 위 서류 등의 증명력에 관련된 서류 등, 피고인 또는 변호인이 행한 법률상 · 사실상 주장과 관련된 서류 등이 포함된다. 서류 등의 증명력에 관련된 서류 등에는 증명력을 강화 또는 약화시키는 서류 등이 모두

47) 법원행정처, 법원실무제요 형사[1], 2008, 639면 이하.
48) 최승록, 증거개시제도의 시행상 문제와 개선방안, 형사재판의 쟁점과 과제(2008), 28면.
49) 김현석, 공판준비절차와 증거개시제도의 운영, 2007년 형사실무법관연수자료집, 11면.

포함된다. 피고인 또는 변호인이 행한 법률상 · 사실상 주장과 관련된 서류 등에는 당해 사건의 기록 이외에 관련된 형사재판 확정기록, 불기소처분기록 등이 포함된다.[50]

(3) 검사의 거부 및 제한

[설문 4b] 위 사안에서 피고인 丙의 변호인은 검사에게 변론을 위해 수사서류 등의 열람 · 등사(증거개시)를 요청하였으나 검사는 피해자 C에 대한 사생활보호 등을 이유로 거부하였다. 이에 변호인이 불복하여 법원에 열람 · 등사(증거개시)를 신청하였고, 법원은 검사에게 수사서류 등의 열람 · 등사를 허용할 것을 명하였다. ① 검사는 이러한 법원의 결정에 불복할 수 있는가, ② 검사가 법원의 결정에 따르지 않는 경우 피고인 丙의 변호인은 어떻게 대응할 수 있는가? (2022년 제11회 변호사 시험문제)

검사는 국가안보, 증인보호의 필요성, 증거인멸의 염려, 관련 사건의 수사에 장애를 가져올 것으로 예상되는 구체적인 사유 등 열람 · 등사 또는 서면의 교부를 허용하지 아니할 상당한 이유가 있다고 인정하는 때에는 열람 · 등사 또는 서면의 교부를 거부하거나 그 범위를 제한할 수 있다(제2항). 필요한 경우 서류 등의 일부에 대한 열람 · 등사 등을 거부하거나 그 범위를 제한하는 것도 가능할 것이다. 그러나 증거개시 제도의 실효성 확보를 위해, 서류 등의 목록에 대하여는 열람 · 등사를 거부할 수 없도록 하였다(제5항). 그리고 특수매체에 대한 등사는 필요 최소한의 범위에 한한다(제6항). 특수매체는 사생활 침해 및 전파 가능성이 매우 높은 특성을 가지고 있기 때문이다. 검사는 열람 · 등사 또는 서면의 교부를 거부하거나 그 범위를 제한하는 때에는 지체 없이 그 이유를 서면으로 통지하여야 한다(제3항). 피고인 또는 변호인은 검사가 신청을 받은 때부터 48시간 이내에 통지를 하지 아니하는 때에는 제266조의4 제1항의 신청(열람 · 등사가 거부 · 제한된 경우에 법원에의 신청)을 할 수 있다(제4항). 판례에 따르면, 공소사실과 관련된 건에 대한 검찰의 불기소처분 보관서류에 대한 증거개시청구에 대해서 검사는 원칙적으로 증거개시를 하여야 하고, 증거개시를 하지 않으면 공소사실의 입증 내지 법관의 심증형성에 부정적 영향을 미칠 수 있는 것으로 평가된다(대판 2012.5.24, 2012도1284).

---

50) 법무부, 개정 형사소송법, 170면.

[문제점] 헌법재판소는 공소장일본주의가 피고인의 방어권을 제한하는 수단으로 이용되어서는 안 되며, 검사가 정당한 사유를 밝히지 않는 채 변호인의 열람 · 등사청구를 거부한 조치는 피고인의 신속 · 공정한 재판을 받을 권리, 변호인의 조력을 받을 권리를 침해하는 것이라고 판시한 바 있다(헌재결 1997.11.27, 94헌마60). 그리고 증거개시의 대상은 검사가 신청 예정인 증거 이외에 피고인에게 유리한 증거까지를 포함한 전면적 증거개시를 원칙으로 정하고 있다. 그런데 검사측에서 증거 신청할 계획이 없다는 것이 예외적 거부사유로 평가될 것인지가 문제된다. 그리고 관련사건의 수사에 장애가 예상된다는 사유에 대해서는 검사가 수사장애의 구체적 사유를 소명해야 하는지도 문제된다. 이러한 해석상 불명확한 점에 대해서는 명백한 입법조치가 있었으면 한다.

(4) 검사의 거부 제한에 대한 법원의 증거개시결정

1) 신청과 결정 피고인 또는 변호인은 검사가 서류 등의 열람 · 등사 또는 서면의 교부를 거부하거나 그 범위를 제한한 때에는 법원에 그 서류 등의 열람 · 등사 또는 서면의 교부를 허용하도록 할 것을 신청할 수 있다(제266조의4 제1항). 법원은 신청이 있는 때에는 열람 · 등사 또는 서면의 교부를 허용하는 경우에 생길 폐해의 유형 · 정도, 피고인의 방어 또는 재판의 신속한 진행을 위한 필요성 및 해당 서류 등의 중요성 등을 고려하여 검사에게 열람 · 등사 또는 서면의 교부를 허용할 것을 명할 수 있다. 이 경우 열람 또는 등사의 시기 · 방법을 지정하거나 조건 · 의무를 부과할 수 있다(제2항). 법원은 이러한 결정을 하는 때에는 검사에게 의견을 제시할 수 있는 기회를 부여하여야 한다(제3항). 법원은 필요하다고 인정하는 때에는 검사에게 해당 서류 등의 제시를 요구할 수 있고, 피고인이나 그 밖의 이해관계인을 심문할 수 있다(제4항).

2) 불 복 상기한 [설문 4b]와 관련하여 법원의 증거개시 결정에 대해서는 입법논의 과정을 고려하면—재판의 집행을 정지하는 즉시항고는 인정되지 않고—제402조에서 규정하고 있는 일반 항고의 방법으로만 불복할 수 있다는 견해와,[51] 법원의 증거개시명령은 제403조의 판결전 소송절차에 관한 결정으로서 그 예외를 인정하는 사유에 해당하지 않기 때문에 보통항고가 허용되지 않는다는 견해[52]가 대립

51) 법무부, 개정 형사소송법, 2007, 173면; 개정 형사소송법안에 대한 국회논의 과정에서 즉시항고제도의 도입이 주장되었으나 채택되지는 않았고 보통항고만 허용되는 것으로 귀결되었다; 민영성, 형사증거개시제도의 바람직한 운용방안, 사법 제3호(2008.3), 29면.

된다. 판례는 제1심법원이 변호인의 신청을 받아들여 검사에게 영상녹화물의 열람 · 등사를 허용할 것을 명하는 취지의 결정을 하였는데, 검사가 그 결정 중 등사를 허용한 부분에 불복한다는 취지로 보통항고를 제기하자 이를 기각하는 결정을 한 사안에서, 영상녹화물의 열람 · 등사 허용 결정에 대한 검사의 보통항고는 판결 전의 소송절차에 관한 결정에 대한 것으로서 위 결정에 대하여 형사소송법 제402조에 의한 항고의 방법으로 불복할 수 없다고 판시함으로써 후자의 태도를 취하고 있다(대결 2013.1.24. 2012모1393). 항고의 허용성 여부를 명확히 하는 입법이 있었으면 한다.

3) **법원 증거개시명령에 대한 검사불이행의 경우** 상기한 [설문 4b]와 관련하여, 검사가 열람 · 등사 등에 관한 법원의 결정을 지체 없이 이행하지 아니하는 때에는 해당 증인 및 서류 등에 대한 증거신청을 할 수 없다(제266조의4 제5항).[53] 그리고 피고인 측도 증거개시를 거부할 수 있다(제266조의11 제2항). 현행법에 명백히 규정된 상기의 것 이외에 생각 가능한 구제수단은 다음과 같다.

[기타의 구제수단에 관한 해석론 또는 입법론]

(i) 법원은 검사에게 해당 수사기록의 열람등사를 허용할 것을 촉구하고 증거개시명령이 완전히 이행될 때까지 공판기일을 연기하는 구제수단이 고려될 수 있을 것이다. (ii) 형사소송법 제272조에 따라 법원은 직권 또는 검사, 피고인이나 변호인의 신청에 의하여 공무소 또는 공사단체에 조회하여 필요한 사항의 보고 또는 그 보관서류의 송부를 요구할 수 있다. (iii) 검사가 공개하지 않고 있는 서류에 대하여 법원은 압수수색 권한을 활용하여 해당 증거서류를 확보하고 이에 대한 직권에 의한 증거조사를 실시할 수 있다는 견해도 주장 가능할 것이다. (iv) 증거개시거부의 태도가 확고한 경우 이러한 태도가 공소제기시부터 존재했던 것으로 추론하는 것이 경험칙에 부합하고, 공소권남용으로 볼 수 있는 점 등을 들어 공소기각 판결이 가능하다는 주장도 가능할 것이다. (v) 공정한 재판을 받을 권리, 변호인의 조력을 받을 권리 침해 등을 근거로 변호인은 검사의 수사기록 열람 · 등사 거부처분취소 헌법소원을 청구할 수 있다. (vi) 법원의 개시결정을 따르지 않는 경우 검사에게 불리한 심증형성이 가능하다. 그 외에도 법

---

52) 김현석, 공판준비절차와 증거개시제도의 운영, 2007년 형사실무법관연수자료집, 19면; 최승록, 증거개시제도의 시행상 문제와 개선방안, 형사재판의 쟁점과 과제(2008), 51면.

53) 이는 검사가 그와 같은 불이익을 감수하기만 하면 법원의 열람 · 등사 결정을 따르지 않을 수도 있다는 의미가 아니라, 피고인의 열람 · 등사권을 보장하기 위하여 검사로 하여금 법원의 열람 · 등사에 관한 결정을 신속히 이행하도록 강제하는 한편 이를 이행하지 아니하는 경우에는 증거신청상의 불이익도 감수하여야 한다는 의미로 해석하여야 할 것이다(대판 2012.11.15, 2011다4845).

원이 검사의 열람·등사 거부처분에 정당한 사유가 없다고 판단하여 수사서류의 열람·등사를 허용하도록 명한 이상, 법에 기속되는 검사로서는 당연히 법원의 그러한 결정에 지체 없이 따라야 하는데도 법원의 결정에 반하여 수사서류의 열람·등사를 거부한 경우 당시 검사에게 국가배상법에서 정한 과실이 인정된다는 입장이다.[54)]

이상의 조치 중에서 일정기간 공판기일을 연기하는 절차정지와 그 기간경과 이후에도 계속 불이행의 경우 공소기각의 재판이 가능하게 하는 입법론이 제기되고 있다.

(5) 남용금지

증거개시제도가 도입됨에 따라 열람·등사된 증거를 당해 사건 또는 소송 이외의 목적으로 남용하는 것을 억제할 수 있는 장치가 필요하며, 그 실효성 확보를 위해 열람·등사된 증거의 남용행위에 대해 처벌규정을 둘 필요가 있다. 개정 형사소송법에 따르면, 피고인 또는 변호인(피고인 또는 변호인이었던 자를 포함한다)은 검사가 열람 또는 등사하도록 한 서류 등의 사본 또는 검사가 교부한 증인으로 신청할 사람의 서명·사건과의 관계 등을 기재한 서면을 당해 사건 또는 관련 소송의 준비에 사용할 목적이 아닌 다른 목적으로 다른 사람에게 교부 또는 제시하여서는 아니된다(제266조의16 제1항). 교부 또는 제시행위에는 전기통신설비를 이용하여 제공하는 것을 포함한다. 전기통신설비는 전기통신을 하기 위한 기계·기구 기타 전기통신에 필요한 설비를 의미한다(전기통신기본법 제2조 제2호). 또한 열람 또는 등사된 서류 등의 남용금지를 위반하는 때에는 1년 이하의 징역 또는 500만원 이하의 벌금에 처한다(제2항).

3. 피고인 또는 변호인에 대한 (검사에 의한) 증거개시의 청구

(1) 주체 및 대상

검사의 증거개시의무에 대응하여 피고인 측에도 증거개시의무가 부과된다. 구체적으로 검사는 피고인 또는 변호인이 공판기일 또는 공판준비절차에서 현장부재·심신상실 또는 심신미약 등 법률상·사실상의 주장을 한 때에는 피고인 또는 변호인에게 (i) 피고인 또는 변호인이 증거로 신청할 서류 등, (ii) 피고인 또는 변호인이 증인으로 신청할 사람의 성명, 사건과의 관계 등을 기재한 서면, (iii) 전자의 서

54) 대판 2012.11.15, 2011다48452.

류 · 서면의 증명력과 관련된 서류 등, (iv) 피고인 또는 변호인이 행한 법률상 · 사실상의 주장과 관련된 서류 등의 열람 · 등사 또는 서면의 교부를 요구할 수 있다(제266조의11 제1항). 검사와 피고인의 증거개시 범위의 상호 균형을 맞추어야 한다는 취지에서 피고인 측이 증거개시의무를 부담하는 경우를 공판준비절차뿐만 아니라 공판기일에서 피고인 측이 현장부재, 심신상실, 심신미약 등의 주장을 하는 경우까지 포함되었다. 따라서 검사와 피고인 의무의 균형을 위하여 '법률상 · 사실상의 주장'의 의미를 현장부재, 심신상실, 심신미약의 주장으로만 제한하여 해석할 것은 아니다.[55] 피고인 측이 개시하여야 할 자료도 검사의 증거개시와 마찬가지로 피고인측이 증거로 신청할 서류 등, 피고인 측이 증인으로 신청할 사람의 성명 · 사건과의 관계 등을 기재한 서면, 위 서류 등 또는 서면의 증명력과 관련된 서류 등, 피고인측이 행한 법률상 · 사실상의 주장과 관련된 서류 등이 모두 포함된다. 또한, 피고인측이 개시하여야 할 서류 등에는 특수매체도 포함되며(제5항), 특수매체에 대한 등사는 최소한의 범위에 한한다.

(2) 증거개시의 제한

검사가 이미 피고인 측의 열람 · 등사 등 신청을 거부한 경우에는 피고인 측도 검사의 열람 · 등사 등 요구를 거부할 수 있으나, 법원이 피고인 측의 열람 · 등사 허용 신청을 기각하는 결정을 한 경우에는 피고인 측에서 검사가 열람 · 등사를 거부한 적이 있다는 이유로 검사의 열람 · 등사 등의 요구를 거부할 수 없다(제266조의11 제2항).

(3) 검사의 불복

검사는 피고인 측이 열람 · 등사 등 요구를 거부한 때에는 법원에 그 서류 등의 열람 · 등사 등을 허용할 것을 신청할 수 있으며(제266조의11 제3항), 법원의 결정 절차와 효과 등은 검사의 열람 · 등사 등의 경우와 같다(제4항). 따라서 피고인측이 증거개시에 관한 법원의 결정을 지체 없이 이행하지 아니할 때에는 해당 증인 및 서류에 대한 증거신청을 할 수 없다.

---

55) 피고인의 방어권 보장이라는 측면을 고려할 때 검사의 증거개시요구의 범위는 제한적으로 해석해야 한다는 견해로는 이은모, 484면; 배종대/이상돈/정승환/이주원, 436면; 신동운, 717면; 신양균, 552면.

Ⅲ. 공판준비절차

1. 공판준비절차의 의의

공판준비절차란 공판기일에서의 심리준비를 위하여 공소제기 후 수소법원이 행하는 일련의 절차를 말한다. 공판준비는 제1회 공판기일 전뿐만 아니라 제1회 공판기일 이후에도 할 수 있다. 공판준비는 공소제기 후 수소법원에 의하여 이루어지는 것이기 때문에 공소제기 이전이거나 수소법원과 관계없는 증거보전절차, 증인신문절차, 영장발부절차는 여기에 포함되지 않는다.

그런데 신속한 재판진행과 집중심리를 위하여는 제1회 공판기일 전부터 사건의 쟁점을 정리하고 입증계획을 수립할 필요가 있다. 이를 위해 개정 형사소송법은 종래 공소장일본주의의 적용으로 인하여 준비활동이 매우 제한되었던 제1회 공판기일 이전의 공판준비단계에서부터 공판기일의 심리를 철저히 준비하는 소위 공판전 준비절차의 제도를 도입하였다(종래 군사법원법 제317조가 이 제도를 규정하고 있었으나 거의 활용되지 않았음).

[입법론]

이러한 내용의 공판 전 준비절차 도입에 대해서는 예단배제의 원칙 내지 공소장일본주의의 원칙에 배치되고 직권주의적 소송구조를 강화하여 규문절차로 회귀하는 결과를 초래할 수 있다는 입법론적 비판이 제기될 수 있다.

2. 새로 도입된 쟁점정리를 위한 공판 전 준비절차의 내용

(1) 재판장의 권한과 당사자의 협력의무

재판장은 효율적이고 집중적인 심리를 위하여 사건을 공판준비절차에 부칠 수 있다(제266조의5 제1항). 형사소송법에서 공판준비절차는 임의적 절차로 규정되었지만, 「국민의 형사재판 참여에 관한 법률」에 따른 배심재판에서는 사건을 반드시 공판준비절차에 거쳐야 하는 필수적 절차로 규정되어 있다(동법 제36조 제1항). 공판준비절차는 주장 및 입증계획 등을 서면으로 준비하게 하거나 공판준비기일을 열어 진행한다(제266조의5 제2항). 검사, 피고인 또는 변호인은 증거를 미리 수집 · 정리하는 등 공판준비절차가 원활하게 진행될 수 있도록 협력하여야 한다(제3항).

(2) 공판준비를 위한 서면의 제출

검사, 피고인 또는 변호인은 법률상 · 사실상 주장의 요지 및 입증취지 등이 기재된 서면을 법원에 제출할 수 있다(제266조의6 제1항). 재판장은 검사, 피고인 또는 변호인에 대하여 서면의 제출을 명할 수 있다(제2항). 법원은 서면이 제출된 때에는 그 부본을 상대방에게 송달하여야 한다(제3항). 재판장은 검사, 피고인 또는 변호인에게 공소장 등 법원에 제출된 서면에 대한 설명을 요구하거나 그 밖에 공판준비에 필요한 명령을 할 수 있다(제4항).

(3) 공판준비기일

법원은 검사, 피고인 또는 변호인의 의견을 들어 공판준비기일을 지정할 수 있다(제266조의7 제1항). 검사, 피고인 또는 변호인은 법원에 대하여 공판준비기일의 지정을 신청할 수 있다. 이 경우 당해 신청에 관한 법원의 결정에 대하여는 불복할 수 없다(제2항). 법원은 합의부사건의 경우에는 합의부원으로 하여금 공판준비기일을 진행하게 할 수 있다. 이 경우 수명법관은 공판준비기일에 관하여 법원 또는 재판장과 동일한 권한이 있다(제3항). 공판준비기일은 공개한다. 다만, 공개하면 절차의 진행이 방해될 우려가 있는 때에는 공개하지 아니할 수 있다(제4항).

공판준비기일은 검사와 변호인이 출석하여야 진행할 수 있다(제266조의8 제1항). 공판준비기일에는 법원사무관 등이 참여한다(제2항). 원칙적으로 피고인의 출석은 의무사항이 아니지만, 법원은 필요하다고 인정할 경우 피고인을 출석하게 할 수 있고, 피고인도 원하는 경우에는 법원의 소환이 없더라도 스스로 출석할 수 있다(제5항). 이를 위해 법원은 검사 · 피고인 및 변호인에게 공판준비기일을 통지하여야 한다(제3항). 또한, 공판준비기일이 지정된 사건은 변호인이 필요적으로 참석하여야 하는 필요적 변론사건으로 하여, 변호인이 없는 경우 법원이 직권으로 변호인을 선정하여야 한다(제4항). 공판준비기일에 출석한 피고인에 대하여도 재판장은 진술거부권을 고지하여야 한다(제6항).

형소법 제266조의17(비디오 등 중계장치 등에 의한 공판준비기일)에 의하면, 법원은 피고인이 출석하지 아니하는 경우 상당하다고 인정하는 때에는 검사와 변호인의 의견을 들어 비디오 등 중계장치에 의한 중계시설을 통하거나 인터넷 화상장치를 이용하여 공판준비기일을 열 수 있다(제1항). 제1항에 따른 기일은 검사와 변호인이 법정에 출석하여 이루어진 공판준비기일로 본다(제2항). 제1항에 따른 기일의 절차와 방법, 그 밖에 필요한 사항은 대법원규칙으로 정한다(제3항).

(4) 공판준비에 관한 사항

법원은 공판준비절차에서 (i) 공소사실 또는 적용법조를 명확하게 하는 행위, (ii) 공소사실 또는 적용법조의 추가 · 철회 또는 변경을 허가하는 행위, (iii) 공소사실과 관련하여 주장할 내용을 명확히 하여 사건의 쟁점을 정리하는 행위, (iv) 계산이 어렵거나 그 밖에 복잡한 내용에 관하여 설명하도록 하는 행위, (v) 증거신청을 하도록 하는 행위, (vi) 신청된 증거와 관련하여 입증 취지 및 내용 등을 명확하게 하는 행위, (vii) 증거신청에 관한 의견을 확인하는 행위, (viii) 증거 채부(採否)의 결정을 하는 행위, (ix) 증거조사의 순서 및 방법을 정하는 행위, (x) 서류 등의 열람 또는 등사와 관련된 신청의 당부를 결정하는 행위, (xi) 공판기일을 지정 또는 변경하는 행위, (xii) 그 밖에 공판절차의 진행에 필요한 사항을 정하는 행위를 할 수 있다(제266조의9 제1항).

그리고 제296조 및 제304조는 공판준비절차에 관하여 준용되기 때문에(제2항), 공판준비절차에서도 검사, 피고인 또는 변호인은 증거조사에 관하여 이의신청을 할 수 있고(제266조의9 제2항, 제296조 제1항), 재판장의 처분에 대하여 이의신청을 할 수 있으며(제304조 제1항), 이 경우 재판장은 이의신청에 대하여 결정하여야 한다(제304조 제2항).

(5) 공판준비기일 결과의 확인

법원은 공판준비기일을 종료하는 때에는 검사, 피고인 또는 변호인에게 쟁점 및 증거에 관한 정리결과를 고지하고, 이에 대한 이의의 유무를 확인하여야 한다(제266조의10 제1항). 법원은 쟁점 및 증거에 관한 정리결과를 공판준비기일조서에 기재하여야 한다(제2항).

(6) 공판준비절차의 종결사유

법원은 쟁점 및 증거의 정리가 완료된 때(제266조의12 제1호)는 물론 공판준비절차가 지연되는 것을 방지하기 위해 사건을 공판준비절차에 부친 뒤 3개월이 지난 때(제2호), 검사 · 변호인 또는 소환받은 피고인이 출석하지 아니한 때(제3호)에도 공판준비절차를 종결하여야 한다(제266조의12 본문). 다만, 사건을 공판준비절차에 부친 뒤 3개월이 지나거나, 검사 · 변호인 또는 소환받은 피고인이 출석하지 아니하더라도 공판준비절차를 계속하여야 할 상당한 이유가 있는 때에는 예외로 한다(동조 단서).

(7) 공판준비기일 종결의 효과

공판준비절차에서 쟁점이 정리되고, 신청할 증거까지 모두 확인하여 입증계획을 세운 뒤에 특별한 사정이 없는데도 위 과정을 무위로 돌릴 수 있다면 공판준비절차가 형식적으로 진행될 여지가 많다. 따라서 공판준비절차의 실효성을 확보하기 위하여 일정한 범위에서 실권효를 인정할 필요가 있다. 개정 형사소송법에 따르면, 공판준비기일에서 신청하지 못한 증거는 공판기일에 그 신청으로 인하여 소송이 현저히 지연되지 않는다는 점을 소명하거나, 중대한 과실 없이 공판준비기일에 제출하지 못한 점 등 부득이한 사유를 소명한 때에만 증거신청을 할 수 있다. 비록 검사나 피고인측이 공판준비기일에서 신청하지 아니한 새로운 증거를 공판기일에 신청할 수 없는 경우라고 하더라도 법원은 직권으로 새로운 증거를 조사할 수 있다(제266조의13).

(8) 준용규정 및 기일간 공판준비절차

공판기일의 변론재개에 관한 규정은 공판준비기일에 준용된다(제266조의14). 따라서 법원은 필요하다고 인정한 때에는 직권 또는 검사, 피고인이나 변호인의 신청에 의하여 결정으로 종결한 변론을 재개할 수 있다.

그리고 법원은 쟁점 및 증거의 정리를 위하여 필요한 경우에는 제1회 공판기일 후에도 사건을 공판준비절차에 부칠 수 있는데, 이 경우 기일전 공판준비절차에 관한 규정이 준용된다(제266조의15).

3. 종래부터 내려오던 공판준비절차의 내용

(1) 공소장부본의 송달

법원은 공소의 제기가 있는 때에는 지체 없이 공소장의 부본을 피고인 또는 변호인에게 송달해야 한다. 재정신청의 경우는 재정결정서의 정본을 송달한다. 공소장부본은 제1회 공판기일 전 5일까지 송달해야 한다(제266조).[56] 피고인의 방어권을

---

56) 제1심이 공소장 부본을 피고인 또는 변호인에게 송달하지 아니한 채 공판절차를 진행하였다면 이는 소송절차에 관한 법령을 위반한 경우에 해당한다. 이러한 경우에도 피고인이 제1심 법정에서 이의함이 없이 공소사실에 관하여 충분히 진술할 기회를 부여받았다면 판결

보장하기 위한 것이다. 이에 위반된 경우에는 피고인은 공판기일의 모두진술단계에서 이의신청을 할 수 있다. 법원은 다시 송달 또는 공판기일의 취소·변경을 한다. 다만 이의 없이 실체에 관한 진술을 하면 하자는 치유된다.

[국선변호인선정에 관한 고지]

국선변호인이 필요한 사건에서 피고인에게 변호인이 없는 경우에 재판장은 국선변호인선정에 관한 고지절차를 이행하여야 한다(형사소송규칙 제17조).

(2) 공판기일의 지정, 변경, 통지, 소환

재판장은 공판기일을 정해야 한다(제267조 1항). 공판기일은 가능한 한 각 사건에 대한 공판 개정시간을 구분하여 정하여야 한다(규칙 제124조). 제1회 공판기일은 소환장의 송달 후 5일 이상의 유예기간을 두어야 한다(제269조 제1항). 다만 피고인의 이의 없는 때에는 유예기간을 두지 아니할 수 있다(제2항).

재판장은 직권 또는 검사, 피고인이나 변호인의 신청에 의하여 공판기일을 변경할 수 있다(제270조 제1항). 다만 공판기일 변경신청을 기각한 명령은 송달하지 아니한다(제2항).

공판기일은 검사, 변호인과 보조인에게 통지하여야 한다(제267조 제3항). 그리고 공판기일에는 피고인, 대표자 또는 대리인을 소환하여야 한다(동조 제2항). 여기의 소환은 강제처분이기 때문에 이에 불응하면 구인당하거나 과태료의 제재를 받는다. 법원의 구내에 있는 피고인에 대하여 공판기일을 통지한 때에는 소환장송달의 효력이 있다(제268조). 공판기일에 소환 또는 통지서를 받은 자가 질병 기타의 사유로 출석하지 못할 때에는 의사의 진단서 기타의 자료를 제출하여야 한다(제271조).

4. 공판기일 전의 증거조사와 공무소에의 조회

(1) 증거조사

법원은 검사, 피고인 또는 변호인의 신청에 의하여 공판준비에 필요하다고 인정한 때에는 공판기일 전에 피고인 또는 증인을 신문할 수 있고 검증, 감정 또는 번역을 명할 수 있다(제273조 제1항). 재판장은 부원으로 하여금 이를 행하게 할 수 있다(제2항). 신청을 기각함에는 결정으로 하여야 한다(제3항). 그리고 검사, 피고인 또

에 영향을 미친 위법이 있다고 할 수 없다(대판 1992.3.10, 91도3272; 2014.4.24, 2013도9498).

는 변호인은 공판기일 전에 서류나 물건을 증거로 법원에 제출할 수 있다(제274조).

그런데 공소장일본주의가 적용되는 시점인 제1회 공판기일 이전에는 증거조사가 허용되지 않는다(다수설).[57] 그리고 피고인신문은 증거결정에 대한 피고인의 입장을 묻고 이익사실의 진술기회를 부여하는 정도에서 그쳐야 한다.

(2) 공무소에의 조회

법원은 직권 또는 검사, 피고인이나 변호인의 신청에 의하여 공무소 또는 공사단체에 조회하여 필요한 사항의 보고 또는 그 보관서류의 송부를 요구할 수 있다(제272조 제1항). 신청을 기각함에는 결정으로 하여야 한다(제2항).

Ⅳ. 공판정의 구성

1. 소송관계인의 출석

(1) 소송주체의 출석

공판기일에는 공판정에서 심리한다(제275조 제1항). 공판정은 판사와 검사, 법원사무관 등이 출석하여 개정한다(제2항). 그리고 개정 형사소송법에 따르면, 검사의 좌석과 피고인 및 변호인의 좌석은 대등하며, 법대의 좌우측에 마주보고 위치하고, 증인의 좌석은 법대의 정면에 위치한다. 다만, 피고인신문을 하는 때에는 피고인은 증인석에 좌석한다(제3항). 개정 전 형사소송법에서는 검사와 변호인이 서로 마주보고 있고, 피고인은 변호인과 떨어져 재판장 정면에 앉도록 되어 있으며, 법원사무관 등의 좌석은 법대 아래 중앙, 증언대는 검사석과 피고인석 및 변호인석과 피고인석 사이에 각 두도록 하였다. 이러한 법정배치는 피고인을 단순히 재판의 대상 또는 증거조사의 객체로 인식되도록 하는 문제가 있고, 피고인이 변호인의 좌석과 떨어져 있어 고립되어 있다는 심리적 불안감을 느낄 수 있으며, 변호인의 조력을 실질적으로 받기 곤란하다는 문제점이 있었다. 상기한 개정 형사소송법의 내용은 이를 개선한 것이다.

[**전문심리위원제도의 도입**] 2008년 1월 1일 시행의 개정 형사소송법에 따르면, 법원은 소송관계를 분명하게 하거나 소송절차를 원활하게 진행하기 위하여 필요한 경우에는

57) 허용된다는 반대설로는 임동규, 348면.

직권으로 또는 검사, 피고인 또는 변호인의 신청에 의하여 결정으로 전문심리위원을 지정하여 공판준비 및 공판기일 등 소송절차에 참여하게 할 수 있다(제279조의2 제1항). 전문심리위원은 전문적인 지식에 의한 설명 또는 의견을 기재한 서면을 제출하거나 기일에 전문적인 지식에 의하여 설명이나 의견을 진술할 수 있다. 다만, 재판의 합의에는 참여할 수 없다(제2항). 전문심리위원은 기일에 재판장의 허가를 받아 피고인 또는 변호인, 증인 또는 감정인 등 소송관계인에게 소송관계를 분명하게 하기 위하여 필요한 사항에 관하여 직접 질문할 수 있다(제3항). 법원은 전문심리위원이 제출한 서면이나 전문심리위원의 설명 또는 의견의 진술에 관하여 검사, 피고인 또는 변호인에게 구술 또는 서면에 의한 의견진술의 기회를 주어야 한다(제4항).

법원은 상당하다고 인정하는 때에는 검사, 피고인 또는 변호인의 신청이나 직권으로 제279조의2 제1항에 따른 결정을 취소할 수 있다(제279조의3 제1항). 법원은 검사와 피고인 또는 변호인이 합의하여 제279조의2 제1항의 결정을 취소할 것을 신청한 때에는 그 결정을 취소하여야 한다(제2항).

제279조의2 제1항에 따라 전문심리위원을 소송절차에 참여시키는 경우 법원은 검사, 피고인 또는 변호인의 의견을 들어 각 사건마다 1인 이상의 전문심리위원을 지정한다(제279조의4 제1항). 전문심리위원에게는 대법원규칙으로 정하는 바에 따라 수당을 지급하고, 필요한 경우에는 그 밖의 여비, 일당 및 숙박료를 지급할 수 있다(제2항). 그 밖에 전문심리위원의 지정에 관하여 필요한 사항은 대법원규칙으로 정한다(제3항).

제17조부터 제20조까지 및 제23조는 전문심리위원에게 준용한다(제279조의5 제1항). 제척 또는 기피 신청이 있는 전문심리위원은 그 신청에 관한 결정이 확정될 때까지 그 신청이 있는 사건의 소송절차에 참여할 수 없다. 이 경우 전문심리위원은 해당 제척 또는 기피 신청에 대하여 의견을 진술할 수 있다(제2항).

수명법관 또는 수탁판사가 소송절차를 진행하는 경우에는 제279조의2 제2항부터 제4항까지의 규정에 따른 법원 및 재판장의 직무는 그 수명법관이나 수탁판사가 행한다(제279조의6).

전문심리위원 또는 전문심리위원이었던 자가 그 직무수행 중에 알게 된 다른 사람의 비밀을 누설한 때에는 2년 이하의 징역이나 금고 또는 1천만원 이하의 벌금에 처한다(제279조의7). 전문심리위원은 「형법」 제129조부터 제132조까지의 규정에 따른 벌칙의 적용에서는 공무원으로 본다(제279조의8).

(2) 검사의 출석

검사의 출석은 공판개정의 요건이다.[58] 다만 검사가 공판기일의 통지를 2회 이상 받고 출석하지 아니하거나 판결만을 선고하는 때에는 검사의 출석 없이 개정할 수 있다(제278조). 검사가 출석하지 않은 상태(즉 제1회의 불출석)에서 적법하게 개정된 공판정에서 재판장이 다음 공판기일을 고지한 경우에는 제2회의 통지를 한 효과가 있다.

관련판례 ① 결심공판에 출석한 검사가 사실과 법률적용에 관하여 의견을 진술하지 않더라도 공판절차가 무효로 되는 것은 아니며 위 공판조서에 검사의 의견진술이 누락되어 있다 하여도 이로써 판결에 영향을 미친 법률위반이 있는 경우에 해당한다고는 볼 수 없다(대판 1977.5.10, 74도3293).

(3) 변호인의 출석

변호인은 당사자가 아니다. 다만 필요적 변호사건과 국선변호사건에서는 변호인의 출석은 공판개정의 요건이 된다. 즉, 사형, 무기 또는 단기 3년 이상의 징역이나 금고에 해당하는 등의 필요적 변호사건에 관하여는 변호인 없이 개정하지 못한다. 단, 판결만을 선고할 경우에는 예외로 한다(제282조). 필요적 변호사건과 기타 국선변호인선임사유가 있는 경우에 변호인이 없거나 출석하지 아니한 때에는 법원은 직권으로 변호인을 선정하여야 한다(제283조).

필요적 변호사건에서 변호인이 임의로 퇴정하거나 퇴정명령을 받은 경우에는 제282조에 의하여 피고인에게 적용되는 제330조의 규정과 동일하게 해석되어야 한다.

관련판례 ① 필요적 변호사건이라 하여도 피고인이 재판거부의 의사를 표시하고 재판장의 허가 없이 퇴정하고 변호인마저 이에 동조하여 퇴정해 버린 것은 모두 피고인측의 방어권의 남용 내지 변호권의 포기로 볼 수밖에 없는 것이므로 수소법원으로서는 형사소송법 제330조에 의하여 피고인이나 변호인의 재정 없이도 심리판결할 수 있다. 피고인과 변호인들이 출석하지 않은 상태에서 증거조사를 할 수밖에 없는 경우에는 형사소송법 제318조 제2항의 규정상 피고인의 진의와는 관계없이 형사소송법 제318조 제1항의 동의가 있는 것으로 간주하게 되어 있다(대판 1991.6.28, 91도865).[59]

---

58) 따라서 검사의 출석이 없을 때에는 개정하지 못하며, 검사의 출석 없이 개정한 때에는 소송절차에 관한 법령에 위반한 경우에 해당한다(대판 1966.5.17, 66도276).

59) 이에 대한 판례평석으로는 신양균, "필요적 변호사건과 변호인의 퇴정—판례 1991.6.28. 선고 91도865—," 사법행정, 1994, 37-46면 참조.

2. 피고인의 출석

(1) 원 칙

피고인의 출석은 피고인의 권리인 동시에 의무이다. 즉, 피고인이 공판기일에 출석하지 아니한 때에는 특별한 규정이 없으면 개정하지 못한다. 단, 피고인이 법인인 경우에는 대리인을 출석하게 할 수 있다(제276조). 반면에 출석한 피고인은 재판장의 허가 없이 퇴정하지 못한다(제281조).

(2) 예 외

1) 피고인이 소송무능력자이거나 법인인 경우 피고인이 소송무능력자이거나 법인인 경우에는 법정대리인 또는 특별대리인과 법인대표자의 출석이 공판개정의 요건이 된다. 즉, 책임능력에 관한 형법 제9조 내지 제11조의 적용을 받지 아니하는 범죄사건(예컨대 담배사업법 제31조)에 관하여 피고인 또는 피의자가 의사능력이 없는 때에는 그 법정대리인이 소송행위를 대리한다(제26조). 그리고 피고인이 법인인 때에는 그 대표자가 소송행위를 대표한다(제27조 제1항). 이 경우 수인이 공동하여 법인을 대표하는 경우에도 소송행위에 관하여는 각자가 대표한다(제2항). 피고인을 대리 또는 대표할 자가 없는 때에는 법원은 직권 또는 검사의 청구에 의하여 특별대리인을 선임하여야 하며, 피의자를 대리 또는 대표할 자가 없는 때에는 법원은 검사 또는 이해관계인의 청구에 의하여 특별대리인을 선임하여야 한다(제28조 제1항). 특별대리인은 피고인 또는 피의자를 대리 또는 대표하여 소송행위를 할 자가 있을 때까지 그 임무를 행한다(제2항).

2) 경미사건의 경우 현행 형사소송법은 불출석 재판사유로서의 경미사건을 다액 500만원 이하의 벌금·과료 사건으로 그 액수를 법정하였다(제277조 제1호). 그리고 다음의 경우를 불출석 재판의 허용사유에 추가하였다. 첫째, 장기 3년 이하의 자유형, 500만원 초과의 벌금·구류에 해당하는 사건에서 법원의 허가를 얻은 경우에는 불출석 재판이 가능하다. 다만, 인정신문이나 판결선고시에는 반드시 출석해야 한다(제3호). 둘째, 약식명령에 대하여 피고인만이 정식재판을 청구한 사건에서 판결을 선고하는 경우에도 불출석 재판이 가능하다(제4호). 그리고 즉결심판에 의하여 벌금 또는 과료를 선고하는 경우에 즉결심판사건의 피고인 또는 즉결심판출석통지서를 받은 자는 법원에 불출석심판을 청구할 수 있고, 법원은 이를 허가하는 때에는 피고인이 출석하지 않더라도 심판할 수 있다(즉결심판에 관한 절차법 제8조의2).

3) 피고인에게 유리한 재판을 하는 경우 공소기각 또는 면소의 재판을 할 것이 명백한 사건에 관하여는 피고인의 출석을 요하지 아니한다. 다만, 피고인은 대리인을 출석하게 할 수 있다(제277조 제2호). 그리고 의사무능력자인 피고인에 대하여 무죄, 면소, 형의 면제 또는 공소기각의 재판을 할 것으로 명백한 때에는 원칙적으로 요구되는 공판절차를 정지하지 않고 피고인의 출정 없이 재판할 수 있다(제306조 제4항).

4) 피고인이 퇴정하거나 퇴정명령을 받은 경우

(가) 완전퇴정 피고인이 진술하지 아니하거나 재판장의 허가 없이 퇴정하거나 재판장의 질서유지를 위한 퇴정명령을 받은 때에는 피고인의 진술 없이 판결할 수 있다(제330조). 그런데 제330조의 해석과 관련하여서는 (i) 심리를 종결한 단계에서 남은 판결만 피고인 없이 선고할 수 있다는 견해,[60] (ii) 반대신문권의 보장을 위한 핵심적인 절차에 해당하는 전문증거에 대한 증거동의의 의제를 제외하고는 그 이후의 모든 심리절차(증거조사 및 최종변론)를 진행할 수 있다는 견해(다수설; 공정성설이라는 용어를 사용하기도 함), (iii) 퇴정으로 인해 피고인의 반대신문권의 포기가 있는 것으로 보아서 증거동의의 의제까지 인정하여야 한다는 견해(대판 1991.6.28, 91도865의 태도; 방어권남용설이라는 용어를 사용하기도 함), (iv) 자율적인 불출석과 무단퇴정의 경우는 증거동의까지 의제할 수 있지만 퇴정명령의 경우는 다수설과 같이 하자는 견해[61] 등이 대립된다.

생각건대, 퇴정에 의한 방어권의 포기는 자신의 방어권을 더 이상 행사하지 않겠다는 소극적 범위 내에서만 허용되어야 한다. 그런데 전문증거에 대한 증거동의는 방어권의 소극적 포기가 아니라 원래 증거능력 없는 증거에 대해 적극적으로 증거능력을 부여하는 것에 해당한다. 따라서 다수설이 타당하다.

(나) 일시퇴정 재판장은 증인 또는 감정인이 피고인 또는 어떤 재정인의 면전에서 충분한 진술을 할 수 없다고 인정한 때에는 그를 퇴정하게 하고 진술하게 할 수 있다. 피고인이 다른 피고인의 면전에서 충분한 진술을 할 수 없다고 인정한 때에도 같다(제297조 제1항). 이 경우 증인신문 등이 종결된 이후에는 피고인을 다시 입정시켜 법원서기로 하여금 진술요지를 고지하여야 하고(제2항), 더 나아가 피고인에게 실질적 반대신문의 기회를 부여하여야 한다.

60) 배종대/이상돈, 440면.
61) 임동규, 150면; 이재상, 596면.

5) 피고인이 불출석하는 경우

(가) 구속피고인의 출석거부 피고인이 출석하지 아니하면 개정하지 못하는 경우에 구속된 피고인이 정당한 사유 없이 출석을 거부하고, 교도관리에 의한 인치가 불가능하거나 현저히 곤란하다고 인정되는 때에는 피고인의 출석 없이 공판절차를 진행할 수 있다(제277조의2 제1항).[62] 이에 의하여 공판절차를 진행할 경우에는 출석한 검사 및 변호인의 의견을 들어야 한다(제2항). 따라서 아무런 조사도 하지 않고 피고인의 출석 없이 공판절차를 진행하면 위법하다.

관련판례 ① 형사소송법 제277조의2의 규정에 의하여 피고인의 출석 없이 공판절차를 진행하기 위해서는 단지 구속된 피고인이 정당한 사유 없이 출석을 거부하였다는 것만으로는 부족하고 더 나아가 교도관리에 의한 인치가 불가능하거나 현저히 곤란하다고 인정되어야 하는 것이므로, 구속된 피고인이 출석하지 않는 경우에 법원이 위 조문에 따라 피고인의 출석 없이 공판절차를 진행하기 위해서는 피고인의 출석거부 사유가 정당한 것인지 여부뿐만 아니라 교도관에 의한 인치가 불가능하거나 현저히 곤란하였는지 여부 등 위 조문에 규정된 사유가 존재하는가의 여부를 조사하여야 한다. 구속된 피고인이 출석하지 아니하자 그 출석거부사유만을 조사한 후 교도관에 의한 인치가 불가능하거나 현저히 곤란하였는지 여부에 대한 조사를 아니한 채 바로 피고인의 출석 없이 공판절차를 진행한 경우, 형사소송법 제277조의2의 규정을 위반하였다(대판 2001.6.12, 2001도114).

(나) 소재불명 사형, 무기 또는 장기 10년[63]을 넘는 징역이나 금고에 해당하는 사건이 아닌 경우 제1심 공판절차에서 피고인에 대한 송달불능보고서가 접수된 때로부터 6월이 경과하도록 피고인의 소재를 확인할 수 없는 때에는 피고인의 진술 없이 재판할 수 있다(소송촉진 등에 관한 특례법 제23조).

(다) 항소심절차 제1심에서 피고인이 불출석한 경우에 원칙적으로 소송절차를 진행할 수 없다(아래 약식명령에 대한 정식재판청구의 사례는 예외가 인정됨). 그리고 항소심에서 피고인이 공판기일에 출정하지 아니한 때에는 다시 기일을 정하여야 한다. 피고인이 정당한 사유 없이 다시 정한 기일에 출정하지 아니한 때에는 피고인의 진술 없이 판결을 할 수 있다(제365조). 판례에 의하면, 피고인들이 원심(항소심)

---

62) 출석거부 피고인에 대하여는 교도관에 의한 강제출정이 가능하므로 이 규정은 입법론상 부당하다는 비판에는 배종대/이상돈, 462면; 백형구, 550면.

63) 종래에는 단기 3년 이상이었으나 헌재결 1998.7.16, 97헌바22에 의해 법개정이 되었다.

제1회 공판기일에 불출석하고, 제2회 공판기일에는 출석하였다가 제3회 공판기일에 다시 불출석한 경우에는 원심은 제4회 공판기일을 다시 정하여 피고인들이 제4회 공판기일에도 불출석한 때 비로소 피고인들의 출석 없이 개정할 수 있다(연속적으로 2회 이상의 불출석이 있어야 한다는 대판 2016.4.29. 2016도2210; 피고인이 한 기일씩 건너뛰며 '징검다리' 재판 출석했더라도 재판 결과를 선고해서는 안 된다는 대판 2019.11.21. 2019도5426; 그러나 항소심 피고인이 코로나19 검사를 핑계로 잇따라 공판기일에 불출석하고 검사 관련 증명자료도 제출하지 않았다면, 피고인 출석 없이 판결을 선고해도 적법하다는 대판 2021.1.7. 2020도9475).

(라) 약식명령에 대한 정식재판청구사건　　앞의 항소심절차에서의 규정은 정식재판절차의 공판기일에 약식명령에 대해 정식재판을 청구한 피고인이 출석하지 아니한 경우에 이를 준용한다(제458조 제2항).

[즉결심판에 불복해 정식재판을 청구한 피고인이 2차례 연속 공판기일에 출석하지 않은 경우의 특수 문제점]

이 경우에 하급심 판사가 형사소송법상 약식명령 규정(제458조 2항)을 준용해 피고인이 불출석한 상태에서 재판을 진행하고 유죄 판결을 선고한 적이 있다(서울중앙지법 2020.4.23, 2020고단117). 그런데 현재 실무에서는 "즉결심판절차에 있어서 이 법에 특별한 규정이 없는 한 그 성질에 반하지 아니한 것은 형사소송법의 규정을 준용한다"는 즉결심판에 관한 절차법 제19조에 따라 피고인이 즉결심판에 불복해 정식재판을 청구한 사건은 일반 형사단독 사건('고단'사건)과 거의 동일하게 취급된다. 이에 비하여 약식명령에 불복해 피고인이 정식재판을 청구한 사건은 이와는 달리 '고정'사건으로 분류된다. 그런데 실무의 '고단' 형사사건은 원칙적으로 피고인이 출석한 상태에서만 재판 진행이 가능하고, 예외적으로 소송촉진법 제23조에 의해 제1심 공판절차에서 피고인에 대한 (공시송달) 송달불능보고서가 접수된 때부터 6개월이 지나도록 피고인의 소재(所在)를 확인할 수 없는 경우에는 대법원규칙으로 정하는 바에 따라 피고인의 진술 없이 재판할 수 있을 뿐이다. 이렇게 6개월 이상을 기다려야 궐석재판이 가능하다면 경미사건에 대한 신속한 재판의 원리에 다소 상치될 것이다. 이러한 문제점 때문에 하급심 판례가 약식명령 규정을 준용하여 신속 재판을 단행한 것으로 판단된다. 이 하급심 판례의 태도는 국민의 재판 받을 권리를 다소 침해할 우려는 있지만, 적어도 입법론으로서는 타당한 태도인 것으로 판단된다(더 나아가 해석론으로도 가능한 것으로 사료됨)

6) 상고심의 경우 상고심의 공판기일에는 피고인의 소환을 요하지 아니한다(제389조의2). 상고심은 법률심이기 때문이다. 다만 변호인이 아니면 피고인을 위하여 변론하지 못한다(제387조).

Ⅴ. 소송지휘권

1. 의 의

소송지휘권이란 소송절차의 진행 및 심리를 원활하게 하기 위한 법원의 합목적적 활동권한을 말한다. 이 권한은 명문의 근거가 없는 경우에도 인정되어야 하는 사법권의 고유권한이며[64] 사법권에 내재하는 본질적 권능이다.

2. 소송지휘권의 내용

(1) 재판장의 소송지휘권

재판장은 공판기일의 지정과 변경(제267조, 제270조), 인정신문(제284조), 증인신문순서의 변경(제161조의2 제3항), 불필요한 변론의 제한(제299조), 석명권(제279조, 규칙 제141조 제1항) 등의 소송지휘권을 가진다.

변론제한과 관련하여 재판장은 소송관계인의 진술 또는 신문이 중복된 사항이거나 그 소송에 관계없는 사항인 때에는 소송관계인의 본질적 권리를 해하지 아니하는 한도에서 이를 제한할 수 있다(제299조). 석명권과 관련하여 재판장은 소송관계를 명료하게 하기 위하여 검사, 피고인 또는 변호인에게 사실상과 법률상의 사항에 관하여 석명을 구하거나 입증을 촉구할 수 있다(규칙 제141조 제1항). 재판장의 권한으로 규정되었지만 재판장의 의무이기도 하다. 합의부원은 재판장에게 고하고 조치를 할 수 있다(제2항). 검사, 피고인 또는 변호인은 재판장에 대하여 석명을 위한 발문을 요구할 수 있다(제3항).

(2) 법원의 소송지휘권

중요한 사항에 대한 소송지휘권은 법원에 인정되어 있다. 국선변호인의 선임(제283조), 특별대리인의 선임(제28조), 증거신청에 대한 결정(제295조), 증거조사에 대

64) 강구진, 331면; 정영석/이형국, 282면; 이재상, 432면; 이영란, 521면; 임동규, 357면; 배종대/이상돈, 466면.

한 이의신청의 결정(제296조), 재판장의 처분에 대한 이의신청의 결정(제304조), 공소장변경의 요구와 허가(제298조), 공판절차의 정지(제306조), 변론의 분리 · 병합 · 재개(제300조, 제305조) 등이 법원의 소송지휘권에 포함된다.

3. 소송지휘권의 행사

(1) 행사방법

법원의 소송지휘권은 결정의 형식을, 재판장의 소송지휘권은 명문규정이 있는 경우에 한정하여 명령의 형식을 취하는 것이 일반적이다.

(2) 소송지휘권에 대한 불복

검사, 피고인 또는 변호인은 법령의 위반이 있는 경우에 한하여 재판장의 처분에 대하여 이의신청을 할 수 있다(제304조 제1항, 규칙 제136조). 이의신청이 있는 때에는 법원은 결정을 하여야 한다(제304조 제2항). 그러나 법원의 판결전 소송절차에 관한 결정에 대해서는 즉시항고를 할 수 있는 경우 이외에는 항고를 할 수 없다(제403조 제1항). 즉 법원이 행하는 소송지휘권의 행사에 대해서는 원칙적으로 불복방법이 없다.

Ⅵ. 법정경찰권

1. 의 의

법정경찰권이란 법정의 기능 및 질서를 유지하고 심리의 방해를 제지 · 배제하기 위하여 행하는 법원(재판장)의 권력작용을 말한다. 사건의 실체와 무관하다는 점에서 소송지휘권과 구별된다. 원래 법원의 권리이지만 신속성과 기동성을 고려하여 재판장에게 부여되어 있다(법원조직법 제58조 제1항).

2. 내 용

(1) 피고인에 대한 조치

공판정에서는 피고인의 신체를 구속하지 못한다. 다만, 재판장은 피고인이 폭력을 행사하거나 도망할 염려가 있다고 인정하는 때에는 피고인의 신체의 구속을 명하거나 기타 필요한 조치를 할 수 있다(제280조). 피고인은 재판장의 허가없이 퇴정하지 못한다(제281조 제1항). 재판장은 피고인의 퇴정을 제지하거나 법정의 질서를 유지하기 위하여 필요한 처분을 할 수 있다(제2항). 피고인에 대한 퇴정명령을 내릴 수 있고(법원조직법 제58조 제2항), 이 경우 피고인의 진술 없이 심리를 진행하거나 판결을 선고할 수 있다(제330조).

(2) 기타의 처분

재판장은 방청인에 대하여도 법정경찰권을 행사할 수 있고(법원조직법 제58조 제2항, 제59조, 법정 방청 및 촬영 등에 관한 규칙 제2조), 경찰서장에게 경찰관의 파견을 요구할 수 있으며(법원조직법 제60조), 법원은 질서문란자에게 20일 이내의 감치 또는 100만원 이하의 과태료에 처하거나 이를 병과할 수 있다(법원조직법 제61조 제1항).

(3) 불복방법

검사, 피고인 또는 변호인은 재판장의 처분에 대하여 이의신청을 할 수 있다(제304조 제1항). 이의신청이 있는 때에는 법원은 결정을 하여야 한다(제2항). 감치 또는 과태료에 처하는 재판에 대해서는 항고 또는 특별항고를 할 수 있다(법원조직법 제61조 제5항).

3. 한 계

(1) 시간적 한계

법정경찰권은 심리의 개시부터 종료에 이르기까지 실제로 절차가 진행되고 있는 시간 내에 한하여 발동할 수 있다. 단 심리의 전후시간도 포함된다.

(2) 장소적 한계

법정경찰권은 공판정 내에서는 물론이고 법정 밖에서 법관이 직무를 행하는 경우에도 인정된다(법원조직법 제63조).

(3) 인적 한계

법정경찰권은 공판심리에 관계되는 모든 사람에 대하여 미친다. 따라서 검사, 변호인, 법원직원, 배석판사 등에게도 적용될 수 있다.

Ⅶ. 공판기일의 절차

1. 모두절차

(1) 진술거부권의 고지

피고인은 진술하지 아니하거나 개개의 질문에 대하여 진술을 거부할 수 있다(제283조의2 제1항). 재판장은 피고인에게 진술을 거부할 수 있음을 고지하여야 한다(제2항). 피고인의 진술거부권은 일체의 진술을 하지 아니하는 '침묵'과 개개의 질문에 대하여 답변을 거부하는 '진술거부'를 모두 포괄하는 개념이다. 따라서 피고인은 개별적 질문에 대하여 답변을 거부할 수 있음은 물론이고, 처음부터 일체의 진술을 하지 않고 침묵할 수 있는 권리가 있다. 그리고 개정 형사소송법은 인정신문(제284조)에 관한 규정에 앞서서 이를 규정하였기 때문에 고지의 시기는 인정신문 이전이어야 할 것이고, 인정신문에 대해서 진술거부권을 인정할 것인가에 대한 종래의 견해대립은 입법적으로 허용되는 방향으로 귀결된 것으로 평가할 수 있다.

(2) 인정신문

인정신문이란 공판기일에서 실질적인 심리에 들어가기 전에 피고인으로 출석한 자가 공소장에 기재된 피고인과 동일인인가를 확인하는 절차를 말한다. 재판장은 피고인의 성명, 연령, 등록기준지, 주거와 직업을 물어서 피고인임에 틀림없음을 확인하여야 한다(제284조).

(3) 검사의 모두진술

검사는 공소장에 의하여 공소사실 · 죄명 및 적용법조를 낭독하여야 한다. 다만, 재판장은 필요하다고 인정하는 때에는 검사에게 공소의 요지를 진술하게 할 수 있다(제285조). 구 형사소송법에서 검사의 모두진술은 필수적인 절차가 아니며, 모두진술을 하는 경우에도 기소의 요지만을 진술하도록 되어 있었는데, 이것을 개정 형사소송법이 공개주의와 구두변론주의를 관철하기 위하여 공개된 법정에서 공소장을 낭독하도록 함으로써 법정 안에 있는 모든 사람으로 하여금 무슨 사건에 관해 향후 재판이 진행될 것인지를 이해할 수 있도록 할 필요성에서 개정한 것이다.

(4) 피고인의 모두진술

사건의 쟁점을 조기에 파악하기 위해서는 검사의 모두진술이 끝난 뒤 피고인으로 하여금 공소사실의 인정여부를 진술하도록 하는 절차를 둘 필요가 있다. 아울러 피고인뿐만 아니라 변호인에게도 피고인에게 이익이 되는 사실 등을 진술할 기회를 주는 것이 피고인의 방어권 행사에 도움을 줄 수 있다. 개정 형사소송법에 따르면, 피고인은 검사의 모두진술이 끝난 뒤에 공소사실의 인정 여부를 진술하여야 한다. 다만, 피고인이 진술거부권을 행사하는 경우에는 그러하지 아니하다(제286조 제1항). 피고인 및 변호인은 이익이 되는 사실 등을 진술할 수 있다(제2항). 여기서 '이익이 되는 사실'이라 함은 알리바이의 주장, 범행 동기, 정상관계 등 피고인에게 유리한 모든 사정을 들 수 있다.

그리고 피고인은 모두진술절차에서 관할이전신청(제15조), 법관에 대한 기피신청(제18조), 국선변호인 선정의 청구(제33조 제2항), 제1회공판기일의 유예기간에 대한 이의신청(제269조), 공판기일변경신청(제270조), 공소장부본송달에 대한 이의신청(제266조 단서), 변론의 병합 · 분리의 신청(제300조), 토지관할위반의 신청(제320조 제1항) 등을 할 수 있다. 다만 토지관할위반의 신청은 피고사건에 대한 진술 전에 하여야 한다(제320조 제2항).

(5) 재판장의 쟁점정리 등

개정 형사소송법은 피고인신문을 원칙적으로 증거조사가 끝난 다음에 하도록 되어 있기 때문에 재판장은 증거조사절차 이전에 미리 피고인 또는 변호인 등에게 쟁점 정리를 위한 질문을 할 수 있게 할 필요가 있다. 이를 위해 재판장은 피고인의 모두진술이 끝난 다음에 피고인 또는 변호인에게 쟁점의 정리를 위하여 필요한 질문을 할 수 있다(제287조 제1항). 재판장은 증거조사를 하기에 앞서 검사 및 변호인으로 하여금 공소사실 등의 증명과 관련된 주장 및 입증계획 등을 진술하게 할 수 있다. 다만, 증거로 할 수 없거나 증거로 신청할 의사가 없는 자료에 기초하여 법원에 사건에 대한 예단 또는 편견을 발생하게 할 염려가 있는 사항은 진술할 수 없다(제2항).

2. 사실심리절차

(1) 증거조사

1) 의 의

증거조사란 법원이 피고사건의 사실인정과 형의 양정에 관한 심증을 얻기 위하여 각종의 증거방법을 조사하여 증거자료를 획득하는 소송행위를 말한다. 개정 형사소송법에 따르면, 종래 피고인신문 다음에 실시하였던 증거조사는 제287조의 규정에 의한 절차(모두절차의 마지막인 재판장에 의한 쟁점정리의 절차)가 끝난 후에 실시한다(제290조). 증거조사는 당사자의 신청에 의한 증거조사와 법원의 직권에 의한 증거조사로 나누어진다.

2) 당사자의 신청에 의한 증거조사

(가) 신청권자 검사, 피고인 또는 변호인은 서류나 물건을 증거로 제출할 수 있고 증인, 감정인, 통역인 또는 번역인의 신문을 신청할 수 있다(제294조 제1항). 증거조사는 이와 같이 당사자의 신청을 기다려서 하는 것이 원칙이다.

(나) 신청시기와 각하제도 증거조사 신청의 시기에 관하여는 제한이 없다. 공판준비에 필요하다고 인정할 때에는 공판기일 전에도 신청할 수 있다(제273조 제1항). 다만, 법원은 검사, 피고인 또는 변호인이 고의로 증거를 뒤늦게 신청함으로써 공판의 완결을 지연하는 것으로 인정할 때에는 직권 또는 상대방의 신청에 따라 결정으로 이를 각하할 수 있다(제294조 제2항). 개정 형사소송법이 최초 증거조사기일 전까지만 증거신청을 할 수 있게 하는 제도의 도입을 고려하다가 최종적으로 각하제도를 입법한 것이다.

(다) 증거결정과 조사순서 법원은 증거신청에 대하여 결정을 하여야 한다(제295조). 이 경우 신청의 적법성, 증거조사의 가능성, 사건과의 관련성, 증거조사의 필요성 등이 고려된다. 증거결정의 법적 성질에 관하여는 법원의 소송지휘권에 근거한 자유재량이라는 견해(판례의 태도)와 증거신청은 피고인의 참여권 행사이므로 이에 대한 법원의 결정은 합리적으로 행사되어야 하고 정당한 이유 없이 기각결정을 할 수 없다는 기속재량설(다수설)[65]의 대립이 있다. 기속재량설이 타당한 것으로 판단된다. 신청에 의한 조사의 경우에 법원은 검사가 신청한 증거를 조사한 후 피고인 또는 변호인이 신청한 증거를 조사한다(제291조의2 제1항).

관련판례 ① 당사자의 증거신청에 대한 채택 여부는 법원의 재량에 속하는 것이고, 따라서 법원은 피고인이나 변호인이 신청한 증거에 대하여 불필요하다고 인정한 때에는 조사하지 않을 수 있다(대판 1995.2.24., 94도252).

② 형사소송규칙 제134조 제4항은 "법원은 증거신청을 기각 · 각하하거나 증거신청에 대한 결정을 보류하는 경우 증거신청인으로부터 당해 증거서류 또는 증거물을 제출

65) 신동운, 425면; 신양균, 521면; 배종대/이상돈, 479면.

받아서는 아니 된다."라고 규정하고 있으므로, 법원은 증거능력이 없어 증거로 채택되지 아니한 증거서류 또는 증거물을 제출받아서는 안 되고, 일단 제출받은 경우에는 이를 증거신청인에게 반환하여야 한다(대판 2012.4.26, 2012도124; 대판 2021.7.21. 2018도3226).

3) 법원의 직권에 의한 증거조사

법원은 직권으로 증거조사를 할 수 있다(제295조 후단). 당사자의 신청에 의한 증거조사에 대해 법원의 직권증거조사를 보충적 · 예외적인 것으로 보는 견해가 다수설에 해당한다. 그리고 법원의 직권증거조사에 대해서는 법원의 권한에 불과하다는 견해도 있지만,[66] 법원의 권한인 동시에 의무가 된다는 견해가 다수설에 해당한다.[67] 판단컨대, 당사자의 신청에 의한 증거조사가 아예 이루어지지 않거나 신청에 의한 증거조사만으로는 불충분한 경우에 법원의 직권증거조사는 실체적 진실발견주의와 공정한 재판의 이념을 실현하기 위한 법원의 권한 및 의무로 보는 다수설의 견해가 타당하다. 이에 따라서 법원은 직권에 의하여 증인신문할 수도 있고 증거의 채부는 법원의 직권에 속하는 것이므로 피고인이 철회한 증인을 법원이 직권신문하고 이를 채증하더라도 위법이 아니다(대판 1983.7.12, 82도3216).

관련판례 ① 항소이유서에서 피고인이 공소제기된 부정수표단속법위반의 수표발행시기에 교도소에 수감되어 있었고, 위 수표는 타인이 훔쳐 사용하였다고 주장하고, 실제로 피고인이 무고죄로 구속되어 재판을 받은 날과 마지막으로 수표를 발행하였다는 날짜와는 40일 정도의 간격밖에 없다면 사실심인 항소심으로서는 마땅히 이 부분에 대한 심리를 하였어야 할 것인데도 이를 심리하지 아니한 것은 심리미진의 위법을 저지른 것이다(대판 1990.11.27, 90도2205).

법원은 신청에 따른 조사가 끝난 후 직권으로 결정한 증거를 조사한다(제291조의2 제2항). 이 규정은 전체적으로 증거조사의 순서를 검사 신청 증거, 피고인 또는 변호인 신청 증거 순으로 하고, 그 다음에 법원이 직권으로 증거조사를 하도록 한 것이다. 다만, 법원은 직권 또는 당사자의 신청이 있는 경우 증거조사의 순서를 변경할 수 있다(제3항).

66) 김기두, 265면.
67) 직권에 의한 증거조사를 다하지 않은 때에는 심리미진의 위법이 있다는 것에 대판 1974.1.15, 73도2522.

4) 증거조사의 방법

증거조사는 증거방법의 종류에 따라 그 방법을 달리한다. 증인에 대한 조사방법은 신문이다. 다음으로 증거서류에 대한 조사방식은 낭독이 원칙이다. 검사, 피고인 또는 변호인의 신청에 따라 증거서류를 조사하는 때에는 신청인이 이를 낭독하여야 한다(제292조 제1항). 법원이 직권으로 증거서류를 조사하는 때에는 소지인 또는 재판장이 이를 낭독하여야 한다(제2항). 종래의 형사소송법은 재판장으로 하여금 요지를 고지하는 방법으로 증거서류를 조사하도록 하였는데, 이것은 증거조사 전에 이미 재판장이 증거서류의 내용을 알고 있을 것을 전제로 하여 공소장일본주의의 취지에 반하는 것이었다. 개정 형사소송법이 문서에 관한 증거조사가 법정에서 실질적으로 이루어질 수 있도록 하기 위해서 증거서류의 조사방법으로 낭독을 원칙으로 한 것이다.

재판장은 필요하다고 인정하는 때에는 제1항 및 제2항에도 불구하고 내용을 고지하는 방법으로 조사할 수 있다(제3항). 여기서 고지의 주체가 신청인(검사 제출의 서류인 경우에는 검사)에 한정할 것인지 아니면 재판장도 포함할 것인지가 문제된다. 재판장도 포함시켜 실무를 운영한 법관도 있었지만,[68] 법관이 미리 증거서류를 읽는 것을 지양하려는 공판중심주의의 관점에서 신청인에 한정하는 전자의 견해가 타당하다.[69]

그리고 재판장은 법원사무관 등으로 하여금 제1항부터 제3항까지의 규정에 따른 낭독이나 고지를 하게 할 수 있다(제4항). 재판장은 열람이 다른 방법보다 적절하다고 인정하는 때에는 증거서류를 제시하여 열람하게 하는 방법으로 조사할 수 있다(제5항).

다음으로 증거물에 대한 조사방식은 제시이다. 즉, 검사, 피고인 또는 변호인의 신청에 따라 증거물을 조사하는 때에는 신청인이 이를 제시하여야 한다(제292조의2 제1항). 법원이 직권으로 증거물을 조사하는 때에는 소지인 또는 재판장이 이를 제시하여야 한다(제2항). 재판장은 법원사무관 등으로 하여금 제1항 및 제2항에 따른 제시를 하게 할 수 있다(제3항). 그 밖의 증거에 대한 조사방식으로 도면, 사진, 녹음테이프, 비디오테이프, 컴퓨터용 디스크, 그 밖에 정보를 담기 위하여 만들어진 물

68) 이정환, 증거조사절차의 실무 운영상 문제점과 개선 방향, 형사재판의 쟁점과 과제(2008), 316면.
69) 법원행정처, 법원실무제요, 형사(II), 184면.

건으로서 문서가 아닌 증거의 조사에 관하여 필요한 사항은 대법원규칙으로 정한다(제292조의3).

5) 증거조사에 관한 이의신청

[설문4b] 만약 공판기일에 乙이, 사고 당일 술을 마시기는 하였지만 많이 취하지는 않았다고 주장하면서 이를 입증하기 위하여 C를 증인으로 신청하였고, 법원이 이에 대해 기각결정을 하였다면, 乙은 위 기각결정에 대하여 불복할 수 있는가? (2019년 2차 모의 변호사시험 문제)

검사, 피고인 또는 변호인은 증거조사에 관하여 이의신청을 할 수 있다. 증거조사에 대해서는 법률위반은 물론이고 상당하지 아니함을 이유로도 이의신청을 할 수 있지만(규칙 제135조의2 본문), 다만 증거결정에 대한 이의신청은 법령위반만을 이유로 할 수 있다(단서). 이의신청은 구술로도 가능하다(규칙 제176조 제1항). 법원은 이의신청에 대하여 즉시 결정을 하여야 한다(제296조, 규칙 제138조). 법원의 결정에 대해서는 다시 이의신청을 할 수 없고(규칙 제140조), 이의신청에 대한 기각결정에 대해서는 항고도 허용되지 않는다.

상기한 [설문4b]에서 법원의 기각결정은 판결 전 소송절차에 관한 것이므로 제402조와 제403조에 의한 항고는 불가능할 것이다. 그리고 규칙에 의하면 증거결정(제295조)에 대해서는 "법령위반의 경우에만" 이의신청이 가능할 것인데, 판례에 의하면 신청에 대한 그 채택 및 증거조사 여부는 법원의 재량이기 때문에 설문사례의 경우 법령위반으로 평가되지 아니하므로 이에 대한 이의신청도 불가능할 것이다.

6) 증거조사결과와 피고인의 의견 재판장은 피고인에게 각 증거조사의 결과에 대한 의견을 묻고 권리를 보호함에 필요한 증거조사를 신청할 수 있음을 고지하여야 한다(제293조). 그러나 간이공판절차에서 이 규정은 적용되지 않는다.

(2) 피고인신문

피고인신문이란 피고인에 대하여 공소사실과 그 정상에 관한 필요한 사항을 신문하는 절차를 말한다. 이는 피고인이 당사자일 뿐만 아니라, 증거방법으로서의 지위를 가지고 있다는 것을 전제한 제도라고 볼 수 있다. 그러나 증거방법으로서의 지위로 말미암아 당사자의 지위가 침해되거나 부정되어서는 안 되기 때문에 형사소송법은 피고인에게 진술거부권을 인정하고 있음은 물론(제283조의2 제1항), 피고인신문에서도 증인신문의 방법을 준용하도록 규정하고 있다(제296조의2 제3항). 피고인신문 시에는 피고인은 법대의 정면에 위치한 증인석에 좌석 하는데(제275조 제3항), 그렇다고 피고인 신분이 증인이 되는 것은 아니다.

종래에는 모두절차 후에 피고인신문이 행하여졌던 것을, 형사소송법은 원칙적으로 증거조사 종료 후에 하는 것으로 바꾸었다. 이러한 변화는 피고인을 절차의 객체나 신문대상으로 보던 것을 개선하여 형사재판에서 자신을 방어할 기회를 부여받는 한 당사자로 보는 의미와 더불어, 피고인신문제도를 폐지하지 않고 그대로 유지하여 여전히 직권주의적 소송구조의 잔재를 엿볼 수 있다는 의미도 제공한다.[70] 생각건대, 우리나라에서 피고인은 자기사건에 대해 증인이 될 수 없기 때문에 피고인신문제도의 유지를 통해 자신을 방어할 기회를 피고인에게 준다는 전자의 의미가 더욱 강조되어야 할 것이다.

현행법에 따르면 검사 또는 변호인은 증거조사 종료 후에 순차로 피고인에게 공소사실 및 정상에 관하여 필요한 사항을 신문할 수 있다. 다만, 재판장은 필요하다고 인정하는 때(예: 증거조사 중에 새로운 쟁점의 부각으로 피고인 답변이 필요하거나, 증인신문 중에 증인과 피고인의 대질이 필요한 경우 등)에는 증거조사가 완료되기 전이라도 이를 허가할 수 있다(제296조의2 제1항). 한편 재판장은 필요하다고 인정하는 때에는 피고인을 신문할 수 있다(제2항).[71] 판례에 의하면, 변호인이 피고인을 신문하겠다는 의사를 표시했는데도 재판부가 신문 절차를 진행하지 않고 변론을 종결한 뒤 판결을 선고한 것은 변호인의 권리를 침해하는 것으로서 위법하다(검사 또는 변호인이 항소심에서 피고인 신문을 실시하는 경우 제1심의 피고인 신문과 중복되거나 항소이유의 당부를 판단하는 데 필요 없다고 인정하는 때에는 신문의 전부 또는 일부를 제한할 수 있지만, 변호인의 본질적 권리를 해할 수는 없다는 대판 2020.12.24. 2020도10778. 변호인에게 일체의 피고인신문을 허용하지 않은 것은 소송절차의 법령위반에 해당).

2007년 개정 전 형사소송법은 검사와 변호인 순서로 피고인신문을 행하도록 규정하면서 재판장에게 신문순서의 변경권한을 주지 않았다(구법 제287조). 그러나 개정 형사소송법은 피고인신문에 있어서 증인신문의 방식에 관한 제161조의2 제1항 내지 제3항 및 제5항을 준용하여(제296조의2 제3항) 피고인신문방식에 융통성을 부여

70) 피고인신문제도를 폐지해야 한다는 입장으로는 신동운, 형사사법개혁의 쟁점과 동향, 한국형사정책연구원, 2004, 84면 이하; 차용석, 429면. 참고로 영미에서는 피고인신문제도가 없지만, 피고인 증언제도를 두고 있다.

71) 이는 당사자 신문에 대한 보충신문으로서의 성격 이외에, 당사자가 신문을 하지 않는 경우에 독자적으로도 신문할 수 있다는 의미이다(신양균, 593면).

하고 있다. 즉, 증인신문에 있어 당사자가 주도하는 교호신문의 원칙규정(제162조의2 제1항)과 재판장은 신문이 끝난 후에 신문할 수 있지만 필요한 경우에는 중간에도 신문할 수 있고, 당사자 사이의 신문순서도 변경할 수 있다는 규정(동조 제2항, 제3항), 그리고 합의부원은 재판장에게 고하고 신문할 수 있다는 규정(동조 제5항)이 피고인신문에도 준용된다는 것이다. 따라서 피고인신문의 경우에도 신문의 순서는 원칙적으로 검사와 변호인의 순서로 진행되며, 재판장은 검사 또는 변호인의 신문이 끝난 후에 신문할 수 있겠지만(제296조의2 제3항, 제161조의2 제2항), 재판장은 필요하다고 인정하면 어느 때나 신문할 수 있을 것이다(제296조의2 제2항). 그리고 합의부원은 재판장에게 고하고 피고인을 신문할 수 있다(제296조의2 제3항, 제161조의2 제5항). 문제는 재판장이 증인신문 시 당사자 사이의 신문순서까지 변경할 수 있다는 규정도 피고인신문에 제한 없이 준용될 것인가에 있다. 이 문제는 제296조의2 제3항에서 '제1항의 신문'에 관하여 준용한다는 문언의 해석과 관련된다. 이에 대하여 제162조의2 제1항 내지 제3항의 규정은 증거조사 도중(즉 증거조사의 완료 이전)에 예외적으로 피고인신문이 허가되는 경우(즉 제296조의2 단서에 해당하는 경우)에만 준용된다는 한정설과[72] '제1항의 신문'에는 증거조사의 이후(본문)와 도중(단서)의 모두를 포함하기 때문에 준용규정도 그 모두에 대해 적용되어야 한다는 비한정설[73]의 대립이 있다. 생각건대, 제296조의2 제1항의 본문은 증거조사 이후의 피고인신문에 관한 규정임이 명백하고, 그 본문에는 검사와 변호인이 '순차로' 신문하는 것으로 규정되었기 때문에 제162조의2 제3항에 포함된 재판장이 당사자 사이의 신문순서를 변경할 수 있다는 부분은 증거조사 종료 이후의 피고인신문의 경우에는 준용될 수 없다고 해석되어야 할 것이다. 다만 새로이 규정된 피고인신문제도가 검사의 주도적 신문으로부터 피고인의 방어권을 적절히 보장한다는 취지에서 바라본다면 입법론으로서는 증거조사 종료 이전 또는 이후의 구별 없이 준용하는 비한정설이 더욱 타당할 것이다.

72) 법무부, 개정형사소송법, 2007, 224면; 노명선/이완규, 521면. 주장근거로는 제296조의2 제1항 본문이 증거조사 이후의 피고인신문제도를 규정한 것인데, 여기에서는 검사 또는 변호인이 '순차'로 피고인을 신문할 수 있다고 규정되었기 때문에 재판장이 당사자의 신문순서를 바꿀 수 있다는 증인신문 규정을 준용할 수 없다는 것이다.

73) 신동운, 926면; 이은모, 514면; 법원행정처, 법원실무제요 II(형사), 288면.

(3) 최종변론

1) 검사의 의견진술 피고인신문과 증거조사가 종료한 때에는 검사는 사실과 법률적용에 관하여 의견을 진술하여야 한다. 단 검사의 출석 없이 개정한 경우에는 공소장의 기재사항에 의하여 의견진술이 있는 것으로 간주한다(제302조). 검사의 이러한 의견진술을 실무상 논고라고 하고, 검사의 의견 중에서 양형에 관한 것을 구형이라고 한다.[74]

2) 피고인과 변호인의 최후진술 재판장은 검사의 의견을 들은 후 피고인과 변호인에게 최종의 의견을 진술할 기회를 주어야 한다(제303조). 최종진술의 기회는 피고인과 변호인에게 모두 주어야 한다. 따라서 피고인과 변호인에게 최종의견진술의 기회를 주지 않은 채 심리를 마치고 판결을 선고하는 것은 위법이다.[75] 피고인의 최후진술이 끝나는 단계를 구두변론의 종결이라고 하며, 실무상 결심이라고 한다. 법원은 필요하다고 인정한 때에는 직권 또는 검사, 피고인이나 변호인의 신청에 의하여 결정으로 종결한 변론을 재개할 수 있다(제305조).

3. 판결선고 절차

공판절차의 최후단계는 판결 선고의 절차이다. 「특정강력범죄의 처벌에 관한 특례법」에 의하면 법원은 특정강력범죄사건에 관하여 변론을 종결한 때에는 신속하게 판결을 선고하여야 하며 복잡한 사건이나 기타 특별한 사정이 있는 경우에도 판결의 선고는 변론종결일부터 14일을 초과하지 못하도록 하고 있다(제13조). 그리고 개정 형사소송법은 판결의 선고는 원칙적으로 변론이 종결된 기일에 하도록 하고(제318조의4 제1항), 특별한 사정이 있는 경우에 한하여 따로 선고기일을 지정할 수 있되(제1항 단서), 변론이 종결된 날로부터 14일 이내로 하여야 한다(제3항). 변론을 종결한 기일에 판결을 선고하는 경우에는 판결의 선고 후에 판결서를 작성할 수 있다(제2항).

재판의 선고 또는 고지는 공판정에서는 재판서에 의하여야 하고 기타의 경우에는 재판서등본의 송달 또는 다른 적당한 방법으로 하여야 한다. 단, 법률에 다른

---

74) 검사의 구형에 구속되지 않으므로 법원은 구형을 초과하는 형을 선고할 수 있다(대판 1984.4.24, 83도1789).

75) 대판 1975.11.11, 75도1010. 그러나 변호인이 공판기일통지서를 받고도 공판기일에 출석하지 아니하여 변호인 없이 변론을 종결한 경우에는 변호인에게 변론의 기회를 주지 않았다고 할 수 없다는 것에 대판 1977.7.26, 77도835.

규정이 있는 때에는 예외로 한다(제42조). 재판의 선고 또는 고지는 재판장이 한다. 판결을 선고함에는 주문을 낭독하고 이유의 요지를 설명하여야 한다(제43조). 판결의 선고에 의하여 당해 심급의 공판절차는 종결되고 상소기간이 진행된다. 따라서 형을 선고하는 경우에는 재판장은 피고인에게 상소할 기간과 상소할 법원을 고지하여야 한다(제324조).

[§ 29] 공판절차에서의 구체적 소송행위

Ⅰ. 증인신문

1. 증인신문의 의의

증인신문이란 증인에 대한 증거조사, 즉 증인이 경험한 사실을 내용으로 하는 진술을 얻는 증거조사를 말한다. 피고인과는 달리 증인에게는 원칙적으로 증언의무가 있기 때문에 증인신문은 일종의 강제처분이라 할 수 있다. 판례에 의하면, 검사가 증인신문 전에 증인을 소환해 면담했다면 회유나 압박 등으로 증인의 법정진술에 영향을 미치지 않았다는 점을 검사가 증명하지 못하면 증인의 법정진술은 신빙성을 인정하기 어렵다(대판 2021.6.10. 2020도15891).

2. 증인의 의의와 증인적격

(1) 증인의 의의

증인이란 법원 또는 법관에 대하여 자기가 과거에 경험한 사실을 진술하는 제3자를 말한다. 따라서 수사기관에 대하여 진술하는 참고인은 증인이 아니다. 증인과 감정인은 증인이 비대체적이어서 구인제도가 있는 것에 반하여 감정인은 대체적이라는 점에 차이가 있다. 그리고 특별한 지식 · 경험에 의하여 지득하게 된 과거의 사실을 진술하는 자를 감정증인(제179조)이라고 하는데 감정증인은 증인에 속한다.

(2) 증인적격

1) 증인적격의 의의　　증인적격이란 누가 증인이 될 자격이 있는가, 즉 법원이 누구를 증인으로 신문할 수 있는가의 문제를 말한다. 형사소송법 제146조는 “법원은

법률에 다른 규정이 없으면 누구든지 증인으로 신문할 수 있다"라고 규정하고 있으므로 원칙적으로 누구든지 증인적격이 있다고 할 수 있다. 따라서 어린이도 증인이 될 수 있다(다만 선서무능력자로서 선서를 하지 않고 위증하더라도 위증죄는 불성립).

2) 법관, 검사, 변호인의 증인적격

(가) 법 관　　당해 사건을 심판하는 법관이 그 사건의 증인으로 될 수 없다는 점에는 이론이 없다. 그러나 그 직무로부터 탈퇴한 때에는 증인이 될 수 있다. 증인으로 된 후에는 그 사건에 관하여 제척사유가 된다(제17조 제4호). 당해 사건의 공판에 관여하고 있는 법원사무관 등도 법관과 동일하게 취급하면 될 것이다.

(나) 검 사

A) 증인적격의 인정여부　　검사의 증인적격을 부정해야 할 이유는 없다고 하는 견해도 있으나,[76] 다수설은 당해 사건의 공판에 관여하고 있는 검사가 동시에 증인이 될 수는 없다고 해석한다.[77] 당해 사건의 공판에 관여하고 있는 검사를 증인으로 신문하게 되면 공소유지자로서의 직무를 제대로 수행하기 어렵기 때문에 부정하는 것이 타당할 것이다. 그러나 공판에 관여하지 않는 검사와 검찰주사와 사법경찰관은 소송당사자가 아니므로 증인적격이 인정된다.

관련판례 ① 형사소송법 제146조는 "법원은 법률에 다른 규정이 없으면 누구든지 증인으로 신문할 수 있다"라고 규정하고 있으므로, 원심이 당해 사건의 수사경찰관을 증인으로 신문한 것이 증거재판주의나 증인의 자격에 관한 법리를 오해하였다거나 헌법 위반의 위법이 있다고 할 수 없다(대판 2001.5.29, 2000도2933).[78]

B) 제척여부　　증인으로 증언한 검사가 다시 그 사건에 관여할 수 있을 것인가에 대해서도 견해대립이 있다. 즉, 법관의 제척에 관한 규정을 유추적용하여 다시 사건에 관여할 수 없다고 보는 견해[79]와 검사에게는 제척제도가 인정되지 않기

---

76) 백형구, 721면; 신동운, 686면; 임동규, 556면; 신현주, 529면.

77) 강구진, 446면; 권오병, 216면; 신양균, 589면; 이영란, 542면; 정영석/이형국, 394면; 이재상, 448면. 다만 소송주체의 지위와 증인의 지위는 서로 모순되므로 원칙으로는 부정하지만, 예외적으로 진실발견을 위하여 검사를 증인신문할 필요성 있는 경우는 예외적으로 가능하다는 제한적 긍정설로는 배종대/이상돈, 489면.

78) 헌법재판소도 "수사 담당 경찰공무원이 당해 피고인에 대한 수사를 담당하였는지의 여부에 관계없이 그 피고인에 대한 공판과정에서는 제3자라고 할 수 있어 증인의 지위에 있을 수 있음을 부정할 수 없다"고 결정한 바 있다(헌재결 2001.11.29, 2001헌바41).

79) 김기두, 161면; 배종대/이상돈, 489면; 신동운, 633면; 서일교, 197면.

때문에 다시 사건에 관여할 수 있는 것으로 보는 견해[80]가 대립된다. 공정한 재판의 원리에 비추어서 법관의 제척규정을 유추적용하는 것이 바람직할 것으로 판단된다.

(다) 변 호 인 변호인이 —사임함이 없이— 그 사건의 증인이 될 수 있는가에 대해서도 견해대립이 있다. 긍정설은 증인적격을 부정하는 명문의 규정이 없고, 실체적 진실발견과 피고인의 이익을 보호하기 위해서는 변호인에 대한 증인신문이 요구된다는 것이다.[81] 그러나 부정설은 변호인은 당해 소송에서 피고인의 보호자로서의 지위를 가져서 제3자로 볼 수 없고, 동일한 소송에서 같은 사람이 변호인과 증인을 겸하는 것은 역할의 혼동이라는 것이다.[82] 생각건대, 당해 사건의 피고인을 보호하는 지위에 있는 변호인에게 증언의무를 부과하는 증인적격을 인정하는 견해는 타당하지 않다. 따라서 변호인이 사임하지 않는 이상 증인적격이 없는 것으로 보아야 한다.

3) 피고인의 증인적격

[설문 (5)] 甲과 乙은 강도를 함께 행하였고, 丙은 乙로부터 강취물(장물)을 알고서 매수하였다. 검사는 甲과 乙에 대해서는 강도죄의 공범으로, 丙에 대해서는 장물취득죄로 기소하였고, 현재 그들은 공동피고인으로 병합심리 중이다. 이 경우 〈乙의 사건〉을 심판하는 과정에서 (i) 甲과 丙을 증인 신문할 수 있겠는가 (ii) 만약 공동피고인의 신분으로 甲과 丙이 각각 진술을 하였다면 그 진술은 증거능력이 있겠는가?

(가) 자기사건에 대한 증인적격 영미에서는 자기사건에 대한 피고인의 증인적격을 인정하고 있다. 그러나 우리나라에서 피고인의 증인적격을 인정하게 되면 피고인에게 진술의무(증언의무)를 부과하는 결과로 되어 피고인에게 진술거부권을 기본권으로 보장한 헌법 및 형사소송법의 취지를 무의미하게 만들기 때문에 자기사건에 대한 피고인의 증인적격을 부정하는 것이 통설이다.[83] 그리고 피고인의 법정대리인(제26조), 특별대리인(제28조), 대리인(제277조), 피고인이 법인인 경우에 그 대표자(제27조) 등도 피고인에 준하여 증인적격이 부정되어야 한다.

---

80) 백형구, 721면; 이재상, 461면; 정영석/이형국, 395면; 임동규, 581면; 차용석/최용성, 626면.

81) 배종대/이상돈, 490면; 백형구, 720면; 신동운, 634면; 임동규, 557면; 차용석/최용성, 626면. 이에 대하여 다른 증명방법이 없고, 피고인과 변호인이 모두 증인으로 되는 것에 이의 없는 때에 한해서 가능하다는 절충설에는 송광섭, 281면.

82) 강구진, 446면; 신양균, 561면; 이재상, 419면; 정영석/이형국, 395면.

83) "…형사소송절차상 피고인의 증인적격이 부정되고 있어…"라고 하여 헌법재판소도 부정설의 입장을 취하고 있다(헌재결 2001.11.29, 2001헌바41). 그러나 묵비권은 포기할 수 있으므로 피고인도 증인이 될 수 있다는 소수설(긍정설)로는 신현주, 326면.

참고로, 우리나라에는 피고인신문절차가 있고, 이 경우 피고인의 임의의 진술은 이를 증거로 할 수 있으므로(제317조, 제309조 참조) 피고인을 증인으로 하여 그 증언을 증거로 하는 것과 결과에 있어서는 큰 차이도 없을 것이다(다만 피고인을 증인석에 세워 위증죄의 제재 아래에서 진술하게 할 때에는 피고인으로서의 진술보다는 증거가치가 크다고 볼 수는 있다).

(나) 공동피고인의 증인적격

A) 견해의 대립　　공동피고인이란 동일한 형사절차에서 두 사람 이상의 피고인이 있는 경우에 각각의 피고인을 의미한다. 공동피고인은 공범관계에 있는 경우와 그렇지 않은 경우로 나눌 수 있다. 이러한 공동피고인이 있는 경우에 다른 공동피고인의 사건에 대하여 공동피고인의 증인적격을 인정할 것인가에 대해서는 견해의 대립이 있다.

긍정설은 공동피고인은 다른 피고인에 대한 관계에서 제3자이므로 병합심리중에 있는 공동피고인도 증인으로 신문할 수 있다고 한다.[84] 반면에 부정설은 공동피고인은 소송당사자로서 진술거부권을 가지므로 반대신문을 할 수 없다는 것을 논거로 하여 공동피고인이 공범관계에 있느냐의 여부를 가리지 아니하고 변론을 분리하지 않는 한 증인적격을 인정할 수 없다고 한다.[85] 이에 대하여 절충설(다수설)은 공범자인 공동피고인은 증인적격이 없지만 자기의 피고사건과 실질적 관련성이 없는 사건에 대해서는 공동피고인이라도 증인으로 신문할 수 있다고 한다.[86] 판례는 "피고인과 별개의 범죄사실로 기소되어 병합심리중인 공동피고인은 피고인의 범죄사실에 관하여는 증인의 지위에 있다"고 판시하면서(이 경우 선서 없이 한 공동피고인의 법정진술이나 피고인이 증거로 함에 동의한 바 없는 공동피고인에 대한 피의자신문조서는 피고인의 공소 범죄사실을 인정하는 증거로 할 수 없다는 대판 1982.9.14, 82도1000),[87] 그와 함께 "공범인 공동피고인은 당해 소송절차에서는 피고인의 지위에 있으므로 다른 공동피고인에 대한 공소사실에 관하여 증인이 될 수 없으나, 소송절차가 분리되어 피

---

84) 김기두, 162면; 서일교, 197면; 차용석/최용성, 630면.
85) 강구진, 446면; 정영석/이형국, 396면.
86) 배종대/이상돈, 491면; 백형구, 719면; 신동운, 636면; 신양균, 591면; 임동규, 558면; 이재상, 463면.
87) 이와 관련된 글로는 이상현, "증인적격과 증언능력," 재판자료 23집:형사증거법(하), 1984, 357-373면; 황종국, "형사소송상 변론의 분리와 병합:특히 다수피고인사건의 심리방식에 관하여," 사법연구자료 17집, 1990, 315-377면.

고인의 지위에서 벗어나게 되면 다른 공동피고인에 대한 공소사실에 관하여 증인이 될 수 있다"고 판시하여(게임장의 종업원이 그 운영자와 함께 게임산업진흥에 관한 법률 위반죄의 공범으로 기소되어 공동피고인으로 재판을 받던 중, 운영자에 대한 공소사실에 관한 증인으로 증언한 내용과 관련하여 위증죄로 기소된 사안에서, 소송절차가 분리되지 않은 이상 위 종업원은 증인적격이 없어 위증죄가 성립하지 않는다는 대판 2008.6.26, 2008도3300; 뇌물 증수뢰의 대향범에 해당하는 공동 피고인에 대해 절차분리를 통해 증인신문절차가 개시된 과정에서 법원에 의한 증언거부권의 고지가 없는 상태에서 각자 종전의 부인진술을 그대로 유지함으로써 결과적으로 위증을 한 사례에서 각자 증인적격을 인정하면서도 위증죄의 성립은 부정한 대판 2012.3.29, 2009도11249) 판례의 태도도 절충설인 것으로 평가된다.

B) 소 결 생각건대, 공범관계의 공동피고인의 경우는 다른 공동피고인의 범죄사실이 실질적으로 자신의 범죄사실이 되기 때문에 공범자인 공동피고인의 증인적격은 부정되어야 하겠으나(증인신문을 하려면 공동피고인의 관계를 없애는 변론의 분리가 있어야 할 것임), 공범관계가 아닌 공동피고인의 경우는 다른 공동피고인의 사건은 타인의 사건이기 때문에 증인적격을 인정하는 것이 타당하다(공동피고인인 절도범과 그 장물범은 서로 다른 공동피고인의 범죄사실에 관하여는 증인의 지위에 있다 할 것이므로, 피고인이 증거로 함에 동의한 바 없는 공동피고인에 대한 피의자신문조서는 공동피고인의 증언에 의하여 그 성립의 진정이 인정되지 아니하는 한 피고인의 공소 범죄사실을 인정하는 증거로 할 수 없다고 판시한 대판 2006.1.12, 2005도7601).[88] 그리고 공범관계에 있는 공동피고인의 경우에 공동피고인의 법정진술이 다른 공동피고인의 범죄사실에 대해서도 증거능력을 긍정하는 것이 판례의 태도이기 때문에 공동피고인의 증인적격을 인정할 필요성도 거의 없다.

[설문 (5)의 해결] 당해 피고인 을에 대해 갑은 공범자인 공동피고인이고, 장물범 병은 공범자 아닌 공동피고인이다. 따라서 갑은 증인적격이 없기 때문에 공동피고인 지위를 유지하면서는 증인신문을 할 수 없고 절차분리의 경우에만 증인신문을 할 수 있다. 반면에 증인적격이 인정되는 병에 대해서는 판례에 따르면 반드시 증인신문을 하여야 하고, 공동피고인 지위에서 행한 진술은 증거능력이 인정될 수 없다(대판 1979.3.27, 78도1031; 대판 1982.6.22, 82도898). 참고로, 공범자인 공동피고인인 갑이 공동피고인 지위에서 진술하였다면 그 진술은 당해 피고인을 사건에 대해 증

---

88) 이와 관련된 글로는 임동규, "형사증거법상 '공범인 공동피고인'의 범위," 형사판례연구 14권, 2006, 294-306면.

거능력을 인정할 수 있다는 것이 판례 태도이다(이에 대해서는 다시 후술함).

4) 공무원의 증인적격 공무원 또는 공무원이었던 자가 그 직무에 관하여 알게 된 사실에 관하여 본인 또는 당해 공무소가 직무상 비밀에 속한 사항임을 신고한 때에는 그 소속공무소 또는 감독관공서의 승낙 없이는 증인으로 신문하지 못한다(제147조 제1항). 그 소속공무소 또는 당해 감독관공서는 국가에 중대한 이익을 해하는 경우를 제외하고는 승낙을 거부하지 못한다(제2항).

3. 증인의 의무와 권리

(1) 증인의 소송법상 의무

1) 출석의무와 강제수단 법원은 소환장의 송달, 전화, 전자우편, 그 밖의 상당한 방법으로 증인을 소환한다(제150조의2 제1항). 증인을 신청한 자는 증인이 출석하도록 합리적인 노력을 할 의무가 있다(제2항). 증인으로 소환받은 자는 출석의 의무를 진다. 이 출석의무는 공판절차는 물론이고, 공판준비절차, 증거보전절차의 증인신문에 소환받은 증인에게도 적용된다. 그리고 증언거부권자는 증언을 거부할 수 있을 뿐이고 출석 자체는 거부할 수 없는 것으로 보아야 한다.

법원은 소환장을 송달받은 증인이 정당한 사유 없이 출석하지 아니한 때에는 결정으로 당해 불출석으로 인한 소송비용을 증인이 부담하도록 명하고, 500만원 이하의 과태료를 부과할 수 있다. 제153조에 따라 준용되는 제76조 제2항 · 제5항에 따라 소환장의 송달과 동일한 효력이 있는 경우에도 또한 같다(제151조 제1항). 법원은 증인이 제1항에 따른 과태료 재판을 받고도 정당한 사유 없이 다시 출석하지 아니한 때에는 결정으로 증인을 7일 이내의 감치에 처한다(제2항). 법원은 감치재판기일에 증인을 소환하여 제2항에 따른 정당한 사유가 있는지의 여부를 심리하여야 한다(제3항). 감치는 그 재판을 한 법원의 재판장의 명령에 따라 사법경찰관리 · 교도관 · 법원경위 또는 법원사무관 등이 교도소 · 구치소 또는 경찰서유치장에 유치하여 집행한다(제4항). 감치에 처하는 재판을 받은 증인이 제4항에 규정된 감치시설에 유치된 경우 당해 감치시설의 장은 즉시 그 사실을 법원에 통보하여야 한다(제5항). 법원은 제5항의 통보를 받은 때에는 지체 없이 증인신문기일을 열어야 한다(제6항). 법원은 감치의 재판을 받은 증인이 감치의 집행 중에 증언을 한 때에는 즉시 감치결정을 취소하고 그 증인을 석방하도록 명하여야 한다(제7항). 제1항과 제2항(과태료와 감치)의 결정에 대하여는 즉시항고를 할 수 있다. 이 경우 제410조는 적용하지 아니한다(제8항). 즉 집행정지의 효력은 인정되지 않는다.

증인이 법원의 구내에 있는 때에는 소환함이 없이 신문할 수 있다(제154조). 법원은 필요한 때에는 결정으로 지정한 장소에 증인의 동행을 명할 수 있다(제166조 제1항). 증인이 정당한 이유 없이 소환에 응하지 아니하는 때에는 구인할 수 있고(제152조), 증인이 정당한 사유 없이 동행을 거부하는 때에도 구인할 수 있다(제166조 제2항).

2) 선서의무 출석한 증인은 선서무능력자를 제외하고 신문 전에 선서하게 하여야 한다(제156조). 16세 미만의 자와 선서의 취지를 이해하지 못하는 자에 대하여는 선서하게 하지 아니하고 신문하여야 한다(제159조). 선서한 증인이 진실에 반하는 허위의 진술을 한 때에는 형법상의 위증죄가 성립한다(형법 제152조). 선서능력이 있는 증인에 대하여 선서를 시키지 아니하고 신문한 때에는 그 증언은 증거능력이 없으나(대판 1982.6.22, 82도898), 위증의 벌을 경고하지 못하고 증언하게 한 경우에도 증언은 무효가 되지는 아니한다(대판 1957.3.8, 4290형상23). 선서무능력자가 선서를 하고 증언을 한 경우에 그 선서는 효력이 없어서 거짓진술을 하더라도 위증죄는 성립하지 않지만, 증거능력은 인정될 수 있다.[89)]

관련판례 ① 피고인과 별개의 범죄사실로 기소되어 병합심리되고 있던 공동피고인은 피고인에 대한 관계에서는 증인의 지위에 있음에 불과하므로 선서 없이 한 그 공동피고인의 법정 및 검찰진술은 피고인에 대한 공소범죄사실을 인정하는 증거로 할 수 없다(대판 1982.6.22, 82도898).

② 위증죄의 의의 및 보호법익, 형사소송법에 규정된 증인신문절차의 내용, 증언거부권의 취지 등을 종합적으로 살펴보면, 증인신문절차에서 법률에 규정된 증인 보호를 위한 규정이 지켜진 것으로 인정되지 않은 경우에는 증인이 허위의 진술을 하였다고 하더라도 위증죄의 구성요건인 "법률에 의하여 선서한 증인"에 해당하지 아니한다고 보아 이를 위증죄로 처벌할 수 없는 것이 원칙이다. 다만, 법률에 규정된 증인 보호절차라 하더라도 개별 보호절차 규정들의 내용과 취지가 같지 아니하고, 당해 신문 과정에서 지키지 못한 절차 규정과 그 경위 및 위반의 정도 등 제반 사정이 개별 사건마다 각기 상이하므로, 이러한 사정을 전체적 · 종합적으로 고려하여 볼 때, 당해 사건에서 증인 보호에 사실상 장애가 초래되었다고 볼 수 없는 경우에까지 예외 없이 위증죄의 성립을 부정할 것은 아니라고 할 것이다. 이러한 기준에서 보면, 재판장이 선서할 증인

---

89) 대판 1957.3.8, 4290형상23; 대판 1984.9.25, 84도619; 대판 1987.8.18, 87도1268.

에 대하여 선서 전에 위증의 벌을 경고하지 않았다는 등의 사유는 그 증인신문절차에서 증인 자신이 위증의 벌을 경고하는 내용의 선서서를 낭독하고 기명날인 또는 서명한 이상 위증의 벌을 몰랐다고 할 수 없을 것이므로 증인 보호에 사실상 장애가 초래되었다고 볼 수 없고, 따라서 위증죄의 성립에 지장이 없다고 보아야 한다(대판 2010. 1.21, 2008도942 전원합의체).[90]

선서는 신문 전에 선서하게 하여야 한다. 단, 법률에 다른 규정이 있는 경우에는 예외로 한다(제156조). 선서는 선서서에 따라 하여야 한다(제157조 제1항). 선서서에는 "양심에 따라 숨김과 보탬이 없이 사실 그대로 말하고 만일 거짓말이 있으면 위증의 벌을 받기로 맹서합니다"라고 기재하여야 한다(제2항). 재판장은 증인에게 선서서를 낭독하고 기명날인 또는 서명하게 하여야 한다. 단, 증인이 선서서를 낭독하지 못하거나 서명을 하지 못하는 경우에는 참여한 법원사무관 등이 이를 대행한다(제3항). 선서는 일어서서 엄숙하게 하여야 한다(제4항). 증인이 정당한 이유 없이 선서를 거부한 때에는 결정으로 50만원 이하의 과태료에 처할 수 있다(제161조 제1항). 이 결정에 대하여는 즉시항고를 할 수 있다(제2항).

3) **증언의무** 증인은 신문받은 사항에 대하여 증언할 의무가 있다. 법원 또는 법관의 신문뿐만 아니라 검사와 변호인, 피고인의 신문에 대해서도 증언을 하여야 하고 주신문 뿐만 아니라 반대신문에 대해서도 같다.[91] 증인이 정당한 이유 없이 증언을 거부한 때에는 결정으로 50만원 이하의 과태료에 처할 수 있다(제161조).[92]

관련판례 ① 증인의 증언능력은 증인 자신이 과거에 경험한 사실을 그 기억에 따라 공술할 수 있는 정신적인 능력이라 할 것이므로 유아의 증언능력에 관해서도 그 유무는 단지 공술자의 연령만에 의할 것이 아니라 그의 지적 수준에 따라 개별적이고 구체적으로 결정되어야 함은 물론 공술의 태도 및 내용 등을 구체적으로 검토하고, 경험한 과거의 사실이 공술자의 이해력, 판단력 등에 의하여 변식될 수 있는 범위 내에 속하

90) 위증의 벌을 경고하지 않은 경우에 대하여 학설은 형사소송법상 절차의 중요하지 않은 하자이므로 위증죄가 성립한다는 견해(다수설)와 위증죄 성립에 중요한 요소라는 점을 근거로 위증죄가 성립하지 않는다는 견해(오영근, 1004면)의 대립이 있다.

91) 주신문에 대한 증언만 하고 반대신문에 대한 증언을 하지 않은 경우에는 반대신문의 기회가 없어서 정확성이 의심스러우므로 증거능력이 인정될 수 없다는 입장으로는 배종대/이상돈, 495면; 서일교, 200면; 이재상, 452면; 신동운, 464면; 신양균, 563면; 이영란, 345면; 임동규, 586면.

92) 여기서 '정당한 이유'는 법률상 증언을 거부할 수 있는 경우라고 해석된다(배종대/이상돈, 495면; 이재상, 453면; 백형구, "증인의 의무와 권리," 월간고시 1985.7, 36면).

는가의 여부도 충분히 고려하여 판단하여야 한다(대판 2001.7.27, 2001도2891).[93]

② 사고당시 10세 남짓한 국민학교 5학년생으로서 비록 선서무능력자라 하여도 그 증언 내지 진술의 전후 사정으로 보아 의사판단능력이 있다고 인정된다면 증언능력이 있다고 할 것이다(대판 1984.9.25, 84도619).[94]

(2) 증인의 소송법상 권리

1) 증언거부권

[설문 (6)] 甲의 합동절도 피고사건의 심리절차에서 법원이 공범자로서의 공동피고인 乙을 증인으로 심문하고자 한다. 법원은 甲의 사건에 대해 乙을 증인으로 심문할 수 있겠는가? 만약 乙이 甲 사건의 증인으로 소환된 경우 乙은 증언을 거부할 수 있겠는가? [2013년 제2회 변호사 시험문제 참조]

(가) 의 의 증언거부권이란 증언의무의 존재를 전제로 하여 증언의무의 이행을 거절할 수 있는 권리를 말한다. 증언거부권은 증인신문 자체를 거부할 수 있는 증인거부권과는 구별된다. 증인거부권은 공무원 또는 공무원이었던 자가 직무상 알게 된 공무상 비밀에 대하여 인정된다(제147조). 증언거부권이 있을 뿐인 경우에는 출석 자체를 거부할 수 없으나, 증인거부권을 가지는 자는 출석까지 거부할 수 있다. 그리고 증언거부권자는 출석하여 선서만을 거부할 수도 없으나 선서거부의 경우는 증언거부로 해석되어야 한다.

(나) 자기 또는 근친자의 형사책임과 관련된 증언거부권

A) 형사소추(공소제기) 또는 유죄판결의 염려 누구든지 자기 자신과 자기의 친족이거나 친족이었던 사람, 법정대리인 · 후견감독인의 어느 하나에 해당하는 관계에 있는 자가 형사소추 또는 공소제기를 당하거나 유죄판결을 받을 사실이 드러날 염려가 있는 증언을 거부할 수 있다(제148조). '형사소추 또는 공소제기를 당할 염려'는 타인의 사건에 증인으로 증언하게 되면 자기 또는 근친자에 대하여 수사의 개시 내지 공소를 제기할 자료를 제공하는 경우에 인정될 수 있다. 여기서 공소제기

---

93) 따라서 사고 당시 만 3세 3개월 내지 만 3세 7개월 가량이던 피해자인 여아의 증언능력 및 그 진술의 신빙성까지 인정하기도 한다(대판 2006.4.14, 2005도9561). 이와 관련된 글로는 최승록, "형사재판절차에 있어서 아동 증언의 신뢰성에 관한 연구," 재판자료 제110집: 사실인정 방법론의 정립[형사재판편], 법원도서관, 2006, 479-514면.

94) 이에 대한 평석으로는 김형태, "유아의 증언능력," 대법원판례해설 15호, 법원도서관, 1992, 645-652면 참조.

는 자기 또는 근친자가 이미 피의자로 되어 있는 경우이고, 형사소추는 새로이 피의자가 될 수 있는 경우로 구별할 수 있을 것이다. '유죄의 판결을 받을 사실이 드러날 염려'는 공소가 제기되고 아직 판결의 선고가 없는 상태에서 타인의 사건에 대한 증언을 하면 자기 또는 근친자에게 유죄자료를 제공하는 경우에 인정될 수 있다. 상기한 [설문 (6)]에서 절차분리를 통해 법원은 공범 乙을 甲의 사건에 대한 증인으로 심문할 수 있을 것이고(이 점에 대해서는 전술하였음), 증인으로 소환된 공범 乙은 형사소송법 제148조를 근거로 증언을 거부할 수 있을 것이다. 그리고 (실제로는 무고한) 피고인이 범행을 자백하여 허위진술하고서, 다른 공범으로 기소된 자의 증인으로 출석한 경우에 자신의 유죄판결 우려를 증대시키므로 증언거부권이 행사될 수 있는 상황이 된다(따라서 원칙상 증언거부권의 고지가 미리 있어야 하지만, 불고지하더라도 증언거부권행사에 사실상 장애가 초래되는 경우가 아니므로 허위증언을 할 경우 그에게 위증죄가 성립한다는 대판 2012.12.13, 2010도10028). 그러나 유죄판결이 확정된 공범증인의 경우는 공범에 대한 피고사건에서 증언할 당시 앞으로 재심을 청구할 예정이라고 하여도 다시 형사처벌 받을 우려가 없기 때문에 당해 피고인 사건에 대해 증언거부권을 행사할 수는 없다(대판 2011.11.24, 2011도11994).[95]

B) 증언거부의 범위　　증인이 거부할 수 있는 증언은 형벌의 존부와 범위에 관련하여 불이익을 초래할 수 있는 모든 사실에 미친다. 따라서 구성요건해당성, 위법성(조각사유), 책임(조각사유)의 요소되는 사실, 누범가중과 상습범가중의 사실, 형의 선고유예 내지 집행유예의 실효 취소에 해당하는 사실 등에 대하여 증인은 증언을 거부할 수 있다.[96] 형사소추(공소제기) 또는 유죄판결을 새로이 가능하게 하는 경우는 물론이고 그 가능성을 높이는 경우도 포함된다. 다만 단순히 위증죄로 소추될 염려가 있다는 것만으로는 증언을 거부할 수 없다.[97] 그리고 이미 유·무죄판결 또

95) 그 논거로는 (i) 자신에 대한 유죄판결이 확정된 증인이 재심을 청구한다 하더라도, 이미 유죄의 확정판결이 있는 사실에 대해서는 일사부재리의 원칙에 의하여 거듭 처벌받지 않는다는 점에는 변함이 없고, (ii) 형사소송법상 피고인의 불이익을 위한 재심청구는 허용되지 아니하며(형사소송법 제420조), (iii) 재심사건에는 불이익변경의 금지 원칙이 적용되어 원판결의 형보다 중한 형을 선고하지 못하므로(형사소송법 제439조), 자신의 유죄 확정판결에 대하여 재심을 청구한 증인에게 증언의무를 부과하는 것이 형사소추 또는 공소제기를 당하거나 유죄판결을 받을 사실이 발로될 염려 있는 증언을 강제하는 것이라고 볼 수는 없다는 것이다.

96) 강구진, 358면; 김기두, 164면; 배종대/이상돈, 497면; 백형구, 724면; 서일교, 202면; 신동운, 642면; 이영란, 548면; 이재상, 454면; 차용석/최용성, 635면.

는 면소판결이 확정되어 기판력이 발생되어서 더 이상 공소제기나 유죄판결을 받을 가능성이 없는 경우에도 그에 해당하는 사실에 대해 증인은 증언을 거부할 수 없다.

(다) 업무상 비밀과 증언거부권 변호사, 변리사, 공증인, 공인회계사, 세무사, 대서업자, 의사, 한의사, 치과의사, 약사, 약종상, 조산사, 간호사, 종교의 직에 있는 자 또는 이러한 직에 있던 자가 그 업무상 위탁을 받은 관계로 알게 된 사실로서 타인의 비밀에 관한 것은 증언을 거부할 수 있다. 단, 본인의 승낙이 있거나 중대한 공익상 필요 있는 때에는 예외로 한다(제149조).[98] 여기에 열거된 자를 보조하는 사람의 경우에는 증언거부권이 부여될 수 없다.[99]

(라) 행사절차 증언거부권은 증인의 권리이지 의무는 아니다. 따라서 증언거부권자도 증언거부권을 포기하고 증언을 할 수 있다. 증인이 증언을 거부할 수 있는 자에 해당되면 재판장은 신문 전에 증언을 거부할 수 있음을 설명하여야 한다(제160조). 민사절차의 경우에는 증언거부권에 관한 고지제도는 규정되어 있지 않다(대판 2011.7.28, 2009도14928). 판례는 증언거부권자에게 증언거부권을 고지하지 않고 신문한 경우에도 증언의 효력에는 영향이 없다고 본다(대판 1957.3.8, 4290형상23).[100] 증언을 거부하는 자는 거부사유를 소명하여야 한다(제150조).

관련판례 ① 증언거부권 제도는 증인에게 증언의무의 이행을 거절할 수 있는 권리를 부여한 것이고, 형사소송법상 증언거부권의 고지 제도는 증인에게 그러한 권리의 존재를 확인시켜 침묵할 것인지 아니면 진술할 것인지에 관하여 심사숙고할 기회를 충분히 부여함으로써 침묵할 수 있는 권리를 보장하기 위한 것임을 감안할 때, 재판장이 신문 전에 증인에게 증언거부권을 고지하지 않은 경우에도 당해 사건에서 증언 당시 증인이 처한 구체적인 상황, 증언거부사유의 내용, 증인이 증언거부사유 또는 증언거부권의 존재를 이미 알고 있었는지 여부, 증언거부권을 고지받았더라도 허위 진술을

---

97) 서일교, 202면; 백형구, "증인의 의무와 권리," 월간고시 1985.7, 39면; 이재상, 454면.

98) 신문기자·방송기자가 취재원에 관하여 증언거부권이 인정되느냐에 관해서 취재원에 관한 증언거부권을 부정한다는 것은 언론자유의 보장이라는 관점에서 불합리하므로 취재원의 증언거부권은 제149조를 유추적용해야 한다고 보는 적극설(백형구, 702면 ; 차용석, 860면)도 있으나, 이 규정은 예외 사항으로서 제한적 열거로 보고 보도기관의 취재원의 비밀은 이에 포함되지 않는다는 소극설이 통설적 입장이다.

99) 그러나 증언거부권을 인정하여야 한다는 반대설로는 배종대/이상돈, 473면.

100) 이에 대하여 증언거부권의 고지는 증언거부권에 대한 절차적 보장을 의미하므로 적정절차의 원리에 비추어 증거능력을 부정해야 한다는 입장으로는 배종대/이상돈, 498면; 백형구, 725면; 서일교, 203면; 송광섭, 285면; 이재상, 455면.

하였을 것이라고 볼 만한 정황이 있는지 등을 전체적·종합적으로 고려하여 증인이 침묵하지 아니하고 진술한 것이 자신의 진정한 의사에 의한 것인지 여부를 기준으로 위증죄의 성립 여부를 판단하여야 한다.[101] 그러므로 헌법 제12조 제2항에 정한 불이익 진술의 강요금지 원칙을 구체화한 자기부죄거부특권에 관한 것이거나 기타 증언거부사유가 있음에도 증인이 증언거부권을 고지받지 못함으로 인하여 그 증언거부권을 행사하는 데 사실상 장애가 초래되었다고 볼 수 있는 경우에는 위증죄의 성립을 부정하여야 할 것이다(대법원 2010.1.21, 선고 2008도942 전원합의체 판결;[102] 대판 2010.2.25, 2009도13257).

② 형법 제152조 제1항은 "법률에 의하여 선서한 증인이 허위의 진술을 한 때"에 위증죄로 처벌하고 있고, 여기서 "법률에 의하여 선서한 증인"이라고 함은 법률에 근거하여 법률이 정한 절차에 따라 유효한 선서를 한 증인이라는 의미로서, 그 증인신문은 법률이 정한 절차 조항을 준수하여 적법하게 이루어진 경우여야 하므로, 증인신문절차에서 법률에 규정된 증인 보호를 위한 규정이 지켜진 것으로 인정되지 않은 경우에는 증인이 허위의 진술을 하였다고 하더라도 위증죄의 구성요건인 "법률에 의하여 선서한 증인"에 해당하지 아니하여 위증죄로 처벌할 수 없는 것이 원칙이다(대판 2010.1.21, 2008도942 전원합의체 참조). 형사소송법은 증언거부권에 관한 규정(제148조, 제149조)과 함께 재판장의 증언거부권 고지의무에 관하여도 규정하고 있는 반면(제160조), 민사소송법은 증언거부권 제도를 두면서도(제314조 내지 제316조) 증언거부권 고지에 관한 규정을 따로 두고 있지 않다. 민사소송법은 형사소송법과 달리, '선서거부권 제도'(제324조), '선서면제제도'(제323조) 등 증인으로 하여금 위증죄의 위험으로부터

---

101) 남편에 대한 도로교통법위반(음주운전) 사건에서 남편의 증인으로 법정에 출석한 전처가 증언거부권을 고지받지 않은 채 술에 만취한 남편을 집으로 돌려보내기 위해 자신이 남편을 차에 태워 운전하였다는 취지로 남편의 변명에 부합하는 내용의 허위사실을 적극적으로 진술한 사안에서, 증인으로 출석하여 증언한 경위와 그 증언 내용, 증언거부권을 고지받았다 하더라도 그와 같이 증언을 하였을 것이라고 보이는 정황 등을 종합적으로 고려하여 선서 전에 재판장으로부터 증언거부권을 고지받지 아니하였다 하더라도 이로 인하여 증언거부권이 사실상 침해당한 것으로 평가할 수는 없다는 이유로 위증죄의 죄책을 인정한 사례.

102) 이와 달리, 피고인이 증인으로 선서한 이상 진실대로 진술한다고 하면 자신의 범죄를 시인하는 진술을 하는 것이 되고 증언을 거부하는 것은 자기의 범죄를 암시하는 것이 되는 처지에 있다 하더라도 증인에게는 증언을 거부할 수 있는 권리를 인정하여 위증죄로부터의 탈출구를 마련하고 있는 만큼 적법행위의 기대가능성이 없다고 할 수 없고 선서한 증인이 허위의 진술을 한 이상 증언거부권 고지여부를 고려하지 아니한 채 위증죄가 바로 성립한다는 취지로 대법원 1987.7.7. 선고 86도1724 전원합의체 판결에서 판시한 대법원의 의견은 위 견해에 저촉되는 범위 내에서 이를 변경하기로 한다(대판 2010.1.21, 2008도942 전원합의체).

벗어날 수 있도록 하는 이중의 장치를 마련하고 있어 증언거부권 고지 규정을 두지 아니한 것이 입법의 불비라거나 증언거부권 있는 증인의 침묵할 수 있는 권리를 부당하게 침해하는 입법이라고 볼 수도 없다. 그렇다면 민사소송절차에서 재판장이 증인에게 증언거부권을 고지하지 아니하였다 하여 절차위반의 위법이 있다고 할 수 없고, 따라서 적법한 선서절차를 마쳤음에도 허위진술을 한 증인에 대해서는 달리 특별한 사정이 없는 한 위증죄가 성립한다고 보아야 할 것이다(대판 2011.7.28, 2009도14928).

2) 비용청구권 소환받은 증인은 법률이 규정한 바에 따라 여비, 일당과 숙박료를 청구할 수 있다. 단, 정당한 사유 없이 선서 또는 증언을 거부한 자는 예외로 한다(제168조). 소환 받은 증인에게만 비용청구권이 인정되므로 재정증인(在廷證人)에게는 비용청구권이 없다.

3) 신변보호청구권 특정강력범죄사건의 증인은 피고인 기타의 사람으로부터 생명·신체에 해를 받거나 받을 염려가 있다고 인정되는 때에는 검사에게 신변안전을 위한 필요한 조치를 취해 줄 것을 청구할 수 있다(특정강력범죄의 처벌에 관한 특례법 제7조 제2항). 입법론적으로는 모든 증인으로 확대될 것이 요구된다.

4. 증인신문의 방법

(1) 당사자의 참여권

1) 통지와 하자의 치유 검사, 피고인 또는 변호인은 증인신문에 참여할 권리를 가진다. 따라서 증인신문의 일시와 장소는 이들에게 미리 통지하여야 한다. 단 참여하지 아니한다는 의사를 명시한 때에는 예외로 한다(제163조). 증인신문의 일시와 장소를 당사자에게 통지하지 아니한 때에는 증인신문이 위법하므로 그 증언은 증거능력이 없다(대판 1992.2.28, 91도2337; 대판 1967.7.4, 67도613). 그리고 증인으로 채택된 제보자가 보복이 두려워 재판에 출석하지 않았는데 법원이 소재 탐지나 구인장 발부를 하지 않은 채 증인 채택 결정을 취소한 것은 위법하다(대판 2020.12.28. 2020도2623). 그러나 피고인의 참여 없이 증인신문이 행하여진 경우뿐만 아니라 당사자에게 통지하지 아니한 때에도 공판정에서 증거조사를 거쳐 당사자가 이의를 하지 아니한 때에는 하자가 치유된다고 본다(대판 1980.5.20, 80도306 전원합의체).[103]

---

103) 찬성하는 입장으로는 425면. 그러나 민사소송과 달리, 적법절차에 위반한 것이 되므로 위법수집증거배제법칙에 의하여 증거능력이 인정되지 않는다고 보아야 한다는 입장으로

관련판례 ① 제1회 공판기일 전에 형사소송법 제184조에 의한 증거보전절차에서 증인신문을 하면서, 위 증인신문의 일시와 장소를 피의자 및 변호인에게 미리 통지하지 아니하여 증인신문에 참여할 수 있는 기회를 주지 아니하였고, 또 변호인이 제1심 공판기일에 위 증인신문조서의 증거조사에 관하여 이의신청을 하였다면, 위 증인신문조서는 증거능력이 없다 할 것이고, 그 증인이 후에 법정에서 그 조서의 진정성립을 인정한다 하여 다시 그 증거능력을 취득한다고 볼 수도 없다(대판 1992.2.28, 91도2337).

② 피고인 본인 또는 그 변호인이 미리 증인심문에 참여케 하여 달라고 신청한 경우에는 변호인이 참여하겠다고 하여도 피고인의 참여 없이 실시한 증인신문은 위법이다(대판 1969.7.25, 68도1481).

③ 법정외에서 증인신문을 실시함에 있어서 피고인에 대하여 통지하지 아니하여 참여기회를 주지 않은 잘못이 있다고 하더라도 그 후 속개된 공판기일에서 피고인과 변호인이 그 증인신문조서에 대하여 별 의견이 없다고 진술하였다면 그 잘못은 책문권의 포기로 치유된다 할 것이다(대판 1980.5.20, 80도306 전원합의체).

2) 불참자의 청구 검사, 피고인 또는 변호인이 증인신문에 참여하지 아니할 경우에는 법원에 대하여 필요한 사항의 신문을 청구할 수 있다(제164조 제1항). 피고인 또는 변호인의 참여 없이 증인을 신문할 경우에 피고인에게 예기하지 아니한 불이익의 증언이 진술된 때에는 반드시 그 진술내용을 피고인 또는 변호인에게 알려주어야 한다(제2항).

3) 피고인 불출석의 경우 법원이 공판기일에 증인을 채택하여 다음 공판기일에 증인신문을 하기로 피고인에게 고지하였는데 그 다음 공판기일에 증인은 출석하였으나 피고인이 정당한 사유 없이 출석하지 아니한 경우, 그 사건이 형사소송법 제277조 본문에 규정된 다액 500만 원 이하의 벌금 또는 과료에 해당하거나 공소기각 또는 면소의 재판을 할 것이 명백한 사건이 아니어서 같은 법 제276조의 규정에 의하여 공판기일을 연기할 수밖에 없더라도, 이미 출석하여 있는 증인에 대하여 공판기일 외의 신문으로서 증인신문을 하고 다음 공판기일에 그 증인신문조서에 대한 서증조사를 하는 것은 증거조사절차로서 적법하다(대판 2000.10.13, 2000도3265).

(2) 개별신문의 원칙

증인신문은 개별신문을 원칙으로 한다. 즉, 증인신문은 각 증인에 대하여 신문

는 배종대/이상돈, 499면.

하여야 한다(제162조 제1항). 신문하지 아니한 증인이 재정한 때에는 퇴정을 명하여야 한다(제2항). 그러나 필요한 때에는 다른 증인 또는 피고인과 대질하게 할 수 있다(제3항).[104] 증인에 대한 신문은 원칙적으로 구두로 해야 한다. 그러나 증인이 들을 수 없을 때에는 서면으로 묻고, 말할 수 없는 때에는 서면으로 답하게 할 수 있다(규칙 제73조).

(3) 교호신문제도(交互訊問制度)

1) 의 의 증인신문을 인정신문과 사실에 대한 신문으로 나눌 때, 사실에 대한 신문은 증인을 신청한 검사, 변호인 또는 피고인이 먼저 신문하고 다음에 다른 당사자가 신문한다. 법원은 당사자의 신문이 끝난 뒤에 신문할 수 있다(제161조의2 제1항, 2항). 이와 같이 증인신문을 주신문 —반대신문 — 재주신문— 재반대신문의 순서로 행하는 제도를 교호신문제도라고 한다.

2) 주 신 문 주신문은 증인을 신청한 당사자가 행하는 신문이다. 주신문은 증명할 사항과 이와 관련된 사항에 관하여 한다(규칙 제75조 제1항). 주신문에서는 증인과 청구자(주신문자) 사이에 보통 우호적인 관계가 있기 때문에 원칙적으로 유도신문이 금지된다(동조 제2항).[105] 유도신문이란 신문자가 바라는 방향으로 증인의 증언을 유도하는 신문을 말한다. 다만, (i) 증인과 피고인과의 관계, 증인의 경력, 교우관계 등 실질적인 신문에 앞서 미리 밝혀둘 필요가 있는 준비적인 사항에 관한 신문의 경우, (ii) 검사, 피고인 및 변호인 사이에 다툼이 없는 명백한 사항에 관한 신문의 경우, (iii) 증인이 주신문을 하는 자에 대하여 적의 또는 반감을 보일 경우, (iv) 증인이 종전의 진술과 상반되는 진술을 하는 때에 그 종전 진술에 관한 신문의 경우, (v) 기타 유도신문을 필요로 하는 특별한 사정이 있는 경우에는 유도신문이 예외적으로 가능하다(제2항 단서). 재판장은 예외에 해당하지 아니하는 경우의 유도신문은 이를 제지하여야 하고, 유도신문의 방법이 상당하지 아니하다고 인정할 때에는 이를 제한할 수 있다(제3항).

---

104) 다른 증인의 퇴정여부에 대한 결정은 법원의 재량에 속하므로, 다른 증인 앞에서 증인을 신문하게 했다고 해서 증인신문이 위법한 것은 아니다(대판 1961.3.15, 4292형상725).

105) 피고인이 다음 공판기일에서 "변경할 점과 이의할 점이 없다"고 각 진술하는 등 책문권 포기 의사를 명시함으로써 유도신문에 의하여 주신문이 이루어진 하자가 치유되었다고 할 수 있으므로(대법원 2010.1.14. 선고 2009도9344 판결), 이 부분 증언이 위법한 증거라고 볼 수는 없다(대판 2012.7.26, 2012도2937).

3) 반대신문 반대신문이란 주신문을 한 이후 반대당사자가 행하는 신문을 말한다. 반대신문은 주신문에서 나타난 사항과 이와 관련된 사항 및 증언의 증명력을 다투기 위한 사항에 대해 할 수 있다(규칙 제76조 제1항, 제77조). 반대신문에 있어서는 원칙적으로 유도신문이 허용된다(규칙 제76조 제2항). 재판장은 유도신문의 방법이 상당하지 아니하다고 인정할 때에는 이를 제한할 수 있다(제3항). 반대신문의 기회에 주신문에 나타나지 아니한 새로운 사항에 관하여 신문하고자 할 때에는 재판장의 허가를 받아야 한다(제4항). 이 경우의 신문은 그 사항에 관하여는 주신문으로 본다(제5항).

관련판례 ① 형사소송법은 제161조의2에서 피고인의 반대신문권을 포함한 교호신문제도를 규정함과 동시에, 제310조의2에서 법관의 면전에서 진술되지 아니하고 피고인에 의한 반대신문의 기회가 부여되지 아니한 진술에 대하여는 원칙적으로 증거능력을 부여하지 아니함으로써, 형사재판에 있어서 모든 증거는 법관의 면전에서 진술·심리되어야 한다는 직접주의와 피고인에게 불리한 증거에 대하여는 반대신문할 수 있는 권리를 원칙적으로 보장하고 있는바, 반대신문권의 보장은 형식적·절차적인 것이 아니라 실질적·효과적인 것이어야 하므로, 증인이 반대신문에 대하여 답변을 하지 아니함으로써 진술내용의 모순이나 불합리를 드러내는 것이 사실상 불가능하였다면, 그 사유가 피고인이나 변호인에게 책임 있는 것이 아닌 한 그 진술증거는 법관의 올바른 심증형성의 기초가 될 만한 진정한 증거가치를 가진다고 보기 어렵다 할 것이고, 따라서 이러한 증거를 채용하여 공소사실을 인정함에 있어서는 신중을 기하여야 한다. 검사 작성의 진술조서에 대하여 원진술자가 공판기일에서 그 성립의 진정을 인정하면서도 그 진술조서상의 진술내용을 탄핵하려는 변호인의 반대신문에 대하여 묵비한 것이 피고인 또는 변호인의 책임 있는 사유에 기인한 것이라고 인정할 수 없는 경우, 그 진술기재는 반대신문에 의한 증명력의 탄핵이 제대로 이루어지지 아니한 것이므로 그 신빙성을 선뜻 인정하기 어렵다(대판 2001.9.14, 2001도1550).

4) 재주신문과 재반대신문 주신문을 한 검사, 피고인 또는 변호인은 반대신문이 끝난 후 반대신문에 나타난 사항과 이와 관련된 사항에 관하여 다시 신문하는 것인 재주신문을 할 수 있다(규칙 제78조 제1항). 재주신문은 주신문의 예에 의한다(제2항). 검사, 피고인 또는 변호인은 주신문, 반대신문 및 재주신문이 끝난 후에도 재판장의 허가를 얻어 다시 신문을 하는 것인 재반대신문을 할 수 있다. 다만 이 경우에는 재판장의 허가가 있어야 한다(규칙 제79조). 재판장의 허가가 있는 때에는 재재주신문과 재재반대신문도 허용된다.

5) 교호신문제도의 수정

(가) 신문순서의 변경 형사소송법은 증인신문에 관하여 교호신문제도를 원칙으로 하여 법원은 당사자의 신문이 끝난 후에 보충신문을 하도록 하고 있다(제161조의2 제2항). 그러나 너무 당사자에게만 의존할 때에는 당사자끼리의 통모 내지 거래할 위험이 있고 당사자의 투쟁에 의하여 진실을 발견하는 데 전제가 되는 무기평등의 원칙이 실현되지 아니하는 점을 고려하여 증인신문에 대하여도 직권주의에 의하여 이를 수정하고 있다. 즉 재판장은 필요하다고 인정하면 어느 때나 증인을 신문할 수 있고 신문의 순서를 변경할 수 있다(제161조의2 제3항). 따라서 당사자가 신청한 증인에 대하여 재판장이 먼저 신문할 수도 있다.

(나) 직권 또는 피해자의 신청에 의한 증인신문 법원이 직권으로 신문할 증인이나 범죄로 인한 피해자의 신청에 의하여 신문할 증인의 신문방식은 재판장이 정하는 바에 의하는데(동조 제4항), 이를 재판장의 개입권이라고 한다. 합의부원은 재판장에 고하고 증인을 신문할 수 있다(제5항).

(다) 간이공판절차 간이공판절차의 증거조사에 있어서는 교호신문방식에 의하지 아니하고 법원이 상당하다고 인정하는 방법으로 증인신문을 할 수 있다(제297조의2).

(4) 피고인 또는 다른 재정인의 일시퇴정과 증인신문

재판장은 증인 또는 감정인이 피고인 또는 어떤 재정인의 면전에서 충분한 진술을 할 수 없다고 인정한 때에는 그를 퇴정하게 하고 진술하게 할 수 있다. 피고인이 다른 피고인의 면전에서 충분한 진술을 할 수 없다고 인정한 때에도 같다(제297조 제1항). 이 경우 증인신문 등이 종결된 이후에는 피고인을 다시 입정시켜 법원서기로 하여금 진술요지를 고지하여야 하고(제2항), 더 나아가 피고인에게 실질적 반대신문의 기회를 부여하여야 한다. 판례는 피고인의 직접적인 증인 대면을 제한할 수 있지만, 이러한 경우에도 피고인의 반대신문권을 배제하는 것은 허용될 수 없다고 하면서, 변호인이 없는 피고인을 일시 퇴정하게 하고 증인신문을 한 다음 피고인에게 실질적인 반대신문권의 기회를 부여하지 아니한 채 이루어진 증인의 법정진술은 위법한 증거로서 증거능력이 없다고 볼 여지가 있지만, 피고인이 책문권포기 의사를 명시함으로써 실질적인 반대신문의 기회를 부여받지 못한 하자가 치유되었다고 할 수 있으므로(대판 1974.1.15, 73도2967 등 참조), 증인의 법정진술이 위법한 증거라고

볼 수 없다는 입장이다(대판 2010.1.14, 2009도9344).[106)]

(5) 공판정 외의 증인신문

증인신문은 원칙적으로 공판기일에 공판정에서 하여야 한다. 그러나 부득이한 경우 범죄의 현장이나 기타의 장소에서 피고인의 증인신문권이 침해되지 않는 전제하에 증인을 신문할 필요가 있게 된다. 법원은 증인의 연령, 직업, 건강상태 기타의 사정을 고려하여 검사, 피고인 또는 변호인의 의견을 묻고 법정 외에 소환하거나 현재지에서 신문할 수 있다(제165조). 법원은 필요한 때에는 결정으로 지정한 장소에 증인의 동행을 명할 수 있다(제166조 제1항). 증인이 정당한 사유 없이 동행을 거부하는 때에는 구인할 수 있다(제2항). 법원은 합의부원에게 법정외의 증인신문을 명할 수 있고 또는 증인현재지의 지방법원판사에게 그 신문을 촉탁할 수 있다(제167조 제1항). 수탁판사는 증인이 관할구역 내에 현재하지 아니한 때에는 그 현재지의 지방법원판사에게 전촉할 수 있다(제2항). 수명법관 또는 수탁판사는 증인의 신문에 관하여 법원 또는 재판장에 속한 처분을 할 수 있다(제3항).

(6) 비디오 등 중계 장치에 의한 증인신문

형사소송법은 일정한 범죄피해자나 증인에 대한 신문을 과학적 설비를 통해 할 수 있도록 입법화하였다. 즉 형소법 제165조의2(비디오 등 중계장치 등에 의한 증인신문)에 의하면, 법원은 다음 각 호의 어느 하나에 해당하는 사람을 증인으로 신문하는 경우 상당하다고 인정할 때에는 검사와 피고인 또는 변호인의 의견을 들어 비디오 등 중계장치에 의한 중계시설을 통하여 신문하거나 가림 시설 등을 설치하고 신문할 수 있다: 1.「아동복지법」 제71조 제1항 제1호 · 제1호의2 · 제2호 · 제3호에 해당하는 죄의 피해자 2.「아동 · 청소년의 성보호에 관한 법률」 제7조, 제8조, 제11조부터 제15조까지 및 제17조 제1항의 규정에 해당하는 죄의 대상이 되는 아동 · 청소년 또는 피해자 3. 범죄의 성질, 증인의 나이, 심신의 상태, 피고인과의 관계, 그 밖

---

106) 재판장이 피고인의 아동 · 청소년의 성보호에 관한 법률 위반(강간등), 강요, 성폭력범죄의 처벌 등에 관한 특례법 위반(카메라등이용촬영) 범행의 피해자들을 증인으로 신문할 때 증인들이 피고인의 면전에서 충분한 진술을 할 수 없다고 인정하여 피고인의 퇴정을 명하고 증인신문을 진행하였는데, 증인신문을 실시하는 과정에 변호인을 참여시키는 한편 피고인을 입정하게 하고 법원사무관 등으로 하여금 진술의 요지를 고지하게 한 다음 변호인을 통하여 반대신문의 기회를 부여한 사안에서, 원심의 증인신문절차 등 공판절차에 어떠한 위법이 있다고 볼 수 없다(대판 2012. 2. 23, 2011도15608).

의 사정으로 인하여 피고인 등과 대면하여 진술할 경우 심리적인 부담으로 정신의 평온을 현저하게 잃을 우려가 있다고 인정되는 사람(제1항)

그리고 법원은 증인이 멀리 떨어진 곳 또는 교통이 불편한 곳에 살고 있거나 건강상태 등 그 밖의 사정으로 말미암아 법정에 직접 출석하기 어렵다고 인정하는 때에는 검사와 피고인 또는 변호인의 의견을 들어 비디오 등 중계장치에 의한 중계시설을 통하여 신문할 수 있다(제2항). 제1항과 제2항에 따른 증인신문은 증인이 법정에 출석하여 이루어진 증인신문으로 본다(제3항). 제1항과 제2항에 따른 증인신문의 실시에 필요한 사항은 대법원규칙으로 정한다(제4항).

5. 피해자의 진술권과 기타의 지위

(1) 진술권보장을 위한 증인신문

법원은 범죄로 인한 피해자 또는 그 법정대리인(피해자가 사망한 경우에는 배우자 · 직계친족 · 형제자매를 포함한다)의 신청이 있는 때에는 그 피해자 등을 증인으로 신문하여야 한다(제294조의2 제1항). 다만, 피해자 등이 이미 당해 사건에 관하여 공판절차에서 충분히 진술하여 다시 진술할 필요가 없다고 인정되는 경우, 피해자 등의 진술로 인하여 공판절차가 현저하게 지연될 우려가 있는 경우에는 예외로 한다. 헌법 제27조 제5항은 “형사피해자는 법률이 정하는 바에 의하여 당해 사건의 재판절차에서 진술할 수 있다”고 규정하고 있는데, 이를 형사소송법이 구체화한 것이다. 개정 형사소송법은 피해자 진술권의 신청주체를 피해자 외에 법정대리인으로 확대하고, 피해자가 사망하는 때에는 그 배우자, 직계친족 또는 형제자매를 포함하도록 하였으며, 피해자 진술권의 배제사유 중 ‘수사절차’에서 충분히 진술하여 다시 진술할 필요가 없다고 인정되는 경우를 제외하였다.

(2) 신문절차

법원은 동일한 범죄사실에서 신청인이 여러 명인 경우에는 증인으로 신문할 자의 수를 제한할 수 있다(제3항). 신청인이 출석통지를 받고도 정당한 이유 없이 출석하지 아니한 때에는 그 신청을 철회한 것으로 본다(제4항). 법원은 피해자 등을 신문하는 경우에는 피해의 정도 및 결과, 피고인의 처벌에 관한 의견 그 밖에 당해 사건에 관한 의견을 진술할 기회를 주어야 한다(제2항).

(3) 피해자 진술의 비공개

재판의 심리와 판결은 공개하되, 심리는 국가의 안전보장 · 안녕질서 또는 선량한 풍속을 해할 우려가 있을 때에는 법원의 결정으로 공개하지 않을 수 있다(헌법 제109조, 법원조직법 제57조). 그리고 성폭력범죄에 대한 심리는 그 피해자의 사생활을 보호하기 위하여 결정으로 이를 공개하지 아니할 수 있다(성폭력범죄의 처벌 등에 관한 특례법 제31조 제1항). 개정 형사소송법에서도 법원은 범죄로 인한 피해자를 증인으로 신문하는 경우 당해 피해자 · 법정대리인 또는 검사의 신청에 따라 피해자의 사생활의 비밀이나 신변보호를 위하여 필요하다고 인정하는 때에는 결정으로 심리를 공개하지 아니할 수 있다(제294조의3 제1항). 제1항의 결정은 이유를 붙여 고지한다(제2항). 법원은 제1항의 결정을 한 경우에도 적당하다고 인정되는 자의 재정(在廷)을 허가할 수 있다(제3항).

(4) 피해자 등의 공판기록 열람 · 등사

소송계속 중인 사건의 피해자(피해자가 사망하거나 그 심신에 중대한 장애가 있는 경우에는 그 배우자 · 직계친족 및 형제자매를 포함한다), 피해자 본인의 법정대리인 또는 이들로부터 위임을 받은 피해자 본인의 배우자 · 직계친족 · 형제자매 · 변호사는 소송기록의 열람 또는 등사를 재판장에게 신청할 수 있다(제294조의4 제1항). 재판장은 제1항의 신청이 있는 때에는 지체 없이 검사, 피고인 또는 변호인에게 그 취지를 통지하여야 한다(제2항). 재판장은 피해자 등의 권리구제를 위하여 필요하다고 인정하거나 그 밖의 정당한 사유가 있는 경우 범죄의 성질, 심리의 상황, 그 밖의 사정을 고려하여 상당하다고 인정하는 때에는 열람 또는 등사를 허가할 수 있다(제3항). 재판장은 제3항에 따라 등사를 허가하는 경우에는 등사한 소송기록의 사용목적을 제한하거나 적당하다고 인정하는 조건을 붙일 수 있다(제4항). 제1항에 따라 소송기록을 열람 또는 등사한 자는 열람 또는 등사에 의하여 알게 된 사항을 사용함에 있어서 부당히 관계인의 명예나 생활의 평온을 해하거나 수사와 재판에 지장을 주지 아니하도록 하여야 한다(제5항). 제3항 및 제4항에 관한 재판에 대하여는 불복할 수 없다(제6항).

[피해자에 의한 사인소추(私人訴追, Privatklage)와 피해자 부대공소(附帶公訴, Nebenklage)의 입법론]

독일의 경우 주거침입죄, 모욕죄, 폭행 및 상해죄, 손괴죄 등의 범죄에 대해서 피해자가 사인소추를 할 수 있다(독일 형사소송법 제374조 이하). 그리고 사인소추가 가능한 범죄에 대해 검사가 소추한 경우와 재정신청을 통해 소추가 강제된 경우에는 피해자가, 그리고 사망 사건의 경우에는 법정대리인 등이 검사의 공소에 병행하여 공판절차에서 피고인신문, 증인신문 등에 참가하여 검사와 나란한 공소기능을 수행할 수 있는 부대공소(Nebenklage)를 인정하고 있다(독일 형사소송법 제395조 이하). 일본도 2008. 12.1.부터 시행되는 형사소송법의 개정을 통해 독일의 부대제소와 유사한 소위 피해자 참가제도를 도입하였다(일본 형사소송법 제316조의33 내지 제316조의39).[107] 상기한 제도는 피해자의 지위를 강화하는 차원에서 우리나라 입법론으로서도 도입을 고려할만 하다. 특히 성폭력범죄 등 사회적 약자가 피해자에 해당하는 범죄들과 고등법원이 고소인(피해자)의 재정신청에 대해 기소강제명령을 내린 범죄에 우선적으로 도입될 필요가 있을 것이다. 전자는 사회적 약자에 해당하는 범죄 피해자의 보호차원에서, 후자는 기소강제명령에 따른 검사의 소극적 공소유지 가능성을 방지하는 차원에서 요구되는 것이다.

Ⅱ. 감정(통역, 번역)

1. 감정의 의의

감정이란 특수한 지식 · 경험을 가진 제3자가 그 지식 · 경험에 의하여 알 수 있는 법칙 또는 그 법칙을 적용하여 얻은 판단을 법원에 보고하는 것을 말한다. 법원 또는 법관으로부터 감정의 명을 받은 자를 감정인이라고 한다. 이에 대해 수사기관으로부터 감정을 위촉받은 자를 감정수탁자라고 한다. 증인신문에 관한 규정은 구인에 관한 규정 외에는 감정에 대해서도 준용된다(제177조). 다만 감정증인은 증인에 해당하므로 증인신문의 규정이 적용된다(제179조).

2. 감정의 절차

(1) 감정의 방법

법원은 학식 · 경험 있는 자에게 감정을 명할 수 있다(제169조).[108] 감정인은 반드시 감정 전에 선서해야 하며(제170조 제1항) 증인신문의 경우와 같은 예외가 인정되지 않는다. 선서를 하지 않고 한 감정은 무효이고 따라서 증거능력은 인정되지 아

107) 이러한 제도에 대해 피고인의 방어권을 제한할 뿐만 아니라, 피해자의 응보적 감정이 실체적 진실발견에 지장을 초래할 우려가 있다는 점이 지적되고 있다.

108) 제169조에 의한 법원의 감정명령에서 당사자에게 특정인을 감정인으로 신청할 권리가 보장되는가에 대하여 긍정하는 견해도 있지만(신동운, 710면), 실무는 감정인의 선정이 법원의 전권이라는 부정설의 입장을 취하고 있다(법원실무제요, 형사, 593면 이하).

니한다. 또 감정인의 선서에는 증인의 선서에 관한 규정(제157조, 제158조)이 준용된다(제170조 제4항). 선서한 감정인이 허위의 감정을 하였을 때에는 허위감정죄가 성립한다(형법 제154조).

(2) 법원 외의 감정, 감정유치

법원은 필요할 때에는 감정인으로 하여금 법원 외에서 감정하게 할 수 있다(제172조 1항). 이 경우에는 감정을 요하는 물건을 감정인에게 교부할 수 있다(제2항).

피고인의 정신 또는 신체의 감정이 필요한 때에는 법원은 기간을 정하여 병원 기타 적당한 장소에 피고인을 유치하게 할 수 있고, 감정이 완료되면 즉시 유치를 해제하여야 한다(제3항). 이를 감정유치라 한다. 감정유치를 함에는 감정유치장을 발부하여야 한다(제4항). 감정유치에 관하여는 구속에 관한 규정이 준용된다. 감정유치는 미결구금일수의 산입에는 구속으로 간주한다(제7항, 제8항).

(3) 감정에 필요한 처분

감정인은 감정에 필요한 때에는 법원의 허가를 얻어 타인의 주거, 간수자 있는 가옥, 건조물, 항공기, 선차 내에 들어갈 수 있고 신체의 검사, 사체의 해부, 분묘의 발굴, 물건의 파괴를 할 수 있다(제173조 제1항). 이 경우에 검증에 관한 규정(제141조, 제143조)이 준용된다(제5항). 법원은 위의 처분에 관한 허가장을 발부하여야 한다(제3항).

(4) 감정인의 참여권, 신문권과 당사자의 참여권

감정인은 감정에 필요한 경우에는 재판장의 허가를 얻어 서류와 증거물을 열람 또는 등사하고 피고인 또는 증인의 신문에 참여할 수 있으며 직접 발문할 수 있다(제174조). 검사, 피고인 또는 변호인은 감정에 참여할 수 있다(제176조 제1항).

(5) 감정의 보고

감정의 경과와 결과는 감정인으로 하여금 서면으로 제출하게 하여야 한다(제171조 제1항). 이 제출된 서면을 감정보고서라고 한다. 감정의 결과에는 그 판단의 이유를 명시하여야 하며(제3항), 감정인이 수인인 때에는 각각 또는 공동으로 제출하게 할 수 있다(제2항). 또 법원은 필요한 때에는 감정인에게 설명하게 할 수 있다(제4항).

3. 통역(通譯)과 번역(飜譯)

법정에서는 국어를 사용한다(법원조직법 제62조 제1항). 그러나 이는 외국어에 의한 진술이나 서류가 법정에 제출되는 것을 금지하는 의미는 아니다. 여기에 통역과 번역이 필요하며, 법원으로부터 통역과 번역의 명을 받은 자를 통역인 또는 번역인이라고 한다. 통역과 번역은 특별한 지식에 의하여 행한 보고이므로 감정에 유사한 성질을 가진다. 따라서 감정에 관한 규정은 통역과 번역에 준용한다(제183조). 형소법 제180조(통역)에 의하면, 국어에 통하지 아니하는 자의 진술에는 통역인으로 하여금 통역하게 하여야 한다. 그리고 제181조(청각 또는 언어장애인의 통역)에 따르면 듣거나 말하는 데 장애가 있는 사람의 진술에 대해서는 통역인으로 하여금 통역하게 할 수 있다. 그리고 제182조(번역)에 따르면, 국어 아닌 문자 또는 부호는 번역하게 하여야 한다.

Ⅲ. 검 증

1. 의 의

검증이란 법원 또는 법관이 오관의 작용에 의하여 사물의 존재와 상태를 직접 실험 · 인식하는 증거조사를 말한다. 특히 범죄현장이나 기타 법원 이외의 장소에서 행하는 검증은 현장검증이라고 한다. 법원의 검증은 증거조사의 한 방법이고, 상대방의 의사에 반하여 행해지는 경우에는 강제처분의 성질도 가진다.

2. 요 건

법원은 사실을 발견함에 필요한 때에는 검증을 할 수 있다(제139조). 법원은 검증을 수명법관에게 명하거나 수탁판사에게 위촉할 수 있다(제145조, 제136조). 법원의 검증에는 영장을 요하지 않는다. 그리고 검증의 목적물에도 특별한 제한이 없다.

3. 절 차

(1) 참여권자와 통지

검사, 피고인 또는 변호인은 검증에 참여할 수 있다(제145조, 제121조). 검증을 실시함에는 미리 검증의 일시와 장소를 참여권자에게 통지하여야 한다. 단, 그들이 참여하지 아니한다는 의사를 명시한 때 또는 급속을 요하는 때에는 예외로 한다(제145조, 제122조). 공무소, 군사용의 항공기 또는 선차 내에서 검증을 함에는 그 책임자에게 참여할 것을 통지하여야 한다(제145조, 제123조 제1항). 기타 타인의 주거, 간수자 있는 가옥, 건조물, 항공기 또는 선차 내에서 검증을 함에는 주거주, 간수자 또는 이에 준하는 자를 참여하게 하여야 한다(제2항).

(2) 검증의 실시

1) 주의사항 검증을 함에는 신체의 검사, 사체의 해부, 분묘의 발굴, 물건의 파괴 기타 필요한 처분을 할 수 있다(제140조). 법원은 신체를 검사하기 위하여 피고인 아닌 자를 법원 기타 지정한 장소에 소환할 수 있다(제142조). 신체의 검사에 관하여는 검사를 당하는 자의 성별, 연령, 건강상태 기타 사정을 고려하여 그 사람의 건강과 명예를 해하지 아니하도록 주의하여야 한다(제141조 제1항). 피고인 아닌 자의 신체검사는 증적의 존재를 확인할 수 있는 현저한 사유가 있는 경우에 한하여 할 수 있다(제2항). 여자의 신체를 검사하는 경우에는 의사나 성년의 여자를 참여하게 하여야 한다(제3항). 사체의 해부 또는 분묘의 발굴을 하는 때에는 예를 잊지 아니하도록 주의하고 미리 유족에게 통지하여야 한다(제4항). 검증을 함에 필요한 때에는 사법경찰관리에게 보조를 명할 수 있다(제144조).

2) 시각의 제한 일출전, 일몰후에는 가주, 간수자 또는 이에 준하는 자의 승낙이 없으면 검증을 하기 위하여 타인의 주거, 간수자 있는 가옥, 건조물, 항공기, 선차 내에 들어가지 못한다. 단, 일출 후에는 검증의 목적을 달성할 수 없을 염려가 있는 경우에는 예외로 한다(제143조 제1항). 일몰전에 검증에 착수한 때에는 일몰후라도 검증을 계속할 수 있다(제2항). 그러나 도박 기타 풍속을 해하는 행위에 상용된다고 인정하는 장소와 여관, 음식점 기타 야간에 공중이 출입할 수 있는 장소(단, 공개한 시간내에 한한다)에서는 제한을 받지 아니한다(제3항).

4. 검증조서

검증에 관하여는 검증의 결과를 기재한 검증조서를 작성하여야 한다(제49조 제1항). 법원 또는 법관의 검증의 결과를 기재한 검증조서는 무조건 증거능력이 있다(제311조).

[§ 30] 공판절차의 특칙

Ⅰ. 간이공판절차

1. 의　의

간이공판절차란 피고인이 공판정에서 공소사실에 대해 자백하는 경우에 형사소송법이 규정하는 증거조사절차를 간이화하고 증거능력의 제한을 완화하여 심리를 신속하게 할 수 있도록 마련된 공판절차를 말한다. 이 제도는 소송경제와 재판의 신속을 기하는 데 그 목적이 있다.

이 제도는 공판정 자백을 전제로 하는 점에서 이를 전제로 함이 없이 경미사건에 대해 적용되는 약식절차 및 즉결심판절차와 구별되고, 공판정 자백이 있더라도 그대로 유죄로 인정하지 않는 점에서 공판정 자백이 있으면 배심원에 의한 유죄의 평결이 있는 것으로 보는 영미의 기소사실인부제도와도 구별된다.[109)]

2. 간이공판절차개시의 요건

(1) 제1심의 관할사건

간이공판절차는 지방법원 또는 지방법원 지원의 제1심 관할사건에 적용된다(제286조의2). 따라서 상소심의 경우에는 인정되지 않으며,[110)] 제1심의 경우에는 단독판사의 관할사건뿐만 아니라 합의부 관할사건도 간이공판절차에 의할 수 있다.

---

109) 구두에 의한 공소제기를 인정하고, 공소제기 이후 즉시 공판을 개정하여 판결하게 하는 독일의 신속절차(Schnellverfahren)와도 구별된다.

110) 상소심에 관한 규정인 제399조는 항소심에 관한 규정인 제370조를 준용한다고 볼 수 있어 상소심에도 간이공판이 가능하다고 해석할 여지가 있지만, 상고심은 사후심이므로 증거조사가 없고 증거조사의 간이화가 내용인 간이공판절차를 적용할 여지가 없다(이재홍, "간이공판절차," 월간고시 1993년 6월, 54면). 이 견해에 따르면 항소심에서도 간이공판이 개시될 수 있다는 반대해석이 가능해진다. 또한 명문으로 "제1심으로 심판할 사건"이라고 규정하고 있었던 제286조의2 단서가 제8차 개정에서 삭제되었다는 점도 그러한 반대해석을 뒷받침해 주기도 한다. 그러나 법정책적으로 간이공판의 축소운영이 바람직하다는 점에서 상소심준용(제370조)을 허용하지 않는 것이 타당하다는 입장으로 배종대/이상돈, 466면.

(2) 공판정에서의 피고인의 자백

1) 피고인의 자백(자백의 주체) 간이공판절차는 공판정에서 피고인이 자백하여야 개시될 수 있다. 피고인 자신의 자백이어야 하기 때문에 변호인이 자백한 경우에는 간이공판절차가 개시될 수 없다. 그리고 피고인의 출석 없이 개정할 수 있는 사건의 경우에도 피고인의 출석 없이는 간이공판절차가 개시될 수 없다. 그러나 피고인이 법인인 경우에는 대표자의 자백이 있으면 간이공판절차는 개시될 수 있다. 피고인이 의사무능력자인 경우에 법정대리인(제26조) 또는 특별대리인(제28조)의 자백이 있는 경우에 대해서는 자백의 대리를 인정하는 것은 피고인의 재판받을 권리의 본질적 내용을 침해하는 것이라는 이유로 부정하는 견해도 있으나,[111] 간이공판절차에서 증거조사가 완전히 생략되는 것이 아니기 때문에 허용된다고 보는 다수설이 타당하다.

2) 공소사실에 대한 자백(자백의 내용)

[설문 (7)] 甲은 혈중알코올농도 0.20%의 술에 취한 상태로 그랜저 승용차를 운전하던 중 乙(여, 56세)을 들이받아 뇌좌상 등의 상해를 입게 하고도 그대로 도주하여 사망케 하였다. 이에 검사는 특정범죄가중처벌 등에 관한 법률위반(도주차량)죄 등과 도로교통법위반(음주운전)죄로 기소하였다. 이에 피고인은 검사의 직접신문에 대하여 "공소사실은 모두 사실과 다름없다"고 진술하였지만, 피고인의 변호인의 반대신문에 대하여는 "이 사건 사고를 낼 때에는 어떻게 술을 마신 채 운전하였는지 모르겠고, 경찰서에 가서도 왜 그 곳에 있는지조차 모를 지경이었으며, 새벽에 어렴풋이 사고를 낸 생각이 들었고, 피고인으로서는 술에 너무 취해 무슨 행동을 하였는지조차 알 수 없다"는 취지로 진술하고 있다. 법원은 간이공판절차로 심판할 수 있는가?

(가) 인정범위 피고인이 공판정에서 공소사실을 자백한 경우에만 간이공판절차에 의할 수 있다(제286조의2). 공소사실에 대한 자백이란 공소장에 기재된 공소사실의 전부를 인정하고 위법성조각사유 또는 책임조각사유의 부존재도 인정하여야 한다. 다만 피고인이 위법성조각사유나 책임조각사유를 명시적으로 주장하지 않으면 사실상 추정되기 때문에 간이공판절차를 개시할 수 있다.[112] 이와 같이 공소

111) 배종대/이상돈, 491면.

112) 대판 1987.8.18, 87도1269. 그리고 피고인이 범의를 부인하면 간이공판절차에 의하여 심판할 수 없다(대판 1981.6.9, 81도775).

사실을 인정하는 이상 정상참작사유나 형 면제의 원인이 되는 사실을 주장하거나 죄명이나 적용법조만을 다투는 경우에도 공소사실에 대한 자백이라고 할 수 있다. 그러나 정범에 대해 종범, 장애미수에 대해 중지미수, 기수에 대해 미수를 각각 주장하는 것과 같이 그 구성요건을 달리하는 경우에는 여기의 자백이 될 수 없다. 상기한 [설문 (7)]의 경우 피고인이 법정에서 "공소사실은 모두 사실과 다름없다"고 하면서 술에 만취되어 기억이 없다는 취지로 진술한 경우에, 피고인이 음주상태로 운전하다가 교통사고를 내었고, 또한, 사고 후에 도주까지 하였다고 하더라도 피고인이 술에 만취되어 사고 사실을 몰랐다고 범의를 부인함과 동시에 그 범행 당시 심신상실 또는 심신미약의 상태에 있었다는 주장으로서 형사소송법 제323조 제2항에 정하여진 법률상 범죄의 성립을 조각하거나 형의 감면의 이유가 되는 사실의 진술에 해당하므로 피고인은 적어도 공소사실을 부인하거나 심신상실의 책임조각사유를 주장하고 있는 것으로 볼 여지가 충분하므로 간이공판절차에 의하여 심판할 대상에 해당하지 아니한다(대판 2004.7.9, 2004도2116).

관련판례 ① 형사소송법 제286조의2(간이공판절차의 결정) 소정의 '자백'은 공소장 기재사실을 인정하고 나아가 위법성이나 책임의 조각사유가 되는 사실을 진술하지 아니하는 것으로 충분하고, 명시적으로 유죄임을 자인하는 진술을 말하는 것이 아니다(대판 1981.11.24, 81도2422).

② 피고인이 공소사실에 대하여 검사가 신문을 할 때에는 공소사실을 모두 사실과 다름없다고 진술하였으나 변호인이 신문을 할 때에는 범의나 공소사실을 부인하였다면 그 공소사실은 간이공판절차에 의하여 심판할 대상이 아니다(대판 1998.2.27, 97도3421).

③ 법원이 간이공판절차에 의하여 심판할 것을 결정한 사건의 공판조서에 대법원예규에 따라 그 공소사실에 대한 피고인신문의 내용이 검사 "공소사실에 의하여 피고인을 신문," 피고인 "공소사실은 모두 사실과 다름 없다고 진술"이라고 간략하게 기재되었다고 해서 소송사실에 대한 피고인의 구체적인 진술이 없었다고 할 수 없다(대판 1990.10.12, 90도1755).

(나) 죄수와의 관계: 공소사실의 일부에 대한 자백　　실체적 경합범의 수죄로서 기소된 것 중에서 일부만 자백한 경우에는 그 자백한 공소사실에 대해서만 간이공판절차가 개시될 수 있다. 그러나 상상적 경합의 과형상 일죄, 포괄일죄, 예비적·택일적으로 기재된 공소사실의 일부에 대해서만 자백한 경우에 그 부분만에 대한 간이공판절차의 개시는 절차를 오히려 복잡하게 만드는 것이 되기 때문에 허용

되어서는 안 된다(다수설).[113] 판례도 "피고인이 상습적으로 피해자인 처에게 폭행을 행사하여 상해를 가하거나 폭행하였다는 공소사실에 대해, 일부를 부인하거나 또는 최소한 피고인에게 폭력의 습벽이 있음을 부인하는 취지임에도 간이공판절차에 의하여 공소사실을 유죄로 인정한 판결은 위법하다"는 입장을 취하고 있다.[114]

3) 자백의 장소와 시기　자백은 공판정에서 할 것을 요한다. 따라서 수사절차나 공판준비절차에서의 자백을 이유로 간이공판절차를 개시할 수는 없다. 구체적 시기에 대해서는 변론종결시까지의 자백을 인정할 수 있다는 견해,[115] 피고인에게 보장된 이익사실진술시까지의 자백을 인정할 수 있다는 견해,[116] 피고인신문종결시까지의 자백을 인정할 수 있다는 견해[117]의 대립이 있다. 생각건대, 간이공판절차는 피고인신문절차에서 자백의 신빙성을 검토하여야 하기 때문에 피고인신문종결시설이 타당하다.

4) 자백의 신빙성　자백은 신빙성이 있어야 하며 신빙성이 없는 자백을 이유로 간이공판절차를 개시해서는 안 된다. 특히 자백에 신빙성이 없는 때에는 간이공판절차의 취소사유가 된다(제286조의3).

3. 간이공판절차의 개시결정과 절차

절차개시의 요건이 구비되면 법원은 간이공판절차에 의하여 심판할 것을 결정할 수 있다(제286조의2). 결정여부는 법원의 재량에 속한다. 재판장은 미리 피고인에게 간이공판절차의 취지를 설명하여야 한다(규칙 제131조). 개시결정은 공판정에서 구술로 고지한다. 결정의 취지는 공판조서에 기재한다. 이 결정은 판결전 소송절차에 관한 것이기 때문에 항고할 수 없다. 다만 요건불비임에도 불구하고 간이공판절차에 의한 경우에는 소송절차의 법령위반으로 상소이유가 될 수 있다.

4. 간이공판절차의 특칙

(1) 증거능력에 대한 특칙

간이공판절차의 증거에 관하여는 전문법칙이 적용되는 증거에 대하여 제318조

113) 허용할 수 있다는 반대견해로는 강구진, 388면.
114) 대판 2006.5.11, 2004도6176.
115) 강구진, 389면; 신양균, 534면; 이재상, 471면; 임동규, 408면.
116) 염정철, 372면.
117) 배종대/이상돈, 518면; 신동운, 516면.

제1항의 동의가 있는 것으로 간주한다. 다만 검사, 피고인 또는 변호인이 증거로 하는 것에 이의를 한 때에는 그러하지 아니하다(제318조의3). 동의의제에 의하여 수사기관이 작성한 조서 또는 수사단계에서 수집된 증거는 원칙적으로 증거능력이 인정된다.

간이공판절차에서 증거능력제한이 완화되는 것은 전문법칙에 한한다. 따라서 전문법칙 이외의 증거능력에 관한 법칙인 자백의 임의성 법칙과 위법수집증거의 배제법칙, 그리고 증명력에 관한 자백의 보강법칙은 피고인이 공판정에서 자백하였다고 하여서 그 적용이 배제되는 것은 아니다.

(2) 증거조사에 대한 특칙

영미의 기소사실인부절차와는 달리 우리나라의 간이공판절차에서는 증거조사 그 자체를 생략할 수 없다. 다만, 정식의 증거조사방식에 의할 필요는 없고 법원이 상당하다고 인정하는 방법[118]으로 증거조사를 하면 족하다(제297조의2). 간이공판절차의 증거조사에 있어서는 증인신문의 방식(제161조의2), 증거조사의 시기와 방식(제290조-제292조), 증거조사결과와 피고인의 의견(제293조), 증인신문시의 피고인 등의 퇴정(제297조)에 관한 규정의 적용이 배제된다. 그러나 증인의 선서(제156조), 당사자의 증인신문참여권(제163조), 당사자의 증거신청권(제294조), 증거조사에 대한 이의신청권(제296조) 등은 간이공판절차에서도 인정되어야 한다.

관련판례 ① 피고인이 제1심법원에서 공소사실에 대하여 자백하여 제1심법원이 이에 대하여 간이공판절차에 의하여 심판할 것을 결정하고, 이에 따라 제1심법원이 제1심 판결 명시의 증거들을 증거로 함에 피고인 또는 변호인의 이의가 없어 형사소송법 제318조의3의 규정에 따라 증거능력이 있다고 보고, 상당하다고 인정하는 방법으로 증거조사를 한 이상, 가사 항소심에 이르러 범행을 부인하였다고 하더라도 제1심법원에서 증거로 할 수 있었던 증거는 항소법원에서도 증거로 할 수 있는 것이므로 제1심법원에서 이미 증거능력이 있었던 증거는 항소심에서도 증거능력이 그대로 유지되어 심판의 기초가 될 수 있고 다시 증거조사를 할 필요가 없다(대판 1998.2.27, 97도3421).
② 피고인이 공판정에서 공소사실을 자백한 때에 법원이 취하는 심판의 간이공판절차에서의 증거조사는 증거방법을 표시하고 증거조사내용을 "증거조사함"이라고 표시하는 방법으로 하였다면 간이절차에서의 증거조사에서 법원이 인정채택한 상당한 증거방

---

118) 상당하다고 인정하는 방법이란 공개주의의 원칙상 당사자 및 방청인에게 증거내용을 알게 할 수 있을 정도로 행할 것을 요한다는 의미이다(강구진, 395면; 김기두, 276면; 정영석/이형국, 299면; 이재상, 472면).

법이라고 인정할 수 있다(대판 1980.4.22, 80도333).[119]

(3) 공판절차에 관한 규정의 적용

간이공판절차에서는 증거능력과 증거조사에 대한 특칙이 인정되는 이외에는 공판절차에 관한 일반규정이 그대로 적용된다. 따라서 간이공판절차에서도 공소장 변경, 공소기각의 판결, 관할위반의 판결, 무죄판결 등이 가능하다.[120]

5. 간이공판절차의 취소

(1) 취소의 사유

간이공판절차는 피고인의 자백이 신빙할 수 없다고 인정되거나 간이공판절차로 심판하는 것이 현저히 부당하다고 인정된 때에는 법원은 그 결정을 취소하여야 한다(제286조의3). 신빙성 없는 자백은 피고인의 자백이 진의가 아닌 것으로 의심되는 경우에 인정될 수 있다. 자백에 보강증거가 없는 경우에도 취소사유를 긍정하는 견해가 있지만,[121] 간이공판절차에서도 자백의 보강법칙이 그대로 적용되어 무죄판결이 가능하기 때문에 취소사유로서는 부정하는 것이 타당하다(다수설).

다음으로 현저히 부당한 경우는 우선적으로 요건불비의 경우에 인정될 수 있다. 요건불비는 처음부터 인정되는 경우는 물론이고, 사후 공소장변경에 의하여 변경된 공소사실에 대해 피고인이 부인하거나 자백을 철회하는 것과 같이 사후에 발생된 경우도 포함된다. 그리고 요건은 구비되었지만 제도의 취지상 부당한 경우도 여기의 현저히 부당한 경우가 될 수 있다. 예컨대, 공범의 일부만 자백하여 그에 대해 간이공판절차가 개시된 경우에 자백하지 않은 다른 공범과 함께 심판하는 것이 효율적일 때에는 그 간이공판절차를 취소할 수 있다.

(2) 취소의 절차

간이공판절차의 취소는 법원의 직권에 의하여 결정한다. 다만 취소하기 전에는 검사의 의견을 들어야 한다(제286조의3). 검사의 의견을 들으면 족하며 여기에 구

119) 이러한 판례에 대하여 지나치게 공판을 형해화하는 것이므로 허용되어서는 곤란하다거나(배종대/이상돈, 521면), 최소한 서면의 내용을 구두로 알려주는 것은 필요하다고 해석해야 한다는 입장으로는 강구진, 396면; 김기두, 276면; 정영석/이형국, 299면; 이재상, 472면.

120) 강구진, 397면; 김기두, 276면; 배종대/이상돈, 521면; 백형구, 263면; 신동운, 715면; 이영란, 574면; 정영석/이형국, 299면; 신양균, 537면; 이재상, 473면.

121) 강구진, 398면.

속되는 것은 아니다. 취소도 법원의 결정에 의하여야 하며, 취소사유가 있는 때에는 법원은 반드시 취소해야 한다.[122)]

(3) 취소의 효과

간이공판절차의 결정이 취소된 때에는 공판절차를 갱신해야 한다. 취소 및 공판절차가 갱신되면 증거조사절차를 처음부터 다시 하여야 한다. 그러나 검사, 피고인 또는 변호인의 이의가 없는 때에는 갱신을 요하지 않는다(제301조의2). 이 경우에는 간이공판절차에 의해 이미 조사된 전문증거도 증거능력이 유지된다.

Ⅱ. 공판절차의 정지와 갱신

1. 공판절차의 정지

(1) 의 의

공판절차의 정지라 함은 심리진행의 지장을 초래하는 중대한 사유가 발생한 경우에 그 사유가 없어질 때까지 법원의 결정으로 공판절차의 진행을 일시 정지시키는 것을 말한다. 이 제도의 취지는 피고인의 방어권을 보호하는 데 있다.

(2) 공판절차정지의 사유

1) 피고인의 심신상실과 질병 피고인이 사물의 변별 또는 의사의 결정을 할 능력이 없는 상태에 있는 때에는 법원은 검사와 변호인의 의견을 들어서 결정으로 그 상태가 계속하는 기간 공판절차를 정지하여야 한다(제306조 제1항). 그러나 피고사건에 대하여 무죄, 면소, 형의 면제 또는 공소기각의 재판을 할 것으로 명백한 때에는 이 경우에도 피고인의 출정 없이 재판할 수 있다(제4항).[123)] 그리고 경미사건의 경우, 즉 제277조의 규정에 의하여 대리인이 출정할 수 있는 경우에도 공판절차는 정지되지 않는다(제5항).

2) 공소장의 변경 법원은 공소장변경이 피고인의 불이익을 증가할 염려가 있다고 인정한 때에는 직권 또는 피고인이나 변호인의 청구에 의하여 피고인으로 하여금 필요한 방어의 준비를 하게 하기 위하여 결정으로 필요한 기간 공판절차를

---

122) 배종대/이상돈, 523면; 백형구, 568면; 신양균, 559면; 이영란, 576면; 이재상, 474면.

123) 이에 대하여 유죄판결의 일종인 형의 면제를 포함한 것은 옳지 않으므로 형의 면제는 입법론상 의문이라는 입장으로는 배종대/이상돈, 524면; 이재상, 475면.

정지할 수 있다(제298조 제4항).

3) 소송절차의 정지

(가) 기피신청 기피신청이 있는 때에는 부적법 기각되는 경우 이외에는 소송진행을 정지하여야 한다. 단, 급속을 요하는 경우에는 예외로 한다(제22조).

(나) 병합심리신청 등이 있는 경우 법원은 계속중인 사건에 대하여 토지관할의 병합심리신청(제6조), 관할지정신청(제14조) 또는 관할이전신청(제15조)이 제기된 경우에는 그 신청에 대한 결정이 있을 때까지 소송절차를 정지하여야 한다. 다만 급속을 요하는 경우에는 예외로 한다(규칙 제7조).

(다) 재심청구의 경합 재심청구가 경합된 경우에 항소법원 또는 상고법원은 하급법원의 소송절차가 종료될 때까지 소송절차를 정지하여야 한다(규칙 제169조).

(라) 위헌법률심판의 제청 법원이 법률의 위헌여부의 심판을 헌법재판소에 제청한 때에는 당해 소송사건의 재판은 위헌여부의 결정이 있을 때까지 정지된다. 다만 법원이 긴급하다고 인정하는 경우에는 종국재판 이외의 소송절차를 진행할 수 있다(헌법재판소법 제42조 제1항).[124]

(3) 공판절차정지의 절차와 효과

1) 절 차 공판절차는 법원의 결정으로 정지한다. 공판절차의 정지는 원칙적으로 법원이 직권으로 행하는 것이지만, 공소장변경의 경우에는 법원의 직권 또는 피고인이나 변호인의 청구에 의하여 정지할 수 있다. 정지기간의 제한은 없다. 피고인의 심신상실, 질병의 경우에는 검사와 변호인 그리고 의사의 의견을 들어야 한다. 여기의 결정은 판결 전 소송절차에 관한 것이기 때문에 항고가 허용되지 않는다. 다만 정지사유가 있음에도 불구하고 판결까지 있은 경우에는 법령위반에 의한 상소이유가 인정될 수 있다.

2) 효 과 정지결정이 있으면 취소시까지 공판절차를 진행하지 못한다. 정지되는 것은 협의의 공판절차, 즉 공판기일의 절차에 한하기 때문에 구속 또는 보석에 관한 재판이나 공판준비는 정지기간 동안에도 할 수 있다.[125] 공판절차정지의 결정을 취소하거나 정지기간이 경과한 경우에는 법원은 공판절차를 다시 진행한다.

---

124) 이때 재판정지기간은 구속기간에 산입되지 않는데(헌재법 제42조 제2항), 피고인의 귀책사유 유무에 따라 구속기간 산입여부를 결정할 수 있도록 개정되어야 한다는 입장으로는 배종대/이상돈, 525면; 신동운, 523면; 진계호, 515면.

125) 배종대/이상돈, 526면; 이재상, 476면; 신동운, 522면; 신양균, 541면.

다만 피고인의 심신상실의 경우는 공판절차의 갱신을 요한다(규칙 제143조). 정지기간은 구속기간이나 구속갱신의 기간에 산입되지 않는다(제92조 제3항).

2. 공판절차의 갱신(更新)

(1) 의 의

공판절차의 갱신이란 이미 공판절차를 진행한 법원이 판결선고 이전에 진행된 공판절차를 일단 무시하고 다시 그 절차를 진행하는 것을 말한다. 이 제도는 법원의 심증형성의 정확성을 담보하기 위한 것이다.

(2) 공판절차갱신의 사유

1) 판사의 경질 공판개정후 판사의 경질이 있는 때에는 공판절차를 갱신하여야 한다. 단, 판결의 선고만을 하는 경우에는 예외로 한다(제301조). 판사가 경질되었음에도 불구하고 공판절차를 갱신하지 않으면 절대적 항소이유가 된다(제361조의5 제8호).

2) 간이공판절차의 취소 간이공판절차의 결정이 취소된 때에는 공판절차를 갱신하여야 한다. 단, 검사, 피고인 또는 변호인의 이의가 없는 때는 그러하지 아니한다(제301조의2).

3) 심신상실로 인한 공판절차의 정지 피고인의 심신상실로 인하여 공판절차가 정지된 경우에는 그 정지사유가 소멸한 후에 재재된 공판기일에 공판절차를 갱신하여야 한다(규칙 제143조). 정지 전의 피고인의 소송행위가 무효일 가능성이 많고,[126] 피고인이 그 절차를 충분히 기억하지 못한다는 점[127]에서 인정된다.

(3) 공판절차갱신의 절차와 효과

1) 갱신의 절차 공판절차가 갱신된 경우에 재판장은 모두절차부터 다시 진행하여야 한다. 따라서 재판장은 우선 진술거부권 등을 고지한 후 인정신문을 하여 피고인임에 틀림없음을 확인하여야 한다(규칙 제144조 제1항 제1호). 그 이후 재판장은 검사로 하여금 공소장 또는 공소장변경허가신청서에 의하여 공소사실, 죄명 및 적용법조를 낭독하게 하거나 그 요지를 진술하게 하여야 한다(제2호). 그 이후 재판장은 피고인에게 공소사실의 인정여부 및 정상에 관하여 진술할 기회를 주어야 한

126) 백형구, 598면; 신동운, 524면.
127) 이재상, 477면.

다(제3호). 그 이후 재판장은 갱신 전의 공판기일에서의 피고인이나 피고인이 아닌 자의 진술 또는 법원의 검증결과를 기재한 조서에 관하여 증거조사를 하여야 한다(제4호). 그리고 재판장은 갱신 전의 공판기일에서 증거조사된 서류 또는 물건에 관하여 다시 증거조사를 하여야 한다. 다만, 증거능력이 없다고 인정되는 서류 또는 물건과 증거로 함이 상당하지 아니하다고 인정되고 검사 · 피고인 및 변호인이 이의를 하지 아니하는 서류 또는 물건에 대하여는 그러하지 아니하다(제5호). 재판장은 서류 또는 물건에 관하여 증거조사를 함에 있어서 검사, 피고인 및 변호인의 동의가 있는 때에는 그 전부 또는 일부에 관하여 상당하다고 인정하는 방법으로 이를 할 수 있다(제2항).

2) 갱신의 효과 판사경질의 경우 갱신 전의 실체형성행위는 효력을 상실하므로 다시 할 것을 요하지만 절차형성행위는 갱신에 의하여 영향을 받지 않는다. 그리고 간이공판절차의 취소와 공판절차정지의 경우에는 실체형성행위와 절차형성행위는 모두 효력을 상실한다. 따라서 형사소송규칙(제144조)에 따라서 진술거부권 고지, 인정신문, 기소요지진술, 증거조사 등을 하게 된다.

Ⅲ. 변론의 병합, 분리, 재개

1. 변론의 분리와 병합

법원은 필요하다고 인정한 때에는 직권 또는 검사 · 피고인이나 변호인의 신청에 의하여 결정으로 변론을 분리하거나 병합할 수 있다(제300조).[128] 여기서 변론의 병합이란 수개의 사건이 동일 또는 별개의 법원에 계속되어 있는 경우에 한 개의 절차로 병합하여 동시에 심리하는 것을 말하고, 변론의 분리란 병합된 수개의 사건을 분리하여 별개의 절차에서 심리하는 것을 말한다. 변론의 병합은 소송경제적 고려에서 인정되는 것으로서 경합범의 경우에는 특별한 사정이 없으면 병합하여야 한다. 수인의 피고인에 대하여 변론을 병합하면 그 수인의 피고인은 공동피고인이 된다. 그리고 상상적 경합, 포괄일죄 등의 경우에는 분리하여서는 안 된다.

---

128) 이는 법원의 재량이라는 것에 대판 1987.6.23, 87도706. 따라서 동일한 피고인에 대하여 여러 개의 사건이 별도로 공소제기되었다고 하여 반드시 병합심리해야 하는 것은 아니다(대판 1984.2.14, 83도3013).

2. 변론의 재개

법원은 필요하다고 인정한 때에는 직권 또는 검사 · 피고인이나 변호인의 신청에 의하여 결정으로 종결한 변론을 재개할 수 있다(제305조). 변론의 재개에 의하여 사건은 종결 전의 상태로 돌아간다. 종결된 변론의 재개여부는 법원의 재량에 속한다.

관련판례 ① 형사소송법 제298조 제1항에 의한 공소장의 변경은 그 변경사유가 변론종결 이후에 발생하는 등 특별한 사정이 없는 한 법원에서 공판의 심리를 종결하기 전에 한 것에 한하여 공소사실의 동일성을 해하지 아니하는 한도에서 허가하여야 하는 것이지, 법원이 적법하게 공판의 심리를 종결한 뒤에 이르러 검사가 공소장변경신청을 하였다 하여 반드시 공판의 심리를 재개하여 공소장변경을 허가하여야 하는 것은 아니다(대판 1994.10.28, 94도1756; 대판 2000.4.11, 2000도565).

제 2 장

형사증거론

[§ 31] 형사증거법의 기본구조와 기초개념

Ⅰ. 형사소송에 있어서의 증거법

형사소송절차는 크게 사실관계 확정의 과정과 법률적용의 과정으로 나눌 수 있다. 증거법은 사실관계의 확정과정에 기여하는 것으로서 이를 위한 수사절차와 공판절차에서의 증거수집, 증거에 의한 사실인정 및 증거조사에 관한 법규의 전체를 가리킨다. 따라서 증거법은 수사절차에 있어서는 주로 증거를 수집·확보하는 수사기관에 대한 준칙규범으로, 공판절차에서는 주로 재판기관인 법원에 대한 준칙규범으로 나타난다. 후자의 공판절차에 관련된 증거법은 형사소송법 제2편(제1심) 제3장(공판) 제2절(증거)에서 16개 조문으로 특별히 규정되어 있다. 그러나 형사소송법에는 그 이외에도 공판절차에서의 증거관련규정(특히 증거조사에 관한 규정)과 수사절차상의 증거관련규정이 산재해 있다. 그뿐만 아니라 증거법에는 거증책임의 이론과 같이 조문화되어 있지 않는 것도 있다.

Ⅱ. 증거의 의의와 종류

1. 증거의 의의

(1) 증거방법, 증거자료 및 증거원인

증거(Beweis)라 함은 형벌법규 적용의 전제가 될 사실관계를 확정하기 위하여 사용되는 자료를 말한다. 그러나 형사소송법상 증거라는 용어는 증거방법, 증거자료 또는 증거원인 등의 의미로 사용된다. 증거방법이라 함은 사실확정의 자료가 되는 유형물 자체를 말한다. 예컨대 증인, 증거물, 증거서류 등이다. 증거자료라 함은 이러한 증거방법을 조사하여 얻어진 내용을 말한다. 예컨대 증인의 증언, 물체를 조사하여 얻은 내용, 즉 그 물체의 성질 · 형상 등이다. 증거원인이란 법관이 어떤 사실에 대한 확신을 얻은 원인을 말하는바, 증거자료가 언제나 반드시 증거원인이 되는 것은 아니다.

(2) 증거능력과 증명력

형사소송법에서 증거의 증거능력과 증명력의 의미는 엄격히 구별된다. 전자는 증거가 어떤 사실의 증명자료로서 사용될 수 있는 법률적 자격을 말하고, 후자는 증거가 어떤 사실을 입증할 수 있는 실질적 가치를 말한다. 아무리 증거로서의 가치가 있는 증거라 할지라도 증거능력 없는 증거는 사실인정의 자료가 될 수 없다.

형사소송법은 증거의 증거능력에 대해서는 일정한 경우에 그 증거능력을 부정하는 소극적 방법으로만 규정하고 있다. 현행 형사소송법은 위법하게 수집된 증거의 증거능력을 부정하는 위법수집증거배제법칙(제308조의2), 임의성 없는 자백의 증거능력을 부정하는 자백의 임의성 법칙(제309조)과 전문증거의 증거능력을 원칙적으로 부정하는 전문법칙(제310조의2 이하)을 규정하고 있다. 아울러 통신비밀보호법도 위법수집증거배제법칙을 규정하고 있다. 그리고 형사소송법은 증거의 증명력에 대해서는 자유심증주의를 선언하고 있고(제308조), 자백의 보강법칙(제310조) 및 공판조서의 증명력(제56조)과 같은 예외를 규정하고 있다.

2. 증거의 종류

(1) 직접증거와 간접증거

증거는 요증사실(증명의 대상이 되는 사실)과의 관계에 따라서 직접증거와 간접증거로 분류된다. 요증사실의 존부를 직접 증명하는 데 사용되는 증거가 직접증거이고, 요증사실의 존부를 간접적으로 추인할 수 있는 사실(간접사실)을 증명하는 데 사용되는 증거가 간접증거이다. 예를 들면, 피고인 甲의 절도사실이 요증사실인 경우에 훔친 것을 인정한 甲의 자백을 직접증거라 할 것이고, 피해현장에 남겨진 甲의 지문은 甲이 범죄현장에 갔었다는 간접사실을 증명하는 간접증거인 것이다. 간접증거는 요증사실을 추측 · 인정하게 하는 각종의 정황에 관한 사실을 증명하는 것이므로 정황증거라고도 한다.

직접증거와 간접증거에 의한 증명력 그 자체에는 우열이 있는 것이 아니지만, 형사소송법에서는 자백에 대한 증거능력 및 증명력의 제한, 피고인 및 피의자의 진술거부권, 강제처분의 제한 등에 의해서 간접증거에 의하여서만 범죄사실의 입증을 하여야 할 경우가 많아졌고, 특히 과학적 채증방법의 발달에 따라 간접증거는 더욱 그 중요성을 더하고 있다.

관련판례 ① 형사재판에 있어서 유죄의 인정은 법관으로 하여금 합리적인 의심을 할 여지가 없을 정도로 공소사실이 진실한 것이라는 확신을 가지게 할 수 있는 증명력을 가진 증거에 의하여야 하고 이러한 정도의 심증을 형성하는 증거가 없다면 설령 피고인에게 유죄의 의심이 간다 하더라도 피고인의 이익으로 판단할 수밖에 없다. 위와 같은 심증이 반드시 직접증거에 의하여 형성되어야만 하는 것은 아니고 경험칙과 논리법칙에 위반되지 아니하는 한 간접증거에 의하여 형성되어도 된다(대판 1993.3.23, 92도3327).

② 범죄사실의 증명은 반드시 직접증거만으로 하여야 하는 것은 아니고 논리와 경험칙에 들어맞는 한 간접증거로도 할 수 있으며, 간접증거가 개별적으로는 범죄사실에 대한 완전한 증명력을 가지지 못하더라도 전체 증거를 종합적으로 검토할 경우 그 단독으로는 가지지 못하는 증명력이 있는 것으로 판단되면 그에 의하여도 범죄사실을 인정할 수 있으나, 간접증거를 모두 종합하여 보더라도 공소사실을 뒷받침할 수 있는 증명력이 있다고 볼 수 없다면 일부 간접증거만으로는 합리적인 의심의 여지없이 공소사실을 유죄로 판단할 수 없다(대판 2003.2.26, 2001도1314).

③ 살인죄 등과 같이 법정형이 무거운 범죄의 경우에도 직접증거 없이 간접증거만에 의하여 유죄를 인정할 수 있고 피해자의 시체가 발견되지 아니하였더라도 간접증거를 상호 관련하에서 종합적으로 고찰하여 살인죄의 공소사실을 인정할 수 있다 할 것이나, 그러한 유죄 인정에서는 공소사실에 대한 관련성이 깊은 간접증거들에 의하여 신중한 판단이 요구되며, 시체가 발견되지 아니한 상황에서 범행 전체를 부인하는 피고인에 대하여 살인죄의 죄책을 인정하기 위해서는 피해자의 사망사실이 추가적 · 선결적으로 증명되어야 함은 물론, 그러한 피해자의 사망이 살해의사를 가진 피고인의 행위로 인한 것임이 합리적인 의심의 여지가 없을 정도로 증명되어야 한다(대판 2008.3.13, 2007도10754).

---

(2) 인적 증거(인증), 물적 증거(물증), 증거서류

1) 인적 증거와 물적 증거 증거는 증거방법의 물리적 성질에 따라서 인적 증거, 물적 증거 및 증거서류로 구분할 수 있다. 인적 증거는 사람의 진술내용이 증거로 되는 경우를 말한다. 또 인적 증거는 사람의 진술 즉 구술로써 발언한 사상내용이 증거로 되는 것이므로 구술증거라고도 한다. 증언, 감정, 통역, 번역 등이 이에 속한다. 형사소송법상 피고인은 소송주체로서 당사자의 지위에 있고 본래의 증거방법이 아니지만 그의 임의의 진술은 증거로 될 수 있으므로 이런 의미에서는 피고인의 진술도 일종의 인적 증거라고 하겠다.

물적 증거는 증거물이라고도 말하며, 물건의 존재 또는 상태가 증거로 되는 경우를 말한다. 예컨대 살인에 사용한 흉기, 절도에 의해 취득한 장물, 범행현장에 남긴 지문 등이다. 물적 증거를 직접 실험하는 것이 검증이다. 사람의 신체도 그 상태가 증거로 되는 경우, 즉 신체의 검사가 행하여지는 경우는 일종의 물적 증거라고 하겠다.

2) 증거서류와 증거물인 서면

(가) 구별의 실익 증거서류라 함은 서면의 내용적 의미만이 증거로 되는 것을 말한다. 증거서류는 물적 증거인 증거물인 서면과는 구별되어야 한다.[1] 다만, 양자를 합하여 서증이라고도 한다. 증거서류는 서류의 내용의 의미만이 증거로 되는데 반하여, 증거물인 서면은 그 내용의 의미와 아울러 그 존재 및 상태가 증거로 된다. 따라서 양자는 공판기일에 있어서의 증거조사의 방식을 달리한다. 즉, 증거서류는 그 제시는 필요 없고 요지의 고지 또는 낭독의 방식에 의한다. 종래에는 재판장으로 하여금 요지를 고지하는 방법으로 증거서류를 조사하도록 하였는데, 개정 형사소송법은 신청인의 낭독을 원칙으로 요구하고 있다(제292조 제1항). 종래의 규정은 증거조사 전에 이미 재판장이 증거서류의 내용을 알고 있을 것을 전제로 하는 것으로서 타당하지 않고, 문서에 관한 증거조사가 법정에서 실질적으로 이루어질 수 있도록 하기 위해서 증거서류의 조사방법으로 낭독을 원칙으로 변경한 것이다. 그러나 법원이 직권으로 증거서류를 조사하는 때에는 소지인 또는 재판장이 이를 낭독하여야 한다(제2항). 재판장은 필요하다고 인정하는 때에는 제1항 및 제2항에도 불구하고 내용을 고지하는 방법으로 조사할 수 있다(제3항). 그리고 재판장은 법원사

1) 양자의 구별을 부인하는 입장으로는 백형구, 588면.

무관 등으로 하여금 낭독이나 고지를 하게 할 수 있다(제4항). 재판장은 열람이 다른 방법보다 적절하다고 인정하는 때에는 증거서류를 제시하여 열람하게 하는 방법으로 조사할 수 있다(제5항).

그러나 증거물인 서면은 제시를 필수적으로 요구한다. 개정 형사소송법에 따르면, 검사, 피고인 또는 변호인의 신청에 따라 증거물을 조사하는 때에는 신청인이 이를 제시하여야 한다(제292조의2 제1항). 법원이 직권으로 증거물을 조사하는 때에는 소지인 또는 재판장이 이를 제시하여야 한다(제2항). 재판장은 법원사무관 등으로 하여금 제시를 하게 할 수 있다(제3항). 참고로, 개정 형사소송법은 도면 · 사진 · 녹음테이프 · 비디오테이프 · 컴퓨터용 디스크 그 밖에 정보를 담기 위하여 만들어진 물건으로서 문서가 아닌 증거의 조사에 관한 사항은 대법원규칙으로 정하도록 하였다(제292조의3).

(나) 구별의 기준 이에는 3가지 견해가 대립된다. 즉, (i) 당해 사건에 대한 소송절차(수사절차도 포함)에서 작성된 서면은 증거서류이고, 그 이외의 서면이 증거물인 서면이라는 견해(**절차기준설**),[2] (ii) 서면의 내용을 증거로 하는 것이 증거서류이고, 서면의 내용과 동시에 그 존재 내지 상태가 증거로 되는 것이 증거물인 서면이라는 견해(**내용기준설**),[3] (iii) 당해 소송절차에서 법원 또는 법관의 면전에서 법령에 의하여 작성된 서면이 증거서류이고, 그 이외의 서류가 증거물인 서면이라고 하는 견해(**작성자기준설**)[4]의 대립이 그것이다. 작성자 기준설에 따르면 당해 사건의 법원 또는 법관의 면전조서만이 증거서류로 분류되는 데 비하여, 내용기준설에 따르면 법원 또는 법관의 면전조서뿐만 아니라 다른 사건의 법원 또는 법관 면전조서, 수사서류, 의사의 진단서 등과 같은 보고적 문서도 증거서류로 분류된다(처분적 서류는 증거물인 서면으로 분류). 따라서 내용기준설은 위조문서, 무고의 허위고소장, 협박편지, 명예훼손의 출판물, 음란문서 등을 증거물인 서면으로 분류할 뿐이다.

생각건대, 증거서류와 증거물인 서면을 개념적으로 구분한다면 내용기준설이 전적으로 타당하다. 문제는 피의자신문조서와 같은 수사서류를 무엇으로 분류할 것인가에 있다. 이에 대하여 내용기준설은 피의자신문조서, 의사의 진단서 등과 같

2) 권오병, 161면.
3) 배종대/이상돈, 537면; 신동운, 628면; 신양균, 648면; 염정철, 151면; 이영란, 652면; 이재상, § 36/84; 임동규 431면; 차용석/최용성, 460면.
4) 김기두, 121면; 서일교, 165면; 신현주, 581면; 정영석/이형국, 307면.

은 보고적 문서는 증거서류로 분류하고 있다. 물론 증거서류에 대해 제시를 요하지 않는 이유가 그 물리적 존재가 입증절차에서 특별히 문제되지 않기 때문이라면 내용기준설이 타당할 것이다. 왜냐하면 법원 또는 법관의 면전조서뿐만 아니라 수사서류 내지 의사의 진단서와 같이 국가기관 내지 공신력 있는 자가 통상적으로 작성하는 서류에 대해서는 물리적 존재 그 자체는 범죄사실의 입증에서 특별히 문제되지 않기 때문이다. 그러나 증거서류에 대해 제시를 요하지 않는 이유는 입증절차에서 문서의 진정성립이 명백하기 때문인 것으로 보아야 한다. 그런데 피의자신문조서 및 참고인진술조서 등의 수사서류에 대해서는 진정성립의 인정절차가 요구된다. 따라서 수사서류는 반드시 제시되어야 하는 증거물인 서면에 불과하다는 작성자기준설의 분류가 더 설득력을 지닌다. 그리고 형사소송법 규칙 제134조 제2항이 증거조사에 있어서 모든 증거에 대하여 제시를 요한다고 규정한 것도 이러한 취지를 반영한 것으로 판단된다.[5] 결국 개념적으로는 내용기준설이 타당하지만, 구체적 분류의 면에서는 작성자기준설이 설득력을 지닌다.

(3) 본증과 반증

증거는 거증책임과 관련하여 본증과 반증으로 구분된다. 본증은 거증책임을 지는 당사자가 제출하는 증거이고, 반증은 그 반대당사자가 본증에 의하여 증명하려는 사실을 부정하기 위하여 제출하는 증거이다. 그런데 검사의 객관의무에 기초하여 본증과 반증의 구별실익을 부정하는 견해도 있으나,[6] 거증책임은 검사의 객관의무와 관계없이 인정되는 것이기 때문에 양자의 구별을 긍정하는 것이 타당하다. 다만, 형사소송법상 거증책임은 원칙적으로 검사에게 있으므로 보통 검사가 제출하는 증거는 본증이고, 피고인측이 제출하는 증거는 반증이라고 할 수 있다. 그러나 피고인에게 거증책임이 있는 경우에는 피고인이 제출한 증거가 본증으로 된다.

(4) 진술증거와 비진술증거

진술증거는 사람의 진술을 증거로 하는 것이다. 진술증거에는 진술 자체(예컨

---

5) 이 규정에 근거하여 증거조사방법에서 증거물인 서면과 증거서류는 차이가 없으므로 보고적 문서에 대해 증거서류라고 보아야 한다고 주장하면서 내용기준설을 취하는 자(또한 작성자기준설에서 내용기준설로 견해를 변경한 자)가 있는데, 오히려 이 규정은 보고적 문서에 대해서도 명백히 제시를 요구하는 것으로 이해하여 작성자기준설의 취지를 반영한 것으로 이해되어야 할 것이다.

6) 신동운, 561면.

대 피고인의 진술, 증인의 증언)와 진술이 기재된 서면(예컨대 참고인진술조서, 피의자진술서)이 있다. 진술증거는 이를 본래증거(또는 원시증거)와 전문증거로 나눌 수 있다. 전자는 자기가 직접 실험한 사실을 공판정에서 진술하는 경우의 증거를 말하고, 후자는 타인으로부터 전문한 사실을 진술하는 경우의 증거를 말한다. 양자의 구별은 전문법칙은 진술증거에만 적용된다는 데 있다.

(5) 실질증거와 보조증거

증거는 그 증명의 대상이 무엇인가에 따라 실질증거와 보조증거로 나눌 수 있다. 실질증거는 주요사실의 존부를 직접·간접으로 증명하기 위하여 사용되는 증거를 말하고, 보조증거는 실질증거의 신용성(증명력)을 다투기 위하여 사용되는 증거를 말한다. 보조증거는 다시 증거의 증명력을 증강하기 위한 보강증거와 증거의 증명력을 감쇄(減殺)하기 위한 탄핵증거로 나눌 수 있다.

[§ 32] 형사증거법의 기본원칙

Ⅰ. 증거재판주의

1. 의 의

재판은 사실을 인정한 후 형벌법령을 적용함으로써 행하여지는데, 이 사실의 인정은 법관의 자의에 의해서가 아니라 증거에 의하여야 한다는 원칙을 증거재판주의라 한다. 우리 형사소송법도 제307조 제1항에서 "사실의 인정은 증거에 의하여야 한다"라고 규정하여 증거재판주의를 명문으로 선언하고 있다. 그 규정취지는 형사소송법상 증명을 요하는 사실의 증명은 적어도 증거에 의하여야 한다든가, 사실의 인정을 자백에 의해서는 안 된다는 소극적·역사적 의미에 그치는 것이 아니라,[7] 특수한 규범적 의미내용을 가지고 있다. 즉, 형사소송법 제307조는 공소범죄사실 등 주요사실에 대해서는 증거능력 있고 적법한 증거조사절차를 거친 증거에 의한 증명

7) 민사소송에 있어서는 당사자의 자백이 있는 사실은 증명을 요하지 않는다. 그러나 형사소송에서는 수사단계에서 자백한 사실이라도 그 사실은 증거에 의하지 않으면 인정할 수 없다. 또한 공판정에서 자백한 경우에도 영미의 기소사실인부제도와는 달리 증거조사절차가 생략되는 것이 아니라 간이공판절차가 개시될 수 있을 뿐이다.

을 요한다는 특수한 규범적 의미를 가진 규정인 것이다. 이와 같이 법률상 증거능력이 있고 또 공판정에서 적법한 증거조사를 거친 증거에 의한 증명을 '엄격한 증명'이라고 한다. 반면에 이러한 제한을 받지 않는 증거와 절차에 의한 증명을 '자유로운 증명'이라고 한다. 자유로운 증명의 경우에 어떤 방법으로 증거조사를 하여야 하는가는 법원의 재량에 속하고, 법률에 규정된 증거조사절차에 따라야 하는 것은 아니다. 결국, 제307조는 범죄될 사실의 인정은 엄격한 증명을 요한다는 규범적 의미를 가지고 있다.

2. 엄격한 증명의 대상인 사실

형사소송법 제307조의 사실은 증명을 요하는 사실을 의미하고, 이에는 엄격한 증명의 대상인 사실과 자유로운 증명의 대상인 사실이 있다. 엄격한 증명의 대상인 사실은 공소범죄사실, 즉 '범죄될 사실'(제323조)과 이와 관련된 중요한 사실이다. 환언하면 형벌권의 존부와 범위를 정하는 기초된 사실이다.

(1) 공소범죄사실

공소장에 기재된 공소범죄사실은 형벌권의 기초가 되는 주요사실이므로 그 확정에 엄격한 증명을 요한다. 공소범죄사실은 특정한 구성요건에 해당하는 구체적 사실로서 위법성과 책임을 구비한 것을 말한다.

1) 구성요건해당사실 구성요건에 해당하는 사실은 객관적 구성요건요소(예컨대, 행위의 주체와 객체, 행위, 결과의 발생 및 인과관계)인가 또는 주관적 구성요건요소인가를 불문하고 엄격한 증명의 대상이 된다. 대법원도 공모[8]는 물론, 범의는 범죄사실을 구성하는 것으로서 엄격한 증명이 요구된다고 판시하고 있다.[9]

관련판례 ① 공모나 모의는 공모공동정범에 있어서의 '범죄될 사실'이라 할 것이므로 이를 인정하기 위하여는 엄격한 증명에 의하지 않으면 아니되고 그 증거는 판결에 표시되어야 하며, 공모의 판시는 그 구체적 내용을 상세하게 판시할 필요는 없다 하겠으나 위에서 본 취지대로 성립된 것이 밝혀져야만 한다(대판 1988.9.13, 88도1114).

② 교사범에 있어서의 교사사실은 범죄사실을 구성하는 것으로서 이를 인정하기 위하여는 엄격한 증명이 요구되지만, 피고인이 교사사실을 부인하고 있는 경우에는 사물의

---

8) 대판 2008.9.11, 2007도6706; 대판 2011.12.22, 2011도9721; 대판 2012.8.30, 2012도5220.

9) 대판 2002.3.12, 2001도2064.

성질상 그와 상당한 관련성이 있는 간접사실을 증명하는 방법에 의하여 이를 입증할 수도 있고, 이러한 경우 무엇이 상당한 관련성이 있는 간접사실에 해당할 것인가는 정상적인 경험칙에 바탕을 두고 치밀한 관찰력이나 분석력에 의하여 사실의 연결상태를 합리적으로 판단하는 방법에 의하여야 한다(대판 2000.2.25, 99도1252).

---

2) 위법성과 책임의 기초사실 위법성과 책임을 구성하는 사실은 당연히 엄격한 증명의 대상이 되어야 한다. 그 반면에 법률상 범죄의 성립을 조각하는 사유, 즉 위법성조각사유와 책임조각사유의 부존재에 대해서도 통설은 형벌권의 존부에 관한 중요한 사실이므로 엄격한 증명을 요한다고 한다. 그리고 피고인에게 유리한 범죄성립을 조각하는 사실에 대한 종국적인 거증책임은 원칙적으로 검사에게 있고, 다만 소송 도중에 요구되는 입증의 필요만이 피고인에게 부담될 수 있을 뿐이다.

3) 처벌조건인 사실 객관적 처벌조건은 범죄의 성립요건은 아니나 형벌권 발생의 조건이므로 엄격한 증명을 요한다. 또한 친족상도례에서의 친족관계는 인적 처벌조각사유로서 역시 형벌권의 존부에 영향을 미치는 사실이므로 엄격한 증명을 요한다.

(2) 법률상 형의 가중 또는 감면의 사유가 되는 사실

법률상 형의 가중 또는 감면의 사유가 되는 사실, 예컨대 누범전과,[10] 심신미약이나 심신상실, 자수, 자복, 중지미수범 등의 존부에 관한 사실은 형벌권의 범위에 관한 주요사실이므로 엄격한 증명을 요한다고 보아야 한다. 그러나 판례는 범행시의 정신상태가 심신상실 또는 심신미약이었느냐의 여부는 범죄사실이 아니므로 자유로운 증명으로 충분하다고 한다(대판 1961.10.26, 4294형상590). 몰수 · 추징의 사유는 부가형으로 다수설은 엄격한 증명을 요구하지만, 판례는 자유로운 증명의 대상으로 본다(대판 1993.6.22, 91도3346). 법률상 형의 가중사유가 되는 누범전과 이외의 전과는 정상관계사실로서 자유로운 증명으로 족하다.

(3) 간접사실, 경험법칙, 법규

1) 간접사실 공소범죄사실 등 주요사실의 존부를 간접으로 추인하게 하는

10) 판례는 전과에 관한 사실은 피고인의 자백만으로 인정할 수 있다고 하나(대판 1973.3.30, 73도280, 특히 누범전과에 관한 것은 대판 1979.8.21, 79도1528), 그 취지는 엄격한 증명의 대상이 되지 않는다는 것이 아니라, 전과사실의 자백에 대하여는 별도의 보강증거가 필요 없다는 취지로 이해해야 할 것이다.

사실(예컨대 알리바이의 증명)은 요증사실이 주요사실인 때에는 간접사실도 엄격한 증명의 대상이 된다.[11)]

2) 경험법칙 보통의 상식에 속하는 일반적인 경험법칙은 공지의 사실로서 증명을 요하지 아니한다. 그러나 경험법칙의 내용이 명백하지 아니한 때는 증명의 필요가 있으며, 그것이 주요사실의 인정에 관한 것인 때에는 엄격한 증명을 요한다.

3) 법 규 법규의 존부와 그 내용은 법원의 직권조사사항에 속하므로 원래 증명의 대상이 되지 않는다. 그러나 외국법규나 관습법과 같이 그 법규의 존재여부 또는 내용이 명백하지 않은 경우에는 증명의 필요가 생기는 것이다. 이 경우 법규, 관습 등이 공소범죄사실 또는 간접사실에 관한 것인 때에는 엄격한 증명이 필요하다.[12)]

3. 자유로운 증명의 대상인 사실

자유로운 증명은 증거능력의 제한이나 적법한 증거조사로부터 해방되어 증거조사가 법원의 재량에 의하여 행해지는 점에 특색이 있다.

(1) 양형의 기초가 되는 정상관계사실

양형의 기초가 되는 정상관계사실에 대하여 피고인에게 유리한 것은 자유로운 증명으로 족하지만 불이익한 것은 엄격한 증명[13)] 또는 상당한 증명[14)]을 요한다는 소수설도 있지만, 정상관계사실은 복잡하고 비유형적이므로 엄격한 증명의 대상으로 하기에 적합하지 않을 뿐만 아니라 양형은 그 성질상 법원의 재량에 맡길 것이므로 자유로운 증명으로 족하다고 보는 다수설이 타당하다. 다수설에 의하면 피고인의 경력(전과), 성격, 환경, 범죄후의 정황 등 형의 선고유예, 집행유예 또는 작량감경 및 양형의 조건이 되는 사실은 자유로운 증명으로 족하다. 그러므로 양형의 자료가 되는 전과사실을 결심후에 송부되는 전과조회서에 의하여 인정하여도 위법이라

---

11) 이재상, 490면. 그러나 이에 대하여 실질적으로는 검사가 제출한 유죄입증 증거에 대한 탄핵증거로서의 성질을 갖는다는 점을 근거로 엄격한 증명을 요하지 아니한다는 입장으로는 신동운, 567면; 배종대/이상돈, 498면; 정웅석, 743면; 김진환, "엄격한 증명의 대상," 고시계(1990.6), 59면; 민영성, "알리바이의 주장 · 입증," 고시계(2002,10), 91면.

12) 형법 제6조 단서가 문제된 사안에서 대법원은 외국법규의 존재는 증명의 대상이 된다고 판시하고 있다(대판 1973.5.1, 73도289).

13) 배종대/이상돈, 544면; 신현주, 564면; 차용석/최용성, 472면.

14) 강구진, 421면.

고 할 수 없다.

(2) 소송법적 사실

순수한 소송법적 사실은 엄격한 증명의 대상이 되지 아니하고 자유로운 증명으로 충분하다. 따라서 친고죄에 있어서 고소의 유무(대판 1999.2.9., 98도2074; 출입국사범사건에서 출입국 또는 외국인관서장의 적법한 고발이 있었는지 여부에 관한 대판 2021.10.28, 2021도404), 적법한 피고인신문이 행해졌느냐 등은 자유로운 증명으로써 충분하다. 다만 자백의 임의성의 기초가 되는 사실에 관하여는 그것이 피고인에게 중대한 불이익을 초래하고 당사자에게 반대신문의 기회를 주어야 한다는 이유로 엄격한 증명을 요한다는 소수견해도 있지만,[15] 소송법적 사실인 이상 자

유로운 증명으로 족하다고 해석하는 다수설이 타당하다.

(3) 보조사실

증거의 증명력을 탄핵하는 사실은 자유로운 증명으로 족하나,[16] 주요사실을 인정한 증거의 증명력을 보강하는 자료가 되는 사실은 그 주요사실이 엄격한 증명의 대상이 되는 이상 엄격한 증명을 요한다.

4. 사실의 인정(증명), 증거 및 증거조사

(1) 사실의 인정

형사소송법 제307조 제1항의 '인정'이란 법원측에서 사실의 존부에 관하여 확신을 갖게 된 심적 상태를 의미하고, 증거에 의하여 이 확신의 심증에 도달하는 과정을 증명이라고 한다. 증명은 합리적인 의심의 여지가 없는 확신에 이를 정도의 심증형성을 요한다. 엄격한 증명의 경우뿐만 아니라 자유로운 증명의 경우에도 법관은 확신의 정도에 이르는 심증형성이 있을 것을 요한다. 개정 형사소송법도 "범죄사실의 인정은 합리적인 의심이 없는 정도의 증명이 있어야 한다"는 원칙을 조문에 명시하였다(제307조 제2항). 형사재판에서의 사실인정은 상당한 이유(probable cause) 또

15) 권오병, 176면; 김기두, 126면; 신동운, 775면; 신현주, 565면.

16) 판례도 "증거의 증명력을 다투기 위한 소위 탄핵증거는 엄격한 증거조사를 거쳐야 할 필요가 없음은 제318조의2의 규정에서 명백하다"고 판시하여(대판 1978.10.31, 78도2292. 다만, 법정에서 이에 대한 탄핵증거로서의 증거조사는 필요하다는 것에 대판 1998.2.27, 97도1770) 같은 입장이며, 나아가 공소사실과 양립할 수 없는 반대사실도 자유로운 증명으로 족한 것으로 보고 있다(대판 1981.12.22, 80도1547).

는 증거의 상대적 우월성(preponderance of evidence)이 아닌 합리적 의심을 넘는 정도(beyond reasonable doubt)의 증명에 이르러야 함을 명문의 규정을 통해 재확인한 의미를 가진다.

관련판례 ① 동일한 사실관계에 관하여 이미 확정된 형사판결이 인정한 사실은 유력한 증거자료가 되므로, 그 형사재판의 사실판단을 채용하기 어렵다고 인정되는 특별한 사정이 없는 한 이와 배치되는 사실은 인정할 수 없다. 그리고 형사재판에서 공소가 제기된 범죄사실에 대한 입증책임은 검사에게 있고, 유죄의 인정은 법관으로 하여금 합리적인 의심을 할 여지가 없을 정도로 공소사실이 진실한 것이라는 확신을 가지게 하는 증명력을 가진 증거에 의하여야 하므로, 그와 같은 증거가 없다면 설령 피고인에게 유죄의 의심이 간다고 하더라도 피고인의 이익으로 판단할 수밖에 없다(대판 2009.6.25, 2008도10096).

② 형사재판에서의 유죄인정은 법관으로 하여금 합리적인 의심을 할 여지가 없을 정도의 확신을 생기게 하는 증명력을 가진 엄격한 증거에 의하여야 할 것이고, 이와 같은 증거가 없다면 설령 피고인에게 유죄의 의심이 간다 하더라도 피고인의 이익으로 판단할 수밖에 없다고 할 것인바, 허위의 임대차계약서를 제시하여 임대보증금 상당을 편취하였다는 공소사실에 대하여 위 계약서가 허위의 것이 아닌가 하는 의심이 생기지 않는 것은 아니나 유죄의 증거로 들고 있는 것들이 신빙성이 없거나 적합하지 아니한 경우에는 위 공소사실이 합리적인 의심이 없을 정도로 증명되었다고 보기 어렵다(대판 2003.3.28, 2003도264).

그런데 소송법적 사실 중에서 특별히 신속한 처리가 요구되는 사항 등에 대해서는 소명으로 족한 경우도 있다. 소명이란 법관의 확신에 이르지 않아도 사실일 것이라는 일응의 심증형성 내지 추측으로 충분한 경우를 말한다. 기피사유의 소명(제19조 제2항), 증인신문청구사유의 소명(제221조의2 제3항), 상소권회복 원인사유의 소명(제346조 제2항) 등과 같이 소명의 대상은 법률에 개별적으로 규정되어 있다. 소명을 위해서는 엄격한 형식, 방법 및 절차가 요구되지 않는다.

(2) 증거 및 증거조사

공소범죄사실 등 주요사실, 즉 엄격한 증명의 대상이 되는 사실에 대해서는 증거능력 있고 적법한 증거조사를 거친 증거에 의한 증명을 요한다. 증거는 직접증거, 간접증거, 인적 증거, 물적 증거, 원시증거, 전문증거 등을 가리지 아니하나 탄핵증거로는 주요사실을 인정할 수 없다. 자유로운 증명의 대상이 되는 사실에 대해서는 증거능력이 없는 증거 또는 적법의 증거조사를 거치지 않은 증거에 의한 증명으로 족하다. 자유로운 증명의 경우에 어떤 방법으로 증거조사를 하여야 하는가는 법원의 재량에 속한다.

5. 증명이 필요하지 아니한 사실(불요증사실)

(1) 의 의

사실의 인정은 증거에 의하여야 하므로 재판의 기초로 될 사실은 형사소송법상에서 소명으로 충분하다고 규정한 것 외에는 엄격한 증명이든 자유로운 증명이든, 증거에 의한 증명이 있어야 한다. 그러나 증명의 대상으로 될 사실 그 자체의 성질에 따라서는 증명이 없이 이를 인정하여 재판의 기초로 할 수 있는 경우가 있는바, 이러한 범위 내에서 증거재판주의의 제약은 해제되고, 이를 불요증사실이라고 한다. 불요증사실에는 공지의 사실, 법률상 추정된 사실, 사실상 추정된 사실 등이 있다.

(2) 공지의 사실

공지의 사실이란 보통의 지식 · 경험을 가진 일반인에게 널리 알려져 있는 사실을 말한다. 반드시 모든 사람에게 알려져 있을 필요는 없지만, 특수한 직업에 종사하거나 영업을 영위하는 자에게는 상식에 속하는 사실이라 하더라도 일반인에게 알려져 있지 않으면 공지의 사실이 아니다.

공지의 사실인가 아닌가는 구체적인 사회생활에 있어서 그 사실에 대하여 가지고 있는 의식에 의하여 결정될 것으로서 때와 장소에 따라 상대적으로 결정된다. 공지의 사실은 증거에 의하여 증명되지 않더라도 사실의 공정한 인정을 해칠 염려가 없으므로 명문의 규정은 없으나 증명을 요하지 않는 것이다.

(3) 법원에 현저한 사실

법원이 그 직무상 명백히 알고 있는 사실, 즉 법관이기 때문에 알고 있는 사실을 말한다. 독일의 통설 · 판례는 법원에 현저한 사실도 공지의 사실에 속한다고 한다. 그러나 형사소송에 있어서 법원에 대한 국민의 신뢰를 확보하고 공정한 재판을 담보하기 위하여는 법관이 알고 있는 사실이라도 증명을 요한다고 해야 한다.[17)]

---

17) 이에 대하여 증명을 요하지 않는다는 소수입장으로는 임동규, 439면.

(4) 추정된 사실

1) **법률상 추정의 경우** 법률상의 추정이란 예컨대 甲 사실의 존재가 증명된 때에는 반대증명이 없는 한 을 사실이 증명된 것으로 취급하도록 법률상 규정되어 있는 것을 말하고, 이 경우 이 乙 사실을 법률상 추정된 사실이라고 한다. 법률상 추정된 사실에 관해서는 반대사실의 증명이 없는 한 증명을 요하지 아니한다. 법률상의 추정은 반대증명이 없는 한 법관에게 추정사실의 존재를 인정하도록 강제하는 것이기 때문에(실질적으로 거증책임이 피고인에게 전환되는 효과도 있음) 자유심증주의 및 실체적 진실발견주의의 이념과 조화되기 어렵다. 따라서 원칙적으로 법률상의 추정은 인정되지 않아야 한다. 다만 「환경범죄의 단속에 관한 특별조치법」 제11조와 같이 인과관계의 추정을 규정하고 있는 경우에는 불가피하게 불요증사실로서 취급되어야 할 것이다.

2) **사실상 추정의 경우** 사실상의 추정이라 함은 甲이라는 전제사실로부터 乙이라는 사실의 존재를 추정하는 것이 일반적으로 극히 합리적이고 확실하다고 인정되는 경우를 말한다. 이 경우 乙 사실이 사실상 추정된 사실에 해당된다. 예컨대 어떤 범죄의 구성요건해당성이 인정되면 위법성과 책임은 사실상 추정된다. 사실상 추정된 사실은 상대 당사자가 다투지 않으면 증명을 요하지 아니한다. 그러나 소송관계인이 이를 다투기만 하면 그 추정력은 깨어지면서 요증사실이 되고, 거증책임의 전환도 이루어지지 않는다.

6. 증거재판주의에 대한 위반

아무런 증거에 의하지 아니하고 공소범죄사실 등 주요사실을 인정한 경우와 증거능력이 없는 증거 또는 적법한 증거조사를 거치지 아니한 증거에 의하여 주요사실을 인정하는 경우 등이 증거재판주의의 위반에 해당한다. 증거재판주의에 위반된 경우는 판결의 법률위반으로서 판결에 영향을 미친 것이므로 항소이유 또는 상고이유로 된다.

Ⅱ. 거증책임

1. 의 의

(1) 실질적 거증책임

거증책임의 개념은 실질적 거증책임과 형식적 거증책임으로 나눌 수 있다. 실질적 거증책임이란 요증사실에 관하여 제출된 모든 증거자료로도 그 존부와 진위의 증명이 불가능한 경우에 당사자의 어느 일방이 최종적으로 불이익한 사실인정을 받을 법적 지위를 말한다. 증명의 대상이 되는 사실은 모두 증명의 필요가 있는 것이지만, 증명이 불가능한 경우에는 법원으로서는 진위불명인 상태로 방치할 수는 없는 것이므로 당사자(검사, 피고인) 중 어느 한 편에게 불이익한 판단을 하지 않을 수 없다. 어떤 사실의 존부에 관하여 불이익하게 판단을 받은 당사자 쪽이 종국재판 시에 그 사실에 관하여 실질적 거증책임을 부담한다.

실질적 거증책임은 소송의 종결시, 즉 종국재판시에 존재하는 위험부담을 말하기 때문에 거증책임은 소송의 개시부터 종결시까지 고정되어 있는 것이며 소송의 진행에 따라 일방에서 타방으로 이전되는 것이 아니다.

(2) 형식적 거증책임

형식적 거증책임이란 소송의 발전과정에 따라 어느 사실이 증명되지 아니하면 자기에게 불이익한 판단을 받을 가능성이 있는 당사자가 불이익을 면하기 위하여 그 사실을 증명할 증거를 제출할 부담을 말한다. 이것은 입증의 부담이라고도 한다. 예컨대 구성요건해당사실에 대한 실질적 거증책임은 검사에게 있으나 검사의 입증에 의하여 법관이 그 사실의 존재에 대한 심증을 갖게 되면 위법성 및 유책성이 사실상 추정되므로 피고인이 이를 방치하면 유죄판결이라는 불이익을 받게 된다. 따라서 이 불이익을 면하기 위하여 피고인측에 위법성 또는 책임의 조각사유에 대한 입증의 필요가 생기게 된다. 이에 의하여 사실상 추정이 깨지게 되면 이번에는 위법성과 유책성에 대한 입증의 필요가 검사에게로 옮겨지게 된다. 이와 같이 입증의 부담은 소송의 발전에 따라 반전하는 것이다. 다만 입증부담의 경우에 필요한 입증의 정도는 법관에게 확신을 갖게 할 것을 요하지 않고 그러한 사유가 있다는 의심을 갖게 할 정도, 즉 법관의 심증을 방해할 정도이면 족하다.

[영미의 유사개념]

배심제도를 채택하고 있는 영미에서는 법관이 배심의 판단을 받을 만한 증거가 없는 쟁점에 대해서는 배심의 판단을 받지 아니 한다. 따라서 배심의 판단을 받기 위해서는 이해 당사자가 쟁점사실이 발생한 것이 발생하지 않은 것 보다 우월하다는 정도, 소위 증거의 우월(preponderance of evidence) 정도를 입증할 수 있는 증거를 제출하여야 한다. 이를 증거제출책임(burden of producing evidence)이라고 한다. 그리고 배심판단에 회부된 경우에는 배심원에 의한 사실존부판단을 받기 위해서는 증거제출책임을 지는 당사자가 다시 배심원을 설득할 책임을 진다. 이를 설득책임(burden of persuasion)이라고 한다. 생각건대, 증거제출책임은 우리나라의 형식적 거증책임과 유사하고, 설득책임은 실질적 거증책임과 유사한 개념이다. 따라서 일반 형사사건에 영미의 이러한 개념을 우리나라에 도입할 이유는 없는 것 같다. 다만 배심제가 실시되는 사건에는 이러한 영미의 개념을 원용하여도 무방할 것이다.

(3) 소송구조와 거증책임

거증책임은 당사자의 적극적인 입증활동을 기초로 하는 당사자주의 소송구조에서 특히 그 의미가 크다. 그런데 직권주의 소송구조를 전제로 거증책임의 개념을 부정하는 견해도 있다.[18] 법원은 판단불능의 상태에서는 검사와 피고인에게 거증책임을 분배해서 문제를 해결할 것이 아니라 곧바로 헌법이 인정한 무죄추정의 원리에서 나온 "의심스러울 때에는 피고인의 이익으로"의 법리에 따라 문제를 해결하여야 한다는 것이다. 그러나 직권주의 소송구조에서도 거증책임의 개념이 인정되어야 한다.[19] 왜냐하면 법원이 직권적 증거조사에 의해서도 종국판결시까지 사실의 존부에 관하여 확신을 갖지 못할 경우에는 당사자 중의 어느 일방에 불이익한 책임을 돌릴 수밖에 없기 때문이다. 그리고 의심스러울 때에는 피고인의 이익으로의 원칙은 거증책임과 별개의 원칙이 아니라 오히려 원칙적으로 검사에게 거증책임이 있다는 것을 선언하는 것이다.

---

18) 배종대/이상돈, 557면; 신동운, 781면.

19) 강구진, 428면; 신양균, 660면; 신현주, 569면; 이영란, 669면; 이재상, 495면; 임동규, 441면; 정영석/이형국, 318면; 차용석/최용성, 462면.

2. 거증책임의 분배

(1) 일반원칙

형사소송에는 법치국가의 원리로서 “의심스러운 때에는 피고인의 이익으로(in dubio pro reo)의 원칙”, 피고인은 유죄의 판결이 있을 때까지는 무죄로 추정된다는 “무죄추정의 원칙”(헌법 제27조 제4항)이 적용된다. 또한 형사소송법은 범죄사실의 증명이 없는 때에는 판결로써 무죄를 선고하여야 한다(제325조)고 밝히고 있다. 따라서 거증책임은 국가형벌권의 실현을 목적으로 하는 형사소송에 있어서는 국가기관인 검사가 부담하는 것이 원칙이다. 즉 요증사실의 존부에 관하여 법원이 심증을 얻지 못하는 때에는 검사의 불이익으로, 바꾸어 말하면 피고인의 이익으로 판단되어야 한다.

(2) 공소범죄사실

1) 범죄성립조각사유　공소범죄사실에 대한 거증책임은 검사에게 있다. 검사는 구성요건해당사실뿐만 아니라 위법성과 책임의 존재에 대하여도 거증책임을 진다. 위법성조각사유 또는 책임조각사유의 존재에 관해서는 피고인이 형식적 거증책임을 부담할 수는 있지만, 실질적 거증책임에 관한 한 그 부존재에 관해서 검사가 부담하여야 한다. 따라서 피고인이 위법성조각사유 또는 책임조각사유의 존재를 주장하는 경우에 그 부존재가 검사에 의해 증명되지 않으면 무죄를 선고하여야 한다.

관련판례 ① 형사소송에 있어서는 입증책임의 분배를 엄격하게 따질 수는 없다고 할 것이나 당사자주의를 그 소송구조로 하고 있는 현행 형사소송법 체계에서는 소송범죄사실 또는 피고인의 변소사실이 증거가 없거나 불충분한 경우에 불이익을 받을 당사자는 바로 검사이거나 피고인이므로 공소범죄사실에 대한 입증책임은 검사에게 있고 증거가 없거나 불충분하여 의심스러운 경우에는 피고인의 이익으로 판단하여야 한다(대판 1984.6.12, 84도796).

---

2) 알리바이의 경우　피고인의 알리바이 주장에 대해서 법관이 확신을 갖지 못한 경우의 거증책임에 대해서, 알리바이는 증명된 때에만 의의를 가지고 증명되지 않은 알리바이로 법관에게 무죄를 강요할 수 없다는 점을 근거로 한 피고인부담설[20]과 알리바이 주장은 구성요건해당사실의 존재에 대한 다툼이므로 검사가 공소

20) 이재상, 535면; 정영석/이형국, 317면; 진계호, 537면; 송광섭, 156면.

사실의 일부로서 알리바이가 인정되지 않음을 증명해야 한다는 점을 근거로 한 검사부담설[21]의 대립이 있다. 생각건대 피고인에게 유리한 알리바이의 주장사실에 대한 형식적 거증책임은 피고인이 부담할 수 있겠지만, 알리바이는 범죄성립을 결정하는 중요한 사실이기 때문에 불분명한 경우에 종국적으로 부담지어야 하는 실질적 거증책임은 검사에게 있다고 보아야 한다.

(3) 처벌조건인 사실

인적 처벌조각사유 또는 객관적 처벌조건의 사유는 형벌권 발생의 요건이 되는 사실이므로 검사가 실질적 거증책임을 부담한다.

(4) 형의 가중·감면의 사유가 되는 사실

형의 가중사유가 되는 사실에 대한 거증책임은 검사에게 있다. 형의 감면사유가 되는 사실도 형벌권의 범위에 영향을 미치는 사유라 할 것이므로 그 부존재에 대하여 검사에게 실질적 거증책임이 있다. 다만 형감경사유의 경우에 형식적 거증책임은 대개 피고인이 부담할 것이다.

(5) 소송법적 사실

1) **소송조건의 존재** 소송조건은 법원의 직권조사사항이기 때문에 거증책임의 문제가 발생할 수 없다는 견해도 있지만,[22] 직권조사를 통해서도 불분명한 경우가 있을 수 있기 때문에 거증책임의 문제가 소송조건의 경우에도 발생할 수 있다고 보아야 한다(다수설). 소송조건은 공소제기의 적법·유효요건으로서 피고인에게 중요한 사항이므로 피고인에게 유리한 무죄추정의 원칙을 여기에 확대 적용하는 것이 법치국가원리에 합당하기 때문이다. 이 경우 친고죄에 있어서 고소·고발과 같은 소송수행을 위한 적극적 요건은 물론이고 공소시효의 완성, 사면 또는 공소의 적법 등의 소송조건에 대한 거증책임도 검사에게 있다.

2) **증거능력의 전제되는 사실** 증거능력의 전제되는 사실에 대한 거증책임에 대해서도 이를 부정하는 견해가 있지만,[23] 그 증거를 제출한 당사자에게 있는 것

---

21) 배종대/이상돈/정승환/이주원, 558면; 신동운, 951면; 신양균, 721면; 임동규, 465면; 정웅석/백승민, 616면; 이은모, 604면. 그러나 알리바이는 공소범죄사실의 부존재에 관한 피고인의 주장이지 요증사실(공소범죄사실) 그 자체가 아니므로 알리바이에 관해서는 거증책임의 부담이 문제로 되지 아니한다는 입장으로는 백형구, "형사소송에 있어서의 거증책임: 학설의 정리·논평," 고시계 46권 11호, 2001.11, 108면.

22) 신동운, 577면.

으로 보아야 한다. 따라서 수사서류를 검사가 증거로 제출하는 경우에 그 증거능력을 부여할 거증책임은 검사에게 있고, 자백의 임의성의 기초사실에 대해서도 검사가 거증책임을 진다.

관련판례 ① 법원이 검사에게 공소장 변경을 촉구하지 아니하였다고 하여 위법이라 할 수 없고 서증의 증거능력을 부여하기 위한 입증책임은 그 서증을 증거로 제출한 검사에게 있다(대판 1970.11.24, 70도2109).

② 임의성 없는 진술의 증거능력을 부정하는 취지는, 허위진술을 유발 또는 강요할 위험성이 있는 상태하에서 행하여진 진술은 그 자체가 실체적 진실에 부합하지 아니하여 오판을 일으킬 소지가 있을 뿐만 아니라 그 진위를 떠나서 진술자의 기본적 인권을 침해하는 위법 부당한 압박이 가하여지는 것을 사전에 막기 위한 것이므로, 그 임의성에 다툼이 있을 때에는 그 임의성을 의심할 만한 합리적이고 구체적인 사실을 피고인이 증명할 것이 아니고 검사가 그 임의성의 의문점을 없애는 증명을 하여야 할 것이고, 검사가 그 임의성의 의문점을 없애는 증명을 하지 못한 경우에는 그 진술증거는 증거능력이 부정된다(대판 2006.11.23, 2004도7900).

3. 거증책임의 전환

(1) 의 의

거증책임의 분배원칙에 대한 예외를 거증책임의 전환이라고 한다. 실체적 사실에 대하여는 검사가 거증책임을 지므로 피고인이 거증책임을 지는 경우를 거증책임의 전환이라고 한다. 이러한 거증책임의 전환은 헌법의 무죄추정의 원칙에 반하기 때문에 법률에 규정된 경우에도 허용되어서는 안 된다는 견해도 있으나,[24] 피고인에게 유리한 범죄성립의 조각사유를 형법각론에서 특별히 인정하면서 거증책임을 피고인에게 전환시키는 것까지 금지할 당위성은 없는 것으로 판단된다. 다만 일반적 위법성 조각사유에 대해 거증책임을 전환시키는 것은 절대 허용되어서는 안 된다.

(2) 상해죄에 대한 동시범의 특례

형법 제263조는 원인행위가 불분명한 상해 동시범에 대해 공동정범의 예에 의

23) 신동운, 577면; 배종대/이상돈, 499면.
24) 배종대/이상돈/정승환/이주원, 561면.

하도록 규정하였다. 이 규정의 법적 성질에 대해서는 공동정범에 관한 법률상의 책임추정을 인정한 것이라는 법률상 추정설,[25] 피고인에게 거증책임을 전환시키는 것이라는 거증책임전환설(다수설), 소송법적으로는 거증책임의 전환규정인 동시에 실체법적으로는 공동정범의 범위를 확장시키는 일종의 의제라는 이원설,[26] 피고인이 다투지 않으면 인과관계가 사실상 추정되지만 피고인이 다투어서 추정력이 깨트려지면 in dubio pro reo의 원칙이 그대로 적용된다는 사실상 추정설,[27] 헌법상 무죄추정의 원칙에 반하는 위헌규정이라는 위헌설[28] 등의 견해 대립이 있다. 헌법재판소는 형법 제263조가 책임주의원칙에 위반되지 않는다고 결정[29]한 바 있다.

생각건대, 동 규정의 효과로서 피고인에게 불리하게 작용하는 해석은 무죄추정의 원리에 의해서 최대한 자제되어야 한다. 그런데 법률상 추정설, 거증책임전환설, 이원설은 모두 다 피고인에게 심히 불리하게 작용하는 해석방법이다. 따라서 피고인이 다투지 않는 경우에 한정하여 인과관계의 인정만을 사실상 추정하는 사실상 추정설이 가장 타당한 것으로 판단된다.

(3) 명예훼손죄에 있어서의 위법성조각사유[30]

형법 제310조는 명예훼손행위에 대해 적시사실이 진실하고 오로지 공공의 이익에 관한 것이 입증되면 위법성조각을 인정하고 있다. 이 규정의 소송법적 효과에 대해서는 거증책임전환을 긍정하는 견해와[31] 이를 부정하는 견해(즉 검사의 입증에 의하여 단순히 위법성조각의 실체법적 효과만을 인정하는 견해; 다수설)의 대립이 있다. 판례는 공연히 사실을 적시하여 사람의 명예를 훼손한 행위가 형법 제310조의 규정에 따라서 위법성이 조각되어 처벌되지 않기 위해서는 그것이 진실한 사실로서 오로지 공공의 이익에 관한 때에 해당된다는 점을 행위자가 증명하여야 하는 것으로 본다. 즉 판례는 제310조에서 거증책임전환의 소송법적 효과를 인정하고 있다. 다

25) 강구진, 430면.
26) 신동운, 579면.
27) 손동권, 형법각론, 64면.
28) 배종대/이상돈/정승환/이주원, 562면.
29) 헌재결 2018.3.29, 선고 2017헌가10. 이와 관련된 글로는 신이철, "상해죄의 동시범 특례규정의 올바른 해석과 입법론", 건국대학교 법학연구소, 일감법학, 2016, 333면 이하.
30) 이와 관련된 필자의 글로는 "형법 제310조의 실체면과 절차면," 형사판례연구 6권, 1998, 203-222면 참조.
31) 김기두, 130면; 신동운, 580면.

만, 그 입증의 정도와 방법에서는 아래의 판례에서 보는 바와 같이 피고인을 위해 다소 완화시키고 있다.

생각건대, 우리나라도 다른 나라와 같이 사실의 증명만으로 면책되는 제도가 도입되었다면 그 사실의 진실성에 대한 실질적 거증책임은 피고인에게 전환되어도 무방하다. 그러나 형법 제310조는 사실의 증명과 공익성의 증명의 모두를 요건으로 하기 때문에 그 부존재의 거증책임을 검사에게 지우는 것이 타당하다. 왜냐하면 법률의 명시적 규정이 없으면 in dubio pro reo의 대원칙은 지켜져야 하기 때문이다.

관련판례 ① 공연히 사실을 적시하여 사람의 명예를 훼손한 행위가 형법 제310조의 규정에 따라서 위법성이 조각되어 처벌대상이 되지 않기 위하여는 그것이 진실한 사실로서 오로지 공공의 이익에 관한 때에 해당된다는 점을 '행위자가 증명'하여야 하는 것이나, 그 증명은 유죄의 인정에 있어 요구되는 것과 같이 법관으로 하여금 의심할 여지가 없을 정도의 확신을 가지게 하는 증명력을 가진 엄격한 증거에 의하여야 하는 것은 아니므로, 이때에는 전문증거에 대한 증거능력의 제한을 규정한 형사소송법 제310조의2는 적용될 여지가 없다(대판 1996.10.25, 95도1473).[32]

Ⅲ. 자유심증주의

1. 서

(1) 의 의

자유심증주의는 증거의 증명력 즉 실질적 가치판단을 법관의 자유판단에 맡기고 법률로서 규제하지 않는다는 주의를 말한다. 형사소송법 제308조는 "증거의 증명력은 법관의 자유판단에 의한다"라고 규정하여 자유심증주의를 채택하고 있다. 자유심증주의는 규문절차시대에 있어서의 법정증거주의에 대한 개념이다.

(2) 제도적 가치

법정증거주의는 모든 증거의 증명력을 미리 법률로써 정하여 두고 법관의 확신에 의한 판단을 봉쇄하는 것으로서 이는 법관의 개인차와 자의를 배제하고 불확

32) 이와 관련된 글로는 이광범, "명예훼손죄에 있어서 위법성조각사유 및 그 입증방법," 형사재판의 제문제 제1권, 2000, 131-146면; 심희기, "거증책임의 전환: 명예훼손죄의 위법성조각사유와 그 입증방법," 형사소송법판례 70선, 2002, 279-284면 참조.

실한 증거에 의한 처벌을 방지하여 법적 안정성을 보장하는 데는 의미가 있으나 사실상 천차만별한 구체적 증거의 증명력을 일률적으로 법률로써 규정한다는 것은 구체적 사건의 진상을 파악하는 데 부당한 결과를 가져올 우려가 있다. 그리고 자백에 과대한 증거가치를(증거의 왕으로) 인정함으로써 자백을 얻기 위한 잔인한 고문이 행하여져서 인권침해의 결과를 가져오기도 한다. 따라서 이러한 법정증거주의의 결함을 제거하고 사실인정의 능률적인 합리성을 도모함으로써 형사소송의 목적인 실체적 진실을 발견하기 위해서 자유심증주의는 그 의미를 가진다.

2. 자유심증주의의 내용

(1) 자유판단의 주체

증거의 증명력을 판단하는 주체는 법관이다. 자유심증은 개개 법관의 자유판단이므로 단독법관인 경우에는 문제가 없으나 합의체의 법원에 의한 사실인정에 있어서는 그 구성원인 각 법관의 자유심증의 결과를 기초로 하여 회의라는 형식으로 사실인정을 하게 된다. 그 결과 어느 법관의 심증에 반대되는 결론이 합의되는 경우도 있을 수 있으나 이는 합의의 필연적 결과이므로 자유심증주의에 위반되는 것은 아니다.

(2) 자유판단의 대상

자유심증주의에 있어서 자유판단에 맡겨져서 그 판단의 대상이 되는 것은 증거의 증명력이다. 증거의 증명력이란 사실인정을 위한 증거로서의 실질적 가치를 말하는 것으로서 이는 요증사실과의 관계를 떠나서 그 증거 자체를 신용할 수 있는가 하는 '증거의 신용력'과 어느 정도 요증사실을 증명할 수 있는 가치가 있는가 하는 '협의의 증명력'의 양자를 포함한다.

자유심증주의가 적용되는 영역은 증거의 증명력이고 이는 주요사실을 인정하는 자료로 될 수 있는 법률적 · 형식적 자격을 말하는 증거능력과 구별된다. 즉 자유심증주의는 증거능력 유무의 판단에는 타당하지 아니하다. 그리고 어떠한 자료에 대해서 증거능력이 긍정된 후에 이 자유심증에 의한 증명력의 판단이 문제된다. 또한 개개의 증거의 증거가치뿐만 아니라 개개의 증거를 총합하여 전체로서 어떠한 사실의 존부를 인정할 것인가에 관한 것도 법관의 자유판단에 의하게 된다(대판 1961.11.16, 4294형상497).

(3) 자유판단의 의미

1) 자유판단의 허용 자유심증주의는 증거의 취사선택이나 증명력의 판단을 법관의 자유판단에 일임한다. 이것은 증명력을 판단함에 있어서 어떠한 외부적 · 법률적 제한을 받지 아니하고 자유스럽다는 것을 의미한다. 따라서 증거의 취사선택은 법관의 자유판단에 맡겨지며 증거능력 있는 증거라도 증명력이 없다고 하여 이것을 채용하지 않는 것도 자유이다. 모순된 증거가 있는 경우에 그 중 어느 것을 믿지 않는 것도 법관의 자유이고, 동일증거 중에서 일부만을 취사하거나 수개의 증거를 합하여 심증을 형성하는 것도 가능하며, 증거의 종류 등에 의해서도 하등의 제한을 받지 아니한다.

2) 진술증거에 대한 판단

(가) 피고인의 진술 피고인이 자백한 때에도 법관은 자백의 진실성을 심리하여 자백과 다른 사실을 인정할 수 있다. 검찰에서의 피고인의 자백이 법정진술과 다르다는 사유만으로는 그 자백의 신빙성이 의심스럽다고 할 사유로 보아서는 안된다. 자백의 신빙성 유무를 판단함에 있어서는 자백의 진술내용 자체가 객관적으로 합리성을 띠고 있는지, 자백의 동기나 이유는 무엇인지 그리고 자백 이외의 정황증거 중 자백과 저촉되거나 모순되는 것이 없는지 하는 점을 고려하여 피고인의 자백에 합리적인 의심을 갖게 할 상황이 있었는지를 판단하여야 한다(대판 2001.10.26, 2001도4112; 대판 2001.9.28, 2001도4091).

(나) 증인의 증언 증인의 성년 · 미성년, 책임능력의 유무, 선서의 유무는 그 자체만으로는 증명력에 차이가 없다. 따라서 형사미성년자인 증인의 증언에 의하여 사실을 인정할 수도 있고(대판 1971.10.25, 71도1592), 선서하지 않은 증인의 증언에 의하여 선서증인의 증언을 배척할 수도 있다. 그리고 법관은 증인의 증언 중 일부만 믿을 수도 있다.

(다) 감정인의 의견 법관은 감정인의 감정결과에 반하는 사실을 인정할 수 있고(대판 1995.2.24, 94도3163), 감정의견 중 소수의견을 따를 수도 있다. 그리고 여러 감정의견 중에서 각각 일부분만 채용할 수도 있다(대판 1976.3.23, 75도2068).

3) 증거서류에 대한 판단 법관은 증거서류의 증명력에 대해서도 자유롭게 판단할 수 있다. 따라서 검사의 증인신문청구에 의한 증인신문조서와 증거보전절차에서의 신문조서와 같은 법관면전조서, 그리고 공판정에서의 조서라고 하여서 수사서류에 비하여 특별히 증명력이 크게 인정되는 것은 아니다. 법관은 증거보전절

차에서의 진술이 임의성이 있다고 하더라도 그 내용을 믿지 않을 수도 있다(대판 1980.4.8, 79도2125).

4) 간접증거에 대한 판단　직접증거와 간접증거 사이에 그 자체만으로 증명력의 우열이 있는 것은 아니다. 따라서 법관은 요증사실의 존부를 간접적으로 추인할 수 있는 간접증거, 즉 정황증거에 의해서도 사실을 인정할 수 있다. 따라서 목격자의 진술 등 직접증거가 전혀 없는 사건에 있어서는 적법한 증거들에 의하여 인정되는 간접사실들에 논리법칙과 경험칙을 적용하여 공소사실이 합리적인 의심이 없을 정도로 추단될 수 있을 경우에만 이를 유죄로 인정할 수 있다(대판 2000.11.7, 2000도3507).

관련판례 ① 형사재판에서 유죄의 인정은 법관으로 하여금 합리적인 의심을 할 여지가 없을 정도로 공소사실이 진실한 것이라는 확신을 가지게 하는 증명력을 가진 증거에 의하여야 하고, 이러한 정도의 심증을 형성하는 증거가 없다면 설령 피고인에게 유죄의 의심이 간다 하더라도 피고인의 이익으로 판단할 수밖에 없으나, 다만 그와 같은 심증이 반드시 직접증거에 의하여 형성되어야만 하는 것은 아니고, 경험칙과 논리법칙에 위반되지 아니하는 한 간접증거에 의하여 형성되어도 되는 것이며, 간접증거가 개별적으로는 범죄사실에 대한 완전한 증명력을 가지지 못하더라도, 전체 증거를 상호 관련하여 종합적으로 고찰할 경우 그 단독으로는 가지지 못하는 종합적 증명력이 있을 수 있고, 이러한 경우에는 그에 의하여도 범죄사실을 인정할 수 있다(대판 2000.11.10, 2000도2524).

---

(4) 자유판단의 한계

1) 합리적 심증주의　증거의 증명력을 법관의 자유판단에 맡기는 것은 그 자유판단에 의하여 실체적 진실을 발견하기 위함을 그 근본취지로 한다. 따라서 자유판단이라고 하여 법관의 자의나 순수한 자유재량을 허용하는 것은 결코 아니다. 그리고 실체적 진실의 발견은 양식있는 법관의 이성에 의한 합리적이며 과학적인 평가에 의해서만 가능하다. 이러한 의미에서 자유심증주의를 합리적 심증주의, 과학적 심증주의라고도 한다. 또한 증명력의 자유판단은 실체적 진실을 발견하기 위하여 증거의 가치를 평가함으로써 올바른 심증을 형성함에 있는 것이므로 법관은 경험상 · 논리상의 일반법칙을 준수하여야 한다. 판례도 "자유심증주의하에서의 증거의 가치판단은 법관의 자유재량에 맡겨져 있기는 하나 자의적인 재량이 허용되는 것은 아니며 합리성과 객관성을 결여한 증거가치의 판단은 위법한 것이다"고 판시

하였다(대판 1984.5.29, 84도554).

[경계하여야 할 수사기관의 주장]

우리나라 수사기관 담당자 중에는 수사서류에 대해서는 법관이 자유심증에 의한 증명력 판단을 통해 유무죄 판결을 하도록 하면 될 것이지 그 이전 단계에서 증거능력을 배제할 필요가 없다는 주장을 하는 자가 많은 것으로 알고 있다. 그러나 이러한 주장은 크게 경계되어야 한다. 왜냐하면 수사기관이 수사서류를 유죄가 되도록 논리적으로 작성해 놓으면 법관은 전술한 합리적 심증주의(즉, 자유심증의 한계)에 의해 유죄를 인정하지 않을 수 없기 때문이다. 이러한 주장이야말로 조서꾸미기 수사 및 조서재판을 조장하게 됨을 잊지 말아야 한다.

모발에 대한 유전자 분석과 같이 다툼의 여지가 있는 경험법칙의 경우에는 피고인이 범인이 아님을 입증할 때에는 법원을 구속하겠지만, 범인임을 적극적으로 입증하려는 때에는 법관은 이에 구속되지 않는다.

관련판례 ① 특히 유전자검사나 혈액형검사 등 과학적 증거방법은 그 전제로 하는 사실이 모두 진실임이 입증되고 그 추론의 방법이 과학적으로 정당하여 오류의 가능성이 전무하거나 무시할 정도로 극소한 것으로 인정되는 경우에는 법관이 사실인정을 함에 있어 상당한 정도로 구속력을 가진다 할 것이므로, 비록 사실의 인정이 사실심의 전권이라 하더라도 아무런 합리적 근거 없이 함부로 이를 배척하는 것은 자유심증주의의 한계를 벗어나는 것으로서 허용될 수 없다(대판 2007.5.10, 2007도1950; 피고인의 유전자검사결과가 범인의 것과 상이하다는 국립과학수사연구원의 감정결과가 제출되었음에도 불구하고 피고인의 유죄를 인정한 원심을 파기한 사례).

2) **심증형성의 정도** 소송법상의 증명은 통상인으로서의 합리적 의심을 배제시킬 수 있는 정도의 확신 즉, 진실에 대한 고도의 개연성으로 만족할 수밖에 없고, 모든 의문·불신이 배제되어야 하는 것은 아니다(대판 2011.9.29. 2010도5962; 대판 2014.5.16, 2013도14656). 그러나 여기서의 '증명'은 법관이 대략 납득할 정도의 심증형성을 의미하는 '소명'(疎明)과는 다르다.

관련판례 ① 형사판결에 있어서 범죄사실의 증명은 법관이 합리적인 의심을 할 수 없을 정도의 고도의 개연성에 대한 확신을 요하는 것으로, 피고인에 대하여 유죄의 의심이 간다는 사정만으로는 유죄로 인정할 수 없다(대판 1994.10.14, 94도1964).

(5) 자유심증주의의 합리적 보장

자유심증주의에 의한 사실인정이 실제로 합리적인가를 따지기 위해서는 개개의 구체적인 경우에 있어서 법관의 증거평가가 합리적인가를 비판할 수 있고 또 만약 합리적이 아닌 경우에는 이것을 시정할 방도가 마련되어 있지 않으면 안 된다. 이러한 증명력 판단의 합리성을 보장하기 위한 제도로는 다음과 같은 것이 있다.

1) 유죄판결의 이유에 증거요지의 기재 유죄판결의 이유에는 범죄사실을 인정하는 기초가 된 증거의 요지를 명시하여야 한다(제323조 제1항). 증거의 요지를 명시하지 아니한 경우에는 절대적 항소이유가 된다(제361조의5 제11호). 이는 판결서의 작성과정에서 증거의 판단에 대한 고찰의 기회를 갖게 한다는 의미에서 증명력 판단의 합리성을 보장하고 자유심증주의에 대한 절차적 제약을 가하는 것이다.

2) 상소제도 증거의 취사선택에 있어서 경험과 논리의 법칙을 어긴 경우에는 채증법칙에 위반되는 것으로서 '사실의 오인이 있어 판결에 영향을 미친 때'의 항소이유에 해당되고(제361조의5 제14호), 그러한 증거에 따른 사실인정이 불합리할 때에는 '판결이유에 모순이 있는 때'의 항소이유에 해당됨으로써(동조 제11호) 상급심에서 구제될 기회를 갖게 된다. 채증법칙 위반 또는 심리미진의 위법은 상고이유로도 된다(제383조 제4호).

3) 증거능력의 제한 증거능력이란 증거가 엄격한 증명의 자료로서 사용될 수 있는 법률상의 자격을 말한다. 증거능력이 없는 증거는 엄격한 증명을 요하는 범죄사실 기타 이에 관련된 사실의 인정에 관하여 그 심증형성의 자료로 사용할 수가 없을 뿐만 아니라 공판정에 증거로서 제출하여 증거조사를 하는 것도 허용되지 아니한다. 임의성 없는 자백과 전문증거 등과 같이 신빙성 · 합리성이 없는 증거에 대해서는 증거능력을 부정 또는 제한하여 증명력 평가의 대상에서 제외시키고 있으므로 증거능력의 제한은 자유심증주의의 합리성을 보장하는 기능을 갖고 있다.

4) 증거조사결과에 대한 피고인의 의견개진에 의한 보장 제293조는 재판장은 피고인에게 각 증거조사의 결과에 대한 의견을 묻고 권리를 보호함에 필요한 증거조사를 신청할 수 있음을 고지하도록 규정하고 있다. 이는 증거조사에 있어 피고인에게 진술의 기회, 반증의 기회를 보장하려는 데 그 목적이 있다. 재판장으로부터 이 고지를 받은 피고인이 증거조사결과 중 증명력에 대한 의견이 있은 때에는 법관은 그 의견을 듣고 증거의 증명력을 판단하여야 하므로 이 한도 내에서 법관의 자유심증은 간접적으로 절차적 제한을 받게 되어 그 합리성을 보장하는 방도로 될 수 있다.

5) 당사자주의에 의한 보장 증거조사의 신청 또는 증거의 제출은 당사자의 권한에 속하는 당사자주의가 강화되어 법원의 직권증거조사는 보충적으로 인정된다. 따라서 법관은 원칙적으로는 당사자가 제출한 증거를 대상으로 증명력을 판단하므로 이러한 의미에서 자유심증주의는 법관의 자의로부터 합리성을 보장하는 방도가 된다.

3. 자유심증주의의 예외와 제한

(1) 예 외

1) 자백의 증명력 제한 피고인의 자백이 피고인에게 불이익한 유일한 증거일 때에는 이를 유죄의 증거로 하지 못한다(제310조). 자백에 대한 보강증거가 없을 때에는 자백에 의하여 유죄의 심증을 얻은 경우에도 유죄를 선고할 수 없다는 점에서 자백의 증명력 제한은 자유심증주의의 예외가 된다.[33]

2) 공판조서의 증명력 공판기일의 소송절차에 관한 한 공판조서에 기재된 것은 법관의 심증여하를 불문하고 그 기재된 대로 인정해야 된다(제56조).[34] 즉 공판조서의 기재사항은 절대적 증명력을 가진다. 이것은 그 기재내용에 대해 반증을 불허함으로써 소송의 지연을 방지하고자 하는 데에 취지가 있다. 따라서 공판조서의 증명력은 자유심증주의에 대한 예외를 인정한 것이다.

3) 법률상 추정 법률상의 추정이 자유심증주의의 예외가 된다는 견해도 있지만,[35] 당사자가 다투지 않는 경우 추정되는 사실을 불요증사실로 보는 것일 뿐이고, 당사자가 반대사실을 입증하는 경우에는 자유심증주의가 그대로 적용되기 때문에 전체적으로는 자유심증주의의 예외로 볼 수 없다.

(2) 제 한

1) 피고인의 진술거부 피고인이 진술거부권을 행사하거나 증인이 허용된

---

33) 다만, 범죄의 주관적 구성요소, 즉 고의 · 과실 · 목적은 자백만으로 인정할 수 있으며 보강증거를 요하지 않는다(대판 1961.8.16, 4294형상171). 전과에 관한 사실에 대하여도 같다. 그러므로 이 범위에서는 자유심증주의가 적용된다.

34) 피고인의 공판조서에 대한 열람 또는 등사청구에 법원이 불응하여 피고인의 열람 또는 등사청구권이 침해된 경우에는 그 공판조서를 유죄의 증거로 할 수 없을 뿐만 아니라, 공판조서에 기재된 당해 피고인이나 증인의 진술도 증거로 할 수 없다(대판 2003.10.10, 2003도3282).

35) 정영석/이형국, 381면.

증언을 거부하는 경우에 법관이 이를 피고인에게 불리하게 간접증거로 삼아서 심증을 형성할 수는 없다. 이를 긍정하면 진술을 강요하는 것이기 때문이다. 이 점에서 자유심증주의의 제한이 이루어진다.

2) 자유심증주의와 in dubio pro reo의 원칙 자유심증주의에 의한 증거평가의 결과 법관이 확신을 가질 수 없어 범죄사실이 증명되지 아니한 때에 적용되는 원칙이 바로 "의심스러울 때에는 피고인의 이익으로"라는 원칙이다. in dubio pro reo의 원칙은 자유심증주의가 적용된 이후의 재판원칙이므로 자유심증주의를 제한하는 원칙은 아니다.

[§ 33] 자백의 증거능력과 증명력에 관한 특별원칙

Ⅰ. 서 론

1. 자백의 의의

자백이라 함은 피고인 또는 피의자가 범죄사실의 전부 또는 일부를 인정하는 진술을 말한다. 따라서 전과와 같은 범죄사실 이외의 사실에 대한 진술은 자백이 될 수 없다. 원래 영미법에서는 단지 자기에게 불이익한 사실을 인정하는 것을 자인(admission)이라 하여 자기의 형사책임을 인정하는 자백(confession)과 구별하고 있으나 우리 형사소송법은 자백과 자인을 구별하지 아니한다. 따라서 구성요건에 해당하는 사실을 긍정하면서 위법성조각사유나 책임조각사유의 존재를 주장하는 경우에도 형사소송법상 자백에 해당한다.

자백은 구술에 의한 것은 물론 진술서 등 서면에 의한 것도 포함하고, 또한 자백은 법관이나 수사기관에 대한 것임을 요하지 아니하고, 사인(私人)에 대한 것이든, 일기장의 기재와 같은 상대방이 없는 것도 상관이 없다.

공판정에서 법관에 대해서 한 자백을 재판상의 자백이라 하고, 그 외의 자에 대한 자백을 재판외의 자백이라고 한다.

관련판례 ① 검사의 피고인에 대한 제1회 피의자신문시 검사가 사법경찰관작성의 의견서기재 무고피의사실을 읽어주자 피고인이 "예, 같습니다"라고 대답하면서도 유리한 증거가 있느냐는 물음에 대하여는 "본인이 여러 차례에 걸쳐서 진정한 것은 너무나 억울하여 한 것이다"라고 말하고 그 전에 수사관이 작성한 피의자신문조서와 검사작성의 제2회 피의자신문조서에서는 모두 그 범행을 부인하고 있다면 검사의 제1회 피의자신문조서의 내용은 진실한 자백으로 인정되지 아니한다(대판 1984.7.24, 83도2692).

2. 자백의 양면적 성격

자백은 인간의 자기보호본능에서 보아 진실일 가능성이 크고, 실제로 수사에 있어서 많은 편의를 주는 반면, 허영심, 영웅심 또는 의리, 인정, 매수 등에 의하여 자백을 하는 경우나 중죄 또는 타죄의 은폐수단으로 행하여지는 경우 등에는 그 내용이 허위일 가능성이 있으며, 자백을 얻기 위하여 수사상 부당한 인권침해가 따를 위험성도 있다.

3. 자백에 대한 법제의 변천

과거 규문주의시대에는 증거법정주의를 취하여 자백에 절대적 증거능력 및 증명력을 부여하여 자백은 증거의 왕이었다. 따라서 자백을 얻기 위한 무한정의 고문이 성행하였다. 이러한 폐단을 제거하기 위하여 오늘날의 형사소송법은 자백의 증거능력과 증명력을 제한하고 있다. 우리 헌법 제12조 제7항과 형사소송법 제309조, 제310조도 자백에 임의성이 없으면 증거능력이 없고, 자백이 다른 보강증거 없는 유일한 증거인 때에는 증명력이 없다고 규정하고 있다.

Ⅱ. 자백의 증거능력에 관한 자백의 임의성법칙

1. 의 의

자백의 임의성 법칙이란 임의성이 의심되는 자백의 증거능력을 부정하는 법칙을 말하며, 자백배제법칙이라고도 한다. 헌법 제12조 제7항에 기초하여서 형사소송법은 "피고인의 자백이 고문, 폭행, 협박, 신체구속의 부당한 장기화 또는 기망 기타의 방법으로 임의로 진술한 것이 아니라고 의심할 만한 이유가 있는 때에는 이를 유죄의 증거로 하지 못한다"는 내용으로 이를 선언하고 있다(제309조).

2. 자백배제법칙의 이론적 근거

임의성 없는 자백의 증거능력을 부정하는 근거에 대해서는 다음과 같이 견해의 대립이 있다.

(1) 허위배제설

이 설은 영국 보통법의 전통적인 태도로서 임의로 한 자백이 아니면 허위가 개입할 위험성이 많으므로 그 자체에 있어 증명력이 빈곤하여 실체적 진실에 유해하기 때문에 아예 임의성 없는 자백의 증거능력이 부정되어야 한다는 견해이다.

관련판례 ① 피고인이 수사기관에서 한 자백이 고문에 의한 허위자백이라는 주장을 가볍게 신빙력 있는 것으로 보기 어려우나 피고인이 범행을 한 뚜렷한 동기가 없고 범인이라는 혐의를 받을 수사의 단서도 없으며 피고인의 자백진술이 객관적 합리성이 결여되고 범행현장과 객관적 상황과 중요한 부분이 부합되지 않는 등의 특별 사정이 있는 경우 피고인이 수사기관에서 자백하게 된 연유가 피고인의 주장대로 고문이 아니라 할지라도 다소의 폭행 또는 기타의 방법으로 자백을 강요하여 임의로 진술한 것이 아니라고 의심할 사유가 있다 할 것이다(대판 1977.4.26, 77도210).

이 설은 강제나 책략에 의한 자백은 대체로 허위가 개입될 위험성이 많다는 것을 지적하였다는 점에서는 어느 정도 합리성이 있으나, 자백의 증거능력과 증명력을 혼동하고 있고, 고문 등 강제에 의한 자백이 진실한 경우에도 증거능력을 배제하는 이유를 설명하기 곤란한 약점을 지닌다.

(2) 인권옹호설

이 설은 고문 등 강제에 의한 임의성 없는 자백에 증거능력을 인정한다면 고문 등의 폐단을 조장하고 불이익한 진술을 강요당할 위험성이 많기 때문에 인권보장의 견지에서 자백에 임의성을 요구한다는 견해이다.

이 설은 자백강요를 목적으로 한 고문, 폭행, 협박 등 인권침해적 요소를 억제함으로써 인권보장을 기하려는 데서 근거를 찾았다는 점에 이론의 정당성이 있기는 하나, 기망적 방법이나 유도적 방법에 의한 자백과 같이 인권침해에 의하지 않은 자백의 증거능력을 부정하는 근거를 설명하기 곤란하다는 약점을 지닌다.

(3) 절 충 설

이 설은 임의성 없는 자백은 허위일 위험성이 많을 뿐만 아니라 자백강요의 방지라는 인권보장을 위하여도 증거능력이 배제되어야 한다는 견해이다.[36] 이에 의하면 임의성 없는 자백이란 허위의 진술을 할 염려 있는 상황에서 행하여진 자백 또는 위법 · 부당한 압박하에서 행하여진 자백을 의미하게 된다.

관련판례 ① 임의성 없는 자백의 증거능력을 부정하는 취지는 허위진술을 유발 또는 강요할 위험성이 있는 상태하에서 행하여진 자백은 그 자체가 실체적 진실에 부합하지 아니할 소지가 있으므로 그 증거능력을 부정함으로써 오판의 소지를 없애려고 하는 데에 있을 뿐만 아니라, 그 진위 여부를 떠나서 임의성 없는 자백의 증거능력을 부정함으로써 자백을 얻기 위하여 피의자의 기본적 인권을 침해하는 위법 · 부당한 압박이 가하여지는 것을 사전에 막기 위한 것이므로, 그 임의성에 다툼이 있을 때에는 피고인이 그 임의성을 의심할 만한 합리적인 이유가 되는 구체적인 사실을 입증할 것이 아니고, 검사가 그 임의성에 대한 의문점을 해소하는 입증을 하여야 한다(대판 2000.1.21, 99도4940).

그리고 허위배제설과 인권옹호설 이외에도 아래에서 설명할 위법배제설까지 함께 고려하여 자백배제법칙의 근거로 삼는 **종합설**[37]도 절충설의 일종에 해당한다고 볼 수 있다.

그러나 허위배제설과 인권옹호설의 절충설은 수사기관이 단순히 절차를 위반한 것만으로도 그 이후 자백의 증거능력을 부정하여야 할 필요가 있는 경우에 그 증거능력을 쉽게 부정할 수 없는 약점을 지닌다. 그리고 사인의 위법행위까지 포섭하려는 종합설에는 실정법의 규율범위를 초월하는 약점이 있다.

(4) 위법배제설

이 설은 자백획득의 수단이 위법하면 그 자체만으로 증거능력이 부정된다는 견해이다.[38] 자백채취과정에 위법활동이 인정되기만 하면 임의성에 관한 판단은 할 것도 없이(적어도 제309조에 규정된 임의성에 의심이 있는 경우로 인정됨) 그 자백의 증거능력은 당연히 배제되는 것으로 이해하는 점에 이 설의 특징이 있다. 오늘날 유

36) 김기두, 134면; 백형구, 623면; 서일교, 176면; 신양균, 655면; 정영석, 147면.
37) 신동운, 589면. 특히 사인 간의 영역에 대해서도 이 원칙의 확대를 주장한다.
38) 강구진, 491면; 배종대/이상돈, 584면; 이재상, 517면; 임동규, 463면; 정영석/이형국, 336면; 정웅석, 821면; 차용석/최용성, 517면.

력설 및 다수설로 떠오르는 견해이다. 판례 중에서도 "형사소송법 제309조의 피고인의 진술의 자유를 침해하는 위법사유는 예시사유로 보아야 한다"고 판시한 것이 있다(대판 1985.2.26, 82도2413).

관련판례 ① 진술의 임의성이라는 것은 고문, 폭행, 협박, 신체구속의 부당한 장기화 또는 기망 기타 진술의 임의성을 잃게 하는 사정이 있다는 것 즉 증거의 수집과정에 위법성이 없다는 것이다(대판 1983.3.8, 82도3248).

그리고 미국 연방대법원도 이미 1943년 Mcnabb판결과 1957년 Mallory판결에서 피체포자를 신속히 법관의 면전에 인치하지 않고 불법구속 중에 얻은 자백은 증거능력이 없다고 판시하여 소위 Mcnabb-Mallory원칙을 확립하였다. 그리고 1964년 Escobedo판결은 변호인과의 접견교통권을 침해하여 획득한 자백은 증거능력이 없고, 1966년 Miranda판결은 진술거부권을 고지하지 아니하고 얻은 자백은 증거능력이 없다고 판시하였다.

생각건대, 절차가 위법한 경우에는 적어도 임의성에 의심이 있는 것으로 해석할 수 있기 때문에 위법한 절차 이후에 있는 자백의 증거능력은 더 이상의 요건 없이도 부정되어야 한다. 따라서 위법배제설이 가장 타당하다.

3. 자백의 임의성법칙의 적용범위

(1) 고문, 폭행, 협박에 의한 자백

고문, 폭행, 협박에 의한 자백은 주로 인권침해에 의한 자백을 규정한 것이다. 고문은 구타, 전기의자의 사용 등 신체에 대하여 위해를 가하는 것을 말하고, 폭행은 신체에 대한 유형력의 행사, 협박은 위해를 예고하여 공포심을 일으키는 심리적 강제를 말한다. 이 경우의 자백은 임의성에 관한 판단을 할 것도 없이 절차의 위법 때문에 증거능력이 당연히 부정된다고 보아야 한다(위법배제설의 태도).

관련판례 ① 피의자가 경찰에서 고문에 의하여 자백을 한 후 검사에게 동일한 자백을 한 경우에, 임의성 없는 심리상태가 검사의 조사단계까지 계속된 경우에는 검사 앞에서의 자백이 고문 등에 의하여 강요받은 바가 없다고 하여도 임의성이 없다고 할 수밖에 없다(대판 1984.5.15, 84도472; 동일한 취지로는 대판 1992.3.10, 91도1; 대판 1992.11.24, 92도2409).

② 공범자에 대한 고문이 자행되고 그 비명소리가 들리는 상황에서 행해진 자백은 임의

성이 없는 심리상태하에서 행하여진 자백임이 명백하다(대판 1978.1.31, 77도463).

③ 검사작성의 제1차 피의자신문조서는 피고인이 경찰에서 범행사실을 부인하다가 심한 고통을 당한 끝에 자백하던 날 아침에 검찰청에 연행되어 작성된 것이고 제2차조서도 제1차 조서작성 이후 다시 경찰에 연행되었다가 검찰청에 송치되던 날 작성되었다 하더라도 그러한 사정만으로는 경찰에서 피고인을 취조 내지 연행한 경찰관 면전에서 작성된 것이라 추정할 수 없고 추정에 의한 사실의 가정을 전제로 검사의 피의자신문조서 내용을 피고인이 임의로 진술한 것이 아니라고 의심할 만한 이유 있는 때라고 볼 수 없다(대판 1972.8.22, 72도1469).

(2) 신체구속의 부당한 장기화로 인한 자백

신체구속의 부당한 장기화로 인한 자백은 자백의 임의성을 문제삼지 않고 구속의 위법성 때문에 자백의 증거능력이 배제되는 경우이며, 위법배제설의 색채가 명백히 나타난 것이라 할 수 있다.

(3) 기망 기타 방법에 의한 임의성에 의심이 있는 자백

1) 기망에 의한 자백　기망에 의한 자백이란 상대방을 착오에 빠뜨려서 얻은 자백을 말한다. 여기의 기망은 적극적인 사술이 있는 경우에만 인정되고 단순히 착오를 이용하는 것으로는 부족하다. 예컨대 진실에 반해서 "공범자는 이미 자백하였다", "공범자가 체포되었기 때문에 부인해 보았자 소용없다", "누군가가 너의 범행을 목격하였다고 말하고 있다", "사건현장에 남은 지문이 너의 것과 동일하다"는 등의 거짓말을 하여 자백을 받는 경우가 여기에 해당한다.

제309조는 자백의 임의성이 없는 경우를 유형화하여 규정하고 있으나 그 유형화는 제한적이 아니고 예시적인 것이므로(대판 1985.2.26, 82도2413), 위의 것 이외의 사유로서 임의성이 없다고 의심할 만한 사정이 개입된 자백이 있을 수 있다. 흔히 있을 수 있는 경우 몇 가지를 아래에서 검토해 보기로 한다.

[유도신문(leading question)에 의한 자백]

신문자가 의도하는 진술을 유도하는 유도신문은 법정에서의 피고인심문절차에서는 물론이고 수사절차에서의 피의자신문에서도 금지되는 것으로 보아야 한다. 다만 이에 의한 자백에 대해 임의성이 항상 부정되는 것으로 볼 수는 없다.

2) 약속에 의한 자백　피의자가 불기소처분하겠다는 검사의 약속, 보석, 사

면, 조기석방 또는 금전적 보수의 제공 등의 약속에 기해서 한 자백은 그 증거능력이 배제될 수 있다. 약속한 이익은 반드시 자백에 영향을 미칠 수 있는 것이어야 한다. 따라서 단순히 커피나 담배를 주겠다는 편의제공은 여기에 해당하지 않는다.

관련판례 ① 피고인의 자백이 신문에 참여한 검찰주사가 피의사실을 자백하면 피의사실부분은 가볍게 처리하고 보호감호의 청구를 하지 않겠다는 각서를 작성하여 주면서 자백을 유도한 것에 기인한 것이라면 위 자백은 기망에 의하여 임의로 진술한 것이 아니라고 의심할 만한 이유가 있는 때에 해당하여 형사소송법 제309조 및 제312조 제1항의 규정에 따라 증거로 할 수 없다(대판 1985.12.10, 85도2182, 85감도313).

② 자백의 임의성이 인정된다고 하더라도 이것은 그 자백이 엄격한 증명의 자료로서 사용될 자격 즉 증거능력이 있다는 것에 지나지 않고 그 자백의 진실성과 신빙성 즉 증명력까지도 당연히 인정되어야 하는 것은 아니다. 자백의 신빙성 유무를 판단함에 있어서는 첫째로 자백의 진술내용 자체가 객관적인 합리성을 띠고 있는가, 둘째로 자백의 동기나 이유 및 자백에 이르게 된 경위가 어떠한가, 셋째로 자백 외의 정황증거중 자백과 저촉되거나 모순되는 것이 없는가 하는 점 등을 고려하여 판단하여야 한다. 피고인의 자백진술의 수차에 걸친 변경이 당초에 의도적으로 숨겼던 사실을 밝히거나 부정확한 기억을 되살린 것이라기보다는 피고인이 허위로 자백한 내용 중 객관적 상황에 맞지 않는 부분을 그 후 객관적 상황에 맞추어 수정한 것으로 보여지는 경우, 이와 같은 자백은 그 진술내용 자체가 객관적인 합리성이 결여된 것으로 신빙성이 없다. 일정한 증거가 발견되면 피의자가 자백하겠다고 한 약속이 검사의 강요나 위계에 의하여 이루어졌다든가 또는 불기소나 경한 죄의 소추 등 이익과 교환조건으로 된 것으로 인정되지 않는다면 위와 같은 자백의 약속하에 된 자백이라 하여 곧 임의성 없는 자백이라고 단정할 수는 없다(대판 1983.9.13, 83도712).

3) 수갑을 채운 상태하에서 한 자백 공판정에서는 피고인의 신체를 구속하지 못한다는 명문의 규정이 있지만(제280조), 구속 중인 피의자에 대하여는 위와 같은 명문의 규정이 없으므로 수갑을 채운 채로 신문하는 것이 법률상 적법인가 위법인가에 관하여는 적법설[39]과 위법설(제280조는 피의자에게도 유추적용되어야 한다는 설)[40]의 대립이 있다. 생각건대, 피의자가 도망 또는 폭력을 쓰거나 자살·자상의 염

39) 반드시 그 신문이 위법하다거나 그 자백의 임의성에 의심이 있다고 단정할 수 없다는 입장으로 정동욱, "임의성없는 자백의 증거능력," 고시계 1993.6, 72면.

40) 원칙적으로 허용되지 않는다는 견해로는 김성진, "임의성에 의심이 있는 자백의 유형," 사법행정, 1997.3, 46면.

려가 있는 경우에는 수갑사용이 적법하다고 하여야 한다. 그러나 피의자에게 그러한 염려가 없는데도 수갑을 채운 채 조사를 하여 그 결과 피의자가 자백한 것이라면 그 자백은 임의성이 없다고 할 수 있을 것이다.

4) 철야신문에 의한 자백 구속절차의 긴급성이나 기소 여부를 결정하는 시간적 제약 등 수사 신속성의 요구 때문에 신문이 야간에 이루어지는 경우가 실제상 적지 않다. 따라서 야간신문 그 자체만으로 증거능력을 부정하기는 어렵다. 그러나 피의자를 밤새도록 잠을 재우지 않거나, 수일간에 걸쳐 연일 아침부터 밤까지 거의 같은 사실을 되풀이하여 신문하여 얻은 자백은 임의로 진술한 것이 아니라고 의심할 만한 상당한 이유가 있으므로 그 증거능력이 부정되어야 한다(대판 1997.6.27, 95도1964; 대판 1998.4.10, 97도3234). 판례에 의하면 검찰에 연행된 때로부터 약 30시간 동안 잠을 재우지 아니한 채 검사 2명이 교대로 신문을 하면서 회유한 끝에 받아낸 자백과[41] 별건으로 수감 중인 자를 약 1년 3개월의 기간 동안 무려 270회나 검찰청으로 소환하여 밤늦은 시각 또는 그 다음날 새벽까지 조사를 하여 받아낸 자백,[42] 별건으로 구속된 상태에서 10여 일 내지 수십여 일 동안 거의 매일 검사실로 소환되어 밤늦게까지 조사를 받으면서 한 자백[43]의 증거능력을 부정하고 있다.

5) 진술거부권을 고지하지 않은 자백 단순한 진술거부권의 불고지만으로는 자백의 증거능력을 부정할 수 없다는 견해도 있지만,[44] 진술거부권의 고지는 진술거부권 행사의 불가결한 전제이며 이에 의하여 피의자의 방어권 내지 인권의 보장이 담보될 수 있는 것이므로 진술거부권을 고지하지 않은 위법이 있는 때에는 자백배제법칙을 적용하여 증거능력을 부정하는 것이 타당하다. 다만 상대방의 신체자유를 제한한 상태에서 범죄사실에 대해 질문을 하는 경우에만 적용되는 미국의

41) 대판 1997.6.27, 95도1964. 독일의 판례는 30시간 동안 잠잘 기회를 주지 않고 신문을 계속하여 받은 자백의 증거능력을 부정한 바 있고, 미국에서도 잠을 재우지 않고 2일 동안 계속 신문한 끝에 얻은 자백의 증거능력을 부정한 바 있다. 이에 대한 글로는 봉욱, "철야조사에 의하여 얻은 자백의 증거능력," 형사판례연구 7권, 1999, 420-436면; 심희기, "철야신문의 위법성," 형사소송법판례 70선, 2002, 348-352면 참조.

42) 대판 2006.1.26, 2004도517. 국외로 출국하여야 하는 상황에 놓여 있는 자를 심리적으로 압박하여 조사를 하였을 가능성이 충분하다면 그들에 대한 진술조서는 임의성을 의심할 만한 사정이 있다.

43) 이들은 과도한 육체적 피로, 수면부족, 심리적 압박감 속에서 진술을 한 것으로 보여지므로 이들에 대한 진술조서는 그 임의성을 의심할 만한 사정이 있다(대판 2002.10.8, 2001도931).

44) 백형구, 625면.

Miranda 원칙을 넘어가는 범위에서는 진술거부권을 고지하지 않은 경우에도 증거능력을 긍정할 수 있을 것이다. 예컨대 교통법규 위반자를 정지시켜 질문하는 경우와 불심검문으로 질문하는 경우(이 경우에는 신체의 자유를 제한한 경우가 아니기 때문임), 경찰관이 대화하는 과정에 피의자가 이를 듣고 스스로 답한 경우 등에는 위법성이 부정되어야 한다.

6) 변호인선임권, 접견교통권의 침해에 의한 자백 변호권은 피고인의 방어권의 불가결한 요소이며 변호인선임권과 접견교통권은 그 핵심적 내용이 되는 것이므로 이를 침해하여 받은 자백에 대하여도 당연히 자백배제법칙이 적용되어야 한다(대판 1990.8.24, 90도1285). 다만, 판례에 따르면 검사의 접견금지 결정으로 피고인들의 접견이 제한된 상황하에서 피의자 신문조서가 작성되었다는 사실만으로 바로 그 조서가 임의성이 없는 것이라고는 볼 수 없다(대판 1984.7.10, 84도846).

7) 마취분석과 거짓말탐지기에 의한 자백 약물투여 또는 마취분석에 의한 자백은 동의의 유무를 불문하고 증거능력이 부정되어야 한다. 그리고 거짓말탐지기의 사용은 인간의 존엄과 가치를 침해하는 위법이 있기 때문에 이를 이용한 자백의 증거능력을 항상 부정하여야 한다는 견해도 있으나,[45] 피검자의 동의가 있으면 적법성을 긍정할 수 있기 때문에 그를 통해 피고인이 별도로 임의자백한 경우에는 증거능력을 인정할 수 있을 것이다.

4. 관련문제

(1) 인과관계의 요부

고문, 폭행, 협박, 신체구속의 부당한 장기화 등과 임의성 없는 자백 사이에 인과관계를 요하는가에 대하여는 적극설,[46] 소극설(다수설) 및 고문 등의 위법사유에 대해서는 인과관계를 요하지 않는다는 절충설[47]이 대립되어 있다. 판례는 임의성 없는 사유들과 자백 사이에 인과관계를 요구하고 있다(대판 1984.11.27, 84도2252).

관련판례 ① 경찰에서 부당한 신체구속을 당하였다 하더라도 검사 앞에서의 피의자 진술에 임의성이 인정되면 부당한 신체구속이 있었다는 사유만으로 검사작성의 피의

45) 신동운, 594면.
46) 김기두, 135면; 신동운, 937면; 신양균, 699면; 정영석, 150면.
47) 이재상, 524면.

자신문조서의 증거능력이 상실된다고 할 수 없다(대판 1986.11.25, 83도1718).

생각건대, 제309조에 열거되어 있거나 이에 준하는 위법이 있는 경우에는 그것이 임의성에 실제로 영향을 끼쳤는가에 관계없이 증거능력을 부정하여야 피고인의 인권 내지 방어권이 충실히 보장될 수 있다. 따라서 위법배제설에 근거한 인과관계의 부정설이 타당하다.

(2) 임의성의 입증

1) 거증책임 자백의 임의성의 존부가 불명한 경우 즉 법관이 이 점에 관하여 심증을 얻지 못한 경우에 자백의 임의성에 대한 거증책임은 검사에게 있다. 자백의 임의성은 소송법적 사실이므로 증거를 제출한 당사자(검사)에게 거증책임이 있기 때문이다. 다만 거증책임의 개념을 부정하는 견해는 in dubio pro reo의 원칙에 의하여 임의성이 불분명한 자백의 증거능력을 부정할 수 있다고 한다.[48] 그런데 종래의 판례는 "진술의 임의성을 잃게 하는 사정은 헌법이나 형사소송법의 규정에 비추어 볼 때 이례에 속한다고 할 것이므로 진술의 임의성은 추정된다"고 판시하였다(대판 1983.3.8, 82도3248). 그러나 임의성 없는 자백의 증거능력을 부정하는 취지는 허위진술을 유발 또는 강요할 위험성이 있는 상태하에서 행하여진 자백은 그 자체가 실체적 진실에 부합하지 아니할 소지가 있으므로 그 증거능력을 부정함으로써 오판의 소지를 없애려고 하는 데에 있을 뿐만 아니라, 그 진위 여부를 떠나서 임의성 없는 자백의 증거능력을 부정함으로써 자백을 얻기 위하여 피의자의 기본적 인권을 침해하는 위법·부당한 압박이 가하여지는 것을 사전에 막기 위한 것이므로, 그 임의성에 다툼이 있을 때에는 피고인이 그 임의성을 의심할 만한 합리적인 이유가 되는 구체적인 사실을 입증할 것이 아니고, 검사가 그 임의성에 대한 의문점을 해소하는 입증을 하여야 한다(대판 2000.1.21, 99도4940). 결국, 자백의 임의성은 추정되지 않고 검사에게 거증책임이 있는 것으로 귀결되어야 한다(대판 2006.11.23, 2004도7900).

2) 입증의 방법 자백의 임의성에 대한 입증의 방법에 대해서는 견해의 대립이 있다. **자유로운 증명설**은 자백의 임의성은 소송법적 사실이므로 자유로운 증명으로 족하다고 한다.[49] 판례도 진술의 임의성에 관하여는 당해 조서의 형식, 내용, 진술자의 신분, 사회적 지위, 학력, 지능정도 기타 여러 사정을 참작하여 판정할

48) 배종대/이상돈, 559면; 신동운, 599면.
49) 백형구, 630면; 신양균, 660면; 임동규, 455면; 이재상, 525면; 진계호, 560면.

수 있다고 판시하였다(대판 1986.9.9, 86도1187). 이에 비하여 **엄격한 증명설**은 임의성 있는 자백은 피고인에게 불리한 증거가 되기 때문에 엄격한 증명을 요한다고 한다.[50] 그리고 **절충설**은 고문 · 폭행 · 협박 · 신체구속의 장기화와 같이 위법의 정도가 큰 경우에는 엄격한 증명을 요하고, 기망 기타의 사유에 기인하는 경우에는 자유로운 증명으로 족하다는 견해이다.[51]

생각건대, 자백의 임의성은 소송법적 사실임에도 불구하고 거증책임을 검사에게 부담시키고 있고, 자유로운 증명에도 여전히 법관에 의한 자유심증주의가 적용되기 때문에 자백의 임의성에 대한 입증의 방법은 자유로운 증명으로 족하다고 보아야 한다.

5. 자백배제법칙의 효과

(1) 증거능력의 절대적 부정

임의성 없는 자백의 증거능력제한은 절대적이다.[52] 따라서 임의성에 의심이 있는 자백은 동의에 의하여도 증거능력을 가지지 못하며 탄핵증거로도 사용하지 못한다. 그리고 임의성 없는 자백에 기초하여 재판한 경우에는 상대적 상소이유가 된다(제361조의5 제1호, 제383조 제1호).

관련판례 ① 기록상 진술증거의 임의성에 관하여 의심할 만한 사정이 나타나 있는 경우에는 법원은 직권으로 그 임의성 여부에 관하여 조사를 하여야 하고, 임의성이 인정되지 아니하여 증거능력이 없는 진술증거는 피고인이 증거로 함에 동의하더라도 증거로 삼을 수 없다(대판 2006.11.23, 2004도7900).

---

(2) 파생증거의 증거능력

예컨대 피고인을 고문하여 얻은 자백으로부터 사체나 범행흉기의 소재를 알고 이를 발굴한 경우 그 사체나 흉기의 증거능력을 부정할 것인가 하는 문제로서 소위 독수의 과실이론을 인정할 것인가와 관련된다. 통설은 제309조의 취지에 비추어 증거능력을 부정해야 한다고 한다.[53] 종래 판례 중에도 압수된 망치, 국방색 작업복과

50) 강구진, 496면; 김기두, 126면; 배종대/이상돈, 560면; 신현주, 591면.

51) 신동운, 597면.

52) 그 증거능력을 부인하여 유죄의 증거에서 실질적이고 완전하게 배제하여야 한다(대판 1990.9.25, 90도1586).

53) 고문 등 강제에 의한 자백은 증거능력을 부정해야 하지만, 기망 기타 방법에 의한 자백의 경우에는 증거능력을 인정함이 타당하다는 소수견해로는 정영석, 152면.

야전잠바 등은 피고인의 증거능력 없는 자백에 의하여 획득된 것으로 증거능력이 없다고 한 것이 있었다.[54]

판례는 "수사기관의 위법수사를 억제하는 가장 효과적인 대응책은 제1차 증거뿐만 아니라, 제2차 증거도 증거에서 배제하는 것"이라고 판시하여 독수의 과실이론을 명시적으로 채택하면서도, "적법절차의 실질적 내용을 침해하지 않고 증거능력을 배제하면 오히려 형사사법정의에 반하는 예외적인 경우에는 유죄의 증거로 사용할 수 있다"고 하여 예외의 가능성을 인정하고 있다.[55] 그리고 제2차 증거의 증거능력 판단에는 "1차증거 수집과 2차증거 수집 사이의 인과관계의 희석 또는 단절 여부를 중심으로 2차증거 수집과 관련된 모든 사정을 전체적 · 종합적으로 고려한다"고 하여[56] 제2차적 증거에만 사용하는 추가적인 판단기준을 제시하고 있다.

Ⅲ. 자백의 증명력에 관한 자백의 보강법칙

1. 자백 보강법칙의 의의와 필요성

(1) 의 의

자백의 보강법칙이란 피고인의 자백이 증거능력이 있어서 증거로 채택될 뿐만 아니라 신용성이 있어서 법관이 유죄의 심증을 얻었다고 할지라도 보강증거가 없으면 유죄로 인정할 수 없다는 원칙을 말한다. 헌법 제12조 제7항에 기초하여 형사소송법 제310조가 "피고인의 자백이 그 피고인에게 불이익한 유일한 증거인 때에는 이를 유죄의 증거로 하지 못한다"는 내용으로 이를 선언하고 있다.

이 원칙은 증거가 가지는 실질적 가치, 즉 증거의 증명력에 관한 원칙으로서 자유심증주의의 중요한 예외를 이루고 있다.

(2) 자백에 보강증거를 필요로 하는 이유

1) 자백의 진실성담보 자백에 보강증거를 필요로 하는 이유는 허위자백으로

54) 대판 1977.4.26, 77도210.

55) 이 기준은 1차적 증거뿐만 아니라, 2차적 증거에도 공통적으로 사용할 수 있다고 보이며, 예컨대 진술거부권 고지규정은 실질적으로 진술강요를 방지하기 위한 규정이므로 비록 진술거부권을 불고지해도 범행을 뉘우치면서 자발적으로 범행전모를 자백한 경우라면 진술거부권의 실질적 내용을 침해하지 않았다고 볼 수 있다. 그리고 이를 토대로 범행도구를 찾아낸 경우 독수의 과실의 예외로서 증거능력이 있다는 결론이 가능하게 된다.

56) 대판(전합) 2007.11.15, 2007도3061.

인한 오판의 위험을 방지하고, 믿을 수 없는 자백을 유죄의 증거로 사용하는 것에 대한 견제책이 된다. 자백은 인간의 자기비호의 본능상 진실일 가능성이 많으나, 예컨대 대리처벌을 받기 위한 허위자백, 영웅심리에 의한 허위자백 등도 있을 수 있다.

2) 인권침해의 방지　고문 등 인권침해에 의한 자백은 증거능력이 배제되나, 실제로는 그 가능성을 완전히 불식했다고 하기 어려우므로 자백에 보강증거를 요구하여 인권보장을 위한 2단계의 제도적 장치를 한 것이다.

2. 보강법칙의 적용범위

(1) 보강법칙이 적용되는 절차

자백의 보강법칙은 일반 형사소송절차에서만 적용된다. 따라서 즉결심판과 소년보호사건[57]에서는 적용되지 않기 때문에 이 절차에서는 자백만으로 사실을 인정하여도 위법이 아니다. 그러나 간이공판절차와 약식명령절차는 형사소송법이 적용되므로 자백의 보강법칙이 적용된다.

(2) 보강을 필요로 하는 자백

1) 피고인의 자백　보강법칙은 피고인의 자백에 대해서만 적용된다. 여기서 피고인의 자백이란 피고인이 반드시 피고인의 지위에서 한 자백에 한하지 않고 피의자의 지위나 참고인 또는 증인으로서 한 자백도 그가 후에 피고인이 되었을 때에는 피고인의 자백에 속한다. 수사기관에서 한 자백은 물론이고 사법절차 외의 자백, 예컨대 사인에게 한 자백도 포함되고, 구술에 한하지 않고 서면에 기재된 것도 포함된다.

자백의 보강법칙은 증거능력 있는 자백을 전제로 한다. 따라서 임의성 없는 자백 또는 증거능력 없는 전문증거는 보강증거가 있다고 하여도 유죄의 증거가 될 수 없다.

2) 공판정에서의 자백　영미법상의 arraignment제도 아래서는 공판정의 자백은 유죄의 답변으로 배심원의 유죄평결과 같은 효력이 인정된다. 따라서 공판정의 자백에 대해서는 보강증거의 문제가 일어나지 않는다. 재판상의 자백은 일반적으로 재판외의 자백에 비하여 그 임의성과 신용성에서 우월하다. 그러나 공판정에서의 자백인 경우에도 허위자백 또는 강요에 의한 자백의 위험성이 완전히 배제된다고 할

---

57) 대판 1982.10.15, 82모36.

수 없고, 형사소송법이 arraignment제도를 인정하지 않고 있으므로 공판정의 자백에도 보강증거가 필요하다. 판례도 동일한 입장을 취한다(대판 1978.6.27, 78도743).

3) 공범자의 자백 부인하는 피고인에 대해 유죄판결을 하기 위해서는 공범자의 자백 이외에 보강증거가 필요한가의 증명력 문제에 대해서는 견해대립이 있다(아래 참조). 그런데 이러한 증명력 문제 이전에 공범자의 자백을 피고인의 범죄사실에 대한 유죄증거로서 사용할 수 있는가의 증거능력 문제가 먼저 대두된다. 이러한 공범자 자백의 특수문제에 대해서는 아래에서 별도로 설명하기로 한다.

3. 공범자 자백의 증거능력과 증명력

(1) 문 제 점

공범자의 자백에는 두 가지의 문제점이 있다. 공범자의 자백을 다른 공범피고인의 범죄사실에 대한 유죄증거로 사용할 수 있는가의 문제(즉 증거능력의 문제)와 다른 보강증거가 없는 경우에는 공범자의 자백만을 가지고 다른 공범피고인에 대해 유죄판결을 할 수 있는가의 문제(즉 증명력의 문제)가 그것이다.

(2) 증거능력의 문제

1) 공범자(공동피고인)의 법정자백의 경우 공범자(공동피고인)의 공판정 자백을 다른 공범피고인의 범죄사실에 대한 유죄증거로 사용할 수 있는가에 대해서는 다음과 같은 견해대립이 있다.

(가) 적 극 설 이 설은 피고인에게는 다른 공동피고인의 법정진술에 대해 반대신문권이 보장되어 있고, 자백한 공동피고인에 대해서도 불리한 증거로 사용된다는 점에서 증거능력을 긍정하여야 한다는 견해이다.[58] 판례는 공범인 공동피고인에 대해서는 적극설을 취하고 있다(아래 판례 참조). 이에 반하여 판례는 공범관계가 없는 공동피고인에 대해서는 증인신문절차에 의하여 신문한 경우에 한해서 그 법정 진술(증언)의 증거능력을 인정하고 있다(대판 1982.9.14, 82도1000; 절도범과 장물범 사이에 대한 대판 2006. 1.12, 2005도7601). 따라서 공범 아닌 공동피고인이— 증인이 아니라 —공동 피고인의 지위에서 한 진술은 당해 피고인의 범죄사실에 대해 증거

58) 이재상, "공동피고인의 진술," 고시연구 1983.9, 101면; 임동규, 547면; 박재완, "공동피고인의 진술의 증거능력(소송지휘와 조서의 기재를 중심으로)," 판례연구(전주지방법원), 1998, 88면.

능력을 가질 수 없다.

관련판례 ① 형사소송법 제310조의 피고인의 자백에는 공범인 공동피고인의 진술은 포함되지 않으며, 이러한 공동피고인의 진술에 대하여는 피고인의 반대신문권이 보장되어 있어 독립한 증거능력이 있다(대판 1992.7.28, 92도917).

(나) 소 극 설 이 설은 자백이 허위인 경우에도 공동피고인에게 위증죄의 부담이 없고, 피고인에게 반대신문권을 보장하는 명시적 규정이 없기 때문에 변론의 분리(제300조)가 없는 한 공동피고인의 자백을 증거로 사용할 수 없다는 견해이다.[59]

(다) 절 충 설 이 설은 피고인에게 실제로 반대신문권의 행사를 보장한 경우에 한하여 공동피고인의 자백에 증거능력을 인정할 수 있다는 견해이다.[60]

생각건대, 공범자 · 공동피고인의 법정자백에 대해서 증거능력을 인정하기 위하여 변론을 분리하는 것은 소송경제에 상응하지 않고, 피고인이 반대신문권을 사실상 행사하지 않은 경우에도 증거능력을 인정하는 것은 그의 방어권을 침해하는 것이기 때문에 당해 피고인에게 사실상 반대신문권의 행사를 보장하는 것을 조건으로 공동피고인 자백의 증거능력을 인정하는 절충설이 가장 타당하다.

2) 공범자의 법정 외 자백(수사서류에 기재된 자백)의 경우 공범자의 법정 외 자백(진술)이 다른 공범 피고인(당해 피고인)의 범죄사실에 대한 유죄증거로 사용될 수 있는가에 대해서는 종래에는 검사와 사법경찰에서의 자백(진술) 여부에 따라 나누어 검토되었다. 그러나 2022.1. 시행 형소법은 수사서류의 증거능력에 관해 검찰과 사법경찰 사이의 차이를 없게 하였고, 피의자신문조서의 경우는 전문법칙 예외요건을 종래 경찰작성의 경우와 동일하게 통일하였다. 그렇기 때문에 현행 형소법하에서는 종래 사법경찰 작성의 공범 피신조서에 관한 아래 내용이 그대로 검사 작성의 경우에도 원용되어야 할 것이다.

---

59) 서일교, 179면; 염정철/이황우, 211면; 박강우, "공동피고인의 증인적격과 공판정진술의 증거능력," 고시연구, 2003.7, 158면.

60) 백형구, 342면; 배종대/이상돈, 652면; 이은모, "보강증거의 성질 · 범위 및 공범자인 공동피고인의 공판정 자백의 증거능력과 증명력," 고시연구 2006.5, 57면; 정웅석, "공동피고인의 진술의 증거능력," 연세법학연구 제5집 제1권, 연세법학연구회, 1998, 251면; 김경희, "공동피고인 진술의 증거력," 검찰 제4집 통권 제48호, 대검찰청, 1972.12, 199면; 신이철, "형사증거법상 공범자 진술에 관한 연구," 박사학위논문, 2008, 134면.

공범자의 자백이 기재된 경찰작성의 피의자신문조서에 대하여 판례는 현행법 제312조 제3항(종래는 제312조 제2항)의 규정은 당해 피의자였던 피고인에 대해서뿐만 아니라 공동피의자였던 다른 피고인에 대한 관계에서도 적용되는 것으로 본다(대판 2008.2.14, 2005도4202; 대판 1992.4.14, 92도442; 대판 1986.11.11, 86도1783). 따라서 공범자의 자백이 기재된 피의자신문조서를 피고인에 대한 증거자료로 사용하기 위해서는 당해 공범자는 물론이고 피고인의 내용인정도 있어야 한다(피고인내용인정설).[61] 이러한 판례의 태도는 지배적 학설의 태도이기도 하다.

그리고 판례와 다수설에 따르면 원진술자(공범자)가 사망한 경우에는 제314조에 의한 예외도 허용되지 않는다(대판 2004.7.15, 2003도7185 전원합의체).[62] 공범자의 경찰자백에 대한 이러한 판례와 다수설의 태도는 당해 피고인의 방어권을 철저히 보장하여야 하는 공판중심주의의 취지에 비추어 보아 이론상 적절한 것으로 판단된다.

이상과 같은 사법경찰 작성의 공범자 피신조서에 대한 기술은 현행 형소법 하에서는 검사작성의 공범자 피신조서에서도 그대로 원용되어야 할 것이다. 따라서 검사작성 공범자 피신조서에 관한 종래의 판례 및 다수설의 태도(즉 제312조 제4항 적용설과 제314조 적용 허용의 태도)는 현행 형소법하에서는 더 이상 설 자리가 없게 되었다.

관련판례 ① 구 형사소송법 제312조 제2항에 의하면 검사 이외의 수사기관 작성의 피의자신문조서는 공판준비 또는 공판기일에 그 피의자였던 피고인이나 변호인이 그 내용을 인정할 때에 한하여 증거로 할 수 있는바, 여기에서 '그 내용을 인정할 때'라 함은 위 피의자신문조서의 기재 내용이 진술내용대로 기재되어 있다는 의미가 아니고 그와 같이 진술한 내용이 실제사실과 부합한다는 것을 의미하며, 위 규정은 피의자가 경찰수사 단계에서 작성한 진술서에 대하여도 적용된다. 또한 위 규정은 검사 이외의 수사기관이 작성한 당해 피고인에 대한 피의자신문조서를 유죄의 증거로 하는 경우

61) 이에 대한 반대견해로는 공범인 공동피고인이 법정에서 내용을 인정하면 당해 피고인이 그 내용을 부인하더라도 증거능력이 있다는 원진술자 내용인정설[김형진, "공판외 진술의 증거능력," 형사증거법(하), 법원행정처, 1984, 194면] 및 공범인 공동피고인이 법정에서 내용을 인정하고, 상 피고인이 법정에서 실제로 반대신문을 충분히 하거나 반대신문의 기회가 부여된 경우에는 증거능력이 있다는 절충설(가중된 원진술자 내용인정설. 이은모, "피의자의 조사와 자백," 고시연구 2005.10, 76면; 백형구, "공범자의 자백의 증거능력과 증명력," 변호사 23집, 534면)이 있다.

62) 이에 대한 자세한 학설과 판례분석으로는 신이철, 앞의 논문, 198면 이하 참조.

뿐만 아니라 검사 이외의 수사기관이 작성한 당해 피고인과 공범관계에 있는 다른 피고인이나 피의자에 대한 피의자신문조서를 당해 피고인에 대한 유죄의 증거로 채택할 경우에도 적용되므로, 당해 피고인과 공범관계가 있는 다른 피의자에 대한 검사 이외의 수사기관 작성의 피의자신문조서는 그 피의자의 법정진술에 의하여 그 성립의 진정이 인정되더라도 당해 피고인이 공판기일에서 그 조서의 내용을 부인하면 증거능력이 부정된다(대판 2008.2.14, 2005도4202).

3) 경찰작성 피의자신문조서에 대한 공범자(공동피고인)의 법정진술의 증거능력

공범자의 법정진술 그 자체에 대해서는 전술한 바와 같이 처리하면 된다. 문제는 공범인 공동피고인이 경찰 수사 도중 피의자신문조서에 기재된 것과 같은 내용으로 진술하였다는 취지로 법정에서 증언을 한 경우에 그 증언을 부인하는 당해 피고인의 범죄사실에 대한 증거로 사용할 수 있는가에 있다. 생각건대, 그 증언은 공동피고인이 경찰조사절차에서 그렇게 진술하였다는 것, 즉 진정 성립을 인정한 것에 불과하기 때문에 부인하는 피고인의 범죄사실에 대한 증거능력은 인정될 수 없다.

관련판례 ① 당해 피고인과 공범관계에 있는 공동피고인에 대해 검사 이외의 수사기관이 작성한 피의자신문조서는 그 공동피고인의 법정진술에 의하여 성립의 진정이 인정되더라도 당해 피고인이 공판기일에서 그 조서의 내용을 부인하면 증거능력이 부정된다. 그리고 이러한 경우 그 공동피고인이 법정에서 경찰 수사 도중 피의자신문조서에 기재된 것과 같은 내용으로 진술하였다는 취지로 증언하였다고 하더라도, 이러한 증언은 원진술자인 공동피고인이 그 자신에 대한 경찰 작성의 피의자신문조서의 진정성립을 인정하는 취지에 불과하여 위 조서와 분리하여 독자적인 증거가치를 인정할 것은 아니므로, 앞서 본 바와 같은 이유로 위 조서의 증거능력이 부정되는 이상 위와 같은 증언 역시 이를 유죄 인정의 증거로 쓸 수 없다고 보아야 한다(대판 2009.10.15, 2009도1889).

(3) 증명력의 문제

1) 보강증거의 필요성 여부 부인하는 피고인의 범죄사실을 입증하기 위하여 공범자의 자백을 증거로 사용할 수 있다면 그 다음에는 부인하는 피고인에게 유죄판결을 하기 위하여 공범자의 자백 이외에 보강증거를 필요로 하느냐의 문제, 공범자 자백의 증명력에 관한 문제가 대두된다. 공범자의 자백 이외에 다른 보강증거가 없는 경우에 공범자의 자백만으로 부인하는 피고인에 대해 유죄판결할 수 있는

가에 대해서는 견해대립이 있다.

2) 견해의 대립

(가) 필 요 설 이 설은 공범자의 자백을 형사소송법 제310조의 피고인의 자백에 포함시켜 공범자의 자백에는 보강증거가 있어야 부인하는 피고인에게 유죄판결을 할 수 있다고 해석하는 견해이다.[63] 그 논거로서 (i) 공범자는 양형상의 이점을 고려하여 다른 공범자에게 책임을 전가하는 허위진술의 위험이 있으며, (ii) 공범자의 자백을 보강증거를 요하는 피고인의 자백에 포함시키지 않으면 자백한 공범자는 무죄가 되고 부인한 공범자는 유죄가 되는 불합리한 결과가 된다는 것을 든다.

(나) 불 요 설 이 설은 공범자의 자백을 피고인의 자백이라 할 수 없으므로 피고인의 범죄사실을 인정하는 증거로 사용되는 공범자의 자백에는 보강증거를 요하지 않는다고 해석하는 견해이다.[64] 판례의 태도이기도 하다(대판 1992.7.28, 92도917; 대판 1985.7.9, 85도951). 그 논거로서 (i) 공범자의 자백은 당해 피고인에 대한 관계에서는 증인의 증언에 지나지 않아 자백이라고 할 수는 없으며, (ii) 공범자에 대해서 피고인이 반대신문을 할 수 있다는 것을 든다.

(다) 절 충 설 이 설은 공범자(공동피고인)의 공판정에서의 자백에는 보강증거를 요하지 않지만 공동피고인이 아닌 공범자의 자백(즉, 공판정 외의 자백)에는 이를 요한다는 견해이다.[65] 공동피고인의 경우에는 법관이 진술태도를 관찰할 수 있고 피고인은 반대신문권을 행사할 수 있기 때문에 보강증거가 불필요하지만, 법정 외 진술의 경우에는 이러한 장치가 없기 때문에 보강증거가 필요하다는 것이다.

(라) 소 결 공범자의 공판정 외 자백에까지 보강증거를 요구하지 않는 불필요설은 피고인의 방어권과 자백보강법칙의 취지를 부당하게 침해하는 것으로서 정당성을 인정받기 어렵다. 그리고 절충설은 공범자의 자백에 대한 증거능력의 문제에서는 타당하겠지만, 자유심증주의의 예외와 관계있는 증명력의 문제에서는 설득력이 약한 관념인 것으로 판단된다. 따라서 공범자를 피고인과 동일하게 취급하는 보강증거필요설이 타당하다. 결국, 다른 보강증거가 없는 상태에서 부인하는 피고인에게 유죄판결을 하기 위해서는 —공동피고인의 경우에는 변론을 분리하여—

63) 김기두, 156면; 배종대/이상돈, 702면; 백형구, 640면; 신양균, 758면; 정영석/이형국, 386면; 서일교, 180면.

64) 강구진, 499면; 이재상, 631면; 임동규, 566면; 차용석/최용성, 537면.

65) 신동운, 965면.

자백 공범자를 증인으로 신문하여야 할 것이다.

4. 보강증거의 적격

(1) 독립증거

보강증거는 피고인의 자백과는 별개의 독립된 증거이어야 한다. 따라서 피고인의 공판정 외 자백은 그의 공판정 자백에 대한 보강증거가 될 수 없다. 피고인의 자백을 내용으로 하는 피고인 아닌 자의 진술도 보강증거가 될 수 없다. 피고인이 범행현장을 재현하는 것도 실연에 의한 자백에 지나지 아니하고 독립증거는 아니므로 자백에 대한 보강증거가 될 수 없다. 보강증거도 증거능력이 있어야 한다. 자백 이외의 증거능력 있는 독립증거인 이상 인증이건 물증이건 증거서류이건 묻지 않는다.

관련판례 ① 피고인이 범행을 자인하는 것을 들었다는 피고인 아닌 자의 진술내용은 형사소송법 제310조의 피고인의 자백에는 포함되지 아니하나 이는 피고인의 자백의 보강증거로 될 수 없다(대판 1981.7.7, 81도1314; 대판 2008.2.14., 2007도10937).

---

(2) 범죄혐의 이전의 피고인진술(수첩 메모 등)의 경우

피고인이 범죄의 혐의를 받기 이전에 작성한 상업장부, 일기장, 수첩, 메모 등이 피고인의 진술을 내용으로 하는 경우에 보강증거가 될 수 있는가가 문제된다. 이에 대해서는 견해의 대립이 있다.

1) 긍 정 설 판례는 상업장부나 항해일지, 진료일지 또는 이와 유사한 금전출납부 등과 같이 범죄사실의 인정 여부와는 관계없이 자기에게 맡겨진 사무를 처리한 사무내역을 그때그때 계속적, 기계적으로 기재한 문서 등의 경우는 사무처리 내역을 증명하기 위하여 존재하는 문서로서 그 존재 자체 및 기재가 그러한 내용의 사무가 처리되었음의 여부를 판단할 수 있는 별개의 독립된 증거자료이고, 설사 그 문서가 우연히 피고인이 작성하였고 그 문서의 내용 중 피고인의 범죄사실의 존재를 추론해 낼 수 있는, 즉 공소사실에 일부 부합되는 사실의 기재가 있다고 하더라도, 이를 일컬어 피고인이 범죄사실을 자백하는 문서라고 볼 수는 없다고 판시하여(대판 1996.10.17, 94도2865 전원합의체)[66] 긍정설을 취하고 있다. 따라서 피고인이 뇌

---

66) 이와 관련된 글로는 김희옥, "피고인이 업무추진 과정에서 지출한 자금 내역을 기록한 수첩의 기재내용이 자백에 대한 독립적인 보강증거가 될 수 있는지 여부," 고시계 42권 2호

물공여 혐의를 받기 전에 이와는 관계없이 준설공사에 필요한 각종 인·허가 등의 업무를 위임받아 이를 추진하는 과정에서 그 업무수행에 필요한 자금을 지출하면서, 스스로 그 지출한 자금내역을 자료로 남겨두기 위하여 뇌물자금과 기타 자금을 구별하지 아니하고 그 지출 일시, 금액, 상대방 등 내역을 그때그때 계속적, 기계적으로 기입한 수첩의 기재내용은, 피고인이 자신의 범죄사실을 시인하는 자백이라고 볼 수 없으므로, 증거능력이 있는 한 피고인의 금전출납을 증명할 수 있는 별개의 증거라고 할 것인즉, 피고인의 검찰에서의 자백에 대한 보강증거가 될 수 있다는 것이다.[67]

2) **부 정 설** 이 설은 피고인이 범인으로 검거되기 전에 범죄혐의와 무관하게 작성한 일기장, 수첩, 자술서, 메모 또는 상업장부 등이 피고인의 진술을 내용으로 하는 것인 한 그것도 일종의 피고인의 자백이기 때문에 보강증거가 될 수 없다는 견해이다.[68] 그리고 일기장에 기재된 내용을 증거로 사용하는 것은 인격의 핵심영역을 침해하는 것이기 때문에 증거능력 자체를 부정하여야 한다는 견해도 있다.[69]

[상기 전원합의체에서의 반대의견]

① 자백은 범죄사실의 전부 또는 일부를 인정하는 진술을 말하는 것이고 그러한 진술이라면 피고인의 지위에서 행한 것이건, 기소 전에 피의자의 지위에서 행한 것이건, 또 범행 혐의를 받기 전에 행한 것이건, 범행 발각 후에 행한 것이건 모두 자백임에는 다름이 없다. 그리고 그러한 진술은 구술의 형식으로 이루어질 수도 있고 서면에 기재하는 방식으로 이루어질 수도 있다. 또, 그 진술이 어디에서 누구에 대하여 행하여졌는지도 자백인지 아닌지의 문제와는 관계없는 것이고, 상대방이 없이 행하여진 경우에도 자백인 점에는 마찬가지라 할 것이다. 따라서 피고인이 범죄의 혐의를 받기 전에, 그와는 관계없이 타인에게 보이는 것을 예상하지 아니하고 자기의 범죄사실을 기재하여 둔 것이라 하더라도, 그 기재 내용을 증거로 하는 경우에는 이 또한 자백이라고 할 것이다.

② 수첩의 기재는 피고인이 경험한 사물에 대한 인식을 외부에 글로 표현한 내용이 증거방법으로 사용된다는 점에서 이를 자백으로 봄이 합당하고, 이를 피고인의 자백과

(480호), 1997.1, 151-155면; 서기석, "피고인이 작성한 수첩의 보강증거능력," 법조 46권 2호(통권485호), 1997.2, 164-189면; 오영근, "수첩기재내용의 자백 여부와 보강법칙," 형사판례연구 6권, 1998.7, 425-435면.

67) 백형구, 489면.

68) 신동운, 707면; 이재상, 576면; 차용석, 722면.

69) 배종대/이상돈, 650면.

는 성질이 다른 독립된 증거라고 볼 수 없고, 따라서 물증 등 다른 증거에 비하면 거짓이나 조작이 개재될 여지가 많은 피고인의 자백만으로 유죄판단을 하지 못하도록 제한하려는 형사소송법 제310조의 입법취지에 비추어 이러한 수첩의 기재 내용만으로는 유죄의 판단을 할 수 없음은 물론 이는 자백에 대한 보강증거도 될 수 없다고 보아야 한다. 피고인이 작성한 수첩의 기재 내용이 형사소송법 제315조에 의하여 증거능력을 가지게 된다는 것과 자백만으로는 유죄판결을 할 수 없다는 형사소송법의 원칙과는 서로 차원을 달리하는 것이다.

3) 이 분 설　이 설은 피고인이 사무처리 내용이나 거래내용을 상업장부나 수첩 또는 일기장에 그때그때 기계적으로 기입한 경우에 그 기재내용은 피고인의 자백에 대한 보강증거가 될 수 있으나, 피고인이 자신의 범행에 대한 감정 등만을 기재한 일기장은 자백에 대한 보강증거가 될 수 없다는 견해이다.[70)]

4) 소 결　생각건대 상업장부, 수첩, 일기장 등에 기재된 내용 중에서 피고인의 자백으로 평가되는 것에 대해서는 보강증거의 적격을 부정하여야 하겠지만, 피고인의 범죄사실의 존재를 추론할 수 있는 정황증거로서 평가될 뿐인 것에 대해서는 보강증거의 적격을 인정할 수 있을 것이다. 따라서 자백한 증뢰사실에 대해 증뢰일지를 기재한 수첩의 내용은 보강증거가 될 수 없겠지만, 자백한 강도사실에 대해 장물처분일지를 기재한 수첩의 내용은 보강증거가 될 수 있을 것이다.

(3) 정황증거

보강증거는 반드시 직접증거에 한하지 않고 간접증거 내지 정황증거로도 족하다. 판례도 (i) 피고인이 위조신분증을 행사하였다는 범죄사실을 자백하고 있는 때에 그 신분증의 현존은 자백을 보강하는 간접증거가 된다(대판 1983.2.22, 83도3107). (ii) 피고인이 간통사실을 자백하는 경우에 그 범행 일시경에 피고인의 가출과 외박이 잦아 의심을 하게 되었다는 취지의 남편에 대한 진술조서의 기재는 자백에 대한 보강증거가 되는 정황증거이다(대판 1983.5.10, 83도686). (iii) 무면허운전을 자백한 경우에 자동차등록증에 차량의 소유자가 피고인으로 기재된 것은 보강증거가 된다(대판 2000.9.26, 2000도2365). (iv) 오토바이를 절취당한 피해자로부터 오토바이가 세워져 있다는 신고를 받고 그 곳에 출동한 경찰관이 잠복근무하다가 피고인이 오토바이의 시동을 걸려는 것을 보고 그를 즉시 체포하면서 그로부터 오토바이를 압수하였다는 사

---

70) 임동규, 535면.

법경찰리 작성의 압수조서의 기재는 피고인이 운전면허가 없다는 사실에 대한 직접적인 보강증거는 아니지만 오토바이를 운전하였다는 사실의 자백 부분에 대한 보강증거는 되는 것이므로 결과적으로 피고인이 운전면허 없이 운전하였다는 전체 범죄사실의 보강증거로 충분하다(대판 1994.9.30, 94도1146). (v) 뇌물공여의 상대방인 공무원이 뇌물을 수수한 사실을 부인하면서도 그 일시경에 뇌물공여자를 만났던 사실 및 공무에 관한 청탁을 받기도 한 사실자체는 시인하였다면, 이는 뇌물을 공여하였다는 뇌물공여자의 자백에 대한 보강증거가 될 수 있다(대판 1995.6.30, 94도993)는 취지로 각각 판시하였다. 다만 정황증거는 공소사실과 직접 관련이 있는 것이어야 하고 범행의 동기에 불과한 것인 경우에는 보강증거가 될 수 없다(대판 1990.12.7, 90도2010).

부정판례 ① 자백에 대한 보강증거는 피고인의 임의적인 자백사실이 가공적인 것이 아니고 진실한 것이라고 인정할 정도면 직접증거이거나 자백한 범죄사실과 직접, 간접으로 관련이 있는 정황증거라도 족하다. 성남시 태평동 자기집 앞에 세워둔 봉고화물차 1대를 도난당하였다는 공소외인의 진술은 피고인이 위 차를 타고 그 무렵 충주까지 가서 소매치기 범행을 하였다고 자백하고 있는 경우, 위 피고인의 자백이 그 차량을 범행의 수단, 방법으로 사용하였다는 취지가 아니고 피고인이 범행장소인 충주까지 가기 위한 교통수단으로 이용하였다는 취지에 불과하여 위 소매치기범행과는 직접적으로나 간접적으로 아무런 관계가 없어 이는 위 피고인의 자백에 대한 보강증거가 될 수 없다(대판 1986.2.25, 85도2656).

② 검사가 보강증거로서 제출한 증거의 내용이 피고인과 공소외 갑이 현대자동차 춘천영업소를 점거했다가 갑이 처벌받았다는 것이고, 피고인의 자백내용은 현대자동차 점거로 갑이 처벌받은 것은 학교측의 제보 때문이라 하여 피고인이 그 보복으로 학교 총장실을 침입점거했다는 것이라면, 위 증거는 공소사실의 객관적 부분인 주거침입, 점거사실과는 관련이 없는 범행의 침입동기에 관한 정황증거에 지나지 않으므로 위 증거와 피고인의 자백을 합쳐 보아도 자백사실이 가공적인 것이 아니고 진실한 것이라 인정하기에 족하다고 볼 수 없으므로 검사 제출의 위 증거는 자백에 대한 보강증거가 될 수 없다(대판 1990.12.7, 90도2010).

③ 소변검사 결과는 1995.1.17.자 투약행위로 인한 것일 뿐 그 이전의 4회에 걸친 투약행위와는 무관하고, 압수된 약물도 이전의 투약행위에 사용되고 남은 것이 아니므로, 위 소변검사 결과와 압수된 약물은 결국 피고인이 투약습성이 있다는 점에 관한 정황증거에 불과하다 할 것인바, 피고인의 습벽을 범죄구성요건으로 하며 포괄1죄인 상습범에 있어서도 이를 구성하는 각 행위에 관하여 개별적으로 보강증거를 요구하고 있는 점에 비추어 보면 투약습성에 관한 정황증거만으로 향정신성의약품관리법위반죄의

객관적 구성요건인 각 투약행위가 있었다는 점에 관한 보강증거로 삼을 수는 없다(대판 1996.2.13, 95도1794).

---

(4) 공범자의 자백

피고인의 자백에는 공범자의 자백이 포함되지 않는다는 견해, 즉 공범자의 자백은 증인의 증언에 불과하다는 견해(보강증거불요설)에 의하면 공범자의 자백은 독립된 증거가 되므로 당연히 피고인(타 공범자)의 자백에 대한 보강증거로 될 수 있다. 이에 반하여 공범자의 자백을 피고인의 자백이라고 해석하는 견해(보강증거필요설)와 공동피고인이 아닌 공범자의 자백을 피고인의 자백으로 보는 견해(절충설)에 의하면 (공동피고인 아닌) 공범자의 자백은 바로 피고인(타 공범자)의 자백이므로 보강증거가 될 수 없다고 하는 것이 논리적이다.[71] 그러나 전설을 취하는 자는 물론이고,[72] 후설을 취하는 자도 공범자의 자백에 반증거가치를 인정하여 자백한 공범자 사이에서는 서로 보강증거가 될 수 있다고 본다.[73] 특히 공동피고인의 일부가 부인한 경우에도 자백한 공동피고인들 사이에서는 서로 보강증거가 될 수 있다.

5. 보강증거의 범위

(1) 견해의 대립

자백의 내용이 된 사실의 어느 범위까지 보강증거가 필요한가에 대해서는 죄체설, 실질설(진실성담보설) 및 절충설의 견해대립이 있다.

1) 죄 체 설　　이 설은 죄체(罪體)의 전부 또는 중요부분에 대하여 보강증거가 필요하다는 견해이다.[74] 여기서 죄체란 객관적 범죄구성사실을 의미한다. 그러나 피고인과 범인과의 동일성은 여기에서 제외된다. 즉 어느 누군가의 범죄행위로 구성요건적 결과가 발생하였다는 것까지 자백을 보강하면 된다.

2) 실질설(진실성담보설)　　자백에 대한 보강증거는 자백의 진실성을 담보하는 정도면 족하다는 견해로서 다수설에 해당한다. 판례의 태도이기도 하다. 자백에 보

---

71) 배종대/이상돈, 656면.
72) 임동규, 537면.
73) 김기두, 156면; 백형구, 658면; 신동운, 707면; 정영석/이형국, 388면.
74) 김기두, 156면; 정영석/이형국, 390면.

강증거를 요구하는 이유가 오판의 방지에 있기 때문에 자백의 진실성이 담보되면 오판의 위험성은 없다는 것에 이 설은 근거한다. 따라서 절도의 자백에 대한 압수된 장물, 살인의 자백에 대한 피해자의 사체는 보강증거로서 충분하다.

관련판례 ① 자백에 대한 보강증거는 범죄사실의 전부 또는 중요 부분을 인정할 수 있는 정도가 되지 아니하더라도 피고인의 자백이 가공적인 것이 아닌 진실한 것임을 인정할 수 있는 정도만 되면 족할 뿐만 아니라, 직접증거가 아닌 간접증거나 정황증거도 보강증거가 될 수 있다(대판 2001.9.28, 2001도4091).

② 반드시 그 증거만으로 객관적 구성요건에 해당하는 사실을 인정할 수 있는 정도의 것임을 요하는 것이 아니라 할 것이므로, 피고인이 위조신분증을 제시·행사한 사실을 자백하고 있고, 위 제시·행사한 신분증이 현존한다면 그 자백이 임의성이 없는 것이 아닌 한 위 신분증은 피고인의 위 자백사실의 진실성을 인정할 간접증거가 된다고 보아야 한다(대판 1983.2.22, 82도3107).

③ 자백에 대한 보강증거는 … 자백과 서로 어울려서 전체로서 범죄사실을 인정할 수 있으면 유죄의 증거로 충분하고, 나아가 사람의 기억에는 한계가 있는 만큼 자백과 보강증거 사이에 어느 정도의 차이가 있어도 중요부분이 일치하고 그로써 진실성이 담보되면 보강증거로서의 자격이 있다(피고인이 자신이 거주하던 다세대주택의 여러 세대에서 7건의 절도행위를 한 것으로 기소되었는데 그 중 4건은 범행장소인 구체적 호수가 특정되지 않은 사안에서, 위 4건에 관한 피고인의 범행 관련 진술이 매우 사실적·구체적·합리적이고 진술의 신빙성을 의심할 만한 사유도 없어 자백의 진실성이 인정되므로, 피고인의 집에서 해당 피해품을 압수한 압수조서와 압수물 사진은 위 자백에 대한 보강증거가 된다고 한 대판 2008.5.29, 2008도2343).

3) **절 충 설** 공판정 외의 피고인의 자백에 대해서는 죄체설이 적용되고, 공판정의 자백에 대해서는 진실성담보설이 적용되어야 한다는 견해이다.[75]

4) **소 결** 생각건대, 보강법칙의 직접적 근거가 오판의 위험을 방지하는 데 있는 이상 보강증거가 자백의 진실성을 담보할 때에는 오판의 위험이 없어지기 때문에 진실성담보설이 타당하다.

---

75) 차용석/최용성, 545면.

(2) 보강증거의 요부

1) 주관적 구성요건요소 객관적 범죄사실에 대하여 보강증거가 필요하다는 것에는 이론이 없다. 고의나 목적과 같은 주관적 요소에 대해서도 고의를 추정할 수 있는 간접증거로 보강할 필요가 있다는 견해도 있으나,[76] 이에 대해서는 보강증거를 요하지 않는다고 보는 다수설이 타당하다. 주관적 요건은 보강증거를 얻기 어렵고 그것 없이도 오판의 위험이 없기 때문이다. 판례도 "범의는 피고인의 자백만으로 인정할 수 있다"고 판시하고 있다(대판 1961.8.16, 4294형상171).

2) 구성요건사실 이외의 사실 객관적 처벌조건인 사실 또는 누범가중의 전과에 대한 사실(대판 1981.6.9, 81도1353)은 범죄성립을 결정하는 사실이 아니므로 피고인의 자백에 의하여 인정하면 족하고 보강증거를 필요로 하지 않는다.

3) 범인과 피고인의 동일성 범인과 피고인의 동일성에 대하여 보강증거가 필요한가에 대하여 견해의 대립이 있다. 필요설은 동일성의 여부는 공소사실의 핵심이므로 보강증거가 필요하다고 한다.[77] 그러나 범죄사실에 대한 보강증거가 있으면 범인과 피고인의 동일성에는 보강증거가 필요 없다는 불필요설[78]이 타당한 것으로 판단된다.

4) 죄 수 경합범은 수죄이므로 독립된 범죄에 대하여 각각 보강증거가 필요하다(필로폰 매수 대금을 송금한 사실에 대한 증거가 필로폰 매수죄와 실체적 경합범 관계에 있는 필로폰 투약행위에 대한 보강증거가 될 수 없다고 판시한 대판 2008.2.14, 2007도10937). 상상적 경합범에 대해서도 각각의 범죄에 대해 보강증거가 필요하다는 견해도 있으나[79] 상상적 경합은 실체법상으로는 수죄이지만 소송법에서는 일죄이므로 중한 죄에 대한 보강증거가 있는 것으로 족하다는 견해(다수설)가 타당하다. 포괄일죄에 대해서는 각각의 범죄에 대해 보강증거를 요한다는 견해도 있지만,[80] 포괄일죄를 구성하는 행위들에 대해서는 포괄성 내지 집합성을 인정할 수 있는 범위에서 보강증거가 있으면 족하다는 견해가 타당하다. 다만 수개의 행위가 포괄일죄를 구성하지 않은 경우에는 대개 실체적 경합이 될 것이고 개개 범죄에 대해 보강증거

76) 배종대/이상돈, 658면.
77) 강구진, 503면; 백형구, 660면; 신양균, 764면.
78) 배종대/이상돈, 659면; 신동운, 710면; 임동규, 539면; 정영석/이형국, 390면; 차용석, 746면.
79) 정영석/이형국, 390면; 차용석, 746면.
80) 백형구, 643면.

를 요할 것이다. 즉 각 행위가 독립된 의미가 없는 경우이면 개개 범행에 대한 보강증거를 요구하지 않지만 구성요건상 독립된 의미를 가지는 경우에는 보강증거가 필요하다.

6. 기 타

(1) 보강증거의 증명력

보강증거는 자백을 조사하기 이전에 그 자체만으로도 범죄사실을 인정할 수 있어야 한다는 견해(절대설)도 있지만[81] 보강증거의 범위에 대한 진실성담보설의 취지에 따라서 자백과 보강증거를 종합하여 범죄사실을 인정하면 족하다는 견해(상대설: 다수설)가 타당하다. 판례도 원래 보강증거는 자백의 진실성을 담보할 수 있는 정도로서 족하므로 비록 보강증거 자체만으로서 범증을 확정할 수 없다 하더라도 자백과 서로 관련하여 범증을 인정할 수 있으면 보강증거로서 족하다고 판시하였다(대판 1967.12.18, 67도1084).

(2) 위반의 효과

자백의 보강법칙을 위반한 재판에 대해서는 항소이유(제361조의5 제1호) 및 상고이유(제383조 제1호)가 되며, 유죄판결이 확정되었다면 비상상고의 이유(제441조)가 된다. 보강법칙의 위반이 있더라도 새로이 무죄의 증거가 발견된 경우가 되는 것은 아니기 때문에 그것만으로는 재심사유가 될 수 없다.

[§ 34] 위법수집증거배제법칙

[설문 (8)] 피의자 甲에 대한 살인피의사건을 수사 중인 경찰관 A는 범행에 사용된 권총을 발견하기 위하여 공범자 乙을 고문하여 그 은닉장소가 甲의 형 B의 집임을 확인하였다. A는 법관이 발부한 압수·수색영장을 가지고 B의 집으로 들어가 그 권총을 압수하였다. 압수한 권총의 증거능력은 인정되겠는가?

---

81) 차용석, 748면.

Ⅰ. 의의와 입법례

위법수집증거배제법칙(The Exclusionary Rule)이란 위법한 절차에 의하여 수집된 증거의 증거능력은 부정되어야 한다는 법칙을 말한다. 이 법칙은 적정절차의 원칙을 중시하는 미국의 판례를 통한 증거법에서 유래하여 정착되었다. 즉, 이 법칙은 1886년의 Boyd사건에 의해 비롯되어 1914년의 Week사건(연방사건)으로 처음 확립되었고,[82] 그 이후 1943년 McNabb사건과[83] 1957년 Mallory사건에서[84] 피의자를 체포 즉시 치안판사 앞에 세우지 않고 이를 지체한 상태에서 얻은 자백의 증거능력을 부정하였으며, 1961년 Mapp사건(주사건)을 통하여 미국 전역에서 형사증거법에서 움직일 수 없는 원칙으로 확립되었다.[85] 그러나 1970년대에 배제법칙에 대한 비판론 내지 수정론도 대두되었다. 즉 경미한 위법의 경우 위법수집증거물에 대한 증거사용을 허용하는 등 위법수집증거물에 대한 예외이론이 많이 발달되어 왔다. 그리고 영국에서는 위법수집증거 배제에 관하여 "어떠한 절차에 있어서도 소추측이 신청하는 증거에 대하여, 그 증거가 획득된 상황을 포함한 모든 사정을 고려하여 그 증거를 허용하는 것이 당해 절차의 공정성에 적대적인 효과를 미치므로 이를 허용해서는 안 된다고 판단되는 경우 법원은 증거의 허용을 거부할 수 있다"고 규정하고 있다(PACE법 제78조 제1항). 일본에서는 물적 증거에 대해서도 판례에서 위법수집증거 배제원칙을 일부 인정하나, 위법의 정도와 사안의 중대성을 비교 형량하여 결정하는 해석론을 전개하고 있다. 그리고 독일에서는 위법수집증거배제법칙이 증거금지(Beweisverbot)에 관한 실정법 규정에 의해 실현되고 있다.

Ⅱ. 우리나라에서의 발전과 근거

종래 형사소송법에는 위법수집증거배제법칙에 관한 명문의 규정은 없었으며, 다만 통신비밀보호법은 불법검열에 의하여 취득한 우편물이나 그 내용 및 불법감청에 의하여 지득 또는 채록된 전기통신의 내용은 재판 또는 징계절차에서 증거로 사

82) Weeks v. United States, 232 U.S. 383 (1914).
83) McNabb v. U. S. 318 U.S. 332 (1943).
84) Mallory v. U. S. 354 U.S. 449 (1957).
85) Mapp v. Ohio, 367 U.S. 643 (1963).

용할 수 없다고 규정하고 있다(동법 제4조). 그리고 기존 판례는 '진술증거'는 위법하게 수집된 경우 증거사용을 금지하고 있었으나, '물적 증거'에 대해서는 불법하게 압수한 증거물이라고 하더라도 물건 자체의 성질 · 형상에는 변경이 없어 증거가치에는 변함이 없다는 이유로 위법수집증거배제법칙을 인정하지 않았다(대판 1968.9.17, 68도932; 대판 1987.6.23, 87도705; 대판 1994.2.8, 93도3318). 그러나 학설에서는 적정절차와 인권보장의 정신을 살리기 위해 판례와는 달리 위법수집증거의 증거능력을 부정하는 위법수집증거배제법칙을 인정하는 것이 주류를 형성하였다. 이러한 과정을 거치면서 최근의 판례는 "헌법과 형사소송법이 정한 절차에 따르지 아니하고 수집한 증거는 기본적 인권 보장을 위해 마련된 적법한 절차에 따르지 않은 것으로서 원칙적으로 유죄 인정의 증거로 삼을 수 없다"고 판시하였고(대판 2007.11.15, 2007도3061 전원합의체. 김태환 제주도지사 사건), 2008년 1월 1일 시행된 개정 형사소송법은 "적법한 절차에 따르지 아니하고 수집한 증거는 증거로 할 수 없다"는 규정을 신설하여 위법수집증거배제법칙을 드디어 명문화하였다(제308조의2). 법원의 판단여지를 인정할 필요가 있다는 취지에서 '위법하게'가 아닌 '적법한 절차에 의하지 아니하고'라는 표현이 사용되었다. 구체적인 사안에서 어떠한 경우가 적법한 절차에 의하지 아니하고 수집한 증거에 해당될 것인지에 관하여는 위법의 내용 및 정도, 위법한 행위에 의하여 침해되는 권리의 성질, 실체적 진실발견의 필요성 등에 대한 종합적인 비교형량을 통하여 해석 기준이 정립되어야 할 것이다.

Ⅲ. 법칙의 적용범위

1. 배제의 기준

배제의 기준은 법칙의 이론적 근거인 적정절차의 원리와 위법수사의 억지에서 찾을 수 있다. 적정절차의 원리를 구현하기 위해서는 위법하게 수집된 증거는 원칙적으로 증거능력이 부정되어야 할 것이고, 단지 실체적 진실발견을 위해 예외적으로 증거능력이 인정되는 경우가 있을 것이다(아래 판례의 태도이기도 함). 따라서 증거수집절차에 명백하고 중대한 위법이 있을 때에는 당연히 그 수집증거의 증거능력은 부정되어야 한다. 중대한 위법은 수사기관의 행위가 헌법규정을 위반한 경우, 형벌법규에 위반되는 경우, 형사소송법의 효력규정에 위반되는 경우 등에서 인정될 수 있다.[86] 그러나 단순한 훈시규정의 위반만으로는 증거능력이 부정되지는 않는다. 그리고 당해 증거의 증거능력을 인정하면 장차 위법수사를 억지하는 데 장애가 되는 것이 명백한 경우에도 위법수집증거의 증거능력은 부정되어야 한다.

관련판례 ① 법이 정한 절차에 따르지 아니하고 수집한 압수물의 증거능력 인정 여부를 최종적으로 판단함에 있어서는, 실체적 진실 규명을 통한 정당한 형벌권의 실현도 헌법과 형사소송법이 형사소송 절차를 통하여 달성하려는 중요한 목표이자 이념이므로, 형식적으로 보아 정해진 절차에 따르지 아니하고 수집한 증거라는 이유만을 내세워 획일적으로 그 증거의 증거능력을 부정하는 것 역시 헌법과 형사소송법이 형사소송에 관한 절차 조항을 마련한 취지에 맞는다고 볼 수 없다. 따라서 수사기관의 증거 수집 과정에서 이루어진 절차 위반행위와 관련된 모든 사정 즉, 절차조항의 취지와 그 위반의 내용 및 정도, 구체적인 위반경위와 회피가능성, 절차조항이 보호하고자 하는 권리 또는 법익의 성질과 침해 정도 및 피고인과의 관련성, 절차 위반행위와 증거수집 사이의 인과관계 등 관련성의 정도, 수사기관의 인식과 의도 등을 전체적·종합적으로 살펴볼 때, 수사기관의 절차 위반행위가 적법절차의 실질적인 내용을 침해하는 경우에 해당하지 아니하고, 오히려 그 증거의 증거능력을 배제하는 것이 헌법과 형사소송법이 형사소송에 관한 절차조항을 마련하여 적법절차의 원칙과 실체적 진실 규명의 조화를 도모하고 이를 통하여 형사사법 정의를 실현하려 한 취지에 반하는 결과를 초래하는 것으로 평가되는 예외적인 경우라면, 법원은 그 증거를 유죄 인정의 증거로 사용할 수 있다고 보아야 한다. 이는 적법한 절차에 따르지 아니하고 수집한 증거를 기초로 하여 획득한 2차적 증거의 경우에도 마찬가지여서, 절차에 따르지 아니한 증거수집과 2차적 증거수집 사이의 인과관계의 희석 또는 단절 여부를 중심으로 2차적 증거 수집과 관련된 모든 사정을 전체적·종합적으로 고려하여 예외적인 경우에는 유죄 인정의 증거로 사용할 수 있다(대판 2007.11.15, 2007도3061 전원합의체; 피고인 측에서 검사가 제주지사실에 대한 압수수색 결과 수집한 증거물이 적법절차를 위반하여 수집한 것으로 증거능력이 없다고 다투고 있음에도 불구하고, 주장된 위법사유 중 영장에 압수할 물건으로 기재되지 않은 물건의 압수, 영장제시 절차의 누락, 압수목록 작성·교부 절차의 현저한 지연 등으로 적법절차의 실질적인 내용을 침해하였는지 여부 등에 관하여 충분히 심리하지 아니한 채 압수절차가 위법하더라도 압수물의 증거능력은 인정된다는 이유만으로 압수물의 증거능력을 인정한 것은 위법한다고 한 사례).

86) 강구진, 507면; 이재상, 531면.

2. 개별적 유형

(1) 영장주의의 위반

영장주의에 위반하여 수집한 증거물의 증거능력은 부정된다. 예컨대, 압수 · 수색의 거절권(제219조, 제110조-제112조), 야간검증금지규정(제125조) 등을 침해한 경우가 여기에 해당한다. 그러나 영장의 방식 또는 집행방식에 다소의 위법이 있는 경우에는 증거능력에 영향이 없다.

관련판례 ① 음란물 유포의 범죄혐의를 이유로 압수수색영장을 발부받은 사법경찰관이 피고인의 주거지를 수색하는 과정에서 대마를 발견하자, 피고인을 마약류관리에 관한 법률 위반죄의 현행범으로 체포하면서 대마를 압수하였으나 그 다음날 피고인을 석방하고도 사후 압수수색영장을 발부받지 않은 경우 위 압수물과 압수조서는 형사소송법상 영장주의를 위반하여 수집한 증거로서 증거능력이 부정된다(대판 2009.5.14, 2008도10914).

(2) 적정절차의 위반

적정절차의 원리에 반하여 수집된 증거의 증거능력은 원칙적으로 부정된다. 예컨대 당사자의 참여권을 보장하지 않은 검증(제121조, 제145조)과 감정(제176조, 제183조), 의사나 성년의 여자를 참여시키지 않은 여자의 신체검사(제141조 제3항) 등의 결과는 증거로 할 수 없다.

(3) 형사소송법의 효력규정에 위반하여 수집한 증거

증거조사절차가 위법하여 무효인 경우에도 이로 인하여 수집한 증거는 증거능력이 없다. 따라서 선서 없는 증인신문(제156조)의 결과는 증거로 할 수 없다. 이에 반하여 증인의 소환절차에 잘못이 있거나 위증의 벌을 경고하지 않고 선서한 증인의 증언은 증거능력에 영향이 없다.[87] 판례는 증언거부권을 설명하지 않고 신문하여 얻은 증언의 효력에 영향이 없다고 보았지만(대판 1957.3.8, 4290형상23), 위법수집증거배제법칙에 의해 그 증거능력을 부정하는 것이 타당하다.

---

87) 백형구, 595면; 이재상, 532면.

3. 자백(진술)의 임의성 법칙의 포함여부

임의성 없는 자백과 진술의 증거능력은 형사소송법 제309조와 제317조에 의하여 부정된다. 자백(진술)의 임의성 법칙의 근거를 위법배제에서 찾는다면 이 법칙은 위법수집증거배제법칙에 포함될 수 있다. 그러나 자백배제법칙에는 임의성에 의심이 있는 경우도 포함되어 있고, 임의성 없는 것에 대한 해석은 절차위법성과는 달리 특별하게 이루어지는 것이 바람직하기 때문에 임의성 법칙은 특칙으로서 우선 적용되어야 한다. 따라서 진술거부권의 불고지에 의한 자백, 위법한 신체구속 중의 자백, 접견교통권이나 변호인선임권의 침해에 의한 자백에 대해서는 위법수집증거배제법칙이라는 일반법칙의 적용을 받는 것으로 보는 견해보다는[88] 자백배제법칙이라는 특칙의 적용을 받는 것으로 보는 견해가 더욱 바람직하다.

관련판례 ① 형사소송법이 보장하는 피의자의 진술거부권은 헌법이 보장하는 형사상 자기에게 불리한 진술을 강요당하지 않는 자기부죄거부의 권리에 터 잡은 것이므로, 수사기관이 피의자를 신문함에 있어서 피의자에게 미리 진술거부권을 고지하지 않은 때에는 그 피의자의 진술은 위법하게 수집된 증거로서 진술의 임의성이 인정되는 경우라도 증거능력이 부인되어야 한다(대판 2009.8.20, 2008도8213).

4. 선의(善意)의 예외이론

미국에서는 자기의 행위가 현행법에 적합하다고 선의로 믿고 행동하고 또 그렇게 믿을 합리적 근거를 갖는 법집행관에 의하여 그 증거가 압수된 경우에는 위법수집증거배제법칙의 적용을 배제하여야 한다는 소위 '선의예외'(Good Faith Exception)의 법리가 최고법원에 의하여 인정되고 있다.[89] 구체적으로는 위법이 경찰이 아닌 법관에 의하여 범하여진 경우, 위법이 법원 직원에 의하여 범해진 경우, 경찰이 위법을 범하였으나 법관에게 영장을 신청하기 위한 정보가 정확하다고 합리적으로 믿은 경우, 경찰관이 자신을 주거에 들어오게 한 사람이 그렇게 할 권한이 있다고 합리적으로 믿은 경우, 경찰관의 행위가 후에 위헌으로 결정된 법률에 근거하였던 경우 등에서 인정되었다.[90] 이러한 선의의 예외이론은 우리나라에서도 적용가치가

88) 백형구, 583면.
89) U.S. v. Leon, 468 U.S. 897 (1984).
90) 강구욱, 위법수집증거배제법칙, 형사재판의 쟁점과 과제(2008), 97면.

있는 것으로 판단된다.

5. 독수(毒樹)의 과실(果實)이론

(1) 의 의

독수의 과실(Die Früchte des vergifteten Baumes)이란 위법하게 수집된 증거에 의하여 발견된 독립된 제2차 증거를 말한다. 제1차 증거가 위법하면 제2차 증거, 즉 과실 그 자체가 적법하게 획득된 경우라도 증거능력을 부정하는 것이 독수의 과실이론(Doctrine of the Fruit of the Poisonous Trees)이다. 독일에서는 파급효 내지 먼거리 효과(Fernwirkung) 이론이라는 명칭으로 다루어진다. 미국에서는 1929년 수사기관이 위법하게 압수한 서적을 촬영한 사진을 그 이후 영장발부를 위해 사용한 사건에 대한 실버돈(Silverthorne) 판결을 통하여[91] 독수의 과실 이론이 인정되었다.[92] 우리나라에서도 위법수집증거가 배제되더라도 과실의 증거능력이 인정되면 위법수집증거배제법칙은 무의미하게 되므로 증거로 허용해서는 안 된다는 견해가 다수설에 해당한다. 그러나 임의성 없는 자백에 기하여 수집된 증거의 증거능력만을 부정해야 한다는 견해,[93] 임의성 없는 자백 가운데도 강제에 의한 자백으로 수집된 증거의 증거능력만을 부정해야 한다는 견해도[94] 있다. 판례는 압수된 망치, 국방색 작업복과 야전잠바 등은 피고인의 증거능력이 없는 자백에 의하여 획득된 것이므로 증거능력이 없다고 판시하였다(대판 1977.4.26, 77도210). 생각건대, 적정절차의 원리와 위법수사의 억지를 목표로 하는 위법수집증거배제법칙의 실효성을 살리기 위해서는 독수과실의 증거능력도 원칙적으로 당연히 부정되어야 한다.

관련판례 ① 기본적 인권 보장을 위하여 압수수색에 관한 적법절차와 영장주의의 근간을 선언한 헌법과 이를 이어받아 실체적 진실 규명과 개인의 권리보호 이념을 조화롭게 실현할 수 있도록 압수수색절차에 관한 구체적 기준을 마련하고 있는 형사소송법의 규범력은 확고히 유지되어야 한다. 그러므로 헌법과 형사소송법이 정한 절차에 따르지 아니하고 수집한 증거는 기본적 인권 보장을 위해 마련된 적법한 절차에 따르

---

91) Silverthorne Lubmer Co. v. U.S., 251 U.S. 385 (1929).

92) "Fruit of the Poisonous Trees"의 용어가 처음 사용된 판례는 Naddone v. U.S., 308 U.S. 338 (1939).

93) 백형구, 437면; 정영석/이형국, 328면.

94) 정영석, 152면.

지 않은 것으로서 원칙적으로 유죄 인정의 증거로 삼을 수 없다. 수사기관의 위법한 압수수색을 억제하고 재발을 방지하는 가장 효과적이고 확실한 대응책은 이를 통하여 수집한 증거는 물론 이를 기초로 하여 획득한 2차적 증거를 유죄 인정의 증거로 삼을 수 없도록 하는 것이다(대판 2007.11.15, 2007도3061 전원합의체).

[설문 (8)의 해결] 사례에서 영장에 의한 증거물의 압수 자체는 적법하다. 그러나 수사기관은 증거물의 은닉장소를 고문을 통해 알게 되었기 때문에 결국 그 증거물은 독수의 과실에 해당한다. 그런데 독수가 임의성 없는(특히 고문에 의한) 자백인 경우에는 그 과실에 대해서도 증거능력이 부정되어야 한다.

(2) 제한이론

[설문 (8)a)] 다음 사례들에서 제1차적 증거는 위법수집증거배제법칙에 의해 증거능력이 부정되겠지만, 그 이후 얻은 제2차적 증거는 적법하게 수집된 증거로서 증거능력이 인정될 수 있겠는가?

(i) 사법경찰이 위법한 방법으로 피의자를 임의 동행하여 1차로 채뇨한 다음에, 영장을 적법하게 발부받아 다시 2차로 채뇨한 증거, (ii) 영장에 의하지 않고 신용카드 거래정보를 획득하고서(계좌추적에 있어 사전영장주의를 규정한 금융실명거래 및 비밀보장에 관한 법률에 위반), 이에 의거하여 피의자로부터의 임의자백(다만 상당한 시간이 경과한 상태임)과 피해자(참고인)로부터의 임의진술을 얻은 제2차적 증거, (iii) 수사기관이 피의자 甲의 공직선거법 위반 범행을 영장 범죄사실로 하여 발부받은 압수 · 수색영장의 집행 과정에서 乙, 丙 사이의 대화가 녹음된 녹음파일을 압수하여 을, 병의 공직선거법 위반 혐의사실을 발견하여 별도의 압수 · 수색영장을 발부받지 않고 압수한 후 피고인(乙, 丙)이 자유롭게 법정에서 진술한 제2차적 증거, (iv) 미란다 고지사항을 고지하지 않은 위법한 체포에 의한 음주호흡측정 이후에 피의자 요구에 의한 2차 채혈이 있은 증거

1) 희석이론(The Purged Taint Exception) 이것은 위법수사로 인한 증거의 오염성이 피고인의 자발적 사후행위에 의해 점차로 희석되어 더 이상 파생적 증거에 영향을 미치지 않게 되는 경우에 파생증거의 증거능력을 인정하는 이론이다. 예컨대 수사기관이 위법하게 피의자의 집에 침입하여 진술을 받은 경우에도 피의자가 그 이후 경찰에 스스로 출석하여 자유의사에 의해 진술서에 서명하였다면 그 진술의 증거능력은 인정될 수 있다.[95)]

2) 독립된 증거원의 이론(Independent Source Exception) 이것은 위법수사가 있었다고 하더라도 그것이 파생적 증거의 발견을 위한 특별한 계기나 촉진제가 되지 않았다면 파생적 증거는 독립된 증거원에 의하여 수집된 증거로서 증거능력이 인정된다는 이론이다. 예컨대 위법한 수색에 의하여 유괴된 소녀를 발견하여 진술을 얻은 경우 소녀의 진술이 위법수색과 관계 없이 획득될 수 있음이 증명될 때에는 그 소녀 진술의 증거능력은 긍정될 수 있다.[96)]

독일의 경우는 위법한 수사활동과 그를 통해 얻어 낸 다른 증거 사이에 조건적 인과관계(conditio sine qua non)가 있으면 후자의 파생증거는 증거로 사용할 수 없다는 소위 조건적 인과관계이론을 제시한 연방대법원 판례의 태도(BGHSt 32, 71)가 이와 유사하다.

그리고 독일에서 파생증거의 수집이 앞선 수사활동의 위법성을 규정짓는 규범의 보호영역 밖에서 이루어진 경우에는 그 파생증거의 증거사용이 허용된다는 소위 규범의 보호목적이론은 인과관계 이론을 규범적 관점에서 더욱 발전시킨 것이다(예컨대 수사기관이 마약밀매의 피의자 갑, 을 사이의 전화 통화를 도청하다가 다른 사기사건의 혐의자 병의 추가범행 계획에 대한 정보를 함께 수집하여 그를 체포하였는데, 병이 자발적으로 자백한 경우 병의 자백은 도청을 금지하는 통신비밀보호법의 보호영역 밖에서 이루어진 것이기 때문에 증거능력이 있음).

3) 불가피한 발견의 이론(Inevitable Discovery Exception) 이것은 위법수사에 의하여 오염된 제1차적 증거가 없었더라도 파생적 증거가 다른 경로를 통하여 불가피하게 발견될 상황이 있었는 경우에는 증거능력을 인정하자는 이론이다. 예컨대 피의자로부터 변호인의 조력을 받을 권리를 침해하여 얻은 진술에 의해 시체의 소재를 알게 된 경우에 나중에 밝혀진 여러 정황을 종합하면 수사기관이 다른 방법에 의해서도 시체를 발견할 수 있음이 증명될 때에는 그 시체의 증거능력은 긍정될 수 있다.[97)]

독일의 경우는 앞선 위법한 증거 수집을 통해 다른 증거를 수집한 것이 당시의 수사상황에 비추어 전자의 행위 없이도 가능했을 고도의 개연성이 인정되면 후자의

---

95) Wong Sun v. U.S., 371 U.S. 471 (1963).

96) State v. O'Bremski, 423 P.2d 530 (1967); 위법한 용의자 체포 이후 이루어진 공판정에서의 피해자 범인확인진술은 독립된 증거로서 증거능력이 있다는 U.S. v. Crews, 445 U.S. 463 (1980).

97) Nix v. Williams, 467 U.S. 431 (1984).

증거는 증거로 사용할 수 있다는 소위 가설적 개연성이론이 이와 유사한 것이다(예컨대 수사기관이 피의자 갑에 대해 이미 마약밀매혐의에 대한 상당한 정보를 수집하고 있었는데, 다른 사건의 피의자 을의 전화 통화를 도청하다가 갑의 추가 범행 장소에 대한 정보를 함께 수집하여 그를 체포한 경우).

관련판례 ① 사전에 구속영장을 제시하지 아니한 채 구속영장을 집행하고, 그 구속중 수집한 피고인의 진술증거 중 피고인의 제1심 법정진술은, 피고인이 구속집행절차의 위법성을 주장하면서 청구한 구속적부심사의 심문 당시 구속영장을 제시받은 바 있어 그 이후에는 구속영장에 기재된 범죄사실에 대하여 숙지하고 있었던 것으로 보이고, 구속 이후 원심에 이르기까지 구속적부심사와 보석의 청구를 통하여 구속집행절차의 위법성만을 다투었을 뿐, 그 구속중 이루어진 진술증거의 임의성이나 신빙성에 대하여는 전혀 다투지 않았을 뿐만 아니라, 변호인과의 충분한 상의를 거친 후 공소사실 전부에 대하여 자백한 것이라면, 유죄 인정의 증거로 삼을 수 있는 예외적인 경우에 해당한다(대판 2009.4.23. 2009도526).

② 강도 현행범으로 체포된 피고인에게 진술거부권을 고지하지 아니한 채 강도범행에 대한 자백을 받고, 이를 기초로 여죄에 대한 진술과 증거물을 확보한 후 진술거부권을 고지하여 피고인의 임의자백 및 피해자의 피해사실에 대한 진술을 수집한 사안에서, 제1심 법정에서의 피고인의 자백은 진술거부권을 고지받지 않은 상태에서 이루어진 최초 자백 이후 40여 일이 지난 후에 변호인의 충분한 조력을 받으면서 공개된 법정에서 임의로 이루어진 것이고, 피해자의 진술은 법원의 적법한 소환에 따라 자발적으로 출석하여 위증의 벌을 경고받고 선서한 후 공개된 법정에서 임의로 이루어진 것이어서, 예외적으로 유죄 인정의 증거로 사용할 수 있는 2차적 증거에 해당한다(대판 2009.3.12, 2008도11437).

[설문 (8)a)의 해결] 판례는 각 사안에서 제2차적 증거에 대해서는 위법성의 희석 내지 인과관련의 단절 등을 이유로 독수과실이론의 예외를 인정하기도 하고, 그러한 예외사유를 부정하기도 하였다. 판례의 각 사안에 대한 태도는 다음과 같다. (i) 위법한 방법으로 피의자를 임의 동행하여 1차로 채뇨한 다음에, 영장을 적법하게 발부받아 다시 2차로 채뇨한 경우 제1차 채뇨자료는 위법수집증거로서 증거능력이 부정되겠지만 2차 증거에 대해서는 독수과실이론의 예외를 긍정할 수 있다(대판 2013.3.14, 2012도13611), (ii) 영장에 의하지 않고 신용카드 거래정보를 획득하고서(계좌추적에 있어 사전영장주의를 규정한 금융실명거래 및 비밀보장에 관한 법률에 위반), 이에 의거하여 피의자로부터의 임의자백(다만 상당한 시간이 경과한 상

태임)과 피해자(참고인)로부터의 임의진술을 얻은 경우 그들의 2차적 진술증거에 대해서는 독수과실이론의 예외를 인정할 수 있다(대판 2013.3.28, 2012도13607), (iii) 수사기관이 피의자 갑의 공직선거법 위반 범행을 영장 범죄사실로 하여 발부받은 압수·수색영장의 집행 과정에서 을, 병 사이의 대화가 녹음된 녹음파일을 압수하여 을, 병의 공직선거법 위반 혐의사실을 발견한 경우, 별도의 압수·수색영장을 발부받지 않고 압수한 위 녹음파일은 위법수집증거로서 을과 병의 사건에서 증거능력이 없는 것은 물론이고, 그 녹음파일에 인과 연관되어 피고인이 법정 진술한 2차적 증거도 증거능력이 없을 것이다(다만 그러한 인과연관 없이 진술거부권 및 방어권이 충실히 보장되었다면 2차 증거의 증거능력은 인정될 수 있다는 대판 2014.1.16. 2013도7101), (iv) 미란다 고지사항을 고지하지 않은 위법한 체포에 의한 음주호흡측정 이후에 피의자 요구에 의한 2차 채혈이 있은 경우에는 2차 증거에 대해서도 독수과실이론의 예외 및 증거능력을 부정하여야 한다(대판 2013.3.14, 2010도2094).

Ⅳ. 증거능력의 절대적 배제 효과

1. 위법수집증거와 증거동의

위법하게 수집된 증거가 동의에 의하여 증거능력이 인정될 수 있는가에 관하여는 피고인의 적극적인 동의가 있는 경우에는 위법수집증거에 대해서도 증거능력을 긍정할 수 있다는 견해,[98] 선서나 영장주의와 같이 공익을 위한 절차에 위반한 경우에는 동의에 의하여 증거능력이 인정될 수 없지만 개인의 이익보호를 목적으로 하는 절차에 위반한 경우에는 동의에 의하여 증거능력을 인정해야 한다는 견해가[99] 있다. 그러나 절차의 중대위법이 있음에도 불구하고 동의에 의하여 예외를 만드는 것은 위법수집증거배제법칙의 실효성을 위태롭게 할 염려가 있기 때문에 증거능력의 배제는 절대적이어야 한다는 다수설 및 판례(대판 2010.1.28, 2009도10092)의 견해가 타당하다.

98) 신현주, 303면. 피고인이 소송법상의 효과를 숙지한 상태에서 적극적으로 증거동의한 경우까지 증거능력을 일률적으로 부정할 필요는 없다고 하는 견해로 심희기, 쟁점, 386면.

99) 백형구, 596면.

관련판례 ① 형사소송법 제217조는 "사법경찰관은 소유자, 소지자 또는 보관자가 임의로 제출한 물건을 영장 없이 압수할 수 있다"고 규정하는바, 위 규정에 위반하여 소유자, 소지자 또는 보관자가 아닌 자로부터 제출받은 물건을 영장 없이 압수한 경우 그 압수물 및 압수물을 찍은 사진은 이를 유죄 인정의 증거로 사용할 수 없는 것이고, 헌법과 형사소송법이 선언한 영장주의의 중요성에 비추어 볼 때 피고인이나 변호인이 이를 증거로 함에 동의하였다고 하더라도 달리 볼 것은 아니다(대판 2010.1.28, 2009도10092).

2. 위법수집증거와 탄핵증거

위법수집증거를 다른 증거의 증명력을 탄핵할 뿐인 탄핵증거로는 사용할 수 있다는 견해가 있다.[100] 그러나 위법수집증거를 탄핵증거로 사용하는 것을 허용할 때에는 사실상 증거배제의 효과를 피하는 것을 허용하는 결과가 된다. 따라서 증거능력 없는 위법수집증거를 탄핵증거로 사용하는 것도 허용되지 않는다는 다수설의 견해가 타당하다.

3. 예외적 증거능력 인정사유에 대한 거증책임의 문제

헌법과 형사소송법이 정한 절차에 위반하여 수집한 증거는 기본적 인권 보장을 위해 마련된 적법한 절차에 따르지 않은 것으로서 원칙적으로 유죄의 증거로 삼을 수 없다. 다만, 수사기관의 증거 수집 과정에서 이루어진 절차 위반행위와 관련된 모든 사정을 전체적 · 종합적으로 살펴볼 때, 수사기관의 절차 위반행위가 적법절차의 실질적인 내용을 침해하는 경우에 해당하지 아니하고, 오히려 그 증거의 증거능력을 배제하는 것이 헌법과 형사소송법이 형사소송에 관한 절차 조항을 마련하여 적법절차의 원칙과 실체적 진실 규명의 조화를 도모하고 이를 통하여 형사 사법 정의를 실현하려 한 취지에 반하는 결과를 초래하는 것으로 평가되는 예외적인 경우라면 법원은 그 증거를 유죄 인정의 증거로 사용할 수 있다. 그런데 구체적 사안이 예외적인 경우에 해당하는지를 판단하는 과정에서 적법한 절차를 따르지 않고 수집된 증거를 유죄의 증거로 삼을 수 없다는 원칙이 훼손되지 않도록 유념하여야 한다. 따라서 예외적인 경우에 해당한다고 볼 만한 구체적이고 특별한 사정이 존재

100) 심희기, 386면.

한다는 것은 검사가 입증하여야 한다(대판 2009.3.12, 2008도763).

Ⅴ. 관련문제

1. 사인의 경우

사인이 위법하게 수집한 증거에 대해서도 위법수집증거배제법칙이 적용될 것인지가 문제된다. 이에 대해서는 사인이 주체인 경우에는 위법수사의 억제라는 요소가 필요하지 않으므로 사인이 위법하게 수집한 증거의 증거능력을 인정하고 증명력단계에서 그 위법요소를 고려하면 충분하다는 견해가 있다(소위 적용부정설).[101] 미국 연방대법원도 Burdeau v. McDowell사건에서 수사기관의 관여 없이 오직 사인에 의해 위법하게 수집된 증거에 대해서는 증거능력을 부정하지 않았다.[102] 다만 사인이 컴퓨터 해킹을 통해 수집한 포르노 그래피 파일 증거물을 수사기관이 그와 접촉하면서 제공받아 증거로 사용한 United States v. Jarrett 사건에서 미국 제4연방순회항소법원은 그 사인이 수사기관의 대리인으로서 행위한 경우에는 증거능력을 부정할 수 있는 것으로 판시하였다(소위 agency theory).[103] 그러나 사인이 위법하게 수집한 증거에 대해서도 위법수집증거배제법칙 그 자체는 준용되어야 한다(우리나라의 다수설). 종국적으로 증거수집과정에 위법행위가 있었던 것으로 평가되는 이상 그 주체가 국가기관 또는 사인인가의 여부는 그다지 중요하지 않기 때문이다. 다만 우선적으로 위법성의 인정 내지 위법성을 조각할 수 있는 범위가 그 주체에 따라 다르게 나타날 수 있다. 즉 증거수집의 공권력이 없는 사인이 몰래 녹음하거나 도청하는 경우에는 증거수집의 공권력을 가진 수사기관의 경우와 비교하여 위법성조각의 범위가 상대적으로 넓을 것이다. 따라서 사인이 피해자의 입장에서 증거를 확보하는 경우(예컨대 공갈협박을 몰래 녹음하는 경우)와 사인이 상대방의 프라이버시권과 비교하여 더 중요한 공익을 위하여 증거를 확보하는 경우(예컨대 상대방이 범죄행위를 지시하자 공익을 위해 이를 몰래 녹음해 놓는 경우)에는 우선적으로 위법성조각이 인정되어야 할 것이다. 그리고 위법성이 긍정되는 경우에 종국적 증거능력의 인정 여부도 공

---

101) 심희기, 385면.

102) Burdeau v. McDowell, 256 U.S. 465 (1921).

103) United States v. Jarrett, 338 F.3d 339 (4th Cir. 2003); 이에 대한 자세한 소개로는 김종구, "사인의 컴퓨터 해킹에 의한 증거수집과 증거배제법칙," 형사법연구 2009년 가을호, 291면 이하.

익과 사익 사이의 이익교량을 통하여 수사기관의 경우에 비하여 더욱 넓게 긍정되어야 한다(소위 이익형량설; 아래 판례의 태도이기도 함).[104]

[권리범위설]

이 설은 침해되는 권리의 중요성을 기준으로 (i) 기본권의 핵심적 영역을 침해하는 경우, (ii) 주변적 영역을 침해하는 경우, (iii) 기본권과 무관한 영역을 침해하는 경우로 3분하여 기본권의 핵심영역을 침해하는 (i)의 경우에만 사인의 위법수집증거에도 적용하자는 견해이다.[105]

관련판례 ① 모든 국민의 인간으로서의 존엄과 가치를 보장하는 것은 국가기관의 기본적인 의무에 속하는 것이고, 이는 형사절차에서도 당연히 구현되어야 하는 것이기는 하나 그렇다고 하여 국민의 사생활 영역에 관계된 모든 증거의 제출이 곧바로 금지되는 것으로 볼 수는 없고, 법원으로서는 효과적인 형사소추 및 형사소송에서의 진실발견이라는 공익과 개인의 사생활의 보호이익을 비교형량하여 그 허용 여부를 결정하고, 적절한 증거조사의 방법을 선택함으로써 국민의 인간으로서의 존엄성에 대한 침해를 피할 수 있다고 보아야 할 것이므로, 피고인의 동의하에 촬영된 나체사진의 존재만으로 피고인의 인격권과 초상권을 침해하는 것으로 볼 수 없고, 가사 사진을 촬영한 제3자가 그 사진을 이용하여 피고인을 공갈할 의도였다고 하더라도 사진의 촬영이 임의성이 배제된 상태에서 이루어진 것이라고 할 수는 없으며, 그 사진은 범죄현장의 사진으로서 피고인에 대한 형사소추를 위하여 반드시 필요한 증거로 보이므로, 공익의 실현을 위하여는 그 사진을 범죄의 증거로 제출하는 것이 허용되어야 하고, 이로 말미암아 피고인의 사생활의 비밀을 침해하는 결과를 초래한다 하더라도 이는 피고인이 수인하여야 할 기본권의 제한에 해당된다(대판 1997.9.30, 97도1230).

② 소송사기의 피해자가 제3자로부터 대가를 지급하고 취득한 절취된 업무일지가 사기사실의 증거로 제출된 사안에서, 비록 그 업무일지가 피고인의 사생활영역을 침해하는 결과를 초래한다 하더라도 형사소추라는 공익실현을 위하여 사기죄에 대한 증거로 사용이 가능하다(대판 2008.6.26, 2008도1584).

③ 피고인 甲, 乙의 간통 범행을 고소한 甲의 남편 丙이 甲의 주거에 침입하여 수집한 후 수사기관에 제출한 혈흔이 묻은 휴지들 및 침대시트를 목적물로 하여 이루어진 감정

104) Roxin은 사인의 위법수집증거에 대해서는 원칙적으로 증거능력을 긍정하면서 극도의 인권침해(extreme Menschenrechtswidrigkeit)가 있는 경우에만 부정한다(Strafverfahrensrecht, § 24 V.

105) 하태훈, "사인에 의한 증거수집과 그 증거능력," 형사법연구 제12호, 44면 이하.

의뢰회보에 대하여, 丙이 甲의 주거에 침입한 시점은 甲이 그 주거에서의 실제상 거주를 종료한 이후이고, 위 회보는 피고인들에 대한 형사소추를 위하여 반드시 필요한 증거이므로 공익의 실현을 위해서 증거로 제출하는 것이 허용되어야 하고, 이로 말미암아 甲의 주거의 자유나 사생활의 비밀이 일정정도 침해되는 결과를 초래하더라도 이는 甲이 수인하여야 할 기본권의 제한에 해당되므로 위 회보의 증거능력이 인정된다(대판 2010.9.9, 2008도3990).

2. 증거배제의 주장적격

증거배제 신청적격은 직접적으로 자신의 권리가 침해된 사람에 한정되는가 하는 문제가 제기된다(예: 甲이 불법한 대물적 강제처분의 피해자인데, 이 강제처분으로 乙의 유죄를 입증하는 증거가 발견된 경우 乙은 자신의 재판에서 문제 증거의 배제를 신청할 수 있는가). 이에 대하여 위법수집증거의 배제신청은 위법수사로 인하여 기본권이 직접 침해된 상대방에 한정된다는 제한설[106]과 수사가 지향된 모든 사람이 포함된다는 무제한설[107]이 있다. 판례는 위법한 압수수색을 당한 당해자가 아닌 제3자가 피고인이 된 사건에서 위법수집증거배제를 인정하여 주장적격에 있어서는 제3자도 가능하다는 입장이다(대판 2007.11.15, 2007도3601).[108] 생각건대 위법수집증거배제법칙의 중요한 정책목적(적정절차와 위법수사의 억제)을 고려하면서, 제3자의 권리가 침해된 경우라고 하여 피고인의 권리가 침해된 경우와 엄격히 구별할 이유가 없다는 점을 고려하면 수사관이 제3자로부터 위법하게 수집된 증거에 대하여도 적용된다고 보아야 한다.

---

106) 신동운, 155면(위법수집증거배제법칙은 수사기관의 위법수사에 대한 객관적 통제장치가 아니라 기본적 인권의 침해에 대한 견제장치라는 점을 이유로 한다); 노명선/이완규, 502면. 미국 연방대법원의 입장도 마찬가지다.

107) 차용석, 684면; 조국, 앞의 책, 467면. 이러한 입장에 대하여 위법수사에 대한 억지효가 증가하겠지만, 피고인의 처벌에 대한 공공의 이익과 실체적 진실발견이 침해된다는 문제점이 지적된다.

108) 본 판례는 증거배제를 고려함에 있어서 그 증거와 피고인과의 관련성도 고려해야 한다고 판시하고 있는바, 전혀 무관한 제3자에게는 적용하지 않는다는 취지로도 보인다.

[§ 35] 전문법칙에 관한 일반론

Ⅰ. 의 의

1. 전문증거의 의의

전문증거란 사실인정의 기초가 되는 경험적 사실을 경험자 자신이 직접 법원에 진술하지 않고 다른 형태에 의하여 간접적으로 보고하는 것을 말한다. 본래증거(원시증거)에 대비되는 개념이다. 전문증거에는 (i) 경험사실을 들은 타인이 전문한 사실을 법원에서 진술하는 경우(전문진술 또는 전문증언), (ii) 경험자 자신이 경험사실을 서면에 기재하는 경우(진술서), (iii) 경험사실을 들은 타인이 서면에 기재하는 경우(진술녹취서)가 포함될 수 있다. (ii)와 (iii)를 합하여 전문서류(진술대용서면)이라고 한다. 따라서 수사기관이 작성하거나 수사기관에 제출된 서류, 즉 모든 수사서류는 그것이 나중에 공판정에 증거로서 제출되면 거기에 기재된 진술은 그 자체로서는 전문증거에 해당한다. 왜냐하면 증거로서 제출된 수사서류에 기재된 진술은 그 진술자 자신이 직접 공판법원에서 진술한 것이 아니라 수사기관이 간접적으로 그 진술내용을 보고하는 것이기 때문이다.

2. 전문법칙의 의의

전문법칙(Hearsay Rule)이란 전문증거는 증거가 되지 않으며(Hearsay is no evidence), 따라서 증거능력이 인정될 수 없다는 원칙을 말한다. 그것은 영미 증거법에 있어서 가장 특징적인 법칙이며, 배심제도와 함께 세계의 소송법체계에 가장 위대한 공헌을 한 원칙이라고 평가받고 있다. 우리나라 구형사소송법에는 전문법칙에 관한 명문의 규정이 없었으나 형사소송법 제1차 개정시(1961년)에 명문으로 선언되었다. 형사소송법 제310조의2는 “제311조 내지 제316조에 규정한 것 이외에는 공판준비 또는 공판기일에서의 진술에 대신하여 진술을 기재한 서류나 공판준비 또는 공판기일 외에서의 타인의 진술을 내용으로 하는 진술은 이를 증거로 할 수 없다”고 규정하고 있다.

Ⅱ. 전문법칙의 이론적 근거

1. 영미법적 근거

형사소송법이 전문법칙을 규정하고 있는 주된 근거가 영미법의 전문법칙에 대한 이론적 근거를 기초로 한다는 점에는 의문이 없다. 영미 증거법에서 전문법칙이 형성된 근거로는 여러 가지가 있을 수 있다. 법정에서 증인과는 달리 수사절차에서의 참고인에게는 선서의무(그리고 위반의 경우의 위증죄)가 없다는 선서의 결여, 참고인조사시에 피의자가 반대신문을 행사할 수 없다는 반대신문의 결여, 공개법정이 아닌 밀실의 수사기관에서 행한 진술을 믿을 수 없다는 신용성의 결여 등이 그것이다. 우리나라에서는 그 중에서 반대신문권의 보장을 영미법에 있어서 전문증거의 증거능력을 배척하는 가장 큰 이유로 보고 있다. 당사자주의적 소송구조를 취하는 영미법계에서 검사 또는 피고인의 한 당사자가 법정에 제출하는 허위의 전문증거에 의하여 불이익을 받게 될 다른 당사자에게는 반대신문에 의하여 그 잘못을 시정할 수 있는 권리가 보장되어야 하는 것은 당사자주의 소송구조의 당연한 요청이다. 더 나아가 원관찰자에 대한 피고인측으로부터의 심리법원의 면전에서의 철저한 반대신문권이 행하여지지 아니한 수사기관에서의 진술은 설령 그것이 진실이라고 하더라도 증거로 인정하는 것은 적정절차에 따른 공정한 재판이라고 할 수 없다. 이에 의하면 피고인에게 반대신문의 기회가 주어지지 않은 진술의 증거능력은 배척되어야 한다. 이것은 전문증거가 피고인 아닌 자의 진술인 경우 예컨대 참고인의 진술에 특히 의미가 있다.

2. 대륙법적 근거

직권주의적 소송구조를 취하는 대륙법계에는 직접주의(Grundsatz der Unmittelbarkeit)가 지배하고 있다. 이에 관하여 독일 형사소송법 제250조는 "사실의 증명이 사람의 경험에 기초한 때에는 공판정에서 그 자를 신문하여야 한다. 신문이 종전에 작성된 신문조서나 서류의 낭독으로 대체되어서는 안 된다"고[109] 규정하고 있다.

---

109) Beruht der Beweis einer Tatsache auf der Wahrnehmung einer Person, so ist dieser in der Hauptverhandlung zu vernehmen. Die Vernehmung darf nicht durch Verlesung der über eine frühere Vernehmung aufgenommenen Protokolls oder einer schriftlichen Erklärung ersetzt werden.

직접주의는 2가지 의미를 가지고 있다. 심리법원이 스스로 조사한 증거에 의하여 재판하여야 한다는 것과 심리법원은 범죄사실에 가장 접근한 증거(tatnächstes Beweis-mittel)에 의하여 사실을 인정해야 한다는 것이다. 이에 의하면 법관은 원칙적으로 피고인의 진술은 공판정에서 피고인신문을 통하여, 피고인 아닌 자의 진술도 역시 공판정에서 증인(감정인)신문을 통하여 사실을 인정하여야 한다. 또한 증인은 원칙적으로 전문증인보다는 원시증인 즉 원진술자가 되어야 한다. 따라서 이 원칙에 의하면 원진술자에 대한 공판정에서의 신문이 가능함에도 불구하고 이를 생략하고 심리법원이 아닌 법관의 면전조서나 수사서류에 기재된 진술로 대체하거나, 원진술자를 증인으로 소환할 수 있음에도 불구하고 전문증인을 증인으로 내세우는 것은 원칙적으로 금지된다. 이 원칙은 피고인 아닌 자의 수사기관에서의 진술에 대해서는 피고인에게 공판정에서의 반대신문권을 보장함으로써 영미법계에서 강조하는 목적을 역시 추구한다. 그러나 이 원칙의 또 다른 목적은 법관으로 하여금 법원에서의 직접신문을 통하여 진술자의 태도증거에 의한 정확한 심증을 얻게 하는 데에도 있다. 후자의 목적은 진술증거가 피고인 아닌 자의 진술인 경우뿐만 아니라 피고인의 진술인 경우에도 원칙적으로 그 증거능력을 배제하는 데 타당한 근거가 된다.

3. 우리나라 수사 및 공판절차의 구조비교를 통한 소결

위에서는 영미법으로부터는 당사자를 위한 반대신문권의 보장이, 대륙법으로부터는 심리법원에 의한 직접심문주의의 요청이 전문법칙의 주요한 근거가 된다는 것을 밝혀 보았다. 그러나 우리나라에서 수사서류에 대해 전문법칙이 적용되어야 하는 이유는 더 찾아질 수 있다. 그것은 공판정에서 피고인 · 증인을 심문하는 것과 수사기관에서 피의자 · 참고인을 심문하는 것 사이의 차이를 살펴보면 자동적으로 밝혀진다. 먼저 수사기관에서의 피의자신문과 공판정에서의 피고인신문을 비교하면 큰 차이가 있다. 공판정에서의 피고인신문은 공개심문이 이루어지지만, 수사기관에서의 피의자신문은 이것이 보장되지 않는다. 후자는 인권침해와 그 증거능력이 부정되어야 하는 허위진술의 우려가 당연히 연결될 수 있는 구조이다. 따라서 피의자(피고인)진술이 담긴 수사서류에 대한 전문법칙은 우리나라에서는 신문절차가 공개되어 일반공중의 감시하에 피의자(피고인)의 방어권을 충분히 보장하고자 하는 데에도 그 취지가 있는 것으로 해석하여야 한다. 따라서 우리나라의 수사구조에서는 '공개심리주의'도 전문법칙의 중요한 근거가 되어야 한다. 즉, 일반국민에게 공개되고 피고인(피의자)의 방어권이 충분히 보장되지 않은 곳에서 만들어진 수사서류는 그 증거능력이 원칙적으로 배제되어야 한다.

다음으로 수사기관에서의 참고인조사와 공판정에서의 증인신문을 비교하면 역시 수사서류의 증거능력제한과 관련된 차이를 발견할 수 있다. 공판정에서의 증인신문은 공중 앞에서의 공개심문, 당사자(특히 피고인측)의 반대신문보장, 허위증언시 (위증죄)형사처벌의 부담 등이 확보되는 데 반하여, 수사기관에서의 참고인조사는 그것이 전적으로 결여되어 있다. 후자의 구조는 당연히 증거능력에 부정적으로 작용하는 허위진술의 우려와 연결되어 있다. 따라서 우리나라에서 참고인진술이 담긴 수사서류에 대하여 증거능력을 배제하는 근거로는 당사자의 반대신문권 이외에 공개심리주의 및 형사처벌(위증죄)의 부담에 의한 진술신용성의 확보 등에도 있다고 보아야 한다. 본인의 견해에 의하면 공개되지 않은 수사관서에서 반대당사자의 추궁 없이 일방적으로 진술할 뿐만 아니라 허위진술을 하더라도 거의 형사처벌 받지 아니하는 참고인의 진술이 기재된 서류는 원칙적으로 증거능력이 배제되어야 한다.

Ⅲ. 전문법칙의 적용범위

1. 요증사실과 관련된 진술증거

전문증거는 요증사실을 직접 지각한 자의 진술을 내용으로 하는 진술증거를 의미한다. 따라서 전문법칙은 진술증거에 대하여만 적용되며, 증거물과 같은 비진술증거에는 전문법칙의 적용이 없다.

전문증거인가 원시증거인가의 여부는 요증사실과의 관계에서 상대적으로 정하여 진다. 전문법칙이 적용되는 전문증거는 원진술 내용에 의하여 요증사실을 증명하는 경우, 즉 타인의 진술 또는 서류에 포함된 원진술자의 진술내용의 진실성이 요증사실로 된 경우에 제한된다. 이에 반하여 원진술의 존재 자체가 주요사실로 된 경우, 예컨대 명예훼손사건에 있어서 그러한 언사를 들은 자의 증언은 원시증거에 속한다.

관련판례 ① 타인의 진술을 내용으로 하는 진술이 전문증거인지 여부는 요증사실과의 관계에서 정하여지는바, 원진술의 내용인 사실이 요증사실인 경우에는 전문증거

이나, 원진술의 존재 자체가 요증사실인 경우에는 본래증거이지 전문증거가 아니다 (대판 2008.9.25, 2008도5347; 2008.11.13, 2008도8007; 2012.7.26, 2012도2937).

2. 언어적 행동

행동을 설명하기 위하여 제출된 말, 즉 의미내용이 애매한 행위에 부수하여 그 행위의 의미를 설명하기 위하여 제출되는 진술에 대하여는 그것이 비진술증거로 사용되는 것이므로 전문법칙의 적용이 없다. 예컨대 甲이 乙을 껴안은 것이 폭행을 위한 것인지 또는 우정의 표현인지를 설명하기 위하여 그 당시에 甲이 乙에게 한 "나쁜 놈"이라는 언어를 증언한 경우가 여기에 해당한다.

3. 지시행동에 대한 진술(증언)

甲이 범인으로 乙을 지목하는 것을 본 丙이 甲의 지시행동을 법정에서 증언한 경우에 丙의 증언을 전문증거로 볼 수 있는가에 대해서는 이를 긍정하는 것이 타당할 것이다. 甲의 지시행동은 일종의 진술로 볼 수 있고, 이를 丙이 증언하면 전문증거가 되기 때문이다.

4. 탄핵증거로 사용할 경우와 증거로 함에 동의한 경우

증인의 신용성을 탄핵하기 위하여 공판정외의 자기모순의 진술을 증거로 제출하는 경우(제318조의2)에는 적극적으로 원진술의 진실성을 증명하기 위한 경우가 아니므로 전문법칙이 적용되지 아니한다. 전문증거로서 증거능력이 부정되는 증거라 할지라도 당사자가 증거로 함에 동의한 때에는 증거능력이 인정되므로(제318조) 이 경우에도 전문법칙은 적용되지 아니한다.

Ⅳ. 전문법칙의 예외에 관한 일반이론

1. 예외인정의 원칙적 기준

전문법칙을 모든 경우에 있어서 예외없이 엄격하게 관철하는 것은 사실상 불가능하다. 만약 전문법칙을 엄격하게 관철한다면 그것은 재판의 지연을 초래할 뿐만 아니라, 재판에 필요한 증거를 상실하게 함으로써 오히려 진실발견을 방해할 염려도 없지 아니하다. 따라서 전문법칙의 예외가 인정되어야 한다. 우리 형사소송법이 제311조에서 제316조에 걸쳐 전문법칙의 예외를 규정하고 있는 이유도 여기에 있다. 이러한 의미에서 전문법칙의 이론은 전문법칙의 예외에 관한 이론이라고 하여도 과언이 아니다.110) 그러나 재판을 진행하는데 전문증거가 필요하다는 이유만으로써 그 증거능력을 인정하여서는 안 된다. 영미의 통설은 전문법칙의 예외를 인정하기 위하여 필요한 요건으로 신용성의 정황적 보장(circumstantial guarantee of trustworthiness)과 필요성(necessity)을 요구하고 있다. 신용성의 정황적 보장이란 공판정 외에서의 진술의 진실성이 제반의 상황에 비추어 반대신문에 의한 음미에 갈음할 정도로 보장되는 것을 말한다. 영미법에 있어서 신용성의 정황적 보장이 인정되는 경우로는 (i) 사건의 와중 또는 직후에 이루어진 충동적인 진술과 같이 허위가 가하여질 여지가 적은 경우(진술의 자연성), (ii) 사망에 직면한 자의 이른바 임종의 진술과 같이 진술의 성실성을 의심할 여지가 적은 경우(진술의 양심성), (iii) 자기의 재산상의 이익에 반하는 진술과 같이 그 불이익성에 비추어 진실성이 추인되는 경우(진술의 불이익성), (iv) 공문서, 업무상 문서 등과 같이 작성의 의무성 · 반복성이나 내용이 공시되고 있는 점에 비추어 일반적으로 그 정확성이 기재되는 경우(진술의 공시성)에 한하여 인정하고 있다.

필요성이란 전문증거를 이용할 필요성이 있음을 의미하고 원진술자가 공판정에서 진술하는 것이 불가능하거나 곤란 또는 불편한 경우, 자기모순의 진술의 경우, 또는 공판정에서의 진술이 공판정 외에서의 진술보다 신빙성이 높을 것을 기대할 수 없는 경우가 바로 그것이다.

상기의 2가지 요건은 모든 경우에 엄격하게 요구되는 것이 아니라 상호보완관계 내지 반비례의 관계에 있다.111)

2. 우리 형사소송법의 관련규정 개관

형사소송법 제310조의2는 전문법칙에 관한 원칙규정이고, 형사소송법 제311조 내지 제315조는 진술대용서면에 대해 예외적으로 증거능력을 부여하는 규정이며, 제316조는 전문진술에 대해 예외적으로 증거능력을 부여하는 규정이다. 형사소송

110) 강구진, 452면; 신현주, 599면.

111) 강구진, 453면; 김기두, 139면; 배종대/이상돈, 604면; 신동운, 805면; 이영란, 733면; 이재상, 559면; 정영석/이형국, 349면; 차용석/최용성, 564면.

법 제311조가 규율하는 전문서류는 법원면전조서(공판조서, 법정에서의 검증조서)와 법관면전조서(제184조와 제221조의2에 의한 증인신문조서)이고, 이에 대해서는 별다른 요건 없이 증거능력이 부여된다. 즉 우리 형사소송법에는 법관의 면전조서가 무조건적으로 증거능력이 있는 것과는 달리(독일 형사소송법에서는 법관의 면전조서도 당연히 증거능력이 있는 것은 아니다), 수사서류는 일정한 요건하에서 증거능력이 인정된다. 그리고 우리 형사소송법은 다른 나라에서도 일반적으로 인정되는 원칙적 예외사유를 규정하고 있다. 즉 형사소송법은 제314조에서 전문서류에 대해서, 제316조에서 전문진술에 대해서 각각 필요성 내지 신용성의 정황적 보장이 있는 것을 조건으로 예외적으로 증거능력을 인정하고 있다. 그리고 형사소송법 제318조는 당사자가 증거로 함에 동의한 수사서류에 대해서도 다른 나라와 다르지 않게 그 진정성이 인정되면 증거능력을 인정하고 있다. 그러나 형사소송법은 당사자가 동의한 경우와 필요성 내지 신용성의 정황적 보장에 의한 원칙적 예외사유 이외에 일정한 요건을 충족하면 전문서류의 증거능력을 인정하는 규정을 두고 있다. 즉 우리 형사소송법은 전형적인 예외사유를 초과하여 예외의 예외까지 인정하는 규정을 두고 있다. 그런데 수사서류의 경우에는 기재된 진술이 누구의 것인가(즉 피의자의 것인가 참고인의 것인가)에 따라 그 증거능력의 인정에 요구되는 조건이 다르다. 형사소송법 제312조 제1항이 규율하는 전문서류는 검사작성의 피의자신문조서이고, 제312조 제3항이 규율하는 전문서류는 사법경찰관이 작성한 피의자신문조서인데, 이에 대해서는 원진술자에 의한 내용인정 등이 있어야 증거능력을 부여하고 있다. 제312조 제4항이 규율하는 전문서류는 참고인진술조서이고, 이에 대해서는 적법한 절차와 방식, 원진술자에 의한 실질적 진정성립, 반대신문기회의 보장, 특히 신빙할 수 있는 상태에서 행해졌음이 증명된 때에 증거능력을 부여하고 있다. 제312조 제5항이 규율하는 전문서류는 수사과정에서 작성한 진술서(자술서)이고, 작성주체(검사 또는 사법경찰관)와 진술자(피의자 또는 참고인)에 따라 구분하여 제312조 제1항 내지 제4항까지의 규정을 준용하고 있다. 제312조 제6항은 검증조서를 규율하고 있고, 적법한 절차와 방식에 따라 작성된 것으로서 작성자에 의한 성립의 진정함이 증명될 것을 요건으로 하고 있다. 제313조 제1항이 규율하는 것은 수사과정 이외에서 작성한 진술서와 기타 상기한 수사서류 이외의 각종 전문자료이고, 그 요건은 자필 또는 서명·날인과 더불어 원진술자에 의한 진정성립 등이 요구된다. 제313조 제2항이 규율하는 전문서류는 감정서이고, 역시 원진술자에 의한 진정성립인정 등에 의하여 예외적으로 증거능력이 인정된다. 기타 우리 형사소송법은 제315조에서 당연히 증거능력이 있는 서류, 제317조에서 증거능력을 위한 필수요소로서의 진술의 임의성, 제318조의2에서 사실인정에서는 증거능력 없는 전문증거라도 다른 증거의 증명력을 탄핵할 때에 사용될 수 있는 탄핵증거, 제318조의3에서 전문증거라도 증거능력이 인정될 수 있는 간이공판절차에 대해서 각각 규정하고 있다.

3. 개정 입법론[112)]

수사서류에 대해 상기한 예외의 예외(특히, 피고인이 내용을 부인함에도 불구하고 원진술자인 참고인의 법정진술에 의해 증거능력을 인정할 수 있는 수사기관 작성의 참고인 진술조서)를 인정하는 조항들은 공판중심주의의 실현을 저해하는 요소로서 우리나라에서 크게 문제시되고 있는 조서꾸미기 수사와 조서재판의 실무를 야기시키는 원인이 되고 있다. 수사서류는 공판중심주의를 실현하는 과정에서 법정에서의 해당자 진술에 대한 탄핵증거(또는 기억환기용)로서 사용하여야지, 그 자체로서 유죄인정의 자료로 인정되는 것은 옳지 않다(아예 증거능력을 인정하기 때문에 증명력을 다투는 탄핵증거제도가 활성화되지도 못하고 있음). 따라서 가능한 전술한 예외의 예외조항을 폐지하는 입법개정작업이 요구된다.[113)]

[§ 36] 전문서류의 증거능력

I. 법원 또는 법관의 면전조서

1. 제311조의 취지와 성질

제311조는 "공판준비 또는 공판기일에 피고인이나 피고인 아닌 자의 진술을 기재한 조서와 법원 또는 법관의 검증의 결과를 기재한 조서는 증거로 할 수 있다. 제184조(증거보전절차) 및 제221조의2(증인신문의 청구)의 규정에 의하여 작성한 조서도

112) 이에 대한 필자의 글로는 "입법론적으로 문제되는 수사서류의 증거능력," 저스티스 제29권 제3호(통권 제42호), 한국법학원, 1999, 152-171면; "전문법칙과 사법경찰," 형사판례연구 2권, 1994, 255-275면; "형사소송법 제312조와 제313조가 규정하는 수사서류의 증거능력: 독일 형사소송법의 언급," 경찰대학 논문집 11, 1992, 63-85면 참조.
113) 견해를 같이 하는 신양균(2009), 774면.

또한 같다"라고 규정하고 있는바, 이들 조서는 법원 또는 법관의 면전에서의 진술을 기재한 조서이므로 그 성립이 진정하고 신용성의 정황적 보장이 높기 때문에 무조건 증거능력을 인정한 것이다. 더 나아가 공판조서의 증명력은 형소법 제56조에 의해 배타적 증명력까지 보장된다(자세한 것은 후술함). 배타적 증명력까지 보장되기 때문에 변호인과 피고인에게는 공판조서에 대한 열람·등사권이 보장되어 있다(제35조, 제55조). 그리고 이 권리가 침해된 공판조서의 증거능력은 부정되고(제55조 제3항), 거기에 기재된 진술도 원칙적으로 증거능력이 부정된다(대판 2003.10.10, 2003도3282; 예외적으로 하자치유를 인정할 수 있다는 대판 2007.7.26, 2007도3906). 따라서 제311조에 의한 공판조서의 증거능력 인정(즉, 전문법칙의 예외 인정)은 피고인·변호인에게 열람·등사권이 적법하게 보장되었음을 전제한다.

제311조 후단의 법관면전조서가 전문법칙의 예외라는 점에는 견해가 일치하나, 본조 전단의 공판준비 또는 공판기일에서의 피고인이나 피고인 아닌 자의 진술을 기재한 조서의 성질에 대해서는 조서작성시 당사자의 참여권과 신문권에 의해서 반대신문의 기회가 주어지므로 전문법칙의 적용이 없는 경우[114] 또는 직접주의의 예외라고 해야 한다는 견해[115]도 있으나 원시증거는 현재 심판하는 법관의 면전에서 직접 경험한 사실을 진술하는 경우에만 인정되는데 공판조서의 증거능력이 문제되는 내용은 현재 심판하는 법관이 아닌 다른 법관(대개는 전심법관) 앞에서 진술한 것이고, 형사소송법이 명문으로 전문법칙의 예외로 한 규정취지로 보아 전문법칙의 예외로 해석하는 다수설이 타당하다.[116]

2. 공판준비 또는 공판기일에 피고인의 진술을 기재한 조서

공판준비에 있어서 피고인의 진술을 기재한 조서란 공판준비절차의 공판기일 전에 피고인을 신문한 조서(제273조 제1항), 공판준비기일조서(제266조의10 제2항), 공판기일 전 법원의 검증조서 중 피고인의 진술을 기재한 부분을 말한다. 공판기일에 피고인의 진술을 기재한 조서란 이전의 공판심리절차에서 작성된 공판조서를 의미

114) 백형구, 651면; 송광섭, 219면; 신현주, 601면; 정영석, 158면.

115) 강구진, 454면; 신동운, 807면; 서희석, "우리 형사소송법상의 전문법칙," 형사증거법(상), 276면.

116) 김기두, 140면; 서일교, 182면; 신양균, 716면; 이영란, 735면; 이재상, 561면; 임동규, 476면; 정영석/이형국, 350면; 정웅석, 863면; 차용석/최용성, 565면; 주광일, "전문법칙 연구," 197면.

한다. 따라서 여기서 의미하는 공판조서에는 공판절차갱신 전의 공판조서, 상소심에 의한 파기환송 전의 공판조서, 이송된 사건의 이송 전의 공판조서, 관할위반의 재판이 확정된 후에 재기소된 경우의 공판조서 등이 해당된다. 그러나 당해 공판정에서의 피고인의 진술은 진술 그 자체가 증거로 되며 특별한 증거조사는 요하지 않는다.[117] 여기의 피고인은 그에 대한 심판주체(재판관)를 달리하는 동일 피고인을 의미한다. 따라서 공범자 아닌 공동피고인의 경우는 명백히 여기가 아닌 아래의 피고인 아닌 자의 진술을 기재한 조서에 포함시켜야 한다. 그러나 공범자인 공동피고인의 경우는 해석을 달리할 여지가 있다(아래 참조).

3. 공판준비 또는 공판기일에 피고인 아닌 자의 진술을 기재한 조서

(1) 공판준비 또는 공판기일에서의 진술을 기재한 조서

공판준비에서의 피고인 아닌 자의 진술을 기재한 조서란 당해 사건의 공판준비절차에서 증인, 감정인, 통역인, 번역인 등을 신문한 조서를 말한다. 공판기일에서의 진술을 기재한 조서가 이전 공판절차에서 작성된 공판조서를 의미하는 것은 위와 같다.

(2) 피고인 아닌 자

1) 공범인 공동피고인 여기서 피고인 아닌 자란 피고인을 제외한 제3자, 즉 증인, 감정인, 번역인, 통역인이 여기에 해당하는 것은 명백하다. 문제는 공범자인 공동피고인을 여기에 포함시킬 것인가에 있다. 이에 대해 판례는 공동피고인도 피고인 아닌 자에 속하기 때문에 공판정에서 공동피고인의 진술을 기재한 조서는 피고인의 동의를 기다릴 필요도 없이 증거능력이 인정된다고 판시하고 있다(대판 1966.5.17., 66도316).[118] 그러나 공범자인 공동피고인은 피고인과 범죄사실을 같이하기 때문에 양자는 실질적으로 동일하게 취급하는 것이 타당하다. 다만, 공범자인 공동피고인을 피고인과 동일하게 취급하더라도 피고인의 범죄사실을 인정하는 데 있어서 증거능력의 문제에 관한 한 별도의 기준으로 심사하는 것이 바람직하다. 즉 공범자인 공동피고인의 진술을 기재한 조서에 대해서는 당해 피고인의 범죄사실과 관련하여 아무런 조건 없이 제311조를 적용할 것이 아니라 당해 피고인에게 반대신문

---

117) 같은 취지로 대판 1956.2.17, 4288형상308.
118) 동일한 견해로는 임동규, 462면.

의 기회를 보장하는 것을 조건으로 증거능력이 인정되어야 한다.

2) **공범 아닌 공동피고인** 피고인과는 별개의 범죄사실로 기소되고 다만 병합심리된 것일 뿐인 공동피고인은 피고인에 대한 관계에서 증인의 지위에 있음에 불과하므로 선서 없이 한 공동피고인의 피고인으로서 한 공판정에서의 진술을 피고인에 대한 공소사실을 인정하는 증거로 쓸 수는 없다(대판 1982.9.14, 82도1000). 따라서 그 진술이 공판조서에 기재된 경우에도 피고인의 범죄사실에 관한 한 제311조가 적용될 수 없다.

4. 당해 사건의 공판준비조서와 공판조서

[설문 (9)] 甲과 乙이 공범으로서 범행을 한 이후 甲이 먼저 체포되어 기소되었고, 甲의 재판이 끝난 이후 乙이 체포되어 별도로 기소되었다. 공범자 甲이 공판정에서 한 진술이 담긴 공판조서는 피고인 乙의 범죄사실에 대한 증거로서 인정될 수 있겠는가?

여기의 공판준비조서와 공판조서에 대해 다른 사건에서 피고인 또는 피고인 아닌 자가 진술한 내용이 담긴 공판준비조서와 공판조서를 포함시키는 견해도 있으나,[119] 이것은 제315조 제3호의 기타 신용할 만한 정황에 의하여 작성된 조서로 해결하면 된다는 것이 다수설 및 판례의 태도(대판 1966.7.12, 66도617)이다. 생각건대 제311조의 '공판기일에 피고인의 진술을 기재한 조서'에 다른 공판기일의 조서 또는 피고인 아닌 자의 진술을 기재한 조서를 포함시켜 해석할 수 없고, 제315조의 문서에 대해서는 절차의 대상이 되는 범죄사실과 아무런 관련 없이 통상적으로 작성되는 문서만으로 제한 해석되는 것이 타당하기 때문에 공판조서를 여기에 포함시키는 것도 타당하지 않다. 여하튼, 본 조항의 경우는 당해사건의 공판준비조서와 공판조서에 한정하는 것이 타당하다.

[설문 (9)의 해결] 다른 절차에서 공범자 甲이 한 진술이 기재된 공판조서가 다른 공범자 乙의 범죄사실에 대한 증거능력 여부에 대해서는 제311조에 포함시켜 무조건 증거능력을 인정하려는 견해와 제315조 제3호의 기타 신용할 만한 정황에 의하여 작성된 조서에 포함시켜 무조건 증거능력을 부여하려는 견해의 대립이 있지만, 전술한 바와 같이 양자 모두 타당하지 않은 것으로 판단된다. 다른 절차의 공판조서에 기재된 甲의 진술은 乙에 대한 공판절차에 甲이 증인으로 출석하여 반대신문을 받는

119) 정영석/이형국, 351면; 정웅석, 816면.

것을 조건으로 증거능력이 인정되도록 해석하는 것이 타당하다.

5. 증거보전절차와 증인신문절차에서 작성한 조서

증거보전절차(제184조)와 참고인에 대한 증인신문절차(제221조의2)에서 작성된 법관면전의 조서도 선서와 법관의 직권신문에 의한 강한 신용성이 인정되므로 공판조서와 같이 취급되어 그 증거능력이 인정된다. 이 경우 공범인 공동피고인이 증거보전절차에서 증언한 증인신문조서는 당연히 증거능력이 인정된다(대판 1988.11.8, 86도1646; 대판 1966.5.17, 66도276). 그러나 증인신문조서가 증거보전절차에서 피고인이 증인으로서 증언한 내용을 기재한 것이 아니라 다른 증인의 증언내용을 기재한 것이고 다만 피의자였던 피고인이 당사자로 참여하여 자신의 범행사실을 시인하는 전제하에 위 증인에게 반대신문한 내용이 기재되어 있을 뿐이라면, 위 조서는 공판준비 또는 공판기일에 피고인 등의 진술을 기재한 조서도 아니고, 반대신문과정에서 피의자가 한 진술에 관한 한 형사소송법 제184조에 의한 증인신문조서도 아니므로 위 조서 중 피의자의 진술기재부분에 대하여는 형사소송법 제311조에 의한 증거능력을 인정할 수 없다(대판 1984.5.15, 84도508).

Ⅱ. 피의자신문조서

1. 의 의

피의자신문조서는 수사기관(검사 또는 사법경찰관)이 피의자를 신문하면서 얻은 진술을 기재한 조서를 말한다. 피의자의 진술을 녹취 내지 기재한 서류 또는 문서가 수사기관의 수사과정에서 작성된 것이라면 그것이 진술조서, 진술서, 자술서 등의 형식을 취하였더라도 피의자신문조서로 보아야 한다(대판 2009.8.20, 2008도8213; 대판 1983.7.26, 82도385). 이와 같이 조사대상자의 진술 내용이 실질적으로 피의자신문조서의 성격을 갖는 경우에도 수사기관은 진술을 듣기 전에 미리 진술거부권을 고지하여야 한다. 그리고 수사기관에 의한 진술거부권 고지의 대상이 되는 피의자 지위가 인정되는 시기는 수사기관이 조사 대상자에 대하여 범죄의 혐의가 있다고 보아 실질적으로 수사를 개시하는 행위를 한 때에 인정되어야 한다(대판 2015.10.29, 2014도5939). 그리고 수사과정에서 담당 수사기관이 피의자와 그 사건에 관하여 대화하는 내용과 장면을 녹화한 비디오테이프에 대한 법원의 검증조서는 이러한 비디오테이프의 녹화내용이 피의자의 진술을 기재한 피의자신문조서와 실질적으로 같다고 볼 것이므로 피의자신문조서에 준하여 그 증거능력을 가려야 한다(대판 1992.6.23, 92도682).

관련판례 ① 검사가 국가보안법 위반죄로 구속영장을 발부받아 피의자신문을 한 다음, 구속 기소한 후 다시 피의자를 소환하여 공범들과의 조직구성 및 활동 등에 관한 신문을 하면서 피의자신문조서가 아닌 일반적인 진술조서의 형식으로 조서를 작성한 사안에서, 진술조서의 내용이 피의자신문조서와 실질적으로 같고, 진술의 임의성이 인정되는 경우라도 미리 피의자에게 진술거부권을 고지하지 않았다면 위법수집증거에 해당하므로, 유죄인정의 증거로 사용할 수 없다(대판 2009.8.20, 2008도8213).

(1) 증거능력의 제한

피의자신문조서는 전문증거이기 때문에 원칙적으로 증거능력이 부정되어야 한다(제310조의2). 그런데 종래에는 피의자신문조서에 대해서는 그 작성자가 검사 또는 사법경찰관의 여부에 따라 전문법칙 예외 인정의 요건이 달랐다. 즉, 검사가 작성한 피고인이 된 피의자 신문조서의 경우는 당해 피고인에 의한 진정 성립의 인정이, 경찰작성 피의자신문조서의 경우는 내용인정이 예외 인정의 주된 요건이었다. 그러나 2022.1.시행 현행 형소법에서는 검경 사이 작성 주체의 구별 없이 동일한 내용으로 규정되었다. 즉, 피의자신문조서는 적법한 절차와 방식에 따라 작성된 것으로서 공판준비 또는 공판기일에 그 피의자였던 피고인 또는 변호인이 그 내용을 인정할 때에 한하여 증거로 할 수 있다(제312조 제1항, 제3항).

(2) 법적 성격

피의자신문조서의 증거능력을 규정한 제312조의 법적 성격에 대하여 신용성과 필요성을 조건으로 증거능력을 인정하는 전문법칙의 예외규정으로 보는 견해[120]와 피의자신문조서에 대해서는 전문법칙의 근거인 반대신문권의 보장이 원용될 수 없기 때문에 제312조는 전문법칙의 예외가 아니라 직접주의와 피의자의 인권보장의 요청에 의하여 증거능력을 제한한 것이라는 견해[121]의 대립이 있다.

생각건대, 전문법칙의 근거로는 반대신문권의 보장 이외에 직접주의, 신용성

120) 이재상, 565면; 임동규, 464면.
121) 신동운, 814면; 서희석, 앞의 논문, 279면.

의 결여 등도 원용될 수 있다. 피의자신문조서의 증거능력이 제한되는 주된 이유는 무엇보다 직접주의와 피의자의 인권보장의 요청에 있다. 또한 피의자신문조서는 공판기일의 진술보다 그 신용성이 결여되어 있기 때문이기도 하다. 더 나아가 피고인이 되지 않은 피의자신문조서의 경우에는 반대신문권의 보장이 그 근거가 될 수 있다. 그러나 피고인이 된 피의자신문조서의 경우에 원진술자는 피고인 자신이므로 피고인 또는 검사의 반대신문권을 보장하는 의미는 없다. 이와 같이 전문법칙의 근거를 여러 가지에서 찾는다면, 제310조의 2가 전문증거의 증거능력을 제한한 규정인데 반하여, 제312조는 이에 대한 전문법칙의 예외를 인정한 것으로 해석하여야 할 것이다.

2. 피의자신문조서에 대한 예외인정의 요건

(1) 검경 사이의 요건통일

검사와 사법경찰관 사이의 차이를 없게 한 2022.1. 시행 형소법하에서는 검경 구분 없이 수사기관이 작성한 피의자신문조서는 적법한 절차와 방식에 따라 작성된 것으로서 공판준비 또는 공판기일에 그 피의자였던 피고인 또는 변호인이 그 내용을 인정할 때에 한하여 증거로 할 수 있다(제312조 제1항, 제3항). 제312조 제1항이 규정한 피의자신문조서의 작성 주체인 검사에는 검찰청 검사는 물론이고 공수처 검사도 포함될 것이다. 그리고 제312조 제3항이 규정한 검사 이외의 수사기관이란 우선 사법경찰관을 의미할 것이다. 사법경찰관에는 형사소송법이 규정한 일반사법경찰관은 물론이고 「사법경찰관의 직무를 행할 자와 그 직무범위에 관한 법률」에 의하여 그 직무취급자로 인정된 특별사법경찰관이 포함된다.[122] 그리고 사법경찰리작성의 경우는 법규에 따라 사법경찰리가 검사의 지휘를 받고 수사사무를 보조하기 위하여 작성한 서류라 할 것이므로 이를 권한 없는 자의 조서라 할 수 없다(대판 1982.12.28, 82도1080).

[입법론]검경 사이의 차이를 없게 한 입법의 타당성

사법경찰관작성 피의자신문조서와 검사작성 피의자신문조서 사이에 증거능력인정의 요건을 차등화한 종래의 형소법 태도가 과연 합리성이 있었는가? 먼저 피고인이 된

122) 여기서 말하는 검사 이외의 수사기관에는 달리 특별한 사정이 없는 한 외국의 권한 있는 수사기관도 포함된다(대판 2006.1.13, 2003도6548).

피의자신문조서의 경우에 원진술자는 피고인 자신이므로 피고인의 반대신문권의 보장은 그 근거가 될 수 없다. 또한 진술자의 태도증거에 의한 법관의 정확한 심증형성을 목적으로 하는 직접주의의 요청도 그 이유를 해명할 수 없다. 왜냐하면 피의자신문조서에 기재된 진술은 그것이 검사작성의 것이든 사법경찰관작성의 것이든 그 자체로서는 똑같이 직접주의의 요청을 충족시킬 수 없기 때문이다. 더 나아가 피의자의 인권보장의 요청도 그 이유를 해명하기에 부족하다. 피의자의 인권은 경찰은 물론이고 검사 수사에 대해서도 동일하게 보장되어야 하기 때문이다. 따라서 작성주체가 검사 또는 사법경찰관인가에 따라 피의자신문조서의 증거능력을 인정하는 조건을 달리 규정한 종래 형사소송법 제312조에 대해서는 입법론적 검토가 요구되었다. 이 경우 검사작성의 피의자신문조서에 대해서도 경찰작성의 경우와 동일하게 규정한 현행법의 태도가 전적으로 바람직한 것이다. 검사작성의 피의자신문조서에 대해 피고인이 그 내용을 부인하면 증거능력이 부정되어야, 조서꾸미기 수사 및 조서재판의 실무폐해가 극복되고 공판중심주의가 실현될 수 있으며, 탄핵증거제도도 활성화될 수 있기 때문이다. 그리고 피고인이 내용을 부인함으로써 사실인정을 위한 증거능력이 부정된다 하더라도 피고인 법정진술의 증명력에 대한 탄핵증거로서는 사용될 수 있기 때문에 검찰수사서류가 결코 휴지가 되는 것은 아니다.

(2) 예외인정 요건의 내용

2022.1. 시행 형소법 제312조 제1항과 제3항에서 '적법한 절차와 방식에 따라 작성'의 의미는 일차적으로는 형식적 진정성립(서명 · 날인의 진정성)을 의미하며, 나아가 제243조(피의자신문과 참여자), 제244조(피의자신문조서의 작성), 제243조의2(변호인의 참여 등), 제244조의4(수사과정의 기록) 등 조서 작성의 절차와 방식에 따라 작성된 것으로 풀이할 수 있다. 만약 형사소송법이 요구하는 이러한 절차와 방식에 관한 요건이 충족되지 않고 작성된 피의자신문조서는 증거능력이 인정될 수 없다. 형소법에 의하면, 피의자의 진술은 조서에 기재하여야 한다(제244조 제1항). 피의자신문조서는 피의자에게 열람하게 하거나 읽어 들려주어야 하며, 진술한 대로 기재되지 아니하였거나 사실과 다른 부분의 유무를 물어 피의자가 증감 또는 변경의 청구 등 이의를 제기하거나 의견을 진술한 때에는 이를 조서에 추가로 기재하여야 한다. 이 경우 피의자가 이의를 제기하였던 부분은 읽을 수 있도록 남겨두어야 한다(제2항). 피의자가 조서에 대하여 이의나 의견이 없음을 진술한 때에는 피의자로 하여금 그 취지를 자필로 기재하게 하고 조서에 간인한 후 기명날인 또는 서명하게 한다(제3항). 따라서 피의자의 기명날인 또는 서명을 누락한 조서는 증거능력을 인정할 수

없고, 열람·낭독·간인 등의 법적 요건을 갖추지 않은 경우에도 증거능력이 인정될 수 없다.

그리고 진술거부권의 고지 없이 한 신문, 변호인선임권이나 접견교통권을 침해하면서 행한 신문, 즉 피의자의 권리 자체를 침해하여 작성된 피의자신문조서는 전문법칙 이전에 이미 자백배제법칙 내지 위법수집증거배제법칙에 의하여 증거능력이 부정될 것이다. 그러나 진술거부권을 고지하였지만 피신조서에 기재하지 않은 경우는 본 조항의 절차 방식 위반에만 해당할 것이다(대판 2013.3.28. 2010도3359).

그리고 동 조항에서 '내용을 인정한다' 함은 조서의 진정성립뿐만 아니라 조서의 기재내용이 객관적 진실에 부합함을 인정하는 것이다.[123] 따라서 '진술의 임의성', '신문절차의 적법' 및 '성립의 진정', '특신상태의 보장'이 충족되더라도 피고인이 그 조서내용의 진실성을 인정하지 않는 한 사법경찰관작성의 피의자신문조서는 그 증거능력이 없다. 수사기관이 작성한 피의자신문조서는 이른바 신용성의 정황적 보장이 박약하다고 보아 피의자신문에 있어서 진정성립 및 임의성이 인정되더라도 공판 또는 그 준비절차에 있어 원진술자인 피고인이나 변호인이 그 내용을 인정하지 않는 한 그 증거능력을 부정하는 취지로 입법된 것이다(대판 1995.3.24, 94도2287).

(3) 적용범위

1) 다른 사건의 피의자신문조서의 경우 　형사소송법 제312조 제1항과 제3항은 수사기관에 의한 피의자신문은 이른바 신용성의 정황적 보장이 박약하다고 보아 피의자신문에 있어서 진정성립 및 임의성이 인정되더라도 공판 또는 그 준비절차에 있어 원진술자인 피고인이나 변호인이 그 내용을 인정하지 않는 한 그 증거능력을 부정하는 취지로 입법된 것으로, 그 입법취지와 법조의 문언에 비추어볼 때 당해 사건에서 피의자였던 피고인에 대한 수사기관 작성의 피의자신문조서에만 적용되는 것은 아니고 전혀 별개의 사건에서 피의자였던 피고인에 대한 수사기관 작성의 피의자신문조서도 그 적용대상으로 하고 있는 것이라고 보아야 한다. 따라서 피고인이 사법경찰관 앞에서의 진술의 내용을 부인하고 있는 이상 피고인을 수사한 경찰관이 증인으로 나와서 수사과정에서 피고인이 범행을 자백하게 된 경위를 진술한

---

123) '내용을 인정'할 때라 함은 위 피의자신문조서의 기재 내용이 진술내용대로 기재되어 있다는 의미가 아니고(그것은 문서의 진정성립에 속하는 사항임), 그와 같이 진술한 내용이 실제사실과 부합한다는 것을 의미한다(대판 2006.5.25, 2005도6271).

증언은 형사소송법 제312조 제3항(종래 제2항)의 규정과 그 취지에 비추어 볼 때 역시 증거능력이 없고, 이러한 결론은 당해 피고사건과 전혀 별개의 사건에서 피의자로 조사받은 경우에 이 피의자신문조서에 형사소송법 제312조 제3항을 적용하고 있는 이상 전혀 별개의 사건에서 피고인이 범행을 자백하게 된 경위를 수사경찰관이 진술한 경우에도 동일하게 적용되어야 한다(대판 1995.3.24, 94도2287).

그리고 입법취지와 법조의 문언에 비추어볼 때 피의자였던 피고인에 대한 수사기관 작성의 피의자신문조서에만 적용되는 것이 아니고, 피의자였던 피고인의 수사기관 앞에서의 진술 자체를 그 적용대상으로 하고 있는 것이라고 보아야 할 것이어서 전문자의 진술이 수사기관 앞에서의 피고인의 진술을 내용으로 하고 있는 경우에 피고인이 그 진술의 내용을 부인하고 있는 이상 그 진술의 내용이 피의자신문조서에 기재된 것인지 또는 전문자가 수사경찰관이 아닌 피해자 등 제3자에 해당하는지 여부 등에 관계없이 증거능력이 없다(대판 2000.3.27, 2000도4383).

관련판례 ① 피고인을 수사한 경찰관의 법정에서의 증언이나 그에 대한 검사작성의 진술조서의 기재내용이 모두 그 수사과정에서 피고인이 범행을 자백하게 된 경위를 진술한 데 불과한 것은 그 피고인이 공판정에서 경찰에서의 자백진술내용을 부인하는 경우 증거능력이 없다(대판 1985.10.8, 85도1590).

② 수사경찰관이 피해자와의 대질신문을 위하여 피고인을 피해자와 동석시킨 자리에서 피해자가 피고인으로부터 자신의 범행을 자백하는 진술을 들었다는 취지의 진술의 경우, 피고인이 법정에서 그 진술의 내용을 부인하고 있는 이상 형사소송법 제312조 제3항(종래 제2항)의 규정과 그 취지에 비추어볼 때 그 증거능력을 인정할 수 없다(대판 2000.3.27, 2000도4383).

---

2) 공범(공동피고인)에 대한 피의자신문조서의 경우

종래의 형소법에서는 검사작성의 공범 피의자신문조서에 대해서는 제312조 제4항을 적용하여 전문법칙의 예외를 인정하려는 태도가 판례 및 학설에 의해 지배하였다. 그러나 2022.1. 시행 형소법에서는 검경 작성 여부의 구분 없이 피의자신문조서에 관한 제312조 제1항과 제3항은 피의자이었던 피고인 그 자신에 대해서는 물론이고 공범에 대해서도 적용된다. 즉, 수사기관이 작성한 피의자신문조서의 증거능력 제한에 관한 형사소송법 제312조 제1항과 제3항의 규정은 당해 피의자였던 피고인에 대해서만 아니라 공동피의자였던 다른 피고인에 대한 관계에서도 적용된다고 할 것이다(대판 2008.2.14, 2005도4202; 대판 2005.6.24, 2005도2601). 따라서 공범인 공동피고인이 자신의 피의자신문조서에 대해 내용을 긍정하더라도 당해 피고인이 그것에 대해 내용을 부정하면 공동피고인의 피의자신문조서에 대해서는 피고인 공소사실에 대한 증거능력이 인정될 수 없다. 이러한 (현행법상 검경 공통) 수사기관 작성 공범피신조서에 대한 판례의 태도는 타당한 것으로 판단된다.[124)]

관련판례 ① 구 형사소송법 (2007.6.1. 법률 제8496호로 개정되기 전의 것) 제312조 제2항에 의하면 검사 이외의 수사기관 작성의 피의자신문조서는 공판준비 또는 공판기일에 그 피의자였던 피고인이나 변호인이 그 내용을 인정할 때에 한하여 증거로 할 수 있는바, 여기에서 '그 내용을 인정할 때'라 함은 위 피의자신문조서의 기재 내용이 진술내용대로 기재되어 있다는 의미가 아니고 그와 같이 진술한 내용이 실제사실과 부합한다는 것을 의미하며, 위 규정은 피의자가 경찰수사 단계에서 작성한 진술서에 대하여도 적용된다. 또한, 위 규정은 검사 이외의 수사기관이 작성한 당해 피고인에 대한 피의자신문조서를 유죄의 증거로 하는 경우뿐만 아니라 검사 이외의 수사기관이 작성한 당해 피고인과 공범관계에 있는 다른 피고인이나 피의자에 대한 피의자신문조서를 당해 피고인에 대한 유죄의 증거로 채택할 경우에도 적용되므로, 당해 피고인과 공범관계가 있는 다른 피의자에 대한 검사 이외의 수사기관 작성의 피의자신문조서는 그 피의자의 법정진술에 의하여 그 성립의 진정이 인정되더라도 당해 피고인이 공판기일에서 그 조서의 내용을 부인하면 증거능력이 부정된다(대판 2008.2.14., 2005도4202).

② 피고인이 새마을금고 이사장 선거와 관련하여 대의원 甲에게 자신을 지지해 달라고 부탁하면서 현금 50만원을 제공하였다고 하여 새마을금고법 위반으로 기소되었는데, 검사는 사법경찰관 작성의 공범 甲에 대한 피의자신문조서 및 〈진술조서〉를 증거로 제출한 사안에서, 甲이 법정에 출석하여 위 피의자신문조서 및 진술조서의 성립의 진정을 인정하였더라도 피고인이 공판기일에서 그 조서의 내용을 모두 부인한 이상 이는 증거능력이 없다(대법원 2019.11.14. 선고 2019도11552 판결).

③ 양벌규정에 따라 처벌되는 행위자와 행위자가 아닌 법인 또는 개인 간의 관계는, 행위자가 저지른 법규위반행위가 사업주의 법규위반행위와 사실관계가 동일하거나 적어도 중요 부분을 공유한다는 점에서 내용상 불가분적 관련성을 지닌다고 보아야 하고, 따라서 형법 총칙의 공범관계 등과 마찬가지로 인권보장적인 요청에 따라 형사소

---

124) 반면에 공범인 공동피고인이 법정에서 내용을 인정하면 증거능력이 있다는 원진술자 내용 인정설[김형진, "공판 외 진술의 증거능력," 형사증거법(하), 194면]과 공범인 공동피고인이 법정에서 내용을 인정하고, 상피고인이 법정에서 실제로 반대신문을 충분히 하거나 반대신문의 기회가 부여된 경우에는 증거능력이 있다는 절충설(가중된 원진술자 내용인정설. 이은모, "피의자의 조사와 자백," 고시연구 2005.10, 76면; 백형구, "공범자의 자백의 증거능력과 증명력," 변호사 23집, 534면)의 반대견해가 있다.

송법 제312조 제3항이 이들 사이에서도 적용된다고 보는 것이 타당하다(대법원 2020. 6. 11. 선고 2016도9367 판결).

---

(3) 형사소송법 제314조에 의한 증거능력

형사소송법 제314조는 "제312조 또는 제313조의 경우에 공판준비 또는 공판기일에 진술을 요하는 자가 사망 · 질병 · 외국거주 · 소재불명, 그 밖에 이에 준하는 사유로 인하여 진술할 수 없는 때에는 그 조서 및 그 밖의 서류를 증거로 할 수 있다. 다만, 그 진술 또는 작성이 특히 신빙할 수 있는 상태하에서 행하여졌음이 증명된 때에 한한다"고 규정하여 필요성과 신용성의 정황적 보장을 이유로 제312조의 예외요건을 충족하지 못한 수사서류라 하더라도 증거능력을 인정하고 있다.

그런데 종래에는 검사작성 피의자신문조서에 대해서는 제314조의 적용을 긍정하는 것이 판례 및 학설의 지배적 태도이었다. 그러나 2022.1. 시행 형소법에서는 검경 구분 없이 통일되게 해석되어야 할 것이다. 우선 원진술자가 피고인 자신인 경우에는 제312조 이외에 제314조의 적용 여지는 없는 것으로 보아야 한다(왜냐하면 피고인 사망 등의 필요성 사유가 있으면 공판을 진행할 수 없기 때문임). 그리고 원진술자가 피고인이 아닌(즉 피고인 아닌 다른 자인) 피의자신문조서의 경우에도 이를 부정하는 것이 타당하다. 판례도 종전에는 제314조에 의한 증거능력을 긍정하다가, 그 이후 전원합의체 판례를 통해 이를 부정하고 있다. 즉, 형사소송법 제312조 제1항과 제3항은 수사기관이 작성한 당해 피고인과 공범관계에 있는 다른 피고인이나 피의자에 대한 피의자신문조서를 당해 피고인에 대한 유죄의 증거로 채택할 경우에도 적용되므로, 당해 피고인과 공범관계가 있는 다른 피의자에 대한 수사기관 작성의 피의자신문조서는, 그 피의자의 법정진술에 의하여 그 성립의 진정이 인정되더라도 당해 피고인이 공판기일에서 그 조서의 내용을 부인하면 증거능력이 부정되고, 그 당연한 결과로 그 피의자신문조서에 대하여는 사망 등 사유로 인하여 법정에서 진술할 수 없는 때에 예외적으로 증거능력을 인정하는 규정인 형사소송법 제314조가 적용되지 아니한다. 이 판결의 견해에 배치되는 대법원 1987.9.8. 선고 87도1446 판결은 이를 변경하기로 한다(대판 2004.7.15, 2003도7185, 전원합의체).

(4) 증거동의

위에서 설명한 제312조 제3항에 해당하지 않아 증거능력이 없는 전문증거라 할

지라도 검사와 피고인이 증거로 할 수 있음을 동의한 경우에는 그 진정성립이 인정되는 조건으로 증거능력을 취득한다(제318조 제1항).

Ⅲ. 진술조서의 증거능력

1. 진술조서의 의의

진술조서는 수사기관이 피고인 아닌 자(주로 참고인)를 조사하면서 얻은 진술을 기재한 조서를 말한다. 조사받은 참고인이 나중에 피의자 내지 피고인이 된 경우와 공소제기 이후에 피고인을 조사하여 얻은 진술을 기재한 조서(다만 공소제기 이후 수사기관의 피고인신문이 허용되는 경우에만 적법하게 작성된 수사서류로서 인정될 수 있을 것임. 그런데 공소제기 이후에는 당해사건에 대한 수사기관의 피고인 신문은 허용되지 않음)도 진술조서의 개념에 포함될 수 있다. 다만 참고인이 추후 피고인이 된 경우에 참고인 진술조서에 기재된 참고인의 진술은 피의자(피고인)에게 보장되는 진술거부권의 고지 없이 이루어 졌을 것이기 때문에 이미 위법수집증거배제법칙에 의해 증거능력은 부정될 것이다.

관련판례 ① 피의자의 진술을 녹취 내지 기재한 서류 또는 문서가 사법경찰의 수사과정에서 작성된 것이라면 그것이 진술조서, 진술서, 자술서 등의 형식을 취하였더라도 피의자신문조서로 볼 것이므로 공판정에서 그 내용을 부인하면 증거능력이 없다(대판 1983.7.26, 82도385).

---

2. 참고인진술조서의 증거능력

형사소송법 제312조 제4항은 "검사 또는 사법경찰관이 피고인이 아닌 자의 진술을 기재한 조서는 적법한 절차와 방식에 따라 작성된 것으로서 그 조서가 검사 또는 사법경찰관 앞에서 진술한 내용과 동일하게 기재되어 있음이 원진술자의 공판준비 또는 공판기일에서의 진술이나 영상녹화물 또는 그 밖의 객관적인 방법에 의하여 증명되고, 피고인 또는 변호인이 공판준비 또는 공판기일에 그 기재 내용에 관하여 원진술자를 신문할 수 있었던 때에는 증거로 할 수 있다. 다만, 그 조서에 기재된 진술이 특히 신빙할 수 있는 상태하에서 행하여졌음이 증명된 때에 한한다"고 규정하고 있다. 형식적 진정성립을 위해서는 적어도 원진술자의 서명 · 날인이 있어야 한다. 따라서 '피고인 아닌 자'를 상대로 적법한 절차에 의하지 않고 위법하게 수집한 증거(예컨대, 실질적 강제연행에 해당하는 임의동행을 통해 참고인조사를 하여 작성된 증거서류)를 '피고인'에 대한 유죄 인정의 증거로 삼을 수 없다(대판 2011.6.30, 2009도6717). 그리고 원진술자의 서명·날인이 전혀 없거나(대판 1993.4.23, 92도2908), 다른 자로 하여금 서명·날인을 하게 한 경우에는 증거능력을 인정할 수 없다. 그러나 단순히 가명을 기재하였다는 사유만으로는 여전히 적법성이 인정될 수 있다(대판 2012.5.24, 2011도7757).

그리고 실질적 진정성립은 원진술자가 진술조서를 열람하거나 그 내용을 고지받은 후 수사기관에서 진술한 대로 조서에 기재되어 있다는 것을 증언하여야 비로소 인정될 수 있다. 따라서 증인이 법정에서 이 건으로 검찰, 경찰에서 진술한 내용이 틀림없다는 증언을 하고 있을 뿐인 경우에는 위 진술만으로는 동인에 대한 검찰 또는 경찰에서 작성한 진술조서의 진정성립을 인정하기에 부족하다(대판 1979. 11.27, 76도3962 전원합의체; 동지 대판 1996.10.15, 96도1301).

한편, 대법원은 수사기관이 참고인을 조사하는 과정에서 형사소송법 제221조 제1항에 따라 작성한 영상녹화물은, -다른 법률(성폭력법 제30조 제1항과 아청법 제26조 제1항; 성폭력법상 원진술자가 아닌 조사과정에 동석하였던 신뢰관계에 있는 사람 또는 진술조력인의 진술에 의하여 성립의 진정이 인정되더라도 영상녹화물을 증거로 할 수 있도록 한 것은 위헌이라는 헌재결 2021.12.23. 2018헌바524)[125]에서 달리 규정하고 있는 등의 특별한 사정이 없는 한-, 공소사실을 직접 증명할 수 있는 독립적인 증거로 사용될 수 없다는 입장이다(대판 2014.7.10, 2012도5041).

관련판례 ① 사법경찰리가 피의자 아닌 자의 진술을 기재한 조서를 증거로 하기 위하여는, 먼저 형식적 요건으로 형사소송법 제313조 제1항(개정법 제312조 제4항)이 규정하는 바에 따라 진술자의 자필이거나 그 서명 또는 날인이 있어야 하고, 나아가 당사자가 증거로 할 수 있음을 동의하지 않는 한, 공판준비 또는 공판기일에서의 원진술자의 진술에 의하여 간인·서명·날인 등 조서의 형식적인 진정과 함께 그 조서의 내용이 원진술자의 진술대로 기재된 것이라는 실질적 진정이 모두 인정되어야 한다.

---

125) 성폭력범죄 피해아동의 진술이 수록된 영상녹화물에 관하여 피해아동의 법정진술 없이도 증거능력을 인정할 수 있도록 규정한 아동·청소년의 성보호에 관한 법률 제18조의2 제5항이 피고인의 공정한 재판을 받을 권리를 침해하지 않는다(헌법재판소 2013.12.26, 2011헌바108).

사법경찰리 작성의 피해자에 대한 진술조서가 피해자의 화상으로 인한 서명불능을 이유로 입회하고 있던 피해자의 동생에게 대신 읽어 주고 그 동생으로 하여금 서명날인하게 하는 방법으로 작성된 경우, 이는 형사소송법 제313조 제1항(개정법 제312조 제4항) 소정의 형식적 요건을 결여한 서류로서 증거로 사용할 수 없다(대판 1997.4.11, 96도2865).

제312조 제4항 단서에 의하면, 전문증거인 진술조서가 증거능력이 인정되기 위해서는 진술이 특별히 신빙할 수 있는 상태에서 이루어져야 하고, 이는 진술의 내용이나 조서 또는 서류의 작성에 허위개입의 여지가 거의 없고 진술 내용의 신빙성이나 임의성을 담보할 구체적이고 외부적인 정황이 있는 경우를 가리킨다(대판 2011.7.14, 2011도3809). 그리고 이러한 '특히 신빙할 수 있는 상태'는 증거능력의 요건에 해당하므로 검사가 그 존재에 대하여 구체적으로 주장 · 입증하여야 하는 것이지만, 이는 소송상의 사실에 관한 것이므로 엄격한 증명을 요하지 아니하고 자유로운 증명으로 족하다(대판 2001.9.4, 2000도1743; 대판 2012.7.26, 2012도2937).

관련판례 ① 군 검찰관이 피고인을 뇌물수수 혐의로 기소한 후, 형사사법공조절차를 거치지 아니한 채 외국(과태말라)에 현지 출장하여 그곳에서 뇌물공여자 甲을 상대로 참고인 진술조서를 작성한 사안에서, 진술조서가 위법수집증거에 해당하지 않는다. 그러나 甲의 진술이 특신상태에서 이루어졌다는 점에 관한 증명이 있다고 보기 어려워 진술조서를 유죄의 증거로 삼을 수 없다(대판 2011.7.14, 2011도3809).

그리고 참고인진술조서가 피고인의 진술을 내용으로 하는 것인 경우에는 그 실질이 피의자신문조서와 유사하기 때문에 이러한 참고인진술조서에 대해서는 피의자신문조서의 규정에 따라서 증거능력을 결정하여야 한다. 특히 피고인의 원진술이 경찰 앞에서의 진술이고 참고인이 그 진술을 듣고 그대로 진술한 참고인진술조서의 작성자가 검사인 경우에도 증거능력의 유무는 제312조 제3항에 의해 결정되어야 한다. 따라서 피고인이 경찰에서 조사받는 도중에 범행을 시인하였고 피해자 측에게도 용서를 구하는 것을 직접 보고 들었다는 취지의 증인들의 각 증언 및 그들에 대한 사법경찰리, 검사 작성의 각 진술조서 기재는 모두 피고인이 경찰에서 조사받을 때의 진술을 그 내용으로 하는 것에 다름이 아니어서, 피고인이 공판정에서 경찰에서의 위와 같은 진술내용을 부인하고 있는 이상, 위 증거들은 증거능력이 없다고 보아야 한다(대판 1994.9.27, 94도1905).

더 나아가 진술조서에 있어서도 진술의 임의성은 증거능력의 요건이 된다(제317조). 그리고 진술조서가 제312조 제4항에 따라 그 성립의 진정이 인정되지 아니하는 등의 이유로 증거능력이 부정되는 경우에도 필요성과 신용성의 정황적 보장[126]이 있는 경우(제314조)와 당사자가 증거로 함에 동의한 경우(제318조)에는 증거능력이 인정될 수 있다.

3. 전문진술이 조서에 기재된 경우(즉 재전문진술의 경우)[127]

[설문 (10)] 성폭력범죄의 피해자인 5세 아동 甲은 그 피해사실을 어머니 乙에게 이야기 하였고, 어머니는 참고인조사시에 피해 아동 甲으로부터 들은 사실을 다시 검사 丙에게 진술하였고, 그 이후 그 진술이 기재된 참고인진술조서는 법정에 증거로 제출되었다. 이 경우 참고인진술조서에 기재된 피해아동 및 그 어머니의 진술은 증거능력이 있겠는가?

- 만약 어머니 乙이 甲으로부터 들은 피해진술을 성폭력상담소장 丁에게 진술하였고, 丁이 검사 丙에게 乙로부터 들은 진술을 다시 한 것이 참고인진술조서에 기재되었다면, 이 경우 참고인진술조서에 기재된 진술의 증거능력은?
- 만약 피의자가 어머니에게 범죄사실을 이야기한 내용이 어머니에 대한 참고인진술조서에 기재된 경우는?

(1) 학설대립 및 판례의 태도

타인의 진술을 들은 것을 다시 진술한 것이 기재된 참고인진술조서(즉 서류형태의 재전문진술)의 증거능력에 대해서는 견해대립이 있다. 이에 대해 **부정설**은 재전문증거의 증거능력을 인정하는 것은 전문법칙의 예외의 예외를 인정하는 것이고 명문의 규정이 없는 상태에서 그러한 예외의 예외를 인정할 수는 없다고 한다.[128] 그러나 **긍정설**은 재전문증거의 각 부분에 대해 전문법칙의 예외의 요건이 충족되면 증거로 할 수 있다는 견해이다.[129] 다만 그 범위에서는 서류형태와 법정진술의 형태

---

126) 참고인의 진술 또는 작성이 '특히 신빙할 수 있는 상태하에서 행하여졌음에 대한 증명'은 단지 그러할 개연성이 있다는 정도로는 부족하고 합리적인 의심의 여지를 배제할 정도에 이르러야 한다(대판 2014.2.21, 2013도12652).

127) 이에 대한 필자의 글로는 "형사소송법상 전문법칙의 예외요소로서의 필요성," 형사판례연구 제10권, 2002년, 332면.

128) 백형구, 633면.

129) 이재상, 590면; 차용석/최용성, 551면.

모두를 포함하여 재전문증거에 한정하는 견해와[130] 재재전문증거 등에 대해서도 인정하려는 견해가 대비될 수 있다. 그런데 판례는 서류형태의 재전문증거에 대해서만 증거능력을 인정할 수 있을 뿐이고, 재전문진술이 기재된 수사서류(즉 서류형태의 재재전문진술)와 최초 원진술자의 진술→중간자의 전문진술→증인의 재전문진술의 형태로 행해진 재전문진술 그 자체에 대해서도 증거능력을 인정할 수 없다는 태도를 취한다(대판 2000.3.10, 2000도159). 그리고 판례는 서류형태의 재전문증거에 대해서 제312조 내지 제314조의 요건과 전문증언에 대한 제316조의 요건이 충족되는 것을 조건으로 증거능력을 인정하였다(대판 2000.3.10, 2000도159). 따라서 '피고인'의 진술을 들은 것을 다시 진술한 참고인 진술조서의 경우에는 제312조 내지 제314조의 요건과 제316조 제1항의 요건(즉 피고인의 진술을 내용으로 하는 경우에는 신용성)의 충족을 조건으로 증거능력을 인정하였고(대판 2000.9.8, 99도4814), 피해자의 진술을 들은 자에 대한 참고인진술조서 형태의 재전문진술에 대해서는 과거의 참고인이 법정에 증인으로 나와서 참고인진술조서에 대해 진정성립을 인정하고(개정 형사소송법에 따르면 제312조 제4항), 과거에 그 참고인에게 말한 원진술자인 피해자에게 제316조 제2항의 필요성을 인정할 수 있는 사정이 있는 경우에는 신용성을 근거로 재전문진술서류는 증거능력을 취득한다.

(2) 소 결

생각건대, 순수한 이론적인 측면에서는 재전문증거의 증거능력을 부정하는 태도가 타당한 것으로 판단된다. 우리나라 형사소송법이 전문법칙의 예외도 비교적 넓게 인정하는데, 이에 더하여 그 예외의 예외까지 확대 인정하는 것은 이론적 설득력을 가질 수 없기 때문이다. 다만 실정법의 해석론으로서는 판례태도와 같은 정도에서 수사서류형태의 재전문증거까지 증거능력을 인정할 수 있을 것으로 판단된다. 왜냐하면 재전문증거에 대해서는 이중의 전문법칙 예외조항을 적용하여 그 증거능력의 인정에 엄격한 통제가 뒤따르기 때문이다. 특히 개정 형사소송법에 따르면 참고인진술조서에 대해서는 피고인에 대한 반대신문기회의 보장이 전문법칙 예외를 인정하는 필수요건이기 때문에 더욱 엄격한 통제가 가능하게 되었다. 그러나 공판정 진술형태의 재전문증거에 대해서도 증거능력을 인정하려는 견해는 타당하지 않다. 왜냐하면 공판정 진술형태의 재전문증거의 경우에는 제316조의 요건이 최초의

130) 이재상, 590면.

원진술자와 중간 전문진술자(재전문진술을 하는 증인의 입장에서는 역시 원진술자)의 양자에게 적용되어야 하는데, 제316조의 필요성 요건이 양자 모두에 있는 경우(예컨대, 최초 원진술자와 중간 원진술자 모두가 기억상실증에 걸린 경우)에 증인에 의한 재전문증언의 증거능력을 인정하려는 견해는 공판중심주의의 취지를 너무 몰각하는 것이기 때문이다.

[설문 (10)의 해결] 위 사례에서 어머니의 진술이 담긴 서류형태로 된 재전문증거(참고인진술조서)의 증거능력에 대해서는 참고인진술조서 자체의 원진술자(즉 사례에서 어머니)에 의한 진정성립과 피고인을 위한 반대신문기회의 보장 등이 요구되고(즉 제312조 제4항의 요건이 충족되어야 함), 더 나아가 제316조 제2항의 요건이 갖추어져야 한다(즉 필요성과 신용성). 따라서 원진술자인 피해아동에게 필요성 요건(예컨대 사망, 기억상실증 등)이 충족되어야 한다. 그런데 사례와 같이 공판정에 증인으로 출석한 피해아동의 나이가 너무 어려 증언할 수 없는 경우에도 필요성이 긍정될 수 있다(공판정에 출석조차 하지 않은 경우에는 필요성이 인정될 수 없음). 반면에 위 사례에서 성폭력상담소장의 진술을 기재한 참고인진술조서는 재재전문증거이기 때문에 증거능력을 인정할 수 없다. 그리고 어머니의 참고인진술조서에 피의자인 아들의 진술이 기재된 경우에는 제312조 제4항과 제316조 제1항(즉 신용성 요건으로 족함)을 이중으로 적용하여 증거능력이 인정될 수 있다.

---

4. 피고인 또는 증인에 대한 진술조서의 경우

수사기관이 공소제기 이후에 피고인을 법정 외에서 신문하여 조서를 작성한 피고인에 대한 진술조서와 공판준비 또는 공판기일에 이미 증언을 한 증인을 소환하여 피고인에게 유리한 증언내용을 번복시키는 방식으로 작성된 증인에 대한 진술조서에 대해서는 우선 공소제기 이후 그러한 수사방법의 적법성 여부가 문제된다. 전자의 피고인을 수사하는 것을 허용하지 않는 견해도 있고,[131] 이를 허용하면서 피의자신문조서와 같은 요건에서 증거능력을 결정하여야 한다는 견해도[132] 있다. 판례에 의하면, "제1심에서 피고인에 대하여 무죄판결이 선고되어 검사가 항소한 후, 수사기관이 항소심 공판기일에 증인으로 신청하여 신문할 수 있는 사람을 특별한 사정 없이 미리 수사기관에 소환하여 작성한 진술조서는 피고인이 증거로 할 수 있

131) 배종대/이상돈, 585면; 이재상, 523면.
132) 신동운, 632면; 임동규, 473면.

음에 동의하지 않는 한 증거능력이 없다. 위 참고인이 나중에 법정에 증인으로 출석하여 위 진술조서의 성립의 진정을 인정하고 피고인 측에 반대신문의 기회가 부여된다 하더라도 위 진술조서의 증거능력을 인정할 수 없음은 마찬가지이다."(대등한 당사자주의, 공판중심주의, 직접심리주의, 공정한 재판을 받을 권리를 강조한 대판 2019.11.28, 2013도6825). 그리고 공소제기 후라도 아직 증언을 하기 전에 수사기관이 공판기일에 증인으로 신청하여 신문할 수 있는 사람을 특별한 사정없이 참고인으로 미리 수사기관에 소환하여 작성한 진술조서에 대해서도 같은 취지에서 피고인이 증거 동의하지 않는 한 증거능력이 인정되지 않는다는 입장이다(대판 2020.1.30, 2018도2236; 대판 2019.11.28, 2013도6825). 여기서 '증언 자체'의 증거능력은 인정되지만, 검사가 증인신문 전 면담과정에서 증인에 대한 회유나 압박 · 답변유도나 암시 등으로 증인의 법정진술에 영향을 미치지 않았다는 점이 담보되어야 증인의 법정진술을 신빙할 수 있다(대판 2021.6.10. 2020도15891).

관련판례 ① 공판준비 또는 공판기일에서 이미 증언을 마친 증인을 검사가 소환한 후 피고인에게 유리한 그 증언내용을 추궁하여 이를 일방적으로 번복시키는 방식으로 작성한 진술조서를 유죄의 증거로 삼는 것은 당사자주의 · 공판중심주의 · 직접주의를 지향하는 현행 형사소송법의 소송구조에 어긋나는 것일 뿐만 아니라, 헌법 제27조가 보장하는 기본권, 즉 법관의 면전에서 모든 증거자료가 조사 · 진술되고 이에 대하여 피고인이 공격 · 방어할 수 있는 기회가 실질적으로 부여되는 재판을 받을 권리를 침해하는 것이므로, 이러한 진술조서는 피고인이 증거로 할 수 있음에 동의하지 아니하는 한 그 증거능력이 없다고 하여야 할 것이고, 그 후 원진술자인 종전 증인이 다시 법정에 출석하여 증언을 하면서 그 진술조서의 성립의 진정함을 인정하고 피고인측에 반대신문의 기회가 부여되었다고 하더라도 그 증언 자체를 유죄의 증거로 할 수 있음은 별론으로 하고 위와 같은 진술조서의 증거능력이 없다는 결론은 달리할 것이 아니다(대판 2000.6.15, 99도1108 전원합의체).

Ⅳ. 진술서의 증거능력

1. 의 의

진술서(자술서)란 서류의 작성자가 자신이 하고자 하는 진술을 스스로 기재한 서면을 말한다. 작성주체에 따라 피고인의 진술서와 피고인 아닌 자의 진술서로 구분될 수 있다.

그리고 진술서가 작성되는 과정에 따라 수사절차에서의 진술서, 공판절차에서의 진술서 및 형사절차와 관계없이 작성된 진술서(예컨대 일기장), 검사에게 제출된 진술서와 사법경찰관에게 제출된 진술서 등으로 나눌 수도 있을 것이다. 우리나라 형사소송법은 수사절차에서 작성된 진술서와 수사절차 이외에서 작성된 진술서에 대해서 그 적용법조를 달리 규정하고 있다. 여기서는 제312조 제5항이 적용되는 수사절차에서 작성된 진술서만 설명하기로 하고, 그와 적용법조를 달리하는 기타의 진술서에 대해서는 별도로 후술하기로 한다.

2. 수사과정에서 작성된 진술서의 증거능력

검사와 사법경찰관이 작성한 피의자신문조서와 참고인진술조서의 증거능력에 관한 규정(제312조 제1항부터 제4항까지의 규정)은 피고인 또는 피고인이 아닌 자가 수사과정에서 작성한 진술서에 관하여 준용한다(제312조 제5항). 따라서 검경에게 제출된 피의자 진술서는 검경 작성 피의자신문조서와 동일할 것이고, 검경에게 제출된 참고인진술서는 검경작성 참고인진술조서와 동일할 것이다. 이에 따르면 전문법칙 예외를 인정하기 위해서는 피의자(피고인) 진술서의 경우는 당해 피고인의 내용 인정이 요구될 것이고(2022.1. 시행 형소법 제312조 제1항, 제3항), 참고인 진술서의 경우는 원진술자의 진정 성립 인정과 당해 피고인에 의한 반대신문권의 행사가 요구될 것이다(제312조 제4항). 그리고 타이프로 작성된 진술서는 서명 또는 날인이 있는 경우에 증거능력이 인정될 수 있을 것이다. 서명 또는 날인의 선택이기 때문에 작성자의 기명 다음에 사인이 되어 있는 것도 여기에 해당한다. 그리고 피고인이 아닌 자가 수사과정에서 작성 제출한 진술서(참고인진술조서에 관한 제312조 제4항이 준용될 것임)의 경우 수사기관이 그에 대한 조사과정을 기록하지 아니하여 형사소송법 제244조의4 제3항, 제1항에서 정한 절차를 위반한 경우에는, 특별한 사정이 없는 한 '적법한 절차와 방식'에 따라 수사과정에서 진술서가 작성되었다 할 수 없으므로 증거능력을 인정할 수 없다(대판 2015.4.23., 2013도3790).

판례에 의하면, 피고인(휴대전화기 임의제출자)이 지하철역 에스컬레이터에서 휴대전화기의 카메라를 이용하여 성명불상 여성 피해자의 치마 속을 몰래 촬영하다가 현행범으로 체포되어 성폭력범죄의 처벌 등에 관한 특례법 위반(카메라등이용촬영)으로 기소된 사안에서, 이를 목격한 사법경찰관이 작성한 (임의제출물) 압수조서에 기재된 압수경위에 관한 기재는 형사소송법 제312조 제5항에서 정한 '피고인이 아닌 자가 수사과정에서 작성한 진술서'에 준하는 것으로 볼 수 있다(피고인이 자백한 경우 독립된 보강증거가 될 수 있다고 판시한 대법원 2019.11.14. 선고 2019도13290 판결). 그러나 형사소송법 제221조 제1항, 제244조의4 제1항, 제3항, 제312조 제4항, 제5항 및 그 입법 목적 등을 종합하여 보면, 피고인이 아닌 자가 수사과정에서 진술서를 작성하였지만 수사기관이 그에 대한 조사과정을 기록하지 아니하여 형사소송법 제244조의4 제3항, 제1항에서 정한 절차를 위반한 경우에는, 특별한 사정이 없는 한 '적법한 절차와 방식'에 따라 수사과정에서 진술서가 작성되었다 할 수 없으므로 증거능력을 인정할 수 없다(대법원 2015.4 23. 선고 2013도3790 판결).

3. 기타의 진술서

수사과정에서 작성되지 않은 기타의 진술서는 제313조 제1항에 의하여 증거능력이 인정된다. 따라서 작성자(동시에 진술자임)의 자필이거나 그 서명 또는 날인이 있고 작성자(동시에 진술자)의 진술에 의하여 그 성립의 진정함이 증명된 때에는 증거로 할 수 있다.

Ⅴ. 검증조서의 증거능력

1. 의 의

검증조서란 법원 또는 수사기관이 검증, 즉 사람의 신체, 장소, 물건의 성질과 형태를 오관의 작용으로 인식을 하고서 그 검증결과를 기재한 서명을 말한다. 수사기관의 검증은 강제처분에 해당하고, 검증에 관하여는 조서를 작성하여야 하며, 검증조서에는 검증목적물의 현상을 명확하게 하기 위하여 사진이나 도화를 첨부할 수 있다(제49조 제1항, 제2항). 검증조서는 그 주체가 법원인가 수사기관인가에 따라 증거능력 인정의 요건이 달리 규정되어 있다.

2. 법원 또는 법관의 검증조서

(1) 예외인정의 요건

법원(또는 수사기관)이 검증을 한 때에는 조서를 작성하여야 하는데(제49조 제1

항), 다만 수소법원에서의 검증은 공판조서에 기재될 뿐이다. 공판준비 또는 공판기일에서 법원 또는 법관의 검증의 결과를 기재한 조서는 증거능력이 인정된다(제311조 1문 후단). 별다른 요건 없이 당연히 증거능력을 인정하는 것은 법원 또는 법관의 경우는 공평한 제3자의 지위에 있고, 검증에 당사자의 참여권이 보장(제145조, 제121조)되기 때문인 것으로 판단된다. 검증조서 자체가 무효이거나 검증절차에 위법이 있는 경우, 특히 소송관계인에게 참여의 기회를 주지 않은 채 작성된 검증조서는 증거능력이 없다.[133]

다른 사건의 검증조서에 대해서도 제311조에 의한 증거능력을 인정하여야 한다는 견해도 있지만,[134] 다른 사건에 대해서는 당사자의 참여권이 보장되지 않는 것을 근거로 하거나(다수설), 직접주의에 반한다는 것을 근거로 하여서[135] 부정하는 것이 타당하다.

(2) 검증조서에 (피고인 또는 피고인 아닌 자의) 진술이 기재된 경우

법원 또는 법관의 검증조서에 순수한 검증의 결과 이외에 진술이 기재되었다면 그 진술의 증거능력은 어떻게 되는지가 문제된다. 검증조서에는 현장지시와 현장진술이라는 2가지 형태의 진술이 기재될 수 있다. 현장지시는 단순히 검증의 대상을 지시하는 진술을 말하고, 현장진술은 현장지시를 초과하는 진술을 말한다. 각각의 경우 증거능력에 대해서는 견해의 대립이 있다.

먼저 현장지시를 현장진술과 같은 것으로 보는 견해와 현장지시의 기능을 2가지로 나누어 현장지시가 검증활동의 동기를 설명하는 비진술증거로서 이용되는 때에는 검증조서와 일체성을 가지지만 지시 자체가 범죄사실을 인정하기 위한 진술증거로 이용되는 때에는 현장진술과 같은 것으로 이해하는 견해가 있다. 생각건대, 오관에 의해 대상을 인식하는 검증과 사람의 사고를 표현하는 진술은 다른 것이기 때문에 현장지시의 기능을 나누어 판단하는 후자의 견해가 일단 타당하다. 문제는 단순한 현장지시와 진술증거로서의 현장지시 및 현장진술의 증거능력을 어떻게 판단할 것인가에 있다. 이에 대해서는 단순한 현장지시까지도 현장진술과 같이 파악하여 선서, 반대신문권의 보장, 신용성의 정황적 보장 등의 결여를 이유로 제311조에

---

133) 신양균, 695면; 배종대/이상돈, 562면.
134) 정영석/이형국, 351면.
135) 신동운, 615면.

의한 증거능력은 부정되어야 하고 진술자의 서명날인이 있는 경우에 제313조 제1항에 의하여 증거능력을 인정할 수 있다는 견해[136)]가 있고, 그 반대로 단순한 현장지시는 물론이고 현장진술까지도 검증조서의 구성부분에 불과한 것으로 파악하면서 제311조의 검증조서에 관한 규정을 적용하여야 한다는 견해[137)]도 있다.

생각건대, 단순한 현장지시는 검증조서와의 일체성을 긍정하여 제311조 내에서 검증조서의 규정, 지시 자체가 범죄사실을 인정하기 위한 진술증거로 사용되는 현장지시와 현장진술에 대해서는 제311조 내에서 법원 또는 법관 면전조서의 규정이 적용되는 것이 타당할 것이다.

(3) 검증조서에 첨부된 사진과 도화의 경우

검증조서에 첨부된 사진과 도화의 경우는 검증조서와 일체를 이루는 부분에 관한 한 제311조의 검증조서에 관한 규정이 적용되어야 한다.

3. 수사기관(검사 또는 사법경찰관)의 검증조서

(1) 예외인정의 요건

수사기관의 검증은 강제처분에 해당하고, 이에는 영장에 의한 검증(제215조)과 영장에 의하지 아니하는 긴급검증(제216조)이 있다. 형사소송법은 검증조서에 대해서는 그 작성의 주체가 검사이냐 사법경찰관이냐에 따라 차이를 두지 않고 동일하게 제312조 제6항에 의하여 규율하고 있다. 즉, 검사 또는 사법경찰관이 검증의 결과를 기재한 조서는 적법한 절차와 방식에 따라 작성된 것으로서 공판준비 또는 공판기일에서의 작성자의 진술에 따라 그 성립의 진정함이 증명된 때에는 증거로 할 수 있다. 여기서 작성자라 함은 검증조서를 작성하는 수사기관을 의미하며, 검증에 참여한 자는 포함되지 않는다(대판 1976.4.13, 76도500; 대판 1990.2.13, 89도2567). 따라서 경찰관의 경우도 작성자가 아니라 단순한 참여자에 불과한 경우에는 그의 증언만으로 검증조서의 증거능력이 인정될 수는 없다. 수사기관의 검증에는 당사자의 참여권이 인정되지 않기 때문에 법원의 검증에 비하여 증거능력의 인정요건이 상대적으로 엄격하다. 이런 점에서 다른 사건에 관한 검증조서의 경우에도 제312조 제6항의 적용이 있어야 한다. 반면에 검증조서는 검증 당시에 인식한 바를 직접 기재한 서면

136) 백형구, 686면.
137) 신동운, 617면; 정영석/이형국, 352면.

이므로 진술에 의하는 경우보다 정확성을 기할 수 있고, 검증 그 자체가 가치판단을 포함하지 않는 기술적인 성격을 가지기 때문에 허위가 개입될 여지가 없다는 점에서 작성자에 의한 진정성립의 인정으로 그 증거능력을 인정하는 것이다.

그러나 수사기관의 검증절차가 위법인 경우에는 위법의 내용과 정도에 따라 검증조서의 증거능력이 부정될 수 있다(대판 1984.3.13, 83도3006; 대판 1990.9.14, 90도1263). 예컨대 수사기관의 검증이 영장주의에 위반한 경우, 검증에 대한 당사자의 참여권을 침해한 경우, 야간검증제한규정을 위반한 경우는 중대한 위법으로서 그 검증조서의 증거능력을 부정하는 것이 타당하다.

관련판례 ① 수사보고서에 검증의 결과에 해당하는 기재가 있는 경우, 그 기재 부분은 검찰사건사무규칙 제17조에 의하여 검사가 범죄의 현장 기타 장소에서 실황조사를 한 후 작성하는 실황조서 또는 사법경찰관리집무규칙 제49조 제1항, 제2항에 의하여 사법경찰관이 수사상 필요하다고 인정하여 범죄현장 또는 기타 장소에 임하여 실황을 조사할 때 작성하는 실황조사서에 해당하지 아니하며, 단지 수사의 경위 및 결과를 내부적으로 보고하기 위하여 작성된 서류에 불과하므로 그 안에 검증의 결과에 해당하는 기재가 있다고 하여 이를 형사소송법 제312조 제1항(개정 제6항)의 '검사 또는 사법경찰관이 검증의 결과를 기재한 조서'라고 할 수 없을 뿐만 아니라 이를 같은 법 제313조 제1항(제312조 제5항)의 '피고인 또는 피고인이 아닌 자가 작성한 진술서나 그 진술을 기재한 서류'라고 할 수도 없고, 같은 법 제311조, 제315조, 제316조의 적용대상이 되지 아니함이 분명하므로 그 기재 부분은 증거로 할 수 없다(대판 2001.5.29, 2000도2933).

---

(2) 검증조서에 기재된 진술의 증거능력

1) 판례의 태도 검증조서에 순수한 검증의 결과 이외에 진술이 기재되었다면 그 진술의 증거능력은 어떻게 되는지가 문제된다. 이에 대한 판례의 태도는 아래와 같다.

관련판례 ① 사법경찰관 작성의 검증조서 중 피고인의 진술기재부분 및 범행재연의 사진영상에 관한 부분은 원진술자이며 행위자인 피고인에 의하여 그 진술 내지 재연의 진정함이 인정되지 아니할 뿐 아니라 검증현장에서의 피고인의 진술 및 범행재연이 특히 신빙할 수 있는 상태하에서 행하여진 것이라고 볼 수 없으면 증거능력이 없다(대판 1988.3.8, 87도2692; 대판 1981.4.14, 81도343).

② 사법경찰관이 작성한 실황조사서에 피의자이던 피고인이 사법경찰관의 면전에서 자백한 범행내용을 현장에 따라 진술, 재연하고 사법경찰관이 그 진술, 재연의 상황을 기재하거나 이를 사진으로 촬영한 것 외에 별다른 기재가 없는 경우에 있어서 피고인이 공판정에서 실황조사서에 기재된 진술내용 및 범행재연의 상황을 모두 부인하고 있다면 그 실황조사서는 증거능력이 없다 할 것이다(대판 1984.5.29, 84도378; 대판 1989.12.26, 89도1557).

이상에서 판례는 사법경찰관 작성의 검증조서에 피의자의 진술이 기재된 경우에도 제312조 제6항이 규정한 검증조서의 규정을 적용하면서, 단지 작성자가 아니라 피의자의 진정성립을 요구한 것으로 판단된다. 그리고 실황조사서의 경우는 내용인정이 요건인 제312조 제3항을 적용하는 것으로 판단된다. 생각건대, 검증조서의 경우에도 사법경찰이 작성한 피의자신문조서에 관한 제312조 제3항을 적용하는 것이 타당할 것이다.

2) 학설의 대립 그리고 이에 대한 학설도 다음과 같이 대립된다. (i) 단순한 현장지시를 포함한 모든 진술에 대하여 검증조서와의 일체성을 부정하고 작성주체만을 구별하여 나누려는 견해(**검증조서부정설**)[138] (ii) 단순한 현장지시는 검증조서에 관한 제312조 제6항, 현장진술은 검증조서의 작성주체와 진술자에 따라 제312조 제1항 내지 제4항의 검증조서 이외의 수사서류에 관한 규정을 적용하여야 한다는 견해(여기에는 다시 현장지시와 현장진술 사이를 구분하는 **구분설**과 현장지시 중에서 범죄사실을 인정하기 위한 경우에는 현장진술로 취급하는 **수정설**)[139]의 대립이 있다.

생각건대, 범죄사실을 인정하기 위한 현장지시와 현장진술은 그 실질이 신문조서 내지 진술조서와 유사하기 때문에 후자의 견해가 타당하다. 특히 현장지시의 증거법적 기능을 두 가지로 나누어 살펴보아야 한다. 현장지시가 검증활동의 동기를 설명하는 비진술증거로서 이용되는 때에는 검증조서와 일체성을 가지겠지만, 진술 자체가 범죄사실을 인정하기 위한 진술증거로 이용되는 때에는 원진술자에 의한 진정성립의 인정 및 그의 서명·날인이 있을 것이 요구된다. 다음으로 현장지시를 넘어가는 진술 즉 현장진술이 검증조서에 기재된 경우에 검사가 피의자의 진술을 작성하였으면 제312조 제1항에 의하여, 검사 또는 사법경찰이 참고인의 진술을 작성했으면 제312조 제4항에 의하여, 사법경찰관이 피의자의 진술을 작성했으면 제

138) 백형구, 688면; 신동운, 626면; 정영석/이형국, 354면.
139) 배종대/이상돈, 593면; 신양균, 695면; 이재상, 529면; 임동규, 480면.

312조 제3항에 의하여 각각 증거능력을 인정하여야 한다. 따라서 사법경찰관에 의하여 실시된 검증현장에서 피의자가 범행을 자백하였다는 내용의 기재는 공판정에서 피고인이 그 자백내용을 부인하면 그 자백의 임의성, 진정성립 또는 서명·날인의 유무를 불문하고 증거능력이 부인되어야 한다.

4. 실황조사서의 증거능력

(1) 의 의

실황조사서라 함은 수사기관의 임의수사로서 주로 범행직후에 범죄현장 기타 장소에서 실황을 조사하고 그 조사결과를 기재한 조서를 말한다. 수사기관의 검증과 실황조사 사이에는 (i) 수사기관의 검증은 강제처분임에 반하여, 실황조사는 임의처분이고, (ii) 실황조사는 임의처분으로서 법관의 영장을 요하지 아니하지만 강제처분으로서의 검증을 함에는 원칙적으로 법관의 검증영장이 있어야 하며, (iii) 수사기관이 검증을 함에는 원칙적으로 피의자의 참여권이 인정되지만 실황조사의 경우에는 그것이 인정되지 않는 등의 차이가 있다. 따라서 실황조사는 인권침해적 강제처분이 거의 요구되지 않는 공도에서의 교통사고, 각종 재난사고 등에서 많이 시행된다.

(2) 증거능력

1) 조사결과 그 자체 수사기관이 작성한 실황조사서에 기재된 조사결과 그 자체의 증거능력에 관해서는 견해의 대립이 있다. 특히 실황조사서의 증거능력은 검증조서의 증거능력에 관한 규정(제312조 제6항)을 준용할 수 있는지가 문제된다. 이에 대해 (i) **긍정설**은 실황조사는 실질적으로 임의수사의 성격을 가진 검증이고, 정확성의 면에서도 검증조서와 다르지 않다는 논거로서 수사기관이 작성한 검증조서의 증거능력규정(제312조 제6항)에 준해서 실황조사서의 증거능력을 인정하여야 한다는 주장이다.[140] 이에 의하면 수사기관이 작성한 실황조사서는 그 작성자의 법정진술에 의하여 그 성립의 진정이 인정되는 등으로 증거능력이 있다. 다음으로 (ii) **부정설**은 검증조서에 비하여 실황조사서는 그 기재의 정확성에 관한 제도적 보장이 미흡하고, 검증의 경우에는 법관의 영장에 의해서 행하여지므로 관찰·기술의 정확성이 보장됨에 대해서 실황조사의 경우에는 그러한 보증이 없으며, 형사소송법 제

140) 백형구, 667면; 이재상, 531면.

312조 제6항이 검증의 결과를 기재한 조서라고 규정하고 있으므로 이 규정을 실황조사서에까지 확대해석하는 것은 부당하다는 주장이다.[141] 그 다음으로 (iii) **절충설**은 실황조사는 주로 범행직후에 영장 없이 이루어지는 것이 일반적이고, 그 실질은 (긴급)검증과 동일하므로, 사후에 검증영장을 발부받아야 제312조 제6항을 준용할 수 있다는 주장이다.[142] 아래의 판례가 이에 해당한다.

관련판례 ① 사법경찰관 사무취급이 작성한 실황조사서가 사고발생 직후 사고장소에서 긴급을 요하여 판사의 영장 없이 시행된 것으로서 형사소송법 제216조 제3항에 의한 검증에 따라 작성된 것이라면 사후영장을 받지 않는 한 유죄의 증거로 삼을 수 없다(대판 1989.3.14, 88도1399).[143]

생각건대, 실황조사는 수사기관이 오관의 작용으로 범죄현장의 존재와 상태를 인식하는 수사처분이므로 실질적으로 검증과 동일한 성질을 가진다. 따라서 실제로 개인의 기본권을 침해하는 (영장 없는) 실황조사에 대해서는 긴급검증으로서 사후 검증영장의 발부를 조건으로 제312조 제6항을 준용하여야 한다는 절충설이 이 경우에는 설득력을 가질 것이다. 그러나 통상의 실황조사, 즉 개인에 대한 기본권침해가 문제되기 어려운 공적 도로에서의 실황조사인 경우(예컨대 교통사고에 대한 조사)에는 설령 상대방의 의사에 반하는 조사라 하더라도 임의수사로서 합법성을 인정하는 것이 타당할 것이다. 공무원의 의무로서 행하고 개인에 대한 기본권침해의 여부가 감시되는 공적 도로에서의 일상적인 조사에 대해 항상 사후영장의 발부를 요구하는 것은 지나친 요구이기 때문이다. 따라서 공적 도로에서 이루어지는 실황조사에 대해서는 전술한 긍정설이 타당하다. 다만 실황조사서는 그 서면에 기재된 사실만이 증거로 되므로 그 실황조사서에 기재된 검사 또는 사법경찰관의 의견은 증거능력이 없다. 그리고 실황조사서에 첨부된 사진이나 도화가 검증결과의 이해를 쉽게 하기 위한 표시방법에 불과한 경우에는 실황조사서와 일체로 그 증거능력을 인정하여야 한다. 즉 형사소송법의 검증조서에 관한 제312조 제6항이 적용된다.

2) 기재된 진술의 경우 전술한 바와 같이 통상의 실황조사서에 기재된 단순

---

141) 신동운, 625면; 정영석/이형국, 354면.

142) 배종대/이상돈, 595면.

143) 본 판례에 대한 자세한 글로는 신이철, "실황조사서의 증거능력," 일감법학, 2005, 213-230면 참조.

한 검증의 결과에 대해서는 제312조 제6항에 의해서 증거능력이 인정되어야 하겠지만, 거기에 기재된 피의자 내지 참고인 진술의 증거능력은 어느 규정에 의하여 인정되는지가 문제된다. 이에 대해서도 전술한 검증조서에 관한 설명이 그대로 원용되어야 할 것이다. 따라서 현장지시와 현장진술을 구분하고, 현장지시의 경우에는 범죄사실에 관한 것은 현장진술의 일종으로 보아야 하며, 다음으로 작성주체(검사 또는 사법경찰관)와 진술자(피의자 또는 참고인)의 여하에 따라서 제312조 제1항 내지 제4항의 규정을 적용하여야 한다.

관련판례 ① 피의자이던 피고인이 사법경찰리의 면전에서 자백한 진술에 따라 사고 당시의 상황을 재현한 사진과 그 진술내용으로 된 사법경찰리 작성의 실황조사서는 피고인이 공판정에서 그 범행 재현의 상황을 모두 부인하고 있는 이상 이를 범죄사실의 인정자료로 할 수 없다(대판 1989.12.26, 89도1557).

Ⅵ. 수사과정 이외에서 작성된 진술서와 기타 진술기재서의 증거능력

1. 제313조 제1항과 제2항의 적용

형사소송법에 의하면, 전2조(형사소송법 제311조와 제312조)의 규정 이외에 피고인 또는 피고인이 아닌 자가 작성한 진술서나 그 진술을 기재한 서류로서 그 작성자 또는 진술자의 자필이거나 그 서명 또는 날인이 있는 것(피고인 또는 피고인 아닌 자가 작성하였거나 진술한 내용이 포함된 문자·사진·영상 등의 정보로서 컴퓨터용디스크, 그 밖에 이와 비슷한 정보저장매체에 저장된 것을 포함한다. 이하 이 조에서 같다)은 공판준비나 공판기일에서의 그 작성자 또는 진술자의 진술에 의하여 그 성립의 진정함이 증명된 때에는 증거로 할 수 있다. 단, 피고인의 진술을 기재한 서류는 공판준비 또는 공판기일에서의 그 작성자의 진술에 의하여 그 성립의 진정함이 증명되고 그 진술이 특히 신빙할 수 있는 상태하에서 행하여진 때에 한하여 피고인의 공판준비 또는 공판기일에서의 진술에 불구하고 증거로 할 수 있다(제313조 제1항). 제1항 본문에도 불구하고 진술서의 작성자가 공판준비나 공판기일에서 그 성립의 진정을 부인하는 경우에는 과학적 분석결과에 기초한 디지털포렌식 자료, 감정 등 객관적 방법으로 성립의 진정함이 증명되는 때에는 증거로 할 수 있다. 다만, 피고인 아닌 자가 작성한 진술서는 피고인 또는 변호인이 공판준비 또는 공판기일에 그 기재 내용에 관하여 작성자를 신문할 수 있었을 것을 요한다(제313조 제2항). 전술한 바와 같이 우리나라 형사소송법상 수사과정에서 작성 제출된 피의자 내지 참고인 진술서에 대해서는 제312조 제5항에 의하여 전문법칙의 예외가 인정되는 것에 비하여 수사과정에서 작성되지 않은 기타의 진술서와 진술기재서는 제313조 제1항에 의하여 전문법칙 예외의 증거능력이 인정된다.

2. 수사과정 이외에서 작성된 진술서의 증거능력

제313조 제1항에 해당하는 진술서로서는 범인, 피해자 또는 목격자 등이 개인적으로 일기장 등에 직접 작성해 둔 자술서, 변호인이 의뢰인에게 보내기 위해 작성한 법률의견서 등이 될 것이다. 그리고 형사소송법의 개정을 통하여 컴퓨터 파일의 형태로 작성 저장된 것도 여기의 진술서에 해당된다는 문언이 법률에 명시되었다. 여기에 해당하는 진술서는 공판준비나 공판기일에서의 그 작성자의 진술에 의하여 그 성립의 진정함이 증명된 때에는 증거로 할 수 있다(제313조 제1항). 문제는 작성자가 성립의 진정을 부인할 때에 발생한다. 종래의 형사소송법에 의하면 작성자가 진정성립을 부인할 때에는 증거능력이 인정될 수 없었다. 수사과정에서와는 달리 진정성립에 관한 객관적 입증제도가 종래 형사소송법에는 규정되어 있지 않았기 때문이다. 이 문제를 해결하기 위하여 형사소송법의 개정을 통하여 진정성립에 대한 객관적 입증제도가 여기서도 도입되었다. 즉, 진술서의 작성자가 공판준비나 공판기일에서 그 성립의 진정을 부인하는 경우에는 과학적 분석결과에 기초한 디지털포렌식 자료, 감정 등 객관적 방법으로 성립의 진정함이 증명되는 때에는 증거로 할 수 있다. 다만, 피고인 아닌 자가 작성한 진술서는 피고인 또는 변호인이 공판준비 또는 공판기일에 그 기재 내용에 관하여 작성자를 신문할 수 있었을 것을 요한다(제313조 제2항). 그런데 새로 도입된 객관적 입증제도에는 다소 문제점이 있는 것으로 판단된다. 수사과정에서 사법경찰에게 제출된 피의자 진술서는 전문법칙 예외 인정을 위하여 작성자의 내용인정까지 요구되면서 객관적 입증제도도 없는 것에 비하여 수사과정 이외에서 개인적으로 작성된 여기의 피의자 진술서는 진정성립의 인정만 요구하면서 객관적 입증제도까지 인정되는 것은 형평성에 반한다는 비판이 가능할 것이기 때문이다. 경찰관서에서 공적으로 정식 작성된 것보다 집에서 개인적으로 작성된 것(특히 컴퓨터에 작성된 저장파일)에 대하여 증거능력 인정 요건을 완화하는 것은 이론적으로 문제되지 않을 수 없다. 이에 비하여 당해 피고인이 아닌 자(예컨

대 참고인) 진술서의 경우에 당해 피고인의 반대신문권이 보장되도록 규정된 점은 이론적으로 바람직하다. 문제는 피의자(피고인) 진술서의 경우는 반대신문권에 대한 명시적 규정이 없는데, 이것은 당해 피고인은 자기 자신의 진술에 대해 개념적으로 반대신문 할 수 없다는 의미에 불과한 것이고, 당해 피고인이 진술서에 대해 진정성립을 부정할 경우 그에 대한 객관적 입증을 위해 사람(포렌식 검찰직원, 감정인 등)이 출석하여 진술하는 경우에는 당연히 당해 피고인도 이들에 대해 반대신문권을 행사할 수 있는 것으로 해석되어야 할 것이다.

3. 기타 진술기재서의 증거능력

(1) 의 의

진술기재서란 수사기관이 아닌 제3자가 피고인 또는 피고인 아닌 자의 진술을 기재한 서증을 말한다. 제3자가 작성한 점에서 진술서와 구별된다. 따라서 수사기관이 수사절차의 일환으로 질문을 하고 직접 작성한 정식의 조서가 아닌 것이 여기에 해당할 것이다. 외국에 거주하는 참고인과의 전화 대화내용을 문답형식으로 기재한 검찰주사보 작성의 수사보고서는 제313조의 진술을 기재한 서류에 해당한다(그러나 원진술자의 서명 날인이 없는 서류이기 때문에 전문법칙 예외로서의 증거능력은 종국적으로 인정할 수 없다는 대판 1999.2.26, 98도2742). 그리고 범죄피해자가 피의자의 범행진술, 목격자의 목격진술 등을 녹음한 녹음테이프도 여기에 해당할 것이다. 또한 형사소송법의 개정을 통하여 피고인 또는 피고인 아닌 자가 진술한 내용이 포함된 문자 · 사진 · 영상 등의 정보로서 컴퓨터용 디스크, 그 밖에 이와 비슷한 정보저장매체에 저장된 것도 여기에 포함될 수 있다.

(2) 예외인정의 요건

상기한 진술서의 경우는 원진술자가 바로 작성자이기 때문에 원진술자 겸 작성자에 의한 진정 성립의 인정이 증거능력 인정의 주된 요건이었다. 그런데 진술기재서의 경우는 원진술자와 작성자가 다르다. 이 경우에는 누구에 의한 진정 성립 인정이 증거능력 인정의 요건이 될 것인지가 문제된다. 제313조 제1항 본문에 따르면, 원진술자가 참고인인 경우(예컨대 피해 아동의 진술을 그 부모가 녹음한 경우)에는 그 원진술자(피해 아동)에 의한 진정 성립의 인정이 증거능력 인정의 요건이 되는 것은 명백하다. 문제는 제313조 단서가 특별히 규정하고 있는 피고인의 진술이 기재된 진술기재서의 경우(예컨대, 범죄자의 진술을 들은 자가 녹음한 경우)에도 원진술자(피고인)에 의한 진정성립의 인정이 요구될 것인가에 있다.

형사소송법의 문언에 의하면 "다만, 피고인의 진술을 기재한 서류는 공판준비 또는 공판기일에서의 그 작성자의 진술에 의하여 그 성립의 진정함이 증명되고 그 진술이 특히 신빙할 수 있는 상태하에서 행하여진 때에 한하여 피고인의 공판준비 또는 공판기일에서의 진술에 불구하고 증거로 할 수 있다"고 규정되어 있기 때문이다(제313조 제1항 단서). 이 요건에 대해서는 원진술자의 진정성립은 필요하지 않고 작성자에 의한 진정성립과 특신상태만 요구되는 것으로 보는 완화요건설과 본문의 요건 이외에 추가적으로 요구되는 것으로 보는 가중요건설의 대립이 있을 수 있다. 생각건대, 피고인의 진술이 담긴 경우에는 그 요건을 강화하는 것이 바람직하기 때문에 후자의 견해(가중요건설)가 타당하다. 그런데 판례는 사인이 사람의 진술을 녹음한 경우에 제313조에 의해 해결하면 될 것으로 보면서(대판 1997.3.28, 96도2417), 사인이 참고인의 진술을 녹음한 경우에는 원진술자에 의한 진정성립, 피고인의 진술을 녹음한 경우에는 단서에 따라 작성자의 진정성립(그리고 신용성)에 의해 증거능력을 인정한다(이의 문제점에 대해서는 녹음테이프의 증거능력에서 후술함). 즉 완화요건설의 입장에 있는 것이 판례의 태도에 해당한다.

그리고 형사소송법의 개정을 통해 진정성립의 부인 시 진술서의 경우에는 객관적 입증제도가 명시적으로 규정되어 있는 것에 비하여, 여기의 진술기재서에 대해서는 문언화되어 있지 않다. 생각건대, 진술서와는 달리 객관적 입증제도가 명시적으로 문언화되어 있지 않은 진술기재서에 대해서는 원진술자 내지 작성자가 진정성립을 부인하면 곧바로 증거능력이 부정되어야 할 것이다.

(3) 제313조 제1항과 관련된 재전문진술의 문제

재전문진술의 문제는 수사서류에서 발생하는 것은 물론이고(이에 대해서는 위에서 이미 기술하였음), 제313조 제1항의 수사과정 이외의 진술기재서에서도 발생할 수 있다. 예컨대, 정치권 사건으로 상관(피고인; 대통령, 비서실장)이 말한 것을 수석보좌관(증인)이 받아 적은 업무수첩의 증거능력이 한때 문제되었다. 이에 대해 판례는 다음과 같은 취지로 판시하였다: 증인이 받아 적은 것이 상관의 지시인 경우(지시사항 부분)에 지시한 사실(존재) 그 자체가 요증 사실인 경우에는 전문증거가 아니기 때문에 전문법칙이 적용되지 않을 것이다. 그러나 그 내용이 요증 사실인 경우에는 전문증거가 될 것이다. 그런데 여기의 수첩의 기재내용은 '굳이 반대신문의 기회 부여가 문제 되지 않을 정도로 고도의 신용성에 관한 정황적 보장이 있는 문서'라고 보기 어려우므로, 형사소송법 제315조 제3호의 '기타 특히 신용할 만한 정황에 의하여 작성된 문서'에는 해당되지 않는다. 그렇다면 수첩에 적힌 지시 내용은 제313조 제1항의 진술기재서류가 될 것이다. 그러나 상관이 다른 사람(A)과 나눈 대화의 내용을 전한 것을 작성자가 기재한 경우(대화내용 부분)에 기재 내용은 재전문증거가 될 것이다. 이 경우에는 제313조 제1항과 제316조 제2항의 요건(특히 필요성 요건; A의 사망, 소재불명 등의 사유) 충족 여부에 의해 증거능력 여부가 결정될 것이다(대법원 2019.8.29. 선고 2018도14303 전원합의체 판결).

Ⅶ. 감정서의 증거능력

1. 의　　의

감정이란 특수한 지식 · 경험을 가진 제3자가 그 지식 · 경험에 의하여 알 수 있는 법칙 또는 그 법칙을 적용하여 얻은 판단을 법원에 보고하는 것을 말한다. 보통 법원 또는 법관으로부터 감정의 명을 받은 자를 감정인이라고 한다(이에 대해 수사기관으로부터 감정을 위촉받은 자를 감정수탁자라고 한다). 감정의 경과와 결과는 감정인으로 하여금 서면으로 제출하게 하여야 한다(제171조 제1항). 이 제출된 서면을 감정서라고 한다. 또 법원은 필요한 때에는 감정인에게 설명하게 할 수 있다(제171조 제4항). 즉 감정인신문제도가 임의적으로 운용되고 있다.

2. 감정인신문조서

형사소송법 제311조에 의하면, 법원 또는 법관의 감정의 결과를 기재한 조서는 무조건 증거능력이 인정되고 있다. 이것은 감정인이 공판정에 출석하여 감정내용을 구두로 보고하거나 설명한 부분을 공판조서에 기재한 것이다. 법원 또는 법관이 선서하고 감정하는 감정인의 진술을 정확하게 청취하여 기재한 것이므로 신용성의 정황적 보장이 강력하기 때문에 무조건 증거능력을 인정한 것이다. 또 이 경우에는 공판정에서 반대당사자에 의한 반대신문도 행하여지므로 전문증거가 아니라고 할 수 있다. 다만 공판절차 갱신후의 경우처럼 다른 법관의 면전에 그 감정조서가 제출된 경우에는 전문증거로서 제311조에 의하여 예외적으로 ―그러나 역시 무조건적으로— 증거능력이 인정된다. 그리고 수사기관에 의한 감정인신문조서의 경우는 원진술자가 피의자 아닌 참고인에 대한 신문과 유사하기 때문에 제312조 제4항이 적용되어야 한다.

3. 감정인이 제출한 감정서

법원은 필요하다고 인정할 때에는 직권으로 또는 검사 · 변호인 등의 신청에 의하여 특별한 지식 · 경험을 갖는 자에게 판단을 의뢰하여 그 보고를 구할 수 있다. 법원의 명령에 의해 감정을 행하는 자를 '감정인'이라고 한다. 감정인은 감정의 경과와 결과를 서면으로 제출하게 되는데 이때의 서면은 전문증거이다. 이것의 증거능력에 대해서 제313조 제3항이 적용된다는 데 대하여 이론이 없다. 이에 의하면 작성자에 의해 그 성립의 진정이 인정될 때 증거능력을 갖게 된다. 법원 또는 법관의 명령에 따른 감정의 경우는 선서(제170조)가 행하여질 뿐만 아니라 허위감정에 대해서는 형사제재가 부과되며 감정시에 당사자의 참여권(제176조)이 보장되는 등에 의하여 신용성의 정황적 보장이 인정되므로 전문법칙의 예외로 한 것이다.

4. 감정수탁자가 제출한 감정서

수사서류의 하나인 수사기관에 의하여 위촉된 감정수탁인의 감정보고서도 제313조 제3항에 의하여 그 증거능력이 결정되는지가 문제된다. 왜냐하면 법원의 명령에 의한 감정서와는 달리, 이것은 선서에 의한 담보도 없고, 허위감정에 대한 제재 및 당사자의 참여권도 없기 때문이다. 이에 대하여 달리 취급할 이유가 없다는 점을 근거로 한 긍정설(다수설)[144]과 법률상의 지위에 중요한 차이가 있다는 점을 근거로 한 부정설[145]의 대립이 있다. 생각건대 전문지식 · 경험 등을 갖는 자에게 감정을 위촉한다는 것과 감정수탁인은 자기의 감정서가 형사상 이용될 수 있음을 알고 있기 때문에 정확하게 감정할 것이 기대된다는 점에서 제313조 제3항이 적용되어도 무방할 것으로 판단된다.[146]

144) 이재상, 531면; 신동운, 636면; 배종대/이상돈, 567면; 진계호, 598면; 차용석, 799면; 임동규, 458면.

145) 신양균, 700면.

146) 이에 대한 필자의 글로는 "과학적 증거자료 —특히 감정 · 검증서류의 증거능력," 고시연구 2003년 12월호(통권 제357호), 128면.

감정수탁자의 감정서와 관련하여 문제되는 것은 의사가 작성한 진단서의 증거능력이다. 전문가인 의사의 진단결과를 기재한 진단서도 감정인이 작성한 감정서와 실질적으로 다름이 없다고 보면 제313조 제3항에 의해 증거능력을 인정할 수 있다.[147] 이에 대하여 진단서는 진단의 결과(병명, 병상, 요입원기간)만을 간단히 기재하고 감정에 상당하는 부분을 포함하지 않는다고 보면 제313조 제3항에 의해 증거능력을 인정할 수 없게 될 것이다. 그러나 후자의 견해도 의사의 진단서는 일종의 진술서이므로 제313조 제1항의 적용을 받게 된다고 해석하여야 하므로 실질적으로 전자의 견해와 차이는 없다.[148]

5. 감정서에 기재된 진술의 증거능력

제313조 제3항의 적용을 받는 것은 감정서에 기재된 감정의 경과와 결과에 한한다. 그러나 예컨대 감정서 중에 감정인이 피의자나 참고인으로부터 청취한 진술이 기재되어 있는 경우에 그 증거능력은 어떻게 되는지가 문제된다. 제312조는 그 진술을 듣고 작성한 주체가 검사 또는 사법경찰관인 경우의 규정이므로 이를 직접 적용할 수는 없다. 생각건대, 감정인은 소송당사자에 대해서는 제3자적 지위에 있기 때문에 제313조 제1항의 기타 서류에 포함시키는 것이 타당하다.

[§ 37] 비교적 진정한 모습을 지닌 전문법칙의 예외규정

전술한 제311조 내지 제313조에 이르는 전문법칙의 예외에 관한 규정은 진정한 모습을 지닌 전문법칙의 예외규정으로 평가될 수 없다. 이 규정들은 공판중심주의의 취지를 다소 약화시키는 예외의 확대에 해당하는 것이다. 진정한 모습의 전문법칙의 예외에 해당하는 내용은 제314조 이하에 규정되어 있다. 가장 진정한 모습의 전문법칙의 예외는 전문증거라도 증거로 사용할 불가피한 필요성이 있는 경우에만 인정되어야 한다. 이를 규정하고 있는 것이 전문서류(특히 수사서류)에 대해서는 제314조, 공판정에서의 전문진술(증언) 그 자체에 대해서는 제316조가 규정하고 있다.

---

147) 이러한 결론에 차용석, 799면.

148) 대법원은 사인인 의사가 만든 진단서는 당연히 증거능력 있는 서류가 아니므로 제313조에 의하여 증거능력이 인정되어야 한다고 판시하고 있다(대판 1960.9.14, 4293형상247).

그리고 제315조는 범죄와 관련 없이 통상적으로 작성되기 때문에 당연히 증거능력이 있는 서류에 대해 규정하고 있고, 제317조는 최소한 진술에 임의성이 있어야 증거능력을 인정할 수 있다는 대원칙적인 내용을 규정하고 있으며(따라서 전문법칙의 예외조항이라고도 할 수 없음), 제318조는 당사자가 증거로 함에 동의한 경우에는 전문증거라도 증거능력을 인정하는 내용을 규정하고 있다. 그리고 제318조의2는 전문증거라도 다른 증거(특히 범죄사실을 부인하는 피고인의 진술)의 증명력을 탄핵하는 용도로서는 사용될 수 있다는 소위 탄핵증거에 대해 규정하고 있다. 이상의 내용들은 이론적인 관점에서 크게 문제될 수 없는 진정한 모습의 전문법칙의 예외조항(내지 형사소송법의 대원칙 조항)들이다. 아래에서는 이들에 대해 설명하기로 한다.

Ⅰ. 형사소송법 제314조에 의한 증거능력의 인정

[설문 (11)] 검사가 증거로 제출한 참고인 甲에 대한 사법경찰관작성의 진술조서에 대하여 피고인이 증거로 하는 것에 동의하지 않았다. 법원은 甲을 증인으로 소환하였으나 그 사이 甲이 이사를 간 관계로 소환장이 송달불능이 되었다. 이 경우 甲의 진술조서는 증거능력이 있겠는가?

1. 입법취지

위에서는 원진술자가 공판정에 출석하여 적어도 (진정성립의) 진술을 정상적으로 행하는 경우에 전문서류에 대한 전문법칙의 예외에 관한 형사소송법 규정들이 기술되었다. 그러나 원진술자가 공판정에 출석하여 정상적으로 진술을 할 수 없는 경우가 있을 수 있고, 이 경우에 전문서류의 증거능력을 인정하기 위한 규정이 요구된다. 이를 위하여 제314조는 “제312조 또는 제313조의 경우에 공판준비 또는 공판기일에 진술을 요하는 자가 사망 · 질병 · 외국거주 · 소재불명, 그 밖에 이에 준하는 사유로 인하여 진술할 수 없는 때에는 그 조서 및 그 밖의 서류를 증거로 할 수 있다. 다만, 그 진술 또는 작성이 특히 신빙할 수 있는 상태하에서 행하여졌음이 증명된 때에 한한다”고 규정하여, 이러한 경우의 예외를 인정하는 것이다. 즉, 전문서류에 대하여 필요성과 신용성의 정황적 보장이라는 요건이 구비되었을 때에 증거능력을 인정하는 제도가 규정되어 있다.

2. 적용요건[149)]

(1) 필 요 성

1) 원진술자의 사망, 질병, 외국거주 제314조의 적용요건은 필요성과 신용성의 정황적 보장이다. 여기서 필요성은 공판준비 또는 공판기일에 진술을 요한 자가 사망·질병·외국거주 기타 사유로 인하여 진술할 수 없는 때에 인정된다. 원진술자가 사망한 경우는 제312조 또는 제313조에 의한 증거능력의 인정이 불가능하기 때문에 필요성이 인정되어야 하는 것은 당연하다. 그리고 생존하여 법정에 출석하더라도 올바른 진술을 할 수 없는 정신병 또는 기억상실증(노인치매성으로 인한 기억력 상실에 대해 필요성을 인정한 대판 1992.3.13, 91도2281)에 걸린 경우에도 필요성은 인정될 수 있다. 그러나 감기·결핵과 같은 질병은 진술능력과는 관계없는 것이므로 이 경우에 필요성이 인정되어서는 안 된다(출산을 앞두고 있는 사유에 대해서는 필요성을 부정한 대판 1999.4.23, 99도915).

그리고 형사소송법이 외국거주에 대해 일반적으로 필요성을 인정하는 것은 옳지 않은 것으로 판단된다. 그 이유는 다음과 같다. 현행법상 수사기관 앞에서 참고인이 진술할 때 당사자인 피고인(과거에는 주로 피의자)은 반대신문의 기회를 가지지 않는다. 그것뿐만 아니라 수사기관 앞에서의 참고인은 허위진술을 할 가능성이 높다. 왜냐하면 수사기관 앞에서 허위진술하더라도 참고인을 형사처벌할 가능성은 거의 없기 때문이다. 그리고 해외여행이 자유로운 오늘날 해외거주로 인하여 국내 공판정에 출석하여 증언할 수 없다는 것도 사실적으로는 거의 있을 수 없다. 오히려 과거 참고인으로 진술하고 현재 해외에 거주하는 자는 귀국요청을 거부하는 경우가 많을 것이다. 이러한 귀국거부와 같은 행동은 과거의 진술이 허위라는 것을 반증하기도 한다. 그리고 수사기관이 이 규정을 악용할 수도 있다. 예컨대 수사기관은 참고인에게 피의자·피고인에게 불리한 진술을 얻은 후에 그 참고인을 해외로 내보내거나 해외로의 도주를 방임하여서 그 이후 법정에 출석하지 않으면 필요성이 인정되는 것이다. 수사기관에 의한 이러한 악용의 위험을 제거하기 위해서도 해외거주의 예외사유는 엄격하게 제한되어야 한다. 따라서 이 예외사유는 국내법정에 세울 수 없는 외국거주인을 상대로 외국사법기관에 의해 작성된 진술조서와 같은 것에서

---

149) 이에 대해 자세히 논한 필자의 글로는 "형사소송법상 전문법칙의 예외요소로서의 필요성," 형사판례연구 10권, 2002, 330-351면 참조.

만 인정되어야 한다(대판 1997.7.25. 97도1351의 경우가 그러함).

관련판례 ① 형사소송법 제314조에 …(생략)… '외국거주'라고 함은 진술을 요할 자가 외국에 있다는 것만으로는 부족하고, 가능하고 상당한 수단을 다하더라도 그 진술을 요할 자를 법정에 출석하게 할 수 없는 사정이 있어야 예외적으로 그 적용이 있다고 할 것인데, 통상적으로 그 요건의 충족 여부는 소재의 확인, 소환장의 발송과 같은 절차를 거쳐 확정되는 것이기는 하지만 항상 그와 같은 절차를 거쳐야만 위 요건이 충족될 수 있는 것은 아니고, 경우에 따라서는 비록 그와 같은 절차를 거치지 않더라도 법원이 그 진술을 요할 자를 법정에서 신문할 것을 기대하기 어려운 사정이 있다고 인정할 수 있다면, 이로써 그 요건은 충족된다고 보아야 한다(대판 2002.3.26, 2001도5666).
② '외국거주'라 함은 진술을 요할 자가 외국에 있다는 것만으로는 부족하고, 수사 과정에서 수사기관이 그 진술을 청취하면서 그 진술자의 외국거주 여부와 장래 출국 가능성을 확인하고 만일 그 진술자의 거주지가 외국이거나 그가 가까운 장래에 출국하여 장기간 외국에 체류하는 등의 사정으로 향후 공판정에 출석하여 진술을 할 수 없는 경우가 발생할 개연성이 있다면 그 진술자의 외국 연락처를, 일시 귀국할 예정이 있다면 그 귀국 시기와 귀국시 체류 장소와 연락 방법 등을 사전에 미리 확인하고 그 진술자에게 공판정 진술을 하기 전에는 출국을 미루거나, 출국한 후라도 공판 진행 상황에 따라 일시 귀국하여 공판정에 출석하여 진술하게끔 하는 방안을 확보하여 그 진술자로 하여금 공판정에 출석하여 진술할 기회를 충분히 제공하며, 그 밖에 그를 공판정에 출석시켜 진술하게 할 모든 수단을 강구하는 등 가능하고 상당한 수단을 다하더라도 그 진술을 요할 자를 법정에 출석하게 할 수 없는 사정이 있어야 예외적으로 그 요건이 충족된다(대판 2008.2.28, 2007도10004).

---

2) 소재불명 현행 형사소송법 제314조는 제정 형사소송법의 문언에 없었던 소재불명을 필요성의 사유로서 추가하였다. 판례(대판 1983.5.24, 83도768; 대판 1985.2.26, 84도1679; 대판 1985.5.14, 80도2973)도 원진술자의 소재불명을 필요성 사유로서 그 동안 실무상 인정해 왔다(다만 증인에 대한 구인장 집행불능 상황이 형사소송법 제314조의 기타 사유로 인하여 진술할 수 없는 때에 해당되기 위한 요건은 엄격하게 해석되어야 한다는 것으로 대판 2007.1.11, 2006도7228). 그리고 수사기관이 적극적으로 소재탐지를 하여야만 비로소 필요성의 예외사유가 인정될 수 있고, 그에 대한 증명책임도 검사가 부담한다(대판 2013.4.11. 2013도1435).

관련판례 ① 법원이 수회에 걸쳐 진술을 요할 자에 대한 증인소환장이 송달되지 아니

하여 그 소재탐지촉탁까지 하였으나 그 소재를 알지 못하게 된 경우 또는 진술을 요할 자가 일정한 주거를 가지고 있더라도 법원의 소환에 계속 불응하고 구인하여도 구인장이 집행되지 아니하는 등 법정에서의 신문이 불가능한 상태의 경우에는 형사소송법 제314조 소정의 공판정에 출정하여 진술을 할 수 없는 때에 해당한다(대판 2000.6.9, 2000도1765).

그러나 원진술자가 참고인(증인)인 경우에 단순한 소재불명에 대하여 제314조의 필요성 사유를 일반적으로 인정하여서는 안 될 것으로 판단된다. 그 이유는 다음과 같다. 참고인은 수사절차에서 허위진술하더라도 거의 형사처벌받지 않는다. 그 때문에 참고인은 대가를 받고 가해자 또는 피해자의 한 편을 위해 허위진술하는 사례가 발생할 수 있다. 특히 교통범죄의 경우 한 쪽으로부터 사주를 받은 목격 참고인의 허위진술로 인하여 가해자와 피해자가 서로 뒤바뀌는 사례도 없지 않다. 그런데 수사절차에서 허위진술한 참고인이 대개 공판절차에서 증인으로 출석·증언하지 않기 위하여 자취를 감추어 버린다. 따라서 참고인의 소재불명 그 자체는 과거 참고인의 진술이 허위진술임을 간접적으로 웅변한다고 볼 수 있다. 이렇게 보면 '필요성'에 참고인의 '단순한 소재불명'은 최대한 포함시키지 않는 것이 타당하다. 따라서 참고인(증인)이 소환을 받고 단순히 출석하지 않은 경우(대판 1972.6.27, 72도969), 소재탐지를 하지 않았거나 주거지 아닌 곳에서 소재탐지를 한 경우(대판 1967.5.13, 69도364; 대판 1973.10.31, 73도2124)에는 필요성이 인정될 수 없다. 반면에 증인에 대해 구인영장이 발부된 경우에는 소재불명으로 집행되지 않은 경우에만 어느 정도 필요성이 인정될 수 있을 것이다(참조: 대판 1995.6.13, 95도523; 대판 1989.6.27, 89도351; 대판 1986.2.25, 85도2788).

관련판례 ① 일본에 거주하는 사람을 증인으로 채택하여 환문코자 하였으나 외무부로부터 현재 일본측에서 형사사건에 대하여는 양국 형법체계상의 상이함을 이유로 송달에 응하지 않고 있어 그 송달이 불가능하다는 취지의 회신을 받고 위 증인을 취소하였다면 이러한 사유는 형사소송법 제314조 소정의 공판기일에서 진술을 요할 자가 기타 사유로 인하여 진술할 수 없는 때에 해당한다(대판 1987.9.8, 87도1446).

3) 그 밖에 이에 준하는 사유로 인하여 진술할 수 없는 때; 특히 증인의 증언거부

[설문 (11a)] 변호인이 피고인에게 컴퓨터 이메일을 통해 법률의견서를 송부한 파일정보를 수사기관이 피고인 집에서 압수한 이후 이를 출력하여 법정에 증거로 제출

한 그 법률의견서에 대해 증인으로 소환된 변호인이 법정에서 증언거부권을 행사한 경우 그 법률의견서의 증거능력은?

판례에 따르면, 그 밖에 이에 준하는 사유는 사망 또는 질병에 준하여 증인으로 소환될 당시부터 기억력이나 분별력의 상실상태에 있다거나 증인소환장을 송달받고 출석하지 아니하여 구인을 명하였으나 끝내 구인의 집행이 되지 아니하는 등으로 진술을 요할 자가 공판준비 또는 공판기일에 진술할 수 없는 예외적인 사유가 있어야 한다(대판 2006.5.25, 2004도3619). 이와 관련하여서는 증인의 증언거부가 특별히 문제된다. 증인이 출석을 거부하면 제152조에 의한 재소환 또는 구인이 가능하므로 필요성이 없는 경우로 보아야 한다. 그런데 성년의 정상적인 증인이 증언거부권을 행사하는 경우에 일반적으로 기타사유에 해당하는 것으로 볼 것인가에 대해서는 제314조는 서증의 증거능력을 지나치게 제한하여 사실인정의 자료로 사용하지 못하게 되면 확실한 범죄인을 처벌하지 못할 우려가 있다는 점을 고려한 규정이므로 제148조나 제149조에 의한 증언거부는 제314조의 기타사유에 해당한다는 견해와[150] 그 반대로 전문법칙의 예외규정은 가능한 한 제한적으로 해석하여야 하고, 증언거부를 기타 사유로 인정하는 입장은 증언거부권을 유명무실하게 만든다는 견해가[151] 대립된다. 종래의 판례는 성년의 정상적인 증인이 증언거부권을 행사하는 경우에 일반적으로 기타사유에 해당하는 것으로 보고서, 수사절차의 공범혐의자(나중에 기소유예처분을 받았음)가 공판절차에서 자신에 대한 검사작성 피의자신문조서의 진정성립(경찰작성의 경우는 내용인정)을 부정하면서 타 공범피고인의 범죄사실에 대한 증언을 거부한 경우에도 판례는 제314조의 필요성을 인정하여 증거능력을 긍정하였다(대판 1992.8.14, 92도1211; 대판 1992.8.18, 92도1244). 그러나 법률에 따라 정당하게 증인이 증언을 거부하는 경우에는 제314조의 필요성 사유를 인정할 수 없다는 판례 변경이 있었다가(대판 2012.5.17, 2009도6788 전원합의체의 태도), 최종적으로는 증인이 '정당한 이유 없이' 증언을 거부한 경우에도 피고인이 영향을 끼친 것과 같은 특별한 사정이 없는 한 원칙적으로 필요성 사유를 인정할 수 없다고 판시하였다(공범이 처음에는 적법하게 증언을 거부했다가, 그 이후 자신의 사건이 먼저 확정된 이후에도 여전히 증언을 거부한 사례에서 이렇게 판시한 대판 2019.11.21. 2018도13945 전원합의체).

---

150) 이재상, 형사소송법, 522면; 김희옥, "증언거부와 형사소송법 제314조의 기타사유로 인하여 진술할 수 없는 때," 형사판례연구 11권, 327면 이하.

151) 배종대/이상돈, 559면; 신동운, 638면.

판단컨대, 증인이 증언거부권을 행사하는 경우에는 제314조의 필요성 사유를 긍정할 수 없다는 판례의 태도가 타당하다. 제314조는 제312조 내지 제313조에 의한 증거능력의 인정이 정상적인 방법으로 불가능한 경우에 적용될 수 있는 것이다. 반면에 제312조 내지 제313조의 규정을 우회적으로 회피하는 용도로 적용되어서는 안 된다. 후자의 경우까지도 제314조를 적용한다면 공판중심주의와 증인에게 증언거부권을 보장한 헌법 및 형소법의 규정취지가 상당히 몰각되기 때문이다.

[설문 (11a)의 해결] 컴퓨터 내에 저장된 정보의 압수에 대해서는 형사소송법 제106조 제3항에 의할 경우(즉 원칙적으로 범죄관련성 있는 것에 한정된 저장 정보의 출력 내지 복사에 의한 압수)에만 적법성이 인정된다. 제106조 제3항의 적법성 요건이 갖추어졌더라도 진술증거이기 때문에 다음으로 전문법칙이 적용되어야 한다. 법률의견서는 수사과정 이외에서 작성된 진술서애 해당하기 때문에 일단 제313조 제1항의 요건(작성자에 의한 진정 성립의 인정, 부인의 경우 객관적 입증방법에 의한 증명 가능)이 충족되면 증거능력이 인정된다. 그런데 변호인이 증언을 거부한 경우에는 제313조의 적용사례가 될 수 없고, 제314조의 적용문제가 발생된다. 변호인은 정식 증언거부권까지 있기 때문에 제314조의 적용은 불가능하다. 따라서 법률의견서의 증거능력은 당사자가 증거로 함에 동의하지 않는 이상 증거능력이 부정된다.

관련판례 ① 현행 형사소송법 제314조의 문언과 개정 취지, 진술거부권 관련 규정의 내용 등에 비추어 보면, 피고인이 증거서류의 진정성립을 묻는 검사의 질문에 대하여 진술거부권을 행사하여 진술을 거부한 경우는 형사소송법 제314조의 '그 밖에 이에 준하는 사유로 인하여 진술할 수 없는 때'에 해당하지 아니한다(대판 2013.6.13, 2012도16001).

참고로, 우리나라 제312조와 제313조와 같은 방법으로 증거능력을 인정하는 규정이 없는 독일에서는 증언거부권이 피고인의 권리를 보호하는 경우에는 증언거부가 그 증인에 대한 진술조서를 증거조사할 사유가 되지만, 피고인의 권리를 보호하는 것이 아닌 증언거부권의 행사는 그 진술조서를 증거조사할 사유가 되지 않는다는 소위 권리영역이론(Rechtskreistheorie)이 연방법원판례(BGHSt 11, 213; 17, 245)에 의해서 제시되고 있다. 그러나 다수설은 피고인의 이익을 위해 제한 없이 증언거부에 대해 제314조의 필요성을 부정하려고 한다.[152] 이러한 독일이론은 우리나라에서는 정상적 증언능력자인 증인이 수사서류의 진정성립에 관한 것조차 진술하기를 거부

한 경우에 준용하면 될 것이다.

다음으로 우리나라 판례는 정상적으로 증언할 수 없는 어린 나이의 증인에 대해서 대개 필요성을 인정한다(대판 1999.11.26, 99도3786). 생각건대, 증인에게 증언능력이 결여된 이유로 과거 진술조서에 대한 진정성립의 인정 및 범죄사실신문에서의 증언이 불가능한 경우에는 제314조의 필요성을 인정하는 것이 타당할 것이다(다만 제314조의 필요성을 긍정하더라도 증언능력이 결여된 나이 어린 자가 과거 수사절차에서 한 진술에 대해서 그 진술의 신용성을 인정할 여지는 거의 없는 것으로 판단된다).

(2) 신용성의 정황적 보장

형사소송법 제314조의 적용을 위한 또 다른 요건인 신빙할 수 있는 상태하에서 행하여진 때라 함은 그 진술내용이나 조서 또는 서류의 작성에 허위개입의 여지가 거의 없고 그 진술내용의 신빙성이나 임의성을 담보할 구체적이고 외부적인 정황이 있는 경우를 가리킨다(대판 1999.11.26, 99도3786).

[설문 (11)의 해결] 상기한 설문에서 甲은 공판정에 출석하지 않은 관계로 제314조에 의한 증거능력의 문제만이 대두된다. 그런데 단순한 소환장의 송달불능은 필요성이 있는 경우가 아니다. 만약 성실히 소재를 탐지를 하였지만 소재불명이었다면 필요성이 인정될 수 있다(판례의 태도).

---

3. 적용범위

(1) 검사작성 피의자신문조서의 경우

제314조는 수사절차에서는 참고인으로 진술하였고 법정에서 증인으로 출석하여야 하는 자에 대한 진술서류(참고인진술조서)에 대해서 주로 적용된다. 특히 외국의 권한 있는 수사기관이 작성한 조서나 서류도 여기에 해당한다(대판 1997.7.25, 97도1351). 그런데 당해 피고인이 제314조의 사유, 즉 사망, 질병, 외국거주, 소재불명 등으로 인하여 진술할 수 없는 때에는 유효한 소송계속이 되지 않거나 공판절차를 정지하는 사유가 되기 때문에 당해 피고인이 된 피의자신문조서 또는 참고인진술조서에 대해서는 본조가 적용될 여지가 거의 없다. 예컨대 원진술자(여기서는 피고인)의 질병 때문에 그의 출석이 곤란하다면 원칙적으로 공판절차가 정지되어야 한다(제

---

152) 이에 대한 소개로는 배종대/이상돈, 559면.

306조). 따라서 이 경우에 피의자신문조서에 제314조를 적용하여 증거능력을 인정하고 증거조사를 하는 것은 공판절차진행의 위법을 초래한다.153) 반면에 실제로 당해 피고인이 되지 않은 자(예컨대, 공범자)의 진술이 기재된 검사작성 피의자신문조서의 경우에는 당해 피고인의 입장에서는 타인에 대한 진술조서와 실질적으로 같은 것이기 때문에 제314조에 의한 증거능력 인정 여부가 문제될 수 있다. 그런데 종래에는 검사작성의 피고인 아닌 피의자에 대한 피의자신문조서는 제314조에 의하여 증거능력이 인정된다는 것이 실무 태도이었다. 그러나 2022.1. 시행 형소법에 의해, 검사작성의 피의자신문조서에 관한 전문법칙 내용이 사법경찰관이 작성한 경우와 동일하게 바뀌었기 때문에 아래의 경찰작성 피의자신문조서에 관한 설명이 그대로 원용되어야 할 것이다.

(2) 경찰작성 피의자신문조서의 경우

경찰작성 피의자신문조서의 경우에도 피고인과 원진술자인 피의자가 공범관계에 없는 경우에는 제314조의 적용여부가 문제될 수 있다. 이 경우 피의자의 진술은 당해 피고인과의 관계에 있어서는 실질상 참고인의 진술과 유사하기 때문이다. 문제는 당해 피고인과 원진술자인 피의자가 공범관계에 있는 경우에 발생한다. 이에 대해서는 제314조의 적용을 긍정하는 견해와 피의자신문조서의 경우는 ―원진술자인 피의자가 아닌― 당해 사건 피고인(변호인)이 공판정진술로서 내용을 인정하여야 비로소 증거능력을 인정할 수 있을 뿐이라는 취지에서 제314조의 적용을 부정하는 견해의 대립이 있다. 판례는 "형사소송법 제312조 제2항(제3항)은 검사 이외의 수사기관이 작성한 당해 피고인과 공범관계에 있는 다른 피고인이나 피의자에 대한 피의자신문조서를 당해 피고인에 대한 유죄의 증거로 채택할 경우에도 적용되므로, 당해 피고인과 공범관계가 있는 다른 피의자에 대한 검사 이외의 수사기관 작성의 피의자신문조서는, 그 피의자의 법정진술에 의하여 그 성립의 진정이 인정되더라도 당해 피고인이 공판기일에서 그 조서의 내용을 부인하면 증거능력이 부정되고, 그 당연한 결과로 그 피의자신문조서에 대하여는 사망 등 사유로 인하여 법정에서 진술할 수 없는 때에 예외적으로 증거능력을 인정하는 규정인 형사소송법 제314조가 적용되지 아니한다"고 판시하여 부정설의 입장을 취하였다(대판 2004.7. 15, 2003도7185 전원합의체).

---

153) 동일한 취지로는 배종대/이상돈, 555면.

(3) 기타의 서류

제314조가 정한 수사서류에는 검증조서와 감정서도 포함될 수 있다. 그리고 반드시 우리나라의 권한 있는 수사기관 등이 작성한 조서 및 서류에만 한정하여 볼 것은 아니고, 외국의 권한 있는 수사기관 등이 작성한 조서나 서류도 같은 법 제314조 소정의 요건을 모두 갖춘 것이라면 이를 유죄의 증거로 삼을 수 있다. 따라서 외국의 피해자가 한국 공판정 증인신문에의 출석거부, 다른 한국공범이 유죄판결을 받고 복역중이라서 한국 공판정 출석이 불가능한 경우에는 제314조에서 말하는 필요성이 인정된다(대판 1997.7.25, 97도1351).

4. 증거능력에 있어 제314조 적용의 경우 증명력 제한

원칙적으로 증거의 증명력 판단은 법관의 자유심증에 맡겨져 있다(제308조). 그러나 원진술자가 출석하지 않아 피고인이 반대신문권을 행사할 수 없는 경우에는 피고인의 방어권보장 차원에서 자유심증주의에 제한을 가할 필요가 있다. 최근의 판례도 이를 인정하고 있다. 즉, 판례는 "수사기관이 원진술자의 진술을 기재한 조서는 원본 증거인 원진술자의 진술에 비하여 본질적으로 낮은 정도의 증명력을 가질 수밖에 없다는 한계를 지니는 것이고, 특히 원진술자의 법정출석 및 반대신문이 이루어지지 못한 경우에는 그 진술이 기재된 조서는 법관의 올바른 심증형성의 기초가 될 만한 진정한 증거가치를 가진 것으로 인정받을 수 없는 것이 원칙이다. 따라서 피고인이 공소사실 및 이를 뒷받침하는 수사기관이 원진술자의 진술을 기재한 조서내용을 부인하였음에도 불구하고, 원진술자의 법정출석과 피고인에 의한 반대신문이 이루어지지 못하였다면, 그 조서에 기재된 진술이 직접 경험한 사실을 구체적인 경위와 정황의 세세한 부분까지 정확하고 상세하게 묘사하고 있어 구태여 반대신문을 거치지 않더라도 진술의 정확한 취지를 명확히 인식할 수 있고 그 내용이 경험칙에 부합하는 등 신빙성에 의문이 없어 조서의 형식과 내용에 비추어 강한 증명력을 인정할 만한 특별한 사정이 있거나, 그 조서에 기재된 진술의 신빙성과 증명력을 뒷받침할 만한 다른 유력한 증거가 따로 존재하는 등의 예외적인 경우가 아닌 이상, 그 조서는 진정한 증거가치를 가진 것으로 인정받을 수 없는 것이어서 이를 주된 증거로 하여 공소사실을 인정하는 것은 원칙적으로 허용될 수 없다. 이는 원진술자의 사망이나 질병 등으로 인하여 원진술자의 법정출석 및 반대신문이 이루어지지 못한 경우는 물론 수사기관의 조서를 증거로 함에 피고인이 동의한 경우에도 마찬가지이다"는 것이다(대판 2006.12.8, 2005도9730). 피고인의 반대신문권을 철저히 보장하려는 공판중심주의의 취지에 따른다면 이러한 판례태도는 전적으로 타당하다.

Ⅱ. 형사소송법 제315조의 당연히 증거능력이 있는 서류

1. 법 규정

제315조는 (i) 가족관계기록사항에 관한 증명서, 공정증서등본 기타 공무원 또는 외국공무원의 직무상 증명할 수 있는 사항에 관하여 작성한 문서(제1호), (ii) 상업장부, 항해일지 기타 업무상 필요로 작성한 통상문서(제2호), (iii) 기타 특히 신용할 만한 정황에 의하여 작성된 문서(제3호)를 당연히 증거능력이 있는 서류로 규정하고 있다. 이러한 문서는 진술자가 직접 작성하는 점에서 수사상의 진술서와 비슷한 것이지만 그 작성자를 증인으로 신문하는 것이 부적당하고 실익이 없거나 문서의 작성 그 자체가 신빙할 수 있는 상태에서 행하여진다는 점에서 진술서와는 달리 당연히 증거능력이 부여되는 것이다.

2. 적용범위

(1) 공권적 증명문서

제315조 제1호가 규정하는 가족관계기록사항에 관한 증명서, 공정증서등본 기타 공무원 또는 외국공무원의 직무상 증명할 수 있는 사항에 관하여 작성한 문서는 공권적 증명문서로서 특별한 요건 없이 당연히 증거능력이 인정된다. 기타에 해당하는 문서에는 등기부 등본과 초본, 인감증명, 판결문사본(대판 1981.11.24, 81도2591), 세관공무원의 시가감정서(대판 1985.4.9, 85도225), 전과조회회보, 신원증명서 등이 포함된다.

(2) 업무상 기계적으로 작성되는 통상문서

제315조 제2호가 규정하는 상업장부, 항해일지 기타 업무상 필요로 작성한 통상문서도 당연히 증거능력이 인정된다. 금전출납부, 통계표, 전표 등이 기타 업무상 필요로 작성한 통상문서에 해당한다.[154] 다만 여기의 문서는 범죄와 관련 없이 통상

154) 어떠한 문서가 형사소송법 제315조 제2호가 정하는 업무상 통상문서에 해당하는지를 구체적으로 판단함에 있어서는, 형사소송법 제315조 제2호 및 제3호의 입법 취지를 참

기계적으로 작성되는 것이어야 하기 때문에 피의자 내지 피고인의 신분에서 작성된 경우에는 제외되어야 한다. 그리고 의사가 작성한 진단서는 통상 기계적으로 작성되는 것이 아니고 전문지식을 동원하여 개별적으로 작성되는 것이기 때문에 본조 적용에서 제외시켜 제313조에 의해 증거능력이 판단되어야 한다.[155] 한편 문서에는 전자적 형태로 이루어진 전자문서 등도 포함되므로 영업용 컴퓨터기록 즉 메모리카드에 저장된 파일이 영업상 필요로 작성된 통상문서(성매매업소에서 영업에 참고하기 위하여 성매매 상대방에 관한 정보를 입력하여 작성한 메모리카드의 내용)라면 제315조 제2호 소정의 당연히 증거능력이 있는 서류에 속한다고 함이 판례의 입장이다.[156]

(3) 기타 특히 신용할 만한 정황에 의하여 작성된 문서

제315조 제3호가 규정하는 기타 특히 신용할 만한 정황에 의하여 작성된 문서는 형사소송법 제315조 제1호와 제2호에서 열거된 공권적 증명문서 및 업무상 통상문서에 준하여 '굳이 반대신문의 기회 부여 여부가 문제 되지 않을 정도로 고도의 신용성의 정황적 보장이 있는 문서'를 의미한다(대판 2015.7.16, 2015도2625). 공공기록, 보고서, 정기간행물의 시장가격표, 스포츠기록, 공무소작성의 각종 통계와 연감 등이 여기에 속한다. 그러나 국가정보원 심리전단 직원의 이메일 계정에서 압수한 전자 문서(대판 2015.7.16, 2015도2625 전원합의체), 주민들의 진정서 사본은 고도의 신용성이 보장될 수 없기 때문에 여기에 해당할 수 없다(대판 1983.12.13, 83도2613). 자연적 진술과 사망 직전의 진술이 기재된 문서에 대해서도 본호의 적용을 긍정하는 견해와[157] 제314조의 일반적 진술서면으로서 특신상태의 유무에 따라 증거능력을 판단하여야 한다는 견해[158]의 대립이 있다. 생각건대, 진술내용이 문제범죄와 전혀 관련 없이 이루어진 것이라면 전자의 견해가 타당하겠지만, 진술이 문제범죄와 관련

작하여 당해 문서가 정규적 · 규칙적으로 이루어지는 업무활동으로부터 나온 것인지 여부, 당해 문서를 작성하는 것이 일상적인 업무 관행 또는 직무상 강제되는 것인지 여부, 당해 문서에 기재된 정보가 취득된 즉시 또는 그 직후에 이루어져 정확성이 보장될 수 있는 것인지 여부, 당해 문서의 기록이 비교적 기계적으로 행하여지는 것이어서 기록 과정에 기록자의 주관적 개입의 여지가 거의 없다고 볼 수 있는지 여부, 당해 문서가 공시성이 있는 등으로 사후적으로 내용의 정확성을 확인 · 검증할 기회가 있어 신용성이 담보되어 있는지 여부 등을 종합적으로 고려하여야 한다(대판 2015.7.16, 2015도2625).

155) 군의관이 작성한 진단서의 경우에는 본조 제1호에 해당한다는 임동규, 488면.

156) 대판 2007.7.26, 2007도3219.

157) 이재상, 532면; 차용석, 807면.

158) 신동운, 640면; 신양균, 679면; 임동규, 489면.

하여 이루어진 것이라면(예컨대 죽기 전에 범죄 실체에 대해 말한 경우) 이러한 진술은 제314조에 따라 증거능력이 판단되어야 할 것이다. 판례에 따르면, 국가정보원 심리전단 직원의 이메일 계정에서 압수한 전자 문서는 여기의 문서로 평가될 수 없다(대법원 2015.7.16. 선고, 2015도2625 전원합의체 판결). 그런데 판례는 다른 피고인에 대한 공판조서, 피의자의 자백이 기재된 구속적부심사조서를 제315조 제3호의 문서로 본다. 판단컨대, 제315조는 당해 범죄와 관계 없이 통상 업무적으로 작성되는 서류를 규정한 것으로 보아야 하기 때문에 피의자 신분으로 진술한 것을 기재한 적부심 조서는 여기에 포함시키지 않는 것이 타당할 것이다. 구속 계속 여부에 직면한 피의자가 이를 피하기 위해 행한 진술이 어떻게 특히 신용할만한 정황에 의하여 작성된 문서로서 해석될 수 있겠는가? 오히려 전문법칙의 원칙 규정(제310조의2)에 따라 본증으로서의 증거능력을 부정하는 것이 타당할 것이다(그러나 탄핵증거능력은 긍정). 그리고 다른 피고인에 대한 공판조서를 피고인의 범죄사실에 에 대한 입증의 용도로 제315조에 따라 아무런 제한 없이 증거능력을 부여한다면 피고인의 반대신문권을 침해하는 것이다. 따라서 피고인의 입장에서 직접 반대신문권을 행사한 적이 없는 다른 피고인의 공판조서에 기재된 진술에 대해서는 제315조 제3호의 서류로 인정하여서는 안 된다. 적어도 피고인의 반대신문권 행사를 보장하는 조건에서만 비로소 증거능력이 인정되어야 할 것이다.

관련판례 ① 다른 피고인에 대한 형사사건의 공판조서는 형사소송법 제315조 제3호에 정한 서류로서 당연히 증거능력이 있는바(대판 1964.4.28, 64도135; 대판1966.7.12, 66도617 등 참조), 공판조서 중 일부인 증인신문조서 역시 형사소송법 제315조 제3호에 정한 서류로서 당연히 증거능력이 있다고 보아야 할 것이다(대판 2005.4.28, 2004도4428).

② 법원 또는 합의부원, 검사, 변호인, 청구인이 구속된 피의자를 심문하고 그에 대한 피의자의 진술 등을 기재한 구속적부심문조서는 형사소송법 제311조가 규정한 문서에는 해당하지 않는다 할 것이나, 특히 신용할 만한 정황에 의하여 작성된 문서라고 할 것이므로 특별한 사정이 없는 한, 피고인이 증거로 함에 부동의하더라도 형사소송법 제315조 제3호에 의하여 당연히 그 증거능력이 인정된다(대판 2004.1.16, 2003도5693).

③ 대한민국 주중국 대사관 영사가 작성한 사실확인서 중 공인 부분을 제외한 나머지 부분이 비록 영사의 공무수행 과정 중 작성되었지만 공적인 증명보다는 상급자 등에 대한 보고를 목적으로 하는 것인 경우, 형사소송법 제315조 제1호의 '공무원의 직무상 증명할 수 있는 사항에 관하여 작성한 문서' 또는 제3호의 '기타 특히 신뢰할 만한 정

황에 의하여 작성된 문서'라고 볼 수 없으므로 증거능력이 없다(대판 2007.12.13, 2007도7257).

Ⅲ. 법정에서의 전문진술(증언)에 대한 전문법칙의 예외

1. 서 설

전문증거에는 법정 외에서의 진술이 기재된 서류형태의 전문서류도 있겠지만, 법정에서 증인이 직접 행하는 전문진술(증언)도 있다. 형사소송법은 전문서류에 대한 전문법칙의 예외조항(제311조 내지 제315조)은 물론이고, 전문진술(증언)에 대해서도 전문법칙의 예외조항(제316조)을 두고 있다. 여기에는 법정에서의 전문진술이 피고인의 진술을 내용으로 하는 경우와 피고인 아닌 자의 진술을 내용으로 하는 경우로 나누어져 있다. 그리고 형사소송법에 규정되어 있지는 않지만 전문진술자가 피고인인 경우도 생각할 수 있다.

2. 피고인 아닌 자의 전문진술

(1) 피고인의 진술을 내용으로 하는 경우

[설문 (12)] 증인 甲은 친구 A(현재의 피고인)가 범죄를 범하고 곧바로 자신에게 자백한 진술내용을 법정에서 그대로 전문 증언하였고, 증인으로 소환된 사법경찰관 乙도 수사절차에서 A가 자신에게 자백한 진술내용을 법정에서 그대로 전문 증언하였다. 이 경우 甲과 乙의 증언은 (어떠한 조건에서) 증거능력이 있겠는가?

1) 예외요건 피고인이 아닌 자(공소제기 전에 피고인을 피의자로 조사하였거나 그 조사에 참여하였던 자를 포함한다. 이하 이 조에서 같다)의 공판준비 또는 공판기일에서의 진술이 피고인의 진술을 그 내용으로 하는 것인 때에는 그 진술이 특히 신빙할 수 있는 상태하에서 행하여졌음이 증명된 때에 한하여 이를 증거로 할 수 있다(제316조 제1항). 원진술자인 피고인은 공판정에 출석해 있기 때문에 신용성의 정황적 보장[159]만이 전문법칙의 예외를 위해 요구되는 것이다. 이와 관련하여 판례는 경찰관

---

159) 대판 2004.4.27, 2004도482. 그 진술을 하였다는 것에 허위개입의 여지가 없고, 그 진술내용의 신빙성이나 임의성을 담보할 구체적이고 외부적인 정황이 있는 경우를 가리킨다.

이 "내가 A를 강간하였다"는 피의자의 말을 조사과정에서 들었다고 공판정에서 진술했다고 하더라도 피의자의 진술은 변호인의 동석 없이 이루어졌고 또한 피의자 자신의 진술의 경위나 과정에 관하여 공판정에서 치열하게 다투고 있다면 특히 신빙할 수 있는 상태에서 행해졌다고 단정할 수 없으므로 피고인의 진술을 내용으로 하는 경찰관의 법정진술은 증거능력이 없다고 판시[160]한 바 있다.

2) **규정의 법적 성격** 본 규정의 법적 성격에 대해서는 크게 직접심리주의의 예외라는 견해와[161] 전문법칙의 예외규정이라는 견해의 대립이 있다. 후자의 견해가 다수설에 해당한다. 다만 후자의 근거에 대해서는 검사의 피고인에 대한 반대신문권을 보장하기 위한 것이라는 견해,[162] 피고인의 증인에 대한 반대신문권을 보장하기 위한 것이라는 견해,[163] 신용성의 정황적 보장이 있는 경우에 한하여 예외를 인정하는 것이라는 견해[164] 등이 개진되고 있다.

생각건대, 피고인이 공판정에 출석한 이상 피고인의 증인에 대한 반대신문권은 보장되어 있고, 검사의 증인에 대한 반대신문권도 보장되어 있으며, 검사의 원진술자인 피고인에 대한 반대신문권은 피고인에게 진술거부권이 보장되어 있기 때문에 의미가 없다. 따라서 반대신문권을 근거로 설명하는 견해들은 일단 설득력이 없다. 그리고 본 규정에 대해 직접심리주의의 예외로 평가하는 것도 설득력이 약하다. 본 규정은 원진술자인 피고인에 대해서 직접 심리하지 않은 상태에서 예외적으로 증거능력을 인정한다는 점에서는 직접주의의 예외이지만, 예외의 대상이 전문증거이기 때문에 더 구체적으로는 전문법칙의 예외를 규정한 것으로 보아야 한다.

3) **적용범위**

(가) 피고인과 피고인 아닌 자의 범위 제316조 제1항에서의 피고인은 당해 피고인만을 의미한다. 그리고 여기서 피고인 아닌 자라 함은 제3자는 물론이고 공동피고인(대판 2006.1.12, 2005도7601)과 공범자도 포함된다. 그리고 개정 형사소송법에 따르면, 공소제기 전에 피고인을 피의자로 조사하였거나 그 조사에 참여하였던 자도 명백히 여기의 피고인 아닌 자에 포함된다.

(나) 진술의 범위 피고인의 진술이란 공소제기 이후 피고인 신분으로서 행

---

160) 대판 2012.10.25, 2011도5459.
161) 김기두, 139면; 신동운, 642면.
162) 정영석/이형국, 359면.
163) 강구진, 460면.
164) 신양균, 701면; 이재상, 535면; 차용석, 809면; 임동규, 489면.

한 것은 물론이고, 그 이전 시기인 범행직후 및 수사단계에서 행한 것도 포함된다.[165] 상기한 [설문 (12)]에서 증인 甲이 친구 A(현재의 피고인)가 범죄를 범하고 곧바로 자신에게 자백한 진술내용을 법정에서 그대로 전문 증언한 경우도 바로 여기에 해당한다. 그런데 피고인이 수사기관의 피의자신문절차와 관계없이 행한 진술에 대해 본 조항은 적용되어야 하겠지만, 상기한 [설문 (12)]에서 증인으로 소환된 사법경찰관 乙도 수사절차에서 A가 자신에게 자백한 진술내용을 법정에서 그대로 전문증언한 사례와 같이 피의자신문절차에서 행한 진술에도 본 조항의 예외가 적용되어야 할 것인지는 의문스럽다. 왜냐하면 수사기관의 조사절차(피의자신문절차)에서 행한 피고인의 진술은 수사서류(피의자신문조서)의 형태로 작성되어 증거로 제출되기 때문이다. 이에 대해 판례는 "피의자를 조사한 사법경찰관이 조사 당시의 피의자진술을 내용으로 증언하더라도 이는 증거로 할 수 없다"는 태도를 취한다(대판 1974.3.12, 73도2123; 대판 1983.7.26, 82도385 등). 이 판례는 사법경찰관 작성의 피의자신문조서에 대해 피고인이 내용을 부인하면 증거능력이 부정되는데(제312조 제3항), 이 경우 사법경찰관(즉 수사기관 자신)이 증인으로서 피고인의 진술을 전문증언한 경우에 제316조 제1항의 예외를 인정하면 제312조 제3항의 취지가 몰각될 우려에서 판시된 것이다. 그러나 개정 형사소송법은 조사자증언제도를 제316조 제1항에 명백히 규정하였다. 이에 대해 피의자를 조사하였거나 조사에 참여하였던 자가 피고인의 수사과정에서의 진술에 관하여 증언할 경우 그 증언에 증거능력을 부여할 수 있다는 해석이 가능하게 되었다. 조사자가 위증죄의 부담을 안고 피고인 측의 반대신문을 받으면서 증언을 하고 이에 증거능력을 부여함으로써 실체적 진실발견과 피고인의 방어권 보장 사이에 조화를 도모한 것이며, 앞으로 증언하는 조사자는 위증이나 허위공문서작성 등의 시비를 염두에 두고 수사에 임하게 되어 수사의 투명성 제고와 적법절차 준수를 촉진하며, 불필요한 시비를 피하기 위하여 수사과정에서의 영상녹화가 활성화되는 등 수사방식이 인권친화적으로 전환되는 계기로 작용할 수 있을 것이다는 예측이다. 그러나 제312조 제3항의 취지(피고인이 내용을 부인하면 사법경찰관 작성 피의자신문조서의 증거능력을 인정할 수 없다는 공판중심주의의 취지)를 강조하는 기존 판례의 태도가 과연 변경될 것인지는 의문이다.

---

165) 따라서 피고인이 수사를 받기 전에 피고인으로부터 범행을 들은 사람이 공판정에서 그 내용을 증언하는 경우에도 제316조 제1항이 적용된다(대판 2000.9.8, 99도4814).

(2) 피고인 아닌 자의 진술을 내용으로 하는 경우

[설문 (13)] 甲은 피고인 乙의 살인피고사건의 증인으로 출석하여 선서한 후 목사 A가 "사건발생 후 乙이 권총으로 자기 애인을 쏘아 죽이는 것을 보았다"는 말을 자신에게 하였다고 그대로 전문 증언하였다. 본 사건의 공판심리시 A는 기억상실증에 걸렸으나 A가 평소 거짓말을 전혀 할 줄 모르는 훌륭한 인격의 종교인임이 인정되었다. 이 경우 甲의 증언은 (어떠한 조건에서) 증거능력이 있겠는가?

형사소송법에 따르면, 피고인 아닌 자의 공판준비 또는 공판기일에서의 진술이 피고인 아닌 타인의 진술을 그 내용으로 하는 것인 때에는 원진술자가 사망, 질병, 외국거주, 소재불명, 그 밖에 이에 준하는 사유로 인하여 진술할 수 없고 그 진술이 특히 신빙할 수 있는 상태하에서 행하여졌음이 증명된 때에 한하여 이를 증거로 할 수 있다(제316조 제2항). 즉, 피고인 아닌 자의 진술이 '피고인 아닌 자의 진술'을 내용으로 하는 때에는 필요성과 신용성의 정황적 보장을 조건으로 하여 증거능력이 인정된다. 이는 전문법칙의 예외에 관한 전형적인 경우를 규정한 것이다. 이 때 '피고인 아닌 타인'에는 공범자와 공동피고인이 포함되어 제316조 제2항이 적용되느냐가 문제되는데, 제316조 제1항 적용설(소수설)도 있으나,[166] 형사상 불이익한 진술(특히 자백)을 단순히 원진술자인 공동피고인의 유무죄를 인정하는 범위를 넘어서서 다른 피고인의 유무죄를 판정하는 공소사실에 사용하려는 경우에는 그 다른 공범자의 대질권이나 반대신문권을 침해하게 되므로 사정이 다르다는 점을 근거로 제316조 제2항 적용설이 통설이며,[167] 판례도 제3자는 말할 것도 없고, 공동피고인이나

166) 자연적 관련성이 있는 증거를 주체에 따라 달리 사용하는 것의 불합리성과 형사사법의 구체적 정의를 달성하기 위해서거나(백형구, "전문진술의 증거능력," 판례월보 177호, 58면), 더 나아가 전문법칙은 원칙적으로 배심재판에 적용되는 원리이므로 가능한 한 제한 해석되어야 한다는 점과[(정웅석/백승민, 312면. 다만 임의적 공범의 경우에는 필요적 공범과 달리 공범자가 자신의 형사책임을 다른 공범자에게 전가시킬 위험성이 매우 높다는 점에서 법관이 특신정황 요건을 유연하게 해석하거나 신빙성(증명력)을 쉽게 부여하지 않는 방향으로 운영해야 할 것이라고 한다)] 상식에 근거한 제316조 제1항 적용설(김대휘, "공범자인 공동피고인의 진술을 내용으로 하는 전문증거," 형사판례연구 11권, 형사판례연구회, 박영사, 345면)이 제기되어 있다.

167) 이재상, 574면; 신동운, 644면; 배종대/이상돈, 630면. 제1항 적용설을 전개하는 것은 대향적 공범사안에 국한하여 볼 때에는 구체적 정의와 상식에 맞을지 몰라도 임의적 공범사안이나 대향적 공범사안 이외의 필요적 공범사안에서는 오히려 오판을 초래할 위험성이 크기 때문에 현재 한국이 처한 상황과 국면에 적합하지 않다는 견해로는 심희기, "공동피고인의 공판정외의 진술을 내용으로 하는 증인의 전문진술," 형사재판의 제문제

공범자를 모두 포함한다고 해석하면서, 간통이 문제된 사안에서 상간자로부터 간통 사실을 들었다는 증인의 증언은 그 상간자가 당해 피고인과 함께 재판을 받고 있는 한 원진술자가 진술할 수 없는 때에 해당되지 아니하므로 증거능력이 없다고 판시하였고,[168] 이후에도 같은 판시를 반복하고 있다.[169] 또한 피고인이 새마을금고 이사장 선거와 관련하여 대의원 갑에게 자신을 지지해 달라고 부탁하면서 현금 50만 원을 제공하였다고 하여 새마을금고법 위반으로 기소된 사안(검사는 사법경찰관 작성의 공범 갑에 대한 피의자신문조서 및 진술조서를 증거로 제출하고, 검사가 신청한 증인 을은 법정에 출석하여 '갑으로부터 피고인에게서 50만 원을 받았다는 취지의 말을 들었다'고 증언한 사안)에서, 판례는 "원진술자 갑이 사망, 질병, 외국거주, 소재불명 그 밖에 이에 준하는 사유로 인하여 진술할 수 없는 때에 해당하지 아니하여 갑의 진술을 내용으로 하는 을의 법정증언은 전문증거로서 증거능력이 없다고 판시하였다(대법원 2019.11.14. 선고 2019도11552 판결).

위의 [설문 (13)]의 사례에서 甲의 증언은 전문증언이다. 피고인 아닌 자의 진술을 전언하므로 제316조 제2항에 의해 증거능력이 결정된다. 기억상실증은 일종의 질병에 해당하므로 필요성이 있다. A가 살인현장에 있었고 거짓말 할 줄 모르는 인격의 소유자이므로 원진술의 신용성이 보장된다. 따라서 증거능력이 인정될 수 있다.

한편, 형사소송법 제314조의 '특신상태'와 관련된 법리는 마찬가지로 원진술자의 소재불명 등을 전제로 하고 있는 형사소송법 제316조 제2항의 '특신상태'에 관한 해석에도 그대로 적용된다(대판 2014.4.30, 2012도725).

3. 피고인의 전문진술

> [설문 (14)] 피고인 甲은 공판정에서 A가 자기에게 "범인은 乙이다"고 한 말을 그대로 전문 진술하였다. A를 증인으로 소환하였으나 행방불명이었다. 甲의 공판정 진술은 증거능력이 있겠는가?

제4권, 형사실무연구회 편, 454면.

168) 대판 1984.11.27, 84도2279(원진술자가 공판정에 나와 전문진술과 일치하는 진술을 하였다 하여 그 전문증거가 증거능력을 취득한다고는 할 수 없다고 한다). 배옥화는 제1심판결에 항소를 하지 않아 유죄판결이 확정되었고, 금치수는 제1심판결에 항소를 제기하여 기각되었지만 대법원은 원심판결을 파기환송한 사건이다.

169) 대판 2000.12.27, 99도5679; 대판 2007.2.23, 2004도8654.

형사소송법에는 피고인의 공판정에서의 진술이 피고인 아닌 자의 진술을 내용으로 하는 경우에 관한 규정은 없다. 이때에는 피고인의 전문진술이 피고인에게 불리한 내용인 경우에는 피고인의 반대신문권의 보장은 무의미하므로 당연히 증거능력이 인정되고, 피고인에게 유리한 경우에는 반대당사자인 검사의 반대신문권이 보장되어야 하기 때문에 제316조 제2항이 원용되어야 할 것이다.[170] 따라서 상기한 [설문 (14)]에서는 피고인은 자신에게 유리한 내용의 전문진술을 하여 신용성이 보장되지 않기 때문에 증거능력이 부정되어야 한다.

4. 재전문진술의 경우

전술한 바와 같이, 서류형태의 재전문진술에 대해서는 이중으로 전문법칙의 예외조항을 적용하여 증거능력을 인정할 수 있다는 것이 다수설 및 판례의 태도이다. 그러나 공판정에서의 재전문진술(증언) 그 자체에 대해서는 증거능력을 인정할 수 없다는 것이 판례의 태도이고, 이 판례의 태도는 타당하다. 공판정 진술형태의 재전문증거의 경우에는 제316조의 요건이 최초의 원진술자와 중간 전문진술자(재전문진술을 하는 증인의 입장에서는 역시 원진술자)의 양자에게 적용되어야 하는데, 제316조의 필요성 요건이 양자 모두에 있는 경우(예컨대, 최초 원진술자와 중간 원진술자 모두가 기억상실증에 걸린 경우)에 증인에 의한 재전문증언의 증거능력을 인정하는 것은 공판중심주의의 취지를 너무 몰각하는 것이기 때문이다.

관련판례 ① 전문진술이 기재된 조서는 제312조 또는 제314조의 규정과 제316조 규정의 요건을 갖추어야 예외적으로 증거능력이 인정되지만, 재전문진술이나 재전문진술을 기재한 조서에 대하여는 달리 그 증거능력을 인정하는 규정을 두고 있지 아니하고 있으므로, 피고인이 증거로 하는 데 동의하지 아니하는 한 제310조의2의 규정에 의하여 이를 증거로 할 수 없다(대판 2000.3.10, 2000도159).[171]

170) 차용석, 359면; 주광일, 전문법칙연구, 217면; 허형구 등, 주석(중), 588면. 이에 대하여 현행법은 진술내용의 불이익을 증거능력요건으로 하고 있지 않으므로 원진술이 피고인에게 유리한지 여부를 가릴 필요없이 제316조 제2항을 유추적용해야 한다는 견해로는 이재상, 534면; 신동운, 645면; 배종대/이상돈, 573면; 정영석/이형국, 360면; 강구진, 646면; 임동규, 491면.

171) 본 판례에 대한 글로는 심희기, "재전문증거의 의의와 증거능력," 고시연구 27권 12호(321호), 2000.12, 301-310면; 박수희, "전문진술이 기재된 조서의 증거능력," 형사판례연구 12권, 2004, 394-424면; 신양균, "재전문증거의 증거능력: 특히 피고인의 진술을 내용으로 하는 진술조서의 경우," 형사판례연구 10권, 2002, 352-370면.

Ⅳ. 진술의 임의성

형사소송법 제317조는 "피고인 또는 피고인 아닌 자의 진술이 임의로 된 것이 아닌 것은 증거로 할 수 없다. 전항의 서류는 그 작성 또는 그 내용인 진술이 임의로 되었다는 것이 증명된 것이 아니면 증거로 할 수 없다. 검증조서의 일부가 피고인 또는 피고인 아닌 자의 진술을 기재한 것인 때에는 그 부분에 한하여 전2항의 예에 의한다"고 규정하여 진술증거 일반에 대하여 임의성을 요구하고 있다. 이 규정에 따르면 전문서면, 전문진술이 전문법칙의 예외요건을 구비하여 증거능력이 인정되기 위하여는 필요성과 신용성의 정황적 보장의 요건을 충족시키는 외에 원진술자의 진술이 임의로 된 것이어야 한다는 것을 뜻한다. 즉 진술의 임의성은 증거능력의 요건이라 하겠다. 또 제309조와 제317조는 진술내용이 자백인가 아닌가에 따라서 구별될 뿐이며, 임의성의 내용에는 차이가 없다고 본다. 임의성에 다툼이 있을 때에는 검사가 그 임의성의 의문점을 없애는 증명을 하여야 할 것이고, 검사가 이를 증명하지 못한 경우에는 그 진술증거는 증거능력이 부정된다. 임의성에 관하여 의심할 만한 사정이 나타나 있는 경우에는 법원은 직권으로 그 임의성 여부에 관하여 조사를 하여야 하고, 임의성이 인정되지 아니하여 증거능력이 없는 진술증거는 피고인이 증거로 함에 동의하더라도 증거로 삼을 수 없다(대판 2006.11.23, 2004도7900).

Ⅴ. 당사자의 동의와 증거능력

1. 서 론

(1) 의 의

검사와 피고인이 증거로 할 수 있음을 동의한 서류 또는 물건은 진정한 것으로 인정한 때에는 증거로 할 수 있다(제318조 제1항). 이는 전문법칙의 예외규정으로서 증거능력이 없는 증거라 할지라도 당사자가 동의한 때에는 증거로 할 수 있도록 하여 불필요한 증인신문을 회피하는 것이 재판의 신속과 소송경제에 부합한다는 점을 고려한 것이라고 할 수 있다. 다만 형사소송법은 당사자의 동의가 있다고 하여 바로 증거능력을 인정하지 않고 법원이 진정한 것으로 인정한 경우에만 비로소 증거능력을 인정하여 당사자주의적 면과 직권주의적 면을 조화시키고 있다.

(2) 동의의 본질

1) 학설의 대립 (i) 동의의 대상을 서류 또는 물건이라고 규정하고 있는 점에서 보아 동의는 증거의 증거능력에 대한 당사자의 처분권을 인정하는 것이라고 보는 **처분권설**,[172] (ii) 전문법칙의 주된 근거가 반대신문권의 보장에 있으므로 동의가 실질적으로 반대신문권의 포기를 의미하는 것이라고 해석하는 **반대신문권 포기설**,[173] (iii) 동의는 당사자가 그 증거의 증거능력과 증명력을 다툴 권리를 포기한다는 것을 의미한다고 해석하는 **권리포기설**,[174] (iv) 증거동의는 한편으로는 반대신문권의 포기를, 다른 한편으로는 직접심리주의의 예외를 의미하는 것이라는 **이원설**[175]의 대립이 있다.

2) 판례의 태도 판례는 "형사소송법 제318조 제1항은 전문증거금지의 원칙에 대한 예외로서 반대신문권을 포기하겠다는 피고인의 의사표시에 의하여 서류 또는 물건의 증거능력을 부여하려는 규정"이라고 판시하여(대판 1983.3.8, 82도2873) 형식적으로는 반대신문권포기설의 태도와 유사하다.

3) 소 결 생각건대, 임의성 없는 자백(제309조)과 위법하게 수집된 (진술)증거와 같이 반대신문권의 행사와 관계없이 증거능력이 부인되는 것에 대해서도 동의에 의하여 증거능력을 얻을 수 있는가와 관련하여서는 이를 부정하는 반대신문권 포기설의 주장내용이 전적으로 타당하다. 그러나 보통의 전문수사서류와 관련하여서는 경우를 나누어 이해할 것이 요구된다. 그 하나는 참고인진술조서와 같이 당사자(피고인) 아닌 자의 진술이 기재된 서면에 대해서는 증거동의를 반대신문권의 포기로 이해하여야 할 것이다. 그러나 피고인의 진술이 기재된 피의자신문조서와 같이 당사자(피고인)의 반대신문권 행사와 직접 관계가 없는 서면에 대해서는 직접주의

172) 신현주, 303면. 이에 의하면 제318조가 증거동의의 객체로 서류뿐만 아니라 물건까지도 포함하고, 전문증거뿐만 아니라 위법한 절차에 의하여 수집된 증거 등 모든 증거물이 동의의 대상이 된다고 한다.

173) 정영석/이형국, 363면; 배종대/이상돈, 588면; 차용석, 360면; 신양균, 509면. 이에 의하면 증거동의의 객체는 전문의 진술증거에 한정되고, 반대신문과 무관한 임의성 없는 자백이나 위법수집증거는 동의의 대상이 될 수 없다고 한다.

174) 백형구, 671면. 위법수집증거와 관련하여 본질적 위법에 해당하면 증거동의를 해도 증거능력을 부정하고, 본질적 위법에 해당하지 않으면 증거동의로 증거능력이 인정된다는 견해(절충설)를 취한다.

175) 신동운, 667면. 이에 의하면 증거동의의 객체는 전문증거에 국한되고, 위법수집증거는 처음부터 증거동의의 적용대상에서 배제된다.

내지 공판중심주의(공개심리주의)의 예외를 인정한 것으로 보는 것이 타당할 것이다.

(3) 전문법칙과의 관계

1) 학설의 대립 증거동의와 전문법칙과의 관계에 대해서는 전문법칙예외설과[176] 전문법칙배제설의 견해대립이 있다. 전자의 전문법칙예외설은 제318조의 진정성은 신용성의 정황적 보장과 같은 의미에 불과하다는 것이다. 반면에 후자의 전문법칙배제설은 제318조는 입증절차에 당사자주의를 반영한 것으로 본다. 판례는 "형사소송법 제318조 제1항은 전문증거금지의 원칙에 대한 예외"인 것으로 이해하지만(대판 1983.3.8, 82도2873), 학설에서는 후자의 전문법칙배제설이 다수설에 해당한다.

2) 소 결 제318조는 원칙적으로 증거능력이 부정되어야 하는 전문증거에 대해 당사자의 동의와 법관에 의한 진정인정을 조건으로 증거능력을 부여하는 것이다. 따라서 원칙상 부정되는 증거능력을 일정한 조건의 충족으로 증거능력을 인정하는 것이라는 관점에서 제318조의 전체내용은 전문법칙의 예외를 규정한 것으로 보아야 한다. 다만 그 요건에 해당하는 증거동의 그 자체는 증거조사에서 당사자주의를 반영한 것이고, 법관에 의한 진정성 인정은 직권주의를 고려한 것으로 보아야 한다. 이와 같이 제318조 전체와 그 요건의 법적 성질은 구분하여 이해되어야 한다.

2. 증거동의의 방법

(1) 동의의 주체와 상대방

1) 동의의 주체

(가) 검사와 피고인 동의의 주체는 검사와 피고인이다. 법원이 직권으로 수집한 증거에 대해서는 검사와 피고인 모두의 동의가 요구된다. 그러나 당사자의 일방이 신청한 증거의 경우에는 반대당사자의 동의가 있는 것으로 족하다.

(나) 변호인의 동의 피고인의 동의가 있으면 별도로 변호인의 동의는 요구되지 않는다. 반대로 피고인이 동의가 없는 경우에 변호인은 피고인의 명시한 의사에 반하지 아니하는 한 피고인을 대리하여 동의할 수 있다. 따라서 피고인이 명시적으로 부동의한 이후 변호인이 피고인의 불출석상태에서 동의하였다면 변호인 동의는 무효가 된다(대판 2013.3.28, 2013도3). 변호인의 동의에 대하여 피고인이 즉시 이의하지 아니하는 경우에는 변호인의 동의로 증거능력이 인정되고 증거조사 완료 전까

176) 백형구, 653면; 차용석, 815면.

지 앞서의 동의가 취소 또는 철회되지 아니한 이상 일단 부여된 증거능력은 그대로 존속한다(대판 1999.8.20, 99도2029).

(다) 피고인의 동의와 변호인의 취소 피고인이 증거동의를 한 경우에 변호인이 취소할 수 있는가에 대해서는 견해대립이 있다. 즉, 변호인은 피고인을 대리하여 증거동의를 할 수 있을 뿐이기 때문에 취소할 수 없다는 부정설[177]과 증거동의는 피고인의 방어권 행사에 중대한 영향력을 미치는 행위이기 때문에 피고인의 중대한 착오로 인한 증거동의에 대해서는 변호인이 취소할 수 있다는 긍정설[178]이 대립한다. 생각건대, 피고인이 동의한 이후에 변호인의 취소 없이 증거조사절차가 이미 개시된 경우에는 절차유지의 원칙에 따라 부정설이 타당하겠지만, 피고인이 동의하자 곧바로 법정에서 변호인이 취소한 경우에는 피고인 보호의 차원에서 긍정설이 타당할 것이다.

2) 동의의 상대방 동의의 상대방은 법원이어야 한다. 증거동의의 본질은 반대신문권의 포기이고 특별히 증거능력을 부여하는 것이기 때문이다. 따라서 반대당사자, 특히 검사에 대한 동의는 효력이 인정될 수 없다.

(2) 동의의 대상

1) 증거능력이 부정되는 상태의 전문증거 서류형태의 전문증거가 동의의 대상이 되는 것은 법문언상 명백하다. 예컨대 피고인 자신의 진술이 기재된 피의자신문조서, 공동피고인에 대한 피의자신문조서(대판 1982.9.14, 82도1000), 참고인진술조서(대판 1990.6.26, 90도827), 더 나아가 문서의 사본(대판 1996.1.26, 95도2526), 사진(대판 1969.8.19, 69도938) 등이 여기에 해당할 것이다. 그리고 증거동의가 반대신문권의 포기에 본질이 있기 때문에 전문증거가 되는 진술 그 자체도 동의의 대상에 포함되어야 한다. 따라서 피고인이 신청한 증인의 증언이 피고인 아닌 타인의 진술을 그 내용으로 하는 전문진술이라고 하더라도 피고인이 그 증언을 증거로 함에 동의한 것으로 볼 수 있다면 이는 증거능력이 있다(대판 1983.9.27, 83도516). 그리고 재전문진술이나 재전문진술을 기재한 조서도 판례에 따르면 예외적으로 증거능력이 인정될 수 있으므로 동의의 대상으로 인정될 수 있다(대판 2000.3.10, 2000도159).

동의의 대상은 증거능력이 부정되는 상태의 전문증거만이 가능할 수 있다. 반

177) 신양균, 719면; 이재상, 554면; 임동규, 508면; 차용석, 818면.
178) 배종대/이상돈, 619면; 신동운, 671면; 정영석/이형국, 365면.

면에 이미 다른 과정을 거쳐 증거능력을 인정받은 전문증거는 동의의 대상에서 제외되어야 한다. 동의하더라도 법률상 아무런 의미가 없기 때문이다.

2) 반대증거의 경우　반증도 증거능력 있는 증거에 의할 것을 요하므로 증거능력이 없는 상태에서는 동의의 대상이 될 수 있다. 그러나 증거능력이 있는 상태에서는 증거동의의 대상이 인정될 필요가 없다. 그런데 피고인이 유죄증거에 대한 반대증거로서 제출한 전문증거는 유죄사실을 인정하는 증거가 되는 것이 아니기 때문에 반드시 그 진정성립이 증명되지 아니하거나 이를 증거로 함에 있어서의 상대방의 동의가 없다고 하더라도 증거판단의 자료로 할 수 있다(대판 1981.12.22, 80도1547). 따라서 그 자체의 이유만으로 증거능력이 인정되는 피고인이 제출한 반대증거는 증거동의의 대상으로 인정될 필요가 없다. 그러나 유죄입증을 위하여 검사가 제출한 반대증거는 반대증거라는 이유만으로 증거능력이 부여될 수는 없기 때문에 증거동의의 대상으로 인정되어야 한다.

관련판례 ① 검사가 유죄의 자료로 제출한 증거들이 그 진정성립이 인정되지 아니하고 이를 증거로 함에 상대방의 동의가 없더라도, 이는 유죄사실을 인정하는 증거로 사용하는 것이 아닌 이상 공소사실과 양립할 수 없는 사실을 인정하는 자료로 쓸 수 있다고 보아야 한다(대판 1994.11.11, 94도1159).

---

3) 물건의 경우　법문언상 규정된 물건도 동의의 대상이 될 것인가에 대해서는 견해의 대립이 있다. 즉 제318조의 문언에 따라 물건도 동의의 대상이 된다는 적극설과[179] 물건은 반대신문과 관계없기 때문에 동의의 대상이 될 수 없고 법문언은 입법의 오류에 불과하다는 소극설(다수설)의 대립이 있다.

생각건대, 물건의 경우는 당사자의 동의와는 관계없이 원칙적으로 증거능력이 인정되고(이 경우에 동의는 불필요), 예외적으로 증거능력이 부정되는 것은 위법배제법칙에 따라서 결정된다. 그런데 위법배제법칙에 의해 증거능력이 부정되는 경우에는 당사자의 동의가 있더라도 증거능력이 회복될 수 없다. 따라서 물건의 경우는 동의의 대상이 될 수 없다는 부정설이 타당하다.

(3) 동의의 시기

증거능력 없는 증거에 대해서는 증거조사가 허용되지 않는다. 그런데 동의는 증

179) 백형구, 656면; 신동운, 671면.

거능력을 부여하는 요소이기 때문에 동의는 원칙적으로 증거조사 전에 하여야 한다. 다만 증거조사 이후에 비로소 전문증거임이 밝혀진 경우에는 사후동의도 인정되어야 한다. 사후동의로 하자가 치유되고 증거능력은 소급적으로 인정될 것이다.[180]

(4) 동의의 방식

1) 묵시적 동의의 허용여부 증거동의는 명시적인 의사표시의 방법으로 하는 것이 가장 바람직할 것이다. 문제는 묵시적 증거동의를 허용할 것인가에 있다. 이에 대해서는 견해대립이 있다.

(가) 적 극 설 이 설은 증거동의는 묵시적으로도 가능하다는 견해로서 피고인의 발언태도로 반대신문권을 포기한 것으로 해석되면 증거동의가 인정된다는 것이다.[181]

(나) 소 극 설 이 설은 증거동의는 명시적인 의사표시에 의해서만 가능하다는 견해로서 증거동의는 증거능력을 부여하는 중요한 소송행위라는 것이다. 이것이 우리나라 다수설에 해당한다.

(다) 판례의 태도 판례는 “피고인이 신청한 증인의 증언이 피고인 아닌 타인의 진술을 그 내용으로 하는 전문진술이라고 하더라도 피고인이 그 증언에 대하여 별의견이 없다고 진술하였다면 그 증언을 증거로 함에 동의한 것으로 볼 수 있으므로 이는 증거능력 있다(대판 1983.9.27, 83도516)”고 판시하였다. 즉 판례는 적극설의 입장에 있다.

(라) 소 결 생각건대, 전문증거 그 자체에 대해 단순히 이견이 없다는 진술만으로 증거능력이 부여되는 증거동의를 인정하는 것은 타당하지 않다. 특히 이견 없음의 진술 이후에 피고인이 공소사실을 부인하거나 그 기재내용과 다른 진술을 하는 경우에는 절대로 증거동의가 인정되어서는 안 된다. 그 반면에 이견 없음의 진술 이후에 피고인이 전문증거에 기재된 것과 동일한 취지의 진술을 한 경우에는 그 피고인의 진술이 증거능력을 가지기 때문에 다른 전문증거에 대한 증거동의를 인정할 실익은 거의 없다. 결국, 명시적 동의만 허용되는 것으로 해석하는 것이 타당하다.

2) 포괄적 동의의 허용여부 동의의 의사표시가 개개의 증거에 대하여 개별

---

180) 강구진, 466면; 배종대/이상돈, 665면; 신동운, 900면; 신현주, 657면; 임동규, 509면.
181) 이재상, 610면.

적으로 이루어지는 경우에는 아무런 문제가 없겠으나, 포괄적 동의가 허용되는지에 대해서는 견해의 대립이 있다. 즉 검사가 제시한 모든 증거에 대해 포괄적으로 동의한 경우에도 효력이 있다는 적극설과[182] 그 효력을 부정하는 소극설[183]의 대립이 그것이다. 판례는 "개개의 증거에 대하여 개별적인 증거조사방식을 거치지 아니하고 검사가 제시한 모든 증거에 대하여 피고인이 증거로 함에 동의한다는 방식으로 이루어진 것이라 하여도 증거동의로서의 효력을 부정할 이유가 되지 못한다(대판 1983.3.8, 82도2873)"고 판시하여 적극설을 취하고 있다. 보충적으로 법원에 의한 진정인정을 요건으로 증거능력을 부여하기 때문에 포괄적 동의 자체를 허용하더라도 무방한 것으로 판단된다.

3. 동의의 의제

(1) 피고인의 불출석

피고인의 출정 없이 증거조사를 할 수 있는 경우(제1심에서 피고인이 단순히 출석하지 않는 경우를 의미하지는 않음)에 피고인이 출정하지 아니한 때에는 증거동의가 있는 것으로 간주한다. 단, 대리인 또는 변호인이 출정한 때에는 예외로 한다(제318조 제2항). 이 규정의 취지는 피고인의 불출석으로 인한 소송지연을 방지하기 위한 데에 있다. 여기서 피고인의 출정 없이 증거조사를 할 수 있는 경우에는 (i) 피고인이 법인인 경우(제276조), (ii) 다액 500만원 이하의 벌금 또는 과료에 해당하거나 공소기각 또는 면소의 재판을 할 것이 명백한 사건인 경우(제277조), (iii) 구속된 피고인이 정당한 사유 없이 출석을 거부하고, 교도관에 의한 인치가 불가능하거나 현저히 곤란하다고 인정되는 경우(제277조의2), (iv) 약식명령에 불복하여 정식재판을 청구한 피고인이 정식재판절차에서 2회 불출정한 경우(제458조 제2항; 항소심에서 2회 불출석하는 경우 불출석재판이 가능하다는 제365조 제2항을 준용)가 포함된다.

그런데 「소송촉진 등에 관한 특례법」 제23조에 의해 불출석재판을 하는 경우에도 이에 포함될 것인지가 문제된다. 판례(헌재결 1998.7.16, 97헌바22; 대판 1998.10.15, 98도1759 전원합의체)가 공정한 재판을 받을 권리를 침해하고 적법절차의 원칙에 반한다고 판시한 개정 전 동법규정에서는 이 경우에 증거동의가 의제될 수는 없다. 그

182) 백형구, 657면; 이재상, 556면; 정영석/이형국, 367면; 임동규, 510면; 송광섭, 245면.
183) 배종대/이상돈, 666면; 신동운, 901면; 신양균, 782면; 신현주, 658면; 이영란, 801면.

러나 불출석재판의 범위를 대폭 제한한 법개정 이후(즉 현행법)에서도 증거동의가 부정되어야 하는지는 의문이다.

관련판례 ① 형사소송법 제458조 제2항, 제365조는 피고인이 출정을 하지 않음으로써 본안에 대한 변론권을 포기한 것으로 보는 일종의 제재적 규정으로, 이와 같은 경우 피고인의 출정 없이도 심리, 판결할 수 있고 공판심리의 일환으로 증거조사가 행해지게 마련이어서 피고인이 출석하지 아니한 상태에서 증거조사를 할 수밖에 없는 경우에는 위 법 제318조 제2항의 규정상 피고인의 진의와는 관계없이 같은 조 제1항의 동의가 있는 것으로 간주하게 되어 있는 점, 위 법 제318조 제2항의 입법 취지가 재판의 필요성 및 신속성 즉, 피고인의 불출정으로 인한 소송행위의 지연 방지 내지 피고인 불출정의 경우 전문증거의 증거능력을 결정하지 못함에 따른 소송지연 방지에 있는 점 등에 비추어, 약식명령에 불복하여 정식재판을 청구한 피고인이 정식재판절차에서 2회 불출정하여 법원이 피고인의 출정 없이 증거조사를 하는 경우에 위 법 제318조 제2항에 따른 피고인의 증거동의가 간주된다(대판 2010.7.15, 2007도5776).

---

(2) 퇴정의 경우

1) 견해의 대립　　피고인이 재판장의 허가 없이 임의로 퇴정하거나 재판장의 명령에 의해 퇴정된 경우(제330조)에도 증거동의가 의제되는지에 대해서는 견해의 대립이 있다.

(가) (제한적) 적극설　　이 설은 처음부터 피고인이 출석하지 않은 경우 이외에 출석한 이후 임의로 퇴정한 경우에도 반대신문권의 포기를 인정하여 증거동의가 의제되어야 하지만, 재판장의 명령에 의하여 퇴정된 경우에는 증거동의가 의제될 수 없다는 견해이다.[184]

(나) 소 극 설　　이 설은 동의의제는 소송진행의 편의를 위한 것으로만 인정되는 것이고, 불출석 자체에 대한 제재수단은 될 수 없기 때문에 법원은 재차 피고인을 소환하여 증거조사를 하여야 한다는 견해이다. 우리나라에서 다수설이 취하고 있다.

(다) 판례의 태도　　판례는 "필요적 변호사건이라 하여도 피고인이 재판거부의 의사를 표시하고 재판장의 허가 없이 퇴정하고 변호인마저 이에 동조하여 퇴정해 버린 것은 모두 피고인 측의 방어권의 남용 내지 변호권의 포기로 볼 수밖에 없는 것이므로 수소법원으로서는 형사소송법 제330조에 의하여 피고인이나 변호인의

184) 이재상, 557면; 차용석, 365면.

재정 없이도 심리 · 판결할 수 있다. 피고인과 변호인들이 출석하지 않은 상태에서 증거조사를 할 수밖에 없는 경우에는 형사소송법 제318조 제2항의 규정상 피고인의 진의와는 관계없이 형사소송법 제318조 제1항의 동의가 있는 것으로 간주하게 되어 있다(대판 1991.6.28, 91도865)"고 판시하여 적극설의 태도에 가깝다.

2) 소 결 피고인이 임의로 퇴정한 경우는 피고인이 처음부터 불출석한 것과 실질적으로 다르지 않기 때문에 법 제318조 제2항에 따라 반대신문권 포기로서의 증거동의가 의제되는 것으로 보아야 한다. 그러나 재판장의 명령에 의해 강제퇴정된 경우에까지 반대심문권의 포기로 의제하는 것은 당사자의 지위를 부당하게 제한하는 것으로서 타당하지 않다. 따라서 제한적 적극설이 타당하다.

(3) 간이공판절차에서의 특칙

피고인이 공판정에서 공소사실에 대하여 자백한 때에는 법원은 그 공소사실에 한하여 간이공판절차에 의하여 심판할 것을 결정할 수 있다(제286조의2). 이 경우 증거에 관하여는 동의가 있는 것으로 간주한다. 단, 검사, 피고인 또는 변호인이 증거로 함에 이의가 있는 때에는 그러하지 아니하다(제318조의3).

4. 증거동의의 효과

(1) 효과발생의 전제인 진정성의 인정

검사와 피고인이 증거로 할 수 있음을 동의한 경우에도 법원이 진정한 것으로 인정한 때에만 증거로 할 수 있다(제318조 제1항). 여기서 진정성의 의미에 대해서는 (i) 증거의 증명력이 현저히 낮지 않음을 의미한다는 견해,[185] (ii) 증거서류에 서명날인이 없거나 기재내용이 실제진술과 상이한 경우와 같이 증거의 신용성을 의심스럽게 하는 유형적 상황이 존재하지 않음을 의미한다는 견해,[186] (iii) 증거모집과정에서의 신용성을 의미한다는 견해[187] 등이 대립된다.

생각건대, 여기의 진정성은 증거능력 인정의 요건이기 때문에 증명력을 표지로 삼는 (i)설은 타당하지 않고, 그리고 진정성과 임의성의 차이를 발견할 수 없는 (iii)설도 타당하지 않다. 따라서 (ii)설이 상대적으로 가장 타당하다.

185) 강구진, 467면.
186) 배종대/이상돈, 625면; 신동운, 673면; 이재상, 559면.
187) 신양균, 724면; 임동규, 513면.

여기의 진정성은 증거능력에 관한 사항이기 때문에 다툼이 있는 경우의 입증에는 자유로운 증명으로 족하다. 판례도 진정한 것으로 인정하는 방법을 제한하고 있지 않으므로, 법원이 제반사정을 참작하여 진정한 것으로 인정하면 증거로 할 수 있다고 한다(대판 2015.8.27, 2015도3467).

(2) 원래 증거능력이 없는 전문증거에 대한 증거능력의 인정

검사와 피고인이 동의한 서류나 진술은 제311조 내지 제316조의 요건을 갖추지 못한 경우에도 법원이 진정한 것으로 인정하면 증거능력이 긍정된다.

(3) 증명력에 대한 다툼의 허용여부

동의를 한 당사자가 동의한 증거의 증명력을 다툴 수 있는가에 대해서는 견해의 대립이 있다. 부정설은 동의의 본질을 증거의 증거능력은 물론이고 증명력까지 다툴 권리를 포기하는 것으로 보거나[188] 증명력을 다투는 것은 불필요한 절차의 지연일 뿐이라는[189] 것을 이유로 주장된다. 그러나 증거능력과 증명력은 구별되어야 할 것이기 때문에 긍정설이 타당하지만, 다만 증거동의는 반대신문권을 포기하는 것이기 때문에 반대신문 이외의 방법으로만 동의한 증거의 증명력을 다툴 수 있는 것으로 제한되어야 한다.

(4) 증거동의의 효력범위

1) 물적 범위 증거동의는 원칙적으로 동의의 대상으로 특정된 서류 또는 물건의 전부에 미친다. 즉 일부에 대한 동의는 원칙적으로 허용되지 않는다. 그리고 검사작성의 피고인 아닌 자에 대한 진술조서에 관하여 피고인이 공판정 진술과 배치되는 부분은 부동의한다고 진술한 것은 조서내용의 특정부분에 대하여 증거로 함에 동의한다는 특별한 사정이 있는 때와는 달리 그 조서를 증거로 함에 동의하지 아니한다는 취지로 해석하여야 한다(대판 1984.10.10, 84도1552). 다만 그 내용이 가분인 때에는 일부동의는 허용될 수 있다. 따라서 피고인들이 제1심 법정에서 경찰의 검증조서 가운데 범행부분만 부동의하고 현장상황 부분에 대해서는 모두 증거로 함에 동의하였다면, 위 검증조서 중 범행상황 부분만을 증거로 채용한 제1심판결에 잘못이 없다(대판 1990.7.24, 90도1303).

---

188) 백형구, 641면.
189) 신현주, 307면.

2) 인적 범위 　피고인이 수인인 경우에는 동의의 효과는 동의한 자에게만 개별적으로 미칠 뿐이다. 즉 공동피고인이더라도 각자는 독립하여 반대신문권을 가지고, 그 포기도 각자에게 미치고 다른 공동피고인에게는 미치지 않는다. 공동피고인의 1인이 증거조사를 신청하고 그 증거에 대해 검사가 동의한 경우에도 다른 공동 피고인에게는 미치지 않는다.

3) 시간적 범위 　동의의 효과는 공판절차의 갱신이 있거나 심급을 달리하는 경우에도 소멸되지 않고 그대로 효력을 지속한다. 피고인들이 제1심법정에서 경찰작성 조서들에 대하여서 증거로 함에 동의하였다면 그 후 항소심에서 범행인정 여부를 다투거나(대판 1990.2.13, 89도2366) 증거로 함에 부동의하더라도(대판 1994.7.29, 93도955) 이미 동의한 효과에 아무런 영향을 가져오지 아니한다.

5. 증거동의의 철회와 취소

(1) 증거동의의 철회

1) 절차형성행위의 철회 　증거동의는 철회될 수 있다. 다만 증거동의의 법적 성격을 절차형성행위로 이해하는 견해는 절차의 안정성을 해하지 않는 범위 내에서만 인정하겠지만(다수설), 증거동의에 대해 사건의 실체를 좌우하는 실체형성행위로 이해하는 견해는[190] 원래 실체는 유동적이기 때문에 원칙적으로 철회를 허용할 것이다. 증거동의는 증거에 증거능력을 부여하는 것이기 때문에 절차형성행위로 이해하는 것이 타당하다.

2) 철회의 허용시기 　증거동의의 철회가 허용되는 시기에 대해서는 (i) 증거조사시행 전까지 허용된다는 설,[191] (ii) 증거조사완료 전까지 허용된다는 설,[192] (iii) 구두변론종결 전까지 허용된다는 설[193]의 대립이 있다. 판례와 다수설은 (ii)의 증거조사완료전설을 취한다. 즉, 형사소송법 제318조에 규정된 증거동의의 의사표시는 증거조사가 완료되기 전까지 취소 또는 철회할 수 있으나, 일단 증거조사가 완료된 뒤에는 취소 또는 철회가 인정되지 아니하므로 제1심에서 한 증거동의를 제2심에서

---

190) 신동운, 675면.
191) 강구진, 467면.
192) 김기두, 146면; 백형구, 657면; 서일교, 161면; 이재상, 614면; 정영석/이형국, 368면; 차용석/최용성, 610면.
193) 배종대/이상돈, 672면; 신동운, 905면; 신현주, 662면.

취소할 수 없고, 일단 증거조사가 종료된 후에 증거동의의 의사표시를 취소 또는 철회하더라도 취소 또는 철회 이전에 이미 취득한 증거능력이 상실되지 않는다(대판 1996.12.10, 96도2507)는 것이다.

생각건대, 증거동의는 절차형성행위이기 때문에 구두변론종결 전까지 철회를 허용할 수는 없고, 절차형성행위에 대해 요구되는 소송경제와 절차안정성의 면을 너무 강조하여 증거조사시행 전까지만 철회가 허용되는 것으로 제한하는 것도 불합리하다. 따라서 증거조사완료 전까지 철회를 인정하는 다수설이 적당한 것으로 판단된다.

관련판례 ① 약식명령에 불복하여 정식재판을 청구한 피고인이 정식재판절차의 제1심에서 2회 불출정하여 형사소송법 제318조 제2항에 따른 증거동의가 간주된 후 증거조사를 완료한 이상, 간주의 대상인 증거동의는 증거조사가 완료되기 전까지 철회 또는 취소할 수 있으나 일단 증거조사를 완료한 뒤에는 취소 또는 철회가 인정되지 아니하는 점, 증거동의 간주가 피고인의 진의와는 관계없이 이루어지는 점 등에 비추어, 비록 피고인이 항소심에 출석하여 공소사실을 부인하면서 간주된 증거동의를 철회 또는 취소한다는 의사표시를 하더라도 그로 인하여 적법하게 부여된 증거능력이 상실되는 것이 아니다(약식명령에 불복하여 정식재판을 청구한 피고인이 정식재판절차에서 2회 불출정함에 따라 피고인이 불출석한 가운데 검사 제출의 유죄증거에 관하여 증거동의 간주를 하여 증거능력을 부여한 제1심의 조치를 그대로 유지한 항소심 판단을 수긍한 대판 2010.7.15, 2007도5776).

---

(2) 증거동의의 취소

착오 또는 강박에 의하여 증거동의를 한 경우에 그 동의의 취소를 허용할 것인가에 대해서도 견해대립이 있다. 긍정설은 중대한 착오나 수사기관의 강박에 의한 경우에 취소를 인정하자거나,[194] 본인에게 귀책사유가 없는 착오의 경우에 취소를 인정하자고[195] 한다. 반면에 부정설은 동의는 절차형성행위이기 때문에 절차의 확실성이 요구되어 착오나 강박을 이유로 한 취소는 원칙적으로 허용될 수 없다는 것이다.[196] 다만 부정설도 변호인이 증거동의를 한 경우 피고인의 취소는 긍정한다.

194) 백형구, 657면; 배종대/이상돈, 672면; 서일교, 191면.
195) 신동운, 905면; 신양균, 777면.
196) 이재상, 557면; 이영란, 807면; 임동규, 540면; 정영석/이형국, 370면.

생각건대, 단면적인 긍정설과 부정설의 태도는 타당하지 않고, 허용시기와 관련하여서 취소의 경우도 철회와 동일하게 증거조사완료 전까지만 허용되고 그 이후에는 허용되지 않는 것으로 처리되어야 한다. 절차유지의 원칙이 피고인에게 결정적으로 불리하게 작용하는 경우에는 그 실현이 자제되어야 하는데, 증거조사 완료 전에 취소를 허용하는 것은 바로 여기에 해당하기 때문이다. 판례도 취소와 철회를 구분하지 않고 이와 같이 판시하고 있다(대판 1983.4.26, 83도267; 대판 1991.1.11, 90도2525; 대판 1994.7.29, 93도955; 대판 1996.12.10, 96도2507).

Ⅵ. 탄핵증거

1. 서 론

(1) 탄핵증거의 의의

탄핵증거(impeachment)란 진술의 증명력을 다투기 위해 제출된 제2의 증거를 말한다. 형사증거법상의 의미는 전문법칙에 의하여 증거능력이 없는 전문증거라 하더라도 진술의 증명력을 다투기 위하여 사용할 수 있다는 것이다. 이에 대해 형사소송법 제318조의2 제1항은 "제312조부터 제316조까지의 규정에 따라 증거로 할 수 없는 서류나 진술이라도 공판준비 또는 공판기일에서의 피고인 또는 피고인이 아닌 자(공소제기 전에 피고인을 피의자로 조사하였거나 그 조사에 참여하였던 자를 포함한다)의 진술의 증명력을 다투기 위하여 증거로 할 수 있다"고 규정하고 있다.

탄핵증거는 반증과 구별되어야 한다. 반증은 범죄사실을 부정하는 사실의 증명에 사용되는 것이므로 반드시 증거능력이 있어야 한다(즉 전문법칙이 적용된다).

(2) 탄핵증거의 성질

1) 탄핵증거와 전문법칙 탄핵증거는 전문법칙의 예외이냐 그 적용이 없는 경우이냐에 관하여 견해의 대립이 있을 수 있다. 후자가 통설에 해당한다. 생각건대, 탄핵증거는 범죄사실 등 주요사실의 존부를 증명하는 증거가 아니며, 필요성과 신용성의 정황적 보장을 조건으로 증거능력이 인정되는 경우가 아니므로 전문법칙의 적용이 없는 경우라고 해석하는 것이 타당하다.

2) 탄핵증거와 자유심증주의 탄핵증거에 있어서도 진술이 불일치하는지의 여부와 탄핵증거에 의하여 탄핵되는 증거의 증명력은 법관의 자유판단에 의하여 결

정된다. 따라서 탄핵증거제도는 자유심증주의의 예외가 아니고 오히려 자유심증주의가 적용되는 영역이다.[197)]

2. 탄핵증거의 범위

[설문 (15)] 피해자 A에 대한 살인피고사건에 관하여 증인 甲은 공판정에서 피고인의 범행부인에 부합하는 증언을 하였다. 이 경우에 "증인 甲은 피고인의 약혼녀라는 말을 B로부터 들었다"는 증인 乙의 증언을 증거로 사용할 수 있겠는가? 만약 증인 丙이 "피고인이 A를 권총으로 쏘아 죽이는 것을 보았다"고 증언한 경우에, "총소리를 듣고 달려가 보니 A가 쓰러져 있었으나 범인은 보지 못하였다는 말을 그 사건 직후에 丙으로부터 들었다"는 증인 丁의 증언을 증거로 사용할 수 있겠는가?

탄핵증거로서 제출할 수 있는 범위에 관하여 다음과 같은 학설의 대립이 있다.

(1) 한 정 설

이 견해는 탄핵증거로 제출될 수 있는 증거를 자기모순의 진술, 즉 동일인의 법정에서의 진술과 상이한 법정외의 진술에 제한하는 태도이다.[198)] 이 견해의 근거는 자기모순의 진술로서 증명력을 다투는 경우와 타인의 진술로서 증명력을 감쇄하는 경우는 감쇄의 질적 차이가 있다는 점에 있다. 전자의 경우는 동일인이 상이한 진술을 했다는 것 자체에 의하여 법정진술의 증명력이 감쇄되는 데 대하여, 후자의 경우에는 타인의 진술이 우선 신용됨으로써(전문증거의 진실성이 확인된 뒤에) 법정진술의 증명력이 감쇄된다. 따라서 후자의 경우는 탄핵증거로 사용할 수 없다는 것이다.

(2) 비한정설

이 견해는 제312조 내지 제316조에 의하여 증거로 할 수 없는 모든 서면 또는 진술이라도 (즉 자기모순의 진술에 한하지 않고) 탄핵의 목적으로는 증거로 제공될 수 있다는 입장이다. 그 논거로서는 (i) 법문 중 공판정에서 진술자의 자기모순의 법정외의 진술만을 제출할 수 있다고 한정하지 않고 있는 점, (ii) 증거의 증명력을 법률전문가인 법관이 자유판단한다는 점 등을 들고 있다. 그러나 비한정설을 주장하는 학자는 없다.

---

197) 이재상, 617면; 차용석/최용성, 614면; 김희옥, "탄핵증거," 고시계 1986.11, 138면.

198) 강구진, 475면; 백형구, 494면; 신양균, 792면; 이영란, 814면; 이재상, 619면; 정영석/이형국, 373면.

(3) 절 충 설

이 견해는 탄핵증거는 자기모순의 진술일 것을 요하지는 않지만 증인의 신빙성에 대한 순수한 보조사실(범죄사실 또는 그 간접사실은 제외)의 입증을 위한 증거에 제한되어야 한다는 입장이다.[199] 예컨대, 증인의 신빙성에 관계있는 사실의 입증의 경우 즉 감정적 편견, 이해관계, 능력적 결함, 또는 인격적 결함의 사실을 입증하기 위한 전문증거의 사용이 허용되게 된다.

(4) 이 원 설

이 견해는 피고인은 증명력을 다투기 위하여 모든 전문증거를 제출할 수 있으나 검사는 자기모순의 진술만을 제출할 수 있다는 입장이다.[200] 이것은 증거수집, 증거보전, 신문기술 등 형사소송의 모든 영역에 걸쳐 검사측은 피고인보다 우월한 위치에 있기 때문에 피고인의 열세를 보강하여 실질적인 당사자주의를 구현하자는 것이다.

(5) 소 결

비한정설에 따르면 전문증거가 탄핵의 이름으로 전문법칙을 유명무실하게 할 정도로 공판정에 난립하게 되는 것을 막을 수 없게 된다. 그리고 한정설은 탄핵증거의 사용범위를 너무 제한한다. 진술자의 신빙성을 다투기 위한 증거는 신빙성 자체에 직접 영향을 끼칠 수 있는 것인 이상 자기모순의 진술에 한정할 필요는 없다. 그리고 이원설은 직권에 의한 증거조사의 경우 탄핵증거의 범위에 대한 기준을 제시할 수 없고 증거제출자가 누구인가에 따라 증거의 신빙성 자체가 달라지는 것은 아니다. 따라서 자기모순의 진술과 신빙성에 직접 영향을 끼칠 수 있는 전문증거도 포함하는 절충설이 가장 타당한 것으로 판단된다.

[**설문 (15)의 해결**] 증인 乙이 "증인 甲은 피고인의 약혼녀라는 말을 B로부터 들었다"는 것을 법정에서 증언한 것은 전문진술이다. 원진술자(B)를 증인으로 소환하여 증언하게 할 수 있으므로(즉 필요성이 없으므로) 증인 乙의 전문증언은 증거능력이 없다. 그리고 甲이 피고인의 약혼녀라는 내용의 증인 乙의 전문증언은 증인 甲의 공판정에서의 진술과 자기모순에 있는 진술을 내용으로 하는 것은 아니지만 그 진술

---

199) 김기두, 150면; 서일교, 192면; 송광섭, 258면; 신동운, 914면; 신현주, 619면; 임동규, 543면; 정웅석, 1043면.

200) 배종대/이상돈, 677면; 차용석/최용성, 616면.

의 신빙성과 직접 관계되는 것이다. 따라서 비한정설과 절충설에 따르면 乙의 증언은 甲의 증언을 탄핵하는 증거로 사용할 수 있다. 그러나 한정설에 따르면 탄핵증거로도 사용할 수 없다.

그리고 "총소리를 듣고 달려가 보니 피해자가 쓰러져 있었으나 범인은 보지 못하였다는 말을 그 사건 직후에 증인 丙으로부터 들었다"는 증인 丁의 증언은 역시 전문증거이고 필요성이 없으므로 증거능력이 없다. 그러나 丁의 증언은 "피고인이 피해자를 권총으로 쏘아 죽이는 것을 보았다"는 증인 丙의 공판정에서의 진술과 자기모순되는 진술을 내용으로 하기 때문에 어느 견해에 따르든 탄핵증거로서 사용될 수 있다.

---

3. 탄핵의 범위

전문증거라도 증거로 사용할 수 있는 탄핵의 범위는 다른 증거의 증명력을 다투기 위한 것이다. 증명력을 다투기 위하여의 의미에 대해서는 견해의 대립이 있을 수 있다. 즉 (i) 증명력을 감쇄하는 경우만을 의미한다는 견해,[201] (ii) 증명력을 감쇄, 증강, 지지하는 경우의 모두를 의미한다는 견해(그러나 주장자는 없음), (iii) 증명력을 감쇄하는 경우뿐만 아니라 감쇄된 증명력을 회복하는 경우를 의미한다는 견해(다수설)가 대립될 수 있다. 생각건대, 처음부터 증거의 증명력을 지지 증강하기 위하여 탄핵증거를 허용한다면 전문증거에 의하여 범죄를 인정하는 결과가 되므로 전문법칙을 몰각시키게 되고, 또 공평의 원칙상 증거의 증명력이 반대당사자에 의해 감쇄된 경우에 그것을 회복하기 위한 기회가 부여되어야 하기 때문에 다수설이 타당하다.

4. 탄핵의 대상

(1) 피고인 또는 피고인 아닌 자의 진술

탄핵의 대상은 공판준비 또는 공판기일에서의 피고인 또는 피고인 아닌 자의 진술의 증명력이다. 진술이 기재된 서면도 여기에 포함된다. '피고인 아닌 자의 진술'의 대표적인 것은 증인의 증언이다. 형사소송법상 피고인은 증인이 될 수 없으나 임의성 있는 피고인의 진술은 증거가 되기 때문에(제317조) 증인에 대해서와 마찬가지로 탄핵될 수 있다고 규정한 것이다.

피고인의 공판정에서의 진술에 대한 탄핵과 관련하여 피고인이 공판정에서 범

---

201) 강구진, 477면; 정영석/이형국, 374면.

행을 부인하는 경우에 자백한 진술이 기재된 피의자신문조서를 탄핵증거로 사용할 수 있는지가 문제된다. 이에 대해서는 피고인이 수사기관에서 자백하고 공판정에서 부인하는 경우 공판정의 부인진술의 증명력을 증거능력 없는 수사서류에 기재된 자백으로 탄핵하는 것은 자백편중의 수사관행을 부추길 우려가 있다는 점을 근거로 부정하는 견해도 있지만,[202] 형사소송법 제318조의2가 명문으로 규정하고 있는 점과 공판정에서 행한 피고인의 진술은 증거능력이 인정되므로 피고인 진술의 증명력을 다툴 필요성이 인정된다는 점에서 피고인의 진술도 탄핵의 대상이 된다고 긍정하는 견해(동시에 아래 판례의 태도)가 타당하다.[203] 원래 탄핵증거제도는 공판정에서 증언하는 증인의 신빙성을 다투는 것에 본질이 있는 것이지만, 우리나라의 경우는 피고인신문절차를 통해 피고인의 공판정 진술을 보장하면서 그 진술에 대해 증거능력까지 부여하기 때문에 피고인의 공판정 진술에 대해서도 증명력 탄핵을 허용하는 것은 불가피하기 때문이다.[204] 다만 검사작성 피고인이 된 피의자신문조서는 피고인이 공판정에서 부인하더라도 영상 녹화물 등으로 진정성립을 입증하여 아예 증거능력을 인정받을 수 있는 제도가 확립되어 있기 때문에 피고인의 부인 진술의 증명력을 탄핵할 필요성과 실익은 거의 없을 것이다. 따라서 피고인의 일방적 진술에 의해 완전히 증거능력이 부정되어버리는(즉 증거능력을 인정받을 수 있는 객관적 입증제도가 없는) 사법경찰관 작성의 피의자신문조서에 대해서만 피고인 부인진술의 증명력을 탄핵하는 탄핵증거자격을 부여할 필요성과 실익이 있을 것이다. 그리고 공판중심주의의 실현을 위한 입법론으로서는 피고인의 부인진술에도 불구하고 수사서류의 증거능력 그 자체를 긍정시킬 수 있는 제312조의 규정(특히 객관적 입증제도가 있는 검사작성의 제312조 제1항과 제2항)을 가능한 폐지하고 탄핵증거에 관한 본 조문이 더욱 유지 · 활성화되어야 할 것이다.

관련판례 ① 검사가 유죄의 자료로 제출한 사법경찰리 작성의 피고인에 대한 피의자신문조서는 피고인이 그 내용을 부인하는 이상 증거능력이 없으나, 그것이 임의로 작

---

202) 배종대/이상돈, 679면; 백형구, 495면; 신양균(2009), 854면; 해석론으로서는 긍정설에 있지만 입법론으로는 회의적으로 바라보는 견해로는 이재상 605면.

203) 임동규, 546면; 김동윤, "피고인이 내용을 부인하여 증거능력이 없는 사법경찰리 작성의 피의자신문조서등을 탄핵증거로 사용하기 위한 요건," 법원판례해설 제30호(1998), 634-635면; 이완규, "사법경찰관작성 피의자신문조서와 탄핵증거," 형사판례연구 15권, 398면.

204) 따라서 우리나라도 공판정에서의 피고인신문절차를 폐지한다면 탄핵의 대상은 증인의 증언에 한정되어야 할 것이다.

성된 것이 아니라고 의심할 만한 사정이 없는 한 피고인의 법정에서의 진술을 탄핵하기 위한 반대증거로 사용할 수 있으며, 또한 탄핵증거는 범죄사실을 인정하는 증거가 아니므로 엄격한 증거조사를 거쳐야 할 필요가 없음은 형사소송법 제318조의2의 규정에 따라 명백하나 법정에서 이에 대한 탄핵증거로서의 증거조사는 필요한 것이고, 한편 증거신청의 방식에 관하여 규정한 형사소송규칙 제132조(현행 제132조의2) 제1항의 취지에 비추어 보면 탄핵증거의 제출에 있어서도 상대방에게 이에 대한 공격방어의 수단을 강구할 기회를 사전에 부여하여야 한다는 점에서 그 증거와 증명하고자 하는 사실과의 관계 및 입증취지 등을 미리 구체적으로 명시하여야 할 것이므로, 증명력을 다투고자 하는 증거의 어느 부분에 의하여 진술의 어느 부분을 다투려고 한다는 것을 사전에 상대방에게 알려야 한다(대판 2005.8.19, 2005도2617).

(2) 자기측 증인의 탄핵

당사자가 자기 자신의 증인에 대해서도 탄핵할 수 있느냐가 문제된다. 영미에서는 전통적으로 이를 부정한다. 그러나 자기 측 증인이라도 당사자에게 적대적이거나 불리한 증언을 할 경우에는 탄핵할 수 있다고 보는 것이 타당하다.

5. 탄핵증거의 허용범위

1) 입증취지와의 관계 검사, 피고인 또는 변호인이 증거신청을 함에 있어서는 그 증거와 설명하고자 하는 사실과의 관계를 구체적으로 명시하여야 하는데, 이와 같이 명시된 증거와 사실과의 관계를 입증취지라 한다. 그런데 탄핵증거는 사실인정의 자료로서는 증거능력이 부정되는 전문증거라도 다른 증거의 증명력을 탄핵하기 위해서는 증거능력을 인정할 수 있다는 것에 취지가 있다. 따라서 탄핵증거는 범죄사실이나 간접사실을 인정하기 위한 목적으로는 사용할 수 없다(대판 1996.9.6, 95도2945). 그렇지만 탄핵증거로 제출된 증거가 범죄사실의 인정을 위해서도 증거능력을 갖추고 있는 경우에, 이를 범죄사실의 인정증거로 할 수 있는가가 문제된다. 생각건대, 입증취지는 법원의 증거결정에 대한 편의를 제공하는 자료에 불과하며 구속력을 가지는 것은 아니라 할 것이므로, 당사자의 이익을 부당히 침해하지 않는 한 범죄사실을 인정할 증거로 사용할 수 있다고 하는 것이 타당하다.[205)]

그리고 사법경찰 작성의 피의자신문조서에 대해 피고인이 내용을 부인하는 경우 자백편중의 수사관행을 조장하지 않기 위해서는 탄핵증거로서의 증거능력도 부

205) 같은 입장으로 이재상, 622면; 임동규, 519면; 차용석/최용성, 623면.

정하여야 한다는 견해가 있는데,[206] 다른 증거의 증명력을 탄핵하기 위한 목적으로 사용하는 데 있어서 사법경찰작성 피의자신문조서에 대해서만 차별적으로 판단하는 것은 옳지 않다. 오히려 수사 초기에 피의자가 진술한 것이 가장 신선한 진술이기 때문에 사법경찰작성 피의자신문조서의 탄핵증거능력을 긍정하는 것은 —범죄사실 입증용으로는 엄격히 제한하더라도— 장려되어야 한다. 판례도 "탄핵증거 피고인에 대한 피의자신문조서와 피고인이 작성한 자술서들은 모두 검사가 유죄의 자료로 제출한 증거들로서 피고인이 각 그 내용을 부인하는 이상 증거능력이 없으나 그러한 증거라 하더라도 그것이 임의로 작성된 것이 아니라고 의심할 만한 사정이 없는 한 피고인의 법정에서의 진술을 탄핵하기 위한 반대증거로 사용할 수 있다"고 판시하여(대판 1998.2.27, 97도1770) 탄핵증거능력을 인정하고 있다.

관련판례 ① 증거공통의 원칙이란 증거의 증명력은 그 제출자나 신청자의 입증취지에 구속되지 않는다는 것을 의미하고 증서의 증거능력이나 증거에 관한 조사절차를 불필요하게 할 수 있는 힘은 없으므로 피고인이나 변호인이 무죄에 관한 자료로 제출한 서증 가운데 도리어 유죄임을 뒷받침하는 내용이 있다 하여도 법원은 상대방의 원용(동의)이 없는 한 그 서류의 진정성립 여부 등을 조사하고 아울러 그 서류에 대한 피고인이나 변호인의 의견과 변명의 기회를 준 다음이 아니면 그 서증을 유죄인정의 증거로 쓸 수 없다고 보아야 한다(대판 1989.10.10, 87도966).

---

2) **임의성 없는 진술의 배제** 임의성 없는 진술은 절대적으로 증거능력을 부정하여야 하므로 탄핵증거로도 사용할 수 없다. 즉 자백의 임의성 법칙에 관한 규정(제309조), 자백 아닌 기타 진술의 임의성을 요구하는 규정(제317조)은 탄핵증거에도 적용되어야 한다. 판례도 동일한 입장을 취한다(대판 1998.2.27, 97도1770).

3) **진정성립이 인정되지 않는 진술증거의 경우** 판례는 "유죄의 자료가 되는 것으로 제출된 증거의 반대증거서류에 대하여는 그것이 유죄사실을 인정하는 증거가 되는 것이 아닌 이상 반드시 그 진정성립이 증명되지 아니하거나 이를 증거로 함에 있어 상대방의 동의가 없다고 하더라도 증거판단의 자료로 할 수 있다"고 판시하여(대판 1981.12.22, 80도1547; 대판 1974.8.30, 74도1687), 탄핵증거의 경우에는 성립의 진정을 요하지 않는다는 태도를 취하고 있다. 그러나 아무리 탄핵증거라도 하더라도 증거서류의 존재 자체를 담보하는 서명 날인만큼은 있어야 탄핵증거능력이 인정되

206) 신양균(2009), 853면.

는 것으로 보는 것이 타당할 것이다.

4) 공판정에서의 진술 이후에 이루어진 자기모순의 진술 탄핵증거 제도는 법정진술(특히 자기모순의 진술)의 증명력을 탄핵하기 위해 그 법정진술 이전에 이미 행하여진 전문진술(수사사류 등)을 제출하는 것이다. 그런데 증인의 공판정에서의 증언을 탄핵하기 위하여 증언 이후에 수사기관에서 작성한 진술조서를 제출하는 것이 허용되는지가 문제된다. 일본에서는 이를 일반적으로 허용하고 있고, 미국에서는 임종의 진술에 한하여 사후의 진술을 인정하고 있다.

생각건대, 증언후의 증인을 수사기관에서 신문하여 작성한 조서를 제출하는 것은 공판중심주의와 공정한 재판의 이념에 반하므로 허용되지 않는다고 해석하는 것이 타당하다.[207]

6. 관련문제

(1) 탄핵증거의 조사방법

탄핵증거는 범죄사실을 인정하는 증거가 아니므로 엄격한 증거조사를 거칠 필요가 없음은 형사소송법 제318조의2 규정에 의하여 명백하지만, 법정에서 탄핵증거로서의 증거조사는 필요하다.[208] 판례는 비록 증거목록에 기재되지 않았고 증거결정이 되어 있지 않았다고 하더라도 공판정에서 그 입증취지가 구체적으로 명시되고 제시까지 되었다면 탄핵증거로서의 증거조사는 이루어졌다고 보지만,[209] 공판정에 제출되지 않아서 전혀 증거조사를 거치지 않은 채 수사기록에만 편철되어 있는 서류는 탄핵증거로 사용할 수 없다고 한다.[210] 그러나 어느 견해에 의하건 임의성 없는 진술은 제318조의2가 제317조의 규정은 배제하고 있지 아니하므로 탄핵증거로도 사용할 수 없다고 보아야 한다. 또한 임의성 없는 자백은 제309조에 의해 절대적으로 증거능력이 없으므로 탄핵증거로도 사용될 수 없다.

(2) 영상녹화물에 의한 기억환기

형사소송법 제318조의2 제2항은 “제1항에도 불구하고 피고인 또는 피고인이 아닌 자의 진술을 내용으로 하는 영상녹화물은 공판준비 또는 공판기일에 피고인 또

207) 같은 입장으로는 강구진, 478면; 백형구, 697면; 이재상, 624면; 차용석/최용성, 623면.
208) 대판 2005.8.19, 2005도2617.
209) 대판 1998.2.27, 97도1770; 2005.8.19, 2005도2617; 2006.5.26, 2005도6271.
210) 대판 1998.2.27, 97도1770.

는 피고인이 아닌 자가 진술함에 있어서 기억이 명백하지 아니한 사항에 관하여 기억을 환기시켜야 할 필요가 있다고 인정되는 때에 한하여 피고인 또는 피고인이 아닌 자에게 재생하여 시청하게 할 수 있다"는 규정을 신설하였다.

[참고][211] 수사단계에서 피의자를 조사한 조사자 · 조사참여자가 법정에서 증언할 수 있게 개정됨에 따라(제316조 제1항) 탄핵증거 조항에 이를 반영할 필요가 있고, 피의자 · 참고인 진술에 대한 영상녹화제도가 도입됨에 따라(제221조, 제244조의 2) 탄핵증거와 관련하여 그 용도를 명백히 규정할 필요가 있어서 규정된 것이다. 이에 따라 수사절차에서 피의자를 조사하였거나 그 조사에 참여하였던 자의 법정증언도 증거능력이 없는 서류나 진술로써 탄핵할 수 있는 대상에 포함된다. 그리고 영상녹화물에 대하여는 제한적으로 사용을 허용하여 영상녹화 조사를 받은 자가 법정에서 진술하거나 증언함에 있어 기억이 명백하지 아니한 경우 기억환기를 위하여 영상녹화물을 재생할 수 있도록 하였다. 이는 수사과정에서 사실대로 진술한 피고인이 기억불명을 이유로 제대로 진술하지 못하거나 수사기관에서의 진술과 달리 진술하는 경우, 영상녹화물 재생을 통하여 진실된 사실에 대한 기억을 환기시킴으로써 그 진술을 사실상 탄핵하는 효과를 가질 수 있다. 또한 증인이 증언할 때 기억이 명백하지 아니한 사항이 있어 기억을 환기시켜야 할 필요가 있는 경우 영상녹화물 재생을 통하여 증인의 기억을 되살리도록 도와줄 수 있다. 다만, 증인이 기억상실로 증언할 수 없거나, 증언을 거부하는 경우에는 제314조의 규정에 의하여 증인의 진술을 기재한 참고인진술조서를 증거로 할 수 있을 것이다. 그리고 수사과정에서 진실되게 진술하였던 증인이 의도적으로 진술을 번복하는 경우에는 참고인 진술조서의 진정성립을 인정하지 아니할 것이므로 조서 진정성립의 입증방법으로서의 영상녹화물 재생(제312조 제4항)이 가능하게 될 것이다.

그리고 제2항의 문언에 따르면, 영상녹화물은 기억환기 이외에 탄핵증거로서는 사용될 수 없다는 해석이 일반적이다. 즉, 제2항이 "제1항(탄핵증거는 반드시 증거능력이 있는 증거이어야 하는 것이 아님을 규정)에도 불구하고"라고 규정하고 있으므로 영상녹화물에 대하여서는 제1항의 적용이 없어서 영상녹화물의 탄핵증거 사용은 불가능하기 때문이라는 것이다.[212] 그러나 탄핵증거란 전문증거에 해당하여 증거능력이

211) 법무부, 개정 형사소송법, 2007, 245면.

212) 탄핵증거라는 이유로 영상녹화물을 법정에서 광범위하게 재생하게 되면 그 영향력은 실질적으로 본증으로 사용하는 것과 큰 차이가 없게 되므로, 피의자 등의 진술내용을 담은 영상녹화물은 기억환기용으로 당해 진술자에게만 보여주는 방식으로만 사용될 수 있

없는 증거라도 진술의 증명력을 다투기 위하여 사용할 수 있는 증거이므로 영상녹화물을 탄핵증거로 사용하는 것을 제한해야 할 이유를 설명할 근거가 전혀 없다는 점에서 영상녹화물의 탄핵증거 사용을 허용하여야 한다는 입법론이 주장되고 있다.[213] 생각건대, 법정에서 증거(특히 피고인 내지 참고인 진술)의 증명력을 탄핵하는 것은 공판중심주의와 당사자주의의 실현을 위해서 최대한 활성화되는 것이 바람직하다. 따라서 입법론을 넘어 제2항의 현행 문언에도 불구하고 적법하게 만들어진 영상녹화물을 기억환기용은 물론이고 탄핵증거로서 사용할 수 있다는 해석론도 무방할 것으로 사료된다. 특히 피고인(수사절차에서의 피의자)의 법정 진술에 대해 검사가 피의자신문 영상녹화물을 탄핵증거로서 사용하는 것은 다소 제한되더라도, 증인(수사절차에서 참고인이었던 자)의 법정진술에 대해 피고인이 참고인조사 영상녹화물을 탄핵증거로 사용하는 것은 피고인 방어권 보장의 차원에서 허용되어야 할 것이다.

[§ 38] 특수한 (과학적) 증거방법에 대한 전문법칙의 적용 여부

Ⅰ. 녹음테이프의 증거능력

> [설문 (16)] 검사 B는 2007.4.1. 종합건설회사의 대표이사 甲에 대해 "甲은 회사 돈 5,000만 원을 업무상 횡령하였다"는 요지의 공소사실로 기소하였다. 이후 위 회사의 감사 乙이 甲과 통화한 내용을 비밀리에 녹음하여 검사 B에게 제출하였는데, 녹음 내용은 甲이 乙에게 "5,000만 원 이외에 3억 5000만 원을 더 횡령하였는데 곧 회사에 입금하겠다. 한 번만 눈감아 달라"는 것이었다. …(생략)… 검사 B는 위 녹음테이프를 법원에 증거로 제출하였다. 검사 B가 법원에 제출한 위 녹음테이프의 증거능력에 대하여 설명하시오. [2007년 제49회 사법시험문제 참조]

다라는 의견도 같은 취지이다(형사소송법개정안 설명자료, 사법제도개혁추진위원회, 2006. 2, 164면).

213) 이재상 609면; 이재상, "형사소송법 일부개정법률안에 관하여," 국회법사위 공청회(2006. 9.25) 발표자료, 28면.

1. 녹음테이프의 성격

녹음테이프는 기록과 재생능력의 기계적·과학적 정확성이 인간의 지각과 기억능력을 초월할 뿐만 아니라, 수록된 음성은 살아있는 음성으로서 법정에 제공된다는 점에서 사진과 함께 높은 증거가치를 가진 과학적 증거방법이다.

2. 위법수집증거배제법칙과 녹음테이프

상대방의 동의 또는 승낙을 얻어서 녹음하였고, 역시 증거로서의 사용에 대해서도 동의한 녹음테이프의 경우에는 적법하게 수집·사용하는 증거로서 위법수집증거배제법칙에 의하여서 증거능력이 부정되지는 않는다.

그러나 비밀리에 녹음한 녹음테이프의 증거능력에 대해서는 위법수집증거배제법칙이 적용될 수 있다. 특히 통신비밀보호법은 법률의 규정에 의하지 않는 전기통신의 감청이나 공개되지 아니한 타인간의 대화의 녹음·청취를 원칙적으로 금지하고 있다(제3조 본문). 그리고 통신비밀보호법은 법 규정을 위반하여 불법검열에 의하여 취득한 우편물이나 불법감청에 의하여 지득 또는 채록된 전기통신의 내용은 재판 또는 징계절차에서 증거로 사용할 수 없다고 규정하여(제4조, 이를 대화비밀녹음에도 적용하는 제14조 제2항), 위법수집증거배제법칙을 명문으로 일부 법제화하고 있다. 그런데 수사기관이 대화 진술을 비밀리에 녹음한 경우에는 헌법 제17조가 보장한 개인의 사생활 비밀권을 중대하게 침해한 것으로 보아 원칙적으로 녹음테이프의 증거능력을 부인하는 점에 의견이 통일되어 있다(구체적으로 허용되는 범위에 대해서는 통신비밀보호법이 규정하고 있음. 특히 영장주의가 적용됨). 그러나 일반인에 의해 비밀 녹음된 녹음테이프의 증거능력은 일률적인 것이 아니라 구체적 상황에 따라 개별적으로 평가하여야 할 문제이다(자세한 내용은 전술하였음). 생각건대, 일반인이 비밀리에 녹음한 것도 원칙적으로 위법하지만, 위법성을 조각할 만한 특별한 사정이 있는 경우에 한하여 녹음테이프의 증거능력이 예외적으로 인정될 수 있다. 예컨대 피고인이 범행 후 피해자에게 전화를 걸어오자 피해자가 증거를 수집하려고 그 전화내용을 녹음한 경우(대판 1997.3.28, 97도240), 사생활비밀의 사익과 형사소추의 공익을 비교 형량하여 후자의 이익이 우월한 경우 등에는 일반인이 비밀녹음한 녹음테이프의 증거능력은 인정되어야 한다. 그리고 당사자녹음의 경우에도 수사기관이 사인을 끄나풀로 이용하여 비밀리에 당사자 녹음을 하게 한 경우에는 수사기관이

녹음한 경우와 동일하게 원칙적으로 증거능력을 부정하여야 한다.[214)]

3. 전문법칙의 적용

(1) 진술녹음의 증거능력

1) 제311조 내지 제313조의 준용 피의자나 참고인의 진술을 녹음한 진술녹음은 사람의 사상— 음성 — 녹음 — 법원에의 제출이라는 과정을 거친다는 점에서 진술기재서와 유사하다. 녹음테이프에 사람의 진술이 녹음되어 있고 그 진술내용의 진실성이 증명의 대상이 된 때에는 녹음테이프가 진술증거로 사용되는 것이며 녹음테이프의 재생에 의하여 사람의 진술내용에 대하여 반대신문이 보장되어 있지 않으므로 전문법칙이 적용된다. 이 경우 녹음주체와 원진술자가 누구인가에 따라 진술서류에 관한 제311조 내지 제313조를 준용하여 증거능력의 유무를 판단해야 할 것이다(다수설).[215)] 법원이 녹음주체이면 제311조, 검사가 녹음주체이면서 원진술자가 피고인(피의자)이면 제312조 제1항, 사법경찰이 녹음주체이면서 원진술자가 피의자이면 제312조 제3항, 그리고 사인이 녹음한 경우에는 제313조에 의해 해결하면 될 것이다(대판 1997.3.28, 96도2417).[216)] 판례는 사인이 참고인의 진술을 녹음한 경우에는 원진술자에 의한 진정성립, 피고인의 진술을 녹음한 경우에는 단서에 따라 작성자의 진정성립(그리고 신용성)에 의해 증거능력을 인정한다. 생각건대, 단서는 추가요건으로 해석하는 것이 타당하다. 따라서 피고인의 진술이 녹음된 경우에는 본문에 의해 원진술자(피고인 자신)의 진정성립이 인정되고, 다음으로 단서에 의해 작성자(즉 녹음한 사인)의 진정성립과 신용성을 추가요건으로 인정된 이후에 증거능력이 인정되어야 한다.

---

214) 신동운, 656면.

215) 그러나 녹음테이프를 서면형태의 '조서'개념에 포함시킬 수 없어 제311조 내지 제312조가 적용될 수 없고, 실질이 진술기재서와 동일하므로 가장 가까운 제313조가 적용된다고 해석하는 제313조 적용설(단일설)을 주장하는 견해로는 강구진, 482면; 정영석/이형국, 360면; 백형구, 682면; 서일교, 185면.

216) 이를 지지하는 강동범, "녹음테이프의 증거능력," 판례월보 1998년 1월, 41면 이하. 이에 대하여 수사기관이 신문과정을 녹화(녹음)한 경우에도 과거 판례는 피의자신문조서에 준하여 판단을 한 적이 있었지만(대판 1992.6.23, 92도682), 수사기관의 영상녹화물에 대하여 증거능력을 부여하지 않는 현행법하에서는 기존의 판례가 그대로 유지될 수 있는지는 의문이다.

관련판례 ① 녹음테이프 검증조서의 기재 중 고소인이 피고인과의 대화를 녹음한 부분은 타인간의 대화를 녹음한 것이 아니므로 위 법 제14조의 적용을 받지는 않지만, 그 녹음테이프에 대하여 실시한 검증의 내용은 녹음테이프에 녹음된 대화의 내용이 검증조서에 첨부된 녹취서에 기재된 내용과 같다는 것에 불과하여 증거자료가 되는 것은 여전히 녹음테이프에 녹음된 대화의 내용이라 할 것인바, 그 중 피고인의 진술내용은 실질적으로 형사소송법 제311조, 제312조 규정 이외에 피고인의 진술을 기재한 서류와 다를 바 없으므로, 피고인이 그 녹음테이프를 증거로 할 수 있음에 동의하지 않은 이상 그 녹음테이프 검증조서의 기재 중 피고인의 진술내용을 증거로 사용하기 위해서는 형사소송법 제313조 제1항 단서에 따라 '공판준비 또는 공판기일에서 그 작성자인 고소인의 진술에 의하여' 녹음테이프에 녹음된 피고인의 진술내용이 피고인이 진술한 대로 녹음된 것이라는 점이 증명되고 그 진술이 특히 신빙할 수 있는 상태하에서 행하여진 것으로 인정되어야 한다(대판 2001.10.9, 2001도3106).

② 수사기관이 아닌 사인(私人)이 피고인 아닌 사람과의 대화내용을 녹음한 녹음테이프는 형사소송법 제311조, 제312조 규정 이외의 피고인 아닌 자의 진술을 기재한 서류와 다를 바 없으므로, 피고인이 그 녹음테이프를 증거로 할 수 있음에 동의하지 아니하는 이상 그 증거능력을 부여하기 위하여는 첫째, 녹음테이프가 원본이거나 원본으로부터 복사한 사본일 경우(녹음디스크에 복사할 경우에도 동일하다)에는 복사과정에서 편집되는 등의 인위적 개작 없이 원본의 내용 그대로 복사된 사본일 것, 둘째 형사소송법 제313조 제1항에 따라 공판준비나 공판기일에서 원진술자의 진술에 의하여 그 녹음테이프에 녹음된 각자의 진술내용이 자신이 진술한 대로 녹음된 것이라는 점이 인정되어야 할 것이고, 사인이 피고인 아닌 사람과의 대화내용을 대화 상대방 몰래 녹음하였다고 하더라도 위와 같은 조건이 갖추어진 이상 그것만으로는 그 녹음테이프가 위법하게 수집된 증거로서 증거능력이 없다고 할 수 없으며, 사인이 피고인 아닌 사람과의 대화내용을 상대방 몰래 비디오로 촬영·녹음한 경우에도 그 비디오테이프의 진술부분에 대하여도 위와 마찬가지로 취급하여야 할 것이다(대판 1999.3.9, 98도3169).

③ 피고인의 동료 교사가 학생들과의 사적인 대화 중에 피고인이 수업시간에 학생들에게 북한을 찬양·고무하는 발언을 하였다는 사실에 대한 학생들의 대화 내용을 학생들 모르게 녹음한 녹음테이프에 대하여 실시한 검증의 내용은 녹음테이프에 녹음된 대화의 내용이 검증조서에 첨부된 녹취서에 기재된 내용과 같다는 것에 불과하여 증거자료가 되는 것은 여전히 녹음테이프에 녹음된 대화의 내용이라고 할 것인바, 그 중 위와 같은 내용의 학생들의 대화의 내용은 실질적으로 형사소송법 제311조, 제312조 규정 이외의 피고인 아닌 자의 진술을 기재한 서류와 다를 바 없으므로, 피고인이 그 녹음테이프를 증거로 할 수 있음에 동의하지 않은 이상 녹음테이프의 녹음내용 중 위

와 같은 내용의 학생들의 진술 및 이에 관한 검증조서의 기재 중 학생들의 진술내용을 공소사실을 인정하기 위한 증거자료로 사용하기 위하여서는 형사소송법 제313조 제1항에 따라 공판준비나 공판기일에서 원진술자인 학생들의 진술에 의하여 이 사건 녹음테이프에 녹음된 각자의 진술내용이 자신이 진술한 대로 녹음된 것이라는 점이 인정되어야 한다(대판 1997.3.28, 96도2417).

④ 수사기관이 아닌 사인(私人)이 피고인 아닌 자와의 전화대화를 녹음한 녹음테이프에 대하여 법원이 실시한 검증의 내용이 녹음테이프에 녹음된 전화대화의 내용이 검증조서에 첨부된 녹취서에 기재된 내용과 같다는 것에 불과한 경우에는 증거자료가 되는 것은 여전히 녹음테이프에 녹음된 대화 내용이므로, 그 중 피고인 아닌 자와의 대화의 내용은 실질적으로 형사소송법 제311조, 제312조 규정 이외의 피고인 아닌 자의 진술을 기재한 서류와 다를 바 없어서, 피고인이 그 녹음테이프를 증거로 할 수 있음에 동의하지 않은 이상 그 녹음테이프 검증조서의 기재 중 피고인 아닌 자의 진술내용을 증거로 사용하기 위해서는 형사소송법 제313조 제1항에 따라 공판준비나 공판기일에서 원진술자의 진술에 의하여 그 녹음테이프에 녹음된 진술내용이 자신이 진술한 대로 녹음된 것이라는 점이 인정되어야 하는 것이지만(대법원 1996.10.15. 선고 96도1669 판결, 대법원 1997.3.28. 선고 96도2417 판결 등 참조), 이와는 달리 녹음테이프에 대한 검증의 내용이 그 진술 당시 진술자의 상태 등을 확인하기 위한 것인 경우에는, 녹음테이프에 대한 검증조서의 기재 중 진술내용을 증거로 사용하는 경우에 관한 위 법리는 적용되지 아니하고, 따라서 위 검증조서는 법원의 검증의 결과를 기재한 조서로서 형사소송법 제311조에 의하여 당연히 증거로 할 수 있다(술에 취한 상태에서 말한 것인가에 대해 판시한 대판 2008.7.10, 2007도10755).

---

2) 서명 · 날인의 요부　　진술서류에서와 같이 녹음테이프에도 서명 또는 날인이 있어야 하는가에 대해서는 견해의 대립이 있다. 녹음테이프에 서명 · 날인하거나 적어도 다른 조서에 서명 · 날인을 하여 녹음테이프와 간인하거나, 또는 녹음테이프를 용기에 넣어 서명 · 날인한 종이로 봉인할 것을 요하는 필요설의 견해도 있으나,[217] 녹음테이프는 서명 · 날인에 적합하지 않으므로 반드시 서명 · 날인이 있을 필요가 없다는 것이 다수설이다.[218] 판례도 녹음자의 서명 또는 날인이 없더라도 그것이 대화내용을 녹음한 원본이거나 원본의 내용을 그대로 복사한 사본임이 입증되면 증거능력을 인정할 수 있다고 한다(대판 2005.12.23, 2005도2945).[219] 생각건대, 진술

217) 차용석/최용성, 559면.

218) 강구진, 483면; 배종대/이상돈, 652면; 백형구, 683면; 서일교, 185면; 신동운, 875면; 신양균, 760면; 이재상, 598면; 임동규, 517면; 정웅석, 1000면; 주광일, 194면.

녹음의 증거능력은 원진술자의 서명·날인이 없더라도 인정될 수 있다. 다만 그 근거는 녹음테이프가 서명·날인에 적합하지 않은 증거방법이기 때문이 아니라, 녹음테이프가 원진술자의 진술에 의해서 이미 진정성립을 확인할 수 있는 그의 성질에 있다고 할 것이다.

(2) 현장녹음의 증거능력

이 경우에도 현장사진의 경우와 마찬가지로 비진술증거설220)과 진술증거설221)로 나누어지는데, 현장사진의 경우와 같은 이유에서 진술증거설이 타당하다. 이 경우 현장녹음은 보고적 성질을 가지는 검증과 유사한 것이므로 검증조서의 증거능력에 관한 제312조 제6항의 규정에 의해 증거능력이 결정되는 것이 합리적이다.

[사본에 대한 판례태도]

① 대화내용을 녹음한 테이프 등의 전자매체는 그 성질상 작성자나 진술자의 서명 혹은 날인이 없을 뿐만 아니라, 녹음자의 의도나 특정한 기술에 의하여 그 내용이 편집, 조작될 위험성이 있음을 고려하여, 그 대화내용을 녹음한 원본이거나 혹은 원본으로부터 복사한 사본일 경우에는 복사과정에서 편집되는 등의 인위적 개작 없이 원본의 내용 그대로 복사된 사본임이 입증되어야만 하고, 그러한 입증이 없는 경우에는 쉽게 그 증거능력을 인정할 수 없다(대판 2007.3.15, 2006도8869; 디지털 녹음기로 녹음한 내용이 콤팩트디스크에 다시 복사되어 그 콤팩트디스크에 녹음된 내용을 담은 녹취록이 증거로 제출된 사안에서, 위 콤팩트디스크가 현장에서 녹음하는 데 사용된 디지털 녹음기의 녹음내용 원본을 그대로 복사한 것이라는 입증이 없는 이상, 그 콤팩트디스크의 내용이나 이를 녹취한 녹취록의 기재는 증거능력이 없다고 한 사례).

[설문 (16)의 해결] 사례에서 감사의 비밀녹음은 통신비밀보호법에 의해 금지되지 않는

---

219) 대화내용을 녹음한 테이프 등의 전자매체는 그 성질상 작성자나 진술자의 서명 혹은 날인이 없을 뿐만 아니라, 녹음자의 의도나 특정한 기술에 의하여 그 내용이 편집, 조작될 위험성이 있음을 고려하여, 그 대화내용을 녹음한 원본이거나 혹은 원본으로부터 복사한 사본일 경우에는 복사과정에서 편집되는 등의 인위적 개작 없이 원본의 내용 그대로 복사된 사본임이 입증되어야만 하고, 그러한 입증이 없는 경우에는 쉽게 그 증거능력을 인정할 수 없다 할 것이다(대판 2005.12.23, 2005도2945; 대판 2007.3.15, 2006도8869).

220) 신현주, 625면; 임동규, 519면; 차용석/최용성, 560면.

221) 강구진, 483면; 배종대/이상돈, 653면; 신동운, 877면; 신양균, 711면; 이재상, 599면; 정영석/이형국, 362면. 녹음테이프는 비진술증거이지만 검증조서에 준하여 증거능력을 인정해야 한다는 검증조서유사설은 백형구, 강의, 684면.

당사자녹음이다. 그리고 임의로 제출한 물건으로서 수사기관은 영장을 발부받을 필요가 없다. 종국적으로 비밀녹음과 압수 그 자체의 적법성이 긍정되면, 다음으로 위에서 설명한 전문법칙에 의해 증거능력이 판단되어야 한다.

Ⅱ. 사진의 증거능력

1. 사진의 성격

사진은 과거에 발생한 역사적 사실을 렌즈에 비친 대로 필름 또는 인화지에 기계적으로 재생시킨 증거방법이므로 그 과정에 허위가 개입할 여지가 비교적 적다는 점에서 신용성과 증거가치가 상대적으로 높다. 그러나 사진에 인위적인 오류가 없는 것은 아니기 때문에 사진을 비진술증거로 취급할 것인가 또는 진술증거로서 전문법칙이 적용될 것인가의 문제가 있다.

2. 위법수집증거배제법칙과 사진

전술한 비밀녹음과는 달리 비밀사진촬영에 대해서는 직접적인 규율법률이 없다. 따라서 여기서는 이론적으로 또는 비슷한 법 규정의 준용으로 해결할 수밖에 없다. 수사기관의 경우는 실황조사가 허용되는 범위 내에서는 사진촬영도 허용되는 것으로 해석되어야 할 것이다. 반면에 강제로 사진촬영을 할 경우에는 영장주의가 원칙적으로 적용되어야 할 것이고, 이 경우에 요구되는 영장은 검증영장이 될 것이다. 그리고 수사기관 또는 일반인에 의해 비밀촬영된 사진의 증거능력은 전술한 녹음테이프와 동일한 원리에서 해결되어야 할 것인데, 다만 위법한 경우에는 형사소송법이 규정한 위법수집증거배제법칙(제308조의2)에 의해 증거능력이 부정되어야 할 것이다.

3. 전문법칙 등의 적용

(1) 사본으로서의 사진

사진이 본래 증거로 제출되어야 할 자료의 대용물로 제출되는 경우를 말하며(예컨대 흉기의 사진), 이 경우에는 최량증거의 법칙에 의하여 원본증거를 공판정에 제출할 수 없음이 인정되고 사진에 사건과의 관련성이 증명된 때에 한하여 증거능력이 인정된다.[222] 판례는 정보통신망을 통하여 공포심이나 불안감을 유발하는 글을 반복적으로 상대방에게 도달하게 하는 행위를 하였다는 공소사실에 대하여,[223] 검사가 유죄의 증거로 휴대전화기 이용자가 그 문자정보를 읽을 수 있도록 한 휴대전화기의 화면을 촬영한 사진을 증거로 제출한 사안에서 "문자정보가 범행의 직접적인 수단이 될 뿐 경험자의 진술에 갈음하는 대체물에 해당하지 않는 경우에는 형사소송법 제310조의2에서 정한 전문법칙이 적용될 여지가 없다"라고 판시[224]하면서 전문법칙의 적용이 없다는 입장이며, 문자정보가 저장된 휴대전화기를 법정에 제출할 수 없거나 그 제출이 곤란한 사정이 있고, 그 사진의 영상이 휴대전화기의 화면에 표시된 문자정보와 정확하게 같다는 사실이 증명되어야 할 것이라고 한 바 있다.

그리고 한편으로 피고인에 대한 검사작성의 피의자신문조서가 그 내용 중 일부를 가린 채 복사를 한 다음 원본과 상위 없다는 인증을 하여 초본의 형식으로 제출된 경우에 피의자신문조서원본 중 가려진 부분의 내용이 가려지지 않은 부분과 분리가능하고 당해 공소사실과 관련성이 없는 경우에만 그 피의자신문조서의 원본이 존재하거나 존재하였을 것, 피의자신문조서의 원본제출이 불능 또는 곤란한 사정이 있을 것, 원본을 정확하게 전사하였을 것 등 3가지 요건을 전제로 피고인에 대한 검사작성의 피의자신문조서원본과 동일하게 취급할 수 있다고 판시[225]한 것은

---

222) 같은 입장으로 이재상, 594면; 정영석/이형국, 360면. 이에 대하여 원본의 존재 및 진정성립을 인정할 자료가 구비되고 특히 신용할 만한 정황에 의하여 작성되었다고 인정될 때에 제315조 제3호에 의하여 증거능력을 인정해야 한다는 견해로는 신동운, 881면; 배종대/이상돈, 654면; 신양균, 764면; 임동규, 513면. 그리고 증거능력이 있는 원본이 존재하거나 존재하였고(원본의 존재), 원본을 정확히 전사하였으며(정확성), 원본을 제출하는 것이 불능 또는 곤란할 것(필요성)의 요건을 갖추어야 증거능력이 인정된다는 견해로는 곽종석, "사진 · 녹음테이프의 증거능력," 형사증거법(하), 460면 이하; 서희석, "우리 형사소송법의 전문법칙," 형사증거법(상), 292면.

223) 2003. 12. 18. "나요 만사 다 포기했음, 내 인생도 포기했음, 만신창이 되는 길을 선택합니다, 당신에게 개 취급 당했는데 둘 다 불구덩이 속으로 가봅시다, 그 속이 얼마나 뜨거운지 봅시다, 누가 이기나 봅시다"라는 내용의 문자메시지 등을 보낸 사건이다.

224) 대판 2008.11.13, 2006도2556(문자메시지 사진제출사건 — 문자메시지로 전송된 문자정보를 휴대전화기 화면에 띄워 촬영한 사진에 대하여, 피고인이 성립 및 내용의 진정을 부인한다는 이유로 증거능력을 부정한 것은 위법하다).

225) 대판 2002.10.22, 2000도5461. 일응 원본의 존재, 정확성, 필요성의 세 가지 요건이 필요하다고 할 수 있으나, 기계적인 방법에 의한 복사가 보통인 현재에 있어서는 그 정확성은 거의 확실한 것이고, 필요성의 요건도 실무에 있어서는 그리 엄격하게 요구하고 있지 아니하므로 결국 사본으로서의 사진의 증거능력은 원본의 존재가 인정되는 한 그 원본의 증거능력에 따라 가려질 것으로 생각된다.

사본으로서의 요건 이외에 그 진술증거의 전문증거의 예외요건까지 충족해야만 증거능력이 인정된다는 의미로 이해된다.

(2) 진술의 일부인 사진

사진이 진술증거의 일부로 사용되는 경우, 즉 검증조서나 감정서에 사진이 첨부되는 경우를 말하며 이 경우 사진은 진술증거의 일부를 이루는 보조수단에 불과하므로 사진의 증거능력도 검증조서나 감정서와 일체적으로 판단된다.

관련판례 ① 사법경찰관 작성의 검증조서에 대하여 피고인이 증거로 함에 동의만 하였을 뿐 공판정에서 검증조서에 기재된 진술내용 및 범행을 재연한 부분에 대하여 그 성립의 진정 및 내용을 인정한 흔적을 찾아볼 수 없고 오히려 이를 부인하고 있는 경우에는 그 증거능력을 인정할 수 없으므로, 위 검증조서 중 범행에 부합되는 피고인의 진술을 기재한 부분과 범행을 재연한 부분을 제외한 나머지 부분만을 증거로 채용하여야 함에도 이를 구분하지 아니한 채 그 전부를 유죄의 증거로 인용한 항소심의 조치는 위법하다(대판 1998.3.13, 98도159).[226]

---

(3) 현장사진

현장사진이란 범인의 행동에 중점을 두어 범행상황과 그 전후 상황을 촬영한 사진으로서 독립증거로 이용되는 경우를 말한다. 이에 대해서는 (i) 사진의 과학적 특성에 중점을 두고 사람의 지각에 기한 진술이 아니라고 보아 현장사진은 독립된 비진술증거라고 해석하는 비진술증거설(이에 의하면 전문법칙의 적용이 없는 것으로 된다)[227]과 사진이나 진술증거나 사실의 보고라는 증거의 기능에 있어서는 동일하므로 사진도 진술증거의 일종으로 보아 전문법칙이 적용된다는 진술증거설[228]의 대립이 있다. 현장사진은 사실을 보고한다는 점에서 진술증거와 동일하며 촬영과

---

226) 이에 대한 평석으로 심희기, "사법경찰관 작성의 검증조서에 포함되어 있는 피고인의 진술 또는 범행재연사진의 증거능력," 고시연구 28권1호(322호), 2001.1, 132-140면; 이승호, "사법경찰관 작성 검증조서에 기재된 피의자 진술의 증거능력," 형사판례연구 9호, 2001, 441-459면 참조.

227) 김형진, "공판 외 진술의 증거능력," 형사증거법(하), 182면; 차용석, 760면.

228) 이재상, 540면; 정영석/이형국, 361면(작성주체에 따라서 제311조 또는 제312조를 적용하여 증거능력의 유무를 판단해야 할 것이고, 법원이나 수사기관 이외의 자에 의하여 작성된 경우에는 제313조 제1항 본문을 유추적용하여 증거능력의 유무를 판단해야 할 것이라고 한다); 곽종석, "사진 · 녹음테이프의 증거능력," 형사증거법(하), 454면.

작성과정에 조작의 가능성이 있다는 것을 부정할 수 없다. 따라서 현장사진을 사진의 기계적 정확성을 근거로 비진술증거로 단정할 수는 없으므로 후설이 타당하다. 이 경우 검증조서에 관한 제312조 제6항의 유추적용이 합리적이다.

Ⅲ. 비디오테이프, CCTV, 전자기록, 휴대전화기 문자정보 등 기타 과학적 증거자료의 증거능력

1. 비디오테이프와 CCTV

비디오테이프, CCTV 등에 대해서도 전술한 사진과 마찬가지로 직접적인 규율 법률이 없다. 따라서 이에 대해서도 이론적으로 또는 유사 법 규정의 준용으로 해결할 수밖에 없다. 그 촬영의 적법성 여부에 대해서는 전술한 사진촬영과 동일한 원리가 적용되어야 할 것이다. 특히 촬영이 위법한 경우에는 형사소송법이 규정한 위법수집증거배제법칙의 조문(제308조의2)에 의해 증거능력이 부정되어야 할 것이다. 그리고 전문법칙의 적용에 있어서는 그림은 전술한 사진에 관한 설명이, 음성은 전술한 녹음테이프에 관한 설명이 여기에 원용되어야 할 것이다.

관련판례 ① 수사기관이 아닌 사인(私人)이 피고인 아닌 사람과의 대화내용을 촬영한 비디오테이프는 형사소송법 제311조, 제312조 규정 이외에 피고인 아닌 자의 진술을 기재한 서류와 다를 바 없으므로, 피고인이 그 비디오테이프를 증거로 함에 동의하지 아니하는 이상 그 진술부분에 대하여 증거능력을 부여하기 위해서는 첫째, 비디오테이프가 원본이거나 원본으로부터 복사한 사본일 경우에는 복사과정에서 편집되는 등의 인위적 개작 없이 원본의 내용 그대로 복사된 사본일 것, 둘째 형사소송법 제313조 제1항에 따라 공판준비나 공판기일에서 원진술자의 진술에 의하여 그 비디오테이프에 녹음된 각자의 진술내용이 자신이 진술한 대로 녹음된 것이라는 점이 인정되어야 할 것인바(대법원 1999.3.9. 선고 98도3169 판결 참조), 비디오테이프는 촬영대상의 상황과 피촬영자의 동태 및 대화가 녹화된 것으로서, 녹음테이프와는 달리 피촬영자의 동태를 그대로 재현할 수 있기 때문에 비디오테이프의 내용에 인위적인 조작이 가해지지 않은 것이 전제된다면 비디오테이프에 촬영, 녹음된 내용을 재생기에 위해 시청을 마친 원진술자가 비디오테이프의 피촬영자의 모습과 음성을 확인하고 자신과 동일인이라고 진술한 것은 비디오테이프에 녹음된 진술내용에 자신이 진술한 대로 녹음된 것이라는 취지의 진술을 한 것으로 보아야 할 것이다(대판 2004.9.13, 2004도3161).

---

2. 전자기록

컴퓨터에 저장된 전자매체기록이 증거로 제출될 수 있다. 전자매체기록은 그 자체로서는 가시성과 가독성이 없고, 모니터에 띠우거나 프린트를 통한 출력(문서)에 의해 비로소 가시성과 가독성이 실현될 수 있을 뿐이다. 그런데 전자기록의 존재 자체가 증거로 제출될 경우에는 증거물의 성격을 지니기 때문에 그에 대해 전문법칙이 적용될 수 없다. 그러나 저장된 진술내용이 증거가 될 경우(출력된 문서의 경우)에는 그 증거능력을 인정하기 위해 일정한 조건이 요구된다. 우선 출력문서에 대해 증거능력이 인정되기 위해서는 그 출력문서가 전자기록 그 자체와 동일한 것이 확인되어야 한다(아래 판례의 태도이기도 함).

관련판례 ① 압수물인 디지털 저장매체로부터 출력된 문건이 증거로 사용되기 위해서는 디지털 저장매체 원본에 저장된 내용과 출력된 문건의 동일성이 인정되어야 할 것인데, 그 동일성을 인정하기 위해서는 디지털 저장매체 원본이 압수된 이후 문건 출력에 이르기까지 변경되지 않았음이 담보되어야 하고, 특히 디지털 저장매체 원본에 변화가 일어나는 것을 방지하기 위해 디지털 저장매체 원본을 대신하여 디지털 저장매체에 저장된 자료를 하드카피 · 이미징한 매체로부터 문건이 출력된 경우에는 디지털 저장매체 원본과 하드카피 · 이미징한 매체 사이에 자료의 동일성도 인정되어야 한다. 나아가 법원 감정을 통해 디지털 저장매체 원본 혹은 하드카피 · 이미징한 매체에 저장된 내용과 출력된 문건의 동일성을 확인하는 과정에서 이용된 컴퓨터의 기계적 정확성, 프로그램의 신뢰성, 입력 · 처리 · 출력의 각 단계에서 조작자의 전문적인 기술능력과 정확성이 담보되어야 한다(대판 2007.12.13, 2007도7257).

이상의 방법으로 출력문서와 저장매체와의 동일성이 확인되더라도 그 진술내용은 전문증거가 되기 때문에 전문법칙이 적용되어야 한다. 이 경우에는 전자기록의 작성자와 기재된 진술을 한 자가 누구인가에 따라 각각 제312조 내지 제313조의 각 항이 적용되어야 할 것이다(예컨대 사법경찰이 수사과정에서 피의자의 진술을 전자기록한 것은 제312조 제3항이 적용될 것임). 그런데 사인이 스스로 작성한 것이 문서로서 출력되어 증거로 제출되는 경우가 일반적일 것이다. 이와 같이 사인에 의해 작성된 경우에는 제313조 제1항이 적용되어야 한다(범죄자가 작성한 경우에는 제312조 제5항의 자필 진술서에 유사하지만 수사과정에서 작성된 것이 아니면 역시 제313조 제1항이 적용되어야 할 것이다). 그리고 범죄와 아무런 관련 없이 통상 업무에 따라 기계적으로 작성되는 전자기록이라면 제315조에 의한 당연히 증거능력 있는 서류로서 취급될 수도 있을 것이다.[229)]

관련판례 ① 컴퓨터 디스켓에 들어 있는 문건이 증거로 사용되는 경우 위 컴퓨터 디스켓은 그 기재의 매체가 다를 뿐 실질에 있어서는 피고인 또는 피고인 아닌 자의 진술을 기재한 서류와 크게 다를 바 없고, 압수 후의 보관 및 출력과정에 조작의 가능성이 있으며, 기본적으로 반대신문의 기회가 보장되지 않는 점 등에 비추어 그 기재내용의 진실성에 관하여는 전문법칙이 적용된다고 할 것이다. 컴퓨터 디스켓에 들어 있는 문건이 증거로 사용되는 경우 형사소송법 제313조 제1항에 의하여 그 작성자 또는 진술자의 진술에 의하여 그 성립의 진정함이 증명된 때에 한하여 이를 증거로 사용할 수 있다(대판 2007.12.13, 2007도7257; 대판 2001.3.23, 2000도486).

3. 휴대전화기 저장정보

휴대전화기를 통해 전송되는 문자정보 및 영상정보가 증거로 제출되는 경우도 있다. 이 경우 저장정보의 존재 자체가 증거가 될 경우에는 일종의 물적 증거물로서 전문법칙이 적용될 여지는 없다. 그러나 정보내용이 증거가 될 경우에는 증거능력의 인정을 위해서는 요건충족이 요구된다. 이 경우에도 정보기록의 작성자와 기재된 진술을 한 자가 누구인가에 따라 각각 제312조 내지 제313조의 각 항이 적용되어야 할 것이다. 그리고 사인이 범죄와 아무런 관련 없이 통상 업무에 따라 기계적으로 작성되는 전자기록이라면 제315조에 의한 당연히 증거능력 있는 서류로서 취급될 수도 있을 것이다. 그리고 저장정보를 사진으로 찍어 제출하는 경우에는 그 정보가 저장된 휴대전화기를 법정에 제출할 수 없거나 그 제출이 곤란한 사정이 있고 그 사진의 문자 내지 영상이 휴대전화기의 화면에 표시된 문자 내지 영상 정보와 정확하게 같다는 사실이 증명되어야 증거능력이 인정될 수 있을 것이다.

관련판례 ① 구 정보통신망이용촉진 및 정보보호 등에 관한 법률(2005.12.30. 법률 제7812호로 개정되기 전의 것) 제65조 제1항 제3호는 정보통신망을 통하여 공포심이나 불안감을 유발하는 글을 반복적으로 상대방에게 도달하게 하는 행위를 처벌하고 있는바, 검사가 위 죄에 대한 유죄의 증거로 문자정보가 저장되어 있는 휴대전화기를 법정에 제출하는 경우 휴대전화기에 저장된 문자정보는 그 자체가 범행의 직접적인 수

229) 신양균(2009), 827면.

단으로서 이를 증거로 사용할 수 있다고 할 것이다. 또한 검사는 휴대전화기 이용자가 그 문자정보를 읽을 수 있도록 한 휴대전화기의 화면을 촬영한 사진을 증거로 제출할 수도 있을 것인바, 이를 증거로 사용하기 위해서는 문자정보가 저장된 휴대전화기를 법정에 제출할 수 없거나 그 제출이 곤란한 사정이 있고 그 사진의 영상이 휴대전화기의 화면에 표시된 문자정보와 정확하게 같다는 사실이 증명되어야 할 것이다. 한편, 정보통신망을 통하여 공포심이나 불안감을 유발하는 글을 반복적으로 상대방에게 도달하게 하는 행위를 하였다는 공소사실에 대하여 휴대전화기에 저장된 문자정보가 그 증거가 되는 경우와 같이, 그 문자정보가 범행의 직접적인 수단이 될 뿐 경험자의 진술에 갈음하는 대체물에 해당하지 않는 경우에는 형사소송법 제310조의2에서 정한 전문법칙이 적용될 여지가 없다(대판 2008.11.13. 2006도2556).

Ⅳ. 거짓말탐지기 검사결과의 증거능력

1. 거짓말탐지기의 의의

거짓말탐지기의 검사결과란 피의자 등의 피검자에 대하여 피의사실과 관계 있는 질문을 하여 진술하게 하고 그 때 피검자의 호흡, 혈압, 맥박 등에 나타난 생리적 반응을 특별한 과학적 기구인 거짓말탐지기의 검사지에 기록한 후 이를 관찰 · 분석하여 피검자의 피의사실에 대한 진술의 허위나 피의사실에 관한 인식의 유무를 판단하는 것을 말한다.

거짓말탐지기 검사에서는 수사방법으로서의 적법성 여부가 우선적으로 문제될 수 있다. 이에 대해서는 (i) 피검사자의 동의와 상관없이 인격권의 본질적 내용을 침해하는 것이므로 거짓말탐지기의 사용을 금지하고 거짓말탐지기를 사용하는 수사는 무조건 위법수사가 된다는 위법수사설(사용금지설),[230] (ii) 피검자의 자율적 의사에 의한 동의 또는 적극적인 요구가 있는 경우에는 적법수사이고, 동의가 없는 경우에는 위법수사로 보는 제한적 적법수사설(사용허용설)[231]의 대립이 있다.

생각건대, 수사기관이 피의자나 참고인의 동의나 요구에 의하여 거짓말탐지기

230) 신양균, 120면; 같은 취지로 차용석, 312면 이하.

231) 이재상, 548면(거짓말탐지기의 검사는 피검자의 진술의 진실성을 조사하는 것이지 심리적 현상 자체를 심사하는 것이 아니며, 마취분석과 같은 정도의 인격침해의 실체를 가지는 것은 아닐 뿐만 아니라 검사결과는 진실 발견에 유용하다고 보아 사용을 금지해야 할 이유가 없다고 본다).

를 사용하는 것은 수사의 신속한 종결을 촉진하며 피의자의 불안한 지위를 조기에 해소할 수 있는 이점이 있으므로 이를 금지할 이유가 없다.

2. 증거능력

거짓말탐지기 검사결과의 증거능력에 관하여 인권침해, 신용성의 결여를 이유로 증거능력을 부정하는 견해와 피검자의 동의 또는 적극적인 요구가 있을 것을 요건으로 증거능력을 인정하는 견해의 대립이 있다. 판례는 거짓말탐지기 검사결과와 그 보고서의 증거능력을 인정하기 위해서는 (i) 검사결과의 정확성이 보증될 것, (ii) 기계성능의 우수성이 확보될 것, (iii) 피검자 정신상태의 정상성이 인정될 것, (iv) 질문 대답에 자극과 영향을 주는 다른 요소가 없는 장소에서 검사가 행하여질 것, (v) 검사결과에 대한 전문가에 의한 정확한 판독 등 제반사정에 비추어 검사결과의 정확성이 보증되고 피검자의 동의가 있을 것 등을 요건으로 증거능력을 인정할 수 있다고 판시하였다(대판 1979.5.22, 79도547). 그러나 대부분의 구체적 검사결과에 대해 그 정확성이 보증되지 않으므로 증거능력을 부정하는 것이 판례의 일관된 태도이다.

생각건대, 거짓말탐지기의 검사결과는 전문가들 사이에서도 지속적이고 과학적인 승인이 결여되어 있고, 기계와 기술의 정확성에 대한 일반인의 신뢰와 검사자에 대한 개별적 신뢰가 결여되어 있기 때문에 그것의 증거능력은 부정하는 것이 타당하다.

3. 관련문제

(1) 거짓말탐지기의 검사(사용)와 진술거부권

거짓말탐지기 검사는 피검자의 동의나 협조 없이는 허용될 수 없기 때문에 상대방의 동의에 따른 허용된 검사방법이 진술거부권을 침해할 수는 없다. 그러나 위법한 방법으로 조사한 경우에는 진술거부권의 침해가 문제될 수 있다. 이에 대해서는 (i) 거짓말탐지기에 의하여 측정되는 생리적 변화는 검사자의 질문에 이어서 행하는 긍정, 부정, 침묵의 의사표현을 통하여 행해지므로 진술증거로서의 성질을 가지며, 진술뿐만 아니라 일체의 의사전달이 진술거부권의 보호를 받아야 한다는 점에서 여기에도 진술거부권의 침해가 인정될 수 있다는 견해,[232] (ii) 거짓말탐지기의 검사에 있어서 피검자는 반드시 답변을 할 필요도 없고 또 답변을 하더라도 그 진술이 아니라 그 때의 생리적 변화가 비진술증거로 사용되기 때문에 진술거부권이 적용될 여지가 없으며, 따라서 진술거부권의 침해는 인정될 수 없고 단순히 위법한 수사방법인 것으로 평가되어야 한다는 견해의 대립이 있을 수 있다.

생각건대, 검사자의 질문과 피검자의 답변은 불가분의 관계를 이루면서 신체상황의 변화가 측정된다는 점에서 위법한 조사는 진술거부권의 침해인 것으로 인정되는 것이 타당하다. 그리고 상대방의 동의에 의한 조사방법을 취하더라도 진술거부권의 고지라는 절차적 요건은 갖추어져야 할 것이다.

(2) 검사결과와 전문법칙 및 증거동의

전술한 바와 같이 거짓말탐지기 조사결과에 대해서 판례는 일정한 요건의 충족을 전제로 증거능력을 긍정할 수 있는 것으로 본다. 이 경우 거짓말탐지기 검사의 결과를 보고하는 서류는 전문지식을 가진 검사요원이 검사기록을 분석한 보고서이므로 실질적으로는 감정서의 성질을 가진다. 따라서 감정서에 준하여 제313조 제2항의 요건을 충족하면 증거능력이 인정된다.

문제는 제313조 제2항의 요건을 갖추지 못하여 증거능력이 부정되는 검사결과에 대해 피고인이 증거동의한 경우에 증거능력이 인정될 것인가에 있다. 이에 대해서는 (i) 증거동의의 본질에 관하여 당사자의 처분권을 인정한 것이라고 보는 처분권설의 입장에서는 전문증거뿐만 아니라 모든 증거물이 동의의 대상이 되므로 피고인의 동의가 있는 때에는 거짓말탐지기의 검사결과가 증거능력을 가질 수 있다고 하는 견해(일본의 최고재판소 입장), (ii) 거짓말탐지기의 검사결과에 대해서는 자연적 관련성이 없어서 증거능력이 부정되기 때문에 동의만으로는 증거능력을 인정할 수 없다는 견해의 대립이 있을 수 있다.

생각건대, 거짓말탐지기의 검사결과에 대해 자연적 관련성이 없기 때문에 증거능력을 부정하는 경우에는 당사자가 증거로 함에 동의한 때에도 증거능력을 인정할 수 없다고 보는 후자의 견해가 타당하다.

(3) 검사결과의 사용범위

판례는 "거짓말탐지기의 검사는 조건이 모두 충족되어 증거능력이 있는 경우

---

232) 이재상, 연습, 279면.

에도 범죄사실의 증명이 아닌(그 검사결과는), 검사를 받는 사람의 진술의 신빙성을 가늠하는 정황증거로서의 기능을 하는 데 그치는 것이다"라고 판시하여,[233] 자연적 관련성이 예외적으로 인정되어 거짓말탐지기 검사결과에 증거능력이 인정되어도 그 사용에 더욱 신중을 기하고 있다.

그리고 증거능력이 부정된 거짓말탐지기 검사결과를 피검사자의 신빙성을 판단하는 탄핵증거로 사용할 수 있는가에 대하여 거짓말탐지기의 검사결과를 탄핵증거로도 사용할 수 없다는 부정설[234]도 있으나, 거짓말탐지기 검사결과는 증거능력이 없어 유죄인정의 자료로 삼을 수 없다고 하더라도 검사결과의 정확성과 신뢰성이 인정되는 요건이 충족된다면 피진술자의 신빙성을 판단하는 탄핵증거로 사용하는 것은 가능하다는 긍정설이 타당한 것으로 판단된다.

(4) 거짓말탐지기의 검사결과를 토대로 얻은 자백의 증거능력

거짓말탐지기의 검사를 강제로 행하여 얻은 자백은 제309조에 의해 증거능력이 부정되어야 한다. 그러나 검사결과가 사실이면 자백하겠다는 약속으로 행한 자백의 경우에는 그 증거능력이 문제될 수 있다. 이에 대해서는 (i) 피검자의 동의에 의한 조사의 경우에는 증거능력을 부정할 수 없다는 긍정설,[235] (ii) 거짓말탐지기의 검사결과에 자연적 관련성조차 의심되고 있는 상황에서는 거짓말탐지기를 사용한 결과 얻어진 자백에 대해서도 증거능력이 부정되는 것이 타당하다는 견해,[236] (iii) 검사와 피의자 사이에는 명시적이든 묵시적이든 자백약속과 이익(기대)의 교환이 있는 셈이고 이러한 것은 제309조의 "기타 방법"에 해당하는 것으로 보아 그 자백의 증거능력을 부정하는 것이 타당하다는 견해,[237] (iv) 거짓말탐지기 사용자체를 위법수사로 보고서 그 귀결로서 이를 통해 얻어낸 자백의 증거능력을 인정할 수 없다는 견해[238] 등이 제시되고 있다. 판례는 거짓말탐지기 검사결과가 사실이라면 자백하겠다는 약속하에 이

233) 대판 1987.7.21, 87도968.
234) 신양균, 535면. 거짓말탐지기 검사결과에 대하여 법적 관련성의 결여를 이유로 증거능력을 부인해야 한다면 증거능력이 부인된 검사결과를 탄핵증거로 사용하는 것도 허용해서는 안 될 것이라는 견해로 신동운, 875면. 이것은 마치 위법수집증거가 탄핵증거로 사용될 수 없는 것과 같은 이치라고 한다.
235) 이재상, 487면; 정영석/이형국, 340면.
236) 신동운, 666면.
237) 배종대/이상돈, 586면.
238) 신양균, 712면.

루어진 자백을 임의성 없는 자백이라고 단정할 수 없다고 판시하여 긍정하는 입장에서 있다.[239] 생각건대, 피검사자의 동의가 있으면 적법한 수사방법으로 인정하는 이상 그를 통해 얻은 자백의 증거능력도 인정할 수 있을 것이다.

[§ 39] 공판조서의 증거능력과 증명력

I. 공판조서의 증거능력

공판조서의 증거능력에 대해서는 먼저 형사소송법 제55조 제3항이 피고인의 공판조서의 열람 또는 등사의 청구에 대하여 법원이 응하지 아니하는 경우에는 그 공판조서를 유죄의 증거로 사용할 수 없다고 규정하고 있다. 이에 따라 판례도 "피고인의 공판조서에 대한 열람 또는 등사청구에 법원이 불응하여 피고인의 열람 또는 등사청구권이 침해된 경우에는 그 공판조서를 증거로 할 수 없을 뿐만 아니라 공판조서에 기재된 당해 증인의 진술도 증거로 할 수 없다"고 함으로써, 피고인의 공판조서에 열람 · 등사권을 보장하기 위해 조서의 증거능력이 없으면 그 조서에 기재된 증언의 증거능력도 부정된다는 획기적인 판시를 한 바가 있다(대판 2003.10.10, 2003도3282). 다만, 피고인이 차회 공판기일 전 등 원하는 시기에 공판조서를 열람 · 등사하지 못하였다 하더라도 그 변론종결 이전에 이를 열람 · 등사한 경우에는 그 열람 · 등사가 늦어짐으로 인하여 피고인의 방어권 행사에 지장이 있었다는 등의 특별한 사정이 없는 한 형사소송법 제55조 제1항 소정의 피고인의 공판조서의 열람 · 등사청구권이 침해되었다고 볼 수 없어, 그 공판조서를 유죄의 증거로 할 수 있다고 보아야 한다(대판 2007.7.26, 2007도3906). 그리고 적법하게 채택하여 조사한 다른 증거들만에 의하더라도 범죄사실을 인정하기에 충분하고, 또한 당해 공판조서의 내용 등에 비추어 보아 그 공판조서의 열람 또는 등사에 응하지 아니한 것이 피고인의 방어권이나 변호인의 변호권을 본질적으로 침해한 정도에 이르지 않은 경우에는, 판결에서 그 공판조서 등을 증거로 사용하였다고 하더라도 그러한 잘못이 판결에 영

239) 거짓말탐지기 검사시 피해자의 옷을 보고 가슴이 떨린다고 한 것이 확인되면 자백을 하기로 약속한 후 검사장면을 촬영한 비디오테이프를 보아 그 사실이 확인되자 한 자백이 곧 임의성 없는 자백이라고 단정할 수 없다고 한 것이 있다(대판 1983.9.13, 83도712 정재파 사건).

향을 미친 위법이라고 할 수는 없다(대법원 2012.12.27, 2011도15869).

다음으로 형사소송법 제311조는 전문법칙의 예외로서의 공판조서의 증거능력에 관해 규정하고 있다. 이에 관하여는 전문서류인 법관면전조서의 증거능력과 더불어 이미 전술하였다. 그 결론을 요약하면, 당해 사건에 관한 공판조서는 제311조에 의하여 무조건 증거능력이 있다. 당해 사건에 관한 것이 아닌 공판조서라도 다수설에 따르면, 제315조(당연히 증거능력이 있는 서류)에 의하여 역시 증거능력이 있다.

Ⅱ. 공판조서의 배타적 증명력

[설문 (17)] 살인사건의 피고인 甲은 제1심 판결에 대하여 항소를 제기하였다. 항소심 심리에서 甲은 제1심 공판절차에서 진술거부권이 고지되지 아니하였다는 점을 주장하면서 이를 입증하기 위하여 제1심의 공판절차에 관여한 법원사무관을 증인으로 신청하였다. 그런데 제1심의 공판조서에는 피고인 甲에게 진술거부권을 고지하였다는 것으로 기재되어 있다. 이 경우 항소법원은 甲의 증인신문신청에 대하여 어떠한 결정을 하여야 하는가?

1. 서 론

(1) 의의 및 취지

공판조서란 공판기일의 소송절차를 기재한 조서를 말하는 것으로서, 형사소송법은 공판기일의 소송절차로서 공판조서에 기재된 것은 그 조서만으로써 증명한다고 규정하고 있다(제56조). 여기서 공판조서만으로써 증명한다는 것은 다른 증거를 참작하거나 반증을 허용하지 않고 공판조서에 기재된 대로 인정한다는 것을 의미한다.[240] 이와 같이 공판조서에 대하여 배타적 증명력을 인정한 것은 자유심증주의에 대한 예외가 된다는 의미이다.

이 규정의 취지는 공판기일에 있어서의 소송절차에 법령위반이 있는가를 상소심에서 심판하는 경우에 원심의 법관이나 법원사무관 등을 증인으로 신문하는 것은

240) 대판 1965.7.20, 65도2; 대판 1983.10.25, 82도571. 공판조서의 기재가 명백한 오기인 경우를 제외하고는, 공판기일의 소송절차로서 공판조서에 기재된 것은 조서만으로써 증명하여야 하고 그 증명력은 공판조서 이외의 자료에 의한 반증이 허용되지 않는 절대적인 것이다(대판 1996.4.9, 96도173).

번잡을 초래할 뿐만 아니라 타당하지 않다는 고려에서, 공판조서에 대하여 사전에 그 정확성을 보장하고 상소심의 판단자료를 공판조서에 한정하여 상소심에서의 심사의 편의를 도모하기 위한 것이라 할 수 있다.

(2) 공판조서의 정확성보증

공판조서의 배타적 증명력은 공판조서의 기재의 정확성이 보장될 것을 전제로 한다. 형사소송법은 공판조서의 정확성을 담보하기 위하여 공판조서는 공판에 참여한 법원사무관 등이 작성하고 법원사무관 등의 기명날인 · 서명 이외에 재판장이 기명날인 · 서명하여 정확성을 인증하도록 하고 있다(제53조). 변호인과 피고인에게 공판조서를 열람 · 등사할 수 있게 하고(제35조, 제55조), 공판기일에 있어서는 전회의 공판심리에 관한 주요사항의 요지를 조서에 의하여 고지하게 하고, 검사 · 피고인 · 변호인에게 공판조서에 대한 이의신청을 인정하고 있는 것은(제54조) 모두 공판조서의 정확성을 보장하기 위한 제도이다.

2. 배타적 증명력이 인정되는 범위

공판기일의 소송절차에 대하여만 공판조서의 배타적 증명력이 미친다.

(1) '공판기일'의 소송절차

배타적 증명력이 인정되는 것은 공판기일의 절차에 한하므로 공판기일 외에서의 절차는 해당되지 않는다. 따라서 공판기일 외에서의 증인신문 또는 검증 등의 절차에서 작성된 조서는 배타적 증명력이 인정되지 않는다.[241)]

(2) 공판기일의 '소송절차'

공판기일의 절차라 할지라도 소송절차, 즉 순수하게 피고사건의 절차면에 관련된 부분에 대하여만 배타적 증명력이 인정된다.[242)] 피고인이나 증인이 진술한 것

---

241) 그러나 이러한 조서도 그 성질상 절차에 관한 한, 상당한 증명력을 가진다고 볼 것이다. 판례도 "변론조서의 기재는 변론의 방식에 관한 사항이 아니라고 하더라도 문서의 성질상 내용이 진실하다고 추정하여야 한다"고 판시한 바 있다(대판 1993.7.13, 92다23230).

242) 판례도 "피고인에게 증거조사 결과에 대한 의견을 묻고 증거조사를 신청할 수 있음을 고지하였을 뿐만 아니라 최종의견진술의 기회를 주었는지 여부와 같은 소송절차에 관한 사실은 공판조서에 기재된 대로 공판절차가 진행된 것으로 증명되고 다른 자료에 의한 반증은 허용되지 않는다"고 판시한 바 있다(대판 1990.2.27, 89도2304).

은 소송절차에 해당하나, 진술 자체는 소송절차가 아니기 때문에 진술내용과 같은 실체면에 관한 사항에 대하여는 공판조서에 기재되어 있다고 할지라도 절대적 증거능력이 인정될 뿐(제311조), 증명력은 다른 증거에 의하여 다툴 수 있다. 따라서 예컨대 상급심이 제1심의 피고인 자백을 배척하고 무죄를 선고한 경우에도 형소법 제56조의 위반이 아니다. 그리고 소송절차에 관한 것인 이상 일단 진행된 소송절차의 적법성뿐만 아니라 그 절차의 존부도 배타적 증명력의 대상이 된다. 따라서 공판조서에 압수물에 대한 증거조사를 거친 것으로 기재되어 있는 경우에는 그 조서만으로 그 사실이 증명된다(대판 1959.8.31, 4292형상182).

(3) '공판조서'에 기재된 소송절차

1) 당해 사건의 하자 없는 공판조서 공판조서의 배타적 증명력은 공판기일의 소송절차로서 공판조서에 기재된 것에 한하여 미친다. 다만, 공판조서가 위조·변조 또는 허위작성되었음이 다른 형사절차에 의하여 증명되는 경우에는 공판조서의 배타적 증명력은 부인될 수 있다.[243] 따라서 소송절차라도 공판조서에 기재하지 않은 사항은 배타적 증명력이 인정되지 않고 다른 자료에 의한 자유로운 증명이 가능하다. 여기의 공판조서란 당해 사건의 공판조서만을 의미하므로 다른 사건의 공판조서는 배타적 증명력이 인정되지 않는다.[244]

관련판례 ① 공판조서에 피고인에 대하여 인정신문을 한 기재가 없다 하여도 같은 조서에 피고인이 공판기일에 출석하여 공소사실신문에 대하여 이를 시정하고 있는 기재가 있으니 인정신문이 있었던 사실이 추정된다 할 것이고 다만, 조서의 기재에 이 점에 관한 누락이 있었을 따름인 것이 인정된다(대판 1972.12.26, 72도2421).

---

2) 기재가 불분명한 사항의 증명 공판조서에 기재된 사항이라 할지라도 기재가 불명확하거나 모순이 있는 경우에는 공판조서의 배타적 증명력이 인정되지 않는다. 공판조서의 기재의 정확성에 대하여 이의신청이 있는 경우,[245] 이의신청이 방

243) 배종대/이상돈, 632면; 신동운, 714면.

244) 따라서 甲사건에서 증언한 증인이 위증죄로 재판을 받는 경우에 선서를 하였는가를 판단함에 있어서 甲사건의 공판조서가 배타적 증명력을 가지는 것은 아니다(이재상, 581면; 신동운, 714면; 배종대/이상돈, 632면).

245) 검사·피고인 또는 변호인은 공판조서의 정확성에 관하여 이의를 진술할 수 있고, 이 경우 그 취지를 공판조서에 기재하여야 하는데(법54조 제3,4항), 이를 공판조서의 정확성에 관한 당사자의 이의권이라고 한다. 이의의 진술은 판결선고 전까지 가능하다. 당사자가

해된 경우에는 그 공판조서의 배타적 증명력을 인정할 수 없다. 공판조서의 기재에 명백한 오기가 있는 경우에도 올바른 내용에 따라 판단할 수 있다.[246] 명백한 오기인가 여부를 판단함에 있어서 공판조서만을 기초로 삼을 것인지 다른 자료도 참고할 수 있는지 여부에 대해서는 학설의 대립이 있다. 즉 다른 자료의 개입을 허용하는 것은 제56조의 취지에 반한다는 이유로 공판조서의 기재만에 의하여 판단해야 한다는 견해[247]와 공판조서의 배타적 증명력이 기재내용의 진실성판단에 대해서까지 미친다고는 할 수 없다는 점을 들어 다른 자료에 의하여도 판단할 수 있다는 견해[248]의 다툼이 있다.

생각건대 공판조서에 배타적 증명력을 부여하는 이유가 피고사건의 실체와 관련 없는 분쟁의 파생을 방지하려는 점에 있다고 볼 때 새로운 자료의 사용을 허용하는 것은 절차의 번잡을 초래하는 것이므로 명백한 오기의 유무는 공판조서의 기재사항만을 기초로 삼아 판단하는 것이 바람직할 것이다.

[설문 (17)의 해결] 진술거부권을 고지하였는가의 여부는 공판기일의 소송절차에 관한 문제이다. 이에 대해 공판조서에 기재된 것은 배타적 증명력을 가지고 반증이 허용되지 않는다. 따라서 공판조서의 증명력을 다투기 위한 甲의 증인신문신청은 부당하다. 항소법원은 그 증인신문신청이 부적법하다는 이유로 이를 기각하는 증거결정을 하여야 한다.

---

3. 배타적 증명력이 있는 공판조서

공판조서의 배타적 증명력은 유효한 공판조서가 존재할 것을 전제로 한다. 따라서 공판조서가 작성되지 않았기 때문에 존재하지 않는 경우, 도중에 멸실된 경우, 작성자인 법원서기관의 기명날인 및 서명이 없거나 공판정에 열석하지 아니한 법관이 재판장으

공판조서의 정확성에 관하여 이의를 진술하면 그 사항에 관해서는 공판조서의 배타적 증명력을 상실하므로 상소심에서 원심의 공판절차에 관한 적법성 또는 존부를 다투고 그 배타적 증명력을 상실시키기 위해서는 원심의 공판절차에서 형사소송법 제54조 제3항에 의한 이의를 진술하여야 한다(김희옥, 형사소송법의 쟁점, 387면).

246) 공판조서의 기재가 소송기록상 명백한 오기인 경우에는 공판조서는 그 올바른 내용에 따라 증명력을 가진다(대판 1995.4.14, 95도110; 대판 1995.12.22, 95도1289; 대판 1996.9.10, 96도1252).

247) 김기두, 273면; 신동운, 715면; 배종대/이상돈, 596면.

248) 백형구, 강의, 699면; 정영석/이형국, 125면.

로 기명날인 또는 서명한 경우[249] 등과 같이 중대한 방식위반으로 인하여 공판조서가 무효가 된 경우에 공판조서의 배타적 증명력이 인정될 수 없는 점에서는 이견이 없다.

그러나 원심의 공판조서가 멸실되거나 무효인 경우 상급심에서 다른 자료에 의한 증명이 가능한가에 대하여는 견해가 대립된다. 즉 (i) 공판조서의 증명력은 유효한 공판조서를 전제로 할 뿐만 아니라 형사소송법이 항소심의 심판에 대하여 파기자판을 원칙으로 하고 있는 점에 비추어 다른 자료에 의한 사실인정이 가능하다고 해석하는 적극설(통설)[250] (ii) 이 경우에도 다른 자료에 의한 증명이 허용되지 않는다고 하고, 공판조서가 멸실 또는 무효인 경우에 원심 공판절차의 적법성에 관한 다툼이 있으면 상소심은 원판결을 파기하여 사건을 원심법원으로 환송하여야 한다고 보는 소극설[251]의 대립이 있다.

생각건대, 형사소송법은 항소심의 심판에 관하여 파기자판을 원칙으로 하고 있고(제364조 제6항), 공판조서의 멸실 또는 무효를 원인으로 한 파기환송을 인정하지 않는 점에 비추어(제366조 참조) 다른 자료에 의한 사실인정이 가능하다고 해석하는 적극설이 타당하다.

---

249) 당해 공판기일에 열석한 재판장이 아닌 판사가 서명·날인한 공판조서는 무효이며 증명력이 없는 것이다(대판 1983.2.8, 82도2940).

250) 이재상, 582면; 신동운, 716면; 배종대/이상돈, 596면; 신양균, 542면; 강구진, 383면; 백형구, 670면; 서일교, 117면.

251) 권오병, 317면; 김기두, 274면. 다른 자료에 의한 증명을 인정할 때에는 공판조서에 판결에 영향을 미칠 절차위반의 기재가 있는 경우에 공판조서가 적법하면 판결이 파기됨에 반하여, 무효 또는 멸실된 경우에는 다른 자료에 의하여 파기를 면할 수 있는 불합리한 결과가 된다는 것을 이유로 한다.

제 3 장
재 판

[§ 40] 재판에 대한 일반론

Ⅰ. 재판의 의의와 종류

1. 재판의 의의

협의의 의미로서의 재판이란 피고사건의 실체에 대한 법원의 공권적 판단, 즉 유죄와 무죄에 대한 실체적 종국판결을 의미한다. 그러나 형사소송법에서 다루어지는 넓은 의미의 재판이란 법원 또는 법관의 법률행위적 소송행위를 총칭한다. 법원 또는 법관이 행위주체라는 점에서 사법경찰관의 사건송치, 검사의 공소제기와 다르고, 법률행위적 소송행위란 점에서 법원 또는 법관의 증거조사, 피고인신문과 같은 사실행위적 소송행위와 다르다.

2. 재판의 종류

(1) 재판의 기능에 따른 종국재판과 종국전재판

1) 종국재판 종국재판이란 당해 소송을 그 심급에서 종결시키는 재판을 말한다. 유죄 · 무죄의 판결, 관할위반의 판결, 공소기각의 판결과 결정, 면소판결의 재판이 여기에 해당한다. 상소심에서 행해진 파기자판, 상소기각의 재판, 파기환송과 파기이송의 재판도 여기에 속한다. 종국재판을 한 법원은 이를 취소 · 변경할 수 없다. 그리고 종국재판에 대해서는 원칙적으로 상소가 허용된다.

2) 종국전의 재판 종국전의 재판이란 종국재판에 이르기까지의 절차에 관한 재판을 말한다. 종국전의 재판은 중간재판이라고 한다. 관할위반과 공소기각 이외의 결정과 명령이 여기에 해당한다. 예컨대 보석허가결정, 증거결정, 구속취소결정 등이 여기에 해당한다. 종국전재판은 그 재판을 한 법원이 취소 · 변경할 수 있으며 원칙적으로 상소가 허용되지 않는다.

(2) 재판의 내용에 따른 실체재판과 형식재판

1) 실체재판 실체재판(Sachentscheidung)이란 피고사건의 실체에 해당하는 구체적 형벌권의 존부를 판단하는 재판을 말한다. 유죄판결 · 무죄판결이 여기에 해당하고 모두 종국재판이며 판결의 형식에 의한다.

2) 형식재판 형식재판(Prozeßentscheidung)이란 사건의 실체에 관하여 심리하지 않고 절차적 법률관계를 판단하는 재판을 말한다. 종국전의 재판은 모두 형식재판이며 종국재판 가운데 관할위반, 공소기각 및 면소의 재판은 형식재판에 해당한다.

(3) 재판의 형식에 따른 판결, 결정, 명령

1) 판 결 판결(Urteil)은 종국재판의 원칙적 형식으로서 법원의 가장 중요한 재판의 형식이다. 판결에는 실체재판인 유죄 · 무죄의 판결과 형식재판인 관할위반, 공소기각 및 면소의 판결이 있다. 실체재판은 모두 판결이나 형식재판에는 판결 이외에 결정인 경우도 있다. 판결은 원칙적으로 구두변론에 의하고(제37조 제1항), 이유를 명시하여야 한다(제39조). 상소방법은 항소 또는 상고이고, 재심과 비상상고는 판결에 대해서만 가능하다.

2) 결 정 결정(Beschluß)은 종국전 재판의 원칙적 형식이며 절차에 관한 재판은 원칙적으로 결정에 의한다. 다만 종국재판으로서 결정의 형식을 취하는 예외로는 공소기각의 결정이 있다. 결정에는 구두변론을 요하지 않지만(제37조 제2항), 필요한 경우 사실조사를 할 수 있다(제3항). 상소가 불허되는 경우가 아닌 한 결정에도 이유를 명시하여야 하고(제39조), 결정에 대한 상소는 항고에 의한다.

3) 명 령 명령(Verfügung)은 수소법원 그 자체가 아니라 재판장, 수명법관, 수탁판사로서 법관이 하는 재판을 말한다. 명령은 모두 형식재판이자 종국전의 재판이다. 다만 약식명령은 명령이 아니라 독립된 재판의 형식이다. 명령에는 구두변론을 요하지 않지만(제37조 제2항), 필요한 경우 사실조사를 할 수 있다(제3항). 명령에 대한 일반적인 상소방법은 없다. 다만 법률이 규정하는 이의신청(제304조 등)

또는 준항고(제416조)는 가능하다.

Ⅱ. 재판의 성립과 재판서의 작성

1. 재판의 성립

(1) 2단계의 성립과정

재판은 법원 또는 법관의 의사표시적 소송행위이기 때문에 의사표시의 일반원칙이 적용된다. 따라서 재판의 성립은 내부적인 의사의 결정과 결정된 의사의 외부적 표현이라는 두 단계를 거쳐서 종국적으로 성립한다. 전자를 재판의 내부적 성립, 후자를 재판의 외부적 성립이라고 한다.

(2) 내부적 성립

1) 의 의 　재판의 내부적 성립이란 재판의 의사표시적 내용이 당해사건의 심리에 관여한 재판기관의 내부에서 결정되는 것을 말한다. 재판의 내부적 성립이 있은 후에는 법관이 경질되어도 공판절차를 갱신할 필요가 없다. 심리에 관여하지 않은 판사가 내부적 성립에 관여한 때에는 절대적 항소이유가 된다(제361조의5 제8호).

2) 합의부의 재판 　합의부의 재판은 그 구성원인 법관의 합의에 의하여 내부적으로 성립하며 합의는 과반수로 결정한다(법원조직법 제66조 제1항). 합의에 관한 의견이 3설 이상 분립하여 각각 과반수에 달하지 못하는 때에는 (i) 수액에 있어서는 과반수에 달하기까지 최다액의 의견의 수에 순차 소액의 의견의 수를 더하여 그 중 최소액의 의견, (ii) 형사에 있어서는 과반수에 달하기까지 피고인에게 가장 불리한 의견의 수에 순차 유리한 의견의 수를 더하여 그 중 가장 유리한 의견에 의한다(제2항). 대법원 심판사건 중 과반수 결정사항에 관하여 2설이 분립되어 각설이 과반수에 이르지 못하는 때에는 원심재판을 변경할 수 없다(제3항). 그리고 대법원의 재판서에는 합의에 관여한 모든 대법관의 의견을 표시하여야 한다(제15조).

3) 단독판사의 재판 　단독판사의 재판은 합의의 단계가 없으므로 재판서의 작성시에 내부적으로 성립한다. 다만 재판서의 작성이 없는 재판에서는 재판의 선고 또는 고지에 의하여 내부적으로 성립하면서 동시에 외부적으로도 성립한다.

(3) 외부적 성립

1) 의 의 재판의 외부적 성립이란 의사표시적 내용이 재판을 받는 자에게 인식될 수 있는 상태에 이른 것을 말한다.

2) 외부적 성립의 시기 재판은 선고 또는 고지에 의하여 외부적으로 성립한다. 재판의 선고 또는 고지는 공판정에서는 재판서에 의하여야 하고 기타의 경우에는 재판서등본의 송달 또는 다른 적당한 방법으로 하여야 한다. 단, 법률에 다른 규정이 있는 때에는 예외로 한다(제42조). 재판의 선고 또는 고지는 재판장이 한다. 판결을 선고함에는 주문을 낭독하고 이유의 요지를 설명하여야 한다(제43조).

3) 외부적 성립의 효력 종국판결이 외부적으로 성립한 때에는 그 재판을 한 재판기관도 이를 철회·변경할 수 없다. 이를 재판의 구속력이라고 한다. 그러나 종국 전의 재판에 있어서는 합목적적인 이유에서 철회·변경이 인정된다. 대법원인 상고법원은 그 판결의 내용에 오류가 있음을 발견한 때에는 직권 또는 검사, 상고인이나 변호인의 신청에 의하여 판결로써 정정할 수 있다(제400조 제1항).

2. 재판서의 작성

(1) 재판의 구성과 방식

재판은 주문과 이유로 구성된다. 주문은 재판의 대상이 된 사실에 대한 종국적 결론을 말한다. 구체적인 선고형은 물론이고 형의 집행유예, 미결구금일수의 산입, 노역장유치기간, 재산형의 가납명령, 소송비용의 부담 등도 주문에 기재된다. 상소를 불허하는 결정, 명령을 제외한 재판에는 이유를 명시하여야 한다(제39조). 재판을 할 때에는 재판서를 작성한다. 다만 결정, 명령을 고지하는 경우에는 재판서를 작성하지 않고 조서에만 기재하여 할 수 있다(제38조).

관련판례 ① 판결선고 전 구금일수의 전부를 본형에 산입하면서 판결에서 그 산입일수를 명시하지 않고 단지 그 전부를 산입한다고만 표시하더라도 구금일수의 일부를 산입하는 경우와는 달리 형의 집행단계에서 소송기록을 통하여 그 산입의 범위가 충분히 확정되므로, 이 때문에 판결주문의 내용이 명확하지 아니하다거나 또는 형사소송법 제321조 제2항에 위배되어 위법하다고 말할 수는 없다(대판 1999.4.15, 99도357 전원합의체).

[반대의견] 형사판결의 주문에서 판결선고 전의 구금일수 전부를 본형에 산입한다고만 기재하고 그 이유에서도 산입되는 구금일수가 얼마인지에 관하여 전혀 특정한 바

가 없다면, 그 주문 자체뿐만 아니라 판결이유를 대조하더라도 그 산입할 구금일수를 구체적으로 특정할 수 없으므로, 이러한 판결의 주문은 결국 주문으로서의 특정성과 명확성을 결여하여 위법하다.

(2) 재판서의 기재사항

재판서에는 법률에 다른 규정이 없으면 재판을 받는 자의 성명, 연령, 직업과 주거를 기재하여야 한다(제40조 제1항). 재판을 받는 자가 법인인 때에는 그 명칭과 사무소를 기재하여야 한다(제2항). 판결서에는 공판에 관여한 검사의 관직, 성명과 변호인의 성명을 기재하여야 한다(제3항). 재판서에는 재판한 법관이 서명날인하여야 한다(제41조 제1항).[1] 재판장이 서명날인할 수 없는 때에는 다른 법관이 그 사유를 부기하고 서명날인하여야 하며 다른 법관이 서명날인할 수 없는 때에는 재판장이 그 사유를 부기하고 서명날인하여야 한다(제2항). 판결서 기타 대법원규칙이 정하는 재판서를 제외한 재판서에 대하여는 서명날인에 갈음하여 기명날인할 수 있다(제3항).

검사의 집행지휘를 요하는 재판은 재판서 또는 재판을 기재한 조서의 등본 또는 초본을 재판의 선고 또는 고지한 때로부터 10일 이내에 검사에게 송부하여야 한다. 단, 법률에 다른 규정이 있는 때에는 예외로 한다(제44조). 재판서 또는 재판을 기재한 조서의 등본 또는 초본은 원본에 의하여 작성하여야 한다. 단, 부득이한 경우에는 등본에 의하여 작성할 수 있다(제46조).

[§ 41] 종국재판

Ⅰ. 유죄의 판결

1. 의 의

유죄판결이란 법원이 피고사건의 실체에 관하여 범죄의 증명이 있는 때에 선고하는 실체재판을 말한다. 여기에는 형선고의 판결, 형면제의 판결, 형의 선고유예의 판결이 포함된다. 피고사건에 대하여 범죄의 증명이 있는 때에는 형의 면제 또는

1) 법관의 서명날인은 재판서의 성립요건이므로 서명날인이 없는 재판서는 재판서로서의 효력이 발생하지 아니한다(대판 1990.2.27, 90도145).

선고유예의 경우 외에는 판결로써 형을 선고하여야 한다(제321조 제1항).

2. 주　문

(1) 형선고의 판결

형을 선고하는 판결의 주문에는 주형을 표시하여야 한다. 형의 집행유예, 노역장의 유치기간은 형의 선고와 동시에 판결로써 선고하여야 한다(제321조 제2항). 무죄, 면소, 형의 면제, 형의 선고유예, 형의 집행유예, 공소기각 또는 벌금이나 과료를 과하는 판결이 선고된 때에는 구속영장은 효력을 잃는다(제331조). 압수한 서류 또는 물품에 대하여 몰수의 선고가 없는 때에는 압수를 해제한 것으로 간주한다(제332조). 압수한 장물로서 피해자에게 환부할 이유가 명백한 것은 판결로써 피해자에게 환부하는 선고를 하여야 한다(제333조 제1항). 장물을 처분하였을 때에는 판결로써 그 대가로 취득한 것을 피해자에게 교부하는 선고를 하여야 한다(제2항). 가환부한 장물에 대하여 별단의 선고가 없는 때에는 환부의 선고가 있는 것으로 간주한다(제3항). 이 경우 이해관계인이 민사소송 절차에 의하여 그 권리를 주장함에 영향을 미치지 아니한다(제4항). 법원은 벌금, 과료 또는 추징의 선고를 하는 경우에 판결의 확정후에는 집행할 수 없거나 집행하기 곤란할 염려가 있다고 인정한 때에는 직권 또는 검사의 청구에 의하여 피고인에게 벌금, 과료 또는 추징에 상당한 금액의 가납을 명할 수 있다(제334조 제1항). 이 재판은 형의 선고와 동시에 판결로써 선고하여야 한다(제2항). 이 판결은 즉시로 집행할 수 있다(제3항).

(2) 기타의 유죄판결

형면제판결과 형의 선고유예의 판결에서도 그 내용을 판결주문에 기재한다. 형법 제59조에 의하여 형의 선고를 유예하는 판결을 할 경우에도 선고가 유예된 형에 대한 판단을 하여야 하는 것이므로 선고유예 판결에서도 그 판결이유에서는 선고할 형의 종류와 양(量) 즉 선고형을 정해 놓아야 하고 그 선고를 유예하는 형이 벌금형일 경우에는 그 벌금액뿐만 아니라 환형유치처분까지 해 두어야 한다(대판 1988.1.19, 86도2654). 형법 제59조에 의하여 형의 선고유예를 하는 경우에도 몰수의 요건이 있는 때에는 몰수형만의 선고를 할 수 있다고 해석함이 상당하다(대판 1973.12.11, 73도1133 전원합의체; 대판 1981.4.14, 81도614). 무죄, 면소, 형의 면제, 형의 선고유예, 형의 집행유예, 공소기각 또는 벌금이나 과료를 과하는 판결이 선고된 때에는 구속영장은 효력을 잃는다(제331조).

3. 유죄판결에 명시할 이유

(1) 이유의 설시

형의 선고를 하는 때에는 판결이유에 범죄될 사실, 증거의 요지와 법령의 적용을 명시하여야 한다(제323조 제1항). 경합범 관계의 범죄를 항소심에서 병합 심리한 경우에는 그 유죄판결 이유에서 각각의 범죄에 대해 범죄사실, 증거의 요지, 법령의 적용을 기재하여야 한다(대판 2020.4.9. 2020도735).

법률상 범죄의 성립을 조각하는 이유 또는 형의 가중, 감면의 이유되는 사실의 진술이 있은 때에는 이에 대한 판단을 명시하여야 한다(제2항). 재판에는 이유를 명시하여야 한다. 단, 상소를 불허하는 결정 또는 명령은 예외로 한다(제39조). 재판에 그 이유를 붙이지 아니하거나 이유에 모순이 있는 때에는 절대적 항소이유가 된다(제361조의5 제11호).

(2) 범죄될 사실

1) 의 의 범죄될 사실이란 법원의 심리를 통해 확정된 특정한 구성요건에 해당하는 위법하고 유책한 구체적 사실을 말한다. 범죄될 사실은 법령적용과 양형의 기초가 되고, 일사부재리의 원칙이 적용되는 기준이 되며, 상소심에서 심사의 대상이 된다.

2) 범죄될 사실의 범위

(가) 구성요건해당사실 구성요건에 해당하는 구체적 사실은 범죄될 사실이다. 그러므로 객관적 구성요건요소가 되는 행위의 주체와 객체, 행위와 결과 및 인과관계는 범죄될 사실에 해당한다. 그리고 주관적 구성요건에 해당하는 고의와 과실, 목적범의 목적, 재산범죄에서의 불법영득의사 등도 범죄사실에 해당한다. 범죄의 일시와 장소는 개괄적으로 설시하여도 무방하다(대판 1986.8.19, 86도1073). 구성요건해당사실은 기본적 구성요건에 해당하는 경우뿐만 아니라 그 수정형식인 미수(중지미수, 장애미수, 불능미수의 구분도 명시), 예비, 공범(공동정범, 교사범, 방조범의 구분을 명시), 결과적 가중범 등에 해당하는 경우도 포함한다. 공범의 사실을 적시할 경우에는 그 전제가 되는 정범의 사실을 적시하여야 한다(대판 1981.11.24, 81도2422).

(나) 위법성과 책임 구성요건해당성은 위법성과 책임을 징표하므로 구성

요건에 해당하는 때에는 위법성과 책임은 사실상 추정되기 때문에 반증에 의하여 그 추정력이 깨트려지지 않는 이상 특별한 판단을 요하지 않는다.

(다) 처벌조건 처벌조건은 범죄사실 그 자체는 아니지만 형벌권의 존부를 결정하는 중요한 사실이기 때문에 판결이유에 명시하여야 한다.

(라) 형의 가중, 감면사유 법률상 형의 가중사유(누범전과, 상습범 규정이 있는 경우의 상습전과)는 판결의 이유에 명시하여야 한다. 누범의 경우는 형의 집행종료일이 기재되어야 한다. 그리고 법률상 형의 감면사유도 유죄판결의 이유에 명시되어야 한다. 다만 임의적 감면사유나 단순한 정상관계의 양형사실[2]은 명시를 요하지 않는다.

3) 적시의 방법 범죄될 사실은 법적 구성요건과의 관계에서 구체적으로 명시될 것이 요구된다. 실체적 경합범과 상상적 경합범의 경우는 각개의 범죄사실을 구체적으로 특정하여 적시하여야 한다. 그러나 포괄일죄에 있어서는 개개의 범죄행위에 관하여 구체적으로 특정하지 아니하더라도 전체 범행의 시기와 종기, 범행방법, 범행횟수 또는 피해액의 합계, 피해자 또는 행위의 상대방 등을 명시하면 이로써 그 범죄사실은 특정된다(대판 1987.7.21, 87도546).

4) 택일적 기재의 문제 공소장에 공소사실의 택일적 기재는 허용된다. 그러나 재판서에 범죄될 사실의 택일적 기재가 허용되는 명문의 규정은 없다. 따라서 상호 배타적인 관계(예컨대 본범인지 장물범인지의 관계)에 있는 양 사실 중 어느 것이 진실한 것인지 불명확한 경우에 법원이 택일적으로 사실을 인정하는 택일적 사실인정은 우리나라에서는 허용되지 않는다(참고로, 독일에서는 피고인에게 유리한 택일적 사실의 인정이 허용됨).

(3) 증거의 요지

1) 증거요지의 의의 증거의 요지란 단어의 뜻 그대로 범죄될 사실을 인정하는 자료가 된 증거의 요지를 말한다. 판결이유에 증거의 요지를 기재할 것을 요구하는 취지는 법관에 의한 사실인정의 합리성을 담보하고, 당사자를 설득하게 하며, 상소심의 심사에 대한 편의를 제공하는 데 있다.

---

2) 다만, 사형을 선고하거나 이례적인 양형을 하는 경우에는 이를 표시해야 한다는 견해(이재상, 650면; 배종대/이상돈, 644면)와 피고인에게는 양형이 유 · 무죄 이상으로 중대한 관심사이므로 적어도 양형의 기준이 될 수 있는 사실들을 판결이유에 명시하는 것이 바람직하다는 입장의 대립이 있다(신양균, 799면).

2) 증거적시를 요하는 범위 증거의 요지를 적시할 것을 요하는 것은 범죄될 사실의 내용을 이루는 사실에 제한된다. 따라서 유죄판결의 증거는 범죄사실을 증명할 적극적 증거를 적시하면 족하고 범죄사실 인정에 배치되는 소극적 증거까지 적시할 필요는 없다. 따라서 피고인이 알리바이를 주장하는 증거에 대해서는 판단할 필요가 없다(대판 1982.9.28, 82도1798).

3) 증거적시의 방법 증거의 요지를 적시함에 있어서는 어떤 증거로부터 어떤 사실을 인정하는가를 알 수 있도록 증거의 중요부분을 표시하는 것으로 족하다. 어느 증거의 어느 부분에 의하여 어느 범죄사실을 인정하였는가를 구체적으로 나타낼 필요는 없다(대판 2001.7.27, 2000도4298). 적시한 증거는 적법한 증거조사를 거친 증거능력 있는 증거에 한한다.

(4) 법령의 적용

법령의 적용이란 인정된 범죄사실에 대하여 실체형벌법규를 적용하는 것을 말한다. 법률의 적용은 어떤 범죄사실에 대하여 어떤 법령을 적용하였는가를 객관적으로 알 수 있도록 분명하게 기재할 것을 요한다(대판 1974.7.26, 74도1477 전원합의체). 형법각칙의 각 본조와 처벌에 관한 규정을 명시하여야 한다. 형법각칙의 본조만 기재하고 항을 기재하지 않은 경우에도 판결에 영향이 없으면 상소이유는 되지 않는다(대판 1971.8.31, 71도1334).

(5) 소송관계인의 주장에 관한 판단

1) 판단의 취지 법률상 범죄의 성립을 조각하는 이유 또는 형의 가중, 감면의 이유되는 사실의 진술이 있은 때에는 이에 대한 판단을 명시하여야 한다(제323조 제2항). 이는 법원이 당사자의 주장을 무시하지 않고 명백히 판단하였음을 표시하는 당사자주의의 표현일 뿐만 아니라, 이에 의하여 재판의 객관적 공정성을 담보하는 데 그 취지가 있다.

2) 주장과 판단방법 법률상 범죄의 성립을 조각하는 이유 또는 형의 가중, 감면의 이유되는 사실의 주장에 대한 판단은 소송관계인의 진술이 있을 것을 요건으로 한다. 주장에 대한 판단은 명시적이어야 하며, 판례에 따르면 판단에 있어서 주장여부의 결론만을 표시하면 족하다(대판 1952.7.29, 4285형상82).

3) 법률상 범죄의 성립을 조각하는 이유되는 사실의 주장 법률상 범죄의 성립을 조각하는 이유되는 사실에는 위법성조각사유와 책임조각사유가 해당하는 것

은 명백하다. 그러나 구성요건해당성 조각사유의 진술에 대해서는 범죄의 부인에 불과하여 여기에 포함되지 않는다는 견해와 단순한 부인과는 다른 특수사실의 주장이기 때문에(예컨대 도박죄에서 일시오락성의 주장) 여기에 포함된다는 견해의 대립이 있지만, 후설이 타당하다. 그러나 범죄의 단순한 부인 및 고의 또는 과실 없음의 주장은 판단의 대상이 되지 않는다(대판 1983.10.11, 83도594). 그리고 공소권소멸의 진술도 범죄의 성립을 조각하는 이유되는 사실의 진술이라고 해석할 수 없다.

4) **법률상 형의 가중, 감면의 이유되는 사실의 진술** 법률상 형의 가중, 감면의 이유되는 사실에 대해서는 누범, 심신장애, 중지미수의 경우와 같은 필요적 가중·감면만을 의미한다는 견해[3]와 임의적 감면의 경우에도 포함된다는 견해(다수설)[4]의 대립이 있다. 판례는 전자의 태도를 취한다(대판 1991.11.12, 91도2241).

Ⅱ. 무죄판결

1. 의 의

무죄판결이란 피고사건에 대하여 범죄성립을 부정하고 그에 따라 형벌권의 부존재를 확인하는 판결을 말한다. 피고사건이 범죄가 되지 않거나, 범죄사실의 증명이 없는 때에는 판결로서 무죄의 선고를 하여야 한다(제325조).

2. 무죄사유

무죄사유는 피고사건이 범죄가 되지 않거나, 범죄사실의 증명이 없는 때에 인정된다. '피고사건이 범죄가 되지 않는 때'란 공소사실에 대하여 구성요건해당성이 부정되거나 구성요건해당성이 있더라도 위법성조각사유 또는 책임조각사유가 존재하는 경우를 의미한다. 위헌결정으로 인하여 형벌에 관한 법률 또는 법률조항이 소급하여 그 효력을 상실한 경우에는 당해 법조를 적용하여 기소한 피고사건이 범죄로 되지 아니한 때에 해당한다고 할 것이고, 범죄 후의 법령의 개폐로 형이 폐지되었을 때에 해당하거나, 또는 공소장에 기재된 사실이 진실하다 하더라도 범죄가

---

3) 김기두, 286면; 백형구, 734면; 서일교, 218면; 송광섭, 505면; 정영석/이형국, 430면; 신현주, 703면; 임동규, 625면.
4) 강구진, 522면; 이재상, 656면; 배종대/이상돈, 728면; 신동운, 999면; 신양균, 855면; 차용석/최용성, 698면; 진계호, 64면.

될 만한 사실이 포함되지 아니하는 때에 해당한다고는 할 수 없다(대판 1992.5.8, 91도2825). '범죄사실의 증명이 없는 때'란 공소사실의 부존재가 적극적으로 증명된 때와 그 존부가 불분명하여 법관이 유죄의 확신을 갖지 못한 때를 의미한다. 후자의 경우는 무죄추정의 원칙, in dubio pro reo의 원칙, 거증책임검사부담의 원칙에 따른 당연한 귀결이다.

3. 무죄판결의 공시

법원은 무죄판결을 선고하면서 판결공시의 취지를 선고할 수 있다(형법 제58조 제2항). 재심에서 무죄의 선고를 한 때에는 그 판결을 관보와 그 법원소재지의 신문지에 기재하여 공고하여야 한다(제440조).

4. 형사보상청구권과 국가의 소송비용 보상의무

형사소송법에 의한 일반절차 또는 재심이나 비상상고절차에서 무죄재판을 받은 자가 미결구금을 당하였을 때에는 형사보상법에 의하여 국가에 대하여 그 구금에 관한 보상을 청구할 수 있다(형사보상 및 명예회복에 관한 법률 제2조). 그리고 개정 형사소송법에 따르면, 국가는 무죄판결이 확정된 경우에는 당해 사건의 피고인이었던 자에 대하여 그 재판에 소요된 비용을 보상하여야 한다(제194조의2 제1항). 그러나 (i) 피고인이었던 자가 수사 또는 재판을 그르칠 목적으로 거짓 자백을 하거나 다른 유죄의 증거를 만들어 기소된 것으로 인정된 경우 (ii) 1개의 재판으로써 경합범의 일부에 대하여 무죄판결이 확정되고 다른 부분에 대하여 유죄판결이 확정된 경우 (iii) 「형법」 제9조 및 제10조 제1항의 사유에 따른 무죄판결이 확정된 경우 (iv) 그 비용이 피고인이었던 자에게 책임지울 사유로 발생한 경우의 어느 하나에 해당하면 비용의 전부 또는 일부를 보상하지 아니할 수 있다(제2항). 비용의 보상은 피고인이었던 자의 청구에 따라 무죄판결을 선고한 법원의 합의부에서 결정으로 한다(제194조의3 제1항). 청구는 무죄판결이 확정된 사실을 안 날부터 3년, 무죄판결이 확정된 때부터 5년 이내에 하여야 한다(제2항). 제1항의 결정에 대하여는 즉시항고를 할 수 있다(제3항). 비용보상의 범위는 피고인이었던 자 또는 그 변호인이었던 자가 공판준비 및 공판기일에 출석하는 데 소요된 여비·일당·숙박료와 변호인이었던 자에 대한 보수에 한한다. 이 경우 보상금액에 관하여는 「형사소송비용 등에 관한 법률」을 준용하되, 피고인이었던 자에 대하여는 증인에 관한 규정을, 변호인이었던 자에 대하여는 국선변호인에 관한 규정을 준용한다(제194조의4 제1항). 법원은 공판준비 또는 공판기일에 출석한 변호인이 2인 이상이었던 경우에는 사건의 성질, 심리 상황, 그 밖의 사정을 고려하여 변호인이었던 자의 여비 · 일당 및 숙박료를 대표변호인이나 그 밖의 일부 변호인의 비용만으로 한정할 수 있다(제2항). 비용보상청구, 비용보상절차, 비용보상과 다른 법률에 따른 손해배상과의 관계, 보상을 받을 권리의 양도 · 압류 또는 피고인이었던 자의 상속인에 대한 비용보상에 관하여 이 법에 규정한 것을 제외하고는 「형사보상법」에 따른 보상의 예에 따른다(제194조의5).

Ⅲ. 관할위반의 판결

1. 의 의

피고사건이 법원의 관할에 속하지 아니한 때에는 판결로서 관할위반의 선고를 하여야 한다. 이를 관할위반의 판결이라 한다. 관할위반의 판결은 형식적 종국재판이고, 따라서 일사부재리의 효력은 인정되지 않는다.

2. 관할위반판결의 이유

관할위반의 판결을 할 수 있는 이유는 피고사건이 법원의 관할에 속하지 아니하는 것이다. 관할에는 토지관할과 사물관할을 포함한다. 법원은 피고인의 신청이 없으면 토지관할에 관하여 관할위반의 선고를 하지 못한다(제320조 제1항). 관할위반의 신청은 피고사건에 대한 진술 전에 하여야 한다(제2항).

Ⅳ. 공소기각의 재판

1. 의 의

공소기각의 재판은 피고사건에 대하여 관할권 이외의 형식적 소송조건이 결여된 경우에 절차상의 하자를 이유로 부적합하다고 인정하여 사건의 실체에 대한 심리를 하지 않고 소송을 종결시키는 형식재판이다. 공소기각의 재판에는 공소기각의 결정(제328조)과 공소기각의 판결(제327조)이 있다. 전자의 경우가 절차상의 하자가 중대하여 변론을 열 필요조차 없이 재판하는 것이다.

2. 공소기각의 결정

결정으로 공소를 기각하여야 할 사유는 절차상의 하자가 중대하고 명백한 경우로서 (i) 공소가 취소되었을 때, (ii) 공소제기 이후 피고인이 사망하거나 피고인인 법인이 존재하지 아니하게 된 때(즉 당사자능력의 상실), (iii) 관할의 경합으로 인하여 재판할 수 없을 때, (iv) 공소장에 기재된 사실이 진실하다 하더라도 범죄가 될 만한 사실이 포함되지 아니한 때(판례는 공소장 기재사실 자체에 대한 판단으로 그 사실 자체가 죄가 되지 아니함이 명백한 경우라는 것으로 대판 1990.4.10, 90도174; 대판 2014.5.16, 2012도12867)가 여기에 해당한다(제328조).

공소기각의 결정에 대해서는 즉시항고할 수 있다(제328조 제2항). 공소취소에 의한 공소기각의 결정이 확정된 때에는 공소취소 후 그 범죄사실에 대한 다른 중요한 증거를 발견한 경우에 한하여 다시 공소를 제기할 수 있다(제329조). 이 요구는 단순일죄인 범죄사실에 대하여 공소가 제기되었다가 공소취소에 의한 공소기각결정이 확정된 후 다시 종전 범죄사실 그대로 재기소하는 경우뿐만 아니라 범죄의 태양, 수단, 피해의 정도, 범죄로 얻은 이익 등 범죄사실의 내용을 추가 변경하여 재기소하는 경우에도 마찬가지로 적용된다. 따라서 단순일죄인 범죄사실에 대하여 공소취소로 인한 공소기각결정이 확정된 후에 종전의 범죄사실을 변경하여 재기소하기 위하여는 변경된 범죄사실에 대한 다른 중요한 증거가 발견되어야 한다(대판 2009.8.20, 2008도9634).

3. 공소기각의 판결

판결로서 공소를 기각하여야 할 경우는 다음과 같다(제327조).

(i) 피고인에 대하여 재판권이 없을 때: 다만 일반법원에 군인이 기소된 경우에는 제16조의2에 따라 군사법원으로 직권이송될 뿐이다.

(ii) 공소제기의 절차가 법률의 규정에 위반하여 무효인 때: 국회의원의 면책특권에 속하는 행위에 대한 기소는 여기에 해당한다(대판 1992.9.22, 91도3317).[5] _또한

5) 공소사실이 특정되지 않거나(대판 1986.12.9, 86도1168), 성명모용에 의하여 피고인이 특정되지 않은 경우(대판 1985.6.11, 85도756)가 여기에 해당한다. 그러나 무혐의결정사건을 고소에 의하여 재기수사하여 공소제기하였거나(대판 1995.3.10, 94도2598), 친고죄에서 고소 없이 수사를 하고 공소제기 전에 고소를 받아 공소제기한 것만으로는 공소제기의 절차가 법률의 규정에 위반하였다고 할 수 없다(대판 1995.3.10, 94도3373).

경범죄 처벌법 위반 혐의로 범칙금 납부 통고를 받은 사람을 범칙금 납부기간이 채 끝나기도 전에 검사가 기소한 것은 위법해 무효이다(대판 2020.5.21. 2017도13409). 그리고 위법수사절차에 의한 기소의 경우가 여기에 포함된다는 견해도 있다.

(iii) 공소가 제기된 사건에 대하여 다시 공소가 제기되었을 때(소위 동일법원에의 이중기소): 동일사건이 다른 법원에 기소된 경우는 공소기각의 결정사유가 된다(제328조 제1항 제3호). 동일법원에 동일사건이 다시 공소된 때에 뒤에 공소된 사건에 대하여 판결선고가 있었다고 하더라도 확정되기 전에는 먼저 공소된 사건을 심판하여야 되고 뒤에 공소된 사건은 공소기각판결을 하여야 한다(대판 1969.6.24, 68도858). 포괄일죄를 구성하는 추가사실이 기소된 경우에는 공소장변경절차를 거쳐야 하고, 공소기각의 판결을 할 필요는 없다(대판 1999.11.26, 99도3929).

(iv) 제329조를 위반하여 공소취소 후 다른 중요한 증거를 발견하지 않았음에도 불구하고 공소가 제기되었을 때

(v) 고소가 있어야 공소를 제기할 수 있는 사건(친고죄 사건)에서 고소가 취소되었을 때

(vi) 피해자의 명시한 의사에 반하여 공소를 제기할 수 없는 사건(반의사불벌죄 사건)에서 처벌을 원하지 아니하는 의사표시를 하거나 처벌을 원하는 의사표시를 철회하였을 때; 판례에 의하면, 실체적 경합의 수개 범죄로 기소된 피고인이 반의사불벌죄인 폭행부분에 대해서는 1심 판결 선고 전 해당 피해자와 합의했다면(합의서 제출) 법원은 그 폭행 부분에 대해서는 따로 공소기각 판결을 선고해야 하는바, 이 부분에 대해서는 재판부 직권조사사항이므로 당사자가 항소이유로 주장하지 않았어도(즉, 실체적 경합에 의한 하나의 병합형 선고에 대해 양형부당만 주장하는 상소를 제기했어도) 항소심은 직권 조사하여 그렇게 판시해야 하는 것이다(하나의 형을 선고한 원심에 대해서는 실체적 경합으로 처리된 모두를 파기해야 할 것이라는 대판 2021.02.22. 2020도16460).

공소기각의 재판을 하는 경우에는 피고인의 출석을 요하지 않는다(제277조). 그리고 공소기각의 판결이 선고되면 구속영장의 효력이 상실된다(제331조). 검사는 공소기각의 판결에 대하여 상소할 수 있다(제358조, 제371조).

Ⅴ. 면소의 판결

1. 본 질

면소의 판결은 형식재판이면서도 일사부재리의 효력이 인정되는 재판이다. 따라서 그 본질이 무엇인가에 대해서는 견해의 대립이 있다.

(1) 실체재판설

이 설은 면소판결은 일단 발생한 형벌권이 후에 소멸한 경우에 형벌권의 소멸을 확인하는 실체재판, 즉 범죄의 성립은 있으나 형벌권이 소멸한 경우에 선고하는 재판이라고 해석하는 견해이다. 실체재판설에 의하면 면소판결을 위하여는 실체에 대한 심리를 필요로 하고, 면소판결에 대하여 무죄를 주장하여 상소할 피고인의 이익도 인정할 수 있게 된다. 현재 우리나라에서 주장자가 없다.

(2) 이 분 설

이 설은 확정판결을 이유로 하는 면소판결은 형식재판이고 사면, 공소시효의 완성, 형의 폐지를 이유로 하는 면소판결은 실체재판이라고 하는 견해이다. 이 설 역시 우리나라에서 주장자가 없다.

(3) 실체관계적 형식재판설

이 설은 면소판결을 실체적 소송조건이 불비된 경우에 선고되는 실체관계적 형식재판으로 이해하는 견해이다. 이 견해를 따를 경우 형식재판이면서도 기판력이 인정되며, 면소판결을 위해서는 어느 정도 실체심리를 하여야 하고, 면소판결에 대하여 피고인은 무죄를 주장하여 상소할 수 있게 된다. 우리나라에서 종래 다수설의 입장이었다.[6)]

(4) 형식재판설

이 설은 면소판결을 실체심리를 하지 않고 형식적으로 소송을 종결시키는 형식재판이라고 해석하는 견해이다. 형식재판설은 면소사유가 밝혀진 때에는 실체심리를 허용하지 않고, 면소판결에 대하여 피고인은 무죄를 주장하여 상소할 수 없다고 한다. 다만 면소판결의 사유는 단순한 절차적 하자를 이유로 하는 다른 형식재판과는 달리 피고인의 기득의 이익을 보호하기 위하여 소송추행이익이 결여되는 것으

---

6) 권오병, 228면; 김기두, 179면; 서일교, 210면; 송광섭, 311면; 신현주, 716면; 정영석, 311면.

로 보아 형식재판설도 면소판결에 대해서는 일사부재리의 효력을 인정한다(이를 포함한 견해를 소송추행이익결여설이라고 함). 현재 우리나라에서 다수설이자 판례의 태도에 해당하는 입장이다.

(5) 소 결

실체재판설은 면소판결이 형벌권의 소멸을 확인하는 재판이라고 할 때에는 무죄판결과 구별할 수 없고 무죄의 확정판결이 있을 경우 면소판결을 하도록 한 것(제326조 제1호)을 설명할 수 없고, 이분설은 법이 통일적인 설명을 단념하고 있다는 비판을 면할 수 없으며, 실체관계적 형식재판설은 면소판결을 위해 실체심리를 필수적으로 요구하는 점에서 타당하지 않다. 따라서 면소판결을 위해 반드시 실체심리를 요구하지는 않지만 면소판결이 있는 경우 일사부재리의 효력이 인정되는 내용을 가진 형식재판설이 가장 타당한 것으로 판단된다.

2. 면소판결의 사유

면소판결은 (i) 확정판결이 있을 때,[7] (ii) 사면이 있을 때,[8] (iii) 공소시효가 완성되었을 때,[9] (iii) 범죄 후 법령개폐로 형이 폐지되었을 때에 선고하여야 한다(제326조).

3. 관련문제

(1) 심리의 특칙

면소의 판결을 할 것이 명백한 사건에 대하여는 피고인의 출석을 요하지 아니한다. 다만 피고인은 대리인을 출석하게 할 수 있다(제277조). 공판절차의 정지사유가 존재하는 경우에도(제306조 제1항, 제2항) 피고사건에 대하여 면소의 재판을 할 것

---

7) 약식명령(대판 1983.6.14, 83도939) 또는 즉결심판(대판 1990.3.9, 89도1046)에서 선고된 것도 포함한다. 다만 행정벌에 지나지 않는 과태료의 부과처분은 확정판결에 속하지 않으며(대판 1992.2.11, 91도2536), 외국판결이 확정된 경우도 같다(1983.10.25, 83도2366).

8) 여기서 말하는 '사면'이란 일반사면을 의미할 뿐(대판 2000.2.11, 99도2983), 형을 선고받아 확정된 자를 상대로 이루어지는 특별사면은 여기에 해당하지 않는다(대판 2015.5.21, 2011도1932).

9) 공소가 제기된 범죄도 판결의 확정 없이 공소를 제기한 때로부터 25년을 경과하면 공소시효가 완성된 것으로 간주되므로(제249조 제2항), 이 경우에도 면소판결을 선고하여야 한다(대판 1986.11.25, 86도2106).

이 명백한 때에는 피고인의 출정 없이 재판할 수 있다(제4항).

(2) 일죄의 일부에 면소사유가 있는 경우의 재판

과형상 일죄(상상적 경합: 대판 1996.4.12, 95도2312) 또는 포괄일죄(대판 1982.2.23, 81도3277)의 일부에 면소사유가 있고 나머지 부분에 실체판결을 한 때에는 주문에는 유·무죄의 판단만 표시하면 족하다.

(3) 면소판결의 부수적 효과

면소판결이 선고된 때에는 구속영장은 원칙적으로 효력을 잃는다(제331조). 또 피고인은 형사보상을 받을 수 있다(형사보상 및 명예회복에 관한 법률 제26조).

Ⅵ. 종국재판의 부수효과

1. 구속에 미치는 효과

무죄, 면소, 형의 면제, 형의 선고유예, 형의 집행유예, 공소기각 또는 벌금이나 과료를 과하는 판결이 선고된 때에는 구속영장은 효력을 잃는다(제331조).

2. 압수물의 처분관계

압수한 서류 또는 물품에 대하여 몰수의 선고가 없는 때에는 압수를 해제한 것으로 간주한다(제332조). 압수한 장물로서 피해자에게 환부할 이유가 명백한 것은 판결로써 피해자에게 환부하는 선고를 하여야 한다(제333조 제1항). 장물을 처분하였을 때에는 판결로써 그 대가로 취득한 것을 피해자에게 교부하는 선고를 하여야 한다(제2항). 가환부한 장물에 대하여 별단의 선고가 없는 때에는 환부의 선고가 있는 것으로 간주한다(제3항). 이 경우 이해관계인이 민사소송 절차에 의하여 그 권리를 주장함에 영향을 미치지 아니한다(제4항).

3. 가납의 재판

법원은 벌금, 과료 또는 추징의 선고를 하는 경우에 판결의 확정후에는 집행할 수 없거나 집행하기 곤란할 염려가 있다고 인정한 때에는 직권 또는 검사의 청구에 의하여 피고인에게 벌금, 과료 또는 추징에 상당한 금액의 가납을 명할 수 있다(제334조 제1항). 재판은 형의 선고와 동시에 판결로써 선고하여야 한다(제2항). 판결은 즉시로 집행할 수 있다(제3항).

[§ 42] 재판의 확정과 효력

Ⅰ. 재판의 확정

1. 의　의

재판의 확정이란 재판이 통상의 불복방법에 의해서는 다툴 수 없게 되어 그 내용을 변경할 수 없게 된 상태를 말하고, 이러한 상태에 있는 재판을 확정재판이라고 한다.

2. 재판확정의 시기

(1) 불복신청이 허용되지 않는 재판

불복신청이 허용되지 않는 재판은 선고 또는 고지와 동시에 확정된다. 불복신청이 허용되지 않는 재판으로는 (i) 법원의 관할 또는 판결전의 소송절차에 관한 결정(제403조 제1항, 즉시항고의 예외는 있음), (ii) 항고법원 또는 고등법원의 결정이나 법관의 명령(다만 재판에 영향을 미친 헌법, 법률, 명령 또는 규칙의 위반이 있는 경우의 대법원에의 즉시항고 예외가 있음; 제415조, 제416조, 제419조), (iii) 대법원의 결정(대결 1987.1.30, 87모4), 대법원의 판결[10] 등이 있다.

(2) 불복신청이 허용되는 재판

불복신청이 허용되는 재판은 상소기간 기타 불복신청기간의 도과, 상소 기타 불복신청의 포기 또는 취하, 불복신청을 기각하는 판결의 확정(제360조, 제376조, 제362조, 제381조, 제407조) 등에 의하여 확정된다. 불복신청기간에 대해서는 항소(제358조), 상고(제374조), 약식명령(제453조 제1항), 즉결심판(즉결심판에 관한 절차법 제14조,

10) 다만, 대법원판결의 확정시기에 대하여 대법원판결에 대하여도 판결의 개정이 허용되므로 정정신청기간의 경과, 정정판결 또는 신청포기의 결정에 의하여 확정된다고 보는 견해(김기두, 183면; 서일교, 219면; 신현주, 687면; 정영석/이형국, 434면)와 판결의 정정은 예외적인 경우에 오기, 위산과 같은 오류를 정정하는 데 불과하므로 대법원판결은 선고와 동시에 확정된다고 해석하는 것이 타당하다는 견해(강구진, 586면; 배종대/이상돈, 747면; 백형구, 538면; 신동운, 1033면; 신양균, 881면; 이영란, 636면; 임동규, 647면)의 대립이 있다.

제16조)에 따라 각각 재판을 선고 또는 고지받은 날로부터 7일이 경과하면 확정되는 것으로 규정되어 있다. 즉시항고의 경우는 3일이 경과하면 확정된다(제405조). 통상 항고에는 항고기간의 제한이 없으므로 원심판결을 취소하여도 실익이 없게 된 때에 확정된다(제404조). 검사나 피고인 또는 제339조에 규정된 자는 상소의 포기 또는 취하를 할 수 있다. 단, 피고인 또는 제341조에 규정된 자는 사형 또는 무기징역이나 무기금고가 선고된 판결에 대하여는 상소의 포기를 할 수 없다(제349조). 정식재판의 청구는 제1심판결선고 전까지 취하할 수 있다(제454조). 즉결심판에 대해서도 정식재판의 포기 또는 취하를 할 수 있다(즉심법 제14조 제4항, 제454조).

Ⅱ. 재판의 확정력

1. 형식적 확정력

(1) 의 의

형식적 확정이란 재판이 통상의 불복방법에 의하여 다툴 수 없는 상태를 말한다. 형식적 확정력(formelle Rechtskraft)이란 재판의 형식적 확정에 의한 효력으로서 재판의 대상이 된 사안을 더 이상 동일한 절차에서 다툴 수 없다는 의미의 불가쟁적 효력(Unabfechtbarkeit)을 말한다.[11]

(2) 형식적 확정력이 있는 재판과 효력

형식적 확정력은 종국재판이건 종국전의 재판이건, 실체적 재판이건 형식적 재판이건 불문하고 모든 재판에 발생한다. 종국재판에 있어서는 형식적 확정에 의하여 소송계속이 종결된다. 그리고 그 시점에서 재판을 집행할 수 있다(제459조). 또한 형식적 확정은 누범가중, 집행유예의 실효 등에 관한 기준시점이 된다.

2. 내용적 확정력

(1) 의 의

내용적 확정이란 재판이 형식적으로 확정되면 이에 따라 그 의사표시적 내용도 확정되는 것을 말한다. 재판의 내용적 확정에 의하여 그 판단내용인 법률관계를

---

11) 강구진, 528면; 김기두, 182면; 배종대/이상돈, 748면; 백형구, 539면; 송광섭, 313면; 신동운, 1054면; 신양균, 882면; 이영란, 627면.

확정하게 하는 효력을 재판의 내용적 확정력 또는 실질적 확정력이라고 한다. 유죄, 무죄의 실체재판이 확정되면 이에 따라 형벌권의 존부와 범위가 확정된다. 이 중에서 실체재판의 내용적 확정력을 실체적 확정력이라고 한다. 실체적 확정력을 피고사건의 측면에서 볼 때에 이를 일사부재리효과 또는 기판력이라고 한다.

(2) 내용적 확정력의 효과

1) 대내적 효과 재판의 내용적 확정력에 의하여 내용적 불가변력 또는 내용적 구속력이 발생한다. 이러한 효력은 실체재판뿐만 아니라 형식재판에도 인정된다. 실체재판에 대한 대표적 확정력인 실체적 확정력은 내부적 효력으로서는 당해 사건에 대한 구체적 형벌권의 존부와 범위가 확정되거나 특히 형을 선고하는 판결에 있어서는 집행력을 가지게 된다(제459조).

2) 대외적 효과 내용적 확정력의 대외적 효과는 상이한 판단을 할 수 없도록 하는 후소법원에 대한 효과를 의미한다. 실체재판과 형식재판에는 공통적으로 동일사건의 실체에 관해서 동일한 사정에서는 재차 심리, 판결하는 것을 허용하지 않는 대외적 효과를 가진다. 이에는 확정력에 따라 후소 자체를 금지시키는 차단효와 후소의 재판은 확정된 내용에 구속되어야 한다는 구속효의 양 면이 포함될 수 있다. 다만 관할위반의 판결이 확정된 상태에서 재차 기소된 경우에 법원은 전의 재판에 구속되어 역시 관할위반의 판결을 하여야 한다는 견해(구속설)도 있을 수 있지만, 동일사항에 대한 판단을 금지하는 것으로 해석하여 공소기각의 판결(제327조 제2호)을 하여야 한다는 차단효설(다수설)이 타당하다. 그리고 이러한 차단효과는 형식재판의 경우 사정변경이 있으면 인정되지 않는다. 그리고 동일사건에 대해 후소법원의 심리가 금지되는 효과, 즉 일사부재리의 효력 내지 기판력은 실체재판에 대해서만 인정된다.

3. 기판력과 일사부재리의 효력

(1) 의 의

1) 개 념 기판력의 개념에 대해서는 (i) 기판력과 일사부재리효력(ne bis in idem) 및 실체재판확정에 따른 내용적 확정력의 대외적 효력(실체적 효력)을 동일한 것으로 보는 견해(일치설),[12] 일사부재리효력을 기판력과 구별하여 이해하면서 전자에

12) 김기두, 185면; 백형구, 540면; 서일교, 221면; 신동운, 1039면; 정영석/이형국, 437면.

대해 형사절차에 수반되는 피고인의 불안정한 상태를 제거하고자 하는 이중위험금지의 법리와 같은 것으로 보는 견해(구별설),[13] 기판력을 실체 및 형식 재판의 내용적 구속력과 일사부재리효과를 포함하는 것으로 보는 견해(포함설)[14]의 대립이 있다.

생각건대, 기판력도 피고인보호를 도모하는 것이기 때문에 이를 일사부재리효력 및 이중위험금지의 법리와 구별하려는 구별설은 타당하지 않다. 동일한 맥락에서 일사부재리원칙을 이중위험금지의 원리와 구별하면서 기판력과의 사이에서만 일체성을 인정하는 일치설도 타당하지 않다. 오히려 좁은 의미의 기판력은 실체재판의 대외적 효력으로 이해하는 일치설에 해당할 것이고, 넓은 의미의 기판력은 형식재판의 대외적 효과도 포함하는 포함설에 해당할 것이며, 이러한 기판력의 개념에는 항상 이중위험금지의 법리도 함께 포함된 것으로 보아야 할 것이다. 따라서 기판력을 광의와 협의로 나누어 이해하는 것이 가장 타당하다.

2) **근 거** 헌법은 "모든 국민은 동일한 범죄에 대하여 거듭하여 처벌받지 아니한다"라고 하여 일사부재리의 원칙을 헌법상의 원칙으로 규정하고 있다(제13조 제1항). 헌법의 일사부재리의 효력은 대륙의 일사부재리의 원칙과 영미의 이중위험의 금지를 포함하는 넓은 의미의 이중위험의 금지를 규정하고 있는 것이다. 이에 따라 형사소송법은 확정판결을 받은 사건에 대해 재기소되더라도 법원은 면소판결을 하는 것으로 규정하고 있다(제326조 제1호).

(2) 기판력의 본질

1) **실체법설** 이 설은 기판력의 본질을 확정재판에 의하여 실체법률관계를 형성, 변경하는 효력이라고 이해하는 견해이다. 따라서 잘못된 판결이라 할지라도 기판력에 의하여 판결내용과 같은 실체법률관계가 형성되는 결과가 된다.

2) **구체적 규범설** 이 설은 일반적, 추상적인 규범인 실체법이 소송을 통하여 개별적, 구체적인 법률관계로 형성되도록 하는 힘을 기판력이라고 이해하는 견해이다. 기판력은 당해 사건에 대한 구체적 실체법이기 때문에 기판력에 의하여 피고인은 유죄판결을 받은 자의 지위에 놓이게 되고 집행력과 구속력과 같은 재판의 효력이 발생한다는 것이다.[15]

---

13) 이영란, 629면; 임동규, 651면; 차용석/최용성, 731면; 차용석, "실체재판의 효력," 고시연구 1975.12, 26면.

14) 강구진, 528면; 배종대/이상돈, 752면; 송광섭, 315면; 신양균, 892면; 이재상, 674면.

15) 김기두, 184면; 서일교, 222면; 신현주, 708면; 정영석/이형국, 438면.

3) **소송법설** 이 설은 기판력은 실체법률관계에 아무런 영향을 미치지 아니하며 소송법에서 인정되는 확정재판의 후소에 대한 영향에 불과하다는 견해로서 다수설에 해당한다.16) 기판력을 검사의 금반언(estoppel)으로 이해하는 견해는 신소송법설로 분류된다.

4) **소 결** 실체법설은 재심과 비상상고제도와 모순되고, 구체적 규범설은 기판력의 물적 범위가 현실적으로 재판받은 실체규범보다 넓은 이유를 설명하기 어려우며, 신소송법설은 무죄판결에 대한 검사의 상소권을 허용하는 이유를 설명하기 어렵다. 따라서 소송법설이 가장 타당하다.

4. 내용적 구속력

(1) 의 의

광의의 기판력은 확정재판의 후소에 대한 내용적 구속력과 협의의 일사부재리의 효력을 내용으로 한다. 내용적 구속력이란 재판이 확정되면 다른 법원에서도 동일한 사정에서 동일사항에 대하여는 다른 판단을 할 수 없는 효력을 말한다. 즉 종국재판의 후소에 대한 불가쟁적 효력을 의미한다.

(2) 형식재판의 내용적 구속력

1) **내용적 구속력의 작용** 형식재판의 내용적 구속력이 후소에 대하여 어떤 작용을 하는가에 대해서는 견해의 대립이 있다. 구속효과설은 후소의 수소법원에 대하여 판단내용을 구속한다고 해석함에 대하여, 차단효과설은 동일사항에 대한 판단을 금지하는 것이라고 한다.17) 생각건대, 내용적 구속력에 위반한 경우에는 절차위반을 이유로 공소기각의 판결을 선고하는 차단효과설이 타당하다.

2) **내용적 구속력이 미치는 범위** 재판의 내용적 구속력은 법원이 현실적으로 심판한 사실의 범위에서만 발생한다. 친고죄에 있어서 고소가 없거나 고소가 무효임을 이유로 한 공소기각의 판결이 확정된 경우에 고소가 있다거나 유효하다는 주장을 하는 후소는 허용되지 않는다. 그러나 후에 고소가 있는 경우는 물론 공소를 제기할 수 있다. 관할위반의 판결이 확정된 때에도 동일법원에 동일사건을 재소하

16) 강구진, 530면; 배종대/이상돈, 753면; 송광섭, 317면; 신동운, 1043면; 신양균, 895면; 이재상, 675면; 임동규, 654면; 차용석/최용성, 732면.

17) 강구진, 532면; 배종대/이상돈, 750면; 이재상, 677면; 임동규, 631면; 차용석/최용성, 733면.

는 것은 허용되지 않지만 관할권 있는 다른 법원에 공소를 제기하는 것은 관계없다. 피고인의 사망을 이유로 한 공소기각의 결정이 확정된 후에 피고인의 생존사실이 판명된 경우와 같이 재판내용의 오류가 명백하고 그것이 피고인의 적극적인 기망행위로 인한 경우에는 예외적으로 구속력을 인정할 수 없다.[18]

5. 일사부재리의 효력

(1) 의 의

좁은 의미의 일사부재리의 효력이란 유죄, 무죄의 실체판결이나 면소판결이 확정된 때에 동일사건에 대하여 다시 심리판단하는 것이 허용되지 않는다는 효력을 말한다.

(2) 일사부재리의 효력이 인정되는 재판

1) 실체재판 유죄, 무죄의 실체재판에 협의의 일사부재리의 효력이 인정된다는 점에는 이론이 없다. 약식명령(제457조)과 즉결심판(즉심법 제16조)도 확정되면 유죄판결과 동일한 효력을 가지므로 일사부재리의 효력이 발생한다. 다만 이는 형사재판에만 인정되는 것이므로 행정법상의 징계처분이나 관세법상의 통고처분에는 인정될 여지가 없다. 그러나 도로교통법 위반으로 범칙금납부 통고처분을 받고 이를 납입한 경우(도로교통법 제164조 제3항)와 소년의 보호처분결정(소년법 제32조, 제53조)에 대하여는 일사부재리의 효력을 명문으로 인정하고 있다(다만 사후에 대상소년 아닌 자에게 보호처분이 있었던 것이 발각된 경우에는 보호처분이 취소되고 검찰송치 및 기소가 될 수 있기 때문에 소년법 제38조 제1항 제1호와 제53조 단서에 의해 일사부재리의 효과가 부정됨). 그런데 판례는 위에 언급한 여러 실체재판 중에서 유독 소년에 대한 보호처분결정에 대해서만 "보호처분은 확정판결(제326조 제1호)이 아니고 따라서 기판력도 없으므로 이에 대하여 면소판결을 할 것이 아니라 공소제기의 절차가 법률의 규정에 위배하여 무효인 때에 해당한 경우이므로 형사소송법 제327조 제1호의 규정에 의하여 공소기각의 판결을 하여야 할 것이다"고 판시하였다(대판 1985.5.28,

18) 따라서 재소를 허용해도 무방하다는 재기소긍정설이 다수설이다(백형구, 738면; 신동운, 769면; 배종대/이상돈, 669면; 진계호, 687면; 임동규, 605면). 이에 대하여 내용적 구속력은 재판의 오류가 있는가를 불문하고 재판의 효력에 의하여 당해 소송에 관한 한 피고인의 사망은 확정되었다고 볼 것이므로 재소는 허용되지 않는다고 해석하는 재기소부정설을 주장하는 견해로는 이재상, 618면; 신양균, 818면; 차용석, 990면; 민영성, 고시계 2002.10, 140면.

85도21). 즉, "제32조의 보호처분을 받은 소년에 대하여는 그 심리가 결정된 사건은 다시 공소를 제기하거나 소년부에 송치할 수 없다"는 소년법 제53조에 위반된 공소 제기가 될 뿐이라는 것이 판례의 취지이다. 생각건대, 판례가 확정된 소년 보호처분 결정에 대해 확정판결이 아니라서 기판력이 없다고 판시한 것은 타당하지 않다. 오히려 보호처분결정도 실체재판인 이상 약식명령, 범칙금납부와 같이 확정판결에 준하는 것으로서 기판력이 있는 것으로 보는 것이 타당하다. 따라서 확정된 보호처분 결정의 사건에 대해 재기소(내지 재소년부송치)의 경우는 면소판결사유와 공소기각 판결사유가 경합되는 것으로 보아야 할 것이다(이 경우에는 순수 형식재판인 공소기각 판결이 우선할 것임).

2) 형식재판 공소기각과 관할위반의 형식재판에 대하여는 협의의 일사부재리의 효력을 인정할 여지가 없다. 그러나 면소의 재판은 형식재판이지만 일사부재리의 효력이 인정된다. 다만 그 근거로서 면소판결을 실체관계적 형식재판으로 이해하는 견해와 형식재판이지만 다른 형식재판과 달리 소송추행의 이익이 없기 때문에 인정하여야 한다는 견해(소송추행이익결여설)의 대립이 있는데, 후자의 견해가 타당하다.

3) 당연무효의 판결 당연무효의 판결이란 판결로 성립은 하였으나 중대한 하자가 있기 때문에 상소 기타 불복신청을 하지 않아도 그 본래의 효력이 발생하지 않는 재판을 말한다. 당연무효의 판결에 일사부재리의 효력이 인정되는가에 관하여 실체적 확정력이 발생하지 않는다는 견해도 있으나,[19] 당연무효의 판결의 경우에도 법원이 심리를 종결하여 최종적 판단을 한 것이므로 일사부재리의 효력은 인정된다(다수설).

(3) 일사부재리의 효력이 미치는 범위

1) 객관적 범위

[설문 (18)] 검사 甲은 수사종결시까지 밝혀진 상습범을 구성하는 일부행위에 대해 일단 공소를 제기하였다. 그런데 제1심 소송 도중에 상습범을 구성하는 나머지 구성행위가 또다시 밝혀지자 甲은 그 부분에 대해 추가기소하였다. 그리고 다른 사건에서 갑은 상습사기죄를 구성하는 여러 행위에 대해 (단순사기죄 또는 상습사기죄로) 공소 제기한 것에 대해 유죄의 확정판결이 있고 난 이후에 또 다른 상습범

19) 백형구, 772면.

구성행위가 밝혀지자 甲은 다시 그 부분에 대해 재차 공소를 제기하였다. 이 경우 법원의 조치는?

상기한 [설문]에서 제1심의 소송 도중에 포괄일죄를 구성하는 나머지 범행들에 대해 검사는 공소장 변경을 신청하여야 함에도 불구하고 추가 기소하였는바, 그 적법성 여부가 문제된다. 이에 대해서는 공소장 변경의 문제로서 이미 전술하였다. [설문]에서 유죄의 확정판결이 난 이후 재기소한 후자의 경우가 바로 기판력의 문제가 된다. 일사부재리의 효력(기판력)이 미치는 객관적 범위는 법원의 현실적 심판의 대상인 당해 공소사실은 물론 그 공소사실과 단일하고 동일한 관계에 있는 사실의 전부에 미친다. 이 범위는 공소제기의 효력범위(즉 잠재적 심판범위까지. 제248조 제2항)이고 공소장변경의 허용범위와 동일하다. 공소사실의 동일성을 판단하는 방법에 대해서는 공소장변경의 범위와 관련하여 이미 전술하였다. 기본적 사실동일설이 다수설이지만, 대법원 판례는 장물취득과 본범에 해당하는 강도행위와의 관계에 대하여 동일성을 부정하면서 기본적 사실의 동일성을 판단하는 데 있어서 법익 및 죄질과 같은 규범적 요소를 고려하여야 한다는 견해(사실적 · 규범적 사건개념설)를 취하였다(대판 1994.3.22, 93도2080 전원합의체; 자세한 내용은 전술한 § 27/II 참조). 상기한 [설문]에서 포괄일죄의 상습사기죄에 대해 유죄 확정판결이 있었다면 그 상습범을 구성하는 나머지 행위들에 대해서도 기판력이 미치기 때문에 검사의 재기소에 대해서 법원은 면소판결을 하여야 한다.

문제는 단순사기죄로 유죄의 확정판결이 있고 난 이후 상습사기죄로 재기소된 경우에도 기판력이 이에까지 미치는가에 있다. 종래의 판례는 단순사기죄의 유죄확정판결은 상습사기죄의 재기소에 대해서도 기판력이 미친다고 판시하였다. 그러나 대법원 전원합의체 판례는 실제로 포괄일죄(예컨대 상습사기죄)를 구성하는 행위들 중에서 먼저 일부에 대해 단순범죄(예컨대 단순 사기죄)로서 확정판결이 있고 난 이후 다른 범행들이 발각되자 상습범(즉 상습사기죄)으로 다시 기소한 사건에 있어서 기판력의 물적 범위(단일성 및 동일성)를 넘는 것, 즉 후소 법원은 면소판결을 할 것이 아니고 실체심판을 하여야 하는 것으로서 판시하여 종래 판례의 태도를 변경하였다(아래 판례의 태도임). 이 전원합의체 판례에 대해 사건의 단일성과 동일성의 개념을 몰각하였다는 비판의 견해도 제기될 수 있지만, 판시의 결론 자체는 합리적이고 불가피한 것으로 판단된다. 왜냐하면 상습범을 구성하는 수개행위를 포괄일죄로 다루는 이유는 포괄일죄로 취급하면서 형을 가중하기 때문이다. 그에 비하여 상습범 가중 처벌 규정이 없는 범죄에서는 구성 행위들은 실체적 경합으로 다루어 질 것이다(이 경우에는 경합범 가중 처벌될 것 임. 그리고 수죄이기 때문에 기판력도 미치지 않음). 그런데 판례 사안의 경우 후소 법원이 면소판결을 하여야 한다면 이러한 가중처벌이 불가능하게 된다. 그렇게 되면 상습범 가중처벌 규정이 있는 경우(포괄일죄로서 기판력이 미침)와 상습범 가중처벌 규정이 없는 경우(실체적 경합의 수죄로서 기판력이 미치지 않음) 사이에 불균형이 있게 될 것이다. 이러한 문제를 극복하기 위해서 기판력의 물적 효력을 부정한 전원합의체 판례의 태도는 다소 불가피한 것으로 판단된다.

관련판례 ① 상습범으로서 포괄적 일죄의 관계에 있는 여러 개의 범죄사실 중 일부에 대하여 유죄판결이 확정된 경우에, 그 확정판결의 사실심판결 선고 전에 저질러진 나머지 범죄에 대하여 새로이 공소가 제기되었다면 그 새로운 공소는 확정판결이 있었던 사건과 동일한 사건에 대하여 다시 제기된 데 해당하므로 이에 대하여는 판결로써 면소의 선고를 하여야 하는 것인바(형사소송법 제326호 제1호), 다만 이러한 법리가 적용되기 위해서는 전의 확정판결에서 당해 피고인이 상습범으로 기소되어 처단되었을 것을 필요로 하는 것이고, 상습범 아닌 기본 구성요건의 범죄로 처단되는 데 그친 경우에는 가사 뒤에 기소된 사건에서 비로소 드러났거나 새로 저질러진 범죄사실과 전의 판결에서 이미 유죄로 확정된 범죄사실 등을 종합하여 비로소 그 모두가 상습범으로서의 포괄적 일죄에 해당하는 것으로 판단된다 하더라도 뒤늦게 앞서의 확정판결을 상습범의 일부에 대한 확정판결이라고 보아 그 기판력이 그 사실심판결 선고 전의 나머지 범죄에 미친다고 보아서는 아니 된다. 확정판결의 기판력이 미치는 범위를 정함에 있어서는 그 확정된 사건 자체의 범죄사실과 죄명을 기준으로 하는 것이 원칙이고 비상습범으로 기소되어 판결이 확정된 이상, 그 사건의 범죄사실이 상습범 아닌 기본 구성요건의 범죄라는 점에 관하여 이미 기판력이 발생하였다고 보아야 할 것이며, 뒤에 드러난 다른 범죄사실이나 그 밖의 사정을 부가하여 전의 확정판결의 효력을 검사의 기소내용보다 무거운 범죄유형인 상습범에 대한 판결로 바꾸어 적용하는 것은 형사소송의 기본원칙에 비추어 적절하기 않기 때문이다. 이와 다른 취지의 대법원의 판결들(대법원 1978.2.14. 선고 77도3564 전원합의체 판결, 2002.10.25. 선고 2002도1736 판결 등 다수)은 이 판결의 견해와 어긋나는 범위 내에서 모두 변경하기로 한다(대판 2004.9.16, 2001도3206 전원합의체).[20]

20) 이에 대한 필자의 글로는 "검사작성 피의자신문조서의 증거능력과 포괄일죄의 기판력 범위와 관련된 최근판례," 고시연구 32권 4호(373호), 2005.4, 95-106면 참조. 그 외에도 심희기, "상습범의 일부 범죄사실에 대하여 유죄판결이 확정된 후 그 확정판결의 사실심판결

2) 주관적 범위 일사부재리의 효력은 공소가 제기된 피고인에 대해서만 미친다(제248조 제1항). 피고인이 성명을 모용한 경우에 판결의 효력은 피모용자에게 미치지 않는다. 그러나 위장출석한 피고인에 대하여는 판결의 효력이 미친다.

3) 시간적 범위

[설문 (18a)] 검사 甲은 피고인 A를 사기의 죄로 기소하여 법원으로부터 유죄의 확정판결을 받았다. 그런데 그 이후에 검사 甲은 A가 유죄의 판결 선고(확정)를 받은 범행 이전에 범한 동종 범행과 그 이후에 범한 동종 범행들이 더 있는 것을 알게 되었다. (i) 만약 유죄확정판결을 받은 것이 상습사기죄이고, 검사 甲이 그 유죄판결 선고 이전과 이후에 범한 사기범행들에 대해 또다시 상습사기죄로 기소한 경우에 법원의 조치는? (ii) 유죄의 확정판결을 받은 것이 단순 사기죄이었고 검사 甲이 그 범죄 이전과 이후에 범한 사기범행들에 대해 또다시 상습사기죄로 기소한 경우에 법원의 조치는?

소송상 일죄를 구성하는 행위 내지 확정판결을 받은 공소사실과 동일성이 있는 행위가 확정판결의 전후에 걸쳐서 행해진 경우에 어느 시점까지 일사부재리의 효력이 미칠 것인지가 시간적 범위의 문제이다(특히 기소된 이후에도 피고인이 계속적으로 법 위반 행위를 계속하고, 전체 행위들은 포괄일죄를 구성할 경우, 기판력의 시적 범위는 기소 이후에 범한 행위들에 대해서도 미칠 것인가가 문제된다). 이에 대해서는 변론종결시설, 판결선고시설, 판결확정시설 등의 견해대립이 있을 수 있다. 그런데 통설과 판례는 일사부재리의 시적 한계는 사실심리가 가능한 최종의 시점을 표준으로 하는 것이 원칙이지만(즉 변론종결시설이 원칙), 변론의 재개를 허용하고 있는 형사소송법의 해석에 있어서는 사실심 판결선고시를 표준으로 해야 한다는 입장을 취하고 있다. 그리고 항소심까지 진행되는 경우에는 항소심의 선고 시까지 기판력이 미칠 것이다. 다만 항소기각의 재판이 있는 경우에는 기각 재판 시까지 기판력이 미칠 것이다(아래 판례의 태도임). 그리고 약식명령의 경우는 그 명령의 발령시가 기준이 된다

선고 전에 수행된 다른 범죄에 대하여 새로이 공소가 제기된 때의 수소법원의 처리방법: 면소판결의 가부," 고시연구 31권 12호 (369호), 2004.12, 304-321면; 이병주, "상습범행 중간의 확정판결과 기판력의 범위: 상습사기의 범행 중 일부에 대하여 단순사기죄의 확정판결이 있는 경우에 그 확정판결의 기판력의 표준시 전에 저질러진 상습사기범죄에 대하여 위 확정판결의 기판력이 미치는지 여부," 재판실무연구, 광주지방법원, 2005, 189-212면; 이우재, "상습사기죄는 포괄일죄인지 및 단순사기죄의 확정판결의 효력이 그 확정판결의 기판력의 표준시 전에 저질러진 사기죄에 미치는지 여부," 21세기사법의 전개: 송민 최종영 대법원장 퇴임기념, 2005, 593-603면.

고 함이 통설[21]과 판례의 입장이다(대판 1984.7.24, 84도1129).

관련판례 ① 판결의 확정력은 사실심리의 가능성이 있는 최후의 시점인 판결선고시를 기준으로 하여 그때까지 행하여진 행위에 대하여만 미치는 것으로서, 제1심 판결에 대하여 항소가 된 경우 판결의 확정력이 미치는 시간적 한계는 현행 형사항소심의 구조와 운용실태에 비추어 볼 때 항소심 판결선고시라고 보는 것이 상당한데 항소이유서를 제출하지 아니하여 결정으로 항소가 기각된 경우에도 형사소송법 제361조의4 제1항에 의하면 피고인이 항소한 때에는 법정기간 내에 항소이유서를 제출하지 아니하였다 하더라도 판결에 영향을 미친 사실오인이 있는 등 직권조사사유가 있으면 항소법원이 직권으로 심판하여 제1심 판결을 파기하고 다시 판결할 수도 있으므로 사실심리의 가능성이 있는 최후시점은 항소기각 결정시라고 보는 것이 옳다(대판 1993.5.25, 93도836).

[시적 분리의 문제]

1) 포괄일죄(상습범)에서의 분리 여부　기판력의 시적 범위는 유죄판결의 선고 이후에 범한 범죄에 대해서는 미칠 수 없다. 즉, 유죄판결의 선고 이후에 행하여진 범죄는 그 이전의 범행과는 시적 분리가 이루어져, 그 이후에 범한 범죄가 기소된 경우에 법원은 별개의 실체 판결을 내려야 한다. 따라서 상기한 [설문]과 관련하여 상습범을 구성하는 행위들 중의 중간행위에 대해 상습범 포괄일죄로의 확정판결이 있으면 그 이전 행위와 그 이후 행위는 분리되어야 한다. 즉, 확정판결 이전 행위는 기판력의 시적 범위 내에 있기 때문에 면소판결의 대상이 될 것이고, 유죄판결 선고 이후에 범한 행위는 기판력의 시적 범위를 벗어나서 실체 판결의 대상이 될 것이다. 그러나 확정된 범죄가 단순범죄에 불과하고 그 전후의 나머지 범행들이 상습범을 구성하는 경우에는 전술한 바와 같이 기판력의 물적 범위도 벗어나고, 유죄판결 선고의 전후 범행 사이에 시적 분리도 되지 않는다. 따라서 법원은 전체 범행을 대상으로 새로이 기소된 상습범에 대해서 유무죄의 실체 판결을 하여야 한다(대판 2010.5.27, 2010도2182).[22]

---

21) 일반적으로 실체판결이 사실심리의 최종시점인 판결선고시를 기준으로 한다면 약식명령도 발령시를 기준으로 하여야 한다는 것이다(배종대/이상돈, 677면; 이재상, 623면; 신동운, 783면; 정영석/이형국, 440면; 송광섭, 549면; 차용석, 1162면). 그러나 약식명령에 있어 판결의 선고시와 동일한 것은 발령시가 아니라 고지시이고, 발령시설보다 고지시설이 피고인에게 유리하다는 것을 근거로 하는 고지시설(송달시설. 백형구, 745면; 신양균, 830면)의 소수견해가 있다.

22) 참고로, 포괄일죄의 행위들 중간에 다른 종류의 죄에 대한 확정판결이 있어도 분리되지 않고 전체를 포괄일죄로 처리하여야 한다(대판 2003.8.22, 2002도5341; 대판 2002.7.12, 2002도2029).

2) 재심절차가 개시된 경우의 특수문제　　상습범('선행범죄')으로 유죄의 확정판결을 받은 사람이 그 후 동일한 습벽에 의해 범행을 저질렀는데('후행범죄') 유죄의 확정판결에 대하여 재심이 개시된 경우, 동일한 습벽에 의한 후행범죄가 재심대상판결에 대한 재심판결 선고 전에 저지른 범죄라면 재심판결의 기판력이 후행범죄에 미치는지 여부가 문제된다. 이에 대해 판례는 "동일한 습벽에 의한 후행범죄가 재심대상판결에 대한 재심판결 선고 전에 저지른 범죄라 하더라도 재심판결의 기판력이 후행범죄에 미치지 않는다. 재심심판절차에서 선행범죄, 즉 재심대상판결의 공소사실에 후행범죄를 추가하는 내용으로 공소장을 변경하거나 추가로 공소를 제기한 후 이를 재심대상사건에 병합하여 심리하는 것이 허용되지 않으므로 재심심판절차에서는 후행범죄에 대하여 사실심리를 할 가능성이 없다. 또한 재심심판절차에서 재심개시결정의 확정만으로는 재심대상판결의 효력이 상실되지 않으므로 재심대상판결은 확정판결로서 유효하게 존재하고 있고, 따라서 재심대상판결을 전후하여 범한 선행범죄와 후행범죄의 일죄성은 재심대상판결에 의하여 분단되어 동일성이 없는 별개의 상습범이 된다. 그러므로 선행범죄에 대한 공소제기의 효력은 후행범죄에 미치지 않고 선행범죄에 대한 재심판결의 기판력은 후행범죄에 미치지 않는다. 만약 재심판결의 기판력이 재심판결의 선고 전에 선행범죄와 동일한 습벽에 의해 저질러진 모든 범죄에 미친다고 하면, 선행범죄에 대한 재심대상판결의 선고 이후 재심판결 선고 시까지 저지른 범죄는 동시에 심리할 가능성이 없었음에도 모두 처벌할 수 없다는 결론에 이르게 되는데, 이는 처벌의 공백을 초래하고 형평에 반한다"고 판시하였다(유죄판결이 가능한 후행범죄는 사후적 경합범으로도 평가될 수 없기 때문에 형법상 형 감면의 조치도 할 수 없다는 대판 2019.6.24, 2018도20698 전원합의체). 이 판례의 태도에 따르면, 재심대상판결에 포함되는 선행범죄와 그 판결 선고 이후에 행하여진 후행범죄 사이에는 시적 분리가 이루어져 법원은 후행범죄에 대해 별개의 공소제기가 있는 경우에 유무죄 실체 판결을 할 수 있을 것이다.

6. 확정력의 배제

형사소송법은 재판의 사실상 내지 법률상 하자가 중대한 경우에는 정의의 관점에서 예외적으로 확정력(특히 일사부재리의 효력)을 배제하기 위한 제도를 규정하고 있는데, 상소권의 회복(제345조 이하), 재심(제420조) 및 비상상고(제441조)가 여기에 해당한다.

[§ 43] 소송비용

Ⅰ. 의　의

소송비용이란 소송절차를 진행함으로 인하여 발생한 비용으로서 「형사소송비용 등에 관한 법률」에 의하여 특히 소송비용으로 규정된 것을 말한다. 즉 증인, 감정인, 통역인, 번역인의 일당, 여비, 숙박료와 보수 및 기타 비용, 국선변호인의 일당, 여비, 숙박료 및 보수가 여기에 포함된다(동법 제2조). 이 범위에 속하지 않는 비용은 실제로 지출한 것이라 할지라도 소송비용에 포함되지 않는다.

Ⅱ. 소송비용의 부담자

1. 피 고 인

형의 선고를 하는 때에는 피고인에게 소송비용의 전부 또는 일부를 부담하게 하여야 한다. 다만, 피고인의 경제적 사정으로 소송비용을 납부할 수 없는 때에는 그러하지 아니하다(제186조 제1항). 피고인에게 책임지울 사유로 발생된 비용은 형의 선고를 하지 아니하는 경우에도 피고인에게 부담하게 할 수 있다(제2항). 공범의 소송비용은 공범인에게 연대부담하게 할 수 있다(제187조). 검사만이 상소 또는 재심의 청구를 한 경우에 상소 또는 재심의 청구가 기각되거나 취하된 때에는 그 소송비용을 피고인에게 부담하게 하지 못한다(제189조). 그러나 실무상 피고인이 소송비용을 부담하는 경우는 전혀 없다.

2. 고소인, 고발인

고소 또는 고발에 의하여 공소를 제기한 사건에 관하여 피고인이 무죄 또는 면소의 판결을 받은 경우에 고소인 또는 고발인에게 고의 또는 중대한 과실이 있는 때에는 그 자에게 소송비용의 전부 또는 일부를 부담하게 할 수 있다(제188조).

3. 상소·또는 재심청구자

검사 아닌 자가 상소 또는 재심의 청구를 한 경우에 상소 또는 재심의 청구가 기각되거나 취하된 때에는 그 자에게 소송비용을 부담하게 할 수 있다(제190조 제1항). 피고인 아닌 자가 피고인이 제기한 상소 또는 재심의 청구를 취하한 경우에도 이와 같다(제2항).

Ⅲ. 재판절차

1. 재판으로 소송절차가 종료되는 경우

재판으로 소송절차가 종료되는 경우에 피고인에게 소송비용을 부담하게 하는 때에는 직권으로 재판하여야 한다(제191조 제1항). 이 재판에 대하여는 본안의 재판에 관하여 상소하는 경우에 한하여 불복할 수 있다(제2항). 재판으로 소송절차가 종료되는 경우에 피고인 아닌 자에게 소송비용을 부담하게 하는 때에는 직권으로 결정을 하여야 한다(제192조 제1항). 이 결정에 대하여는 즉시항고를 할 수 있다(제2항).

2. 재판에 의하지 아니하고 소송절차가 종료되는 경우

재판에 의하지 아니하고 소송절차가 종료되는 경우에 소송비용을 부담하게 하는 때에는 사건의 최종계속법원의 직권으로 결정을 하여야 한다(제193조 제1항). 이 결정에 대하여는 즉시항고를 할 수 있다(제2항).

3. 산정방법

소송비용의 부담을 명하는 재판에 그 금액을 표시하지 아니한 때에는 집행을 지휘하는 검사가 산정한다(제194조).

Ⅳ. 무죄판결과 비용보상

[설문 (19)] 甲은 살인사건의 용의자로 지목되어 경찰에 체포되었다. 甲은 경찰 및 검찰 수사단계에서 알리바이를 주장하며 자신의 결백을 주장하였지만 甲의 알리바이가 인정되지 않은데다가 목격자들의 진술도 甲에게 불리하여 제1심, 제2심에서 유죄가 인정되고 상고도 기각되어 무기징역형이 확정되었다. 복역 중이던 甲은 위 살인사건의 진범이 제3자인 A로 밝혀진 후 형집행정지로 석방되었다. 이 경우 甲이 자신의 억울함을 구제받을 수 있는 제도에 관하여 약술하시오. [2008년 제50회 사법시험문제]

형사소송법에 따르면, 국가는 무죄판결이 확정된 경우에는 당해 사건의 피고인이었던 자에 대하여 그 재판에 소요된 비용을 보상하여야 한다(제194조의2 제1항). 그러나 (i) 피고인이었던 자가 수사 또는 재판을 그르칠 목적으로 거짓 자백을 하거나 다른 유죄의 증거를 만들어 기소된 것으로 인정된 경우, (ii) 1개의 재판으로써 경합범의 일부에 대하여 무죄판결이 확정되고 다른 부분에 대하여 유죄판결이 확정된 경우, (iii) 형법 제9조 및 제10조 제1항의 사유에 따른 무죄판결이 확정된 경우, (iv) 그 비용이 피고인이었던 자에게 책임지울 사유로 발생한 경우의 어느 하나에 해당하는 경우에는 비용의 전부 또는 일부를 보상하지 아니할 수 있다(제2항). 무죄판결에 따른 비용의 보상은 피고인이었던 자의 청구에 따라 무죄판결을 선고한 법원의 합의부에서 결정으로 한다(제194조의3 제1항).이에 따른 청구는 무죄판결이 확정된 날부터 6개월 이내에 하여야 한다(제2항). 이 결정에 대하여는 즉시항고를 할 수 있다(제3항).

무죄판결에 따른 비용보상의 범위는 피고인이었던 자 또는 그 변호인이었던 자가 공판준비 및 공판기일에 출석하는 데 소요된 여비 · 일당 · 숙박료와 변호인이었던 자에 대한 보수에 한한다. 이 경우 보상금액에 관하여는 「형사소송비용 등에 관한 법률」을 준용하되, 피고인이었던 자에 대하여는 증인에 관한 규정을, 변호인이었던 자에 대하여는 국선변호인에 관한 규정을 준용한다(제194조의4 제1항). 법원은 공판준비 또는 공판기일에 출석한 변호인이 2인 이상이었던 경우에는 사건의 성질, 심리 상황, 그 밖의 사정을 고려하여 변호인이었던 자의 여비 · 일당 및 숙박료를 대표변호인이나 그 밖의 일부 변호인의 비용만으로 한정할 수 있다(제2항). 비용보상청구, 비용보상절차, 비용보상과 다른 법률에 따른 손해배상과의 관계, 보상을 받을 권리의 양도 · 압류 또는 피고인이었던 자의 상속인에 대한 비용보상에 관하여 이 법에 규정한 것을 제외하고는 「형사보상 및 명예회복에 관한 법률」에 따른 보상의 예에 따른다(제194조의5).

제 4 편

각 론(3): 상소절차, 비상구제절차, 특별절차 및 기타

제1장
상 소

[§ 44] 상소에 관한 일반론

Ⅰ. 상소의 의의와 종류

1. 상소의 의의

상소란 확정되지 않은 재판에 대하여 상급법원에 구제를 구하는 불복신청제도를 말한다. 상소는 오판을 시정하기 위하여 인정되는 제도이다. 즉 상소는 원판결의 잘못을 시정하여 이에 의하여 불이익을 받은 당사자를 구제할 뿐만 아니라 법령해석의 통일을 기하기 위하여 인정된다. 상소가 가지는 이러한 기능, 즉 당사자의 구제와 법령해석의 통일 가운데 후자에 중점을 둔 것이 상고라고 한다면,[1] 전자에 중점을 둔 것은 항소라 할 것이다.[2]

2. 상소의 종류

상소에는 항소, 상고 및 항고가 있다. 항소와 상고는 판결에 대한 불복방법이다. 항소는 제1심판결에 대한 상소이다. 그리고 상고는 제2심판결에 대한 상소이다.

---

1) 영미법과 달리 무죄판결에 대한 상소권을 검사에게 인정하고 있는 우리 형사소송법의 경우에 있어서는 법령적용의 통일을 통한 법적 안정성의 보장이 상소제도의 기본적 토대를 이룬다는 지적에는 신동운, 1040면 참조.

2) 형사재판의 불이익으로부터 피고인을 구제하는 것은 피고인 자신에게 중요한 의미가 있을 뿐만 아니라 형사사법의 공정성을 국민에게 납득시키는 역할도 담당하고 있기 때문에 판례는 피고인의 정당한 이익을 위하여 검사에게 피고인을 위한 상소제기의 권한을 인정(대판 1975.7.8, 74도3195)하고 있다는 지적에는 신동운, 1040면.

반면에 법원의 결정에 대한 상소를 항고라고 한다. 항고에는 일반항고와 특별항고(재항고)가 있다. 그리고 일반항고에는 다시 보통항고와 즉시항고가 있다.

Ⅱ. 상 소 권

1. 상소권자

(1) 고유의 상소권자

형사재판에 대하여 상소할 수 있는 소송법상의 권리를 상소권이라고 한다. 검사와 피고인은 당사자로서 당연히 고유의 상소권을 가진다(제338조). 법원의 재정결정에 의하여 공소를 제기한 검사도 고유의 상소권자이다. 검사 또는 피고인 아닌 자가 결정을 받은 때에는 항고권자로서 항고할 수 있다. 과태료의 결정을 받은 증인 또는 감정인, 소송비용부담의 재판을 받은 피고인 이외의 자가 여기에 해당된다.

(2) 그 이외의 상소권자

피고인의 법정대리인은 피고인을 위하여 상소할 수 있다(제340조).[3] 그리고 피고인의 배우자, 직계친족, 형제자매 또는 원심의 대리인이나 변호인은 피고인을 위하여 상소할 수 있다(제341조 제1항). 이 경우의 상소는 피고인의 명시한 의사에 반하여 하지 못한다(제2항). 이들의 상소권은 독립대리권이다.

2. 상소권의 발생과 소멸, 그리고 상소기간

(1) 발생과 소멸

상소권은 재판의 선고 또는 고지에 의하여 발생한다. 반면에 상소권은 상소기간의 경과, 상소의 포기 또는 취하에 의하여 소멸한다. 즉 상소를 포기, 취하한 자 또는 포기·취하에 동의한 자는 그 사건에 관하여 다시 상소하지 못한다(제354조).

(2) 상소기간

항소와 상고의 상소기간은 7일(제358조, 제374조), 즉시항고는 3일이며(제405조),

---

3) 법정대리인의 상소권의 성질에 대하여 고유권설(배종대/이상돈, 756면; 진계호, 704면)과 독립대리권설(다수설. 강구진, 541면; 백형구, 800면; 신동운, 1044면; 이재상, 635면; 임동규, 671면)이 대립되고 있으나, 피고인의 상소권이 소멸한 후에 법정대리인의 상소를 허용하는 것은 불합리하므로 독립대리권설이 타당하다.

보통항고에는 기간의 제한이 없고 항고의 이익이 있는 한 할 수 있다(제404조). 상소의 제기기간은 재판의 선고 또는 고지된 날로부터 진행한다(제343조 제2항).[4)]

3. 상소권의 회복

(1) 상소권회복의 의의

상소권의 회복이란 상소기간이 경과한 후에 법원의 결정에 의하여 소멸한 상소권을 회복시키는 제도를 말한다.[5)] 상소권자의 책임 없는 사유로 인하여 상소기간이 경과한 경우에 구체적 타당성을 고려하여 상소권자에게 상소의 기회를 주는 제도이다.

(2) 상소권 회복의 사유

상소권자 또는 대리인[6)]이 책임질 수 없는 사유로 인하여 상소제기기간 내에 상소하지 못한 때이다(제345조). 책임질 수 없는 사유란 상소권자 본인 또는 대리인의 고의, 과실에 기하지 아니한 것을 말한다.[7)] 판례에 의하면, 피고인이 소환장 등을 받지 못해 법정 출석 기회를 얻지 못한 상태에서 1심 재판이 진행돼 유죄 확정 판결이 내려진 이후 피고인의 항소권 회복 청구가 받아들여져 이에 따라 항소심 재판이 진행됐다면 재판부는 공소장 부본 송달과 증거조사 등 정상적인 소송절차를 모두 밟은 다음 판결을 선고해야 하는 바, 이를 거치지 않고 1심 판결에 대한 양형부당 등의 쟁점만 심리해 판결을 내린 것은 위법하다(대법원 2019.10.24. 2019도9829).

그리고 판례는 "소송촉진법에 따라 피고인이 불출석한 채로 진행된 1, 2심에서 유죄 판결이 확정된 경우 피고인이 귀책사유 없이 1, 2심 공판절차에 출석할 수 없었고 상고권회복에 의한 상고를 제기했다면 이는 형사소송법이 상고이유로 정한 '재심청구의 사유가 있는 때'에 해당 한다"고 판시하였다(대판 2020.4.14. 2019도18695).

---

4) 헌법재판소는 형사소송법 제343조 제2항이 상소기간을 재판서 송달일이 아닌 재판 선고일로부터 계산하는 것이 과잉으로 국민의 재판청구권을 제한한다고 할 수 없다고 판시한 바 있다(헌재결 1995.3.23, 92헌바1).

5) 따라서 상소의 포기로 인하여 소멸한 상소권까지 회복하는 것이라고 볼 수는 없다(대결 2002.7.23, 2002모180).

6) 본조의 대리인은 상소의 대리권자(제340조, 제341조)를 말하는 것이 아니라, 상소권자의 보조기관으로서 상소에 필요한 사실행위를 대행하는 자를 말하며, 대법원도 같은 취지로 판시하고 있다(대결 1986.9.17, 86모46).

7) 대결 1986.9.17, 86모46.

「소송촉진 등에 관한 특례법」에 의하면 사형, 무기 또는 장기 10년이 넘는 징역이나 금고에 해당하는 사건이 아니고, 1심 공판절차에서 피고인에 대한 송달불능보고서가 접수된 때로부터 6개월이 지나도록 피고인의 소재를 확인할 수 없는 경우에만 피고인의 소재불명을 이유로 피고인의 진술 없이 재판할 수 있다(소촉법 제23조). 이때 피고인에 대한 송달은 상기한 6개월이 지난 후에 가능하고 그 이전에 공시송달하면 위법하게 된다. 그리고 공시송달에 의한 공판기일의 소환을 2회 이상 받고도 출석하지 아니한 때에 피고인의 진술 없이 재판할 수 있다(소촉법 규칙 제19조). 이러한 법규를 위반하게 되면 상소권 회복 내지 재심 청구가 가능할 것이다.

관련판례 (i) 피고인에 대한 공시송달이 부적법하고 피고인이 판결선고 사실을 알지 못하여 상소제기기간 내에 상소를 하지 못한 경우.[8] (ii) 소송촉진 등에 관한 특례법(제23조)에 따라 피고인이 불출석한 상태에서 재판이 진행되어 유죄판결이 선고된 것도 모른 채 상소기간이 도과된 경우,[9] (iii) 피고인을 대리하여 법원결정정본을 수령한 교도소장이 1주일이 지난 뒤에 그 사실을 피고인에게 알림으로써 피고인 또는 배우자가 소정기간 내에 항고장을 제출할 수 없게 된 경우[10] 등은 상소권자의 책임질 수 없는 사유로 상소제기기간 내에 상소를 제기하지 못한 경우에 해당한다고 본다.

그러나 (i) 공시 송달한 판결선고 사실을 피고인이 알지 못하였으나 그 공시송달이 적법한 경우,[11] (ii) 피고인의 구속으로 인하여 상소제기기간 내에 상소를 하지 못한 경우,[12] (iii) 피고인 또는 대리인이 질병으로 입원하거나 기거불능으로 상소제기기간에 상소를 하지 못한 경우,[13] (iv) 피고인과 변호인이 서로 상대방이 상소를 할 것이라 오신하고 상소를 하지 못한 경우, (v) 병중에 있는 피고인이 원심의 항소기각결정에 대한 즉시항고장을 피고인의 사환에게 주면서 법원에 제출하라고 지시하였는데 그 사환이 도중에서 즉시항고장을 도난당하여 즉시항고의 제기기간 내에 즉시항고를 하지 못한 경우,[14] (vi) 재항고인이 피고인의 기망에 의하여 항소권을 포기하고 그 사실을

---

8) 대결 1973.10.20, 73모68; 대결 1984.9.28, 83모55. 제1심판결에 피고인의 주소를 잘못 기재하고 항소심이 이 잘못된 번지에 소송기록수지통지서를 발송한 까닭에 소재불명으로 송달불능되어 이를 이유로 공시송달절차(제64조)에 의해 판결이 선고되고 그 때문에 피고인이 판결사실을 알지 못한 경우이다.

9) 대결 1985.2.23, 85모37; 대결 1986.2.12, 86모3.

10) 대결 1991.5.6, 91모32.

11) 대결 1960.1.10, 4292형항9.

12) 대결 1963.11.28, 63모10.

13) 대결 1969.1.21, 68모61; 대결 1986.9.17, 86모46.

14) 대결 1971.2.20, 71모12.

항소제기기간이 도과한 후에 비로소 알게 된 경우,[15] (vii) 피고인이 주소변경사실을 법원에 신고하지 아니하여 항소심에서 궐석재판이 행하여지고 피고인이 판결선고 사실을 알지 못하여 상고제기기간을 도과한 경우,[16] (viii) 교도소 담당직원이 상소권자에게 상소권회복청구를 할 수 없다고 하면서 형사소송규칙 제177조에 따른 편의를 제공해 주지 않은 경우,[17] (ix) 판결선고 당시 법정이 소란하여 선고한 판결의 내용을 잘못 알아들었기 때문에 상소를 하지 아니한 경우[18]나 (x) 징역형의 실형이 선고되었으나 (법정구속하지 않아) 피고인이 형의 집행유예를 선고받은 것으로 잘못 전해 듣고 또한 판결주문을 제대로 알아들을 수가 없어서 항소제기기간 내에 항소하지 못한 경우[19] 등은 상소제기기간 내에 상소를 하지 못한 것이 상소권자가 책임질 사유에 기한 경우이므로 상소권회복의 사유에 해당하지 않는다.

(3) 상소권 회복의 청구

1) 청구권자 상소권자는 상소권회복을 청구할 수 있다. 고유의 상소권자뿐만 아니라 상소권의 대리행사자도 포함된다(제345조).

2) 청구의 방식 상소권 회복의 청구는 제345조의 사유가 해소된 날로부터 상소제기 기간에 해당하는 기간 내에[20] 서면으로 원심법원에 제출하여야 한다(제346조 제1항). 상소권회복을 청구할 때에는 제345조의 책임질 수 없는 사유를 소명하여야 한다(제2항). 상소권회복을 청구한 자는 그 청구와 동시에 상소를 제기하여야 한다(제3항).

3) 청구에 대한 결정 상소권회복의 청구를 받은 법원은 청구의 여부에 관한 결정을 하여야 한다. 이 결정에 대하여는 즉시항고 할 수 있다(제347조). 법원은 결정을 할 때까지 재판의 집행을 정지하는 결정을 할 수 있다(제348조 제1항). 집행정지의 결정을 할 경우에 피고인의 구금을 요하는 때에는 구속영장을 발부하여야 한다. 다만 구속사유가 구비될 것을 요한다(제348조 제2항).[21]

---

15) 대결 1984.7.11, 84모40.

16) 대결 1986.7.23, 86모27; 대결 1992.7.21, 92모32. 이로써 피고인에게는 소송법상 의무로서 주소변경신고의무가 부과되는 셈이다.

17) 대결 1986.9.27, 86모47.

18) 대결 1987.4.8, 87모19.

19) 대결 2000.6.15, 2000모85.

20) 따라서 이 청구기간이 경과된 후에 상소권회복청구가 있는 때에는 상소권회복의 사유가 있느냐 여부에 관계없이 그 청구를 기각하여야 하며, 대법원도 동일한 입장이다(대결 1983.11.24, 83모50: 대결 1997.5.23, 97모56).

[§ 45] 상소의 이익

Ⅰ. 서 설

1. 의 의

상소의 이익이란 상소가 상소권자에게 이익이 되는가의 문제를 말하는데, 상소에 의하여 원심판결에 대한 불만 내지 불복을 제거함으로써 얻어지는 법률상태의 개선 · 변화가 예상되면 상소이익이 있다고 말할 수 있다. 상소의 이익은 상소에 의하여 제기할 불만이나 불복이 존재할 때 인정될 수 있다. 이 점에서 원심재판에 어떤 구체적인 오류(예: 사실인정, 법령적용 또는 양형의 오류)가 개입하고 있는가의 문제를 의미하는 상소의 이유와는 구별되는 개념이다. 다만 상소의 이익도 상소이유를 고려하여 판단해야 하는 점에서 양자 사이에는 밀접한 관계가 있다.

2. 법적 근거

상소이익의 존재는 상소권자에 의한 상소권행사의 적법 · 유효요건이 된다(허용요건). 이러한 상소이익의 법적 근거가 구체적으로 어디에 있는지에 대해서는 (i) 실정법에 근거가 있는 것이 아니라 이론적으로 인정된다는 견해,[22] (ii) 제368조와 제396조에 선언하고 있는 불이익변경금지원칙에 근거한다는 견해,[23] (iii) 상소 · 항고의 제기에 "불복이 있으면"이라고 규정한 조문(제357조, 제371조, 제402조) 자체에 있다고 보는 견해[24]가 대립된다.

생각건대, (i)설은 실정법적인 근거를 포기한 점에서 부당하고, (ii)설은 검사가 상소를 제기하는 경우와 유죄판결 이외의 재판에 상소가 제기된 경우의 상소이익을 설명할 수 없는 문제점이 있다. 따라서 실정법적 근거로는 (iii)설이 가장 타당하다.[25]

---

21) 구금 중에 있지 아니한 피고인에 대하여 형의 집행정지의 결정을 한 후 구속영장을 발부하여 피고인을 구속한 후 상소권회복청구를 기각한 경우에는 구속영장의 집행으로 인한 미결구금일수를 본형에 산입한다는 재판을 하여야 하며, 판례도 동일한 입장이다(대결 1967.12.29, 67모45).

22) 백형구, 806면; 신양균, 920면; 정영석/이형국, 463면.

23) 이재상, 634면; 차용석/최용성, 752면.

24) 배종대/이상돈, 761면; 신동운, 1057면; 신현주, 733면; 진계호, 708면; 정웅석, 1099면.

25) 임동규, 632면; 송광섭, 511면; 백형구, 317면; 신양균, 847면 참조.

Ⅱ. 검사의 상소이익

1. 의 의

검사의 상소이익에 대해서는 검사의 상소가 검사에게 불이익한 경우가 없다는 점, 검사는 피고인의 이익·불이익을 불문하고 상소를 할 수 있다는 점을 고려하여 검사의 상소이익이라는 개념을 인정할 필요가 없다고 보는 견해도 있다.[26] 그러나 검사에게도 상소의 이익이 있어야 한다는 점은 피고인의 상소의 경우와 동일하다고 해야 한다.[27]

2. 피고인에게 불이익한 상소

(1) 문 제 점

검사는 무죄판결뿐만 아니라 유죄판결에도 중한 죄나 중한 형을 구하는 상소를 제기할 수 있다. 특히 무죄판결에 대한 검사의 상소이익의 근거로서 이중위험의 효력은 확정판결에 의해서 발생하는 것이고 제1심부터 상소심 판결까지는 하나의 위험이 있을 뿐이므로 무죄판결에 대한 검사의 상소도 이중위험금지원칙에 반하지 않는다는 점이 제시된다. 다만 검사의 지위와 관련한 검사의 상소이익에 대해서는 견해의 대립이 있다.

(2) 학설의 대립

피고인과 대립되는 검사의 당사자지위에서 구하는 견해[28]와 공익의 대표자로서 정당한 법령의 적용을 청구하여야 할 검사의 기본적 직무에서 구하는 견해[29]의 대립이 있다. 생각건대, 검사는 자신의 개인적인 법 이익이 침해되었기 때문이 아니라 올바른 재판이 이루어지지 않았기 때문에 상소하는 것이므로 후설이 타당하다.

---

26) 백형구, 777면.
27) 이재상, 634면; 신동운, 801면; 배종대/이상돈, 652면; 차용석, 109면; 신양균, 848면.
28) 이재상, 634면; 정영석/이형국, 466면; 차용석, 1010면.
29) 신동운, 1057면; 배종대/이상돈, 761면; 신양균, 921면; 진계호, 709면; 임동규, 632면; 송광섭, 468면; 강구진, 540면; 신현주, 734면; 정웅석, 1099면.

3. 피고인의 이익을 위한 상소

(1) 문 제 점

재판이 공정하게 이루어지지 않은 경우 검사는 공익의 대표자로서 피고인의 이익을 위하여 상소를 할 수 있다(통설 · 판례).[30] 이 경우 검사의 상소는 정당한 법령의 적용을 청구하는 범위 내에서 인정되는 것이다. 그러나 피고인은 자기에게 가해지는 불이익을 구제받기 위해서 상소제기를 한다. 그러면 검사의 상소이익은 그 법적 성격에서 피고인의 상소이익과 다르게 이해되어야 할 것인가에 대해서는 견해가 대립되고 있다.

(2) 학설의 대립

여기서는 제368조의 불이익변경금지의 원칙이 적용되는 것과 관련하여 견해가 대립된다. 즉 (i) 검사의 피고인을 위한 상소에서 요구되는 상소이익과 피고인의 상소에서 요구되는 상소이익은 그 법적 성격이 같은 것으로 보는 동일설(이에 따르면 검사가 피고인의 이익을 위한 상소를 할 때에도 제368조의 불이익변경금지의 원칙이 적용됨)[31]과 (ii) 검사의 상소이익은 피고인의 상소제기에서 요구되는 상소이익과 달리 국가가 상소제도를 둔 목적에 합치되고 상소이유에 해당할 때 인정되는 것으로 보는 구별설(이에 따르면 피고인의 이익을 위한 검사의 상소에는 제368조의 불이익변경금지의 원칙이 부적용)[32]의 견해대립이 있다.

생각건대, 상소이익의 요건은 상소제도의 본질에서 유래하는 것으로 검사와 피고인의 상소이익을 달리 취급할 이유가 없으며, 불이익변경금지의 원칙을 적용하지 않게 되면 피고인이 상소를 제기하지 않음으로써 얻게 될 이익이 검사가 피고인의 이익을 위하여 제기한 상소로 인하여 침해되고, 결국 피고인의 입장에서는 불복을 함으로써 불이익이 초래되는 것과 마찬가지 결과로 되기 때문에 동일설이 타당하다.

---

30) 대결 1993.3.4, 92모21.

31) 배종대/이상돈, 762면; 신동운, 1059면; 진계호, 709면; 차용석, 1011면; 임동규, 632면; 정웅석, 1100면; 신양균, 848면.

32) 이재상, 635면; 정영석/이형국, 464면.

Ⅲ. 피고인의 상소이익

1. 상소이익에 대한 판단기준

(1) 견해의 대립

피고인은 자기에게 불이익한 상소를 할 수 없으며 이익인 재판을 구하는 경우에 한하여 상소를 할 수 있다. 그러나 무엇이 이익인 상소인가에 대한 기준에 관하여는 견해가 일치하지 않는다.

1) 주 관 설　　이 설은 상소가 오판을 받은 피고인의 구체적 구제를 본래의 목적으로 하는 제도인 점에 비추어 피고인의 상소의 이익 유무를 판단함에 있어서도 피고인의 주관적 측면을 고려해야 한다는 견해이다. 이 설에 따르면 피고인의 형 집행을 지연시키기 위한 상소도 허용될 것이다.

2) 사회통념설　　이 설은 사회윤리적 입장에서 사회통념을 표준으로 하여 판단하는 것이 형사재판의 본질에 합치한다는 견해이다.[33] 이 설에 따르면 가벼운 법정형에 해당하는 파렴치범죄에 대하여 중한 법정형에 해당하는 비파렴치범죄를 주장하여 상소하는 것도 허용된다.

3) 객 관 설　　이 설은 재판에 의한 법익박탈의 대소라는 객관적 표준에 의하여 피고인의 상소이익을 결정해야 한다는 견해이다.[34]

(2) 검　토

주관설은 피고인이 상소한 이상 항상 상소이익이 있다고 해야 하므로 상소이익을 논할 실익이 없게 되고, 사회통념설에 의하면 상소이익에 대한 명확한 판단이 어렵게 된다. 따라서 상소의 이익에 대한 판단기준이 되는 원판결에 의한 피고인의 불이익이란 재판에 의한 법익박탈의 대소를 의미한다는 객관설이 타당하다.

2. 상소이익의 구체적 내용

상소이익의 유무가 구체적으로 문제되는 사안은 검사가 상소한 경우와 피고인이 상소한 경우를 나누어 살펴볼 수 있다. 그런데 검사는 공익의 대표자로 무죄 · 유

---

33) 서일교, 351면; 김기두, 293면.

34) 이재상, 636면; 백형구, 778면; 신동운, 804면; 배종대/이상돈, 694면; 정영석/이형국, 464면; 진계호, 710면; 차용석, 1012면; 신현주, 422면; 임동규, 633면; 신양균, 849면.

죄판결에 대한 상소는 물론 피고인 이익을 위한 상소도 가능하다는 점을 이미 검토하였다. 아래에서는 주로 피고인의 상소와 관련하여 살펴보기로 한다.

(1) 유죄판결에 대한 상소

1) 형선고 유죄판결에 대한 상소 유죄판결은 피고인에게 가장 불이익한 재판이므로, 유죄판결에 대하여 무죄를 주장하거나 경한 형을 선고할 것을 주장하여 상소하는 경우에는 당연히 상소의 이익이 있다. 따라서 중한 형을 선고할 것을 주장하는 상소는 상소의 이익이 부정된다. 예컨대, 벌금의 실형에 징역형 집행유예 주장(헌재결 2005.3.31, 2004헌가27), 원판결 인정 죄보다 중한 죄 주장(대판 1968.9.17, 68도1038), 원판결이 누범가중을 하지 않은 것을 비난하는 경우(대판 1994.8.12, 94도1591), 단순일죄나 상상적 경합범에 대하여 수죄인 실체적 경합범을 주장하는 경우 등에는 상소이익이 부정된다.

2) 형 면제 및 선고유예의 판결에 대한 상소 형 면제의 판결 및 선고유예의 판결도 유죄판결의 일종이므로 피고인에게 불이익한 재판이라는 점에는 의문이 없다. 따라서 피고인이 형 면제의 판결 및 선고유예의 판결에 대하여 무죄를 주장하여 상소할 수 있음은 당연하다.

3) 몰수재판에 대한 상소(특히, 제3자의 소유물을 몰수하는 재판에 대한 상소) 피고인 소유의 목적물에 대한 몰수가 선고된 경우에는 피고인이 상소이익을 가진다. 그리고 제3자 소유물에 대한 몰수가 피고인의 유죄판결에 부가형으로 선고된 경우에 피고인이 몰수재판에 대하여 상소할 이익이 있는가의 문제가 발생하는데, 피고인도 몰수할 물건의 점유권을 박탈당하거나 이를 사용 · 수익 · 처분할 수 없는 상태에 놓일 뿐만 아니라 제3자로부터 배상청구를 받을 위험이 있으므로 상소의 이익을 인정하여야 한다.

(2) 무죄판결에 대한 상소

1) 의 의 무죄판결은 피고인에게 가장 이익인 재판이므로 원심의 무죄판결에 대하여 피고인은 유죄를 구하는 것은 물론이고, 면소, 공소기각, 관할위반의 재판을 구하는 상소도 제기할 수 없다. 다만 무죄판결의 이유를 다투는 상소가 허용될 수 있는가는 문제된다. 예컨대, 증거불충분으로 무죄가 선고된 경우에 무죄사실의 증명을 구하는 상소를 한 경우 또는 피고인의 심신상실을 이유로 한 무죄판결에 대하여 피고인이 사건의 실체에 관한 이유(범죄성립조각사유)에 기하여 무죄판결을

구하는 상소를 한 경우가 여기에 해당한다.

2) 견해의 대립　이에 대해서는 (i) 심신상실을 이유로 무죄판결을 받은 경우에는 무죄판결인 경우에도 피고인이 사회적으로 치명적인 타격을 받는 것을 부정할 수 없으므로 상소의 이익을 인정해야 한다는 적극설(긍정설),[35] (ii) 무죄판결의 경우에는 그 이유가 무엇인가를 불문하고 재판에 의한 피고인의 법익박탈은 없다고 해야 하고, 이로 인한 피고인의 타격은 재판의 불법효과로서의 법익박탈이라고 할 수 없으므로 상소의 이익이 없다고 해석하는 소극설(부정설),[36] (iii) 증거불충분에 의한 무죄와 무죄의 증명에 의한 무죄는 무죄추정의 원칙에 비추어 법률적으로 동일한 의미를 가지므로 상소의 이익을 인정하지 않아도 상관이 없지만, 심신상실을 이유로 무죄판결을 선고하는 경우에 치료감호가 선고된 경우에는 상소이익을 인정하고 치료감호의 선고 없이 무죄판결만 선고된 경우에는 상소이익을 부정하자는 제한적 적극설[37]이 있다.

판례는 재판의 이유만을 다투기 위하여 상소하는 것은 허용되지 않는다고 판시하여 부정설(대결 1993.3.4, 92모21)의 입장을 취한다.

3) 검　토　상소는 주문에 대하여 허용되고, 판결이유만을 대상으로 하는 상소는 허용될 수 없다고 할 것이므로 소극설이 타당하다. 다만 무죄판결과 함께 치료감호처분이 선고된 경우에는 후자의 부분에 대해서 피고인에게는 상소할 이익이 인정되는데, 이 상소는 무죄판결에 대한 상소의 범주에 넣지 않는 것이 타당하다.

(3) 형식재판(공소기각 · 면소판결 등)에 대한 상소

공소기각 · 면소판결 등에 대하여 피고인이 무죄를 주장하여 상소할 수 있는가가 문제된다. 이에 대해서는 견해의 대립이 있다.

1) 견해의 대립　이 문제에 대해서는 (i) 유죄도 무죄도 아닌 재판보다는 무죄판결이 객관적으로 피고인에게 유리하고, 무죄판결이 확정되면 기판력이 발생하며, 형사보상을 받을 수 있는 법률상의 요건에 있어서도 차이가 있을 수 있으므로(형사보상 및 명예회복에 관한 법률 제26조에 따르면, 공소기각의 판결이나 면소판결에서는 무죄판결을 받을 만한 현저한 사유가 있었을 경우로 제한됨) 형식재판에 대하여 무죄를 주장하

35) 배종대/이상돈, 765면; 차용석/최용성, 754면. 전과자보다 정신병자를 더 경계하는 일상문화를 고려하고 있다.

36) 이재상, 642면; 신양균, 923면; 백형구, 862면; 정영석/이형국, 465면; 진계호, 711면.

37) 신동운, 1063면; 송광섭, 513면; 임동규, 679면.

여 상소할 수 있다는 적극설,[38] (ii) 상소를 허용하지 않는 이유에 대하여 상소의 이익이 없기 때문이라거나(즉 상소이익흠결설),[39] 실체판결청구권이 없기 때문이라는 점(소위 소송조건흠결설)[40]을 근거로 피고인이 형식재판에 대하여 무죄를 주장하여 상소를 할 수 없다는 소극설, (iii) 공소기각판결에 대해서는 상소의 이익을 긍정하고, 면소판결에 대해서는 부정하는 구체적 고찰설(구분설)[41]이 대립된다. 판례는 공소기각의 판결에 대하여 상소의 이익이 없다는 이유로 피고인이 무죄를 주장하여 상소할 수 없다고 하면서,[42] 면소판결에 대하여는 피고인에게 무죄판결청구권이 없다는 이유로 상소가 허용되지 않는다고 판시[43]하여 소극설의 입장을 보이고 있다.

관련판례 ① 원칙적으로 면소판결에 대하여는 무죄를 주장하며 실체판결을 구하는 상소를 할 수 없으나, 면소판결 자체가 위법한 경우에는 피고인의 주장이 받아들여진다면 피고인에게 무죄의 선고를 하여야 하고, 다만 유죄로 인정된 경우에도 피고인만이 상고하였다면 불이익변경금지의 원칙상 다시 면소의 선고를 할 수밖에 없다(대판 2004.9.25, 2004도3532).

---

2) 검 토 형식판결보다 무죄판결이 다소 피고인에게 유리한 점이 없지 않다. 무죄판결에 대해서는 면소판결과 비교하여 사후에 형사보상을 받을 수 있는 이익에서 법률요건상 차이가 있지만, 이러한 정도의 사후적 이익을 근거로 유죄판결도 아니면서 기판력도 미치는 면소판결에 대해 무죄판결을 구하는 상소이익이 있는 것으로 해석하기는 어렵다. 그리고 상소의 본질이 피고인에게 불리한 재판의 시정에 있으므로 공소기각재판에 의해 유죄판결을 선고받을 위험에서 벗어난 이상 역시 상소이익이 없는 것으로 보아야 한다. 따라서 소극설이 타당하다.

(4) 항소기각판결에 대한 상고

항소기각판결에 대하여 항소인(피고인)에게 상고의 이익이 있다는 점에 의문이 없다. 다만, 제1심의 유죄판결에 대하여 피고인은 항소를 포기하고 검사만 양형이

---

38) 신현주, 664면; 차용석, 1014면; 김기두, 293면; 서일교, 350면(종래 다수설).
39) 신동운, 808면; 이재상, 638면; 정영석/이형국, 467면(상소이익결여설).
40) 백형구, 320면.
41) 배종대/이상돈, 697면; 신양균, 852면.
42) 대판 1988.11.8, 85도1675.
43) 대판 1986.12.9, 86도1976. 공소시효의 완성을 이유로 한 면소판결에 대해서 실체판결을 구하는 피고인의 상소는 허용되지 아니한다(대판 2005.9.29. 2005도4738).

부당하게 가볍다는 이유로 항소하였다가 이유없다고 기각된 항소심 판결은 피고인에게 불이익한 판결이라고 할 수 없으므로 항소기각판결에 대하여 피고인은 상고의 이익이 없다.[44]

3. 상소이익이 없는 경우의 재판

(1) 상소의 적법요건

상소의 이익은 상소의 적법요건이므로 상소의 이익이 없는 상소가 있는 때에는 상소를 기각하지 않으면 안 된다. 어떤 형식의 재판에 의할 것인가는 구체적으로 모습에 따라 달라진다.

(2) 무죄판결·형식재판에 대한 상소기각

무죄·면소·공소기각·관할위반의 재판에 대한 상소와 같이 상소의 이유 없음이 상소장의 기재에 의하여 명백한 경우에는 원심법원이 '결정'으로 상소를 기각해야 한다(제360조 제1항, 제367조 제1항, 제407조 제1항). 원심법원이 이러한 결정을 하지 아니한 때에는 상소법원이 결정으로 상소를 기각해야 한다(제362조 제1항, 제381조, 제413조).

(3) 유죄판결에 대한 상소기각

유죄판결에 대한 상소의 경우와 같이 상소의 이익이 없다는 것이 상소이유에 의하여 비로소 밝혀지는 경우에는 상소의 이유가 없는 경우에 해당하므로 '판결'에 의하여 상소를 기각해야 한다(제364조 제4항, 제399조). 항소심의 경우에 상소이익 없음이 명백하게 밝혀진 경우에는 항소이유가 없음이 명백한 경우에 포함시켜 변론 없이 판결에 의하여 항소를 기각할 경우에 해당할 수 있을 것이다(제364조 제5항).

---

44) 대판 1991.12.24, 91도1796.

[§ 46] 상소의 제기, 포기 및 취하

Ⅰ. 상소의 제기

1. 상소제기의 방법

상소는 상소권자가 원심판결에 불복하여 상소제기기간 내에 상소장을 원심법원에 제출하여야 한다(제359조, 제375조, 제406조). 원심법원이 아닌 상소법원에 잘못 제출되었다가 원심법원으로 환송된 경우에는 원심법원의 도달시에 제출된 것으로 보아야 한다. 상소가 있는 때에는 법원은 지체 없이 상대방에게 그 사유를 통지하여야 한다(제356조).

2. 상소제기의 효력

(1) 정지의 효력

상소의 제기에 의하여 재판의 확정과 집행은 정지된다. 항고는 즉시항고 외에는 재판의 집행을 정지하는 효력이 없다. 단, 원심법원 또는 항고법원은 결정으로 항고에 대한 결정이 있을 때까지 집행을 정지할 수 있다(제409조). 가납재판은 즉시로 집행할 수 있다(제334조 제3항).

(2) 이심의 효력

상소의 제기에 의하여 소송계속은 원심을 떠나 상소심으로 옮겨진다. 이심의 효력이 발생하는 시점에 대해서는 (i) 상소장 등이 원심법원으로부터 상소법원에 송부된 때라는 소송기록송부기준설(다수설)[45]과 (ii) 상소장이 원심법원에 제출된 때에 이미 상소법원에 소송계속이 발생한다는 상소제기시기준설[46]의 대립이 있다. 생각

---

45) 이재상, 645면; 백형구, 817면; 신양균, 929면; 정영석/이형국, 647면; 진계호, 714면. 근거로는 (i) 상소가 법률상의 방식에 위배되거나 상소권의 소멸이 명백한 때에는 원심법원이 상소기각결정을 내려야 하고(제360조, 제376조, 제407조 제1항), (ii) 소송기록이 상소법원에 도달할 때까지는 원심법원이 피고인의 구속, 구속기간의 갱신, 구속취소, 보석, 보석의 취소, 구속집행정지와 그 정지의 취소에 대한 결정을 하여야 한다(규칙 제57조 제1항)는 점을 든다.

46) 배종대/이상돈, 769면; 신동운, 1054면. 근거로는 (i) 이심효력이 소송기록도달의 신속 · 지연이란 우연사정에 좌우될 수 없고, (ii) 원심법원은 소송기록이 상소법원에 도달할 때까

건대, 원심법원이 상소기각결정을 할 수 있고(제360조, 제376조, 제407조 제1항), 구속과 관련된 결정도 내릴 수 있는 점에 비추어 상소법원에 소송기록이 도달된 시점을 기준으로 이심의 효력을 인정하는 소송기록송부기준설이 타당하다.

Ⅱ. 상소의 포기 · 취하

1. 상소의 포기 · 취하의 의의

상소의 포기란 상소권자가 상소제기기간 내에 법원에 대하여 상소권의 행사를 포기한다는 의사표시를 말한다. 이 점에서 단순한 상소권의 불행사와 구별된다. 상소권의 불행사의 경우에는 상소기간의 경과에 의하여 상소권이 소멸하지만, 상소포기의 경우에는 상소기간 내에 상소권이 소멸한다. 상소의 취하란 일단 제기한 상소를 철회하는 것을 말한다.

2. 상소의 포기 · 취하권자

고유의 상소권자는 상소의 포기 또는 취하를 할 수 있다(제349조 본문). 단 피고인 또는 상소권의 대리 행사자는 사형 또는 무기징역이나 무기금고가 선고된 판결에 대하여는 상소의 포기를 할 수 없다(동조 단서). 법정대리인이 있는 경우 피고인이 상소의 포기 또는 취하를 함에는 법정대리인의 동의를 얻어야 한다(제350조 본문). 다만 법정대리인이 사망 기타의 사유로 동의를 할 수 없을 때는 예외로 한다(동조 단서). 피고인의 법정대리인, 배우자, 직계친족, 원심의 대리인이나 변호인은 피고인의 동의를 얻어 상소를 취하할 수 있다(제351조).

3. 상소의 포기 · 취하의 방식

상소의 포기는 원심법원에, 상소의 취하는 상소법원에 하여야 한다. 단, 소송기록이 상소법원에 송부되지 아니한 때에는 상소의 취하를 원심법원에 제출할 수 있다(제353조). 교도소 또는 구치소에 있는 피고인에 대해서는 특칙이 인정된다(제355조). 상소의 포기 또는 취하는 서면으로 하여야 한다. 단 공판정에서는 구술로써 할 수 있다(제352조 제1항). 포기 또는 취하의 의사표시는 명시적이어야 한다. 따라서 제

지 최고 3차에 걸친 구속기간갱신이 가능하여(제92조 제1항) 피고인구속을 지나치게 장기화한다는 것을 이유로 한다.

351조에 따라 변호인이 피고인의 동의를 얻어 포기 또는 취하하는 경우에도 피고인에 의한 공판정에서의 구술 동의는 명시적으로 이루어져야 한다(대판 2015.9.10, 2015도7821). 구술로써 상소의 포기 또는 취하를 한 경우에는 그 사유를 조서에 기재하여야 한다(제2항).

관련판례 ① 상소의 포기 또는 취하에 관한 서면의 형식에는 아무런 제한이 없다 하더라도 상소의 포기 또는 취하는 상소권자가 법원에 대해서 하는 소송행위이므로 그 서면은 상소권자가 법원에 대하여 상소를 포기 또는 취하한다는 의사표시가 명시된 것이어야 할 것인바, 보석허가에 대한 의견서에 검사가 보석청구가 이유없다는 의견을 기재하면서 내부적으로 상고를 포기하기로 하였다는 사실을 첨가한 것에 불과한 경우 "검찰상고포기, 석방지휘하였으므로 본건 보석청구 이유 없음," 이를 법원에 대하여 상고를 포기한다는 의사표시를 명시한 서면이라고 볼 수는 없다(대판 1984.2. 28, 83도3087).

② 형사소송규칙 제154조의 규정에 의한 상소절차속행신청은 상소가 제기된 후 피고인 등이 상소를 포기하거나 취하하는 내용의 서면을 제출하거나 또는 공판정에서 같은 내용의 진술을 하였다는 이유로 재판 없이 상소절차가 종결처리된 경우에 상소포기 또는 취하의 부존재 또는 무효를 주장하여 구제받을 수 있도록 한 제도라고 할 것인바, 피고인이 상고를 포기한 후 상고를 제기한 경우에는 피고인으로서는 그 상고에 의하여 계속된 상고절차나 원심법원의 상고기각결정에 대한 즉시항고절차 등에서 피고인의 상고포기가 부존재하거나 무효임을 주장하여 구제받을 수 있으므로, 위 규정에 의한 상소절차속행신청을 할 수는 없다(대결 1999.5.18, 99모40).[47)]

4. 상소의 포기 · 취하의 효력

상소의 포기나 취하가 있을 때에는 법원은 지체없이 그 사유를 상대방에게 통지하여야 한다(제356조). 상소를 취하한 자 또는 상소의 포기나 취하에 동의한 자는 그 사건에 대하여 다시 상소하지 못한다(제354조). 상소 포기 및 취하의 소송행위에 대해서는 절차유지의 원칙상 그 효력을 소급적으로 소멸시키는 취소는 인정되지 않는다. 다만 피고인 등이 예상치 못한 불이익을 입게 되거나 정의가 훼손될 우려가

47) 이와 관련된 판례평석으로는 황적화, "형사소송법 제345조에 의한 상소권회복이 상소포기로 인하여 소멸한 상소권까지 회복하는 것으로 볼 수 있는지 여부," 대법원판례해설 43호, 법원도서관, 2003, 665-673면.

있는 경우에 대비하여 형사소송규칙은 상소의 포기나 취하가 부존재 또는 무효인 경우 법원에 절차속행의 신청을 할 수 있는 길을 열어두고 있다(규칙 제154조). 이와 같은 구제방법이 마련되어 있는 점 등을 감안하면 상소의 포기나 취하의 경우 그 사건에 관하여 다시 상소를 하지 못한다는 형사소송법 제354조의 규정이 헌법상 보장된 재판청구권을 침해하는 것으로서 헌법에 위반된다고 할 수는 없다(대결 2001.10.16, 2001초428).

관련판례 ① 절차형성적 소송행위가 착오로 인하여 행하여진 경우, 절차의 형식적 확실성을 강조하면서도 피고인의 이익과 정의의 희생이 커서는 안 된다는 측면에서 그 소송행위의 효력을 고려할 필요가 있으므로 착오에 의한 소송행위가 무효로 되기 위하여서는 첫째 통상인의 판단을 기준으로 하여 만일 착오가 없었다면 그러한 소송행위를 하지 않았으리라고 인정되는 중요한 점(동기를 포함)에 관하여 착오가 있고, 둘째 착오가 행위자 또는 대리인이 책임질 수 없는 사유로 인하여 발생하였으며, 셋째 그 행위를 유효로 하는 것이 현저히 정의에 반한다고 인정될 것 등 세 가지 요건을 필요로 한다. 보호감호를 선고받은 피고인이 보호감호가 선고된 것으로 알고 일단 상고를 제기하였다가 보호감호청구가 기각되었다는 취지의 교도관의 말과 공판출정 교도관이 작성한 판결선고결과보고서의 기재를 믿은 나머지 착오에 빠져 판결등본송달(형사소송규칙 제148조)을 기다리지 않고 상고취하를 함으로써 위 보호감호처분이 확정된 경우 위 상고취하에 피고인의 과실이 없었다고 단정할 수 없어 이를 무효로 볼 수 없다(대결 1992.3.13, 92모1 피고인의 상소절차속행신청을 기각).[48]

---

48) 이와 관련된 글로는 김택수, "착오에 의한 절차형성적 형사소송행위가 무효로 인정되기 위한 요건," 대법원판례해설 17호, 법원도서관, 1992, 895-903면; 권오걸, "착오에 의한 절차형성적 형사소송행위가 무효로 인정되기 위한 요건," 판례와 이론 1호, 영남대학교 출판부, 1995, 63-71면; 심희기, "착오에 의한 절차 형성적 형사소송행위(상소취하)가 무효로 인정되기 위한 요건," 형사소송법판례 70선, 2002, 15-22면.

[§ 47] 일부상소

Ⅰ. 의　의

1. 구별개념

일부상소는 재판의 객관적 범위 중에서 그 일부에 대한 상소를 의미한다. 일부상소는 상소이유의 개별화와 구별하여야 한다. 상소이유의 개별화는 판결이유에 속하는 재판의 내용 가운데 일부만을 상소이유로 하는 경우를 말한다[예 : 피고인이 유죄(사실인정과 법령적용)를 인정하면서 다만, 양형이 중하다는 이유로 항소를 제기한 경우]. 그리고 일부상소는 재판의 객관적 범위의 일부만을 의미하고, 주관적 범위는 논의의 대상에서 제외된다. 따라서 공동피고인 중 일부만 상소하는 경우에는 여기의 일부상소에 해당되지 않고, 그 자체가 적법한 상소로서 전부상소에 해당된다.

2. 법적 근거

형사소송법은 “상소는 재판의 일부에 대하여 할 수 있다. 일부에 대한 상소는 그 일부와 불가분의 관계에 있는 부분에 대하여도 효력이 미친다”고 규정하고 있다(제342조). 즉 형사소송법은 원칙적으로 일부상소를 허용하되, 일부상소한 그대로의 효력을 인정하지 않고 소위 “상소불가분의 효과”를 규정하고 있다. 이에 따라 일부상소는 이심효과와 관련하여 일부상소 그대로의 가분효과가 있는 경우와 이를 부정하고 불가분적 효과가 발생하는 경우로 나누어 볼 수 있다(그런데 전자를 일부상소가 허용되는 경우, 후자를 허용되지 않는 경우로 나누는 것이 일반적이다).

관련판례 ① 형법 제37조 전단의 경합범으로 동시에 기소된 수개의 공소사실에 대하여 각기 따로 유・무죄, 공소기각 및 면소를 선고하거나 형을 정하는 등으로 판결주문이 수개일 때에는 그 1개의 주문에 포함된 부분을 다른 부분과 분리하여 일부상소를 할 수 있고 당사자 쌍방이 상소하지 않은 부분은 분리 확정된다. 따라서 경합범 관계에 있는 공소사실 중 판결주문이 수개일 때 피고인과 검사가 일부에 대하여만 상소한 경우, 피고인과 검사가 상소하지 않은 부분은 상소기간이 지남으로써 확정되어 상소심에 계속된 사건은 상소된 부분에 대한 공소뿐이고, 그에 따라 상소심에서 이를 파기

할 때에는 그 부분만을 파기하여야 한다(대판 2010.11.25., 2010도10985, 대판 2020.3. 12, 2019도18935 등 참조). 반면 경합범 관계에 있는 공소사실 중 일부 유죄, 일부 무죄를 선고하여 판결주문이 수개일 때 검사가 판결 전부에 대하여 상소하였는데 상소심에서 이를 파기할 때에는 유죄 부분과 파기되는 무죄 부분이 형법 제37조 전단의 경합범 관계에 있어 하나의 형이 선고되어야 하므로, 유죄 부분과 파기되는 무죄 부분을 함께 파기하여야 한다. 그러나 위와 같이 하나의 형을 선고하기 위해서 파기하는 경우를 제외하고는 경합범의 관계에 있는 공소사실이라고 하더라도 개별적으로 파기되는 부분과 불가분의 관계에 있는 부분만을 파기하여야 한다(대판 2022.1.13, 2021도13108. 유치원을 운영하는 피고인이 대한민국으로부터 교육청 지원금을 편취하고, 학부모들로부터 교육비 등을 부풀려 편취하였다는 사기의 공소사실로 기소된 사건).

Ⅱ. 일부상소의 허용범위(즉, 가분과 불가분의 효력이 인정되는 경우)

1. 수죄의 경우

(1) 허용되는 경우

1) 수개의 범죄에 대해 다른 종류의 재판이 있은 경우　경합범관계에 있는 수개의 공소사실에 대하여, 일부는 유죄, 다른 일부는 무죄 · 면소 · 공소기각 · 관할위반 등의 판결이 선고된 경우이다. 이 경우 피고인이 유죄부분만을, 검사가 무죄부분만을 상소하는 것이 가능하며,[49] 검사만이 무죄부분에 항소를 한 경우 피고인과 검사가 항소하지 아니한 유죄부분은 항소기간 경과로 확정되고 무죄부분만 항소심의 심판대상으로 된다(아래 판례의 태도이기도 함).[50] 그런데 경합범 수죄관계이더라도 수개의 공소사실이 모두 유죄로서 하나의 병합 자유형이 전심에서 선고된 경우에는 상소심의 형선고에 있어서는 불가분적으로 처리되어야 할 것이다.

관련판례 ① 형법 제37조 전단의 경합범으로 같은 법 제38조 제1항 제2호에 해당하는 경우 하나의 형으로 처벌하여야 함은 물론이지만 위 규정은 이를 동시에 심판하는 경우에 관한 규정인 것이고 경합범으로 동시에 기소된 사건에 대하여 일부 유죄, 일부 무죄의 선고를 하거나 일부의 죄에 대하여 징역형을, 다른 죄에 대하여 벌금형을 선고하는 등 판결주문이 수개일 때에는 그 1개의 주문에 포함된 부분을 다른 부분과 분리

49) 대판 1984.11.27, 84도862.
50) 대판 2000.2.11, 99도4840.

하여 일부상소를 할 수 있는 것이고 당사자 쌍방이 상소하지 아니한 부분은 분리 확정된다고 볼 것인바, 경합범 중 일부에 대하여 무죄, 일부에 대하여 유죄를 선고한 항소심 판결에 대하여 검사만이 무죄 부분에 대하여 상고를 한 경우 피고인과 검사가 상고하지 아니한 유죄판결 부분은 상고기간이 지남으로써 확정되어 상고심에 계속된 사건은 무죄판결 부분에 대한 공소뿐이라 할 것이므로 상고심에서 이를 파기할 때에는 무죄 부분만을 파기할 수 밖에 없다(구 윤락행위방지법 유죄, 부녀매매죄 무죄의 재판에 대해 검사만이 후자 부분에 대해 상소한 사건에서 이렇게 판시한 대판 1992.1.21, 91도1402 전원합의체).

2) 다른 형이 병과된 경우 일부는 징역형, 다른 일부는 벌금형이 선고된 경우와 같이 주문에서 2개 이상의 다른 형이 병과된 경우(형법 제38조 제1항 제3호)에도 그 중 일부에 대해 상소할 수 있다. 다만 법정형이 자유형과 벌금형의 선택형인 죄가 포함된 실체적 경합에서 법관이 선택형으로 규정된 범죄에 대해 형종을 선택하지 아니 한 채 막연히 자유형과 벌금형을 선고한 경우에는 일부 형에 대해 상소를 제기하였다 하더라도 모두에 대해 상소의 효력이 인정되어야 한다(대판 2004.9.23, 2004도4727).

관련판례 ① 상소는 재판의 일부에 대하여도 할 수 있으므로(형사소송법 제342조 제1항 참조) 경합범 중 일부의 죄에 대하여 징역형이, 나머지 죄에 대하여 벌금형이 선택되어 병과형이 선고된 경우 징역형이나 벌금형 중 어느 하나의 형에 관한 판결 부분만을 상소의 대상으로 할 수 있는 것이지만, 법원이 1개의 죄에 정한 형이 징역형, 벌금형 등 수종임에도 형의 종류를 선택하지 아니한 채 수죄에 대하여 징역형과 벌금형을 병과하는 경우에는 어느 죄에 대하여 징역형이, 어느 죄에 대하여 벌금형이 선고된 것인지 알 수 없게 되어 재판의 내용이 불가분적인 것이 되므로, 징역형이나 벌금형 중 어느 하나의 형에 관한 판결 부분만을 상소의 대상으로 할 수는 없다고 할 것이어서, 징역형이나 벌금형 중 어느 하나의 형에 관한 판결 부분에 대하여만 상소를 하였다고 하더라도 그 일부와 불가분의 관계에 있는 다른 형에 관한 판결 부분에 대하여도 상소의 효력이 미친다(대판 2004.9.23, 2004도4727).

3) 확정판결 전후에 범한 범죄 수개의 공소사실이 확정판결 전후에 범한 죄이기 때문에 수개의 형이 선고된 경우 일부상소가 허용된다. 즉, 수개의 경합범이 있으나 중간에 판결이 확정된 죄가 있음을 이유로 그 판결확정 전에 범한 죄만을 경합범으로 경합 가중함으로써(형법 제37조 후단) 수개의 형이 서로 다른 주문으로 표

시되는 경우가 있는데 이 때 일부상소가 허용된다.[51]

4) 공소사실 전부가 무죄인 경우 경합범 관계에 있는 범죄사실 전부에 대하여 무죄가 선고된 경우에는 비록 하나의 주문으로 기재하더라도 무죄판결은 각 범죄(공소사실)에 대한 것으로 불가분하게 취급할 이유가 없으므로 검사는 일부만을 특정하여 (일부)상소가 허용되며, 판례도 같은 입장이다.[52]

(2) 제한되는 경우

경합범의 전부에 대하여 한 개의 유죄형이 선고된 경우(형법 제37조 전단) 일부상소는 허용되지 않는다. 다만, 판례는 판결주문의 분할불가능성을 그 근거로 드나,[53] 학설은 경합범에 대해 하나의 전체형을 선고할 때에는 개별 범죄사실들이 상호작용을 일으켜 불가분의 관계를 형성한다는 점을 논거로 하고 있다.[54] 이 경우에는 일부 범죄사실에 대하여 상소하면 그 상소의 효력이 다른 범죄사실에도 미치는 것으로 보게 된다.[55]

2. 일죄의 일부에 대한 상소

(1) 단순일죄 · 과형상일죄

경합범이 아닌 단순일죄,[56] 과형상의 일죄[57]에 대한 일부상소는 허용되지 않고 상소불가분의 원칙이 적용된다는 점에 의문이 없다(통설, 판례). 따라서 단순일죄 또는 과형상 일죄로 기소된 공소사실 중 일부는 유죄, 일부는 무죄로 판단한 원심판결에 대하여 피고인만이 그 유죄부분을 특정하여 상소하더라도 무죄부분을 포함한 전부가 상소심에 이심되어 심판대상이 되므로, 상소심은 무죄부분을 유죄로 판단할 수도 있다.[58]

---

51) 대판 1999.11.12, 99도2934.
52) 대판 1973.7.10, 73도142.
53) 대판 1961.10.5, 4292형상403.
54) 신동운, 811면; 이재상, 649면.
55) 대판 2002.6.20, 2002도807 전원합의체.
56) 대판 1990.1.25, 89도478; 대판 2001.2.9, 2000도5000.
57) 대판 1995.6.13, 94도3250.
58) 대판 2001.2.9, 2000도5000.

(2) 포괄일죄

[설문 (1)] 甲은 2000년에 한 차례, 2001년에 한 차례, 2002년에 또 한 차례 타인을 기망하여 재산상 이득을 취득한 혐의로 상습사기죄로 기소되었다. 법원은 2002년의 사기 공소사실에 대해서는 무죄를 선고하고, 나머지 두 차례의 사기 공소사실에 대해서는 유죄를 인정하면서 양자를 포괄일죄로 다루어 징역 2년을 선고하였다. 이에 甲은 유죄부분만을 특정하여 항소하였고, 검사는 일체 항소하지 않았다. 이 경우 항소심 법원의 심판범위는?

1) 학설대립 포괄일죄를 구성하는 일부행위에 대하여 상소할 경우 가분의 효과가 인정될 것인지에 대해서는 견해대립이 있다. 즉 (i) 포괄일죄는 실체법상 일죄이므로 그 일부에 대한 상소는 상소불가분의 원칙의 적용을 받아 상소하지 않은 부분까지 상소심에 계속된다는 상소불가분원칙 적용설(전부대상설),[59] (ii) 현행법의 소송구조를 당사자주의 소송구조로 보고 소송물의 특정을 당사자의 판단에 맡겨야 하므로 일죄의 일부에 대한 상소도 허용해야 한다는 일부상소규정 적용설(일부대상설·처분권설),[60] (iii) 일부상소의 규정 여부에 대한 판단에서 그 죄수관계가 "의심스러운 때에는 (피고인의)자유의 이익"으로 결정해야 한다고 하면서, 피고인 보호의 취지상 피고인만 유죄부분에 대하여 상소한 경우에는 일부상소규정을 적용하여 상소하지 않은 무죄부분은 상소기간이 경과된 때 확정되어 상고심에 계속되지 않고, 검사만이 무죄부분에 대하여 상고한 경우에 상소불가분의 원칙을 적용하여 유죄부분도 상고심에 소송계속이 된다는 "의심스러울 때는 자유의 이익으로" 원칙적용설(선택적 적용설)[61]의 견해가 대립되고 있다. 판례는 피고인만이 포괄일죄의 유죄부분에 대하여 상고한 경우 상고불가분의 원칙에 의하여 무죄부분도 상고심에 이심되기는 하나, 그 부분은 이미 당사자의 공격방어 대상으로부터 벗어나 사실상 심판대상에서 제외되어 상고심은 그 무죄부분을 판단할 수 없다[62]고 하는 반면에 피고인은 상고하지 않고 검사만이 무죄부분에 상고한 경우에는 유죄부분도 상고심에 이심될 뿐만 아니라 상고심의 심판대상이 된다고 본다.[63]

---

59) 이재상, 645면; 백형구, 326면.
60) 차용석/최용성, 1019면.
61) 배종대/이상돈, 706면; 이상돈, 연습, 460면 이하; 박태범, "포괄일죄 중 유죄부분에 대하여 파기환송받은 항소심의 심판범위," 대법원판례해설 제15호, 561면.
62) 대판 1991.3.12, 90도2820.
63) 대판 1989.4.11, 86도1629.

2) 소 결 생각건대, 상소불가분원칙 적용설은 논리적 일관성은 있지만, 피고인보호라는 법 정책을 수행하지 못하는 문제가 있고, 처분권설은 직권주의적 성격을 지나치게 외면한 견해라는 비판을 받을 수 있다. 판례가 이심은 되나 심판할 수 없다고 한 것은 논리적으로 모순이 있지만, "형식적 심판대상과 실질적 심판대상"의 이원적 개념으로 이해하면 큰 문제는 아니고, 포괄일죄란 실질적 수개의 범죄를 피고인에게 유리하도록 양형에서 한 개의 범죄로 취급하는 기능개념으로 이해하면 반드시 포괄일죄를 죄수론상의 한 개의 범죄라는 도식적 전제에 매여 있을 필요가 없다는 점과 피고인보호 입장에서 판례의 입장이 타당하다고 본다.

3. 주형과 일체가 된 부가형

집행유예, 미결구금산입, 환형처분, 가납명령 등은 형의 선고와 동시에 판결로서 선고되는바(제321조 제2항, 제334조 제2항), 이러한 부수적 주문은 주형의 주문과 일체불가분의 관계를 이루므로 부가적 주문만을 분리하여 일부상소를 할 수 없다. 판례는 압수물의 환부[64]나 추징[65]에 대한 독립항소도 허용되지 않는다고 판시하고 있다. 다만 배상명령에 대하여는 독립하여 즉시항고가 허용된다(소송촉진 등에 관한 특례법 제33조 제5항). 이는 형사절차에서의 민사판결이므로 유죄판결에 독립하여 즉시항고를 허용한 것이다. 소송비용부담의 재판은 본안의 재판에 관하여 상소하는 때에 한하여 불복할 수 있다(제191조 제2항).

Ⅲ. 일부상소의 방식

1. 일부상소의 특정

(1) 불복부분의 기재

일부상소를 할 때에는 일부상소를 한다는 취지를 상소장에 명시하고 불복하는 부분을 특정하여야 하며, 만약 불복부분을 특정하지 않고 일부상소의 취지로 상소한 때에는 전부상소로 보아야 한다.

64) 대판 1959.10.26, 4292형상209.
65) 대판 1984.12.11, 84도1502.

(2) 판단의 기준

일부상소인가 아니면 전부상소인가를 판단함에 있어서 상소이유를 참고할 수 있는지가 문제된다. 이에 대해서는 피고인상소권을 보장하는 취지에서 이 정도의 어려움은 인용해야 한다는 견해도 있지만,[66] 상소이유의 판단을 포함하게 되면 상소이유서의 제출기간까지 잔여부분에 대한 재판확정여부가 불명확한 상태에 놓이게 되는 불합리가 있기 때문에 상소장의 기재만으로 판단하면 족하다고 할 것이다.[67] 따라서 불분명한 때에는 상소장에 기재된 것을 기준으로 판단해야 한다.

2. 불특정의 경우

불복부분이 특정되지 않은 경우에 전부상소로 보는 것이 원칙이지만, 일부무죄·일부유죄의 경우에는 일부상소를 인정해야 할 필요가 있다. 즉, 피고인이 일부상소의 취지를 밝히지 않고 상소한 경우 무죄부분에 대해서는 피고인에게 상소의 이익이 없으므로 유죄부분에 대해서만 일부상소한 것으로 보아야 하고(대판 1960.10.28, 4293형상659), 반대로 검사가 불복부분을 특정하지 않고 상소한 경우에는 무죄부분에 대한 상소로 보아야 한다(대판 1959.9.18, 4292형상142).[68] 다만, 검사의 상소의 경우에 불복의 범위 란에 아무런 기재를 하지 않고 유죄부분의 형만을 기재하였다 하더라도 항소이유서에 무죄부분에 대해서 항소이유를 개진하였다면 전부상소로 보아야 한다(대판 1991.11.26, 91도1937).

---

66) 신현주, 746면.

67) 이재상, 649면; 신동운, 1074면; 신양균, 937면; 임동규, 689면; 진계호, 720면; 정웅석, 1113면; 배종대/이상돈, 709면.

68) 형법 제37조 전단 경합범 관계에 있는 공소사실 중 일부에 대하여 유죄, 나머지 부분에 대하여 무죄를 선고한 제1심판결에 대하여 검사만이 항소하면서 무죄 부분에 관하여는 항소이유를 기재하고 유죄 부분에 관하여는 이를 기재하지 않았으나 항소 범위는 '전부'로 표시하였다면, 이러한 경우 제1심판결 전부가 이심되어 원심의 심판대상이 되므로, 원심이 제1심판결 무죄 부분을 유죄로 인정하는 때에는 제1심판결 전부를 파기하고 경합범 관계에 있는 공소사실 전부에 대하여 하나의 형을 선고하여야 한다(대판 2011.3.10, 2010도17779; 대판 2014.3.27, 2014도342).

Ⅳ. 상소심의 심판범위

1. 일반원칙

경합범에 대하여 일부상소를 한 경우에 상소를 제기하지 않은 부분은 상소제기기간이 지남으로써 확정되고, 상소를 제기한 부분에 대해서만 이심의 효과가 발생하며 상소심은 일부상소가 제기된 부분에 대해서만 심판을 할 수 있다(대판 1984. 11.27, 84도862). 즉, 일부상소의 경우에는 상소불가분의 원칙이 적용되지 않고 상소가 제기된 일부에 대해서만 상소제기의 효과가 발생함이 원칙이다.

반면에 일죄의 일부에 대한 상소의 경우에는 그 전부에 대하여 이심의 효과가 발생하는 것이 원칙이다. 일죄의 일부에 대한 상소는 이미 전술하였기 때문에 아래에서는 주로 경합범의 경우에 대해서 설명하기로 한다. 특히 일부유죄, 일부무죄인 경합범의 경우에 그 일부에 대해서만 검사 또는 피고인이 상소하고 상소심의 심리결과 상소이유가 인정되어 원심을 파기해야 할 경우 상소심의 심판 내지 파기범위가 문제된다.

2. 피고인만 유죄부분에 일부상소를 하고 상소이유가 인정되는 경우

이 경우에는 경합범의 일반원칙에 따라 상소를 제기한 부분에 대해서만 이심의 효과가 발생하며, 상소심의 심판범위는 일부상소가 제기된 부분에 국한된다. 따라서 피고인이 유죄부분에 대해서 일부상소를 하고 상소이유가 인정되는 경우에는 그 부분에 대해서만 파기를 하면 된다는 점에 이론이 없다(물론 상소심에서 이유가 없어 상소를 기각하는 경우에도 마찬가지다).

3. 검사만 무죄부분에 일부상소를 하고 상소이유가 인정되는 경우

[설문 (2)] 甲은 사기죄와 절도죄의 경합범으로 기소되어 사기공소사실에 대해서는 징역 2년의 유죄, 절도 공소사실에 대해서는 무죄의 판결을 받았다. 그러자 검사는 무죄판결에 대하여 항소하였고, 항소심 법원은 원심판결을 파기하고 환송하였다. 파기환송받은 원심법원은 어떻게 형을 선고하여야 하겠는가?

(1) 일부파기설과 전부파기설의 견해대립

이 경우에는 상소한 무죄부분만을 파기하게 되면 피고인의 입장에서는 이미 확정된 유죄판결과 함께 두 개의 유죄판결을 받게 되어 결과적으로 형법 제38조의 적용에 따른 과형상의 이익을 박탈당하는 결과가 된다. 따라서 이에 대하여는 일부상소의 법리에 따라 일부파기설과 피고인 보호차원에서 상소불가분의 원칙을 적용하여 전부를 파기해야 한다는 전부파기설이 대립되고 있다. 일부파기설의 논거는 경합범으로 동시에 기소된 사건에 관하여 일부유죄·일부무죄를 선고하는 경우 등 판결주문이 수 개인 때에는 그 1개의 주문에 포함된 부분을 다른 부분과 분리하여 일부상소할 수 있는 것이고, 당사자 쌍방이 상소하지 않은 부분은 분리 확정되므로 항소심은 소송계속 된 부분만을 파기할 수밖에 없다고 하는 입장이다.[69] 반면에 전부파기설의 논거는 제342조 제2항은 상소불가분의 원칙을 규정하고 있는바, 동시에 판결하여 1개의 형을 선고할 수 있었던 죄는 서로 과형상 불가분의 관계에 있어 상소불가분의 원칙이 적용되어야 한다는 입장이다.[70] 판례는 검사만 일부무죄부분에 대하여 상소를 제기한 경우에 일부상소의 법리에 따라 상소가 제기된 일부만을 파기해야 한다는 입장을 취하고 있다.[71]

(2) 소 결

일부파기설이 일부상소의 이론에 충실한 해석이라 할 것이며, 2개의 형이 선고되는 불이익은 불이익변경금지원칙의 철저한 준수로 제거될 수 있다는 점, 과형 없는 유죄판결의 문제는 판결에 "형을 선고하지 아니한다"라는 주문을 삽입함으로써 해결할 수 있다는 점에서 일부파기설을 따른다고 해서 반드시 피고인에게 불리한 결과로 되는 것은 아니다. 따라서 상소심의 파기환송에 의하여 사건을 환송받은 법원도 일부상소 된 부분만 심판하여 별개의 재판을 하게 된다. 참고로 이제는 파기환송 후 유죄를 인정하여 형을 선고하기만 하면 피고인에게 불이익하게 변경되는 경우에는 개정 형법 제39조 제1항과 형사소송법 제321조 제1항에 의거하여 형면제를 선고하면 될 것으로 보인다.

[설문 (2)의 해결] 파기환송받은 원심법원은 일부 상소되었던 절도공소사실에 한정하여 별도의 형을 선고하면 될 것인데, 다만 원래 사기공소사실과 경합범으로 처리하여 1개의 형을 선고하는 경우보다 불리하지 않게 조치하여야 할 것이다.

---

69) 이재상, 650면; 이민걸, 형사판례연구 I권, 405면 이하.
70) 이상범, 사법논집 4집, 613면; 김주상, 사법논집 8집, 703면; 민일영, 법조 40권 제1호, 74면; 유원규, 대법원 판례해설 15호, 691면; 조재석, 검찰 101호, 207면.
71) 대판 1992.1.21, 91도1402 전원합의체.

4. 쌍방이 일부상소를 하였으나, 검사의 상소만 이유 있는 경우

[설문 (3)] 甲은 사기죄와 절도죄의 실체적 경합범으로 공소제기되어, 사기공소사실은 유죄로 징역 2년의 선고를 받았고, 절도공소사실에 대해서는 무죄를 선고받았다. 이에 대해 甲은 유죄판결에 대해, 검사는 무죄판결에 대해 각각 항소하였다. 항소심은 검사의 상소에 대해서만 이유를 인정하고서 파기자판을 하려고 한다. 항소심 법원은 어떻게 재판을 하여야 할 것인가?

쌍방이 일부 상소한 경우는 각자로서는 일부상소이지만 전체로서는 전부 상소한 것이 된다. 수 개의 범죄사실에 대하여 항소심이 일부는 유죄, 일부는 무죄의 판결을 하고, 그 판결에 대하여 피고인 및 검사 쌍방이 상고를 제기하였으나, 유죄부분에 대한 피고인의 상고는 이유 없고 무죄부분에 대한 검사의 상고만 이유 있은 경우, 판례는 "항소심이 유죄로 인정한 죄와 무죄로 인정한 죄가 형법 제37조 전단의 경합범 관계에 있다면 항소심 판결의 유죄부분도 무죄부분과 함께 파기되어야 한다"고 한다.[72] 유죄부분과 무죄부분이 함께 상소심에 계속되어 있는 이상 원칙적으로 하나의 판결에서 동시에 심판을 하게 될 것이므로 경합범을 규정한 취지에 맞도록 과형상 불가분의 관계에 있는 원심판결 전부를 파기하여 하나의 형을 선고해야 할 것이다.

[설문 (3)의 해결] 항소심 법원은 원심법원의 사기 유죄판결도 함께 파기하면서 새로이 유죄로 인정된 절도공소사실과 함께 경합범가중 처리방식에 따라 형을 선고하여야 한다.

V. 죄수의 판단이 다른 경우

원심이 경합범의 관계로 보고 두 개의 공소사실에 대하여 일부유죄, 일부무죄를 선고하였는데, 이에 검사 또는 피고인만이 상소를 하였고, 상소심이 심리한 결과 양 사실이 과형상 일죄(또는 포괄일죄)로 판명된 경우에 상소심의 심판범위가 문제된다.

72) 대판 2000.6.13, 2000도778; 대판 2000.11.28, 2000도2123; 대판 2002.6.20, 2002도807.

1. 피고인만 유죄부분에 대하여 상소한 경우(무죄부분은 확정된 경우)

[설문 (4)] 甲은 2000년에 한 차례, 2001년에 한 차례, 2002년에 또 한 차례 타인을 기망하여 재산상 이득을 취득한 혐의로 기소되었다. 법원은 2002년의 사기 공소사실에 대해서는 무죄를 선고하고, 나머지 두 차례의 사기 공소사실에 대해서는 유죄를 인정하면서 양자를 실체적 경합으로 다루어 징역 2년을 선고하였다. 이에 甲은 유죄부분만을 특정하여 항소하였고, 검사는 일체 항소하지 않았다. 그런데 항소심법원은 공소사실 전부를 포괄일죄로 인정하면서 자판하려고 한다. 항소심법원은 이미 확정된 무죄판결의 부분에 대해서도 재판할 수 있겠는가?

(1) 견해의 대립

이 경우에 대해서는 (i) 확정된 무죄판결에 중점을 두어 상소심은 일부 상소된 사실에 대하여 면소판결을 하여야 한다는 견해(면소판결설), (ii) 무죄부분도 상소심에 계속된다는 견해(전부이심설),[73] (iii) 무죄부분의 확정으로 양 사실은 소송법상 두 개의 사실로 나누어지므로 상소심의 결과 일죄로 밝혀졌다고 하더라도 유죄부분만이 상소심에 계속된다는 견해(절충설, 일부이심설, 통설)[74]가 있다.

(2) 소 결

소송의 동적·발전적 성격에 비추어 수개의 공소사실에 대한 죄수론적 평가는 얼마든지 변화될 수 있으며, 상소인(피고인)의 의사는 무죄판결이 확정된다는 것을 전제로 일부상소를 하는 것으로 보아야 한다는 점에서 통설이 타당하다. 따라서 유죄부분만이 상소심에 계속되고, 상소가 이유 있은 때에 유죄부분만 파기하여야 하고(일부파기설), 이유가 없는 경우에는 원심대로 형을 확정하여야 한다.

2. 검사만 무죄부분에 대하여 상소한 경우(유죄부분은 확정된 경우)

(1) 견해의 대립

이 경우에 대해서는 (i) 피고인만 유죄부분에 대하여 상소한 경우와 동일한 근거에서 유죄부분은 확정되고, 무죄부분만 상소심에 계속된다는 견해(일부파기설, 통설)[75]와 (ii) 유죄부분은 확정되고, 무죄부분만 상소심에 계속된다면 피고인에게 불

---

73) 신동운, 1075면.

74) 이재상, 651면; 백형구, 825면; 배종대/이상돈, 708면; 정영석/이형국, 472면.

리하므로 유죄부분도 상소심의 대상이 된다는 견해(전부파기설)[76]가 대립된다. 판례는 "원심이 두 개의 죄를 경합범으로 보고, 한 죄는 유죄 다른 한 죄는 무죄를 선고하자 검사가 무죄부분에 한하여 불복 상소하였다 하더라도 두 죄가 상상적 경합관계에 있다면 유죄부분도 상고심의 심판대상이 된다"고 판시하고 있다.[77] 즉, 이미 확정된 유죄부분도 상소심의 심판대상이 되고 따라서 상소가 이유 있다고 인정한 때에는 유죄부분도 파기해야 한다고 보아 전부파기설을 취하고 있다.

(2) 소 결

확정된 재판과 계속 중인 재판이 있는 경우에 계속 중인 재판에 대해서만 형을 선고하는 것이 논리일관성이라는 면에서는 타당할 것이다. 즉 일부파기설이 형식논리적으로는 타당성이 있다. 그러나 상소심 재판은 피고인에게 불리하지 않게 선고하여야 한다. 따라서 원래 경합범관계에서 하나의 형만 선고하여야 하는 점을 고려하는 전부파기설의 판례태도도 합리적인 것으로 이해될 수 있다.

Ⅵ. 관련문제 — 구속취소의 가부

자유형이 선고된 유죄부분이 확정된 후 형사소송법 제93조에 의한 구속취소의 가부가 문제될 수 있다. 이에 대하여 판례는 "형법 제37조 전단의 경합범 중 일부에 대하여 무죄, 일부에 대하여 유죄를 선고한 항소심 판결에 대하여 검사만이 무죄부분에 대하여 상고한 경우, 피고인과 검사가 상고하지 아니한 유죄판결 부분은 상고심에 이심되지 아니하고 따로 확정되고, 한편 구속 중인 피고인에 대하여 자유형(실형)의 판결이 확정된 때에는 구속영장은 실효되므로, 위 경우 자유형이 선고된 유죄부분이 확정되면 그 때에 구속영장은 실효되고(따라서 피고인을 계속 구금하기 위하여는 확정된 유죄부분에 대한 형집행의 절차를 취하여야 한다), 구속영장이 이미 실효된 이상 법원이 형사소송법 제93조에 의한 구속의 취소결정을 할 수는 없다"고 판시하였다.[78]

75) 이에 대한 것으로는 이재상, 648면; 백형구, 793면 참조.
76) 진계호, 721면; 배종대/이상돈, 708면.
77) 대판 1980.12.9, 80도384 전원합의체.
78) 대판 1999.9.7, 99초355.

[§ 48] 불이익변경금지의 원칙

Ⅰ. 서 설

1. 의 의

불이익변경금지의 원칙(중형변경금지의 원칙; Verbot der "reformatio in peius"; Verschlechtungsverbot)이란 '피고인이 항소 또는 상고한 사건'과 '피고인을 위하여 항소 또는 상고한 사건'에 관하여 상소심은 원심판결의 형보다 무거운 형을 선고하지 못한다는 원칙을 말한다. 형사소송법은 항소심절차에서 불이익변경금지의 원칙을 명시하고(제368조), 상고심절차에서는 상고법원이 피고사건에 대하여 직접 판결을 하는 파기자판의 경우에 이를 준용하고 있다(제396조 제2항). 그리고 확정판결에 대한 재심개시결정이 확정된 사건에 대해 재심이 개시되는 경우에 그 재심에는 원심판결의 형보다 중한 형을 선고하지 못하도록 규정되어 있다(제439조). 더 나아가 약식명령에 대한 정식재판절차에도 불이익변경금지의 원칙이 부분적으로 적용된다(제457조의2). 즉결심판에 대한 정식재판절차에 대해서는 견해의 대립이 있을 수 있지만, 판례는 이를 긍정하고 있다(대판 1999.1.15, 98도2550).

2. 이론적 근거

불이익변경금지의 원칙의 이론적 근거로는 (i) 당사자주의 내지 변론주의의 당연한 이론적 결과라는 견해,[79] (ii) 검사의 상소가 없는 이상 피고인의 이익인 한도에서 상대적 확정력이 생긴다는 견해, (iii) 피고인으로 하여금 중형변경의 위험이라는 심리적 위축상태로부터 벗어나 충분히 자신의 상소권을 행사할 수 있도록 하는 보장 장치로서 헌법이 규정한 적법절차원리(제12조 제1항 후단)의 구체적 표현이라는 견해[80] 등이 제시되고 있다. 그런데 상기한 견해들은 큰 틀의 소송구조에서 근거를 찾는 것으로서 결코 틀린 말은 아니지만, 더욱 바람직한 방향은 더 구체적인 이론적 근거를 찾는 것이다. 생각건대, 불이익변경금지의 원칙의 이론적 근거는 피고인이 중형변경의 위험 때문에 상소제기를 단념하는 것을 방지함으

79) 강구진, 551면; 차용석/최용성, 763면.
80) 배종대/이상돈, 780면; 신동운, 1079면.

로써 피고인의 상소권을 보장하려는 정책적 이유에 있다는 견해가 가장 구체적이다.[81)]

Ⅱ. 불이익변경금지원칙의 적용범위

1. 피고인이 상소한 사건

(1) 피고인만 상소한 사건

불이익변경금지의 원칙은 피고인만 상소한 사건에 적용된다. 피고인이 상소한 사건이란 피고인만 상소한 사건을 뜻한다. 따라서 검사만 상소한 사건이나 검사와 피고인 쌍방이 상소한 사건에 대하여는 불이익변경금지의 원칙이 적용되지 않는다. 검사만 상소한 사건에 있어서 양형부당 이외의 항소이유로 항소한 경우[82)]에도 이 원칙이 적용되지 않으므로 피고인에게 원심보다 중한 형을 선고할 수 있을 뿐만 아니라, 검사의 상소이유에 포함되지 않은 사항에 대해서도 직권으로 심판할 수 있으므로 피고인에게 이익되는 판결을 선고할 수도 있다.[83)]

그런데 피고인만 항소한 제2심 판결에 대해 검사가 상고한 경우에는 이 원칙이 적용되어야 한다. 항소심의 잘못 때문에 항소한 피고인이 불이익을 받는다는 것은 피고인의 상소권을 보장한다는 이 원칙의 취지에 반하므로 상고심에서는 제1심 판결의 형보다 중한 형을 선고할 수 없다고 해야 하기 때문이다. 판례도 같은 입장이다.[84)]

(2) 검사·피고인 쌍방 상소한 경우에 검사상소가 기각된 경우

검사와 피고인의 쌍방이 상소한 경우에도 검사의 상소가 기각된 때에는 실질적으로 피고인만 상소한 경우와 같으므로 이 원칙이 적용된다는 점에 이론이 없으며, 판례도 같다.[85)]

---

81) 이러한 입장으로는 이재상, 653면; 송광섭, 524면; 임동규, 694면; 정영석/이형국, 471면; 진계호, 722면; 신양균, 941면; 백형구, 852면.

82) 대판 1966.9.20, 66도886.

83) 대판 1980.11.11, 80도2097.

84) 대판 1957.10.4, 4290형비상1.

85) 대판 1969.3.31, 68도1870.

2. 피고인을 위하여 상소한 사건

(1) 상소대리권자가 피고인을 위해 상소한 경우

이 경우란 고유의 상소권자가 아닌 피고인의 법정대리인(제340조), 피고인의 배우자, 직계친족, 형제자매 또는 원심의 대리인이나 변호인 등(제341조) 상소권이 있는 자가 상소한 사건을 말한다. 이 경우에도 불이익변경금지의 원칙이 적용되어야 한다.

(2) 검사가 피고인의 이익을 위해 상소한 경우

문제는 검사가 피고인의 이익을 위하여 상소한 경우에도 피고인을 위하여 상소한 사건으로 보아 불이익변경금지의 원칙을 적용할 것인가에 있다. 이에 대해서는 견해의 대립이 있다.

1) 적 극 설 이 설은 검사가 피고인을 위하여 상소한 때에는 피고인의 상소대리권자가 피고인을 위하여 상소한 경우와 구별할 이유가 없다는 것을 근거로 들어 이 원칙이 적용된다는 견해로서 다수설에 해당한다.[86] 판례도 "검사의 항소가 특히 피고인의 이익을 위하여 한 취지라고 볼 수 있다면 항소심에서 중한 형을 선고할 수 없다"고 하여 적극설의 입장에 서 있다.[87]

2) 소 극 설 이 설은 검사가 상소한 경우는 공익대표자로서의 소송활동이지, 이 원칙의 근거인 피고인의 상소권보장과 아무런 관계가 없으므로 적용되지 않는다는 견해이다.[88]

3) 소 결 검사는 피고인의 정당한 이익도 보호하는 후견자적 지위에 있으므로 피고인의 개인적 이익을 위해서도 상소할 수 있고 이를 피고인의 상소대리권자가 상소하는 경우와 구별할 필요가 없으므로 이 원칙이 적용된다고 보는 적극설이 타당하다.

3. 상소한 사건

불이익변경의 원칙은 피고인의 상소권행사를 보장하기 위하여 마련된 법적 장

---

86) 배종대/이상돈, 781면; 신동운, 1081면; 임동규, 696면; 신양균, 944면; 백형구, 937면; 송광섭, 525면; 진계호, 724면; 차용석/최용성, 765면; 정웅석, 1122면.
87) 대판 1971.5.24, 71도574 와우아파트 사건.
88) 이재상, 654면; 정영석/이형국, 473면.

치로서 항소심 · 상고심에서 피고사건에 대하여 형을 선고하는 경우에 적용되는 것은 명백하다. 그러나 적용이 문제되는 경우가 있다.

(1) 항고사건

항고사건에도 이 원칙이 적용될 수 있는가에 대하여 (i) 항고사건에 있어서도 집행유예의 취소 및 실효결정에 대한 항고(법 제335조 제3항)나 선고유예의 실효결정에 대한 항고(법 제336조)와 같이 예외적으로 형의 선고에 준하는 경우가 있으므로 불이익변경금지의 원칙이 항고사건에 적용된다는 적극설[89]과 (ii) 불이익변경금지의 원칙은 형의 선고에 관한 것이며, 형사소송법이 명문의 규정을 두고 있지 않다는 점을 근거로 항고사건에 적용되지 않는다는 소극설(다수설)[90]이 대립되고 있다. 생각건대, 항고심은 항소심이나 상고심이 아니고, 항고심에서는 형을 선고하는 경우가 없기 때문에 불이익변경금지의 원칙이 적용되지 않는다고 봄이 타당하다.

(2) 파기환송 또는 파기이송의 사건

[설문 (5)] 검사 甲은 乙의 2가지 범죄사실에 대해 경합범으로 공소제기하였다. 제1심 법원은 乙의 두 사건을 모두 유죄로 인정하여 징역 2년을 선고하였다. 이에 검사는 항소하지 않고, 乙만 무죄라는 취지로 항소하였다. 이에 항소심 법원은 제1사실에 대하여는 무죄를 선고하고, 제2사실에 대하여는 유죄로 인정하여 다시 징역 2년을 선고하였다. 이에 대해 검사가 무죄부분(제1사실)에 대하여만 상고하자 대법원은 제1사실도 유죄라는 취지로 파기 환송하였다. 대법원으로부터 乙의 사건을 환송받은 항소법원의 심판범위와 선고형의 범위에 대하여 논하시오. (2014년 2차 모의변호사시험)

파기환송 또는 파기이송 받은 법원은 다시 원판결을 계속하는 것이므로 불이익변경금지원칙의 적용이 문제된다. 그런데 (i) 상소심에서 자판하는가 또는 파기환송 · 이송의 판결을 하는가는 우연에 의하여 좌우되는 것이고, (ii) 피고인의 상소에 의하여 원심판결이 파기된 경우에 원심법원이 원판결보다 중한 형을 선고할 수 있다고 하는 것은 피고인의 상소권을 보장한다는 이 원칙의 취지에 반하므로 불이익

89) 배종대/이상돈, 781면; 신양균, 944면; 차용석/최용성, 766면; 신동운, 1077면; 진계호, 724면.

90) 이재상, 655면; 백형구, 855면; 송광섭, 526면; 신현주, 750면; 임동규, 696면; 정영석/이형국, 474면; 정웅석, 1122면.

변경금지의 원칙은 상소심이 자판하는 경우뿐만 아니라 환송 또는 이송하는 경우에도 적용되어야 한다. 판례도 동일한 입장을 취한다.[91)]

[설문 (5)의 해결] 제1심에서는 유죄와 유죄로서 하나의 병합형이 선고되었기 때문에 이 경우에는 실체적 경합의 수죄이더라도 형선고에 있어서는 불가분적으로 처리되어야 할 것이다. 그런데 2심에서는 무죄와 유죄로서 유죄 부분만에 대해 단일형이 선고되었기 때문에 2심 형량에 산정되지 않은 무죄 부분만에 대한 검사의 상고는 가분적(실체적 경합의 수죄) 일부상소가 될 것이다. 따라서 파기의 경우는 일부파기가 되어야 할 것이고(상소되지 않은 범죄는 유죄 및 그 선고형은 확정될 것임), 그 파기재판은 원심법원을 구속할 것이다. 그런데 제1심 판결에 대해 항소한 주체가 피고인만이기 때문에 원심인 항소심 재판에서는 불이익변경금지의 원칙이 적용되어야 한다. 설문 사례의 경우 파기환송 받은 항소심은 1심 선고 형량(징역 2년)보다 중하게 선고할 수 없다. 그런데 이미 가분적으로 확정된 유죄판결에 의한 형량이 징역 2년이기 때문에 결국 항소심 법원은 종래의 무죄부분을 유죄로 바꾸더라도 추가 선고할 형은 없게 된다.

---

(3) 정식재판의 청구

형사소송법은 "피고인이 정식재판을 청구한 사건에 대하여는 약식명령의 형보다 중한 종류의 형을 선고하지 못한다"고 규정하여(제457조의2) 이 경우에도 불이익변경금지의 원칙을 부분적으로(즉 중한 형종으로의 변경금지만) 적용하고 있다. 한편 즉결심판에 대해서는 (i) 즉결심판에 대해서 피고인만이 정식재판을 청구하고 정식재판에서 형을 선고하는 경우에는 「즉결심판에 관한 절차법」 제19조에 의해서 형사소송법 제457조의2가 준용된다고 해석하여 적용된다는 적극설[92)]과 (ii) 공판절차에서의 심판은 제1심의 공판절차가 새로 시작되는 것이므로 공판법원은 앞서 있었던 즉결심판의 결과에 구속받지 않으며, 불이익변경금지의 원칙이 적용되지 않는다는 소극설[93)]이 대립된다. 종래의 판례는 "형을 선고한 즉결심판에 대하여 피고인만이 정식재판을 청구한 경우에는 정식재판에서 즉결심판의 형보다 무거운 형을 선고하지 못한다"고 판시하였는데(대판 1999.1.15, 98도2550), 이는 현행 형소법상으로는 약식명령에 대한 정식재판의 청구와 동일하게 중한 형종으로의 변경금지로 해석되어야

---

91) 대판 1992.12.8, 92도2020.
92) 송광섭, 494면; 백형구, 307면.
93) 신동운, 944면; 차용석, 1177면; 신양균, 646면.

할 것이다.

(4) 공소장 변경의 경우

항소심에서 공소장 변경에 의하여 공소사실이 추가 · 철회 · 변경된 경우에도 제1심 판결의 형과 항소심 판결의 형 사이에 이 원칙이 적용된다. 판례도 "피고인의 상고에 의하여 상고심에서 파기 환송한 경우 공소장 변경이 있어 항소심이 새로운 범죄사실을 유죄로 인정하는 때에도 그 파기된 항소심 판결의 형보다 중한 형을 선고할 수 없다"고 판시하였다(대판 1980.3.25, 79도2105). 그리고 피고인만 항소한 항소심에서 검사의 공소장 변경으로 공소사실이 추가(과실범만의 공소사실에서 고의범으로의 선택적 공소사실 추가, 법원은 후자를 선택한 사례)되어 변경됐더라도 원심보다 중한 형을 선고하지는 못한다(대판 2021.5.6, 2021도1140).

(5) 재심사건

재심에서도 원판결의 형보다 중한 형을 선고하지 못한다고 규정되어 있다(제439조). 재심사건은 상소사건이 아니면서도 불이익변경금지의 원칙이 적용된다는 점에서 의미가 있다.

(6) 병합사건

병합사건의 경우는 경우를 나누어 판단하여야 한다.[94] 제1심에서 별개로 형이 선고된 사건들이 항소심에서 비로소 병합된 경우에는 제1심의 개별 선고형보다 중하게 변경될 수는 있다. 경합범은 원래 가중처벌되기 때문이다. 판례도 "항소심에서 두 개의 사건이 병합심판되어 경합범으로 처단되는 경우에는 제1심의 각 형량보다 중한 형이 선고되었다고 하여 위법이라고 할 수 없다"고 판시하였다.[95] 다만 가중의 범위는 제1심 형량의 합산에 의한 제한과 경합범가중의 상한에 의한 제한을 받아야 한다. 전자에 의한 제한은 피고인의 상소를 요건으로 하는 불이익변경금지원칙에 의한 제한이고, 후자의 제한은 피고인의 상소 여부와 관계없이 적용되어야 할 규범적 제한이다.[96] 따라서 제1심 선고형의 합산이 경합범 가중의 상한 보다 경한 경우

94) 3가지 유형으로 나누어 설명한 손동권, "병합사건에서의 불이익변경금지의 원칙," 형사법연구 제21권 제3호, 2009, 367면 이하.

95) 대판 1980.5 27, 80도981; 대판 2001.9.18, 2001도3448.

96) 그런데 대부분의 우리나라 판례(대판 2001.9.18, 2001도3448; 대판 2003.5.13, 2001도3212; 대판 1989.6.13, 88도1983)는 우선적으로 요구되는 합산의 한계에 대한 언급 없이 경합범

에는 항소심은 그 합산형보다 중하게 변경되어서는 안 될 것이고, 그 반대일 경우에는 항소심은 후자 경합범 가중의 상한 보다 중하게 변경되어서는 안 될 것이다.

그리고 기존 사건에 피고인이 상소한 사건이 병합된 경우(혹은 그 반대의 경우)에는 피고인이 상소한 사건(즉 불이익변경금지원칙이 적용되어야 할 사건)의 개별 선고형과 기존 사건(불이익변경금지원칙이 적용되지 않는 사건)의 법정형 상한을 합산한 범위 내에서만 상소심이 형을 선고할 수 있는 것으로 제한되어야 한다. 다만 이 합산형이 법정형을 통한 경합범가중의 상한을 초과할 경우에는 이 범위내로 다시 제한되어야 한다.

Ⅲ. 불이익변경금지원칙의 내용

1. 불이익변경금지의 대상

(1) 중형선고의 금지

[설문 (6)] 甲은 강도치상으로 기소되었는데 법원은 폭행치상만으로 인정하여 징역 2년의 유죄판결을 하였다. 검사는 이에 대하여 항소하지 않았고 甲은 형이 과중하다고 생각하여 항소하였다. 항소심 심리 도중에 검사는 법정증인에 대한 보강수사를 하였고 그 결과 강도치상을 인정하게 되었다. 이 경우에 제1심 법원판결의 적법성과 항소심절차에서 검사와 법원이 할 수 있는 조치를 중심으로 논하시오.

1) 중형의 의미 불이익변경이 금지되는 것은 형의 선고에 한하므로, 새로이 선고되는 형이 중하게 변경되지 않는 한 사실인정, 법령적용, 죄명선택 등 판결내용이 원심재판보다 중하게 변경되었다 할지라도 불이익변경금지의 원칙에 반하지 않는다.[97] 따라서 판결주문에 선고된 형이 중하게 변경되지 않는 한, 절취금액의 증가와 같이 피고인의 범죄사실을 불리하게 인정하는 것, 공소장변경에 의하여 원심이 인정한 죄보다 중한 죄를 인정하는 것,[98] 공소사실의 일부만 유죄로 한 원심을

가중의 한계만을 척도로 삼고 있다.

97) 대판 1989.6.13, 88도1983.

98) 대판 1981.12.8, 81도2779; 자유형 이외에 벌금형이 선택형으로 있는 사문서위조죄 및 동 행사죄의 공소사실로서 선고된 약식명령(즉 벌금형의 선고)에 대해 피고인이 불복한 정식재판에서 자유형만 규정된 사서명위조죄 및 동 행사죄로 그 죄명이 공소장 변경되더라도 불이익변경금지의 원칙에 의해 법관이 벌금형을 선고할 수 있으므로 형이 중하게 변경되지 않는 이상 그러한 공소장변경 자체는 적법하다고 판시한 대판 2013.2.28, 2011도14986.

파기하고 공소사실 전부를 유죄로 인정하면서 동일한 형을 선고하는 것,[99] 원심이 인정한 범죄사실의 일부를 무죄로 인정하면서도 원심과 동일한 형을 선고하는 것[100] 등은 금지되는 불이익변경에 해당하지 않는다.

2) **죄수의 변경** 원심에서 일죄로 인정한 것을 항소심에서 경합범으로 변경하더라도 선고형이 중하게 변경되지 않으면 불이익변경금지의 원칙에 반하지 않는다.[101] 그리고 항소심이 원심의 경합범인정을 위법이라고 파기하고 일죄로 처단하는 경우 반드시 원심보다 경한 형을 선고하여야 하는 것은 아니므로 원심과 같은 형을 선고하였다 하여 위법이라고 할 수 없다.[102]

3) **법정형의 문제** 불이익변경금지원칙에 의하여 상소심은 범죄사실에 대하여 법정형의 하한보다 경한 형을 선고해야 하는 경우도 있다. 예를 들면 절도죄로 벌금형을 선고한 원심판결에 대하여 피고인만 항소한 경우 항소심에서의 공소장변경신청에 따라 상습절도죄(특정범죄가중처벌 등에 관한 법률 제5조의4 제1항) 또는 강도죄(형법 제333조)를 인정하여도 벌금형을 선고해야 한다.

[설문 (6)의 해결] 제1심법원의 적법성과 관련하여서는 강도치상의 공소사실에 대하여 법원이 공소장변경 없이 축소사실을 인정할 수 있는지가 문제된다(공소장변경의 필요성에 대한 설명 참조). 항소심 절차에서 검사는 비록 상소 제기자는 아니지만 변론등 공소유지를 위한 활동은 할 수 있다. 그러나 검사가 법정증인에 대해 보강수사를 하는 것이 적법한지는 문제된다(공소제기 후의 수사에 대한 설명 참조). 항소심 법원은 제1심 판결을 파기하고 강도치상죄(7년 이상의 법정형)로서 유죄판결을 하여야 한다. 그런데 강도치상죄의 경우는 작량감경하더라도 3년 6월의 징역이 선고하한으로 잠정 설정되겠지만, 종국적으로 불이익변경금지의 원칙에 따라 징역 2년보다 중한 형을 선고할 수는 없다.

---

(2) 형의 범위

1) **실질적 의미** 여기서 형이란 형법 제41조가 규정하고 있는 형의 종류에 엄격히 제한되지 않고, 상소권보호라는 불이익변경금지원칙의 취지에 비추어 실질적으로 피고인에게 형벌과 같은 불이익을 주는 처분은 모두 불이익변경금지의 대상

99) 대판 1991.6.25, 91도884.
100) 대판 2003.2.11, 2002도5679.
101) 대판 1984.4.24, 83도3211.
102) 대판 1966.10.18, 66도567.

이 된다고 보아야 한다. 따라서 추징이나 미결구금일수의 산입 또는 벌금형에 대한 노역장유치기간, 형의 선고와 동시에 선고되는 형의 집행유예도 여기의 형에 해당한다. 판례에 의하면, 제1심판결에서 정한 형과 동일한 형을 선고하면서 제1심에서 정한 취업제한기간보다 더 긴 취업제한명령을 부가하는 것은 전체적·실질적으로 피고인에게 불리하게 변경되는 것이다(대판 2019.10.17, 2019도11540). 반면에 형기를 줄이면서 취업제한을 늘린 경우는 불이익변경이 아니다(대판 2019.10.17, 2019도11609).

2) **소송비용부담** 소송비용부담에서의 불이익변경이 불이익변경금지원칙의 적용대상이 될 것인가에 대해서는 견해의 대립이 있다. 즉 (i) 소송비용의 부담도 피고인에게 재산형과 같은 불이익을 주는 것이므로 불이익변경금지의 원칙이 적용되어야 한다는 적극설[103]과, (ii) 소송비용은 형이 아니므로 이 원칙이 적용되지 않는다는 소극설(다수설)[104]이 대립하고 있다. 판례는 "소송비용의 부담은 형이 아니고 실질적인 의미에서 형에 준하여 평가되어야 할 것도 아니므로 불이익변경금지원칙의 적용이 없다"는 입장이다.[105] 생각건대, 소송비용의 부담이 피고인에게 불이익을 준다고 할지라도 실질적으로 형으로서의 성질을 가질 수는 없기 때문에 소극설이 타당하다.

3) **보안처분** 기존의 형벌에 보안처분이 부가되는 형태, 기존의 보안처분에 다른 보안처분이 부가되는 형태로 변경되는 경우에는 불이익변경금지의 원칙이 적용되어야 한다. 보안처분도 사실상 형벌에 유사한 성질이 있고 이 경우에는 실제로 피고인에게 불리하기 때문이다. 그러나 형벌과는 달리 한 가지 보안처분의 내에서는 불이익변경금지의 원칙이 문제될 수는 없다. 왜냐하면 보안처분은 기간을 정하여 선고되는 것이 아니고 집행절차에서 종국적인 집행기간이 결정될 뿐이기 때문이다.

---

103) 배종대/이상돈, 714면; 신동운, 1083면; 강구진, 552면; 송광섭, 529면; 신현주, 753면.

104) 이재상, 653면; 백형구, 824면; 정영석/이형국, 474면; 신양균, 647면; 임동규, 682면; 정웅석, 1129면; 진계호, 726면; 김기두, 313면.

105) 대판 2001.4.24, 2001도872.

2. 불이익변경의 판단기준

형의 선고가 불이익하게 변경되었는가를 판단하는 기준에 대하여 형법은 형식적 기준을 규정하고 있지만(형법 제50조 등), 형사소송법도 이것만을 기준으로 할 것인지는 문제된다. 이에 대하여 (i) 전후 판결의 주문을 놓고 형의 종류(형법 제41조) 및 형의 경중에 대한 규정(형법 제50조)을 기준으로 불이익변경을 판단하려는 형식설, (ii) 원심판결과 상소심 판결의 주문을 전체적 · 종합적으로 고찰하여 실질적으로 피고인에게 불이익한가를 판단하여야 한다는 실질설의 대립이 있을 수 있다. 판례는 불이익변경금지의 원칙을 적용함에 있어서는 주문을 개별적 · 형식적으로 고찰할 것이 아니라 전체적 · 실질적으로 고찰하여 그 형의 경중을 판단하여야 한다고 판시하였다.[106]

생각건대, 형법 제50조는 추상적인 법정형 상호간의 경중을 규정한 데 지나지 아니하여 구체적인 선고형의 경중을 정하는 경우에 충분한 기준이 될 수 없기 때문에 형법의 규정을 참작하면서 최종적으로는 상소권보장이라는 불이익변경금지원칙의 취지를 실현하는 관점에서 피고인의 실질적 불이익을 고려하도록 하는 실질설이 타당하다.

3. 형의 경중의 비교

(1) 형의 추가(가중포함)

피고인만 상소한 사건에 대하여 원심판결과 동종의 형을 과하면서 무거운 형을 선고하거나 원심판결이 선고한 형 이외의 다른 형을 추가하는 것이 불이익변경에 해당한다는 데에는 의문이 없다. 다만 기존형을 감경하면서 다른 형벌을 추가하는 경우(예컨대, 징역형을 단축하면서 벌금형 또는 자격정지를 추가하는 경우)에는 불이익변경이 되지 않을 수도 있는데, 그 기준은 실질적 불이익의 관점에서 평가되어야 할 것이다.

(2) 형종의 변경

1) 징역형과 금고형 징역형을 금고형으로 변경하면서 형기를 인상하는 것은 허용되지 않지만, 금고형을 징역형으로 변경하면서 형기를 단축하는 것은 가능

---

106) 대판 1998.3.26, 97도1716.

하다. 다만 형기가 같은 때에는 금고를 징역으로 변경하는 것은 허용되지 않는다.

2) 자유형의 벌금형으로의 변경 자유형을 벌금형으로 변경하는 경우에 대하여 벌금형에 대한 노역장 유치기간이 자유형을 초과하는 때에 불이익변경이 된다는 견해도 있으나,[107] 이는 벌금 불완납의 경우에만 집행되는 벌금형의 특수한 집행방법에 불과하므로 전체적으로 볼 때에는 불이익변경이 아니라고 해석하는 것이 타당하다(다수설). 판례도 벌금형의 환형 유치기간이 징역형의 형기를 초과하더라도 벌금형이 징역형보다 경한 형이라고 판시하였다.[108]

3) 벌금형의 자유형으로의 변경 벌금형을 자유형으로 변경하는 것은 불이익변경이 되며, 벌금액은 같은데 노역장유치기간이 길어진 경우에도 불이익변경이 된다.[109] 벌금액이 감경되면서 노역장유치기간이 길어진 경우에도 형이 불이익하게 되었다는 견해[110]와 그렇지 않다는 견해[111]가 대립되고, 판례는 후자의 입장에 있다.[112] 생각건대, 이 경우에는 전체적으로 보아 형이 불이익하게 변경되었다고 볼 수는 없다.

관련판례 ① 선고된 형이 피고인에게 불이익하게 변경되었는지에 관한 판단은 형법상 형의 경중을 일응의 기준으로 하되, 병과형이나 부가형, 집행유예, 미결구금일수의 통산, 노역장 유치기간 등 주문 전체를 고려하여 피고인에게 실질적으로 불이익한가의 여부에 의하여 판단하여야 할 것이고, 더 나아가 피고인이 상소 또는 정식재판을 청구한 사건과 다른 사건이 병합 · 심리된 후 경합범으로 처단되는 경우에는 당해 사건에 대하여 선고 또는 고지받은 형과 병합 · 심리되어 선고받은 형을 단순 비교할 것이 아니라, 병합된 다른 사건에 대한 법정형, 선고형 등 피고인의 법률상 지위를 결정하는 객관적 사정을 전체적 · 실질적으로 고찰하여 병합심판된 선고형이 불이익한 변경에 해당하는지를 판단하여야 할 것이다.

도로교통법위반(음주운전) 등 사건에, 피고인이 교통사고처리특례법 위반죄에 대하여 벌금 350만원의 약식명령을 고지받아 정식재판을 청구한 사건을 병합하여 심리한

---

107) 강구진, 553면; 차용석, 1034면; 배종대/이상돈, 715면.

108) 대판 1980.5.13, 80도765; 대판 1990.9.25, 90도1534. 징역형과 벌금형이 병과된 원심의 형에 대하여 징역형의 형기는 단축되었으나 벌금액은 같고 노역장유치기간이 길어진 경우 피고인에게 불이익하게 변경되었다고는 할 수 없다(대판 1994.1.11, 93도2894).

109) 대판 1976.11.23, 76도3161.

110) 배종대/이상돈, 716면; 신동운, 823면.

111) 이재상, 655면; 임동규, 684면.

112) 대판 2000.11.24, 2000도3945.

후 위 교통사고처리특례법 위반죄에 대하여는 금고형을, 나머지 각 죄에 대하여는 각 징역형을 선택한 다음 판시 각 죄를 경합범으로 처단하면서 피고인에게 징역 6월을 선고한 사안에서, 정식재판 청구된 약식명령의 벌금형을 징역형으로 변경하여 선고하는 것은 불이익한 변경이다(대판 2004.11.11, 2004도6784).[113]

4) 부정기형과 정기형 상대적 부정기형 제도를 취하고 있는 소년법과 관련하여 부정기형을 정기형으로 변경하는 경우에 형의 경중이 문제된다. 이 경우에 부정기형의 무엇을 기준으로 하여 형의 경중을 정할 것인가에 대하여는 장기기준설,[114] 단기기준설 및 중간형량기준설[115]이 대립되고 있다. 판례는 종래 단기형기준설의 입장을 취하였다가,[116] 종국적으로 단기와 장기의 중간형이 기준이라는 입장으로 태도를 변경하였다(대판 2020.10.22. 2020도4140 전원합의체). 생각건대, 부정기형을 선고받은 때에는 단기가 경과되면 석방될 가능성이 있으므로 피고인에게 가장 유리한 단기표준설이 이론적으로는 타당하다.

(3) 집행유예와 형의 경중

형의 집행유예는 형식적으로는 형이 아니지만, 실질적으로 피고인에게 미치는 이해관계는 형의 내용을 좌우하는 것이므로 형의 경중을 비교하는 중요한 요소가 된다. 즉, 집행유예는 피고인에게 실질적으로 자유회복을 의미하는 커다란 이익이 된다.

1) 집행유예의 배제 집행유예가 선고된 자유형판결에서 집행유예를 배제하는 것은 당연히 불이익변경이 된다. 그리고 징역형 또는 금고형을 줄이면서 집행유예를 박탈한 경우에도 집행유예를 제거하였기 때문에 그 실질적 이익에 비추어볼 때 불이익변경이 된다.[117] 대법원 전원합의체 판결의 태도이기도 하다.[118]

2) 집행유예의 선고 징역형을 늘리면서 집행유예를 붙인 경우에 불이익변

113) 이에 관련된 평석으로 맹현무, "병합과 불이익변경금지," 재판실무연구, 광주지방법원, 2006, 57-74면.
114) 신현주, 753면; 정영석, 347면.
115) 서일교, 369면.
116) 대판 1969.3.18, 69도114.
117) 이재상, 659면; 신동운, 1087면; 임동규, 701면.
118) 대판 1965.12.10, 65도826 전원합의체. 제1심에서 징역형의 집행유예를 선고한 데 대하여 제2심이 그 징역형의 형기를 단축하여 실형을 선고하는 것도 불이익변경금지원칙에 위배된다(대판 1986.3.25, 86모2). 마찬가지로 재심대상사건에서 징역형의 집행유예를 선고하였음에도 재심사건에서 원판결보다 주형을 경하게 하고, 집행유예를 없앤 경우는 형사소송법 제439조에 의한 불이익변경금지원칙에 위배된다(대판 2016.3.24, 2016도1131).

경이 되는가에 대하여, 피고인의 실질적 이익을 고려하여(즉, 실형을 집행유예로 변경) 불이익변경이 되지 않는다고 해석하는 부정설[119]도 있으나, 집행유예가 실효되거나 취소되는 경우(이 경우에 유예된 형이 집행됨)도 고려해야 하므로 불이익변경이 된다고 보는 긍정설이 타당하다(다수설).[120] 판례도 긍정설의 입장이다.[121]

3) 집행유예와 다른 형벌　　징역형에 집행유예를 붙이면서 벌금형을 병과하거나, 벌금액을 늘인 경우, 같은 기간의 금고형을 징역형으로 바꾸면서 집행유예를 선고하는 경우에도 불이익변경의 여부가 문제된다. 이 경우에 불이익변경금지의 원칙에 반한다는 견해가 있지만,[122] 전체적 · 실질적 관점에서 형의 경중을 판단하여 변경된 형에 집행유예가 인정됨으로써 자유회복의 이익이 크기 때문에 불이익변경금지의 원칙에 반하지 않는 것으로 보아야 한다.[123] 판례도 이러한 입장을 취하고 있다(대판 1998.3.26, 97도1716 전원합의체; 같은 기간의 금고형을 징역형으로 바꾸면서 집행유예를 선고한 사례에 대한 대판 2013.12.12, 2013도6608).

4) 유예기간의 연장　　주형은 동일하나 집행유예의 기간을 길게 하는 것은 형벌권의 소멸기간이 길어지므로 본조의 위반에 해당함에 의문이 없다.[124] 그러나 집행유예를 붙인 자유형판결에 대하여 형을 가볍게 하면서 유예기간을 길게 하는 경우에는 견해의 대립이 있다. 즉, 집행유예의 기간이 길어졌다는 점을 논거로 불이익변경에 해당한다는 견해와[125] 전체적으로 볼 때 유예기간을 길게 하더라도 형을 경하게 하면 불이익변경이 되지 않는다는 견해(다수설)가[126] 대립되는데, 형 자체가 가벼워지므로 후설이 타당하다.

5) 형의 집행유예와 집행면제　　형의 집행면제의 판결을 집행유예로 변경하는 것은 집행유예가 실효될 수 있으므로 불이익하다는 견해가 있으나, 유예기간이 경과한 때에 형의 선고의 효력이 상실되므로 불이익변경에 해당하지 않는다. 판례도 기간경과시 형선고의 효력이 상실되는 집행유예판결이 형의 집행만을 면제하는 데 불과

119) 차용석/최용성, 772면.
120) 이재상, 659면; 배종대/이상돈, 786면; 신동운, 1088면; 임동규, 697면; 신양균, 949면; 정영석/이형국, 475면; 송광섭, 531면.
121) 대판 1966.12.8, 66도1319; 대판 1977.10.11, 77도2713; 대판 2002.10.25, 2002도2453.
122) 이재상, 660면.
123) 신동운, 1088면.
124) 대판 1983.10.11, 83도2034.
125) 강구진, 554면; 차용석, 1037면; 배종대/이상돈, 750면.
126) 이재상, 660면; 신동운, 824면; 신양균, 873면; 정영석/이형국, 475면; 임동규, 702면.

한 형 집행면제보다 피고인에게 불이익한 것이라 할 수 없다고 판시하였다.[127)]

(4) 선고유예와 형의 경중

선고유예의 선고를 받은 경우에는 형의 집행을 받을 필요가 없고 그 선고의 실효 또는 취소 없이 유예기간을 경과한 때에는 면소의 효력이 있기 때문에 불이익변경의 여부를 판단하는 데 중요한 요소가 된다. 자유형에 대한 집행유예판결을 벌금형으로 변경하는 것은 벌금형이 징역형 또는 금고형보다 경한 형이므로 불이익변경이 될 수 없지만,[128)] 자유형에 대한 선고유예를 벌금형으로 변경하는 것은 선고유예는 아직 현실로 형이 선고되지 아니하며 선고유예의 기간을 무사히 경과하면 면소된 것으로 간주됨에(형법 제60조) 반하여, 벌금형은 형의 선고로서 집행을 면할 수 없고 벌금을 납입하지 아니할 때에는 노역장에 유치되기(형법 제70조) 때문에 불이익변경이 된다.[129)] 판례도 같은 입장이다.[130)] 그리고 제1심 법원이 징역형의 실형과 벌금형의 선고유예를 선고한 후 피고인만이 항소한 상황에서 항소심 법원이 징역형의 집행유예와 벌금형의 실형을 선고하는 것은 벌금의 납부로 인한 불이익보다 자유형의 집행유예로 인한 자유회복의 이익이 훨씬 크다는 점에서 불이익변경으로 볼 수 없다.[131)] 판례도 같은 입장이다.[132)]

(5) 몰수·추징과 형의 경중

원심의 징역형을 그대로 두면서 새로 몰수 또는 추징을 추가하거나[133)] 원심보다 무거운 추징을 병과하는 것[134)]은 불이익변경이 된다. 문제는 주형을 가볍게 하고 몰수나 추징을 추가 또는 증가시키는 경우가 불이익변경인가 하는 점이다. 이에 대해서는 주형이 경하더라도 피고인에 대하여 새로운 몰수나 추징이 선고되면 불이익변경에 해당한다고 보는 긍정설,[135)] 주형을 가볍게 한 이상 액수의 다과와 상관없이 불이익변경이 아니라고 보는 부정설,[136)] 피고인에게 실질적 불이익이 발생하는가

127) 대판 1985.9.24, 84도2972. 전원합의체.
128) 대판 1966.9.27, 66도1026; 대판 1990.9.25, 90도1534.
129) 이재상, 660면; 임동규, 703면; 신동운, 1088면.
130) 대판 1984.10.10, 84도1489; 대판 1999.11.26, 99도3776.
131) 이재상, 660면; 신동운, 1089면.
132) 대판 1976.10.12, 74도1785.
133) 대판 1992.12.8, 92도2020.
134) 대판 1977.5.18, 77도541.
135) 강구진, 555면; 차용석, 1037면.

를 기준으로 보는 실질설[137]이 있다. 판례는 주형이 징역 1년 6월형의 집행유예 또는 징역 1년형의 선고유예에서 벌금 4천만원의 선고유예로 감경한 점을 고려할 때 1,600만원의 추징이 추가되었어도 전체적·실질적으로 볼 때 피고인에 대한 형이 제1심 판결이나 환송 전 원심판결보다 불이익하게 변경되었다고 볼 수는 없다고 판시하였다.[138]

생각건대, 불이익변경을 판단함에 있어서는 전체적·실질적으로 고찰하여야 할 뿐만 아니라 자유형을 벌금형으로 변경하는 것이 불이익변경에 해당하지 않는 이상 자유형을 가볍게 하면서 벌금액이나 추징액을 추가 또는 증액하는 것은 불이익변경에 해당하지 않는다고 보는 것이 타당하다.

(6) 미결구금일수의 산입

본형을 그대로 둔 채 미결구금일수의 산입을 박탈하거나 감소하면 불이익변경이 된다는 점에는 의문이 없다.[139] 그리고 미결구금일수의 축소로 원심보다 형의 집행기간이 길어진 때에는 불이익변경이 된다. 그러나 본형이 경하게 변경되거나[140] 본형의 집행을 유예한 때에는 불이익변경이 되지 아니한다.

(7) 형과 보안처분

징역형이 치료감호보다 피고인에게 불이익한 처분이라고 해야 하기 때문에 제1심 판결에서 치료감호만 선고되고 피고인만 항소한 경우에 항소심에서 징역형을 선고하는 것은 불이익변경이 된다.[141] 형벌을 가볍게 하고 보호관찰, 사회봉사명령 또는 수강명령의 집행기간을 늘리는 경우에는 실질적 불이익 여부의 기준에 따라 판단하여야 한다.

Ⅳ. 불이익변경금지 원칙의 위반의 효과

불이익변경금지원칙에 위배된 항소심의 판결은 법률위반의 판결로 상고이유가

---

136) 백형구, 859면; 신동운, 826면; 정영석/이형국, 476면.
137) 이재상, 661면; 임동규, 687면.
138) 대판 1998.3.26, 97도1716 전원합의체.
139) 대판 1966.12.27, 66도1500; 대판 1996.1.23, 95도2500.
140) 대판 1994.2.8, 93도2563.
141) 대판 1983.6.14, 83도765.

된다(제383조 제1호). 그리고 상고심 판결이 이에 위반한 경우 법령에 위반한 심판으로 비상상고의 이유(제441조)가 된다. 따라서 대법원은 원판결이 피고인에게 불이익한 때에는 원판결을 파기하고 피고사건에 대하여 다시 판결을 하여야 한다(제446조 제1호).

[약식명령에 대한 정식재판의 특수사례 판례] 피고인이 절도죄 등으로 벌금 300만 원의 약식명령을 발령받은 후 이에 대해 정식재판을 청구하자, 제1심 법원이 위 정식재판청구사건을 통상절차에 의해 공소가 제기된 다른 점유이탈물횡령 등 사건들과 병합한 후 "각 죄에 대해 모두 징역형을 선택"한 다음 경합범 가중하여 피고인에게 징역 1년 2월을 선고한 사건에서 판례는 "제1심판결에는 형사소송법 제457조의2 제1항에서 정한 형종 상향 금지의 원칙을 위반한 잘못이 있고, 이러한 제1심 판결에 대한 피고인과 검사의 항소를 모두 기각함으로써 이를 그대로 유지한 원심판결에도 형사소송법 제457조의2 제1항을 위반한 잘못이 있다"고 판시하였다(대판 2020.1.23. 2019도15700). 약식절차에서 선고되었을 벌금형을 제1심 법원이 경합범 가중하면서 징역형으로 바꾸었기 때문에 중한 형종으로의 변경 금지에 위반하는 것이다.

[§ 49] 파기판결의 구속력

Ⅰ. 서 설

1. 의 의

파기판결의 구속력 또는 기속력이란 상소심에서 원심판결을 파기하여 환송 또는 이송한 경우에 상급심의 판단이 환송 또는 이송받은 하급심을 구속하는 효력을 말한다. 법원조직법은 "상급법원의 재판에 있어서의 판단은 당해 사건에 관하여 하급심을 기속한다"고 규정하고 있다(제8조). 파기판결의 기속력은 파기환송 또는 이송된 판결의 하급심에 대한 효력으로서, 판결을 선고한 법원이 그 판결의 내용을 철회 또는 변경할 수 없음을 의미하는 재판의 구속력과는 구별된다.

2. 인정근거

파기판결이 구속력을 갖는 이유는 심급제도의 유지라는 법원조직의 관점에서 우선적으로 파악되어야 한다. 그리고 판례는 파기판결의 기속력이 법령해석의 통일, 심급제도의 유지, 소송관계인의 법률관계 안정 및 소송경제 등을 종합적으로 고려하고 있다(대판 2001.3.15, 98두15597 전원합의체)고 한다.

Ⅱ. 법적 성질

1. 견해의 대립

파기판결의 구속력이 지니는 법적 성격에 대해서는 (i) 중간판결의 구속력이라고 이해하는 견해(중간판결설), (ii) 파기판결의 구속력을 확정판결의 기판력이라고 해석하는 견해(기판력설),[142] (iii) 파기판결의 구속력은 심급제도의 합리적인 유지를 위하여 인정된 특수한 효력이라고 이해하는 견해(특수효력설)의[143] 대립이 있다.

2. 소 결

파기환송판결은 원심에 대해 새로운 심리를 명하는 종국판결이라는 점에서 중간판결설은 타당하지 않고, 심급간의 효력이므로 후소에 대한 효력을 의미하는 기판력과 동일하다고 할 수 없기 때문에 기판력설도 옳지 않으며, 결국 구속력은 심급제도를 유지하기 위한 정책적 근거에서 인정된 것으로 보는 특수효력설이 가장 타당하다.

Ⅲ. 구속력의 범위

1. 구속력이 미치는 심급법원

(1) 하급심 법원

파기판결이 하급법원을 구속하는 점에는 의문이 없다. 상고심에서 제2심 판결을 파기하고 제1심에 환송하여 제1심 재판에 대하여 다시 항소된 경우 제2심 법원도 당해 사건의 하급심이므로 상고심의 판단에 구속된다.

(2) 파기한 상급법원

파기판결의 구속력은 환송 또는 이송받은 하급법원뿐만 아니라 파기판결을 한 상급심 자신도 구속된다. 판례도 앞서 한 스스로의 파기이유에서 취한 판단에 저촉

---

142) 차용석, 1042면.

143) 이재상, 663면; 백형구, 848면; 배종대/이상돈, 753면; 신양균, 876면; 신동운, 829면; 임동규, 690면.

되어 이를 변경할 수 없다고 한다.[144]

(3) 상급법원

항소심의 파기판결의 기속력이 상급법원인 상고심에도 미치는가에 대하여 기판력설은 이를 인정할 수 있을 것이다.[145] 그러나 항소심의 파기판결에 상고심이 구속된다는 것은 법령해석의 통일을 위한 상고심의 기능에 반하는 사법의 경직을 초래하기 때문에 이를 부정하는 것이 타당하다.

2. 기속력이 발생하는 판단의 범위

(1) 법률판단과 사실판단

파기판결의 기속력은 법률판단뿐만 아니라 사실판단에도 미친다. 법원조직법 제8조는 기속력이 미치는 판단을 법률적 판단에 국한하지 않고 있으며, 상고이유로서 중대한 사실오인 및 현저한 양형부당을 인정하기 때문이다(제361조의5 제14호, 제15호, 제383조 제4호). 판례도 "파기환송받은 법원은 상고법원의 파기이유로 한 사실상 및 법률상의 판단에 기속된다"고 판시하였다.

(2) 적극적(긍정적) · 소극적(부정적) 판단

기속력은 파기판결의 직접적인 이유인 소극적 · 부정적 판단에만 미치는가 아니면 적극적 · 긍정적 판단에 대해서도 미치는가에 대해서는 견해의 대립이 있다. 즉, (i) 사실판단에 있어서 부정적 판단과 긍정적 판단은 일체불가분의 관계에 있다는 점에 비추어 직접적 파기이유와 불가분의 관계에 있거나 필연적 · 논리적 전제관계에 있는 때에는 기속력이 미친다는 긍정설,[146] (ii) 적극적 · 긍정적 판단은 파기이유에 대한 연유에 불과하기 때문에 파기판결의 기속력을 파기의 직접적인 이유가 된 소극적 · 부정적인 판단에 국한해야 한다는 부정설[147]의 견해대립이 있다. 판례는 "환송판결의 하급심에 대한 구속력은 파기의 이유가 된 원판결의 사실상 및 법률상의 판단이 정당하지 않다는 소극적인 면에서만 발생하는 것이다"라고 판시하

144) 대판 1985.7.9, 85도263; 대판 1986.6.10, 85도1996; 대판 1987.4.28, 87도294.

145) 차용석, 1041면.

146) 이재상, 660면; 차용석, 1043면; 강구진, 558면.

147) 신동운, 831면; 백형구, 849면; 정영석/이형국, 481면; 배종대/이상돈, 755면; 송광섭, 501면; 임동규, 692면.

여[148] 부정설의 입장을 취한다.

생각건대, 사실판단에 있어서 부정의 판단과 긍정적 판단은 일체불가분의 관계에 있다는 점에 비추어 긍정설이 타당하다고 본다.

3. 구속력의 배제

(1) 사실관계의 변동과 법령의 변경

파기판결의 기속력은 파기판결의 전제가 된 사실관계의 동일성을 전제로 한다. 따라서 파기판결 후에 사실관계에 변경이 있는 경우에는 그 기속력이 배제된다. 판례도 환송 후의 심리과정에서 새로운 사실과 증거의 제시에 의하여 사실관계에 변동이 있는 경우에는 파기판결의 구속력이 배제된다고 판시하였다.[149] 그리고 파기판결 이후에 법령의 변경이 있는 경우에도 기속력은 배제된다.

(2) 판례의 변경

대법원 판례의 변경도 법령의 변경에 준하는 것으로 보아 기속력이 배제된다(다수설). 다만 판례변경은 해석의 변경에 불과하여 원칙적으로 기속력이 배제되지 않으나, 예외적으로 피고인에게 유리한 방향으로 판례변경이 있어 비상상고절차에서 원판결이 피고인에게 불이익한 때에는 기속력이 배제된다는 견해[150]가 있는데, 그 취지는 다수설과 다르지 않는 것으로 판단된다.

[§ 50] 구체적 상소방법

I. 항 소

1. 항소심의 구조

(1) 입법주의

항소란 제1심 판결에 대한 제2심 법원에의 상소를 말한다. 항소는 오판으로 인

---

148) 대판 1983.2.8, 82도2672.

149) 대판 1983.2.8, 82도2672; 대판 2003.2.26, 2001도1314.

150) 차용석, 1044면.

하여 불이익을 받은 당사자를 구제하는 것을 주된 목적으로 하는 상소이다. 항소심의 구조에 대해서는 다음의 입법주의가 있다.

1) 복　　심　　복심제도는 항소심이 원심의 심리와 판결이 없었던 것처럼 피고사건에 대하여 전반적으로 다시 심리하는 제도를 말한다. 복심의 특징은 항소심의 심판대상은 피고사건 자체이며 항소인은 항소이유서를 제출할 필요나 항소이유에 제한이 없고, 항소심의 심리는 공소장에 의한 기소요지의 진술부터 다시 시작하고, 심판의 범위도 항소이유에 제한되지 않고 사실심리와 증거조사에도 제한이 없으며, 항소심판결의 주문은 직접 피고사건을 판결하는 것이며, 기판력의 시적 범위도 항소심 판결선고시가 된다.

2) 속　　심　　속심제도란 제1심의 심리를 토대로 항소심이 심리를 속행하는 제도를 말한다. 즉 제1심의 변론이 재개된 것처럼 항소심에서 원심의 심리절차를 인계하고 새로운 심리와 증거를 보충하여 심판하는 것을 말한다.

속심의 특징은 항소심의 심판대상은 피고사건의 실체이고, 항소이유에 제한이 없고, 제1심 판결후에 발생한 사실도 판결의 자료가 되고, 판결의 주문은 항소가 이유 없을 때에는 항소기각이지만 이유 있을 때에는 원심판결을 파기하고 원칙적으로 자판하여야 하며, 기판력의 시적 범위는 항소심 판결선고시가 된다. 속심은 원판결의 심리를 필요한 범위에서 속행한다는 점에서는 복심에 비하여 장점이 있으나, 전심의 소송자료에 대한 심증을 이어받는 것은 구두변론주의와 직접주의에 반할 뿐만 아니라 소송지연과 남상소의 위험이 있는 단점을 지닌다.

3) 사 후 심　　사후심제도란 원심에 나타난 자료에 따라 원심판결시를 기준으로 원판결의 당부를 사후적으로 심사하는 제도를 말한다. 사후심의 특징은 항소심의 심판대상이 피고사건의 실체가 아니라 원판결의 당부이며, 항소이유가 제한되고, 변호인은 항소이유서를 제출해야 되며, 항소심의 심판범위도 항소이유서에 기재된 것에 제한되고, 항소심은 원심에 나타난 증거에 의하여 원심판시를 기준으로 원판결의 당부를 판단할 뿐 원판결 후에 발생한 자료를 증거로 할 수 없고, 판결주문도 항소가 이유 없을 때에는 항소기각, 이유 있으면 파기환송한다는 데 있다. 사후심은 소송경제와 신속한 재판의 이념에 부합하는 제도이나, 이는 제1심의 공판절차에서 심리가 철저히 행하여질 것을 전제로 하는 제도이며, 이러한 전제가 충족되지 않을 때에는 실체진실의 발견과 피고인의 구제에 충분하지 못하다는 단점을 지닌다.

(2) 우리나라 항소심의 구조

1) 견해대립 우리나라 항소심의 소송구조에 대해서는 사후심이라는 견해,[151] 원칙적으로 사후심이지만 항소심이 파기자판하는 경우에는 보충적으로 속심의 성질을 가진다는 견해,[152] 원칙적 속심 · 보충적 사후심에 해당한다는 견해[153] 사이의 대립이 있다. 다수설과 판례[154]의 태도는 원칙적 속심 보충적 사후심설에 해당한다. 사후심이라는 견해는 항소이유가 제한되어 있고(제361조의5), 항소법원의 심판범위가 항소이유에 제한되며(제364조 제1항), 항소이유가 없음이 명백하면 변론 없이 항소기각할 수 있는 점(동조 제5항)을 법적 근거로 제시한다. 그리고 이론적으로는 제1심절차가 공판중심주의에 의해 철저히 이루어지기 때문에 항소심에서의 반복심리는 소송경제에 반한다는 것을 든다.

반면에 속심이라는 견해는 항소이유 중에서 판결 후 형의 폐지나 변경 또는 사면이 있는 때(제361조의5 제2호)와 재심청구의 사유가 있는 때(동조 제13호)는 속심적 성격의 항소이유인 점, 제1심의 증거는 항소심에서의 증거로도 인정되는 점(제364조 제3항), 제1심 공판에 관한 규정이 항소심의 심리에도 준용되는 점(제370조) 등을 법적 근거로 제시한다. 그리고 이론적 근거로는 피고인의 불이익을 최대한 구제하기 위해서는 반복심리가 요구된다는 것이다.

2) 소 결 현행 항소심은 사후심과 속심의 성격을 모두 가지고 있다. 다만 항소심을 피고인의 불이익을 최대한 구제하는 것으로 이해하는 것이 제도의 취지에 상응하는 것으로 판단되기 때문에 원칙적 속심 · 보충적 사후심으로 이해하는 견해가 가장 타당한 것으로 판단된다. 즉 우리나라 항소심은 피고인보호를 위해 속심을 원칙으로 하되, 남상소의 폐단방지와 소송경제의 이념을 동시에 추구하려는 점에서 사후심적 요소를 가미한 것으로 이해되어야 한다.

---

151) 강구진, 561면.

152) 차용석, 1045면; 정영석/이형국, 458면.

153) 백형구, 344면; 신현주, 692면; 이재상, 666면; 배종대/이상돈, 725면; 신동운, 842면; 진계호, 738면.

154) 대판 1983.4.26, 82도2829. 이에 대한 자세한 글로는 심희기, "항소심의 구조: '속심 겸 사후심론'의 비판적 분석," 형사재판의 제문제 제5권: 이용우 대법관 퇴임기념 논문집 5권, 2005, 502-529면 참조.

2. 항소이유

(1) 서 론

1) 항소이유의 의의 항소를 제기하기 위하여는 원판결의 하자를 지적하지 않으면 안 된다. 항소이유란 이와 같이 항소권자가 적법하게 항소를 제기할 수 있는 법률상의 이유를 말한다(제361조의5). 판례에 의하면, 현행범으로 체포된 피의자에 대한 구속영장이 발부된 지 만 3일 지난 뒤 집행된 것은 위법하지만 이로 인해 방어권이나 변호권이 본질적으로 침해되지 않았다면 상소이유가 되지 않는다(대판 2021.4.29. 2020도16438).

2) 항소이유의 분류 항소이유는 그 내용에 따라 법령위반을 이유로 하는 것과 법령위반 이외의 사유를 이유로 하는 것으로 나눌 수 있다. 또 일정한 객관적 사유가 있으면 당연히 항소이유가 되는 것을 절대적 항소이유라고 하고, 일정한 객관적 사유의 존재가 판결에 영향을 미친 경우에 한하여 항소이유로 되는 법령위반과 사실인식을 상대적 항소이유라고 한다.

(2) 법령위반

1) 상대적 항소이유 상대적 항소이유는 판결에 영향을 미친 헌법, 법령, 명령 또는 규칙의 위반이 있는 때에 인정된다(제361조의5 제1호). 여기에는 실체법규의 위반과 소송법규의 위반이 모두 포함된다.

2) 절대적 항소이유

(가) 관할규정의 위반 관할 또는 관할위반의 인정이 법률에 위반한 때 절대적 항소이유가 된다(제361조의5 제3호). 관할에는 토지관할과 사물관할이 포함된다.

(나) 법원구성의 위반 (i) 판결법원의 구성이 법률에 위반한 때에 절대적 항소이유가 된다(제4호). 판결법원이란 판결과 그 기초가 되는 심리를 행한 법원을 말한다. 합의법원이 구성원을 충족하지 못한 경우 또는 흠결사유 있는 법관이 구성원이 된 경우 등이다. (ii) 법률상 그 재판에 관여하지 못할 판사가 그 사건의 심판에 관여한 때에도 절대적 항소이유가 된다(제7호). 재판에 관여하지 못할 판사란 제척원인 있는 판사, 기피신청이 이유있다고 인정된 판사를 말한다. (iii) 사건의 심리에 관여하지 않은 판사가 그 사건의 판결에 관여한 때도 절대적 항소이유가 된다(제8호). 공판심리 도중에 판사의 경질이 있었음에도 불구하고 공판절차를 갱신하지 않고 판결을 한 경우가 여기에 해당된다. 판결에 관여한 때란 판결의 내부적 성립에 관여한

때를 말한다. 따라서 판결의 선고에만 관여한 때는 여기에 속하지 않는다.

(다) 공개재판 규정에 대한 위반 공판의 공개에 관한 규정에 위반한 때에 절대적 항소이유가 된다(제9호).

(라) 이유불비와 이유모순 판결에 이유를 붙이지 아니하거나 이유에 모순이 있는 때에는 절대적 항소이유가 된다(제11호).

(3) 법령위반 이외의 항소이유

1) 상대적 항소이유 사실의 오인이 있어 판결에 영향을 미친 때가 여기에 해당한다(제14호). 사실오인이란 인정된 사실과 객관적 사실 사이에 차이가 있는 것을 말한다.

2) 절대적 항소이유

(가) 판결 후 형의 폐지, 변경, 사면(제2호) 여기서 형의 변경이란 경한 형으로의 변경만을 의미한다. 판결 후 형의 폐지나 사면이 있으면 면소판결을 해야 하고, 형이 경하게 변경된 경우에는 피고인에게 경한 형을 부과해야 하므로 피고인의 이익을 위하여 항소이유로 한 것이다.

(나) 재심청구의 사유 재심청구의 사유가 있는 때(제13호)에는 판결의 확정을 기다려 재심청구를 하도록 하는 것은 소송경제에 반한다는 고려에 의하여 이를 항소이유로 한 것이다. 문제는 검사가 재심사유를 근거로 피고인에게 불이익한 항소를 제기할 수 있는가에 있다. 재심은 피고인의 이익을 위해서만 청구할 수 있다는 근거에서 이를 부정하는 견해가 다수설이다.

관련판례 ① 소송촉진 등에 관한 특례법 제23조에 따라 피고인의 진술 없이 유죄를 선고하여 확정된 제1심판결에 대하여, 피고인이 재심을 청구하지 아니하고 항소권회복을 청구하여 인용되었는데, 피고인이 책임을 질 수 없는 사유로 공판절차에 출석할 수 없었던 사정이 포함되어 있는 경우(소송촉진법 제23조의2 제1항, 재심 규정에 의하여 판결이 있었던 사실을 안 날부터 14일 이내에, 만약 책임을 질 수 없는 사유로 위 기간에 재심청구를 하지 못한 경우에는 사유가 없어진 날부터 14일 이내에 제1심법원에 재심을 청구할 수 있음), 형사소송법 제361조의5 제13호에서 정한 '재심청구의 사유가 있는 때'에 해당하는 항소이유가 인정됨. 이때 항소심으로서는 재심 규정에 의한 재심청구의 사유가 있는지를 살펴야 하고 사유가 있다고 인정된다면 다시 공소장 부본 등을 송달하는 등 새로 소송절차를 진행한 다음 제1심판결을 파기하고 새로운 심리 결과에 따라 다시 판결하여야 함(대판 2015.11.26, 2015도8243).

(다) 양형부당 형의 양형이 부당하다고 인정할 사유가 있는 때(제15호)도 항소이유가 된다. 처단형의 범위에서 선고한 형이 지나치게 무겁거나 가벼운 경우를 말한다. 여기의 형에는 주형뿐만 아니라 부가형, 환형유치, 집행유예의 여부까지 포함한다. 양형부당의 항소이유가 인정되는 경우에 항소심은 제364조 제6항에 따라 제1심 판결을 파기하고 다시 판결하여야 한다. 판례에 따르면, 제1심이 설시한 양형의 이유와 거의 유사한 사정을 그대로 설시하면서 항소심이 제1심의 양형부당을 이유로 제1심 판결을 파기하는 것은 바람직하지는 않지만 이를 위법하다고까지 평가할 수는 없다(검사가 항소하자 항소심이 형을 중하게 변경한 사례에서 대판 2015.7.23, 2015도3260 전원합의체). 그러나 검사가 양형부당의 문구로만 상소하고 그 이유를 구체적으로 기재하지 않았음에도 상소심이 양형부당으로 심판하여 형을 중하게 변경하는 것은 위법하다(대판 2020.9.18. 2020도8615; 유사사례에서 불이익변경금지원칙에 반한다는 대판 2020.7.9. 2020도2795).

3. 항소심의 절차

(1) 항소의 제기

1) 항소제기의 방식 항소를 함에는 7일의 항소제기기간 내에 항소장을 원심법원에 제출하여야 한다(제358조, 제359조).

2) 원심법원과 항소법원의 조치

(가) 원심법원의 조치 원심법원은 항소장을 심사하여 항소의 제기가 법률상의 방식에 위반하거나 항소권이 소멸된 후인 것이 명백한 때에는 결정으로 항소를 기각하여야 한다. 이 결정에 대하여는 즉시항고할 수 있다(제360조). 항소기각의 결정을 하는 경우 이외에는 원심법원은 항소장을 받은 날로부터 14일 이내에 소송기록과 증거물을 항소법원에 송부하여야 한다(제361조).[155]

(나) 항소법원의 조치 항소법원이 기록의 송부를 받은 때에는 즉시 항소인과 상대방에게 그 사유를 통지하여야 한다. 기록접수 통지 전에 변호인의 선임이 있

---

155) 항소사건의 신속한 진행을 위하여 원심법원에서 검찰청을 경유하지 않고 직접 항소법원으로 송부하게 한 것인데, 이는 과거에 원심법원 → 원심법원에 대응한 검찰청 → 항소법원에 대응한 검찰청 → 항소법원으로 규정한 것을 제8차 개정시(1995.12.29)에 소송기록 검찰청경유제도를 폐지하고 항소법원으로 직접 송부하는 내용으로 개정하였다. 이와 관련된 헌법재판소 결정으로 1995.11.30, 92헌마44 참조.

는 때에는 변호인에게도 통지하여야 한다(제361조의2).[156] 판례는 필요적 변호사건이 아니고 형사소송법 제33조 제3항에 의하여 국선변호인을 선정하여야 하는 경우도 아닌 사건에서 피고인이 항소이유서 제출기간이 도과한 후에 국선변호인 선정청구를 하여 국선변호인이 선정된 경우, 변호인에게 소송기록접수통지를 할 필요가 없고, 이러한 경우 설령 국선변호인에게 같은 통지를 하였다고 하더라도 국선변호인의 항소이유서 제출기간은 피고인이 소송기록접수통지를 받은 날로부터 계산한다(대판 2013.6.27, 2013도4114). 그러나 피고인에게 소송기록접수통지를 한 다음에 변호인이 선임된 경우에는 변호인에게 다시 통지할 필요가 없다(필요적 변호사건에서 항소심에 의한 국선변호인 선정, 피고인과 국선변호인에 대한 소송기록접수통지, 피고인에 의한 사선변호인의 선임과 항소법원에 의한 국선변호인 선정의 취소가 진행된 상태에서 항소법원은 다시 소송기록접수통지를 사선변호인에게 할 의무는 없다고 판시한 대판 2018.11.22, 2015도10651 전원합의체).

(2) 항소이유서와 답변서의 제출

항소인 또는 변호인은 항소법원의 소송기록의 접수통지를 받은 날로부터 20일 이내[157]에 항소이유서를 항소법원에 제출하여야 한다(제361조의3 제1항).

항소법원이 피고인에게 소송기록 접수통지를 함에 2회에 걸쳐 통지서를 송달하였다고 하더라도 항소이유서 제출기간의 기산일은 최초 송달의 효력이 발생한 날의 다음날이다(대판 2010.5.27, 2010도3377). 항소이유서에는 항소이유를 구체적으로 간결하게 명시하여야 하지만(규칙 제155조), 상고이유서와는 달리 법에서 기재사항을 구체적으로 명시하고 있지 않아(제379조 제2항) 단지 추상적으로 기재되었다는 이

---

156) 따라서 통지 후에 선임된 변호인에 대해서는 통지의무가 없다는 것에 대결 1965.8.25, 65모34.

157) 재소자의 경우 제344조의 재소자의 특칙이 적용되는가에 대하여 종래 학설은 교도소에 구속되어 있는 피고인은 신체의 자유가 제한된다는 점을 근거로 긍정설(백형구, "재소자의 항소이유서제출기간," 법률신문 1590호, 제12면; 신이철, 판례연구 형사소송법, 468면)과 준용의 명문의 규정이 없다는 점을 근거로 한 부정설(이재상, 676면)의 대립이 있었다. 그런데 항소이유서의 제출은 항소장의 제출에 당연히 수반되는 소송행위이고 재소자의 불이익을 구제하기 위해서도 긍정설이 타당하다. 종래의 판례는 항소이유서 제출에 대하여는 재소자에 관한 특칙(제344조)의 준용을 규정하는 명문이 결여되어 있다는 점을 근거로 특칙이 적용되지 않으므로 항소이유서가 20일 이내에 항소법원에 도달하여야 한다고 하였으나(대결 2000.6.20, 2000모69), 그 이후 준용된다는 입장으로 바뀌었다(대판 2006.3.16, 2005도9729 전원합의체).

유만으로 항소를 기각해서는 안 된다. 따라서 피고인이 항소이유서에 "위 사건에 대한 원심판결은 도저히 납득할 수 없는 억울한 판결이므로 항소를 한 것입니다"라고 기재하였다고 하더라도 항소심으로서는 이를 제1심판결에 사실의 오인이 있거나 양형부당의 위법이 있다는 항소이유를 기재한 것으로 선해하여 그 항소이유에 대하여 심리를 하여야 한다(대결 2002.12.3, 2002모265). 그러나 검사가 제1심 무죄판결에 대한 항소장의 '항소의 이유'란에 '사실오인 및 법리오해'라고만 기재하거나(대판 2003.12.12, 2003도2219),[158] 검사가 제1심의 유죄판결에 대해 구체적인 이유의 기재 없이 단순히 항소장에 양형부당이라는 문구만 기재한 경우(대판 2008.1.31, 2007도8117) 이를 적법한 항소이유의 기재가 있는 것으로 볼 수 없다.

한편 항소이유서의 제출을 받은 항소법원은 지체 없이 그 부분 또는 등본을 상대방에게 송달하여야 한다(제2항). 상대방은 그 송달을 받은 날로부터 10일 이내에 답변서를 제출하여야 한다(제3항).

4. 항소심의 심리

(1) 항소법원의 심판범위

항소법원은 항소이유에 포함된 사유에 관하여 심판하여야 한다(제364조 제1항). 그러나 판결에 영향을 미친 사유에 관하여는 항소이유서에 포함되지 아니한 경우에도 직권으로 심판할 수 있다(제2항). 이미 항소이유서를 제출하였더라도 항소이유를 추가 · 변경 · 철회할 수 있으므로, 항소이유서 제출기간의 경과를 기다리지 않고는 항소사건을 심판할 수 없다. 따라서 항소이유서 제출기간 내에 변론이 종결되었는데 그 후 위 제출기간 내에 항소이유서가 제출되었다면, 특별한 사정이 없는 한 항소심 법원으로서는 변론을 재개하여 항소이유의 주장에 대해서도 심리를 해 보아야 한다(대판 2015.4.9, 2015도1466).

(2) 심리의 특칙

항소심의 심판에 대하여도 제1심의 공판절차에 관한 규정이 원칙적으로 준용된다(제370조). 다만 일정한 경우에는 특칙이 적용된다.

158) 이에 대한 평석으로 이광만, "제1심 무죄판결에 대한 항소장의 항소이유란에 '사실오인 및 법리오해'라고만 기재된 경우 이를 적법한 항소이유의 기재가 있는 것으로 볼 수 있는지 여부," 대법원판례해설 48호, 법원도서관, 2004, 519-542면.

1) 피고인의 출석 피고인이 공판기일에 출정하지 아니한 때에는 다시 기일을 정하여야 한다. 피고인이 정당한 사유 없이 다시 정한 기일에도 출석하지 아니한 때에는 피고인의 진술 없이 판결을 할 수 있다(제365조).

2) 증거에 대한 특칙 제1심 법원에서 증거로 할 수 있었던 증거는 항소심에서도 증거로 할 수 있다(제364조 제3항). 즉 제1심에서 증거능력이 있었던 증거는 항소심에서도 증거능력이 그대로 인정되어 심판의 기초가 될 수 있고 다시 증거조사를 할 필요는 없다.[159]

(3) 항소심의 재판

1) 공소기각의 결정 공소기각의 결정(제328조)에 해당한 사유가 있을 때에는 항소법원은 결정으로 공소를 기각하여야 한다. 이 결정에 대하여는 즉시 항고할 수 있다(제363조).

2) 항소기각의 재판

(가) 항소기각의 결정 항소의 제기가 법률상의 방식에 위반하거나 항소권 소멸 후인 것이 명백한 때에 원심법원이 항소기각의 결정을 하지 아니한 때에는 항소법원은 결정으로 항소를 기각하여야 한다. 이 결정에 대하여는 즉시항고 할 수 있다(제362조). 항소인이나 변호인이 항소이유서제출기간 내에 항소이유서를 제출하지 아니한 때에도 결정으로 항소를 기각하여야 한다. 다만 직권조사사유가 있거나 항소장에 항소이유의 기재가 있는 때에는 예외로 한다(제361조의4 제1항). 여기서 직권조사사유가 있는 경우란 법령적용이나 법령해석의 착오 여부 등 당사자가 주장하지 아니하는 경우에도 법원이 직권으로 조사하여야 할 사유가 존재하는 경우를 말하지만(대판 2006.3.30, 2005모564), 이는 피고인보호를 위한 예외규정으로 해석하므로 검사가 항소이유서 제출기간 내에 항소이유서를 제출하지 않은 경우에는 직권조사사유의 유무와 관계없이 항소를 기각하여야 한다(대판 1971.3.23, 70도2752).

그런데 필요적 변호사건의 경우 국선변호인을 선정하지 않은 채 항소기각을 할 수 없고(대결 1996.11.28, 96모100), 법원의 책임으로 국선변호인의 선정이 지체되는 사이에 항소이유서제출기간이 만료된 경우에도 항소기각결정을 하여서는 안 된다

---

159) 제1심의 증인신문조서 기재 자체에 의하여 증인의 진술을 믿기 어려운 사정이 보이는 경우에는 항소심은 그 증인을 다시 신문하여야 한다(대판 2005.5.26, 2005도130; 대판 2006. 11.24, 2006도4994).

(대판 2000.12.22, 2000도4694). 그리고 국선변호인이 해태하여 항소이유서 제출기간을 도과시킨 경우 피고인에게 책임을 돌릴 만한 특별한 사유가 없음에도 불구하고 항소법원이 형사소송법 제361조의4 제1항 본문에 따라 피고인의 항소를 기각한다면, 이는 피고인에게 국선변호인으로부터 충분한 조력을 받을 권리를 보장하고 있는 헌법의 취지에 반하는 조치라고 할 것이다(대결 2012.2.16, 2009모1044). 이러한 경우에 법원은 다른 국선변호인을 선정하여 그에게 소송기록접수통지를 새로이 하여야 할 것이다. 국선변호인이 교체된 경우 항소이유서 제출기간의 도과 여부는 새로 선정된 (국선)변호인에게 소송기록접수가 통지된 날을 기준으로 판단되어야 한다(대결 2006.3.9, 2005모304).

(나) 항소기각의 판결　　항소이유 없다고 인정할 때에는 판결로써 항소를 기각하여야 한다(제364조 제4항). 항소이유가 없음이 명백한 때에는 변론 없이 판결로써 항소를 기각한다(제5항). 이를 무변론기각이라고 한다. 판례에 의하면, 1심 판결문에 법관의 서명날인이 누락됐는데도 항소심이 이를 간과한 채 항소기각 판결을 선고한 것은 위법하다(대판 2020.12.16. 2020도12358).

3) 항소인용의 재판

(가) 원심판결의 파기　　항소이유 있다고 인정한 때에는 원심판결을 파기하여야 한다(동조 제6항). 판례에 의하면, 강제추행사건 1심이 인정한 피해자 진술의 신빙성과 증거들을 항소심이 추가 증거 조사 없이 배척하고 뒤집는 것은 부당한다(대판 2020.11.16. 2019도4047). 피고인을 위하여 원심판결을 파기하는 경우에 파기의 이유가 항소한 공동피고인에게 공통되는 때에는 그 공동피고인에 대하여도 원심판결을 파기하여야 한다(제364조의2).[160)]

(나) 파기후의 조치　　원심판결을 파기하면 사건은 원심판결 전의 상태로 항소심에 계속된다. 따라서 소송계속을 벗어나기 위해서는 항소심은 환송, 이송 또는 자판의 판결을 하여야 한다. 형사소송법은 파기자판을 원칙으로 한다.

A) 파기자판　　항소법원이 원심판결을 파기하고 다시 판결하는 것을 말한다. 항소심은 원칙적으로 파기자판하여야 한다(제364조 제6항). 파기자판할 경우에는 구두변론을 거쳐야 한다(다수설). 따라서 친고죄의 고소기간이 경과된 상태에서 기

160) 여기서 공동피고인이라 함은 원심에서의 공동피고인으로서 항소한 자를 말하고 항소심에서 병합심리될 것을 요하는 것은 아니다(강구진, 576면; 김기두, 311면; 배종대/이상돈, 826면; 백형구, 840면; 신동운, 1156면; 이재상, 738면; 차용석/최용성, 795면).

소되어 유죄판결을 받았다는 것을 이유로 피고인이 항소하였고, 그 항소이유가 항소심에서 확인되었더라도 구두변론절차 없이 법원은 바로 공소기각의 판결을 할 수는 없다.

B) 파기환송의 판결 공소기각 또는 관할위반의 재판이 법률에 위반됨을 이유로 원심판결을 파기하는 때에는 판결로서 사건을 원심법원에 환송하여야 한다(제366조). 이와 같이 항소심이 1심 공소기각 판결을 파기할 때는 1심 법원으로 환송하여야 하기 때문에 항소심이 본안심리 후에 자판하면 위법한 재판이 된다(특허법 위반 사건에서 제1심의 공소기각판결에 대해 제2심이 비친고죄에 해당한다면 제1심의 공소기각판결을 파기하고 직접 형을 선고 즉 자판한 것은 위법하다는 대판 2020.8.18. 2017도1430).

C) 파기이송의 판결 관할인정이 법률에 위반됨을 이유로 원심판결을 파기하는 때에는 판결로써 사건을 관할법원에 이송하여야 한다. 단 항소법원이 그 사건의 제1심 관할권이 있는 때에는 제1심으로 심판하여야 한다(제367조).

(4) 재판서의 기재방식

항소법원의 재판서에는 항소이유에 대한 판단을 기재하여야 하며, 원심판결에 기재한 사실과 증거를 인용할 수 있다(제369조).

Ⅱ. 상 고

1. 상고심의 구조

상고란 판결에 대한 대법원에의 상소를 말한다(제371조). 상고는 원칙적으로 제2심 판결에 대하여 허용된다. 그러나 예외적으로 제1심판결에 대하여 상고가 인정되는 경우도 있다(제372조). 이를 비약적 상고라고 한다. 상고의 주된 기능은 법령해석의 통일에 있다. 상고심의 구조는 다음과 같다.

(1) 법 률 심

상고심은 원칙적으로 법률문제를 심리, 판단하는 법률심이라고 할 수 있다. 그러나 형사소송법은 예외적으로 사실인식과 양형부당을 상고이유로 하고 있고(제383조 제4호), 상고심에서도 파기자판을 할 수 있게 하고 있다(제396조). 따라서 상고심은 원칙적으로 법률심이지만 극히 예외적인 경우에는 사실심의 성격도 가지고 있다.

(2) 사 후 심

상고심의 구조가 원칙적 사후심이라는 점에 대하여는 견해가 일치하고 있다. 상고이유가 법령위반으로 제한되어 있고(제383조), 변론 없이 서면심리에 의하여 판결할 수 있으며(제390조), 파기의 경우는 원칙적으로 파기환송 또는 이송을 하여야 하기 때문이다(제397조). 그리고 상고심에서 새로운 증거를 제출하거나 증거조사를 하는 것은 허용되지 않으며 원판결시를 기준으로 그 당부를 판단해야 한다. 소년이기 때문에 원심에서 부정기형을 받았다가 그 후 상고심에서 성년이 되었더라도 원심판결을 파기할 수 없다(대판 1989.9.29, 89도1440).

2. 상고이유

형사소송법은 상고이유로 4가지를 규정하고 있다(제383조). 이는 판결에 영향을 미친 헌법, 법령, 명령 또는 규칙의 위반이 있는 때(제1호), 판결후 형의 폐지나 변경 또는 사면이 있는 때(제2호), 재심청구의 사유가 있는 때(제3호), 사형, 무기 또는 10년 이상의 징역이나 금고가 선고된 사건에 있어서 중대한 사실의 오인이 있어 판결에 영향을 미친 때 또는 형의 양정이 심히 부당하다고 인정할 현저한 사유가 있는 때(제4호)이다. 여기서 제383조 제4호는 사형·무기 또는 10년 이상의 징역이나 금고가 선고된 사건으로 제한하고 있으므로, 이에 해당하지 않는 사건에 대한 양형부당의 상고이유는 부적법하다.[161][162] 그리고 중한 형이 선고된 사건에 있어서 '중대한 사실오인'[163]이나 '현저한 양형부당'[164]이 있는 경우에 피고인의 이익을 구제하는 데 그 목적이 있으므로, 이 사유는 중형을 선고받은 피고인의 이익을 위하여 피고인이 상고하는 경우에만 적용된다. 따라서 대법원도 검사가 사실오인[165]이나 양형부당[166]

---

161) 대판 2010.2.11, 2009도12627.

162) 10년 이하의 형이 선고된 사건에서 검사가 원심의 형의 양정이 지나치게 가볍다는 이유로 상고할 수 없음은 물론이다(대판 2005.9.15, 2005도1952).

163) 중대한 사실의 오인이 있어 판결에 영향을 미친 것을 상고법원이 확인한 경우뿐만 아니라, 판결에 영향을 미칠 중대한 오인이 있음을 의심하기에 족한 현저한 사유가 있는 경우를 포함한다(대판 1960.5.6, 4293형상1). 다만 피고인이 양형부당만을 이유로 항소한 경우에 피고인은 항소심판결에 대하여 법리오해나 사실오인의 점을 상고이유로 삼을 수 없다(대판 2000.11.10, 2000도3483).

164) 양형법관에게 부여된 재량권의 한계를 일탈하거나 남용한 것이라고 인정되는 양형이 있음을 의미한다(대판 2008.5.8, 2008도198). 법정형으로부터 처단형을 거쳐 선고형에 이르는 양형의 과정에서 처단형을 산출하는 기준을 위반하는 판단은 법령위반으로서 상대적 상고이유에 해당한다(제383조 제1호). 대판 2001.2.9, 2000도1216.

을 이유로 피고인에게 불이익한 상고를 제기하는 것은 허용되지 않는다는 입장이다.

3. 상고심의 절차

(1) 상고의 제기

1) **상고제기의 방식** 상고를 할 때에는 상고기간 내에 상고장을 원심법원에 제출하여야 한다(제375조). 상고법원은 대법원이며, 상고기간은 7일이다(제374조).

2) **원심법원의 조치** 상고의 제기가 법률상의 방식에 위반하거나 상고권소멸 후인 것이 명백한 때에는 원심법원은 결정으로 상고를 기각하여야 한다. 이 결정에 대하여는 즉시항고할 수 있다(제376조). 상고기각의 결정을 하는 외에는 원심법원은 상고장을 받은 날로부터 14일 이내에 소송기록과 증거물을 상고법원에 송부하여야 한다(제377조).

3) **상고법원의 소송기록접수통지** 상고법원이 소송기록의 송부를 받은 때에는 즉시 상고인과 상대방에 대하여 그 사유를 통지하여야 한다. 통지 전에 변호인의 선임이 있는 때에는 변호인에 대하여도 이를 통지하여야 한다(제378조).

4) **상고이유서와 답변서의 제출** 상고인 또는 변호인은 소송기록접수의 통지를 받은 날로부터 20일 이내에 상고이유서를 상고법원에 제출하여야 한다(제379조 제1항). 상고이유서에는 소송기록과 원심법원의 증거조사에 표현된 사실을 인용하여 그 이유를 명시하여야 한다(제379조 제2항). 즉 항소이유서와는 달리 상고이유서는 상고이유를 특정하여 명시적인 설시가 있어야 하고, 구체적이고 간결하게 명시하여야 한다(규칙 제164조, 제155조). 따라서 대법원은 원심에서의 변론요지서를 상고이유로 원용하는 것은 적법한 상고이유가 될 수 없다고 하며,[167] 단순히 원심판결에 사실오인 또는 법리오해의 위반이 있다고만 기재한 것으로는 적법한 상고이유가 기재된 것이라고 볼 수 없다고 판시하고 있다.[168] 이와 같이 엄격한 방식준수를 요구하는 것은 사후심이자 법률심의 심리집중을 도모하고자 함에 있다.[169] 상고이유서의 제출을 받은 상고법원은 지체 없이 그 부본 또는 등본을 상대방에게 송달하여

---

165) 대판 1969.5.13, 69도472.
166) 대판 1982.1.19, 81도2898; 대판 1994.8.12, 94도1705; 대판 2013.7.25, 2013도6219.
167) 대판 1987.11.10, 87도1408.
168) 대판 2000.4.21, 99도5513.
169) 대판 2009.4.9, 2008도5634.

야 한다(제3항). 상대방은 이 송달을 받은 날로부터 10일 이내에 답변서를 상고법원에 제출할 수 있다(제4항). 답변서의 제출을 받은 상고법원은 지체없이 그 부본 또는 등본을 상고인 또는 변호인에게 송달하여야 한다(제5항).

(2) 상고심의 심리

항소심의 규정은 특별한 규정이 없는 한 상고심의 심판에 준용된다(제399조). 그러나 상고심은 법률심이라는 점에서 여러 가지 특칙이 인정된다.

1) 상고심의 변론 상고심에는 변호사 아닌 자를 변호인으로 선임하지 못한다(제386조). 또 변호인이 아니면 피고인을 위하여 변론하지 못한다(제387조). 따라서 피고인 자신은 변론을 할 수 없다. 검사와 변호인은 상고이유서에 의하여 변론하여야 한다(제388조). 변호인의 선임이 없거나 변호인이 공판기일에 출정하지 아니한 때에는 직권으로 변호인을 선정하여야 하는 경우를 제외하고는 검사의 진술을 듣고 판결을 할 수 있다. 이 경우에 적법한 상고이유서의 제출이 있는 때에는 그 진술이 있는 것으로 간주한다(제389조).

2) 상고심의 심판범위 상고심은 상고이유서에 포함된 사유에 관하여 심판하여야 한다. 그러나 제383조 제1호 내지 제3호의 경우에는 상고이유서에 포함되지 아니한 때에도 직권으로 심판할 수 있다(제384조). 예컨대 대법원은 상고심 계속중 법률의 개정으로 형이 경하게 변경될 경우에는 상고심은 직권으로 원판결을 파기하여야 하며,[170] 상고법원은 판결에 영향을 미친 법률의 위반이 있는 경우에는 상고이유서에 포함되지 아니한 때에도 직권으로 심판할 수 있으므로(형사소송법 제384조, 제383조 제1호) 법률의 해석 · 적용을 그르친 나머지 피고인을 유죄로 잘못 인정한 원심판결에 대하여 피고인은 상고를 제기하지 아니하고 검사만이 다른 사유를 들어 상고를 제기하였고, 검사의 상고가 피고인의 이익을 위하여 제기된 것이 아님이 명백한 경우라 하더라도 상고법원이 직권으로 심판하여 무죄의 취지로 원심판결을 파기할 수 있다는 입장이다.[171]

3) 서면심리 상고법원은 상고장, 상고이유서 기타의 소송기록에 의하여 변론 없이 판결할 수 있다(제390조).

170) 대판 1954.10.5, 4287형상7; 대판 1981.7.14, 80도21, 25; 대판 1981.4.14, 80도3089; 대판 1981.7.7, 80도2836.
171) 대판 2002.3.15, 2001도6730.

(3) 상고심의 재판

1) 공소기각의 결정 공소가 취소되었을 때 또는 피고인이 사망하였거나 피고인인 법인이 존재하지 아니하게 되었을 때에는 결정으로 공소를 기각하여야 한다(제382조).

2) 상고기각의 재판

(가) 상고기각의 결정 상고인이나 변호인이 상고이유서제출기간 내에 상고이유서를 제출하지 아니한 때에는 결정으로 상고를 기각하여야 한다. 단 상고장에 이유의 기재가 있는 때에는 예외로 한다(제380조 제1항). 그리고 상고장 및 상고이유서에 기재된 상고이유의 주장이 제383조 각 호의 어느 하나의 상고사유에 해당하지 아니함이 명백한 때에는 결정으로 상고를 기각하여야 한다(제2항).[172] 형사소송법 제380조 제2항은 상고인이나 변호인이 상고이유서 제출기간 내에 상고이유서를 제출하지 아니한 때에만 결정으로 상고를 기각하도록 규정하였던 종전 형사소송법 제380조에 대해 〈대결 2010.4.20. 2010도759 전원합의체〉가 상고이유서가 제출되었다고 하더라도 상고이유서에 형사소송법 제383조의 각 호에서 상고이유로 들고 있는 어느 하나에라도 해당하는 사유를 포함하고 있지 않은 때에는 적법한 상고이유서를 제출한 것이라고 할 수 없어 형사소송법 제380조에 의하여 결정으로 상고를 기각할 수 있다고 판시한 내용을 법 개정으로 반영한 것이다. 이것은 상고이유서에 적법한 상고이유를 기재하도록 촉구하여 상고인의 상고심 심사를 받을 권리를 실질적으로 보장함과 아울러 남상고를 억제하려는 취지에서 입법화된 것이다. 상고의 제기가 법률상의 방식에 위반하거나 상고권소멸 후인 것이 명백함에도 불구하고 원심법원이 상고기각의 결정을 하지 아니한 때에는 상고법원은 결정으로 상고를 기각하여야 한다(제381조).

(나) 상고기각의 판결 상고이유가 없다고 인정한 때에는 판결로써 상고를 기각하여야 한다(제399조, 제364조 제4항).

3) 원심판결파기의 판결 상고이유가 있는 때에는 판결로써 원심판결을 파기하여야 한다(제391조). 피고인의 이익을 위하여 원심판결을 파기하는 경우에 파기

172) 대법원은 "피고인의 상고를 기각하는 결정을 한 경우에는 법률에 다른 규정이 있지 않는 한 형사소송법 제42조 본문 규정에 의해 그 등본을 피고인에게 송달하거나 다른 적당한 방법으로 고지했을 때 그 효력이 생긴다"고 하며, 상고기각 결정이 피고인에게 송달돼 그 내용을 알 수 있게 된 시점에 형이 확정된다는 입장을 취하고 있다(대결 2012.4.27, 2012모576).

의 이유가 상고한 공동피고인에 공통되는 때에는 그 공동피고인에 대하여도 원심판결을 파기하여야 한다(제392조).

(가) 파기환송 적법한 공소를 기각하였다는 이유로 원심판결 또는 제1심 판결을 파기하는 경우에는 판결로써 사건을 원심법원 또는 제1심 법원에 환송하여야 한다(제393조). 관할위반의 인정이 법률에 위반됨을 이유로 원심판결 또는 제1심 판결을 파기하는 경우에는 판결로써 사건을 원심법원 또는 제1심 법원에 환송하여야 한다(제395조). 이 이외의 이유로 원심판결을 파기하는 때에도 자판하는 경우 이외에는 환송 또는 이송하여야 한다(제397조).

(나) 파기이송 관할의 인정이 법률에 위반됨을 이유로 원심판결 또는 제1심 판결을 파기하는 경우에는 판결로써 사건을 관할 있는 법원에 이송하여야 한다(제394조).

(다) 파기자판 상고법원은 원심판결을 파기한 경우에 그 소송기록과 원심법원과 제1심 법원이 조사한 증거에 의하여 판결하기 충분하다고 인정한 때에는 피고사건에 대하여 직접 판결할 수 있다. 이 경우에는 불이익변경금지의 원칙이 적용된다(제396조).

4) 재판서의 기재방법 상고심의 재판서에는 재판서의 일반적 기재사항 이외에 상고의 이유에 관한 판단을 기재하여야 한다(제398조). 법령해석의 통일이라는 상고심의 기능에 비추어 당연하다고 할 수 있다.

4. 상고심 개선을 위한 입법론

우리나라 대법원의 대법관 수는 대법원장, 법원행정처장을 포함하여 14인이다. 그런데 2009년 상고심에 접수된 본안사건의 수는 총 32,361건(형사사건의 경우는 18,279건)으로서 대법관 1인당 2,700여 건이 돌아간다. 특히 형사사건의 경우는 2009년 미결구금일수의 일부 통산에 대한 헌법재판소의 위헌결정이 있은 이후로는 접수사건이 급증하고 있다. 즉 민사사건에 대해서만 상고를 제한할 뿐 형사사건에 대해서는 거의 제한을 하지 않는 우리나라 상고심은 업무과중과 심리지연으로 몸살을 앓고 있다. 이러한 문제를 해결하기 위한 입법론이 회자되고 있는데, 이에는 (i) 상고사건을 제한하는 상고허가제의 도입(특히 고등법원 상고심사부의 설치), (ii) 대법관 수를 대폭 증원하는 방법, (iii) 고등법원 상고부의 설치, (iv) 단독대법관부의 설치(현재 우리나라는 대법관 전원의 2/3 이상으로 구성되는 합의체와 대법관 3인 이상으로 구성되는 부를 두고 있음) 등의 개선안이 포함된다.

생각건대, 고등법원 상고부의 개선안은 경죄절차와 중죄절차가 2분되는 경우에는 고려될 수 있을 것이다(우리나라도 한 때 단독사건에 대한 상고심을 고등법원으로 한 적이 있었음). 그리고 상고허가제의 도입안은 현재의 대법관 수를 대폭 증원할 것인가와 연계하여 판단되어야 할 것이다. 현재와 같이 대법관의 수가 소수로 제한되는 시스템에서는 상고허가제의 도입이 요청된다. 실제로 상고허가제는 대법관 수가 소수인 선진외국(미, 영, 일 등)에서 공통적으로 실시되고 있다. 반면에 대법관 수가 대폭 증원되는 경우에는 국민의 재판받을 권리를 최대한 보장한다는 차원에서 상고허가제의 도입은 자제되어야 할 것으로 판단된다. 오히려 증원된 대법관 수에 기초하여 대법원 재판부의 전문화가 이루어져야 할 것이다. 이러한 후자의 시스템이 독일제도에 해당한다.

Ⅲ. 비약적 상고

1. 의 의

비약적 상고란 법령해석에 관한 중요한 사항을 포함한다고 인정되는 사건에 관하여 제1심 판결에 대하여 직접 상고하는 것을 말한다. 제2심을 생략하는 제도로서 이로 인한 상대방은 심급의 이익을 잃을 우려가 있으므로 그 사건에 대하여 항소가 제기된 때에는 비약적 상고는 효력을 잃는다(제373조).[173] 다만 항소의 취하 또는 항소기각의 결정이 있는 때에는 예외로 한다.

2. 비약적 상고의 이유

(i) 원심판결이 인정한 사실에 대하여 법령을 적용하지 아니하였거나 법령의 적용에 착오가 있는 때, (ii) 원심판결이 있은 후 형의 폐지나 변경 또는 사면이 있는 때에는 제1심판결[174]에 대하여 상고할 수 있다(제372조).

173) 항소가 제기된 때에는 효력을 잃게 되므로 비약적 상고는 상고로서의 효력은 물론 항소로서의 효력도 인정되지 않는다(대판 1971.2.9, 71도28).

174) 따라서 제1심 법원의 결정에 대하여는 비약적 상고를 할 수 없다(대판 1984.4.16, 84모18).

Ⅳ. 상고심판결의 정정

1. 의　　의

상고심판결에 명백한 오류가 있는 경우에 이를 정정하는 것을 말한다. 상고심의 판결은 선고와 동시에 확정되므로 그 정정이 인정되지 않는 것이 원칙이나 판결의 적정을 위하여 일정한 경우에 인정된다. 판결의 정정으로 인하여 판결의 확정시기가 늦어지는 것은 아니다.

2. 정정의 사유

정정사유는 판결내용에 명백한[175] 오류가 있는 경우이다(제400조 제1항). 판결내용의 오류는 판결의 형식적 오류가 아니라 판결의 내용을 이루는 실질적 오류를 의미한다. 따라서 등록기준지·성명 등의 단순한 오기에 대한 판결경정사유와는 구별되어야 한다.

3. 정정의 절차

상고법원은 직권 또는 검사, 상고인이나 변호인의 신청에 의하여 판결을 정정할 수 있다(제400조 제1항). 신청은 판결의 선고가 있은 날로부터 10일 이내에 신청의 이유를 기재한 서면으로 하여야 한다(제2항, 3항). 정정은 판결에 의한다. 정정의 판결은 변론 없이 할 수 있다. 정정할 필요가 없다고 인정할 때에는 지체 없이 결정으로 신청을 기각하여야 한다(제401조).

Ⅴ. 항　　고

1. 서　　론

(1) 항고의 의의

항고란 결정에 대한 상소를 말한다. 판결에 대한 상소는 피고인보호의 관점에서 모두 허용할 필요가 있으나 결정에 대한 항고는 법이 특히 필요하다고 인정하는

---

175) 명백한 오류에 제한되므로 유죄판결을 정정하여 달라는 것이나(대결 1981.10.5, 81초60), 채증법칙에 위배하여 판단을 잘못하였다는 주장은 정정사유에 해당하지 않는다(대결 1987.7.31, 87초40).

일정한 경우에 한하여 허용되고, 그 절차도 간이화되어 있다.

(2) 항고의 종류

항고에는 일반항고와 재항고(특별항고)가 있다. 형사소송법에 의하여 대법원에 즉시항고할 수 있다고 명문으로 규정되어 있는 것을 특별항고라고 하고, 그 이외의 항고를 일반항고라고 한다. 일반항고는 다시 보통항고와 즉시항고로 나누어진다.

1) 일반항고

(가) 즉시항고 　즉시항고는 제기기간이 7일로(종래에는 3일로 규정되었는데, 헌법재판소에 의해 위헌결정을 받았음) 제한되어 있고(제405조), 제기기간 내에 제기가 있는 때에는 재판의 집행이 정지되는 효력을 가진 항고를 말한다(제410조). 즉시항고는 즉시항고를 할 수 있다는 명문의 규정이 있는 때에만 허용되는 항고로서 예컨대 공소기각의 결정(제328조 제2항), 상소기각결정(제360조 제2항, 제362조 제2항, 제376조)과 같은 종국재판인 결정이나 기피신청기각결정(제23조), 구속의 취소와 (위헌으로 결정받은 바 있는)집행정지결정(제97조 제3항, 제101조 제3항), 소송비용부담결정(제192조)과 같이 신속한 구제를 요하는 결정에 대하여 즉시항고가 인정된다.

(나) 보통항고 　법원의 결정에 대하여 불복이 있으면 (보통)항고할 수 있다. 단 형사소송법에 특별한 규정이 있으면 보통항고가 허용되지 않는다(제402조). 반면에 법원의 관할 또는 판결전의 소송절차에 관한 결정에 대해서는 원칙적으로 보통항고는 허용되지 않는다(제403조 제1항). 다만 구금, 보석, 압수나 압수물의 환부에 관한 결정 또는 감정하기 위한 피고인의 유치에 관한 결정에 대해서는 보통항고할 수 있다(제2항). 그러나 체포 구속적부심청구에 대한 기각결정 또는 구속된 피의자의 석방을 명하는 결정에 대해서는 항고할 수 없다(제214조의2 제8항).

관련판례 ① 어떤 특정한 법률규정이 헌법에 위반된다는 이유로 제기된 위헌여부제청신청에 대하여 그 법률규정이 위헌이 아니라는 이유로 그 위헌제청신청을 기각하는 하급심의 결정은 중간재판적 성질을 가지는 것으로서 이는 본안에 대한 하급심판결이 상소되었을 때에 이와 함께 그 판단도 상소심의 판단을 받는 데 불과하고, 위 결정에 대하여 독립하여 항고, 재항고를 할 수는 없다(대결 1995.8.17, 85모49).

---

2) 재 항 고

항고법원 또는 고등법원의 결정에 대한 항고를 재항고라고 한다. 재항고는 즉시항고이다. 재항고는 원칙적으로 허용되지 않으며, 재판에 영향을 미친 헌법, 법률, 명령 또는 규칙의 위반이 있을 때에 한하여 대법원에 즉시항고할 수 있다(제415조).

2. 항고심의 절차

(1) 항고의 제기

1) 항고의 제기기간　　항고는 항고장을 원심법원에 제출하여야 한다(제406조). 즉시항고의 제기기간은 3일이다(제405조). 보통항고에는 기간의 제한이 없으므로 실익이 있는 한 언제든지 할 수 있다.[176]

2) 원심법원의 조치

(가) 항고기각의 결정　　항고의 제기가 법률상의 방식에 위반하거나 항고권 소멸 후인 것이 명백한 때에는 원심법원은 결정으로 항고를 기각하여야 한다. 항고기각결정에 대하여는 즉시항고할 수 있다(제407조).

(나) 경정결정　　원심법원은 항고가 이유 있다고 인정한 때에는 결정을 경정하여야 한다(제408조 제1항). 항고의 전부 또는 일부가 이유 없다고 인정할 때에는 항고장을 받은 날로부터 3일 이내에 의견서를 첨부하여 항고법원에 송부하여야 한다(제2항).

(다) 소송기록의 송부　　원심법원이 필요하다고 인정한 때에는 소송기록과 증거물을 항고법원에 송부하여야 한다(제411조). 판례에 의하면, 재항고인이 집행유예의 취소 청구를 인용한 제1심 결정에 대하여 즉시항고를 하고, 즉시항고장에 항고이유를 적지 않았는데, 원심이 제1심법원으로부터 소송기록을 송부받은 당일에 항고를 기각하는 결정을 하면서, 항고를 제기한 재항고인에게 소송기록과 증거물을 송부받았다는 통지를 하지 않은 경우 원심결정에 형사소송법 제411조에 관한 법리를 오해한 잘못이 있다(대결 2018.6.22, 2018모1698).

3) 항고제기의 효과　　즉시항고의 제기기간 내에 그 제기가 있는 때에는 재판의 집행은 정지된다(제410조). 그러나 보통항고에는 재판의 집행을 정지하는 효력이 없다. 단 원심법원 또는 항고법원은 결정으로 항고에 대한 결정이 있을 때까지 집행을 정지할 수 있다(제409조).

---

176) 예컨대 형사피고사건에 대한 소년부송치결정에 대하여는 항고할 수 있으나(대결 1986.7.25, 86모9), 이미 소년부의 보호처분이 있는 경우에는 항고를 할 수 없다(대결 1966.9.15, 66모61).

(2) 항고심의 심판

항고법원은 항고에 대한 결정을 한다. 항고심은 사실과 법률을 모두 심사할 수 있으며, 심판범위도 항고이유에 제한되지 않는다. 항고의 제기가 법률상의 방식에 위반하거나 항고권소멸 후인 것이 명백한 경우에 원심법원이 항고기각의 결정을 하지 아니한 때에는 항고법원은 결정으로 항고를 기각하여야 한다. 항고가 이유 없다고 인정한 때에도 결정으로 항고를 기각하여야 한다. 항고가 이유 있다고 인정한 때에는 결정으로 원심결정을 취소하고 필요한 경우에는 항고사건에 대하여 직접 재판을 하여야 한다(제414조).

3. 준 항 고

(1) 서 론

1) 의 의 준항고란 재판장 또는 수명법관의 재판과 검사 또는 사법경찰관의 처분에 대하여 그 소속법원 또는 관할법원에 취소 또는 변경을 청구하는 불복신청방법을 말한다. 준항고는 소속법원 내지 관할법원에 불복하는 점에서 상급법원에 불복하는 항고와 다르다. 따라서 준항고는 엄격한 의미에서는 상소에 해당하지 않는다.

2) 종 류 준항고의 종류로는 법관의 재판에 대한 준항고와 수사기관의 처분에 대한 준항고가 있다. 전자는 수소법원의 구성원인 법관의 일정한 재판에 대한 불복이므로 수탁판사와 개별법관의 재판은 여기에 포함되지 않는다. 따라서 수탁판사의 재판에 대해서는 항고만이 가능할 수 있다. 또한 참고인에 대한 증인신문절차(제221조의2)에서 심판을 담당하는 개별판사도 여기에 해당하지 않는다.

(2) 대 상

1) 재판장 또는 수명법관의 재판 재판장 또는 수명법관이 (i) 기피신청을 기각한 재판, (ii) 구금, 보석, 압수 또는 압수물환부에 관한 재판, (iii) 감정하기 위하여 피고인의 유치를 명한 재판, (iv) 증인, 감정인, 통역인 또는 번역인에 대하여 과태료 또는 비용의 배상을 명한 재판의 하나에 해당한 재판을 고지한 경우에 불복이 있으면 그 법관소속의 법원에 재판의 취소 또는 변경을 청구할 수 있다(제416조 제1항). 지방법원이 전항의 청구를 받은 때에는 합의부에서 결정을 하여야 한다(제2항). 제1항의 청구는 재판의 고지있는 날로부터 7일 이내에 하여야 한다(제3항). 제1항 제4호

의 재판(증인, 감정인, 통역인 또는 번역인에 대하여 과태료 또는 비용의 배상을 명한 재판)은 전항의 청구기간 내와 청구가 있는 때에는 그 재판의 집행은 정지된다(제4항).

입법론

보석은 법원에 청구되기 때문에 그에 관한 재판은 법원의 재판이지 여기서 말하는 재판장 또는 수명법관의 재판이 될 수는 없다. 그리고 법원의 보석관련 결정에 대해서는 항고할 수 있다는 별도의 규정(제403조 제2항)이 마련되어 있다. 따라서 제2호에서 보석은 입법론적으로 삭제되는 것이 타당하다.

2) 수사기관의 처분 검사 또는 사법경찰관의 구금, 압수 또는 압수물의 환부에 관한 처분과 제243조의2에 따른 변호인의 참여 등에 관한 처분에 대하여 불복이 있으면 그 직무집행지의 관할법원 또는 검사의 소속검찰청에 대응한 법원에 그 처분의 취소 또는 변경을 청구할 수 있다(제417조). 구금에 관한 처분이란 검사 또는 사법경찰관의 구속영장의 집행과 관련된 처분을 말한다. 구속영장의 발부와 구속기간의 연장은 개별법관의 처분이기 때문에 제417조(수사기관) 및 제414조(재판장과 수명법관)에 의한 준항고의 대상이 될 수 없다. 압수에 관한 처분도 수사기관의 집행처분과 관련된 것을 의미하고, 압수영장발부의 경우는 개별법관이 행하는 사항이기 때문에 준항고의 대상이 될 수 없다. 압수물의 환부에 관한 처분에는 가환부에 관한 처분도 포함된다.

관련판례 ① 형사소송법 제416조는 재판장 또는 수명법관이 한 재판에 대한 준항고에 관하여 규정하고 있는바, 여기에서 말하는 '재판장 또는 수명법관'이라 함은 수소법원의 구성원으로서의 재판장 또는 수명법관만을 가리키는 것이어서, 수사기관의 청구에 의하여 압수영장 등을 발부하는 독립된 재판기관인 지방법원 판사가 이에 해당된다고 볼 수 없으므로, 지방법원 판사가 한 압수영장발부의 재판에 대하여는 위 조항에서 정한 준항고로 불복할 수 없고, 나아가 같은 법 제402조, 제403조에서 규정하는 항고는 법원이 한 결정을 그 대상으로 하는 것이므로 법원의 결정이 아닌 지방법원 판사가 한 압수영장발부의 재판에 대하여 그와 같은 항고의 방법으로도 불복할 수 없다(대결 1997.9.29, 97모66).[177]

② 형사소송법 제417조의 규정은 검사 또는 사법경찰관이 수사단계에서 압수물의 환부

177) 이에 대한 글로는 오세인, "영장청구 기각결정에 대한 불복방법," 형사판례연구 9권, 2001, 335-352면; 안철상, "구속영장 발부에 대한 불복과 구속영장 발부결정의 직권취소," 형사재판의 제 문제 제4권, 2003, 345-352면.

에 관하여 처분을 할 권한을 가지고 있을 경우에 그 처분에 불복이 있으면 준항고를 허용하는 취지라고 보는 것이 상당하므로 형사소송법 제332조의 규정에 의하여 압수가 해제된 것으로 되었음에도 불구하고 검사가 그 해제된 압수물의 인도를 거부하는 조치에 대해서는 형사소송법 제417조가 규정하는 준항고로 불복할 대상이 될 수 없다(대결 1984.2.6, 84모3).

③ 검사가 압수 · 수색영장의 청구 등 강제처분을 위한 조치를 취하지 아니한 것 그 자체를 형사소송법 제417조 소정의 압수에 관한 처분으로 보아 이에 대해 준항고로써 불복할 수는 없다(대결 2007.5.25, 2007모82).

④ 헌법과 형사소송법 및 검찰청법 등의 규정을 종합해 보면, 고소인 또는 고발인, 그 밖의 일반국민이 검사에 대하여 영장청구 등의 강제처분을 위한 조치를 취하도록 요구하거나 신청할 수 있는 권리를 가진다고 할 수 없고, 검사가 수사과정에서 영장의 청구 등 강제처분을 위한 조치를 취하지 아니함으로 말미암아 고소인 또는 고발인, 그 밖의 일반국민의 법률상의 지위가 직접적으로 어떤 영향을 받는다고도 할 수 없다. 따라서 검사가 수사과정에서 증거수집을 위한 압수 · 수색영장의 청구 등 강제처분을 위한 조치를 취하지 아니하고 그로 인하여 증거를 확보하지 못하고 불기소처분에 이르렀다면, 그 불기소처분에 대하여 형사소송법상의 재정신청이나 검찰청법상의 항고 · 재항고 등으로써 불복하는 것은 별론으로 하고, 검사가 압수 · 수색영장의 청구 등 강제처분을 위한 조치를 취하지 아니한 것 그 자체를 형사소송법 제417조 소정의 '압수에 관한 처분'으로 보아 이에 대해 준항고로써 불복할 수는 없다. 검사의 불기소처분에 대하여 검찰청법의 규정에 따른 항고 또는 재항고의 결과 고등검찰청검사장 등이 하는 이른바 재기수사명령은 검찰 내부에서의 지휘권의 행사에 지나지 아니하므로 그 재기수사명령에서 증거물의 압수 · 수색이 필요하다는 등의 지적이 있었다고 하여 달리 볼 것은 아니다(대결 2007.5.25, 2007모82).

⑤ 수사주체인 사법경찰관이 검사를 상대로 준항고를 제기할 수 있는지에 대해서는 명확한 규정이 마련되어 있지 않아 논란이 되고 있다. 이에 대하여 준항고는 검찰과 사법경찰관의 압수, 구금처분에 대한 불복이 있을 때 피의자, 피내사자, 참고인 등 일반국민이 행사할 수 있는 권리이지 경찰을 위한 것이 아니며, 사법경찰관은 검찰의 지휘에 불복할 수 있는 규정이 없다는 점을 들어 부정하는 견해(검찰의 입장)와 준항고를 청구할 수 있는 주체는 피의자 등 일반국민으로 이해되어 왔지만 청구주체를 제한하는 별도 조항이 없는 점에 비추어 경찰도 검찰의 부당한 처분에 불복해 준항고를 낼 수 있다고 하여 긍정하는 견해(경찰의 입장)가 날카롭게 대립되어 있었다. 이에 대하여 하급심 판례는 형사소송법 제417조 규정상 검사의 처분에 대하여 취소 또는 변경을 구할 수 있는 청구권자는 그 처분의 대상자인 국민이므로, 그 결과 수사권을 행사

하는 사법경찰관은 이 사건 준항고의 청구권자가 될 수 없다는 점, 재판 청구권은 법률이 정한 바에 의하여 인정이 되는데 형사사법 절차에서 수사를 보조하는 주체인 사법경찰관에게 범죄 수사와 관련, 검사의 직무상 명령인 지휘에 대하여 불복을 허용하는 재판권을 보장할 것인가 하는 점은 입법 정책에 달린 문제에 불과한바, 현행법은 이와 관련해 어떤 규정도 마련해두고 있지 않다는 점, 사법경찰관의 압수수색영장 신청을 기각한 검사의 지휘는 행정조직 내부의 행위에 불과할 뿐이고 수사의 대상이 되는 피의자나 피고인의 구체적 권리 의무에 직접적 변동을 초래하는 행위에 해당하지 않아 영장 신청을 기각한 검사의 지휘는 형사소송법 417조상의 처분에 해당하지 않는다는 점, 형사소송법 등 관련 규정에서는 검사를 수사 주체로, 사법경찰관리를 수사의 보조자로 정하고 있기 때문에 사법경찰관은 그 직무상의 명령인 지휘에 복종해야 할 의무가 있을 따름이고 이를 다툴 수 없다는 점 등을 들어 준항고를 기각하고 있다(서울 북부지방법원 2007.1.16, 2006보1).

---

(3) 준항고심의 절차

재판장 또는 수명법관이 준항고 대상사유에 해당한 재판을 고지한 경우에 불복이 있으면 그 법관소속의 법원에 재판의 취소 또는 변경을 청구할 수 있다(제416조 제1항). 지방법원이 준항고의 청구를 받은 때에는 합의부에서 결정을 하여야 한다(제2항). 준항고의 청구는 재판의 고지 있는 날로부터 7일(종래에는 3일로 규정되었는데, 위헌결정을 받았음) 이내에 하여야 한다(제3항). 증인, 감정인, 통역인 또는 번역인에 대하여 과태료 또는 비용의 배상을 명한 재판의 하나에 해당한 재판은 청구기간 내와 청구가 있는 때에는 그 재판의 집행은 정지된다(제4항). 준항고의 청구는 서면으로 관할법원에 제출하여야 한다(제418조).

제 2 장

비상구제절차

[§ 51] 재　　심

[설문 (7)] 피고인 甲은 자신의 귀책사유 없이 제1심 법원에 의해 유죄판결을 선고받고 확정되었다. 자신의 귀책사유 없이 재판이 확정된 것에 대해 억울하다고 생각한 甲은 이 확정된 유죄판결에 대해 다시 한 번 재판받고자 한다. 현행법상 어떠한 제도가 있겠는가?

Ⅰ. 서　　설

1. 재심의 의의

재심이란 유죄의 확정판결에 대하여(미확정재판에 대한 불복신청제도인 상소와 구별) 중대한 사실오인의 오류가 있는 경우에(법령위반을 이유로 검찰총장이 청구하고 판결의 효력도 원칙적으로 피고인에게 미치지 않는 비상상고와 구별) 판결을 받은 자의 이익을 위하여 이를 시정하는 비상구제절차를 말한다.

2. 재심의 취지(목적)

과거 우리나라에서는 진범인에 대한 수사기관의 오판, 타인의 무고, 참고인 및 증인의 허위진술에 의해 특정인이 억울하게 범죄자로 지목되는 사례는 물론이고, 정치적 사건에 있어서는 표적 · 기획수사에 의해 특정인이 희생양으로 지목되는 사례, 수사기관의 고문 등에 의한 자백으로 억울하게 유죄판결을 받는 사례 등이 심심찮게 발생하였다. 재심제도는 이렇게 억울하게 유죄판결과 형집행을 받게 된 피고인의 인권옹호를 위해서, 비록 유죄판결이 확정되었지만 사후에 그 판결의 부당한 사실인정을 시정시키는 비상구제절차이다. 따라서 재심(Wiederaufnahme)은 법적 안정성(Rechtssicherheit)을 해치지 않는 범위 내에서 정의(Gerechtigkeit) 및 피고인의 인권구제를 실현하는 매우 중요한 제도라고 할 수 있다.

3. 재심절차의 구조

재심은 재심개시절차와 재심심판절차라는 2단계의 구조를 취한다. 재심개시절차는 재심이유의 유무를 심사하여 다시 심판할 것인가를 결정하는 절차로서 재심개시결정까지의 절차를 말하며 재심심판절차는 사건을 다시 심판하는 절차이다.

[설문 (7)의 해결] 유죄판결이 확정된 경우에 이에 대해 불복할 수 있는 현행 제도로는 재심과 비상상고가 있다. 그런데 앞에서 기술하였던 상소권 회복 제도도 확정판결에 대해 이를 확정되지 않는 상태로 만들어 또다시 상급심으로부터 심판받는 것이다. 「소송촉진 등에 관한 특례법」 제23조의2에 의하면, 피고인의 귀책사유 없이 불출석 재판을 받아 확정된 경우에는 재심사유가 인정된다. 따라서 피고인은 재심을 청구할 수 있다. 그리고 형소법 제345조에 의거하여 피고인은 상소권 회복도 청구할 수 있다. 이 경우 피고인이 재심을 청구하지 않고 상소권회복에 의한 상소를 제기하여 위 사유를 상소이유로 주장한다면, 이는 형사소송법 제383조 제3호의 상고이유, 제361조의5 제13호의 항소이유인 '재심청구의 사유가 있는 때'에 해당할 것이다. 판례에 의하면, 제1심에서 불출석재판을 한 것에 대해 검사가 항소하고, 그 이후 상고심에 의해 파기 환송받은 경우 원심 법원(항소법원)은 출석재판을 하도록 노력하여야 하기 때문에 제1심에 이어 또다시 피고인 귀책사유 없이 불출석재판을 한 것은 위법하다(대판 2015.6.25, 2014도17252). 그리고 항소심으로서는 재심청구의 사유가 있는지를 살펴 그 사유가 있다고 인정된다면 다시 공소장 부본 등을 송달하는 등 새로운 소송절차를 진행한 다음 제1심 판결을 파기하고 새로운 심리결과에 따라 다시 판결하여야 한다(그와 같은 절차를 거치지 아니한 채 피고인의 항소를 기각한 원심을 파기한 대판 2015.11.26, 2015도8243). 재심청구와 상소권회복 청구 자체는 일단 원심법원에 제출하는 점에서는 동일하지만, 그것이 인용된 경우 심리절차는 재심의 경우는 원심 법원에서 다시 진행되는 것이고, 상소권 회복의 경우는 상소심에서 진행되는 차이가 있다.

Ⅱ. 재심의 대상

형사소송법에 따른 재심은 유죄의 확정판결(제420조)과 항소 또는 상고의 기각판결(제421조)만을 대상으로 인정되는 비상구제절차이다. 확정된 약식명령이나 즉결심판도 확정된 유죄판결과 동일한 효력이 있으므로 재심의 대상이 된다. 그리고 범칙금의 납부도 여기에 포함된다. 그러나 무죄, 면소, 공소기각의 판결은 판결에 중대한 하자가 있는 경우에도 재심의 대상이 되지 않는다. 그리고 유죄판결이 선고되었더라도 확정되지 않으면 재심대상이 될 수 없다. 따라서 상소심에서 파기된 판결은 물론이고(대판 2004.2.13, 2003모464), 유죄판결을 받고 항소한 피고인이 사망하자 그에 따라 공소기각결정이 선고·확정된 경우 앞의 유죄판결은 공소기각결정이 확정되어 효력이 상실되기 때문에 재심의 대상이 될 수 없다(유죄판결에 대해 자손이 재심을 청구한 사례에서 이렇게 판시한 대판 2013.6.27, 2011도7931). 그리고 약식명령 이후에 정식재판을 청구하여 유죄판결이 확정된 경우에도 정식재판이 있으면 약식명령은 효력을 상실하기 때문에(제456조), 선행 약식명령은 재심대상이 될 수 없다(선행 약식명령에 대해 재심청구, 원심법원의 재심개시와 당사자 불복 없이 확정된 사건에서 재심 법원은 그 대상을 정식재판으로 바꿀 수도 없으므로 결국 재판이 불가능하다고 판시한 대판 2013.4.11. 2011도10626).

그리고 판결만 대상이 되므로 공소기각결정(제328조)은 재심대상이 될 수 없다. 소송 또는 상고기각판결이 확정된 때에는 원심의 유죄판결이 확정되므로 재심의 대상이 된다.

그리고 헌법재판소법 제47조 제4항은 헌법재판소에 의해 위헌으로 결정된 법률 또는 법률의 조항에 근거한 유죄의 확정판결에 대하여는 재심을 청구할 수 있다고 명시적으로 규정하고 있다. 이 경우 재심에 대해서는 형사소송법의 규정이 준용된다(동조 제5항). 그런데 종래의 헌법재판소법은 형벌법규에 대한 위헌결정의 소급효를 인정하였고(동조 제2항 단서), 그 소급시점은 해당 조항의 제정 시점으로 해석됨으로써, 과거에 유죄판결을 받아 확정된 모든 사람들이 재심청구를 할 수 있었다(그리고 재심개시와 무죄판결에 따른 형사보상청구도 가능하였음). 그러나 헌법재판소가 기존에 합헌결정을 하였다가 시대 상황, 국민 법 감정 등 사정변경으로 위헌결정을 한 경우에도 종전의 합헌결정에 관계없이 해당 조항의 제정 시점까지 소급하여 효력을 상실시키는 것은 문제가 되지 않을 수 없었다. 이 문제를 해결하기 위해 (개정) 헌법재판소법 제47조 제3항은 "제2항에도 불구하고 형벌에 관한 법률 또는 법률의 조항은 소급하여 그 효력을 상실한다. 다만, 해당 법률 또는 법률의 조항에 대하여 종전에 합헌으로 결정한 사건이 있는 경우에는 그 결정이 있는 날의 다음 날로 소급하여 효력을 상실한다"는 내용으로 새로이 규정하였다. 이 조항은 형벌법규에 대하여 위헌결정을 한 경우에 소급하여 그 효력이 상실되는 종래 규정을 유지하면서, 헌법재판소가 이미 합헌으로 결정하였던 경우(예컨대 종전 합헌결정 이후 위헌결정으로 바뀐 구형법상 혼인빙자간음죄와 같은 경우, 간통죄가 위헌이 이루어지는 경우에도 마찬가지임)에는 그 합헌결정 이후에 한하여 소급효가 미치도록 하여 종래의 합헌결정 이전의 확정판결에 대한 무분별한 재심청구를 방지하고 합헌결정에 실린 당대의 법 감정과 시대상황에 대한 고려를 존중하려는 것에서 입법조치된 것이다. 새로운 규정에 따르면, 종래의 합헌결정 이전에 유죄의 확정판결을 받았던 사람은 해당 형벌조항에 대해 새로운 위헌결정이 있더라도 재심청구를 할 수 없을 것이다.

그리고 집행유예 유죄판결이 확정된 이후 집행유예기간의 경과로 형선고가 실효된 경우는 물론이고, 전원합의체 판례에 따르면 유죄판결이 확정된 이후 형선고를 실효시키는 일반사면 또는 특별사면이 있은 경우에도 그 확정판결은 재심의 대상이 될 수 있다(종래 형선고를 실효시키는 특별사면이 있은 유죄확정판결에 대해 재심이 허용되지 않는다고 판시한 대판 1997.7.22. 96도2153의 태도를 변경하면서, 재심이 허용되는 것은 물론이고 재심법원은 특별사면에 따른 면소판결이 아니라 유무죄 실체판결을 하여야 한다는 대판 2015.5.21, 2011도1932 전원합의체). 다만, 특별사면으로 형 선고의 효력이 상실된 유죄의 확정판결에 대하여 재심개시결정이 이루어져 다시 심판한 결과 유죄로 인정되는 경우, 피고인에 대하여 다시 형을 선고하게 된다면, 이는 형 선고의 효력을 상실하게 하는 특별사면을 받은 피고인의 법적 지위를 해치는 결과가 되어 이익재심과 불이익변경금지의 원칙에 반하게 되므로, 재심심판법원으로서는 '형 선고를 하지 아니한다'는 주문을 선고할 수밖에 없다(대판 2015.10.29, 2012도2938).

Ⅲ. 재심사유

1. 유죄의 확정판결에 대한 재심이유

(1) 분　류

형사소송법이 규정한 재심사유를 열거하면 다음과 같다(제420조).

(i) 원판결의 증거가 된 서류 또는 증거물이 확정판결에 의하여 위조되거나 변조된 것임이 증명된 때(제1호).

(ii) 원판결의 증거가 된 증언, 감정, 통역 또는 번역이 확정판결에 의하여 허위임이 증명된 때(제2호)

(iii) 무고로 인하여 유죄를 선고받은 경우에 그 무고의 죄가 확정판결에 의하여 증명된 때(제3호)

(iv) 원판결의 증거가 된 재판이 확정재판에 의하여 변경된 때(제4호)

(v) 유죄를 선고받은 자에 대하여 무죄 또는 면소를, 형의 선고를 받은 자에 대하여 형의 면제 또는 원판결이 인정한 죄보다 가벼운 죄를 인정할 명백한 증거가 새로 발견된 때(제5호)

(vi) 저작권, 특허권, 실용신안권, 디자인권 또는 상표권을 침해한 죄로 유죄의 선고를 받은 사건에 관하여 그 권리에 대한 무효의 심결 또는 무효의 판결이 확정된 때(제6호)

(vii) 원판결, 전심판결 또는 그 판결의 기초가 된 조사에 관여한 법관, 공소의 제기 또는 그 공소의 기초가 된 수사에 관여한 검사나 사법경찰관이 그 직무에 관한 죄를 지은 것이 확정판결에 의하여 증명된 때. 다만, 원판결의 선고 전에 법관, 검사 또는 사법경찰관에 대하여 공소가 제기되었을 경우에는 원판결의 법원이 그 사유를 알지 못한 때로 한정한다(제7호).[1] 이 사유에 의한 재심의 청구는 유죄의 선고를 받은 자가 (법관, 검사, 사법경찰관으로 하여금) 그 죄를 범하게 한 경우에는 검사가 아니면 하지 못한다(제425조).

관련판례 ① 형사소송법 제420조 제7호의 재심사유 해당 여부를 판단함에 있어 사법경찰관 등이 범한 직무에 관한 죄가 사건의 실체관계에 관계된 것인지 여부나 당해 사법경찰관이 직접 피의자에 대한 조사를 담당하였는지 여부는 고려할 사정이 아니다 (형사소송법상 재심절차는 재심개시절차와 재심심판절차로 구별되는 것이므로, 재심개시절차에서는 형사소송법을 규정하고 있는 재심사유가 있는지 여부만을 판단하여야 하고, 나아가 재심사유가 재심대상판결에 영향을 미칠 가능성이 있는가의 실체적

1) 형사소송법 제420조 제7호의 재심사유 해당 여부를 판단함에 있어 사법경찰관 등이 범한 직무에 관한 죄가 사건의 실체관계에 관계된 것인지 여부나 당해 사법경찰관이 직접 피의자에 대한 조사를 담당하였는지 여부는 고려할 사정이 아니다(대결 2006.5.11, 2004모16). 이에 대한 평석으로 배호근, 대법원판례해설 62호, 법원도서관, 2006.12, 446-456면 참조.

사유는 고려하여서는 아니 된다고 판시한 대결 2008.4.24, 2008모77).

1) 허위형(오류형)에 의한 재심사유(제420조)　상기한 재심사유는 오류형의 재심사유와 신규형의 재심사유로 나눌 수 있고, 사실적 사유와 법률적 사유로도 나눌 수 있다. 형사소송법은 7가지 재심사유를 규정하고 있는데, 이 중에서 제5호를 제외한 6개가 오류형이고 제5호의 사유가 신규형이다.

그리고 오류형의 재심사유는 제4호를 제외하고는 원칙적으로 확정판결에 의하여 증명되어야 한다. 구성요건에 해당하는 사실이 증명되는 한 반드시 유죄판결이 아니어도 상관없다. 그리고 확정판결로써 범죄가 증명됨을 재심청구의 이유로 할 경우에 그 확정판결을 얻을 수 없는 때에는 그 사실을 증명하여 재심의 청구를 할 수 있다. 단, 증거가 없다는 이유로 확정판결을 얻을 수 없는 때에는 예외로 한다(제422조).

2) 신규형의 재심사유　신규형의 재심사유는 유죄의 선고를 받은 자에 대하여 무죄 또는 면소를, 형의 선고를 받은 자에 대하여 형의 면제 또는 원판결이 인정한 죄보다 경한 죄를 인정할 명백한 증거가 새로 발견된 때이다(제420조 제5호). 여기서 무죄 등을 인정할 '증거가 새로 발견된 때'란 재심대상이 되는 확정판결의 소송절차에서 발견되지 못하였거나 또는 발견되었다 하더라도 제출할 수 없었던 증거로서 이를 새로 발견하였거나 비로소 제출할 수 있게 된 때는 물론이고, 형벌에 관한 법령이 당초부터 헌법에 위배되어 법원에서 위헌·무효라고 선언한 때에도 역시 이에 해당한다(재항고인의 '국가안전과 공공질서의 수호를 위한 대통령긴급조치' 위반 공소사실에 대하여 유죄를 선고한 재심대상판결이 확정되었는데, 그 후 재항고인이 위 판결에 대하여 재심을 청구한 사안에서, 대법원 2013.4.18.자 2011초기689 전원합의체 결정에서 긴급조치 제9호가 당초부터 위헌·무효라고 판단된 이상, 이는 '유죄의 선고를 받은 자에 대하여 무죄를 인정할 명백한 증거가 새로 발견된 때'에 해당한다고 판시한 대결 2013.4.18. 2010모363).

관련판례 ① 재심대상사건의 기록이 보존기간의 만료로 이미 폐기된 경우 법원으로서는 가능한 노력을 다하여 그 기록을 복구하여야 하며, 부득이 기록의 완전한 복구가 불가능한 경우에는 판결서 등 수집한 잔존자료에 의하여 알 수 있는 원판결의 증거들과 재심공판절차에서 새롭게 제출된 증거들의 증거가치를 종합적으로 평가하여 원판결의 원심인 제1심판결의 당부를 새로이 판단하여야 한다(대판 2004.9.24, 2004도2154).

(2) 증거의 신규성과 명백성에 기초한 재심사유(제420조 제5호)에 대한 구체적 검토

[설문 (7a)] 검사는 T마트에서의 사건과 관련하여 甲을 기소하고 이에 대한 법원의 유죄판결이 확정되었으나, 甲은 CCTV 화면 등 T마트사건의 진범이 丁[*甲의 친동생으로서 공무원임. 丁의 사주로 甲이 정을 위해 자신이 강제 추행한 것으로 허위 진술하였음]임을 밝힐 수 있는 충분한 증거를 바탕으로 자신의 명예를 회복하려 할 때 甲이 구제받을 수 있는 방법과 이러한 甲의 주장이 인정되었을 때 검사가 丁을 해당 범죄로 기소할 수 있는지 검토하시오. (2015년 제1차 모의변호사 시험문제)

1) 적용범위

(가) 법률적용오류사유의 배제　　판결확정 후의 증거변화에 따른 사실인정의 오류에만 인정되고, 법률적용의 오류에 대하여는 인정되지 않는다. 즉 확정판결 후 법령의 개폐나 대법원의 법률해석변화는 재심사유가 되지 않는다.

(나) 무죄·면소를 인정할 경우　　유죄의 선고를 받은 자에 대하여 무죄 또는 면소를 인정할 명백한 증거가 발견된 때를 말한다. 공소기각재판을 구하는 경우에는 명문의 해석상 이를 부정함이 타당하고, 판례도 재심대상이 아니라고 판시한 바 있으나,[2] 입법론상으로는 재심을 인정해야 할 것이다.

(다) 형의 면제·경한 죄를 인정할 경우　　형의 선고를 받은 자에 대하여 형의 면제를 인정할 명백한 증거가 새로이 발견된 때를 말하는 데, 이 경우 형의 면제는 필요적 면제를 인정하는 증거를 말하며, 자수와 같은 임의적 면제는 포함되지 아니한다.[3] 경한 죄를 인정할 증거란 법정형이 가벼운 다른 죄를 인정하는 경우를 말하며, 형의 감경사유가 인정될 뿐인 경우나 양형자료의 변동을 가져오는 데 그치는 경우는 포함하지 않는다.[4]

판례에 의하면, 조세의 부과처분을 취소하는 행정판결이 확정된 경우, 확정된 행정판결이 조세포탈에 대한 무죄 내지 원심판결이 인정한 죄보다 경한 죄를 인정할 명백한 증거에 해당하는 것이고, 조세심판원이 재조사결정을 하고 그에 따라 과세관청이 후속처분으로 당초 부과처분을 취소한 경우, 형사소송법 제420조 제5호에

---

2) 대결 1986.8.28, 86모15; 대결 1997.1.13, 96모51.

3) 대판 1984.5.30, 84모32.

4) 대판 1985.2.26, 84도2809; 대결 1987.7.14, 87모33. 필요적이건 임의적이건 형의 감경사유를 주장하는 것은 포함하지 않는다(대판 2007.7.12, 2007도3496).

정한 재심사유에 해당하는 것이다(대판 2015.10.29., 2013도14716).

(라) 신규증거의 증거능력 요부 제420조 제5호의 새로운 증거에 증거능력이 필요한지 여부에 관하여, (i) 증거능력이 있는 증거만을 의미한다는 긍정설,[5] (ii) 증거능력이 있는 증거에 한정할 필요가 없다고 보는 부정설,[6] (iii) 엄격한 증명을 필요로 하는 사실에 관한 증거는 증거능력 있는 증거임을 요하지만, 자유로운 증명으로 족한 사실에 관한 증거는 증거능력 있는 증거임을 요하지 않는다는 이분설[7]이 대립하나, 재심을 확대한다는 측면에서 부정설이 타당한 것으로 판단된다.

2) 증거의 신규성

(가) 신규성의 판단기준시점 증거의 신규성이란 발견된 증거가 새로운 것임을 요한다는 의미이다. 여기에는 (i) 원판결 당시에 이미 존재하였으나 감춰져 있다가 후에 발견된 경우, (ii) 원판결 후에 새로이 생긴 증거, (iii) 원판결 당시 증거의 존재를 알고 있었으나 그 제출이나 조사가 불가능하였던 증거로서 그 후 제출이나 증거조사가 가능하게 된 경우가 포함된다.[8]

(나) 신규성의 판단기준

A) 법원에 대한 신규성 증거의 신규성은 법원의 입장에서 새로운 것이어야 함에 이론이 없다. 따라서 원판결에서 증명력평가를 거친 증거와 동일한 증거방법은 그 내용이 다르더라도 새로운 증거라고 할 수 없으므로, 유죄를 인정한 원판결의 증거로 되었던 자백을 번복하는 경우, 원판결 법원에서 증언한 증인이 증언을 번복한다는 것만으로는 새로운 증거라고 할 수 없다.[9]

B) 재심청구인에 대한 신규성 문제는 법원 이외의 당사자에 대하여도 신규일 것을 요하는지 여부이다. 이에 대해서는 학설의 대립이 있다.

(i) 필요설(엄격설): 문리해석에 적합할 뿐만 아니라, 재심을 인정함은 형평과 금반언의 원칙에 반한다는 점을 논거로 재심을 청구하는 당사자에게도 새로울 것을 요한다는 견해이다.[10]

(ii) 불필요설(완화설): 재심은 제재가 아니라 무고한 사람을 구제하여 정의를 실

---

5) 김기두, 333면; 백형구, 875면.
6) 배종대/이상돈, 798면; 신동운, 894면.
7) 강구진, 599면; 이재상, 697면; 신양균, 931면; 임동규, 741면.
8) 대결 1987.2.11, 86모22.
9) 대결 1984.2.20, 84모2.
10) 김기두, 333면; 정영석/이형국, 512면.

현하는 제도라는 점을 논거로 신규성이 법원에 대하여만 존재하면 족하다는 견해이다.[11)]

(iii) 절충설(중간설): 원칙적으로 당사자에 대한 신규성을 요건으로 하지는 않지만 고의 또는 과실에 의하여 제출하지 않은 증거에 대하여는 신규성을 인정할 수 없다는 견해이다.[12)]

(iv) 판　례: 대법원은 당사자에 대한 신규성을 요건으로 하면서 그러한 증거를 제출하지 못한 데 피고인의 과실이 있는 경우에는 그 증거의 신규성을 배제하는 입장을 취한다(아래 전원합의체의 태도).

관련판례 ① 형사소송법 제420조 제5호에 정한 무죄 등을 인정할 '증거가 새로 발견된 때'란 재심대상이 되는 확정판결의 소송절차에서 발견되지 못하였거나 또는 발견되었다 하더라도 제출할 수 없었던 증거를 새로 발견하였거나 비로소 제출할 수 있게 된 때를 말한다. 증거의 신규성을 누구를 기준으로 판단할 것인지에 대하여 위 조항이 그 범위를 제한하고 있지 않으므로 그 대상을 법원으로 한정할 것은 아니다. 그러나 재심은 당해 심급에서 또는 상소를 통한 신중한 사실심리를 거쳐 확정된 사실관계를 재심사하는 예외적인 비상구제절차이므로, 피고인이 판결확정 전 소송절차에서 제출할 수 있었던 증거까지 거기에 포함된다고 보게 되면, 판결의 확정력이 피고인이 선택한 증거제출시기에 따라 손쉽게 부인될 수 있게 되어 형사재판의 법적 안정성을 해치고, 헌법이 대법원을 최종심으로 규정한 취지에 반하여 제4심으로서의 재심을 허용하는 결과를 초래할 수 있다. 따라서 피고인이 재심을 청구한 경우 재심대상이 되는 확정판결의 소송절차 중에 그러한 증거를 제출하지 못한 데 과실이 있는 경우에는 그 증거는 위 조항에서의 '증거가 새로 발견된 때'에서 제외된다고 해석함이 상당하다(대결 2009.7.16, 2005모472 전원합의체)

생각건대, 재심의 근본취지가 사실오인으로 인하여 무고하게 처벌받은 피고인을 구제하는 데 있다는 점, 법률적 판단이나 증명방법에 있어서 열악한 피고인의 과실이나 태만을 이유로 재심청구의 길을 막는 것은 피고인에게 가혹하다는 점을 고려할 때 불필요설이 타당하다.

[설문 (7a)의 해결] 범죄현장이 CCTV에 명백히 찍혀 있기 때문에 사례에서 제420조 제5

---

11) 이재상, 699면; 강구진, 601면; 배종대/이상돈, 799면; 신동운, 895면; 차용석, 1095면.
12) 백형구, 876면; 임동규, 742면.

항 증거의 명백성은 긍정될 것이다. 다만 증거의 신규성에 관하여서는 견해 대립이 있다. 판례에 의하면, 피고인에게 과실 있는 경우에는 신규성이 부정된다(대결 2009.7.16. 2005모472 전합). 사례의 경우는 피고인 甲이 허위진술 하였기 때문에 피고인의 과실이 인정될 것이다. 그리고 甲에 대한 기판력은 丁에게 미치지 않는다.

---

3) 증거의 명백성

(가) 명백성의 정도 내지 'in dubio pro reo' 원칙의 적용 여부

(i) 한정설(엄격설): 명백한 증거라고 함은 새로운 증거에 확정판결을 파기할 고도의 가능성 내지 개연성이 인정된다는 입장이다.[13] 따라서 새로운 증거의 증거가치가 구증거보다 경험칙이나 논리칙상 객관적으로 우위에 있다고 인정될 것을 요하므로 법관의 자유심증에 의한 증거가치 판단의 대상에 지나지 않는 것은 명백한 증거에 해당한다고 할 수 없다고 한다. 이 견해에 의하면 'in dubio pro reo'의 원칙은 재심에 관하여는 적용되지 않는 것이 된다(적용부정설).

(ii) 무죄추정설(완화설): 엄격설은 재심청구인에게 사실상 무죄의 입증책임을 부담시키는 것으로서 무고의 구제와 인권보장이라는 재심의 이념에 반하고 또 재심심판절차가 재심개시절차에 흡수되어 재심절차의 2단계 구조가 사실상 붕괴되는 결과를 초래한다고 비판하고, 명백성의 심증정도가 확정판결의 사실인정에 관하여 합리적인 의심이 생기게 하는 정도이면 족하다고 한다.[14] 이 견해에 의하면 재심청구심리절차에서도 통상의 공판절차에 있어서와 같이 'in dubio pro reo'의 원칙이 당연히 적용된다(적용긍정설).

(iii) 절 충 설: 명백한 증거란 확정판결의 정당성에 대한 중대한 의심 또는 진지한 의심(ernstliche Zweifel)을 제기할 정도의 증거임을 요한다는 견해이다.[15] 이 견해는 증거의 명백성판단에서 'in dubio pro reo'의 원칙이 무제한 적용될 수는 없지만 재심절차를 확대운영할 필요가 있다는 점을 논거로 삼는다.

(iv) 판 례: "제420조 제5호에서 말하는 명백한 증거라고 함은 어떠한 증거의 증거가치가 객관적으로 확실하게 보장되어 있는 증거를 말하는 것이고[16] 법관의 자유심증에 의하여 그 증거가치의 존부가 결정되는 따위의 증거를 말하는 것은 아니

13) 백형구, 877면; 이재상, 700면; 임동규, 744면.
14) 강구진, 602면.
15) 배종대/이상돈, 799면; 신양균, 935면.
16) 대결 1966.6.11, 66모24.

다"[17]라고 판시한 것은 한정설(엄격설)의 입장에서 나온 것이라고 평가된다.

생각건대, 증거의 명백성의 심증정도와 "의심스러울 때는 피고인의 이익으로" 원칙의 적용유무는 서로 깊은 관련을 가지면서 첨예하게 대립되고 있는데, 재심사유를 완화하여 피고인의 구제의 길을 넓힌다는 취지는 이해할 수 있다고 할지라도 재심은 이미 확정판결이 있는 경우에 예외적으로 그 확정력을 후퇴시키고 피고인을 구제하고자 하는 비상구제절차이므로 재심을 미확정판결에 대한 상소심판결과 같이 취급할 수는 없다고 해야 하므로 한정설(엄격설)이 타당하다.

(나) 명백성의 판단방법

A) 판단대상이 되는 증거의 범위 및 심증의 인계 여부 이에 대해서는 다음과 같은 견해의 대립이 있다.

(i) 단독평가설: 이 설은 새로운 증거만으로 명백성을 판단하여야 한다는 견해이다. 그런데 이 견해를 취하면 각 증거가 상호 관련 보강되어 법관의 심증형성에 작용한다는 사실인정의 구조에 반하고, 재심사유가 지나치게 제한(예컨대, 살인사건 피해자의 생존, 다른 진범의 발견, 범행시의 명백한 알리바이의 발견 등)된다는 비판이 있다.

(ii) 종합평가설: 이 설은 만일 새로운 증거가 원판결을 내린 법원의 심리 중에 제출되었다면 과연 원판결과 같은 사실인정에 도달했겠는가라는 관점에서 새로운 증거와 구증거를 종합적으로 평가하여 판단해야 한다는 견해이다. 종합평가설을 취하는 경우 확정판결의 증거평가에 구속되는지 여부에 관하여 다시 견해의 대립이 있다.

① 심증인계설: 재심청구 수리법원은 확정판결의 심증(구증거의 증거가치에 대한 평가)에 구속되어 그것을 인계하여 이 심증과 새로운 증거의 증거가치를 혼합해 명백성이 있는지 여부를 판단하여야 한다는 견해로서 재심청구 수리법원은 독자적으로 새로운 증거평가를 할 수 없다.

② 한정적 재평가설: 새로운 증거의 중요성 및 입증명제와 유기적 관련이 있는 경우에만 구증거의 재평가를 인정하는 견해이다.

③ 재평가설: 원판결 법원이 행한 구증거의 심증인계를 허용하지 않고 재심청구 수리법원에 의한 구증거의 재평가를 인정하는 견해이다.

---

17) 대결 1984.7.24, 84모46; 대결 1990.2.19, 88모38; 대결 1991.9.10, 91모45; 대결 1995.11.18, 95모67; 대결 1996.8.29, 96모72; 대결 1997.1.16, 95모38; 대결 1999.8.11, 99모93.

(iii) 판 례: 확정판결을 선고한 법원이 사실인정의 기초로 삼은 증거들 가운데 새로 발견된 증거와 유기적으로 밀접하게 관련되고 모순되는 것들은 함께 고려하여 평가하여야 한다는 태도를 취하고 있다(아래 전원합의체의 태도임).

관련판례 ① 형사소송법 제420조 제5호에 정한 '무죄 등을 인정할 명백한 증거'에 해당하는지 여부를 판단할 때에는 법원으로서는 새로 발견된 증거만을 독립적 · 고립적으로 고찰하여 그 증거가치만으로 재심의 개시 여부를 판단할 것이 아니라, 재심대상이 되는 확정판결을 선고한 법원이 사실인정의 기초로 삼은 증거들 가운데 새로 발견된 증거와 유기적으로 밀접하게 관련되고 모순되는 것들은 함께 고려하여 평가하여야 하고, 그 결과 단순히 재심대상이 되는 유죄의 확정판결에 대하여 그 정당성이 의심되는 수준을 넘어 그 판결을 그대로 유지할 수 없을 정도로 고도의 개연성이 인정되는 경우라면 그 새로운 증거는 위 조항의 '명백한 증거'에 해당한다. 만일 법원이 새로 발견된 증거만을 독립적 · 고립적으로 고찰하여 명백성 여부를 평가 · 판단하여야 한다면, 그 자체만으로 무죄 등을 인정할 수 있는 명백한 증거가치를 가지는 경우에만 재심 개시가 허용되어 재심사유가 지나치게 제한되는데, 이는 새로운 증거에 의하여 이전과 달라진 증거관계 아래에서 다시 살펴 실체적 진실을 모색하도록 하기 위해 '무죄 등을 인정할 명백한 증거가 새로 발견된 때'를 재심사유의 하나로 정한 재심제도의 취지에 반하기 때문이다(대결 2009.7.16, 2005모472 전원합의체).

B) 검 토 증거의 명백성을 새로운 증거가 확정판결의 사실인정을 깨뜨릴 고도의 개연성을 의미한다고 하여 명백성을 신증거만에 의하여 판단할 것을 요구하는 것은 아니며, 심증인계설에 의하면 종합평가설이 무의미하게 된다는 점에 비추어 재평가설이 타당하다.

(다) 공범자 간의 모순된 판결

[설문7b] 만약 甲과 乙의 공범사건에 대하여 甲이 먼저 기소되어 유죄판결이 확정된 후, 乙이 기소되었는데 乙에 대하여는 무죄판결이 선고된 경우 甲은 이를 이유로 재심을 청구할 수 있는가? (2019년 제3차 모의변호사시험 문제; 〈유제〉 2022년 제11회 변호사시험 문제)

A) 의 의 공범자 사이에 유죄와 무죄의 모순된 판결이 있는 경우에 무죄판결에 대하여 증거의 명백성을 인정할 것인가에 대하여 견해의 대립이 있다(예: 갑은 을을 강간사실로, 병은 갑의 강간을 방조한 사실로 기소되어 모두 유죄판결을 받았고

병은 항소를 하지 않아 유죄판결이 확정되었고, 을은 항소하여 화간이 인정되어 무죄판결을 선고받고 확정되었다. 병이 갑에 대한 무죄판결을 재심사유로 재심청구를 하는 경우).

B) 학 설 (i) 긍 정 설: 형벌법규의 해석의 차이로 인한 것이 아니라 사실인정에 관하여 결론을 달리한 때에는 공범자간의 모순판결을 명백한 증거라고 보아야 한다는 견해이다.[18]

(ii) 부 정 설: 무죄판결의 증거자료가 유죄판결의 증거와 동일한 경우에는 증거의 증명력의 문제에 지나지 않으므로 무죄를 인정할 명백한 증거가 될 수 없다는 견해이다.[19]

(iii) 이 분 설: 공범자에 대한 무죄판결이 법령개폐나 새로운 법률해석에 따른 것이면 해당되지 않으나, 공범자에 대한 무죄판결에 사용된 증거가 다른 공범자에 대해 먼저 확정된 유죄판결을 파기할 만한 개연성이 있는 경우에는 해당된다는 견해이다.[20]

(iv) 판 례: "공범에 있어 1인에 대하여 무죄, 1인에 대하여 유죄의 확정판결이 있는 경우, 무죄 확정판결 자체만으로서는 유죄 확정판결에 대한 새로운 증거로서의 재심사유에 해당된다 할 수 없으나 무죄 확정판결의 증거자료를 자기의 증거로 하지 못하였고 또 새로 발견된 것이면 그 신증거는 유죄 확정판결의 재심사유에 해당된다고 할 수 있다"고 판시[21]하여 증거의 명백성을 인정할 수 있다는 취지로 판시하고 있다. 이 판례가 어떠한 설을 취한 것인지는 다소 명백하지 않다.

C) 검 토 무죄판결에 사용된 증거자료가 유죄판결을 선고한 원법원에 현출되지 않은 새로운 증거라고 볼 수 있는 때에는 재심이유에 포함시켜야 할 것이므로 긍정설이 타당하다고 할 것이다.

[설문 (7b)의 해결] 공범자 간 모순판결이 있는 본 사례와 관련하여 학설대립이 있지만, 판례는 무죄판결 그 자체만으로는 신규성 및 명백성의 제5호 사유를 인정할 수 없지만, 무죄판결에 사용된 증거가 새로운 증거이고 확정된 유죄판결을 파기할만한 것인 경우에는 제5호 사유가 될 수 있다고 판시하였다(대결 1984.4.13. 84모14).

---

18) 강구진, 603면; 백형구, 876면; 이재상, 700면; 차용석, 1093면; 임동규, 745면.
19) 서일교, 383면.
20) 배종대/이상돈, 800면.
21) 대판 1961.8.16, 4294형상2; 대결 1984.4.13, 84모14.

2. 상소기각의 확정판결에 대한 재심이유

항소 또는 상고의 기각판결에 대하여는 제420조 1호, 2호, 7호의 사유가 있는 경우에 한하여 그 선고를 받은 자의 이익을 위하여 재심을 청구할 수 있다(제421조 제1항). 따라서 여기서의 구체적인 재심사유는 (i) 원판결의 증거된 서류 또는 증거물이 확정판결에 의하여 위조 또는 변조인 것이 증명된 때(제420조 제1호), (ii) 원판결의 증거된 증언, 감정, 통역 또는 번역이 확정판결에 의하여 허위인 것이 증명된 때(제2호), (iii) 원판결, 전심판결 또는 그 판결의 기초된 조사에 관여한 법관, 공소의 제기 또는 그 공소의 기초된 수사에 관여한 검사나 사법경찰관이 그 직무에 관한 죄를 범한 것이 확정판결에 의하여 증명된 때(단, 원판결의 선고전에 법관, 검사 또는 사법경찰관에 대하여 공소의 제기가 있는 경우에는 원판결의 법원이 그 사유를 알지 못한 때에 한한다)(제7호)이다. 그러나 제1심 확정판결에 대한 재심청구사건의 판결이 있은 후에는 항소기각판결에 대하여 다시 재심을 청구하지 못한다(제421조 제2항). 그리고 제1심 또는 제2심의 확정판결에 대한 재심청구사건의 판결이 있은 후에는 상고기각판결에 대하여 다시 재심을 청구하지 못한다(제3항).

3. 확정판결에 대신하는 증명

[설문 (7c)] 사법경찰관 甲은 수뢰피의자 乙을 소환하여 조사하면서 그를 29시간 동안 보호실에 불법감금하면서 자백을 강요하였다. 그 이후 乙은 수뢰죄로 공소제기되어서 유죄의 확정판결을 받았다. 잘못된 경찰조사로 인하여 유죄확정판결을 받았다고 느끼는 乙은 그 이후 자기를 불법감금한 甲을 불법감금죄로 검찰에 고소하였다. 그러나 검찰은 혐의없음의 불기소처분을 내렸고, 乙은 이에 불복하여 항고절차를 거쳐 고등법원에 재정신청을 내었다. 고등법원은 甲이 乙을 29시간 동안 불법감금한 사실은 인정되지만 검사가 기소유예처분을 내릴 수 있는 사건이라는 이유로 乙의 재정신청을 기각하는 결정을 하였다. 그 이후 乙은 이 기각결정을 근거로 원심법원에 재심을 청구하였다. 이 경우 법원은 재심개시결정을 하여야 할 것인가?

확정판결로써 범죄가 성립됨을 재심청구의 이유로 할 경우에 그 확정판결을 얻을 수 없는 때에는 그 사실을 증명하여 재심의 청구를 할 수 있다. 다만 증거가 없다는 이유로 확정판결을 얻을 수 없는 때에는 예외로 한다(제422조). 이 조문의 취지는 확정판결에 의하여 범죄 또는 증거의 허위성 등이 증명되지 않더라도 확정판결을 얻을 수 없다는 사실을 증명하는 때에는 재심을 청구할 수 있다는 것에 있다. 여기서 "확정판결을 얻을 수 없는 때"란 유죄판결의 선고에 사실상 또는 법률상 장애가 있는 경우를 말한다. 예컨대, 범인의 사망, 행방불명 또는 심신상실 상태 등의 사유가 있는 경우, 공소시효의 완성이나 사면이 있는 경우가 여기에 해당할 것이다. 그리고 검사의 기소유예처분이 있은 경우가 "확정판결을 얻을 수 없는 때"에 해당하는지에 대해서는 이를 인정하는 견해가 다수설이다.[22] 그러나 검사의 재량에 해당하여 처분에 대한 신뢰성이 확실히 담보되기 어려운 단순한 기소유예처분에 대해서는 원칙적으로 이를 부정하는 것이 타당할 것이다. 다만 검사의 기소유예처분 이후에 그 기소유예의 처분이 옳았다는 재정신청 법원(고등법원)의 결정까지 있는 경우에서는 이를 긍정하여야 할 것이다. 이것이 판례의 태도인 것으로 판단된다.[23] 그리고 "확정판결을 얻을 수 없는 때"는 현재는 물론이고 장래에도 확정판결을 얻을 수 없음이 명백하거나 얻을 수 없음이 거의 확정적이라는 요건도 요구되기 때문에, 해당 사건이 수사 중 또는 재판 중인 때라면 여기에 해당한다고 할 수가 없다.[24]

다음으로 "그 사실을 증명하여"란 확정판결을 얻을 수 없다는 사실과 재심이유로 된 범죄행위 등이 행하여졌다는 사실의 각자를 증명하여야 한다는 의미이다. 판례도 "매매계약서 변조를 들어 형사소송법 제420조 제1호 소정의 재심사유를 주장함에 있어 매매계약서 변조의 점에 대하여 공소시효완성을 이유로 한 검사의 불기소처분으로써 같은 법 제422조에 의한 확정판결에 대신하는 증명으로 삼기 위하여는 그와 같은 불기소처분이 있었다는 것만으로는 부족하고 나아가 그와 같은 범죄사실의 존재가 적극적으로 입증되어야 한다"고 판시하였다(대결 1994.7.14. 93모66). 여기의 증명정도도 법원으로 하여금 합리적인 의심을 할 여지가 없을 정도에 이르러야 한다. 그리고 증명의 방법에는 특별한 제한이 없기 때문에 예컨대 「진실 화해를 위한 과거사정리기본법」에 기초한 '진실 화해를 위한 과거사정리위원회'에서 한 결정도 증명의 방법으로 인정될 수 있을 것이다.

다음으로 단서의 재심 불허 사유인 "증거가 없다는 이유로 확정판결을 얻을 수

22) 백형구(주석 3판) 499면; 이재상 747면, 배종대/이상돈 857면, 차용석/최완주 826면, 임동규 762면, 신양균 1034면. 부정하는 반대설로는 신동운 1176면.

23) 대결 2006.5.11, 2004모16.

24) 대판 1972.10.31, 72도1914.

없는 때"란, 예컨대 증거불충분을 이유로 한 검찰의 불기소처분이 있는 경우에 인정될 수 있을 것이다.

[설문 (7c)의 해결] 상기한 설문에 대한 판례의 태도는 다음과 같다. 공소의 기초가 된 수사에 관여한 사법경찰관이 불법감금죄 등으로 고소되었으나 검사에 의하여 무혐의 불기소결정이 되어 그 당부에 관한 재정신청이 있자, 재정신청을 받은 고등법원이 29시간 동안의 불법감금 사실은 인정하면서 여러 사정을 참작하여 검사로서는 기소유예의 불기소처분을 할 수 있었다는 이유로 재정신청기각결정을 하여 그대로 확정된 경우, 이는 형사소송법 제422조에서 정한 '확정판결로써 범죄가 증명됨을 재심청구의 이유로 할 경우에 그 확정판결을 얻을 수 없는 때로서 그 사실을 증명한 경우'에 해당하므로, 형사소송법 제420조 제7호의 재심사유인 '공소의 기초된 수사에 관여한 사법경찰관이 그 직무에 관한 죄를 범한 것이 확정판결에 대신하는 증명으로써 증명된 때'에 해당한다(대결 1997.2.26, 96모123).[25]

Ⅳ. 재심의 절차

1. 재심의 관할

재심의 청구는 원판결의 법원이 관할한다(제423조). 여기서 원판결이란 재심청구인이 재심사유가 있다고 하여 재심청구의 대상으로 하고 있는 그 판결을 말한다.

2. 재심의 청구

(1) 재심청구권자

재심청구권자로는 (i) 검사, (ii) 유죄의 선고를 받은 자, (iii) 유죄의 선고를 받은 자의 법정대리인, (iv) 유죄의 선고를 받은 자가 사망하거나 심신장애가 있는 경우에는 그 배우자, 직계친족 또는 형제자매이다(제424조). 특히 제420조 제7호의 사유에 의한 재심의 청구는 유죄의 선고를 받은 자가 그 죄를 범하게 한 경우에는 검사가 아니면 하지 못한다(제425조). 검사 이외의 자가 재심의 청구를 하는 경우에는 변호인을 선임할 수 있다(제426조 제1항). 이 경우 변호인의 선임은 재심의 판결이 있을 때까지 그 효력이 있다(제2항).

---

25) 이에 대한 필자의 글로는 "형사재심과 관련된 최근판례의 연구," 고시연구 25권 7호(292호), 1998.6, 43-54면 참조.

(2) 재심청구의 시기

재심청구의 시기에는 제한이 없다. 즉 재심의 청구는 형의 집행을 종료하거나 형의 집행을 받지 아니하게 된 때에도 할 수 있다(제427조). 따라서 유죄의 선고를 받은 자가 사망한 때에도 재심청구를 할 수 있다. 형면제판결이 있는 경우(제322조), 집행유예기간의 경과에 따라서 형의 선고가 효력을 잃는 경우(형법 제65조), 유죄판결이 확정된 후 일반사면이 있거나 형이 폐지된 경우에도 재심청구가 가능하다.

(3) 재심청구의 효과

재심의 청구에는 형의 집행을 정지하는 효력이 없다. 다만 관할법원에 대응한 검찰청 검사는 재심청구에 대한 재판이 있을 때까지 형의 집행을 정지할 수 있다(제428조).

(4) 재심청구의 취하

재심의 청구는 취하할 수 있다(제429조 제1항). 재심의 취하는 재심의 제1심 판결선고시까지 할 수 있다. 재심의 청구를 취하한 자는 동일한 이유로써 다시 재심을 청구하지 못한다(제2항).

3. 재심청구에 대한 심판

(1) 재심청구의 심리

재심청구의 심리절차는 결정절차이므로 구두변론에 의할 필요가 없고(제37조 제2항) 절차를 공개할 필요도 없다. 재심청구를 받은 법원은 필요한 때에는 사실을 조사할 수 있다(소송당사자에게 사실조사 신청권이 있는 것은 아니므로 신청에 재판을 할 필요가 없고 설령 신청을 배척해도 당사자에게 고지할 필요가 없다는 대결 2021.3.12, 2019모3554). 재심의 청구를 받은 법원은 필요하다고 인정한 때에는 합의부원에게 재심청구의 이유에 대한 사실조사를 명하거나 다른 법원판사에게 이를 촉탁할 수 있다(제431조 제1항). 이 경우 수명법관 또는 수탁판사는 법원 또는 재판장과 동일한 권한이 있다(제2항).

재심의 청구에 대하여 결정을 함에는 청구한 자와 상대방의 의견을 들어야 한다. 단, 유죄의 선고를 받은 자의 법정대리인이 청구한 경우에는 유죄의 선고를 받은 자의 의견을 들어야 한다(제432조).

관련판례 ① 이는 재심청구서의 제출과 별도로 요구되는 절차라고 할 것이므로 재심청구서나 그 보충이유서에 재심청구인의 주장이 기재되어 있다 하여도 이는 재심청구이유를 기재한 것에 지나지 아니하므로 재심청구에 대하여 결정을 함에는 별도로 제432조에 따른 의견을 진술할 기회를 주어야 한다(대결 1993.2.24, 93모6) 법원이 재심을 청구한 자와 상대방에게 의견을 진술할 기회를 부여하지 아니하고 한 재심청구에 대한 결정은 위법하다(대결 1977.7.4, 77모28; 대결 1991.10.22, 91모61; 대결 1993.2.24, 93모6; 대결 2004.7.14, 2004모86).

(2) 재심청구에 대한 재판

1) 청구기각의 결정 재심청구가 법률상의 방식에 위반하거나 청구권의 소멸후인 것이 명백한 때에는 결정으로 기각하여야 한다(제433조). 재심의 청구가 이유 없다고 인정한 때에도 결정으로 기각하여야 한다(제434조 제1항). 기각결정이 있는 때에는 누구든지 동일한 이유로써 다시 재심을 청구하지 못한다(제2항. 본규정은 합헌결정이 내려짐 헌법재판소 2020. 2. 27. 선고 2017헌바420 결정). 항소기각의 확정판결과 그 판결에 의하여 확정된 제1심판결에 대하여 재심의 청구가 있는 경우에 제1심법원이 재심의 판결을 한 때에는 항소법원은 결정으로 재심의 청구를 기각하여야 한다(제436조 제1항). 제1심 또는 제2심판결에 대한 상고기각의 판결과 그 판결에 의하여 확정된 제1심 또는 제2심의 판결에 대하여 재심의 청구가 있는 경우에 제1심법원 또는 항소법원이 재심의 판결을 한 때에는 상고법원은 결정으로 재심의 청구를 기각하여야 한다(제2항).

2) 재심개시결정

(가) 이유가 인정되는 경우 재심의 청구가 이유 있다고 인정한 때에는 재심개시결정을 하여야 한다(제435조 제1항). 재심개시의 결정을 할 때에는 결정으로 형의 집행을 정지할 수 있다(제2항).

(나) 재심개시결정의 범위

[설문 (8)] 공무원 甲은 업자 A와 B로부터 뇌물을 받은 혐의로 유죄판결을 받고 선고된 경합범가중형이 확정되었다. 甲은 뇌물을 공여하였다고 증언한 A를 위증죄로 고소하였고, A는 그 이후 위증죄의 유죄확정판결을 받았다. 그러자 甲은 이를 근거로 원심법원에 재심을 청구하였다. 이 경우 원심법원의 조치는?

경합범의 관계에 있는 수개의 범죄사실에 대해 유죄로 인정하면서 1개의 형을 선고한 확정판결에서 그 중 일부의 범죄사실에 대해서만 재심청구가 이유 있다고 인정되는 경우에 재심개시결정의 범위가 문제된다. 이에 대해서는 경합범의 전부에 대하여 재심개시결정을 해야 한다는 전부설[26]과 재심청구의 이유가 있는 범죄사실만 재심의 대상이 되고 재심재판에서는 형량을 다시 정할 수 있다는 일부설의 대립이 있다. 판례는 경합범의 전부에 대하여 재심개시결정을 하여야 하고 재심사유가 없는 범죄사실에 대해서는 양형을 위하여 필요한 범위 안에서만 심리를 할 수 있다는 태도를 취한다(대판 1996.6.14, 96도477). 생각건대, 전부에 대해 형량을 다시 정하여야 하고, 양형을 위해서 필요한 범위에서는 심리가 필요하기 때문에 판례의 태도가 가장 타당하다.

[설문 (8)의 해결] 원심법원은 일단 경합범을 구성하였던 전부에 대해 재심개시결정을 하여야 한다. 다만 재심사유가 없는 B로부터의 수뢰사건에 대해서는 실체심리를 하여 무죄판결을 할 수는 없고, 단지 새로운 선고형의 확정에 필요한 양형심리만이 허용될 뿐이다.

---

3) 결정에 대한 불복 재심의 청구를 기각하는 결정과 재심개시결정에 대하여는 즉시항고할 수 있다(제437조). 다만 대법원의 결정에 대해서는 즉시항고를 할 수 없다.

관련판례 ① 재심개시결정에 대하여는 형사소송법 제437조에 규정되어 있는 즉시항고에 의하여 불복할 수 있고, 이러한 불복이 없이 확정된 재심개시결정의 효력에 대하여는 더 이상 다툴 수 없으므로, 설령 재심개시결정이 부당하더라도 이미 확정되었다면 법원은 더 이상 재심사유의 존부에 대하여 살펴볼 필요 없이 형사소송법 제436조의 경우가 아닌 한 그 심급에 따라 다시 심판을 하여야 한다(대판 2004.9.24, 2004도2154).

---

4. 재심의 심판절차

(1) 재심의 공판절차

재심개시의 결정이 확정된 사건에 대하여는 법원은 그 심급에 따라 다시 심판하여야 한다(제438조 제1항). 재심개시결정이 확정된 이상 재심사유의 존부를 살펴볼

---

26) 배종대/이상돈, 863면; 백형구, 400면; 신동운, 1209면; 정영석/이형국, 517면.

필요가 없이 사건을 심판해야 한다.[27] 판례에 의하면, 재심 사건을 심리하는 재판부가 경합범 관계에 있는 공소사실 중 재심청구인이 재심사유로 주장하지 않은 공소사실까지 직권으로 심리해 무죄로 판단하는 것은 위법하다(대판 2021.7.26. 2021도2738).

재심의 심판대상은 원판결의 당부가 아닌, 사건 자체이다. 그리고 재심이 개시된 사건에서 범죄사실에 대하여 적용하여야 할 법령은 재심대상판결 당시가 아니라 재심판결 당시의 법령이고(대판 2011.10.27, 2009도1603; 대판 2013.7.25, 2011도6380), 재심대상판결 당시의 법령이 변경된 경우 법원은 그 범죄사실에 대하여 재심판결 당시의 법령을 적용하여야 하며(대법원 2011.1.20. 선고 2008재도11 전원합의체 판결 참조), 법령을 해석함에 있어서도 재심판결 당시를 기준으로 하여야 하는 것이다(대판 2013.7.11, 2011도14044). 따라서 법원은 재심대상판결 당시의 법령이 변경되어 폐지된 경우에는 면소를 선고하는 것이 원칙이지만, 형벌에 관한 법령이 헌법재판소의 위헌결정으로 인하여 소급하여 그 효력을 상실하였거나 법원에서 위헌무효로 선언된 경우, 법원은 당해 법령을 적용하여 공소가 제기된 피고사건에 대하여 무죄를 선고하여야 한다(대판 2010.12.16, 2010도5986 전합).

(2) 심리의 특칙

1) 피고인의 불출석과 필요적 변호 재심의 공판절차에서는 피고인의 공판정출석에 대한 특칙이 인정된다. 즉 사망자 또는 회복할 수 없는 심신장애자를 위하여 재심의 청구가 있는 때에는 피고인의 출석 없이 심판할 수 있다(제438조 제2항 제1호). 단, 변호인이 출정하지 아니하면 개정하지 못한다(제3항 단서). 재심을 청구한 자가 변호인을 선임하지 아니한 때에는 재판장은 직권으로 변호인을 선임하여야 한다(제4항).

2) 공판절차의 정지여부 회복할 수 없는 심신장애자를 위하여 재심의 청구를 한 때 또는 유죄의 선고를 받은 자가 재심의 판결 전에 사망하거나 회복할 수 없는 심신장애자로 된 때에는 공판절차를 정지(제306조 제1항)하지 않고 심리를 계속해야 한다(제438조 제2항).[28]

---

27) 대판 2004.9.24, 2004도2154.

28) 그러나 형사소송법이나 형사소송규칙에는 재심청구인이 재심의 청구를 한 후 청구에 대한 결정이 확정되기 전에 사망한 경우에 재심청구인의 배우자나 친족 등에 의한 재심청구인 지위의 승계를 인정하거나 형사소송법 제438조와 같이 재심청구인이 사망한 경우에도

3) 공소취소와 공소장변경 공소취소는 제1심 판결선고 전까지 할 수 있다(제255조 제1항). 따라서 제1심의 판결이 확정된 이상 재심의 공판절차에서는 공소취소를 할 수 없다(대판 1976.12.28, 76도3203). 공소장변경에 대해서는 전면적으로 허용된다는 견해(전면허용설)[29]와 원판결의 죄보다 중한 범죄를 인정하기 위한 공소사실의 추가 · 변경은 허용될 수 없다는 견해(제한적 허용설)의 대립이 있다. 후자가 다수설이고, 현행법상 재심은 이익재심만이 허용된다는 점에서 역시 후자가 타당하다.

(3) 재판의 특칙

1) 피고인 사망의 경우 보통 피고인 사망의 경우는 공소기각결정의 사유가 된다(제328조 제1항 제2호). 그러나 사망자를 위한 재심청구가 가능하기 때문에 재심의 공판절차 도중에 피고인이 사망하더라도 실체심판을 계속하여야 한다(제438조 제2항).

2) 불이익변경의 금지 재심에는 원판결의 형보다 중한 형을 선고하지 못한다(제439조). 검사가 재심을 청구한 경우에도 불이익변경이 금지된다.

3) 무죄판결의 공시 재심에서 무죄의 선고를 한 때에는 그 판결을 관보와 그 법원소재지의 신문지에 기재하여 공고하여야 한다(제440조).

4) 재심판결과 원판결의 효력 재심판결이 확정된 때에는 원판결은 당연히 그 효력을 잃는다. 원판결에 의한 자유형의 집행은 재심판결의 자유형에 통산된다.

[§ 52] 비상상고

Ⅰ. 의의 및 기능

비상상고란 확정판결에 대하여 그 심판의 법령위반을 이유로 허용되는 비상구제절차를 말한다. 비상상고는 재심과는 달리 신청권자가 검찰총장에 제한되고 관할법원은 대법원이며, 판결의 효력은 원칙적으로 피고인에게 미치지 않는다는 데 특색이 있다.

절차를 속행할 수 있는 규정이 없으므로, 재심청구절차는 재심청구인의 사망으로 당연히 종료하게 된다(대법원 2014.5.30. 자 2014모739 결정).

29) 백형구, 885면; 신양균, 948면.

비상상고는 법령의 해석, 적용의 통일을 목적으로 하는 제도이나 예외적으로 피고인을 구제하는 기능도 함께 가지고 있다.

Ⅱ. 비상상고의 대상

비상상고의 대상은 모든 확정판결이다(제441조). 유죄 · 무죄 · 면소의 판결은 물론이고 공소기각의 판결, 관할위반의 판결 등도 비상상고의 대상이 된다. 그리고 재심의 경우와는 달리 유죄의 확정판결에 제한되지 않는다. 더 나아가 심급의 여하도 묻지 않는다. 그리고 당연무효의 판결도 비상상고의 대상이 된다.

공소기각의 결정은 그 형식이 판결은 아니지만 종국재판으로서 법령해석의 통일이 요구되기 때문에 비상상고의 대상에 포함된다. 또한 상소기각의 결정은 원판결을 확정시키는 종국재판이기 때문에 역시 비상상고의 대상이 된다(대판 1963.1.10., 62오4). 그러나 상급심의 파기판결에 의해 효력을 상실한 재판은 형사소송법 제441조에 따른 비상상고의 대상이 될 수 없다(대결 2021.3.11, 2019오1. 무익할 뿐만 아니라, 법령해석적용의 통일을 도모하는 비상상고 목적에도 부합하지 않음).

Ⅲ. 비상상고의 사유

1. 법령위반

(1) 법령위반의 유형

비상상고의 사유는 사건의 심판이 법령에 위반한 때이다. 심판은 심리와 판결을 포함한다. 따라서 비상상고의 사유에는 판결의 법령위반과 소송절차의 법령위반이 포함된다. 전자에 대해서는 파기자판이 가능하고, 후자에 대해서는 파기만이 가능하다.

(2) 구별에 관한 견해대립

판결의 법령위반과 소송절차의 법령위반에 대한 구체적인 구별에 관하여는 견해의 대립이 있다. 즉 (i) 판결의 법령위반을 판결내용과 판결절차 양자의 법령위반으로 보면서, 소송절차의 법령위반은 판결 전 소송절차의 법령위반만을 의미한다는 견해, (ii) 판결의 법령위반을 실체적 소송조건의 흠결을 간과하여 실체판결을 한 경우와 위법한 법령적용이 있은 경우로 보고, 소송절차의 법령위반을 형식적 소송조건의 흠결을 간과하고 실체판결을 한 경우와 판결절차가 법령에 위반한 경우로 보는 견해, (iii) 판결의 법령위반을 판결내용의 법령위반으로 보고, 소송절차의 법령위반을 판결 전 소송절차와 판결절차의 법령위반으로 보는 견해,[30] (iv) 판결의 법령위반을 판결내용에 직접 영향을 미치는 법령위반으로 보고, 소송절차의 법령위반을 판결내용에 영향을 미치지 않는 소송절차의 법령위반으로 보는 견해(다수설)가 대립하고 있다.

다수설에 따르면, 형사미성년자에게 유죄판결을 선고한 경우, 구류형에 대해 선고를 유예한 경우(대판 1993.6.22, 93오1), 도로교통법위반죄에 대한 즉결심판에서 형면제를 선고한 경우(대판 1994.10.14, 94오1), 친고죄에서 고소가 없거나 취소된 상태에서 유죄판결을 한 경우, 자백에 대한 보강증거 없이 유죄판결을 선고한 경우 등은 판결의 법령위반에 해당한다. 그러나 형을 선고하면서 상소권을 고지하지 않은 경우, 공소장변경이 위법한 경우, 증인신문방식이 위법한 경우 등은 소송절차의 법령위반에 해당한다.

2. 사실오인에 따른 법령위반

단순한 사실오인은 비상상고의 사유가 될 수 없다. 문제는 사실오인에 따른 법령위반이 비상상고의 사유가 될 것인가에 있다. 이에 대해서는 견해의 대립이 있다.

(i) 적 극 설: 이 설은 법령위반의 근거가 된 사실오인이 기록에 의하여 명백한 경우라면 비상상고의 대상이 된다는 견해이다.[31]

(ii) 소 극 설: 이 설은 비상상고의 목적은 오직 법령의 해석 적용의 통일에 있기 때문에 사실오인과 관련되는 것은 비상상고의 대상이 될 수 없다는 견해이다.[32]

(iii) 절 충 설: 소송법적 사실의 오인에 근거한 경우에는 비상상고의 사유가 되지만, 실체법적 사실의 오인에 근거한 경우에는 부정되어야 한다는 견해이다.[33]

생각건대, 형사소송법 제444조 제2항이 법원의 관할, 공소의 수리와 공소절차에 관하여는 사실조사를 할 수 있다고 규정한 것으로 보아 절충설이 타당하다. 따라

30) 백형구, 892면.
31) 강구진, 612면; 송광섭, 578면; 신양균, 1052면; 이재상, 774면; 정영석/이형국, 524면.
32) 권오병, 394면; 서일교, 391면.
33) 배종대/이상돈, 872면; 백형구, 889면; 신동운, 1219면; 임동규, 775면; 정웅석, 1263면; 차용석/최용성, 850면.

서 동일사건에 대해 2개의 판결이 확정된 경우, 소년법상 소년에 대해 정기형을 선고한 경우(대판 1963.4.4, 63오1)에는 비상상고의 사유가 되지만, 누범전과가 없음에도 불구하고 누범가중을 선고한 경우(대판 1962.9.27, 62오1)는 비상상고의 사유가 인정될 수 없다.

그리고 이미 피고인이 사망(공소기각결정의 사유)한 줄 모르고(즉, 법령적용의 전제사실에 관한 착오가 있는 경우) 소촉법 제23조의2 등에 따른 불출석재판으로 유죄판결이 확정되어서 이에 대해 비상상고가 제기된 사례에 대해 판례는 이 경우에는 비상상고의 사유가 될 수 없다고 판시하였다(대판 2005.3.11. 2004오2). 그렇다면 소촉법상 재심 내지 형소법상 상소권 회복의 청구 가능성만 있을 것이다(즉 이를 통해 공소기각결정이 가능할 것임). 그리고 판례에 의하면, 징역형만 있는 특수절도죄에 대해 벌금형을 선고(확정)한 것은 위법하고 이에 대한 검찰총장의 비상상고는 적법할 것이고(단, 불이익변경금지에 따라 집행은 벌금형을 그대로 유지하여야 한다는 대결 2020.12.18. 2020오5), 같은 사건으로 두 번 기소되어 유죄판결이 선고 확정된 사례에 대한 검찰총장 비상상고도 적법할 것이며(이 경우 대법원은 면소판결할 것이라는 대판 2020.12.13. 2020오2), 벌금 600만원 선고하면서 2년간 집행유예를 선고 확정된 것(대판 2021.11.10, 2020오6)과 징역 3년 6개월을 선고하면서 '집행유예 5년'을 내려 확정된 것(대판 2020.11.30. 2020오1), 폭행죄에 대한 합의 사실이 누락돼 벌금형이 선고 확정된 것(대판 2021.7.5. 2020오7) 등에 대한 비상상고도 적법할 것이다.

관련판례 ① 형사소송법 제441조는 "검찰총장은 판결이 확정한 후 그 사건의 심판이 법령에 위반한 것을 발견한 때에는 대법원에 비상상고를 할 수 있다"고 규정하고 있는바, 이러한 비상상고 제도는 법령 적용의 오류를 시정함으로써 법령의 해석 · 적용의 통일을 도모하려는 데에 주된 목적이 있는 것이므로, '그 사건의 심판이 법령에 위반한 것'이라고 함은 확정판결에서 인정한 사실을 변경하지 아니하고 이를 전제로 한 실체법의 적용에 관한 위법 또는 그 사건에 있어서의 절차법상의 위배가 있음을 뜻하는 것이라고 할 것이다(대법원 1962.9.27. 선고 62오1 판결 참조). 따라서 단순히 그 법령 적용의 전제사실을 오인함에 따라 법령위반의 결과를 초래한 것과 같은 경우는 법령의 해석적용을 통일한다는 목적에 유용하지 않으므로 '그 사건의 심판이 법령에 위반한 것'에 해당하지 않는다고 해석함이 상당하다. 법원이 원판결의 선고 전에 피고인이 이미 사망한 사실을 알지 못하여 공소기각의 결정을 하지 않고 실체판결에 나아감으로써 법령위반의 결과를 초래하였다고 하더라도, 이는 형사소송법 제441조에 정한

'그 심판이 법령에 위반한 것'에 해당한다고 볼 수 없다(대판 2005.3.11, 2004오2).

Ⅳ. 비상상고의 절차

1. 비상상고의 신청

검찰총장은 판결이 확정된 후 그 사건의 심판이 법령에 위반한 것을 발견한 때에는 대법원에 비상상고 할 수 있다(제441조). 신청에는 기간의 제한이 없다. 비상상고를 함에는 그 이유를 기재한 신청서를 대법원에 제출하여야 한다(제442조).

2. 비상상고의 심리

비상상고를 심리하기 위하여는 공판기일을 열어야 하며 검사는 공판기일에 신청서에 의하여 진술하여야 한다(제443조). 공판기일에 피고인을 소환할 필요는 없다. 한편 대법원은 신청서에 포함된 이유에 한하여 조사하여야 한다(제444조 제1항). 법원의 관할, 공소의 수리와 소송절차에 관하여는 사실조사를 할 수 있다(제2항). 법원은 필요하다고 인정할 때에는 수명법관 또는 수탁판사로 하여금 사실조사를 하게 할 수 있고, 이 경우에 수명법관 또는 수탁판사는 법원 또는 재판장과 동일한 권한이 있다(제444조 제3항, 제431조).

Ⅴ. 비상상고의 판결

1. 기각판결

비상상고가 이유 없다고 인정한 때에는 판결로써 이를 기각하여야 한다(제445조).

2. 파기판결

(1) 판결의 법령위반

원판결이 법령에 위반한 때에는 그 위반된 부분을 파기하여야 한다(부분파기).[34] 다만 원판결이 피고인에게 불이익한 때에는 원판결을 파기하고 그 피고사건

34) 형면제가 규정되지 아니한 도로교통법 위반죄를 인정하면서 형면제를 선고한 원판결에 대해 형면제의 주문부분만을 파기하는 경우(대판 1994.10.14, 94오1)와 구류형을 선

에 대하여 다시 판결을 한다(제446조 제1호. 파기자판). 여기서 '원판결이 불리한 때'란 원판결의 잘못을 시정하여 다시 선고할 판결이 원판결보다 피고인에게 이익이 될 것이 명백한 경우를 말한다. 예를 들면 친고죄에 있어서 고소가 취소되었음에도 불구하고 유죄판결을 한 경우 등[35]이다.[36] 대법원이 자판하는 경우의 판결은 유죄·무죄·면소의 판결뿐만 아니라 공소기각의 판결[37]을 포함한다. 그리고 파기자판의 기준법령으로는 비상상고절차에서 파기자판의 경우에 기준으로 하여야 할 법령에 관하여는 원판결파기에 의하여 사건은 미확정상태로 돌아가므로 자판시를 기준으로 해야 한다는 자판시설[38]과 비상상고의 목적은 법령의 해석·적용의 통일에 있다는 점을 근거로 원판결시설[39]이 대립되고 있으나, 원판결파기에 의하여 판결이 미확정상태로 돌아가는 것은 아니므로 원판결시설이 타당하다.

(2) 소송절차의 법령위반

원심소송절차가 법령에 위반한 때에는 그 위반된 절차를 파기한다(제446조 제2호). 이 경우에는 원판결은 파기하지 않는다.

고하면서 선고유예를 한 원판결에 대해 선고유예의 주문만을 파기하는 경우(대판 1993.6.22, 93오1) 등이 여기에 해당한다.

35) 그밖에도 원판결이 불이익변경금지의 원칙에 위반하여 형을 선고한 경우(64오2), 피고인만 항소한 사건에서 항소심이 항소기각결정을 하면서 결정 전 구금일수의 본형 산입에 관해 전혀 판단하지 않은 경우(77오1) 등을 들 수 있다.

36) 다만, 적법한 증거조사의 절차를 거치지 않고 증거능력이 없는 증거를 유죄의 증거로 채택하였음은 법령에 위반한 것으로서 비상상고의 이유가 되나 원판결 거시의 다른 증거자료를 종합하여서도 피고인에 대한 범죄사실을 인정할 수 있는 이상 위 적법한 증거조사절차를 거치지 않고 각 증거를 원판결이유에 부분만을 파기한다(대판 1964.6.16, 64오2).

37) 공소기각재판이 확정되더라도 재기소가능성이 있음을 근거로 소극적인 견해가 있을 수도 있으나 공소기각재판이 원판결인 유죄판결보다 피고인에게 이익됨이 법률상 명백하고, 재기소의 가능성이 없는 경우가 대부분이므로 적극적으로 해석함이 타당하다.

38) 권오병, 396면; 서일교, 382면. 이 견해는 원판결 확정 후 법률의 개정에 의해 면소판결을 선고해야 한다.

39) 이재상, 712면; 배종대/이상돈, 785면; 신동운, 916면; 백형구, 854면; 진계호, 797면; 차용석, 1138면; 임동규, 732면. 이 견해는 면소판결을 할 수 없고, 원판결의 위법을 시정하는 판결을 할 수 있을 뿐이다. 물론 원판결의 위법을 시정한 판결(자판)은 원판결보다 피고인에게 유리한 판결이어야 한다.

3. 비상상고판결의 효력

비상상고의 판결은 파기자판의 경우 이외에는 그 효력이 피고인에게 미치지 않는다(제447조). 즉 판결의 위법부분을 자판하지 않는 경우나 소송절차만이 파기된 경우에는 판결의 주문은 그대로 효력을 가진다.

제 3 장
특별절차와 재판의 집행 기타

[§ 53] 「국민의 형사재판 참여에 관한 법률」에 따른 국민참여재판절차

Ⅰ. 의 의

국민참여재판이란 「국민의 형사재판 참여에 관한 법률」에 의하여 도입된 배심원이 참여하는 형사재판을 말한다(동법 제2조 제2호). 국민참여재판의 목적 내지 도입취지로는 국가권력의 한 부분인 사법권의 영역에서 국민의 참여를 확대하고, 국민의 상식과 경험을 재판절차에 반영하여 사법신뢰를 증진시키며, 국민의 재판절차와 법제도를 보다 가까이 접하고 이해할 수 있도록 하여 법치주의를 실현하려는 것이다.[1] 그리고 국민(외국인 포함)인 피고인은 국민참여재판을 받을 권리가 있고, 국민은 국민참여재판에 참여할 권리와 의무를 가진다(동법 제3조).

국민재판참여의 대표적 유형으로는 영미법계의 배심제와 대륙법계의 참심제가 있다. 영미법계의 배심제는 유무죄의 사실인정은 일반 시민으로 구성되는 배심원이 결정하고, 배심원에 의한 유죄의 평결이 있는 경우의 양형은 (직업)법관이 결정하도록 그 역할을 각각 분담시키는 제도이고, 대륙법계의 참심제는 일반시민이 처음부터 직업법관과 함께 심판에 참여하도록 하는 제도이다. 「국민의 형사재판 참여

1) 그래서 참여법률 제1조에서는 국민참여재판의 목적을 요약하여 "사법의 민주적 정당성과 신뢰를 높이기 위하여"라고 규정하면서 참여법률의 제정목적이 국민참여재판을 시행함에 있어서 참여에 따른 권한과 책임을 명확히 하고, 재판절차의 특례와 그 밖에 필요한 사항을 규정하는 데 있음을 밝히고 있다.

에 관한 법률」에 의한 우리나라의 이른바 '국민참여재판'은 미국과 영국에서 유래된 배심제를 근간으로 하면서도, 다음과 같이 이를 수정하여 도입한 것이다. 첫째, 영미법계의 배심원은 원칙적으로 유무죄의 평결에 있어서 법관의 관여 없이 평의를 진행한 후 만장일치로 평결에 이르러야 하는데, 우리나라의 경우 만약 만장일치의 평결에 이르지 못한 경우 다수결로 평결할 수 있고, 둘째, 영미법계의 배심원은 양형에는 관여할 수 없지만, 우리나라의 경우 배심원은 양형에 관한 의견을 개진할 수 있으며, 셋째, 영미법계의 배심원 평결은 법원을 기속하지만, 우리나라의 경우에는 단지 권고적 효력만을 가진다.

Ⅱ. 대상사건 및 관할

1. 대상사건

「국민의 형사재판 참여에 관한 법률」에 따른 형사재판이 열리기 위해서는 우선 적극적 요건으로는 공소제기된 해당 형사사건이 국민참여재판 대상사건이어야 하고(대상사건성), 피고인이 국민참여재판을 원하는 경우(피고인의 의사)에 한하여 가능하다. 반면 소극적 개시요건으로는 법 제9조 제1항이 정하고 있는 법원의 직권배제사유에 해당하지 않아야 국민참여에 의한 형사재판이 열릴 수 있다.

(1) 대상사건의 범위

국민참여재판의 대상사건은 처음에는 「국민의 형사재판 참여에 관한 법률」에서 일정한 중대범죄로 구체적으로 나열 규정되었지만, 법 개정을 통해 법원의 재판에 건전한 국민의 상식을 반영하고 사법신뢰의 향상을 위하여 현행법에서는 법원조직법 제32조 제1항에 따른 합의부관할사건(제5조 제1항 제1호), 제1호에 해당하는 사건의 미수죄 · 교사죄 · 방조죄 · 예비죄 · 음모죄에 해당하는 사건(제2호), 제1호 또는 제2호에 해당하는 사건과 「형사소송법」 제11조에 따른 관련 사건으로서 병합하여 심리하는 사건(제3호)으로 확대되었다.[2] 피고인이 공소사실을 인정하고 있는가의 여부는 문제되지 않는다.

---

2) 법률 부칙에서 위 법률의 시행일인 2012.7.1. 이후에 최초로 공소를 제기하는 사건부터 이를 적용하도록 명시하고 있으므로 합의부에서 심판하기로 하는 결정을 거친 사건이라도 2012.7.1. 이전에 공소 제기된 사건은 국민참여재판의 대상 사건에 포함되지 않는다(대법원 2014.6.12. 선고 2014도1894 판결).

(2) 피고인의 선택권

1) 피고인의 의사 존중 피고인이 국민참여재판을 원하지 아니하는 경우에는 국민참여재판을 하지 않는다(제5조 제2항). 국민참여재판을 개시함에 있어서는 피고인의 의사가 우선되기 때문에 법원은 대상사건의 피고인에 대하여 국민참여재판을 원하는지 여부에 관한 의사를 '서면' 등의 방법으로 반드시 확인하여야 한다(제8조 제1항). 이를 위해 법원은 대상사건에 대한 공소의 제기가 있는 때에는 공소장 부본과 함께 피고인 또는 변호인에게 국민참여재판에 관한 안내서를 송달하여야 한다(규칙 제3조 제1항). 피고인은 안내장을 포함한 공소장부본을 송달받은 날로부터 7일 이내에 국민참여재판을 원하는지 여부에 관한 의사가 기재된 서면을 제출하여야 하며(동법 제8조 제2항),[3] 피고인이 서면을 제출하지 아니한 때에는 국민참여재판을 원하지 아니하는 것으로 본다(동조 제3항). 이는 신속한 재판진행을 도모하기 위함이다. 따라서 피고인이 법정기간 내에 국민참여재판을 원하는지에 관한 의사가 기재된 서면을 제출하지 아니한 이상 국민참여재판을 원하지 아니하는 것으로 간주하므로 피고인에 대한 제1심 재판이 국민참여재판으로 이루어지지 않은 것에 아무런 위법이 없다(대판 2014.1.23, 2013도9690).

2) 피고인의 번의허용과 시기제한 현행법은 피고인이 국민참여재판에 대한 선택권을 행사함에 있어 불충분하거나 부정확한 정보 내지 지식에 기초하여 성급한 판단을 내릴 수도 있다는 상황을 고려하여 피고인이 종전 의사를 번복하는 것을 허용하되,[4] 절차적 안정성 등을 보장하기 위하여 그 번복 시기에 제한을 두어 제9조 제1항의 배제결정 또는 제10조 제1항의 회부결정이 있거나 공판준비기일이 종결되거나 제1회 공판기일이 열린 이후에는 종전 의사를 번복할 수 없도록 하였다(동법 제8조 제4항).

여기서 '7일이 경과한 후에 피고인이 희망의 의사확인서를 제출한 경우' 참여재판으로 진행할 수 있는지가 문제된다. 이에 대해서는 (i) 제8조 제4항은 제2항 전문 소정의 기한(부본 송달일부터 7일) 이내에 제출된 참여재판의 희망의사를 번복할 수 있는 종기를 의미한다고 보아서, 위와 같은 경우에는 참여재판이 불가능하다는 견

3) 구체적으로 피고인이 제출하는 서면에는 ① 피고인의 성명 기타 피고인을 특정할 수 있는 사항 ② 사건번호 ③ 피고인이 국민참여재판을 원하는지 여부 등이 개진되어야 한다(동 규칙 제3조 제2항).

4) 일단 국민참여재판부에 배속된 사건은 형사사법이 왜곡되지 않도록 사퇴의사를 인정하지 않는 것이 바람직하다는 입장으로는 노명선/이완규, 77면.

해(불가능설), (ii) 의사확인서를 제출하지 않아 제3항에 의해 불희망의사로 간주된 위와 같은 경우에도 제4항의 기한까지는 종전의 의사(즉, 간주된 불희망의사)를 바꿀 수 있기 때문에, 비록 7일을 경과했지만 제4항의 기간 내라면 참여재판의 진행이 가능하다는 견해(가능설),[5] (iii) 제8조 제2항의 취지는 참여재판 희망의사의 표시시기를 제한한 것이 아니고, 문리적 해석상 제4항 '종전의 의사'에 의사확인서 미제출로 인해 간주된 불희망의사까지 포함시키는 어렵다는 점 등을 근거로, 7일 이내에 참여재판 희망 내지 불희망의사를 서면으로 제출한 경우에는 참여재판으로의 진행이 가능하나, 제3항에 의한 불희망의사로 간주된 경우에는 참여재판 진행이 불가능하다고 보는 견해(절충설)가 대립된다.[6] 대법원은 입법과정을 고려해 보았을 때 제8조 제3항의 취지가 부본송달 일부터 7일이 경과하면 피고인이 국민참여재판 신청을 할 수 없다는 의미가 아니라는 점, 당초 불희망의 의사확인서를 제출한 피고인도 제4항의 기한 이내에는 의사를 변경(번복)할 수 있는데, 제3항에 의한 불희망 의사로 간주된 피고인에는 이를 허용하지 않는다는 것은 형평성에 반한다는 점, 제4항의 기한 이내의 경우에는 이를 허용하더라도 재판의 지연 등의 문제는 발생할 가능성이 크지 않다는 점 등을 들어 피고인은 제1회 공판기일이 열리기 전까지 국민참여재판을 신청할 수 있다고 판시함으로써,[7] 가능성설의 입장에 서있다. 생각건대, 형사절차의 안정 유지와 피고인의 참여재판을 받을 권리 보장 사이의 이익형량이 문제되는 것이지만, 피고인의 참여재판을 받을 권리의 보장을 우위에 두는 가능설(판례)이 타당하다.

한편 기간의 준수여부와 관련하여 피고인의 국민참여재판을 받을 권리를 최대한 보장하기 위하여 도달주의에 대한 예외로써 피고인이 서면을 우편으로 발송한 때에 법원에 제출한 것으로 보게 되고, 또 교도소 또는 구치소에 있는 피고인에게는 교도소장, 구치소장 또는 그 직무를 대리하는 자에게 제출한 때에 법원에 제출한 것

---

5) 김용찬, "국민참여재판 회부시까지의 절차에 관한 고찰," 저스티스 통권 제116호, 2010.3, 79면.

6) 위와 같은 해석론상의 문제를 넘어 현행법이 신청주의를 채택하여 국민참여재판의 개시여부를 피고인의 의사와 선택에 맡김으로써, 발생하는 제도적 왜곡과 문제점들(예컨대, 도입취지의 몰각 등)에 주목하는 입장으로는 김봉수, "국민참여재판의 개시요건에 대한 비판적 고찰—「대상사건의 축소」와 「절차회부의 의무화」를 중심으로—," 형사정책 제23권 제1호, 2011.6, 13면.

7) 대결 2009.10.23, 2009모1032.

으로 보게 된다(제8조 제2항 후문).

(3) 배제결정

적극적 개시요건인 대상사건성과 피고인의 신청이 있는 경우에도 배제사유의 존재 여부를 심사하여 대상사건을 국민참여재판에 회부할지에 대해 최종적으로 판단할 수 있는 권한을 법원에 부여하고 있다.

1) 배제결정의 사유 법원은 (i) 배심원 등의 생명 · 신체 · 재산에 대한 침해 또는 침해의 우려가 있어서 출석의 어려움이 있거나 이 법에 따른 직무를 공정하게 수행하지 못할 염려가 있다고 인정되는 경우, (ii) 공범 관계에 있는 피고인들 중 일부가 국민참여재판을 원하지 아니하여 국민참여재판의 진행에 어려움이 있다고 인정되는 경우, (iii) 「성폭력범죄의 처벌 등에 관한 특례법」 제2조의 범죄로 인한 피해자 또는 법정대리인이 국민참여재판을 원하지 아니하는 경우(2012년 개정으로 추가됨), (iv) 그 밖에 국민참여재판으로 진행하는 것이 적절하지 아니하다고 인정되는 경우(예 : 재판의 부당한 지연이 예상되는 경우, 장기간의 심리가 필요하여 배심원의 과중한 부담이 예상되는 경우 등)에 대해서는 법원의 재량으로 국민참여재판을 하기 않기로 하는 배제결정을 할 수 있도록 규정하고 있다(제9조 제1항).

2) 배제결정의 시기 및 절차 법원은 공소제기 후부터 공판준비기일이 종결된 다음날까지 검사 · 피고인 또는 변호인의 의견을 들어 일정한 경우 국민참여재판을 하지 아니하기로 하는 결정을 할 수 있다(제9조 제1항, 제2항). 배제결정의 시기에 관하여, 공소사실의 내용 자체로 배제사유가 밝혀지는 경우도 있을 수 있으나, 공판준비기일을 통하여 쟁점을 정리하고 검사 · 피고인 또는 변호인의 주장 및 입증계획을 확인한 결과 배제사유가 확인되는 경우도 있을 수 있으므로 그 종기를 공판준비기일 종료일의 다음날까지로 정하였다. 그리고 여기서 공판준비기일은 제1회 공판준비기일을 의미하는 것이 아니라, 공판이 진행되기 이전에 이루어진 마지막 공판준비기일을 의미한다고 해석함이 타당하다.

3) 불복 및 배제결정 없이 통상공판절차로 진행한 경우 우선, 법원의 배제결정에 대해서는 '즉시항고'를 할 수 있다(제9조 제3항). 그러나 제1심법원이 피고인의 의사에 따라 국민참여재판으로 진행함에 있어 별도의 국민참여재판 개시결정을 할 필요는 없고, 그에 대한 이의가 있어 제1심법원이 국민참여재판으로 진행하기로 하는 개시결정에 이른 경우에도 이는 판결전 소송절차에 관한 결정에 해당하며, 그에

대하여 특별히 즉시항고를 허용하는 규정이 없으므로 이러한 결정에 대하여는 항고할 수 없다.[8] 따라서 항고를 한 경우에는 항고의 제기가 법률상의 방식을 위반한 때에 해당하여 위 결정을 한 법원이 항고를 기각하여야 하고(제407조 제1항), 위 결정을 한 법원이 항고기각의 결정을 하지 아니한 때에는 항고법원은 결정으로 항고를 기각하여야 한다(제413조).[9]

문제는 피고인이 법원에 국민참여재판을 신청하였는데도 법원이 이에 대한 배제결정도 하지 않은 채 통상의 공판절차로 재판을 진행한 것을 놓고, 대법원은 피고인의 국민참여재판을 받을 권리 및 법원의 배제결정에 대한 항고권 등 중대한 절차적 권리를 침해한 것으로서 위법하고, 위법한 공판절차에서 이루어진 소송행위는 무효라는 입장이다.[10]

그러나 제1심 법원이 국민참여재판의 대상이 되는 사건임을 간과하여 이에 관한 피고인의 의사를 확인하지 않은 채 통상의 공판절차로 재판을 진행하였더라도, 피고인이 항소심에서 국민참여재판을 원하지 아니한다고 하면서 제1심의 절차적 위법을 문제삼지 아니할 의사를 명백히 표시하는 경우에는 그 하자가 치유되어 제1심공판 절차는 전체로서 적법하게 된다.[11] 여기서 권리를 침해한 제1심 공판절차의 하자가 치유된다고 보기 위해서는 피고인에게 국민참여재판절차 등에 관한 충분한 안내와 그 희망 여부에 관하여 숙고할 수 있는 상당한 시간이 사전에 부여되어야 한다.[12]

2. 공소장 변경

공소제기 당시에는 국민참여재판의 대상이었으나 재판진행 중에 공소사실이 일부철회되거나 변경되어 대상사건이 되지 않는 경우에 다시 통상절차로 진행하는 것은 소송경제에 반하므로 국민참여법에 따라 재판을 계속 진행한다(제6조 제1항 본문). 다만, 법원은 심리의 상황이나 그 밖의 사정을 고려하여 국민참여재판으로 진행하는 것이 적당하지 아니하다고 인정하는 때에는 결정으로 당해 사건을 지방법원 본원 합의부가 국민참여재판에 의하지 아니하고 통상절차로 진행할 수 있다(제6조

8) 대판 2009.10.23, 2009모1032.
9) 대결 2009.10.23, 2009모1032.
10) 대판 2011.9.8, 2011도7106.
11) 대판 2012. 6.14, 2011도15484.
12) 대판 2012.4.26, 2012도1225.

제1항 단서). 여기서 재판의 부당한 지연을 방지하기 위하여 통상절차로 진행하기로 하는 결정에 대해서는 검사, 피고인 또는 변호인이 불복할 수 없다(제6조 제2항). 또한 통상절차로 진행하기로 하는 결정이 있는 경우 당해 재판에 참여한 배심원, 예비배심원은 법원의 별도 결정이 없더라도 해임된 것으로 간주되어 그 임무가 종료하지만(제6조 제3항), 위 결정 전에 행한 소송행위는 결정 후에도 그 효력을 그대로 가지게 된다(제6조 제4항).

문제는 공소제기 당시에는 국민참여재판의 대상사건이 아니었으나, 재판진행 중에 공소장변경 허가결정을 통해 대상사건에 해당하게 된 경우에 발생한다. 국민참여법은 규정을 두고 있지 않아 학설은 국민참여재판으로 처음부터 다시 진행하면 소송경제에 반하므로 통상의 재판절차로 진행해야 한다는 견해와 피고인의 국민참여재판을 받을 권리를 인정해야 한다는 견해가 대립될 수 있으나, 처음부터 대상사건에 해당하는 범죄로 기소되었는지 재판진행 중에 공소장변경으로 대상사건에 해당하는 범죄로 기소되었는지에 따라 달라지는 것은 아니라고 할 것이므로 후설이 타당하다고 본다. 다만 통상절차로 진행된 형사재판에서 재판절차가 대부분 이루어진 후 비로소 공소장 변경이 되어 국민참여재판의 대상사건이 된 경우와 같이 재판의 불필요한 지연이 예상되는 때에는 국민참여법 제9조 제1항 제4호의 "그 밖에 국민참여재판으로 진행하는 것이 적절하지 아니하다고 인정되는 경우"에 해당된다고 볼 여지가 있다고 본다. 참여재판 규칙도 법원이 피고인 또는 변호인에게 참여재판에 관한 안내서를 지체없이 송달하여 피고인의 의사를 확인하도록 함으로써(동 규칙 제5조 제1항) 위와 같은 경우에도 피고인이 참여재판절차로 재판을 받을 수 있도록 하여 피고인의 참여재판을 받을 권리를 보장하고 있다.[13)]

3. 관할(참여심급)

국민참여법은 제1심 합의부 절차(지법 지원합의부, 지법 본원합의부)에 한하여 국민참여재판을 인정하고 있다. 여기서 소도시에 설치된 지방법원 지원의 경우 대개 관할인구가 적고 법원 자체의 규모도 작아(1개 합의부가 민사, 형사, 가사 합의사건을 함

13) 다만 통상재판절차로 진행하다가 공소장변경에 의하여 참여재판절차로 진행하는 경우에는 재판절차의 방식이 바뀌어 절차의 진행에 중대한 변화가 생겼다고 할 것이므로 참여재판규칙이 아닌 참여재판법에 규정하는 것이 바람직하다는 입장에는 김용찬, 앞의 논문, 93면.

께 처리하는 경우가 많음) 국민참여재판을 당장 시행할 여력이 없어 곤란하다는 것이다. 그렇다고 지법 지원관할 사건을 제외하면 어느 법원에 피고인이 기소되었느냐에 따라 국민참여재판을 받을 수 있는지 여부가 결정되는 불합리한 결과를 초래하므로 일단 국민참여재판을 받을 권리를 보장할 필요성은 있다. 따라서 피고인이 국민참여재판을 원하는 의사를 표시하는 경우에 지법 지원합의부가 배제결정을 하지 않는 한 국민참여재판 회부결정을 하여 대상사건을 지법 본원합의부로 이송하도록 하였다(제10조 제1항). 이와 같이 지법 지원합의부가 국민참여재판 회부결정을 한 경우에는 지법 본원합의부가 관할권을 가지게 된다(제10조 제2항).

Ⅲ. 배심원의 수, 자격 및 선정

1. 배심원의 수

배심원의 수가 많아지면 합리적 토론과 안정적 평결이 가능한 반면에 국민참여재판의 운영과 효율성 면에서 단점이 있고, 배심원의 수가 적어지면 그 반대가 된다는 점과 배심원의 수가 9명을 원칙으로 하면 배심제에 가까워지고 5명을 원칙으로 하면 참심제에 가까워지는 측면을 고려하여 참여법률은 "법정형이 사형 · 무기징역 또는 무기금고에 해당하는 대상사건에 대한 국민참여재판에는 9인의 배심원이 참여하고, 그 외의 대상사건에 대한 국민참여재판에는 7인의 배심원이 참여한다. 다만, 법원은 피고인 또는 변호인이 공판준비절차에서 공소사실의 주요내용을 인정한 때에는 5인의 배심원이 참여하게 할 수 있다"고 규정하고 있다(제13조 제1항). 다만 법원은 사건의 내용에 비추어 특별한 사정이 있다고 인정되고 검사 · 피고인 또는 변호인의 동의가 있는 경우에 한하여 결정으로 배심원의 수를 7인과 9인 중에서 제1항과 달리 정할 수 있다(제13조 제2항). 즉 배심원 수를 7명에서 9명으로 늘일 수도 있고, 그 반대로 9명을 7명으로 줄일 수도 있다는 것이다.

한편 국민참여재판에서는 배심원이 해임되거나 사임하여 결원이 생기는 경우에 대비하여 재판장의 재량에 따라 5인 이내의 범위에서 예비배심원을 둘 수 있다(제14조 제1항). 또한 예비배심원은 평의, 평결 및 양형에 관한 토의에 참여할 수 없다는 것을 제외하고는 배심원과 동일한 권리와 의무를 가지므로 참여법률에서 정하는 배심원에 대한 사항은 그 성질에 반하지 않는 한 예비배심원에 대하여 준용하도록 하였다(제14조 제2항).

2. 배심원의 자격

(1) 배심원의 일반적 자격요건

배심원은 만 20세 이상의 대한민국 국민 중에서 국민참여법으로 정하는 바에 따라 선정된다(제16조. 국민참여법은 거주지 요건에 관하여 아무런 규정이 없다). 참여법률은 지방법원장 또는 재판장에게 국가, 지방자치단체, 공공단체, 그 밖의 법인 · 단체에 배심원후보자 · 배심원 · 예비배심원의 선정 또는 해임에 관한 판단을 위하여 필요한 사항의 보고 또는 그 보관서류의 송부를 요구할 수 있는 권한을 부여하였다(제21조).

(2) 배심원의 불선정 사유

다만, 국민참여법은 배심원 업무 수행의 난이도 및 공공성을 고려하고 공정한 재판을 담보할 수 있도록 하기 위하여 참여법률 제17조부터 제20조까지의 사유(결격사유, 제외 · 제척 · 면제사유)에 해당하는 사람은 배심원 직무수행으로부터 배제되도록 하였다.

참여법률 제21조에 따라 법원은 배심원 후보자가 참여법률 제17조 제1호부터 제6호까지의 각 결격사유에 해당하는지를 확인하기 위하여 배심원후보자의 신원을 조회할 수 있고, 배심원 후보자가 참여법률 제20조 제3호의 면제사유에 해당하는지를 확인하기 위하여 범죄경력조회자료의 송부를 요구할 수 있다. 그리고 그 밖에 필요한 사항의 보고 또는 그 보관서류의 송부를 요구할 수 있다(제21조).

1) 결격사유 부적절한 사람이 배심원에 선정되면 배심재판에 정당성에 의문이 제기되므로 이를 방지하기 위해 결격사유를 규정할 필요가 있다. 따라서 참여법률은 (i) 금치산자 또는 한정치산자(제1호), (ii) 파산자로서 복권되지 아니한 사람(제2호), (iii) 금고 이상의 실형을 선고받고 그 집행이 종료(종료된 것으로 보는 경우를 포함한다)되거나 집행이 면제된 후 5년을 경과하지 아니한 사람(제3호), (iv) 금고 이상의 형의 집행유예를 선고받고 그 기간이 완료된 날부터 2년을 경과하지 아니한 사람(제4호), (v) 금고 이상의 형의 선고유예를 받고 그 선고유예기간 중에 있는 사람(제5호), (vi) 법원의 판결에 의하여 자격이 상실 또는 정지된 사람(제6호)의 어느 하나에 해당하는 경우에는 배심원으로 선정될 수 없다(제17조). 이는 배심원의 직무수행은 당해 사건에 관하여 국가의 공무를 담당하는 것으로 볼 수 있으므로 참여법률 제17조에서 국가공무원법 제33조 제1항 각호에 따른 결격사유에 해당하는 자는 배심

원 직무로부터 배제되도록 하였다.

2) 직업 등에 따른 제외사유 배심원 직무를 수행할 자격은 누구에게나 주어지는 것이 원칙이나, 공정한 재판에 영향을 미칠 수 있는 일정한 직업을 가진 사람은 배심원 직무에서 제외할 필요가 있다. 따라서 참여법률은 (i) 대통령(제1호), (ii) 국회의원 · 지방자치단체의 장 및 지방의회의원(제2호), (iii) 입법부 · 사법부 · 행정부 · 헌법재판소 · 중앙선거관리위원회 · 감사원의 정무직 공무원(제3호), (iv) 법관 · 검사(제4호), (v) 변호사 · 법무사(제5호), (vi) 법원 · 검찰 공무원(제6호), (vii) 경찰 · 교정 · 보호관찰 공무원(제7호), (viii) 군인 · 군무원 · 소방공무원 또는 「향토예비군설치법」에 따라 동원되거나 교육훈련의무를 이행 중인 향토예비군(제8호)의 어느 하나에 해당하는 사람은 배심원으로 선정되어서는 안 된다고 규정하고 있다(제18조).

즉 권력분립의 원칙상 입법부와 행정부의 정무직 공무원인 (i)~(iii)(제1-3호)은 사법판단의 직무에 종사하지 못하게 하였다. 그리고 (iv)~(vii)(제4-7호)까지의 법률관련 업무종사자는 평의과정에서 해박한 법률지식을 앞세워 다른 배심원들에게 과도한 영향을 주어 배심원의 의사결정이 공정하게 이루어지지 않을 가능성이 있다는 이유로 배심원 직무에서 제외하였다. 한편 (viii) (제8호)의 직업을 가진 사람에 대해서는 비록 공정한 재판에 영향을 미칠 수 있는 직업에 해당하지 않지만 국가안보와 질서유지를 위한 업무의 특수성을 고려하여(예컨대 직업의 특성에 비추어 재판참여가 곤란한 경우가 있을 수 있음) 배심원 직무에서 제외하였다.

3) 제척사유 배심원구성에 있어서의 공정성을 확보하고 재판의 객관성에 대한 국민의 신뢰고양을 위하여 국민참여법은 (i) 피해자(제1호), (ii) 피고인 또는 피해자의 친족이나 이러한 관계에 있었던 사람(제2호), (iii) 피고인 또는 피해자의 법정대리인(제3호), (iv) 사건에 관한 증인 · 감정인 · 피해자의 대리인(제4호), (v) 사건에 관한 피고인의 대리인 · 변호인 · 보조인(제5호), (vi) 사건에 관한 검사 또는 사법경찰관의 직무를 행한 사람(제6호), (vii) 사건에 관하여 전심 재판 또는 그 기초가 되는 조사 · 심리에 관여한 사람(제7호)의 어느 하나에 해당하는 사람은 당해 사건의 배심원으로 선정될 수 없다고 규정하고 있다(제19조). 형사소송법 제17조는 구체적인 사건의 심판에 있어서 법관이 불공평한 재판을 할 우려가 현저한 것으로 법률에 규정되어 있는 사유에 해당하는 때에는 그 법관을 직무수행에서 배제시키도록 하는 제척제도를 두고 있는 바, 배심원도 유무죄 및 양형에 관한 의견을 개진하면서 구체적인 사건을 판단하므로 같은 취지에서 배심원의 제척사유에 대하여 규정을 둔 것이다.

4) 면제사유 모든 대한민국 국민은 결격사유나 직업 등에 의한 제외사유가 없는 한, 원칙적으로 배심원직을 수행할 의무가 있지만, 배심원직의 수행이 당사자에게 가혹한 결과를 초래하는 경우 등 일정한 사유가 있는 경우에는 수행의무를 면제해 줄 필요가 있다. 따라서 국민참여법도 (i) 만 70세 이상인 사람(제1호), (ii) 과거 5년 이내에 배심원후보자로서 선정기일에 출석한 사람(제2호), (iii) 금고 이상의 형에 해당하는 죄로 기소되어 사건이 종결되지 아니한 사람(제3호), (iv) 법령에 따라 체포 또는 구금되어 있는 사람(제4호), (v) 배심원 직무의 수행이 자신이나 제3자에게 위해를 초래하거나 직업상 회복할 수 없는 손해를 입게 될 우려가 있는 사람(제5호), (vi) 중병 · 상해 또는 장애로 인하여 법원에 출석하기 곤란한 사람(제6호), (vii) 그 밖의 부득이한 사유로 배심원 직무를 수행하기 어려운 사람(제7호)의 어느 하나에 해당하는 사람에 대하여 법원은 직권 또는 신청에 따라 배심원 직무의 수행을 면제할 수 있다(제20조).

3. 배심원의 선정

(1) 배심원의 선정절차

1) 배심원 후보예정자 명부의 작성 지방법원장은 배심원후보예정자명부를 작성하기 위하여 안전행정부 장관에게 매년 그 관할구역 내에 거주하는 만 20세 이상 국민의 주민등록정보에서 일정한 수의 배심원후보예정자의 성명 · 생년월일 · 주소 및 성별에 관한 주민등록정보를 추출하여 전자파일의 형태로 송부하여 줄 것을 요청할 수 있으며(제22조 제1항), 이러한 요청을 받은 안전행정부 장관은 30일 이내에 주민등록자료를 지방법원장에게 송부하여야 하고(제2항), 지방법원장은 매년 주민등록자료를 활용하여 배심원후보예정자명부를 작성하여야 한다(제3항).

2) 배심원후보자의 결정 및 출석통지 국민참여재판을 실시하려고 하는 경우 당해 사건마다 법원은 배심원후보예정자명부 중에서 필요한 수의 배심원후보자를 무작위 추출방식으로 정하여 배심원과 예비배심원의 선정기일을 통지하여야 하며(제23조 제1항), 이러한 통지를 받은 배심원후보자는 선정기일에 출석하여야 하고(제2항), 법원은 통지 이후 배심원의 직무 종사 예정기간을 마칠 때까지 결격사유 내지 면제사유(제17조 내지 제20조에 해당하는 사유)가 있다고 인정되는 배심원후보자에 대하여는 즉시 그 출석통지를 취소하고 신속하게 당해 배심원후보자에게 그 내용을 통지하여야 한다고(제3항) 규정하여 배심원후보자가 불필요하게 선정기일에 출석하지

않도록 배려하고 있다. 이 경우 법원은 배심원후보자가 결격사유 내지 면제사유(법 제17조 내지 제20조의 사유) 또는 불공평한 판단을 할 우려가 있는지 여부를 판단하기 위하여 질문표를 사용할 수 있다(제25조 제1항). 이 경우 배심원후보자는 정당한 이유가 없는 한 질문표에 기재된 질문에 답하여 이를 법원에 제출하여야 한다(제2항).

3) 선정기일의 진행 배심원과 예비배심원의 선정기일에는 재판부 전원이 출석하는 것을 원칙으로 하되, 수명법관 1인이 출석하여 진행할 수도 있도록 하였으며, 이 경우 수명법관은 선정기일에 관하여 법원 또는 재판장과 동일한 권한이 있다(제24조 제1항). 한편 배심원 후보자의 개인정보나 사생활의 노출을 최소화하기 위하여 일본과 마찬가지로 선정기일은 비공개하도록 하였고(제24조 제2항), 선정기일의 진행, 배심원후보자에 대한 질문을 행함에 있어 배심원후보자의 명예나 사생활을 보호하도록 하였다(제24조 제3항). 선정기일은 필요한 수의 배심원과 예비배심원이 모두 선정되어야 종료되는 것이므로 법원은 필요한 경우에 선정기일의 속행을 위하여 새로운 기일을 정할 수 있다(제24조 제4항 전문). 이 경우 법원은 선정기일에 출석한 배심원후보자에 대하여 새로운 기일을 통지함으로써 출석통지서의 송달에 갈음할 수 있다(제24조 제4항 후문).

4) 후보자명부 송부 및 질문표 사본의 교부 검사와 변호인이 배심원선정기일에 불공평한 판단을 할 우려가 있는 배심원후보자를 효과적으로 기피하기 위해서는 배심원후보자의 정보가 검사나 변호인에게 제공될 필요가 있다. 그러나 한편으로는 검사나 변호인에게 배심원후보자의 사생활 및 개인정보가 필요이상으로 주어질 때에는 배심원후보자에 대한 협박이나 매수시도의 부작용이 따를 수도 있고 배심원 후보자의 사생활이 침해될 수도 있으므로 적절한 제한이 필요하게 된다. 따라서 참여법률은 이러한 양자의 요구를 조화하여 법원은 선정기일 2일 전까지 검사와 변호인에게 후보자명부를 제공함으로서 배심원후보자에 대한 협박이나 매수시도를 할 가능성을 줄였고, 한편으로 배심원후보자의 성명 · 성별 · 출생연도가 기재된 명부를 송부하게 함으로써 후보자의 성명과 성별, 출생연도 정보만을 제공하되, 출생월일, 주소, 전화번호, 직업 등의 정보는 제공하지 않도록 하였다(제26조 제1항). 그리고 법원이 선정절차에 질문표를 사용하는 때에는 배심원후보자가 질문표에 답한 내용도 검사와 변호인에게 제공될 배심원 선정에 참고하도록 할 필요가 있다. 이에 따라 참여법률은 선정기일을 진행하기 전에 배심원후보자가 제출한 질문표 사본을 검사와 변호인에게 교부하여야 한다고 규정하고 있다(제26조 제2항).

5) 선정기일의 참여자 법원은 검사, 피고인 또는 변호인에게 선정기일을 통지하여야 한다(제27조 제1항). 그런데 선정기일의 출석과 관련하여 검사와 변호인은 선정기일에 출석할 의무를 부담하지만, 피고인은 법원의 허가를 얻어 선정기일에 출석할 수 있도록 하고 있다(제27조 제2항). 이는 피고인이 선정기일에 출석하여 배심원후보자를 대면하는 경우에 배심원후보자가 느낄 수 있는 심리적 부담을 최소화하고, 배심원후보자의 개인정보나 사생활이 피고인에게 노출되는 경우 위협, 매수, 보복 등의 위험을 예방하기 위함이다. 한편 선정기일에 피고인의 변호인이 출석하지 않았다는 이유로 선정기일을 진행할 수 없게 되어 배심원후보자를 다시 법원에 출석하도록 한다면 배심원후보자의 불편이 너무 커지게 되므로 피고인의 변호인이 선정기일에 불출석한 경우에 국선변호인을 선정하여 선정기일을 진행할 수 있도록 하였다(제27조 제3항).

6) 배심원후보자에 대한 질문과 기피신청

(가) 배심원후보자에 대한 질문 이는 판사, 검사, 변호인이 선정기일에 출석한 배심원후보자에게 사건에 관하여 공정하게 평결할 자격을 갖추고 있는지를 확인하기 위하여 질문하고 답변하는 절차인데, 법원은 공정한 배심원단을 구성하기 위한 자료를 얻을 수 있고, 한편으로 검사와 피고인, 변호인은 불공평한 판단을 할 우려가 있는 배심원후보자를 기피신청하거나 자신에게 불리하다고 생각되는 배심원후보자에 대하여 무이유부 기피신청을 할 수 있다. 법원은 배심원후보자가 참여법률 제17조부터 제20조까지의 사유에 해당하는지 여부 또는 불공평한 판단을 할 우려가 있는지 여부 등을 판단하기 위하여 배심원후보자에게 질문을 할 수 있으며(제28조 제1항 전문), 검사, 피고인 또는 변호인도 법원으로 하여금 필요한 질문을 하도록 요청할 수 있고, 법원은 검사 또는 변호인으로 하여금 직접 질문하게 할 수 있다(제28조 제1항 후문). 이 경우 배심원 후보자는 정당한 이유 없이 진술을 거부하거나 허위진술을 하여서는 아니 된다(제28조 제2항).

(나) 배심원후보자에 대한 기피신청(이유부기피신청) 법원은 배심원 후보자에 대한 질문 결과 배심원후보자가 참여법률 제17조부터 제20조(제17조는 결격사유, 제18조는 직업 등에 따른 제외사유, 제19조는 제척사유, 제20조는 면제사유)까지의 사유에 해당하거나 불공평한 판단을 할 우려가 있다고 인정하는 경우에는 직권 또는 당사자의 신청에 따라 당해 배심원후보자에 대하여 불선정결정을 하여야 한다(제28조 제3항). 이와 같이 배심원의 불공평한 판단 우려 등 특정한 이유에 기초하여 배심원후

보자에 대하여 하는 기피신청을 통상 "이유부기피신청(challenge for cause)"라고 하는데, 검사와 변호인이 특정 배심원후보자에 대하여 그가 당해 사건의 배심원으로 부적격자라는 이유를 들어 기피신청을 하면 법원은 기피사유의 존부를 판단하여 불선정 여부를 결정하게 된다. 따라서 검사와 변호인은 이유부기피신청을 하기 위해서는 부적격 사유를 밝히고 이를 소명하여야 한다. 이때 불선정결정을 할 수 있는 수에는 아무런 제한이 없다. 여기서 검사, 피고인 또는 변호인은 법원의 기피신청 기각결정에 대하여 제29조에 따라 이의신청을 할 수 있으므로, 법원은 기피신청을 기각하는 경우에는 그 이유를 고지하도록 하였다(제28조 제3항). 이때 기피신청 기각결정을 한 법원이 위 이의신청에 대하여 결정을 하게 된다(제29조 제2항). 다만 기피신청에 대하여 신속하게 처리할 필요가 있고 이의가 받아들여지지 않더라도 당사자는 그 배심원후보자에 대하여 무이유부 기피신청을 할 수 있는 점을 고려하여, 당사자는 이의신청에 대한 법원의 결정에 대하여 불복할 수 없도록 하였다(제29조 제3항).

(다) 무이유부 기피신청 불편부당한 배심원을 선정하기 위하여 이유를 제시하지 아니하는 기피신청인 무이유부 기피신청(peremptory challenge. 특정 배심원후보자의 불공정우려를 입증할 필요가 없음. 다민족 국가의 경우 인종적 편견을 보유할 가능성이 있는 배심원후보자를 제외하기 위해 많이 사용되는 것으로 알려져 있음)이 필요하지만, 그 허용횟수와 관련하여 너무 줄이면 무이유부기피신청권을 부여한 의미가 무색해지고 허용횟수를 너무 늘리면 선정기일에 출석하여야 할 배심원후보자 수가 지나치게 많아져 배심원선정과 관련한 운영상의 어려움이 예상되기 때문에 검사와 변호인은 각각 배심원후보자수의 과반수에 해당하는 횟수만큼 무이유부 기피신청을 인정하기로 하여, 검사와 변호인은 배심원이 9인인 경우는 각자 5인, 배심원이 7인인 경우는 각자 4인, 배심원이 5인인 경우는 각자 3인의 배심원후보자에 대하여 무이유부 기피신청을 할 수 있도록 하였다(제30조 제1항). 검사나 변호인의 무이유부 기피신청이 있는 때에는 법원은 당해 배심원후보자를 배심원으로 선정할 수 없다(제30조 제2항). 한편 무이유부 기피신청의 행사 순서에 관하여는 법원이 검사, 피고인 또는 변호인이 순서를 바꾸어가며 무이유부 기피신청을 할 수 있도록 하여 절차의 공정을 기하였다(제30조 제3항). 미국에서는 인종적 편견을 가진 배심원을 배제하는 기능을 담당하였고, 오늘날에 있어서는 이 제도에 대한 찬반 의견이 있으나 여전히 편견없는 배심원 확보를 위한 제도적 장치로 받아들여지고 있다.

7) 선정결정과 불선정결정 일반적으로 배심원의 선정과 기피신청에 관한 방

식으로는 출석한 배심원후보자 전체에 대하여 기피를 하고 나서 남은 배심원후보자가 배심원이 되는 일괄기피방식(struck jury)과 출석한 후보자 중에서 필요한 수만큼의 배심원후보자를 무작위로 추첨하여 배심원석(jury box)에 착석하게 하고 이들에 대하여 기피를 한 후 기피된 수만큼의 배심원후보자를 다시 추첨하여 배심원석에 착석하게 하고 기피를 반복하여 양 당사자가 더 이상 기피할 수 없을 때 남아 있는 배심원후보자가 최종적으로 배심원이 되는 순차기피방식(jury box system) 두 가지가 사용된다. 배심원후보자에 대한 선정기일을 진행하는 주된 목적은 부적격자를 제외하는 데 있다는 점을 고려하여 국민참여재판에서는 순차기피방식으로 결정하도록 하고 있다. 따라서 법원은 출석한 배심원후보자 중에서 당해 재판에서 필요한 배심원과 예비배심원의 수에 해당하는 배심원후보자를 무작위로 뽑고 이들을 대상으로 직권, 기피신청 또는 무이유부 기피신청에 따른 불선정결정을 한다(제31조 제1항). 불선정결정이 있는 경우에는 그 수만큼 선정절차를 반복한다(제31조 제2항). 배심원의 선정 및 불선정의 절차를 거쳐 필요한 수의 배심원과 예비배심원 후보자가 확정되면 법원은 무작위의 방법으로 배심원과 예비배심원을 선정한다. 예비배심원이 2인 이상인 경우에는 그 순번을 정하여야 하는데(제31조 제3항), 이는 복수의 예비배심원사이에 순번을 정해 두지 않으면 배심원의 결원시 누가 배심원이 되어야 하는가를 다시 결정해야 하는 불편이 예상되기 때문에 이를 방지하기 위함이다. 한편 법원은 배심원과 예비배심원에게 누가 배심원으로 선정되었는지 여부를 알리지 아니할 수 있다(제31조 제4항). 그 이유는 자신이 예비배심원으로 선정되었다는 사실을 미리 알게 되면 공판기일에 성실하게 출석하지 아니하거나 공판기일의 증거조사에 집중하지 않는 등 자칫 직무수행에 소홀하게 될 우려가 있기 때문에 변론에 집중하기 위함이다. 여기서 누가 배심원으로 선정되었는지를 알리지 않은 경우 변론이 종결된 후 평의가 시작되기 직전에 알리게 될 것으로 보인다.

(2) 배심원의 해임 등

1) 배심원의 해임 배심원이나 예비배심원이 계속 직무를 수행하는 것이 부적절한 사유가 발생하였는데도 계속 재판에 참여하도록 허용하게 되면 결국 국민참여재판의 공정성을 확보할 수 없고 국민참여재판에 대한 신뢰성도 유지할 수 없게 된다. 따라서 법원은 (i) 배심원 또는 예비배심원이 제42조 제1항의 선서를 하지 아니한 때(제1호), (ii) 배심원 또는 예비배심원이 제41조 제2항 각 호의 의무를 위반하

여 그 직무를 담당하게 하는 것이 적당하지 아니하다고 인정되는 때(제2호), (iii) 배심원 또는 예비배심원이 출석의무에 위반하고 계속하여 그 직무를 행하는 것이 적당하지 아니한 때(제3호), (iv) 배심원 또는 예비배심원에게 제17조부터 제20조까지의 사유에 해당하는 사실이 있거나 불공평한 판단을 할 우려가 있는 때(제4호), (v) 배심원 또는 예비배심원이 질문표에 거짓 기재를 하거나 선정절차에서의 질문에 대하여 정당한 사유 없이 진술을 거부하거나 거짓의 진술을 한 것이 밝혀지고 계속하여 그 직무를 행하는 것이 적당하지 아니한 때(제5호), (vi) 배심원 또는 예비배심원이 법정에서 재판장이 명한 사항을 따르지 아니하거나 폭언 또는 그 밖의 부당한 언행을 하는 등 공판절차의 진행을 방해한 때(제6호)의 어느 하나에 해당하는 때에는 직권 또는 검사 · 피고인 · 변호인의 신청에 따라 배심원 또는 예비배심원을 해임하는 결정을 할 수 있다(제32조 제1항). 법원은 해임결정을 함에 있어서는 검사 · 피고인 또는 변호인의 의견을 묻고 출석한 당해 배심원 또는 예비배심원에게 진술기회를 부여하여야 한다(제32조 제2항). 한편 법원의 해임결정에 대하여는 절차의 부당한 지연을 방지하기 위하여 불복할 수 없도록 하였다(제32조 제3항).

2) 배심원의 사임　배심원이나 예비배심원은 성실하게 직무를 수행할 의무가 있으나(제12조 제2항), 직무 수행을 계속하는 것을 기대하기 어려운 사정이 발생한 경우에는 직무수행 부담을 면하게 해 주어야 한다. 따라서 참여법률은 배심원과 예비배심원이 직무를 계속 수행하기 어려운 사정(예: 중병, 상해 또는 직무를 계속 수행할 경우에 회복할 수 없는 손해를 입게 될 우려가 있는 경우 등)이 있는 때에는 법원에 사임을 신청할 수 있도록 하였다(제33조 제1항). 사임신청을 한 경우 법원은 검사 · 피고인 또는 변호인의 의견을 들어 신청에 이유가 있다고 인정하는 때에는 당해 배심원 또는 예비배심원을 해임하는 결정을 할 수 있는데(제33조 제2항, 제3항), 위와 같은 해임결정에 대하여도 불복할 수 없다(제33조 제4항).

3) 배심원의 추가선정 등　배심원이 해임되거나 사임신청하여 해임결정이 내려지는 경우에는 예비배심원이 배심원이 되도록 하되, 배심원이 될 예비배심원이 남아 있지 않은 경우에는 배심원을 추가로 선정하도록 하였다(제34조 제1항). 그러나 배심원의 추가선정으로 인하여 재판이 불필요하게 지연되고 다른 배심원의 부담이 가중되는 등 심리의 진행정도에 비추어 배심원을 추가선정하여 재판에 관여하게 하는 것이 부적절하다고 판단되는 경우 법원은 남은 배심원만으로 계속하여 국민참여재판을 진행하는 결정을 할 수 있다(제34조 제2항 본문). 참여법률은 부족한 배심원

수를 기준으로 국민참여재판을 계속 진행하는 결정을 할 수 있는 요건을 달리 정하였는데, 즉 ① 1인의 배심원이 부족한 때에는 검사 · 피고인 또는 변호인의 의견을 들어야 하고, ② 2인 이상의 배심원이 부족한 때에는 검사 · 피고인 또는 변호인의 동의를 받아야 한다(제34조 제2항 제1호 및 제2호). 다만 남은 배심원의 수가 5인 미만이 되는 경우에는 검사 · 피고인 또는 변호인이 동의하더라도 남은 배심원만으로 계속하여 국민참여재판을 할 수 없다(제34조 제2항 단서).

4) 배심원 등의 임무의 종료 대상사건의 제1심이 종료한 때(종국재판을 고지한 때), 공소사실의 일부가 철회되거나 변경되어 대상사건에 해당되지 않게 되었는데 법원이 통상절차에 의하여 재판을 진행하기로 결정한 때(제6조 제1항 단서) 또는 국민참여재판을 계속 진행하는 것이 부적절하다고 인정되어 통상절차에 회부되는 때(제11조)에는 배심원과 예비배심원의 임무가 종료되도록 하였다(제35조).

Ⅳ. 국민참여재판의 공판절차

1. 공판준비절차

(1) 필요적 공판준비절차

공판준비절차는 효율적이고 집중적인 심리를 위하여 공판기일 전에 법원이 행하는 일련의 준비절차를 말한다. 개정 형사소송법은 사건의 심리방향을 설정하기 위하여 쟁점을 정리하고 검사 · 피고인 또는 변호인으로 하여금 주장 및 입증계획 등을 준비하게 하거나 이를 위해 공판준비기일을 열 수 있는 근거 규정인 제266조의5를 신설하였고, 이 조항을 비롯하여 공판준비절차에 관한 개정 형사소송법 제266조의6부터 제266조의15까지는 참여법률에 특칙을 두지 않는 이상 국민참여재판에도 그대로 적용된다. 다만 개정 형사소송법의 공판준비절차는 법원이 필요하다고 인정하는 경우에 거칠 수 있는 임의적 절차인 반면, 국민참여재판에서는 우리나라에 조기 정착을 위해 일반 형사재판보다 집중심리에 더욱 충실하여 재판이 신속하게 종결되도록 함으로써 배심원과 예비배심원의 출석 부담을 줄여야 한다는 점과 공정한 평결에 이르도록 하기 위해서는 법률전문가가 아닌 배심원과 예비배심원으로 하여금 증거능력이 없는 증거에 노출되는 것 자체를 막아야 하는데 공판준비절차를 통하여 이를 막을 수 있다는 점 등이 인정되어 필수적 절차로 규정하였다(참여법률 제36조 제1항 본문).

그런데 참여법률 제36조 제1항 본문은 국민참여재판이 진행되는 것을 전제로 하는 것이므로 (i) 피고인이 국민참여재판을 원하는 의사를 표시하였으나 공판준비절차에 부치기 전에 법원이 참여법률 제9조 제1항에 의하여 국민참여재판을 하지 아니하기로 하는 배제결정을 한 경우, (ii) 공판준비절차에 부친 이후 피고인이 국민참여재판을 원하지 아니하는 의사를 표시한 경우, 또는 (iii) 공판준비절차에 부친 이후 법원이 참여법률 제9조 제1항의 배제결정을 한 경우에는 일반 형사재판이 진행되게 되어 더 이상 공판준비절차가 필수적이지 않으므로 법원은 그 재량적 판단결정을 한 공판준비절차를 종결할 수 있다(참여법률 제36조 제1항 단서 및 제2항).

한편 참여법률 제10조 제1항에서는 피고인이 국민참여재판을 원하는 의사를 표시하였고 지방법원 지원 합의부가 참여법률 제9조 제1항의 배제결정을 하지 아니한 경우에는 사건을 지방법원 본원 합의부로 이송하도록 규정하였는데, 지방법원 본원 합의부는 이송받은 사건에 대하여 이미 지방법원 지원 합의부가 공판준비절차를 진행하였다 하더라도 국민참여재판이 전제된 경우에는 배심원의 수에 대한 검사·피고인 또는 변호인의 의견을 듣는 등 일반 형사재판의 준비절차에서 정리되지 아니한 사항과 관련한 준비절차의 진행 필요성이 제기될 수 있기 때문에 필요한 때에는 다시 공판준비절차에 부칠 수 있도록 하였다(참여법률 제36조 제3항). 이러한 공판준비절차가 제대로 이행되기 위해서는 검사·피고인 또는 변호인의 협력이 절대적으로 필요하다고 할 것인데, 참여법률 제36조 제4항에서는 개정 형소법 제266조의5 제3항과 마찬가지로 검사·피고인 또는 변호인에게 증거를 미리 수집·정리하는 등 공판준비절차가 원활하게 진행되도록 협력할 의무를 부과하였다.

(2) 공판준비기일

1) 공판준비기일의 지정 국민참여재판이 진행되는 경우 법원은 주장과 증거를 정리하고 심리계획을 수립하기 위하여 공판준비기일을 지정하여야 한다(제37조). 이는 일반 형사재판의 경우 법원이 검사, 피고인 또는 변호인의 신청에 의하여 공판준비기일을 지정할 수 있도록 규정(제266조의7 제1항, 제2항)한 것과는 구별되는 것이다. 공판준비기일의 진행과 관련하여 합의부 전체가 공판기일을 진행할 수 있음은 당연하다고 할 것이나 실무상 편의 및 효율성을 고려하여 합의부원을 수명법관으로 지정하여 공판준비기일을 진행할 수 있도록 하였고, 이 경우에 수명법관은 공판준비기일에 관하여 법원 또는 재판장과 동일한 권한을 갖도록 하였다(제37조 제2항).

2) 공개주의　공판준비기일은 원칙적으로 공개되어야 한다. 다만, 법원은 공개함으로써 절차의 진행이 방해될 우려가 있는 때에는 공판준비기일을 공개하지 아니할 수도 있다(제37조 제3항). 절차의 진행이 방해될 우려가 있는지의 여부는 개별적 재판 진행상황에 따라 담당 재판부가 재량으로 판단할 문제이다.

3) 배심원의 참여배제　공판준비기일에는 배심원이 참여하지 아니한다고 규정하고 있다(제37조 제4항). 이는 공판기일 사이에도 공판준비기일이 진행되는 경우를 염두에 두고, 국민참여재판이 조기에 정착되고 배심원과 예비배심원의 출석부담을 줄이기 위함이다. 여기서 예비배심원의 참여여부에 대하여 아무런 규정이 없지만, 예비배심원도 당연히 참여하지 아니한다고 보아야 할 것이다.

2. 공판절차

(1) 공판기일의 통지

일반 형사재판의 경우 공판기일에 피고인, 대표자 또는 대리인을 소환하고, 공판기일은 검사, 변호인과 보조인에게 통지하도록 규정하고 있다(형소법 제267조 제2항, 제3항). 국민참여재판에서는 배심원과 예비배심원의 출석을 개정요건으로 요구하면서(제39조 제1항) 배심원와 예비배심원에게 공판기일을 반드시 통지하도록 하였다(제38조).

한편 국민참여재판의 경우에도 공판이 진행되는 도중 증인의 질병으로 인하여 병원 등 공판정 외에서 증인신문이 이루어지거나 현장검증이 이루어지는 등 법정외 증거조사가 행하여질 수가 있다. 참여법률에는 법정외 증거조사에 관하여 별다른 규정을 두고 있지 않지만, 배심원이나 예비배심원이 출석하지 않을 수 있다면 증인신문조서나 검증조서 등 서류에 의존하여 판단할 수밖에 없어 공판중심주의에 반하게 되고 충분히 임무를 수행하는 데 지장을 초래할 수 있다. 따라서 참여규칙은 배심원과 예비배심원은 공판정 외에서 검증, 증인신문 등 증거조사가 이루어지는 경우에도 출석의무를 부여하고, 법원은 배심원과 예비배심원에게 공판정 외 증거조사기일의 일시와 장소를 통지하여야 한다고 규정하고 있다(참여규칙 제36조).

(2) 공판정의 구성

1) 소송관계인의 출석　국민참여재판의 공판정은 판사 · 배심원 · 예비배심원 · 검사 · 변호인이 출석하여 개정한다(제39조 제1항). 그런데 개정 형사소송법에서

는 법원사무관 등의 출석을 개정요건으로 규정하고 있어서(제275조 제2항) 국민참여재판의 경우 법원사무관 등의 출석 없이도 개정할 수 있는가하는 의문이 있지만, 달리 취급할 이유가 없다고 본다.

2) 소송관계인의 좌석 검사와 피고인 및 변호인은 대등하게 마주 보고 위치하고, 다만, 피고인신문을 하는 때에는 피고인은 증인석에 위치한다고 규정하고 있다(제39조 제2항). 이는 피고인 좌석이 재판장의 정면에 위치하면 검사와 피고인이 대등하다는 형사소송법의 대원칙에 반할 뿐만 아니라, 변호인으로부터 실질적 조력을 받기 어렵다는 문제점을 시정하여 피고인 좌석이 과거 변호인석으로 이동하게 되었다. 다만 피고인신문이 이루어지는 동안에도 피고인이 피고인석에 그대로 위치하게 되면 배심원과 예비배심원이 피고인의 답변태도나 내용을 명확하게 확인하기 어렵다는 지적이 있어 피고인신문이 이루어지는 동안에는 피고인이 피고인석이 아닌 증인석에 위치하도록 규정하고 있다.

국민참여재판의 배심원과 예비배심원의 좌석위치에 대해서는 재판장과 검사·피고인 및 변호인의 사이 왼쪽에 위치한다(제39조 제3항). 한편 국민참여재판의 증인석은 일반 형사재판 증인석이 법대의 정면에 위치하는 것과는 달리(형소법 제275조 제3항) 배심원과 예비배심원이 증인의 증언태도 및 답변 등을 정확하게 알 수 있도록 하여야 한다는 점을 고려하여 재판장과 검사·피고인 및 변호인의 사이 오른쪽에 배심원과 예비배심원을 마주 보고 위치하도록 하였다(제39조 제4항).

(3) 공판정에서의 속기·녹취

개정 형사소송법은 공판정에서의 속기·녹음 이외에 영상녹화를 추가하면서 검사나 피고인 또는 변호인의 신청이 있는 때에는 특별한 사정이 없는 한 공판정에서의 심리의 전부 또는 일부를 속기사로 하여금 속기하게 하거나 녹음장치 또는 영상녹화장치를 사용하여 녹음 또는 영상녹화하도록 규정하였다(제56조의2 제1항).[14] 그런데 국민참여재판의 경우 법원은 특별한 사정이 없는 한 공판정에서의 심리를 속기사로 하여금 속기하게 하거나, 녹음장치 또는 영상녹화장치를 사용하여 녹음 또는 영상녹화하여야 한다(제40조 제1항). 한편 법원은 속기록·녹음테이프 또는 비

14) 검사가 사전에 공판정에서의 녹음을 신청한 사실이 없고, 법원이 직권으로 녹음을 명한 바도 없으나 조서 작성의 편의를 위한 녹음이 이루어진 사안에서, 형사소송법 제56조의2 제1항에 근거하여 이루어진 공판정에서의 심리에 관한 녹음이 있다고 할 수 없으므로 검사는 녹음물의 사본을 청구할 수 없다(대결 2012.4.20, 2012모459).

디오테이프는 공판조서와는 별도로 보관하여야 하고, 검사 · 피고인 또는 변호인은 비용을 부담하고 속기록 · 녹음테이프 또는 비디오테이프의 사본을 청구할 수 있다(제40조 제2항).

(4) 배심원의 절차상 권리와 의무

배심원은 국민참여재판을 하는 사건에 관하여 사실의 인정, 법령의 적용 및 형의 양정에 관한 의견을 제시할 권한이 있다(제12조 제1항). 따라서 배심원은 법령을 준수하고 독립하여 성실히 직무를 수행하여야 하며(제12조 제2항), 직무상 알게 된 비밀을 누설하거나 재판의 공정을 해하는 행위를 하여서는 아니 된다(제12조 제3항). 결국 배심원의 본질적 권한은 공판에 참석하여 심리를 듣고, 유무죄에 관하여 평결하고, 유죄일 경우 양형에 관하여 의견을 개진함에 있기 때문에 이를 위해 절차적으로 아래와 같은 권리를 가진다.[15] 그리고 한편으로 배심원의 기본적 의무로서 정해진 기일에 출석하고 법령을 준수하며 공정하고 객관적으로 판단할 의무를 가지게 된다.

1) 배심원의 절차상 권리

(가) 신문요청권 배심원의 신문요청권에 대하여 재판의 원활한 진행을 방해한다는 점을 근거로 하여 반대하는 입장과 배심원이 능동적인 지위를 갖게 되어 재판에 더 집중한다는 점을 근거로 긍정하는 입장이 있었는데, 참여법률은 배심원과 예비배심원은 피고인 · 증인에 대하여 필요한 사항을 신문하여 줄 것을 재판장에게 요청하는 행위를 할 수 있다고 규정하여(제41조 제1항 제1호) 배심원은 재판장을 통하여 피고인이나 증인에게 신문할 권한을 가짐을 명시적으로 인정하고 있다. 이렇게 규정한 이유는 검사와 변호인, 법원이 피고인이나 증인에게 질문한 것 이외에 배심원이 새로 질문하여야 할 필요성이 많지 않고 이로 인하여 편견의 암시 등의 문제가 발생할 수 있으므로 간접적으로 질문하도록 한 것이다(미국도 그러함).[16]

다만 참여규칙에서 신문요청은 피고인 또는 증인에 대한 '신문이 종료된 직후 서면'에 의하여야 한다고 규정하고 있다(참여규칙 제33조 제1항). 여기서 배심원의 신

15) 기록열람에 관해서는 규정을 두고 있지 않은데, 직접주의를 실현하기 위해서는 기록열람권이 없는 것이 바람직하다는 입장으로는 노명선/이완규, 80면.

16) 그 외에도 신문요청을 통하여 배심원이 재판에 더 집중할 수 있고, 검사 · 피고인 또는 변호인도 배심원이 중점을 두고 있는 부분을 확인하여 효과적인 변론을 할 수 있다는 것을 이유로 한다(이재상, 493면).

문요청권이 불필요하거나 부적절한 질문으로 심리가 지연되고 다른 배심원들의 편견을 야기할 우려가 있기 때문에 참여규칙에서 재판장은 공판의 원활한 진행을 위하여 필요한 때에는 배심원 또는 예비배심원에 의하여 요청된 신문 사항을 수정하여 신문하거나 신문하지 아니할 수 있다고 규정하고 있다(참여규칙 제33조 제2항).

(나) 필기권 배심원에 필기를 허용할 것인가에 대하여 필기를 하다가 오히려 중요한 진술을 놓칠 수 있고, 증인의 태도에 보다 덜 집중하게 되며 만약 필기가 부정확하다면 평의를 잘못된 방향으로 이끌 수 있다는 점을 들어 필기를 반대하는 입장과 심리중 배심원들의 집중도 증가, 배심원들의 기억력 향상, 평의도중 법원에 증인의 증언내용을 재확인해 줄 것을 요청하는 횟수 감소 등을 근거로 찬성하는 입장이 있었다. 이에 참여법률은 배심원과 예비배심원은 필요하다고 인정되는 경우 재판장의 허가를 받아 각자 필기를 하여 이를 평의에 사용하는 행위를 할 수 있다고 규정하여(제41조 제1항 제2호) 적어도 재판중 배심원과 예비배심원의 필기가 전면적으로 금지되는 것은 아니라는 점은 분명하게 하였다. 결국 필기를 통하여 배심원의 심리에 대한 집중도와 기억력이 향상되고, 배심원의 의욕과 만족감이 향상된다는 점을 고려하여 재판장의 허가를 얻을 것을 조건으로 필기를 허용한 것이라고 하겠다. 그러나 배심원이 필기를 하다가 중요한 진술을 놓치거나 증인의 태도에 덜 집중할 수 있고, 부정확하거나 증거능력 없는 부분에 대한 필기는 평의를 잘못된 방향으로 이끌 수도 있다. 따라서 재판장은 공판 진행에 지장을 초래하는 등 필요하다고 인정되는 경우에는 허용한 필기를 언제든지 다시 금지할 수 있고(참여규칙 제34조 제1항), 필기를 하여 평의에 사용하도록 허용한 경우에는 배심원과 예비배심원에게 평의 도중을 제외한 어떤 경우에도 자신의 필기내용을 다른 사람이 알 수 없도록 할 것을 주지시켜야 한다(참여규칙 제34조 제2항).

2) 배심원의 절차상의 의무 배심원과 예비배심원은 당해 국민참여재판이 원활하게 진행되도록 협력하고 평결의 공정성과 공평성을 해치는 행동을 하지 않아야 할 의무를 부담한다. 참여법률도 이를 구체화하여 배심원과 예비배심원이 (i) 심리 도중에 법정을 떠나거나 평의 · 평결 또는 토의가 완결되기 전에 재판장의 허락 없이 평의 · 평결 또는 토의 장소를 떠나는 행위(제1호. 배심원의 좌석이탈), (ii) 평의가 시작되기 전에 당해 사건에 관한 자신의 견해를 밝히거나 의논하는 행위(제2호. 평의전 의견표명), (iii) 재판절차 외에서 당해 사건에 관한 정보를 수집하거나 조사하는 행위(제3호. 법정외 정보수집), (iv) 참여법률에서 정한 평의 · 평결 또는 토의에 관한

비밀을 누설하는 행위(제4호. 평의에 대한 비밀누설 등)를 하여서는 안 된다고 규정하고 있다(제41조 제2항). 배심원과 예비배심원이 이와 같은 절차상 의무를 위반한 경우에는 해임될 수 있을 뿐 아니라(제32조 제1항 제2호 참조), 나아가 형사처벌을 받게 될 수도 있다(제58조 제1항 참조).

3) 배심원의 선서 등

(가) 선 서 국민참여재판에서는 비록 배심원과 예비배심원의 평결이 권고적 효력만을 가지는 것이나, 사법기능의 일부를 담당하게 되므로 배심원과 예비배심원으로 하여금 법률에 따라 공정하게 그 직무를 수행할 것을 다짐하는 취지의 선서를 하도록 규정하였다(제42조 제1항). 만약 선서를 거부한 경우에는 해임사유에 해당할 뿐만 아니라(제32조 제1항 제1호), 200만원 이하의 과태료를 부과받을 수도 있다(제60조 제1항 제2호).

(나) 재판장의 모두설명 재판장은 배심원과 예비배심원에 대하여 배심원과 예비배심원의 권한 · 의무 · 재판절차, 그 밖에 직무수행을 원활히 하는 데 필요한 사항을 설명하여야 한다(제42조 제2항). 이러한 설명은 변론종결 후 평의에 도움을 주기 위하여 행하여지는 참여법률 제46조 제1항에 규정된 재판장 설명(이른바 '설시'라고 함)과는 구별되는 것으로, 재판절차에 익숙하지 아니한 배심원과 예비배심원을 배려하는 차원의 설명이므로 되도록 상세한 설명을 하여 배심원이 자신의 임무를 충실히 수행할 수 있도록 배려하여야 한다.

(다) 선서와 모두설명의 순서 일반 형사재판은 사건호명 → 소송관계인의 출석확인 → 진술거부권의 고지 → 피고인에 대한 인정신문 → 검사의 모두진술 → 피고인의 모두진술 등의 순서로 진행되는데, 과연 국민참여재판의 경우 어느 단계에 배심원의 선서와 재판장의 모두설명을 위치하도록 할 것인가에 대하여 참여법률에는 규정이 없다. 진술거부권의 고지는 본격적인 재판의 시작으로 볼 수 있고 재판장의 모두설명을 통해 재판절차 전반을 어느 정도 이해하도록 한 후 본격적인 재판절차가 진행되는 것이 바람직하므로 참여규칙에서 재판장은 피고인에게 진술거부권을 고지하기 전에 배심원과 예비배심원으로 하여금 법 제42조 제1항에 따른 선서를 하도록 하고, 법 제42조 제2항에 따른 설명을 하도록 규정하고 있다(참여규칙 제35조).

(5) 공판절차에서의 특칙

1) 간이공판절차 규정의 배제 형사소송법은 피고인이 공판정에서 공소사실

에 대하여 자백한 때에는 간이공판절차에 의하여 심판할 수 있도록 규정하고 있다(제286조의2). 그러나 국민참여재판의 경우 간이공판절차로 진행하는 경우 배심원과 예비배심원이 증거를 제대로 파악하기 어렵게 되므로 피고인의 자백에도 불구하고 간이공판절차에 의한 심판을 할 수 없도록 하였다(제43조).

2) 배심원의 증거능력 판단배제 배심원과 예비배심원은 증거능력이 인정된 증거에 의하여 유무죄에 대한 판단을 하고, 증거능력이 인정되지 않은 증거는 당연히 전혀 고려되어서는 안 된다. 그런데 법률전문가인 법관과는 달리 일반인인 배심원과 예비배심원의 경우 증거능력에 관한 심리에 관여하는 경우 증거능력이 인정되지 않는 증거의 영향을 완전하게 배제할 수 없게 된다. 이에 따라 국민참여재판에서는 배심원 또는 예비배심원은 법원의 증거능력에 관한 심리에 관여할 수 없도록 하였다(제44조).

3) 공판절차의 갱신 배심원 또는 예비배심원으로 선정되어 공판에 관여한 사람이 사임하거나 해임되는 경우 나머지 배심원을 모두 해임한 뒤에 일반형사재판절차로 진행하는 것이 아니라, 참여법률은 배심원을 추가선정하는 방법으로 국민참여재판을 계속할 수 있고, 심리의 진행정도에 비추어 추가선정이 부적절하다고 판단하는 경우에는 일정한 요건하에 배심원을 추가선정하지 않더라도 국민참여재판을 계속할 수 있도록 하고 있다(제34조). 여기서 배심원 또는 예비배심원이 추가 선정되어 재판에 새로 참여하게 되는 경우 공판절차를 갱신할 것인가에 대하여 법관의 경질과 동일시할 수 없다는 점을 근거로 갱신을 부정할 수도 있지만, 참여법률은 공판절차가 개시된 후 새로 재판에 참여하는 배심원 또는 예비배심원이 있는 때에는 공판절차를 갱신하여야 한다고 규정함으로써(제45조 제1항) 입법적으로 해결하였다.

한편 공판절차의 갱신방법과 관련하여 국민참여재판의 경우 이미 진행된 절차를 무시하고 다시 절차를 진행하는 원칙적인 갱신절차가 이루어지는 경우 자칫 재판이 지나치게 지연되고 다른 배심원과 예비배심원에게 불필요한 부담을 줄 우려가 있고, 그렇다고 형식적으로 공판절차의 갱신이 이루어진다면 새로 재판에 참여하는 배심원 또는 예비원으로서는 사건의 쟁점과 증거의 내용을 제대로 알 수 없어 그 임무를 충실하게 수행할 수 없게 된다. 이러한 문제점을 인식하여 참여법률은 규정을 두어 새로 참여한 배심원 또는 예비배심원이 쟁점 및 조사한 증거를 이해할 수 있도록 하되, 그 부담이 과중하지 아니하도록 하여야 한다고 규정하였다(제45조 제2항).

Ⅴ. 판결절차

1. (변론종결 후) 재판장의 설명(=법관의 설시)

국민참여재판에 있어서 재판장의 설명은 법률문외한인 배심원들만의 평결이 올바르게 이루어질 수 있도록 지도하고 조력하는 기능을 담당하게 되는데, 참여법률에서 재판장은 변론이 종결된 후 법정에서 배심원에게 공소사실의 요지와 적용법조, 피고인과 변호인 주장의 요지, 증거능력, 그 밖에 유의할 사항에 관하여 설명하여야 한다고 규정하고 있다. 이를 '설시(instruction)'라고 한다. 그리고 이 경우 필요한 때(예: 사건의 내용이 복잡한 경우 등)에는 증거의 요지에 관하여 설명할 수 있다고 규정하고 있다(제46조 제1항). 문제는 재판장의 설명에 대하여 검사나 피고인 또는 변호인이 사전에 의견을 표명할 수 있는 기회를 줄 것인가 하는 것인데, 참여규칙에서 검사 · 피고인 또는 변호인은 재판장에게 당해 사건과 관련하여 설명이 필요한 법률적 사항을 특정하여 설명에 포함하여 줄 것을 서면으로 요청할 수 있다고 규정을 두고 있다(참여규칙 제37조 제2항).

2. 배심원의 평의 · 평결 등

(1) 평의 및 평결 등의 방식

'평의'는 법정공방이 끝난 후 배심원들이 모두 모여서 피고인의 유무죄에 관한 논의를 진행하는 것을 말하는데, 보통 평의실이라는 독립된 공간에서 비공개로 이루어지며 오로지 배심원만이 참여할 수 있다. 배심원은 평의를 진행하기에 앞서 호선으로 배심원 대표를 선출하되, 호선되지 않는 경우에는 재판장이 배심원 대표를 지정한다(참여규칙 40조 제1항).

한편 '평결'은 평의를 통하여 확정된 배심원의 최종 판단결과를 의미한다. 배심원의 평의와 평결은 국민참여재판에서 핵심적인 부분이라고 할 수 있는데, 그 구체적인 방식은 재판장의 설명을 들은 후 배심원은 원칙적으로 법관의 관여 없이 유 · 무죄에 관하여 평의를 진행하고, 전원의 의견이 일치하면 그에 따라 평결을 하게 되는데(제46조 제2항 본문), 이는 배심제적 방식에 해당하게 된다. 다만 순수한 배심제에 수정을 가하여 '법관의 관여가능성'을 두었는데, 즉 배심원 과반수의 요청이 있으면 심리에 관여한 판사의 의견을 들을 수 있도록 하였다(제46조 제2항 단서).

그런데 여기서 만약 배심원이 만장일치의 평결에 이르지 못한 경우에는 어떻게 할 것인가에 대하여, 참여법률은 단순 다수결의 방법으로 평결을 할 수 있도록 허용하면서도 반드시 평결 전에 심리에 관여한 판사의 의견을 듣도록 하였다(제46조 제3항). 결국 전원일치에 이르지 못할 경우 전원일치 요건을 완화하는 데에 그치지 않고 다수결 평결을 하기 전에 반드시 법관의 의견을 듣도록 규정하고 있는 것인데, 이는 적어도 전원일치에 이르지 못했다면 법관의 전문적 의견을 통하여 배심원이 자신의 의견을 교정할 수 있는 기회를 줄 필요가 있다는 고려에서 도입된 것이다.[17] 이때 평의에 법관의 참여를 인정한 것으로 참심제적 평의방식이라고 하겠으나, 판사가 평의에 참석하여 의견을 진술한 경우에도 평결에는 참여할 수 없도록 규정하여(제46조 제3항 후단) 참심제적 평결방식에 수정을 가하고 있다.

만장일치방법이든 다수결의 방법이든 배심원의 평결이 유죄인 경우 배심원은 심리에 관여한 판사와 함께 양형에 관하여 토의하고 그에 관한 의견을 개진하며, 재판장은 양형에 관한 토의 전에 처벌의 범위와 양형의 조건 등을 설명하여야 한다(제46조 제4항). 여기서 판사가 배심원과 함께 양형에 관한 토의를 한다는 점에서는 참심제적 성격을 띤다고 하겠으나, 배심원은 단지 개별적 의견만을 개진할 뿐 양형에 관한 표결이 진행된다거나 배심원의 양형에 관한 의견이 법원을 기속하지 않는다는 점에서(제46조 제5항) 참심제 또는 배심제와 구별된다.

그리고 검사, 피고인 등 소송기록 열람권을 가진 사람이 열람을 통하여 평의결과를 알 수 있도록, 판사의 의견 및 배심원의 평결결과와 의견을 집계한 서면은 소송기록에 편철하여 보관하게 된다(제46조 제6항).

문제되는 것은 배심원의 평결결과와 양형에 관한 의견을 피고인에게 어떠한 방법으로 알릴 것인가에 대하여 평의결과 등을 기재한 서면을 소송기록에 편철하는 것으로 충분하다는 견해와 원칙적으로 배심원 대표 등이 법정에서 낭독하도록 하여 이를 공개하는 것이 바람직하다는 견해가 있으나, 평결결과와 관련해서는 참여법률이 재판장으로 하여금 판결선고시 피고인에게 배심원의 평결결과를 고지하도록 규정한 점에 비추어(제48조 제4항) 이와 중복되는 배심원 대표 등의 평결결과 낭독은 따로 상정하지 않은 것으로 보이지만 금지하는 것은 아니므로 재판장이 재량으로

---

17) 한상훈, 사개추위의 국민의 형사재판 참여에 관한 법률 성안시 쟁점과 결론, 국민의 사법참여 연구회, 학술토론회 자료집 2권, 2007, 56-58면. 혹시라도 배심원들이 다수결로 평의를 쉽게 끝내려 하다가 오판할 수 있으므로 이를 사전에 방지하기 위해 고안된 조치라고 한다.

배심원 대표 등의 평결결과를 낭독하도록 할 수는 있을 것이다. 그리고 배심원의 양형의견은 참여법률에서 양형에 관한 의견을 집계한 서면을 소송기록에 편철하여 보관하도록 규정할 뿐 법원에 고지의무를 부과하고 있지는 않으므로 고지여부와 고지방법은 재판부의 재량에 달려 있다고 하겠다.18)

(2) 평의 및 평결의 효력(법원 불기속)

법관이 배심원의 평결에 기속되는 미국과 달리, 우리 국민참여재판에서는 배심원의 평결이 법원을 기속하지 않고 단지 권고적 효력만을 갖도록 하였다(제46조 제5항). 이는 배심원의 평결에 기속력을 인정하는 경우 헌법 제27조 제1항에서 규정하고 있는 피고인의 법관으로부터 재판을 받을 권리를 침해하는 것이고, 국민참여재판을 처음 시행하면서 바로 배심원의 평결에 기속력을 인정하게 되면 자칫 형사법 집행의 불평등과 법적 불안정성을 초래할 수도 있다는 것을 감안한 것으로 보인다.

(3) 평의 등의 비밀

비록 배심원의 평결이 권고적 효력만을 갖는다고 하더라도 평의 등의 과정에서 판사 또는 배심원의 개별적 의견이 제3자에게 알려지는 것은 평의의 비밀이라는 원칙에 정면으로 반하게 되고 평결에 대한 신뢰성을 떨어뜨리게 된다. 따라서 재판의 공정성과 신뢰를 확보하고 평의에 있어서 자유로운 의견표명을 보장하기 위하여 배심원에게 평의, 평결 및 토의과정에서 알게 된 판사 및 배심원 각자의 의견과 그 분포 등을 누설하여서는 아니 된다는 의무를 부과하였고(제47조), 이를 위반한 경우에는 형사처벌도 가능하도록 하였다(제58조 제1항).

3. 판결의 선고

(1) 판결선고기일

참여법률은 형사소송법과 마찬가지로 판결의 선고를 원칙적으로 변론을 종결한 기일에 하되, 특별한 사정이 있는 때에는 따로 선고기일을 지정할 수 있고(제48조 제1항), 이 경우 선고기일은 변론종결 후 14일 이내로 정하여야 한다(제48조 제3항). 변론을 종결한 기일에 판결을 선고하는 경우에는 판결서를 선고 후에 작성할 수 있다(제48조 제2항). 재판장은 판결선고 시 피고인에게 배심원의 평결결과를 고지하여

18) 법원행정처, 국민의 형사재판 참여에 관한 법률 해설. 2007, 92면.

야 하며, 배심원의 평결결과와 다른 판결을 선고하는 때에는 피고인에게 그 이유를 설명하여야 한다(제48조 제4항).

문제는 판결선고기일에 배심원이 반드시 출석하여야 하는지 배심원이 출석하지 않은 경우에도 판결선고가 가능한지에 대하여 배심원의 임무는 종국재판을 고지한 때 종료되나(제35조 제1호), 특히 변론종결 이후에 선고기일이 따로 지정되는 경우 배심원의 출석을 강제하는 것은 배심원에게 지나친 부담을 주는 결과를 초래할 수 있고 배심원의 불출석으로 인하여 판결선고를 하지 못한다면 재판이 지연될 우려도 있으므로 판결선고기일에 대하여는 배심원에게 출석의무를 부과하지 않고 그 당연한 결과로 배심원의 출석 없이도 판결을 선고할 수 있도록 함이 타당하다. 참여규칙도 법 제48조 제1항 단서에 따라 선고기일을 따로 지정한 경우에는 배심원의 출석 없이 개정할 수 있다고 규정하고 있다(참여규칙 제43조).

(2) 판결서의 기재

판결서에는 배심원이 재판에 참여하였다는 취지를 기재하여야 하고, 배심원의 의견을 기재할 수 있다고 규정하여(제49조 제1항), 판결서에 배심원의 의견기재를 임의적 사항으로 규정하고 있다. 그러나 배심원의 의견을 최대한 존중한다는 의미에서 배심원의 평결결과와 다른 판결을 선고하는 때에는 판결서에 그 이유를 기재하여야 한다(제49조 제2항).

4. 국민참여재판에 대한 상소의 인정여부

대부분의 입법례에서 유죄의 경우 피고인에게 상소권을 인정하고, 무죄의 경우 상소를 인정할 것인가는 피고인의 이익을 우선할 것인가 아니면 실체적 진실의 발견을 우선할 것인가에 따라 각 국가마다 다소 차이가 있는 실정이다. 우리의 국민참여법에 있어서는 다른 사건과의 형평성, 다른 공범과의 양형의 불균형을 시정할 방법이 없다는 점, 특히 평결에 구속력이 없는 제도하에서 상소를 제한할 이유가 없다는 점을 고려하고[19] 한편 상소에 관한 특칙이 없으므로 형사소송법에 따라 피고인의 항소는 물론 검사의 항소를 인정해야 할 것이다(제4조). 따라서 항소심은 현행대로 법관만으로 재판하며, 제1심의 사실판단은 물론 법률판단에 대하여도 심사할 수 있고, 제1심 재판에 하자가 있는 경우에는 원칙적으로 파기자판을 해야 할 것이다.

---

19) 노명선/이완규, 77면.

그러나 만일 항소심이 제1심판결의 사실인정 또는 양형의 부당함을 이유로 파기하고 이를 자판할 경우에는 시민이 결정한 것이기 때문에 정당하다는 민주주의 이념을 재판의 장에 도입하였다는 점에 의의를 둔다면 배심원이 관여한 판결을 직업법관만으로 구성된 항소심에서 파기하는 것은 재판의 정당성 문제가 생기며, 설사 환송한다고 하더라도 제1심법원은 다시 배심원을 참가시켜 동일절차를 반복할 수밖에 없는데 이는 많은 시간과 비용을 쏟아부어 시행하는 배심재판이 실제상 아무런 소용이 없다는 비난에 직면하게 된다. 따라서 이를 해결하기 위해서는 미국의 배심제처럼 항소를 제한하거나, 프랑스처럼 항소심에도 국민이 참여하는 제도를 도입하는 방안을 검토할 수 있다. 그러나 결국은 배심제와 참심제의 절충적 형태 때문에 발생하는 문제이므로 향후에는 보다 배심제로의 전환이 필요하다고 하겠다.

최근 대법원은 배심원이 증인신문 등 사실심리의 전 과정에 함께 참여한 후 증인이 한 진술의 신빙성 등 증거의 취사와 사실의 인정에 관하여 만장일치의 의견으로 내린 무죄의 평결이 재판부의 심증에 부합하여 그대로 채택된 경우라면, 이러한 절차를 거쳐 이루어진 증거의 취사 및 사실의 인정에 관한 제1심의 판단은 위에서 본 실질적 직접심리주의 및 공판중심주의의 취지와 정신에 비추어 항소심에서의 새로운 증거조사를 통해 그에 명백히 반대되는 충분하고도 납득할 만한 현저한 사정이 나타나지 않는 한 함부로 뒤집어서는 안 될 것이고 한층 더 존중될 필요가 있다고 판시한 바 있다.[20]

---

20) 대판 2010.3.25, 2009도14065. 한편 피고인이 살인의 범의와 같은 내심적 사실을 부인하고 있는 경우에는 사물의 성질상 범의와 상당한 관련성이 있는 간접사실을 증명하는 방법에 의하여 이를 입증할 수밖에 없고, 무엇이 상당한 관련성이 있는 간접사실에 해당할 것인가는 정상적인 경험칙에 바탕을 두고 치밀한 관찰력이나 분석력에 의하여 사실의 연결상태를 합리적으로 판단하는 방법에 의하여야 할 것이다(대법원 2004.6.25. 선고 2004도2716 판결, 대법원 1998.2.10. 선고 97도2919 판결 등 참조). 앞서 본 법리와 위 소송의 경과에 비추어 보면, 살인미수의 공소사실에 대한 제1심의 판단을 뒤집어 이를 유죄라고 인정한 원심의 판단에는, 실질적 직접심리주의와 공판중심주의의 원칙 아래에서 국민참여재판의 형식으로 이루어진 형사공판절차를 통해 제1심이 한 증거의 취사와 사실의 인정을 합리적 근거 없이 뒤집음으로써 공판중심주의와 실질적 직접심리주의의 원칙을 위반하고 그 결과 범죄사실의 인정은 합리적인 의심이 없는 정도의 증명에 이르러야 한다고 하는 증거재판주의에 관한 법리를 오해한 위법이 있으며, 이는 판결에 영향을 미쳤다고 할 것이다(대판 2011.3.24, 2010도4450).

Ⅵ. 기 타

1. 배심원 등의 보호를 위한 조치

(1) 불이익 취급의 금지

국민참여재판을 성공적으로 정착시키려면 국민들의 적극적인 참여가 필요하게 되는데, 그 전제로서 국민참여재판에 관여하는 국민들이 이로 인하여 제3자로부터 불이익을 당하지 않도록 보호할 필요가 있다. 특히 피용자로 국민참여재판에 관여하기 위해 결근한 것을 이유로 고용주로부터 해고 등의 불이익을 받지 않게 할 필요가 있다. 그래서 참여법률은 누구든지 배심원 · 예비배심원 또는 배심원후보자인 사실을 이유로 해고하거나 그 밖의 불이익한 처우를 하여서는 아니 된다고 규정하고 있다(제50조). 다만 이를 위반한 경우의 제재에 대하여 현재 아무런 규정을 두고 있지 않다.

(2) 배심원 등에 대한 접촉의 규제

직업법관에 비해 외부의 압력이나 회유 등에 더 노출된 상태에 있는 배심원 등은 평결의 공정성을 확보하고 평결에 대한 신뢰를 높이기 위해 배심원 또는 예비배심원과 접촉하는 것을 제한할 필요가 있다. 이에 따라 참여법률은 "누구든지 당해 재판에 영향을 미치거나 배심원 또는 예비배심원이 직무상 취득한 비밀을 알아낼 목적으로 배심원 또는 예비배심원과 접촉하여서는 아니 된다"고 규정하고 있다(제51조 제1항). 또한 누구든지 배심원 또는 예비배심원이 직무상 취득한 비밀을 알아낼 목적으로 배심원 또는 예비배심원의 직무에 종사하였던 사람과 접촉하여서는 아니 된다. 다만, 연구에 필요한 경우는 그러하지 아니하다고 규정하고 있다(제51조 제2항). 단서는 향후 국민참여재판에 대하여 광범위한 연구 및 분석작업이 진행될 것으로 보이는데 그 연구에 지장을 초래하지 않기 위함이다.

여기서 일본의 경우 목적여하를 불문하지만, 우리는 자칫 배심원 또는 예비배심원이 가족들과의 접촉조차 금지되는 것으로 확대 해석될 우려를 차단하기 위해 참여법률 제51조 제1항에서 "당해 재판에 영향을 미치거나 배심원 등이 직무상 취득한 비밀을 알아낼 목적으로"라는 문구를 포함시켰다. 여기서 제51조의 위반행위가 항상 처벌되는 것은 아니고, 배심원 또는 예비배심원에게 청탁을 하거나(제56조 제1항), 위협을 하는 등의 행위에 이른 경우(제57조 제1항)에만 처벌의 대상이 된다.

(3) 배심원 등의 개인정보 공개금지

국민참여재판을 시행하는 과정에서는 배심원 · 예비배심원 또는 배심원후보자의 개인정보가 축적되거나, 검사 · 피고인 또는 변호인에게 제공될 수 있다. 그런데 이러한 개인정보는 자칫 제3자에게 유출되어 악용될 우려가 있으므로 법령으로 정하는 경우를 제외하고는 누구든지 배심원 · 예비배심원 또는 배심원후보자의 성명 · 주소와 그 밖의 개인정보를 공개하지 못하도록 하였다(제52조 제1항).

그러나 한편 국민참여재판이 종결된 이후에도 연구 등의 목적을 위하여 배심원 · 예비배심원 또는 배심원후보자의 직무에 종사하였던 사람들의 개인정보에 대한 공개청구가 있을 수 있는데, 「공공기관의 정보공개에 관한 법률」 제9조 제1항 제6호에서는 개인정보는 원칙적으로 공개를 금지하면서 법령이 정하는 바에 따라 열람할 수 있는 정보 등을 예외로 하고 있다. 여기서 참여법률은 배심원 · 예비배심원 또는 배심원후보자의 직무를 수행하였던 사람들의 개인정보에 대하여는 본인이 동의하는 경우에 한하여 이를 공개할 수 있다고 규정하고 있는 바(제52조 제2항), 법령에 의한 예외로써 본인이 동의하는 경우 개인정보를 공개할 수 있도록 규정하였다.

(4) 배심원 등에 대한 신변보호조치

배심원 또는 예비배심원으로서 직무를 수행한 사람을 위해로부터 보호하는 것은 국가의 당연한 책무이고, 또한 국민참여재판의 대상사건은 사형선고까지 가능한 중죄이므로 그 재판에 관여하는 배심원 또는 예비배심원은 피고인 등으로부터 위해를 당할 것을 두려워할 수 있고 이러한 두려움은 배심원과 예비배심원이 직무를 수행하는 데 장애가 될 수 있다. 따라서 참여법률에서 재판장은 배심원 또는 예비배심원이 피고인이나 그 밖의 사람으로부터 위해를 받거나 받을 염려가 있다고 인정하는 때 또는 공정한 심리나 평의에 지장을 초래하거나 초래할 염려가 있다고 인정하는 때에는 배심원 또는 예비배심원의 신변안전을 위하여 보호, 격리, 숙박, 그 밖에 필요한 조치를 취할 수 있고(제53조 제1항), 검사, 피고인, 변호인, 배심원 또는 예비배심원은 재판장에게 제1항의 조치를 취하도록 요청할 수 있도록 하였다(제53조 제2항).[21] 주의할 것은 참여법률은 배심원과 예비배심원의 보호만을 목적으로 하는 것

21) 법 제53조 제2항에 따른 신변안전조치의 요청은 이를 서면으로 하여야 한다. 다만, 선정기일 또는 공판기일에서는 구술로 할 수 있고, 법원사무관 등은 요청의 취지와 사유의 요지를 조서에 기재하여야 한다(참여규칙 제45조 제2항). 제2항 본문에 따른 서면에는 요청인(제1호), 필요한 조치의 내용(제2호), 요청사유(제3호)의 사항을 기재하여야 한다(참여

이 아니라, 공정한 심리나 평의에 지장을 초래하거나 초래할 염려가 있다고 인정하는 때에도 재판장은 격리 등 필요한 조치를 취할 수 있다는 것이다.

2. 벌 칙

(1) 배심원 등에 대한 청탁죄와 위협죄

국민참여재판의 공정성과 신뢰성을 확보하기 위하여 배심원 또는 예비배심원, 배심원 후보자의 직무와 관련한 청탁행위 그 자체는 물론(제56조), 위협행위를 처벌하는 규정을 두고 있다(제57조. 반의사불벌죄가 아니다).

(2) 배심원 등에 의한 비밀누설죄와 금품수수

참여법률은 국민참여재판의 공정성확보와 일반국민의 국민참여재판에 대한 신뢰를 보호하기 위하여 배심원 등에 의한 비밀누설 행위를 징역형으로도 처벌이 가능하도록 하는 한편(제58조), 금품수수는 국민참여재판의 공정성과 신뢰성을 확보하기 위하여 참여법률에서 신설된 범죄 중에서 가장 법정형이 높은 범죄를 규정하고 있다(제59조).

(3) 배심원후보자의 불출석 등에 대한 과태료

참여법률에 의하여 법원이 결정으로 200만원 이하의 과태료를 부과하는 행위로는 첫째, 국민참여재판이 원활하게 진행되기 위해서 출석통지를 받은 배심원·예비배심원·배심원후보자가 정당한 사유 없이 지정된 일시에 출석하지 아니한 때이다(제60조 제1항 제1호). 둘째, 선서거부시 해임도 가능하지만 이를 악용할 여지도 있기 때문에 배심원 또는 예비배심원이 정당한 사유 없이 제42조 제1항의 선서를 거부한 때도 과태료가 부과된다(제60조 제1항 제2호). 셋째, 배심원후보자가 배심원 또는 예비배심원 선정을 위한 질문서에 거짓 기재를 하여 법원에 제출하거나 또는 선정절차에서의 질문에 대하여 거짓 진술을 한 때이다(제60조 제1항 제3호). 위와 같은 법원의 과태료 결정에 대하여는 즉시항고를 할 수 있다(제60조 제2항).

규칙 제45조 제3항).

[§ 54] 약식절차

Ⅰ. 서 론

1. 약식절차의 의의

약식절차란 지방법원의 관할사건에 대하여 검사의 청구가 있는 때에 공판절차를 경유하지 않고 검사가 제출한 자료만을 조사하여 약식명령으로 피고인에게 벌금, 과료 또는 몰수의 형을 과하는 간이한 재판절차를 말한다. 약식절차에 의하여 형을 선고하는 재판을 약식명령이라고 한다.

2. 이용실태

벌금 이하의 형사사건에 대하여 법관에 의한 서면심리를 통한 신속재판을 추구하려는 약식절차의 이용현황은 2000년 전체 1,208,060건에 구약식(求略式) 1,047,151건, 2001년 전체 1,314,275건에 구약식 1,154,522건, 2002년 전체 1,342,482건에 구약식 1,176,059건, 2003년 전체 1,298,812건에 구약식 1,139,773건, 2004년 전체 1,370,339건에 구약식 1,214,730건, 2005년 전체 1,145,597건에 구약식 1,017,259건인 것으로 집계되었다. 즉 구약식이 90% 정도에 달한다.

Ⅱ. 약식명령의 청구

1. 청구권자와 청구의 대상

청구권자는 검사이다. 그리고 약식명령을 청구할 수 있는 사건은 지방법원 관할에 속하는 사건으로서 벌금, 과료 또는 몰수에 처할 수 있는 사건에 한한다(제448조 제1항). 벌금, 과료 또는 몰수가 단순히 선택형으로 규정되어 있으면 자유형이 함께 선택형으로 규정되어 있더라도 약식명령의 대상이 될 수 있다. 그러나 자유형이 반드시 병과되도록 규정된 경우에는 약식명령을 청구할 수 없다. 그리고 지방법원 합의부 관할사건, 자백하지 않은 사건 등도 대상이 된다.

2. 청구의 방식

약식명령은 검사의 청구가 있을 것을 요건으로 한다. 검사는 약식명령의 청구와 동시에 약식명령을 하는 필요한 증거서류 및 증거물을 법원에 제출하여야 한다(규칙 제170조). 즉 서면심리주의가 지배하는 약식절차에 있어서는 공소장일본주의의 예외가 인정된다. 같은 맥락에서 공판기일이 열리지 않기 때문에 약식명령청구서의 부본도 첨부할 필요가 없다.

관련판례 ① 검사가 약식명령을 청구하는 때에는 약식명령의 청구와 동시에 약식명령을 하는 데 필요한 증거서류 및 증거물을 법원에 제출하여야 하는바(형사소송규칙 제170조), 이는 약식절차가 서면심리에 의한 재판이어서 공소장일본주의의 예외를 인정한 것이므로 약식명령의 청구와 동시에 증거서류 및 증거물이 법원에 제출되었다 하여 공소장일본주의를 위반하였다 할 수 없고, 그 후 약식명령에 대한 정식재판청구가 제기되었음에도 법원이 증거서류 및 증거물을 검사에게 반환하지 않고 보관하고 있다고 하여 그 이전에 이미 적법하게 제기된 공소제기의 절차가 위법하게 된다고 할 수도 없다(대판 2007.7.26, 2007도3906).

---

3. 공소제기와 공소취소의 문제

검사는 공소의 제기와 동시에 서면으로 약식명령을 청구하여야 한다(제449조). 즉 양자는 개념상 별개의 소송행위이지만, 약식명령청구서에 공소장의 필요적 기재사항 등을 기재하여 제출하는 방법으로 동시에 이루어진다. 공소를 취소하면 약식명령도 동시에 효력을 잃는다. 이에 대해서는 견해의 대립이 없다. 그러나 그 반대로 약식명령이 취소된 경우에 공소도 취소되는가에 대해서는 견해의 대립이 있다. 이것은 공소제기의 효력을 유지시키면서 약식명령만을 취소할 수 있는가에 대한 견해대립이기도 하다. 후자와 관련된 견해 대립으로는 양자는 별개의 소송행위라는 점을 강조하는 긍정설과[22] 양자는 일체적으로 파악하여야 하고 약식명령만을 취소하는 것을 허용하는 명문규정이 없다는 점을 강조하는 부정설(다수설)[23]이 각각 제시되고 있다.

생각건대, 양자의 소송행위를 일체로 다루는 견해가 타당할 것이다. 따라서 공

---

22) 강구진, 403면; 배종대/이상돈, 863면; 신양균, 1059면.
23) 백형구, 896면; 신동운, 1202면; 이재상, 735면; 차용석, 1159면; 진계호, 802면; 임동규, 781면.

소를 취소한 경우 약식명령이 동시에 효력을 잃는다면 그 반대로 약식명령이 취소된 경우에는 공소도 취소되고, 따라서 공소제기의 효력을 유지시키면서 약식명령만을 취소할 수는 없다는 부정설이 설득력을 가진다. 구속된 피의자에 대해 약식명령을 청구할 때에는 구속을 취소하고 피의자를 석방하여야 할 것이다.

Ⅲ. 약식절차의 심판

1. 법원의 심사

약식절차에서도 사건의 경중에 따라 지방법원합의부 또는 단독판사가 관할법원이 된다. 약식명령의 청구가 있으면 법원은 검사가 제출한 서류 및 증거물에 대한 서면심사를 하게 된다. 즉 약식절차에서는 서면심사를 원칙으로 한다. 구두변론주의, 전문법칙, 공소장변경, 강제처분 등에 관한 규정은 약식절차에 적용되지 않지만 증거재판주의, 자유심증주의, 자백에 관한 법칙은 약식절차에도 적용된다.

약식절차에서 사실조사는 원칙적으로 부정되어야 하고, 사실조사가 필요한 경우에는 통상의 공판절차로 이행되어야 할 것이다. 다만 굳이 통상의 공판절차로 이행하지 않고 간단한 사실조사로서 약식명령을 내릴 수 있는 경우라면 이를 허용하여도 무방할 것이다.

2. 공판절차에의 회부

(1) 통상의 공판절차로의 이행과정

법원은 약식명령의 청구가 있는 경우에 그 사건이 약식명령으로 할 수 없거나 약식명령으로 하는 것이 적당하지 아니한다고 인정한 때에는 공판절차에 의하여 심판하여야 한다(제450조). 약식명령으로 할 수 없는 경우란 약식명령청구의 형식적 조건이 구비되어 있지 않은 경우와 형식적 · 실체적 소송조건이 구비되어 있지 아니한 경우, 제출된 증거자료에 의해서는 범죄사실의 합리적인 혐의가 증명되었다고 인정될 수 없는 경우 등이다. 따라서 형의 면제나 무죄판결을 해야 할 경우, 관할위반, 공소기각, 면소 등의 형식재판을 내려야 할 경우 등에는 공판절차에 의하여 심판하여야 한다.

그리고 약식명령으로 하는 것이 적당하지 아니한 경우란 약식명령청구로서는 적법하지만 예컨대 사안이 복잡하여 공판절차에 의하여 신중한 심리를 하는 것이 적당하다고 인정된 경우와 같이 약식명령을 하는 것이 부적당하다고 인정되는 경우를 말한다. 따라서 공소장변경을 요하는 경우, 벌금 이상의 형을 과하는 것이 상당하다고 인정되는 경우, 피고인이 범행을 부인하는 경우 등에는 공판절차에 의하여 심판하여야 한다.

그리고 치료감호법은 약식명령을 청구한 후 치료감호청구가 있는 경우에는 약식명령청구는 그 감호청구가 있는 때부터 공판절차에 의하여 심판하여야 하는 것으로 규정하고 있다(동법 제10조 제3항).

공판절차로의 회부사유가 있으면 바로 통상의 공판절차에 따라 심리를 진행하면 족하고 법원의 별도 결정을 요하지 않는다(법원실무제요 형사 II, 589면). 다만 실제로는 공판절차회부서를 작성하여 기록에 철하고 소송기록을 송부하는 방식을 취하는데, 이것이 실질적으로 법원의 결정을 대신하는 것으로 볼 수 있다.

(2) 이행 후의 조치

공판절차로의 이행 조치가 있으면 법원은 즉시 그 취지를 검사에게 통지한다. 그러면 검사는 공소장 부본 제출 등과 같은 정식 공소제기와 유사한 절차를 이행하여야 한다. 그리고 정식 공판절차에서 적용되는 공소장일본주의의 취지를 살리기 위해서는 법원은 검사가 약식절차를 위해 제출한 증거서류나 증거물을 검사에게 다시 반환하여야 할 것이다. 다만 판례는 검사에게 반환하지 않고 보관하더라도 그 이전에 이미 적법하게 제기된 공소제기의 절차가 위법하게 되지 않는다고 판시하였다(대판 2007.7.26, 2007도3906). 그리고 당해 사건에 관한 서류나 증거물을 열람한 법관이 정식 공판절차를 담당하는 법관이 된 경우에는 전심재판에 관여한 제척사유는 아니더라도 불공정한 재판을 할 우려가 있는 기피사유는 될 수 있을 것이다.

3. 약식명령

(1) 내 용

법원은 심사의 결과 공판절차에 회부할 경우가 아니면 약식명령을 하여야 한다. 약식명령에는 범죄사실, 적용법령, 주형, 부수처분과 약식명령의 고지를 받은 날로부터 7일 이내에 정식재판의 청구를 할 수 있음을 명시하여야 한다(제451조). 일반적인 유죄판결과는 달리 증거요지를 기재할 필요는 없다. 약식명령으로 과할 수 있는 주형은 벌금, 과료, 몰수에 한한다(제448조 제1항). 따라서 자유형의 유죄판결은 물론이고 무죄판결, 관할위반판결, 공소기각재판, 면소판결은 허용되지 않는다.

약식명령을 하는 경우에는 추징 기타의 부수처분을 할 수 있다(제448조 제2항). 기타의 부수처분에는 압수물의 환부, 벌금·과료 또는 추징에 대한 가납명령, 미결구금일수가 있는 경우의 환형처분이 포함된다. 약식명령으로 벌금의 선고유예를 할 수 있느냐에 관해서는 긍정설[24]과 부정설[25]로 견해가 대립될 수 있다. 생각건대, 피고인의 구체적 정상을 고려하여야 하는 선고유예가 서면심리만으로 이루어지는 것은 바람직하지 않고, 형사소송법 제448조 제1항에서 벌금 등에 처할 수 있다고만 규정되어 있는 점을 고려한다면 선고유예는 할 수 없다고 보는 것이 타당할 것이다.

약식명령은 그 청구가 있은 날로부터 14일 이내에 하여야 하고(규칙 제171조), 약식명령의 고지는 검사와 피고인에 대한 재판서의 송달에 의하여야 한다(제452조). 다만 14일의 약식명령기간은 훈시규정일 뿐이다.

(2) 확정과 효력

약식명령은 정식재판의 청구기간이 경과하거나 그 청구의 취하 또는 청구기각의 결정이 확정된 때에는 확정판결과 동일한 효력이 있다(제457조). 유죄로 확정된 약식명령은 확정된 유죄판결과 동일한 효력이 있다. 즉 기판력도 생기며, 집행력이 발생하고, 재심 및 비상상고의 대상으로도 된다. 기판력의 인적 범위와 물적 범위는 정식재판의 경우와 다르지 않다. 다만 약식명령에 있어서는 선고절차가 없고 약식명령 재판서의 검사 및 피고인에 대한 송달의 방법인 고지에 의하므로 기판력의 시적 기준점을 언제로 할 것이냐에 관해서는 약식명령의 고지시를 기준으로 하는 고지시설과 약식명령의 발령시를 기준으로 하는 발령시설(대판 1981.6.23, 81도1437; 대판 1994.8.9, 94도1318의 태도)의 대립이 있다.

생각건대, 정식재판의 경우 사실심리의 가능성이 있는 최후의 시점인 판결선고시를 기준으로 하기 때문에 약식절차에서는 그에 해당하는 발령시를 기준으로 함이 타당하다.

24) 이재상, 734면; 서일교, 396면; 배종대/이상돈, 792면; 차용석, 1161면; 진계호, 805면.
25) 백형구, 898면; 신동운, 1206면; 김희옥, 654면; 신양균, 1064면; 임동규, 783면.

Ⅳ. 정식재판의 청구

정식재판의 청구는 약식명령을 한 법원에 하는 것이므로 심급 간의 상소는 아니지만 재판에 대한 불복이라는 점에서 상소와 유사하므로 상소에 관한 규정의 일부가 준용된다(제458조).

1. 청구의 절차

(1) 청구권자 및 청구기간

검사 또는 피고인은 약식명령의 고지를 받은 날로부터 7일 이내에 정식재판의 청구를 할 수 있다(제453조 제1항, 합헌결정 2019헌마1019). 공시송달의 경우에는 2주일이 경과하면 송달의 효력이 생기기 때문에 그로부터 7일 이내에 정식재판을 청구할 수 있다(대결 1986.2.27, 85모6). 정식재판청구기간이 경과하면 그 청구권은 원칙적으로 소멸한다. 그러나 구체적 타당성의 견지에서 정식재판청구에도 상소시 재소자에 대한 특칙 규정(제334조)이 준용되는 것으로 해석하여야 한다(대결 2006.10.13, 2005모552). 그리고 상소권회복에 관한 규정(제458조, 제345조 내지 제348조)도 여기서 정식재판청구권회복이라는 형식으로 준용되어야 한다(대결 1984.11.8, 84모31; 기명날인 없는 청구서를 법원공무원이 잘못 접수한 사건에서 이를 인정한 대결 2008.7.11, 2008모605; 약식명령의 송달이 없었거나 무효인 경우에는 아예 청구기간 자체가 진행되지 않으므로 청구권회복청구는 불필요하다는 대결 1995.6.14, 95모14).

(2) 청구방식

정식재판의 청구는 약식명령을 한 법원에 서면으로 제출하여야 한다(제2항). 정식재판청구서에는 약식명령에 대하여 불복한다는 취지의 기재가 있으면 족하고 그 이유를 기재할 필요는 없다. 경합범에 대해 벌금과 과료로 2개의 형이 선고된 때에는 그 일부에 대해 정식재판을 청구할 수 있다(제458조 제1항, 제342조). 그러나 하나의 형이 선고된 경우와 주형과 함께 부수처분(예컨대 집행유예, 몰수)이 고지된 경우에는 그 부분에 대해서만 정식재판을 청구할 수는 없다.

관련판례 ① 변호인선임신고서를 제출하지 아니한 변호인이 변호인 명의로 정식재판청구서만 제출하고, 형사소송법 제453조 제1항이 정하는 정식재판청구기간 경과 후에 비로소 변호인선임신고서를 제출한 경우, 변호인 명의로 제출한 위 정식재판청구서는

적법 · 유효한 정식재판청구로서의 효력이 없다(대법원 1969.10.4.자 69모68 결정, 2001.11.1.자 2001도4839 결정 참조) 할 것이고, 형사소송법 제32조 제1항은 "변호인의 선임은 심급마다 변호인과 연명날인한 서면으로 제출하여야 한다."고 규정하고 있는바, 위 규정에서 말하는 변호인선임신고서는 특별한 사정이 없는 한 원본을 의미한다고 할 것이고, 사본은 이에 해당하지 않는다(대법원 2005.1.20. 자 2003모429 결정)

(3) 법원의 조치

정식재판의 청구가 있는 때에는 법원은 지체없이 검사 또는 피고인에게 그 사유를 통지하여야 한다(제3항). 검사가 정식재판을 청구한 경우에 피고인에게 변호인이 선임되었다 하더라도 피고인에게만 통지하면 족하다. 정식재판의 청구가 있는 경우 법원은 피고인에게 공소장 부본을 송부할 필요는 없다. 피고인에게 이미 약식명령서가 송달되어 있기 때문이다.

(4) 청구의 취하 · 포기

정식재판의 청구는 제1심판결선고 전까지 취하할 수 있다(제454조). 이 경우 상소의 취하에 관한 규정이 준용되고(제458조 제1항, 제350조 내지 제352조), 취하한 자는 다시 정식 재판을 청구하지 못한다(제458조 제1항, 제354조). 피고인은 정식재판의 청구를 포기할 수 없다(제453조 제1항 단서). 반면에 검사는 정식재판의 청구를 포기할 수 있다(제458조, 제349조 본문). 포기한 후에는 다시 정식재판을 청구하지 못한다(제458조 제1항, 제354조).

2. 법원의 재판

(1) 청구기각의 결정

정식재판의 청구가 법령상의 방식에 위반하거나 청구권의 소멸 후인 것이 명백한 때에는 결정으로 기각하여야 한다(제455조 제1항). 예컨대 청구기간이 경과한 경우에는 정식재판의 청구는 기각되어야 한다(대판 2007.4.12, 2007도891). 전항의 결정에 대하여는 즉시항고를 할 수 있다(제2항).

(2) 청구가 적법한 경우의 심판

정식재판의 청구가 적법한 때에는 공판절차에 의하여 심판하여야 한다(제3항). 즉, 정식재판의 청구가 적법한 때에 공판절차에 의한 심판은 의무적이며 공판절차에 의하여 심판한다는 결정을 따로 할 필요는 없다. 정식 공판절차에서는 공소장변경, 공소취소 등이 허용되고, 약식절차에서의 변호인선임의 효력은 그대로 유지된다. 정식재판을 청구한 이후 피고인이 출정하지 않으면 다시 기일이 지정되고 정당한 이유 없이 또 다시 불출석하면 피고인의 진술 없이 판결할 수 있다(제458조 제2항, 제365조). 피고인이 불출석한 상태에서 그 진술 없이 판결할 수 있기 위해서는 피고인이 적법한 공판기일 통지를 받고서도 2회 연속으로 정당한 이유 없이 출정하지 아니한 경우에 해당하여야 한다(대법원 2006.2.23. 선고 2005도9291 판결 등 참조). 또한 피고인만이 정식재판청구를 한 사건에서 판결을 선고하는 경우에는 그 지정한 선고기일에 피고인이 출석하지 않더라도 판결을 선고할 수 있다(제277조 제4호). 여기서 약식명령에 대해 피고인만이 정식재판을 청구한 사건의 항소심에서 피고인이 선고기일에 불출석한 경우에—제365조를 적용하여 다시 정한 선고기일에 피고인이 불출석해야 비로소 불출석 선고를 할 수 있는 것이 아니라—판례는 형사소송법 제370조, 제277조 제4호에 따라 선고기일 1회 불출석만으로 피고인 출석없이 판결을 선고할 수 있다고 한다.[26] 그런데 제277조 제4호에 따라 피고인의 출석없이 선고할 수 있었는데도 그 기일을 연기하고 선고기일을 다시 지정하는 경우에는 새로 정한 기일에 대하여 적법한 기일소환의 통지를 하여야 한다. 판례도 약식명령에 대해 피고인만이 정식재판을 청구한 사건의 항소심에서, 원심법원이 피고인이 출석한 제1회 공판기일에 변론을 종결하고 제2회 공판기일인 선고기일을 지정하여 고지하였는데, 피고인이 출석하지 아니하자 선고기일을 연기하고 제3회 공판기일을 지정하였으나 피고인에게 따로 공판기일 통지를 하지 않은 사안에서, 대법원은 제3회 공판기일에 대해서는 적법한 통지가 없었으므로 형사소송법 제365조가 적용될 수 없고 약식명령에 피고인만이 정식재판을 청구하여 형사소송법 제370조, 제277조 제4호에 따라 당초 지정한 선고기일에 피고인 출석 없이 판결을 선고할 수 있었으나, 굳이 그 기일을 연기하고 선고기일을 다시 지정한 이상 적법한 기일통지를 해야 한다는 이유로, 피고인의 출석 없이 공판기일을 열어 판결을 선고한 원심의 조치가 위법하다는 입장이다(대법원 2012.6.28. 선고 2011도16166 판결).

한편, 피고인이 정식재판을 청구한 사건에 대하여는 약식명령의 형보다 중한 종류의 형을 선고하지 못한다(제457조의2). 따라서 같은 종류 이하의 형의 범위에서는

---

26) 대판 2012.6.28, 2011도16166.

약식명령의 형보다 중한 형을 선고할 수는 있지만, 형종 상향은 금지된다. 정식재판의 개시에 있어서는 제266조의 준용이 없으므로 공소장의 부본을 피고인에게 송달할 필요는 없다. 이것은 이미 공소장과 같은 내용의 약식명령이 송달되어 있으며 피고인이 불이익을 받는 것은 없기 때문이다. 이 경우 약식명령에 대한 정식재판사건에 다른 사건이 비로소 병합심리되는 경우에는 경합범가중의 한계 내에서 약식명령의 형보다 중한 형이 선고될 수는 있다(대판 2003.5.13, 2001도3212; 대판 2004.8.20, 2003도4732).

(3) 약식명령의 실효

약식명령은 정식재판의 청구에 의한 판결이 있는 때에는 그 효력을 잃는다(제456조). 여기의 판결은 확정판결을 의미하고, 공소기각의 결정도 포함된다. 정식재판의 청구가 부적법하더라도 확정판결이 있으면 약식명령은 효력을 잃지만, 청구기간이 경과한 경우에는 확정판결이 있더라도 약식명령은 유효하게 확정된다.

Ⅴ. 문제점과 입법론[27)]

1. 문 제 점

약식명령 사건의 경우에는 일반국민의 편익을 도모하는 신속절차의 원칙이 실무에서 잘 실현되지 못하고 있다. 약식사건의 처리에 장기간이 소요되고, 특히 약식명령에 대한 정식재판청구사건의 증가로 인하여 업무의 가중과 절차의 지연 등의 문제점이 제기되고 있다. 그리고 불출석재판인 약식명령에 따른 형 집행 시기가 사건발생일이나 공소제기일로부터 너무 떨어져 있어, 소재파악의 어려움과 송달불능 등으로 형집행률이 상당히 저조하고, 인구이동률이 매우 높은 관계로 공시송달률도 높아 피고인은 실제로 송달받지도 않은 약식명령이 확정되어 그 내용을 알지 못한 상태에서 지명수배가 되는 폐해도 있다. 그리고 무엇보다도 우리나라의 약식절차가 피의자(피고인)의 동의 없이 일방적으로 검사가 청구할 수 있도록 한 점, 즉 피의자(피고인)의 1차적 법관대면권을 강제로 박탈할 수 있는 것을 내용으로 한 점은 피고인의 인권 내지 방어권을 최대한 보장하면서 경죄사건의 경우에 신속한 재판을 하여야 하는 형사소송법의 지도이념에 비추어서 다소 크게 문제되는 것이다.

27) 이에 대한 필자의 글로는 "경죄처리절차의 최근 입법동향에 관한 고찰," 한국공안행정학회보 제22호, 2006.3, 29면 이하.

2. 입 법 론

문제점이 큰 약식절차의 개선을 위해서 우선적으로 경죄사건에 대한 별도 담당기관을 제도화하는 것이 장기 과제로서 요구된다. 즉, 경죄사건(약식절차 사건)의 처리에 원칙이 되어야 할 국민편익을 위한 최대한 신속처리를 위해서는 경죄사건에 대해서는 일본과 같이 별도의 법원(예컨대 시군 법원), 이에 상응하는 검찰청(예컨대 시군 검찰청), 그리고 별도의 담당관(전담법관, 전담검사) 등을 갖추는 것이 가장 바람직할 것이다. 따라서 현재 설치되어 있는 시군법원에 상응하여 시군 검찰청도 조속히 설치되거나 과도기적 조치로 순회검사제도의 도입이 요구된다 할 것이다.

다음으로 약식절차의 대상사건으로서 벌금액의 상한을 제한할 필요성이 있다. 오늘날 피고인에 따라서는 가벼운 자유형보다는 과도한 금액의 벌금형이 더욱 중한 형으로 인식될 수도 있다. 가벼운 자유형을 선고하기 위해 정식절차가 진행되는 것에 비하여 본인에게 중한 과도한 벌금액이 선고됨에도 불구하고 구두변론주의, 직접심리주의, 공개주의, 공소장일본주의 등의 형사소송원칙이 생략된다면 피고인의 인권과 방어권을 최대한 보장하려는 헌법정신은 실종되는 것이다. 따라서 우리나라도 일본과 유사하게 약식절차의 청구대상으로서 500만원 정도의 벌금액 상한을 규정하는 것이 타당할 것이다.

다음으로, 정식절차의 생략에 의한 위헌요소를 제거하는 차원에서 약식절차에 대해서는 피의자의 동의를 원칙적 요건으로 할 것이 요구된다. 다만 약식대상자에 대하여 일일이 동의를 받을 경우 업무부담이 가중될 것으로 우려되기 때문에 일정액 이상의 벌금을 부과하는 경우에 피의자의 동의를 요구하는 것으로 조정하면 될 것이다. 고액의 벌금형에 있어서는 자유형보다도 피의자가 더 심각하게 받아들일 수 있고, 고액의 벌금에 대하여는 불복할 가능성이 높아서 약식절차를 거쳐 정식절차로 가는 우회적 통로보다는 처음부터 정식절차로 갈 수 있는 길을 열어줄 필요가 있기 때문이다. 이 경우에 동의의 징구권자를 검사로 하는 것은 당연하겠지만, 또 다시 검찰청에 출석하는 번잡함을 피하고 검사가 어떠한 절차를 선택하더라도 미리 승복하는 피의자를 위해서는 경죄사건을 1차적으로 수사하는 사법경찰관에게도 그 의사를 표시할 수 있는 기회를 제공할 필요가 있을 것이다.

[§ 55] 즉결심판절차

Ⅰ. 서 론

1. 즉결심판절차의 의의

즉결심판이란 즉결심판절차에 의한 재판을 의미한다. 즉결심판절차란 관할법원이 20만원 이하의 벌금, 구류, 과료에 처할 경미한 범죄에 대하여 경찰서장의 청구에 의하여 당일에 심판하는 절차를 말한다. 이러한 즉결심판절차를 규정하고 있는 것이 「즉결심판에 관한 절차법」(이하 '즉결심판절차법' 또는 '즉심법'이라 한다)이다.

2. 이용실태

법원행정처의 사법연감(2004년)에 의거하여 1999년부터 2004년까지의 즉결심판청구의 변화를 살펴보면, 1999년에는 907,423건, 2000년에는 694,093건, 2001년에는 1,054,734건, 2002년에는 651,052건, 2003년에는 53,285건, 2004년에는 42,865건이 즉결심판에 청구되었다. 종래 무려 60만-100만 건에 이르렀던 즉결심판의 청구건수가 2003년을 기점으로 단지 5만 건 수준으로 급격히 줄어 든 것은 2002년 7월 1일부터 시행된 경범죄처벌법(제8조), 도로교통법(제165조)에 따라 종래 즉결심판대상자이었던 범칙금 미납자에 대해 범칙금액의 1.5배를 납부하면 즉결심판을 면제해 준 것에 기인한 것으로 판단된다. 그리고 즉결심판을 받는 사건을 죄명별로 구분하면 도로교통법 위반이 거의 대부분을 차지하고, 다음으로 경범죄처벌법 위반이 10-20% 정도를 차지하며, 형법범 등은 극소수에 불과하다. 그리고 최근의 즉결심판제도는 불출석재판을 많이 활용하고 있다.[28)]

Ⅱ. 즉결심판의 대상과 청구

1. 대 상

즉결심판이 허용되는 범죄사건은 20만원 이하의 벌금, 구류 또는 과료에 처할

28) 이에 대한 필자의 글로는 "경죄처리절차의 최근 입법동향에 관한 고찰," 한국공안행정학회보 제22호, 2006.3, 22면 참조.

경미한 형사사건에 한한다(즉결심판절차법 제2조, 법원조직법 제34조 제1항 제3호). 즉결심판절차법이 명시한 '처할 수 있는' 형벌이란 그 주체인 법관이 처단할 수 있는 것을 의미하고 입법자가 한정한 법정형으로 새길 수는 없기 때문에 처단형을 의미하는 것으로 보아야 한다.

2. 청 구

(1) 청구권자

현행법상 즉결심판의 청구권자는 관할경찰서장 또는 관할해양경찰서장이다(즉심법 제3조 제1항). 청구권자의 청구는 보통의 공판절차에서 검사의 공소제기에 해당되는 소송행위이다. 따라서 약식절차에서는 약식명령청구와 동시에 공소제기를 하여야 하지만(제449조), 즉결심판청구에는 공소제기가 요구되지 않는다. 즉, 즉결심판청구는 검사의 기소독점주의에 대한 중대한 예외가 된다.

(2) 청구절차

즉결심판청구는 즉결심판청구서를 관할법원에 제출함으로써 이루어진다. 즉결심판청구서에는 피고인의 성명 기타 피고인을 특정할 수 있는 사항, 죄명, 범죄사실과 적용법조를 기재하여야 한다(즉심법 제3조 제2항). 즉결심판을 청구할 때에는 사전에 피고인에게 즉결심판의 절차를 이해하는 데 필요한 사항을 서면 또는 구두로 알려 주어야 한다(제3항). 약식절차에서는 선고할 형을 검사가 미리 기재하여야 하나 즉결심판에서는 선고할 형량을 기재하지 않는다. 범죄사실의 기재는 범죄의 일시 · 장소 · 방법을 명시하여 그 범죄사실이 특정될 수 있도록 하여야 한다(즉심법 제19조, 형사소송법 제254조 제4항). 즉결심판의 청구가 있는 때에는 즉시 심판을 하여야 하므로(즉심법 제6조) 즉결심판청구서에는 부본을 첨부하지 아니한다.

경찰서장은 즉결심판청구와 동시에 즉결심판을 하는 데 필요한 서류와 증거물을 판사에게 제출하여야 한다(즉심법 제4조). 이 규정의 취지는 즉결심판이 범증이 명백하고 죄질이 경미한 범죄사건을 신속 · 적정하게 심판하기 위한 입법적 고려에서 공소장일본주의가 배제되도록 한 것이라고 보아야 한다(대판 2011.1.27, 2008도7375).

(3) 관할법원

즉결심판사건의 관할법원은 지방법원, 지원 또는 시 · 군 법원이다(즉심법 제2조, 법원조직법 제34조 제3항). 지방법원 또는 그 지원의 판사는 소속지방법원장의 명령을 받아 소속 법원의 관할사무와 관계없이 즉결심판청구사건을 심판할 수 있다(즉심법 제3조의2).

(4) 즉결심판사건의 적격성 심사

즉결심판청구가 있는 경우에 판사는 그 사건이 즉결심판으로 할 수 있는 사건인지 즉결심판에 적당한 사건인지 심사하여야 한다. 여기서 "즉결심판을 할 수 없는 경우"란 즉결심판의 대상으로 청구된 사건이 즉결심판을 하기에 필요한 실체법상 또는 절차법상의 요건을 구비하지 않은 경우를 말한다. 예를 들어 청구된 사건에 대하여 (i) 벌금 · 구류 또는 과료의 형이 규정되어 있지 않은 경우, (ii) 이들 형이 병과형으로 규정된 경우, (iii) 청구된 사건에 대해 관할위반을 선고할 경우 등이 여기에 해당한다. 그리고 "즉결심판절차로 하는 것이 적당하지 아니한 경우"란 즉결심판을 하는 것이 형식적으로는 가능할지라도 (i) 청구된 사건에 대하여 벌금 · 구류 또는 과료 이외의 형을 선고하는 것이 적당하다고 인정되는 경우, (ii) 사건의 성질이나 양형의 특수성을 고려하여 보통의 공판절차에서 신중하게 심판하는 것이 타당하다고 인정되는 경우 등을 말한다.

(5) 기각결정

판사는 심사한 결과 사건이 즉결심판으로 할 수 없거나 즉결심판으로 하는 것이 적당하지 않다고 인정될 경우에는 즉결심판청구에 대하여 기각결정을 하여야 한다(즉심법 제5조 제1항). 즉결심판청구가 기각결정된 경우에는 경찰서장은 지체없이 사건을 관할지방검찰청 또는 지청의 장에게 송치하여야 한다(동조 제2항). 판사가 기각결정을 하여 경찰서장이 검사에게 송치한 사건에 대해서 검사가 불기소처분을 할 수 있는지가 문제된다. 이에 대해 불기소처분을 할 수 없고 반드시 검사는 공소를 제기하여야 한다는 견해와[29] 불기소처분을 할 수 있다는 견해[30]가 서로 대립된다. 후자의 견해가 타당하다. 그 이유는 (i) 경찰의 즉결심판청구의 남용을 방지하기 위해서 필요하고, (ii) 즉결심판청구에 대한 법관의 기각결정으로 인하여 청구된 사건은 즉결심판청구 이전의 상태로 환원된다고 볼 수 있기 때문이다. 그리고 즉결심판

29) 김기두, 344면; 서일교, 399면.
30) 김희옥, 44면; 이재상, 837면; 배종대/이상돈/정승환/이주원, 814면; 신동운, 1528면; 정영석/이형국, 531면; 이은모, 953면; 차용석/최용성, 901면; 정교순, "즉결심판절차," 검찰 (통권 101호), 306면; 백형구, "즉결심판절차의 제 문제," 고시계 1991년 10월, 33면.

사건의 피고인이 현역군인 기타 군사법원법 제2조에 규정된 사람임이 밝혀진 경우에는 그 사건을 군사법원으로 이송할 것이 아니라, 결정으로 즉결심판의 청구를 기각하여야 할 것이다. 군사법원에는 즉결심판에 대응하는 절차가 마련되어 있지 아니하고, 따라서 형사사건의 군사법원 이송을 규정하고 있는 형사소송법 제16조의2의 규정은 성질상 즉결심판절차에서는 준용될 수 없기 때문이다.[31)]

Ⅲ. 즉결심판법원의 심리와 재판

1. 형사소송법의 준용

즉결심판은 공소장이 없는 점을 제외하고는 일반 형사소송과 유사하다. 즉, 즉결심판절차도 공개된 법정에서 구두주의와 직접주의의 방식으로 심리된다는 점에서 일반의 공판절차와 유사하다. 따라서 즉결심판절차법에 특별한 규정이 없고 그 성질에 반하지 않는 한, 형사소송법 규정은 즉결심판절차에 준용된다(즉심법 제19조). 그리고 즉결심판절차의 심리는 신속한 재판진행을 위해 직권심리에 의한다. 따라서 이에 반하는 공소장부본의 송달(제266조), 제1회 공판기일의 유예(제269조), 증거조사와 증거결정의 방법(제290조~제296조) 등은 즉결심판절차에 준용되지 않는다. 이에 반해 자백의 임의성법칙(제309조)이나 위법수집증거배제법칙(제308조의2)은 즉결심판절차의 심리에 그대로 적용된다.

2. 특 칙

즉결심판절차에서는 경미사건의 신속 · 간편한 심사를 위해서 공판절차에 대한 특칙이 인정된다. 즉결심판청구에 대해 판사가 기각결정을 하지 않는 경우에는 즉시 심리를 하여야 한다(즉심법 제6조). 여기서 즉시 심판을 해야 한다는 의미는 즉시 기일을 열어 심판해야 한다는 의미이지만, 그러나 필요한 경우에 기일을 속행하거나 변경하는 것은 허용된다고 보아야 한다. 즉일심판 때문에 통상의 공판절차에서 요구되는 준비절차, 즉 공소장부본의 송달(제266조)이나 제1회 공판기일의 유예기간(제269조) 등과 같은 절차는 여기서는 생략된다.

즉결심판의 심리와 재판의 선고는 경찰관서 이외의 공개된 법정에서 행한다(즉

---

31) 법원행정처, 법원실무제요, 886면.

심법 제7조 제1항). 즉결심판의 장소가 법원의 구내에 있는 법정임을 요하지 아니하는 점에서 공판절차의 경우와 다르다. 그리고 즉결심판을 하는 판사를 순회판사라고 하는 이유도 여기에 있다.

즉결심판의 법정은 판사와 법원서기관, 법원사무관, 법원주사 또는 법원주사보가 열석하여 개정한다(동조 제2항).

피고인의 출석은 통상의 공판절차와 마찬가지로 즉결심판에서도 개정요건이 된다(즉심법 제8조). 통상의 공판절차에서는 검사의 출석이 공판개정의 요건인 데 비하여, 즉결심판절차에서는 청구한 경찰서장의 출석은 요하지 아니한다. 실무에서는 경찰서장이 소속된 경찰관서의 경찰관이 참여하여 판사의 질문에 대답하는 것이 보통이다. 변호인은 기일에 출석하여 증거조사에 참여할 수 있으며 의견을 진술할 수 있다(즉심법 제9조 제3항) 그러나 변호인의 출석은 임의적이며 개정요건은 아니다. 국선변호인의 선정에 관한 규정도 즉결심판절차에 관하여 준용되므로 반드시 국선변호인을 선정하여야 할 사건의 경우에 국선변호인의 출석은 개정의 요건이 된다. 다만 이러한 경우에는 청구기각을 할 수 있다.[32]

판사는 상당한 이유가 있는 경우에 개정 없이 피고인의 진술서와 경찰서장이 송부한 서류 또는 증거물에 의하여 심판할 수 있다. 다만 구류에 처하는 경우에는 그러하지 아니하다(즉심법 제7조 제3항).

그리고 개정한 판사는 벌금 또는 과료를 선고하는 경우에는 피고인의 진술을 듣지 않고 형을 선고할 수 있다(즉심법 제8조의2 제1항). 즉 판사는 벌금 또는 과료를 선고하는 때에는 피고인이 출석하지 아니하더라도 심판할 수 있다. 또한 피고인 또는 즉결심판 출석통지서를 받은 자는 법원에 불출석심판을 청구할 수 있고, 법원이 이를 허가한 경우에는 피고인의 출석 없이 심판할 수 있다(동조 제2항). 이것은 1991년 11월 22일자 즉결심판에 관한 절차법의 개정시에 즉결심판을 받기 위하여 피고인들이 오랫동안 대기하여야 하는 등의 문제점을 해소하기 위하여 신설된 조항이다. 이에 대한 구체적인 사항은 「즉결심판절차에서의 불출석심판청구 등에 관한 규칙」(1992년 1월 27일)으로 마련되어 있다. 이에 따르면 불출석심판을 청구할 수 있는 자는 경범죄처벌법시행령 제7조 제1항 또는 제2항에 의하여 즉결심판출석통지를 받은 자, 도로교통법시행령 제78조 제1항 또는 제2항에 의하여 즉결심판출석통지를

32) 백형구, "즉결심판절차(상)," 판례월보 1985년 10월, 49면.

받은 자, 별표 기재 법률위반행위로 즉결심판출석통지를 받은 자에 한한다(동 규칙 제2조). 불출석심판을 청구하고자 하는 자는 즉결심판을 청구할 관할 경찰서장에게 제2조 제1호 · 제2호의 경우에는 경범죄처벌법시행령 제2조 또는 도로교통법시행령 제73조에 규정된 범칙금액에 그 100분의 50을 더한 금액을, 제3호의 경우에는 별표 기재 벌금등예납기준액을 예납하고, 별지 서식에 의한 불출석심판청구서를 제출하여야 한다(제3조 제1항). 경찰서장이 즉결심판을 청구함에는 제1항의 규정에 의하여 제출받은 불출석심판청구서를 사건기록과 함께 법원에 제출하여야 한다(제4항). 불출석심판청구가 있는 때에는 법원은 특별한 사정이 없는 한 그 불출석심판청구를 허가하여야 한다. 다만, 제2조 제3호에 해당하는 사건으로서 그 죄질이 중하거나 범행이 상습적으로 이루어진 경우에는 불출석심판을 허가하지 아니한다(제4조 제1항). 불출석심판청구를 허가하지 아니한 때에는 다시 즉결심판기일을 정하여 피고인을 소환하여야 한다(제5조 제2항).

3. 심리절차

즉결심판의 심리는 즉결심판원칙에 반하지 않는 한 공개된 법원에서 구두주의와 직접주의에 의하여 판사가 직권심리한다. 먼저 판사는 피고인에 대하여 인정신문을하여 피고인임에 틀림없음을 확인하여야 한다. 경찰서장의 출석은 요건이 아니므로 경찰서장의 모두진술은 필요하지 않다. 판사는 피고인에게 피고사건의 내용과 피고인에게 진술거부권(제283조의2)이 있음을 고지하여야 하고 변명할 기회를 주어야 한다(즉심법 제9조 제1항). 즉결심판의 심리에는 경찰서장의 출석을 요하지 아니하므로, 피고인신문에 관한 형사소송법 제287조는 준용되지 아니하고, 따라서 판사가 적당한 방법으로 피고인을 신문할 수 있다. 그리고 판사는 필요하다고 인정할 때에는 적당한 방법에 의하여 재정하는 증거에 한하여 조사할 수 있다(동조 제2항). 이는 즉결심판에서 심리의 신속을 위하여 증거조사의 대상을 재정증거로 한정한 것이다. 변호인은 기일에 출석하여 증거조사에 참여할 수 있고 의견을 진술할 수 있다(제3항). 피고인의 출석 없이 즉결심판을 할 수 있는 경우에는 증거동의가 의제된다(즉심법 제19조, 형사소송법 제318조 제2항). 변호인은 의견을 진술할 수 있고, 판사는 피고인에게 최종진술의 기회를 주어야 한다(즉심법 제19조).

즉결심판절차의 증거조사에서도 원칙적으로 형사소송법의 규정이 준용된다(즉심법 제19조). 그러나 다음과 같은 예외가 인정된다. 우선 증거조사대상은 즉결심판의 청구시에 경찰서장이 제출한 서류 또는 증거물(동법 제4조), 그리고 심리기일에 재정하는 증거에 한정된다(동법 제9조 제2항). 그리고 즉결심판절차에서는 형사소송법 제312조 제3항(사법경찰관이 작성한 피의자신문조서의 증거능력제한)과 제313조(각종 진술서와 사법경찰관이 작성한 참고인진술조서의 증거능력제한)가 적용되지 않는다(동법 제10조).

그리고 즉결심판절차에서는 형사소송법 제310조의 자백의 보강법칙이 적용되지 않는다. 그러므로 피고인의 자백만 있고 보강증거가 없더라도 법관은 자백을 근거로 유죄를 선고할 수 있다(동법 제10조). 그러나 자백의 임의성법칙과 위법수집증거배제법칙은 즉결심판에서도 적용된다.

즉결심판절차에서 과할 수 있는 형의 종류는 20만원 이하의 벌금 · 구류 또는 과료이다(즉심법 제2조, 법원조직법 제34조 제1항 제3호). 판사는 사건이 범죄로 되지 아니하거나 범죄사실의 증명이 없는 경우에는 무죄를 선고하여야 하고, 경우에 따라서는 면소 또는 공소기각 등을 선고 · 고지할 수 있다(즉심법 제11조 제5항).

즉결심판의 선고는 피고인이 출석한 경우에는 선고, 피고인 없이 심리한 경우에는 즉결심판서 등본의 교부에 의한다. 유죄의 즉결심판서에는 피고인의 성명 기타 피고인을 특정할 수 있는 사항, 주문, 범죄사실, 적용법조를 명시하고 판사가 서명 · 날인하여야 한다(즉심법 제12조 제1항). 그러나 피고인이 범죄사실을 자백하고 정식재판의 청구를 포기한 경우에는 선고한 주문과 적용법조를 명시하고 판사가 기명 · 날인하면 된다(동조 제2항). 그리고 유죄를 선고할 경우에는 형, 범죄사실과 적용법조를 명시하여야 하고, 피고인에게 7일 이내에 정식재판을 청구할 수 있다는 것을 고지하여야 한다(동법 제11조 제1항). 또한 참여한 법원사무관 등은 선고내용을 기록하여야 한다(동조 제2항). 즉결심판의 심리에서 판사가 상당한 이유가 있다고 인정하여 개정 없이 심판한 경우(동법 제7조 제3항)와 피고인의 출석없이 심판할 수 있는 경우(즉심법 제8조의2)에는 법원사무관 등은 7일 이내에 청구할 수 있음을 부기한 즉결심판서 등본을 피고인에게 송달하여 고지한다(제11조 제4항). 그러나 피고인에 대하여 불출석재판을 허가한 경우에 피고인 등이 미리 즉결심판서의 등본송달을 요하지 않는다는 뜻을 표시한 경우에는 그러하지 아니하다(동항 단서).

판사는 구류선고를 받은 피고인이 일정한 주소가 없거나 도망할 염려가 있을 때에는 5일을 초과하지 않는 범위에서 경찰서 유치장에 유치할 것을 명령할 수 있다. 다만 유치기간은 선고기간을 초과할 수 없으며, 유치기간이 집행된 경우에 그 기간은 본형의 집행에 산입한다(즉심법 제17조 제1항, 2항). 구류형의 집행을 확보하기 위하여 유치명령을 하는 것이므로 구류형이 아닌 벌금이나 과료를 선고할 경우에는 유치명령을 할 수 없다. 따라서 유치명령과 함께 선고된 구류에 대해서는 정식재판을 청구하더라도 피고인은 석방되지 않는다. 그리고 판사는 벌금 또는 과료를 선고하는 경우 즉결심판의 확정 후에는 집행할 수 없거나 집행이 곤란할 경우에는 가납명령을 할 수도 있다. 가납의 재판은 벌금 또는 과료의 선고와 동시에 선고하여야 하며, 그 재판은 즉시 집행할 수 있다(즉심법 제17조 제3항, 형사소송법 제334조).

4. 즉결심판의 효력과 형집행

즉결심판은 정식재판청구기간의 경과, 정식재판청구권의 포기 또는 그 청구의 취하에 의하여 확정판결과 동일한 효력, 즉 집행력과 기판력이 생긴다. 그리고 정식재판청구를 기각하는 재판이 확정된 경우에도 동일하다(즉심법 제16조). 그러므로 즉결심판이 확정된 경우의 불복은 재심이나 비상상고 등의 비상구제절차방식에 의해서만 가능하다. 즉결심판의 판결이 확정된 경우에는 즉결심판서 · 관계서류 그리고 증거는 관할경찰서가 이를 보존한다(동법 제13조).

즉결심판에 의한 형은 경찰서장이 집행하며, 그 집행결과를 지체없이 관할 검사에게 보고하여야 한다(즉심법 제18조 제1항). 구류는 경찰서 유치장이나 구치소 또는 교도소에서 집행하며 구치소나 교도소에서 행하는 집행은 검사가 이를 지휘한다(동조 제2항). 벌금 · 과료 · 몰수는 그 집행을 종료하면 지체없이 검사에게 인계하여야 한다(동조 제3항 본문). 그러나 즉결심판 확정후 상당기간 내에 집행할 수 없는 때에는 경찰서장은 검사에게 통지하여야 하며, 통지를 받은 검사는 재산형의 집행방식(제477조)에 의하여 집행할 수 있다(동항 단서). 즉결심판에 의한 형의 집행을 정지하고자 하는 경찰서장은 사전에 검사의 허가를 받아야 한다(동조 제4항).

Ⅳ. 정식재판의 청구와 심판

1. 청구권자

정식재판의 청구권자는 즉결심판을 받은 피고인 또는 경찰서장이다. 피고인은 유죄선고를 받은 경우에 정식재판을 청구할 수 있다(즉심법 제14조 제1항). 그리고 피고인의 법정대리인(제340조), 피고인의 배우자 · 직계친족 · 형제자매 또는 즉결심판절차의 대리인이나 변호인(제341조)도 피고인을 위하여 정식재판을 청구할 수 있다(동조 제4항).

2. 청구절차

피고인이 정식재판을 청구하고자 하는 경우에는 즉결심판의 선고 또는 고지를 받은 날로부터 7일 이내에 정식재판청구서를 경찰서장에게 제출하여야 한다. 정식재판청구서를 받은 경찰서장은 지체없이 판사에게 이를 송부하여야 한다(즉심법 제14조 제1항). 공판정에서 즉결심판의 선고 직후에 피고인이 판사에게 정식재판청구를 하는 경우에도 논란의 여지는 있으나, 피고인은 법정에서 판사에게 정식재판청구의 의사표시를 한 때에는 이를 기록하여야 한다는 조항(즉심법 제11조 제3항)에 의해서 정식재판을 청구한 것으로 해석하는 것이 타당하다.

즉결심판청구에 대해 판사가 무죄 · 면소 또는 공소기각을 선고 또는 고지한 경우에 경찰서장은 그 선고 또는 고지를 한 날로부터 7일 이내에 정식재판을 청구할 수 있다(경찰서장은 피고인과는 달리 양형부당을 이유로 정식재판을 청구할 수는 없다). 이 경우 경찰서장은 관할지방검찰청 또는 지청 검사의 승인을 얻어 정식재판청구서를 판사에게 제출하여야 한다(즉심법 제14조 제2항). 검사에게는 정식재판청구권이 없다.

3. 관련기관의 조치

판사는 정식재판청구서를 받은 날로부터 7일 이내에 경찰서장에게 정식재판청구서를 첨부한 사건기록과 증거물을 송부하고, 경찰서장은 지체없이 관할지방검찰청 또는 지청의 장에게 이를 송부하여야 하며, 그 검찰청 또는 지청의 장은 지체없이 관할법원에 이를 송부하여야 한다(즉심법 제14조 제3항).

관련판례 ① 피고인이 택시 요금을 지불하지 않아 경범죄처벌법 위반으로 즉결심판에 회부되었다가 정식재판을 청구한 사안에서, 위 정식재판청구로 제1회 공판기일 전에 사건기록 및 증거물이 경찰서장, 관할 지방검찰청 또는 지청의 장을 거쳐 관할 법원에 송부된다고 하여 그 이전에 이미 적법하게 제기된 경찰서장의 즉결심판청구의 절차가 위법하게 된다고 볼 수 없고, 그 과정에서 정식재판이 청구된 이후에 작성된 피해자에 대한 진술조서 등이 사건기록에 편철되어 송부되었더라도 달리 볼 것은 아니다(대판 2011.1.27, 2008도7375).

정식재판청구의 포기나 취하 그리고 기각결정에 대해서는 상소에 관한 규정과 약식절차에 관한 규정의 일부가 준용된다(동조 제4항).

4. 재 판

정식재판의 청구가 법령상 방식에 위반하거나 청구권의 소멸 후인 것이 명백한 때에는 법원은 기각결정을 하여야 한다. 이 결정에 대해서는 즉시항고할 수 있다(즉심법 제14조 제4항, 형사소송법 제455조 제1항, 2항). 정식재판청구가 적법할 때에는 공판절차에 의해 심판하여야 한다(즉심법 제14조 제4항, 형사소송법 제455조 제3항). 불이익변경금지의 원칙은 약식절차와 균형을 이루기 위해서는 즉결심판에서도 적용되는 것으로 해석되어야 한다.

정식재판청구에 의한 판결이 있는 경우에 즉결심판은 효력을 상실한다(즉심법 제15조). 여기의 판결은 적법한 정식재판청구에 의해 통상의 공판절차에서 행해진 판결로서 확정판결을 의미한다. 유무죄의 판결뿐만 아니라 공소기각 · 면소의 판결은 물론 공소기각의 결정 및 소년법에 의한 법원의 송치결정의 확정도 포함한다.

[§ 56] 배상명령절차

Ⅰ. 의 의

배상명령절차란 법원이 직권 또는 피해자의 신청에 의하여 피고인에게 피고사건의 범죄행위로 인하여 발생한 손해의 배상을 명하는 절차를 말한다. 부대소송 또는 부대사소라고도 한다. 이에 대해서는 「소송촉진 등에 관한 특례법」(이하 '소촉법'이라 한다)이 규정하고 있다.

Ⅱ. 배상명령의 요건

1. 배상명령의 대상

배상명령을 할 수 있는 피고사건은 제1심 또는 제2심의 형사공판절차에서 형법 제257조 제1항, 제258조 제1항 및 제2항, 제259조 제1항, 제262조(존속폭행치사상의 죄를 제외한다), 형법 제26장(과실치사상의 죄), 제38장 내지 제40장(절도, 강도, 사기, 공갈, 횡령, 배임의 죄) 및 제42장(손괴의 죄)에 규정된 죄에 한한다(소촉법 제25조 제1항).[33] 법원은 그 이외의 죄에 대한 피고사건에 있어서 피고인과 피해자 사이에 합의된 손해배상액에 관하여도 배상을 명할 수 있다(제2항).

2. 배상명령의 범위

소송촉진 등에 관한 특례법은 배상명령을 피고사건의 범죄행위로 인하여 발생한 직접적인 물적 피해와 치료비 및 위자료의 배상에 제한하고 있다(제25조 제1항). 따라서 간접적 손해는 배상명령의 범위에 포함되지 않는다.[34] 단, 법원은 (i) 피해자의 성명 · 주소가 분명하지 아니한 때, (ii) 피해금액이 특정되지 아니한 때, (iii) 피고인의 배상책임의 유무 또는 그 범위가 명백하지 아니한 때, (iv) 배상명령으로 인하여 공판절차가 현저히 지연될 우려가 있거나 형사소송절차에서 배상명령을 함이 상당하지 아니하다고 인정한 때의 하나에 해당하는 때에는 배상명령을 하여서는 아니된다(제3항).

Ⅲ. 배상명령의 절차

1. 배상명령의 신청

배상명령은 법원의 직권 또는 피해자의 신청에 의한다. 배상명령의 신청은 피해자 또는 그 상속인이 할 수 있다(제25조 제1항). 배상신청은 제1심 또는 제2심 공판의 변론종결시까지 사건이 계속된 법원에 신청할 수 있다. 이 경우 인지의 첩부는 요하지 아니한다(제26조 제1항). 피해자가 배상신청을 함에는 신청서와 상대방 피고인의 수에 상응한 신청서 부본을 제출하여야 한다(제2항). 신청서에는 피고사건의 번호 · 사건명 및 사건이 계속된 법원, 신청인의 성명 · 주소, 대리인이 신청할 때에는 그 성명 · 주소, 상대방피고인의 성명 · 주소, 배상의 대상과 그 내용, 배상을 청구하는 금액을 기재하고 신청인 또는 대리인이 서명 · 날인하여야 한다(제3항). 신청서

---

33) 이러한 범죄를 가중처벌하는 특별법상의 범죄에 대하여도 배상명령이 가능하다고 보아야 한다는 신동운, 1562면; 신양균, 1152면; 이재상, 843면.

34) 생명 · 신체를 침해하는 범죄에 의하여 발생한 기대이익의 상실이 배상명령의 범위에 포함되지 않는 것으로 보는 배종대/이상돈/정승환/이주원, 914면; 신동운, 1563면; 신양균, 1153면; 이재상, 844면.

에는 필요한 증거서류를 첨부할 수 있다(제4항). 피해자가 증인으로 법정에 출석한 때에는 구술로 배상을 신청할 수 있다. 이 때에는 공판조서에 신청의 취지를 기재하여야 한다(제5항). 신청인은 배상명령이 확정되기까지는 언제든지 배상신청을 취하할 수 있다(제6항). 피해자는 피고사건의 범죄행위로 인하여 발생한 피해에 관하여 다른 절차에 의한 손해배상청구가 법원에 계속중인 때에는 배상신청을 할 수 없다(제7항). 배상신청은 민사소송에 있어서의 소의 제기와 동일한 효력이 있다(제8항).

피해자는 법원의 허가를 받아 그 배우자 · 직계혈족 또는 형제자매에게 배상신청에 관하여 소송행위를 대리하게 할 수 있다(제27조 제1항). 피고인의 변호인은 배상신청에 관하여 피고인의 대리인으로서 소송행위를 할 수 있다(제2항).

2. 배상신청에 대한 조치와 재판

(1) 조 치

법원은 서면에 의한 배상신청이 있는 때에는 지체없이 그 신청서 부본을 피고인에게 송달하여야 한다(제28조). 배상신청이 있는 때에는 신청인에게 공판기일을 통지하여야 한다(제29조 제1항). 신청인이 공판기일의 통지를 받고도 출석하지 아니한 때에는 그 진술 없이 재판할 수 있다(제2항). 신청인 및 그 대리인은 공판절차를 현저히 지연시키지 않는 범위 안에서 재판장의 허가를 받아 소송기록을 열람할 수 있고 공판기일에 피고인 또는 증인을 신문할 수 있으며 기타 필요한 증거를 제출할 수 있다(제30조 제1항). 그러나 이를 허가하지 아니한 재판에 대하여는 불복을 신청하지 못한다(제2항).

(2) 재 판

배상신청이 적법하지 아니한 경우는 물론 신청이 이유 없거나 배상명령을 하는 것이 타당하지 않은 경우에도 모두 배상신청을 각하하도록 규정하고 있다(제32조 제1항). 유죄판결의 선고와 동시에 배상신청각하의 재판을 할 때에는 이를 유죄판결의 주문에 표시할 수 있다(제2항).

배상명령을 함이 상당하다고 인정될 때에는 배상명령은 유죄판결의 선고와 동시에 하여야 한다(제31조 제1항). 배상명령은 일정액의 금전지급을 명함으로써 하고 배상의 대상과 금액을 유죄판결의 주문에 표시하여야 한다. 배상명령의 이유는 특히 필요하다고 인정되는 경우가 아니면 이를 기재하지 아니한다(제2항). 배상명령은 가집행할 수 있음을 선고할 수 있다(제3항). 「민사소송법」의 관련규정은 가집행선고에 이를 준용한다(제4항). 배상명령을 한 때에는 유죄판결서의 정본을 피고인과 피해자에게 지체 없이 송달하여야 한다(제5항).

3. 배상명령에 대한 불복

신청을 각하하거나 그 일부를 인용한 재판에 대하여 신청인은 불복을 신청하지 못하며, 다시 동일한 배상신청을 할 수 없다(제32조 제3항). 판례에 의하면 제1심에서 —피해자의 배상신청이 소촉법이 정한 나머지 요건을 갖추었으나— 변론이 종결된 후 배상신청인이 배상신청을 한 경우 소촉법 제26조 제1항, 제32조 제1항 제1호에 따라 이를 각하하여야 하고, 제32조 제4항에 따라 배상신청인은 그 판단에 대하여 불복하지 못할뿐더러, 피고인 등의 불복으로 항소가 제기된 경우에도 항소심에서 다시 동일한 배상신청을 할 수도 없다(대판 2016. 8. 24, 2016도7968 판결; 대판 2022.1.14, 2021도13768). 유죄판결에 대한 상소의 제기가 있는 때에는 배상명령은 피고사건과 함께 상소심에 이심된다(제33조 제1항). 상소심에서 원심의 유죄판결을 파기하고 피고사건에 대하여 무죄 · 면소 또는 공소기각의 재판을 할 때에는 원심의 배상명령을 취소하여야 한다. 이 경우 상소심에서 원심의 배상명령을 취소하지 아니한 때에는 이를 취소한 것으로 본다(제2항). 원심에서 배상명령을 한 때에는 이 취소간주규정을 적용하지 아니한다(제3항). 판례에 의하면, 1심 판결에서 배상명령이 내려진 이후 피고인이 피해자와 합의해 보상금 등을 지급한 경우에도 항소심 법원은 배상명령을 취소해야 한다(항소심이 피해자와의 합의에 따른 유리한 양형을 하면서 제1심의 배상명령은 그대로 유지한 것에 대하여 위법하다고 판시한 대판 2021.10.5, 2021도8015). 상소심에서 원심판결을 유지하는 경우에도 배상명령에 대하여는 이를 취소 · 변경할 수 있다(제4항). 피고인은 유죄판결에 대하여 상소를 제기함이 없이 배상명령에 대하여만 상소제기 기간내에 「형사소송법」의 규정에 의한 즉시항고를 할 수 있다. 다만, 즉시항고 제기후 상소권자의 적법한 상소가 있는 때에는 즉시항고는 취하된 것으로 본다(제5항).

4. 배상명령의 효력

확정된 배상명령 또는 가집행선고 있는 배상명령이 기재된 유죄판결서의 정본은 「민사집행법」에 의한 강제집행에 관하여는 집행력 있는 민사판결 정본과 동일한 효력이 있다(제34조 제1항). 배상명령이 확정된 때에는 그 인용금액 범위안에서 피해자는 다른 절차에 의한 손해배상을 청구할 수 없다(제2항). 지방법원이 민사지방법원과 형사지방법원으로 분리 설치된 경우에 배상명령에 대한 청구이의의 소는 형사지방법원의 소재지를 관할하는 민사지방법원을 제1심 판결법원으로 한다(제3항). 청구에 대한 이의의 주장에 관하여는 「민사집행법」 제44조 제2항에 규정된 제한에 따르지 아니한다(제4항). 배상명령의 절차비용은 특히 그 부담할 자를 정한 경우를 제외하고는 국고의 부담으로 한다(제35조).

Ⅳ. 관련제도: 민사상 다툼에 관한 형사소송절차에서의 화해제도의 도입

1. 의 의

형사상 화해절차는 2005년 개정된 「소송촉진 등에 관한 특례법」에 따라 시행되고 있는 제도로, 형사피고사건의 피고인과 피해자가 손해배상 등에 관하여 합의한 경우 신청에 의하여 합의한 내용을 공판조서에 기재하면 그 공판조서에 대하여 민사재판상의 화해조서와 같은 효력을 인정하는 제도를 말한다. 이는 배상명령제도와 마찬가지로 범죄행위로 인한 피해를 별개의 민사소송절차에 의하지 않고 신속하게 해결할 수 있도록 하기 위한 제도이다.

2. 신 청

형사피고사건의 피고인과 피해자 사이에 민사상 다툼(해당 피고사건과 관련된 피해에 관한 다툼을 포함하는 경우에 한한다)에 관하여 합의한 경우, 해당 피고사건이 계속 중인 제1심 또는 제2심 법원에 공동하여 그 합의를 공판조서에 기재하여 줄 것을 신청할 수 있다(소송촉진 등에 관한 특례법 제36조 제1항). 합의가 피고인의 피해자에 대한 금전지불을 내용으로 하는 경우 피고인 외의 자가 피해자에 대하여 그 지불을 보증하거나 연대하여 의무를 부담하기로 합의한 때에는 신청과 동시에 피고인 및 피해자와 공동하여 그 취지를 공판조서에 기재하여 줄 것을 신청할 수 있다(제2항). 신청은 변론종결 전까지 공판기일에 출석하여 서면으로 하여야 한다(제3항). 서면에는 당해 신청과 관련된 합의 및 그 합의가 이루어진 민사상 다툼의 목적인 권리를 특정함에 충분한 사실을 기재하여야 한다(제4항). 합의가 기재된 공판조서의 효력 및 화해비용에 관하여는 「민사소송법」 제220조 및 제389조의 규정을 준용한다(제5항).

3. 화해기록

화해신청에 따라 공판조서에 기재된 합의를 한 자나 이해관계를 소명한 제3자는 「형사소송법」 제55조의 규정에 불구하고 대법원규칙이 정하는 바에 따라 해당 공판조서(해당 합의 및 그 합의가 이루어진 민사상 다툼의 목적인 권리를 특정함에 충분한 사실이 기재된 부분에 한한다), 당해 신청과 관련된 제36조 제3항의 규정에 의한 서면 그 밖의 당해 합의에 관한 기록(이하 "화해기록"이라 한다)의 열람 또는 복사, 조서의 정본 · 등본 또는 초본의 교부나 화해에 관한 사항의 증명서의 교부를 법원서기관 · 법원사무관 · 법원주사 또는 법원주사보에게 신청할 수 있다(제37조 제1항). 이를 신청하는 자는 대법원규칙이 정하는 바에 의하여 수수료를 내야 한다(제2항). 화해기록의 열람 또는 복사, 조서의 정본 · 등본 또는 초본의 교부나 화해에 관한 사항의 증명서의 교부 신청에 관한 법원사무관 등의 처분에 대한 이의신청은 「민사소송법」 제223조의 예에 의하고, 화해기록에 관한 비밀보호를 위한 열람 등의 제한절차는 동법 제163조의 예에 의한다(제3항). 화해기록은 형사피고사건의 종결 후에는 당해 피고사건의 제1심 법원에서 보관한다(제4항).

4. 화해절차 당사자 등에 관한 「민사소송법」의 준용

민사상 다툼에 관한 형사소송절차에서의 화해절차에 있어서 당사자 및 대리인에 관하여는 그 성질에 반하지 아니하는 한 「민사소송법」 제1편 제2장 제1절(선정당사자 및 특별대리인에 관한 규정을 제외한다) 및 제4절의 규정을 준용한다(제38조).

5. 집행문부여의 소 등에 대한 관할 특칙

민사상 다툼에 관한 형사소송절차에서의 화해에 관련된 집행문부여의 소, 청구에 관한 이의의 소 또는 집행문부여에 대한 이의의 소에 대하여는 「민사집행법」 제33조 · 제44조 제1항 및 제45조의 규정에 불구하고 당해 피고사건의 제1심 법원의 관할에 전속한다(제39조).

6. 위임입법

배상명령의 절차에 관하여 이 법에 특별한 규정이 없는 사항은 대법원규칙이 정하는 바에 의하고, 제36조 내지 제39조의 규정에서 정하는 것 외에 민사상 다툼에 관한 형사소송절차에서의 화해에 관하여 필요한 사항은 대법원규칙으로 정한다(제40조).

[§ 57] 소년형사(보호)절차

Ⅰ. 서 론

1. 소 년 법

소년법은 반사회성(反社會性)이 있는 소년의 환경 조정과 품행 교정(矯正)을 위한 보호처분 등의 필요한 조치를 하고, 형사처분에 관한 특별조치를 함으로써 소년이 건전하게 성장하도록 돕는 것을 목적으로(동법 제1조) 제정되었다. 이에 따라 소년형사범에 대해서 소년법은 특별규정을 두고 있다. 소년범은 성인범과 달리 범죄의 습성이 약하고, 교화 · 개선이 용이하므로 교화 · 개선주의를 기본으로 하여야 한다.

2. 소년의 의의

소년법에 있어서 소년이라 함은 19세 미만인 자를 말한다(동법 제2조). 다만 보호처분의 적용대상이 될 수 있는 하한연령은 10세 이상이다(제4조). 소년법에서 소년의 형사사건이라 함은 피의자 또는 피고인이 재판시 현재 19세 미만에 속하는 소년인 경우를 말한다. 따라서 상소심에서 파기재판을 할 경우에는 재판시를 표준으로 소년의 여부를 결정하여야 한다.

Ⅱ. 소년형사절차의 특칙

소년에 대한 형사사건에 관하여는 소년법에 특별한 규정이 없으면 일반 형사사건의 예에 따른다(동법 제48조).

1. 검사선의주의와 조사제도

검사는 소년 피의사건에 대하여 소년부 송치, 공소제기, 기소유예 등의 처분을 결정하기 위하여 필요하다고 인정하면 피의자의 주거지 또는 검찰청 소재지를 관할하는 보호관찰소의 장, 소년분류심사원장 또는 소년원장(이하 "보호관찰소장 등"이라 한다)에게 피의자의 품행, 경력, 생활환경이나 그 밖에 필요한 사항에 관한 조사를 요구할 수 있다(소년법 제49조의2 제1항). 조사요구를 받은 보호관찰소장 등은 지체 없이 이를 조사하여 서면으로 해당 검사에게 통보하여야 하며, 조사를 위하여 필요한 경우에는 소속 보호관찰관 · 분류심사관 등에게 피의자 또는 관계인을 출석하게 하여 진술요구를 하는 등의 방법으로 필요한 사항을 조사하게 할 수 있다(제2항). 이에 따른 조사를 할 때에는 미리 피의자 또는 관계인에게 조사의 취지를 설명하여야 하고, 피의자 또는 관계인의 인권을 존중하며, 직무상 비밀을 엄수하여야 한다(제3항). 검사는 보호관찰소장 등으로부터 통보받은 조사결과를 참고하여 소년피의자를 교화 · 개선하는 데에 가장 적합한 처분을 결정하여야 한다(제4항).

2. 조건부 기소유예제도의 도입

검사는 피의자에 대하여 (i) 범죄예방자원봉사위원의 선도 (ii) 소년의 선도 · 교육과 관련된 단체 · 시설에서의 상담 · 교육 · 활동 등을 받게 하고, 피의사건에 대한 공소를 제기하지 아니할 수 있다. 이 경우 소년과 소년의 친권자 · 후견인 등 법정대리인의 동의를 받아야 한다(소년법 제49조의3).

3. 사건의 송치

(1) 보호처분을 위한 소년부에의 사건송치

1) 검사에 의한 소년부에의 송치 검사는 소년에 대한 피의사건을 수사한 결과 보호처분에 해당하는 사유가 있다고 인정한 경우에는 사건을 관할 소년부에 송치하여야 한다(동법 제49조 1항).

2) 법원에 의한 소년부에의 송치 법원은 소년에 대한 피고사건을 심리한 결과 보호처분에 해당할 사유가 있다고 인정하면 결정으로써 사건을 관할 소년부에 송치하여야 한다(동법 제50조).

(2) 소년부로부터 형사처벌을 위한 법원 · 검사에의 사건송치

1) 법원에로의 사건이송 소년부는 법원으로부터 송치받은 사건을 조사 또는 심리한 결과 사건의 본인이 19세 이상인 것으로 밝혀지면 결정으로써 송치한 법

원에 사건을 다시 이송하여야 한다(동법 제51조).

2) 검사에로의 사건송치

(가) 형사처분 등을 위한 관할 검찰청으로의 필연적 송치 소년부는 조사 또는 심리한 결과 금고 이상의 형에 해당하는 범죄사실이 발견된 경우 그 동기와 죄질이 형사처분을 할 필요가 있다고 인정하면 결정으로써 사건을 관할 지방법원에 대응한 검찰청 검사에게 송치하여야 한다(제7조 제1항). 소년부는 조사 또는 심리한 결과 사건의 본인이 19세 이상인 것으로 밝혀진 경우에는 결정으로써 사건을 관할 지방법원에 대응하는 검찰청 검사에게 송치하여야 한다. 다만, 제51조에 따라 법원에 이송하여야 할 경우에는 그러하지 아니하다(제2항).

(나) 임의적 송치 소년부는 검사에 의하여 소년부에 송치된 사건을 조사 또는 심리한 결과 그 동기와 죄질이 금고 이상의 형사처분을 할 필요가 있다고 인정할 때에는 결정으로써 해당 검찰청 검사에게 송치할 수 있다(동법 제49조 제2항). 이에 따라 송치한 사건은 다시 소년부에 송치할 수 없다(제3항).

4. 소송조건에 관한 특칙

(1) 소송제기의 제한

보호처분을 받은 소년에 대하여는 그 심리가 결정된 사건은 다시 공소를 제기하거나 소년부에 송치할 수 없다. 그러나 소년법 제38조 제1항 제1호(보호처분의 계속중 본인이 처분당시 19세 이상인 것이 판명되어 소년부판사가 검사에게 송치한 경우)에는 공소를 제기할 수 있다(동법 제53조).

(2) 공소시효의 정지

제20조(소년부 판사는 송치서와 조사관의 조사보고에 따라 사건을 심리할 필요가 있다고 인정하면 심리개시결정을 하여야 한다)에 따른 심리개시결정이 있었던 때로부터 그 사건에 대한 보호처분의 결정이 확정될 때까지 공소시효는 그 진행이 정지된다(동법 제54조).

(3) 구속영장발부의 제한과 분리수용

소년에 대한 구속영장은 부득이한 경우가 아니면 발부하지 못한다(제55조 제1항). 소년을 구속하는 경우에는 특별한 사정이 없으면 다른 피의자나 피고인과 분리하여 수용하여야 한다(제2항).

5. 심리에 관한 특칙

(1) 조사의 위촉과 심리절차의 분리

법원은 소년에 대한 형사사건에 관하여 필요한 사항을 조사하도록 조사관에게 위촉할 수 있다(제56조). 소년에 대한 형사사건의 심리는 다른 피의사건과 관련된 경우에도 심리에 지장이 없으면 그 절차를 분리하여야 한다(제57조).

(2) 심리의 방침

소년에 대한 형사사건의 심리는 친절하고 온화하게 하여야 한다(제58조 제1항). 심리에는 소년의 심신상태, 품행, 경력, 가정상황, 그 밖의 환경 등에 대하여 정확한 사실을 밝힐 수 있도록 특별히 유의하여야 한다(제2항).

6. 재판에 있어서의 특칙

(1) 사형·무기형의 완화

죄를 범할 당시 18세 미만인 소년에 대하여 사형 또는 무기형(無期刑)으로 처할 경우에는 15년의 유기징역으로 한다(동조 제59조). 이는 범죄시를 기준으로 하므로 재판할 때에 18세가 되었더라도 본조가 적용된다.

(2) 부정기형제도

소년이 법정형으로 장기 2년 이상의 유기형(有期刑)에 해당하는 죄를 범한 경우에는 그 형의 범위에서 장기와 단기를 정하여 선고한다. 다만, 장기는 10년, 단기는 5년을 초과하지 못한다(제60조 제1항). 소년의 특성에 비추어 상당하다고 인정되는 때에는 그 형을 감경할 수 있다(제2항). 형의 집행유예나 선고유예를 선고할 때에는 부정기형규정을 적용하지 아니한다(제3항). 소년에 대한 부정기형을 집행하는 기관의 장은 형의 단기가 지난 소년범의 행형(行刑) 성적이 양호하고 교정의 목적을 달성하였다고 인정되는 경우에는 관찰 검찰청 검사의 지휘에 따라 그 형의 집행을 종료시킬 수 있다(제4항).

(3) 미결구금일수의 산입과 환형처분의 금지

제18조 제1항 제3호의 조치가 있었을 때에는 그 위탁기간은 「형법」 제57조 제1항

의 판결선고 전 구금일수로 본다(제61조). 18세 미만인 소년에게는 벌금형의 환형으로서의 노역장유치선고(형법 제70조)를 하지 못한다. 다만, 판결선고 전 구속되었거나 제18조 제1항 제3호의 위탁조치가 있었을 때에는 그 구속 또는 위탁의 기간에 해당하는 기간은 노역장에 유치된 것으로 보아 형법 제57조를 적용할 수 있다(제62조).

(4) 불이익변경금지의 원칙과의 관계

피고인이 상소심에서 성인이 됨으로써 원심에서 선고한 부정기형을 정기형으로 변경하는 경우에 형의 경중을 비교하는 기준에 대하여 견해가 대립한다. 부정기형의 장기를 기준으로 하는 장기설, 단기를 기준으로 하는 단기설, 장기와 단기의 평균을 표준으로 하는 중간위설, 피고인이 성인이 된 뒤에도 부정기형의 선고가 가능하다는 설 등이 있다. 판례는 단기형에 입각하고 있다.

7. 형의 집행에 있어서의 특칙

(1) 집행장소

징역 또는 금고를 선고받은 소년에 대하여는 특별히 설치된 교도소 또는 일반교도소 안에 특별히 분리된 장소에서 그 형을 집행한다. 다만, 소년이 형의 집행 중에 23세가 되면 일반 교도소에서 집행할 수 있다(제63조). 보호처분이 계속 중일 때에 징역, 금고 또는 구류를 선고받은 소년에 대하여는 먼저 그 형을 집행한다(제64조).

(2) 가석방요건의 완화

징역 또는 금고를 선고받은 소년에 대하여는 무기형의 경우에는 5년, 15년 유기형의 경우에는 3년, 부정기형의 경우에는 단기의 3분의 1이 지나면 가석방을 허가할 수 있다(동법 제65조). 징역 또는 금고를 선고받은 소년이 가석방된 후 그 처분이 취소되지 아니하고 가석방 전에 집행을 받은 기간과 같은 기간이 지난 경우에는 형의 집행을 종료한 것으로 한다. 다만, 제59조의 형기 또는 제60조 제1항에 따른 장기의 기간이 먼저 지난 경우에는 그 때에 형의 집행을 종료한 것으로 한다(제66조).

Ⅲ. 기타 사항

1. 소년부 송치시의 신병처리

제49조 제1항이나 제50조에 따른 소년부 송치결정이 있는 경우에는 소년을 구

금하고 있는 시설의 장은 검사의 이송 지휘를 받은 때로부터 법원 소년부가 있는 시 · 군에서는 24시간 이내에, 그 밖의 시 · 군에서는 48시간 이내에 소년을 소년부에 인도하여야 한다. 이 경우 구속영장의 효력은 소년부 판사가 제18조 제1항에 따른 소년의 감호에 관한 결정을 한 때에 상실한다(제52조 제1항). 제1항에 따른 인도와 결정은 구속영장의 효력기간 내에 이루어져야 한다(제2항).

2. 자격에 관한 법령의 적용

소년이었을 때 범한 죄에 의하여 형을 선고받은 자가 그 집행을 종료하거나 면제받은 경우 자격에 관한 법령을 적용할 때에는 장래에 향하여 형의 선고를 받지 아니한 것으로 본다(제67조).

3. 비행 예방

법무부장관은 제4조 제1항에 해당하는 자(비행소년)가 건전하게 성장하도록 돕기 위하여 (i) 비행소년이 건전하게 성장하도록 돕기 위한 조사 · 연구 · 교육 · 홍보 및 관련 정책의 수립 · 시행 (ii) 비행소년의 선도 · 교육과 관련된 중앙행정기관 · 공공기관 및 사회단체와의 협조체계의 구축 및 운영에 대한 필요한 조치를 취하여야 한다(제67조의2).

[§ 58] 재판의 집행과 형사보상

Ⅰ. 재판의 집행

1. 집행의 일반원칙

(1) 재판집행의 의의

재판의 집행이란 재판의 의사표시내용을 국가권력에 의하여 강제적으로 실현하는 것을 말한다.

(2) 집행의 기본원칙

1) 재판집행의 시기　　재판은 형사소송법에 특별한 규정이 없으면 확정된 후에 즉시 집행하는 것이 원칙이다(제459조). 집행을 하지 않으면 형의 시효가 진행되

고, 시효가 완성되면 집행면제의 효과가 발생한다(형법 제77조). 다만 결정과 명령은 즉시항고 또는 이에 준하는 불복신청이 허용되는 경우를 제외하고 즉시 집행할 수 있으며(제409조, 제416조, 제419조), 벌금, 과료 또는 추징의 선고를 하는 경우에 가납명령이 있는 때에는 확정을 기다리지 않고 즉시 집행할 수 있다(제334조).

2) 재판집행의 지휘 재판의 집행은 그 재판을 한 법원에 대응한 검찰청 검사가 지휘한다. 단, 재판의 성질상 법원 또는 법관이 지휘할 경우에는 예외로 한다(제460조 제1항). 상소의 재판 또는 상소의 취하로 인하여 하급법원의 재판을 집행할 경우에는 상소법원에 대응한 검찰청 검사가 지휘한다. 단, 소송기록이 하급법원 또는 그 법원에 대응한 검찰청에 있는 때에는 그 검찰청 검사가 지휘한다(제2항).

재판의 집행지휘는 재판서 또는 재판을 기재한 조서의 등본 또는 초본을 첨부한 서면으로 하여야 한다. 단, 형의 집행을 지휘하는 경우 외에는 재판서의 원본, 등본이나 초본 또는 조서의 등본이나 초본에 인정하는 날인으로 할 수 있다(제461조).

2. 형의 집행

(1) 집행순서

2 이상의 형을 집행하는 경우에 자격상실, 자격정지, 벌금, 과료와 몰수 외에는 무거운 형을 먼저 집행한다. 다만, 검사는 소속 장관의 허가를 얻어 무거운 형의 집행을 정지하고 다른 형의 집행을 할 수 있다(제462조).

(2) 사형의 집행

사형은 법무부장관의 명령에 의하여 집행한다(제463조). 사형을 선고한 판결이 확정한 때에는 검사는 지체없이 소송기록을 법무부장관에게 제출하여야 한다(제464조). 사형집행의 명령은 판결이 확정된 날로부터 6월 이내에 하여야 한다(제465조 제1항). 상소권회복의 청구, 재심의 청구 또는 비상상고의 신청이 있는 때에는 그 절차가 종료할 때까지의 기간은 전항의 기간에 산입하지 아니 한다(제2항). 법무부장관이 사형의 집행을 명한 때에는 5일 이내에 집행하여야 한다(제466조). 사형의 집행에는 검사와 검찰청 서기관과 교도소장 또는 구치소장이나 그 대리자가 참여하여야 한다(제467조 제1항). 검사 또는 교도소장 또는 구치소장의 허가가 없으면 누구든지 형의 집행장소에 들어가지 못한다(제2항). 사형의 집행에 참여한 검찰청 서기관은 집행조서를 작성하고 검사와 교도소장 또는 구치소장이나 그 대리자와 함께 기명날인 또는 서명하여야 한다(제468조). 사형선고를 받은 사람이 심신의 장애로 의사능력이 없는 상태이거나 임신 중인 여자인 때에는 법무부장관의 명령으로 집행을 정지한다(제469조 제1항). 제1항에 따라 형의 집행을 정지한 경우에는 심신장애의 회복 또는 출산 후에 법무부장관의 명령에 의하여 형을 집행한다(제2항).

(3) 자유형의 집행

징역, 금고 또는 구류의 선고를 받은 자가 심신의 장애로 의사능력이 없는 상태에 있는 때에는 형을 선고한 법원에 대응한 검찰청 검사 또는 형의 선고를 받은 자의 현재지를 관할하는 검찰청 검사의 지휘에 의하여 심신장애가 회복될 때까지 형의 집행을 정지한다(제470조 제1항). 전항의 규정에 의하여 형의 집행을 정지한 경우에는 검사는 형의 선고를 받은 자를 감호의무자 또는 지방공공단체에 인도하여 병원 기타 적당한 장소에 수용하게 할 수 있다(제2항). 형의 집행이 정지된 자는 전항의 처분이 있을 때까지 교도소 또는 구치소에 구치하고 그 기간을 형기에 산입한다(제3항).

징역, 금고 또는 구류의 선고를 받은 자에 대하여 (i) 형의 집행으로 인하여 현저히 건강을 해하거나 생명을 보전할 수 없을 염려가 있는 때, (ii) 연령 70세 이상인 때, (iii) 잉태후 6월 이상인 때, (iv) 출산후 60일을 경과하지 아니한 때, (v) 직계존속이 연령 70세 이상 또는 중병이나 장애인으로 보호할 다른 친족이 없는 때, (vi) 직계비속이 유년으로 보호할 다른 친족이 없는 때, (vii) 기타 중대한 사유가 있는 때에는 형을 선고한 법원에 대응한 검찰청 검사 또는 형의 선고를 받은 자의 현재지를 관할하는 검찰청 검사의 지휘에 의하여 형의 집행을 정지할 수 있다(제471조 제1항). 검사가 전항의 지휘를 함에는 소속 고등검찰청 검사장 또는 지방검찰청 검사장의 허가를 얻어야 한다(제2항).

(4) 자격형의 집행

자격상실 또는 자격정지의 선고를 받은 자에 대하여는 이를 수형자원부에 기재하고 지체없이 그 등본을 형의 선고를 받은 자의 등록기준지와 주거지의 시(구가 설치되지 아니한 시를 말한다. 이하 같다) · 구 · 읍 · 면장(도농복합형태의 시에 있어서는 동지역인 경우에는 시 · 구의 장, 읍 · 면지역인 경우에는 읍 · 면의 장으로 한다)에게 송부하여야 한다(제476조).

(5) 재산형의 집행

벌금, 과료, 몰수, 추징, 과태료, 소송비용, 비용배상 또는 가납의 재판은 검사의 명령에 의하여 집행한다(제477조 제1항). 전항의 명령은 집행력 있는 채무명의와 동일한 효력이 있다(제2항). 제1항의 재판의 집행에는 「민사집행법」의 집행에 관한 규정을 준용한다. 단, 집행 전에 재판의 송달을 요하지 아니한다(제3항). 제3항에도 불구하고 제1항의 재판은 「국세징수법」에 따른 국세체납처분의 예에 따라 집행할 수 있다(제4항). 검사는 제1항의 재판을 집행하기 위하여 필요한 조사를 할 수 있다. 이 경우 제199조 제2항을 준용한다(제5항). 벌금, 과료, 추징, 과태료, 소송비용 또는 비용배상의 분할납부, 납부연기 및 납부대행기관을 통한 납부 등 납부방법에 필요한 사항은 법무부령으로 정한다(제6항). 제477조 제1항의 재판집행비용은 집행을 받은 자의 부담으로 하고 「민사집행법」의 규정에 준하여 집행과 동시에 징수하여야 한다(제493조).

몰수 또는 조세, 전매 기타 공과에 관한 법령에 의하여 재판한 벌금 또는 추징은 그 재판을 받은 자가 재판확정 후 사망한 경우에는 그 상속재산에 대하여 집행할 수 있다(제478조). 법인에 대하여 벌금, 과료, 몰수, 추징, 소송비용 또는 비용배상을 명한 경우에 법인이 그 재판확정 후 합병에 의하여 소멸한 때에는 합병 후 존속한 법인 또는 합병에 의하여 설립된 법인에 대하여 집행할 수 있다(제479조).

3. 재판집행에 대한 의의와 이의신청

(1) 소송비용의 집행면제의 신청

소송비용부담의 재판을 받은 자가 빈곤으로 인하여 이를 완납할 수 없는 때에는 그 재판의 확정후 10일 이내에 재판을 선고한 법원에 소송비용의 전부 또는 일부에 대한 재판의 집행면제를 신청할 수 있다(제487조).

(2) 재판해석에 대한 의의신청

형의 선고를 받은 자는 집행에 관하여 재판의 해석에 대한 의의(疑義)가 있는 때에는 재판을 선고한 법원에 의의신청을 할 수 있다(제488조). 의의신청은 판결주문의 취지가 불분명하여 주문의 해석에 의문이 있는 경우에 한한다.[35] 따라서 미결구금일수의 재정통산에 대한 의의는 재판해석에 관한 의의사유가 되지 않는다.[36]

---

35) 따라서 판결이유의 모순, 불명확 또는 부당을 주장하는 의의신청은 허용되지 않는다는 것에 대결 1987.8.20, 87초42.

(3) 재판집행에 대한 이의신청

재판의 집행을 받은 자 또는 그 법정대리인이나 배우자는 집행에 관한 검사의 처분이 부당함을 이유로 재판을 선고한 법원에 이의신청을 할 수 있다(제489조).[37]

(4) 신청의 취하

전3조의 신청은 법원의 결정이 있을 때까지 취하할 수 있다(제490조 제1항). 제344조(재소자에 대한 특칙)의 규정은 전3조의 신청과 그 취하에 준용한다(제2항).

(5) 결정과 그에 대한 즉시항고

제487조 내지 제489조의 신청이 있는 때에는 법원은 결정을 하여야 한다(제491조 제1항). 전항의 결정에 대하여는 즉시항고를 할 수 있다(제2항).

4. 기타의 사항

(1) 소송비용의 집행정지

제487조에 규정된 신청기간 내와 그 신청이 있는 때에는 소송비용부담의 재판의 집행은 그 신청에 대한 재판이 확정될 때까지 정지된다(제472조).

(2) 집행하기 위한 소환

사형, 징역, 금고 또는 구류의 선고를 받은 자가 구금되지 아니한 때에는 검사는 형을 집행하기 위하여 이를 소환하여야 한다(제473조 제1항). 소환에 응하지 아니한 때에는 검사는 형집행장을 발부하여 구인하여야 한다(제2항). 제1항의 경우에 형의 선고를 받은 자가 도망하거나 도망할 염려가 있는 때 또는 현재지를 알 수 없는 때에는 소환함이 없이 형집행장을 발부하여 구인할 수 있다(제3항).

(3) 형집행장의 방식과 효력

전조의 형집행장에는 형의 선고를 받은 자의 성명, 주거, 연령, 형명, 형기 기타 필요한 사항을 기재하여야 한다(제474조 제1항). 형집행장은 구속영장과 동일한 효력이 있다(제2항). 전2조의 규정에 의한 형집행장의 집행에는 제1편 제9장 피고인의 구

36) 대결 1971.9.8, 71초45.

37) 여기서 관할법원은 피고인에게 형을 선고한 법원을 말하고(대결 1982.7.20, 82초25), 형을 선고한 판결에 대한 상소를 기각한 법원은 포함되지 않는다(대결 1987.5.12, 87초28; 대결 1996.3.28, 96초96).

속에 관한 규정을 준용한다(제475조).

(4) 가납집행

제1심 가납의 재판을 집행한 후에 제2심 가납의 재판이 있는 때에는 제1심재판의 집행은 제2심 가납금액의 한도에서 제2심재판의 집행으로 간주한다(제480조). 가납의 재판을 집행한 후 벌금, 과료 또는 추징의 재판이 확정된 때에는 그 금액의 한도에서 형의 집행이 된 것으로 간주한다(제481조).

(5) 판결확정 전 구금일수 등의 산입

판결선고 후 판결확정 전 구금일수(판결선고 당일의 구금일수를 포함한다)는 전부를 본형에 산입한다(제482조 제1항). 2015년 법 개정을 통해 필요적 전부산입의 법정통산주의가 드디어 채택된 것이다. 상소기각 결정 시에 송달기간이나 즉시항고기간 중의 미결구금일수도 전부를 본형에 산입한다(제2항). 제1항 및 제2항의 경우에는 구금일수의 1일을 형기의 1일 또는 벌금이나 과료에 관한 유치기간의 1일로 계산한다(제3항). 반드시 전부 산입되어야 하는 법정통산만 허용되기 때문에 판결에서 별도로 미결구금일수 산입에 관한 사항을 판단할 필요는 없다(대판 2009.12.10, 2009도11448).

관련판례 ① 경합범관계에 있는 공소사실 중 일부에 대하여 유죄, 일부에 대하여 무죄의 판결이 선고되어 유죄부분에 대하여는 피고인이, 무죄부분에 대하여는 검사가 각 상고를 제기한 경우, 쌍방의 상고를 모두 기각하는 때에는 형사소송법 제482조 제1항 제1호의 '검사가 상소를 제기한 때'에 해당하는 것으로 보아야 할 것이므로, 피고인과 검사의 상고를 모두 기각하는 경우에 있어서도 상고제기 후의 판결선고 전의 구금일수는 그 전부를 본형에 산입해야 한다(대판 2002.6.20, 2002도807 전원합의체).[38]

---

(6) 몰수물의 처분

몰수물은 검사가 처분하여야 한다(제483조). 몰수를 집행한 후 3월 이내에 그 몰수물에 대하여 정당한 권리 있는 자가 몰수물의 교부를 청구한 때에는 검사는 파괴

38) 이와 관련된 글로는 이상주, "경합범 관계에 있는 공소사실 중 일부에 대하여 유죄, 일부에 대하여 무죄의 각 판결이 선고되어 유죄부분에 대하여는 피고인이, 무죄부분에 대하여는 검사가 각 상고를 제기한 경우, 쌍방의 상고를 모두 기각하는 때의 상고제기 후의 미결구금일수 산입방법," 21세기사법의 전개: 송민 최종영대법원장 퇴임기념, 박영사, 2005, 522-531면 참조.

또는 폐기할 것이 아니면 이를 교부하여야 한다(제484조 제1항). 몰수물을 처분한 후 전항의 청구가 있는 경우에는 검사는 공매에 의하여 취득한 대가를 교부하여야 한다(제2항).

(7) 위조 등의 표시

위조 또는 변조한 물건을 환부하는 경우에는 그 물건의 전부 또는 일부에 위조나 변조인 것을 표시하여야 한다(제485조 제1항). 위조 또는 변조한 물건이 압수되지 아니한 경우에는 그 물건을 제출하게 하여 전항의 처분을 하여야 한다. 단, 그 물건이 공무소에 속한 것인 때에는 위조나 변조의 사유를 공무소에 통지하여 적당한 처분을 하게 하여야 한다(제2항).

(8) 환부불능과 공고

압수물의 환부를 받을 자의 소재가 불명하거나 기타 사유로 인하여 환부를 할 수 없는 경우에는 검사는 그 사유를 관보에 공고하여야 한다(제486조 제1항). 공고한 후 3월이내에 환부의 청구가 없는 때에는 그 물건은 국고에 귀속한다(제2항). 전항의 기간 내에도 가치 없는 물건은 폐기할 수 있고 보관하기 어려운 물건은 공매하여 그 대가를 보관할 수 있다(제3항).

Ⅱ. 형사보상제도

1. 형사보상의 의의

형사보상이란 국가형사사법의 과오에 의하여 죄인의 누명을 쓰고 구속되었거나 형의 집행을 받은 자에 대하여 국가가 그 손해를 보상하여 주는 제도를 말한다. 헌법 제28조는 이를 국민의 기본권으로 보장하고 있다. 이에 따라 「형사보상 및 명예회복에 관한 법률」이 제정 · 시행되고 있다.[39]

---

39) 그동안 무죄판결 등이 확정되더라도 그 사실을 알려 침해된 명예를 사회적으로 회복할 수 있는 방법이 제대로 마련되지 못하였는데, 이번에는 명예회복에 관한 내용을 함께 규정하면서 법률의 이름을 변경하였다. 기존에 판결공시의 제도(형법 제58조 제2항)가 있었지만 피고인의 권리로서 인정되는 것도 아니고, 공시를 해도 대법원 홈페이지에 게재에 그쳐 그 실효성에 의문이 있었다.

2. 형사보상의 요건

(1) 원 칙

피의자 보상의 경우는 피의자로서 구금되었던 자 중 검사로부터 공소를 제기하지 아니한다는 처분을 받은 자는 국가에 대하여 그 구금에 대한 보상을 청구할 수 있지만, 구금된 이후에 공소를 제기하지 아니하는 처분을 할 사유가 생긴 경우와 공소를 제기하지 아니하는 처분이 종국적인 처분이 아니거나 기소유예처분을 받은 경우에는 허용되지 않는다(동법 제27조 제1항).

피고인 보상은 「형사소송법」에 따른 일반 절차 또는 재심이나 비상상고 절차에서 무죄재판을 받아 확정된 사건의 피고인이 미결구금을 당하였을 때에는 이 법에 따라 국가에 대하여 그 구금에 대한 보상을 청구할 수 있다(동법 제2조 제1항).[40] 또한 상소권회복에 의한 상소, 재심 또는 비상상고의 절차에서 무죄재판을 받아 확정된 사건의 피고인이 원판결에 의하여 구금되거나 형 집행을 받았을 때에는 구금 또는 형의 집행에 대한 보상을 청구할 수 있다(동조 제2항). 그리고 「형사소송법」에 따라 면소 또는 공소기각의 재판을 받아 확정된 피고인이 면소 또는 공소기각의 재판을 할 만한 사유가 없었더라면 무죄재판을 받을 만한 현저한 사유가 있었을 경우나 「치료감호법」 제7조에 따라 치료감호의 독립 청구를 받은 피치료감호청구인의 치료감호사건이 범죄로 되지 아니하거나 범죄사실의 증명이 없는 때에 해당되어 청구기각의 판결을 받아 확정된 경우에 국가에 대하여 구금에 대한 보상을 청구할 수 있다(동법 제26조 제1항 제1호, 제2호). 피고인 보상을 청구할 수 있는 대상은 미결구금과 형의 집행이다.

(2) 보상하지 아니할 수 있는 경우

미결구금의 집행을 받은 피의자라도 (i) 본인이 수사 또는 재판을 그르칠 목적으로 거짓 자백을 하거나 다른 유죄의 증거를 만듦으로써 구금된 것으로 인정되는 경우 (ii) 구금기간 중에 다른 사실에 대하여 수사가 이루어지고 그 사실에 관하여 범죄가 성립한 경우 (iii) 보상을 하는 것이 선량한 풍속이나 그 밖에 사회질서에 위배

---

40) 판결 주문에서 무죄가 선고된 경우뿐만 아니라 판결 이유에서 무죄로 판단된 경우에도 미결구금 가운데 무죄로 판단된 부분의 수사와 심리에 필요하였다고 인정된 부분에 관하여는 보상을 청구할 수 있고, 다만 형사보상법 제4조 제3호를 유추적용하여 법원의 재량으로 보상청구의 전부 또는 일부를 기각할 수 있을 뿐이다(대판 2016.3.11, 2014모2521).

된다고 인정할 특별한 사정이 있는 경우에는 보상의 전부 또는 일부를 하지 아니할 수 있다(동법 제27조 제2항).

그리고 피고인 보상은 (i) 형법 제9조(형사미성년자) 및 제10조 제1항(심신장애자)의 사유에 의하여 무죄재판을 받은 경우, (ii) 본인이 수사 또는 심판을 그르칠 목적으로 허위의 자백을 하거나 또는 다른 유죄의 증거를 만듦으로써 기소, 미결구금 또는 유죄재판을 받게 된 것으로 인정된 경우, (iii) 1개의 재판으로써 경합범의 일부에 대하여 무죄재판을 받고 다른 부분에 대하여 유죄재판을 받았을 경우에는 법원의 재량으로 보상청구의 전부 또는 일부를 기각할 수 있다(동법 제4조).

3. 형사보상의 내용

(1) 액 수

구금에 대한 보상에 있어서는 그 일수에 따라 1일당 보상청구의 원인이 발생한 연도의 「최저임금법」에 따른 일급(日給) 최저임금액 이상 대통령령으로 정하는 금액 이하의 비율에 의한 보상금을 지급한다(동법 제5조 제1항). 법원이 제1항의 보상금액을 산정할 때에는 구금의 종류 및 기간의 장단(長短), 구금기간 중에 입은 재산상의 손실과 얻을 수 있었던 이익의 상실 또는 정신적인 고통과 신체 손상, 경찰 · 검찰 · 법원의 각 기관의 고의 또는 과실 유무, 무죄재판의 실질적 이유가 된 사정, 그 밖에 보상금액 산정과 관련되는 모든 사정을 고려하여야 한다(동조 제2항).

한편 형의 집행에 대한 보상과 관련하여, (i) 사형집행에 대한 보상금은 집행전 구금에 대한 보상금 외에 3천만원 이내에서 모든 사정을 고려하여 법원이 상당하다고 인정하는 금액을 가산 보상한다. 이 경우 본인의 사망에 의하여 생긴 재산상의 손실액이 증명된 때에는 그 손실액도 보상한다(동조 제3항). (ii) 벌금 또는 과료의 집행에 대한 보상에 있어서는 이미 징수한 벌금 또는 과료의 금액에 징수일의 다음날부터 보상 결정일까지의 일수에 따라 민법 제379조의 법정이율에 의한 금액을 가산한 금액을 보상한다(제4항). 노역장유치의 집행을 하였을 때에는 제1항의 규정을 준용한다(제5항). (iii) 몰수집행에 대한 보상에 있어서는 그 몰수물을 반환하고 그것이 이미 처분되었을 때에는 보상결정시의 시가를 보상하며(제6항), (iv) 추징금에 대한 보상에 있어서는 그 액수에 징수일의 다음날부터 보상결정일까지의 일수에 따라 민법 제379조의 법정이율에 의한 금액을 가산한 금액을 보상한다(제7항). 다만 면소 또는 공소기각의 재판을 받은 자는 구금에 대한 보상만을 청구할 수 있으므로(동법 제

26조) 몰수 또는 추징에 대한 보상을 청구할 수 없다(대판 1965.5.18, 65다532).

(2) 손해배상과의 관계

이 법은 보상을 받을 자가 다른 법률의 규정에 의하여 손해배상을 청구함을 금하지 아니한다(제6조 제1항). 그러나 보상을 받을 자가 같은 원인에 대하여 다른 법률에 따라 손해배상을 받은 경우에 그 손해배상의 액수가 이 법에 따라 받을 보상금의 액수와 같거나 그보다 많을 때에는 보상하지 아니하고, 그 손해배상의 액수가 이 법에 따라 받을 보상금의 액수보다 적을 때에는 그 손해배상 금액을 빼고 보상금의 액수를 정하여야 한다(동조 제2항).

다른 법률에 따라 손해배상을 받을 자가 같은 원인에 대하여 이 법에 따른 보상을 받았을 때에는 그 보상금의 액수를 빼고 손해배상의 액수를 정하여야 한다(동조 제3항). 이는 공평의 관점에서 이중배상을 배제하기 위함이다.

4. 형사보상의 절차

(1) 보상의 청구

형사소송상의 청구권자는 무죄 · 면소 또는 공소기각의 재판을 받아 확정된 사건의 피고인(동법 제2조, 제26조 제1항 제1호), 청구기각의 판결을 받아 확정된 독립된 치료감호사건의 피치료감호청구인(동법 제26조 제1항 제2호), 그리고 기소유예처분 이외의 불기소처분을 받은 피의자(동법 제27조 제1항)이다. 형사보상 청구권은 일신전속적 권리이지만(동법 제23조) 상속의 대상이 된다.[41)]

청구의 절차에 있어서 피고인 보상의 청구는 무죄판결을 한 법원에 대하여 하여야 하며(동법 제7조), 피의자 보상의 경우는 공소를 제기하지 아니하는 처분을 한 검사가 소속된 지방검찰청의 심의회에 보상을 청구하여야 한다(동법 제28조 제1항). 보상의 청구는 무죄 · 면소 또는 공소기각의 재판 · 치료감호청구의 기각판결이 확정된 사실을 안 날로부터 3년, 이들 재판이 확정된 때로부터 5년 이내에 하여야 한다. 피의자보상의 경우는 검사로부터 공소를 제기하지 아니하는 처분의 고지 또는 통지를 받은 날로부터 3년 이내에 하여야 한다(동법 제28조 제3항). 보상청구의 방식

41) 본인이 보상청구를 하지 않고 사망하였을 때에는 그 상속인이 이를 청구할 수 있다(제3조 제1항). 또한 사망한 자에 대하여 재심 또는 비상상고의 절차에서 무죄재판이 있었을 때에는 보상의 청구에 관하여는 사망한 때에 무죄재판이 있었던 것으로 본다(동조 제2항).

은 보상청구서(청구자의 등록기준지, 주소, 성명, 생년월일과 청구의 원인이 된 사실과 청구액을 기재)에 재판서의 등본과 그 재판의 확정증명서를 첨부하여 법원에 제출하여야 한다(동법 제9조. 대리가능 동법 제13조). 피의자보상을 청구하는 자는 보상청구서에 공소를 제기하지 아니하는 처분을 받은 사실을 증명하는 서류를 첨부하여 제출하여야 한다(동법 제28조 제2항).

상속인이 보상청구를 할 때에는 본인과의 관계와 같은 순위의 상속인 유무를 소명(疏明)할 수 있는 자료를 제출하여야 한다(동법 제10조). 보상청구를 할 수 있는 같은 순위의 상속인이 여러 명인 경우에 그 중 1명이 보상청구를 하였을 때에는 보상을 청구할 수 있는 모두를 위하여 그 전부에 대하여 보상청구를 한 것으로 본다(동법 제11조 제1항).[42)]

동순위의 상속인이 수인인 경우에는 보상을 청구한 자는 다른 전원의 동의 없이 청구를 취소할 수 없다(제12조 제1항). 보상청구를 취소한 경우에는 보상청구권자는 다시 보상을 청구할 수 없다(제2항).

(2) 피고인 보상청구에 대한 재판

보상청구는 법원 합의부에서 재판한다(제14조 제1항). 보상청구에 대하여는 법원은 검사와 청구인의 의견을 들은 후 결정하여야 한다(제2항). 형사보상결정이 과도하게 지연되는 것을 방지하기 위하여 보상청구를 받은 법원은 6개월 이내에 보상결정을 하여야 하도록 법률에 명시하고 있으며(제3항), 제2항 결정의 정본은 검사와 청구인에게 송달하여야 한다(제4항). 그리고 청구자의 입증의 부담을 경감하기 위해 보상청구의 원인된 사실인 구금일수 또는 형집행의 내용에 관하여는 법원이 직권으로 이를 조사하여야 한다(제15조).

보상을 청구한 자가 청구절차 중 사망하거나 또는 상속인 자격을 상실한 경우에 다른 청구인이 없을 때에는 청구의 절차는 중단된다(제19조 제1항). 제1항의 경우에 보상을 청구한 자의 상속인 또는 보상을 청구한 자와 동순위의 상속인은 2월 이내에 청구의 절차를 승계할 수 있다(제2항). 법원은 제2항의 규정에 의하여 절차를 승계할 수 있는 자로서 법원에 알려진 자에 대하여는 지체없이 제2항의 기간내에 청

42) 청구를 한 상속인 외의 상속인은 공동청구인으로서 절차에 참가할 수 있으며, 법원은 보상을 청구할 수 있는 같은 순위의 다른 상속인이 있다는 사실을 알았을 때에는 지체 없이 그 상속인에게 보상청구가 있었음을 통지하여야 한다(동조 제2항, 제3항).

구의 절차를 승계할 것을 통지하여야 한다(제3항). 제2항의 기간내에 절차를 승계하는 신청이 없을 때에는 법원은 청구를 각하하는 결정을 하여야 한다(제4항).

보상청구에 대하여 법원은 결정을 하여야 하는데, 보상청구의 절차가 법령상의 방식에 위반하여 보정할 수 없을 때, 청구인이 법원의 보정명령에 따르지 아니할 때 또는 보상청구의 기간이 경과 후에 보상을 청구하였을 때에는 이를 각하하는 결정을 하여야 한다(제16조). 그리고 청구절차가 중단된 후 2개월 이내에 절차를 승계하는 신청이 없을 때에는 법원은 청구를 각하하는 결정을 하여야 한다(동법 제19조 제2항, 제4항). 보상의 청구가 이유 있을 때에는 보상결정을 하여야 하지만(제17조 제1항), 보상의 청구가 이유 없을 때에는 청구기각의 결정을 하여야 한다(제2항). 보상결정에 대하여는 1주일 이내에 즉시항고를 할 수 있으며(제20조 제1항), 보상의 청구를 기각한 결정에 대하여도 즉시항고를 할 수 있다(제2항).[43]

(3) 피의자보상의 결정

피의자보상에 관한 사항은 지방검찰청에 둔 피의자보상심의회(이하 "심의회"라 한다)에서 심의·결정하며(동법 제27조 제3항), 법무부장관의 지휘·감독을 받는다(동조 제4항). 피의자보상의 청구에 대한 심의회의 결정에 대하여는 「행정심판법」에 따른 행정심판을 청구하거나 「행정소송법」에 따른 행정소송을 제기할 수 있다(제28조 제4항). 피의자보상에 대하여 특별한 규정이 있는 경우를 제외하고는 그 성질에 반하지 아니하는 범위에서 무죄재판을 받아 확정된 사건의 피고인에 대한 보상에 관한 이 장의 규정을 준용한다(제29조 제1항).

(4) 보상금지급의 청구

보상결정이 확정되어 보상금의 지급을 청구하고자 하는 자는 보상을 결정한 법원에 대응한 검찰청에 보상금지급청구서를 제출하여야 한다(제21조 제1항). 청구서에는 법원의 보상결정서를 첨부하여야 한다(제2항). 보상결정이 송달된 후 2년 이내에 보상금 지급청구를 하지 아니할 때에는 권리를 상실한다(제3항). 보상의 지급을 받을 수 있는 자가 수인인 경우에는 그 중 1인이 한 보상금 지급청구는 보상의 결정을 받은 전원을 위하여 그 전부에 대하여 한 것으로 본다(제4항). 보상금 지급청구서를 제출받은 검찰청은 3개월 이내에 보상금을 지급하여야 한다(제21조의2 제1항).

---

43) 보상청구를 각하한 결정에 대해서는 규정이 없으나, 기각결정에 준하여 허용된다고 해석하는 입장으로 이은모, 990면.

제1항에 따른 기한까지 보상금을 지급하지 아니한 경우에는 그 다음 날부터 지급하는 날까지의 지연 일수에 대하여 민법의 법정이율에 따른 지연이자를 지급하여야 한다고 규정함으로써(제21조의2 제2항) 신속한 보상이 가능하도록 규정을 두고 있다. 보상금 지급을 받을 수 있는 자가 수인인 경우에는 그 중 1인에 대한 보상금의 지급은 그 전원에 대하여 효력을 발생한다(제22조).

찾아보기

INDEX

손동권

고려대학교 법과대학 졸업
고려대학교 법학석사과정 졸업
독일 Bonn 대학교 박사과정 졸업(Dr. Jur.)
UC Berkeley Law School 방문학자
한국형사정책학회 회장(2008년)
한국형사법학회 회장(2009년)
한국형사정책연구원 초빙연구위원
대검찰청 검찰제도개혁위원회 위원
서울고등검찰청 항고심사위원회 위원
서울동부지방검찰청 검찰시민위원회 위원장
서울경찰청 인권위원, 신상공개위원
법무부 정책위원, 형법개정특위위원, 형사소송법개정 특위위원
대검찰청 형사정책위원회 위원장
대법원 양형자문위원회 위원
변호사시험, 사법시험, 행정고시, 입법고시 출제위원
경찰대학 법학과 교수
건국대학교 로스쿨 원장 겸 법대 학장
성균관대학교 로스쿨 초빙교수
(현) 건국대학교 법학전문대학원(로스쿨) 명예교수

주요저서
Die Problematik der Bestrafung des Gewissenstäters nach dem geltenden Recht (Dissertation, Bonn, 1989)
『출입국 관리와 치안대책의 효율화에 관한 연구』(치안연구소, 공저, 1996)
『수강명령프로그램의 운용실태와 개발방향』(한국형사정책연구원, 공저, 1998)
『범행비례적 양형론에 관한 연구』(한국형사정책연구원, 공저, 2006)
[형사특별법정비방안: 특정경제범죄가중처벌 등에 관한 법률] (한국형사정책연구원, 2008)
『형사정책(제11판)』(한국형사정책연구원, 공저, 2010)
『법의 이해』(건국대학교 출판부, 공저, 2000)
『인권 길라잡이[경찰편]』(국가인권위원회, 공저, 2000)
『새로운 형법총론』(율곡출판사, 공저, 2011)
『제3개정판 형법각론』(율곡출판사, 2010)
『형사특별법론』(한국형사정책연구원, 공저, 2010)
『신경향 형법연습』(율곡미디어, 2008)
『형법연습 I, II』(율곡미디어, 2010)

신이철

동아대학교 법과대학 법학과(법학사), 동 대학원(법학석사)
건국대학교 일반대학원 법학과(법학박사)
해양경찰교육원 외래교수(우수강사 표창장)
경찰수사연수원 외래교수(수사지휘과정/변호사 특채과정/형사 · 강폭력실무과정/지능 · 마약범죄과정 등, 강의우수상 수상)
경찰인재개발원/국립중앙경찰학교/경찰대학교 외래강사
한국법무보호복지학회 회장(2021)
국가인권위원회 사회복지시설 인권포럼 위원장(2021-2022)
법무부 법무보호위원(2018-)
건국대/상명대/숭실대학교 법과대학 법학과 외래강사(2007-2012)
건국대학교 행정대학원/일반대학원/법학전문대학원 외래강사
아주대학교 법학전문대학원/동아대학교 법학전문대학원 외래강사
건동대학교 경찰행정학과 전임교수(학부장)
경찰채용시험/경찰간부시험 등 출제위원
경찰청장(2014, 2018) 및 서울경찰청장(2020) 감사장
교육부장관 표창장(2020) 및 법무부장관 표창장(2021)
(현) 원광디지털대학교 교무처장/경찰학과 교수(학과장)

주요저서 및 논문
『형법판례 강의』(2006, 숭실대학교 출판부, 공저)
『객관식 형사소송법』(2007, 네오시스)
『형법 총론』(2012, 숭실대학교 출판부, 공저)
『형법 각론』(2013, 숭실대학교 출판부, 공저)
『개정법에 따른 형사증거법』(2014, Justinianus)
『신형사소송법의 쟁점』(개정9판, 2012, Justinianus)
『형사구제법』(2017, 피데스)
『수사절차법』(2022, 피데스)
『형사증거법』(2022, 학연)
"공범 공판조서의 증거능력 규제방안—대법원 판례의 비판적 검토를 중심으로," 형사법연구 제24권 제4호, 한국형사법학회, 2012.12.
외 60여 편

제5판 새로운 형사소송법

2013년 3월 11일 초 판 발행
2022년 3월 30일 제5판 발행

저 자 손동권 · 신이철
발행인 이방원
발행처 세창출판사

신고번호 제1990-000013호
주소 03736 서울시 서대문구 경기대로 58 경기빌딩 602호
전화 02-723-8660 팩스 02-720-4579
이메일 edit@sechangpub.co.kr 홈페이지 www.sechangpub.co.kr
블로그 blog.naver.com/scpc1992 페이스북 fb.me/sechangofficial 인스타그램 @sechang-official

ISBN 979-11-6684-087-6 93360